KB041869

商事判例研究

第 VIII 卷

商法·倒産法·税法
(1995 ~ 2017)

商事法務研究會

博英社

如松 崔基員 教授 尊影

존경하는 **如松 崔基元** 교수님께
삼가 이 책자를 바칩니다.

- 執筆者 一同 -

如松 崔基元 教授 年譜

1936. 11. 10.	서울 鍾路區 通義洞에서 父 德巖 崔健熙와 母 李起鳳의 長男으로 出生
1943. 3.−1949. 2.	서울 壽松國民學校 卒業
1949. 3.−1955. 2.	京畿中·高等學校 卒業
1955. 3.−1959. 2.	서울大學校 商科大學 卒業
1959. 7.−1961. 3.	空軍本部 公報官室 勤務
1961. 1. 13.	金惠田과 結婚
1961. 2.−1962. 2.	獨逸 Münster大學 研究
1961. 11. 10.	長女 英嬪 出生
1962. 3.−1965. 2.	獨逸 Bonn大學 法學部 修學(法學博士)
1965. 9.−1966. 3.	서울大學校 商科大學 講師
1965. 9.−1967. 7.	慶熙大, 東國大, 西江大, 延世大, 韓國外大 등 講師
1965. 10. 11.	次女 英仙 出生
1966. 3.−1966. 8.	서울大學校 經營大學院 講師
1966. 8.−1967. 5.	서울大學校 商科大學 專任講師
1967. 5.−1972. 12.	서울大學校 商科大學 助教授
1968.−	韓國經營學會 會員
1968. 6.−1970. 6.	서울大學校 經營大學院 教務課長
1969. 1. 6.	參女 英恩 出生
1971. 3.−1973. 7.	서울大學校 商科大學 學生課長
1972. 12.−1975. 3.	서울大學校 商科大學 副教授
1973. 12.−1975. 2.	서울大學校 商科大學 經營研究所 所長
1974. 1.−	商事法學會 會員
1974.−1994.	韓國經營研究院 理事

1975. 3.	서울大學校 法科大學 副敎授
1975.	제17회 行政考試 委員
1976.	韓國經營研究院 院長
1976. 6.	韓獨法律學會 會員
1976. 7.	제18회 司法試驗 委員
1976. 10.	서울大學校 10년 勤續 表彰
1977	제21회 行政考試 委員
1978. 1.	서울大學校 法科大學 敎授
1978. 6.−1980. 6.	서울大學校 法科大學 學長補(敎務擔當)
1979. 7.	제21회 司法試驗 委員
1981. 7.−1983. 7.	獨逸 Köln大學 招請敎授
1983.	제27회 行政考試 委員
1981.−1986.	獨逸 比較法學會 會員
1984. 3.−1986. 2.	서울大學校 法科大學 私法學科長
1985. 4.	서울大學校 大學新聞社 監事
1985. 7.	제27회 司法試驗 委員
1986. 10.	서울大學校 20年 勤續 表彰
1987. 7.	제29회 司法試驗 委員
1990.	제32회 司法試驗 委員
1993.	제35회 司法試驗 委員
1993. 1995.	法務部 諮問委員會 商法改正 特別分科委員會 委員
1997. 10.	서울大學校 30年 勤續 表彰
2002. 2.	서울大學校 停年退任 (35년 在職)
2002. 2.	綠條勤政勳章 受勳
2002. 3.	서울大學校 法科大學 名譽敎授

기　타　　　　韓國商事仲裁協會 仲裁人
　　　　　　　軍法務官試驗, 公認會計士試驗, 稅務士試驗 委員
　　　　　　　財務部 保險審議委員, 財務部諮問委員 등 歷任

主要著書 및 論文

著 書

Die Verfassung der Aktiengesellschaft nach koreanischem Recht im
    Vergleich mit dem deutschen Aktiengesetz, Diss. Bonn 1965.

商法學[Ⅰ](總則・商行爲), 雲玄文化社, 1972. 9.

商法學[Ⅱ](會社法), 雲玄文化社, 1973. 3.

商法(韓國放送通信大學 敎材), 서울大 出版部, 1973. 3.

商法講義(上), 日新社, 1976. 1.

增補全訂版 商法講義(上), 日新社, 1980.

商法講義(下), 日新社, 1980.

商法學槪論, 博英社, 1980. 12.

會社法論, 博英社, 1981.

改訂版 商法(韓國放送通信大學 敎材), 서울大 出版部, 1981.

修訂版 商法學槪論, 博英社, 1984. 3.

全訂增補版 新會社法論, 博英社, 1984. 9.

商法學新論(上), 博英社, 1984. 10.

商法學新論(下), 博英社, 1984. 10.

客觀式 商法, 博英社, 1985. 1.

全訂增補版 商法學新論(上), 博英社, 1986. 3.

再全訂增補版 新會社法論, 博英社, 1986. 4.

全訂增補版 商法學新論(上), 博英社, 1986. 3.

全訂增補版 商法學新論(下), 博英社, 1986. 3.

會社法, 韓國放送通信大學 出版部, 1986. 7.

全訂增補版 商法學新論(下), 博英社, 1986. 7.

어음·手票法, 博英社, 1987. 9.

第 3 全訂版 新會社法論, 博英社, 1987. 10.

全訂增補版 客觀式 商法, 博英社, 1988. 4.

어음·手票의 法律常識, 韓國經濟新聞社, 1988. 12.

商法總則·商行爲, 經世院, 1989.

新訂版 商法學新論(上), 博英社, 1990. 8.

新訂增補版 어음·手票法, 博英社, 1990. 8.

第 6 增補版 新會社法論, 博英社, 1991.

新訂版 商法學新論(下), 博英社, 1991. 4.

新訂增補版 商法學新論(下), 博英社, 1992. 3.

民法注解〔Ⅰ〕(共著), 博英社, 1992. 3.

商法事例演習(共著), 法文社, 1992. 5.

保險法, 博英社, 1993.

新訂初版 商法學槪論, 博英社, 1993.

海商法, 博英社, 1993.

新訂第 2 版 商法學新論(上), 博英社, 1993. 8.

新訂增補版 商法總則·商行爲, 經世院, 1994. 8.

商法改正試案 — 政府案과 對比하여 —, 1994. 11.

第 7 全訂版 商法學新論(下), 博英社, 1995. 9.

民法注解〔Ⅸ〕(共著), 博英社, 1995. 11.

第 7 全訂增補版 商法學新論(上), 博英社, 1996. 3.

新訂 2 版 商法學槪論, 博英社, 1996. 3.

第 7 全訂版 新會社法論, 博英社, 1996. 4.

改正商法解說, 博英社, 1996. 4.

新版 客觀式 商法, 新潮社, 1996. 10.

再全訂增補版 어음·手票法, 博英社, 1996. 10.

新訂版 海商法, 博英社, 1997. 4.

第 3 新訂版 商法總則·商行爲, 經世院, 1997. 6.

第 8 大訂版 商法學新論(上), 博英社, 1997. 7.

第 8 全訂版 商法學新論(下), 博英社, 1997. 9.

第 8 大訂版 新會社法論, 博英社, 1998. 1.

新訂版 保險法, 博英社, 1998. 8.

新訂 3 版 商法學原論, 博英社, 1998. 9.

第 9 全訂增補版 商法學新論(上), 博英社, 1998. 9.

第 9 全訂版 商法學新論(下), 博英社, 1998. 10.

第 9 大訂增補版 新會社法論, 博英社, 1999. 6.

第10大訂增補版 商法學新論(上), 博英社, 1999. 8.

新訂 4 版 商法學原論, 博英社, 2000. 3.

第11新訂版 商法學新論(上), 博英社, 2000. 3.

第10版 商法學新論(下), 博英社, 2000. 3.

商事判例研究[Ⅳ][Ⅴ](編輯代表), 博英社, 2000. 4.

第10大訂版 新會社法論, 博英社, 2000. 5.

新訂 5 版 商法學原論, 博英社, 2001. 3.

第12新訂版 商法學新論(上), 博英社, 2001. 3.

第11版 商法學新論(下), 博英社, 2001. 3.

第 4 增補版 어음·手票法, 博英社, 2001. 4.

第13新訂版 商法學新論(上), 博英社, 2001. 9.

第11大訂版 新會社法論, 博英社, 2001. 9.

第 3 版 海商法, 博英社, 2002. 1.

第 3 版 保險法, 博英社, 2002. 2.

新訂 6 版 商法學原論, 博英社, 2002. 8.

第12版 商法學新論(下), 博英社, 2003. 2.

第14大訂版 商法學新論(上), 博英社, 2003. 8.

第13版 商法學新論(下), 博英社, 2004. 3.

第15版 商法學新論(上), 博英社, 2004. 9.

第12大訂版 新會社法論, 博英社, 2005. 1.

新訂 7 版 商法學原論, 博英社, 2005. 2.

第14版 商法學新論(下), 博英社, 2005. 2.

第16版 商法學新論(上), 博英社, 2006. 3.
商事判例研究[Ⅵ](編輯代表), 博英社, 2006. 3.
第10版 企業法槪說, 博英社, 2007. 3.
新訂 8 版 商法學原論, 博英社, 2008. 3.
第17版 商法學新論(上), 博英社, 2008. 3.
第15版 商法學新論(下), 博英社, 2008. 3.
第11版 企業法槪說, 博英社, 2008. 3.
第12版 企業法槪說, 博英社, 2009. 2.
第13大訂版 新會社法論, 博英社, 2009. 3.
第18版 商法學新論(上), 博英社, 2009. 8.
第13版 企業法槪說, 博英社, 2010. 2.
第19版 商法學新論(上), 博英社, 2011. 3.
第14版 企業法槪說, 博英社, 2011. 8.
第14大訂版 新會社法論, 博英社, 2012. 3.
第15版 企業法槪說, 博英社, 2013. 1.
第20版 商法學新論(上), 博英社, 2014. 4.
第16版 企業法槪說, 博英社, 2014. 7.
第17版 企業法槪說, 博英社, 2017. 1.

論 文

獨逸商法學界의 現況, 法政 21(3), 1966. 3.

獨逸 新株式法과 韓國 商法上의 問題點, 法典月報 35, 1967. 10

株式의 議決權에 관한 考察, 서울商大 經營論集 1(2), 1967. 12.

株式會社의 機關에 관한 研究, 서울商大 經營論集 7(2), 1968.

韓國會社企業의 株式所有構造의 實態와 公開法人化에 대한 方案, 文敎部學
　主要著書 및 論文 vii 術振興造成研究費에 의한 報告書, 1968.

會社整理法과 企業의 更生, 서울商大 經營實務 5(3), 1971.

會社의 權利能力에 관한 小考, 서울大學校 經營大學院 紀念論文集, 1971.

海上運送契約과 船荷證券, 貿易研究 3(4), 1971.

大株主의 議決權制限과 少數株主의 保護에 관한 研究, 經營論集 11(1), 서울大
　商科大學, 1972. 3.

監査制度의 改正을 위한 小考, 서울大 經營大學院 經營學論文集 3(1), 1973.

株式會社의 監査制度에 관한 日本商法의 改正, 서울商大 經營實務 8(1), 1974.

商法改正의 必要性과 그 方向〔Ⅰ〕·〔Ⅱ〕— 株式會社制度를 中心으로, 韓國
　法學院月報 27·28, 1974.

株式會社法의 改正에 관한 研究, 經營論集 9(1), 韓國經營研究所, 1975. 3.

商法改正의 問題點, Fides 21(1), 서울大學校 法科大學, 1977. 2.

代表社員 業務執行權限 喪失宣告(判例評釋), 法律新聞 1211, 法律新聞社,
　1977. 7.

株主總會決議取消(判例評釋), 法律新聞 1235, 法律新聞社, 1978. 1.

商法 判例回顧와 評釋, 法學判例回顧 5, 1978. 2.

商法改正의 問題點에 관한 研究, 法學 18(2), 서울大 法學研究所, 1978. 2.

理事의 功勞賞與金支給約束과 株總決議(判例評釋), 法律新聞 1255, 法律新聞社,
　1978. 6.

韓國企業의 海外進出에 따르는 國際間의 紛爭의 解決을 위한 國際商事仲裁
　制度에 관한 研究, 法學 39, 서울大 法學研究所, 1978. 8.

株主總會決議取消, 法律新聞 1280, 法律新聞社, 1978. 12.

商法 判例回顧 및 評釋, 法學判例回顧 7, 1979. 11.

商法 제395조에 의한 會社의 責任, 法學 特別號 4, 서울大 法學硏究所 1979. 12.

株主總會決議取消, 民事判例硏究〔Ⅰ〕, 1979. 4.

表見代表理事의 行爲와 會社의 責任, 民事判例硏究〔Ⅱ〕, 1980. 5.

白地어음, 法學 22(3), 서울大 法學硏究所, 1981. 9.

viii 主要著書 및 論文商法改正試案에 대한 意見, 法律新聞 1983.

有限會社制度의 展望에 관한 硏究, 法學 24(4), 서울大 法學硏究所, 1983. 12.

改正商法에 관한 小考, 商法論文集(鄭熙喆 先生 停年紀念), 1985. 3.

民法에 대한 商事賣買의 特殊性, 民事法論叢(郭潤直 敎授 華甲紀念), 1985. 9.

韓國改正商法의 解釋과 問題點에 관한 硏究, 法學 26(2, 3), 서울大 法學硏究所, 1985. 10.

스위스株式會社法의 改正方向에 관한 小考, 商事法論集(徐燉珏 敎授 停年紀念), 1986. 4.

支配人의 代理權에 관한 小考, 法學 27(4), 서울大 法學硏究所, 1986. 12.

條件附保證과 條件附引受(判例評釋), 法律新聞 1665, 法律新聞社, 1986. 12.

商法學의 回顧와 展望, 考試界 359, 1987. 1.

信用카드의 盜難紛失에 의한 責任(判例評釋), 法律新聞 1674, 法律新聞社, 1987. 3.

手票카드의 法律關係에 관한 考察, 法學 28(1), 서울大學校 法學硏究所, 1987. 4.

商法 등 法制에서 본 企業合倂硏究, 上場協, 1987.

어음·手票喪失의 法律關係(上)(下), 相互信用金庫, 全國相互信用金庫聯合會, 1987.

株主總會決議의 取消와 不存在(判例評釋), 法律新聞 1722, 法律新聞社, 1988. 1.

어음·手票의 遡求義務者에 대한 通知義務, 司法行政, 1988.

國際換어음·約束어음(上)(中)(下), 法律新聞 1755·1756·1757, 法律新聞社, 1988. 6.

金融리스契約의 特殊性에 관한 小考, 法學 29(2), 서울大 法學硏究所, 1988. 9.

Die Gründung einer Tochtergesellschaft in Korea, Zeitschrift für Unternehmens- und Gesellschaftsrecht(ZGR), Sonderheft 3, 2. Aufl., Walter de Gruyter,

Berlin-New York, 1988.

國際換어음·約束어음에 관한 協約의 考察, 法學 30(3, 4), 서울大 法學研究所, 1989.

保險者代位와 第3者의 範圍(判例評釋), 法律新聞 1887, 法律新聞社, 1989. 11.

株式會社의 資本에 관한 原則과 問題點, 考試界, 1990.

先日字手票에 의한 保險料支給과 保險者責任(判例評釋), 法律新聞 1992, 法律新聞社, 1990. 12.

어음의 再遡求權과 背書의 抹消權(判例評釋), 法律新聞 2012, 法律新聞社, 1991. 3.

自動車保險約款 免責條項의 適用限界(判例評釋), 法律新聞 2064, 法律新聞社, 1991. 9.

保險契約者의 告知義務에 관한 考察, 法學 32(3, 4), 서울大 法學研究所, 1991. 12.

改正商法上의 船舶所有者의 責任制限, 法學 33(1), 서울大 法學研究所, 1992. 3.

Einige Probleme des koreanischen Aktienrechts in Bezug auf die neuen Regelungen des japanischen Aktienrechts von 1990, 企業法의 現代的 課題 (李泰魯 敎授 華甲紀念), 1992. 4.

發行地의 어음要件性(判例評釋), 法律新聞 2118, 法律新聞社, 1992. 4.

株主總會決議不存在確認判決의 效力(判例評釋), 法律新聞 2209, 法律新聞社, 1993. 4.

株主總會決議不存在, 考試研究 20(7), 考試研究社, 1993. 7.

어음僞造의 抗辯과 立證責任(判例評釋), 法律新聞 2257, 法律新聞社, 1993. 10.

銀行長選任에 관한 指針의 問題點, 企業環境의 變化와 商事法(孫珠瓚 敎授 古稀紀念), 1993.

利得償還請求權의 發生要件(判例評釋), 法律新聞 2295, 法律新聞社, 1994. 3.

어음·手票의 期限後背書, 考試研究 創刊 20周年 紀念論叢, 考試研究社, 1994. 4.

株主總會決議의 取消와 不存在의 事由, 法學 35(1), 서울大 法學研究所, 1994.

利得償還請求權制度의 再考, 法學 35(1), 서울大 法學研究所, 1994.

商法改正案의 問題點(上)(中)(下), 法律新聞 2318 · 2319 · 2320, 法律新聞社, 1994. 6.

商法改正試案의 研究(Ⅰ), 法學 35(2), 서울大 法學研究所, 1994.

自由職業人의 合同會社에 관한 法律, 法學 35(2), 서울大 法學研究所, 1994.

商法改正試案의 研究(Ⅱ), 法學 35(3, 4), 서울大 法學研究所, 1994.

發起人과 設立中의 會社, 法學 35(3, 4), 서울大 法學研究所, 1994.

商法改正案의 問題點과 그 代案, 商法改正에 관한 研究, 韓國證券業協會, 1994. 9.

商法改正試案의 研究(Ⅲ), 法學 36(1), 서울大 法學研究所, 1995.

어음抗辯의 分類와 種類, 法學 36(2), 서울大 法學研究所, 1995.

어음 · 手票의 僞造 · 變造의 法的 效果, 法學 36(3, 4), 서울大 法學研究所, 1995.

Die Gründung einer Tochtergesellschaft in Korea, Zeitschrift für Unternehmens- und Gesellschaftsrecht(ZGR), Sonderheft 3, 3. Aufl., Walter de Gruyter, Berlin-New York, 1995.

上場企業에 대한 監視體制의 强化方案, 上場協 秋季號, 韓國上場會社協議會, 1995.

商法改正案에 대한 問題點의 再考, 商事法論叢(姜渭斗 博士 華甲紀念), 1996. 2.

擔保背書人에 대한 遡求權(判例評釋), 法律新聞 2485, 法律新聞社, 1996. 3.

賃金債權과 無限責任社員의 責任(判例評釋), 法律新聞 2491, 法律新聞社, 1996. 4.

IMF의 克服을 위한 商法改正方向(研究論壇), 法律新聞 2685 · 2686, 法律新聞社, 1998. 4.

독일건국 50년 ─ 독일 상사법이 한국 상법에 미친 영향 ─, 「전후 독일법학 50년과 한국법학」, 프리드리히 에베르트 재단, 2000. 8.

Einflüsse des deutschen Gesellschaftsrechts auf das koreanische Gesell- schaftsrecht, Festschrift für Marcus Lutter zum 70. Geburtstag, 2000(朴 庠根 共同執筆), Verlag Dr. Otto Schmidt, Köln.

머 리 말

如松 崔基元 선생님은 1965년 독일 Bonn 대학교에서 대한민국 최초로 상법학박사 학위를 받으신 후, 1966년부터 서울대학교 상과대학 및 법과대학에서 35년간 봉직하시면서, 독일 상법 이론과 경영학 지식을 바탕으로 실무적이고 합리적인 법리를 전개하여 우리나라 상법학 발전에 지대한 공헌을 하셨고, 2002년에 정년 퇴임을 하신 후에도 10여 권의 상법 교과서 시리즈의 개정판 출간을 꾸준하게 이어 오셨습니다. 일찍이 학계와 실무계가 함께 참여하는 상사판례연구에 관심을 가지신 선생님께서는 이를 몸소 실천하기 위하여 1999년 3월에 "상사법무연구회"를 결성하여 상법의 이론과 실무를 아우르는 학술세미나를 주관하시고, 학계와 실무계의 교류 및 후학 양성을 위해 노력해오셨습니다. 상사법무연구회는 출범 이래 매년 3회에 걸쳐 학술세미나를 개최하면서 훌륭한 교수님·판사님·변호사님들이 심혈을 기울여 연구한 최신의 주요 상사판례를 평석의 형태로 발표하고 토론하는 장을 마련하였고, 2018년 12월에 이르러 그 활동을 종료하고, 대법원 산하 '상사실무연구회'로 개편되어 정기적인 연구 모임을 이어오고 있습니다. 이와 같이 상사법무연구회는 상법 학계와 실무계가 공동으로 참여하여 최신 판례를 발표하고 열띤 토론을 하면서 상호간에 학문적 소통의 길을 열어주는 가교의 역할을 하였고, 이를 통해 주요 상사판례에 담긴 법리적 의미를 명확하게 정리하고 나아가 관련 법리의 지속적인 연구 필요성 및 발전 가능성을 모색하였던 유례없는 상사판례연구 모임이었습니다.

　상사법무연구회의 학술세미나에서 발표된 상사판례 평석 논문 및 연구 성과는 "상사판례연구" 책자의 시리즈 발간으로 이어져 왔습니다. 1996년 11월에 처음 집필된 상사판례연구 [Ⅰ], [Ⅱ], [Ⅲ]권은 해방 후 50년간 발간된 상사판례 평석 자료 등을 정리·보완한 것으로서, 선생님의 華甲과 서울대학교 법과대학 在職 30년을 기념하는 뜻을 담아서 발간되었습니다. 2000

년 4월에는 상사법무연구회 결성 후 학술세미나에서 발표된 논문과 1997년 이후 3년간의 주요 상사판례에 대한 평석 및 개정 상법의 해설 자료 등을 모아서 상사판례연구 [Ⅳ], [Ⅴ]권을 발간하였고, 2007년 5월에는 선생님의 古稀를 기념하기 위하여 그때까지 상사법무연구회 학술세미나에서 발표된 논문 및 연구자료 등을 중심으로 [Ⅵ], [Ⅶ]권을 발간하였습니다. 이번에 발간하는 상사판례연구 [Ⅷ], [Ⅸ], [Ⅹ]권은 2018년 12월 상사법무연구회의 활동이 종료되기 전까지 학술세미나에서 발표된 논문과 연구자료 등을 모은 책자로서, 20여년 동안 이어진 상사법무연구회의 연구 성과를 마무리 짓는 소중한 의미를 가지고 있습니다.

　　상사법무연구회의 성공적인 활동은 선생님의 연구회 결성 취지에 공감한 교수님과 판사님 그리고 변호사님들의 적극적인 참여가 있었기에 가능하였지만, 무엇보다 선생님의 학문에 대한 열정과 후학들에 대한 애정이 담긴 물심양면의 지원이 기반이 되었습니다. 노년에 몸이 불편하실 때에도 항상 학술세미나에 참여하시어 논문 발표와 토론의 부족함을 채워 주셨고, 세미나를 마친 후의 뒷풀이 모임도 함께 하시면서 후학들에 대한 격려를 아끼지 않으셨습니다. 선생님의 학문적 열정에 가득찬 모습과 온화하면서도 기품 있는 말씀은 상사법무연구회의 상징이었고 후학들의 귀감이 되었으며, 지금도 모든 회원들이 가슴에 새기고 각자의 영역에서 맡은 바 업무에 정진하고 있습니다.

　　너무나도 안타까운 일이지만 선생님의 이러한 모습은 이제는 뵙기 어렵게 되었습니다. 2020년 12월 2일은 대한민국 상사법의 발전에 훌륭한 업적을 남기신 대학자를 잃은 날이었고, 상사법무연구회 회원들로서는 학문적 스승이자 정신적 지주를 잃은 가슴 아픈 날이었습니다. 상사판례연구 [Ⅷ], [Ⅸ], [Ⅹ]권의 발간은 선생님의 기획 아래 상사법무연구회의 활동 종료를 기념하는 취지로 2018년부터 추진되었지만 여러 사정으로 지연되었고, 이제서야 선생님께서 마지막까지 정진하셨던 연구 활동과 학문적 업적을 기념하고 추모하는 뜻을 담아 발간하게 되었습니다. 선생님의 생전에 출판이 되어 직접 헌정하여 드리지 못한 것이 못내 아쉽지만, 지금이라도 마무리 지어 선생님의 훌륭하신 학문적 업적을 기릴 수 있게 된 것을 감사하게 생각합니다.

　사실 지난 11년 동안 학술세미나에서 발표된 방대한 논문 자료를 모두 정리하여 3권의 책자로 만드는 작업이 간단한 일이 아니었지만, 발표자를 비롯한 모든 회원분들이 바쁘신 가운데도 책자 발간의 취지에 공감하여 적극적으로 협조해 주신 덕분에 다행스럽게도 선생님께서 기획하셨던 상사판례연구 시리즈 10권의 완간이라는 틀을 갖추어 발간할 수 있게 되었습니다. 소중한 정성과 따뜻한 관심을 보태 주신 발표자 및 편집자 여러분들께 진심으로 감사드리며, 아울러 선생님과의 인연으로 상사판례연구 책자의 발간 때마다 도움을 주셨고 마지막 발간까지 배려하여 주신 박영사의 안종만 회장님과 조성호 이사님께도 심심한 사의를 표합니다.

　이번에 3권이 추가되어 모두 10권으로 완성되는 상사판례연구 시리즈 책자는 해방 이후 70년간의 주요 상사판례와 그에 대한 평석 및 법률 해설 자료 등을 집대성한 것으로서, 상법의 주요 쟁점과 법제 및 법리의 변화를 알 수 있는 중요한 역사적 의미를 가진 자료집입니다. 선생님이 뜻하신 바와 같이 향후 이러한 연구 성과를 토대로 하여 활발한 상사판례 연구 및 상사법의 발전이 이루어지기를 기대합니다.

2023년 8월 15일

편집대표
김용덕, 조인호, 박진순, 김용재, 김동민

第8券 執 筆 者

姜永起　고려대학교 법학연구원 연구교수

高弘錫　인천지방법원·인천가정법원 부천지원장

金眞昕　변호사, 법무법인 동인

閔靖晢　수원고등법원 고법판사

安慶峰　국민대학교 법과대학 교수

梁鉉周　법무법인 평산 대표변호사

吳泳俊　서울고등법원 부장판사

李相周　서울동부지방법원 부장판사

林采雄　변호사, 법무법인 태평양

全祐正　한국과학기술원(KAIST) 문술미래전략대학원 조교수

陳尙範　서울서부지방법원 부장판사

崔昇宰　세종대학교 법학부 교수, 변호사, 법학박사

扈帝熏　변호사, 법무법인 위(WE)

(가나다 順. 현직은 2023년 7월 기준)

目　次

제 3 편

總則・商行爲

제 4 편

倒 産 法

제 5 편

稅　　法

제 1 편

主要 商事判例 回顧

2009年 等 主要 商事判例 回顧*

吳 泳 俊**

I. 商法總則

1. 理事選任 株主總會決議의 取消·無效·不存在 時 會社의 不實登記 責任

◎ 대법원 2004. 2. 27. 선고 2002다19797 판결

◇ 이사 선임의 주주총회결의에 대한 취소판결이 확정된 경우, 상법 제39 조에 의하여 회사의 부실등기 책임을 인정한 사례

　　[1] 이사 선임의 주주총회결의에 대한 취소판결이 확정된 경우 그 결의에 의하여 이사로 선임된 이사들에 의하여 구성된 이사회에서 선정된 대표이사는 소급하여 그 자격을 상실하고, 그 대표이사가 이사 선임의 주주총회결의에 대한 취소판결이 확정되기 전에 한 행위는 대표권이 없는 자가 한 행위로서 무효가 된다.

　　[2] 이사 선임의 주주총회결의에 대한 취소판결이 확정되어 그 결의가 소급하여 무효가 된다고 하더라도 그 선임 결의가 취소되는 대표이사와 거래한 상대방은 상법 제39조의 적용 내지 유추적용에 의하여 보호될 수 있으며, 주식회사의 법인등 기의 경우 회사는 대표자를 통하여 등기를 신청하지만 등기신청권자는 회사 자체이 므로 취소되는 주주총회결의에 의하여 이사로 선임된 대표이사가 마친 이사 선임 등기는 상법 제39조의 부실등기에 해당된다.

◎ 대법원 2008. 7. 24. 선고 2006다24100 판결

◇ 회사의 상당한 지분을 가진 주주가 허위의 주주총회결의 등의 외관을

---

　* 제21회 상사법무연구회 발표 (2010년 3월 13일)
　** 서울고등법원 부장판사

만들어 부실등기를 마친 경우, 회사에 상법 제39조에 의한 부실등기 책임을 물을 수 없다고 한 사례

　　[1] 등기신청권자에 대하여 상법 제39조에 의한 부실등기 책임을 묻기 위하여는 원칙적으로 그 등기가 등기신청권자에 의하여 마쳐진 것임을 요하지만, 등기신청권자가 스스로 등기를 하지 아니하였다 하더라도 그 등기가 이루어지는 데 관여하거나 그 부실등기의 존재를 알고 있음에도 이를 시정하지 않고 방치하는 등 등기신청권자의 고의 또는 과실로 부실등기를 한 것과 동일시할 수 있는 특별한 사정이 있는 경우에는 그 등기신청권자에 대하여 상법 제39조에 의한 부실등기 책임을 물을 수 있다.

　　[2] 등기신청권자 아닌 사람이 주주총회의사록 및 이사회의사록 등을 허위로 작성하여 주주총회결의 및 이사결의 등의 외관을 만들고 이에 터잡아 대표이사 선임등기를 마친 경우에는, 주주총회의 개최와 결의가 존재하지만 무효 또는 취소사유가 있는 경우와는 달리, 그 대표이사 선임에 관한 주식회사 내부의 의사결정은 존재하지 아니하여 등기신청권자인 회사가 그 등기가 이루어지는 데 관여할 수 없었을 것이므로, 달리 회사의 적법한 대표이사가 그 부실등기가 이루어지는 것에 협조·묵인하는 등의 방법으로 관여하였다거나 회사가 그 부실등기의 존재를 알고 있음에도 시정하지 않고 방치하는 등 이를 회사의 고의 또는 과실로 부실등기를 한 것과 동일시할 수 있는 특별한 사정이 없는 한, 회사에 대하여 상법 제39조에 의한 부실등기 책임을 물을 수 없다. 이 경우 위와 같이 허위의 주주총회결의 등의 외관을 만들어 부실등기를 마친 사람이 회사의 상당한 지분을 가진 주주라고 하더라도 그러한 사정만으로는 회사의 고의 또는 과실로 부실등기를 한 것과 동일시할 수는 없다.

　　상법 제39조는 "고의 또는 과실로 인하여 사실과 상위한 사항을 등기한 자는 그 상위를 선의의 제3자에게 대항하지 못한다."라고 규정하고 있다. 부실등기의 효력을 선의의 제3자에게 대항하지 못하도록 한 상법 제39조는 표현대표이사의 제도와 마찬가지로 금반언의 원칙 혹은 외관법리에 기초하여 마련된 규정이다.

　　여기서 "고의 또는 과실"이라 함은 등기신청권자의 고의·과실을 가리키는 것으로서, 판례1)는 그 판단은 '대표이사 또는 업무집행사원'을 기준으로 해야 한다고 한다. 그렇다면 '적법한 대표이사 또는 업무집행사원'이 아닌

---

1) 대법원 1971. 2. 23. 선고 70다1361 판결; 대법원 1981. 1. 27. 선고 79다1618 판결.

자에 의하여 등기신청이 이루어진 경우에는 모두 상법 제39조의 적용을 받을 수 없는 것인가 문제된다. 이는 특히 주주총회결의나 이사회결의에 의하여 선임된 이사 내지 대표이사가 후에 그 결의의 부존재 내지 무효·취소로 대표이사 자격이 없는 것으로 판명되었을 경우 그 대표이사와 거래한 제3자의 보호와 관련하여 문제된다.

1995년 상법 개정 전에는 주주총회결의 부존재확인판결, 무효확인판결, 취소판결은 구 상법 제380조, 제381조, 제190조 단서의 규정에 의하여 제3자에 대한 소급효가 제한되었고 그 결과 거래의 안전이 보호되었다. 그러나 소급효를 제한하는 구 상법 제190조 단서가 삭제된 개정 상법 하에서 위 규정에 의한 보호는 불가능하고, 상법 제39조의 부실등기 책임 내지 상법 제395조의 표현대표이사 법리의 적용만이 가능하다.

대법원 2002다19797 판결과 대법원 2006다24100 판결은 주주총회결의나 이사회결의에 의하여 선임된 이사 또는 대표이사가 후에 그 결의의 부존재 내지 무효·취소로 대표이사 자격이 없는 것으로 판명된 경우에 관하여 그 취급을 달리하고 있다. 즉 주주총회의사록 및 이사회의사록을 위조하는 등 처음부터 부존재하는 주주총회결의 및 이사회결의에 의하여 선임된 대표이사의 경우 상법 제39조의 적용을 원칙적으로 부정한다. 그러나 주주총회의 개최와 결의가 존재하지만 거기에 무효·취소사유가 있어 적법 대표이사의 지위가 부정된 대표이사의 경우에는 상법 제39조의 적용을 긍정한다.

이 문제는 궁극적으로 회사 내부의 위계질서 유지의 요청과 회사와 거래를 한 제3자보호의 요청을 어떻게 조절할 것인지의 문제, 보다 구체적으로 말하면, 폐쇄회사 내부의 분쟁에 있어서 주주의 이익과 참칭대표이사와 거래를 한 제3자의 이익과의 비교형량의 문제이다.

양 사건에서 결론이 다르게 난 이유는, 주식회사의 법인등기의 경우 회사는 대표자를 통하여 등기를 신청하지만 등기신청권자는 회사 자체라는 점, 주주총회의사록 및 이사회의사록의 위조 등으로 인한 주주총회결의부존재의 경우에는 회사의 책임을 추궁할 수 없어 등기신청권자의 고의·과실로 부실등기를 한 것과 동일시할 수 없는 점, 반면 주주총회결의 무효·취소 등의 경우에는 그와 같은 하자 있는 결의로 선출된 대표이사로 하여금 대표이사 등기를 하게 한 회사의 책임을 물을 수 있어 등기신청권자의 고의·과실로 부실등기를 한 것과 동일시할 수 있는 점에서 찾을 수 있다.

위와 같은 구별 기준은 상법 제395조의 표현대표이사의 법리에 관하여도 동일하게 적용될 수 있다. 다만 부실등기를 신뢰한 제3자의 보호는 부실등기의 공신력에 관한 제39조에 의하여 달성하는 것이 바람직할 것이다. 왜냐하면 상법 제395조는 등기된 사실과 다른 외관, 즉 "명칭"에 대한 신뢰를 보호하기 위하여 마련된 규정이므로, "등기"에 대한 신뢰가 문제되는 경우에는 이를 상법 제39조의 문제로 보아 이에 따라 분쟁을 해결하는 것이 타당하기 때문이다.

2. 商人의 金錢貸借行爲와 商行爲의 推定

◎ 대법원 2009. 4. 9. 선고 2008다82766 판결

◇ 한약방을 운영하는 상인이 금원을 차용하는 행위는 상행위에 해당하고 그와 같은 추정을 번복하기 위해서는 그와 다른 반대사실을 주장하는 자가 이를 증명할 책임이 있다고 한 사례

한약방을 운영하는 상인인 피고가 소외인으로부터 금원을 차용하는 행위는 상법 제47조 제2항에 의하여 영업을 위하여 하는 것으로 추정되므로, 원고가 그 추정을 번복할 만한 증명책임을 다하지 못하는 한, 피고의 금원차용행위는 상행위에 해당한다고 보아야 할 것이고, 이는 나중에 채권자가 소외인으로부터 원고로 변경되었다고 하여 달리 볼 것이 아니다.

상법 제46조 제1항 본문은, "영업으로 하는 다음의 행위를 상행위라 한다."라고 규정하면서, 각 호에서 이를 열거하고 있다. 학설은 이를 한정적인 열거로 보고 그와 같이 열거된 '영업으로 하는' 행위를 "기본적 상행위"라고 칭하고 있다. 여기서 '영업으로 하는'의 의미는 '영리의 목적으로 동종 행위를 반복하는 것'을 의미한다.

한편, 상법 제47조는 "보조적 상행위"라는 표제 하에 제1항에서, "상인이 영업을 위하여 하는 행위는 상행위로 본다."라고 규정하고 있다. 보조적 상행위는 기본적 상행위에 대응하는 개념이다. 상인은 영업을 목적으로 하는

상행위 이외에 그 영업을 위하여 여러 가지의 보조적인 행위를 할 필요가 있는데, 상인이 영업을 위하여 하는 행위는 항시 그 자체로서 영리성이 있다고는 단정할 수는 없다. 하지만 이러한 행위 역시 그 행위가 영업을 위한 수단적 행위가 된다는 점에서 기업법으로서의 상법의 적용을 받는 것이 적절하기 때문에 상법 제47조를 둔 것이다.

상법 제47조 제2항은, "상인의 행위는 영업을 위하여 하는 것으로 추정한다."라고 규정하고 있다. 이 규정에 의하여, '상인의 행위'는 '영업을 위하여 하는 것으로 추정'되고, 다시 상법 제47조 제1항에 의하여 그 행위는 '상행위로 보게' 되는 결과에 이르게 된다. 회사는 기업활동의 주체로서 영업을 떠나서는 존재하지 아니하고, 그 상인성은 회사의 모든 생활을 대변하는 것이며, 영업용 재산 이외에 사용 재산도 있을 수 없어 사적 생활은 있을 수 없기 때문에, 조직 내부의 관계는 물론이고 대외적 행위는 모두 상인이 영업을 위하여 하는 행위로 보아야 한다는 것이 통설이다.2) 그러나 개인 상인의 경우에는 영업과는 관계가 없는 생활이 있기 때문에, 그 상인성은 모든 생활을 대변하는 것이 아니다. 따라서 그 행위 중에서 어디까지를 영업을 위하여 하고 있는지가 종종 문제될 수 있고, 그 해결을 위하여 마련한 것이 바로 상법 제47조 제2항인 것이다.

상법 제47조 제1항은 "상인이 영업을 위하여 하는 행위는 상행위로 본다."라고 규정하고 있으나, 실제로는 상인의 개개 행위가 영업을 위하여 하는 것인지 아닌지가 반드시 명확한 것이 아니다. 그런데도 상법 제47조 제2항은 "상인의 행위는 영업을 위하여 하는 것으로 추정한다."라고 규정하고 있어 그 근거가 무엇인지 문제된다.

위 추정 규정의 근거는 다음과 같이 설명할 수 있다. 상인의 행위가 그 영업을 위하여 행해진 것인가 아닌가가 불명한 경우가 많고, 이러한 경우에 영업을 위하여 한 것이라고 주장하는 자가 항상 그 사실을 입증하여야 한다면, 이는 번잡할 뿐만 아니라 상당히 곤란하다. 그런데 상인의 행위는 양적

---

2) 대법원 1967. 10. 31. 선고 67다2064 판결은 「주식회사가 한 행위는 반증이 없는 한 그 영업을 위하여 한 것으로 추정되는 것이고 회사가 그 영업을 위하여 하는 행위는 상행위로 보는 것이므로 회사에 대한 대여금채권은 상행위로 인하여 생긴 채권이라 할 것이다」라고 하여, 여전히 '추정 규정'이 적용된다는 입장을 취하고 있다. 이는 이론적인 대립일 뿐, 회사의 경우에는 실제로는 양자 사이에 별다른 결과의 차이를 가져올 수 없다.

으로 보면 비영업(사생활)을 위하여 한 경우보다는 그 영업을 위하여 한 경우가 많은 것이 경험칙상 일반적이다. 따라서 이러한 사정을 고려하여, 상인의 행위를 일응 영업을 위하여 한 것이라고 추정하고, 이로써 거래상대방 등의 증명의 번잡과 곤란을 완화하며, 상인의 행위가 영업을 위하여 한 것임을 부정하려는 자에게 그에 대한 증명책임을 부담시키려는 것이다. 이러한 점에서 상법 제47조 제2항의 추정은 '사실상의 추정'이 아니라 "법률상의 추정"이고, 이는 "증명책임의 전환" 규정이다. 이 추정 규정은 당해 상인 및 그 거래 상대방뿐만 아니라 제3자도 이를 원용할 수 있다.

그러나 상법 제47조 제2항의 추정 규정은 상인이 하는 행위가 영업을 위하여 하는 행위인지 아닌지에 관하여 의심이 있는 경우에 한하여 적용된다. 상인이 하는 행위 자체의 객관적 성질로부터 영업을 위하여 하는 행위임이 명백한 경우에는 추정 규정이 적용되지 아니한다. 이 경우에는 굳이 추정 규정을 적용할 필요 없이 바로 상법 제47조 제1항에 의하여 그 행위를 상행위로 보면 되기 때문이다. 또한 상인이라 할지라도 행위 자체의 객관적 성질로부터 "영업을 위하여 하는 행위"가 아님이 명백한 행위에 관하여는 바로 민법 규정이 적용된다.

영업을 위하여 한 것이 아닌지를 판단하기 위해서는, 먼저 추상적·객관적으로 관찰하여 행위 그 자체의 성질상 영업을 위하여 한 것이라고 절대적으로 해석할 수 없는 행위는 영업을 위하여 한 것이 아님이 명백한 행위라고 할 것이다. 예컨대, 신분상의 제 행위, 상인이 한 사인증여, 상인이 그 가족을 피보험자로 하여 체결한 생명보험계약 등이 여기에 해당한다.3) 따라서 이러한 행위들은 그 행위 자체의 객관적 성질로 보아 상법이 아니라 민법이 적용된다. 다음, 구체적·객관적으로 관찰하여, 당해 행위가 영업을 위하여 한 것이라고 해석할 수 없는 행위인지 여부를 살펴보아야 한다. 예컨대, 순전히 친구 사이의 정의에 기초하여 한 보증, 주류제조판매업자가 동생으로부터 의뢰받은 금원을 의사의 부채정리를 위하여 대여한 행위 등은 구체적 객관적으로 관찰하여, 영업을 위하여 한 것이 아닌 행위에 해당한다.

---

3) 片山謙二, "判例に現はれた推定による附屬的商行爲, 2: 商法 第503條 第2項論", 「民商法雜誌」第19卷 第4號, (1944), 327頁.

다만, 이러한 행위가 처음부터 추정을 받지 아니하는 '영업을 위한 것이 아님이 명백한 행위인지', 아니면 일응 추정을 받고 '상대방의 반증에 의하여 그 추정이 번복되는 것인지'에 관하여는 논란이 있을 수 있다. 사안마다 그 객관적 성질에 비추어 개별적으로 판단할 수밖에 없을 것이다.

이 사건에서는, 금전의 대여를 영업으로 하지 아니하는 상인(한약방 운영자)의 금전대여 행위가 상행위로 볼 수 있는지가 쟁점이 되었다.

이러한 상인이라 하더라도 영업상의 이익 또는 편익(便益)을 위하여 금전을 대여하거나 영업자금의 여유가 있어 이자 취득을 목적으로 이를 대여하는 경우가 있을 수 있으므로, 그 행위 자체만으로는 추상적·객관적으로 당해 행위가 영업을 위하여 한 것이 아니라고 볼 수는 없고, 구체적·객관적으로 관찰하여 당해 행위가 영업을 위하여 한 것이라고 해석할 수 없는 행위인지 살펴보아야 한다. 따라서 이러한 상인의 금전대여행위는 상법 제47조 제2항에 의하여 영업을 위하여 하는 것으로 추정된다고 봄이 상당하다. 이러한 금전대여행위가 단지 상인이 상호 고율의 이자소득을 얻기 위한 목적으로 행하여졌다는 사정만으로는 위 추정이 번복된다고 볼 수는 없다. 이 추정을 번복하기 위해서는 금전대여행위가 구체적으로 대여자의 영업을 위하여 한 것이 아니라는 명백한 객관적인 사정을 인정하여 상행위의 추정을 번복하든지, 혹은 일응 그 추정을 받는 것으로 본 다음, 대여자가 영업을 위하여 할 의사가 없었다는 주관적 사정을 인정할만한 추정에 대한 반증이 제출되어야 한다.

본 대법원 판결은 대법원 2008. 12. 11. 선고 2006다54378 판결의 법리를 재확인한 것으로 타당하다.

3. 商行爲로 發生한 組合債務에 대한 連帶責任과 非顯名 組合代理 의 效力

◎ 대법원 2009. 10. 29. 선고 2009다46750 판결

◇ 조합채무가 조합원 전원을 위하여 상행위가 되는 행위로 인하여 부담하게 된 것인 경우 조합원들의 연대책임 유무(적극)

◇ 조합의 대리인이 조합에게 상행위가 되는 법률행위를 하면서 조합을 위한 것임을 표시하지 않은 경우, 그 효력이 조합원 전원에게 미치는지 여부(적극)

[1] 조합채무가 특히 조합원 전원을 위하여 상행위가 되는 행위로 인하여 부담하게 된 것이라면 상법 제57조 제1항을 적용하여 조합원들의 연대책임을 인정함이 상당하다.

[2] 민법 제114조 제1항은 "대리인이 그 권한 내에서 본인을 위한 것임을 표시한 의사표시는 직접 본인에게 대하여 효력이 생긴다."라고 규정하고 있으므로, 원칙적으로 대리행위는 본인을 위한 것임을 표시하여야 직접 본인에 대하여 효력이 생기는 것이고, 민법상 조합의 경우 법인격이 없어 조합 자체가 본인이 될 수 없으므로, 이른바 조합대리에 있어서는 본인에 해당하는 모든 조합원을 위한 것임을 표시하여야 하나, 반드시 조합원 전원의 성명을 제시할 필요는 없고, 상대방이 알 수 있을 정도로 조합을 표시하는 것으로 충분하다고 할 것이다. 그리고 상법 제48조는 "상행위의 대리인이 본인을 위한 것임을 표시하지 아니하여도 그 행위는 본인에 대하여 효력이 있다. 그러나 상대방이 본인을 위한 것임을 알지 못한 때에는 대리인에 대하여도 이행의 청구를 할 수 있다."라고 규정하고 있으므로, 조합대리에 있어서도 그 법률행위가 조합에게 상행위가 되는 경우에는 조합을 위한 것임을 표시하지 않았다고 하더라도 그 법률행위의 효력은 본인인 조합원 전원에게 미친다고 보아야 할 것이다.

민법에서는 채무자가 수인인 경우에 특별한 의사표시가 없으면 각 채무자는 균등한 비율로 채무를 부담하도록 하는 '분할채무의 원칙'이 확립되어 있다(민법 제408조). 반면 상법 제57조 제1항은 "수인이 그 1인 또는 전원에게 상행위로 되는 행위로 인하여 채무를 부담한 때에는 연대하여 변제할 책임이 있다."라고 규정하여 다수당사자의 채무관계에 대한 특칙을 두고 있다. 이는 상사채무에 대한 다수채무자의 연대책임을 인정함으로써 상인의 영업상 채무이행을 보장하고, 더 나아가 상거래의 신속과 원활을 도모하기 위함이다. 그러나 이 규정은 어디까지나 임의규정으로서 채권자와 채무자간에 이와 다른 약정을 할 수 있다.

이와 같은 법리는 조합의 경우에도 동일하게 적용된다. 민법 제712조는 "조합채권자는 그 채권발생 당시에 조합원의 손실부담의 비율을 알지 못한 때에는 각 조합원에게 균분하여 그 권리를 행사할 수 있다."라고, 제713조는

"조합원 중에 변제할 자력 없는 자가 있는 때에는 그 변제할 수 없는 부분은 다른 조합원이 균분하여 변제할 책임이 있다."라고 규정하고 있으므로, 조합의 채무는 조합원의 채무로서 특별한 사정이 없는 한 조합채권자는 각 조합원에 대하여 지분의 비율에 따라 또는 균일적으로 이행청구를 할 수 있을 뿐이다. 그러나 조합채무가 특히 조합원 전원을 위하여 상행위가 되는 행위로 인하여 부담하게 된 것이라면 상법 제57조 제1항을 적용하여 조합원들의 연대책임을 인정하여야 한다.

조합채무에 대하여 조합원들의 연대책임을 인정한 사례로는, 쌀 소매업자들 간의 공동사업을 동업관계로 인정하여 그 채무를 조합채무로서 다른 조합원들도 상법 제57조 제1항에 의해 쌀 구입대금채무에 대하여 연대책임을 진다고 한 사례(^{대법원 2001. 11. 13. 선고
2001다55574 판결}), 상가건물의 일부에서 숙박업을 하는 공유자들이 건물의 관리를 담당한 단체와 체결한 위 숙박사업장의 관리에 관한 계약은 상법 제57조 제1항에서 규정하는 상행위에 해당하므로, 위 공유자들은 연대하여 관리비 전액의 지급의무를 부담한다고 한 사례(^{대법원 2009. 11. 12. 선고
2009다54034,54041 판결}), 조합체의 성격을 갖고 있는 공동수급체 중 대표자가 공동수급체를 위하여 체결한 하도급계약에 기하여 공동수급체의 구성원들이 연대하여 공사대금지급의무를 부담한다고 한 사례(^{대법원 2006. 6. 16. 선고
2004다7019 판결}) 등이 있다.

한편, 민법상 조합은 외부에 대하여 스스로를 대표하는 행위주체가 되지 못하므로, 대외적인 법률행위는 조합 자신의 이름으로 할 수 없고, 원칙적으로 언제나 조합원 전원의 이름으로 하여만 한다. 그런데, 조합이 외부의 제3자와 어떤 행위를 하는 경우 언제나 조합원 전원이 공동으로 하여야 한다는 것은 매우 번잡하고 불편하므로, 조합의 경우 일반적으로 조합원 중 1인이 나머지 조합원들을 모두 대리하여 제3자와 법률행위를 하는 것이 보통이다. 조합의 대외활동은 이러한 대리의 형식으로 행해지는 경우가 많기 때문에 조합의 대외관계를 강학상 '조합대리'라고 칭한다.

현명주의와 관련하여 민법 제114조 제1항은 "대리인이 그 권한 내에서 본인을 위한 것임을 표시한 의사표시는 직접 본인에게 대하여 효력이 생긴다."라고 규정함으로써, 대리행위는 본인을 위한 것임을 표시하여야 한다고 하여 현명주의를 채택하고 있다. 민법상 조합의 경우 법인격이 없어 조합 자체가 본인이 될 수 없으므로, 원칙적으로 조합의 경우 모든 조합원의 이름으로 대리를 해야 하지만, 일반적인 법률행위의 대리에 있어서도 대리의사의 표시는 반드시 본인의 성명을 명시하여야 하는 것은 아니고, 모든 사정으로부터 그 뜻을 알 수 있으면 되는 만큼, 조합대리에 있어서도 조합원 전원의 성명을 제시할 필요는 없는 것이며 상대방이 알 수 있을 정도로 조합을 표시하는 것으로 충분하다.

그런데 상법 제48조는 "상행위의 대리인이 본인을 위한 것임을 표시하지 아니하여도 그 행위는 본인에 대하여 효력이 있다. 그러나 상대방이 본인을 위한 것임을 알지 못한 때에는 대리인에 대하여도 이행의 청구를 할 수 있다."라고 규정함으로써, 민법상 현명주의의 예외를 인정하고 있다. 이와 같이 상법이 민법의 현명주의에 대한 예외로서 비현명주의의 특칙을 둔 것은 상인의 대리행위는 거래의 상대방이 이미 알고 있는 상업사용인에 의하여 행하여지는 경우가 많고, 대량적이고 계속적인 거래관계에서 현명주의를 고수한다는 것은 번잡하여 거래의 신속을 해한다는 점을 특히 고려하였기 때문이다.

판례에서 비현명 대리를 인정한 사례로는, 조합의 업무집행조합원이 조합의 보조적 상행위로서 유류를 공급받으면서 상대방에게 조합을 위한 것임을 표시하지 않았더라도 그 유류공급계약의 효력은 본인인 조합원 전원에게 미친다고 한 사례(대법원 2009. 1. 30. 선고 2008다79340 판결), 점포의 분양행위가 상행위에 해당하는 경우, 분양 대리인이 본인을 위한 것임을 표시하지 않고 체결한 분양계약의 효력이 본인에게 미친다고 본 사례(대법원 1996. 10. 25. 선고 94다41935,41942 판결), 지입차주가 그 차량에 대하여 타이어 등을 교체하기 위하여 타이어 등 자동차부속품을 구입한 경우, 이는 자동차관리의 통상업무에 속하는 행위로서 회사를 대리한 것으로 보아야 할 것이므로 회사는 위 물품대금의 지급책임을 면할 수 없다고 한 사례(대법원 1985. 10. 8. 선고 85다351 판결) 등이 있다.

본 대법원 판결은 종래 상행위로 발생한 조합채무와 조합대리에 관한 대법원의 입장을 재확인한 것으로 타당하다.

II. 會 社

1. 株主의 議決權 行使

(1) 주주의 의결권행사의 대리권을 증명하는 서면

◎ 대법원 2009. 4. 23. 선고 2005다22701 판결

◇ 주주의 의결권행사의 대리권을 증명하는 서면의 의의

상법 제368조 제3항이 규정하는 '대리권을 증명하는 서면'이라 함은 위임장을 일컫는 것으로서 회사가 위임장과 함께 인감증명서, 참석장 등을 제출하도록 요구하는 것은 대리인의 자격을 보다 확실하게 확인하기 위하여 요구하는 것일 뿐, 이러한 서류 등을 지참하지 아니하였다 하더라도 주주 또는 대리인이 다른 방법으로 위임장의 진정성 내지 위임의 사실을 증명할 수 있다면 회사는 그 대리권을 부정할 수 없다. 한편, 회사가 주주 본인에 대하여 주주총회 참석장을 지참할 것을 요구하는 것 역시 주주 본인임을 보다 확실하게 확인하기 위한 방편에 불과하므로, 다른 방법으로 주주 본인임을 확인할 수 있는 경우에는 회사는 주주 본인의 의결권 행사를 거부할 수 없다.

의결권을 대리행사하기 위해서는 주주의 대리인은 그 대리권을 증명하는 서면을 회사에 제출하여 대리인자격을 증명하여야 한다(상법 제368조 제3항 후문). 이때의 서면을 일반적으로 '위임장'(proxy)이라고 한다. 이 규정의 목적은 대리권의 존부에 관한 법률관계를 명확히 하여 주주총회 결의의 성립을 원활하게 하기 위한 데 있다.[4]

대리인은 대리인임을 증명하는 서면을 회사에 제출할 것이 필요하다. 그 위임장의 제출은 대리권행사를 위한 전제요건이 되고, 이것을 해태할 때는 대리권을 행사할 수 없는 것으로 해석된다.[5] 따라서 위임장은 위조나 변조 여부를 쉽게 식별할 수 있는 원본이어야 하고 특별한 사정이 없는 한 사본은 그 위임장에 해당하지 아니한다.[6]

상법 제368조 제3항 후문은 강행규정이므로 민법상의 일반원칙과는 달

---

4) 대법원 1995. 2. 28. 선고 94다34579 판결.

5) 대법원 2001. 12. 28. 선고 2001다49111 판결.

6) 대법원 1995. 2. 28. 선고 94다34579 판결.

리 의결권의 대리행사에 있어서 수권은 서면행위에 의하여야 그 효력이 있다. 학설은 서면의 방식에 관하여는 법률상 특별히 정한 바가 없으므로 수권사실만 인지할 수 있다면 충분하고 정관으로도 위 요건을 배제하거나 완화할 수 없고 가중도 인정되지 않는다고 한다. 따라서 구두나 전화 및 전보에 의한 대리권의 수여는 인정되지 않고 대리권을 공증으로 증명하여야 한다는 정함도 하지 못한다.

대리권을 증명하는 서면이 진정한 것인가 아닌가에 관해서 회사는 이것을 조사할 의무를 부담한다. 그 조사는 형식적 조사이므로, 위임장에 날인된 인감과 주주의 계출인감을 대조해서 합치하는 경우에는 그 위임장은 진정한 것으로 추정되고, 회사가 관련 위임장을 진정한 것으로 처리하면 된다. 그 위임장의 인감 대조는 위임장 소지인의 자격 증명력을 추정하는 하나의 방법이다. 주주총회 소집통지의 봉투와 위임장을 가지고 있는 것은 대리인의 자격이 있는 것으로 추정되고, 회사로서는 그 자에게 의결권 행사를 허용해도 상관이 없는 것으로 해석된다. 또한 회사가 주주 앞으로 일정의 위임장 용지를 송부한 경우에는 그 위임장 용지에 서명 또는 기명날인되어 있을 때에는 일일이 인감조회를 하지 않아도 일단 진정한 것으로 추정될 수 있다. 다만, 용지 자체에 공신력은 인정되지 않으므로 반증을 들어 다투는 것은 가능할 것이다.

회사는 반드시 인감조회를 해야 할 의무를 부담하는 것이 아니고, 또한 위임장 날인의 인감과 회사에 제출된 인감이 합치되지 않더라도 그 위임장의 진정이 입증되면 대리인 자격이 인정될 수 있다. 이와 같이 출석자의 자격심사의 권한 및 의무에 관하여는 사회통념상 일응 심증을 가지는데 필요로 하는 정도의 심사를 하면 되고, 그 이상으로 의심할만한 정당한 사유가 없는 경우에는 주주의 자격과 위임장 소지인의 권한행사를 부정하는 것은 허용되지 아니한다.

미국에서도 위임장의 효력 등에 관하여 조사권이 있는 검사인(inspector)이 선임되는 경우가 많은데, 위임장의 형식 및 효력에 관하여 「검사인은 위임장의 진정성을 심사하는 권한이 없고 다만 외관상 진정한 것으로 보이는 위임장을 접수할 의무가 있으며, 검사인의 재량은 외관상 위임장에 나타난 하자를 판단하는 데 한정되며 다른 외부적인 증거를 들어 중복되는 위임장이나 비정상적인 위임장을 판단할 권한이 없다. 또한 위임장 소지인의 권한을 조사할 권한도 없다』라고 하는 견해가 통설 및 판례라고 한다.7) 독일 주식법(Aktiengesetz) 제134조 제3항은 "의결권은 대리인을 통하여 행사할 수 있다. 대리권에 관하여는 서면에 의한 형식이 필요하며 이로써 충분하다. 위임장을 회사에 제출하여야 하며 회사가 이를 보관한다."라고 규정하고 있어 이 점을 명백히 하고 있다.

본 대법원 판결의 판시 법리는 타당하고, 그 법리는 대법원 2009. 5. 28. 선고 2008다85147 판결에서 재확인되고 있다.

(2) 주주의 대리인 자격을 제한하는 정관의 효력

◎ 대법원 **2009. 4. 23.** 선고 **2005다22701** 판결

◇ 주주의 대리인의 자격을 주주로 제한한 정관의 효력

상법 제368조 제3항의 규정은 주주의 대리인의 자격을 제한할 만한 합리적인 이유가 있는 경우에는 정관의 규정에 의하여 상당하다고 인정되는 정도의 제한을 가하는 것까지 금지하는 취지는 아니라고 해석되는바, 대리인의 자격을 주주로 한정하는 취지의 주식회사의 정관 규정은 주주총회가 주주 이외의 제3자에 의하여 교란되는 것을 방지하여 회사 이익을 보호하는 취지에서 마련된 것으로서 합리적인 이유에 의한 상당한 정도의 제한이라고 볼 수 있으므로 이를 무효라고 볼 수는 없다. 그런데 위와 같은 정관규정이 있다 하더라도 주주인 국가, 지방공공단체 또는 주식회사 소속의 공무원, 직원 또는 피용자 등이 그 주주를 위한 대리인으로서 의결권을 대리행사하는 것은 허용되어야 하고 이를 가리켜 정관규정에 위반한 무효의 의결권 대리행사라고 할 수는 없다.

상법 제368조 제3항은, "주주는 대리인으로 하여금 그 의결권을 행사하게 할 수 있다. 이 경우에는 그 대리인은 대리권을 증명하는 서면을 총회에 제출하여야 한다."고 규정하고 있다. 그런데 상법은 대리인을 누구로 선임하여야 하는지에 대하여 특별히 정하는 바가 없다. 실무에서는 정관으로 대리인의 자격을 주주로 제한하는 경우가 많은데 이러한 정관규정의 효력이 문

---

7) 이상훈, "의결권의 대리행사 -위임장의 요건과 효력을 중심으로-", 「기업지배구조연구」 제2권, (2002), 5-11면.

제된다. 학설상으로는 그 유효성 여부에 관하여 대립이 있다.

첫째, "유효설"에 의하면, 의결권행사 대리인의 자격을 주주로 한정함으로써 주주 이외의 제3자에 의하여 주주총회가 교란되는 것을 방지하여 회사의 이익을 보호할 수 있고, 대리인의 자격을 회사의 구성원으로 제한한다고 하여 주주의 의결권행사 자체가 제한되는 것은 아니므로 그 정도의 제한은 회사의 자치로서 인정된다고 한다. 다만, 유효설에 의하는 경우에도 그러한 정관의 규정은 임의대리에만 적용되는 것이므로, 무능력자의 대리인 등과 같은 법정대리인은 그러한 정관의 규정에 불구하고 당연히 대리인이 될 수 있다고 한다.

둘째, "제한적 유효설"은, 대리인의 자격을 주주로 제한하는 정관의 규정은 원칙적으로 유효하다고 하면서도, 이를 엄격하게 해석하여 예컨대 주주가 회사인 경우에는 반드시 대표기관이 의결권을 행사해야 되는 것은 아니고, 회사의 직원 기타 종업원에 의한 의결권의 대리행사는 가능한 것으로 보며 또한 주주의 가족에 의한 대리행사도 가능한 것으로 본다. 위의 경우들은 순수한 위임에 의한 대리라고 하기보다 주주의 분신인 대행자로 보아야 할 것이기 때문이라고 한다. 이는 유효설의 입장에 서면서도 대리인 자격을 정관으로 제한하는 것에 합리적인 이유가 있는가의 여부 등 개개의 사례를 구체적으로 판단하여 유효 여부를 결정하자는 입장이다.

셋째, "무효설"은, 주주총회는 회사의 최고기관이며 주주의 의결권은 주주의 주요한 권리이므로 법률에 대리인자격의 제한을 두지 않는 한 그 행사의 자유는 존중되고 아울러 의결권행사의 대리인 선임도 주주가 자유로이 할 수 있어야 한다고 한다. 오늘날 주식의 광범위한 분산으로 주주 자신의 총회출석은 지리적·시간적·경제적으로 어렵다는 데에 대리인에 의한 의결권행사의 실익이 있는데, 대리인의 자격을 주주로 한정하는 경우에는 다른 주주 중에서 신뢰할 수 있는 주주대리인을 지정하지 못하는 때에 그 주주는 의결권행사를 사실상 할 수 없게 되는 점에서 부당하다고 한다.

본 대법원 판결의 입장은 제한적 유효설에 가깝다. 대법원 판결의 설시 내용을 좀서 자세히 보면, 「정관규정이 있다 하더라도 주주인 국가, 지방공공단체 또는 주식회사 등이 그 소속의 공무원, 직원 또는 피용자 등에게 의결권을 대리행사하도록 하는 때에는 특별한 사정이 없는 한 그들의 의결권 행사에는 주주 내부의 의사결정에 따른 대표자의 의사가 그대로 반영된다고 할 수 있고 이에 따라 주주총회가 교란되어 회사 이익이 침해되는 위험은 없는 반면에, 이들의 대리권 행사를 거부하게 되면 사실상 국가, 지방공공단체 또는 주식회사 등의 의결권 행사의 기회를 박탈하는 것과 같은 부당한 결과를 초래할 수 있으므로…」라고 하여, 주주인 국가, 지방공공단체 또는 주식회사 소속의 공무원, 직원 또는 피용자 등의 의결권 대리행사를 허용하여야 할 근거를 제시하고 있다.

이러한 대법원 판례에 의할 경우, 정관규정에 의한 주식양도가 제한되는 폐쇄적 회사는 어차피 제3자가 회사 운영에 관여하는 일이 없도록 주식양도제한이 인정되고 있으므로 비주주 대리인에 의한 의결권행사를 부정하여도 별다른 문제는 없다. 그러나 공개회사의 경우에는 상황이 그와 같지 아니함에도 주주총회의 대리인으로 선임된 자가 주주총회가 교란될 위험이 없다고 판단되는 제한적인 경우에 한해서 의결권의 대리행사가 인정되므로 이 점에서 주주의 의결권 행사가 제한되는 측면이 있다.

(3) 의결권 불통일행사 통지기간 미준수의 효력

◎ 대법원 2009. 4. 23. 선고 2005다22701 판결

◇ 상법 제368조 제3항 소정의 통지기간을 위반한 의결권 불통일행사의 효력

상법 제368조의2 제1항은 "주주가 2이상의 의결권을 가지고 있는 때에는 이를 통일하지 아니하고 행사할 수 있다. 이 경우 회일의 3일 전에 회사에 대하여 서면으로 그 뜻과 이유를 통지하여야 한다"고 규정하고 있으나 위와 같은 3일의 기간이 부여된 취지에 비추어 보면, 비록 불통일행사의 통지가 주주총회 회일의 3일 전이라는 시한보다 늦게 도착하였다고 하더라도 회사가 스스로 총회운영에 지장이 없다고 판단하여 이를 받아들이기로 하고 이에 따라 의결권의 불통일행사가 이루어진 것이라면, 그것이 주주평등의 원칙을 위반하거나 의결권 행사의 결과를 조작하기 위하여 자의적으로 이루어진 것이라는 등의 특별한 사정이 없는 한 그와 같은 의결권의 불통일행사를 위법하다고 볼 수는 없다.

상법 제368조의2는 "주주가 2 이상의 의결권을 가지고 있는 때에는 이

를 통일하지 아니하고 행사할 수 있다."라고 규정하고 있다. 여기서 '주주'라 함은 주주명부상의 주주를 뜻하고, '2 이상의 의결권을 통일하지 아니하고 행사한다'라는 것은 2 이상의 의결권을 갖는 주주가 일부의 의결권은 찬성으로, 다른 의결권은 반대로 행사하는 경우를 뜻한다.

법인 기타 단체가 소유하는 주식에 대하여 단체 내부에 있어서 의결권 행사 방법상 의사대립이 발생하여 어느 쪽 의견에 따라 의결권을 행사하거나 기권하는 것보다도 의사대립의 비율에 따라 불통일적으로 행사하는 것이 단체내부의 사정상 적당한 경우와 공유주식으로서 공유자 간 의사대립으로 인하여 불통일행사를 하는 것이 공유자 간의 내부사정으로 보아 적당한 경우에는 불통일행사를 할 실익이 있다. 그리고 형식주주와 실질주주가 다른 경우에도 불통일행사의 필요성이 존재하는데 그 예로는 주식의 신탁제도, 종업원지주제도, 증권투자제도, 증권대체결제제도 등을 들 수 있다.

그런데 상법 제368조의2 제1항 후문에 의하면, 주주가 의결권을 불통일행사를 하기 위해서는 회일의 3일 전에 회사에 대하여 서면으로 그 뜻과 이유를 통지하여야 한다. 이는 의결권의 불통일행사가 행하여지는 경우에 회사 측에 그 불통일행사를 거부할 것인가의 여부를 판단할 수 있는 시간적 여유를 주고, 또한 회사의 총회사무운영에 지장을 주지 아니하도록 하기 위한 것이다. 즉 회사의 사무편의를 위한 것이다.

이러한 통지는 총회의 회일 3일 전에 회사에 도달할 것을 요한다. 여기서 3일의 기간계산에 있어서는 민법 제111조 제1항에 따라 통지의 도달일과 총회의 회일 사이에 3일이 있어야 하는 것으로 해석된다. 이 기간은 주주총회의 소집통지가 회일의 2주 전에 발송되는 것(^{상법 제363조} _{제1항})과 회사의 준비와의 관계를 고려하여 정해진 것이다. 따라서 정관으로 이 기간을 연장하는 것은 주주의 의결권행사를 어렵게 하여 주주의 이익을 해치게 되므로 허용되지 않는다고 한다. 이와 관련하여 위 통지가 불통일행사의 요건인지에 관하여 학설의 대립이 있다.

"要件 肯定說"은, 통지가 없는 경우에는 회사는 그 주주의 의결권의 불통일행사를 거부하여야 하고 이에 위반하여 불통일행사를 한 경우에는 그 의결권의 행사는 무효가 된다거나 결의취소의 사유가 된다고 한다. 다만, 통지 없이 한 불통일행사에 의한 의결권행사는 무효이지만 그 표결을 명백히 분리할 수 있는 경우에는(예컨대, 기명투표의 경우) 이것을 무효 표결로서 찬부의 계산에 산입하지 아니하면 그로 인한 결의의 하자는 생기지 아니하므로 이 설에 의하여 표결을 무효로 해석한다고 해서 곧바로 그것이 결의취소의 원인이 되는 것은 아니라고 한다.

"要件 否定說"은, 통지가 불통일행사의 요건은 아니므로 3일 전에 통지가 없더라도 회사 측에서 불통일행사를 인정하는 데는 아무런 지장이 없다고 하는 견해이다. 이 견해에 의하면, 법문의 표현상으로는 '통지하여야 한다'고 되어 있어 통지가 불통일행사를 하기 위한 조건으로도 생각될 수 있지만, 불통일행사 자체는 본래 주주에게 인정되는 권리로서 회사의 총회운영의 편의상 통지 요건을 두게 된 것으로서 주주가 통지하도록 한 취지는 제2항**8)**과 관련하여 그 이유를 통지하도록 한 것이므로 회사 측에서 통지하지 아니한 주주에게 불통일행사를 인정하는 것은 아무런 문제가 없다고 한다. 다만, 3일 전에 통지가 없는데도(예컨대, 1일 전에 통지한 경우) 회사 측이 주주의 불통일행사를 인정하는 이상은 동일한 다른 주주에 대하여도 평등한 취급을 하여야 할 것이지만, 제2항의 이른바 '타인을 위하여 주식을 가지고 있는' 것을 이유로 하는 주주와 그렇지 않은 주주를 차별하는 것은 평등위반이 아니라고 한다.

"折衷說"은 주주가 3일 간의 기간을 두지 아니하고 통지하거나 이유를 기재하지 아니하고 통지하는 등 의결권의 행사 전까지 회사에 불통일행사의 통지를 한 경우에는 회사가 이를 거부하지 아니하면 그 불통일행사한 표결은 회사가 불통일행사를 인정한 것이 되어 유효하지만, 사전에 전혀 통지함이 없이 불통일행사를 한 경우에는 회사로서는 사전에 이를 알지 못하였으므로 불통일행사를 인정한 것으로 볼 수 없을 뿐만 아니라 사후에 회사 측에서 거부 또는 인정할 수 있다고 해석하면 회사가 사후에 자의로 결의의 가부를 선택할 수 있는 결과가 되어 부당하므로 이 경우에 불통일행사한 투표는 언제나 무효가 된다고 한다.

---

8) 주주가 주식의 신탁을 인수하였거나 기타 타인을 위하여 주식을 가지고 있는 경우 외에는 회사는 주주의 의결권의 불통일행사를 거부할 수 있다(상법 제369조의2 제2항).

위 대법원 판결은 명확하지는 아니하지만 '불통일행사의 통지'가 있음을 전제로 하여 판시하고 있으므로 위 학설 중에서 절충설에 좀 더 가까운 것으로 보인다. 다만 위 판결은 이에 더하여 불통일행사의 허용이 주주평등의 원칙을 위반하거나 의결권 행사의 결과를 조작하기 위하여 자의적으로 이루어진 것이라는 등의 특별한 사정이 없을 것을 요건으로 하는 점에서 차이가 있다.

(4) 주식예탁증서(Depositary Receipts, DR) 소지자에 대한 주주총회소집통지

◎ 대법원 2009. 4. 23. 선고 2005다22701 판결

◇ 주식예탁증서 소지자에 대하여 주주총회소집통지를 요하는지 여부

구 증권거래법(2002. 1. 26. 법률 제6623호로 개정되기 전의 것) 제174조의8 제2항은 "예탁원에 예탁된 주권의 주식에 관한 실질주주명부에의 기재는 주주명부에의 기재와 동일한 효력을 가진다"고 규정하고 있으므로, 회사는 실질주주명부의 면책적 효력에 의하여 증권예탁원 이외에 실질주주에게 주주총회의 소집통지 등을 하면 이로써 면책된다. 한편, 해외예탁기관이 국내 법인의 신규 발행주식 또는 당해 주식발행인이 소유하고 있는 자기주식을 원주로 하여 이를 국내에 보관하고 그 원주를 대신하여 해외에서 발행하는 주식예탁증서(Depositary Receipts, DR)의 경우, 해외예탁기관이 발행회사의 실질주주명부에 실질주주로 기재되므로, 발행회사로서는 실질주주명부에 실질주주로 기재된 해외예탁기관에게 주주총회 소집통지 등을 하면 이로써 면책되고, 나아가 주식예탁증서의 실제 소유자의 인적 사항과 주소를 알아내어 그 실제 소유자에게까지 이를 통지할 의무는 없다.

증권업감독규정 제7-5조 제2항 제5호는 「5. "주식예탁증서"라 함은 해외예탁기관이 국내법인의 신규발행주식 또는 당해주식 발행인이 소유하고 있는 자기주식을 원주로 하여 이를 국내에 보관하고 동 원주를 대신하여 해외에서 발행한 예탁증서를 말한다」라고 규정하고 있다.

위와 같이 주식예탁증서(이하 'DR')는 우리나라 회사가 발행한 주식을 원주로 하여 해외예탁기관(Depositary)이 발행한 증권을 말하며 외국에서 원주 대신 유통된다. DR 소지자는 원주로의 전환을 청구할 수 있다. DR은 발행시장에 따라 ADR, EDR, GDR 등으로 불리고 있다. 해외예탁기관은 국내

발행회사(국내 원주 발행회사)를 대신하여 DR을 발행하고 DR 소유자를 위해 원주로의 교환 등 권리행사를 처리해 주는 업무를 담당한다.

DR은 국내에서 발행한 주식을 대체하여 발행한 것이고 DR을 소유하는 것은 원주(주식)를 소유하는 것으로 여겨지므로 DR 소유자도 국내주주와 마찬가지로 의결권을 행사하도록 하는 것이 바람직할 수 있다.

그러나 해외에서 발행회사를 대신하여 DR을 발행하고 DR 소유자를 위해 원주로의 교환 등 권리행사를 처리해 주는 DR 해외예탁기관이 발행회사의 실질주주명부상 실질주주로 나타나게 된다. 실제로 DR 소유자는 내국인일 수도 있고 외국인일수도 있지만 DR 해외예탁기관이 실질주주로 나타나게 되므로 DR은 모두 외국인이 소유한 것으로 여겨진다.

국내 발행회사의 주주명부폐쇄 기준일이 설정되면, 증권예탁원에 계좌가 개설된 해외 예탁기관 명의로 해당 주식수가 실질주주명부에 등재된다. 위와 같이 실질주주로 등재되는 해외예탁기관이 DR 보유자의 신청을 받아 증권예탁원에 권리행사를 일괄 신청하게 된다. 이 경우 증권예탁원은 신청 내역에 의거해 해외예탁기관의 권리를 일괄행사하게 된다.9)

위와 같이 해외예탁기관이 발행회사의 실질주주명부에 실질주주로 기재되는 이상, 발행회사로서는 실질주주명부에 실질주주로 기재된 해외예탁기관에게 주주총회 소집통지 등을 하면 이로써 면책되고, 나아가 주식예탁증서의 실제 소유자의 인적 사항과 주소를 알아내어 그 실제 소유자에게까지 이를 통지할 의무는 없다. 본 대상 판결은 이와 같은 법리를 설시한 것으로서 타당하다.

---

9) 보다 구체적으로 그 과정을 살펴본다. 주주총회일이 결정되면, DR을 발행한 회사는 DR 소유자를 위하여 해외예탁기관과 원주보관기관(예탁기관의 국내대리인 역할 = 증권예탁원)에게 주주총회의 일시·장소 및 회의의 목적사항인 안건 등을 통지한다. 이 경우 「발행회사 → 원주보관기관 → 해외예탁기관 → 외국중앙예탁기관 → Global Custodian → Custodian(DR 소유자의 보관기관) → DR 소유자」의 연결고리를 거쳐 주주총회 소집통지가 이루어지고, 그 반대방향으로 의결권 행사지시가 이루어지게 된다.

(5) 정관에 의한 의결권제한의 효력

◎ 대법원 2009. 11. 26. 선고 2009다51820 판결

◇ 1주 1의결권의 원칙을 규정한 상법 제369조 제1항이 강행규정인지 여부(적극)

◇ 최대주주가 아닌 주주와 그 특수관계인 등에 대하여도 일정 비율을 초과하는 주식에 관하여 감사의 선임 및 해임에 있어서 의결권을 제한하는 정관의 효력(무효)

　　[1] 상법 제369조 제1항에서 주식회사의 주주는 1주마다 1개의 의결권을 가진다고 하는 1주 1의결권의 원칙을 규정하고 있는바, 위 규정은 강행규정이므로 법률에서 위 원칙에 대한 예외를 인정하는 경우를 제외하고, 정관의 규정이나 주주총회의 결의 등으로 위 원칙에 반하여 의결권을 제한하더라도 그 효력이 없다.

　　[2] 상법 제409조 제2항·제3항은 '주주'가 일정 비율을 초과하여 소유하는 주식에 관하여 감사의 선임에 있어서 그 의결권을 제한하고 있고, 구 증권거래법(2007. 8. 3. 법률 제8635호 자본시장과 금융투자업에 관한 법률 부칙 제2조로 폐지, 이하 같다) 제191조의11은 '최대주주와 그 특수관계인 등'이 일정 비율을 초과하여 소유하는 주권상장법인의 주식에 관하여 감사의 선임 및 해임에 있어서 의결권을 제한하고 있을 뿐이므로, '최대주주가 아닌 주주와 그 특수관계인 등'에 대하여도 일정 비율을 초과하여 소유하는 주식에 관하여 감사의 선임 및 해임에 있어서 의결권을 제한하는 내용의 정관 규정이나 주주총회 결의 등은 무효라고 보아야 한다.

　　상법 제369조는 주식회사의 주주가 1주마다 1개의 의결권을 가진다고 규정하고 있는데, 이를 '1주 1의결권의 원칙'이라고 부르며 주주평등의 원칙을 구성하는 주된 내용이라고 설명되고 있다. 이 원칙은 강행규정이므로 법률에서 위 원칙에 대한 예외를 인정하고 있는 경우를 제외하고 정관으로 위 원칙에 반하여 의결권을 제한하거나 주주간의 합의로 이를 제한하는 것은 허용되지 않는다.

　　1주 1의결권의 원칙을 제한하는 법률조항으로는 상법상 회사의 자기주식 및 상호보유 주식의 의결권 제한(제369조 제2, 3항), 의결권 없는 주식제도(제370조 제1항), 총회결의에 이해관계 있는 자의 의결권 제한(제368조 제4항), 감사선임시 의결권 제한(제409조), 구 증권거래법상 상장법인 등의 감사선임시 의결권 제한(제191조의11),

공공적 법인의 주식소유제한 초과분에 대한 의결권제한($_{제3항}^{제200조}$), 상장법인 등의 주식 대량보유의 보고의무 위반시 의결권제한($_{의3}^{제200조}$), 그 밖에 독점규제 및 공정거래에 관한 법률 제11조의 출자제한 기업집단에 속하는 금융회사·보험회사의 의결권제한 등을 들 수 있다.

이 사건에서 문제된 상법 제409조 제2항은, 감사의 선임에 관하여, "의결권 없는 주식을 제외한 발행주식의 총수의 100분의 3을 초과하는 수의 주식을 가진 주주는 그 초과하는 주식에 관하여 제1항의 감사의 선임에 있어서는 의결권을 행사하지 못한다."라고 규정하고 있고, 같은 조 제3항은 "회사는 정관으로 제2항의 비율보다 낮은 비율을 정할 수 있다."라고 규정하고 있다. 한편, 구 증권거래법[10] 제191조의11 제1항은 "최대주주와 그 특수관계인 기타 대통령령이 정하는 자가 소유하는 주권상장법인 또는 코스닥상장법인의 의결권 있는 주식의 합계가 당해 법인의 의결권 있는 발행주식총수의 100분의 3(정관으로 그 비율을 더 낮게 정한 경우에는 그 비율로 한다)을 초과하는 경우 그 주주는 그 초과하는 주식에 관하여 감사 또는 감사위원회위원(사외이사가 아닌 위원에 한한다)의 선임 및 해임에 있어서는 의결권을 행사하지 못한다."라고 규정하고 있다.

그런데 이 사건 피고 회사의 정관 제21조 제4호는 "그러나 감사의 선임에는 의결권을 행사할 주주의 본인과 그 특수관계인, 본인 또는 그 특수관계인의 재산을 주식을 보유하는 자, 본인 또는 그 특수관계인에게 의결권을 위임한 자가 소유하는 의결권 있는 주식의 합계가 의결권 있는 발행주식총수의 100분의 3을 초과하는 경우, 그 주주는 그 초과하는 주식에 관하여는 의결권을 행사하지 못한다."라고 규정하고 있다.

이는 상법 제409조 제2항 및 제3항이 '주주'가 일정 비율 초과 보유 주식에 대하여 '감사의 선임'에 있어서 그 의결권을 제한하고 있고, 구 증권거래법 제191조의11이 '최대주주와 그 특수관계인 등'의 일정 비율 초과 보유 주식에 대하여 '감사의 선임 및 해임'에 있어서 의결권을 제한하고 있지만, 이 사건 정관조항은 '최대주주가 아닌 주주와 그 특수관계인 등'에 대하여도

---

10) 증권거래법은 2009. 2. 4. 폐지되고 '자본시장과 금융투자업에 관한 법률'로 흡수되었는데 위 규정은 위 법률에 존치되지 아니한 상태이다.

일정 비율 초과 보유 주식에 대하여 '감사의 선임 및 해임'에 있어서 의결권을 제한하는 것이다. 이러한 피고 회사의 정관조항은 '1주 1의결권 원칙'에 반하는 것으로서 법률상 근거가 없으므로 무효라고 보아야 한다.

2. 理　事

◎ 대법원 2009. 10. 29.자 2009마1311 판결

◇ 이사의 원수를 결한 경우 퇴임이사를 상대로 그 직무집행의 정지를 구하는 가처분 신청이 허용되는지 여부(소극)

◇ 이사의 원수가 충족된 경우 퇴임이사를 상대로 그 직무집행정지를 구하는 가처분신청을 할 수 있는지 여부(적극)

　　[1] 상법 제386조 제1항은 법률 또는 정관에 정한 이사의 원수를 결한 경우에는 임기의 만료 또는 사임으로 인하여 퇴임한 이사로 하여금 새로 선임된 이사가 취임할 때까지 이사의 권리의무를 행하도록 규정하고 있는바, 위 규정에 따라 이사의 권리의무를 행사하고 있는 퇴임이사로 하여금 이사로서의 권리의무를 가지게 하는 것이 불가능하거나 부적당한 경우 등 필요한 경우에는 상법 제386조 제2항에 정한 일시 이사의 직무를 행할 자의 선임을 법원에 청구할 수 있으므로, 이와는 별도로 상법 제386조 제1항에 정한 바에 따라 이사의 권리의무를 행하고 있는 퇴임이사를 상대로 해임사유의 존재나 임기만료·사임 등을 이유로 그 직무집행의 정지를 구하는 가처분 신청은 허용되지 않는다.

　　[2] 상법 제386조 제1항의 규정에 따라 퇴임이사가 이사의 권리의무를 행할 수 있는 것은 법률 또는 정관에 정한 이사의 원수를 결한 경우에 한정되는 것이므로, 퇴임할 당시에 법률 또는 정관에 정한 이사의 원수가 충족되어 있는 경우라면 퇴임하는 이사는 임기의 만료 또는 사임과 동시에 당연히 이사로서의 권리의무를 상실하는 것이고, 그럼에도 불구하고 그 이사가 여전히 이사로서의 권리의무를 실제로 행사하고 있는 경우에는 그 권리의무의 부존재확인청구권을 피보전권리로 하여 직무집행의 정지를 구하는 가처분신청이 허용된다.

　　상법 제386조 제1항은 "법률 또는 정관에 정한 이사의 원수를 결한 경우에는 임기의 만료 또는 사임으로 인하여 퇴임한 이사는 새로 선임된 이사가 취임할 때까지 이사의 권리의무가 있다."라고 규정하고, 제2항은 "제1항의 경우에 필요하다고 인정할 때에는 법원은 이사, 감사 기타 이해관계인의

청구에 의하여 일시 이사의 직무를 행할 자를 선임할 수 있다. 이 경우에는 본점의 소재지에서 그 등기를 하여야 한다."라고 규정하고 있다.

위와 같은 상법 제386조 제1항의 규정은 이사의 원수를 결여한 경우 퇴임이사의 신임이사 취임시까지 권리의무를 당연히 인정하고 있다는 점에서, 민법상의 퇴임이사와 그 지위에 있어서 차이가 있다. 즉, 대법원 1996. 12. 10. 선고 96다37206 판결은, 「민법상 법인의 상태가 법인의 상태가 임기만료된 이사에게 후임 이사 선임시까지 업무수행권을 인정할 필요가 있는 경우에 해당한다 하더라도 그 후 구 이사로 하여금 법인의 업무를 수행케 함이 부적당하다고 인정할 만한 특별한 사정이 없고 종전의 직무를 구 이사로 하여금 처리하게 할 필요가 있는 경우에 한하여 후임 이사가 선임될 때까지 임기만료된 구 이사에게 이사의 직무를 수행할 수 있는 업무수행권이 인정되는 것이지, 퇴임이사라는 사정만으로 당연히 또 포괄적으로 이사로서의 지위가 부여되는 것은 아니다」라고 판시하였다. 이 점에서 상법상의 퇴임이사와 상당한 차이가 있다.

그렇다면 퇴임이사가 임기만료 또는 사임으로 퇴임하였음에도 후임 임원의 선임절차를 밟지 않고 퇴임임원으로서 업무수행권을 내세워 불법적으로 또는 부당하게 업무를 수행하는 경우 회사는 어떠한 조치를 취하여야 하는지 문제된다. 상법 제386조 제2항에 기한 임시이사의 선임을 구하는 신청을 제기하는 것은 별론으로 하고, 직무집행정지가처분 신청은 허용되지 않는다고 볼 것이다. 상법 제386조 제2항에 의한 임시이사는 이사로서의 모든 권한을 행사할 수 있으나, 직무집행정지가처분에 의하여 선임된 직무대행자의 권한은 常務에 제한되므로(^{상법 제408조
제1항}), 임시이사 선임이 더 유효적절한 구제방법으로서 직무집행정지가처분을 신청할 이익이 없기 때문이다.

한편, 퇴임할 당시에 법률 또는 정관에 정한 이사의 원수가 충족되어 있는 경우라면 퇴임하는 이사는 임기의 만료 또는 사임과 동시에 당연히 이사로서의 권리의무를 상실한다.

상법 제386조 제1항의 규정에 따라 퇴임이사가 이사의 권리의무를 행할 수 있는 것은 법률 또는 정관에 정한 이사의 원수를 결한 경우에 한정되는 것이다. 따라서 퇴임할 당시에 법률 또는 정관에 정한 이사의 원수가 충족되어 있음에도 불구하고 퇴임이사가 여전히 이사로서의 권리의무를 실제로 행사하고 있는 경우에는 그 권리의무의 부존재확인청구권을 피보전권리로 하여 직무집행의 정지를 구하는 가처분신청이 허용됨은 당연하다.

3. 株式併合 無效의 訴와 株式併合 不存在確認의 訴

◎ 대법원 2009. 12. 24. 선고 2008다15520 판결

◇ 구 상법 부칙 제5조에 의한 주식병합의 효력을 다투는 방법(= 주식병합무효의 소)

◇ 주식병합의 절차적·실체적 하자가 극히 중대한 경우 이를 다투는 방법(= 주식병합부존재확인의 소)

◇ 구 상법 부칙 제5조에 의한 주식병합시 공고누락의 하자가 있는 경우 이를 다투는 방법(= 주식병합무효의 소)

[1] 상법 부칙(1984. 4. 10.) 제5조 제2항에 의하여 주식 1주의 금액을 5천 원 이상으로 하기 위하여 거치는 주식병합은 자본의 감소를 위한 주식병합과는 달리 자본의 감소가 수반되지 아니하지만, 주식병합에 의하여 구 주식의 실효와 신 주식의 발행이 수반되는 점에서는 자본감소를 위한 주식병합의 경우와 차이가 없다. 그런데 위와 같은 주식병합 절차에 의하여 실효되는 구 주식과 발행되는 신 주식의 효력을 어느 누구든지 그 시기나 방법 등에서 아무런 제한을 받지 않고 다툴 수 있게 한다면, 주식회사의 물적 기초와 주주 및 제3자의 이해관계에 중대한 영향을 미치는 주식을 둘러싼 법률관계를 신속하고 획일적으로 확정할 수 없게 되고, 이에 따라 주식회사의 내부적인 안정은 물론 대외적인 거래의 안전도 해할 우려가 있다. 따라서 이러한 경우에는 그 성질에 반하지 않는 한도 내에서 구 상법(1991. 5. 31. 법률 제4372호로 개정되기 전의 것) 제445조의 규정을 유추 적용하여, 주식병합으로 인한 변경등기가 있는 날로부터 6월 내에 주식병합 무효의 소로써만 주식병합의 무효를 주장할 수 있게 함이 상당하다.

[2] 구 상법 제445조에서 규정하는 '소'라 함은 형성의 소를 의미하는 것으로서, 일반 민사상 무효확인의 소로써 주식병합의 무효확인을 구하거나 다른 법률관계에 관한 소송에서 선결문제로서 주식병합의 무효를 주장하는 것은 원칙적으로 허용되지 아니한다. 그러나 주식병합의 실체가 없음에도 주식병합의 등기가 되어 있는 외관이 존재하는 경우 등과 같이 주식병합의 절차적·실체적 하자가 극히 중대하여

주식병합이 존재하지 아니한다고 볼 수 있는 경우에는, 주식병합 무효의 소와는 달리 출소기간의 제한에 구애됨이 없이 그 외관 등을 제거하기 위하여 주식병합 부존재확인의 소를 제기하거나 다른 법률관계에 관한 소송에서 선결문제로서 주식병합의 부존재를 주장할 수 있다.

[3] 구 상법 부칙 제5조 제2항이 구 상법 제440조를 준용하여 주식병합에 일정한 기간을 두어 공고와 통지의 절차를 거치도록 한 취지는, 신 주권을 수령할 자를 파악하고 실효되는 구 주권의 유통을 저지하기 위하여 회사가 미리 구 주권을 회수하여 두려는 데 있다. 회사가 위와 같은 공고 등의 절차를 거치지 아니한 경우에는 특별한 사정이 없는 한 주식병합의 무효사유가 존재한다고 할 것이지만, 회사가 주식병합에 관한 주주총회의 결의 등을 거쳐 주식병합 등기까지 마치되 그와 같은 공고만을 누락한 것에 불과한 경우에는 그러한 사정만으로 주식병합의 절차적·실체적 하자가 극히 중대하여 주식병합이 부존재한다고 볼 수는 없다.

주식회사의 자본은 이를 주식으로 분할하여야 하고, 주식의 금액은 균일하여야 하는데, 구 상법(1991. 5. 31. 법률 제4372호로 개정되기 전의 것, 이하 같다) 제329조는 株式의 券面額에 관하여 "1주의 금액은 5천 환 이상으로 하여야 한다."라고 규정하고 있었다. 그 후 상법이 1984. 4. 10. 법률 제3724호로 일부 개정되면서 위 규정은 "1주의 금액은 5천 원 이상으로 하여야 한다."라고 개정되었는데, 위 개정 법률 부칙 제5조 제2항은 상법 제434조의 규정에 의한 결의에 의하여 주식을 병합하되 상법 제440조 내지 제444조의 규정을 준용하도록 규정하는 한편, 감자무효의 소에 관한 상법 제445조의 준용 여부에 관하여는 아무런 규정을 두지 아니하였다.11)

위 부칙 제5조 제2항의 주식병합은 자본의 감소가 일어나지 않고 오로지 발행주식수만 줄어드는 점에서 상법 제440조의 주식병합과는 차이가 있다. 예컨대, 액면 500원 주식 10주를 병합하여 5,000원 주식 1주로 병합하더라도 주식의 수만 줄어들 뿐 자본은 아무런 변동이 없다. 반면 상법 제440조의 자본감소를 위한 주식병합은 액면 5,000원 주식 10주를 병합하여 액면 5,000원인 주식 1주로 되어 자본변동 및 감자차익이 생기게 된다.

---

11) 주식의 권면액에 관한 위 상법 규정은 1998. 12. 28.의 법률 개정(법률 제5591호)으로 제329조(자본의 구성, 주식의 권면액) 제1항에서 "1주의 금액은 100원 이상으로 하여야 한다."라고 규정하고 있다.

이와 관련하여 부칙 제5조 제2항의 주식병합이 위법한 경우 이를 어떠한 방법으로 다투어야 하는지 문제된다. (i) 민법상의 주식병합 무효확인 절차에 의하여야 한다는 견해, (ii) 상법 제445조(자본감소무효의 소)의 규정을 유추적용하여 주식병합무효의 소에 의하여야 한다는 견해, (iii) 상법 제429조(신주발행무효의 소)의 규정을 유추적용하여 주식병합무효의 소에 의하여야 한다는 견해 등이 있을 수 있다.

부칙 제5조 제2항에 의하여 주식 1주의 금액을 5천 원 이상으로 하기 위해 거치는 주식병합은 자본의 감소를 위한 주식병합과는 달리 자본의 감소가 수반되지 않지만, 주식병합에 의하여 구 주식의 실효와 신 주식의 발행이 수반되는 점에서는 자본감소를 위한 주식병합의 경우와 차이가 없다. 그런데 위와 같은 주식병합 절차에 의하여 실효되는 구 주식과 발행되는 신 주식의 효력을 어느 누구든지 그 시기나 방법 등에서 아무런 제한을 받지 않고 다툴 수 있게 한다면, 주식회사의 물적 기초와 주주 및 제3자의 이해관계에 중대한 영향을 미치는 주식을 둘러싼 법률관계를 신속하고 획일적으로 확정할 수 없게 되고, 이에 따라 주식회사의 내부적인 안정은 물론 대외적인 거래의 안전도 해할 우려가 있다. 따라서 이러한 경우에는 그 성질에 반하지 않는 한도 내에서 구 상법 제445조의 규정을 유추적용하여, 주식병합으로 인한 변경등기가 있는 날로부터 6월 내에 주식병합 무효의 소로써만 주식병합의 무효를 주장할 수 있게 하여야 할 것이다. 따라서 (ii)설이 타당하고, 본 대법원 판결도 이 점을 명확히 판시하였다.

한편, 종래 판례는, 「신주발행과 관련하여 절차적·실체적 하자가 극히 중대하여 신주발행이 존재하지 아니한다고 볼 수 있는 경우에는 제소기간에 구애됨이 없이 신주발행 부존재확인의 소에 의하여 그 효력을 부정할 수 있다」라는 입장을 취하였다.12) 이는 상법 제380조에 규정된 주주총회결의 부존재확인의 소와 궤를 같이 하는 것으로서, 이 소에도 결의취소의 소에 규정되어 있는 제소기간이 준용되지 아니하듯이, 신주발행 부존재확인의 소에도 제소기간에 제한이 없다고 보는 것이다. 그리하여 신주발행의 효력을 부정하는 방법으로 상법상의 신주발행 무효의 소 이외에 신주발행 부존재확인의

---

12) 대법원 1989. 7. 25. 선고 87다카2316 판결.

소가 인정되고, 그 후 전환사채발행의 경우에도 "전환사채발행 부존재확인의 소"의 개념이 판례상 인정되기에 이른다.13)

　그렇다면 주식병합의 경우에도 주식병합 부존재확인의 소를 인정할 수 있을지 문제된다. 주식병합(구 상법 부칙 제5조에 의한 것이든 제440조에 의한 것이든)이 실제 주주총회를 개최하지도 않고 공고절차 등도 거치지 않는 등 아무런 실체가 없음에도 외관상으로만 주식병합 등기가 되어 있는 경우에는, 신주발행 부존재확인의 소 또는 전환사채발행 부존재확인의 소와 마찬가지로, 주식병합 부존재확인의 소를 인정할 수 있어야 한다. 이러한 소를 인정해야만, 주식병합 무효의 소의 출소기간 등의 제한을 받지 않고, 법인등기부에만 존재하는 주식병합의 외관을 제거할 수 있기 때문이다.

　한편, 상법 제440조는 "주식을 병합할 경우에는 회사는 3월 이상의 기간을 정하여 그 뜻과 그 기간 내에 주권을 회사에 제출할 것을 공고하고 주주명부에 기재된 주주와 질권자에 대하여는 각별로 그 통지를 하여야 한다."라고 규정하고 있고, 제441조는 "주식의 병합은 전조의 기간이 만료한 때에 그 효력이 생긴다. 그러나 제232조의 규정에 의한 절차가 종료하지 아니한 때에는 그 종료한 때에 효력이 생긴다."라고 규정하고 있다. 여기서 주식병합 결의와 법인등기부상 감자등기 등을 모두 하였으나 공고만을 누락한 경우 그 하자가 주식병합의 무효사유인지 부존재사유인지가 문제된다.

　대법원 2005. 12. 9. 선고 2004다40306 판결은, 「주식병합의 효력발생을 위해 주권을 제출토록 공고하게 한 취지는 신주권의 수령권자를 파악하고 구 주권의 유통을 방지하고자 함이다」라고 판시한 바 있다. 공고가 누락된 채 주식병합이 이루어지면, 실효된 구 주권이 임의로 유통되어 이를 유효한 것으로 믿고 취득한 자는 불의의 손해를 볼 염려가 있으므로 주식합병 이전에 미리 회수할 필요가 있기 때문에, 공고를 누락한 하자는 "무효사유"에 해당하고 "부존재사유"에는 해당하지 않는다고 봄이 상당하다.

　공고는 구 주권의 유통을 저지하고 이를 확보하기 위한 규정에 불과하므로 구 주식 실효 및 신 주식 발행의 효력발생에 본질적인 부분이라고 할 수 없다. 설령 공고를 하였더라도 기존 주주들이 주권을 제출하지 않고 유통

---
13) 대법원 2004. 8. 16. 선고 2003다9636 판결.

시키면 그만이므로 반드시 공고가 제3자 보호를 이끌어내는 결과를 가져오는 것도 아니다. 또한 주식병합에 관한 사항은 법인등기부에 등기되어 널리 공시되므로, 만일 공고 누락의 하자를 다투려는 주주 혹은 이해관계인으로서도 그 변경등기일로부터 6월내에 주식병합무효의 소를 제기할 기회가 충분히 부여되어 있으므로 이와 같이 보더라도 부당한 결과를 가져오는 것은 아니다. 대법원 2005. 12. 9. 선고 2004다40306 판결이 「1인 회사와 같이 이러한 필요를 인정하기 어려운 회사의 경우라면 공고가 없이 減資登記를 하였더라도 그 등기시에 주식병합의 효력이 발생한 것으로 보아야 한다」라고 판시한 것도, "공고가 없으면 언제까지나 주식병합의 효력이 발생하지 않는다"라는 형식논리의 적용을 거부한 것으로 볼 수 있다.

요컨대, 주금인상을 위한 주식병합의 하자는 원칙적으로 주식병합 무효의 소에 의하여 다투어야 하고, 다만 그 절차적·실체적 하자가 중대한 경우에는 주식병합 부존재의 소에 의하여 제소기간의 제한 없이 다툴 수 있으며, 주식병합 공고의 누락은 주식병합의 무효사유일 뿐 주식병합 부존재 사유는 아니므로, 그 하자는 변경등기일로부터 6월내에 주식병합 무효의 소의 방법으로 다투어야 할 것이다.

Ⅲ. 保　　險

1. 保險契約者의 解約還給金請求權에 대한 押留 및 推尋

◎ 대법원 2009. 6. 23. 선고 2007다26165 판결

◇ 보험계약자의 해약환급금청구권에 대하여 압류 및 추심명령을 받은 채권자가 추심권에 기하여 자기의 이름으로 보험계약을 해지할 수 있는지 여부(적극)

◇ 채권자의 추심권에 기한 계약해지의 방식

[1] 보험계약에 관한 해약환급금채권은 보험계약자가 해지권을 행사할 것을 조건으로서 효력이 발생하는 조건부 권리이기는 하지만 금전 지급을 목적으로 하는 재산적 권리로서 민사집행법 등 법령에서 정한 압류금지재산이 아니어서 압류 및 추심명령의 대상이 되며, 그 채권을 청구하기 위해서는 보험계약의 해지가 필수적이어서 추심명령을 얻은 채권자가 해지권을 행사하는 것은 그 채권을 추심하기 위한

목적 범위 내의 행위로서 허용된다고 봄이 상당하므로, 당해 보험계약자인 채무자의 해지권 행사가 금지되거나 제한되어 있는 경우 등과 같은 특별한 사정이 없는 한, 그 채권에 관하여 추심명령을 얻은 채권자는 채무자의 보험계약 해지권을 자기의 이름으로 행사하여 그 채권의 지급을 청구할 수 있다.

[2] 해약환급금청구권에 관한 추심명령을 얻은 채권자가 위 추심명령에 기하여 제3채무자를 상대로 추심금의 지급을 구하는 소를 제기한 경우에 그 소장에는 추심권에 기초한 보험계약 해지의 의사가 담겨 있다고 할 것이므로, 그 소장 부본이 상대방인 보험자에게 송달됨에 따라 보험계약 해지의 효과는 발생하는 것으로 해석함이 상당하다.

보험계약자는 보험사고 발생 전에 언제든지 보험계약을 해지할 수 있다(상법 제649조 제1항 본문). 다만 상업 제639조 소정의 "타인을 위한 보험계약"에서는 그 타인의 동의를 얻거나 보험증권을 소지한 경우에만 가능하다(상법 제649조 제1항 단서).

해약환급금청구권이라 함은, 보험계약자가 보험계약을 해지한 경우에 보험자에 대하여 취득하는 금전채권을 의미하는데, 구체적으로는 피보험자를 위하여 적립된 책임준비금으로부터 일정액(해약공제금)을 공제하고 남은 금액을 말한다. 이러한 해약환급금청구권은 보험계약자의 해지권의 행사에 의하여 보험계약이 장래에 향하여 소멸함으로써 구체적 금전채권으로 되는 조건부권리로 보는 것이 통설이다.

이와 같이 해약환급금청구권이 피보험자 또는 보험수익자의 생활보장, 사회보장을 주목적으로 하는 점 등을 중시하여 해약환급금청구권을 압류금지채권으로 보아야 한다는 견해가 있을 수 있다. 그러나 해약환급금청구권은 민사집행법상 압류금지채권에 속하지 않고, 다른 법령에 의하여 압류나 양도가 금지되어 있지 않으며, 성질상 압류가 금지된 일신전속적인 채권이라고도 볼 수 없으므로, 해약환급금청구권에 대한 압류적격을 부정하기는 어렵다.

보험계약자의 해약환급금청구권을 압류한 채권자가 보험계약을 해지하는 방법으로는, 첫째 채권자대위권에 근거하여 해지권을 행사하는 방법(민법 제404조), 둘째 보험계약자를 대위하지 않고 추심권에 기하여 자신의 명의로 보험계약을 해지하는 방법(민사집행법 제229조 제2항) 등이 있다.

채권자대위권에 기한 해지권 행사를 하기 위해서는 보험계약 해지권이 일신전속적 권리가 아니어야 하는데, 이 해지권은 조건적인 해약환급금청구권을 구체화·현실화시킨다는 의미에서 재산적 가치가 있으며 해지권이 타인에 의해 행사된다고 하여 그 권리의 본질적 내용이 변화하는 것은 아니므로 이를 일신전속적 권리로 볼 수는 없다. 따라서 보험계약자가 무자력 등 채권자대위권 행사 요건을 갖춘 경우에는 채권자대위권에 기한 해지를 부정할 이유는 없다.

나아가, 압류채권자가 보험계약자를 대위하지 않고 추심권에 기하여 자신의 명의로 보험계약을 해지할 수 있는지가 문제된다. 보험의 생활보장적 성격을 감안한다 하더라도, 해약환급금청구권이 압류금지재산으로 법정되어 있지 않아 그에 대한 압류가 인정되고 그 환가방법으로 추심명령이 인정되는 이상, 그것에 의한 압류채권자가 압류채권을 구체적으로 실현하여 채무자에 대한 자기의 채권의 만족을 얻기 위한 보험계약의 해지권 행사를 인정하는 것이 자연스럽다.

한편, 보험계약자는 원칙적으로 보험사고가 발생하기 전에는 언제든지 보험계약의 전부 또는 일부를 해지할 수 있지만($^{상법\ 제649조}_{본문}$). 타인을 위한 보험계약의 경우에는 타인의 동의를 얻거나 보험증권을 소지하는 것이 요건으로 되어 있다($^{상법\ 제649조}_{단서}$). 여기서 타인을 위한 보험계약의 해약환급금청구권을 압류한 채권자가 추심권에 기하여 보험계약을 해지하는 경우 보험수익자의 동의가 있어야 하는지 문제된다.

먼저, 손해보험의 경우에는 보험계약자에 의한 피보험자 변경권이 인정되지 않으므로 타인을 위한 보험계약 중 손해보험에서는 보험계약자는 타인인 피보험자의 동의 없이는 보험계약을 임의해지할 수 없다. 따라서 보험계약자의 압류채권자 역시 타인인 피보험자의 동의 없이는 보험계약을 임의해지할 수 없다고 보아야 할 것이다.

그러나 상법은 타인을 위한 생명보험계약에서 보험계약자가 보험수익자를 지정하거나 변경할 권리를 언제라도 행사할 수 있는 것으로 규정하고 있다($^{상법\ 제733조}_{제1항}$). 그리하여 인보험에서는 특별한 약정이 없는 한 보험계약자에게 보험수익자의 지정변경권이 유보되어 있고, 이러한 지정변경권 속에는 타인으로 지정된 보험수익자를 철회하고 보험계약자 자신을 보험수익자로 변경할 수 있는 권리도 포함되어 있는 것으로 해석된다. 그 결과 보험계약자에 의해 보험계약자 자신을 보험수익자로 변경하는 내용의 지정변경권이 행사된 경우에는 '타인을 위한 보험계약'으로서의 성질을 잃게 되어 보험계약 해지에 있어서 타인의 동의를 받을 필요가 없게 된다.

　이러한 보험계약자의 보험수익자 지정변경권을 일신전속적 권리로 보아야 할 근거는 없으므로, 보험환급금청구권을 압류한 채권자로서는 추심권을 행사하기 위하여 지정변경권을 행사하여 보험수익자의 동의 없이 보험계약을 해지할 수 있다고 할 것이다.

　다만, 보험계약을 체결하면서 보험계약자에게 인정된 보험수익자의 지정변경권을 포기 또는 제한하는 약정을 한 경우에는 보험수익자의 지위는 확정적이기 때문에 보험계약자는 보험수익자를 철회하거나 변경할 수 없다. 따라서 보험환급금청구권을 압류한 추심채권자라 하더라도, 원래 보험계약자가 가진 권리 이상을 행사할 수 없는 것이므로 보험수익자의 동의 없이 보험계약을 해지할 수 있다고 보기는 어려울 것이다.

2. 船舶所有者의 責任保險者에 의한 被保險者의 責任制限 抗辯 援用

◎ 대법원 2009. 11. 26. 선고 2009다58470 판결

◇ 선박소유자의 책임보험자가 피보험자의 책임제한의 항변을 원용하여 책임제한을 주장할 수 있는지 여부(적극)

　구 상법(2007. 8. 3. 법률 제8581호로 개정되기 전의 것) 제750조 제1항에 선박소유자의 경우와 동일하게 책임을 제한할 수 있는 자로 선박소유자의 책임보험자가 규정되어 있지는 않으나, 동법 제724조 제2항에서 "제3자는 피보험자가 책임을 질 사고로 입은 손해에 대하여 보험금액의 한도 내에서 보험자에게 직접 보상을 청구할 수 있다. 그러나 보험자는 피보험자가 그 사고에 관하여 가지는 항변으로써 제3자에게 대항할 수 있다"고 규정하고 있을 뿐 아니라, 책임보험자는 피보험자의 책임 범위 내에서만 책임을 부담하는 것이 보험법의 일반원리에도 충실하고, 같은 피해자라도 상대방이 보험에 가입하였느냐 여부 및 선박소유자 또는 보험자 어느 쪽에 대하여 청구권을 행사하느냐에 따라 그 손해전보의 범위가 달라지는 것은 합리적이지 못하며, 해상사고의 대규모성에 비추어 해상보험자에 대하여만 그 보호를 포기할 이

유가 없다는 점 등을 고려하면, 책임보험자도 피보험자인 선박소유자 등의 책임제한
의 항변을 원용하여 책임제한을 주장할 수 있다고 할 것이다. 그리고 책임보험자가
선박소유자등의책임제한절차에관한법률에서 규정한 책임제한절차 외에서 선박소유
자의 책임제한 항변을 원용하는 경우 법원으로서는 책임제한절차의 폐지 또는 책임
제한절차 개시결정의 취소를 조건으로 제한채권자의 청구를 인용할 수 있다.

상법은 해상기업활동과 관련하여 일정한 원인에 의하여 제3자에게 손해
가 발생한 때에 선박소유자가 자신의 책임을 일정액으로 제한할 수 있도록
하고 있는데, 이를 선박소유자의 책임제한제도라 한다. 상법은 제769조부터
제776조까지 선박소유자 등의 책임제한에 관하여 규정하고, "선박소유자 등
의 책임제한절차에 관한 법률"은 책임제한절차를 규정하고 있다.

상법상의 책임제한은 선박소유자 등이 상법이나 기타 법률에 의하여 손
해배상책임을 지는 것을 전제로 그 책임의 양적 범위를 제한·경감하는 인
적 책임제한이다. 상법은 손해배상책임의 원인을 가리지 아니하고 모든 경우
에 있어 책임제한을 인정하므로 손해배상청구의 원인이 계약에 기한 것이든
불법행위에 기한 것이든 기타 법령규정에 기한 것이든 불문하고 책임제한이
가능하다.

그런데 이 경우 선박소유자등 피보험자의 보험자가 책임제한의 주체가
될 수 있는지 여부에 관하여 우리나라 법률에는 아무런 규정이 없다. 반면, 우
리나라가 가입하지 아니한 1976년 '해사채권에 관한 책임제한협약'(Convention
on Limitation of Liability for Maritime Claims) 제1조 제6항은 이를 긍정하는
내용을 명시하여 규정하고 있다.

그러나 상법 제724조 제2항은 책임보험에 관하여 제3자에게 보험자에
대한 보험금의 직접청구권을 인정하고, 보험자에게 피보험자가 그 사고에 대
하여 가지는 항변으로 제3자에게 대항할 수 있는 것으로 규정하고 있으므로,
상법 규정에서 책임보험자를 책임제한의 주체로 열거하지 않고 있더라도 책
임보험자는 피보험자의 책임제한권을 원용하여 제3자에게 책임제한을 주장
할 수 있다고 할 것이다.

한편, 책임제한절차가 개시되면 제한채권자는 기금 이외의 신청인의 재
산 또는 수익채무자의 재산에 대하여 그 권리를 행사할 수 없다. 기금 이외

의 재산 중에는 선박 등에 대한 신청인 또는 수익채무자의 보험금청구권도 포함되는 것이 당연하다. 그러나 절차가 개시되더라도 채권자의 신청인 또는 수익채무자에 대한 제한채권에 관한 소송은 중단되지는 않는다. 절차개시의 단계에서 제한채권인지 아닌지를 결정하는 것이 곤란하기 때문이다. 신청인 또는 수익채무자는 제한채권에 관한 소송에 있어서 채권자에 대하여 일반재산에 대한 권리행사는 허용되지 않는 뜻의 항변을 제출할 수 있고, 이 항변을 제출하지 않으면 단순한 인용판결이 선고되며 기판력에 의하여 더 이상 책임제한의 효과를 주장할 수 없게 된다.

　　이 항변을 인용하는 경우에는 법원이 어떠한 주문을 낼 것인가가 문제된다. ① 책임제한절차의 폐지 또는 책임제한절차 개시결정의 취소를 정지조건으로 손해배상액의 지급을 명하는 방법, ② 책임제한절차에서 확정될 금액을 한도로 손해배상액의 지급을 명하는 방법 등이 있을 수 있다. 본 대법원 판결은 「책임보험자가 선박소유자 등의 책임제한절차에 관한 법률에서 규정한 책임제한절차 외에서 선박소유자의 책임제한 항변을 원용하는 경우 법원으로서는 책임제한절차의 폐지 또는 책임제한절차 개시결정의 취소를 조건으로 제한채권자의 청구를 인용할 수 있다」고 판시하여 ①의 방법을 채택하였다.

Ⅳ. 運　送

1. 貨物先取保證書에 기한 保證責任의 範圍

◎ 대법원 2009. 5. 28. 선고 2007다24008 판결

◇ 화물선취보증서에 기한 보증책임의 범위가 상업송장 가액으로 제한되지 않는다고 본 사례

　　피고가 소외 회사를 통하여 원고에게 교부한 이 사건 화물선취보증서에는 "피고의 요청으로 원고가 화물을 인도함으로써 입게 된 손해 등에 관하여 면책을 보증한다."라는 취지로 기재되어 있을 뿐 달리 피고의 보증책임의 범위를 상업송장 가액(Invoice Value)의 한도로 제한하는 내용의 명시적인 기재는 없는 점, 피고가 소외 회사로부터 신용장에 대한 담보금으로 교부받은 금액이자 상업송장 사본, 선하증권 사본에 이 사건 화물의 가액으로 기재된 금액인 미화 12,500달러의 범위 내에서 보

증책임을 부담하고자 하는 의사로 상업송장 가액을 미화 12,500달러로 기재한 이 사건 화물선취보증서를 발행하였다고 하더라도 이는 내심의 의사에 불과하여 그러한 사정을 알고 있었다고 볼 수 없는 원고에 대하여는 아무런 효력도 미칠 수 없는 점 등 여러 사정을 종합하여 보면, 원고가 이 사건 화물선취보증서를 교부받고 이 사건 화물을 소외 회사에 인도함에 있어 이 사건 화물의 가액이 미화 12,500달러임을 전제하였다거나, 나아가 이 사건 화물선취보증서에 기한 피고의 보증책임의 범위가 상업송장 가액인 미화 12,500달러로 제한됨을 묵시적으로나마 동의하였다고 보기는 어렵다.

선하증권이 발행된 경우에 운송인이 선하증권과 상환함이 없이 화물을 인도하는 것을 공도(空渡)라고 하고, 이때 운송인이 화물의 인도를 청구하는 자로부터 은행 등이 발행한 화물선취보증서(Letter of Guarantee, L/G)를 제출받는 경우를 보증도(保證渡)라고 한다. 한편, 화물의 인도를 청구하는 자가 신용장개설은행으로부터 선적서류를 대여받아서 이 서류를 운송인에게 제출하고 화물을 인도받는 경우를 '대도'(Trust Receipt)라고 한다.

보증도에 의하여 운송물을 인도하면 매수인 측에서는 상품의 가격이 시시각각 변동하는 물건에 대한 손해 발생 위험, 운송물의 변질, 부패 등의 불이익을 방지할 수 있고, 운송인에게는 적하의 신속한 처리라는 이익을 주며, 신용장개설은행으로서는 실수요자로부터 조속한 신용장대금의 변제를 받게 되어 신용장거래를 조속히 종결할 수 있기 때문에 선하증권에 관계된 거래당사자 모두의 이익에 합치하는 제도로서 기능하게 된다.

이러한 '보증도'에 관한 상관습은 운송인 또는 운송취급인의 정당한 선하증권 소지인에 대한 책임을 면제함을 목적으로 하는 것이 아니고, 오히려 '보증도'로 인하여 정당한 선하증권 소지인이 손해를 입게 되는 경우 운송인 또는 운송취급인이 그 손해를 배상할 것을 전제로 하는 것이다. 따라서 운송인 또는 운송취급인이 선하증권과 상환하지 아니하고 '보증도'에 의하여 운송물을 인도함으로써 선하증권 소지인의 운송물에 대한 권리를 침해하였을 때에는 고의 또는 중대한 과실에 의한 불법행위가 성립된다.[14] 보증도 등의 방법에 의하여 화물의 회수가 사회통념상 이행 불가능하게 되는 등 화물이 멸

---

14) 대법원 1992. 2. 14. 선고 91다4249 판결; 대법원 1991. 12. 10. 선고 91다14123 판결.

실되면 이행불능에 따른 손해가 발생한 것이고, 따라서 그 경우에 선하증권 소지인에게 이행불능에 따른 손해배상청구권이 발생한다.

이 사건 사실관계를 보면, 이 사건 화물선취보증서에는 「우리의 요청에 따라 화물을 인도함으로써 귀하가 부담하게 될 법적 책임, 손해 또는 비용에 관하여 귀하의 피용인 및 귀하의 대리상에게 면책을 보증하고 손해가 발생하지 않도록 합니다. 다만, 우리 은행은 운송계약과 관련하여 발생하는, 책임, 운임, 체선료, 기타 비용에 관하여는 책임을 지지 않습니다. 선하증권 원본을 취득하는 즉시 귀하에게 제출할 것이며, 이때 우리의 책임은 끝나게 됩니다」라는 취지로 기재되어 있고, 상업송장 가액(Invoice Value)란에는 "미화 12,500달러"로 기재되어 있다. 이러한 사실관계 하에서 원심은 「원고와 피고는 이 사건 화물의 가액이 미화 12,500달러임을 전제로 이 사건 화물선취보증서를 수수하였다고 할 것이므로 이 사건 화물선취보증서에 기한 피고의 보증책임의 범위는 미화 12,500달러로 제한된다고 봄이 상당하다」라고 판단하였다.

그러나 이러한 원심의 판단은 타당하다고 보기 어렵다. 운송인은 원래 선하증권과 상환으로만 운송물을 인도할 의무가 있는데, 전적으로 은행의 화물선취보증서를 믿고서 선하증권 없이 운송물을 인도하는 것이므로 은행의 책임은 원래 운송인의 모든 책임을 면제시켜 주는 것이 원칙이다. 또한 운송인이 위와 같이 운송물을 인도할 경우, 선하증권 소지인에 대하여 부담하는 책임은 '운송물의 시가 상당의 불법행위 손해배상책임'이므로, 보증서를 작성해 준 은행이 그에 대한 책임을 부담하는 것은 당연하다. 학설상으로는 보증은행이 배상하여야 할 금액은 보증서에 그 금액의 한도가 기재되어 있는지 여부를 불문하고 운송물의 인도에서 생기는 모든 결과에 대하여 배상의 의무가 있다고 보아야 한다는 견해까지 있다.

위와 같은 화물선취보증서의 목적, 기능 및 거래관행 등을 고려하면, 은행이 응당 부담하여야 할 보증책임을 면하기 위해서는, 화물선취보증서를 받아 본 운송인의 입장에서 스스로의 위험 판단에 따라 보증책임 한도에도 불구하고 선하증권 없이 운송물을 교부할지 여부를 결정할 수 있도록 보증책임 한도 문구를 명확히 기재하여야 할 것이다. 그러나 이 사건 화물선취보증서의 문구만으로는 은행의 위와 같은 보증책임 제한 의사를 운송인이 있었다고 보기 어려우므로, 법률행위의 해석의 원칙상 은행과 운송인 사이에 보증책임 제한에 관한 합의가 있었다고 할 수 없다.

2. 運送人이 履行할 用役義務의 範圍를 限定하여 引受하는 内容의 約款條項의 有效性

◎ 대법원 2009. 8. 20. 선고 2007다82530 판결

◇ 선하증권의 이면약관으로 운송인이 선적항에서 운송물을 수령하여 단독으로 관리하게 되는 때부터 운송인으로서의 책임을 부담하도록 정한 경우 구 상법 제790조에 반하여 무효인지 여부(소극)

구 상법(2007. 8. 3. 법률 제8581호로 개정되기 전의 것. 이하 '구 상법'이라 한다) 제788조 제1항은 "운송인은 자기 또는 선원 기타의 선박 사용인이 운송물의 수령, 선적, 적부, 운송, 보관, 양륙과 인도에 관하여 주의를 해태하지 아니하였음을 증명하지 아니하면 운송물의 멸실, 훼손 또는 연착으로 인한 손해를 배상할 책임이 있다"고 규정하고 있는바, 이러한 해상운송인의 운송물에 관한 주의의무는 해상운송인이 송하인과의 해상운송계약에 따라 운송물을 수령하여 운송인의 지위를 취득하는 경우 그 계약에 따른 책임범위에 대한 해상운송인의 주의의무를 규정한 것이고, 해상운송인이 운송물에 대하여 수령부터 인도까지 주의의무를 다하는 내용으로 운송계약을 체결하도록 강제하는 규정으로 볼 수 없다. 따라서 해상운송인이 선하증권의 이면약관으로 운송인이 선적항에서 운송물을 수령하여 단독으로 관리하게 되는 때부터 운송인으로서의 책임을 부담하도록 정하더라도 구 상법 제790조에 반하는 무효의 약관이라고 할 수 없고, 이 경우 해상운송인의 책임은 운송인이 선적항에서 화물을 단독으로 관리하는 때로부터 개시된다.

"히말라야 약관"이라 함은 해상운송인에게 적용되는 책임제한의 혜택을 선원, 선장, 선박대리점, 터미널 운영자 기타 운송물 취급자에게 확장하여 적용하도록 하는 선하증권의 조항을 말한다. 해상운송은 육상운송에 비하여 그 손해발생의 위험이나 규모가 크고 대체로 운송기간이 길며, 선박의 발착이 불규칙할 뿐만 아니라 하역작업이 복잡하기 때문에 운임과의 관계에서 운송인책임을 제한 또는 면제하는 이른바 면책약관이 발전하였다.

해상운송 분야의 책임제한에 관하여 1991년 개정 상법은 Hague-Visby 규칙(협약)의 주요 내용을 도입하면서 제789조의3 제2항에서 종래 선하증권에 기재되던 히말라야 약관(Himalaya Clause)의 내용을 규정하였다. 다만, 위 조항에서는 '운송인의 사용인 또는 대리인'에 대하여만 운송인이 주장할 수 있는 책임제한의 항변을 원용할 수 있도록 하고 있으므로, 피용자나 대리인 뿐만 아니라 독립적인 계약자도 책임제한 항변을 원용할 수 있도록 한 히말라야 약관보다 그 책임제한의 인적범위가 좁다.

이와 같이 구 상법 조항과 히말라야 약관의 차이점과 관련하여 위 약관 조항의 효력이 문제될 수 있다. 판례15)는 「히말라야 약관은 해상운송의 위험이나 특수성과 관련하여 선하증권의 뒷면에 일반적으로 기재되어 국제적으로 통용되고 있을 뿐만 아니라, 간접적으로는 운송의뢰인이 부담할 운임과도 관련이 있는 점에 비추어 볼 때, 약관의 규제에 관한 법률 제6조 제1항에서 정하는 '신의성실의 원칙에 반하여 공정을 잃은 조항'이라거나 같은 법 제6조 제2항의 각 호에 해당하는 조항에 해당한다고도 할 수 없다」라고 판시하여 그 유효성을 인정하고 있다.

이 사건에서는 독립적 계약자인 대한통운이 독립적 계약자에 대하여 책임제한을 인정하고 있는 히말라야 약관을 적용받을 수 있는지가 문제되었는데, 위 약관을 적용받기 위한 전제로서 운송인이 선하증권에 기하여 책임을 부담하는 것이 선결문제로 대두되었다.

운송인이 아예 책임을 지는 화물사고가 아니라면 독립적 계약자가 운송인의 책임제한을 원용하는 것은 불가능하기 때문이다.

일반적으로 해상운송기간은, 물건의 선적 전의 기간(the period prior to loading the goods), 해상운송기간(the period of ocean carriage itself), 물건의 양륙 후의 기간(the period subsequent to discharging the goods)으로 나눌 수 있다. 이 중에서 해상운송기간에 발생한 사고에 대하여 운송인의 책임이 있는 것은 당연하지만, 물건의 선적 전의 기간이나 양륙 후의 기간 중에 발생한 사고에 대하여는 운송인의 책임의 개시시점 및 물건의 인도시점과 관련하여 논란이 있을 수 있다.

---

15) 대법원 2007. 4. 27. 선고 2007다4943 판결.

이 사건 운송인이 발행한 선하증권 이면약관 제4조 제1항에는 「운송인은 '화물을 인도받아 단독 관리(sole custody)하게 되었을 동안'에만 화물에 대해 책임을 부담한다」라고 규정하고 있다. 구체적으로는 운송인은 신조해운으로부터 부산항에서 말레이시아 켈랑항(Port Kelang)까지의 해상운송 구간만을 의뢰받아 이 사건 화물을 운송하기로 하였고, 「'항구 대 항구 사이의 운송'(Port to Port Carriage)의 경우에는 운송인이 '선적항에서의 화물의 수령시부터 선박으로부터 양하가 완료될 때'까지만 화물에 대해 책임을 부담한다」라고 규정되어 있다.

이 사건 사고는 위와 같이 "운송인이 화물을 인도받아 단독 관리(sole custody)하기 전에 발생한 사고"라고 인정되었고, 이에 대하여 이 사건 피고는 "단독 관리의 경우에만 책임을 지기로 한 선하증권의 약관은 구 상법 제788조 제1항의 강행법규에 반하여 무효"라고 주장하였다.

구 상법(2007. 8. 3 법률 제8581호로 개정되기 전의 것) 제788조 제1항은 "운송인은 자기 또는 선원 기타의 선박사용인이 운송물의 수령, 선적, 적부, 운송, 보관, 양육과 인도에 관하여 주의를 해태하지 아니하였음을 증명하지 아니하면 운송물의 멸실, 훼손 또는 연착으로 인한 손해를 배상할 책임이 있다."라고 규정하고 있고, 구 상법 제790조 제1항은 "제787조 내지 제789조의 3의 규정에 반하여 운송인의 의무 또는 책임을 경감 또는 면제하는 당사자 간의 특약은 효력이 없다. 운송물에 관한 보험의 이익을 운송인에게 양도하는 약정 또는 이와 유사한 약정도 또한 같다."라고 규정하고 있다. 종래 F.I.O 조건에 의하면, 운송인은 선적 후 양하 전까지만 책임을 지게 되는바, 종래 학설상 이 약관이 구 상법 제790조 제1항, 제788조 제1항에 위반되어 무효라고 보아야 하는지를 둘러싸고 견해가 대립되었다.

"무효설"은, 구 상법 제788조는 해상운송인의 운송물의 수령, 선적, 적부, 운송, 보관, 양륙, 인도에 관한 주의의무를 규정하고 있는데, 해상물품운송계약은 운송인이 송하인으로부터 물품을 수취하는 것에 의하여 개시되어 목적항에서 수하인에게 물품을 인도하는 것에 의하여 종료되는 계약이고, 따라서 물품운송에 있어서 운송인의 주의의무 및 책임의 기간적 범위는 물품의 수령에서부터 인도까지를 의미한다 할 것이며, 이러한 운송인의 의무는 운송인의 고유한 의무라고 해석되므로 그 의무를 제한하는 면책약관 예컨대 선적, 적부, 양륙 등의 하자에 기한 운송물의 손해에 대하여 면책하는 F.I.O. 약관은 구 상법 제790조에 위반되어 무효라고 한다.

반면 "유효설"은 구 상법상 수령, 선적, 적부, 운송, 보관, 양륙, 인도 등을 운송인의 의무로 열거한 것은 운송인이 인수하는 주의의무의 범위를 정한 것이고, 이들 사항 중에 어떤 것이 운송인이 인수한 범위 내에 속하지 아니한 때에는 그 사항에 대하여 운송인이 주의의무를 부담할 필요는 없으며, 따라서 선적 또는 양하를 송하인에게 행하게 하는 뜻의 F.I.O. 특약은 운송인이 인수하는 운송의무를 선적 후 또는 양하착수 전의 범위에 한하는 취지로 해석할 수 있으므로 이러한 특약은 주의의무를 면제하는 것이 아니고 운송인이 인수할 운송의 범위를 한정하는 것으로 유효하다고 한다.

이 중 유효설이 타당하다. 해상운송거래상 관행되고 있는 F.I.O 특약은 운송인은 운송물의 선적, 적부, 양하에 대하여 책임을 지지 아니한다는 특약으로서 운송인과 송하인·수하인 사이에 운송인이 인수하는 용역의 범위를 한정하는 특약에 불과하다. 만일 운송인이 인수한 용역에 대한 주의의무를 경감하거나 면제하는 내용의 특약을 한 것이라면 이는 구 상법 제790조 제1항, 제788조 제1항에 위반된다고 볼 수 있지만, 운송인이 인수하지 않은 용역에 대하여는 책임을 지지 않겠다는 것은 구 상법 제790조 제1항, 제788조 제1항에 위반된다고 할 수 없다. 구 상법 제788조 제1항의 용역의 내용은 운송인이 반드시 인수하여야 할 용역의 범위를 강제적으로 규정한 것으로 볼 수는 없고 이는 예시에 불과하다. 대법원 2003. 1. 10. 선고 2000다70064 판결도 F.I.O 약관이 유효하다는 것을 전제로 판단하고 있고, 대법원 2004. 10. 15. 선고 2004다2137 판결 또한 같은 취지로 보인다.

요컨대 구 상법 제788조 제1항에서 강행규정으로 해석하여야 하는 것은 운송인이 인수한 용역에 대한 주의의무에 관한 부분이고, 위 규정에서 열거한 용역의무를 반드시 운송인이 모두 인수하여야만 유효하다는 취지를 규정한 것으로 볼 수 없다. 따라서 이 사건의 경우도 운송인이 송하인과 사이에 단독 관리의 경우부터 운송책임을 부담하기로 한 선하증권 이면약관을 무효라고 할 수 없다.

3. 複合運送에 있어서 損害賠償債權의 提訴期間

◎ 대법원 2009. 8. 20. 선고 2008다58978 판결

◇ 복합운송에 있어서 손해발생구간이 육송운송구간임이 명백한 경우 적용될 법규

해상운송의 경우에는 구 상법(2007. 8. 3 법률 제8581호로 개정되기 전의 것. 이하 '구 상법'이라 한다) 제811조에서 운송인의 송하인 또는 수하인에 대한 채무는 운송인이 수하인에게 운송물을 인도한 날 등으로부터 1년 내에 재판상 청구가 없으면 소멸하도록 하고 이를 당사자의 합의에 의하여 연장할 수 있으나 단축할 수는 없도록 규정하고 있는 반면에, 육상운송의 경우에는 구 상법 제147조, 제121조에 따라 운송인의 책임은 수하인이 운송물을 수령한 날로부터 1년을 경과하면 소멸시효가 완성하고, 이는 당사자의 합의에 의하여 연장하거나 단축할 수 있다고 볼 것인 점, 복합운송의 손해발생구간이 육상운송구간임이 명백한 경우에도 해상운송에 관한 규정을 적용하면, 복합운송인이 그 구간에 대하여 하수급운송인으로 하여금 운송하게 한 경우에 하수급운송인과 복합운송인 사이에는 육상운송에 관한 법률이 적용되는 것과 균형이 맞지 않게 되는 점 등을 고려하면, 복합운송에서 손해발생구간이 육상운송구간임이 명백한 경우에는 복합운송증권에서 정하고 있는 9개월의 제소기간은 강행법규에 저촉되지 아니하는 것으로서 유효하다고 보아야 할 것이다.

복합운송(intermodal carriage of goods)이란, 하나의 선하증권에 의하여 운송물을 항공·해상·육상운송 등 적어도 두 가지 이상의 서로 다른 운송수단에 의해 운송하고, 전 구간에 대한 단일의 운임을 대가로 받으며 운송물에 생긴 손해에 대한 책임을 부담하는 운송체제를 말한다. UN 국제복합운송조약에 의하면, 국제복합운송이란 복합운송인이 화물을 자기의 책임 하에 인수한 어떤 국가의 일정지점으로부터 다른 국가의 인도예정지점까지 적어도 2종류 이상의 운송수단에 의한 물건운송이라고 정의하고 있다. 국제복합운송의 구성요소로는 국제간의 운송, 복합운송계약의 체결, 복합운송인에 의한 전 구간의 책임인수, 운송수단의 이종복수성 등을 들 수 있다.

이 사건의 사실관계를 보면, 피고는 유통선하증권(Negotiable FIATA Multimodal Transport Bill of Lading)을 발행하였다. 위 복합운손증권의 이면약관 제7.1조는 "약관조항들은 이 계약이 적용되는 국제조약 또는 내국법의

강행규정에 반하지 않는 한도에서 효력을 가진다."라고 규정하고 있고, 제7.2조는 "선적국에서 법제화한 헤이그규칙 또는 헤이그-비스비규칙은 모든 해상물품운송과 내수로물품운송에 적용되며 그 규정은 갑판적 또는 하단 적재 운송을 불문하고 모든 운송에 적용된다."라고 규정하고 있다. 판례는 제7.1조, 제7.2조의 지상조항을 준거법의 합의로 해석하고 있는바,16) 위 이면약관 제19조(관할과 준거법)는 "복합운송인을 상대로 한 소송은 이 FBL의 표면에 기재된 복합운송인의 주된 영업장 소재지에서만 제기할 수 있으며, 그 영업장이 위치한 국가의 법률에 따라 결정한다"라고 규정하고 있다. 이 사건에서 복합운송인인 피고의 영업장 소재지는 우리나라이므로, 제7.1조 지상조항의 강행적인 국내법은 상법의 해상편이 된다.

한편, 위 이면약관 제17조는 "물품인도 후 또는 물품이 인도되어야 할 날 또는 제6조 제4항에 따라 물품이 인도되지 않아 수하인이 물품이 멸실된 것으로 간주할 수 있는 권한을 갖는 날로부터 9개월 이내에 소송이 제기되지 아니하고 달리 명백히 합의되지 않는 한 복합운송인은 이 약관에 의거한 모든 책임으로부터 면제된다."라고 규정하고 있다. 그런데 구 상법 제811조는 "운송인의 용선자, 송하인 또는 수하인에 대한 채권 및 채무는 그 청구원인의 여하에 불구하고 운송인이 수하인에게 운송물을 인도한 날 또는 인도할 날부터 1년 내에 재판상 청구가 없으면 소멸한다. 그러나 이 기간은 당사자의 합의에 의하여 연장할 수 있다."라고 규정되어 있어, 제소기간을 구 상법 제811조보다 단축시킨 위 약관조항의 유효성이 문제된다.

상법상 육상운송인의 손해배상책임에 관한 규정은 임의규정이라고 해석하는 것에 대하여는 현재 이설이 없다. 따라서 당사자가 손해배상책임에 관하여 계약자유의 원칙에 따라 정할 수 있다. 실제로 육상운송인은 화물상환증에 면책약관을 두고 있는데 면책약관에는 과실약관(사용인의 고의·과실에 의한 손해에 대해서는 책임을 지지 않는다는 약관), 배상액제한약관(배상액을 일정액으로 제한하는 약관), 부지약관(운송물의 내용, 중량 등에 관한 부지 또는 이와 유사한 문언을 기재한 약관) 등이 있다. 반면에 해상운송의 경우 운송물의 손해에 관한 해상운송인의 배상책임은 강행법규화되어 있다. 해상운

---

16) 대법원 1999. 12. 10. 선고 98다9038 판결.

송은 상행위편의 육상운송이나 운송주선과는 달리 관련 당사자가 다수이고 다국적인 경우가 많으므로, 이들 사이의 법률관계나 계산관계가 매우 복잡하여 이를 단기간에 확정지어야 할 필요성이 더 크기 때문이다. 또한 해상운송인의 책임을 가중하거나 면책의 이익을 포기하는 것은 상관이 없지만, 해상운송인의 책임을 감경하거나 면책시키는 규정은 무효가 된다.

이와 같은 논의는 시효기간에 대하여도 동일하게 적용된다. 구 상법 제147조에 의하여 준용되는 구 상법 제121조는 육상운송인에 대한 손해배상청구권의 시효기간을 1년으로 정하고 있고, 이는 민법 제184조 제2항에 의하여 법률행위로 단축 또는 감경할 수 있으므로 이를 1년보다 단기간으로 정할 수 있다고 해석된다. 반면에 해상운송에 대하여는 구 상법 제811조($\frac{현행}{제814조}$)가 운송인의 송하인 또는 수하인에 대한 채무는 그 청구원인의 여하에도 불구하고 운송인이 수하인에게 운송물을 인도한 날 또는 인도할 날부터 1년 이내에 재판상 청구가 없으면 소멸하고 당사자의 합의에 의하여 연장할 수 있도록 규정하고 있기 때문에, 이보다 단기간으로 정할 경우 강행법규 위반으로 무효가 된다.[17]

이와 같이 육상운송과 해상운송에 있어서 손해배상청구권의 시효기간과 그 단축약정의 유효성이 달라지는 상황에서, 육상운송과 해상운송이 복합된 복합운송증권에 1년보다 단기의 제척기간을 정한 경우 그 제척기간의 유효성 여부가 문제된다.

구 상법 하에서 복합운송인에 대한 구 상법 제811조를 적용할 수 있는지 여부에 대하여는, (i) 복합운송의 경우에도 해상운송 및 선하증권의 연장선상에서 규율하는 것이 바람직하므로, 복합운송에 대하여도 해상운송의 경우와 마찬가지로 구 상법 제811조를 적용하는 견해, (ii) 해상운송인의 책임제한이 바람직하다는 입법취지 등에 비추어, 복합운송의 내용에 육상운송이나 항공운송 등은 부수적이거나 거의 행해지지 않고 주로 해상운송이 문제되는 경우에는 구 상법 제811조가 적용된다는 견해, (iii) 복합운송의 경우 운송인의 책임에 대한 적용법규에 대하여 손해발생구간이 명백한 때에는 그 구간에서 적용되는 법규(복합운송인과 송하인이 그 구간에 대하여만 운송계약

---

17) 대법원 2002. 5. 24. 선고 2001다33901 판결.

을 별도로 체결하였다면 적용되었을 법규)에 따라야 하므로, 육상운송구간에서 손해가 발생한 경우 책임문제에 대하여는 육상운송에 관한 법률이 적용된다는 견해 등이 있다. 이에 대하여 본 판결은 그 손해발생구간이 어느 구간인지 분명한 경우에 관하여 (iii)설을 취한 것이다.

이와 달리 복합운송에서 발생한 운송인의 손해배상책임에 대하여 그 손해발생구간이 어느 구간인지 불분명한 경우에는 그 처리가 문제된다. 이에 대하여 대법원 2009. 8. 20. 선고 2007다87016 판결은 「상법 제146조 제1항이 적용된다고 하면, 실질적으로 손해발생이 해상운송구간에서 발생되었을 가능성이 있음에도 강행규정인 구 상법 제800조의2 제1항, 제2항의 적용이 배제되어 수하인으로서는 운송인에게 귀책이 있는 사유로 하자가 발생한 것을 증명하여 운송물이 멸실 또는 훼손 없이 수하인에게 인도되었다는 추정을 번복할 수 있는 기회를 박탈당하고 운송인의 책임을 추궁할 수 없게 되어 불합리하므로, 손해발생구간이 불분명한 경우에는 상법 제146조 제1항은 적용이 되지 않는 것으로 해석하여야 할 것이다」라고 판시하였다.

이상의 논의는 구 상법 하의 해석론이고, 2007. 8. 3 법률 제08581호로 개정된 상법은 복합운송인의 책임 규정을 신설하였다. 개정 상법 제816조 제1항은 "운송인이 인수한 운송에 해상 외의 운송구간이 포함된 경우 운송인은 손해가 발생한 운송구간에 적용될 법에 따라 책임을 진다."라고 규정하고, 제2항에서 "어느 운송구간에서 손해가 발생하였는지 불분명한 경우 또는 손해의 발생이 성질상 특정한 지역으로 한정되지 아니하는 경우에는 운송인은 운송거리가 가장 긴 구간에 적용되는 법에 따라 책임을 진다. 다만, 운송거리가 같거나 가장 긴 구간을 정할 수 없는 경우에는 운임이 가장 비싼 구간에 적용되는 법에 따라 책임을 진다."라고 규정하고 있다.

V. 金　　融

◎ 대법원 2009. 3. 12. 선고 2007다52942 판결

◇ 무기명식 양도성예금증서의 법적 성질

◇ 금융기관의 담당직원이 고객으로부터 입금 받은 양도성예금증서의 발

행자금을 횡령하거나 양도성예금증서를 발행할 의무를 이행하지 아니한
경우의 법률관계

　　[1] 예금거래기본약관 및 거치식예금약관이 적용되는 무기명식 양도성예금증서
는 거치식 예금의 수신은행이 발행하는 증서로서 거치식 예금계약에 기한 예금반환
청구권을 표창하고 있고 그 예금반환청구권의 이전 및 행사에 증서의 소지가 필요
하다는 점에서 유가증권의 일종으로 볼 수 있지만, 양도성예금증서가 표창하고 있는
권리는 위와 같이 거치식 예금계약에 기하여 발생하는 것이므로 그 권리의 발생에
양도성예금증서의 발행이 필요한 것은 아니다. 무기명식 양도성예금증서를 발행받
고자 하는 고객은 금융기관과 사이에 고객의 입금액, 만기일, 이자율, 만기지급금액
등 양도성예금증서의 발행조건에 관하여 합의한 다음, 금융기관에 소정의 금원을 입
금하여 담당 직원의 확인을 받음으로써 거치식 예금계약이 성립하게 되고, 금융기관
은 그 예금계약에 기한 예금반환청구권을 표창하는 무기명식 양도성예금증서를 발
행하기로 하는 약정에 따라 그 증서를 고객에게 발행할 의무를 부담하게 되며, 특별
한 사정이 없는 한 그 증서에 기재된 내용은 거치식 예금계약의 내용을 반영하는
것이라고 봄이 상당하다.

　　[2] 금융기관의 직원이 위와 같은 과정에서 고객으로부터 수령한 금원을 관련
계좌에 입금하지 않고 횡령하거나 고객에게 양도성예금증서를 발행할 의무를 이행
하지 아니하였다 하더라도 그와 같은 사정은 일단 성립한 거치식 예금계약의 효력
에 영향을 미칠 수 없으며, 이러한 경우 고객으로서는 거치식 예금계약에 기한 예금
반환청구권을 계속 보유·행사하거나, 그 예금반환청구권을 표창하는 양도성예금증
서를 금융기관으로부터 발행받지 못하였음을 이유로 그 예금계약을 해제할 수 있다.

　　양도성예금증서(Certificate of deposit)는 "정기예금에 양도성을 부여한
금융상품"으로서 은행의 수신경쟁력을 제고하고 금리자유화의 기반을 조성
하는 동시에 시중 여유자금을 흡수하기 위하여 1984년 6월에 도입되었다. 현
재는 '증서발행식'과 '등록발행식' 2가지가 있는데, 후자는 증서발행식 무기
명 양도성예금증서의 폐해를 방지하기 위하여 최근에 도입된 방식이다. 이하
에서는 증서발행식 무기명 양도성예금증서에 관하여만 논하기로 한다.

　　우리나라의 무기명식 양도성예금증서는 근거 법률 없이 금융통화위원
회가 제정한 "양도성예금증서 발행조건"에 의하여 발행되고 있는 관계로 명
확한 개념정의가 곤란하다.18) 양도성예금증서는 통상 금융기관이 정기예금
에 대하여 발행한 양도성 있는 예금증서로서 제3자에게 양도가 가능한 것을

가리키는 의미로 사용되고, 예금증서를 교부하고 예금을 받는다는 점에서 일반 예금과 같이 금전의 소비임치로 분류할 수 있으며, 권리의 이전과 행사에는 동 증서의 소지가 필요하다는 점에서 유가증권으로 분류할 수 있다. 이러한 양도성예금증서의 양도방법은 동 증서의 약관에 기재된 바와 같이 무기명채권의 양도방법에 의하여 동 증서의 교부만으로 가능하다.

종래 대법원 2000. 3. 10. 선고 98다29735 판결은 「양도성예금증서는 시중은행이 발행한 무기명 할인식으로 발행되는 유가증권으로서 그 권리의 이전 및 행사에 증서의 소지를 요하므로, 양도성예금증서가 실제로 발행된 바 없다면 고객이 이를 매입한다는 명목으로 은행 직원에게 그 자금을 제공한 것만으로는 고객과 은행 간에 양도성예금증서에 관한 매매계약은 성립할 수 없는 것이므로, 원심이 같은 이유에서 원·피고 간에 양도성예금증서의 매매계약이 성립하였음을 전제로 한 원고의 주위적 청구를 배척한 것은 옳다」라고 판시한 바 있다. 그러나 이 판결은 몇 가지 짚어 볼 부분이 있다.

양도성예금증서는 不完全有價證券이자 非設權證券으로서 '권리의 이전 및 행사'에만 증서의 소지를 요할 뿐, '권리의 발생'에 증서가 발행되어 있을 것을 요하지 아니한다. 여기서 '권리'라고 함은 '예금반환청구권'을 말한다. 양도성예금증서는 바로 이러한 '예금반환청구권'을 표창하는 유가증권이며, 이 예금반환청구권은 양도성예금증서 발행 전에 별도의 원인계약인 '예금계약'의 성립에 의하여 발생하는 것이다.

위와 같이 양도성예금증서는 불완전유가증권이자 비설권증권이기 때문에, 이 증서가 표창하는 예금반환청구권은 실제로 증서가 발행되지 않아도 그 전의 원인관계(예금계약)의 성립에 의하여 발생될 수 있다. 그런데 위 대법원 98다29735 판결은 양도성예금증서가 '발행'되지 아니하였다면 원인계약에 기한 "예금반환청구권"도 행사할 수 없다는 오해를 자칫 불러일으킬 수 있는 문제가 있다.

또한 양도성예금증서에 관한 법률관계에서 이를 유가증권의 매매라고

---

18) 미국 통일상법전 제3편 §3-104 (j)에 의하면, "양도성예금증서(Certificate of deposit)는 은행이 일정액의 금원이 은행에 의하여 수령되었음을 인정하고, 은행이 그 금원을 반환하기로 하는 약속하는 내용을 담고 있는 유가증권이다. 양도성예금증서는 은행의 어음이다 (note)"라고 정의하고 있다.

볼 수 있는 것은 '양도성예금증서의 소지자와 그 매수인' 사이의 양도에 관하여는 타당할 수 있어도, 고객과 은행 간의 거래까지 매매라고 보는 것은 적절하지 않다. 은행 실무상 양도성예금증서의 발행을 매매라고 부르는 경우가 있으나 이는 정확한 법률적 표현이 아니다. 은행과 고객 간의 양도성예금 증서 발행 거래는 ① "거치식 예금계약"과, ② "예금반환청구권을 표창하는 무기명식 양도성예금증서를 발행하기로 하는 계약"이 혼합되어 있는 것이고, 은행이 고객에게 양도성예금증서를 발행하는 것은 위 ②의 계약의 이행을 위하여 하는 것이므로 이를 매매계약이라고 할 수는 없다.

이와 같이 본다면, 고객에 금융기관에 소정의 금원을 입금하여 담당 직원의 확인을 받음으로써 거치식 예금계약이 성립하게 되고, 그 후 금융기관의 직원이 고객에게 양도성예금증서를 발행할 의무를 이행하지 아니하였다하더라도 그와 같은 사정은 일단 성립한 거치식 예금계약의 효력에 영향을 미칠 수 없으므로, 이러한 경우 고객으로서는 거치식 예금계약에 기한 예금반환청구권을 계속 보유하고 행사할 수 있다. 또한 고객으로서는 당초의 약정과 달리 그 예금반환청구권을 표창하는 양도성예금증서를 금융기관으로부터 발행받지 못하여 소기의 목적을 달성할 수 없는 경우에는 그 예금계약을 해제할 수도 있다고 할 것이다.

Ⅵ. 仲 裁

◎ 대법원 2009. 5. 28. 선고 2006다20290 판결

◇ 집행국 법원이 뉴욕협약이 적용되는 외국중재판정이 사기적 행위로 편취되었음을 이유로 집행을 거부하기 위한 요건

집행국 법원이 뉴욕협약이 적용되는 외국중재판정의 편취 여부를 심리한다는 명목으로 실질적으로 중재인의 사실인정과 법률적용 등 실체적 판단의 옳고 그름을 전면적으로 재심사한 후 그 외국중재판정이 사기적 방법에 의하여 편취되었다고 보아 집행을 거부하는 것은 허용되지 아니하고, 다만 그 외국중재판정의 집행을 신청하는 당사자(이하 '신청당사자'라고 한다)가 중재절차에서 처벌받을 만한 사기적 행위를 하였다는 점이 명확한 증명력을 가진 객관적인 증거에 의하여 명백히 인정되고, 그 반대당사자가 과실 없이 신청당사자의 사기적인 행위를 알지 못하여 중재절차에서 이에 대하여 공격방어를 할 수 없었으며, 신청당사자의 사기적 행위가 중재

판정의 쟁점과 중요한 관련이 있다는 요건이 모두 충족되는 경우에 한하여, 외국중재판정을 취소·정지하는 별도의 절차를 거치지 않더라도 바로 당해 외국중재판정의 집행을 거부할 수 있다고 할 것이다.

국제상사분쟁은 특히 전문적이고 효율적인 중재절차에 의하여 1회적으로 분쟁을 해결할 필요성이 크다. 이러한 국제상사분쟁에 관한 외국 중재판정의 승인·집행의 원활화를 위하여 뉴욕협약이 마련되었고 우리나라도 동 협약에 가입하였다.

뉴욕협약이 적용되는 외국 중재판정에도 실질재심사금지의 원칙이 적용된다는 데에 이론이 없는데, 이에 따라 중재인의 사실인정과 법률적 판단에 대한 재심사가 금지되고, 또한 그 승인·집행의 거부사유는 중재판정에 불복하는 당사자가 원칙적으로 주장·증명책임을 부담한다.

한편, 뉴욕협약 제5조 제2항 (나)호는 "공공질서 위반"을 외국 중재판정의 승인·집행거부사유로 규정하고 있는데, 여기서 말하는 "공공질서"는, '국제적 공서'를 말하고, '국내적 공서' 위반보다 더 좁은 개념이다. 위 공공질서의 개념에는 "사기"에 의한 중재판정 편취가 포함된다고 함에 이론이 없는데, 이와 관련하여 실질재심사금지의 원칙과의 관계가 문제가 된다. 사기를 폭넓게 인정하면, 사실상 실질재심사를 인정하는 것과 다름없는 결과가 되기 때문이다.

외국 판결의 승인·집행에 관하여 대법원 판례는, 「위조·변조 내지는 폐기된 서류를 사용하였다거나 위증을 이용하는 것과 같은 사기적인 방법으로 외국 판결을 얻었다는 사유는 원칙적으로 승인 및 집행을 거부할 사유가 될 수 없고, 다만 피고가 판결국 법정에서 위와 같은 사기적인 사유를 주장할 수 없었고 또한 처벌받을 사기적인 행위에 대하여 유죄의 판결과 같은 고도의 증명이 있는 경우에 한하여 바로 우리나라에서 승인 내지 집행을 거부할 수는 있다」라고 판시하고 있다.

국제상사분쟁에 관한 외국 중재판정은 전문적이고 객관적이며 당사자들의 손에 의하여 직접 선정된 중재인에 의하여 분쟁을 해결하려고 하는 것으로서, 강제적으로 외국 소송절차에 인입되어 판결을 받게 되는 외국 판결보다는 자치성이 강하고, 외국 중재판정의 승인·집행을 원활하기 위하여 민사소송법의 집행판결보다 요건을 완화시킨 뉴욕협약까지 마련된 점에 비추어 보면, 외국 중재판정의 경우 외국 판결의 승인·집행보다 더욱 집행거부 사유를 완화하여 해석하여서는 아니 될 것이다. 따라서 본 대법원 판결이 그 판시와 같은 요건이 충족될 경우에 한하여 사기를 이유로 하여 외국 중재판정의 승인·집행을 거부할 수 있다고 본 것은 타당하다.

Ⅶ. 倒　産

1. 外國에서 開始된 會社整理節次의 相計禁止 效力의 對內的 效力

◎ 대법원 2009. 4. 23. 선고 2006다28782 판결

◇ 외국에서 도산절차가 개시된 외국법인이 국내법인에 대하여 채권을 갖고 있는 경우 그 채권을 수동채권으로 한 국내법인의 상계권 행사에 외국의 도산법에 의한 상계금지·제한 규정의 효력이 미치는지 여부(소극)

　구 회사정리법(2005. 3. 31. 법률 제7428호 채무자 회생 및 파산에 관한 법률 부칙 제2조로 폐지) 제4조 제2항, 제3항의 해석에 의할 경우, 외국의 도산법이 외국에서 정리절차가 개시된 회사의 채권과 그 회사의 채권자가 그 회사에 대하여 갖고 있는 채권과의 상계를 금지·제한하고 있고, 나아가 그 회사의 채권자가 그 외국의 정리절차에 참가하고 있다 하더라도, 그 회사의 채권이 대한민국 법원에 재판상 청구할 수 있는 것이라면, 그 회사의 채권자가 그 회사의 자신에 대한 채권을 수동채권으로 하여 상계하는 데에는 그 외국의 도산법이 규정하는 상계의 금지·제한의 효력을 받지 않는다.

　구 회사정리법은 속지주의를 취하였던 관계로, 국내의 도산절차개시의 효력이 외국에 미치지 않음은 물론이고, 외국의 도산절차개시의 효력이 국내에 미치지 않는다고 해석되었다. 그런데 본 대법원 판결은, 독일에서 개시된 대우독일법인에 대한 회사정리절차의 상계금지의 효력이 국내 소송에서 이루어진 상계에 대하여도 미치는지 여부를 다룬 사안이다.

　사실관계는 다음과 같다. 대우자동차는 대우독일법인에 대한 독일 회사 정리절차에 참가하여 채권신고를 마치고 독일 법원에서 인가한 대우독일법인의 도산계획에 따라 그 권리가 이미 변경된 상태였다. 그런데 대우독일법인의 대우자동차에 대한 채권을 양수한 원고가 국내 법원에 대우자동차를

상대로 양수금청구 소송을 제기하였다. 이에 대우자동차는 독일 회사정리절차에서 정리채권으로 분류된 대우독일법인에 대한 채권을 자동채권으로 하여 위 양수금채권에 대하여 상계로써 대항한다고 항변하였다. 그러자 원고는 대우자동차의 자동채권은 독일 회사정리절차개시의 효력에 의하여 상계가 금지되는 채권이라고 다투었다.

이 사건은, 우선 채권양도 및 상계와 관련된 준거법 등 도산저촉법 관련 쟁점이 숨어있다. 하지만, 위 대법원 판결에서는 어차피 대우독일법원에 대하여 독일에서 개시된 회사정리절차의 효력이 미치지 아니한다고 보는 이상 도산저촉법 문제에 관하여 별도의 판시를 할 필요가 없었기 때문에 이 문제에 관하여 판시하지 않았던 것으로 보인다.

원심은, 「대우자동차가 대우독일법인에 대한 정리채권을 자동채권으로 하여 원고가 양수한 대우독일법인의 채권과 상계하는 것은, 대우독일법인이 국내에 가지고 있는 재산에 대한 개별적 강제집행이 가능한지가 문제된 것이 아니어서 구 회사정리법 제4조 제2항 및 제3항이 적용될 여지가 없으므로 그 상계의 허용 여부는 독일 도산법에 의하여 판단하여야 한다」라고 전제한 다음, 위 상계는 독일 도산법 제96조 제1항 제1호의 상계금지 규정에 위반되어 효력이 없다는 취지로 판단하였다.

그러나 대법원은 위와 같은 일반 법리를 판시하면서 원심 판결을 파기하였다. 구 회사정리법 하의 속지주의 원칙 하에서는 외국도산절차에서 연유하는 도산절차 고유의 본래적 효력은 국내 법원에 제기된 이행청구소송이나 채권의 실현절차에 영향을 줄 수 없는 것이다. 외국도산절차의 상계금지 효력도 외국도산절차에서 연유하는 도산절차 고유의 본래적 효력에 속한다. 그렇다면 상계금지에 관한 다툼이 '강제집행'에 관한 다툼이 아니라 하더라도 외국도산절차의 상계금지의 효력이 국내 법원의 이행청구소송에도 그대로 미친다고 할 수 없다.

또한 구 회사정리법 제4조 제3항은, "민사소송법에 의하여 재판상 청구할 수 있는 채권은 대한민국 내에 있는 것으로 본다."라고 규정하고 있다. 여기에는 국내 법원에 국제재판 관할권이 있는 채권은, 외국 도산절차의 효력에 구애됨이 없이 우리나라의 개별적 내지 집단적 권리실현절차에 따라 그 권리를 실현할 수 있도록 하겠다는 취지가 담겨져 있다.

따라서 대법원이 「외국의 도산법이 외국에서 정리절차가 개시된 회사의 채권과 그 회사의 채권자가 그 회사에 갖고 있는 채권과의 상계를 금지·제한하고 있고, 나아가 그 회사의 채권자가 그 외국의 정리절차에 참가하고 있다 하더라도, 그 회사의 채권이 대한민국 법원에 재판상 청구할 수 있는 것이라면, 그 회사의 채권자가 그 회사의 자신에 대한 채권을 수동채권으로 하여 상계하는 데는 그 외국의 도산법이 규정하는 상계의 금지·제한의 효력을 받지 않는다」라고 판시한 것은 타당하다.

2. 破産節次에서 回生節次로의 牽連破産의 認定 與否

◎ 대법원 2009. 11. 12. 선고 2009다47739 판결

◇ 파산절차가 개시되었다가 회생절차개시결정이 있는 경우 당초의 파산채권액을 회생절차에서 회생채권액으로 주장할 수 있는지 여부(소극)

　　회생절차는 재정적 어려움으로 인하여 파탄에 직면해 있는 채무자에 대하여 채권자·주주·지분권자 등 이해관계인의 법률관계를 조정하여 채무자 또는 그 사업의 효율적인 회생을 도모하는 절차임에 반해, 파산절차는 회생이 어려운 채무자의 재산을 공정하게 환가·배당하는 것을 목적으로 하는 절차로서 두 제도의 목적 및 절차, 규율원리 등이 다른 점, 파산절차 진행 도중 회생절차가 개시되었다 하더라도 이를 연속된 절차로 볼 만한 근거규정이 없는 점 등을 종합하면 파산절차와 회생절차는 별개의 독립한 절차로 봄이 상당하고, 파산절차에서 회생절차로 전환된 경우를 회생절차에서 파산절차로 전환된 경우와 달리 취급한다는 사정만으로 공평·형평의 원칙에 반하는 것으로 단정하기도 어렵다.

이 사건은, 파산절차에서 일부 변제를 받은 때에 적용되는 현존액주의가 그 채무자에 대하여 회생절차가 개시된 경우에도 적용되는지가 문제된 사건이다. 현존액주의에 의할 경우 파산선고시를 기준으로 채권액을 산정하고, 보증인이 파산한 경우 채권자는 파선선고 후 주채무자로부터의 일부 변제를 받은 사실이 있더라도 이를 고려함이 없이 파산선고 당시의 채권액의 전액으로써 파산재단에 대하여 권리를 행사하고 배당을 받을 수 있다.

그런데 이 사건에서 원고는 주채무자인 피고 동아건설산업의 파산절차

에 참가하여 파산채권액이 확정되었는데, 그 파산절차 진행 도중 보증인인 대한통운의 회사정리절차에서 일부 변제(출자전환)를 받아 일부 채권이 소멸하였다. 만일 피고 동아건설산업에 대한 파산절차가 계속 진행되었을 경우 원고는 현존액주의의 적용을 받아 당초 확정된 파산채권액을 기초로 하여 위 일부 변제와 무관하게 계속 배당을 받을 수 있었던 상태이다. 그런데 피고 동아건설산업이 그 후 회생절차를 신청하여 회생절차가 개시되자 위와 같은 현존액주의가 회생절차에서 그대로 인정되어야 하는지가 이 사건의 쟁점으로 대두되었다.

원고는 "피고 동아건설산업에 대한 회생절차는 파산절차 진행 중 바로 회생절차가 개시된 경우이므로, 현존액주의를 적용함에 있어 파산절차와 회생절차를 구분하지 않고 그 전체를 동일한 법원칙이 적용되는 도산절차로 보아 파산선고 당시 신고한 채권을 가지고 회생절차에서도 행사할 수 있다."라고 주장하였다. 대법원은 이러한 주장을 배척한 것이다.

채무자회생법 제6조 제5항 본문은 "회생계획인가결정 전에 제2항의 규정에 의한 파산선고가 있는 경우 제3편(파산절차)의 규정을 적용함에 있어서 제2편(회생절차)에 의한 회생채권의 신고, 이의와 조사 또는 확정은 파산절차에서 행하여진 파산채권의 신고, 이의와 조사 또는 확정으로 본다."라고 규정하여, 이른바 '견련파산'에 대하여 규정하고 있다. 그러나 이와 달리 파산절차에서 회생절차로 이행한 경우에 관하여는 이러한 규정을 두지 않고 있다. 따라서 회생계획인가결정 전에 파산선고가 있는 경우와는 달리 파산절차 진행 도중 회생절차가 개시된 경우에는 '견련파산'과 동일하게 이를 연속된 절차로 볼 만한 근거는 없다고 할 것이다. 이와 같이 법적 근거가 없는 상태에서 견련파산에 관한 법리를 그대로 도입하는 것은 무리이다. 파산절차에서의 재단채권, 별제권, 우선권 있는 채권 등의 취급과 회생절차에서의 공익채권, 정리담보권, 우선권 있는 채권 등의 취급이 다른 점을 고려할 때 여러 가지 문제점이 발생하기 때문이다.

3. 特殊關係人에 대한 無償否認

◎ 대법원 2009. 2. 12.선고 2008다48117 판결

◇ 채무자 회생 및 파산에 관한 법률 제101조 제3항이 적용되는 특수관계인을 상대방으로 하는 행위에 연대보증의 주채무자가 특수관계인인 경우도 포함되는지 여부(소극)

　　채무자 회생 및 파산에 관한 법률 제100조 제1항 제4호, 제101조 제3항은 관리인이 회생절차개시 이후 채무자의 재산을 위하여 '채무자가 지급의 정지, 회생절차개시의 신청 또는 파산의 신청이 있은 후 또는 그 전 6월 이내에 한 무상행위 및 이와 동일시할 수 있는 유상행위'를 부인할 수 있고, 위 법률 제101조 제1항에서 정한 특수관계인을 상대방으로 하는 행위인 때에는 부인대상 행위의 기간을 확장하여 채무자가 지급의 정지, 회생절차개시의 신청 또는 파산의 신청이 있은 후 또는 그 전 1년 이내에 한 무상행위 등을 부인할 수 있도록 규정하고 있는바, 연대보증은 주채무와는 별개로 연대보증인과 채권자 사이에 이루어지는 법률행위이므로, 채무자가 한 연대보증의 상대방인 채권자가 채무자의 특수관계인이 아닌 경우에는, 비록 채무자의 연대보증으로 인하여 실질적 이득을 얻는 주채무자가 채무자와 특수관계에 있다고 하더라도 연대보증을 제공받는 채권자를 주채무자와 동일시 할 수는 없다. 따라서 부인대상이 연대보증행위인 사안에서 부인대상 행위의 기간을 확장하는 채무자 회생 및 파산에 관한 법률 제101조 제3항이 적용되는 '상대방이 특수관계인인 경우'라 함은 그 연대보증행위의 직접 상대방으로서 보증에 관한 권리를 취득하여 이를 행사하는 채권자가 채무자의 특수관계인인 경우를 말하며, 비록 주채무자가 채무자와 특수관계에 있다고 하더라도 연대보증행위의 상대방인 채권자가 채무자의 특수관계인이 아닌 경우에는 위 법률 제101조 제3항이 적용될 수 없다.

　　특수관계인은 회사의 재무상태에 대하여 외부의 채권자에 비하여 쉽게 정보를 취득하고 이용할 수 있으므로, 회사가 어려운 상황에 처할 것이 예상되는 경우 미리 손해를 회피할 조치를 시도할 가능성이 크다. 또한 특수관계인이 다른 채권자보다 앞서서 회사의 재산에 대하여 증여를 받거나 채무의 이행을 받는 경우, 또는 담보를 제공받는 경우 채권자들을 위한 공동담보로서의 회사재산이 일실될 우려가 있다. 특히 특수관계인은 회사의 경영권을 장악하고 있으므로 이를 토대로 하여 파산신청 시기를 자유롭게 결정할 수 있다. 따라서 특수관계인과 외부자에 대한 부인권 대상기간을 동일하게 할

경우 특수관계인은 부인대상행위를 한 후 파산신청 시기를 부인권 대상기간이 경과한 후에 함으로써 부인권 문제를 피해갈 수 있다.

그리하여 채무자회생법 제101조 제3항은 "제100조 제1항 제4호의 규정을 적용하는 경우 특수관계인을 상대방으로 하는 행위인 때에는 같은 호에 규정된 '6월'을 '1년'으로 한다."라고 규정함으로써, 채무자가 지급의 정지 등이 있은 후 또는 그 전 1년 이내에 한 무상행위 및 이와 동일시할 수 있는 유상행위를 부인할 수 있도록 하기 위하여 그 부인권 대상기간을 통상의 경우보다 연장하고 있다.

그런데 여기서 회사가 무상으로 연대보증을 서 주는 경우 '채권자'가 특수관계인인 때에 위 규정이 적용되는지 아니면 '채무자'가 특수관계인인 때에 위 규정이 적용되는지 문제된다.

연대보증계약에 있어 '상대방'을 채권자로만 한정할 경우 보증인과 채권자 사이에 특수관계인의 요건을 충족시킬 가능성이 거의 없고, 이는 무상행위의 상대방이 특수관계인인 경우 부인의 시기적 요건을 1년으로 확대한 취지에 반하는 결과가 생기는 것이 아닌지 하는 의문이 생길 수도 있다.

그러나 이와 같은 의문의 제기는 보증계약의 상대방 당사자는 '주채무자'가 아니라 '채권자'라는 점, 채무자회생법 제101조 제3항은 회생절차가 개시된 채무자가 한 행위의 상대방이 특수관계인인 경우에 적용되는 점 등에 비추어 볼 때 문언에 반한다. 또한 연대보증을 제공받은 채권자의 입장에서는 채무자의 재무상태 등에 대한 아무런 정보를 지득할 수 없으므로, 단지 특수관계인인 주채무자가 이득을 얻었다고 하여 이를 전혀 알 수 없는 특수관계인 아닌 채권자에게 불이익을 부여하는 것은 부당하고 거래의 안전을 해할 우려가 있다.

따라서 대법원이 「채무자회생법 제101조 제3항이 적용되는 상대방이 특수관계인인 경우라 함은 그 연대보증행위의 직접 상대방으로서 보증에 관한 권리를 취득하여 이를 행사하는 채권자가 채무자의 특수관계인인 경우를 말한다」라고 판시한 것은 타당하다.

4. 共益債權인 租稅債權에 대한 辨濟者代位

◎ 대법원 2009. 2. 26. 선고 2005다32418 판결

◇ 납세보증보험자가 보험계약자의 세금을 납부한 경우 과세관청의 납세의무자에 대한 조세채권을 대위행사할 수 있는지 여부(적극)

납세보증보험은 보험금액의 한도 안에서 보험계약자가 보증대상 납세의무를 납기 내에 이행하지 아니함으로써 피보험자가 입게 되는 손해를 담보하는 보증보험으로서 보증에 갈음하는 기능을 가지고 있어, 보험자의 보상책임을 보증책임과 동일하게 볼 수 있으므로, 납세보증보험의 보험자가 그 보증성에 터 잡아 보험금을 지급한 경우에는 변제자대위에 관한 민법 제481조를 유추적용하여 피보험자인 세무서가 보험계약자인 납세의무자에 대하여 가지는 채권을 대위 행사할 수 있다.

"납세보증보험"이란, 국세, 지방세, 관세 기타 조세에 관한 법령에서 규정하는 납세담보제공의무자가 보험계약자가 되고 국가 또는 지방자치단체가 피보험자가 되어, 납세의무자가 그 납세의무를 납기한에 이행하지 아니함으로써 국가 또는 지방자치단체가 재산상의 손해를 입은 경우 보험자가 이를 보상하는 보험을 말한다. 납세보증보험증권은 국세기본법 제29조 제4호에 납세담보의 하나로 규정되어 있고, 국세기본법 제29조에 해당하는 담보는 물적 납세담보와 인적 납세담보로 구분될 수 있는데, 납세보증보험증권은 물적 납세담보에 해당한다.

종래부터 판례는 물적 납세의무자와 제2차 납세의무자에 대해 구상권을 긍정하고 있다(대법원 1981. 7. 28. 선고 80다1579 판결, 대법원 2005. 8. 19. 선고 2003다36904 판결). 그런데 납세보증보험의 보험자가 그 보증성에 터 잡아 보험금을 지급한 경우에는 변제자대위에 관한 민법 제481조를 유추적용하여 피보험자인 세무서가 보험계약자인 납세의무자에 대하여 가지는 채권을 대위행사할 수 있는지 문제된다.

본 판결은 이를 긍정하면서 「공익채권인 조세에 대한 권리가 동일성을 유지한 채 대위변제한 보증보험의 보험자에게 이전된다」라고 판시하고 있다. 이는 임금채권자의 변제자대위에 관한 판례와 궤를 같이 한 것으로 볼 수 있다. 즉 대법원 1996. 2. 23. 선고 94다21160 판결은 「타인의 채무를 변제하고 채권자를 대위하는 대위변제의 경우 채권자의 채권은 동일성을 유지한

채 법률상 당연히 변제자에게 이전하는 것이고($^{민법 제482조}_{제1항}$), 이러한 법리는 채권이 근로기준법상의 임금채권이라 하더라도 그대로 적용된다」라고 판시한 바 있다. 또한 본 판결의 판시와 달리 조세채권을 대위변제한 자가 조세채권을 행사하는 것을 부정한다면, 납세보증보험의 보험자가 정리회사를 대위하여 조세채권을 변제한 경우와 조세징수권자가 정리회사에 대하여 조세채권을 행사한 경우 사이에 법률관계가 완전히 달라지게 되어 형평에 어긋나게 된다. 본 대법원 판결은 타당하다.

5. 債權者의 債權이 一部 辨濟·免除로 全部 消滅한 경우 求償權者의 求償權 行使

◎ 대법원 2009. 10. 29. 선고 2009다50933 판결

◇ 화의개시결정 후 화의채권자의 화의채권 전액이 변제, 면제, 그 밖의 사유로 소멸한 경우 화의채권자에게 대위변제한 보증인이 그 범위 내에서 구상권을 행사할 수 있는지 여부(적극)

화의개시결정 후에 화의채권자가 보증인 등 다른 채무자로부터 일부 변제를 받았더라도 그에 의하여 채권 전액에 대하여 만족을 얻은 것이 아닌 한 채권자는 여전히 화의개시결정 당시의 채권 전액으로써 계속하여 화의절차에 참가할 수 있고, 채권의 일부에 대한 대위변제를 한 구상권자가 자신이 변제한 가액에 비례하여 채권자와 함께 화의채권자로서 권리를 행사할 수 있는 것은 아니다. 그러나 화의개시결정 후에 화의채권자의 화의채권 전액이 변제, 면제 등의 사유로 인하여 소멸한 때에는, 화의채권자에게 대위변제를 한 보증인 등 구상권자가 대위변제한 범위 안에서 화의채권자가 가진 권리를 행사하더라도 그 화의채권자의 권리행사에 장애를 가져오거나 화의절차의 혼란을 초래하는 것이 아니므로, 이러한 경우에는 그 보증인 등 구상권자는 그 화의조건에서 정한 바에 따라 채무자를 상대로 구상권을 행사할 수 있다.

도산절차개시 후 보증인 등의 구상권자가 대위변제를 한 경우에는, 도산계획에 정해진 원 채권자의 채권 전부가 소멸된 때에 한하여 채무자를 상대로 구상권을 행사할 수 있다고 보아야 한다. 원 채권자의 채권이 아직 남아 있을 경우에는 원 채권자의 채권 행사가 우선되어야 하기 때문이다. 이는 도산절차가 종료된 후에도 다르지 않다. 여기서 구상권의 내용은 구상권자가

대위변제한 금액 전부의 반환을 구하는 것이 아니라, 자신이 대위변제한 범위 안에서 도산절차에서 도산채권자가 가진 도산계획에 따라 변경된 권리를 행사할 수 있는 것에 그친다.

그러나 도산채권자의 채권 전액이 변제, 면제, 그 밖의 사유로 인하여 소멸한 때에는, 이와 달리 보아야 한다. 그 도산채권자에게 대위변제를 한 보증인 등 구상권자가 대위변제한 범위 안에서 도산채권자가 가진 권리를 행사하더라도 그 도산채권자의 권리행사에 장애를 가져오거나 도산절차의 혼란 등을 초래하는 것이 아니기 때문이다. 따라서 이러한 경우에는 그 보증인 등 구상권자는 그 도산계획이 정한 바에 따라 채무자를 상대로 구상권을 행사할 수 있다.

이 사건 원심은 「이와 달리 채무자회생법 시행 전의 구 화의법 하에서 화의채권자와 채무자 사이에 화의채무가 모두 소멸하였다 하더라도, 화의채권자와 보증인 사이에 보증채무가 모두 소멸하지 않는 한 보증인은 구상권을 행사할 수 없다」라고 판단하였다. 그러나 이는 타당하다고 볼 수 없다. 화의채권자의 채무자에 대한 권리가 모두 소멸한 이상, 화의채권자와 보증인 사이에 보증채무가 있는지 여부가 보증인의 구상권 행사에 영향을 미쳐야 할 근거는 없기 때문이다. 대법원이 위와 같은 법리를 판시하고 원심 판결을 파기한 것은 타당하다.

6. 保證人에 대한 出資轉換으로 消滅되는 主債務의 額數

◎ 대법원 2009. 11. 12. 선고 2009다47739 판결

◇ 보증인에 대하여 개시된 정리절차에서 출자전환 받은 주식에 의하여 소멸되는 주채무의 액수

　　정리계획에서 출자전환으로 정리채권의 변제에 갈음하기로 한 경우에는, 신주 발행의 효력발생일 당시를 기준으로 하여 정리채권자가 인수한 신주의 시가를 평가하여 정리채권자가 정리회사의 정리계획에 따라 변제받은 액수를 한도로 그 평가액에 상당하는 채권액이 변제된 것으로 보아야 하고, 이러한 경우 주채무자인 정리회사의 채무를 보증한 보증인들이나 보증인이 정리회사인 주채무자로서는 정리채권자에 대하여 위 변제된 금액의 공제를 주장할 수 있다.

일반적으로 출자전환이란 채권자가 보유하고 있는 채권을 채무자 기업의 주식으로 전환시켜 당해 기업의 금융비용을 절감시키는 한편, 영업을 계속 유지케 함으로써 그 결과 창출되는 미래현금흐름(Future Cash-flow)의 수익가치를 채권의 추심재원으로 변경시키는 것을 말한다.

회사정리법 제240조 제2항은, "정리계획은 정리채권자 또는 정리담보권자가 회사의 보증인 기타 회사와 함께 채무를 부담하는 자에 대하여 가진 권리와 회사 이외의 자가 정리채권자 또는 정리담보권자를 위하여 제공한 담보에 영향을 미치지 아니한다."라고 규정하고 있다. 이와 관련하여 정리절차에서 주채무자의 정리계획에 의한 출자전환의 경우 보증채무가 소멸하는지 여부 및 그 범위에 관하여는 전액소멸설, 시가평가액 소멸설, 불소멸설 등의 견해가 있었다.

원래 출자전환을 함에 있어서, 당해 정리회사의 기업가치를 정확히 평가하여 그에 상응하는 발행가액으로 정리채권자 등에 주식을 발행해 주고 정리채권을 소멸시키면, 그 발행가액만큼의 주채무가 소멸하고 그에 따라 보증채무도 동일한 액수만큼 소멸하게 될 것이므로 아무런 문제가 없다. 그러나 현실은 그렇지 않다. 정리회사의 주식은 예컨대 액면금 5,000원의 주식이라 할지라도 그 실질가치가 5,000원에 미달하는 경우가 많고 그럼에도 주식의 발행가액은 그보다 훨씬 고가의 금액으로 정하여 발행하는 경우가 일반적이다. 이러한 실무 관행은, 정리회사가 채무면제를 할 경우 채무면제익이 발생할 것을 우려하여 채무면제 대신 출자전환의 방식을 택하여 발행가액을 실질가치보다 고가로 발행함으로써 형성된 것으로 보인다.

종래 대법원은 이러한 현실을 고려하여, 「정리계획에서 신주를 발행하는 방식의 출자전환으로 정리채권이나 정리담보권의 전부 또는 일부의 변제에 갈음하기로 한 경우에는 신주발행의 효력발생일 당시를 기준으로 하여 정리채권자 또는 정리담보권자가 인수한 신주의 시가 상당액에 대하여 정리회사의 주채무가 실질적으로 만족을 얻은 것으로 볼 수 있어 보증채무도 그만큼 소멸하는 것으로 보아야 한다」라고 하였다(대법원 2005. 1. 27. 선고 2004다27143 판결, 대법원 2006. 4. 13. 선고 2005다34643 판결 등).

그런데 이 사건에서 원고는, 보증인인 정리회사에 대한 정리계획에 따라 2006. 6. 1. 채권 25,000원 당 액면 5,000원인 보통주 1주를 배정받는 방식으로 소외 주식회사의 주식 610,000주를 출자전환 받았는데, 그 신주효력발생일인 2006. 6. 1. 소외 주식회사 신주 1주당 시가는 72,000원 상당이었다. 위와 같은 상황은 사실 위 대법원 판결들이 선고될 때 예상하지 못한 특이한 상황이다. 이 경우 위 대법원 판례의 판시 문언을 그대로 적용하면, 신주의 효력발생일인 2006. 6. 1. 당시의 시가인 72,000원을 적용하여 주채무자에 대하여 주채무 소멸의 효력이 미친다고 생각할 수도 있다. 이 사건 원심은 그와 같이 판단하였다.

그러나 이러한 판단은 타당하다고 보기 어렵다. 이는, 예컨대 민법상 보증인과 채권자가 부동산을 1억 원에 대물변제하기로 합의하고 이를 이행하였는데, 그 이행기에 이르러 시가가 2억 원으로 앙등하거나, 혹은 실제 시가가 2억 원으로 평가된 경우, 주채무자나 채권자는 2억 원 상당의 가치가 있는 물건을 대물변제 받았으니, 2억 원의 채권이 소멸되었다고 주장할 수 있는지의 문제와 동일하다. 이 경우 주채무자는 위와 같은 주장을 할 수 없고, 이 사건 사안도 마찬가지로 주채무자가 2만 5천 원을 넘어서는 부분에 대하여 채권자의 채권이 소멸하였다고 주장할 수 없다고 할 것이다. 채권자와 보증인 사이에 주당 2만 5천 원에 채권을 소멸시키기로 한 합의가 있는데도, 주채권자가 나중에 그 주식의 시가가 그보다 상회하므로 주당 7만 2천 원으로 계산하여 채권이 소멸된 것으로 보아야 한다고 주장할 법적 근거가 없다. 만일 위와 달리 본다면 다음과 같은 문제가 발생한다.

먼저, 보증인이 주가 차액 4만 7천 원을 구상할 수 있는가의 문제가 생긴다. 이 역시 부정적으로 보아야 한다. 보증인은 자신과 채권자 사이의 합의로 주식의 가치를 평가하여 대물변제하기로 합의하여 놓고, 그 주식의 시가가 상승하였다거나 그 평가가 잘못되었다고 하여 뒤늦게 그 합의를 번복하여 채권자의 권리를 해하는 내용의 구상권을 행사할 수 없다. 이를 허용하면, 반대로 주식의 시가가 당초보다 하락하거나 더 낮은 것으로 평가되면 보증인이 채권자에게 그 하락 분을 전보할 의무가 있다고 보아야 한다. 그러나 그렇게 볼 수 없다는 데에는 이론이 없을 것이다.

다음, 위와 같이 보증인이 구상할 수 없다면, 주채무자가 무슨 근거로 4만 7천 원의 차액에 관한 이익을 얻어야 하는가의 문제가 발생한다. 주채무자는 자신이 아무런 출연을 한 바 없다. 다만 보증인과 채권자 사이의 합의에 의하여 채권이 소멸한 결과를 원용할 수 있을 뿐이다. 그런데 주채무자가 보증인과 채권자 사이의 합의액 이상의 채권소멸을 주장하는 것을 허용하게 되면, 주채무자가 아무런 출연 없이 부당이득을 얻게 된다. 반대로 채권자는 아무런 법적 근거 없이 자신과 보증인 사이에 이루어진 합의결과를 주채무자에 의하여 부정당하고 손해를 보는 결과가 발생한다.

따라서 이러한 사정들을 아울러 고려하여 보면, 본 판결이 「정리계획에서 출자전환으로 정리채권의 변제에 갈음하기로 한 경우에는, 정리채권자가 인수한 신주의 시가를 평가하여 정리계획에 따라 변제에 갈음하기로 한 액수를 한도로 그 평가액에 상당하는 채권액이 변제된 것으로 보아야 한다」라고 판시한 것은 타당하다.

2010年 主要 商事判例 回顧*

I. 商法總則

> ◎ 대법원 2010. 9. 30. 선고 2010다35138 판결
>
> 양수인에 의하여 속용되는 명칭이 상호 자체가 아닌 옥호(屋號) 또는 영업표지인 때에도 그것이 영업주체를 나타내는 것으로 사용되는 경우에는 영업상의 채권자가 영업주체의 교체나 채무승계 여부 등을 용이하게 알 수 없다는 점에서 일반적인 상호속용의 경우와 다를 바 없으므로, 양수인은 특별한 사정이 없는 한 상법 제42조 제1항의 유추적용에 의하여 그 채무를 부담한다고 봄이 상당하다.

상법 제42조 제1항은 "영업양수인이 양도인의 상호를 계속 사용하는 경우에는 양도인의 영업으로 인한 제3자의 채권에 대하여 양수인도 변제할 책임이 있다."라고 규정하고 있다. 상호를 속용하는 영업양수인이 책임을 지는 근거에 대하여, 대법원은 「일반적으로 영업상의 채권자의 채무자에 대한 신용은 채무자의 영업재산에 의하여 실질적으로 담보되어 있는 것이 대부분인데도 실제로 영업의 양도가 행하여진 경우에 있어서 특히 채무의 승계가 제외된 경우에는 영업상의 채권자의 채권이 영업재산과 분리되게 되어 채권자를 해치게 되는 일이 일어나므로 영업상의 채권자에게 채권추구의 기회를 상실시키는 것과 같은 영업양도의 방법(채무를 승계하지 않았음에도 불구하고 상호를 속용함으로써 영업양도의 사실이, 또는 영업양도에도 불구하고 채무의 승계가 이루어지지 않은 사실이 각각 대외적으로 판명되기 어려운 방법)이 채용

---

   * 제24회 상사법무연구회 발표 (2011년 3월 12일)
  ** 서울서부지방법원 부장판사

된 경우에 양수인에게도 변제의 책임을 지우기 위하여 마련된 규정이다」라고 판시하고 있다.1)

본조의 책임은 영업양수에 따른 책임이 아니고 외관에 대한 신뢰를 보호하기 위한 책임이므로 영업양도의 유효를 전제로 하지 않고, 따라서 영업양도가 무효이거나 취소되더라도 본조의 책임에는 영향이 없다는 것이 통설이고, 영업을 현물출자하여 주식회사를 설립한 경우에도 본조의 규정이 유추적용된다.2) 양수인이 책임을 지는 채무는 양도인의 영업으로 인한 제3자의 채권으로서 반드시 거래로 인한 채무에 한하지 않고, 그 불이행으로 인한 손해배상채무, 불법행위로 인한 채무,3) 부당이득으로 인하여 생긴 상환채무 등이 모두 포함된다. 법문상 명문의 규정은 없으나 판례는 본조가 적용되기 위해서는 채권자가 선의이어야 하고, '악의의 채권자'는 영업양도의 사실을 안 것만으로는 부족하고 채무인수가 없었다는 사실을 알았을 것을 요한다고 하며,4) 그 주장·증명책임은 책임을 면하려는 영업양수인에게 있다고 한다.5) 위 요건을 충족하는 영업양수인은 양도인의 영업상의 채무에 대하여 양수한 영업재산을 한도로 하는 것이 아니라 무한책임을 진다. 다만, 양수인은 영업양도를 받은 후 지체 없이 양도인의 채무에 대한 책임이 없음을 등기하거나 양도인과 양수인이 제3자에 대하여 그 뜻을 통지함으로써 그 책임을 면할 수 있다(상법 제42조 제2항).

상법 제42조 제1항의 '상호속용'에 관하여, 사회통념상 객관적으로 판단하여 채권자가 상호의 속용이 있다고 믿는 것이 당연하다고 하는 외관이 있으면 이 규정에서 말하는 상호속용이 있다고 하는 것이 통설이고, 대법원도 「일반적으로 영업양도인이 사용하던 상호와 그 양수인이 사용하는 상호가 전혀 동일할 필요까지는 없고, 다만 전후의 상호가 주요부분에 있어서 공통되기만 하면 된다」라고 판시하고 있다.6) 상호속용의 원인관계에는 제한이

---

1) 대법원 1989. 12. 26. 선고 88다카10128 판결; 대법원 1998. 4. 14. 선고 96다8826 판결; 대법원 2009. 1. 15. 선고 2007다17123, 17130 판결 등.

2) 대법원 1989. 3. 28. 선고 88다카12100 판결; 대법원 1995. 8. 22. 선고 95다12231 판결.

3) 대법원 1989. 3. 28. 선고 88다카12100 판결.

4) 대법원 1989. 12. 26. 선고 88다카10128 판결.

5) 대법원 2009. 1. 15. 선고 2007다17123 판결.

6) 대법원 1989. 12. 26. 선고 88다카10128 판결.

없고, 속용이라는 사실관계가 있으면 충분하므로, 상호의 양도 또는 사용허락은 물론 이러한 합의가 무효 또는 취소되는 경우나 상호의 무단사용 등도 상호속용에 포함된다.7)

우리나라에서 상호속용이 문제된 유형으로는, ① 개인의 상호에 회사를 표시하는 문자를 부가하여 사용하는 경우,8) ② 양도인과 양수인의 상호 중 기업주체를 표시하는 부분이 서로 공통된 경우,9) ③ 옥호 내지 영업표지를 속용하는 경우 등이 있다. ③ 경우는 상호 자체는 다르지만 '옥호' 내지 '영업표지'를 속용하는 경우에 상호속용에 관한 규정을 유추적용하여 양수인의 책임을 인정할 수 있는지가 문제된다. 일본에서는 2000년대 이후에 골프클럽의 양도나 임대차의 경우 골프클럽 명칭 속용과 관련하여 상호속용 양수인의 책임 여부가 많이 문제되어 책임을 긍정하는 하급심 판결과 부정하는 하급심 판결이 모두 있었는데, 최고재판소는 긍정설을 취하였다. 우리 대법원은 대상 판결이 선고되기 전까지 명시적으로 판단한 선례는 없었고, 「양도인이 상호를 동시에 영업 자체의 명칭 내지 영업표지로 사용한 경우에 영업양수인이 자신의 상호를 그대로 보유·사용하면서 영업양도인의 상호를 자신의 영업명칭 내지 영업표지로서 속용하고 있는 경우에 상법 제42조 제1항을 적용할 수 있다」라고 한 사례가 있었다.10)

대상 판결은 영업양도인인 소외 회사와 피고 사이에 상호는 전혀 다르지만, 교육시설의 명칭인 '서울종합예술원'이라는 명칭이 그대로 유지된 사안에 관하여, 영업양수인이 상법 제42조 제1항의 유추적용에 의하여 그 채무를 부담한다고 본 선례로서 의미가 있다.

---

7) 대법원 2009. 1. 15. 선고 2007다17123, 17130 판결.

8) 대구고등법원 1983. 11. 21. 선고 83나471 판결('천진공사'를 '주식회사 천진공사'로 사용).

9) 대법원 1998. 4. 13. 선고 96다8826 판결; 대법원 1989. 3. 28. 선고 88다카12100 판결; 대법원 1995. 8. 22. 선고 95다12231 판결; 대법원 1979. 3. 13. 선고 78다2330 판결.

10) 대법원 2009. 1. 15. 선고 2007다17123, 17130 판결.

Ⅱ. 會士法

1. 合資會社 社員의 責任 變更

> ◎ 대법원 2010. 9. 30. 선고 2010다21337 판결
>
> 상법 제270조는 합자회사 정관에는 각 사원이 무한책임사원인지 또는 유한책임사원인지를 기재하도록 규정하고 있으므로, 정관에 기재된 합자회사 사원의 책임변경은 정관변경의 절차에 의하여야 하고, 이를 위해서는 정관에 그 의결정족수 내지 동의정족수 등에 관하여 별도로 정하고 있다는 등의 특별한 사정이 없는 한 상법 제269조에 의하여 준용되는 상법 제204조에 따라 총 사원의 동의가 필요하다.

상법은 제270조에서 "합자회사의 정관에는 각 사원의 무한책임 또는 유한책임인 것을 기재하여야 한다."라고 규정하고, 제269조에 의하여 "합자회사에 준용되는 제204조에서 정관 변경에 총 사원의 동의가 있어야 한다."라고 규정하고 있다. 상법 제204조에 관하여, 정관의 변경은 회사의 내부관계에 속하는 사항이므로 본조는 강행규정이 아니고 따라서 회사는 정관의 규정에 의하여 사원총회의 다수결에 의하도록 하는 등 다른 방법을 정할 수 있다고 보는 것이 통설이다.

대상 판결의 사안에서, 피고 회사 정관은 "총회의 결의는 법령에 특별한 규정이 없는 한 출석 사원의 과반수 이상의 찬성으로 결의되며 가부동수일 때에는 의장이 결정하는 바에 따르고(제14조), 무한책임사원 5명 이내, 감사 2명 이내를 사원총회에서 선출한다(제16조)."라고 규정하고 있었는데, 피고 회사 정관 제16조의 취지를 무한책임사원의 선출에 관하여는 상법 제204조의 규정에도 불구하고 사원총회의 일반 의결정족수로 가능하다고 정한 것으로 볼 수 있는지가 다투어졌다.

학설로는 합자회사의 경우에 유한책임사원이 무한책임사원이 되거나 그 반대의 경우에는 총 사원의 동의가 필요하다고 보는 것이 있다.11)

대상 판결은 「피고 회사 정관에서 정관변경의 절차나 사원의 책임 변경 등의 절차에 관하여 별도의 규정을 두고 있지 않았으므로, 정관 제14조는 정

---

11) 최기원, 「상법학신론(상)」 제18판, 박영사, (2009), 1250면.

관변경의 절차 등을 비롯하여 합자회사의 존속·소멸 및 사원의 권리의무 관계에 중요한 영향을 미치는 사항 등의 의사결정에 관하여 상법에서 특별한 규정을 두고 있는 경우에는 그에 따르고, 그와 같이 상법 등에서 특별한 규정을 두지 않은 사항에 관하여는 위 정관 규정에서 정한 의결정족수에 따르기로 한다는 취지에서 마련된 규정이라고 해석함이 상당하다」라고 보아, 결국 「피고 회사의 유한책임사원을 무한책임사원으로 변경하기 위해서는 총사원의 동의를 요한다」라고 판단하였는데, 무한책임사원의 선출과 같이 중요한 사항에 관하여 정관에 상법 규정과 다른 결의요건을 정하였다고 보기 위해서는 명확한 규정이 있어야 할 것이라는 점에서 타당하다.

2. 理事의 自己去來로서 制限되는 去來範圍와 理事會의 承認 없는 去來의 效力

(1) 상법 제398조에 의해 이사의 회사와의 자기거래로서 제한되는 거래는 원칙적으로 이사와 회사의 이해가 상충되어 회사의 이익을 해할 염려가 있는 모든 재산적 거래이다. 이사 자신이 거래의 당사자가 되는 직접거래뿐만 아니라, 회사와 제3자 사이의 거래 가운데 실질적으로 회사와 이사의 이익이 상충하는 간접거래[12]를 포함한다. 상법 제398조의 입법취지는 회사의 이익보호에 있으므로 이사와 회사 간의 거래라 하더라도 양자 간의 이해가 상반되지 않고 회사에 불이익을 초래할 우려가 없는 것에 대하여는 이사회의 승인을 요하지 않는다.[13] 기존채무의 조건을 회사에 유리하게 변경하는 행위, 회사에 대한 부담 없는 증여, 회사에 대한 무이자·무담보의 금전대여, 쌍방의 채무가 변제기에 있는 경우 채권채무를 상계하는 행위, 채무의 이행

---

12) 주식회사의 대표이사가 회사를 대표하여 대표이사 개인을 위하여 그의 개인 채권자인 제3자와 사이에 연대보증계약을 체결하는 경우(대법원 2005. 5. 27. 선고 2005다480 판결; 대법원 1980. 7. 22. 선고 80다828 판결), 주식회사의 대표이사가 회사를 대표하여 대표이사 개인을 위하여 그의 개인 채권자인 제3자에게 회사 발행의 수표에 배서하여 교부한 경우(대법원 1994. 10. 11. 선고 94다24626 판결), 회사가 이사의 채권자와 사이에 이사 개인의 채무를 인수하는 경우(대법원 1965. 6. 22. 선고 65다734 판결; 대법원 1973. 10. 31. 선고 73다954 판결). 별개 두 회사의 대표이사를 겸하고 있는 자가 어느 일방 회사의 채무에 관하여 나머지 회사를 대표하여 채권자인 제3자와 사이에 연대보증계약을 체결한 경우(대법원 1984. 12. 11. 선고 84다카1591 판결) 등이 있다.

13) 대법원 2000. 9. 26. 선고 99다54905 판결.

행위, 보통거래약관에 의한 거래(보험계약, 예금계약, 운송계약 등의 거래) 등이 이에 해당한다.14)

어떠한 거래가 이사와 회사 간에 이해충돌을 초래할 우려가 있는 행위에 해당하는지 여부의 기준에 대하여는, ① 당해 행위의 일반적·추상적 성질에 따라 객관적으로 판단하여야 한다는 견해, ② 현실적·개별적으로 그 거래가 실질상 회사에 대하여 공정하고 합리적으로 행하여졌는가에 따라 결정하여야 한다는 견해, ③ 거래의 안전을 고려하여 1차적으로는 당해 행위의 일반적, 추상적 성질에 따라 이해충돌의 염려를 판단하고, 2차적으로는 실질적, 구체적인 사정, 즉 거래의 공정성 또는 회사에 대한 불이익 여부를 고려하여야 한다는 견해 등이 있다. ①의 견해의 근거는 상법 제398조의 적용에 있어서 그 한계를 명확하게 할 필요가 있고 그 거래가 실질적으로 유리한가 또는 불리한가는 이사회에서 판단되어야 할 사항이기 때문이라는 것이고, ②의 견해의 근거는 본조는 충실의무에서 비롯하는 것인데 이사가 회사의 희생으로 사리를 꾀하는 사실이 개개의 행위에 관하여 인정되지 않는 한 항상 유효하다고 보는 것이 제도의 취지에 부합하고 비교법적으로 볼 때도 그와 같은 기준을 정한 입법이 미국의 주법에 존재한다는 것이다.

대법원이 어떠한 견해를 취하고 있는지가 명백한 것은 아니다. 대법원 2010. 1. 14. 선고 2009다55808 판결은, 「이사가 회사에 대하여 담보약정이나 이자 약정 없이 금전을 대여하는 행위와 같이 성질상 회사와 이사 사이의 이해충돌로 인하여 회사에 불이익이 생길 염려가 없는 경우에는 이사회의 승인을 거칠 필요가 없다」라고 판시하였다. 한편, 대법원 2010. 3. 11. 선고 2007다71271 판결은, 파산관재인이 대표이사인 피고를 상대로 회사가 생명보험사들과 근로자들 및 임원들을 피보험자 및 수익자로 하여 퇴직보험계약을 체결한 행위가 이사의 자기거래행위로서 무효라고 주장한 것에 대하여, 「회사가 피고를 피보험자로 하여 퇴직보험계약을 체결한 것은 주주총회의 결의에 의하여 결정된 임원퇴직금지급규정상 임원의 보수를 지급하기 위한 수단에 불과하고 이와 같은 보험가입에 따라 회사가 보험료 상당을 출연하였더라도 그 보험료의 지급은 장래에 지급할 퇴직금을 적립하여 그 퇴직금 지급

---

14) 최기원, 「상법학신론(상)」 제18판, 박영사, (2009), 945면.

시에 발생되는 커다란 규모의 자금 수요에 대비하기 위한 것으로서 비록 보험금의 수익자 및 해약환급금의 귀속주체가 피고라고 하더라도 그 퇴직금 지급사유 발생시까지는 이로 인하여 피고가 직접적인 이득을 얻는 것이 없고, 보험료에 금리 상황에 적합한 이율이 가산되어 보험금을 지급하도록 되어 있어 자금 적립에 따른 보상이 이루어지고 있는 점, 퇴직금 지급사유가 발생한 때에는 피고가 직접 수령한 보험금이나 해약환급금 중 퇴직금 범위 내에서만 보유할 수 있고 이를 넘는 금액은 회사에 반환하여야 하므로 피고가 정당한 퇴직금을 지급받는 외에 특별한 이익을 얻는다거나 회사가 손해를 입는다고 할 수 없는 점과 같은 사정을 종합하여 보면, 피고가 자신을 피보험자 및 수익자로 하여 회사 명의로 퇴직보험에 가입하였더라도, 회사에게 퇴직금을 조성하기 위한 일반적인 자금 운영의 범위를 넘는 실질적인 불이익을 초래할 우려가 없다고 할 것이므로 이사회의 승인을 얻을 필요가 없다」라고 판단함으로써, 퇴직보험계약 체결이 회사에 실질적인 불이익을 초래하는지를 구체적으로 고려하였다. 위 2007다71271 판결은 ②의 견해를 취하였다고 볼 수도 있지만, 위 2009다55808 판결을 함께 고려하면 대법원은 ③의 견해의 입장에 있다고 볼 여지도 있다.

　　(2) 이사회의 승인이 없는 자기거래의 효력에 대하여 무효설, 유효설, 상대적 무효설이 대립하고 있지만, 판례의 입장은 이사회의 승인 없는 자기거래는 회사와 이사 간에는 무효이지만, 제3자에 대하여는 거래의 안전과 선의의 제3자를 보호할 필요상 회사가 이사회 승인을 얻지 못하였다는 점 외에도 이에 대한 제3자의 악의 내지 중과실을 증명하여야 한다는 상대적 무효설을 취하고 있다.[15] 이사회의 승인을 얻지 못하여 무효가 되는 경우, 원칙적으로 그 법률행위는 전부무효이겠지만, 그 법률행위의 일부분에만 무효사유가 있고 그 법률행위가 가분적이거나 그 목적물의 일부가 특정될 수 있으며 나머지 부분이라도 이를 유지하려는 당사자의 가정적 의사가 인정되는 경우에는 일부무효의 법리에 따라 그 일부만이 무효가 되고 나머지 부분은 유효할 수 있다. 위 2009다55808 판결은 「이자부 금전소비대차가 이사회의 승인을 얻지 못하였다 하더라도 그 거래행위에 이사회 승인을 필요로 하는

---

15) 대법원 2004. 3. 25. 선고 2003다64688 판결 등.

이유가 이자 약정 부분이 회사의 이익을 해할 염려가 있기 때문이므로 무이자부 금전소비대차로서의 효력은 유지될 수 있다」라고 하였다.

3. 株券發行 前 株式이 讓渡된 경우의 法律關係

◎ 대법원 2010. 10. 14. 선고 2009다89665 판결

명의개서청구권은 기명주식을 취득한 자가 회사에 대하여 주주권에 기하여 그 기명주식에 관한 자신의 성명, 주소 등을 주주명부에 기재하여 줄 것을 청구하는 권리로서 기명주식을 취득한 자만이 그 기명주식에 관한 명의개서청구권을 행사할 수 있다. 또한 기명주식의 취득자는 원칙적으로 취득한 기명주식에 관하여 명의개서를 할 것인지 아니면 명의개서 없이 이를 타인에게 처분할 것인지 등에 관하여 자유로이 결정할 권리가 있으므로, 주식 양도인은 다른 특별한 사정이 없는 한 회사에 대하여 주식 양수인 명의로 명의개서를 하여 달라고 청구할 권리가 없다. 이러한 법리는 주권이 발행되어 주권의 인도에 의하여 기명주식이 양도되는 경우뿐만 아니라, 회사 성립 후 6월이 경과하도록 주권이 발행되지 아니하여 양도인과 양수인 사이의 의사표시에 의하여 기명주식이 양도되는 경우에도 동일하게 적용된다.

◎ 대법원 2010. 4. 29. 선고 2009다88631 판결

상법 제335조 제3항 소정의 주권발행 전에 한 주식의 양도는 회사 성립 후 6월이 경과한 때에는 회사에 대하여 효력이 있는 것으로서 이러한 주권발행 전의 주식의 양도는 지명채권 양도의 일반원칙에 따르는 것이므로, 주권발행 전의 주식양도의 제3자에 대한 대항요건으로는 지명채권의 양도와 마찬가지로 확정일자 있는 증서에 의한 양도통지 또는 회사의 승낙이라고 보는 것이 상당하다(대법원 1995. 5. 23. 선고 94다36421 판결 참조).

그런데, 주권발행 전 주식이 양도된 경우 그 주식을 발행한 회사가 확정일자 있는 증서에 의하지 아니한 주식의 양도 통지나 승낙의 요건을 갖춘 주식양수인(이하 '제1 주식양수인'이라 한다)에게 명의개서를 마쳐 준 경우, 그 주식을 이중으로 양수한 주식양수인(이하 '제2 주식양수인'이라 한다)이 그 후 회사에 대하여 양도 통지나 승낙의 요건을 갖추었다 하더라도, 그 통지 또는 승낙 역시 확정일자 있는 증서에 의하지 아니한 것이라면 제2 주식양수인으로서는 그 주식 양수로써 제1 주식양수인에 대한 관계에서 우선적 지위에 있음을 주장할 수 없으므로, 회사에 대하여 제1 주식양수인 명의로 이미 적법하게 마쳐진 명의개서를 말소하고, 제2 주식양수

인 명의로 명의개서를 하여 줄 것을 청구할 권리가 없다고 할 것이다. 따라서 이러한 경우 회사가 제2 주식양수인의 청구를 받아들여 그 명의로 명의개서를 마쳐 주었다 하더라도 이러한 명의개서는 위법하므로 회사에 대한 관계에서 주주의 권리를 행사할 수 있는 자는 여전히 제1 주식양수인이라고 봄이 타당하다.

(1) 주권이 발행된 주식의 양도는 그 주식이 기명주식인지 무기명주식인지를 불문하고 원칙적으로 주권의 교부에 의하여야 한다($\binom{상법 제336조}{제1항}$). 그러나 주권이 발행되지 아니하였다고 하여 주식의 양도가 불가능하다면 투자자본의 회수를 제한하는 부당한 결과를 초래하므로 1984년 상법 개정 당시 주권발행 전에 한 주식의 양도는 회사성립 후 또는 신주의 납입기일 후 6월이 경과한 때에는 회사에 대하여 효력이 있는 것으로 개정되었다($\binom{상법 제335조}{제3항 단서}$). 6월이 경과한 후 주권을 발행하지 않은 경우에는 주식양도는 지명채권양도의 일반원칙에 따라 당사자 사이의 의사표시만으로 성립되고,16) 명의개서 여부와 관계없이 회사의 주주가 되며,17) 따라서 양도인과 양수인이 회사에 대하여 주식의 양도사실을 신고하는 경우는 물론이고, 양수인이 단독으로 양도계약서 등을 제시하고 명의개서를 청구하면 회사는 양도사실에 관한 반증을 할 수 없는 한 명의개서를 거절할 수 없다.18) 여기서 민법상 지명채권의 양도를 가지고 채무자에 대항하기 위하여는 채무자에 대한 통지 또는 승낙이 필요한 것($\binom{민법}{제450조}$)과 마찬가지로 주권발행 전 주식 양도의 효력발생요건으로 회사에 대한 주식 양도의 통지·승낙이 필요한지에 대하여는 필요설과 불요설의 대립이 있었으나, 대법원 2006. 9. 14. 선고 2005다45537 판결은 종전 판례에서 사용하던 '지명채권의 양도에 관한 일반원칙에 따라'라는 표현을 사용하지 않고 '당사자의 의사표시만으로 주식 양도의 효력이 발생한다'라고 하여 불요설의 입장에 선 것으로 보인다.

상법 제337조 제1항은 "기명주식의 이전은 취득자의 성명과 주소를 주주명부에 기재하지 아니하면 회사에 대항하지 못한다."고 규정하고 있는데, 이에 대하여 학설과 판례19)는 기명주식 이전의 효력에 관한 것이 아니라 명

---

16) 대법원 1988. 10. 11. 선고 87누481 판결.
17) 대법원 2000. 3. 23. 선고 99다67529 판결.
18) 대법원 2006. 9. 14. 선고 2005다45537 판결.

의개서가 없으면 회사에 대한 관계에서 주주권을 주장(행사)할 수 없다는 의미로 보고 있다. 이와 관련하여 명의개서를 하지 않은 양수인을 회사가 자신의 위험부담으로 주주로 인정할 수 있는지에 관하여는 부정설과 긍정설이 대립하나 판례는 긍정설을 취하고 있다.20) 또한 주주에게 신주인수권이 있는 경우에 주식양수인이 신주의 배정일까지 명의개서를 하지 않아서 주주명부상의 주주인 주식의 양도인에게 배정된 신주(이른바 失期株)가 누구에게 귀속되는지에 관하여는, 실질주주 귀속설(양수인 귀속설)과 명의주주 귀속설(양도인 귀속설)이 대립하고 실질주주 귀속설이 통설적 견해이나 판례는 명의주주 귀속설을 취하고 있었고,21) 대법원 2010. 2. 25. 선고 2008다96963, 96970 판결은 이러한 판례의 입장을 재확인하였다. 이러한 판례의 태도에 대하여, 타인의 명의를 빌려 주식을 인수한 경우에는 그 명의 여하에 불구하고 명의차용자를 주주로 보는 실질설의 입장에 서면서 실기주의 귀속에 관하여는 명의주주에게 귀속한다는 형식설을 취하는 것은 일관성을 결여한 것이라는 비판22)이 있다. 한편 명의개서가 없어도 주식양도의 통지·승낙으로 명의개서를 갈음할 수 있는지에 관하여, 주권발행 전의 주식양도가 인정되는 경우에는 그 양도를 회사에 대항하기 위하여 민법 제450조의 지명채권 양도의 대항요건을 유추적용하여 회사에 대한 통지나 회사의 승낙을 갖추는 것으로 충분하고 따로 명의개서의 요건을 갖출 필요가 없다는 견해23)도 있으나, 학설은 대체로 명의개서가 필요하다고 본다.24)

(2) 상법 제337조 제1항은 명의개서의 청구권자나 절차에 관하여 아무런 규정을 두고 있지 않다. 명의개서를 청구할 수 있는 자는 주식의 취득자이고 명의개서청구권이 주주의 지위에서 인정되는 것이라는 점에는 이론이 없다. 문제는 주식의 양도인이 명의개서를 청구할 권리를 가지는지 여부이

---

19) 대법원 1995. 5. 23. 선고 94다36421 판결; 대법원 2001. 5. 15. 선고 2001다12973 판결.

20) 대법원 2001. 5. 15. 선고 2001다12973 판결.

21) 대법원 1995. 7. 28. 선고 94다25735 판결.

22) 최기원, 「상법학신론(상)」 제18판, 박영사, (2009), 739면.

23) 강희갑, "주권발행 전 주식양도의 효력", 「고시연구」 제24권 제10호, (1997), 30면.

24) 최기원, 「상법학신론(상)」 제18판, 박영사, (2009), 727-728면; 이철송, 「회사법강의」 제15판, 박영사, (2008), 312-313면; 정진세, "주권발행 전 주식양도의 대항요건", 「증권법연구」 제9권 제1호, (2008), 180-182면.

다. 학설은 명의개서청구권은 기명주식을 이전받는 자가 양도인으로부터 이전받는 주식취득자의 권리로 보면서, 명의개서 여부는 양수인의 자유로서 명의개서를 청구할 의무를 부담하지 않고 회사나 양도인도 양수인에 대하여 양수인 명의로의 명의개서를 청구할 수 없다고 하고 있다.[25] 판례는 「주권발행 전 주식의 양수인이 상대방의 협력을 받을 필요 없이 단독으로 주식취득 사실을 증명함으로써 명의개서를 청구할 수 있고, 양도인에게는 명의개서에 관하여 협조의무가 없다」라고 하면서,[26] 양수인의 양도인에 대한 명의개서절차의 이행을 소구하는 것은 소의 이익이 없다고 보았다.[27]

대법원 2010. 10. 14. 선고 2009다89665 판결은 명의개서청구권이 주주권으로부터 나오는 권리이고 명의개서 여부는 주식양수인의 자유라는 두 가지 근거에서 주식의 양도인에게 명의개서청구권이 없음을 명백히 하였다. 이는 양수인 단독의 명의개서청구가 가능하고 양도인의 명의개서에 관한 협력의무가 없다고 보아 온 종래 판례의 태도와 궤를 같이하는 것이다.

(3) 주권발행 전 주식이 이중양도된 경우 우열관계에 관하여, 대법원은 「지명채권의 양도와 마찬가지로 주권발행 전의 주식양도의 제3자에 대한 대항요건은 확정일자 있는 증서에 의한 양도통지 또는 회사의 승낙이고,[28] 이중양수인 중 일부에 대하여 명의개서가 경료되었는지 여부를 불문하고 이중양수인 상호 간의 우열은 확정일자 있는 양도통지가 회사에 도달한 일시 또는 확정일자 있는 승낙의 일시의 선후에 의하여 결정되는 것이다」라고 하였다.[29] 따라서 이중양수인이 모두 확정일자 있는 증서에 의한 통지나 승낙의 요건을 갖춘 경우나 그 중 1인만이 위 요건을 갖춘 경우에는 우열관계를 따지는데 별 문제가 없다.

문제는 주식의 제1양수인과 제2양수인이 모두 확정일자 있는 증서에 의하지 아니한 양도통지 또는 회사의 승낙의 요건만을 갖춘 경우 이중양수인

25) 이철송, 「회사법강의」 제15판, 박영사, (2008), 284면; 서상홍, "주식의 명의개서", 「재판자료」 제37집, (1987), 144면.
26) 대법원 1995. 3. 24. 선고 94다47728 판결.
27) 대법원 1992. 10. 27. 선고 92다16386 판결.
28) 대법원 1995. 5. 23. 선고 94다36421 판결.
29) 대법원 2006. 9. 14. 선고 2005다45537 판결.

사이의 우열관계이다. 지명채권 이중양도의 경우에는 각 양수인이 상호 대항할 수 없어 채무자에 대하여도 대항할 수 없으므로 채무자는 양수인 모두에게 변제를 거절할 수 있지만, 채무자가 양수인 중 1인을 선택하여 변제하면 이는 승낙의 의미를 가지고 유효한 변제가 된다는 견해(채무자 선택설)와, 누구도 우선적 지위를 주장할 수 없으므로 권리변동의 일반원칙에 따라 먼저 채무자에 대한 대항요건을 갖춘 양수인만이 채권을 취득하는 것으로 보는 견해(선통지자 우선설)가 대립한다.30) 주권발행 전 주식 양도에 있어서도 동일한 견해의 대립이 있을 수 있다. 그러나 주권발행 전 주식 양도에 있어 그 효력발생요건 또는 대항요건으로서 회사에 대한 주식 양도의 통지·승낙이 필요하지 않다는 불요설의 입장을 관철한다면, 의사표시만으로 주식양도의 효력이 발생하고 통지나 승낙은 주권발행 전 주식의 양도에 있어서는 별 의미가 없는 것이 되므로 주식양도인으로부터 먼저 양도받은 자가 우선한다는 결론이 되나 그 경우 회사로서는 누구에 대한 양도 의사표시가 먼저 이루어졌는지를 알기 어렵다는 점에서 난점이 있다.

대법원 2010. 4. 29. 선고 2009다88631 판결의 사안은, 甲이 A 외 3인으로부터 1,900주를 양수받아 회사가 甲 앞으로 명의개서를 마쳐준 후에, 乙이 위 1,900주 중 1,500주를 이중으로 양수하자 회사가 다시 乙 앞으로 명의개서를 마쳐주었고, 그 직후 이루어진 임시주주총회에서 회사가 乙을 주주로 인정하여 의결권을 행사하도록 하였는데, 임시주주총회일까지 甲과 乙 모두 확정일자 있는 증서에 의한 통지나 승낙의 요건을 갖추지 못하였고, 다만 임시주주총회일 이후에 乙에 대한 주식양도사실이 내용증명우편으로 회사에 통지된 경우로서 원고가 영업양도를 의결한 임시주주총회결의의 하자(부존재)를 전제로 영업양도계약의 무효확인을 구한 사건이다.

대상 판결은 「乙은 위 통지 전까지는 그 주식양수로써 甲보다 우선적

---

30) 대법원 1971. 12. 28. 선고 71다2048 판결은 「채권양도의 통지나 승낙이 확정일자 있는 증서에 의한 것인가의 여부는 어디까지나 제3자에 대한 대항요건에 불과하므로 확정일자 있는 증서에 의하지 아니하였더라도 채무자가 일단 채권양도의 통지를 받고 그 양수인에게 변제할 것을 승낙하였다면 그 후에 채권이 이중양도되어 채무자가 다시 위 채권의 양도통지(확정일자 있는 증서에 의하지 아니한)를 받고 그 이중양수인에게 변제를 하였다고 하더라도, 채무자는 1차 양수인에게 채무를 변제할 의무가 있다」라고 하였으나, 이 판례가 어느 견해를 취한 것인지는 분명하지 않다.

지위에 있음을 주장하지 못하는 것이어서 회사에 대하여 甲 명의의 명의개서를 말소하고 자신 앞으로 명의개서를 하여 줄 것을 청구할 권리가 없으므로, 비록 회사가 乙의 청구를 받아들여 위 통지 전에 乙 명의로 명의개서를 마쳐 주었더라도 이러한 명의개서는 위법하므로 회사에 대한 관계에서 주주의 권리를 행사할 수 있는 자는 여전히 제1양수인인 甲이라고 보아야 하고, 乙이 임시주주총회일 이후에 1,500주의 양수와 관련하여 제3자에 대한 대항력을 취득하였더라도 그러한 대항력 취득의 효력이 임시주주총회일 이전의 당초 주식 양도통지일로 소급하여 발생하는 것은 아니다」라고 판단하였다. 대상 판결이 결론적으로 임시주주총회 당시 회사에 대한 관계에서 주주는 甲이라고 본 점에서 채무자 선택설을 취하지 않은 것임은 분명하나, 선통지자 우선설을 취한 것인지는 분명하지 않다. 위 사안은 甲과 乙 사이에 임시주주총회일 당시 주주권이 누구에게 귀속하는지의 '권리의 귀속' 문제를 다룬 것이 아니라, 회사와 이중양수인 간에 회사가 누구를 주주로 보아 권리행사를 허용할 것인가라는 '권리의 행사' 문제를 다룬 것이기 때문이다.

한편 주권발행 전 주식의 1차 양도가 확정일자 없는 증서에 의한 양도통지의 요건을 갖추고 회사가 제1양수인 앞으로 명의개서를 마쳐준 후에, 2차 양도가 확정일자 있는 증서에 의한 양도통지의 요건을 갖추었으나 아직 명의개서가 이루어지지 않은 경우, 회사는 누구에게 주주총회에서 의결권을 부여하여야 하는지가 문제될 수 있다. 위 2009다89665 판결이 그러한 사안으로서 회사는 명의개서를 마친 제1양수인을 주주로 취급하여 의결권을 행사하도록 하였다. 제1양수인과 제2양수인 사이에서 주식의 귀속은 확정일자 있는 증서에 의한 양도통지의 요건을 먼저 갖춘 제2양수인에게 귀속할 것이나, 회사에 대한 관계에서 주주의 권리를 행사할 수 있는 자는 명의개서를 한 제1양수인이 된다고 할 것이다.

이상과 같이 주권발행 전 주식의 이중양도에 있어서는 이중양수인 사이에서 우열관계는 확정일자 있는 증서에 의한 양도통지나 승낙의 요건을 먼저 갖춘 자가 우선할 것이나(이중양수인 모두 단순통지 내지 승낙의 요건만을 갖춘 상태에서는 논란의 여지가 있다), 회사에 대한 관계에 있어서는 그 양도통지 또는 승낙이 확정일자 있는 증서에 의한 것인지를 불문하고 주주명부상 주주로 기재된 자만이 주주로 취급된다고 할 것이다. 따라서 주권발행 전 주식의 양도에 있어서는 제3자에 대한 대항요건(확정일자부 양도통지 또는 승낙)과 회사에 대한 대항요건(명의개서)이 다르고, 권리의 실제 귀속자와 회사에 대한 관계에서의 권리자가 분리되어 법률관계가 복잡해진다. 그러한 점에서 지명채권양도의 경우와 달리 채무자에 대한 대항요건으로서의 통지나 승낙이 필요 없다고 보는 주권발행 전 주식의 양도에 있어서는, 명의개서를 회사뿐만 아니라 제3자에 대하여도 대항요건으로 하는 것이 법률관계를 통일적으로 규율할 수 있는 방법이 될 수도 있다.31)

4. 社債元金에 대한 遲延損害金의 消滅時效期間

◎ 대법원 2010. 9. 9. 선고 2010다28031 판결

　　금전채무에 대한 변제기 이후의 지연손해금은 금전채무의 이행을 지체함으로 인한 손해의 배상으로 지급되는 것이므로, 그 소멸시효기간은 원본채권의 그것과 같다. 한편, 상법 제487조 제1항에 "사채의 상환청구권은 10년간 행사하지 아니하면 소멸시효가 완성한다.", 같은 조 제3항에 "사채의 이자와 전조 제2항의 청구권은 5년간 행사하지 아니하면 소멸시효가 완성한다."고 규정하고 있고, 이미 발생한 이자에 관하여 채무자가 이행을 지체한 경우에는 그 이자에 대한 지연손해금을 청구할 수 있으므로, 사채의 상환청구권에 대한 지연손해금은 사채의 상환청구권과 마찬가지로 10년간 행사하지 아니하면 소멸시효가 완성하고, 사채의 이자에 대한 지연손해금은 사채의 이자와 마찬가지로 5년간 행사하지 아니하면 소멸시효가 완성한다.

　　상법 제64조 전문은 "상행위로 인한 채권은 본법에 다른 규정이 없는 때에는 5년간 행사하지 아니하면 소멸시효가 완성된다."라고 규정하고 있다. 한편 상법 제487조 제1항은 "사채의 상환청구권은 10년간 행사하지 아니하면 소멸시효가 완성한다."라고 규정하고 있는데, 사채의 상환청구권에 대한 지연손해금의 소멸시효기간에 관하여는 별도의 규정이 없기에 이를 상법 제64조에 따라 5년으로 보아야 하는지, 아니면 상법 제487조에 따라 10년으로 보아야 하는지 여부가 문제된 사안이다.

---

31) 일본은 2005년 회사법에서 주권 미발행 주식의 경우 명의개서를 회사 및 제3자에 대한 대항요건으로 규정하여 입법적으로 해결하였다(일본 회사법 제130조 제1항).

일반적으로 금전채무에 대한 지연손해금의 소멸시효기간은 원본채권의 그것과 같다고 보는데, 판례도 그러하다.[32] 상법 제64조의 "상행위로 인한 채권"에는 상행위로 인하여 직접 발생한 채권 외에 그 불이행으로 인한 손해배상채권, 계약의 해제로 인한 원상회복청구권 등 그와 실질적 동일성을 가지는 채권도 포함한다고 설명되어지나, 상행위로 생긴 원본채권에 대한 지연손해금에 상법 제64조가 적용되는 것은 지연손해금채권 자체가 상행위로 생긴 채권이기 때문이 아니라 그 원본채권에 상법 제64조가 적용되고, 그 지연손해금은 상행위로 생긴 원본채권의 변형으로 원본채권과 실질적으로 동일성을 갖기 때문이다. 대법원 2006. 4. 14. 선고 2006다3813 판결이 「보험회사가 보험수익자에게 지급한 보험금에 대한 변제기 이후의 지연손해금은 보험금 채권에 관하여 적용될 2년간의 소멸시효를 규정한 상법 제662조가 적용되어야 한다」라고 판시한 것도 같은 취지이다.

따라서 대상 판결이 원용하고 있는 대법원 2008. 3. 14. 선고 2006다2940 판결이 「은행이 영업행위로서 한 대출금에 대한 변제기 이후의 지연손해금은 그 원본채권과 마찬가지로 상행위로 인한 채권에 관하여 적용될 5년간의 소멸시효를 규정한 상법 제64조가 적용된다」라고 판시한 것은, 원본채권이 상사채권으로서 상법 제64조가 적용되기 때문에 지연손해금에 대하여도 동일하게 적용된다는 취지로 이해하여야 한다. 상법 제487조 제1항은 사채의 공중성(公衆性)을 고려하여 상법 제64조에 대한 특별규정을 둔 것이므로 사채의 상환청구권에 대한 지연손해금의 소멸시효기간은 사채의 상환청구권의 소멸시효기간과 마찬가지로 10년으로 보아야 할 것이다.

---

[32] 대법원 2007. 4. 12. 선고 2006다14691 판결.

5. 會社의 分割

(1) 신설회사의 분할 전 회사 채무에 대한 연대책임의 배제에 관하여 정한 상법 제530조의9 제2항의 '출자한 재산'과 '출자한 재산에 관한 채무'의 의미

◎ 대법원 2010. 8. 19. 선고 2008다92336 판결

　　회사가 분할되는 경우 분할로 인하여 설립되는 회사 또는 존속하는 회사는 분할 전 회사 채무에 관하여 연대하여 변제할 책임이 있으나(상법 제530조의9 제1항), 분할되는 회사가 상법 제530조의3 제2항에 따라 분할계획서를 작성하여 출석한 주주의 의결권의 3분의 2 이상의 수와 발행주식총수의 3분의 1 이상의 수로써 주주총회의 승인을 얻은 결의로 분할에 의하여 회사를 설립하는 경우에는 설립되는 회사가 분할되는 회사의 채무 중에서 출자한 재산에 관한 채무만을 부담할 것을 정하여(상법 제530조의9 제2항) 설립되는 회사의 연대책임을 배제할 수 있다. 여기서 분할되는 회사가 '출자한 재산'이라 함은 분할되는 회사의 특정재산을 의미하는 것이 아니라 조직적 일체성을 가진 영업, 즉 특정의 영업과 그 영업에 필요한 재산을 의미하며, '출자한 재산에 관한 채무'라 함은 신설회사가 분할되는 회사로부터 승계한 영업에 관한 채무로서 당해 영업 자체에 직접적으로 관계된 채무뿐만 아니라 그 영업을 수행하기 위해 필요한 적극재산과 관련된 모든 채무가 포함된다.

　　상법은 회사가 분할되고 분할되는 회사[33]가 분할 후에도 존속하는 경우에, 특별한 사정이 없는 한 회사의 책임재산은 분할되는 회사와 신설회사의 소유로 분리되는 것이 일반적이므로, 분할 전 회사의 채권자를 보호하기 위하여 분할되는 회사와 신설회사가 분할 전의 회사채무에 관하여 연대책임을 지는 것을 원칙으로 하고 있다(상법 제530조의9 제1항). 여기서 연대책임의 대상이 되는 분할 전 회사채무의 범위에 대하여 상법상 별다른 제한이 없으므로 그 성립원인을 묻지 아니하고 반드시 금전채무에 한정되지도 않는다. 다만 경업금지의무와 같은 부작위의무, 신주인수권증권 소지자의 권리행사에 응할 의무, 주식매수선택권자의 권리행사시 부여계약에서 정한 급부이행의무, 특정물인도의무 등과 같은 비대체적 채무가 연대책임의 대상이 되는지가 문제인데,

---

33) 이하에서 분할에 관계되는 회사들에 대한 명칭은 판례의 용례에 따라 분할의 주체가 되는 회사를 '분할되는 회사', 분할의 상대방이 되는 회사를 '신설회사'로 한다.

이러한 비대체적 채무에 대하여는 당해 채무의 불이행으로 말미암아 금전채무로 전환된 손해배상채무에 대하여 분할되는 회사와 신설회사가 연대책임을 부담하는 것으로 해석된다.34)

그런데 회사분할에 있어서 위와 같은 연대책임의 원칙을 엄격하게 고수한다면 회사분할제도의 활용을 가로막는 요소로 작용할 수 있으므로, 상법은 연대책임의 원칙에 대한 예외를 인정하여 신설회사가 분할되는 회사의 채무 중에서 출자받은 재산에 관한 채무만을 부담할 것을 분할되는 회사의 주주총회의 특별결의로써 정할 수 있게 하면서, 그 경우에는 신설회사가 분할되는 회사의 채무 중에서 그 부분의 채무만을 부담하고, 분할되는 회사는 신설회사가 부담하지 아니하는 채무만을 부담하게 하여 채무관계가 분할채무관계로 바뀌도록 규정하였다(^{상법 제530조}_{의9 제2항}). 여기서 '출자한 재산에 관한 채무'의 의미와 범위가 문제가 되는데, 학설은 '출자한 재산'이란 분할되는 회사의 특정재산을 의미하는 것이 아니라 조직적 일체성을 가진 영업으로서 특정의 영업과 그 영업에 필요한 재산을 의미하는 것으로 해석하므로, 각종 법령이나 권리의무의 성질 및 당사자 간의 합의에 의하여 양도나 기타 처분이 제한되는 경우를 제외하면, 분할 전 회사가 분할 전에 보유하였던 적극 및 소극재산을 포함한 특정의 영업과 이러한 영업의 수행에 필요한 일체의 재산이 모두 포함되며, 구체적으로는 분할되는 회사가 보유하고 있는 물권이나 채권, 회사의 상호, 계속적 계약관계, 근로관계, 지적재산권, 영업허가, 공장재단, 계류 중인 소송관계, 재산적 가치 있는 사실관계 등 경제적 가치가 인정되는 모든 재산권이 분할의 대상으로서의 재산에 해당되고 심지어는 부동적(浮動的) 법률관계, 다른 회사에 대한 지분, 양도가 가능한 공법관계도 분할의 대상이 된다고 한다.35) 그리고 '출자한 재산에 관한 채무'도 신설회사가 분할되는 회사로부터 승계한 영업에 관한 채무로서, 당해 영업 자체에 직접적으로 관계된 채무는 물론이고 이러한 영업을 수행하기 위해 필요한 적극재산과 관계된 채무까지 포섭하는 것이라고 한다.36)

문제는 분할되는 회사로부터 출자받은 영업과 그 영업에 필요한 재산과

---

34) 최기원, 「상법학신론(상)」 제18판, 박영사, (2009), 1346면.

35) 최기원, 「상법학신론(상)」 제18판, 박영사, (2009), 1347면.

36) 최기원, 「상법학신론(상)」 제18판, 박영사, (2009), 1348면.

관련되지 않은 일반채무, 예를 들어 분할되는 회사가 발행한 특수사채의 상환의무나 기존의 금융기관에 대한 차입금 반환의무의 경우이다. 만일 분할되는 회사가 위와 같은 의무를 면하기 위하여 신설회사에게 그와 같은 의무를 이전시키고자 하는 경우에, 분할당사회사가 연대책임을 배제하는 약정을 체결하더라도 분할되는 회사가 연대책임을 면하기는 어렵다.37) 이는 '출자한 재산에 관한 채무'가 아니기 때문이다. 한편 위와 같은 일반채무에 관하여 분할계획서 등에서 신설회사가 승계한다는 특별한 약정을 하지 아니한 경우에는, 위 일반채무는 출자받은 영업과 그 영업에 필요한 재산과 관련되지 않아서 '출자한 재산에 관한 채무'에 해당하지 않으므로 신설회사가 부담하지 아니하는 채무로서 분할되는 회사만이 부담하게 된다.

대법원 2010. 2. 25. 선고 2008다74963 판결은 「㈜대우(이하 '대우'라 한다)가 인적 분할 방식에 따라 존속법인인 대우와 신설법인인 피고 ㈜대우건설, 피고 ㈜대우인터내셔널로 분할된 사안에서, 분할 전 대우가 한국수출입은행으로부터 대출받은 DMIL38) 연불수출자금에 대한 담보로 제공하기 위해 원고(대우자동차판매 주식회사)로부터 대여받은 국공채의 반환채무는 대우가 영위하고 있던 영업에 관련된 채무에 해당하지 아니할 뿐만 아니라 피고 ㈜대우인터내셔널이 분할 후 지속적으로 영위하고자 하는 영업과 관련하여 발생한 채무에 해당하지 아니하므로 대우가 피고들에게 출자한 재산에 관한 채무에 해당하지 아니한다」라고 판단하였다.

대법원 2010. 8. 19. 선고 2008다92336 판결은, 「㈜대우중공업(이하 '대우중공업'이라 한다)이 피고 ㈜대우조선해양과 피고 ㈜두산인프라코어로 분할된 사안에서, 분할 전 대우중공업의 분식회계로 인하여 일반 주식투자자들이 입은 손해배상채권이 대우중공업이 피고들에게 출자한 재산에 관한 채무에 해당하지 아니한다」라고 판단하였다.

---

37) 최기원, 「상법학신론(상)」 제18판, 박영사, (2009), 1348면.
38) 인도 현지 자동차 제조법인이다.

(2) 분할에 대한 이의 여부를 개별적으로 최고하여야 하는 '알고 있는 채권자'의 범위

◎ 대법원 2010. 2. 25. 선고 2008다74963 판결

분할되는 회사와 신설회사가 분할 전 회사의 채무에 대하여 연대책임을 지지 않는 경우에는 채무자의 책임재산에 변동이 생기게 되어 채권자의 이해관계에 중대한 영향을 미치므로 채권자의 보호를 위하여 분할되는 회사가 알고 있는 채권자에게 개별적으로 이를 최고하고 만약 그러한 개별적인 최고를 누락한 경우에는 그 채권자에 대하여 신설회사와 분할되는 회사가 연대하여 변제할 책임을 지게 된다고 할 것이나, 채권자가 회사분할에 관여되어 있고 회사분할을 미리 알고 있는 지위에 있으며, 사전에 회사분할에 대한 이의제기를 포기하였다고 볼만한 사정이 있는 등 예측하지 못한 손해를 입을 우려가 없다고 인정되는 경우에는 개별적인 최고를 누락하였다고 하여 그 채권자에 대하여 신설회사와 분할되는 회사가 연대하여 변제할 책임이 되살아난다고 할 수 없다.

◎ 대법원 2010. 8. 19. 선고 2008다92336 판결

대우중공업의 소액주주 481명이 이 사건 분할과 관련한 자본금 분할비율을 문제 삼아 2000. 2. 29.경 대우중공업의 이사 등을 배임 등의 혐의로 고소하고 임시주주총회 효력정지 가처분을 신청하자, 대우중공업이 2000. 5. 22. 위 소액주주들과 자본금 비율을 상향조정하는 것으로 합의하기는 하였으나, 원고들이 위 소액주주 481명의 일원이었다는 점을 인정할 아무런 증거가 없고 소액주주들이 문제 삼은 것은 자본금 분할비율에 불과할 뿐 원고들의 이 사건 청구와 같이 분식회계로 인하여 주식 거래시 발생한 손해를 주장하는 것이 아니었으므로, 이러한 사정만으로 대우중공업이 원고들을 채권자로서 알고 있었다고 볼 수 없고, 또한 대우중공업의 분식회계로 인하여 모든 주주에게 손해가 발생하는 것이 아니고 분식회계와 인과관계 있는 거래기간 중 주식을 취득한 일부 주주에 한하여 채권자로서의 지위를 겸하게 되는 것이라 할 것인데, 실질주주명부에는 관리번호, 사업자등록번호, 보통주 및 우선주 수량, 주주의 이름과 주소만 기재되어 있을 뿐이어서, 비록 원고들이 이 사건 임시주주총회를 위하여 작성된 실질주주명부에 주주로서 등재되어 있었다 하더라도, 대우중공업으로서는 실질주주명부상 주주 중 원고들이 주주 이외에 채권자의 지위까지 겸하는 자들이라고 알 수 있었다고 볼 수 없다.

상법은 연대책임이 배제되는 경우에는 채무자의 책임재산에 변동이 생

기게 되어 채권자의 이해관계에 중대한 영향을 미치므로 채권자 보호를 위하여 채권자에게 미리 회사가 분할된다는 점을 알림으로써 채권자가 이의를 하면 분할되는 회사로부터 사전에 변제·담보제공·신탁제공을 받을 수 있도록 이의권을 제도적으로 보장하고 있다(상법 제530조의9 제4항, 제527조 의5, 제232조 제2항, 제3항). 분할되는 회사는 주주총회 승인결의가 있은 날로부터 2주 내에 채권자에 대하여 분할에 이의가 있으면 1월 이상의 기간 내에 이를 제출할 것을 공고하고, 알고 있는 채권자에 대하여는 이를 최고하여야 한다(상법 제530조의9 제4항, 제527조의5 제1항). 채권자가 이의기간 내에 이의를 제출하지 아니한 때에는 분할을 승인한 것으로 본다(상법 제530조의9 제4항, 제527조 의5 제3항, 제232조 제2항). 분할로 인하여 설립되는 회사가 분할 전의 회사채무에 대하여 연대책임을 지는 경우에는 위와 같은 최고를 할 필요가 없고, 연대책임을 지지 않는 경우에만 개별 최고의무를 부담한다(상법 제530조 의9 제4항). 이는 연대책임을 지지 않는 경우에 채권자 보호를 위하여 분할되는 회사가 알고 있는 채권자에게 개별적으로 최고토록 함으로써 채권자가 이의를 하여 회사가 변제 또는 상당한 담보를 제공하거나 이를 목적으로 하여 상당한 재산을 신탁회사에 신탁하게 하여(상법 제530조의9 제4항, 제527조 의5 제3항, 제232조 제3항), 회사재산의 변동으로 불측의 손해가 없도록 하기 위한 것이다. 분할되는 회사가 '알고 있는 채권자'에 대한 개별적 최고의무를 이행하지 않은 경우의 효과에 대하여 명문의 규정은 없으나, 판례는 「개별적인 최고를 누락한 경우에는 그 채권자에 대하여 분할채무관계의 효력이 발생할 수 없고 원칙으로 돌아가 신설회사와 분할되는 회사가 연대하여 변제할 책임을 부담한다」고 본다.39)

여기서 개별최고가 필요한 '알고 있는 채권자'의 범위가 문제된다. 일본의 통설과 판례는, 「'알고 있는 채권자'라 함은, 채권자가 누구인지, 그 채권이 어떠한 원인에 기한 어떠한 내용의 것인지의 대강을 회사가 알고 있는 채권자를 말한다」고 한다. 회사가 현실적으로 채권의 존재를 인식하지 않고 있더라도, 인식하는 것이 상당하다고 인정되는 사정을 갖추고 있는 경우에는, 알고 있는 경우에 해당한다고 하고, 회사가 합리적인 이유로 채권이 존재한다고 말할 만한 자료를 갖고 있지 않은 경우에는, 예컨대 후에 회사가 채권자와의 소송에서 패소하여 채권이 확정되기에 이르러도 그자가 알고 있

---

39) 대법원 2004. 8. 30. 선고 2003다25973 판결.

는 채권자에 해당한다고 할 수 없다고 한다. 우리의 학설도 채권자가 누구인지, 그 채권이 어떠한 원인에 기한 채권인지가 대체로 회사에 알려져 있는 채권자를 의미한다고 하면서, 회사의 장부 기타 근거에 의하여 그 성명과 주소가 회사에 알려져 있는 자는 모두 이에 포함되며, 대표이사 개인이 알고 있는 채권자도 당연히 포함된다고 보며, 그 채권액이나 변제기까지 소상하게 알 필요는 없고 그저 회사에 대하여 채권이 있다는 사실만으로 충분하다고 한다.40) 우리 판례로는「원고가 피고(한국전력공사)를 상대로 하동화력발전소 1호기 내지 4호기 가동으로 인하여 손실을 입었다고 주장하면서 그 보상을 지속적으로 요구해왔고, 1년 이상의 협상과정을 거쳐 합의에 이르게 된 것이며, 한전의 분할 이전에 쌍방이 합의 의뢰한 감정평가기관으로부터 6억원의 감정평가를 받고 있었던 만큼, 비록 관계기관의 유권해석은 회사분할 이후에 나왔다고 하더라도 손실보상채권의 원인사실이 발생하고 그로 인한 손실보상의 대상이 되는지 여부를 확정하는 방법과 손실보상액의 산정방법을 합의하고 그에 따라 감정의뢰한 감정평가결과까지 산출되어 있었으므로, 분할 당시에 손실보상의 대상이 되는지 여부에 대한 관계기관의 회신이 아직 도착하지 않은 상태라고 하더라도 피고에게 원고는 "알고 있는 채권자"에 해당한다」라고 본 사례41)가 있다.

대법원 2010. 8. 19. 선고 2008다92336 판결은, 대우중공업의 소액주주인 원고들이 대우중공업의 분식회계로 인하여 입은 손해에 대하여 신설회사인 피고들에게 그 책임을 묻는 사안에서, 「분식회계로 인하여 모든 주주에게 손해가 발생하는 것이 아니라 분식회계와 인과관계 있는 거래기간 중 주식을 취득한 일부 주주만이 손해배상채권자가 되는 것인데, 실질주주명부의 기재만으로는 대우중공업이 실질주주명부상의 주주 중 원고들이 채권자의 지위까지 겸하는 자들이라는 점을 알 수 있었다고 볼 수 없다는 이유로 '알고 있는 채권자'에 해당하지 않는다」라고 판시한 원심을 수긍하였다. 분식회계와 같은 회사의 불법행위로 인한 피해자들은 분할되는 회사가 분할과정에서 그 존재를 실제로 알지 못할 가능성이 많고, 따라서 이러한 피해자들은 현행 상

---

40) 권기범,「기업구조조정법」제3판, 삼지원, (2002), 256면.

41) 대법원 2004. 8. 30. 선고 2003다25973 판결.

법 규정에 따르면 '알고 있는 채권자'에 해당하지 아니하여 개별최고를 받지 못하고 그 결과 회사분할로 인하여 궁극적인 구제를 받지 못하는 상황이 발생할 수 있다. 이러한 현행 상법 규정은 신설회사가 개별최고나 채권자의 이의제기 여부와 관계없이 모든 채권자에 대하여 승계받은 재산 가액 한도 내에서 혹은 분할 후 일정 기간 내에 연대책임을 지도록 하는 EU 회사법이나 독일 회사법, 일본 회사법 등과 비교하여 볼 때 이러한 피해자들에 대한 구제가 미흡한 측면은 부인할 수 없다. 그러나 한편으로는, 기업구조조정의 일환인 회사분할 과정에서 생각하지 못한 거액의 우발채무가 갑자기 등장하여 신설회사가 책임을 져야 한다면, 분할제도의 취지가 반감되고 신설회사의 투자자나 채권자가 피해를 입을 우려가 있다. 회사의 주관적 인식을 기준으로 하면 '알고 있는 채권자'의 범위가 너무 협소해지는 문제가 있으므로 일본의 학설과 같이 채권의 존재를 인식함이 상당하다고 인정되는 사정이 있는 경우도 알고 있는 경우에 포함된다고 보는 해석론도 고려하여 볼 수 있다. 그러나 대상 판결의 사안에서는 위에서 든 해석론에 의하더라도 '알고 있는 채권자'에 해당한다고 보기는 쉽지 않을 것이라는 점에서 대상 판결의 결론은 수긍할 수 있다고 할 것이다.

　　한편 채권자에게 보호의 필요가 없거나 채권자가 회사분할에 관여되어 있고 회사분할을 미리 알고 있어 불측의 손해를 입을 우려 없는 상황이거나 이의제기권을 포기하였다고 볼 사정이 있는 경우에도 개별적 최고절차를 거치지 않았다면 분할당사회사의 연대책임이 부활된 것으로 볼 것인지가 문제가 된다. 이에 대하여 종래 회사분할을 잘 알고 있는 채권자에게는 개별최고를 누락하였더라도 분할계획에 따라 배제된 연대책임이 부활되지 않는다고 본 하급심 판결들이 있다.42)

　　대법원 2010. 2. 25. 선고 2008다74963 판결은, 이러한 하급심 판결들의 입장을 받아들여서, 「채권자가 회사분할에 관여되어 있고 회사분할을 미리 알고 있는 지위에 있으며, 사전에 회사분할에 대한 이의제기를 포기하였다고 볼만한 사정이 있는 등 예측하지 못한 손해를 입을 우려가 없다고 인정되는

---

42) 서울중앙지방법원 2004. 7. 14. 선고 2003가합7451 판결, 서울중앙지방법원 2005. 10. 27. 선고 2002가합11248 판결.

경우에는 개별최고를 누락하더라도 연대책임이 부활하지 않는다」라고 하는 법리를 처음으로 판시하였다. 위 사안에서 원고는 기업개선작업대상인 대우 그룹 계열사 중 하나로서 신설회사가 대우의 채무에 대한 연대책임을 부담하지 않는다는 취지의 분할계획서를 작성한다는 내용을 담은 기업개선약정에 대하여 대우의 주주로서 동의한 바 있었다.

(3) 분할당사회사가 부담하는 연대책임의 법적 성질

◎ 대법원 2010. 8. 26. 선고 2009다95769 판결

> 분할 또는 분할합병으로 인하여 설립되는 회사 또는 존속하는 회사(이하 '분할당사회사'라고 한다)가 상법 제530조의9 제1항에 의하여 각자 분할계획서나 분할합병계약서에 본래 부담하기로 정한 채무 이외의 채무에 대하여 연대책임을 지는 경우, 이는 회사분할로 인하여 채무자의 책임재산에 변동이 생기게 되어 채권 회수에 불이익한 영향을 받는 채권자를 보호하기 위하여 부과된 법정책임으로서 특별한 사정이 없는 한 그 법정 연대책임의 부담에 관하여 분할당사회사 사이에 주관적 공동관계가 있다고 보기 어려우므로, 분할당사회사는 각자 분할계획서나 분할합병계약서에 본래 부담하기로 정한 채무 이외의 채무에 대하여 부진정연대관계에 있다고 봄이 상당하다.

분할되는 회사와 신설회사가 분할 전 회사채무를 연대하여 변제할 책임이 있다고 규정하고 있는 상법 제530조의9 제1항에서 말하는 연대책임의 법적 성질에 관하여는 학설의 대립이 있었다. 민법상 보증채무에서 보충성이 배제된 민법 제437조 제2문의 연대책임으로 해석하는 견해(연대보증설), 민법 제413조 이하에서 규정하고 있는 본래적 의미의 연대채무로 파악하는 견해(연대채무설), 부진정연대채무로 파악하는 견해, 법률에 의한 중첩적 채무인수라고 보는 견해(중첩적 채무인수설) 등이 그것이다.

대상 판결은 위 연대책임이 부진정연대채무관계를 의미한다고 보았다. 그 근거로는 법정책임이라는 점과, 그 법정 연대책임의 부담에 관하여 분할당사회사 사이에 주관적 공동관계가 있다고 보기 어렵다는 점 등을 들고 있다. 분할되는 회사와 신설회사는 원래 각자 분할계약서에서 부담하기로 정한 채무 이외의 채무에 대하여는 아무런 주관적 공동관계가 없는 것이지만, 책임재산 감소에 따라 피해가 우려되는 채권자보호 차원에서 법정 연대책임을

지는 것이므로 부진정연대채무관계로 보는 것이 타당하다.

Ⅲ. 어음·手票

◎ 대법원 2010. 5. 20. 선고 2009다48312 전원합의체 판결

만기는 기재되어 있으나 지급지, 지급을 받을 자 등과 같은 어음요건이 백지인 약속어음의 소지인이 그 백지 부분을 보충하지 않은 상태에서 어음금을 청구하는 것은 어음상의 청구권에 관하여 잠자는 자가 아님을 객관적으로 표명한 것이고 그 청구로써 어음상의 청구권에 관한 소멸시효는 중단된다. 이 경우 백지에 대한 보충권은 그 행사에 의하여 어음상의 청구권을 완성시키는 것에 불과하여 그 보충권이 어음상의 청구권과 별개로 독립하여 시효에 의하여 소멸한다고 볼 것은 아니므로 어음상의 청구권이 시효중단에 의하여 소멸하지 않고 존속하고 있는 한 이를 행사할 수 있다.

판례는 백지어음이 백지에 대한 보충권과 백지보충을 조건으로 한 어음상 권리를 표창한다고 본다.[43] 백지어음은 배서에 의한 양도가 인정되고, 수취인 백지의 백지어음의 경우에는 최종배서가 백지식인 완성어음과 동일하게 수취인을 보충하여 배서에 의하여 양도하거나, 이를 보충하지 않은 채 배서하거나 또는 단순한 교부에 의한 양도가 인정된다.[44] 또한 배서에 의한 양도의 경우에 권리이전적 효력, 담보적 효력 및 자격수여적 효력이 인정되는 외에 선의취득 및 인적항변의 절단이 인정된다(통설). 그러나 한편으로, 보충을 조건으로 하는 어음상 권리는 보충되기까지는 조건미성취인 상태에 있기 때문에 그 어음상의 권리는 행사할 수 없고, 따라서 백지어음인 채로의 지급제시는 적법한 제시가 아니고, 약속어음의 발행인을 이행지체에 빠뜨리는 효력을 발생시키지 않으며,[45] 이러한 제시에는 상환의무자에 대한 소구권보전의 효력도 인정되지 않는다.[46]

여기서 '어음상의 권리(청구권)'가 아직 발생하지 아니한 백지어음 상태

---

43) 대법원 1998. 9. 4. 선고 97다57573 판결.
44) 대법원 2006. 12. 7. 선고 2004다35397 판결.
45) 대법원 1970. 3. 10. 선고 69다2184 판결.
46) 대법원 1986. 9. 9. 선고 85다카2011 판결.

에서의 재판상청구나 최고, 채무승인 등에 '어음상의 권리'에 대한 시효중단
의 효력을 인정할 수 있는지 문제된다. 대법원은 백지미보충 상태에서의 재
판상청구에 대하여는 시효중단의 효력을 인정47)하는 반면, 최고와 채무승인
에 대하여는 시효중단의 효력을 인정하지 않고 있었다.48) 학설은 재판상청
구와 재판외청구 등을 불문하고 백지어음에 대하여 시효중단을 인정하여야
한다면서 판례의 태도를 비판하여 왔다.49)

　　백지어음의 시효진행에 따른 시효중단 인정이 필요한 점, 백지어음에
기한 어음금청구는 완성어음에 기한 청구와 실질적으로 동일하다는 점, 어음
금을 청구하는 것은 어음상의 청구권에 관하여 잠자는 자가 아님을 객관적
으로 표명한 것이라는 점, 무엇보다도 시효중단의 효력을 인정하는데 있어서
재판상청구와 최고·채무승인을 달리 볼 합리적인 근거가 없다는 점에서 대
상 판결이 종래의 판결을 변경한 것은 타당하다.

Ⅳ. 保　　險

1. 第3者가 他人의 同意를 받지 않고 他人을 保險契約者 및 被保險者로 하여 締結한 生命保險契約이 他人의 生命保險契約에 該當하는지 與否

◎ 대법원 2010. 2. 11. 선고 2009다74007 판결

　　상법 제731조 제1항은 타인의 사망을 보험사고로 하는 보험계약에 있어서 도
박보험의 위험성과 피보험자 살해의 위험성 및 선량한 풍속 침해의 위험성을 배제
하기 위하여 마련된 강행규정인바, 제3자가 타인의 동의를 받지 않고 타인을 보험계
약자 및 피보험자로 하여 체결한 생명보험계약은 보험계약자 명의에도 불구하고 실
질적으로 타인의 생명보험계약에 해당한다.

　　상법 제731조 제1항은 "타인의 사망을 보험사고로 하는 보험계약에는

47) 대법원 1962. 1. 31. 선고 4294민상110, 111 판결.
48) 대법원 1962. 12. 20. 선고 62다680 판결.
49) 최기원, 「어음·수표법」 제5증보판, 박영사, (2008), 366면; 정찬형, 「어음·수표법강의」
　　제6판, 박영사, (2006), 231-232면.

보험계약 체결 시에 그 타인의 서면에 의한 동의를 얻어야 한다."라고 규정하고 있다. 이는 타인의 사망을 보험사고로 하는 보험계약을 제한 없이 인정할 경우, 도박보험의 위험성, 피보험자 살해의 위험성, 공서양속 침해의 위험성이 있기 때문이다. 우리 상법은 입법례 중에서 독일, 프랑스, 일본 등과 같이 피보험자의 동의를 요하는 동의주의를 채택하였다. 피보험자의 동의는 자신의 사망을 보험사고로 하는 생명보험계약에 대해 이의가 없다는 의사표시로서 보험계약의 효력발생요건이고,50) 동의의 시기와 방법 등에 관하여는 1991년 법 개정에 의하여 이를 명확히 하였다. 동의는 각 보험계약에 대하여 개별적으로 서면에 의하여 이루어져야 하고 포괄적·묵시적·추정적 동의만으로는 부족하다.51) 서면동의가 없으면 그 보험계약은 확정적으로 무효가 되고 피보험자가 추인하더라도 유효로 될 수 없다.52)

서면동의 요건의 잠탈 여부가 문제되는 경우로는, ① 제3자가 타인을 대리·대행하여 서면동의서를 작성하는 경우와, ② 제3자가 타인을 대리·대행하여 타인을 보험계약자 및 피보험자로 하는 생명보험계약을 체결하는 경우가 있다. ①의 경우에 관하여, 판례는 「피보험자인 타인의 서면동의가 그 타인이 보험청약서에 자필 서명하는 것만을 의미하지는 않으므로 피보험자인 타인이 참석한 자리에서 보험계약을 체결하면서 보험계약자나 보험모집인이 타인에게 보험계약의 내용을 설명한 후 타인으로부터 명시적으로 권한을 수여받아 보험청약서에 타인의 서명을 대행하는 경우와 같이, 타인으로부터 특정한 보험계약에 관하여 서면동의를 할 권한을 구체적·개별적으로 수여받았음이 분명한 사람이 권한 범위 내에서 타인을 대리 또는 대행하여 서면동의를 한 경우에는 그 타인의 서면동의는 유효하다」라고 하였다.53) ②의 경우 중에서도 제3자가 타인으로부터 적법하게 대리권 내지 대행권한을 수여받아 타인을 보험계약자 및 피보험자로 하는 보험계약을 체결하는 경우는 '자기의 생명보험계약'으로 인정하는데 큰 문제가 없다.

실무상 문제가 되는 경우는 제3자가 타인의 허락 없이 타인을 보험계약

---

50) 최기원, 「보험법」 제3판, 박영사, (2002), 615면.
51) 대법원 2003. 7. 22. 선고 2003다24451 판결.
52) 대법원 2006. 9. 22. 선고 2004다56677 판결.
53) 대법원 2006. 12. 21. 선고 2006다69141 판결.

자 및 피보험자로 하는 보험계약을 체결하는 경우라 할 것인데, 이를 타인의 생명보험계약으로 볼 것인지, 아니면 자기의 생명보험계약으로 볼 것인지에 대하여는 견해가 대립된다. 먼저 '실질적으로' 타인의 생명보험계약에 해당하므로 피보험자의 동의가 없어 무효라는 입장으로서 주로 판례들이 그러한 측면에서 결론을 내리고 있다. 서울고등법원 2003. 1. 22. 선고 2002나39885 판결은 「단지 보험계약 체결 시에 보험계약자 명의를 누구로 하였느냐에 따라 형식적으로 서면 동의의 필요 여부를 판단할 것이 아니라 보험계약자와 피보험자가 동일인으로 되어 있는 경우일지라도 그 계약 체결 경위에 비추어 실질적으로 타인의 생명보험이나 상해보험에 해당하는 때에는 상법 제731조 제1항이 준용되어 그 피보험자의 서면 동의가 없는 한 무효라고 함이 상당하다」라고 하였다. 대법원 1999. 12. 7. 선고 99다39999 판결도 「원심이 이 사건 공제계약의 당사자를 손경숙과 피고로 인정하여 이 사건 공제조약을 상법 제731조 소정의 타인의 사망을 보험사고로 하는 보험계약이라고 본 조치는 수긍이 간다」라고 판단하였다. 다음으로, 보험계약자와 피보험자가 동일인인 이상 타인의 생명보험계약이 아니므로 상법 제731조의 적용 여부는 문제가 되지 않고, 다만 무권대리인에 의한 보험계약에 해당하여, 보험사고 발생 이전에는 언제라도 본인이 추인하면 소급하여 유효한 보험계약이 된다고 하는 입장이 있다.54)

대상 판결은 위 문제에 관하여 전자의 입장을 취함으로써 후자의 입장에서 본인의 추인에 의하여 보험계약이 유효하게 되었다고 본 원심을 파기한 것으로 보인다. 그러나 이러한 대상 판결의 태도가 당사자확정에 관한 판례55)의 태도와 일치하는지에 대하여는 의문이 있다. 보험계약의 당사자확정

---

54) 권순일, "타인의 생명보험", 「상사판례연구」 제2권, 박영사, (1996), 272면; 정도영, "타인의 생명보험계약", 「재판실무연구 1999」, 광주지방법원, (2000), 246면; 최준선, "타인의 생명보험계약", 「판례월보」 제327호, (1997), 50면; 이기수, "타인의 생명보험계약", 「저스티스」 제30권 제1호, (1997), 133면.

55) 대법원 2003. 12. 12. 선고 2003다44059 판결은, 계약을 체결하는 행위자가 타인의 이름으로 법률행위를 한 경우에 행위자 또는 명의인 가운데 누구를 계약의 당사자로 볼 것인가에 관하여는, 우선 행위자와 상대방의 의사가 일치한 경우에는 그 일치한 의사대로 행위자 또는 명의인을 계약의 당사자로 확정하여야 할 것이고, 행위자와 상대방의 의사가 일치하지 않는 경우에는 그 계약의 성질·내용·목적·체결 경위 등 그 계약 체결 전후의 구체적인 제반 사정을 토대로 상대방이 합리적인 사람이라면 행위자와 명의자 중 누구를 계약당사자로 이해할 것인가에 의하여 당사자를 결정하여야 하고, 일방 당사자가 대리인을

도 일반계약의 경우와 달리 볼 것이 아니므로, 타인의 생명보험계약에 해당하여 그 타인의 서면동의가 보험계약 체결 시까지 필요한지는 당사자확정의 법리에 따라 보험계약자가 행위자인지, 아니면 피보험자인지를 확정된 다음에 따져야 할 문제로 생각된다. 대상 판결에서 말하는 '실질적으로'라는 표현이 계약해석으로서 당사자확정을 의미하는 것이 아니라, 제3자가 타인의 동의 없이 대리·대행하는 모든 경우를 '실질적인' 타인의 생명보험계약에 해당한다고 보는 것이라면 이는 당사자확정에 관한 기존 판례와 정합성이 있다고 보기 어렵다.56) 무권대리에 의한 보험계약에 대한 사후 추인을 인정하는 것은 상법 제731조의 취지에 반하므로 대상 판결과 같은 해석이 불가피하다는 견해가 있을 수 있으나, 본인의 사후 추인에 시기적인 제한을 두어 보험사고 발생 전까지만 추인을 인정한다면 상법 제731조가 배제하고자 하는 도박보험의 위험성, 피보험자 살해의 위험성, 공서양속 침해의 위험성은 소멸한다고 볼 수 있다.

2. 保險事故의 偶然性

◎ 대법원 2010. 4. 15. 선고 2009다81623 판결

　　[1] 상법 제644조의 규정에 의하면, 보험계약 당시에 보험사고가 발생할 수 없는 것인 때에는 보험계약의 당사자 쌍방과 피보험자가 이를 알지 못한 경우가 아닌 한 그 보험계약은 무효로 되는바, 보증보험계약은 기본적으로 보험계약으로서의 본질을 갖고 있으므로, 적어도 계약이 유효하게 성립하기 위해서는 계약 당시에 보험사고의 발생 여부가 확정되어 있지 않아야 한다는 우연성과 선의성의 요건을 갖추어야 한다.

　　[2] 甲과 乙이 통모하여 실제 임대차계약을 체결하거나 임대차보증금을 수수함이 없이 은행으로부터 대출을 받기 위하여 허위로 甲을 임대인, 乙을 임차인으로 하

통하여 계약을 체결하는 경우에 있어서 계약의 상대방이 대리인을 통하여 본인과 사이에 계약을 체결하려는 데 의사가 일치하였다면 대리인의 대리권 존부 문제와는 무관하게 상대방과 본인이 그 계약의 당사자라고 본다.

56) 보험 같은 정형적·대량적 거래에서 '실질적'이라는 표현은 경계할 필요가 있다. '실질적으로' 타인의 생명보험계약에 해당한다고 본 서울고등법원 2002나39885 판결이 당사자확정의 문제로 보아 판단한 취지라면 수긍할 수 있고, 대법원 99다39999 판결도 타인의 생명보험계약인지의 문제가 아니라 당사자확정의 문제로 다루었다고 볼 여지가 있다.

는 임대차계약서를 작성한 후, 甲이 보증보험회사와 그 임대차계약을 주계약으로 삼아 임대인이 임대차보증금반환의무를 불이행하는 보험사고가 발생할 경우 보증보험회사가 보험금수령권자로 지정된 은행에 직접 보험금을 지급하기로 하는 내용의 보증보험계약을 체결하고, 은행은 乙로부터 그 보증보험계약에 따른 이행보증보험증권을 담보로 제공받고 乙에게 대출을 한 사안에서, 위 보증보험계약은 성립할 당시 주계약인 임대차계약이 통정허위표시로서 아무런 효력이 없어 보험사고가 발생할 수 없는 경우에 해당하므로 상법 제644조에 따라 무효라고 본 사례.

◎ **대법원 2010. 12. 9. 선고 2010다66835 판결**

상법 제644조는 보험계약 당시 보험사고가 이미 발생한 때에 그 계약을 무효로 한다고 규정하고 있으므로, 설사 시간의 경과에 따라 보험사고의 발생이 필연적으로 예견된다고 하더라도 보험계약 체결 당시 이미 보험사고가 발생하지 않은 이상 상법 제644조를 적용하여 보험계약을 무효로 할 것은 아닌바, 전영자가 비록 이 사건 제2보험계약 체결 이전에 근이양증 진단을 받았다고 하더라도 보험사고(사망 또는 제1급 장해 발생)가 위 제2보험계약 체결 이전에 발생하지 않은 이상 위 보험계약이 무효라고 할 수 없다.

상법 제644조는 "보험계약 당시에 보험사고가 이미 발생하였거나 또는 발생할 수 없는 것인 때에는 그 계약은 무효로 한다. 그러나 당사자 쌍방과 피보험자가 이를 알지 못한 때에는 그러하지 아니하다."라고 규정함으로써, 본문은 보험계약 당시에 보험사고의 발생 또는 불발생이 객관적으로 확정된 경우의 효력을 규정하고, 단서에서는 주관적 불확정의 효력을 각각 규정하고 있다. 보험계약을 체결할 당시에 보험사고가 이미 발생한 경우에는 보험의 목적이 없으므로 계약이 무효가 되고, 또한 계약 당시에 보험사고가 발생할 수 없는 것인 경우에는 보험사고의 요건이 충족되지 않으므로 역시 계약이 성립될 수 없는 것이다. 상법 제644조 단서는 당사자 쌍방과 피보험자가 보험사고의 발생 또는 불발생을 알지 못한 때에는 그 계약은 무효가 되지 않는다고 하였으므로, 이들 중 어느 한 사람이라도 그 사실을 안 때에는 계약은 무효가 된다.[57]

---

[57] 대법원 2004. 8. 20. 선고 2002다20889 판결.

대법원 2010. 4. 15. 선고 2009다81623 판결에서, 乙에게 대출을 한 원고 (은행)는, 甲과 乙이 통모하여 허위의 임대차계약을 체결한 이상 보증보험계 약은 계약 당시 보험사고가 발생할 수 없는 경우에 해당하여 상법 제644조 본문에 의하여 무효라는 피고의 주장에 대하여, 자신이 선의의 제3자에 해당 하므로 위 임대차계약은 유효하고 따라서 보험사고가 발생할 수 없는 때에 해당하지 아니하여 보증보험계약도 유효하다고 주장하였다.

통정허위표시인 임대차계약에 기한 임차보증금반환채권을 양수한 원고 에게 甲으로서는 통정허위표시의 무효를 주장할 수 없으므로 표시된 대로 효력이 발생하여(이른바 상대적 무효) 원고에게 임차보증금반환의무를 지게 되고, 피고가 보증한 것은 임대차계약상 甲의 채무불이행인데 甲이 보증금반 환의무를 부담하는 이상, 피고 또한 같은 내용의 채무를 부담하는 것이므로 보증보험계약의 무효를 주장할 수 없다는 견해가 있을 수 있다. 그러나 이 사건 보증보험계약은 보험으로서의 본질을 가지고 있으므로 최소한 보험계 약으로서의 성립요건을 갖추어야 할 것인데, 보증보험계약을 체결할 당시(원 고가 임차보증금반환채권의 양수에 의하여 새로운 이해관계를 맺기 전이다)를 기준으로 甲과 乙 사이에서 甲의 乙에 대한 보증금반환채무의 불이행이라는 보험사고는 발생할 여지가 없는 것이므로 보증보험계약은 상법 제644조에 의하여 무효가 되고, 피고는 임대차계약의 무효로서 대항할 수는 없지만 보 증보험계약의 무효로는 대항할 수 있는 것이다.

'보험사고가 이미 발생한 경우'에 '보험사고가 시간의 경과에 따라 필연 적으로 발생이 예견되는 경우'가 포함되는지가 문제된 사안이 대법원 2010. 12. 9. 선고 2010다66835 판결이다. 하급심 판결로는 필연적으로 발생이 예견 되는 경우가 포함된다고 한 사례들이 있었다.58) 그 근거로는 보험계약 체결 시에 보험사고가 이미 발생하였거나 시간이 경과함에 따라 필연적으로 발생 이 예견되는 경우에 보험계약자가 이러한 사정을 알고 있으면서 보험금을 지급받을 목적으로 이를 숨기고 보험계약을 체결하는 것은 보험계약의 선의 성과 윤리성에 반할 뿐만 아니라 보험집단 구성원 사이에 위험의 동질성에

---

58) 서울중앙지방법원 2008. 11. 4. 선고 2008가단142314 판결(보험계약 체결 이전에 진행성 근이영양증 추정 진단을 받은 사안), 서울중앙지방법원 2004. 9. 1. 선고 2003가합45330 판 결(유아기부터 자폐증세가 있어 전반적 발달지연 진단을 받은 사안).

반한다는 것이다. 그러나 대상 판결은 법문에 충실하게 해석하여 「시간의 경
과에 따라 보험사고의 발생이 필연적으로 예견된다고 하더라도 보험계약 체
결 당시 이미 보험사고가 발생하지 않은 이상 상법 제644조를 적용하여 보
험계약을 무효로 할 것은 아니다」라고 판단하였다. 보험계약의 선의성과 윤
리성에 반하는 부당한 결과가 초래될 수 있지만 이는 고지의무 위반의 문제
나 보험기간 중 보험사고 발생에 대한 증명책임의 문제로 해결할 수 있을
것으로 보인다.

3. 外科的 手術 등으로 인한 損害를 補償하지 아니한다는 傷害保險 免責約款의 趣旨

◎ 대법원 2010. 8. 19. 선고 2008다78491,78507 판결

"외과적 수술, 그 밖의 의료처치로 인한 손해를 보상하지 아니한다. 그러나 회
사가 부담하는 상해로 인한 경우에는 보상한다."는 상해보험약관 면책조항의 취지는
피보험자에 대하여 보험회사가 보상하지 아니하는 질병 등을 치료하기 위한 외과적
수술 기타 의료처치(이하 '외과적 수술 등'이라고 한다)가 행하여지는 경우, 피보험
자는 일상생활에서 노출된 위험에 비하여 상해가 발생할 위험이 현저히 증가하므로
그러한 위험을 처음부터 보험보호의 대상으로부터 배제하고, 다만 보험회사가 보상
하는 보험사고인 상해를 치료하기 위한 외과적 수술 등으로 인한 위험에 대해서만
보험보호를 부여하려는 데 있다. 위와 같은 면책조항의 취지에 비추어 볼 때, 특정
질병 등을 치료하기 위한 외과적 수술 등으로 인하여 증가된 위험이 현실화된 결과
상해가 발생한 경우에는 위 면책조항 본문이 적용되어 보험금 지급대상이 되지 아
니하고, 외과적 수술 등의 과정에서 의료과실에 의하여 상해가 발생하였는지 여부는
특별한 사정이 없는 한 위 면책조항의 적용 여부를 결정하는 데 있어서 고려할 요
소가 되지 아니한다.

피고는 보험자인 원고와 피보험자를 甲, 수익자를 피고로 한 상해보험
계약을 체결하였는데, 甲이 병원에서 복막암 진단을 받고 후복막강 종괴를
제거하기 위한 개복수술을 받고 회복 중 수술 과정이나 중환자실에서 회복
치료 중 감염된 것으로 추정되는 패혈증과 폐렴으로 사망한 사안에서, "피보
험자의 임신, 출산(제왕절개 포함), 유산 또는 외과적 수술, 그 밖의 의료처치

로 인한 손해를 보상하지 아니한다. 그러나 회사가 부담하는 상해로 인한 경우에는 보상한다."라는 보험약관(이하 '이 사건 면책조항'이라 한다)의 해석이 문제되었다. 제1심은 「이 사건 면책조항의 의미는 의사가 환자의 질병을 진단하거나 치료하는 과정에서 당연히 예견되는 직접적인 일반적인 손해로서 환자가 이를 받아들이는 것에 한정하여야 하고, 당연히 발생하는 필요불가결한 손해가 아니거나 그 발생의 가능성은 예상하였으나 그 가능성이 낮은 관계로 의사나 환자가 직접적이고 일반적으로 초래될 것으로서 받아들인 것이 아닌 후유증 등 결과의 발생까지 포함하는 것이 아니라고 해석한 다음 이 사건 면책조항이 적용되지 않는다」라고 판시한 반면, 원심은 「이 사건 면책조항은 의료사고를 포함한 질병의 진단, 치료를 목적으로 하는 진료행위로부터 발생한 사고는 보험사고의 대상으로부터 제외시키는 취지이므로 이 사건 면책조항이 적용된다」라고 판시하였다.

이 사건과 같은 면책약관의 취지에 관하여는, ① 상해보험사고가 되지 아니하는 사안을 주의적으로 규정한 것이라는 견해와, ② 의료처치 등과 결부되어 증가되는 위험을 보험보호의 범위로부터 배제하기 위한 조항이라는 견해 등이 있다. 우선 대상 판결은 수술 등 의료처치 과정에서 의료과실이 개입되는 경우, 피보험자가 수술에 동의하였다는 것만으로 의료과실로 인한 상해의 결과까지 동의하고 예견하였다고 볼 수 없고 오히려 피보험자가 예측할 수 없는 원인에 의하여 발생한 것이므로, 이는 우연한 사고에 해당한다고 보았다.

그렇다면 수술 등 의료처치 과정에서 의료과실이 개입되어 보험사고가 발생하는 경우에 이 사건 면책조항의 적용 여부는 위 ①의 입장에 의하면 그 적용이 부정될 것이고, 위 ②의 입장에 의하면 그 적용이 긍정될 것이다. 이에 대하여 대상 판결은 위 ②의 입장에 따른 것으로 보이고, 그 입장에서는 판시한 바와 같이 의료과실이 개재되었는지와 관계없이 보험금지급대상이 되지 않는다고 보아야 할 것이다.

V. 海 商

◎ 대법원 2010. 4. 15. 선고 2007다50649 판결

> 구 상법(2007. 8. 3. 법률 제8581호로 개정되기 전의 것) 제788조 제1항은 해상 운송인에게 위 조항에 열거된 모든 용역을 해야 할 의무를 부과하는 규정이 아니라 위 조항에 열거된 용역 중 일정한 범위의 용역을 인수한 경우에 그 인수한 용역에 대하여 상당한 주의를 기울여 이행할 의무를 부과하는 규정이다. 따라서 선적·적부·양륙작업에 관하여 화주가 위험과 책임을 부담하기로 하는 약정은 운송인이 인수할 용역의 범위를 한정하는 약정으로서 용선계약에 따라 선하증권이 발행된 경우 용선자 이외의 선하증권소지인에 대하여 구 상법 제788조 제1항에 규정된 운송인의 의무 또는 책임을 경감 또는 면제하는 당사자 사이의 특약을 무효로 하는 구 상법 제790조 제1항 전문, 제3항 단서에 위반되지 아니하여 유효하다.

구 상법 제788조 제1항은 "운송인은 자기 또는 선원 기타의 선박사용인이 운송물의 수령, 선적, 적부, 운송, 보관, 양륙과 인도에 관하여 주의를 해태하지 아니하였음을 증명하지 아니하면 운송물의 멸실, 훼손 또는 연착으로 인한 손해를 배상할 책임이 있다."라고 규정하고, 제790조 제1항 전문은 "제787조 내지 제789조의3의 규정에 반하여 운송인의 의무 또는 책임을 경감 또는 면제하는 당사자간의 특약은 효력이 없다."고 규정하며, 제3항은 "제1항의 규정은 제787조의 규정에 반하는 경우를 제외하고 용선계약에는 이를 적용하지 아니한다. 그러나 용선계약에 따라 선하증권이 발행된 경우에 용선자 이외의 선하증권소지인에 대한 운송인의 의무 또는 책임에 관하여는 그러하지 아니하다."라고 규정하고 있다.

F.I.O.는 Free In and Out의 약자로서 운송인에게 부담을 지우지 아니하고(free) 화물이 선적되고(in) 양륙(하)된다(out)는 뜻으로, 운송인의 부담 없이 운송물이 선적되고 양륙(하)되기로 하는 운송계약상 조건이다.[59] 계약 자유의 원칙이 지배하는 용선계약에 있어서 비용 외에 위험과 책임까지 화주에게 전가하는 F.I.O. 조항은 유효하다.

문제는 F.I.O. 조항이 용선자 외에 선하증권 소지인에 대한 관계에서 불

---

59) 우리말로는 선적·양륙비 화주부담 또는 적양하비용 선주무관계라고 한다.

이익변경금지의 원칙에 위배되어 무효인지 여부인데, 이에 관해서는 각국의 판례와 학설이 엇갈린다. 영국법상 F.I.O. 조항의 효력은 헤이그-비스비 규칙 제3조 제2항의 해석에 달려있었는데, 1954년의 Pyrene v. Scindia Steam Navigation 사건에서 Devlin 판사는 「헤이그 규칙 제3조 제2항의 해석에 관하여 헤이그 규칙의 목적은 운송계약의 범위(scope)를 규정하는 것이 아니라 운송서비스가 이행될 때 따라야 하는 조건(terms)을 규정하는 것이므로 운송인의 의무로 할 선적과 양륙작업의 범위는 당사자들이 결정할 수 있다」는 견해를 밝혔다. 이후 1956년에 영국 귀족원은 Renton v. Palmyra Trading Corpn 사건에서 Devlin 판사의 견해를 귀족원의 다수의견으로 승인하였다. 반면, 미국은 항소법원에 따라 F.I.O. 조항이 유효하다고 법원과 효력을 부인하는 법원으로 나뉜다. 우리 학설도 F.I.O. 약관은 구 상법 제790조에 위반되어 무효라는 견해[60]와, F.I.O. 특약은 주의의무를 면제하는 것이 아니고 운송인이 인수할 운송의 범위를 한정하는 것으로 유효하다는 견해[61]가 대립하고 있었다. 한편 선상도(船上渡)에 관한 것이기는 하지만 대법원 2004. 10. 15. 선고 2004다2137 판결은 「하역비용을 수하인이 부담하는 소위 'C&F, FO(Cost and Freight, Free out) 조건'으로 체결되었다면 운송물을 하역하는 것은 운송인의 의무가 아니라 수하인의 의무이다」라고 하여 F.O. 조항이 유효함을 전제로 판단한 바 있다.

대상 판결은 구 상법 제788조 제1항이 해상운송인이 부담하는 용역의 범위를 규정한 것이 아니라 해상운송인이 인수한 용역에 대한 주의의무를 규정한 것이라는 점과, 국제적으로 그 유효성에 관하여 입장이 대립하고 있는 F.I.O. 조항에 관하여 대법원이 명시적으로 유효함을 인정하였다는 점에서 의미가 있다.

---

[60] 장희목, "해상물건운송인의 손해배상책임", 「사법논집」 제10권, (1979), 357-358면; 송상현 · 김현, 「해상법원론」 제3판, 박영사, (2005), 309면.

[61] 김인현, "F.I.O. 계약조건과 그 유효성 및 선상도의 법률관계", 「상사판례연구」 제19집 제1권, (2006), 174면; 유중원, "항해용선계약에서 F.I.O. 특약(조건)과 선상도의 법리연구", 「인권과 정의」 제394호, (2009), 139-140면; 최종현, "선하증권상의 F.I.O.조항의 효력", 「법조」 제56권 제2호, (2007), 131-132면; 임동철, "선적 · 적부과정에서 발생한 운송물의 손상에 대한 책임-헤이그 비스비 규칙을 중심으로", 「한국해법학회지」 제20권 제1호, (1998), 24-25면.

Ⅵ. 證券 · 金融

1. 錯誤送金

◎ 대법원 2010. 5. 27. 선고 2007다66088 판결

[1] 예금거래기본약관에 따라 송금의뢰인이 수취인의 예금계좌에 자금이체를 하여 예금원장에 입금의 기록이 된 때에는 특별한 사정이 없는 한 송금의뢰인과 수취인 사이에 자금이체의 원인인 법률관계가 존재하는지 여부에 관계없이 수취인과 수취은행 사이에는 위 입금액 상당의 예금계약이 성립하고, 수취인이 수취은행에 대하여 위 입금액 상당의 예금채권을 취득한다. 그리고 수취은행은 원칙적으로 수취인의 계좌에 입금된 금원이 송금의뢰인의 착오로 자금이체의 원인관계 없이 입금된 것인지 여부에 관하여 조사할 의무가 없으며, 수취은행이 수취인에 대한 대출채권 등을 자동채권으로 하여 수취인의 계좌에 입금된 금원 상당의 예금채권과 상계하는 것은 신의칙 위반이나 권리남용에 해당한다는 등의 특별한 사정이 없는 한 유효하다.

[2] 송금의뢰인이 착오송금임을 이유로 거래은행을 통하여 혹은 수취은행에 직접 송금액의 반환을 요청하고 수취인도 송금의뢰인의 착오송금에 의하여 수취인의 계좌에 금원이 입금된 사실을 인정하고 수취은행에 그 반환을 승낙하고 있는 경우, 수취은행이 수취인에 대한 대출채권 등을 자동채권으로 하여 수취인의 계좌에 착오로 입금된 금원 상당의 예금채권과 상계하는 것은, 수취은행이 선의인 상태에서 수취인의 예금채권을 담보로 대출을 하여 그 자동채권을 취득한 것이라거나 그 예금채권이 이미 제3자에 의하여 압류되었다는 등의 특별한 사정이 없는 한, 공공성을 지닌 자금이체시스템의 운영자가 그 이용자인 송금의뢰인의 실수를 기화로 그의 희생하에 당초 기대하지 않았던 채권회수의 이익을 취하는 행위로서 상계제도의 목적이나 기능을 일탈하고 법적으로 보호받을 만한 가치가 없으므로, 송금의뢰인에 대한 관계에서 신의칙에 반하거나 상계에 관한 권리를 남용하는 것이다.

송금의뢰인이 착오로 수취인을 잘못 지정하여 자신의 거래은행(지급은행)에 송금의뢰를 하여 계좌송금 또는 계좌이체의 방식으로 입금이 이루어진 경우(이하 '착오송금'이라 한다) 수취인의 수취은행에 대한 예금채권이 성립하는지에 관하여, 대법원은 이른바 '원인관계 불요설'을 취하여 수취인과 수취은행 사이의 예금계약의 성립을 인정한다.[62] 착오송금에도 불구하고 수

---

[62] 대법원 2007. 11. 29. 선고 2007다51239 판결.

취인의 수취은행에 대한 예금채권이 성립한다면, 송금의뢰인은 수취은행에 대하여 부당이득으로 송금액의 반환을 구할 수 없고 아무런 원인관계 없이 예금채권을 취득하게 된 수취인을 상대로 부당이득반환을 청구하여야 한다.63) 그리고 착오송금으로 수취인 계좌의 입금된 예금의 반환채권을 제3자가 수취인을 압류채무자로 하여 압류한 것은 유효하다.64)

그렇다면 착오송금된 금원이 수취인 계좌에 입금된 경우 수취은행은 그 수취인에 대하여 갖고 있는 대출채권 등을 가지고 상계할 수 있는 것인가? 위 대법원 판례의 태도에 비추어 원칙적으로 가능하다고 볼 것이다. 그러면 수취은행이 송금의뢰인의 반환요청이나 수취인의 반환승낙 등에 의하여 착오송금 사실을 알고 있다는 등의 사정이 있는 경우에도 수취은행의 상계를 인정할 것인가? 그 점이 대상 판결의 쟁점이었다.

독일의 연방대법원과 학설은 착오송금 시 수취인의 반환지시(입금기장 거절권의 행사)가 있으면 은행의 상계를 무효로 본다. 영국과 미국은 착오송금 시 송금의뢰인과 수취인 사이에 의제신탁관계의 성립을 인정하여, 은행의 상계 및 제3자의 압류를 무효로 본다. 일본의 하급심 판결 및 학설은 착오송금 사실을 안 수취은행의 상계가 권리남용에 해당하여 무효라고 보거나, 악의의 수취은행의 상계가 유효라고 보면서 수취은행이 송금의뢰인에 대하여 직접적인 부당이득반환의무를 부담한다고 보고 있다.65) 우리의 학설은 독일과 같은 입금기장거절권을 인정하여야 한다는 견해와 부정하는 견해가 있고, 착오송금 시 수취은행의 수취인에 대한 상계가 권리남용에 해당되는지 여부에 관하여도 제한적 긍정설과 부정설이 대립한다.

대상 판결의 사안은 상고이유로 수취은행의 상계가 권리남용에 해당한다고 주장한 것이었고, 그에 대하여 대상 판결은 「송금의뢰인이 착오송금임을 이유로 거래은행을 통하여 혹은 수취은행에 직접 송금액의 반환을 요청하고 수취인도 송금의뢰인의 착오송금에 의하여 수취인의 계좌에 금원이 입

---

63) 위 대법원 2007. 11. 29. 선고 2007다51239 판결.

64) 대법원 2009. 12. 10. 선고 2009다69746 판결.

65) 이에 관한 상세한 비교법적 검토는, 오영준, "송금의뢰인의 착오송금시 수취은행의 수취인에 대한 상계의 가부 -대상 판결: 2010. 5. 27. 선고 2007다66088 판결-", 「BFL」 제43호, (2010), 92-98면.

금된 사실을 인정하고 수취은행에 그 반환을 승낙하고 있는 경우에는 수취은행이 선의인 상태에서 수취인의 예금채권을 담보로 대출을 하여 그 자동채권을 취득한 것이라거나 그 예금채권이 이미 제3자에 의하여 압류되었다는 등의 특별한 사정이 없는 한, 수취은행의 상계가 권리남용에 해당하여 허용될 수 없다」라고 판단하였다. 대상 판결은 착오입금이나 이와 유사한 경우(예컨대, 범죄의 수단으로 원인 없이 입금된 경우)에 있어 그 자금의 처리와 관련하여 금융기관의 실무에 상당한 영향을 미칠 것으로 예상된다.

2. 短期賣買差益 返還範圍의 算定 基準時期

◎ 대법원 2010. 8. 19. 선고 2007다66002 판결

단기매매차익 반환제도의 입법취지에 더하여 ① 단기매매차익 반환의무의 대상이 되는 거래는 내부자가 매매계약의 의사를 대외적으로 표시하는 매매계약체결일을 기준으로 하여야 하는 점, ② 매매거래의 시기를 매매계약체결일로 보는 이상 반환할 매매차익의 범위도 실제 대금의 수령일이 아닌 매매계약체결일을 기준으로 산정하여야 비용공제 등 반환의무의 범위를 정함에 있어서도 통일된 기준이 될 수 있는 점, ③ 매매계약의 당사자는 매매계약에서 정한 매매대금을 기준으로 하여 경제적 손익 내지 매매차익의 실현 여부를 가늠하여 매매계약을 체결하였을 것이라는 점 등을 고려하면, 단기매매차익의 반환범위를 산정함에 있어서도 매매계약체결일을 기준으로 하여야 한다.

만일 그렇지 않고 매매계약체결일이 아닌 매매대금지급일이나 매매차익실현일을 매매차익 반환범위의 산정 기준시로 삼게 되면, 단기매매차익 반환의무의 발생시기와 매매차익 산정시기가 다르고 그 시기도 불확실하여 혼선을 초래할 수 있고, 계약체결일 기준으로 산정하면 매매차익이 없는 거래가 이행일까지 여러 사정의 변동으로 차익이 발생하면 단기매매차익을 반환하여야 하고, 반대로 계약체결일 당시에는 매매차익이 있음에도 불구하고 당사자가 임의로 매매차익을 발생시키지 않거나 감소시키기 위하여 이행기를 변경하는 방법으로 단기매매차익 규정의 적용을 회피할 수 있어 단기매매차익의 반환 여부가 매매거래 이외의 요소에 의하여 좌우된다는 점에서 부당한 결과를 초래한다.

구 증권거래법 시행령(2008. 7. 29. 대통령령 제20947호로 폐지) 제83조의5 제2항 제1호에서 단기매매차익의 산정방식을 '매도단가에서 매수단가를 뺀 금액에 매수수량과 매도수량 중 적은 수량을 곱하여 산출한 금액에서 당해 매매일치수량분에

관한 매매거래수수료와 증권거래세액을 공제한 금액'으로 산정하도록 규정하고 있는 것도 단기매매차익의 산정은 매매계약체결일을 기준으로 일률적으로 산정하고 그 밖의 변동요소는 고려하지 않도록 하는 취지라고 보아야 할 것이다.

구 증권거래법 제188조 제2항은 "주권상장법인 또는 코스닥상장법인의 임원·직원 또는 주요주주가 그 법인의 주권 등을 매수한 후 6월 이내에 매도하거나 그 법인의 주권 등을 매도한 후 6월 이내에 매수하여 이익을 얻은 경우에는 당해 법인은 그 이익을 그 법인에게 제공할 것을 청구할 수 있다." 라고 규정하고 있다. 이러한 단기매매차익 반환제도는 회사의 내부자가 주식을 6개월 내에 매매하여 얻은 이익은 그것이 내부정보를 이용한 것인지 여부와 관계없이 무조건 회사에게 반환하도록 하는 것이다.

단기매매차익 반환의무는 증권의 매수와 매도가 6개월 이내에 이루어졌어야 하므로 계약체결일, 증권인도일 또는 그 결제일이 서로 다른 경우에는 6개월 이내에 해당하는지를 판단하는 기준시점을 언제로 할 것인지가 문제된다. 이에 관하여는 계약체결일 기준설과 결제일 기준설이 있는데, 내부정보의 이용과 관련하여 중요한 것은 매매의사를 표시하는 시점이기 때문에 6월의 기간을 산정함에 있어 기준은 매매의 결제일이 아니라 체결일이 되어야 할 것이다. 그렇게 해석하지 않으면 매매계약체결일과 이행기를 달리함으로써 6개월이라는 기간을 편법적으로 회피할 수 있게 되어 부당한 결과가 발생한다.

구 증권거래법 시행령 제83조의5 제2항은 이익의 산정방법에 관하여 제1호에서 "매도단가에서 매수단가를 뺀 금액에 매수수량과 매도수량중 적은 수량(이하 이 조에서 '매매일치수량'이라 한다)을 곱하여 산출한 금액에서 당해 매매일치수량분에 관한 매매거래수수료와 증권거래세액을 공제한 금액을 이익으로 산정하는 방법"이라고 규정하고 있고, 제2호에서는 "2회 이상 매도 또는 매수한 경우에 관하여 선입선출법에 의하여 제1호의 방법으로 계산한 금액을 이익으로 산정하는 방법"을 규정하고 있다. 여기서 매도단가와 매수단가를 산정하는 기준 시점과 관련하여, ① 매매계약을 체결한 날을 기준으로 한 매수단가나 매도단가로 단기매매차익을 산정하여야 한다고 보는 '계약체결일 기준설', ② 실질적으로 매매계약의 구속력이 발생하여 내부자가 상대방에 대하여 매매대금의 이행을 구할 수 있는 권리가 확정된 시점을 기준으로 단기매매차익을 산정하여야 한다는 '청구권확정일 기준설', ③ 매매계약 체결 사실만으로는 이득이 실현되지 않고, 이득의 실현은 당사자 사이에서 약정한 이행기를 기준으로 이루어지므로 그 날을 기준으로 단기매매차익을 산정하여야 한다는 '이행기 기준설', ④ 실제로 매도대금을 지급받은 시점을 기준으로 단기매매차익을 산정하여야 한다는 '대금지급일 기준설' 등여러 견해를 상정할 수 있다.

　　대상 판결의 사안은, 코스닥 상장법인의 최대주주인 피고가 5차례에 걸친 장내매수 후 6개월 내인 2004. 11. 29.경 경영권과 함께 보유주식 전부를 매매대금을 미화로 정하여 매도하고, 계약에 따라 대금의 80%를 2005. 2. 2.에, 나머지 20%를 2006. 2. 6.에 각 지급받았는데, 기준환율이 계약체결일 이후에 계속 내려간 경우였다. 피고는 "6월 이내에 단기매매차익을 실현하였는지 여부는 주식매매계약 체결일이 아닌 '이익이 실현된 시점'인 계약이행일을 기준으로 하여야 하고, 설사 계약체결일을 기준으로 한다고 하더라도, 주식의 실제 매도계약체결일은 2005. 2. 2.이므로, 단기매매차익의 반환대상이 되는 거래는 2004. 8. 3. 매수한 주식에 한정된다"라고 주장하였고, 또한 "단기매매차익의 반환범위와 관련하여서는 주식의 매도로 피고가 얻은 이익은 실제로 그 매매대금을 지급받은 각 지급일자의 기준환율을 적용하여 산정하거나, 민법 제378조에 따라 이 사건 변론종결일의 환율을 기준으로 산정되어야 한다"라고 주장하였다.

　　이에 대하여 대상 판결은 단기매매차익 반환범위의 산정 기준시기가 매매계약체결일임을 명시적으로 밝히면서, 그 근거의 하나로 단기매매차익 반환의무의 대상이 되는 거래 여부도 내부자가 매매계약의 의사를 대외적으로 표시하는 매매계약체결일을 기준으로 하여야 하는 점을 들어 단기매매차익 반환대상 여부를 결정하는 기준시점도 함께 밝히고 있다. 이로써 이 사건의 실질적 다툼인 환율효과를 단기매매차익의 반환범위에 포함시킬 수 있는지에 관하여도 포함시킬 수 없음을 분명히 하였다.

3. 內部者去來

(1) 일반인에게 공개되지 아니한 중요한 정보

구 증권거래법은 "일반인에게 공개되지 아니한 중요한 정보"라 함은, ① 수시공시사항에 관한 구 증권거래법 제186조 제1항 각 호의 1에 해당하는 사실 등에 관한 정보 중 투자자의 투자판단에 중대한 영향을 미칠 수 있는 것으로서, ② 당해 법인이 재정경제부령이 정하는 바에 따라 다수인으로 하여금 알 수 있도록 공개하기 전의 것이라고 규정하여($\frac{구 증권거래법}{제188조의2 제2항}$), 중요성을 수시공시사항과 결부시켰다. 여기서 제186조 제1항 각 호 소정의 사실들만을 미공개정보이용행위 금지의 대상이 되는 중요한 정보에 해당하는 것으로 제한하여야 하는지에 관하여, 규정의 형식에 불구하고 중요성의 판단기준을 포괄적으로만 규정하고 구체적인 판단은 법원의 사법적 판단에 맡겨 실체를 파악하여 결정토록 하고, 다만 내부자의 법적 안정성과 예측 가능성을 고려하여 중요한 사실을 예시적으로 열거하고 있다는 포괄주의의 입장이 다수설이고, 판례도 포괄주의를 취하고 있다.[66]

구 증권거래법 제188조의2가 규정하는 미공개 중요정보가 되기 위해서는 ① 정보의 중요성과 ② 정보의 미공개성이 인정되어야 한다. 판례는 「"투자자의 투자판단에 중대한 영향을 미칠 수 있는 정보"라 함은, 법인의 경영·재산 등에 관하여 중대한 영향을 미칠 사실들 가운데, 합리적인 투자자라면 그 정보의 중대성과 사실이 발생할 개연성을 비교평가하여 판단할 경우 유가증권의 거래에 관한 의사를 결정함에 있어 중요한 가치를 지닌다고 생각되는 정보를 말한다」라고 하고 있다.[67] 여기서 내부정보는 반드시 객관적으로 명확하고 확실한 것까지 요구하는 것은 아니다.[68] 이와 관련하여 정보의 생성시점이 문제인데, 판례는 「일반적으로 법인 내부에서 생성되는 중요정보란 갑자기 완성되는 것이 아니라 여러 단계를 거치는 과정에서 구체화되는 것으로서, 중요정보의 생성시기는 반드시 그러한 정보가 객관적으로 명확하고 확실하게 완성된 경우를 말하는 것이 아니라, 합리적인 투자자의

---

66) 대법원 1995. 6. 29. 선고 95도467 판결; 대법원 2001. 11. 24. 선고 2000도2827 판결.

67) 대법원 1994. 4. 26. 선고 93도695 판결; 대법원 1995. 6. 29. 선고 95도467 판결 등.

68) 대법원 1994. 4. 26. 선고 93도695 판결.

입장에서 그 정보의 중대성과 사실이 발생할 개연성을 비교 평가하여 유가
증권의 거래에 관한 의사결정에서 중요한 가치를 지닌다고 생각할 정도로
구체화되면 그 정보가 생성된 것이다」라고 하였다.69)

　　어떤 정보가 당해 법인의 의사에 의하여 재정경제부령이 정하는 공시절
차에 따라 공개되기까지는 그 정보는 미공개 내부정보에 해당한다. 따라서
당해 법인에 의하여 재정경제부령이 정하는 바에 따라 공개하기 전의 정보
는 아무리 실제에 가까운 내용이 신문지상에 여러 차례 게재되었다고 하더
라도 공개된 정보라고 할 수 없고,70) 언론에 추측 보도된 바가 있더라도 미
공개 정보에 해당한다.71)

　　대법원 2010. 2. 25. 선고 2009도4662 판결,72) 대법원 2010. 4. 15. 선고
2009도11265 판결,73) 대법원 2010. 5. 27. 선고 2010도2181 판결74)은 이러한

---

69) 대법원 2008. 11. 27. 선고 2008도6219 판결.

70) 대법원 1995. 6. 29. 선고 95도467 판결; 대법원 2000. 11. 24. 선고 2000도2827 판결.

71) 대법원 2006. 5. 12. 선고 2004도491 판결.

72) 피고인들은 코스닥 상장법인의 공시담당직원 또는 그 법인과 기술이전계약을 체결한 전
자부품연구원의 임직원들로서, 그 법인은 2003. 12.경 전자부품연구원과 '나노기술을 이용
한 초고감도 이미지센서'기술을 인수하는 기술이전약정을 체결하였고, 전자부품연구원은
2005. 10. 19.경 그 법인 대표이사의 참석 하에 내부시연회를 마치고, 2005. 11. 10. 공개시
연회를 개최함과 동시에 '나노 이미지센서칩 개발완료 및 시연회 개최'라는 사실을 공시하
였다. 피고인들은 내부시연회 개최일 이후 공시일 이전에 '나노 이미지센서칩 개발완료 및
시연회 개최'라는 미공개정보를 이용하여 그 법인의 주식을 취득하고 부당이득을 얻었다
는 혐의로 기소되었고, 원심은 피고인들에 대한 공소사실을 유죄로 인정하였다. 피고인들
은 상고이유로 ① 구 증권거래법 제188조의2 제2항이 열거주의를 취한 것이라는 점, ② 이
사건 정보가 허위라는 점, ③ 언론에 수차 보도되어 이미 공개된 정보라는 점 등을 다투었
으나, 대법원은 기존의 입장을 확인하면서 원심을 유지하였다. 특히 대법원은 ②의 주장과
관련하여 이 사건 정보에 일부 허위 또는 과장된 부분이 포함되어 있더라도 그것을 이유
로 이 사건 정보의 중요성 자체를 부정할 수 없다고 판단하였다.

73) 코스닥 상장법인의 이사인 피고인은 2006. 3. 하순경 회사의 우발채무가 약 80억 원에 이
른다는 사실 등을 알게 되자 이 사실이 일반인에게 공개되지 않은 상태에서 2006. 4. 17.부
터 2006. 4. 18.까지 보유주식을 처분하여 443,436,180원의 손실을 회피하였다는 혐의로 기
소되었고, 원심은 회사의 재무상황(자산 133억 원, 부채 100억 원), 자본금 규모(177억 원)
에 비추어, 부채로 전환될 수 있는 우발채무가 80억 원을 초과한다는 사실은 회사의 경
영·재산상황에 중대한 영향을 미칠 수 있는 사정으로서, 일반투자자의 투자판단에 있어
중요한 가치가 있는 정보라고 보아 공소사실을 유죄로 인정하였다. 대법원은 이러한 원심
의 판단을 유지하였다.

74) 증권거래소 상장법인의 대표이사인 피고인이 새로운 사업전략으로 영화제작 등 엔터테
인먼트 사업을 추진하기로 한 후, 2005. 11.말경 당시 유명 연예인들이 소속된 매니지먼트
회사를 자회사로 둔 L필름의 대표이사를 만나 2005. 12. 초경 L필름의 주식을 위 법인이

기존 법리를 재확인하였다.

최근 실무에서 중요한 정보에 해당하기 위해서는 구 증권거래법 제186
조 제1항 각 호 또는 이에 의하여 순차로 위임을 받은 구 증권거래법 시행령
제83조 제3항 각 호 및 유가증권의 발행 및 공시 등에 관한 규정 제69조 제1
항 각 호에서 예시하고 있는 신고의무사항에 해당하거나 이에 비견할 수 있을
정도로 중요한 것이어야 하고, 아울러 장차 법령의 규정에 의하여 공개될 것
으로 예정되어 있는 정보일 것을 요구한다는 주장이 죄형법정주의와 관련하여
제기되었다. 이에 대하여 대법원 2010. 5. 13. 선고 2007도9769 판결은, 「① 어떤
사실이 '투자자의 투자판단에 중대한 영향을 미칠 수 있는 정보'에 해당하는
지 여부는 당해 사실이 구 증권거래법 제186조 제1항 각 호 또는 그 위임을
받은 구 증권거래법 시행령, '유가증권의 발행 및 공시 등에 관한 규정'이 정
한 신고의무사항에 해당하는지 여부와 직접적인 관계가 없고, ② 구 증권거
래법 제188조의2에 정한 내부자거래의 규제대상이 되는 정보는 '일반인에게
공개되지 아니한 중요한 정보'로서, 위 조항의 체계나 문언에 비추어 '당해
법인이 재정경제부령이 정하는 바에 따라 다수인으로 하여금 알 수 있도록
공개하기 전의 것'이라는 규정은 내부자거래의 규제대상이 되는 정보에 해당
하기 위한 요건 중 미공개에 관한 것이지 중요한 정보의 요건을 규정한 것
이 아니다」라고 판단하였다.

(2) 당해 법인과 '계약을 체결하고 있는 자'로서의 준내부자

구 증권거래법 제188조의2 제1항 제4호에서 '당해 법인과 계약을 체결
하고 있는 자'를 준내부자로서 규율하고 있다. 당해 법인과 계약을 체결하고
있는 자로서의 준내부자와 관련하여 통상 당해 법인과 감사계약에 의한 외
부감사인, 유가증권의 모집이나 매출을 위하여 인수계약을 체결한 증권회사,
거래은행, 변호사 또는 회계사, 컨설팅회사 등이 거론되나, 법이 '계약'의 내

전부 인수하기로 결정하고, 2005. 12. 16.부터 같은 달 20. 사이에 지인을 통하여 '위 법인의
L필름 인수'라는 미공개정보를 이용하여 위 법인 주식을 매수하는 방법으로 부당이득을
얻었다는 혐의로 기소되었다. 피고인은 상고이유로 이 사건 미공개정보의 생성시점을 피
고인이 그룹 회장에게 보고하고 허락을 받은 2005. 12. 23.경 이후라는 취지로 주장하였으
나, 대법원은 피고인이 2005. 12. 11.경 L필름 대표이사가 보유하고 있는 L필름 주식 중
20% 상당을 차명으로 매수하는 계약을 체결한 시점에는 이 사건 미공개 정보가 생성되었
다고 판단한 원심을 유지하였다.

용 등을 한정하고 있지 아니한 이상, '계약'을 위와 같은 감사계약, 유가증권의 모집 등을 위한 인수계약 등 당해 법인의 사무를 위임하는 계약으로 제한할 이유는 없다. 대법원 2010. 2. 25. 선고 2009도4662 판결도 코스닥 상장법인과 기술이전계약을 체결한 전자부품연구원 직원들이 준내부자 지위에 있음을 전제로 하여 처벌된 사례이다.

　여기서 당해 계약이 '유효하게' 성립하여 있어야 하는지 여부가 문제된다. 대법원 2010. 5. 13. 선고 2007도9769 판결의 제1심은 죄형법정주의의 이념에 따라 형벌법규를 엄격하게 해석하여야 한다는 입장에서 「구 증권거래법 제188조의2 제1항 제4호가 정하고 있는 '계약'은 유효하게 성립한 계약을 의미하는 것으로 보아야 한다」라고 판단하였다. 그러나 준내부자를 정하는 기준은 정보에 대한 접근가능성이 있기 때문에 당해 계약이 사법상 효력이 없더라도 정보에 관한 접근가능성이 있는 한 준내부자로 볼 수 있을 것이다. 대법원 2010. 5. 13. 선고 2007도9769 판결은 이 점에 관하여, 「'당해 법인과 계약을 체결하고 있는 자'를 내부거래의 규제 범위에 포함시킨 취지는, 법인과 계약을 체결하고 있는 자는 그 법인의 미공개 중요정보에 쉽게 접근할 수 있어 이를 이용하는 행위를 제한하지 아니할 경우 거래의 공정성 내지 증권시장의 건전성을 해할 위험성이 많으므로 이를 방지하고자 하는 데에 있다. 이와 같은 입법 취지를 고려하여 보면, 법인과 계약을 체결함으로써 그 법인의 미공개 중요정보에 용이하게 접근하여 이를 이용할 수 있는 지위에 있다고 인정되는 자는 비록 위 계약이 그 효력을 발생하기 위한 절차적 요건을 갖추지 아니하였다고 하더라도 '당해 법인과 계약을 체결하고 있는 자'에 해당한다고 봄이 상당하다」라고 판단하였다.

4. 詐欺的 不正去來

(1) 구 증권거래법 제188조의4 제4항 제1호의 '허위사실의 유포'와 '위계'

　누구든지 유가증권의 매매 기타 거래와 관련하여, ① 부당한 이익을 얻기 위하여 고의로 허위의 시세 또는 허위의 사실 기타 풍설을 유포하거나 위계를 쓰는 행위, ② 중요한 사항에 관하여 허위의 표시를 하거나 필요한 사실의 표시가 누락된 문서를 이용하여 타인에게 오해를 유발하게 함으로써 금전 기타 재산상의 이익을 얻고자 하는 행위 등을 하지 못한다(구 증권거래법 제188조의4 제4항). '허위'는 객관적 기준에 의하여 판단하여야 하므로 행위자가 허위사실이라고 믿었더라도 실제로는 진실이었다면 금지대상이 되지 않는다. 그러나 실제로는 허위사실이었더라도 행위자가 허위라는 사실을 몰랐다면 이것도 금지대상이 되지 않는다. '시세'에는 공인성과 객관성을 갖춘 장외시장에서 형성된 시세도 포함되며, '사실'이란 유가증권의 거래와 관련하여 직·간접적으로 영향을 줄 수 있는 관계사실을 의미한다. '기타 풍설'이란 허위의 시세와 허위의 사실을 제외한 일체의 거짓 소문을 의미한다는 견해와, 법문이 단순히 풍설이라고 규정하고 있고 증권거래에서는 합리적 근거도 없이 떠도는 소문을 만들거나 퍼뜨려 공정하고 자유로운 투자판단을 할 수 없도록 하는 경우가 문제되므로 행위자가 행위 당시에 당해 유포사실에 대하여 합리적 근거를 가지지 않은 것을 의미한다는 견해가 있다. '유포'란 불특정 또는 다수의 자에게 전파하는 것이고 그 방법은 문서·구두·언론매체·인터넷 등을 가리지 않으며, 특정인에게 전파해도 전파가능성이 있으면 해당된다. '위계'란 거래상대방이나 불특정 투자자를 기망하여 일정한 행위를 유인할 목적의 수단, 계획, 기교 등을 말한다.[75]

대법원 2010. 10. 28. 선고 2009도9968 판결[76]은, 구 증권거래법 제188조의4 제4항 제1호 소정의 '허위사실 유포'와 관련된 것이고, 대법원 2010. 12. 9. 선고 2009도6411 판결은 구 증권거래법 제188조의4 제4항 제1호 소정의 '위계사용'에 관하여 판시한 것이다.

◎ 대법원 2010. 12. 9. 선고 2009도6411 판결

[1] 구 증권거래법 제188조의4 제4항 제1호는 유가증권의 매매 기타 거래와 관련하여 '부당한 이득을 얻기 위하여 고의로 허위의 시세 또는 허위의 사실 기타 풍

---

75) 대법원 2008. 5. 15. 선고 2007도11145 판결.

76) 카자흐스탄 정부에 사크라마바스 광구의 가채매장량이 등록되었을 뿐 생산승인을 받은 것은 아니었음에도, 피고인 회사의 전략기획실장과 전략기획실 팀장이 '확인매장량의 생산승인을 받은 것'이라는 취지로 공시하거나 회사 홈페이지에 게재한 행위는 피고인 회사의 주가 상승을 통한 부당한 이득을 얻기 위한 허위사실 유포행위로서 구 증권거래법 제188조의4 제4항 제1호에 해당한다고 판단한 원심판결을 수긍한 사례이다.

설을 유포하거나 위계를 쓰는 행위'를 금지하고 있는바, 여기서 '위계'라 함은 거래 상대방이나 불특정 투자자를 기망하여 일정한 행위를 유인할 목적의 수단, 계획, 기교 등을 말하는 것이고, '기망'이라 함은 객관적 사실과 다른 내용의 허위사실을 내세우는 등의 방법으로 타인을 속이는 것을 의미한다.

원칙으로 주식거래에 있어서는 실명에 의한 거래가 강제되지 아니할 뿐만 아니라 투자자가 자신의 투자 동기나 계획 등을 스스로 시장에 공개하여야 할 의무가 없다는 점을 감안할 때, 외국인인 피고인 乙이 자신의 자금을 가지고 그의 계산 하에 실재하는 외국법인 명의 혹은 계좌를 이용하여 일반적인 주식시장에서 이 사건 미디어솔루션 주식을 매수하였다면 그 행위는 객관적 측면에서 모두 사실에 부합하는 것으로서 아무런 허위내용이 없으므로 위 법리에 비추어 이와 같은 행위를 기망행위에 해당하는 것이라고 볼 수는 없다. 따라서 피고인들이 이 사건 주식거래를 함에 있어 관련 외국법인의 실체를 과장하거나 그에 관한 허위의 정보를 제공하는 등 허위사실을 내세웠다는 특별한 사정이 없는 이상, 원심이 유죄 인정의 근거로 들고 있는 사실(단 아래의 허위사실 유포행위는 제외)만으로는 피고인 乙의 위와 같은 투자행태를 법률이 금지하는 위계의 사용에 해당한다고 단정하기에 부족하다.

[2] 구 증권거래법 제188조의4 제4항 제2호는 유가증권의 매매 기타 거래와 관련하여 '중요한 사항에 관하여 허위의 표시를 하거나 필요한 사실의 표시가 누락된 문서를 이용하여 타인에게 오해를 유발하게 함으로써 금전 기타 재산상의 이익을 얻고자 하는 행위'를 금지하고 있는바, 이는 투자자의 투자판단에 영향을 미치는 중요한 사항에 관하여 허위·부실 표시 문서를 이용하는 방법으로 타인의 오해를 유발하여 재산상의 이익을 얻고자 하는 행위를 처벌하는 것으로, 그 행위의 매체는 문서에 국한되므로, 위 제2호 위반행위에 해당하기 위해서는 '문서의 이용'이라는 요건이 충족되어야 한다. 그런데 이 부분 공소사실의 기재 내용은 "피고인 甲과 乙이 주식의 대량보유보고 및 소유주식상황변동보고를 하지 않는 방법으로 일반투자자들로 하여금 외국인들의 정상적인 투자나 지분변동이 있는 것과 같은 오해를 유발하였다."는 것으로, 문서의 이용에 관한 것이라 할 수 없으므로, 위 행위가 구 증권거래법 제210조 제5의2호 소정의 위반행위에 해당하는 것은 별론으로 하더라도 구 증권거래법 제188조의4 제4항 제2호 소정의 사기적 부정거래행위에는 해당하지 아니한다.

이 사건은 재벌 L그룹의 방계인 피고인 甲이 한국계 외국인인 피고인 乙과 공모하여, ① 미디어솔루션 인수자금에 관하여 차용금을 자기자금으로 금융당국에 신고하는 방법으로 허위공시하여 오해를 유발하였다는 점, ② 피고인 乙의 자금을 이용하여 미디어솔루션 구주를 매수하고, 제3자배정 유상증자에 피고인 乙 소유 3개 해외 페이퍼컴퍼니 명의로 참여하는 방법으로 해외기관투자가나 다수의 해외펀드 투자를 유치한 듯한 외양을 갖추는 위계사용의 점, ③ 해외법인 등 명의로 인수한 주식에 대하여 주식대량보유보고 및 소유주식상황변동보고를 하지 않는 방법으로 오해를 유발하였다는 점, ④ 피고인 乙의 페이퍼컴퍼니 명의로, 피고인 甲의 신주인수권부사채를 고가에 인수하는 방법으로 해외펀드의 투자를 유치한 듯한 외양을 갖추는 위계사용의 점, ⑤ 외국인투자와 관련한 언론의 의혹제기를 무마하기 위해 피고인 甲과 별개의 독립적인 해외펀드가 미디어솔루션의 기업가치를 높이 평가하여 장기보유를 목적으로 투자한 것이라는 취지로 언론에 허위사실을 유포한 점으로 기소되었다. 원심은 피고인 乙에 대한 ①점에 관하여 무죄를 선고하였지만, 나머지 사기적 부정거래는 모두 유죄로 인정하였다. 특히 원심은 ②점에 관하여, 「피고인 甲이 처음부터 신주인수권부사채의 고가매도를 계획한 점, 피고인 甲이 유상증자에 피고인 乙 소유의 3개 외국 페이퍼컴퍼니를 참여시킴으로써 일반투자자들로서는 L그룹과 관련된 피고인 甲의 배경 등에 비추어 외국기관투자자 또는 다수의 외국인투자자들이 정상적인 투자판단을 거쳐 투자한 것으로 오인할 가능성이 있는 점, 피고인 甲이 크레딧스위스 및 피고인 乙의 외국법인 명의로 미디어솔루션 주식을 매도·매수한 내역을 통하여 피고인들이 외국인 지분의 활발한 변동이 있는 것과 같은 외관을 갖추려는 의도적인 거래를 한 정황을 알 수 있는 점, 피고인들이 그들 사이의 신주인수권부사채 인수와 관련하여 언론에 허위사실을 유포한 점, 피고인 甲은 처음부터 코스닥 등록기업의 인수를 통하여 B여행의 우회상장을 추진하면서 인수대상기업의 주가를 충분히 끌어올린 다음, 인수대상기업의 신주 또는 신주인수권부사채를 매도하여 그 대금으로 차용금을 변제하고 자금과 외국법인을 제공한 피고인 乙에게는 상당한 규모의 시세차익을 갖도록 한다는 종합적인 계획을 세운 점, 피고인 甲은 이러한 계획에 피고인 乙을 끌어들인 다음 사전 계획에 따라 피고인 乙의 자금과 외국법인을 이용하여 미디어솔루션 주식에 관한 거래를 하면서도 주식시장에는 사전계획 내용이 일체 알려지지 않도록 한 점 등을 이유로 이 부분 사기적 부정거래행위를 한 사실을 인정할 수 있다」라고 판단하였다. 그러나 대법원은 ②, ③점에 관하여 위와 같은 판시내용으로 원심을 파기하였다. 특히 ②점과 관련하여 「한국계 외국인이 국내 자본시장에 투자를 하면서 해외 페이퍼컴퍼니를 이용하여 거래를 하였다거나 자신의 투자 동기, 계획, 제휴 상대방 등에 관한 사항을 스스로 공개하지 않았다는 사정만으로는 객관적 측면에서 허위성을 인정할 수 없어 위계사용으로 볼 수 없다」라는 취지로 판시함으로써, 위계인지 여부는 행위자의 주관적 의사나 계획이 아니라 객관적으로 드러난 행태를 기준으로 판단하여야 한다는 점을 분명히 하였다.

(2) 구 증권거래법 제207조의2와 제214조에서 정한 '위반행위로 얻은 이익'

구 증권거래법 제207조의2 제1항은, 같은 법 제188조의4의 규정에 위반한 자($\frac{제2}{호}$)에 대하여 10년 이하의 징역 또는 2천만 원 이하의 벌금(다만 위반행위로 얻은 이익 또는 회피한 손실액의 3배에 해당하는 금액이 2천만 원을 초과하는 때에는 그 이익 또는 회피손실액의 3배에 상당하는 금액 이하의 벌금)을 법정형으로 규정하면서, 제2항에서 그 위반행위로 얻은 이익 또는 회피한 손실액이 50억 원 이상인 때에는 무기 또는 5년 이상의 징역($\frac{제1}{호}$), 5억 원 이상 50억 원 미만인 때에는 3년 이상의 유기징역($\frac{제2}{호}$)으로 법정형을 가중하고 있다. 또한, 같은 법 제214조 제1항에서 제207조의2에 규정하는 죄를 범한 자에게는 징역과 벌금을 병과할 수 있다고 한 다음, 제2항에서 제1항의 규정에 따라 제207조의2 제2항의 규정을 위반한 자에 대하여 벌금형을 병과하는 경우에는 그 위반행위로 얻은 이익 또는 회피손실액의 3배에 상당하는 금액 이하의 벌금에 처하는 것으로 규정하였다. 따라서 위반행위로 얻은 이득액은 단순한 양형요소가 아닌 구성요건요소가 된다.

여기서 종래 대법원은 「'위반행위로 얻은 이익'이라 함은 거기에 함께 규정되어 있는 '손실액'에 반대되는 개념으로서 당해 위반행위로 인하여 행위자가 얻은 이윤, 즉 그 거래로 인한 총수입에서 총 비용을 공제한 차액을 말하고, 따라서 현실거래로 인한 시세조종행위로 얻은 이익은 그 시세조종행위와 관련된 유가증권거래의 총 매도금액에서 총 매수금액 외에 그 거래를 위한 매수수수료, 매도수수료, 증권거래세(증권거래소의 경우 농어촌특별세를 포함한다) 등의 거래비용도 공제한 나머지 순매매이익을 의미한다」라고 하였다(이른바 시세차익설).[77] 이러한 판례에 대하여는 시세차익설은 인과관계

---

[77] 대법원 2002. 6. 14. 선고 2002도1256 판결; 대법원 2002. 7. 26. 선고 2002도1855 판결 등.

를 다룬 것이 아니라 이익의 산출방법에 불과하다는 지적이 있었고, 이러한 인식 아래 구 증권거래법 제207조의2 제1항, 제2항을 적용함에는 먼저 해당 주가변동이 당해 위반행위로 초래되었음이 인정되어야 한다는 인과관계의 존부 및 정도가 문제되었다. 대법원 2004. 9. 3. 선고 2004도1628 판결은 「이익은 위반행위와 직접적인 인과관계가 있는 것만을 의미하는 것은 아니고, 그 위반행위가 개입된 거래로 인하여 얻은 이익에 해당하는 것이면 족하다」라고 판시하였는데, 이에 대하여는 인과관계와 행위책임을 근간으로 하는 형사법의 대원칙을 무시한 해석론이라는 비판이 제기되었다.

이러한 비판을 고려하여 대법원 2009. 7. 4. 선고 2009도1374 판결은, 「구 증권거래법 제207조의2와 제214조에서 정한 '위반행위로 얻은 이익'이라 함은 그 위반행위와 관련된 거래로 인한 이익을 말하는 것으로서 위반행위로 인하여 발생한 위험과 인과관계가 인정되는 것을 의미한다고 볼 것이다. 통상적인 경우에는 위반행위와 관련된 거래로 인한 총수입에서 그 거래를 위한 총 비용을 공제한 차액을 산정하는 방법으로 인과관계가 인정되는 이익을 산출할 수 있겠지만, 구체적인 사안에서 위반행위로 얻은 이익의 가액을 위와 같은 방법으로 인정하는 것이 부당하다고 볼 만한 사정이 있는 경우에는 사기적 부정거래행위를 근절하려는 구 증권거래법 제207조의2와 제214조의 입법취지와 형사법의 대원칙인 책임주의를 염두에 두고 위반행위의 동기, 경위, 태양, 기간, 제3자의 개입 여부, 증권시장 상황 및 그 밖에 주가에 중대한 영향을 미칠 수 있는 제반 요소들을 전체적·종합적으로 고려하여 인과관계가 인정되는 이익을 산정해야 할 것이며, 그에 관한 입증책임은 검사가 부담한다」라고 판시하였다.

위 사건에서는 투자연구소를 운영하는 A가 피고인과 무관하게 강연 등을 통해 당해 주식의 매수를 적극 추천하고 개인자금으로 당해 주식에 관한 홍보성 광고를 게재하는 등의 행위를 하였고 이러한 행위로 인하여 주가의 상승이 이루어진 측면도 있음을 전제로, 과연 이와 같은 제3자의 행위로 인한 주가상승분에 대해서도 피고인에게 책임을 귀속시킬 수 있는지 여부가 문제가 되었다. 이에 환송 후 원심[78]은 환송판결의 취지를 고려하여 「A가

---

[78] 서울고등법원 2009. 11. 26. 선고 2009노1838 판결.

강연을 통해 주가상승에 개입하였다고 인정되는 시점 이후의 주가상승은 그 전부가 피고인의 허위사실유포 및 허위·부실 표시 문서 이용행위와 인과관계가 인정된다고 볼 수 없고 인과관계가 인정되는 이득액을 특정할 방법도 없다」라고 판단하였다. 이에 대한 상고심인 대법원 2010. 4. 15. 선고 2009도13890 판결은, 위 2009도1374 판결의 법리를 재확인하면서 위와 같은 환송 후 원심의 판단을 유지하였다.

한편 위 2009도1374 판결 선고 이후에도 통상적인 사안에서는 종래의 시세차익설에 따라 구 증권거래법 제207조의2에서 정한 이익을 산정하였다. 대법원 2010. 6. 24. 선고 2010도4453 판결, 대법원 2010. 8. 19. 선고 2010도6719 판결이 그러한 원심을 수긍하였다.

5. 金融投資商品을 販賣하는 證券會社 등 任職員의 投資者保護義務

(1) 증권회사가 고객을 상대로 자신이 발행하는 유가증권을 공모하는 경우에 있어 투자자보호의무

◎ 대법원 2010. 1. 26. 선고 2007다16007 판결

　　[1] 증권회사의 임직원이 고객에게 유가증권에 대한 투자를 권유할 때는 고객이 합리적인 투자판단과 의사결정을 할 수 있도록 유가증권 및 발행회사의 중요정보를 올바르게 제공하여야 하고, 특히 비상장회사인 증권회사가 자신의 고객을 상대로 자신이 발행하는 유가증권을 공모하면서 그 유가증권 및 증권회사에 대한 정보를 제공하는 경우에는 장래 유가증권 가격의 상승 또는 하락에 대하여 단정적 판단을 제공하거나, 고객의 의사결정에 중대한 영향을 미칠 수 있는 사실을 합리적인 근거 없이 주장하거나 과장하여서는 아니 되며, 그렇게 함으로써 당해 유가증권 매수의 청약을 권유하는 행위가 거래행위에 필연적으로 수반되는 위험성에 관한 고객의 올바른 인식형성을 방해한 경우에는 불법행위책임이 성립한다.

　　[2] 비상장회사가 인수인을 통하지 않고 일반공모를 하는 경우에 공모가액의 적정성에 대하여 유가증권분석 전문기관의 평가를 거칠 의무가 있다고 하더라도 나아가 공모에 참여하는 투자자들을 보호하기 위하여 그러한 평가를 거쳐 산정된 주당 본질가치에 따라 공모가액을 결정하여야 할 주의의무까지 부여되어 있다고 할 수는 없으나, 비상장회사가 실제 주당 본질가치보다 공모가액을 높게 정한 것에 그치지 않고 회사의 주당 본질가치가 부(−)의 가치임에도 공모가액을 이보다 현저히

높게 결정한 후에 유가증권분석 전문기관이 회사의 주당 본질가치를 부당하게 높게 평가한 사정을 알았거나 알 수 있었음에도 불구하고 유가증권신고서에 유가증권분석 전문기관이 잘못 평가한 주당 본질가치를 감안하여 주당 공모가액을 정한 것처럼 기재하거나 그 밖에 주당 공모가액이 적정하게 결정된 것으로 투자자들이 오인할 수 있는 기재를 하여 공모절차를 진행하였다면, 특별한 사정이 없는 한 이를 신뢰한 투자자들에 대하여 불법행위책임이 성립한다.

비상장 증권회사인 피고 회사가 정부방침에 따라 5,250억 원 상당의 유상증자를 하면서 실권주와 구주주 배정 시 발생하는 단수주에 대하여 피고 회사에 잔고가 있는 계좌보유고객과 임직원을 대상으로 공모발행한 사안이다. 이후 피고 회사가 계속되는 적자로 부실금융기관으로 결정되고, 금융산업의 구조개선에 관한 법률에 따라 실권주 공모에 따라 발행된 기존 주식 전부가 무상소각되자, 투자자들인 원고들은 "피고 회사가 대우채 손실 부담으로 인하여 대규모 손실이 예상됨에도 이를 은폐 또는 누락하였고, 피고 회사 주식의 환금성에 대한 사항, 재무상황, 대주주에 대한 사항 등에 관하여 원고들을 기망하여 실권주 공모에 응하도록 한 것은 불법행위에 해당한다." 라고 주장하였다. 원심은 「피고 회사가 유상증자 공모청약 안내문의 '주식의 환금성' 항목에 '2001.중 코스닥 등록예정, 그 후 공모추진 예정'이라고 기재하였고, 공모유상증자 판단자료에는 '코스닥 등록예정, 매매시 주당 11,000원 이상, 수익률 83% 예상'으로 적시하였으며, 피고 회사 직원들은 이를 이용하여 고객들에게 실권주 공모에 응할 것을 권유하였는데, 이는 고객에 대한 보호의무에 위반하여 불법행위가 성립한다」라고 판단하였다. 대법원은 판시와 같은 이유로 원심의 판단을 유지하였다.

대법원이 증권회사의 임직원이 고객에게 부당한 투자권유를 함으로써 고객이 손해를 입은 경우에 이른바 투자자에 대한 보호의무를 저버린 것으로 평가될 수 있는 때에는 불법행위책임을 인정하고 있음은 주지의 사실이나, 증권회사가 자신이 발행하는 신주에 대하여 고객을 상대로 모집을 하는 경우에도 위와 같은 투자자보호의무의 법리가 적용되는지에 관하여 의문이 있을 수 있다. 이 경우는 증권회사가 자기매매(dealing)나 위탁매매(brokerage)를 하는 것이 아니므로 투자자보호의무의 법리는 적용될 수 없으며, 일반기업이 공모하는 경우와 마찬가지로 구 증권거래법 제14조에 위반하는 경우에는 그에 따른 손해배상책임을 묻고, 민법상 사기 등의 불법행위에 해당하는 경우에는 그에 따른 책임을 물을 수 있을 뿐이라는 견해도 있을 수 있다. 그러나 대상 판결은 증권회사가 유상증자를 하는 과정에서 부당한 권유행위를 하는 경우에도 역시 투자권유에 있어 투자자보호의무의 법리가 적용된다는 점을 분명하게 밝혔다.

(2) 금융기관에게 요구되는 설명의무의 정도

◎ 대법원 2010. 11. 11. 선고 2010다55699 판결

[1] 고객의 자산을 관리하는 금융기관은 고객에 대하여 선량한 관리자로서의 주의의무를 부담하는 것이므로, 고객의 투자목적·투자경험·위험선호의 정도 및 투자예정기간 등을 미리 파악하여 그에 적합한 투자방식을 선택하여 투자하도록 권유하여야 하고, 조사된 투자목적에 비추어 볼 때 고객에게 과도한 위험을 초래하는 거래행위를 감행하도록 하여 고객의 재산에 손실을 가한 때에는 그로 인한 손해를 배상할 책임이 있다. 그러나 투자자가 금융기관의 권유를 받고 어느 특정한 상품에 투자하거나 어떠한 투자전략을 채택한 데에 단지 높은 위험이 수반된다는 사정만으로 일률적으로 금융기관이 적합성의 원칙을 위반하여 부당하게 투자를 권유한 것이라고 단정할 수는 없으며, 투자자로서도 예상 가능한 모든 위험을 회피하면서 동시에 높은 수익률이 실현될 것을 기대할 수는 없고 위험과 수익률의 조합을 스스로 투자목적에 비추어 선택할 수밖에 없는 것이다. 또한 금융기관이 일반 고객과 선물환거래 등 전문적인 지식과 분석능력이 요구되는 금융거래를 할 때에는, 상대방이 그 거래의 구조와 위험성을 정확하게 평가할 수 있도록 거래에 내재된 위험요소 및 잠재적 손실에 영향을 미치는 중요인자 등 거래상의 주요 정보를 적합한 방법으로 설명할 신의칙상의 의무가 있다고 할 것이나, 계약자나 그 대리인이 그 내용을 충분히 잘 알고 있는 경우에는 그러한 사항에 대하여서까지 금융기관에게 설명의무가 인정된다고 할 수는 없다.

[2] 금융기관이 고객과 역외펀드에 연계된 1차 선물환계약을 체결하면서 기본적인 환 헤지의 기능에 관하여는 어느 정도 설명하였으나 위 선물환계약에 수반되는 특별한 위험성에 관하여는 충분한 설명을 하지 않은 데에는 고객 보호의무를 위반한 잘못이 있으나, 위 고객이 1차 선물환계약의 만기일에 펀드를 해지하지 않고 선물환계약만을 정산하면서 선물환계약의 의미와 정산금의 발생내역에 관한 설명을 다시 들었으므로, 그 무렵에는 선물환계약의 특별한 위험성에 관하여 잘 알고 있었다고 보이므로 그 후 위 금융기관이 1차 선물환계약과 비교하여 만기 및 약정 환율

만 다른 2차 선물환계약을 체결하면서 별도로 선물환계약의 특별한 위험성에 관하여 설명할 의무를 부담한다고 볼 수 없다고 한 사례.

원고는 2007. 2. 피고 은행 직원의 권유에 따라 일화 50,965,250엔으로 역외펀드(이하 '이 사건 펀드'라 한다)에 가입하였다. 환율변동에 따른 손실 발생 위험을 줄이기 위하여 원고는 이 사건 펀드에 가입한 후 9개월이 경과한 2007. 11. 피고 은행 직원의 권유에 따라 선물환계약(이하 '1차 선물환계약'이라 한다)을 체결하였는데, 그 내용은 원고가 50,965,250엔을 만기인 2008. 2. 18.에 약정환율(833.18원/100엔)에 피고에게 매도하는 것이었다. 원고는 1차 선물환계약의 만기일인 2008. 2. 18. 시장환율이 예상보다 높자[79] 펀드를 해지하지 않고 선물환계약만을 정산하기 위해서 당시 시장환율과 약정환율의 차이에 따른 정산금으로 21,991,506원[80]을 피고 은행에 지급하였다. 원고는 위 정산금을 지급한 후 1차 선물환계약을 갱신키로 하고, 2008. 2.말경 피고 지점을 방문하여 2008. 2. 18.자로 소급하여 다시 선물환계약을 체결하였는데(이하 '2차 선물환계약'이라 한다), 그 내용은 원고가 50,965,250엔을 만기인 2009. 2. 18.에 약정환율(890.68원/100엔)에 피고에게 매도하는 것이었다. 원고는 2차 선물환계약의 만기 하루 전날인 2009. 2. 17. 피고에게 이 사건 펀드 및 2차 선물환계약에 대한 해지 의사표시를 하여 당일 시장환율인 1,582.94원을 기준으로 2차 선물환계약을 정산하였는데, 352,812,039원[81]의 손실을 입게 되었다. 한편 이 사건 펀드도 손실이 발생하여 당시 평가액은 18,844,846엔에 불과하였다. 원고는 이 사건 펀드의 환매효과가 발생하는 5일 뒤인 2009. 2. 24. 피고에게 정산금으로 52,215,921원[82]을 지급하였다.

제1심은 피고가 1, 2차 선물환계약을 체결·갱신함에 있어서 원고에게 충분한 설명을 하지 못하였음을 이유로 손해배상책임을 인정하였는데, 원고가 입은 손해를 1, 2차 선물환계약의 손실금 합계액으로 본 후 피고의 책임

---

[79] 당시 이 사건 펀드의 평가액은 39,199,145.76엔, 시장 환율은 876.33원/100엔이었다.

[80] 50,965,250엔 × (876.33원/100엔 - 833.18원/100엔)

[81] 50,965,250엔 × (1,582.94원/100엔 - 890.68원/100엔)

[82] 이 사건 펀드의 환매액과 2차 선물환계약 손실액의 차액이다.

을 60%로 인정하였다.[83] 원심은 피고가 1, 2차 선물환계약을 체결·갱신함에 있어서 기본적 환 헤지 기능에 관하여는 어느 정도 설명하였으나, 기준일 당시에 보유하고 있지 않을 외환을 매도하는 선물환계약 부분에 관하여는 환율이 상승하는 경우 위 매도금액에 선물환율과 기준일 당시의 시장환율의 차이를 곱한 차액을 정산하여야 할 의무를 부담하게 되는 고도의 위험성에 관하여 충분한 설명을 하지 못하였음을 이유로 손해배상책임을 인정하면서, 「피고가 배상해야 하는 손해를 1, 2차 선물환계약으로 인한 총 손실금 중 선물환계약 특유의 고도의 위험성으로 인한 손해, 즉 펀드에서 손실이 발생하는 부분에 상응하는 선물환계약으로 인하여 발생된 손해에 한정된다」고 보고, 1차 선물환계약의 경우에는 70%의 책임을, 2차 선물환계약의 경우에는 50%의 책임을 인정하였다. [계산: 인용액 114,732,305원 = 3,553,951원(= 1차 선물환계약 손실액 5,077,073원[84] × 70%) + 111,178,354원(= 2차 선물환계약 손실액 222,356,708원[85] × 50%)]

이에 대하여 원고와 피고 쌍방이 상고하였는데, 대법원은 원고의 상고를 기각하고, 피고의 상고에 대하여는 「2차 선물환계약시 원고가 선물환계약의 특별한 위험성에 관하여 잘 알고 있어서 피고가 별도로 이를 설명할 의무가 있었다고 볼 수 없으므로 2차 선물환계약에 관한 피고의 설명의무 내지 보호의무 위반은 인정할 수 없다」는 이유로 이를 일부 받아들였다.

기준일 당시에 보유할 외환을 매도하는 선물환계약은 환율의 상승에 따른 이익을 포기하는 대신에 환율의 하락에 따른 손실 발생에 대비할 수는 있으나, 반대로 기준일 당시에 보유하고 있지 않을 외환을 매도하는 선물환계약은 환율이 상승하는 경우에는 매도 외환금액에 선물환율과 기준일 당시의 시장환율의 차이를 곱한 차액을 정산하여야 할 의무를 부담하게 되는 고도의 위험이 수반되는 투기적 성격이 아주 강한 금융상품으로서, 투자경험이

---

83) 인용액 224,882,127원 = 374,803,545원(1차 선물환계약 손실금 21,991,506원 + 2차 선물환계약 손실금 352,812,039원) × 60%

84) 펀드가치 하락분 11,766,104.24엔(50,965,250엔 - 39,199,145.76엔) × 환율상승분 43.15원 (876.33원 - 833.18원)

85) 펀드가치 하락분 32,120,404엔(50,965,250엔 - 18,844,846엔) × 환율상승분 692.26원 (1,582.94원 - 890.68원)

없는 일반인이 쉽게 접할 수 있는 상품이 아니고, 선물환 상품에 관한 기본적인 지식이 없는 고객으로서는 금융기관의 창구에서 이루어지는 개괄적인 설명만으로는 선물환계약의 구조나 특성, 위험성을 제대로 인식하지 못한 채 만연히 선물환계약을 체결하기에 이를 수 있다. 따라서 금융기관으로서는 고객과 선물환계약을 체결함에 있어 고객의 직업, 연령, 투자경험 유무, 선물환계약에 관한 사전지식을 가지고 있는지 여부 등을 살펴 선물환계약과 같은 파생금융상품에 관한 상식이나, 경험이 부족한 고객에게는 적어도 환율의 변동가능성, 선물환계약의 정산방법 및 선물환계약에 따르는 위험성 등에 관한 충실한 내용이 이해하기 쉽게 기재된 자료를 제공하는 등으로 선물환계약의 특성을 구체적으로 설명함으로써 고객이 그 정보를 바탕으로 선물환계약을 새로이 체결하거나, 이미 체결한 선물환계약을 유지할지에 관하여 합리적인 판단을 할 수 있도록 고객을 보호하여야 할 주의의무가 있다. 이러한 점에서 대상 판결은 1차 선물환계약과 관련하여 손해배상책임을 인정하였다. 한편 2차 선물환계약도 기본적으로 위험헤지용 선물환거래이고, 계약 체결 당시 펀드의 평가 잔액이 39,199,145.76엔 정도로 줄어들었지만, 당초 펀드 설정액인 50,965,250엔으로 선물환계약을 체결하였다고 하여 그 규모가 과다한 것은 아니고, 당시 시장 환율이 876.33원/100엔이었던 점에 비추어 보면, 약정 선물환율을 890.68원/100엔으로 정해진 것도 수긍할 수 있으며, 원고는 그 직전에 거의 동일한 내용의 1차 선물환계약을 체결하였던 점에서 적합성의 원칙을 위반하였다고 보기는 어려울 것이다. 또한, 피고가 2차 선물환계약을 체결하면서도 그에 내재된 특별한 위험성에 관한 구체적으로 설명하였다고 볼 수는 없지만, 원고가 1차 선물환계약을 정산하면서 피고 직원으로부터 당시 시장환율과 선물환율의 차이에 따른 차액정산금으로 21,991,506원을 지급하여야 하는 사정에 관한 구체적 설명을 듣고 그 돈을 피고에게 지급하였다면, 최소한 그 무렵에는 이 사건 선물환계약 고유의 위험성에 관하여 충분히 잘 알게 되었고, 그와 같은 위험성을 인식하면서 2차 선물환계약을 체결하였다면 피고에게 설명의무 위반을 인정하기 어렵다.

　　대상 판결은 금융기관이 고객에게 역외펀드에 연계된 선물환계약을 판매하는 경우 그 선물환계약이 갖는 기본적인 환 헤지의 기능 외에도 역외편

드에 연계됨으로써 나타나는 특별한 위험성에 관하여 충분히 설명할 의무가 있음을 시사하고 있다. 그러나 이미 그러한 특별한 위험성을 충분히 알고 있는 고객에게까지 그러한 설명을 할 의무는 없다는 점도 밝히고 있다.

6. 受益證券 還買延期에 受益證券 販賣會社의 一律的인 還買延期 意思表示가 필요한지, 그리고 金融監督委員會의 承認이 還買延期의 效力發生要件인지 與否

◎ 대법원 2010. 10. 14. 선고 2008다13043 판결

> 구 증권투자신탁업법(1998. 9. 16. 법률 제5558호로 개정되기 전의 것) 제7조 제4항 단서에서 정한 환매연기제도는 천재·지변, 유가증권시장의 폐쇄·정지 또는 휴장 기타 부득이한 사유로 인하여 증권투자신탁에 편입되어 있는 유가증권의 정당한 가치를 평가할 수 없게 되어 당해 증권투자신탁 수익증권의 정당한 기준가격을 산정할 수 없는 등의 특별한 사정(이하 '환매연기사유'라고 한다)이 있는 경우에 판매회사로 하여금 그 사유가 해소될 때까지 환매를 연기하여 그 사유가 해소된 시점에서의 정당한 가치를 기준으로 환매할 수 있도록 함으로써 증권투자신탁의 본질인 실적배당의 원칙 및 수익자평등의 원칙을 구현하고자 하는 것이므로, 환매연기사유가 존재하면 판매회사가 모든 수익자에 대해 일률적으로 환매연기를 한다는 것을 공시 또는 공표하는 등의 적극적인 환매연기조치를 취하지 않더라도 개별 수익자의 환매청구에 응하지 않는 것만으로 환매연기가 이루어진다. 또한 위와 같은 환매연기는 환매청구를 한 개별 수익자와 판매회사 사이의 사법적 법률관계로서 그것이 적법·유효한지 여부는 환매연기사유의 존재 여부에 따라 결정되는 것이지 금융감독위원회의 승인 여부에 따라 결정된다고 할 수 없으므로 금융감독위원회의 승인을 받지 않았다는 사정만으로 환매연기가 부적법하다거나 그 효력이 발생하지 않는다고 할 수 없다.

구 증권투자신탁업법(1998. 9. 16. 법률 제5558호로 개정되기 전의 것, 이하 '구 투신업법'이라 한다)은 위탁회사로부터 매입한 수익증권의 환매는 위탁회사에, 판매회사로부터 매입한 수익증권의 환매는 판매회사에 각각 환매청구를 하도록 규정하고 있었다(구 투신업법 제7조 제1항, 제2항). 그런데 구 투신업법은 판매회사가 환매청구를 받은 경우 어떠한 조치를 취해야 하는지에 대해서 아무런 규정을 두고 있지 않았는데, 판매회사는 위탁회사로부터 환매대금을 받아 환

매청구자에게 전달하면 되고 자신의 고유재산으로 환매대금을 지급할 의무를 부담하지는 않는다는 견해와, 자신의 고유재산으로 환매대금을 지급할 의무를 부담한다는 견해가 대립하다가, 대법원이 판매회사는 고유재산에 의한 환매대금 지급의무를 부담한다는 견해를 취함으로써 일단락되었다.86)

천재지변, 유가증권시장의 폐쇄·정지 또는 휴장 등으로 인하여 신탁재산에 편입되어 있는 유가증권의 가격을 평가할 수 없는 때에는 정상적으로 환매대금을 산정하여 지급할 수 없으므로 위 사유가 해소될 때까지 환매를 미룰 수밖에 없다. 구 투신업법 제7조 제4항 단서는 "천재·지변·유가증권시장의 폐쇄·정지 또는 휴장 기타 부득이한 사유가 있는 경우에는 금융감독위원회의 승인을 얻어 그 사유가 해소될 때까지 환매를 연기할 수 있다."고 규정하였는데, '기타 부득이한 사유'의 의미에 대하여 대법원은 「천재·지변·유가증권시장의 폐쇄·정지 또는 휴장 등은 수익증권의 시가가 형성될 수 없거나 그 시가를 알 수 없는 전형적인 경우인 점에 비추어, 환매연기사유의 하나로 규정되어 있는 기타 부득이한 사유는 천재·지변·유가증권시장의 폐쇄·정지 또는 휴장 이외의 사유로 수익증권의 시가가 형성될 수 없거나 그 시가를 알 수 없거나 시가에 준하는 것으로 취급되는 장부가와 시가 사이에 현저한 괴리가 생겨 장부가에 의한 환매 등을 하는 것이 증권투자신탁의 본질인 실적배당의 원칙 내지 수익자평등의 원칙을 심각하게 훼손하는 결과로 될 우려가 있는 경우를 가리키는 것이다」라고 하였다.87) 환매연기가 이루어지면 판매회사 등은 환매연기사유가 해소된 시점에 당시의 유가증권 가격에 따라 산정한 환매대금을 지급하게 된다.88)

여기서 ① 환매연기가 이루어지려면 판매회사 등의 일률적이고 명시적인 환매연기 의사표시가 필요한지 여부와, ② 구 투신업법 제7조 제4항 단서가 "금융감독위원회의 승인을 얻어 환매를 연기할 수 있다."고 규정하고 있는 것과 관련하여 금융감독위원회의 승인이 환매연기의 효력발생요건인지 여부가 문제되었다.

---

86) 대법원 2006. 12. 8. 선고 2002다19018 판결; 대법원 2007. 1. 11. 선고 2003다11820 판결 등.
87) 대법원 2003. 11. 28. 선고 2001다67171 판결; 대법원 2006. 12. 8. 선고 2002다19018 판결 등.
88) 대법원 2003. 11. 28 선고 2001다67171 판결; 대법원 2004. 1. 15 선고 2001다70825 판결 등.

먼저 ①의 쟁점에 관하여는, 구 투신업법에 의한 수익증권의 환매는 수익자의 환매청구와 판매회사 등의 승낙에 의하여 성립하므로 판매회사 등이 승낙을 유보하고 환매청구에 응하지 않는 것만으로도 환매연기가 이루어질 수 있고, 구 투신업법 제7조 제4항 단서 중 "천재·지변·유가증권시장의 폐쇄·정지 또는 휴장 기타 부득이한 사유가 있는 경우" 부분은 환매연기의 요건을 규정한 것이고 "그 사유가 해소될 때까지 환매를 연기할 수 있다"는 부분은 환매연기의 효과를 규정한 것이지 환매연기에 환매연기의사표시가 필요하다는 취지는 아니라는 점을 근거로 일률적이고 명시적인 환매연기의 의사표시가 필요 없다는 견해와, 구 투신업법 제7조 제4항 단서가 "환매를 연기할 수 있다"고 규정하여 판매회사 등에게 환매연기 여부에 관한 재량을 부여하는 형식을 취하고 있는 점, 판매회사 등이 환매를 연기하는 경우 필연적으로 그 반대당사자인 수익자의 이해관계와 정면으로 충돌할 수밖에 없고 환매연기는 모든 수익자에게 동일하게 적용되어야 하므로 환매연기의 의사가 명확하게 외부에 표출될 필요가 있는 점 등을 근거로 모든 수익자에 대해 일률적으로 환매연기를 한다는 것을 공시 또는 공표하는 등의 적극적인 환매연기의 의사표시가 필요하다는 견해가 대립하였다. 하급심도 견해가 나뉘었다.

다음으로 ②의 쟁점에 관하여는, 환매연기 여부는 환매연기사유의 존부라는 객관적인 사실관계에 의해 좌우되는 것이지 금감위의 승인 여부에 의해 좌우되는 성질의 것이 아닌 점, 수익자의 환매청구에 대하여 판매회사 등이 환매연기사유의 존재를 이유로 환매대금을 지급하지 않는 것이 정당한지 여부는 사적 법률관계이므로 사법적 판단의 영역에 속하는 문제이지 이를 공적기관인 행정청의 승인 여부에 따라 좌우할 문제는 아닌 점 등을 근거로 금감위의 승인은 환매연기의 남용을 방지하고 수익자를 보호하기 위하여 환매연기사유의 존부를 확인하는 행위에 불과하므로 효력발생요건이 아니라는 견해와, 구 투신업법 제7조 제4항 단서가 명문으로 '금융감독위원회의 승인을 얻어'라는 표현을 사용하고 있는 점, 구 투신업법 하에서 시행되던 감독규정 제47조가 금감위에 대한 환매연기승인신청은 환매연기사유·환매연기기간·환매연기기간 이후의 환매대책·기타 수익자보호와 관련된 사항을 기재한 서면으로 해야 한다고 규정하고 있었던 점, 환매연기의 내용에 관하여 공적 기관인 금융감독위원회에 승인을 받아 환매연기를 둘러싼 법률관계를 조속히 확정 짓고 아울러 환매연기제도의 남용을 방지하려는 취지를 살리기 위해서는 판매회사 등으로 하여금 금융감독위원회에 환매연기승인을 신청하도록 강제할 필요가 있는 점, 확인행위에 불과하다고 보게 되면 판매회사 등이 자의적인 판단 아래 환매연기를 하는 경우에 이를 사후적으로 시정할 수 있는 방법이 없는 점 등을 근거로 금융감독위원회의 승인이 없으면 환매연기가 이루어지지 않는 효력발생요건이라는 견해가 대립하였다. 이 점에 대하여도 역시 하급심 판결이 나뉘었다.

대상 판결은, 환매연기에 있어 ① 판매회사가 모든 수익자에 대해 일률적으로 환매연기를 한다는 것을 공시 또는 공표하는 등의 적극적인 환매연기조치를 취할 필요가 없고, ② 금융감독위원회의 사전 승인도 필요 없다는 점을 명백히 하였다.

2011年 主要 商事判例 回顧*

陳 尙 範**

Ⅰ. 商法總則

◎ 대법원 2011. 7. 14. 선고 2011다31645 판결

상법 제103조, 제113조는 위탁매매 또는 준위탁매매에서 위탁매매인이 위탁매매로 인하여 취득한 물건, 유가증권 또는 채권은 위탁자와 위탁매매인 또는 위탁매매인의 채권자 사이의 관계에서는 이를 위탁자의 채권으로 본다고 규정한다. 위에서 본 대로 원래 위탁매매인과 상대방 사이에 체결된 위탁매매의 법적 효과는 그 계약의 당사자인 위탁매매인과 상대방에게 귀속하여 위탁매매인이 위탁매매의 목적물이나 그 위탁매매계약상의 채권을 취득하고, 위탁자는 위탁매매인으로부터 그 목적물이나 채권을 양도받음으로써 비로소 그 권리자가 된다. 그러나 앞서 본 상법규정은 위탁자가 위탁매매인의 배후에 있는 경제적 주체로서 위 물건 또는 채권에 대하여 가지는 직접적 이익을 고려하고 나아가 위탁매매인이 위탁자에 대하여 신탁에서의 수탁자에 유사한 지위에 있음을 감안하여, 위탁자와 위탁매매인 사이 또는 위탁자와 위탁매매인의 채권자 사이의 관계에 있어서는 위탁매매인의 실제의 양도행위가 없더라도 위 물건 또는 채권을 위탁자의 재산으로 의제하는 것이다. 그리고 그렇게 함으로써 위탁매매인이 위 물건 또는 채권에 관하여 한 처분 또는 위탁매매인의 채권자가 위 물건 또는 채권에 대하여 하는 강제집행 등 자기 채권의 만족에 관한 행위는 이미 위탁자에게 속하는 물건 또는 채권에 대하여 행하여진 것이어서 무권리자의 처분 또는 채무자의 재산이 아닌 재산에 대한 강제집행 등임을 이유로 위탁자와의 관계에서 그 효력을 부인하여 위탁자의 이익을 보호하고자 하는 것이다.

따라서 위탁매매인이 그가 제3자에 대하여 부담하는 채무를 담보하기 위하여 그 채권자에게 위탁매매로 취득한 채권을 양도한 경우에 위탁매매인은 위탁자에 대

---

　* 제24회 상사법무연구회 발표 (2011년 3월 12일)
　** 서울서부지방법원 부장판사

한 관계에서는 위탁자에 속하는 채권을 무권리자로서 양도하였다고 볼 것이고, 따라서 그 채권양도는 무권리자의 처분 일반에서와 마찬가지로 양수인이 그 채권을 선의취득하였다는 등의 특별한 사정이 없는 한 위탁자에 대하여 효력이 없다고 할 것이다. 이는 채권양수인이 양도의 목적이 된 채권의 귀속 등에 대하여 선의이었다거나 그 진정한 귀속을 알지 못하였다는 점에 관하여 과실이 없다는 것만으로 달라지지 아니한다.

위탁매매라 함은 자기의 명의로 타인의 계산에 의하여 물품을 매수 또는 매도하고 보수를 받는 것으로서 명의와 계산의 분리를 본질로 하고(상법 제101조), 어떠한 계약이 일반의 매매계약인지 위탁매매계약인지는 계약의 명칭 또는 형식적인 문언을 떠나 그 실질을 중시하여 판단한다.[1] 이는 자기 명의로, 그러나 타인의 계산으로 매매 아닌 행위를 영업으로 하는 준위탁매매(상법 제113조)에 있어서도 마찬가지이다. 대외적으로는 위탁매매인이 상대방과의 관계에서 매매계약의 당사자 지위에 있고 매매로 인하여 상대방에 대하여 직접 권리를 취득하고 의무를 부담하므로(상법 제102조), 위탁매매인이 위탁매매로 인하여 취득하여 위탁자를 위하여 점유하고 있는 물건 또는 유가증권이나 채권은 이를 위탁자에게 다시 이전하거나 양도할 때까지는 대외적으로 위탁매매인의 소유 또는 채권임이 원칙이다. 그러나 이러한 원칙을 관철하면 위탁매매인이 위탁매매와 관련된 재산을 위탁자에게 이전 또는 양도하지 않은 상태에서 파산하여 그것이 파산재단에 귀속된 경우 위탁자는 환취권을 행사할 수 없게 되고, 위탁매매인의 채권자가 위탁물에 대하여 강제집행을 하는 경우에도 위탁자는 자기의 것이라는 이의를 제기할 수 없게 된다. 그러므로 상법 제103조는 위탁매매인이 위탁자로부터 받은 물건 또는 유가증권이나 위탁매매로 인하여 취득한 물건, 유가증권 또는 채권은 위탁자와 위탁매매인 또는 위탁매매인의 채권자 간의 관계에서는 이를 위탁자의 소유 또는 채권으로 간주한다는 명시적인 규정을 두고 있다.

이 사건의 사안은 다음과 같다. 원고는 甲회사와 원고 제작의 이 사건 영화에 관하여 국내배급대행계약을 체결하였고, 甲회사는 乙회사를 비롯한 극장 운영 회사들과 甲회사가 이 사건 영화를 배급하고 위 극장들로부터 이

---

1) 대법원 2008. 5. 29. 선고 2005다6297 판결.

사건 영화에 대한 부금2)을 지급받기로 하는 영화상영계약을 체결하였다. 甲
회사는 피고에게 5억 원을 차용하면서 위 차용금채무를 담보하기 위하여 乙
회사에 대하여 취득하였거나 취득하게 될 6억 원의 부금채권을 양도한 후,
乙회사에 위 양도사실을 통지하였다. 원고가 위 부금채권에 관하여 추심 기
타 일체의 처분행위를 금지하는 내용의 가처분결정을, 甲회사의 채권자들이
위 부금채권에 대하여 채권가압류 또는 압류 및 추심명령을 받자, 乙회사는
피고 및 위 채권자들을 피공탁자로 한 변제공탁을 하였다. 원고는 "甲회사가
준위탁매매인의 지위에 있고 상법 제103조에 의하여 원고, 甲회사 및 피고
사이에서 乙회사에 대한 부금채권은 위탁자인 원고의 채권으로 간주되어 공
탁금은 원고에게 귀속되어야 한다"라고 주장하면서, 피고가 원고에게 공탁
금출급청구권을 양도하고 양도사실을 대한민국에게 통지할 것을 구하는 이
사건 소를 제기하였다. 이에 대하여 피고는 "甲회사는 준위탁매매인이 아니
고 가사 그렇다고 하더라도 상법 제102조에 의하여 乙회사에 대한 부금채권
은 대외적으로 甲회사가 가지는 것이므로 피고는 적법한 채권양수인으로서
출급청구권을 가진다"라고 다투었다.

제1심과 원심은 모두 甲회사는 준위탁매매인이고, 상법 제103조에 의하
여 원고와 피고 사이에서는 위 부금채권이 위탁자인 원고의 채권이고, 그 변
형물인 공탁금출급청구권 역시 원고에게 귀속될 것이라는 이유로 원고의 청
구를 인용하였다. 그리고 상법 제103조는 위탁매매인이 위탁매매로 인하여
취득한 채권을 보유하고 있을 때에만 적용될 뿐, 위탁매매인이 이미 제3자에
게 채권을 양도한 경우에는 적용할 수 없다는 피고의 주장에 대하여, 甲회사
가 위 부금채권을 양도한 것은 원고에 대한 관계에서 권한 없이 타인의 채
권을 양도한 것으로 효력이 없다는 이유로 이를 배척하였다.

피고는 상고이유로, ① 상법 제103조가 위탁매매인의 채권자가 위탁매
매로 취득한 채권에 대하여 강제집행을 실시하는 경우 또는 위탁매매인의
파산 등 도산 관련 절차가 진행되는 경우 등에만 적용되고 위탁매매인이 그
채권을 자의로 처분한 경우에는 적용되지 아니한다거나, ② 위 상법 규정은

---

2) 극장운영자가 배급사에 지급하는 금원으로, 영화의 순 입장요금(총 입장요금-문예진흥
   기금-부가가치세)에 약정된 비율(부금율)을 곱한 금원을 말한다.

그 채권의 양수인 등이 채권의 귀속에 관하여 선의인 경우에는 적용되지 않는다고 주장하였으나, 대법원은 위 국내배급대행계약이 준위탁매매계약에 해당한다고 판단한 다음, 위와 같이 위탁매매인의 채권양도는 양수인이 그 채권을 선의취득하였다는 등의 특별한 사정이 없는 한, 무권리자의 처분으로서 위탁자에 대하여 효력이 없다고 판시하였다.

II. 會社法

1. 商法 第212條 第2項에서 정한 '强制執行이 奏效하지 못한 때'의 意味

◎ 대법원 2011. 3. 24. 선고 2010다99453 판결

[1] 변호사법 제58조 제1항은 "법무법인에 관하여 이 법에 정한 것 외에는 상법 중 합명회사에 관한 규정을 준용한다."고 규정하고 있으며, 상법 제212조 제1항은 "회사의 재산으로 회사의 채무를 완제할 수 없는 때에는 합명회사의 각 사원은 연대하여 변제할 책임이 있다."고 규정하고, 제2항은 "회사재산에 대한 강제집행이 주효하지 못한 때에도 전항과 같다."고 규정하고 있다. 위 제2항은 회사 채권자가 제1항에서 규정한 '회사의 재산으로 회사의 채무를 완제할 수 없는 때'를 증명하는 것이 현실적으로 용이하지 않다는 점을 고려하여, 회사 재산에 대한 강제집행이 주효하지 못한 때에 해당한다는 객관적 사실을 증명하는 것만으로도 각 사원에게 직접 변제책임을 물을 수 있도록 함으로써 회사 채권자를 보다 폭넓게 보호하려는 데 그 취지가 있다. 위와 같은 법 규정의 취지 및 문언적 의미 등을 종합하여 보면, 상법 제212조 제2항에서 정한 '강제집행이 주효하지 못한 때'란 회사 채권자가 회사 재산에 대하여 강제집행을 하였음에도 결국 채권의 만족을 얻지 못한 경우를 뜻한다.

[2] 법무법인의 채권자가 그 구성원들을 상대로 그들이 상법 제212조 제2항에 따라 법무법인의 채무를 변제할 책임이 있다고 주장한 사안에서, 위 규정은 강제집행의 개시를 전제로 하고 있으므로 채권자가 그 동안 법무법인의 재산인 전세금 및 임대차보증금 반환청구권에 대하여 아무런 환가시도도 하지 않은 이상 위 규정이 적용될 수 없다는 이유로 위 주장을 배척한 원심판단을 정당하다고 한 사례.

합명회사에 관한 규정이 준용되는 A법무법인의 재산이 전세금반환채권 밖에 없자, A법무법인에 대하여 손해배상청구권을 갖는 원고가 A법무법인의 재산에 대한 강제집행이 주효하지 못하거나 위 법무법인의 재산으로 채

무를 완제할 수 없는 경우에 해당한다고 주장하면서 구성원인 변호사들을 상대로 손해배상을 청구한 사안이다.

원심은 「전세금 등의 합계액이 원고의 채권액을 상회하고 그 차액을 감안하면 위 채권을 완제하지 못한다고 단정할 수 없고, 강제집행이 주효하지 못한 경우란 문언 해석상 강제집행의 개시를 전제로 하는 것인데 원고가 전세금반환채권 등의 환가시도도 하지 않았다는 점에서 원고의 청구는 이유 없다」라고 판단하였다. 이에 원고는 '강제집행이 주효하지 못한 때'라 함은 강제집행 개시를 전제로 하는 것이 아니라 집행이 용이하지 않아서 곤란한 경우를 포함하여 해석해야 한다고 주장하면서 상고하였다.

대법원은 위와 같이 '회사재산에 대한 강제집행이 주효하지 못한 때'란 회사재산에 대한 강제집행을 실제로 할 것을 요하는 취지로 판시하였다. 학설도 강제집행 개시를 전제로 하고 있다.3)

2. 商法 第340條의4 第1項에서 株式買受選擇權 行使要件으로 '2年 이상 在任 또는 在職'의 要件을 規定한 趣旨

◎ 대법원 2011. 3. 24. 선고 2010다85027 판결

[1] 상법 제340조의4 제1항과 구 증권거래법(2007. 8. 3. 법률 제8635호 자본시장과 금융투자업에 관한 법률 부칙 제2조로 폐지, 이하 '구 증권거래법'이라 한다) 및 그 내용을 이어받은 상법 제542조의3 제4항이 주식매수선택권 행사요건에서 차별성을 유지하고 있는 점, 위 각 법령에서 '2년 이상 재임 또는 재직' 요건의 문언적인 차이가 뚜렷한 점, 비상장법인, 상장법인, 벤처기업은 주식매수선택권 부여 법인과 부여 대상, 부여 한도 등에서 차이가 있는 점, 주식매수선택권 제도는 임직원의 직무 충실로 야기된 기업가치 상승을 유인동기로 하여 직무에 충실하게 하고자 하는 제도인 점, 상법의 규정은 주주, 회사의 채권자 등 다수의 이해관계인에게 영향을 미치는 단체법적 특성을 가지는 점 등을 고려하면, 상법 제340조의4 제1항에서 정하는 주식매수선택권 행사요건을 판단할 때에는 구 증권거래법 및 그 내용을 이어받은 상법 제542조의3 제4항을 적용할 수 없고, 정관이나 주주총회의 특별결의를

---

3) 권기범, "인적회사 사원의 회사 채권자에 대한 책임", 「기업과 법: 도암 김교창 변호사 화갑기념」, 한국사법행정학회, (1997), 473면; 정찬형, 「상법강의(상)」 제13판, 박영사, (2010), 545면.

통해서도 상법 제340조의4 제1항의 요건을 완화하는 것은 허용되지 않는다고 해석하여야 한다. 따라서 본인의 귀책사유가 아닌 사유로 퇴임 또는 퇴직하게 되더라도 퇴임 또는 퇴직일까지 상법 제340조의4 제1항의 '2년 이상 재임 또는 재직' 요건을 충족하지 못한다면 위 조항에 따른 주식매수선택권을 행사할 수 없다.

[2] 주식매수선택권을 부여받은 비상장법인 임직원들이 자신들의 귀책사유가 아닌 사유로 비자발적으로 퇴임·퇴직한 경우에 상법 제340조의4 제1항의 최소 재임(재직) 요건에 관계없이 주식매수선택권을 행사할 수 있는지가 문제된 사안에서, 그러한 경우라 하더라도 최소 재임(재직) 요건을 충족하지 못하는 한 위 조항에 따른 주식매수선택권을 행사할 수 없다고 한 사례.

상법 제340조의4 제1항은 "제340조의2 제1항의 주식매수선택권은 제340조의3 제2항 각 호의 사항을 정하는 주주총회결의일부터 2년 이상 재임 또는 재직하여야 이를 행사할 수 있다."라고 규정하고 있다. 한편 구 증권거래법 제189조의4 제4항 후문은 "이 경우 주식매수선택권을 부여받은 자는 재정경제부령이 정하는 경우를 제외하고는 제1항의 결의일부터 2년 이상 재임 또는 재직하여야 이를 행사할 수 있다."라고 규정하고, 구 증권거래법 시행규칙 제36조의9 제2항은 "주식매수선택권부여법인은 주식매수선택권을 부여받은 임·직원이 사망하거나 정년으로 인한 퇴임 또는 퇴직 기타 본인의 귀책사유가 아닌 사유로 퇴임 또는 퇴직한 경우에는 그 행사기간 동안 주식매수선택권을 행사할 수 있도록 하여야 한다."라고 규정하였다. 상장회사 특례규정인 현행 상법 제542조의3 제4항은 "상장회사의 주식매수선택권을 부여받은 자는 제340조의4 제1항에도 불구하고 대통령령으로 정하는 경우를 제외하고는 주식매수선택권을 부여하기로 한 주주총회 또는 이사회의 결의일부터 2년 이상 재임하거나 재직하여야 주식매수선택권을 행사할 수 있다."라고 규정하고, 상법 시행령 제9조 제5항은 "법 제542조의3 제4항에서 '대통령령으로 정하는 경우'란 주식매수선택권을 부여받은 자가 사망하거나 정년이나 그 밖에 본인의 귀책사유가 아닌 사유로 퇴임 또는 퇴직한 경우를 말한다."라고 규정하고 있다.

이 사건의 쟁점은 2002. 2. 28. 비상장회사인 피고의 주주총회 결의에 따라 주식매수선택권 부여계약을 체결하였으나, 분사(사업구조조정)를 이유로

2003. 3. 25. 피고를 퇴직하고 다른 회사로 이직한 원고가 주식매수선택권을 행사할 수 있는지 여부이다. 원고는 상법상 재직기간 요건은 임의규정이므로 이 사건 주식매수선택권 부여계약에 따라 주식을 교부하여야 한다고 주장하고, 피고는 상법상 재직기간 요건은 강행규정이므로 주식매수선택권을 행사할 수 없다고 주장하였다.

제1심과 원심은 원고가 비자발적으로 퇴직한 것으로 인정되는 이 사건에서 상법상 재임기간 요건이 적용되지 않는다고 보아 원고의 주식매수선택권 행사를 인정하였다.

재임요건 충족 전의 귀책사유 없는 퇴임에 관한 해석론으로는, ① 상법상 주식매수선택권과 구 증권거래법상 주식매수선택권을 구분하지 않고 재임요건은 주식매수선택권 행사를 위한 필요한 최소한의 요건으로 보아 비록 귀책사유 없는 비자발적 퇴직이라 할지라도 2년간의 재임요건을 갖추지 못하면 주식매수청구권을 행사할 수 없다고 해석하는 견해, ② 상법상 주식매수선택권과 구 증권거래법상 주식매수선택권을 구분하지 않고 원칙적으로 2년간의 재임요건이 필요하지만 본인의 귀책사유가 없는 비자발적 퇴직의 경우에는 그러한 요건을 갖추지 못하더라도 주식매수선택권을 행사할 수 있다는 견해, ③ 2년간의 재임요건에 관하여 일률적으로 주식매수선택권의 행사가능 여부를 결정짓는 것이 아니라 비자발적 퇴직에 이르게 된 경위, 주식매수선택권을 부여하는 결의일로부터 위 퇴직시점까지의 재임기간, 회사에 기여한 정도, 다른 주식매수선택권자가 이를 행사하여 얻은 이득의 정도 등을 감안하여 주식매수선택권 행사 허부를 결정하여야 한다는 견해, ④ 구 증권거래법상 주식매수선택권은 조문의 규정상 2년의 재임요건을 갖추지 않아도 행사할 수 있는 반면, 상법상 주식매수선택권은 2년의 재임요건을 갖추지 않으면 선택권을 행사할 수 없다고 보는 견해 등이 있다.[4]

그런데 대법원은 위에서 보는 바와 같은 근거로, 「상법 제340조의4 제1항에서 주식매수선택권의 행사요건으로 정한 2년간의 재임요건은 정관이나 주주총회의 특별결의를 통해서도 완화하는 것이 허용되지 않는 강행규정에 해당한다」라고 판단하였다.

---

[4] 조용현, "상법 제340조의4 제1항에서 주식매수선택권 행사요건으로 '2년 이상 재임 또는 재직' 요건을 규정한 취지", 「BFL」 제47호, (2011), 82-84면.

3. 株主總會 召集撤回의 方式 및 株主의 議決權行使를 不可能하게 하거나 顯著히 困難하게 하는 것을 內容으로 하는 理事會決議의 效力 등

◎ 대법원 2011. 6. 24. 선고 2009다35033 판결

[1] 주식회사 대표이사가 이사회결의를 거쳐 주주들에게 임시주주총회 소집통지서를 발송하였다가 다시 이를 철회하기로 하는 이사회결의를 거친 후 총회 개최장소 출입문에 총회 소집이 철회되었다는 취지의 공고문을 부착하고, 이사회에 참석하지 않은 주주들에게는 퀵서비스를 이용하여 총회 소집이 철회되었다는 내용의 소집철회통지서를 보내는 한편, 전보와 휴대전화(직접 통화 또는 메시지 녹음)로도 같은 취지의 통지를 한 사안에서, 임시주주총회 소집을 철회하기로 하는 이사회결의를 거친 후 주주들에게 소집통지와 같은 방법인 서면에 의한 소집철회통지를 한 이상 임시주주총회 소집이 적법하게 철회되었다고 본 원심판단을 정당하다고 한 사례.

[2] 소유와 경영의 분리를 원칙으로 하는 주식회사에서 주주는 주주총회 결의를 통하여 회사 경영을 담당할 이사의 선임과 해임 및 회사의 합병, 분할, 영업양도 등 법률과 정관이 정한 회사의 기초 내지는 영업조직에 중대한 변화를 초래하는 사항에 관한 의사결정을 하기 때문에, 이사가 주주의 의결권행사를 불가능하게 하거나 현저히 곤란하게 하는 것은 주식회사 제도의 본질적 기능을 해하는 것으로서 허용되지 아니하고, 그러한 것을 내용으로 하는 이사회결의는 무효로 보아야 한다.

[3] 이사회 소집통지를 할 때에는, 회사의 정관에 이사들에게 회의의 목적사항을 함께 통지하도록 정하고 있거나 회의의 목적사항을 함께 통지하지 아니하면 이사회에서의 심의·의결에 현저한 지장을 초래하는 등의 특별한 사정이 없는 한, 주주총회 소집통지의 경우와 달리 회의의 목적사항을 함께 통지할 필요는 없다.

(1) 이 사건은 원고 회사가 회사의 영업을 방해한 회사의 노동조합 및 개별 노조원들에 대하여 손해배상을 청구한 소송인데, 그 과정에서 원고 회사 대표이사 선임의 적법성을 둘러싸고 회사법 쟁점들에 관하여 판단이 이루어진 사안으로서 사실관계는 다음과 같다.

망인(1996. 10. 19. 亡)은 1986. 8.경 이 사건 골프장 영업을 하는 원고 회사를 설립하였는데, 국내의 처인 망 소외 2와 사이에 3남 1녀(소외 3 내지 6), 일본의 처인 소외 7과 사이에 2녀(소외 8, 9)를 두었고, 망인의 장남인 망 소외 3은 처인 소외 10과 사이에 아들 소외 11, 12를 두었다. 망인은 1993. 8.

경 "원고 주식 중 70%를 소외 7과 그 사이의 자녀들, 손자들에게 나누어 주고 30%는 원고 회사의 차용금을 소외 4가 변제하는 대가로 상속한다."는 내용의 유언장을 작성한 다음, 1993. 8. 30.자로 원고 회사의 주권을 발행하여 그 무렵 위 유언서의 내용에 따라 주권을 가족들에게 분배하여 주주명부를 정리하는 한편, 소외 4가 상속받기로 예정된 나머지 주식에 해당하는 주권은 주주명부에 망인 명의로 남겨둔 채 망인이 보관하고 있다가, 1996. 4.말경 위 나머지 주식을 소외 4에게 증여한다는 증여계약서를 작성하여 공증하고 소외 4 명의로 명의개서를 마쳤다. 그 후 소외 5, 10, 12 및 7은 망인의 사망 후인 1998.경 소외 4가 증여받은 위 주식이 상속지분에 따라 상속인들에게 공동상속된 것이라고 주장하면서 원고 회사와 소외 4를 상대로 명의개서절차의 이행 등을 구하는 소를 제기하였는데, 항소심에서 소외 5, 6, 10, 12에게 일부를 양도하고 명의개서절차를 이행한다는 내용의 조정을 갈음하는 결정이 내려져 확정됨에 따라, 원고의 발행 주식 16만 주 가운데 소외 4가 58,400주(36.5%)를 보유하게 되었으며, 이후 소외 4는 소외 7의 지원을 받아 원고 회사에 대한 경영권을 유지하였다.

소외 4는 원고 회사의 2004. 3. 30.자 정기주주총회가 열린 당일 오전 소외 5에게 원고 회사의 주권 15매(총 15만 주)를 교부하였고, 소외 5 등은 그 직후부터 "소외 4로부터 위 15,000주 중 14,400주를 양수하였다"라는 취지로 주장하면서 소외 4에게 위 주식에 대한 명의개서를 요구하기 시작하였으며, 원고 회사의 주식 15,000주 중 14,400주(이하 '이 사건 주식'이라 함)에 대하여 의결권을 행사하는 것을 허용해 달라는 취지의 의결권행사허용 가처분신청을 하였고, 위 신청사건의 항고심은 2005. 7. 14.에 「소외 5 등은 소외 4로부터 이 사건 주식을 정당하게 양도받았다는 이유로, 소외 5 등은 원고 회사의 2004 회계연도에 대한 정기주주총회 또는 위 가처분결정일 이후 최초로 개최되는 임시주주총회에서 이 사건 주식에 대한 의결권을 행사할 수 있고, 소외 4는 위 해당 지분에 대한 의결권을 행사할 수 없다」라는 취지의 결정을 하였다.

한편 소외 4는 2005. 7. 14. 위 의결권행사허용 가처분신청이 인용된 것을 알지 못한 채 이사회를 소집하여 임시주주총회를 2005. 7. 29. 소집한다는 내용의 결의를 하고, 같은 날 주주들에게 임시주주총회 소집통지서를 발송하였다가, 같은 날 오후 위 가처분신청이 인용된 것을 알고 불복할 시간을 벌기 위하여 2005. 7. 29.자 임시주주총회의 소집을 철회하기로 계획하여 2005. 7. 20. 다른 이사들에게 "2005. 7. 28. 이사회를 개최한다."는 내용의 소집통지서를 발송한 데 이어, 2005. 7. 26. 이사들에게 2005. 7. 28. 개최될 예정인 이사회에서 2005. 7. 29.자 임시주주총회의 철회안과 소외 4의 임기만료에 따른 신임대표이사 선임안을 의결할 예정이라는 내용의 통지서를 발송하는 한편, 같은 날 원고 회사의 주주들(소외 5, 6, 7, 10, 12)에게 "2005. 7. 29.자 임시주주총회를 철회하기 위한 이사회를 2005. 7. 28.자로 소집하였고, 위 이사회에서 임시주주총회 철회안이 가결될 것으로 예상된다."는 내용의 통지서를 발송하였다. 그 후 원고 회사의 이사회가 2005. 7. 28. 개최되어 당시 이사 7명 중 출석한 4명의 찬성으로 후임 대표이사로 소외 13을 선임하고, 원고 회사의 2005. 7. 29.자 임시주주총회의 소집을 철회하기로 결의하였으며, 소외 4는 위 이사회가 끝난 직후 임시주주총회 개최장소의 출입문에 위 임시주주총회가 이사회 결의로 철회되었다는 취지의 공고문을 부착하는 한편, 위 이사회에 참석하지 않은 주주들(소외 5, 6, 10)에게 전보와 휴대전화 및 퀵서비스를 이용하여 "2005. 7. 29. 개최 예정인 임시주주총회는 이사회 결의로 그 소집이 철회되었다."는 내용으로 통지하였다. 그러나 소외 5 등이 2005. 7. 29. 임시주주총회(이하 '이 사건 임시주주총회'라 한다)의 개최를 강행하자, 신임 대표이사 소외 13이 임시주주총회는 회의의 적법성 여부는 추후 법원의 판단에 맡긴다고 전제한 후 임시주주총회의 개회를 선언하고 회의를 진행한 결과, 신임이사로 소외 15, 16이 선임되었다. 이어서 같은 날 원고 회사의 이사회(이하 '이 사건 이사회'라 한다)가 개최되었는데, 위 이사회에서는 기존 이사 7명 중 소외 4, 14, 13, 5, 6, 10 등 6명과 이 사건 임시주주총회에서 추가로 선임된 소외 15, 16 등 총 8명의 이사가 참석한 가운데, 소외 4, 13, 14를 제외한 나머지 이사 5명의 찬성으로 소외 13을 해임하고 새로운 대표이사로 소외 5를 선임하는 결의를 하였다.

제1심과 원심은 모두 「이 사건 임시주주총회를 철회하기로 한 원고 회사의 2005. 7. 28.자 이사회결의는 유효하게 성립되었고, 이 사건 임시주주총회는 그 소집이 적법하게 철회된 이상 이사회의 결의도 없이 소집권한 없는 자에 의하여 소집된 것이라고 할 것이므로 새로운 이사들을 선임한 이 사건 임시주주총회 결의는 하자가 중대하여 부존재하며, 그 이후의 새로운 대표이사를 선임한 이사회 결의도 의결정족수를 충족하지 못한 것으로 무효이다」라고 판단하였다.

(2) 이 사건에서 회사법적 쟁점으로 문제된 것은, ① 이 사건 임시주주총회의 소집통지서는 등기우편으로 발송한 반면, 소집철회통지는 주주총회일 하루 전에 전보나 휴대전화 또는 퀵서비스를 이용하여 소집철회 내용을 통지하고 주주총회 개최장소에 공고문을 붙이는 방법으로 이루어졌는데 이러한 소집철회 통지의 방법이 적법한지 여부, ② 다수주주가 기존 이사진을 해임하고 새로운 이사진을 선임하는 것을 방해할 목적으로 이 사건 임시주주총회 소집철회를 결의한 2005. 7. 28.자 이사회결의가 주주의 본질적 권리를 침해하는 것으로서 무효인지 여부, ③ 회의의 목적사항으로 '이 사건 임시주주총회 소집철회'를 기재하지 아니한 2005. 7. 28.자 이사회 소집통지가 적법한 통지인지 여부이다.

(3) 주주총회의 소집철회통지의 방식에 관하여 대법원 2009. 3. 26. 선고 2007도8195 판결은, 「주주총회 소집의 통지·공고가 행하여진 후에 그 소집을 철회하거나 연기하기 위해서는 소집에 준하여 이사회결의를 거쳐 대표이사가 그 뜻을 소집에서와 같은 방법으로 통지·공고하여야 한다」라고 판시한 바 있다. 여기서 '주주총회 소집에서와 같은 방법'의 의미가 문제가 되는데, 엄격하게 보아 소집통지와 완전히 동일한 방식으로 소집철회의 통지를 해야 한다는 견해, 예를 들어 소집통지를 등기우편으로 발송하였으면 철회통지도 등기우편으로 발송하여야 한다는 견해가 있을 수 있고, 소집철회 통지를 함에 있어 상법 제363조 제1항, 제3항에 규정된 방식만 동일하면 족하다는 견해, 예를 들어 서면에 의한 통지를 발송한 경우에는 철회통지도 서면으로 하면 족하고 주주의 동의를 받아 전자문서로 발송한 경우에는 철회통지를 전자문서로 하면 족하다는 견해가 있을 수 있다. 원고는 상고이유로 소집철회통지를 소집통지와 동일한 등기우편으로 하지 아니하였으므로 적법하게 철회된 것이 아니라는 취지로 주장하였으나, 대법원은 「소집통지의 방식인

등기우편과 철회통지의 방식인 퀵서비스와 전보를 이용한 소집철회통지서의 배달은 모두 서면에 의한 통지라는 점에서 동일하므로 적법한 소집철회통지에 해당한다」라고 하였다.

(4) 원고는 다수주주가 기존 이사진을 해임하고 새로운 이사진을 선임하는 것을 방해함으로써 자신들의 경영권을 계속 유지할 목적으로 이 사건 임시주주총회 소집을 철회하기로 결의한 것은 이사의 선임·해임과 관련된 주주의 본질적 권리를 침해하는 것이므로 무효인 이사회결의에 해당한다고 주장하였다. 이에 관하여 대법원은 「이사가 주주의 의결권행사를 불가능하게 하거나 현저히 곤란하게 하는 것은, 주식회사 제도의 본질적 기능을 해하는 것으로서 허용되지 아니하고, 그러한 것을 내용으로 하는 이사회결의는 무효로 보아야 한다」라는 법리를 선언하면서도, 이 사안에서는 「① 이 사건 이사회결의가 이루어질 당시는 회사의 경영권을 둘러싸고 극심한 분쟁이 발생하였던 때로서, 소외 5 측이 취득하였다고 주장하는 일부 주식에 대하여 의결권행사허용 가처분결정만이 있었을 뿐 확정판결 등을 통하여 그 일부 주식이 소외 5 측에게 귀속되는 것으로 확정된 상황은 아니었던 점, ② 의결권행사허용 가처분결정을 받은 소외 5 측은 발행주식총수의 100분의 3 이상에 해당하는 주식을 가진 주주로서 임시주주총회의 소집을 청구할 수 있고, 임시주주총회 소집절차를 밟지 아니하는 경우에는 법원의 허가를 얻어 임시주주총회를 소집할 수 있었던 점에 비추어 볼 때, 이 사건 이사회결의로 인하여 소외 5 측의 의결권행사가 불가능하게 되거나 현저히 곤란하게 된다고 볼 수 없다」라고 판단하였다.

(5) 앞서 본 바와 같이 원고 회사의 대표이사인 소외 4는 이 사건 임시주주총회의 소집을 철회하기 위하여 2005. 7. 20. 이사들에게 2005. 7. 28.에 이사회를 개최한다는 내용의 소집통지서를 발송하면서도 이사들에게 회의의 목적사항으로서 '이 사건 임시주주총회 소집의 철회'에 관하여는 통지를 하지 않았고, 2005. 7. 26.에 이르러서야 비로소 2005. 7. 28. 개최 예정인 이사회에서 이 사건 임시주주총회 소집이 철회될 예정이라는 내용의 통지서를 발송하였다. 원고는 "당초 이사회 소집통지서에 회의 목적사항으로 '회사 경영 현안'만을 기재하였을 뿐이고 뒤늦게 소집철회건을 안건으로 통보하였으

나 이는 그 이전에 통지한 회의 목적사항과 동일성이 없으므로 이사회일 1주 전에 목적사항을 통지한 것에 해당하지 않는다."라고 주장하였다. 주주총회 소집통지서에 회의의 목적사항을 기재토록 규정하고 있는 상법 제363조 제2항과 달리, 상법 제390조는 이사회 소집을 통지함에 있어 회의의 목적사항을 기재해야 하는지에 관하여 침묵하고 있으므로, 이 문제는 해석에 따라 해결되어야 하는데 긍정설과 부정설이 대립하고 있다. 대법원은 이에 관하여 「원칙적으로 회의의 목적사항을 통지할 필요가 없다고 보면서도, 정관에서 회의의 목적사항을 함께 통지하도록 정하고 있거나 회의의 목적사항을 함께 통지하지 아니하면 이사회에서의 심의·의결에 현저한 지장을 초래하는 등의 특별한 사정이 있는 경우에는 통지의 필요가 있다」라고 판시하였다.

4. 株券上場法人 株式의 買受價格 算定方法

◎ 대법원 2011. 10. 27.자 2008마264 결정

주권상장법인의 합병 등에 반대하는 주주가 구 증권거래법 제191조 제1항에 의하여 당해 법인에 대하여 그 상장주식의 매수를 청구하고 주주와 당해 법인 간에 매수가격에 대한 협의가 이루어지지 아니하여 주주 또는 당해 법인이 법원에 매수 가격 결정을 청구한 경우, 일반적으로 주권상장법인의 시장주가는 유가증권시장에 참여한 다수의 투자자가 법령에 근거하여 공시되는 당해 기업의 자산내용, 재무상황, 수익력, 장래의 사업전망 등 당해 법인에 관한 정보에 기초하여 내린 투자판단에 의하여 당해 기업의 객관적 가치가 반영되어 형성된 것으로 볼 수 있고, 주권상장법인의 주주는 통상 시장주가를 전제로 투자행동을 취한다는 점에서 시장주가를 기준으로 매수가격을 결정하는 것이 당해 주주의 합리적 기대에 합치하는 것이므로, 법원은 원칙적으로 시장주가를 참조하여 매수가격을 산정하여야 한다. 다만 이처럼 시장주가에 기초하여 매수가격을 산정하는 경우라고 하여 법원이 반드시 구 증권거래법 시행령(2005. 1. 27. 대통령령 제18687호로 개정되기 전의 것, 이하 같다) 제84조의9 제2항 제1호에서 정한 산정 방법 중 어느 하나를 선택하여 그에 따라서만 매수가격을 산정하여야 하는 것은 아니고, 법원은 공정한 매수가격을 산정한다는 매수가격 결정신청사건의 제도적 취지와 개별 사안의 구체적 사정을 고려하여 이사회결의일 이전의 어느 특정일의 시장주가를 참조할 것인지, 또는 일정기간 동안의 시장주가의 평균치를 참조할 것인지, 그렇지 않으면 구 증권거래법 시행령 제84조의9

제2항 제1호에서 정한 산정 방법 중 어느 하나에 따라 산정된 가격을 그대로 인정할 것인지 등을 합리적으로 결정할 수 있다.

나아가 당해 상장주식이 유가증권시장에서 거래가 형성되지 아니한 주식이거나 (구 증권거래법 시행령 제84조의9 제2항 제2호) 시장주가가 가격조작 등 시장의 기능을 방해하는 부정한 수단에 의하여 영향을 받는 등으로 당해 주권상장법인의 객관적 가치를 제대로 반영하지 못하고 있다고 판단되는 경우에는, 시장주가를 배제하거나 또는 시장주가와 함께 순자산가치나 수익가치 등 다른 평가요소를 반영하여 당해 법인의 상황이나 업종의 특성 등을 종합적으로 고려한 공정한 가액을 산정할 수도 있으나, 단순히 시장주가가 순자산가치나 수익가치에 기초하여 산정된 가격과 다소 차이가 난다는 사정만으로 위 시장주가가 주권상장법인의 객관적 가치를 반영하지 못한다고 쉽게 단정하여서는 아니 된다.

대법원은 상법이 규율하는 비상장주식의 매수가격 결정에 관하여,「회사의 합병 또는 영업양도 등에 반대하는 주주가 회사에 대하여 비상장주식의 매수를 청구하는 경우, 그 주식에 관하여 객관적 교환가치가 적정하게 반영된 정상적인 거래의 실례가 있으면 그 거래가격을 시가로 보아 주식의 매수가액을 정하여야 할 것이나, 그러한 거래사례가 없으면 비상장주식의 평가에 관하여 보편적으로 인정되는 시장가치방식, 순자산가치방식, 수익가치방식 등 여러 가지 평가방법을 활용하되, 비상장주식의 평가방법을 규정한 관련 법규들은 그 제정 목적에 따라 서로 상이한 기준을 적용하고 있으므로, 어느 한 가지 평가방법(예컨대, 증권거래법 시행령 제84조의7 제1항 제2호의 평가방법이나 상속세 및 증여세법 시행령 제54조의 평가방법)이 항상 적용되어야 한다고 단정할 수는 없고, 당해 회사의 상황이나 업종의 특성 등을 종합적으로 고려하여 공정한 가액을 산정하여야 한다」라고 판시한 바 있고,5) 이러한 법리는 이후 비상장주식의 주식매수가격결정신청 사안에 일관되게 적용되고 있다.6)

한편 구 증권거래법은 상법과 달리 당사자 간 협의, 구 증권거래법 시행령이 정하는 방법으로 산정된 가격, 금융감독위원회(이하 '금감위'라 한다) 조

---

5) 대법원 2006. 11. 23.자 2005마958, 959, 960, 961, 962, 963, 94, 965, 966 결정(영업양도의 이사회결의 약 6월 전에 상장이 폐지된 대우전자 주식의 매수가격 결정신청).

6) 대법원 2006. 11. 24.자 2004마1022 결정(은평방송 주식의 매수가격 결정신청).: 대법원 2010. 5. 28.자 2009마2238 결정(쓰리에스디지털 주식의 매수가격 결정신청).

정의 단계로 규정하고 있다. 즉 구 증권거래법 제191조는 "매수가격은 주주와 법인 간 협의에 의하고, 협의가 이루어지지 아니하는 경우는 이사회의 결의일 이전에 유가증권시장 또는 협회중개시장에서 거래된 당해 주식의 거래가격을 기준으로 동법 시행령7)이 정하는 방법에 따라 산정된 금액으로 하되, 법인이나 매수를 청구한 주식수의 100분의 30 이상이 그 매수가격에 반대하는 경우에는 금감위가 매수가격을 조정할 수 있다."라고 규정하고 있다. 그리고 구 증권거래법은 상법과 달리 법원에 매수가격 결정을 신청할 수 있는지에 관하여는 명시적으로 규정하고 있지 않았다.8)

이 사건에서는, ① 상장주식의 경우 금감위의 조정을 거치지 않고 법원에 매수가격 결정을 신청할 수 있는지 여부와, ② 상장주식의 매수가격을 산정하는 방법이 쟁점이 되었다.

원심은 「① 금감위의 조정이 반드시 필요한 것으로 볼 수 없고, 구 증권거래법 규정이 법원에 의한 매수가격결정을 명시적으로 배제하고 있지 아니하며, 비상장법인의 주주들과의 형평에 비추어 보더라도 법원의 최종적인 판단에 따른 매수가격결정이 보장되어야 하므로 금감위의 조정절차를 거치지 않더라도 법원에 직접 매수가격결정을 신청할 수 있다고 보아야 하고, ② 상장주식의 매수가격은 시장가치를 기초로 하여 평가하는 것이 원칙이나, 이

---

7) 구 증권거래법 제191조 제3항 단서의 "대통령령이 정하는 방법에 따라 산정된 금액"에 대하여 구 증권거래법 시행령(2005. 1. 27. 대통령령 제18687호로 개정되기 전의 것) 제84조의9 (주주의 주식매수청구) 제2항 제1호에서 유가증권시장 또는 협회중개시장에서 거래가 형성된 주식은 가. 이사회결의일 전일부터 과거 2월(동 기간 중에 배당락 또는 권리락으로 인하여 매매기준가격의 조정이 있는 경우로서 배당락 또는 권리락이 있은 날부터 이사회결의일 전일까지의 기간이 7일 이상이 되는 경우에는 그 기간)간 공표된 매일의 유가증권시장 또는 협회중개시장에서 거래된 최종시세가격을 실물거래에 의한 거래량을 가중치로 한 가중산술평균가격, 나. 이사회결의일 전일부터 과거 1월(동 기간 중에 배당락 또는 권리락으로 인하여 매매기준가격의 조정이 있는 경우로서 배당락 또는 권리락이 있은 날부터 이사회결의일 전일까지의 기간이 7일 이상이 되는 경우에는 그 기간)간 공표된 매일의 유가증권시장 또는 협회중개시장에서 거래된 최종시세가격을 실물거래에 의한 거래량을 가중치로 한 가중산술평균가격, 다. 이사회결의일 전일부터 과거 1주간 공표된 매일의 유가증권시장 또는 협회중개시장에서 거래된 최종시세가격을 실물거래에 의한 거래량을 가중치로 한 가중산술평균가격의 산술평균가격으로, 제2호에서 유가증권시장 또는 협회중개시장에서 거래가 형성되지 아니한 주식은 당해 법인의 자산상태·수익성 기타의 사정을 참작하여 금융감독위원회가 정하는 가격이라고 규정하고 있다.

8) 현행 자본시장과 금융투자업에 관한 법률 제165조의5 제3항에 의하면 해당 법인이나 주주는 법원에 매수가격의 결정을 청구할 수 있다.

사건의 경우 사건 본인이 2001. 4. 16.부터 2004. 1. 10.까지 회사정리절차 중에 있었던 관계로 그 주식의 시장가치가 회사정리절차 종결에 따라 정상적인 영업이 가능하게 된 시점의 주식의 정상가치보다 저평가되어 있는 것으로 보이는 점, 위와 같이 회사정리절차가 진행되는 동안 사건본인의 주식이 유가증권시장에서 관리대상종목에 편입됨으로써 주식의 거래에 다소의 제약을 받고 있었던 점 등의 제반 사정을 종합하면, 시장가치만을 가지고 이 사건 주식의 객관적 교환가치를 파악하기는 어려우므로 시장가치 외에 순자산가치 등 가능한 다른 요소를 고려하여 매수가격을 산정하여야 한다」라고 판단하였다.

　　대법원은 먼저 ①의 쟁점에 관한 원심의 판단을 수긍하였다. 다음으로 ②의 쟁점에 관하여 「주권상장법인의 주식은 원칙적으로 시장주가를 참조하여 매수가격을 산정하여야 하고, 그 구체적인 방법은 공정한 매수가격을 산정한다는 매수가격 결정신청사건의 제도적 취지와 개별 사안의 구체적 사정을 고려하여 합리적으로 결정할 수 있되, 다만 당해 상장주식이 유가증권시장에서 거래가 형성되지 아니한 주식이거나 시장주가가 당해 주권상장법인의 객관적 가치를 제대로 반영하지 못하고 있다고 판단되는 예외적인 경우에는, 시장주가를 배제하거나 또는 순자산가치나 수익가치 등 다른 평가요소를 반영하여 공정한 가액을 산정할 수 있다」는 법리를 선언하였다. 그러나 이 사건의 경우가 시장가치만으로 주식의 객관적 교환가치를 파악할 수 없는 예외적인 경우에 해당한다고 본 원심 판단에 대하여는, 「기업이 회사정리절차에 들어간 것은 그 기업의 재무상황이 채무를 더 이상 변제할 수 없는 상황이었기 때문이므로 시장의 투자자들이 그러한 기업의 시장가치를 정상기업에 비하여 저평가하는 것은 그 기업의 재무상황이 반영된 정상적인 주가반응이고, 회사정리절차에 있는 기업은 회생가능성에 대한 시장의 의구심이 존재하고 정상기업보다 수익창출력이 떨어지는 것이 보통일 것이므로 계속기업으로서의 수익가치도 반영되는 시장주가가 정상기업에 비해 낮게 형성되고 시장주가가 주당 순자산가치에 상당히 못 미친다는 사정만으로 시장주가가 그 기업의 객관적 가치를 반영하지 못하고 있다거나 거래 이외의 부정한 요인에 의하여 그 가격형성이 왜곡되었다고 볼 수 없으며, 기업의 주식이 관리종목으로 지정되었더라도 신용거래 대상에서 제외되며 대용증권으로 활용될 수 없을 뿐이므로 그러한 사정만으로 시장주가가 당해 기업의 객관적 가치를 반영하지 못할 정도의 거래의 제약이 있다고 보기 어려워 그러한 예외적인 경우에 해당한다고 보기 어렵다」는 취지로 판단하였다.

5. 會社의 分割

(1) 공동수급체의 구성원 지위가 회사의 분할합병으로 인한 포괄승계의 대상인지 여부

◎ 대법원 2011. 8. 25. 선고 2010다44002 판결

　　[1] 상법 제530조의10은 분할 또는 분할합병으로 인하여 설립되는 회사 또는 존속하는 회사는 분할하는 회사의 권리와 의무를 분할계획서 또는 분할합병계약서가 정하는 바에 따라서 승계한다고 규정하고 있다. 즉 회사의 분할합병이 있는 경우에는 분할합병계약서에 따라 피분할회사의 권리의무는 사법상 관계나 공법상 관계를 불문하고 성질상 이전을 허용하지 않는 것을 제외하고는 분할합병으로 인하여 존속하는 회사에게 포괄승계된다. 한편 공동수급체는 기본적으로 민법상의 조합의 성질을 가지고, 공동수급체의 구성원 사이에서 구성원 지위를 제3자에게 양도할 수 있기로 약정하지 아니한 이상, 공동수급체의 구성원 지위는 상속이 되지 않고 다른 구성원들의 동의가 없으면 이전이 허용되지 않는 귀속상의 일신전속적인 권리의무에 해당하므로, 공동수급체의 구성원 지위는 원칙적으로 회사의 분할합병으로 인한 포괄승계의 대상이 되지 아니한다.

　　[2] 甲 주식회사와 乙 주식회사가 공동수급체를 형성하여 한국전력공사와 공사도급계약을 체결하였고 공동수급협정서에 협정서상 권리·의무를 제3자에게 양도할 수 없도록 되어 있었는데, 그 후 甲 회사의 전기공사업 부분과 전문소방시설공사업 부분이 丙 주식회사에 분할합병된 사안에서, 甲 회사와 乙 회사가 건설공동수급체로서 도급받은 공사도급계약 구성원 지위는 성질상 이전이 허용되지 않는 귀속상의 일신전속적인 권리의무에 해당하므로, 공사도급계약에 관한 공동수급체 구성원 지위가 분할합병으로 인한 포괄승계 대상이 되지 않음에도, 丙 회사가 甲 회사의 위 공사계약에 관한 계약상대자 구성원 지위를 승계하였다고 본 원심판결을 파기한 사례.

　　분할합병등기가 경료되면 분할합병계약서가 정하는 바에 따라 분할회사의 적극·소극재산이 기존 또는 신설 승계회사에 법률상 당연히 포괄승계된다. 포괄승계되는 것은 분할합병계약서에 기재된 권리의무관계로서 원칙적으로 채권, 채무, 계약상의 지위, 고용계약 등이 모두 그 대상이 된다. 다만 개별 특별법령 자체가 명시적인 제외규정을 두고 있거나 공법상의 인·허가를 받은 지위처럼 그 성질상 이전이 허용되지 아니하는 일신전속적인 권리의무는 분할계획서나 분할합병계약서에 기재되었더라도 예외적으로 포괄승계에서 제외된다.

　　대법원은 건설공동수급체의 법적 성격을 민법상 조합에 해당하는 것으로 보고 있다.9) 한편 민법 제273조에 의하면 조합원들 전체의 동의가 없는 한 조합원 개인의 지분의 처분은 불가능하고, 민법 제717조에 의하면 조합원이 사망하면 조합에서 당연 탈퇴되는 것이며, 대법원은 합유자(조합원)의 사망시 그 지위는 상속되지 않고,10) 조합계약을 한 것으로 간주되는 공동광업권자로서의 지위는 일신전속적인 권리의무관계라고 하고 있다.11)

　　이 사건에서 대법원은 「민법상 조합원에 해당하는 공동수급체의 구성원 지위는 귀속상의 일신전속권이므로 원칙적으로 회사의 분할합병으로 인한 포괄승계의 대상이 되지 아니한다」라고 보았다. 하지만 판시와 같이 사전에 구성원 사이에 그 지위를 양도할 수 있다고 약정하였다면 포괄승계의 대상이 될 수 있을 것이다. 또한, 그러한 약정이 없더라도 다른 구성원들의 동의를 받아 종전 구성원의 탈퇴와 새로운 구성원의 가입이라는 형식에 의하여 구성원 지위의 실질적인 이전이 가능할 것이다. 하지만 이 사건은 공동수급협정서에서 구성원은 협정서에 의한 권리·의무를 제3자에게 양도할 수 없도록 약정했고, 구성원 지위의 승계에 대하여 다른 구성원의 동의도 없었던 사안이었다.

9) 대법원 1997. 8. 26. 선고 97다4401 판결; 대법원 2000. 12. 12. 선고 99다49620 판결 등.
10) 대법원 1981. 7. 28. 선고 81다145 판결 등.
11) 대법원 1981. 7. 28. 선고 81다145 판결.

(2) 회사의 분할 또는 분할합병에 있어서 개별 최고가 필요한 피분할회사가 '알고 있는 채권자'의 의미

◎ 대법원 2011. 9. 29. 선고 2011다38516 판결

분할 또는 분할합병으로 인하여 회사의 책임재산에 변동이 생기게 되는 채권자를 보호하기 위하여 상법이 채권자의 이의제출권을 인정하고 그 실효성을 확보하기 위하여 알고 있는 채권자에게 개별적으로 최고하도록 한 입법 취지를 고려하면, 개별 최고가 필요한 '회사가 알고 있는 채권자'라 함은 채권자가 누구이고 그 채권이 어떠한 내용의 청구권인지가 대체로 회사에게 알려져 있는 채권자를 말하는 것이고, 그 회사에 알려져 있는지 여부는 개개의 경우에 제반 사정을 종합적으로 고려하여 판단하여야 할 것인바, 회사의 장부 기타 근거에 의하여 그 성명과 주소가 회사에 알려져 있는 자는 물론이고 회사 대표이사 개인이 알고 있는 채권자도 이에 포함된다고 봄이 상당하다.

분할되는 회사와 수혜회사가 분할 전 회사의 채무에 대하여 연대책임을 지지 않는 경우에는 채무자의 책임재산에 변동이 생기게 되어 채권자의 이해관계에 중대한 영향을 미치므로, 상법은 채권자의 보호를 위하여 분할되는 회사가 알고 있는 채권자에게 개별적으로 이를 최고하도록 규정하고 있다 (상법 제530조의9 제4항, 제527조의5 제1항). 분할되는 회사가 이러한 '알고 있는 채권자'에 대한 개별적 최고의무를 이행하지 않은 경우의 효과에 대하여 명문의 규정은 없으나, 판례는 개별적인 최고를 누락한 경우에는 그 채권자에 대하여 분할채무관계의 효력이 발생할 수 없고 원칙으로 돌아가 신설회사와 분할되는 회사가 연대하여 변제할 책임을 부담한다고 본다.[12]

여기서 개별 최고가 필요한 '알고 있는 채권자'의 범위가 문제된다. 일본 통설과 판례는, '알고 있는 채권자'라 함은, 채권자가 누구인지, 그 채권이 어떠한 원인에 기한 어떠한 내용의 것인지의 대강에 관하여 회사가 알고 있는 채권자를 말한다고 한다. 회사가 현실적으로 채권의 존재를 인식하지 않고 있더라도, 인식하는 것이 상당하다고 인정되는 사정을 갖추고 있는 경우에는, 알고 있는 경우에 해당한다고 하고, 회사가 합리적인 이유로 채권이 존재한다고 인정할 만한 자료를 갖고 있지 않은 경우에는, 예컨대 분할 후에

---

12) 대법원 2004. 8. 30. 선고 2003다25973 판결.

존재하는 회사가 채권자와의 소송에서 패소하여 채권이 확정되기에 이르러
도 그 자가 알고 있는 채권자에 해당한다고 할 수 없다고 한다. 우리의 학설
도 채권자가 누구인지, 그 채권이 어떠한 원인에 기한 채권인지가 대체로 회
사에 알려져 있는 채권자를 의미한다고 하면서, 회사의 장부 기타 근거에 의
하여 그 성명과 주소가 회사에 알려져 있는 자는 모두 이에 포함되며, 대표
이사 개인이 알고 있는 채권자도 당연히 포함된다고 보며, 그 채권액이나 변
제기까지 소상하게 알 필요는 없고 그저 회사에 대하여 채권이 있다는 사실
만으로 충분하다고 한다.13)

이 사건 약속어음은 소외 회사가 수취인 백지로 발행한 것으로서, 당시
소외 회사의 대표이사인 소외 1이 제1배서인으로서 원고에게 배서·양도하
였고, 이후 원고로부터 소외 2, 3을 거쳐 소외 4에게 순차로 배서·양도되었
다가, 소외 4가 지급거절을 당한 후 원고에게 소구권을 행사함에 따라 원고
가 소구의무를 이행하고 이를 회수하여 소지하고 있었다. 한편 소외 회사는
전기공사업과 전문소방시설공사업 부분을 분할하여 피고와 분할합병을 하고
분할 이후 소외 회사는 존속한다는 내용의 분할합병계약을 체결하였는데, 분
할합병계약서에 의하면 피고가 상법 제530조의9 제1항의 연대책임을 면하고
소외 회사의 채무 중 전기공사업과 전문소방시설공사업에 관련된 채무만을
부담하는 것으로 규정되어 있었고, 소외 회사와 피고는 분할합병과 관련하여
일간신문에 분할합병에 이의가 있는 채권자는 공고게재일로부터 1개월 내에
이의를 제출하여 주기 바란다는 내용의 분할합병공고를 하였으나, 원고에 대
하여 별도로 위와 같은 내용의 최고를 하지 않았다. 이에 원고가 피고를 상
대로 이 사건 약속어음금 채권에 대하여 연대책임을 묻는 이 사건 소를 제
기하였다.

원심은 「소외 회사가 원고가 이 사건 어음의 소지인으로서 이 사건 어
음금 채권의 채권자임을 알고 있었다는 사실을 인정하기 어렵고, 지급거절한
은행이 소외 회사의 경리직원에게 이 사건 어음이 부도처리 되었다는 취지
의 통보를 하였으나 소외 회사에게 이 사건 어음의 지급제시인의 인적사항
까지는 알려주지 아니한 사실 및 소외 회사가 이 사건 어음이 원고를 비롯

---

13) 권기범, 「기업구조조정법」 제3판, 삼지원, (2002), 256면.

한 여러 사람들에게 순차로 각 배서·양도된 사실에 비추어 보면, 소외 회사가 원고가 이 사건 어음의 최종 소지인으로서 그 발행인인 소외 회사에 대한 이 사건 어음금 채권의 채권자임을 알고 있었다고 보기는 어려우므로, 원고가 '소외 회사가 알고 있는 채권자'에 해당함을 전제로 하는 원고의 주장은 인정되지 않는다」라고 판단하였다.

그러나 대법원은 위와 같이 통설적 입장에 따른 일반 법리를 제시한 다음, 「① 원고는 소구의무를 이행하고 이 사건 약속어음을 다시 소지함으로써 소외 회사의 개별 최고기간에 이 사건 약속어음에 관한 권리를 행사할 수 있는 채권자의 지위에 있었고, ② 소외 회사는 이 사건 약속어음의 발행인으로서 어음금액을 지급할 절대적 채무를 부담하고 있었고, 이 사건 약속어음금 지급채무는 피고에게 이전되지 아니하고 분할 후의 소외 회사만 부담한다는 사정을 알고 있었던 점, 소외 회사가 개별 최고기간에 파악할 수 있는 원고의 지위는 소외 1로부터 이 사건 약속어음을 배서양도받은 이 사건 약속어음의 소지인 또는 이 사건 약속어음을 제3자에게 배서양도한 배서인으로서의 지위라 할 것인데, 소외 회사가 원고를 이 사건 약속어음의 소지인으로 인식하고 있었다면 원고의 이의제출권 행사를 위한 개별 최고를 당연히 하였어야 했고, 원고를 이 사건 약속어음의 배서인으로 파악하고 있었다 하더라도 어음을 소지하였다가 배서양도함으로써 유통과정에 관여한 배서인은 배서양도로 어음상의 권리를 상실하지만 향후 소구의무를 부담할 잠재적인 채무자이자 소구의무를 이행하고 어음상의 권리를 행사할 수 있는 잠재적인 권리자이므로 배서양도 후라도 어음상의 권리관계에 기하여 어음상의 권리를 주장할 수 있는 개연성이 높다는 점에서 원고를 개별 최고의 대상으로 고려했었어야 하는 점, 원고는 소외 회사의 대표이사 소외 1로부터 이 사건 약속어음을 최초로 배서양도받았다는 점에서 실질적으로는 최종적인 소구의무자로 보이고 소외 회사도 이러한 사정을 인식하였던 것으로 보아야 하는 점 등의 사정을 종합하면, 원고는 소외 회사에게 알려져 있는 어음상의 채권자에 해당한다」라고 판단하여 원심을 파기하였다.

Ⅲ. 保　　　險

1. 無效인 保險契約에 따라 納付한 保險料의 返還請求權에 관한 消滅時效의 起算點

> ◎ 대법원 2011. 3. 24. 선고 2010다92612 판결
>
> 　　상법은 보험료반환청구권에 대해 2년간 행사하지 아니하면 소멸시효가 완성한다는 취지를 규정할 뿐(제662조) 그 소멸시효의 기산점에 관하여는 아무것도 규정하지 아니하므로, 그 소멸시효는 민법 일반 법리에 따라 객관적으로 권리가 발생하고 그 권리를 행사할 수 있는 때로부터 진행한다고 보아야 할 것이다. 그런데 상법 제731조 제1항을 위반하여 무효인 보험계약에 따라 납부한 보험료에 대한 반환청구권은 특별한 사정이 없는 한 그 보험료를 납부한 때에 발생하여 행사할 수 있다고 할 것이므로, 위 보험료반환청구권의 소멸시효는 특별한 사정이 없는 한 각 보험료를 납부한 때부터 진행한다고 볼 것이다.

　　보험계약이 무효인 경우는 ① 계약 당시에 피보험이익이 존재하지 아니한 경우, ② 생명보험의 피보험자가 이미 사망한 경우, ③ 타인의 생명의 보험에서 그 타인의 서면동의를 얻지 못한 경우($^{상법 제731조}_{제1항}$) 등에 의하여 무효가 될 수 있을 것이다. 보험계약의 전부 또는 일부가 무효인 경우 보험계약자와 피보험자 또는 보험계약자와 보험수익자가 선의이며 중과실이 없는 때에 한하여 보험료반환청구권이 인정되고($^{상법}_{제648조}$), 보험계약자가 보험자에 대한 보험료반환청구권의 소멸시효기간은 2년이다($^{상법}_{제662조}$).

　　문제는 이러한 경우 보험료반환청구권의 소멸시효의 기산점인데, 학설로는 보험계약자 보호의 측면에서 마지막 보험료납부 시로 보아야 한다는 견해[14]가 있으나, 대법원은 민법의 일반 법리에 따라 각 보험료를 납부한 때부터 진행한다고 판시하였다.

---

14) 조지현, "타인의 생명보험계약의 추인 -피보험자의 추인 및 무효인 보험에서의 법적 문제점을 중심으로-",「상사법연구」제26권 제2호, (2007), 59면.

2. ① 火災保險普通約款에서 保險契約者 등의 通知義務 對象으로
規定하는 '事故發生 危險의 顯著한 增加의 意味' 및 이러한 危
險 增加 事由에 관하여 保險者에게 說明義務가 있는지,
② 火災保險普通約款에서 保險契約者가 危險의 顯著한 增價가
있음에도 通知義務를 履行하지 아니한 경우를 保險契約의 解止
事由로 規定하는 한편 保險者가 그러한 事實을 안 날부터 1個
月이 지났을 때에는 契約을 解止할 수 없도록 規定한 경우, 解
止權 行使期間의 起算點

◎ 대법원 2011. 7. 28. 선고 2011다23743,23750 판결

[1] 화재보험보통약관에서 보험계약자 등의 통지의무 대상으로 '사고발생의 위
험이 현저히 증가한 경우'를 규정하고 있는 경우, 위 약관에서 말하는 '사고발생 위
험의 현저한 증가'란 그 정도의 위험이 계약 체결 당시에 존재하였다면 보험자가 계
약을 체결하지 아니하였거나 또는 적어도 동일한 조건으로는 계약을 체결하지 아니
하였으리라고 생각되는 정도의 위험의 증가를 뜻하는 것으로서, 어떠한 상태의 발생
이나 변경이 여기에 해당하는지는 구체적인 여러 사정을 종합하여 인정·판단하여
야 할 문제이므로, 평균적 고객의 입장에서 예상하기 어려운 사유를 현저한 위험 증
가 사유로 약관에 규정하고 있다는 등의 특별한 사정이 없는 한, 무엇이 여기에 해
당되는지를 보험자가 보험계약 체결 시 보험계약자에게 미리 설명하기는 곤란하므
로 보험자에게 이에 관한 설명의무가 있다고 볼 수 없다.

[2] 손해보험회사인 甲 주식회사와 폐기물 처리업자인 乙 주식회사가 체결한
공장화재보험계약의 화재보험보통약관에서 보험계약자 등의 통지의무 대상으로 '위
험이 뚜렷이 증가할 경우'를 규정하고 있는데, 乙 회사가 甲 회사에 대한 통지 없이
다량의 폐마그네슘을 반입하여 보관하던 중 화재가 발생한 사안에서, 甲 회사가 보
험계약을 체결하면서 폐마그네슘과 같은 위험품을 취급할 경우 이를 통지해야 한다
는 내용을 설명하지 않았더라도, 위 약관규정은 상법 제652조 제1항에서 이미 정하
여 놓은 통지의무를 화재보험에서 구체적으로 부연한 정도의 규정에 해당하여 보험
자에게 별도의 설명의무가 인정되지 않는다고 본 원심판단을 수긍한 사례.

[3] 화재보험보통약관에서 보험계약자가 계약 후 위험의 현저한 증가가 있음에
도 보험자에게 그 사실을 지체 없이 통지할 의무를 이행하지 않았을 때를 보험계약
의 해지사유로 규정하는 한편 보험자가 그러한 사실을 안 날부터 1개월이 지났을
때에는 계약을 해지할 수 없도록 규정한 경우, 이는 보험자가 보험계약의 해지 원인

이 존재하고 해지하고자 하면 언제든지 해지할 수 있는 상태에 있음에도, 해지 여부를 결정하지 않은 상태를 지속시킴으로써 보험계약자를 불안정한 지위에 처하게 하는 것을 방지하려는 취지로서, 해지권 행사기간의 기산점은 보험자가 계약 후 위험의 현저한 증가가 있는 사실을 안 때가 아니라 보험계약자가 위와 같은 통지의무를 이행하지 아니한 사실을 보험자가 알게 된 날이라고 보아야 한다. 나아가 보험계약자가 보험자에 대하여 위험의 현저한 증가가 없었다거나 그러한 사실을 알지 못하였다고 주장하면서 통지의무 위반이 없다고 다투고 있는 경우에는 그때까지 보험자가 보험계약자의 통지의무 위반에 관하여 의심을 품고 있는 정도에 그치고 있었다면 그러한 사정만으로 해지권이 발생하였다고 단정할 수 없으므로 이러한 상태에서 곧바로 해지권의 행사기간이 진행한다고 볼 수는 없고, 그 후 보험자가 보험계약자의 통지의무 위반 여부에 관하여 조사·확인절차를 거쳐 보험계약자의 주장과 달리 보험계약자의 통지의무 위반이 있음을 뒷받침하는 객관적인 근거를 확보함으로써 통지의무 위반이 있음을 안 때에 비로소 해지권의 행사기간이 진행한다고 보아야 한다.

[4] 손해보험회사인 甲 주식회사와 폐기물 처리업자인 乙 주식회사가 체결한 공장화재보험계약의 화재보험보통약관에서 뚜렷한 위험의 변경 또는 증가와 관련된 통지의무를 이행하지 않은 경우를 해지사유로 규정하는 한편 그 사실을 안 날부터 1개월 이상 지났을 때에는 계약을 해지할 수 없다고 규정하고 있는데, 乙 회사가 甲 회사에 대한 통지 없이 다량의 폐마그네슘을 반입하여 보관하던 중 화재가 발생하였고, 甲 회사가 통지의무 위반을 이유로 보험계약을 해지한 사안에서, 乙 회사가 마그네슘으로 인하여 화재가 발생한 것이 아니라고 주장하면서 甲 회사에 보험금을 청구한 상태에서는 화재보고서에 마그네슘에 빗물이 유입되면서 화재가 발생한 것으로 추정된다고 기재되어 있는 것만으로는 甲 회사가 그 무렵에 화재가 마그네슘이 자연발화되어 발생한 것이어서 마그네슘으로 인하여 화재발생의 위험성이 현저하게 증가하였다는 사실을 알았다고 보기 어렵고, 추가적인 조사·확인절차를 거쳐 보험계약 해지를 통보한 시점에 이르러서야 乙 회사가 공장에 반입하여 보관한 폐마그네슘이 자연발화가 가능하여 화재발생의 위험성이 현저하게 증가하였다는 사실을 알았다고 보아야 하므로 그 무렵에서야 비로소 甲 회사가 乙 회사의 통지의무 위반이 있음을 알게 되었다고 본 원심판단을 수긍한 사례.

사안은 다음과 같다. 보험회사인 원고와 폐기물처리업자인 피고는 공장화재보험계약을 체결하였는데, 피고가 다량의 폐마그네슘을 반입하여 보관하던 중 2007. 6. 22. 화재가 발생하자, 원고는 "2007. 10. 9. 물이나 습기에 의해 자연발화하는 위험물질인 마그네슘을 반입하여 사고발생의 위험이 현저하게 증가되었음에도 원고에게 이 사실을 통지하지 아니하였으므로 상법 제652조 제1항 및 약관 제11조 제3항에 의하여 보험계약을 해지한다."라고 피고에게 통지하였고, 이 사건 채무부존재확인의 본소를 제기하였다. 피고는 "계약 체결 당시 원고가 피고에게 위험한 물건을 반입하면 계약을 해지할 수 있다는 약관에 관하여 설명을 하지 않았으므로 위 약관의 내용을 들어 보험계약을 해지할 수 없고, 가사 해지권이 인정된다고 하더라도 원고가 그러한 사정을 안 날로부터 1월의 제척기간이 경과한 후 해지통지를 하였다."라고 주장하면서 보험금 지급을 구하는 반소를 제기하였다.

이 사건의 약관 제10조 제7호는 계약을 맺은 후 보험의 목적에 '위 이외에 위험이 뚜렷이 증가할 경우'에는 계약자가 피보험자는 지체 없이 서면으로 회사에 알리도록 규정하고 있고, 제11조 제3항은 회사는 아래와 같은 사실이 있을 경우에는 손해의 발생 여부와 관계없이 계약을 해지할 수 있다고 하면서, 제2호에서 '뚜렷한 위험의 변경 또는 증가와 관련된 제10조(계약후 알릴 의무)에서 정한 계약 후 알릴 의무를 이행하지 않았을 때'를 규정하고 있으며, 같은 조 제4항에서 제3항의 경우에도 불구하고 다음 중 하나에 해당하는 경우에는 회사는 계약을 해지할 수 없다고 하면서, 제2호에서 '회사가 그 사실을 안 날부터 1개월 이상 지났을 때'를 규정하고 있다.

원심은 「① 화재보험보통약관에서 보험계약을 체결한 후 뚜렷한 위험의 변경 또는 증가가 있는 경우 보험계약자 또는 피보험자는 지체없이 이를 보험자에게 알릴 의무를 규정하고 있더라도, 이는 상법 제652조 제1항에서 이미 정하여 놓은 통지의무를 화재보험에서 구체적으로 부연한 정도의 규정에 해당하여 그에 대하여는 보험자에게 별도의 설명의무가 인정된다고 볼 수 없다고 하였고,15) ② 원고가 피고에게 해지를 통보한 2007. 10. 9.로부터 1개월 이전에 피고가 마그네슘을 공장에 반입하여 보관함으로 인하여 보험사고의 발생 가능성이 현저하게 증가되었다는 사실을 알았다고 인정하기에 부족하고, 오히려 2007. 10. 9.경에 이르러서야 화재발생의 위험성이 현저하게 증가하였다는 사실을 알았다고 봄이 상당하다」라고 판단하였다.

---

15) 대법원 2000. 7. 4. 선고 98다62909, 62916 판결 등.

피고는 상고이유로, ① 원고가 위험물의 범위에 관해서 설명의무를 이행하지 않은 이상 통지의무에 대한 설명의무를 이행하지 않은 것이고, ② 해지원인을 안 날은 원고가 폐마그네슘의 일반적인 성질을 구체적으로 알고 이것이 위험물에 해당할 수 있다는 점을 안 때를 의미하므로 제척기간이 경과하였다고 주장하였다.

대법원은, 「① 먼저 화재보험보통약관에서 '그 이외에 사고발생의 위험이 현저히 증가한 경우'의 통지의무를 규정하고 있는 경우, 이러한 위험증가 사실의 통지의무는 상법 제652조 제1항에서 규정하고 있는 통지의무를 되풀이하는 것에 불과하므로 이에 관하여 보험자가 보험계약자에게 별도로 설명할 의무가 있다고 볼 수 없다」라고 하는 기존 판례의 입장[16]을 재확인하는 한편, 「평균적 고객의 입장에서 예상하기 어려운 사유를 현저한 위험 증가 사유로 약관에 규정하고 있다는 등의 특별한 사정이 없는 한, 무엇이 사고발생 위험의 현저한 증가에 해당되는지를 보험자가 보험계약 체결시 보험계약자에게 미리 설명하기는 곤란하므로 보험자에게 이에 관한 설명의무가 있다고 볼 수 없다」라고 판단하였다.

다음으로 「② 해지권 행사기간의 기산점은 보험자가 위험의 현저한 증가가 있는 사실을 안 때가 아니라 보험계약자가 통지의무를 이행하지 아니한 사실을 알게 된 날이고, 나아가 보험계약자가 보험자에 대하여 위험의 현저한 증가가 없었다거나 그러한 사실을 알지 못하였다고 주장하면서 통지의무 위반이 없다고 다투고 있는 경우에는 곧바로 해지권의 행사기간이 진행한다고 볼 수 없고, 그 후 보험계약자의 통지의무 위반 여부에 관하여 조사·확인절차를 거쳐 보험계약자의 주장과 달리 보험계약자의 통지의무 위반이 있음을 뒷받침하는 객관적인 근거를 확보함으로써 통지의무 위반이 있음을 안 때에 비로소 해지권의 행사기간이 진행한다」라고 하였다.

대상 판결은 해지권 행사기간의 기산점과 관련하여, 보험자가 현저한 위험 증가라는 객관적 사실과 보험계약자의 현저한 위험 증가에 대한 주관적 인식을 모두 알았을 때 해지권의 행사기간이 진행한다고 본 것이다.

---

16) 대법원 1998. 11. 27. 선고 98다32564 판결 등.

Ⅳ. 證券·金融

1. 上場法人 등이 財務構造에 變更을 招來하는 減資 또는 增資에 관한 情報를 公表하는 行爲가 舊 證券去來法에서 정한 '僞計를 쓰는 行爲'에 該當하기 위한 要件

◎ 대법원 2011. 3. 10. 선고 2008도6335 판결

상장법인 등이 재무구조에 변경을 초래하는 감자 또는 증자(이하 '감자 등'이라고 한다)에 관한 정보를 스스로 공표하는 경우 그러한 정보는 주주의 지위 및 증권시장에서의 주가 변동에 직접적이고 중대한 영향을 미칠 뿐만 아니라, 투자자들은 언론이나 투자분석가들이 예측 또는 전망을 한 경우와는 달리 그 정확성과 신뢰성이 훨씬 높다고 평가하는 것이 일반적이므로, 상장법인 등의 임직원으로서는 그러한 정보의 공표로 인하여 투자자들에게 오인·착각을 유발하지 않도록 합리적인 근거에 기초하여 성실하게 정보를 공표하여야 한다. 만일 이와 달리 상장법인 등이 객관적으로 보아 감자 등을 할 법적 또는 경제적 여건을 갖추고 있지 아니하거나, 또는 그 임직원이 그 감자 등을 진지하고 성실하게 검토·추진하려는 의사를 갖고 있지 아니함에도 불구하고, 감자 등의 검토계획을 공표하면 투자자들이 그 실현가능성이 높은 것으로 판단하여 주식거래에 나설 것이고 이로 인하여 주가의 변동이 초래될 것임을 인식하면서도 그에 따른 이득을 취할 목적으로 그 검토계획의 공표에 나아간 경우에는, 이러한 행위는 투자자들의 오인·착각을 이용하여 부당한 이득을 취하려는 기망적인 수단, 계획 내지 기교로서 구 증권거래법 제188조의4 제4항 제1호 소정의 위계를 쓰는 행위에 해당한다고 할 것이다.

공소사실의 요지는, 피고인 1이 공소외 1 내지 3과 공모하여, 론스타가 LSF의 이름으로 경영권을 인수한 외환은행의 외환카드 합병 추진 과정에서, 합병 반대 외환카드 소액주주들의 주식매수청구권 행사로 인한 합병비용 상승 및 합병 이후 외환은행에 대한 LSF의 지분율 감소를 우려하여 외환카드의 주가를 인위적으로 하락시키기로 마음먹고, 2003. 11. 20. 외환은행 이사회에서, 사실은 감자를 진지하게 고려하지 않았음에도 마치 감자를 고려하고 있는 것처럼 언론에 발표하기로 결정한 다음, 2003. 11. 21. 합병 과정에서 외환카드에 대한 감자계획이 검토될 것이라는 내용이 담긴 보도자료를 배포하고 감자할 가능성이 크다는 취지로 발표하는 등 일반 투자자로 하여금 마

치 감자가 진지하게 검토되고 있으며 그 가능성이 큰 것처럼 받아들이게 하는 위계를 사용함으로써 유가증권의 매매 기타 거래와 관련하여 부당한 이득을 얻기 위해서 고의로 위계를 사용하여 외환은행과 LSF에 50억 원 이상의 이익을 얻게 하였다는 것이다.

　　원심은, 「2003. 11. 20. 외환은행 이사회에서 심각한 유동성 위기에 빠진 외환카드와 그 대주주인 외환은행과의 합병을 추진하되 외환카드의 가치를 정확하게 반영하기 위하여 감자를 포함한 구체적인 합병방안을 추후에 결정하기로 결의(이하 '이 사건 이사회결의'라 한다)한 사실, 외환은행 행장직무대행이 2003. 11. 21. 보도자료 배포 및 기자간담회를 통하여 외환은행과 외환카드의 합병을 추진하겠다고 하면서 외환카드의 감자계획이 검토될 것이며 구체적인 합병비율 및 일정 등은 합병계획이 마련되는 대로 이사회결의를 거쳐 이를 다시 발표할 예정이라고 발표(이하 '이 사건 발표'라 한다)하고, 그 직후 외환카드의 순자산가치를 정확하게 평가해 봐야 감자 여부를 결정할 수 있을 것이나 현재로서는 감자할 가능성이 크다는 내용의 발언(이하 '이 사건 발언'이라 한다)을 한 사실 등을 인정한 다음, 이 사건 발표나 이 사건 발언은 이 사건 이사회결의의 내용과 같은 것으로서 이사회결의 내용을 공시한다는 관점에서는 허위의 사실 유포나 투자자 등을 기망하는 위계가 있었다고 할 수 없고, 또한 이 사건 발표나 이 사건 발언에 의하면 외환카드의 감자는 추후에 결정될 것이고 그 가능성이 크다는 것으로서 구체적인 내용이 확정되었다는 것은 아닌바, 이러한 경우 피고인 등이 외환카드의 감자에 관하여 구체적인 계획을 가지고 있지 않더라도 유동성 위기에 처하여 재무상태가 부실한 외환카드를 합병함에 있어 외환은행이나 그의 대주주인 론스타 측으로서는 합병비용을 줄이고자 하는 욕구와 목표가 있었고, 그러한 목표를 달성함에 있어서 외환카드의 감자가 필요하고도 유용한 방안으로 인식되었으며, 론스타 측은 위 이사회 이후까지도 합병비용을 줄일 수 있는 다른 방안과 함께 감자의 실행 가능성을 검토하면서 상태의 추이에 따라 여러 가지 방안 중 자신에게 가장 유용한 방안을 모색하는 과정에 있었으므로, 이 사건 발표나 이 사건 발언은 허위의 사실 유포나 위계에 해당한다고 할 수 없다」라고 판단하였다.

그러나 대법원은 위와 같은 법리를 전제한 다음, 「피고인 1 등의 지위, 이 사건 발표에 이르게 된 동기 및 경위, 당시 외환카드의 재정상태, 이 사건 발표로 인하여 외환카드의 투자자들이 형성하게 된 인식, 이 사건 발표 후 주가의 동향, 피고인 1 등이 이 사건 발표 전·후에 취한 일련의 행동 등 제반 사정을 종합적으로 고려하면, 피고인 1 등은 객관적으로 보아 외환카드에 대한 합병 전 감자를 추진하는데 필요한 경제적 여건을 갖추고 있지 아니하였고 외환카드의 감자를 성실하게 검토·추진할 의사가 없었음에도, 외환은행의 이사회에서 외환카드에 대한 감자를 고려하고 있다는 내용을 발표하면 외환카드의 투자자들이 외환카드에 대한 감자의 실현가능성이 높은 것으로 오인·착각을 일으켜 주식투매에 나설 것이고 외환카드의 주가하락이 초래될 것임을 인식하면서 이 사건 발표의 감행을 공모한 것이므로, 위계를 쓰는 행위에 해당한다」라고 판단하면서, 원심이 인용한 대법원 2003. 11. 14. 선고 2003도686 판결(화승강업 사건)과는 사안을 달리한다고 하였다.[17]

2. 甲 株式會社의 代表理事인 被告人이 乙과 約定을 맺고 乙이 保有하고 있는 海外法人 名義 證券計座를 利用하여 株式을 買受하는 方法으로 正常的인 外國人投資를 假裝한 行爲가 詐欺的 不正去來에 該當하는지 與否

◎ 대법원 2011. 7. 14. 선고 2011도3180 판결

원심은, 피고인 1이 공소외 3에게 주식매수자금을 요청한 동기, 그 자금제공과 관련한 피고인 1과 공소외 3 간의 약정의 내용, 그 약정에 기한 주식거래의 결과 등에 비추어 보면, 피고인 1과 공소외 3이 행한 주식거래의 실질은 피고인 2 주식회사가 계열사의 주식을 취득하거나 대주주가 주식을 취득한 것임에도, 주식시장에서는 제3자의 자금이 정상적으로 투자·유입되었거나 외국인 자금이 투자·유입된 것과 같은 외관이 형성되어 인위적 주가관리가 가능하게 되었고, 이와 같은 거래는 주식거래시장에서 투자자들로 하여금 잘못된 판단을 하게 함으로써 자본시장에서 공정

---

17) 위의 화승강업 사건에서 문제된 '사업목적의 변경에 관한 결의가 있었다'라는 공시내용은 구 증권거래법 제186조 제1항 제4호에 의하여 공시가 강제되는 사항인 반면, 대상 판결의 사안에서 문제된 공표내용은 구 증권거래법상 아무런 공시의무가 없는 사항이라는 점에서 차이가 존재한다.

한 경쟁을 해치고 선의의 투자자에게 손해를 전가하여 자본시장의 공정성, 신뢰성 및 효율성을 해치게 되므로, 사인 간의 원리금보장약정에 의한 주식인수나 유상증자가 금지되지 않고 차명증권계좌를 이용한 주식거래가 허용된다고 하더라도 피고인 1과 공소외 3과의 약정에 의한 위와 같은 주식거래 행위는 자본시장법 제178조 제1항 제1호, 제2항에서 규정하고 있는 '금융투자상품의 매매와 관련하여 부정한 수단이나 기교를 사용하는 행위' 및 '위계의 사용'에 해당된다고 판단하였다.

원심이 인용한 제1심 판결의 채택 증거들을 원심 판결 이유 및 앞서 본 법리에 비추어 살펴보면, 원심의 위와 같은 판단은 정당하다.

(1) 이 부분 공소사실의 요지는 다음과 같다. 피고인 1은 2008. 7. 중순경 홍콩 소재 법인의 국내 매니저인 공소외 3에게 "PAAM 등 해외법인 등을 이용하여 장내에서 K글로벌(이하 '글로벌'이라 한다) 주식 30억 원 상당을 매수해 주면 주가의 등락에 관계없이 위 원금에 이자를 가산하여 지급하겠다."며 사실상 금전대여를 부탁하고, 이에 대해 공소외 3은 "주로 해외법인계좌 등을 이용하여 장내에서 글로벌 주식을 매수하여 주고, 주가 상승으로 인한 원리금을 상회하는 이익은 피고인에게 반환하겠다."며 그 제의를 승낙하였다. 피고인 1과 공소외 3은 2008. 7. 24.부터 2009. 8. 17.까지 글로벌 주식 총 7,731,031주, H기술투자 주식 총 1,878,127주를 PAAM 등 명의의 외국인투자 전용계좌로 매수하여 글로벌 및 한국기술투자의 주가를 인위적으로 부양하였고, 위와 같은 매수결과는 유력 경제지에 글로벌과 H기술투자를 외국인 순매수 상위 종목에 계속해서 올려놓았고, 글로벌과 H기술투자의 외국인 지분 상승이 증권관련 인터넷 사이트에서 일반투자자들의 관심 대상이 되었다. 결국 피고인 1은 공소외 3과 공모하여, 코스닥시장에서의 매매거래를 유인할 목적으로 일반투자자들로 하여금 정상적으로 투자하는 외국인 등의 매수세가 꾸준히 유입되는 것으로 오인하게 하여 당해 주식의 매매거래가 성황을 이루고 있는 듯이 잘못 알게 하였을 뿐만 아니라, 위와 같은 투자원리금 보장 약정 및 대여계약을 체결하여 대여금의 회수가 보장된 상태에서 외국인 투자전용계좌를 이용하여 글로벌 및 H기술투자의 주식을 장내에서 매수하였을 뿐임에도 마치 해외펀드가 정상적으로 투자위험을 감수하면서 주식을 매수한 듯한 외양을 갖추는 위계를 사용하였다.

(2) 이 부분 공소사실에 대하여 원심은, 「위와 같은 이유로 피고인 1과 공소외 3 간의 약정에 의한 위와 같은 주식거래 행위는 자본시장법 제178조 제1항 제1호 및 제2항에서 규정하고 있는 '금융투자상품의 매매와 관련하여 부정한 수단이나 기교를 사용하는 행위' 및 '위계의 사용'에 해당된다」라고 판단하였다.

이에 대하여, 피고인 측은 상고이유로 "주식거래 현실에서는 다양한 경제적 필요에 의하여 투자손익의 귀속주체와 투자명의자가 다른 형태의 약정 (주식파킹, 자사주신탁, 백기사거래 등)이 빈번히 이루어지고, 이러한 약정에 대하여 기망에 의한 외관작출이라고 하여 사기적 부정거래로 처벌한 전례가 없으며, 피고인 1이 공소외 3의 자금을 이용하여 글로벌 주식 및 H기술투자 주식을 매입한 것은 피고인 2 주식회사의 우호지분을 확보하기 위한 조치일 뿐 인위적인 시세변동을 초래하기 위한 것이 아니다."라고 하였고, 대법원 2010. 12. 9. 선고 2009도6411 판결18)을 거시하면서 "피고인 1이 공소외 3의 외국법인 계좌를 이용하여 주식거래를 한 것은 객관적 측면에서 모두 사실에 부합하는 것으로 허위내용이 없어 기망행위에 해당하지 않고, 주식거래 과정에서 그 외국법인의 실체를 과장하거나 그에 관한 허위의 정보를 제공하는 등 허위사실을 내세웠다는 특별한 사정이 없는 이상 그와 같은 주식거래 행태를 위계사용 또는 부정한 수단·기교의 사용으로 볼 수 없다."라고 주장하였다.

그러나 대법원은 위와 같이 「원심의 판단이 정당하다」라고 수긍하면서 이 부분 상고이유를 받아들이지 아니하였다. 특히 피고인 측은 위 2009도 6411 판결의 사안과 유사하다고 주장하였으나, 위 2009도6411 판결의 사안은 피고인인 한국계 외국인이 자신의 자금과 계산으로 실재하는 외국법인 명의와 계좌를 이용하여 주식을 매수한 사안인 데 반하여, 이 사건은 내국인인 피고인 1이 자신의 계산으로 주식거래를 하면서 외국법인의 투자라는 외관을 허위로 작출한 사안이라는 점에서 분명한 차이가 있다.

---

18) 졸고 '2010년 주요 상사 판례 동향' 참조.

3. ① 資本市場法 施行令 第141條 第2項의 共同保有者에 該當하
는지 與否, ② 違反行爲로 인한 利益額의 算定

◎ 대법원 2011. 10. 27. 선고 2011도8109 판결

이 사건은 공소사실이 매우 많고 사실관계가 복잡하므로 상세한 공소사실의 소
개는 생략하고, 문제된 쟁점에 관한 공소사실 또는 사실관계만 간략하게 소개하기로
한다. 이 사건에서 문제된 쟁점은 ① 자본시장법 시행령 제141조 제2항의 공동보유
자에 해당하는지 여부, ② 위반행위로 인한 이익액의 산정이었다.

(1) 공동보유자에 해당하는지 여부

자본시장법 시행령 제141조 제2항에서는 '공동보유자'에 대하여, 본인과
합의나 계약 등에 따라, ① 주식등을 공동으로 취득하거나 처분하는 행위, ②
주식등을 공동 또는 단독으로 취득한 후 그 취득한 주식을 상호양도하거나
양수하는 행위, ③ 의결권(의결권의 행사를 지시할 수 있는 권한을 포함한다)을
공동으로 행사하는 행위를 할 것을 합의한 자라고 규정하고 있다.

피고인 1은 S주식회사(이하 'S사'라 한다)의 대표이사이고, 피고인 2, 3
은 아래와 같이 S사 제3자 배정 유상증자에 참여하였다. 즉 피고인 2는 피고
인 1의 원금보장 하에 자신의 계산으로 30억 원 상당의 주식을 취득하였고,
피고인 3은 10억 원을 피고인 1에게 대여하되 乙 명의로 주금을 납입한 후
배정된 신주를 대여금의 담보로 제공받았다. 그리고 甲은 피고 1과 사이에,
甲이 피고 1에게 자금을 대여하되 甲이 그 자금으로 해외법인 등을 이용하
여 장내에서 S사 주식을 매수하고 피고 1은 원금에 이자를 가산하여 반환하
며 주가 상승에 따른 원리금을 상회하는 이익은 피고인 1에게 귀속한다는 1,
2차 투자수익보장약정을 체결한 다음, 국내 외국인투자 전용계좌를 이용하
여 장내에서 주식을 매수하였다.

검사는 피고인 2가 취득한 30억 원 상당의 주식은 피고인 1의 원금보장
하에 취득한 것으로서 피고인 1, 2가 공동보유자이고, 피고인 1이 피고인 3
로부터 차용한 돈으로 취득한 주식은 피고인 3에게 차용금에 대한 담보로
제공되었으므로 피고인 1, 3이 공동보유자이며, 甲이 1, 2차 투자수익보장약
정에 기하여 매수한 주식은 피고인 1의 원금보장 하에 취득한 것으로서 피

고인 1과 甲이 공동보유자임을 전제로 대량보유보고의무를 하지 않는 방법으로 부정한 기교 등을 사용하였다고 기소하였다.

이에 대하여 원심은, 「① 甲은 1, 2차 투자수익보장약정에 따라 피고인 1에게 돈을 빌려주되 甲 본인이 관리하는 계좌로 주식을 매수하는 방법으로 담보를 취득한 사실, 피고인 1은 甲이 취득한 주식에 대하여는 위임을 통하여 의결권 등을 행사하였고, 甲으로부터 그 매수내역을 보고받는 등 구체적인 매수내역을 지속적으로 확인한 사실, 피고인 3은 피고인 1에게 10억 원을 대여하고 그 담보 명목으로 차명으로 취득한 주식을 제공받았으나 처분은 피고인 1의 의사에 따라 이루어진 사실 및 피고인 2는 피고인 1의 원리금 보장 약정 하에 30억 원을 납입하고 주식을 취득한 사실을 인정한 다음, 甲이 1, 2차 각 투자수익보장약정에 따라 취득한 S사 주식과 피고인 1이 피고인 3의 차용금 10억 원으로 취득한 S사 주식은 모두 피고인 1이 자기의 계산으로 취득하여 보유한 주식이고, 한편 피고인 2가 피고인 1의 원리금 보장 약정 하에 취득한 30억 원 상당의 S사 주식은 피고인 2가 자기의 계산으로 취득하여 보유한 주식이므로 합의에 의하여 주식을 공동으로 취득하였다고 인정할 수 없고, ② 피고인 1이 자신이 보유하는 주식을 甲이나 피고인 3에게 담보로 제공하였다고 하더라도 甲이나 피고인 3로서는 피고인 1의 채무불이행이 없는 한 위 각 주식을 임의로 처분할 수 없는 것이고, 반면 피고인 1로서는 담보로 제공된 주식을 처분하지 않는 대신 현금을 제공하는 방법으로 주식을 반환받을 수 있는 점, 피고인 2가 자신의 투자금으로 취득한 주식을 처분할 때 피고인 1의 의사를 고려하는 것은 S사의 주가가 피고인 1에게 불리하게 변동되고 있는 상황에서 주식을 처분하여 피고인 1의 손실이 확대되는 것을 방지하는 데 있는 것이지 피고인 1이 동의하지 않는 한 주식을 처분하지 않기로 약정한 것으로는 볼 수 없는 점, 피고인 1은 甲 등에 대한 채무이행의 담보 명목으로 S사 등이 발행한 약속어음이나 당좌수표를 제공하였으므로 甲 등 피고인 1에 대한 채권자들로서는 반드시 피고인 1과 공동으로 주식을 처분하여 원리금을 회수하여야 하는 것은 아닌 점 등을 고려할 때 합의나 계약 등에 따라 취득한 주식을 공동으로 처분하기로 약정하였다고 볼 수도 없다」라고 판단하였다.

대법원은 위와 같은 원심의 판단을 정당하다고 판단하였다.

(2) 위반행위로 인한 이익액의 산정

검사가 기소한 피고인 1의 이 사건 ①의 범행 부분(대법원 판결의 표현에 의한다)은 2009. 2. 2.자 S사 제3자 배정 유상증자 관련 자본시장법위반의 점과, PAMM과의 2009. 6. 3.자 투자수익보증약정을 통한 자본시장법위반의 점으로 나뉘고, 다시 2009. 2. 2.자 S사의 제3자 배정 유상증자 관련 자본시장법위반의 점은 1차 투자수익보장약정을 통한 자본시장법위반의 점, 2차 투자수익보장약정을 통한 자본시장법위반의 점, 유상증자 차명 참여 등에 의한 자본시장법위반의 점으로 구성되어 있고, 이들 범행은 모두 단일하고 계속된 범의 하에서 일정기간 반복한 범행으로서 포괄일죄의 관계에 있다. 검사는 자본시장법 제443조 제2항에 의해 위반행위로 얻은 이익액에 따라 가중된 구성요건으로 기소하였다.

제1심은 「피고인 1 등이 장내에서의 시세조종행위로 944,338,799원[=1차 투자수익보장약정에 따른 위반행위로 얻은 이익액 700,602,204원 + 2차 투자수익보장약정에 따른 위반행위로 얻은 이익액 243,736,595원]의 이익을 취득하였고, 유상증자에서 원금보장약정과 차명을 이용하여 부정하게 신주를 취득하는 행위로 1,268,351,562원의 이익을 취득하였으므로, 결국 피고인 1이 자본시장법 위반행위로 인하여 얻은 이익액은 2,212,690,361원(=1, 2차 각 투자수익보장약정을 통한 부당이익액 944,338,799원 + 유상증자 차명 참여 등으로 인한 부당이익액 1,268,351,562원)이다」라고 판단하였다.

반면 원심은 「제1심이 1차 투자수익보장약정에 따른 위반행위로 피고인 1이 얻은 이익액이 700,602,204원이라고 판단한 것은 정당한 것으로 수긍이 가나, 2차 투자수익보장약정에 따른 위반행위로 얻은 이익액과 유상증자 차명 참여 등으로 얻은 이익액을 산정한 부분은 아래와 같은 이유에서 그 타당성을 인정하기 어렵다」고 판단하였다. 즉 피고인 1이 2차 투자수익보장약정이나 유상증자 차명 참여 등으로 부정하게 취득한 S사의 주식을 처분하기 직전인 2009. 6. 2. 대통령이 한·아세안 특별정상회의 행사장에서 수소연료전지 자동차 기술에 대하여 설명했다는 소식이 전해지면서 수소에너지 관련 주들의 거래량과 주가가 급증하였고, S사의 경우도 거래량과 주가가 모두 급격하게 변동한 사실이 인정되므로, 피고인 1이 S사의 주식을 처분한 2009. 6. 4.과 2009. 6. 5.의 S사 주가상승분에는 대통령의 발언으로 인한 상승분도 포함되어 있으므로 이 부분에 대해서까지 피고인 1의 위반행위로 인한 결과에 귀속시키는 것은 자기책임의 원칙에 반하고 이를 분리하여 제외하여야 하는데, 검사가 제출한 증거들만으로는 2009. 6. 4.과 2009. 6. 5. 당시 S사 주가 중 피고인 1의 위반행위와 인과관계가 인정되는 부분만을 분리하여 그 이익액을 산정하기에 충분하지 않으므로, 결국 이 부분 위반행위로 인한 이익액은 산정할 수 없는 경우에 해당한다는 것이다.

나아가 원심은 「이 사건 ①의 범행 부분은 포괄일죄의 관계에 있으므로, 검사는 피고인 1의 자본시장법 위반 범행에 대하여 가중처벌 규정의 적용을 구하려면 포괄일죄의 관계에 있는 각각의 자본시장법 위반 범행으로 인하여 피고인 1이 이익을 취득하였는지 여부, 이익을 취득하였다면 그 가치가 어느 정도인지에 대하여 입증하여야 하고(일련의 범행 중 일부 범행으로 인한 이익액을 산정할 수 없는 경우에는 적어도 손실을 입지는 않았다는 점을 입증하여야 한다), 만약 이를 입증하지 못한 경우에는 전체적으로 이익액을 산정할 수 없다고 보아야 하고, 이 사건의 경우 2009. 2. 2.자 S사의 제3자 배정 유상증자 관련 자본시장법 위반 범행 중 1차 투자수익보장약정에 의한 이익액은 700,602,204원으로 산정할 수 있는 반면, 2차 투자수익보장약정이나 유상증자 차명 참여 등에 의한 자본시장법 위반 범행, 나아가 PAAM과의 3차 투자수익보장약정에 의한 자본시장법 위반 범행의 경우 그로 인하여 피고인 1이 이익을 얻었는지 여부, 또는 적어도 손실을 입지 않았는지에 대하여 이를 인정한 만한 증거가 부족하므로, 결국 피고인 1이 포괄일죄의 관계에 있는 2009. 2. 2.자 S사의 제3자 배정 유상증자 관련 자본시장법 위반 범행과 PAAM과의 3차 투자수익보장약정에 의한 자본시장법 위반 범행을 통하여 얻은 이익액은 산정할 수 없다」라고 판단하였다.

대법원은 위와 같은 원심의 판단을 정당하다고 판단하였다.

4. 違反行爲로 얻은 利益의 範圍

◎ 대법원 2011. 4. 28. 선고 2010도7622 판결

구 증권거래법(2007. 8. 3. 법률 제8635호로 폐지되기 전의 것, 이하 같다) 제207조의2 제1항 단서, 제2항 및 제214조 제2항에서 정한 '위반행위로 얻은 이익'은

당해 위반행위로 인하여 행위자가 얻은 이익을 의미하고, 여러 사람이 공동으로 시세조종 등 불공정거래의 범행을 저지른 경우 그 범행으로 인한 이익은 범행에 가담한 공범 전체가 취득한 이익을 말하는 것일 뿐, 범행에 가담하지 아니한 제3자에게 귀속되는 이익은 이에 포함되지 아니한다.

피고인이 시세조종 등의 불공정거래행위를 하면서 타인 명의의 증권계좌를 이용한 사실은 인정되지만, 그로 인한 거래 이익은 곧바로 위 명의인들에게 귀속되고 피고인 또는 공범들이 그 이익을 얻지는 못하였으므로, 공소사실 중 위 증권계좌에서 발생한 이익 부분은 범죄의 증거가 없는 경우에 해당한다고 보아 무죄로 판단한 원심을 수긍한 사례이다.

Ⅴ. 其　他

위에서 살펴본 판례들 외에도 2011년에 선고된 상사 관련 판례들로서 주목할 만한 것은, ① 해상법 분야에서 선박우선특권이 우리나라에서 실행되는 경우에 실행기간을 포함한 실행방법은 우리나라의 절차법에 의하여야 한다고 본 대법원 2011. 10. 13. 선고 2009다96625 판결, ② 주식회사 외부감사인의 감사절차상 과실과 손해배상책임에 관한 대법원 2011. 1. 13. 선고 2008다36930 판결, ③ 국제거래 분야에서 신용장개설은행이 매입은행에게 한 신용장대금 지급조건에 관한 변경지시의 효력에 관한 대법원 2011. 1. 13. 선고 2008다88337 판결과, 원본채권의 준거법이 외국법인 경우 신용장에 따른 대금지급의무의 지체에 대한 지연손해금의 지급을 명함에 있어 소송촉진 등에 관한 특례법 제3조 제1항을 적용할 수 없다고 본 대법원 2011. 1. 27. 선고 2009다10249 판결, ④ 도산법 분야에서 질권 실행의 부인에 관한 대법원 2011. 11. 24. 선고 2009다76362 판결과 예약형 집합채권양도담보의 부인에 관한 대법원 2011. 10. 13. 선고 2011다56637, 56644 판결 등이 있다.

2012年 主要 商事判例 回顧[*]

扈 帝 熏[**]

Ⅰ. 商法總則

1. 開業準備行爲에 의한 商人資格의 取得時期

◎ 대법원 2012. 4. 13. 선고 2011다104246 판결

상법은 점포 기타 유사한 설비에 의하여 상인적 방법으로 영업을 하는 자는 상행위를 하지 아니하더라도 상인으로 보면서(제5조 제1항), 제5조 제1항에 의한 의제상인의 행위에 대하여 상사소멸시효 등 상행위에 관한 통칙 규정을 준용하도록 하고 있다(제66조).

한편 영업의 목적인 상행위를 개시하기 전에 영업을 위한 준비행위를 하는 자는 영업으로 상행위를 할 의사를 실현하는 것이므로 그 준비행위를 한 때 상인자격을 취득함과 아울러 개업준비행위는 영업을 위한 행위로서 그의 최초의 보조적 상행위가 되는 것이고, 이와 같은 개업준비행위는 반드시 상호등기·개업광고·간판부착 등에 의하여 영업의사를 일반적·대외적으로 표시할 필요는 없으나 점포구입·영업양수·상업사용인의 고용 등 그 준비행위의 성질로 보아 영업의사를 상대방이 객관적으로 인식할 수 있으면 당해 준비행위는 보조적 상행위로서 여기에 상행위에 관한 상법의 규정이 적용된다(대법원 1999. 1. 29. 선고 98다1584 판결 참조). 그리고 영업자금의 차입 행위는 행위 자체의 성질로 보아서는 영업의 목적인 상행위를 준비하는 행위라고 할 수 없지만, 행위자의 주관적 의사가 영업을 위한 준비행위이었고 상대방도 행위자의 설명 등에 의하여 그 행위가 영업을 위한 준비행위라는 점을 인식하였던 경우에는 상행위에 관한 상법의 규정이 적용된다.

상인의 행위에 대하여 상법의 규정, 즉 상사시효 및 상사이율 등이 적용

---

[*] 제30회 상사법무연구회 발표 (2013년 3월 16일)
[**] 변호사 (전 대법원 재판연구관)

되므로 언제 상인이 되는지가 상법의 적용범위를 정하는 중요한 문제이다. 회사의 경우는 설립등기를 한 때 성립하고 상인자격을 취득하지만, 자연인의 경우가 문제이다.

다수설 및 판례1) 에 의하면, 개업준비행위가 있는 때 이미 그 행위자는 상인자격을 취득하고 그 개업준비행위는 최초의 보조적 상행위가 되어 상법의 적용을 받게 된다. 여기에서 영업 자체의 개시 전에 어떤 행위 또는 태양이 존재하면 상인자격을 취득하고 그 개업준비행위가 보조적 상행위로서 상법의 적용을 받는지가 문제되고, 학설상 대립이 있다.

종래의 학설은 상인자격의 취득시기를 획일적으로 결정하는 견해(=획일적 결정설)를 취하였는데, 그 시기를 영업의사를 외부에 표명한 때(=개업의사 표백설), 영업의사를 행위에 의하여 주관적으로 실현한 때(=개업의사 주관적 실현설), 영업의사를 객관적으로 인식할 수 있는 행위가 있는 때(=개업의사 객관적인식가능설) 등을 기준으로 하였다. 통설은 개업의사 객관적 인식가능설 중 준비행위 자체의 성질로 개업의사 객관적 인식 가능 여부를 판단하여야 한다는 입장이었다.

이 사건의 사안은 다음과 같다. 피고는 1997.경부터 건물을 임차하여 학원설비를 갖추고 학원생들로부터 수강료를 받으며 '甲 입시학원'을 운영하였다. 피고는 甲 입시학원을 폐업한 후 2000. 7.경 다른 곳에 '乙 학원'을 설립하는 과정에서 그 영업준비자금으로 원고로부터 5,100만 원(=이 사건 대여금)을 변제기 2000. 12. 27.로 정하여 차용하였다. 원고는 피고를 통하여 이러한 사정을 인식하고 있었다. 피고는 '乙 학원' 설립 후 2001. 8. 31.까지 위 학원을 운영하였다. 원고는 2010. 12. 4. 이 사건 대여금의 지급을 구하는 소를 제기하였다.

제1심에서는 소멸시효가 문제되지 않아 원고 승소판결이 선고되었는데,

---

1) 대법원 1999. 1. 29. 선고 98다1584 판결: 영업의 목적인 기본적 상행위를 개시하기 전에 영업을 위한 준비행위를 하는 자는 영업으로 상행위를 할 의사를 실현하는 것이므로 그 준비행위를 한 때 상인자격을 취득함과 아울러 이 개업준비행위는 영업을 위한 행위로서 그의 최초의 보조적 상행위가 되는 것이고, 이와 같은 개업준비행위는 반드시 상호등기 · 개업광고 · 간판부착 등에 의하여 영업의사를 일반적 · 대외적으로 표시할 필요는 없으나 점포구입 · 영업양수 · 상업사용인의 고용 등 그 준비행위의 성질로 보아 영업의사를 상대방이 객관적으로 인식할 수 있으면 당해 준비행위는 보조적 상행위로서 여기에 상행위에 관한 상법의 규정이 적용된다 할 것이다.

항소심은 피고의 상사소멸시효 항변을 받아들여 제1심 판결을 취소하고 원고의 청구를 기각하였다.

피고가 이 사건 대여금을 차용한 때 상인자격을 취득하여 상사소멸시효가 적용되는지가 쟁점이 되었는데, 대법원은 「피고가 운영한 학원업은 점포 기타 유사한 설비에 의하여 상인적 방법으로 영업을 하는 경우에 해당하여 피고는 상법 제5조 제1항에 규정된 의제상인인데, 피고의 이 사건 차용행위는 학원영업을 위한 준비행위에 해당하며 행위의 상대방인 원고도 이러한 사정을 알고 있었으므로 그 준비행위인 이 사건 차용행위를 한 때 피고는 상인자격을 취득함과 아울러 이 사건 차용행위는 영업을 위한 행위로서 보조적 상행위가 되어 상법 제64조에 정한 상사소멸시효가 적용된다」라고 판시하였다. 대법원은 이 사건에서 상인자격 취득시기에 관하여 기본적으로 개업의사 객관적 인식가능설을 취하면서도, 영업자금 차입은 대여자가 영업자금 차입이라는 사정을 알고 있었다는 점이 증명된 때에는 상사시효 적용을 인정하여 기존의 '개업의사 객관적 인식가능설'의 보정을 시도한 것으로 평가할 수 있다.

◎ 대법원 2012. 7. 26. 선고 2011다43594 판결

영업자금의 차입 행위는 행위 자체의 성질로 보아서는 영업의 목적인 상행위를 준비하는 행위라고 할 수 없지만, 행위자의 주관적 의사가 영업을 위한 준비행위이고 상대방도 행위자의 설명 등에 의하여 그 행위가 영업을 위한 준비행위라는 점을 인식한 경우에는 상행위에 관한 상법의 규정이 적용된다(대법원 2012. 4. 13. 선고 2011다104246 판결 참조).

그런데 이러한 준비행위가 보조적 상행위로서 상법의 적용을 받기 위해서는 그 행위를 하는 자 스스로 상인자격을 취득하는 것을 당연한 전제로 하므로, 어떠한 자가 자기 명의로 상행위를 함으로써 상인자격을 취득하고자 준비행위를 하는 것이 아니라 다른 상인의 영업을 위한 준비행위를 하는 것에 불과하다면, 그 행위는 그 행위를 한 자의 보조적 상행위가 될 수 없다. 여기에, 회사가 상법에 의해 상인으로 의제된다고 하더라도 회사의 기관인 대표이사 개인은 상인이 아니어서 비록 대표이사 개인이 회사 자금으로 사용하기 위해서 차용한다고 하더라도 상행위에 해당하지 아니하여 그 차용금채무를 상사채무로 볼 수 없는 법리(대법원 1992. 11. 10. 선고

92다7948 판결, 대법원 2012. 3. 29. 선고 2011다83226 판결 등 참조)를 더하여 보면, 회사 설립을 위하여 개인이 한 행위는, 그것이 설립 중 회사의 행위로 인정되어 장래 설립될 회사에 효력이 미쳐 회사의 보조적 상행위가 될 수 있는지 여부는 별론으로 하고, 장래 설립될 회사가 상인이라는 이유만으로 당연히 그 개인의 상행위가 되어 상법의 규정이 적용된다고 볼 수는 없다.

이 사건에서 대법원은 앞에서 소개한 2011다104246 판결의 법리를 다시 확인하면서, 다만 「자기 명의로 상행위를 함으로써 상인자격을 취득하고자 준비행위를 하는 것이 아니라 다른 상인의 영업을 위한 준비행위를 하는 것에 불과하다면, 그 행위는 그 행위를 한 자의 보조적 상행위가 될 수 없다」라고 판시하였다.

이 사건은 A가 B와 함께 시각장애인용 인도블록을 제조하는 공장을 운영하기로 한 후 C에게서 사업자금을 차용하기 위하여 B가 C에게 부담하고 있던 채무를 연대보증하고 추가로 자금을 차용하여 합계 금액을 차용금액으로 하는 금전차용증서를 작성하였고, 그 후 시각장애인용 점자블록 제조 등을 목적으로 하는 甲 주식회사를 설립하여 대표이사로 취임한 사안이다.

대법원은 「A는 직접 자신의 명의로 시각장애인용 인도블록 사업을 운영하기 위한 목적이 아니라 설립이 예정된 甲 회사의 사업과 관련하여 필요한 자금을 마련하기 위하여 C에게서 금원을 차용한 것인데, 이러한 사정만으로는 A를 자기 명의로 시각장애인용 인도블록 사업을 하는 상인으로 볼 수 없으므로 甲 회사의 행위가 아닌 A의 차용행위를 보조적 상행위로서 개업준비행위 등에 해당한다고 볼 수 없다」라고 판단하면서, A의 차용금채무가 상사채무로서 5년의 소멸시효가 적용된다고 본 원심 판결을 파기하였다.

2. 商事留置權 排除의 特約

◎ 대법원 2012. 9. 27. 선고 2012다37176 판결

상법은 상인 간의 거래에서 신속하고 편리한 방법으로 담보를 취득하게 하기 위한 목적에서 민법상의 유치권과 별도로 상사유치권에 관한 규정을 두고 있다. 즉 상법 제58조 본문은 "상인 간의 상행위로 인한 채권이 변제기에 있는 때에는 채권

자는 변제를 받을 때까지 그 채무자에 대한 상행위로 인하여 자기가 점유하고 있는 채무자 소유의 물건 또는 유가증권을 유치할 수 있다."고 규정하여 상사유치권을 인정하는 한편 같은 조 단서에서 "그러나 당사자 간에 다른 약정이 있으면 그러하지 아니하다."고 규정하여 상사유치권을 특약으로 배제할 수 있게 하였다. 이러한 상사유치권 배제의 특약은 묵시적 약정에 의해서도 가능하다.

상사유치권은 주로 신용거래가 이루어지는 상거래에 있어서 거래마다 담보의 설정을 요구하는 것은 절차상 불편하고 거래의 신속을 해하므로 이것을 피하고 상인 간의 거래에서 신속하고 편리한 방법으로 담보를 취득하게 하기 위하여 민법상의 유치권에 대한 특칙으로 인정된 것이다.

상법은 제58조에서 상사유치권은 채권자와 채무자 사이의 약정에 의하여 배제할 수 있도록 규정하고 있는데, 이러한 상사유치권 배제의 특약은 묵시적 약정에 의해서도 성립될 수 있다.

독일은 상사유치권에 관하여 상법 제369조에서 규정하고 있는데, 같은 조 제3항에서 '채무자가 인도 전 또는 인도 당시에 표시한 지시 또는 채권자가 인수한 일정한 방법으로 목적물을 관리할 의무에 반하게 되는 때에는 유치권은 배제된다'는 내용의 규정을 두고 있다. 이러한 유치권 배제의 규정은 신의칙에 근거를 두고 있는 것으로 설명된다.

이 사건은 甲 회사에 대한 회생절차에서, 甲 회사에 대출금 채권을 가지고 있던 원고 은행이 甲 회사한테서 추심위임을 받아 보관 중이던 丙 회사 발행의 약속어음에 관한 상사유치권 취득을 주장하며 그 어음금 상당의 채권을 회생담보권으로 신고하자 甲 회사의 관리인이 이를 부인하였는데, 대출금 약정 당시 계약에 편입된 원고 은행의 여신거래기본약관에는 "채무자가 채무이행을 지체한 경우, 은행이 점유하고 있는 채무자의 동산·어음 기타 유가증권을 담보로 제공된 것이 아닐지라도 계속 점유하거나 추심 또는 처분 등 처리를 할 수 있다."는 취지의 조항이 있는 사안이다.

원고는 이 사건 어음에 대한 상사유치권에 기하여 甲 주식회사에 대한 회생담보권의 확정을 구하였으나, 제1심과 항소심은 이 사건 약속어음의 추심위임에 의해 상사유치권배제의 묵시적 특약이 있었다고 인정하여 원고의 청구를 기각하였다.

그러나 대법원은 「위 약속어음에 관하여 위 약관 조항의 내용과 달리 상사유치권을 행사하지 않기로 하는 상사유치권 배제의 특약이 있었다고 인정하기 위하여는 당사자 사이에 약관 조항에 우선하는 다른 약정이 있었다는 점이 명확하게 인정되어야 하는데, 그러한 내용의 명시적 약정이 존재하지 않는 상황에서 어음의 추심위임약정만으로 원고 은행과 甲 주식회사 사이에 유치권 배제의 묵시적 의사합치가 있었다고 보기 어렵다」라고 판단하였다. 유가증권은 그 속성상 일반 동산과 달리 금전과 비슷하게 취급될 수 있으므로, 유가증권에 관한 유치권의 행사가 유가증권의 추심행위를 하여야 할 의무이행과 강한 충돌을 일으킨다고 보기 어려우므로 어음의 추심위임만으로는 상사유치권 배제의 묵시적 약정이 있었다고 쉽게 단정할 수 없다는 점을 하나의 근거로 하고 있다.

Ⅱ. 會社法

1. 株券 發行 後 株式讓渡가 있었으나 株券 交付 前에 株式倂合이 있은 경우, 株式倂合 後 6月이 經過하도록 株券을 發行하지 않았다면 株式倂合 前의 當事者의 株式讓渡에 관한 意思表示만으로 株式讓渡의 效力이 發生하는지 與否

◎ 대법원 2012. 2. 9. 선고 2011다62076, 62083 판결

상법의 규정과 관련 법리를 종합하여 볼 때, 주식병합이 있어 구주권이 실효되었음에도 주식병합 후 6월이 경과할 때까지 회사가 신주권을 발행하지 않은 경우에는 주권의 교부가 없더라도 당사자의 의사표시만으로 주식양도의 효력이 생긴다고 볼 것이다. 그리고 이는 당사자 사이의 주식양도에 관한 의사표시가 주권의 발행 후 주식병합이 있기 전에 있었다고 하더라도 마찬가지로서, 주식병합으로 실효되기 전의 구주권의 교부가 없는 상태에서 주식병합이 이루어지고 그로부터 6월이 경과할 때까지 회사가 신주권을 발행하지 않았다면 주식병합 후 6월이 경과한 때에 주식병합 전의 당사자 사이의 의사표시만으로 주식양도의 효력이 생긴다고 보아야 할 것이다.

이 사건은 구주권이 발행된 상태에서 주식양도약정을 하였으나 구주권을 교부하지 않고 있는 사이에 주식병합이 이루어지고 신주권이 발행되지

않은 채 6월이 경과한 사안이다. 여기서 주식병합 전의 주식양도 의사표시만으로 주식양도의 효력이 생긴다고 보아야 하는지가 문제되었다. 즉 주식양도 약정 당시에는 주식의 소유권을 취득하기 위해 주권의 교부가 필요하였는데, 그 후 주식병합이 있었고 6월이 경과할 때까지 신주권이 발행되지 않은 경우에 주권의 교부 없이 주식의 소유권을 취득할 수 있는가이다.

대법원은 다음과 같은 점을 근거로 신주권의 교부 없이 주식병합 전의 주식양도 합의만으로 병합 후 주식의 소유권을 취득한다고 보았다.

ⅰ) 상법에 의하면, 주권발행 후의 주식의 양도는 주권을 교부하여야 효력이 발생하고(^{상법 제336조
제1항}), 이 경우 주권의 교부는 당사자 사이의 주식양도에 관한 의사표시와 함께 주식양도의 효력발생요건이 되지만, 주권의 교부가 없더라도 당사자 사이의 주식양도에 관한 의사표시만으로 주식양도를 목적으로 하는 양도계약은 유효하게 성립한다.

ⅱ) 그리고 주권발행 전에 한 주식의 양도는 회사에 대하여 효력이 없으나 회사성립 후 또는 신주의 납입기일 후 6월이 경과한 때에는 회사에 대하여도 효력이 있다(^{상법 제335조
제3항}).

ⅲ) 이 경우 판례에 의하면, 주식의 양도는 지명채권의 양도에 관한 일반원칙에 따라 당사자의 의사표시만으로 효력이 발생하는 것이고[2], 나아가 주권발행 전에 한 주식의 양도가 회사성립 후 또는 신주의 납입기일 후 6월이 경과하기 전에 이루어졌다고 하더라도 그 이후 6월이 경과하고 그때까지 회사가 주권을 발행하지 않았다면, 그 하자는 치유되어 회사에 대하여도 유효한 주식양도가 된다.[3]

ⅳ) 주식병합의 효력이 발생하면 구주권은 실효되고 회사는 신주권을 발행하여야 하며, 주주는 병합된 만큼 감소된 수의 신주권을 교부받게 되는데, 이에 따라 교환된 주권 역시 병합 전의 주식을 여전히 표창하면서 그와 동일성을 유지한다.[4]

대상 판결에 의할 경우, 주식병합 전 주식의 이중양도가 있었던 경우 주식병합 후 신주권의 발행이 6월 경과로 제1 양수인과 제2 양수인 모두 회사

---

2) 대법원 1995. 5. 23. 선고 94다36421 판결 등.

3) 대법원 2002. 3. 15. 선고 2000두1850 판결.

4) 대법원 2005. 6. 23. 선고 2004다51887 판결.

에 대하여 주주권자임을 주장할 수 있는 불합리가 발생할 수 있다는 지적이 있을 수 있다. 그러나 그러한 이중양도의 문제는 주식병합이 개재되지 않더라도 주권발행 전 주식의 양도에서 언제나 문제될 수 있는 것이다. 이 경우 양수인들 사이의 우열관계는 기존 판례의 법리5)에 따라 '확정일자 있는 증서에 의한 양도통지 또는 회사의 승낙의 선후'에 의하여 결정할 수 있다. 이러한 점에서 동일한 주식의 소유자가 2인 이상이 되는 불합리한 결과가 발생한다고 할 것은 아니다.

2. 株券에 관하여 重疊的 占有媒介關係가 이루어진 경우, 最上位 間接占有者의 返還請求權 讓渡에 의한 質權設定方法 및 그 對抗要件

◎ 대법원 2012. 8. 23. 선고 2012다34764 판결

　　기명주식의 약식질에 관한 상법 제338조는 기명주식을 질권의 목적으로 하는 때에는 주권을 질권자에게 교부하여야 하고(제1항), 질권자는 계속하여 주권을 점유하지 아니하면 그 질권으로써 제3자에게 대항하지 못한다고(제2항) 규정하고 있다. 여기에서 주식의 질권설정에 필요한 요건인 주권의 점유를 이전하는 방법으로는 현실 인도(교부) 외에 간이인도나 반환청구권 양도도 허용되고, 주권을 제3자에게 보관시킨 경우 주권을 간접점유하고 있는 질권설정자가 반환청구권 양도에 의하여 주권의 점유를 이전하려면 질권자에게 자신의 점유매개자인 제3자에 대한 반환청구권을 양도하여야 하고, 이 경우 대항요건으로서 제3자의 승낙 또는 질권설정자의 제3자에 대한 통지를 갖추어야 한다. 그리고 이러한 법리는 제3자가 다시 타인에게 주권을 보관시킴으로써 점유매개관계가 중첩적으로 이루어진 경우에도 마찬가지로 적용되므로, 최상위 간접점유자인 질권설정자는 질권자에게 자신의 점유매개자인 제3자에 대한 반환청구권을 양도하고 대항요건으로서 제3자의 승낙 또는 제3자에 대한 통지를 갖추면 충분하며, 직접점유자인 타인의 승낙이나 그에 대한 질권설정자 또는 제3자의 통지까지 갖출 필요는 없다.

---

5) 주권발행 전 주식의 이중양도가 문제되는 경우, 그 이중양수인 중 일부에 대하여 이미 명의개서가 경료되었는지 여부를 불문하고 누가 우선순위자로서 권리취득자인지를 가려야 하고, 이때 이중양수인 상호 간의 우열은 지명채권 이중양도의 경우에 준하여 확정일자 있는 양도통지가 회사에 도달한 일시 또는 확정일자 있는 승낙의 일시의 선후에 의하여 결정하는 것이 원칙이다.: 대법원 2006. 9. 14. 선고 2005다45537 판결 등 참조.

　　의무보호예수제도에서 주식매도의 제한을 받는 자는 주주, 즉 '계속보유
의무자'이나, '유가증권발행 및 공시에 관한 규정'은 주권의 발행인에게 자신
이 발행하는 주권을 보호예수시킬 의무를 부과하므로, 주권의 발행인이 '보
호예수의무자(실무상 보호예수의뢰인으로 많이 불림)'로서 한국예탁결제원(=
예탁원)과 보호예수계약을 체결하고 주권을 예탁원에 보관시키게 된다. 이
경우 실무상 계속보유의무자(주주)와 보호예수의뢰인(주권 발행인) 사이에
는 묵시적 임치계약이, 보호예수의뢰인과 예탁원 사이에는 임치계약이 체결
된 것으로 취급하고 있다. 그리고 주권의 점유관계는 예탁원의 직접점유, 예
탁원에의 임치를 점유매개로 한 보호예수의뢰인의 1차 간접점유, 묵시적 임
치를 점유매개로 한 주주의 2차 간접점유의 구조가 되어 주주는 예탁원에
대하여 중첩적 점유매개관계에 기한 간접점유자의 지위에 있게 된다.

　　이 사건은 이러한 중첩적 점유매개관계가 성립한 주식에 대하여 주주
겸 2차 간접점유자가 원고에게 질권을 설정하면서 질물에 대한 반환청구권
의 양도에 의하는 방법으로 점유를 이전하기로 한 경우이다.

　　이 경우 2차 간접점유자가 질권설정 및 대항요건을 갖추기 위하여 ① 1
차 간접점유자의 직접점유자인 예탁원에 대한 주권반환청구권을 순차 양도
하고 각 대항요건(통지 또는 승낙)을 구비하여야 하는지6), 아니면 ② 2차 간
접점유자의 1차 간접점유자에 대한 주권반환청구권을 질권자에게 양도하고
자신과 점유매개관계에 있는 1차 간접점유자에게 통지(또는 승낙)하는 것으
로 족한지가 쟁점이 되었다.

　　우리나라와 일본 및 독일 모두 직접 점유매개관계를 가지고 있는 자에
대한 통지로 족하고, 간접적인 점유매개관계에 있는 직접점유자에 대한 통지
를 필요로 하지 않는다는 것이 통설적 견해이다. 그 이유로는, 중첩적 간접
점유라는 개념이 최후의 간접점유자가 직접점유자에 대하여 사실적 지배를
가지고 있음을 전제로 하는 것이 아니고 직접점유자는 최후의 간접점유자의
존재와 신원에 대하여 잘 알지도 못하므로 직접점유자에 대한 통지까지 요
구할 까닭이 없다는 점을 든다.7)

---

6) 직접점유자인 예탁원에 대한 양도통지 또는 예탁원의 승낙도 있어야 한다는 의미이다.

7) 이동진, "보호예수유가증권의 반환관계와 증권예탁결제제도의 공탁권", 「저스티스」 제127
　호, (2011), 482면.

이에 관한 선례가 없었는데 대법원도 통설과 같은 입장을 취하였다.

3. 失權株를 第3者에게 發行하는 것에 관하여 定款에 根據 規定이 있어야 하는지 與否

◎ 대법원 2012. 11. 15. 선고 2010다49380 판결

[1] 신주 등의 발행에서 주주배정방식과 제3자배정방식을 구별하는 기준은 회사가 신주 등을 발행하면서 주주들에게 그들의 지분비율에 따라 신주 등을 우선적으로 인수할 기회를 부여하였는지 여부에 따라 객관적으로 결정되어야 하고, 신주 등의 인수권을 부여받은 주주들이 실제로 인수권을 행사함으로써 신주 등을 배정받았는지 여부에 좌우되는 것은 아니다.

[2] 회사가 주주배정방식에 의하여 신주를 발행하려는데 주주가 인수를 포기하거나 청약을 하지 아니함으로써 그 인수권을 잃은 때에는(상법 제419조 제4항) 회사는 이사회 결의로 인수가 없는 부분에 대하여 자유로이 이를 제3자에게 처분할 수 있고, 이 경우 실권된 신주를 제3자에게 발행하는 것에 관하여 정관에 반드시 근거 규정이 있어야 하는 것은 아니다.

제3자의 신주인수권은 주주 이외의 제3자가 신주를 우선하여 배정받을 수 있는 권리를 말하는데, 제3자에게 신주인수권을 부여하는 경우에 기존주주의 이해관계에 중대한 영향을 미치게 된다. 따라서 상법은 정관에 이에 관한 정함이 있어야 하고 제3자에 대한 신주인수권의 부여는 신기술의 도입, 재무구조의 개선 등 회사의 경영상 목적을 달성하기 위하여 필요한 경우에만 할 수 있도록 하였다.[8]

신주발행 시 실권주가 발생한 경우에도 이러한 제한이 적용되는지가 문제된다. 회사가 신주발행 시 주주에게 실권예고부 최고를 했음에도 주주가 주식의 청약을 하지 않은 때에는 구체적 신주인수권이 상실되어 그 범위에서 실권주가 발생한다. 이때 실권주의 처리방법으로는, 실권주를 수권주식

---

8) 제418조 (신주인수권의 내용 및 배정일의 지정·공고) ① 주주는 그가 가진 주식 수에 따라서 신주의 배정을 받을 권리가 있다.
② 회사는 제1항의 규정에 불구하고 정관에 정하는 바에 따라 주주 외의 자에게 신주를 배정할 수 있다. 다만, 이 경우에는 신기술의 도입, 재무구조의 개선 등 회사의 경영상 목적을 달성하기 위하여 필요한 경우에 한한다.

중의 미발행주식으로 남겨두는 방법과 실권주에 대하여 다시 주주를 모집하는 방법이 있다. 실권주가 발생하는 경우 이사회는 그 처리방법을 자유로이 정할 수 있다.9)

이 경우 제3자에 대한 신주인수권의 부여와 같이 정관의 규정을 요하는지 문제될 수 있으나, 대법원은 이 사건에서 정관의 근거를 요하는 것이 아니라고 보았다. 실권주는 이미 주주들에게 구체적 신주인수권을 부여하였음에도 불구하고 주주들이 그 신주를 인수하지 아니하여 실권된 것이므로, 이를 제3자에게 배정한다고 하여 그 주주들의 신주인수권을 침해한다고 볼 수 없기 때문인 점을 고려한 해석으로 보인다.

4. 株券發行 前 株式의 二重讓渡에 있어서 讓渡人이 第1讓受人에 대하여 不法行爲責任을 지는 경우

◎ 대법원 2012. 11. 29. 선고 2012다38780 판결

주권발행 전 주식의 양도는 양도인과 양수인 사이의 주식 양도에 관한 의사의 합치, 즉 주식양도계약만으로 그 효력이 발생하므로, 주식양도계약이 체결됨으로써 바로 양도인은 양도의 목적이 된 주식을 상실하고 양수인이 이를 이전받아 그 주주가 된다. 그와 같이 하여 주권발행 전 기명주식을 양도받은 사람은 다른 특별한 사정이 없는 한 양도인의 협력 없이도 그 주식을 발행한 회사에 대하여 자신이 주식을 취득한 사실을 증명함으로써 명의개서를 청구할 수 있고, 그 명의개서로써 회사에 대한 관계에서 주주로서의 권리를 행사할 자격을 갖추게 된다. 한편 주식 양도의 원인이 된 매매·증여 기타의 채권계약에서 다른 약정이 없는 한 양도인은 그 채권계약에 기하여 양수인이 목적물인 주식에 관하여 완전한 권리 내지 이익을 누릴 수 있도록 할 의무를 진다고 할 것이다. 그러므로 양도인은 이미 양도한 주식을 제3자에게 다시 양도 기타 처분함으로써 양수인의 주주로서의 권리가 침해되도록 하여서는 아니 된다. 나아가 회사 이외의 제3자에 대하여 주식의 양도를 대항하기 위하여는 지명채권의 양도에 준하여 확정일자 있는 증서에 의한 양도의 통지 또는 그와 같은 승낙(이하 단지 '제3자대항요건'이라고 한다)이 있어야 하므로, 양도인은 위와

---

9) 실무상 이사회의 결의에 의하여 대주주의 지분을 확대하거나 2세 경영자에게 주식을 소유시키거나 유가증권의 매매차익의 획득을 가능하게 하기 위하여 특정인에게 인수시키거나 임원들에 대한 공로주 또는 중견간부들의 보너스로 배정하거나 사원의 복지를 위하여 사우회 등에게 배정하기도 한다.

같은 의무의 일환으로 양수인에 대하여 회사에 그와 같은 양도통지를 하거나 회사로부터 그러한 승낙을 받을 의무를 부담한다.

따라서 양도인이 제1양수인에 대하여 앞서 본 바와 같은 원인계약상의 의무를 위반하여 이미 자신에 속하지 아니하게 된 주식을 다시 제3자에게 양도하고 제2양수인이 주주명부상 명의개서를 받는 등으로 제1양수인이 회사에 대한 관계에서 주주로서의 권리를 제대로 행사할 수 없게 되었다면, 이는 그 한도에서 이미 제1양수인이 적법하게 취득한 주식에 관한 권리를 위법하게 침해하는 행위로서 양도인은 제1양수인에 대하여 그로 인한 불법행위책임을 진다고 할 것이다. 이러한 양도인의 책임은 주식이 이중으로 양도되어 주식의 귀속 등에 관하여 각 양수인이 서로 양립할 수 없는 이해관계를 가지게 됨으로써 이들 양수인이 이른바 대항관계에 있게 된 경우에 앞서 본 대로 그들 사이의 우열이 이 중 누가 제3자대항요건을 시간적으로 우선하여 구비하였는가에 달려 있어서 그 여하에 따라 제1양수인이 제2양수인에 대하여 그 주식의 취득을 대항할 수 없게 될 수 있다는 것에 의하여 영향을 받지 아니한다.

이 사건은 甲(＝양도인)으로부터 주권발행 전 주식을 양수한 원고(＝제1양수인)가 甲의 주권발행 전 주식의 이중양도행위에 피고(＝제2양수인)가 적극 가담하였음을 이유로 甲 외에 피고에 대하여도 불법행위를 원인으로 양수한 주식을 취득하지 못한 데 따른 손해배상을 청구한 사안이다. 甲의 이중양도행위에 대하여 피고가 적극 가담하였는지를 따지기 전에 甲의 배임적 이중양도행위에 의한 불법행위 성립 여부가 쟁점이 되었다.

판례는 주권발행 전 주식의 배임적 이중양도행위에 제3자가 적극 가담한 경우에는 제3자에 대한 양도행위가 반사회적 법률행위로서 무효라고 보고 있다.[10] 이러한 판례에 의하면, 양도인이 주식양도의 원인행위에 기하여 양수인에게 부담하는 대항요건구비의무를 이행하지 아니한 상태에서 제3자에게 주권발행 전 주식을 이중으로 양도하는 경우에 양도인의 배임적 이중양도행위를 위법하다고 평가하는 것은 별문제가 없다.

---

10) 대법원 2006. 9. 14. 선고 2005다45537 판결은 「주권발행 전 주식의 양도인은 양수인에 대하여 주식양도에 관한 제3자 대항요건을 갖추어 줄 의무를 부담하므로, 양도인이 위 의무를 이행하지 아니한 상태에서 제3자에게 주식을 이중으로 양도하고 회사에 확정일자 있는 양도통지를 하는 등 대항요건을 갖추어 줌으로써 양수인이 그 제3자에게 대항할 수 없게 되었고, 이러한 양도인의 배임행위에 제3자가 적극 가담한 경우라면 제3자에 대한 양도행위는 사회질서에 반하는 법률행위로서 무효이다」라고 판시하였다.

문제는 이 사건과 같이 양도인의 배임적 이중양도 사안에서 제2양수인이 확정일자 있는 양도통지나 승낙에 의한 제3자 대항요건을 갖추지 아니하였으나 제1양수인에 앞서 명의개서를 마침으로써 회사에 대한 관계에서 사실상 제1양수인에 우선하는 지위에서 주주로서의 권리를 마음껏 행사할 수 있는 데 반하여, 제1양수인은 양도인의 협력을 받지 못하여 제3자 대항요건을 갖추지 못함으로써 제2양수인 앞으로의 명의개서를 말소하고 자신에게 명의개서를 하여 달라는 등 주식에 관하여 아무런 권리행사를 할 수 없는 경우이다. 이 경우에도 제2양수인보다 먼저 제3자 대항요건을 갖추어 제2양수인에 우선하는 지위를 취득할 법적인 가능성이 남아있다는 이유로 아무런 손해의 발생이 없다고 보아 불법행위의 성립을 부정할 것인가?

제1심은 甲의 배임행위에 의한 불법행위의 성립을 긍정한 반면, 항소심은 주식양도사실의 통지의무가 이행불능되지 않았으므로 배임행위를 인정할 수 없다는 이유로 불법행위의 성립을 부정하였다.

대법원은 「甲은 원고에게 이 사건 주식을 양도하고서도 그에 관하여 제3자대항요건을 구비하여 주지 않은 상태에서 피고에게 이 사건 주식을 다시 이중으로 양도하였고, 나아가 피고가 일부 주식에 대하여 명의개서를 받은 결과 원고가 회사에 대한 관계에서 위 명의개서된 주식에 관하여 주주로서의 권리를 제대로 행사할 수 없게 된 이상 甲의 원고에 대한 불법행위가 성립한다」라고 판시하였다. 양도인이 주식의 이중양도행위에 의하여 제1양수인에 대한 대항요건구비의무의 이행을 거절한 것이고, 제2양수인이 제1양수인에 앞서 명의개서를 마침으로써 제1양수인으로서는 그가 양수한 주식에 관하여 주주로서의 권리를 제대로 행사할 수 없게 된 점을 중시하여 양도인의 불법행위책임을 인정한 것으로 이해된다.

Ⅲ. 保　　險

1. 保證保險의 契約者가 契約締結 當時부터 債務不履行할 것을 意圖하고 있는 경우, 保證保險契約의 無效 與否

◎ 대법원 2012. 8. 17. 선고 2010다93035 판결

공인중개사의 업무 및 부동산 거래신고에 관한 법률 제42조에 의하여 한국공인

중개사협회(이하 '협회'라고 한다)가 운영하는 공제사업은, 비록 보험업법에 의한 보험사업은 아닐지라도 성질에 있어서 상호보험과 유사하고 중개업자가 그의 불법행위 또는 채무불이행으로 거래당사자에게 부담하게 되는 손해배상책임을 보증하는 보증보험적 성격을 가진 제도로서 협회가 중개업자와 체결하는 공제계약은 기본적으로 보험계약의 본질을 갖고 있으므로, 적어도 공제계약이 유효하게 성립하기 위해서는 공제계약 당시에 공제사고의 발생 여부가 확정되어 있지 않아야 한다는 '우연성'과 '선의성'의 요건을 갖추어야 한다. 여기서 '우연성'이란 특정인의 의사와 관계없는 사고라는 의미의 우연성을 뜻하는 것이 아닐 뿐만 아니라, 특정인의 어느 시점에서의 의도와 장래의 실현 사이에 필연적·기계적인 인과관계가 인정되는 것도 아니므로, 중개업자가 장래 공제사고를 일으킬 의도를 가지고 공제계약을 체결하고 나아가 실제로 고의로 공제사고를 일으켰다고 하더라도, 그러한 사정만으로는 공제계약 당시 공제사고의 발생 여부가 객관적으로 확정되어 있다고 단정하여 우연성이 결여되었다고 보거나 공제계약을 무효라고 볼 수 없다.

이 사건은 피고(＝한국공인중개사협회)와 공제계약을 체결한 중개업자 A가 빌라 소유자로부터 월세임대차 계약에 관한 업무를 위임받았음에도 전세계약을 체결할 권한이 있는 대리인이라고 기망하여 원고들과 전세계약을 체결하고 전세보증금을 편취하는 공제사고를 일으킨 것에 대하여 원고들이 피고를 상대로 공제금을 청구하는 사안이다.

이 사건은 여러 법리적 쟁점이 문제되었는데, 그 중 위의 공제계약은 중개업자 A가 공제사고를 계획한 상태에서 체결한 계약이므로 우연성이 결여되어 무효인지가 위 판시와 관련된 쟁점이다.

상법 제644조[11]는 보험계약의 요건인 보험사고의 우연성에 관하여 객관적 우연성을 원칙으로 하고, 예외적으로 주관적 우연성을 계약의 요소로 인정하고 있다. 보험계약 체결 당시에 보험사고가 이미 발생한 경우에는 보험계약의 목적이 없으므로 계약이 무효가 되고, 또 계약 당시에 보험사고가 발생할 수 없는 것인 경우에는 보험사고의 요건이 충족되지 않으므로 역시 계약이 성립될 수 없다. 단서 규정은 당사자 쌍방과 피보험자가 보험사고의

---

11) 보험계약 당시에 보험사고가 이미 발생하였거나 또는 발생할 수 없는 것인 때에는 그 계약은 무효로 한다. 그러나 당사자 쌍방과 피보험자가 이를 알지 못한 때에는 그러하지 아니하다(상법 제644조).

발생 또는 불발생을 알지 못한 때에는 그 계약은 무효가 되지 않는다고 하였으므로, 어느 한 사람이라도 그 사실을 안 때에는 무효가 된다.

보증보험에 관한 통설적 견해는 우연성의 의미가 '특정인의 의사에 관계없는 사고'라는 의미에서의 우연성을 뜻하는 것이 아니고 적어도 보험계약 체결 시 보험사고 발생 여부가 불확정상태에 있는 것을 의미한다고 보고 있다.12) 판례도 같은 입장이다.13)

이 사건에서 대법원은 「특정인의 어느 시점에서의 의도와 장래의 그 실현 사이에 필연적·기계적인 인과관계가 인정되는 것이 아니므로, 중개업자가 장래 공제사고를 일으킬 의도를 가지고 공제계약을 체결하고 나아가 실제로 고의의 공제사고를 일으켰다고 하더라도, 그러한 사정만으로 우연성을 결하였다고 단정할 수 없다」라고 판시하였다.

2. 被保險者와 第3者의 過失이 競合하여 保險事故가 發生한 경우, 保險者代位權 行使의 範圍

◎ 대법원 2012. 8. 30. 선고 2011다100312 판결

상법 제682조는 "손해가 제3자의 행위로 인하여 생긴 경우에 보험금액을 지급한 보험자는 그 지급한 금액의 한도에서 그 제3자에 대한 보험계약자 또는 피보험자의 권리를 취득한다. 그러나 보험자가 보상할 보험금액의 일부를 지급한 때에는 피보험자의 권리를 해하지 아니하는 범위 내에서 그 권리를 행사할 수 있다."고 규정하고 있다. 이러한 손해보험에서의 보험자대위권은 피보험자의 이중이득을 방지하기 위하여 정책적으로 인정되는 것인 점 등을 고려할 때, 이른바 '일부보험'의 경우 보험자가 대위할 수 있는 피보험자의 제3자에 대한 권리의 범위는 보험약관 등에 이에 관한 명시적인 규정이 있다면 이에 따라야 할 것이나, 그렇지 않다면 약관해석에 관한 일반원칙에 따라 고객에게 유리하게 해석하여, 피보험자가 실제로 입은 손해 이상의 이득을 취하는 것이 아닌 이상, 피보험자의 권리를 해하지 아니하는 범

---

12) 최기원, 「보험법」 제3판, 박영사, (2002), 568면; 양승규, 「보험법」 제3판, 삼지원, (1998), 424면; 김성태, 「보험법강론」 제2판, 법문사, (2001), 771면 등

13) 대법원 2010. 12. 9. 선고 2010다66835 판결: 보험계약 체결 이전에 근이양증 증세를 보여 근이양증이 발생한 이상 보험사고인 제1급 장해의 발생을 피할 수 없으며 근이양증으로 인하여 건강상태가 급격히 악화되어 사망에 이를 개연성이 매우 높다는 이유로 보험계약이 무효라고 판단한 원심을 파기한 사례이다.

> 위 내로 제한된다고 봄이 타당하다. 따라서 손해보험계약의 약관에서 "보험자가 보험금을 지급한 때에는 지급한 보험금의 한도 내에서 보험계약자 또는 피보험자가 제3자에 대하여 가지는 손해배상청구권을 취득하되, 보험자가 보상한 금액이 피보험자가 입은 손해의 일부인 경우에는 피보험자의 권리를 침해하지 아니하는 범위 내에서 보험자가 그 권리를 취득한다."고 규정하고 있다면 보험자대위에 의하여 보험자가 행사할 수 있는 권리의 범위는 그 약관 규정에 따라 제한된다. 따라서 보험사고가 피보험자와 제3자의 과실이 경합되어 발생한 경우 피보험자가 제3자에 대하여 그 과실분에 상응하여 청구할 수 있는 손해배상청구권 중 피보험자의 전체 손해액에서 보험자로부터 지급받은 보험금을 공제한 금액만큼은 여전히 피보험자의 권리로 남는 것이고, 그것을 초과하는 부분의 청구권만이 보험자가 보험자대위에 의하여 제3자에게 직접 청구할 수 있게 된다.

이 사건은 화재보험계약의 피보험자 A가 운영하는 점포에서 A의 과실과 그 점포에 LPG 가스를 공급한 B의 과실이 경합하여 화재가 발생하여 A 및 제3자들이 피해를 입은 사안이다. A와 점포 내 시설 및 집기비품에 대하여 보험금액을 달리하여 화재보험계약을 체결한 원고가 그 보험계약에 따른 보험금을 A에게 지급하였고, 한편 B와 가스사고배상책임보험계약 및 영업배상책임보험계약을 체결한 피고가 제3자들에 대하여 보험금을 지급하였다. 이 사건에서 원고가 피고를 상대로 구상금을 청구하였다.

> * 이해의 편의상 이 사건의 실제 사실관계를 다음과 같이 단순화한다.
> ○ A의 과실은 40%이고 B의 과실은 60%이다.
> ○ A의 손해액은 총 1,000만 원인데, 원고로부터 보험금으로 800만 원을 지급받았다.

단순화한 사실관계에 의하면, 과실비율에 따라 A가 B 또는 그 보험자인 피고를 상대로 구할 수 있는 손해배상액은 600만 원이다. 그런데 A는 원고로부터 보험금 800만 원을 지급받았으므로 자신이 실제 받을 수 있는 손해배상액을 200만 원을 초과하여 지급받은 셈이나, A의 과실부분을 고려하지 않고 실제 발생한 손해액 1,000만 원을 기준으로 한다면 A는 여전히 200만 원의 잔존손해가 있게 된다.

이처럼 보험사고로 인한 피보험자의 모든 손해가 보상되지 않아 일부

손해가 남아 있는 때에는 피보험자도 그 나머지 손해에 대하여 보험사고 발생에 귀책사유가 있는 제3자(이 사안에서는 B)에 대한 권리를 가지고 있으므로 보험자의 대위권과 충돌하는 경우가 생길 수 있다.

이러한 이해관계의 조정에 대하여는 종래 독일에서 절대설(한도주의),[14) 상대설(비례주의),[15) 차액설(손해액초과주의)의 대립이 있었다고 하나, 우리나라의 통설은 차액설이다. 즉, 일부보험에서 보험자가 보험금 전액을 지급한 경우라도 피보험자의 제3자에 대한 청구권이 남아 있는 경우에는 보험자가 대위할 수 없고 피보험자가 보험자에 우선한다.[16)

이 사건에서 대법원도 통설인 차액설의 입장을 따랐다.[17)[18) 이 사건은 특히 손해보험계약의 약관에서 "보험자가 보험금을 지급한 때에는 지급한 보험금의 한도 내에서 보험계약자 또는 피보험자가 제3자에 대하여 가지는 손해배상청구권을 취득하되, 보험자가 보상한 금액이 피보험자가 입은 손해의 일부인 경우에는 피보험자의 권리를 침해하지 아니하는 범위 내에서 보험자가 그 권리를 취득한다."라고 규정하고 있는데, 차액설의 입장을 약관에 편입시킨 것으로 평가할 수 있다.

한편 이 사건에서 항소심은 A의 화재보험계약 중 시설에 대한 부분과 집기비품에 대한 부분을 별개의 보험으로 보아 원고가 보험자대위를 할 수

---

14) 보험자는 보험금액의 지급한도에서 먼저 우선적으로 배정을 받고 나머지가 있을 때에만 피보험자에게 돌려주는 방법이다. 위 사실관계에서는 보험자인 원고가 600만 원 전액을 대위한다.

15) 보험자와 피보험자가 그 손해액과 손해배상액의 차액에서 비율에 따라 분배하는 방법이다. 보험자인 원고가 480만 원을 대위하고, 피보험자인 A에게 120만 원이 돌아간다.

16) 위 사실관계에서 B의 600만 원의 책임 중, 피보험자 A가 잔존손해 200만 원에 대하여 원고에 우선하여 권리를 행사할 수 있고, 보험자인 원고는 나머지 400만 원(=600만원 - 200만 원)에 대해서만 대위할 수 있다.

17) 다만 사보험(私保險)과 달리 공보험(公保險)인 산재보험이나 건강보험의 경우에, 판례는 절대설의 입장을 취하고 있다.

18) 대법원 2002. 12. 26. 선고 2002다50149 판결 등: 산업재해보상보험법 또는 국민건강보험법에 따라 보험급여를 받은 피해자가 제3자에 대하여 손해배상청구를 할 경우 그 손해발생에 피해자의 과실이 경합된 때에는 먼저 산정된 손해액에서 과실상계를 한 다음 거기에서 보험급여를 공제하여야 하고, 그 공제되는 보험급여에 대하여는 다시 과실상계를 할 수 없으며, 보험자가 불법행위로 인한 피해자에게 보험급여를 한 후 피해자의 가해자에 대한 손해배상채권을 대위하는 경우 그 대위의 범위는 손해배상채권의 범위 내에서 보험급여를 한 전액이다.

있는 범위를 시설에 관하여 지급된 보험금만을 기준으로 산정하였으나, 대법원은 위 보험계약은 시설과 집기비품 모두를 대상으로 한 하나의 보험계약이라고 판단하였다.

대법원은 이 사건에서「화재보험계약에서 시설과 집기비품을 구분하여 따로 그 보험가액이 산정되기는 하였지만 그 보험사고의 내용이 동일하며 하나의 보험증권이 발급된 점, 보험자대위와 관련하여 위 약관에서는 위와 같은 제23조 제1항의 규정을 두었을 뿐 시설과 집기비품 부분을 별개의 보험계약으로 취급할 것인지에 대하여는 아무런 규정을 두고 있지 아니한 점 등을 고려하여 하나의 보험계약에 해당한다」라고 판시하였다.

Ⅳ. 證券 · 金融

1. 舊 證券去來法 第188條 第2項에 정한 短期賣買差益 返還制度의 制度的 趣旨 및 短期賣買差益 返還請求權의 行使期間의 性質

◎ 대법원 2012. 1. 12. 선고 2011다80203 판결

구 증권거래법(2007. 8. 3. 법률 제8635호 자본시장과 금융투자업에 관한 법률 부칙 제2조로 폐지, 이하 '구 증권거래법'이라 한다) 제188조 제2항의 단기매매차익 반환제도는 주권상장법인 또는 코스닥상장법인의 내부자가 6월 이내의 단기간에 그 법인의 주식 등을 사고파는 경우 미공개 내부정보를 이용하였을 개연성이 크다는 점에서 거래 자체는 허용하되 그 대신 내부자가 실제로 미공개 내부정보를 이용하였는지나 내부자에게 미공개 내부정보를 이용하여 이득을 취하려는 의사가 있었는지를 묻지 않고 내부자로 하여금 거래로 얻은 이익을 법인에 반환하도록 하는 엄격한 책임을 인정함으로써 내부자가 미공개 내부정보를 이용하여 법인의 주식 등을 거래하는 행위를 간접적으로 규제하려는 제도로, 단기매매차익 반환청구권에 관한 기간은 제척기간으로서 재판상 또는 재판외의 권리행사기간이며 재판상 청구를 위한 출소기간은 아니다.

구 증권거래법 제188조는 주권상장법인 또는 코스닥상장법인의 임원 · 직원 또는 주요주주가 그 법인의 주권 등을 매수한 후 6월 이내에 매도하거나 그 법인의 주권 등을 매도한 후 6월 이내에 매수하여 이익을 얻은 경우에는 당해 법인은 그 이익을 그 법인에 제공할 것을 청구할 수 있고(同條 第2項), 그

권리는 이익의 취득이 있은 날부터 2년 내에 행사하지 아니한 때에는 소멸한다고 규정하고 있다(동조 제5항).

이러한 규정에 의한 단기매매차익 반환청구권의 행사기간이 제척기간이라는 점은 이견이 없으나, 다만 그 행사방법과 관련하여 반드시 소로써만 행사할 수 있는 제소기간인지 아니면 재판상 또는 재판외의 권리행사기간인지가 문제될 수 있다.

제척기간의 성질을 제소기간으로 보는 것이 학설의 일반적인 견해이나, 이 문제는 일률적으로 해결할 것이 아니고 권리의 성질 및 법률의 규정에 따라 가려야 한다. 판례도 제척기간이 붙은 권리를 일률적으로 취급하지 않고, 그 권리의 성질에 따라 구별하고 있다.

이 사건에서 제1심은 제소기간으로 보아 이 사건 제소일은 피고의 이익취득일로부터 2년이 지났다는 이유로 소를 각하하였다. 그러나 항소심은 「재판상 또는 재판외의 권리행사기간으로 보아 원고가 피고에게 내용증명우편을 통하여 단기매매차익금을 반환하라는 청구를 하고, 위 내용증명우편이 2008. 12. 9. 피고에게 도달한 사실을 인정한 다음, 위 청구일로부터 소급하여 2년이 되는 날인 2006. 12. 10.부터 2008. 12. 9.까지 사이에 이루어진 원고 주식의 단기매매로 피고가 취득한 돈에 대한 원고의 단기매매차익금 반환청구 부분은 제척기간이 준수되어 적법하다」라고 판단하였다.

대법원은 원심의 입장을 지지하여 「원고의 단기매매차익 반환청구권의 행사기간은 재판상 또는 재판외의 권리행사기간에 해당한다」라고 판시하였다. 이는 구 증권거래법 제188조 제2항 및 제5항의 내용, 구 증권거래법 시행령 제83조의5 제7항, 제8항은 당해 법인이 먼저 재판외의 반환청구를 한 뒤 재판상의 청구를 할 수 있는 것을 당연한 전제로 하고 있는 점[19] 등을 고려한 해석으로 보인다.

---

19) 주권상장법인 등은 증선위로부터 단기매매차익반환청구의 요구를 받은 날로부터 2월 이내에 반환이 이루어지지 않은 경우 증선위에 보고하고, 이러한 보고를 한 후 재판상 청구 등의 절차를 진행하도록 규정하고 있다.

2. 신디케이티드 론 去來의 參與銀行과 그 參與銀行으로부터 신디케이티드 론 關聯 行政 및 管理事務 處理를 委託받은 代理銀行의 法律關係

◎ 대법원 2012. 2. 23. 선고 2010다83700 판결

[1] 복수의 참여은행이 신디케이트를 구성하여 채무자에게 자금을 융자하는 신디케이티드 론(syndicated loan) 거래에서, 참여은행으로부터 신디케이티드 론과 관련된 행정 및 관리사무의 처리를 위탁받아 참여은행을 대리하게 되는 대리은행(agent bank)은 위탁받은 사무에 관하여 참여은행과 위임관계에 있다. 이 경우 구체적인 위임사무의 범위는 신디케이티드 론 계약의 대리조항(agency clause)에 의하여 정해지지만, 참여은행과 대리은행은 모두 상호 대등한 지위에서 계약조건의 교섭을 할 수 있는 전문적 지식을 가진 거래주체라는 점에서 원칙적으로 대리은행은 대리조항에 의하여 명시적으로 위임된 사무의 범위 내에서 위임 본지에 따라 선량한 관리자의 주의로써 위임사무를 처리하여야 하고, 명시적으로 위임받은 사무 이외의 사항에 대하여는 이를 처리하여야 할 의무를 부담한다고 할 수 없다.

[2] 다른 은행들과 신디케이트를 구성하여 甲 주식회사에 아파트 신축사업 자금을 융자하는 데 참여한 乙 은행이 대출금 집행의 관리·감독사무를 위임받은 丙 은행을 상대로, 丙 은행이 甲 회사가 대주단에 담보로 제공할 토지의 소유권 확보 목적으로 사용하기로 한 잔여 대출금을 다른 토지의 계약금으로 사용하는 데 동의하게 되면 약정한 매입가 이상인 토지의 담보제공이 이루어질 수 없는 사정을 알았거나 알 수 있었음에도 즉시 이를 乙 은행 등 참여은행에 알리지 않았다며 손해배상을 구한 사안에서, 제반 사정에 비추어 융자협약 당시 丙 은행이 참여은행에게서 그러한 사정이 발생하는지를 감시하여 보고하는 사무를 별도로 위임받지 않은 이상 즉시 이를 乙 은행 등 참여은행에 알리지 않았다고 하여 丙 은행이 대출금 집행의 관리·감독사무에 관하여 선량한 관리자의 주의의무를 위반하였다고 볼 수 없다고 한 사례.

이 사건에서 이루어진 대출은 부동산개발사업을 하는 시행사가 은행권으로부터 프로젝트 파이낸싱을 받기 전에 제2금융권인 저축은행으로부터 차입한 브릿지론(bridge loan)이자,[20] 원고와 피고를 비롯한 다수의 저축은행

---

20) 신용도가 낮은 시행사 등이 특정 부동산 개발사업장의 개발자금을 제2금융권에서 높은 이자를 내고 빌려 쓰다가 사업이 진행되면서 자산가치가 높아지고 사업성이 좋아져 리스크가 줄어들게 되면 제1금융권의 낮은 이자의 자금을 차입하게 되는데, 이때 저축은행 등

들이 대주단을 구성하여 시행사에게 융자하여 준 신디케이티드 론(syndicated loan)21)이다. 피고는 신디케이트 론의 주간사은행(主幹事銀行)이었다.

원고는, "시행사가 토지매입비 증가로 PF 대출이 가능하게 되는 계약률 95%를 달성할 수 없게 되어 달리 자금을 집행하여야 할 사정이 발생하였다는 사정을 피고로부터 듣게 되었다면 원고는 이 사건 사업의 실현 가능성이 없다고 판단하고 즉시 대출금의 집행 중지를 요청하고 그때까지 취득한 담보권 실행절차를 거칠 수도 있었는데, 피고가 이러한 사정을 원고에게 알리지 않은 것이 주간사은행으로서의 선관주의의무를 위반한 것이다."라고 주장하였다.

이에 대하여 대법원은 신디케이티드 론에 있어서 주간사은행과 은행과 참여은행의 관계를 위임관계로 보았다. 그리고 「대리은행인 주간사은행은 원칙적으로 명시적으로 위임된 사무의 범위 내에서 위임의 본지에 따라 선량한 관리자의 주의로써 위임사무를 처리하여야 하고, 명시적으로 위임받은 사무 이외의 사항에 대하여는 이를 처리하여야 할 의무를 부담한다고 할 수 없다」라고 전제하였다. 그러면서 대법원은 「이 사건 융자협약 당시 참여은행이 피고에게 시행사가 약정한 매입가 이상의 토지의 담보제공이 이루어질 수 없는 사정이 발생하는지를 감시하거나 그러한 사정이 발생하는 경우 이를 참여은행에게 알리는 사무를 위임하였다고 볼 자료가 없으므로, 피고가 즉시 참여은행에게 그러한 사정을 알리지 아니하였다고 하더라도 이 사건 대출금 집행의 관리·감독사무에 있어 선량한 관리자의 주의의무를 위반하였다고 볼 수 없다」라고 판단하였다.

V. 其　他

위에서 살펴본 판례들 외에도 2012년에 선고된 상사 관련 판례들로서 주목할 만한 것은, ① 해상법 분야에서, 태안기름유출사고와 관련하여 선박소유자 책임제한에 관한 여러 법리적 쟁점을 판시한 대법원 2012. 4. 17. 자

의 제2금융권 차입금을 브릿지론이라 한다.

21) 신디케이티드 론(Syndicated Loan)이란 다수의 대주금융기관(貸主金融機關)들이 차관단(借款團, 신디케이트)을 구성하여 공통의 조건으로 차주에게 일정한 금액을 융자하여 주는 Group 또는 Joint Lending의 일종이다.

2010마222 결정 및 선박대리점을 하는 회사가 용선자와의 선박대리점계약에 기하여 입·출항료 등 항비를 용선자를 대신해서 자신의 재산을 출연하여 채권자에게 변제한 경우, 선박대리점이 채권자를 법정대위할 수 있다고 본 대법원 2012. 7. 16.자 2009마461 결정, ② 국제거래분야에서, 신용장 원본을 교부하지 않고 한 신용장 개설통지나 신용장 원본을 제시받지 않고 한 신용장 매입이 적법·유효한지 여부가 문제된 대법원 2012. 1. 27. 선고 2009다 93817 판결, ③ 도산법 분야에서 채무자 회생 및 파산에 관한 법률 제624조 제2항에 따른 면책신청의 종기를 개인회생절차 종료 전이라고 본 대법원 2012. 7. 12.자 2012마811 결정 및 회생계획안 심리를 위한 관계인집회가 끝 날 때까지 회생채무자의 관리인이 쌍방 미이행 상태의 쌍무계약을 해제 또 는 해지하지 않은 경우 관리인이 이행을 선택한 것으로 보아야 한다고 판시 한 대법원 2012. 10. 11.자 2010마122 결정 등이 있다.

2013年 主要 商事判例 回顧*

扈 帝 熏**

Ⅰ. 商法總則

1. 商事留置權의 對抗力

◎ 대법원 2013. 2. 28. 선고 2010다57350 판결

상사유치권은 민사유치권과 달리 피담보채권이 '목적물에 관하여' 생긴 것일 필요는 없지만 유치권의 대상이 되는 물건은 '채무자 소유'일 것으로 제한되어 있다(상법 제58조, 민법 제320조 제1항). 이와 같이 상사유치권의 대상이 되는 목적물을 '채무자 소유의 물건'에 한정하는 취지는, 상사유치권의 경우에는 목적물과 피담보채권 사이의 견련관계가 완화됨으로써 피담보채권이 목적물에 대한 공익비용적 성질을 가지지 않아도 되므로 피담보채권이 유치권자와 채무자 사이에 발생하는 모든 상사채권으로 무한정 확장될 수 있고, 그로 인하여 이미 제3자가 목적물에 관하여 확보한 권리를 침해할 우려가 있어 상사유치권의 성립범위 또는 상사유치권으로 대항할 수 있는 범위를 제한한 것이다. 즉 상사유치권이 채무자 소유의 물건에 대해서만 성립한다는 것은, 상사유치권은 성립 당시 채무자가 목적물에 대하여 보유하고 있는 담보가치만을 대상으로 하는 제한물권이라는 의미를 담고 있다 할 것이고, 따라서 유치권 성립 당시에 이미 목적물에 대하여 제3자가 권리자인 제한물권이 설정되어 있다면, 상사유치권은 그와 같이 제한된 채무자의 소유권에 기초하여 성립할 뿐이고, 기존의 제한물권이 확보하고 있는 담보가치를 사후적으로 침탈하지는 못한다고 보아야 한다. 그러므로 채무자 소유의 부동산에 관하여 이미 선행저당권이 설정되어 있는 상태에서 채권자의 상사유치권이 성립한 경우, 상사유치권자는 채무자 및 그 이후 채무자로부터 부동산을 양수하거나 제한물권을 설정받는 자에 대해서는 대항

---

* 제33회 상사법무연구회 발표 (2014년 3월 29일)

　 본 판례 회고는 2013. 1.부터 2014. 1.까지 선고된 대법원 판결을 대상으로 하였음.

** 변호사 (전 대법원 재판연구관)

할 수 있지만, 선행저당권자 또는 선행저당권에 기한 임의경매절차에서 부동산을 취
득한 매수인에 대한 관계에서는 상사유치권으로 대항할 수 없다.

(1) 사안의 개요

원고 1, 2는 개업준비행위로 상가점포를 분양받고 분양대금을 납부한
상태에서 상가건축주(소외 회사)로부터 분양받은 점포의 점유를 이전받고,
임대하거나 사용대차하는 방식으로 점포를 사용하여 왔다.

피고 은행은 대출금채권을 피담보채권으로 소외 회사로부터 이 사건 점
포가 속한 상가건물에 대한 근저당권을 설정받은 후 경매를 통하여 상가점
포에 대한 소유권을 취득하였다.

원고 2가 분양받은 점포는 아직 원고 2가 점유하고 있으나, 원고 1이 분
양받은 점포는 인도명령을 집행하는 방법으로 원고 1의 직접점유자 丙으로
부터 피고가 점유를 강제로 이전받았다.

원고들은 피고가 경매절차를 시작하기 이전에 상가건축주의 원고들에
대한 소유권이전등기의무가 이행불능이 됨으로써 원고들이 손해배상채권을
취득하면서 이를 변제받을 때까지 상가점포를 유치할 수 있는 상사유치권을
보유하고 있다고 주장하면서 그 존재의 확인을 구하였다.

(2) 소송의 경과

제1심은 원고들에게 그 분양받은 점포에 관하여 상사유치권이 인정된다
는 이유로 원고들의 청구를 인용하였다.

항소심은, 「원고 1의 경우, 매수인인 피고에게 대항할 수 없는 권원에
기하여 점유하고 있던 사용차주1)를 상대로 한 부동산인도명령의 집행을 통
해 그 점유가 이전된 것으로서 '점유의 위법한 침탈'에 해당한다고 할 수 없

---

1) 사용차주는 다음의 대법원 판례를 인용하였다.: 유치권의 성립요건인 유치권자의 점유
는 직접점유이든 간접점유이든 관계없지만, <u>유치권자는 채무자의 승낙이 없는 이상 그 목
적물을 타에 임대할 수 있는 처분권한이 없으므로</u>(민법 제324조 제2항 참조), 유치권자의
그러한 임대행위는 소유자의 처분권한을 침해하는 것으로서 소유자에게 그 임대의 효력을
주장할 수 없고, 따라서 <u>소유자의 동의 없이 유치권자로부터 유치권의 목적물을 임차한 자
의 점유는 구 민사소송법(2002. 1. 26. 법률 제6626호로 전문 개정되기 전의 것) 제647조
제1항 단서에서 규정하는 '경락인에게 대항할 수 있는 권원'에 기한 것이라고 볼 수 없다</u>
(대법원 2002. 11. 27.자 2002마3516 결정).

으며, 원고 1의 유치권은 성립하였다 하더라도 점유의 상실로 인하여 소멸하였다」라는 이유로 제1심을 취소하고 청구기각 판결을 선고하였다. 그리고 「원고 2의 경우, 제1심과 마찬가지로 상사유치권이 인정된다」라는 이유로 원고 승소 판결을 선고하였다. 원고 1 및 피고가 원고 2에 대한 패소부분에 대하여 상고하였다.

대법원은 앞의 법리에 근거하여 다음과 같은 이유에서 원고들의 상사유치권으로 피고에게 대항할 수 없다고 판단하면서, 피고의 상고를 받아들여 원고 2에 대한 부분을 파기하고, 원고 1의 상고는 기각하였다. 즉, 「원고들이 상사유치권으로 근저당권자인 피고에게 대항하려면 상사유치권이 성립한 시점이 근저당권의 성립 시점보다 앞서야만 하는데, 소외 회사가 피고에게 근저당권설정등기를 해 준 2006. 9. 7. 이전에 원고들이 주장하는 상사유치권의 피담보채권인 분양계약 이행불능에 의한 전보배상청구권이 발생하였다는 점을 인정할 수 없다. 그러므로 원고들은 선행저당권자이자 선행저당권에 기한 임의경매절차에서 낙찰을 받아 소유권을 취득한 피고에 대한 관계에서는 분양계약 이행불능에 의한 전보배상청구권을 피담보채권으로 한 상사유치권으로 대항할 수 없다」라고 판시하였다.

(3) 해   설

재판실무에서는 상당수 사건에서 민사유치권의 성립요건 중 견련관계 결여를 이유로 유치권 주장이 배척되자(건물임차인의 임대보증금반환채권에 기한 민사유치권 주장, 건물신축공사 수급인의 건물부지에 대한 민사유치권 주장 등), 상사유치권으로 권리구성을 변경한 주장들이 등장하였다.

그 과정에서 유치권이 결과적으로 선순위 저당권을 능가하는 사실상 최우선적 변제권능을 가지게 되는 현실적 문제점을 제어하고자 여러 각도에서 유치권의 성립과 그 효력을 제한하는 판례들이 나타났다. 즉 대법원은 경매기입등기 이후 점유를 취득하거나 유치권이 성립한 공사업자의 유치권 주장을 압류의 처분금지효에 저촉된다는 논리로 배척하였고,[2] 유치권의 성립이

---

[2] 대법원 2005. 8. 19. 선고 2005다22688 판결.
　채무자 소유의 건물 등 부동산에 강제경매개시결정의 기입등기가 경료되어 압류의 효력이 발생한 이후에 채무자가 위 부동산에 관한 공사대금 채권자에게 그 점유를 이전함으로써 그로 하여금 유치권을 취득하게 한 경우, 그와 같은 점유의 이전은 목적물의 교환가치를

인정되더라도 신의칙에 의하여 그 주장을 제한하기도 하였다.3)

그럼에도 불구하고 하급심에서는 위와 같은 기존판례 이론만으로는 상사유치권 주장을 배척할 수 없으면서도 무언가 그 주장을 수용하기에는 결과가 부적절해 보이는 사례들이 속출하면서 그 수용 여부에 대한 법리적 견해가 상반된 하급심 판결들이 혼재하는 상황이 발생하였다.

이러한 상황을 법리적으로 해결하기 위하여 여러 방안이 모색되었는데, 주요한 것으로는, ① 상사유치권의 대상에서 부동산을 제외하자는 견해, ② 상사유치권의 요건인 상행위로 인한 점유 및 상행위로 인한 피담보채권의 범위를 제한적으로 해석하는 견해,4) ③ 상사유치권에 선행하여 성립한 제한물권자에 대하여 상사유치권의 대항력을 제한하는 견해 등이 있다. 이 중에서 ①과 ②의 견해는 상사유치권의 성립요건을 제한적으로 해석하는 입장이고, ③의 견해는 저당권자 등 다른 권리자에 대한 관계에서 상사유치권으로 대항할 수 있는 범위를 제한하는 입장이다.

대상 판결은 ③의 견해의 입장에서 「채무자 소유의 부동산에 관하여 이미 선행저당권이 설정되어 있는 상태에서 채권자의 상사유치권이 성립한 경

감소시킬 우려가 있는 처분행위에 해당하여 민사집행법 제92조 제1항, 제83조 제4항에 따른 압류의 처분금지효에 저촉되므로 점유자로서는 위 유치권을 내세워 그 부동산에 관한 경매절차의 매수인에게 대항할 수 없다 할 것이다.

3) 대법원 2011. 12. 22. 선고 2011다84298 판결.
유치권제도와 관련하여서는 거래당사자가 유치권을 자신의 이익을 위하여 고의적으로 작출함으로써 앞서 본 유치권의 최우선순위담보권으로서의 지위를 부당하게 이용하고 전체 담보권질서에 관한 법의 구상을 왜곡할 위험이 내재한다. 이러한 위험에 대처하여, 개별 사안의 구체적인 사정을 종합적으로 고려할 때 신의성실의 원칙에 반한다고 평가되는 유치권제도 남용의 유치권 행사는 이를 허용하여서는 안 될 것이다.
채무자가 채무초과의 상태에 이미 빠졌거나 그러한 상태가 임박함으로써 채권자가 원래라면 자기 채권의 충분한 만족을 얻을 가능성이 현저히 낮아진 상태에서 이미 채무자 소유의 목적물에 저당권 기타 담보물권이 설정되어 있어서 유치권의 성립에 의하여 저당권자 등이 그 채권 만족상의 불이익을 입을 것을 잘 알면서 자기 채권의 우선적 만족을 위하여 위와 같이 취약한 재정적 지위에 있는 채무자와의 사이에 의도적으로 유치권의 성립요건을 충족하는 내용의 거래를 일으키고 그에 기하여 목적물을 점유하게 됨으로써 유치권이 성립하였다면, 유치권자가 그 유치권을 저당권자 등에 대하여 주장하는 것은 다른 특별한 사정이 없는 한 신의칙에 반하는 권리행사 또는 권리남용으로서 허용되지 아니한다. 그리고 저당권자 등은 경매절차 기타 채권실행절차에서 위와 같은 유치권을 배제하기 위하여 그 부존재의 확인 등을 소로써 청구할 수 있다고 할 것이다.

4) 상사유치권에서 점유취득 원인 및 채권발생 원인이 되는 '상행위'의 개념에 '보조적 상행위로서 일회적인 거래행위'는 포함되지 않는다는 해석론 등이 있을 수 있다.

우, 상사유치권자는 채무자 및 그 이후 그 채무자로부터 부동산을 양수하거나 제한물권을 설정받은 자에 대해서는 대항할 수 있지만, 선행저당권자 또는 선행저당권에 기한 임의경매절차에서 부동산을 취득한 매수인에 대한 관계에서는 그 상사유치권으로 대항할 수 없다」라고 하였다.

이러한 결론은 민사유치권의 경우, 선행 집행압류의 처분금지효에 따라 유치권의 대항력을 제한하고 있을 뿐, 선행 저당권과의 관계에서 유치권의 대항력을 제한하지 아니하는 종전 대법원의 입장5)과는 차이가 있는데, 대상판결은 민사유치권과 상사유치권의 제도적 차이, 성립요건의 차이에서 그 이론적 근거를 찾고 있는 것으로 이해된다.

즉, 민사유치권에서는 목적물과 피담보채권 사이에 개별적 견련성을 요구함으로써 그 피담보채권은 목적물의 가치증가에 기여한 공익비용적 성질을 가지면서 예측 가능한 금액에 그치게 된다. 반면, 상사유치권은 목적물과 피담보채권 사이의 개별적 견련성을 요건으로 하지 아니하므로, 피담보채권은 목적물에 대한 공익비용적 성질을 가지지 않고, 또한 그 범위가 무한하게 확대될 수 있기 때문에 민사유치권과는 달리 보다 전면적으로 목적물에 관하여 먼저 성립한 제3자의 권리가 침해되지 않도록 시간적 순위에 따라 유치권의 대항범위를 다르게 구성할 필요가 있다.

상사유치권은 민사유치권과 달리 '채무자 소유'의 물건을 그 대상으로 한다. 이러한 점에 착안하면, 민사유치권의 경우 타인의 소유권이 미치는 물건에 유치권이 인정되는 이상, 타인의 저당권이 미치는 물건의 담보가치에도 유치권이 성립하여 작용할 수 있다고 해석할 수 있는 반면, 상사유치권의 경우 채무자 이외의 자의 소유 물건에는 유치권이 인정되지 않는 이상, 타인의 저당권이 미치는 물건의 담보가치에는 유치권이 작용될 여지가 없다는 논리도 가능하다.

유치권 문제에 대하여 입법적인 해결이 필요한 상황에서 대법원이 법해석에 의해 문제를 해결하려고 고민한 흔적이 역력하다.

한편 법무부 민법개정위원회는 유치권 제도를 개선하기 위하여, 부동산에 대한 상사유치권을 폐지하고, 민사유치권은 미등기부동산에 대하여만 인

---

5) 대법원 2009. 1. 15. 선고 2008다70763 판결.

정하되, 매각부동산 위의 모든 저당권과 유치권은 경매절차에서 매각으로 소멸되도록 하는 내용의 개정안을 마련하였다.6)

Ⅱ. 會社法

1. 株式會社의 代表理事가 業務執行과 關聯하여 正當한 權限 없이 職員으로 하여금 他人의 不動産을 支配·管理하게 하는 등으로 所有者의 使用收益權을 侵害한 경우, 會社와 별도로 損害賠償責任을 負擔하는지 與否

◎ 대법원 2013. 6. 27. 선고 2011다50165 판결

　　주식회사의 대표이사가 업무집행을 하면서 고의 또는 과실에 의한 위법행위로 타인에게 손해를 가한 경우 주식회사는 상법 제389조 제3항, 제210조에 의하여 제3자에게 손해배상책임을 부담하게 되고, 대표이사도 민법 제750조 또는 상법 제389조 제3항, 제210조에 의하여 주식회사와 연대하여 불법행위책임을 부담하게 된다.

　　따라서 주식회사의 대표이사가 업무집행과 관련하여 정당한 권한 없이 직원으로 하여금 타인의 부동산을 지배·관리하게 하는 등으로 소유자의 사용수익권을 침해하고 있는 경우, 부동산의 점유자는 회사일 뿐이고 대표이사 개인은 독자적인 점유자는 아니기 때문에 부동산에 대한 인도청구 등의 상대방은 될 수 없다고 하더라도, 고의 또는 과실로 부동산에 대한 불법적인 점유상태를 형성·유지한 위법행위로 인한 손해배상책임은 회사와 별도로 부담한다고 보아야 한다. 대표이사 개인이 부동산에 대한 점유자가 아니라는 것과 업무집행으로 인하여 회사의 불법점유 상태를 야기하는 등으로 직접 불법행위를 한 행위자로서 손해배상책임을 지는 것은 별개라고 보아야 하기 때문이다.

(1) 사안의 개요

　이 사건은 원고가 이 사건 토지와 건물을 낙찰받은 소유자로서 피고들(회사인 피고1 및 그 대표이사인 피고2)이 이를 불법으로 점유하고 있다면서 인도청구와 손해배상청구를 한 사안이다.

　사안의 쟁점은 ① 피고들이 경매개시결정 기입등기 전부터 이 사건 토지 및 건물을 점유하여 정당한 유치권을 행사하는 것인지, ② 피고들의 유치

---

6) 법무부 민법개정위원회의 유치권 제도 개정안 참조.

권 주장이 인정되지 않는 경우 피고 회사 대표이사인 피고 2가 피고 1과 공동으로 불법점유를 원인으로 한 손해배상책임을 부담하는지 여부였는데, 이 글에서는 후자에 대하여만 살펴본다.

(2) 소송의 경과

제1심은 「피고 2는 피고 1의 대표이사로서 그 직무수행을 함에 있어 피고 1이 적법한 점유권원이 없음에도 이 사건 경매절차 진행 중에 원고 소유인 이 사건 토지 및 건물을 점유함으로써 원고의 소유권을 침해하는 불법행위를 하였다」라고 판단하여, 피고에 대하여 원고가 이 사건 토지 및 건물을 사용하지 못함으로써 생기는 손해의 배상을 명하였다.

반면 항소심은 「피고 2는 피고 1의 대표기관으로서 이 사건 토지 및 건물을 점유하고 있을 뿐, 피고 1과 별도로 개인의 지위에서 이 사건 토지 및 건물을 점유하고 있다고 볼 수 없다는 이유로, 원고의 피고 2에 대한 청구는 이유 없다」라고 판단하였다.

대법원은 「피고 2가 피고 1의 직원 등으로 하여금 이 사건 토지와 건물을 지배・관리하도록 한 것은 피고 1의 업무집행으로 인하여 원고의 소유권을 침해한 불법행위에 해당하고, 비록 이 사건 토지와 건물의 점유자는 피고 1이라 하더라도 피고 2는 위 불법행위로 인한 손해배상책임을 면할 수 없다」라는 이유로 이 부분 원심 판결을 파기환송하였다.

(3) 해   설

판례는 상법 제210조[7]는 민법 제35조[8]의 특칙으로 보고 있는데(대법원 2011. 7. 28. 선고 2010다 103017 판결 등), 법인인 피고 1에 대하여 불법행위책임이 인정되려면, 논리적으로는 대표기관인 피고 2의 불법행위책임이 인정되어야 한다.

---

[7] 상법 제210조 (손해배상책임) 회사를 대표하는 사원이 그 업무집행으로 인하여 타인에게 손해를 가한 때에는 회사는 그 사원과 연대하여 배상할 책임이 있다.
상법 제389조 (대표이사) ③ 제208조 제2항, 제209조, 제210조와 제386조의 규정은 대표이사에 준용한다.

[8] 민법 제35조 (법인의 불법행위능력) ① 법인은 이사 기타 대표자가 그 직무에 관하여 타인에게 가한 손해를 배상할 책임이 있다. 이사 기타 대표자는 이로 인하여 자기의 손해배상책임을 면하지 못한다.
② 법인의 목적범위 외의 행위로 인하여 타인에게 손해를 가한 때에는 그 사항의 의결에 찬성하거나 그 의결을 집행한 사원, 이사 및 기타 대표자가 연대하여 배상하여야 한다.

회사인 피고 1이 불법행위책임을 부담한다는 것은 결국 이 사건 건물에 대한 피고 2가 직원 등을 통하여 사실상의 지배를 한 행위가 불법행위에 해당하기 때문이다.

피고 2는 점유자가 아니므로 인도청구나 부당이득반환청구의 상대방이 될 수는 없으나, 업무집행으로 인하여 회사의 불법점유 상태를 야기하는 등으로 직접 불법행위를 한 것으로 인정할 수 있다는 취지이다.

대상 판결에 앞서 대법원 2013. 4. 11. 선고 2012다116307 판결은 소외 회사가 건물 신축공사를 하면서 인접한 원고 소유의 건물에 피해를 입혔다며 원고가 소외 회사의 대표이사인 피고를 상대로 민법 제750조 또는 상법 제389조 제3항 및 제210조에 따른 불법행위책임을 구한 사안에서, 소외 회사의 시공상 잘못에 관하여 피고가 대표이사로서 선관주의의무 등을 위반하여 의사결정을 하는 등 피고에게 과실이 있는지 여부를 심리·판단하지 않은 채 원고의 청구를 기각한 원심 판결을 파기하였다.

이러한 일련의 판결에서 대법원은 대표이사의 업무집행 중 위법행위에 대하여 주식회사는 물론이고 민법 제750조의 일반불법행위 또는 상법 제389조 제3항 및 제210조에 의하여 대표이사 개인에 대하여도 책임을 물을 수 있음을 확인하였다.

2. 會社分割에 따라 一部 事業部門이 新設會社에 承繼되는 경우, 承繼되는 事業에 관한 勤勞關係가 新設會社에 承繼되기 위한 要件 및 勤勞者가 勤勞關係의 承繼를 拒否할 수 있는 경우

◎ 대법원 2013. 12. 12. 선고 2011두4282 판결

상법 제530조의10은 분할로 인하여 설립되는 회사(이하 '신설회사'라고 한다)는 분할하는 회사의 권리와 의무를 분할계획서가 정하는 바에 따라서 승계한다고 규정하고 있으므로, 분할하는 회사의 근로관계도 위 규정에 따른 승계의 대상에 포함될 수 있다. 그런데 헌법이 직업선택의 자유를 보장하고 있고 근로기준법이 근로자의 보호를 도모하기 위하여 근로조건에 관한 근로자의 자기결정권(제4조), 강제근로의 금지(제7조), 사용자의 근로조건 명시의무(제17조), 부당해고 등의 금지(제23조) 또는 경영상 이유에 의한 해고의 제한(제24조) 등을 규정한 취지에 비추어 볼 때, 회

사 분할에 따른 근로관계의 승계는 근로자의 이해와 협력을 구하는 절차를 거치는 등 절차적 정당성을 갖춘 경우에 한하여 허용되고, 해고의 제한 등 근로자 보호를 위한 법령 규정을 잠탈하기 위한 방편으로 이용되는 경우라면 그 효력이 부정될 수 있어야 한다.

따라서 둘 이상의 사업을 영위하던 회사의 분할에 따라 일부 사업 부문이 신설 회사에 승계되는 경우 분할하는 회사가 분할계획서에 대한 주주총회의 승인을 얻기 전에 미리 노동조합과 근로자들에게 회사 분할의 배경, 목적 및 시기, 승계되는 근로관계의 범위와 내용, 신설회사의 개요 및 업무 내용 등을 설명하고 이해와 협력을 구하는 절차를 거쳤다면 그 승계되는 사업에 관한 근로관계는 해당 근로자의 동의를 받지 못한 경우라도 신설회사에 승계되는 것이 원칙이다. 다만 회사의 분할이 근로기준법상 해고의 제한을 회피하면서 해당 근로자를 해고하기 위한 방편으로 이용되는 등의 특별한 사정이 있는 경우에는, 해당 근로자는 근로관계의 승계를 통지받거나 이를 알게 된 때부터 사회통념상 상당한 기간 내에 반대 의사를 표시함으로써 근로관계의 승계를 거부하고 분할하는 회사에 잔류할 수 있다.

(1) 사안의 개요

원고 회사는 식자재 납품업, 전산시스템 구축 및 운영업 등을 경영하는 회사인데, 2009. 4. 1. 원고 법인사업부 등 사업부문을 분할하여 H사를 설립하였다. 원고 회사는 H사를 분할하면서, 분할되는 사업부문에 근무하는 모든 종원업에 대한 고용 및 관련 법률관계(퇴직금, 대여금 등 포함)를 현대비앤피가 승계하는 것으로 정하였다.

피고보조참가인(＝참가인)은 원고 회사에서 패션유니폼팀 생산관리파트 재고관리 담당으로 근무하다가 H사로 전적된 근로자인데, 2009. 5. 14. 원고 회사에 "아무런 협의절차를 거치지 않은 채 소속이 변경된 것은 부당하다."는 취지의 이의신청서를 제출하였다. 참가인은 서울지방노동위원회에 부당전적 구제신청을 하였다가 기각되어 중앙노동위원회에 재심을 신청하였고, 중앙노동위원회는 이 사건 전적이 인사재량권의 범위를 일탈한 부당한 조치에 해당한다는 취지로 초심판정을 취소하고 구제신청을 인용하였다.

이에 원고 회사가 중앙노동위원회를 상대로 부당전적구제재심판정취소의 소를 제기한 것이 이 사건이다.

(2) 소송의 경과

제1심은 「회사분할의 경우 고용승계는 근로자의 개별동의 얻어야 효력 발생하는데, 이 사건에서 근로자들의 사전적 포괄적 동의도 없었고, 참가인의 묵시적 동의도 없었으므로 이 사건 전적은 무효이다」라는 이유로 원고 회사의 청구를 기각하였다. 원심은 제1심과 결론을 같이 하였으나 그 이유는 달리 하였다. 즉 「회사분할 시 분할대상이 되는 사업에 종사하던 근로자들에 대한 근로관계는 원칙적으로 신설회사에 포괄적으로 승계되지만, 예외적으로 근로자가 거부권을 행사하는 경우 그 근로자에 대한 근로관계는 근로관계 승계대상에서 제외되는데, 이 사건에서 원고는 사회통념상 거부권 행사에 필요한 상당한 기간을 참가인에게 부여하지 아니하였으므로 이 사건 전적은 무효이다」라고 판단하였다.

대법원은 「회사 분할에 따른 근로관계가 근로자의 이해와 협력을 구하는 절차를 거치는 등 절차적 정당성을 갖춘 경우에 한하여 승계되고, 근로자의 거부권은 해고의 제한 등 근로자 보호를 위한 법령 규정을 잠탈하기 위한 방편으로 이용되는 경우에 한하여 인정된다」라는 입장을 취하였다. 그리고 「원고 회사는 이 사건 회사 분할과 관련하여 노동조합에 협의를 요구하고 약 5개월의 기간에 걸쳐 근로자들을 상대로 회사 분할에 관한 설명회를 개최하는 등 근로자들의 이해와 협력을 구하는 절차를 거쳤으므로, 이 사건 회사 분할이 근로기준법상 해고의 제한을 회피하기 위한 것이라는 등의 특별한 사정이 없는 한 참가인이 이 사건 회사 분할에 따른 근로계약의 승계에 대하여 이의를 제기하였는지 여부와 상관없이 참가인의 근로관계는 H사에 승계된다」라고 하였다. 근로자가 거부권을 행사하기만 하면 근로관계가 승계되지 않는다는 견해를 취한 원심 판결을 파기하였다.

(3) 해 설

기업조직재편을 위하여 회사의 합병, 분할, 영업양도 등 기업변동이 있을 때 근로관계의 승계를 어떻게 취급할지 관하여 상법적 관점과 노동법적의 관점 사이에서 시각 차이가 있을 수 있다. 첫째, '상법적 관점'에서는 회사의 합병이나 분할 등과 같이 상법상 포괄승계를 규정한 경우 근로관계 역시 당연히 포괄승계된다고 보고, 만약 개별 근로자의 동의 여부에 따라 근로관계의 승계 여부가 결정된다면 상법상의 제도가 유명무실화될 우려가 있다는 점을 지적할 수 있다. 둘째, '노동법적 관점'에서는 사용자는 근로자의 동의 없이 그 권리를 제3자에게 양도하지 못한다는 민법 규정9)과, 해고를 엄격하게 제한하는 근로기준법 규정10)에 입각하여 근로자의 자기결정권(근로관계의 전속성)을 강조하고 있다.

　대법원은 기업조직재편의 필요성이라는 회사분할제도의 목적과 근로자 보호라는 이해관계 사이에서 절충을 시도한 것으로 이해된다. 즉 기업조직재편의 필요성 측면에서 근로자의 이해와 협력을 구하는 절차를 거치는 등 절차적 정당성을 갖춘 경우에 한하여 회사분할 시 근로관계의 승계를 인정하는 한편, 근로자의 거부권은 회사분할이 근로기준법상 해고의 제한을 회피하면서 해당 근로자를 해고하기 위한 방편으로 이용되는 등의 특별한 사정이 있는 경우에 인정하였다.

3. 民事訴訟의 方法으로 商法 第391條의3 第4項에 의한 理事會 議事錄의 閱覽 및 謄寫를 請求할 수 있는지 與否

◎ 대법원 2013. 3. 28. 선고 2012다42604 판결

　상법 제391조의3 제3항, 제4항에 의하면 주주는 영업시간 내에 이사회 의사록의 열람 또는 등사를 청구할 수 있으나, 회사는 그 청구에 대하여 이유를 붙여 거절할 수 있고, 그 경우 주주는 법원의 허가를 얻어 이사회 의사록을 열람 또는 등사할 수 있는바, 상법 제391조의3 제4항의 규정에 의한 이사회 의사록의 열람 등 허가사건은 비송사건절차법 제72조 제1항에 규정된 비송사건이므로 민사소송의 방법으로 이사회 회의록의 열람 및 등사를 청구하는 것은 허용되지 않는다.

　1999. 12. 31. 상법 개정 이전에는 이사회 의사록도 주주명부, 사채원부와 함께 본점에 비치하도록 하고, 주주와 회사채권자는 영업시간 내에 언제

---

9) 민법 제657조 (권리의무의 전속성) ① 사용자는 노무자의 동의없이 그 권리를 제3자에게 양도하지 못한다.

10) 근로기준법 제23조 (해고 등의 제한) ① 사용자는 근로자에게 정당한 이유 없이 해고, 휴직, 정직, 전직, 감봉, 그 밖의 징벌(이하 "부당해고등"이라 한다)을 하지 못한다.

든지 열람등사를 청구할 수 있도록 하였으나($^{1999.\ 12.\ 31.\ 개정}_{전\ 상법\ 제396조}$ 11)), 회사가 기업비
밀에 해당하는 사항의 누설을 우려하여 중요한 사항에 관하여는 이사회에서
토의하지 않음으로써 이사회가 형해화 되고, 토의를 하더라도 의사록에는 기
재하지 않음으로써 주주에 의한 의사록 열람이 사실상 거부되는 상황이 전
개되었다.

그리하여 개정 상법에서는 주주의 권리남용적 열람을 억제하여 이사회
의 활성화와 의사록의 적절한 기재를 촉진하고, 진정으로 필요할 때에는 실
질적으로 의미 있는 정보가 주주에게 개시되도록 하기 위하여 법원의 허가
를 받도록 하는 방식으로 동 규정을 변경하였다. 즉, 주주가 이사회 의사록
의 열람 또는 등사를 청구하면 회사는 이유를 붙여 이를 거절할 수 있고, 이
경우 주주는 법원의 허가를 얻어 이사회 의사록을 열람 또는 등사할 수 있
도록 개정하였다($^{상법\ 제391조}_{의3\ 제3,\ 4항}$).

그리고 비송사건절차법 제72조 제1항은 이사회 의사록 열람 등 허가사
건을 비송사건으로 규정하였다. 비송사건과 소송사건의 분류기준에 관하여
는 목적설, 대상설, 수단설, 형식설(실정법설) 등 다양한 견해가 있으나, 실무
상으로는 형식설에 따라 당해 법령에 비송사건절차법을 적용 또는 준용한다
는 규정이 있는 경우에만 비송사건으로 취급하고, 그러한 규정이 없을 경우
에는 소송사건으로 취급한다.

대법원은 이 사건에서 민사소송으로 이사회 의사록의 열람 및 등사를
청구하는 것은 부적법하다고 판단하여 직권으로 원심을 파기하고 그 부분의
소를 각하하였다. 대상 판결 이후 선고된 대법원 2013. 11. 28. 선고 2013다
50367 판결도 같은 법리를 따랐다.

한편 주식회사의 회계장부, 재무제표 열람청구가 소송사건이므로 같은
주식회사 관련 열람, 등사청구의 유형에 속하는 이사회 의사록 열람 및 등사
신청도 소송사건으로 분류되는 것이 바람직하다는 견해도 있다.12)

---

11) 제396조 (정관 등의 비치, 공시의무) ① 이사는 회사의 정관, 주주총회의 의사록을 본점
과 지점에, 주주명부, 사채원부와 <u>이사회의 의사록</u>을 본점에 비치하여야 한다. 이 경우 명
의개서대리인을 둔 때에는 주주명부나 사채원부 또는 그 복본을 명의개서대리인의 영업소
에 비치할 수 있다.
② 주주와 회사채권자는 영업시간내에 언제든지 제1항의 서류의 열람 또는 등사를 청구할
수 있다.

12) 노혁준, "2013년 회사법 중요 판례", 「인권과 정의」 제440권, (2014), 참조.

Ⅲ. 保   險

1. 被保險者가 행한 同意의 撤回

◎ 대법원 2013. 11. 14. 선고 2011다101520 판결

상법 제731조, 제734조 제2항의 취지에 비추어 보면, 보험계약자가 피보험자의 서면동의를 얻어 타인의 사망을 보험사고로 하는 보험계약을 체결함으로써 보험계약의 효력이 생긴 경우, 피보험자의 동의 철회에 관하여 보험약관에 아무런 규정이 없고 계약당사자 사이에 별도의 합의가 없었다고 하더라도, 피보험자가 서면동의를 할 때 기초로 한 사정에 중대한 변경이 있는 경우에는 보험계약자 또는 보험수익자의 동의나 승낙 여부에 관계없이 피보험자는 그 동의를 철회할 수 있다.

그리고 피보험자가 서면동의를 할 때 기초로 한 사정에 중대한 변경이 있는지는 보험계약자 또는 피보험자가 보험계약을 체결하거나 서면동의를 하게 된 동기나 경위, 보험계약이나 서면동의를 통하여 달성하려는 목적, 보험계약 체결을 전후로 한 보험계약자 또는 보험수익자와 피보험자 사이의 관계, 보험계약자 또는 보험수익자가 고의로 피보험자를 해치려고 하는 등으로 피보험자의 보험계약자 또는 보험수익자에 대한 신뢰가 깨졌는지 등의 제반 사정을 종합하여 사회통념에 비추어 개별적·구체적으로 판단하여야 한다.

(1) 사안의 개요

피고 회사는 그 임직원들이 재직 중 사망하거나 장해를 입을 경우 지급할 위로금 등을 마련하기 위하여, 임직원으로 재직하고 있던 원고들을 피보험자로, 피고를 보험수익자로, '원고들이 보험기간(종신) 중 사망하거나 일정한 장해상태가 되는 때' 등을 보험사고로 하는 이 사건 각 보험계약을 체결하였다. 원고들은 이 사건 각 보험계약의 피보험자가 되는 데 대하여 서면동의를 하였다.

그 후 원고들은 피고 회사에서 퇴직하였고, 원고들은 피고에게 이 사건 각 보험계약의 피보험자 변경 내지 계약 해지를 요청하였다. 그러나 피고는 계약을 중도해지할 경우 해지환급금으로 받을 수 있는 금액이 너무 적어 손해를 본다는 이유로 계약 해지를 거절하였다.

원고들은 피고 회사를 상대로 피보험자의 동의를 철회하였으므로, 이

사건 각 보험계약의 피보험자 지위에 있지 아니한다는 확인을 구하는 소송을 제기하였다.

제1심은 피보험자의 동의철회를 부정하여 원고들의 청구를 기각하였으나, 항소심은 「원고들이 피고 회사에서 퇴직함으로써 이 사건 각 보험계약의 전제가 되는 중대한 사정에 변경이 생긴 이상, 원고들은 이 사건 각 보험계약에 대한 동의를 철회할 수 있게 되었다」라고 판단하여, 피보험자 지위의 부존재 확인을 구하는 원고들의 청구를 인용하였다.

(2) 해   설

타인의 생명보험계약에서는 피보험자의 서면동의를 필요로 하고 있는데(상법 제731조), 계약이 유효하게 체결된 이후에는 피보험자가 임의로 동의를 철회할 수 없다는 것이 다수의 견해였다.[13] 그런데 2010. 1. 29. 개정된 생명보험 표준약관에서는 피보험자의 동의 철회권이 신설되어, 언제든지 서면동의를 장래를 향하여 철회할 수 있도록 하고 있다.

이 사건 각 보험계약은 위의 생명보험 표준약관이 개정되기 전에 체결된 것들로서, 보험계약상 피보험자의 동의 철회권에 관한 규정이 없었음에도 피보험자의 동의 철회권을 인정할 수 있는지가 문제되었다.

타인의 생명보험계약에서의 도덕적 위험을 가장 효과적으로 관리·통제할 수 있는 방법은 피보험자의 동의철회권을 인정하는 것이다. 다만 보험계약자 또는 보험수익자의 신뢰와 이익 보호를 위해서는 일정한 경우, 즉 피보험자의 서면동의의 기초가 된 사정에 중대한 변경이 있는 경우로 제한하여야 할 필요성이 있다.

대법원은 절충적인 입장을 취한 것으로 이해된다. 즉 「피보험자가 동의를 하여 계약의 효력이 생긴 후에는 원칙적으로 피보험자가 동의를 철회할 수 없으나 '피보험자가 동의를 할 때 기초가 된 사정'에 중대한 변경이 있는 경우에는 피보험자가 동의를 철회할 수 있다」라고 본 것이다. '보험계약의 안정성 및 보험계약자 또는 보험수익자의 이익'과 '피보험자의 의사 및 도덕적 위험 방지의 필요성'을 비교형량한 타당한 판단이다.

---

13) 다수의 견해와 달리 김성태 교수, 장덕조 교수는 피보험자의 동의 철회권을 인정하는 견해를 취하고 있었다.

2. 運轉被保險者의 範圍

◎ 대법원 2013. 9. 26. 선고 2012다116123 판결

일반적인 자동차종합보험약관에서 보험회사는 피보험자가 피보험자동차를 소유, 사용, 관리하는 동안에 생긴 피보험자동차의 사고로 인한 손해에 대하여 보상책임을 지도록 하면서, 그 피보험자의 범위에 관하여는 ① 보험증권에 기재된 '기명피보험자', ② 기명피보험자의 친족 등 '친족피보험자', ③ 기명피보험자의 승낙을 얻어 운행한 '승낙피보험자', ④ 기명피보험자의 사용자 등 '사용피보험자', ⑤ 위 ① 내지 ④에서 규정한 피보험자를 위하여 피보험자동자를 운전한 '운전피보험자'를 규정하고 있다.

여기에서 말하는 '운전피보험자'는 통상 기명피보험자 등에 고용되어 피보험자동차를 운전하는 자를 의미하지만, 운업무를 위하여 고용된 자가 아니라고 하더라도 기명피보험자 등으로부터 구체적·개별적인 승낙을 받고 그 기명피보험자 등을 위하여 운전을 하였다면 운전피보험자가 될 수 있다.

그러나 설령 승낙피보험자로부터 구체적·개별적인 승낙을 받고 그 승낙피보험자를 위하여 자동차 운전을 하였다고 하더라도, 그것이 기명피보험자의 의사에 명백히 반하는 것으로 볼 수 있는 경우에는 그 운전자를 운전피보험자에 해당한다고 볼 수는 없다. 따라서 그러한 운전자가 피보험자동차를 운전하던 중 일으킨 사고로 인한 손해에 대해서 보험금을 지급한 보험자는 상법 제682조에 따라 기명피보험자를 대위하여 운전자를 상대로 손해배상청구를 할 수 있다.

(1) 사안의 개요

소외인 A가 렌트카회사인 카로렌트카로부터 이 사건 승용차를 렌트하면서 작성한 차량대여계약서에는 "임차인의 제3자 또는 만 연령 ( )세 이하인 자가 운전하여 사고가 발생하였을 시 보험혜택을 받지 못합니다."라는 문구(이하 '이 사건 문구'라 한다)가 기재되어 있다. 그런데도 A는 피고로 하여금 이 사건 승용차를 운전하게 하였고 피고가 이 사건 승용차를 운전하던 중 이 사건 사고가 발생하였다. 이 사건 승용차에 관하여 카로렌트카 사이에 자동차종합보험계약을 체결한 원고(보험회사)는 이 사건 사고로 인한 피해자들에게 보험금을 지급하였다. 원고는 피고가 상법 제682조 소정의 제3자에 해당한다고 주장하면서 기명피보험자를 대위하여 피해자들에게 지급한 보험금 상당의 금원에 대한 구상을 청구하였다.

제1심 및 항소심은 「피고가 운전피보험자에 해당하므로 상법 제682조의 제3자에 해당하지 않는다」라는 이유로 원고의 청구를 기각하였다.

(2) 해 설

상법 제682조[14]의 '제3자'는 피보험자(기명피보험자뿐만 아니라 승낙피보험자 및 운전피보험자도 포함) 이외의 자이어야 한다는 것이 판례의 확고한 입장이다.[15] 이 사건에서 렌트카회사가 기명피보험자, A가 승낙피보험자임은 분명하고, 쟁점은 피고가 운전피보험자가 될 수 있는지 여부이다.

대법원은 「승낙피보험자로부터 구체적·개별적인 승낙을 받고 그 승낙피보험자를 위하여 자동차 운전을 하였다고 하더라도, 그것이 기명피보험자의 의사에 명백히 반하는 것으로 볼 수 있는 경우에는 그 운전자를 운전피보험자에 해당한다고 볼 수 없다」라고 판단하였다.

그 근거는 다음과 같다. 즉 이 사건 문구 중 '제3자'는 '임차인 본인 이외의 사람'을 의미하는 것이라고 보는 것이 그 문언이나 거래관행에 비추어 타당하다. 그러한 제3자가 운전하여 사고가 발생한 경우에는 보험혜택을 받지 못하다고 규정함으로써 결국 기명피보험자인 카로렌트카는 임차인 본인 이외의 다른 사람은 이 사건 승용차를 운전하여서는 아니 된다는 의사를 명백히 표시한 것이다. 따라서 피고가 승낙피보험자인 A의 허락을 받아 A를 위하여 이 사건 승용차를 운전하였다고 하더라도, 이는 기명피보험자인 카로렌트카의 의사에 명백히 반하는 것이라고 보아야 한다는 것이다.

차량소유자가 기명피보험자가 되는 경우가 일반적이고, 차량소유자는 타인에게 차량을 사용·운전하게 할 권한이 있으므로, 그로부터 승낙을 받아 운전을 한 자의 보험혜택에 대한 신뢰는 보호받아야 한다. 그러나 차량렌트계약을 체결하고 렌트카 회사로부터 차량을 빌린 자는 승낙피보험자에 불과하고 차량의 소유자는 따로 있으므로, 차량을 빌린 자로부터 승낙을 받아 운전하는 자가 무제한적인 보험혜택을 기대하였다고 하더라도 그러한 신뢰를

---

14) 제682조 (제3자에 대한 보험대위) 손해가 제3자의 행위로 인하여 발생한 경우에 보험금을 지급한 보험자는 그 지급한 금액의 한도에서 그 제3자에 대한 보험계약자 또는 피보험자의 권리를 취득한다. 그러나 보험자가 보상할 보험금액의 일부를 지급한 때에는 피보험자의 권리를 해하지 아니하는 범위내에서 그 권리를 행사할 수 있다.

15) 대법원 2006. 2. 24. 선고 2005다31637 판결 등 다수.

무제한적으로 보호해 줄 수는 없을 것이다. 타당한 결론이다.

Ⅳ. 證券 · 金融

1. KIKO 全員合意體 判決

대법원의 4건의 키코 전원합의체 판결에서 다루고 있는 법리적 쟁점은 다양한데, 이 글에서는 투자자 보호의무와 관련된 적합성 원칙 및 설명의무에 대한 쟁점만 다루고자 한다.

(1) 키코계약의 환 헤지 부적합성 여부

대법원은 4건의 전원합의체 판결에서 다음과 같은 이유로 키코계약이 그 자체로 환 헤지에 부적합하다는 기업의 주장을 배척하였다.

> 장외파생상품을 이용한 환 헤지(hedge) 거래의 목적은 이익을 극대화하려는 것이 아니라 미래의 환율 변동과 관계없이 현재 시점에서 장래에 적용받을 환율을 일정 환율로 고정함으로써 기초자산인 외환현물의 가격변동에 따르는 위험을 제거하려는 데 있다. 키코 통화옵션상품의 경우에도, 콜옵션 계약금액 상당의 외환현물을 기초자산으로 보유하고 있거나 장래에 보유할 것으로 예상하는 고객이 그 외환현물에 대한 환 헤지 목적으로 계약을 체결하였다면, 환율이 상승할 경우 당해 통화옵션계약 자체에서는 손실이 발생하지만 외환현물에서는 그만큼의 환차익이 발생하기 때문에 환율이 상승하더라도 전체적인 손익은 변화가 없게 되는 것이고, 이로써 통화옵션계약을 체결하여 환 헤지를 하고자 한 본래의 목적을 이루게 되는 것이다.
>
> 이러한 점에 비추어 보면, 통화옵션계약이 고객과 은행 사이에 상호 부여하는 옵션의 이론가에 차이가 있다거나 환율이 상승할 경우에는 고객에게 불리할 수 있다고 하여, 그러한 통화옵션계약을 체결하면 계약 체결 이전보다 오히려 더 큰 환위험에 노출된다고 할 수는 없다.

대법원은 키코 통화옵션상품이 환 헤지에 부적합한 상품이 아니라고 보기 때문에, 은행이 기업에 키코 통화옵션상품을 판매한 것만으로 불법행위책임을 부담하지는 않게 된다. 그러나 은행이 기업에 적합하지 않은 통화옵션계약의 체결을 적극적으로 권유하여 이를 체결하게 한 경우에는 이른바 적합성 원칙을 위반하여 불법행위가 성립할 수 있다.

(2) 적합성 원칙

적합성 원칙에 관한 법리의 판시 내용은 다음과 같다.

◎ 대법원 2013. 9. 26. 선고 2012다1146, 1153 전원합의체 판결 - 세신
정밀사건

은행은 환 헤지 목적을 가진 기업과 통화옵션계약을 체결함에 있어서 해당 기업의 예상 외화유입액, 자산 및 매출 규모를 포함한 재산상태, 환 헤지의 필요 여부, 거래 목적, 거래 경험, 당해 계약에 대한 지식 또는 이해의 정도, 다른 환 헤지 계약 체결 여부 등 경영상황을 미리 파악한 다음, 그에 비추어 해당 기업에 적합하지 아니하다고 인정되는 종류의 상품 또는 그러한 특성이 있는 통화옵션계약의 체결을 권유해서는 아니 된다. 은행이 그러한 의무를 위반하여 해당 기업의 경영상황에 비추어 과대한 위험성을 초래하는 통화옵션계약을 적극적으로 권유하여 이를 체결하게 한 때에는, 이러한 권유행위는 이른바 적합성의 원칙을 위반하여 고객에 대한 보호의무를 저버리는 위법한 것으로서 불법행위를 구성한다고 할 것이다.

특히 장외파생상품은 고도의 금융공학적 지식을 활용하여 개발된 것으로 예측과 다른 상황이 발생할 경우에는 손실이 과도하게 확대될 위험성이 내재되어 있고, 다른 한편 은행은 그 인가요건, 업무범위, 지배구조 및 감독 체계 등 여러 면에서 투자를 전문으로 하는 금융기관 등에 비해 더 큰 공신력을 가지고 있어 은행의 권유는 기업의 의사결정에 강한 영향을 미칠 수 있으므로, 은행이 위와 같이 위험성이 큰 장외파생상품의 거래를 권유할 때에는 다른 금융기관에 비해 더 무거운 고객 보호의무를 부담한다고 봄이 타당하다.

(가) 적합성 원칙 위반을 인정한 사례

1) 세신정밀사건 : 대법원 2013. 9. 26. 선고 2012다1146, 1153 전원합의체
   판결

이 사건은 원고(＝세신정밀)가 다른 은행과 2건의 키코(KIKO) 통화옵션계약을 체결하여 예상 외화유입액에 대한 충분한 환 헤지(hedge) 거래를 하였는데도, 이러한 사정을 알고 있는 피고 은행(＝신한은행) 지점장의 적극적인 권유와 설명에 따라 추가로 피고 은행과 키코 통화옵션계약을 체결하였다가 환율 급등으로 손해를 입게 되자, 피고 은행을 상대로 적합성 위반 등을 이유로 손해배상을 구한 사안이다. 계약 내용은 다음과 같다.

	거래 일자	은행	계약명	기간	월별 계약금액
①	2007. 8. 28.	제일은행	Windowed KIKO Participating FWD	1년	300,000달러/ 600,000달러
②	2007. 10. 29.	제일은행	Windowed Knock Out Bouns Participating FWD	1년	200,000달러/ 400,000달러
③	2008. 4. 11.	피고 신한은행	Window KIKO Target Forward	1년	500,000달러/ 1,000,000달러

　　피고 은행과 추가로 체결한 키코 통화옵션계약의 성격과 체결 경위, 원고의 거래 목적, 재무상황 등 제반 사정에 비추어 보면, 피고 은행 지점장은 투기거래의 목적이 없는 원고에게 과대한 위험성을 수반하는 투기적 성격을 지닌 ③의 계약을 환 헤지 목적의 거래라고 하면서 적극적으로 권유하여 원고가 체결하게 하였다.

　　이러한 ③의 계약 체결에 이르기까지의 경과 및 계약 내용 등에 비추어 원고는 위 계약 자체의 구조와 위험성은 인식하고 있었지만 다른 은행과 체결한 다른 2건의 계약 및 현물환의 예상 보유액을 함께 고려한 위험성까지는 미처 인식하지 못하였던 것으로 보이는 사안이다.

　　기업이 오버헤지의 의미와 위험성을 이해하고 투기적 목적이 있었다면 은행이 오버헤지가 되는 키코 계약을 통화옵션거래를 권유하였더라도 고객 보호의무를 위반한다고 볼 수 없을 것이나, 이 사건은 원고가 계약 자체의 구조와 위험성은 인식하고 있었지만 다른 은행과 체결한 다른 두 건의 계약 및 현물환의 예상 보유액을 함께 고려한 위험성까지는 미처 인식하지 못하였던 것으로 보이는 사안이다.

　　이에 대하여 대법원은 「피고 은행 지점장이 실제로는 투기적 성격을 지닌 ③의 계약을 헤지거래라고 설명함으로써 원고가 이를 오인하여 계약을 체결하게 하였으므로, 위 계약 체결과 관련하여 피고 은행은 적합성의 원칙을 위반한 것이다」라고 판단하였다.[16]

---

16) 원심도 적합성 원칙을 위반한 것으로 판단하였고, 대법원은 피고 은행의 이 부분 상고를 기각하였다.

2) 삼코 사건 : 대법원 2013. 9. 26. 선고 2012다13637 전원합의체 판결

이른바 '삼코 사건'에서 대법원은 「피고의 적합성 원칙 위반을 부정한 원심 판단이 적합성 원칙에 관한 법리를 오해하여 심리를 다하지 않았다」는 이유로 원심 판결을 파기하였다.

위 삼코사건에서는 2007. 12. 20.자 통화옵션계약이 문제가 되었는데, 원고의 2007년 수출실적에 기초한 달러화 유입액을 기준으로 하더라도 2007. 12. 20.자 통화옵션계약의 콜옵션 계약금액 480만 달러에 더하여 그 전에 체결된 두 건의 인핸스드 포워드 계약의 잔여 콜옵션 계약금액 70만 달러까지 고려하면 오버헤지가 될 가능성이 있었다.

원심은 「2007년 수출실적과 두 건의 인핸스드 포워드 계약을 포함한 콜옵션 계약금액의 차액이 위 통화옵션계약의 콜옵션 계약금액에서 차지하는 비중과 당시 환율 하락의 전망만을 이유로 피고가 적합성 원칙을 위반하였다고 볼 수 없다」라고 판단하였다.

이에 대하여 대법원은 「콜옵션 계약금액 합계액 550만 달러가 2007년 수출실적 477여만 달러를 초과하는 약 72만 달러의 규모는 원고의 재산상태에 비추어 적은 금액으로 보기 어려운 측면이 있으므로, 단지 과거 매출액과 주요 매출처 현황뿐만 아니라 원고의 과거 수출실적 및 장래 예상 외화유입액과 그 밖의 재산상태, 다른 환 헤지 계약 체결 여부 등의 경영상황을 미리 파악하였는지를 심리하여 피고가 적합성 원칙을 위반하였는지를 가렸어야 했다」라고 판시하였다.17)

이 사건에서 과대한 위험성을 초래하여 적합성 원칙의 위반 여부를 판단할 때 오버헤지의 정도가 중요한 요소로 작용한 것으로 보인다.

(나) 적합성 원칙 위반을 부정한 사례

1) 수산중공업 사건 : 대법원 2013. 9. 26. 선고 2011다53683, 53690 전원
   합의체 판결

원고(＝수산중공업)는 피고 은행들(우리은행, 씨티은행)과 다음 표와 같이 6회에 걸쳐 달러화에 대한 ① 내지 ⑥의 계약통화옵션계약을 체결하였다

---

17) 파기 후 원심에서는 피고 은행의 책임을 일부 인정하는 것으로 조정에 갈음하는 결정을 하였고 쌍방이 이의하지 않아 확정되었다.

(⑥의 계약은 ③의 계약을 중도청산하고 새로 체결한 재구조화 계약임).

여기서 ②와 ⑤의 계약이 기본적 형태의 KIKO 통화옵션계약이고, 나머지 계약은 통화선도계약에 가깝거나 통화선도계약과 통화옵션계약을 결합한 형태로서, KI·KO·레버리지 중 일부 조건이 빠져있는 형태이다.

	거래 은행	체결 일자	계약 기간	상품 종류
①	피고 우리은행	2006. 5. 11.	12개월	Enhanced Target Forward
②	피고 우리은행	2007. 8. 6.	12개월	Window KIKO
③	피고 우리은행	2007. 10. 30.	24개월	Window KI with Redemption
④	피고 우리은행	2007. 12. 18.	24개월	Forward & K/O T.F
⑤	피고 씨티은행	2007. 12. 18.	12개월	Window KOKI Target Forward
⑥	피고 우리은행	2008. 1. 18.	22개월	Win KI Tarn & K/O plus

대법원은 원심과 마찬가지로 적합성 원칙 위반을 부정하였는데 그 근거로 든 사정은 다음과 같다.

- 이 사건 ①의 통화옵션계약은 원고가 이미 여러 차례 경험한 통화선도거래와 비교하면, 일정 환율 이하로 하락할 경우에 환 헤지 효과를 일정한 금액으로 제한하고 레버리지 조건을 부가하는 대신 행사환율을 높인 정도의 차이만 있을 뿐이다.

- 원고는 녹아웃 조건, 녹인 조건, 레버리지 조건이 부가된 ② 내지 ⑥의 각 통화옵션계약을 체결하기 전에 이미 ①의 통화옵션계약의 레버리지 조건 성취에 따라 5회에 걸쳐 2배의 매도의무를 경험하였다.

- 원고는 피고 씨티은행과 녹아웃 조건이 붙은 애니타임 코 타깃 포워드(Anytime KO Target Forward) 계약 등을 체결하고 녹아웃 조건 성취로 거래가 소멸되는 경험도 하였다.

- 이 사건 각 통화옵션계약에 따라 피고들이 가지는 콜옵션 계약금액은 이 사건 ⑥의 통화옵션계약 체결 이후 최대 월 350만 달러 규모로서 원고의 2007년과 2008년의 월 평균 달러 유입액 범위 내에 있었다.

대법원은 「이러한 사정을 종합해 보면, 원고는 이미 유사한 거래경험이 있는 상태에서 부분적 환 헤지 상품이라는 이 사건 각 통화옵션계약의 특성과 당시 국내외 기관의 장래 환율에 대한 전망 등을 고려하여 시장환율보다 높은 행사환율이 보장되는 환 헤지거래의 목적으로 이 사건 각 통화옵션계약을 체결한 것으로 보이고, 그 콜옵션 계약금액이 원고의 예상 외화유입액의 범위를 넘지 않는 등 이 사건 각 통화옵션계약이 원고의 매출규모나 환 헤지 거래경험 등 경영상황에 비추어 과대한 위험을 초래하는 것이라고 볼 수 없다」라고 판단하였다.

2) 모나미 사건 : 대법원 2013. 9. 26. 선고 2013다26746 전원합의체 판결

대법원은 이른바 '모나미 사건'에서 적합성 원칙과 관련하여 다음과 같은 법리를 추가하였다.

◎ 대법원 2013. 9. 26. 선고 2013다26746 전원합의체 판결 - 모나미 사건

은행 등 금융기관과 금융상품 거래를 하는 고객은 그 거래를 통하여 기대할 수 있는 이익과 부담하게 될 위험 등을 스스로 판단하여 궁극적으로 자기의 책임으로, 그 거래를 할 것인지 여부 및 거래의 내용 등을 결정하여야 하고, 이러한 자기책임의 원칙은 장외파생상품 거래와 같이 복잡하고 위험성이 높은 거래라고 하여 근본적으로 달라지는 것이 아니다. 따라서 기업이 환 헤지 목적이 아니라 환율변동을 이용하여 환차익을 얻고자 하는 등 투자 내지 투기적 목적으로 통화옵션계약을 체결하고자 할 경우에는, 금융기관이 고객에게 그 계약에 내재된 위험성 등을 충분히 고지하여 인식하게 한 이상 그러한 목적의 계약체결을 저지하거나 거부하지 않았다고 하여 곧 적합성의 원칙을 위반하고 고객 보호의무를 다하지 아니한 것이라고 단정할 수는 없다. 이는 은행이 다른 금융기관에 비해 더 큰 공신력을 가지고 있다는 점을 고려하더라도 마찬가지이다.

원심은 「원고(=모나미)가 환위험을 관리하려는 목적으로 키코계약을 체결하였음을 전제로 피고가 원고의 달러 유입액 규모나 그 형태에 비추어 적절하지 않은 키코계약의 체결을 권유하여 적합성의 원칙을 위반하였다」라고 판단하여 원고 청구를 일부 인용하였다.

그러나 대법원은 「위의 법리에 비추어 다음과 같은 사정을 종합하면 적합성 원칙 위반이 인정되지 않는다」라는 취지로 원심을 파기하였다.

- 원고는 장차 환율이 하락할 것이라는 예상을 한 나머지 그에 따른 환차익을 취득하려는 목적으로 장차 취득할 현물환 유입액을 훨씬 초과하여 단기간에 고위험 구조의 이 사건 각 통화옵션계약 등 총 15건의 통화옵션계약을 체결하였고, 이로써 볼 때 원고는 장차 유입될 외환현물의 규모를 염두에 두고 환위험을 회피하기 위한 환 헤지의 목적으로 계약을 체결한 것이 아니라 현물환 취득액과 상관없이 통화옵션계약을 통하여 환율 변동에 따른 환차익을 획득하려는 환투자 내지 환투기의 목적에서 이 사건 각 통화옵션계약을 체결하였다고 볼 수 있다.

- 원고는 종전의 거래경험 및 피고의 설명 등에 의하여 위와 같이 과도한 오버헤지 상태가 되는 통화옵션계약을 체결할 경우 거기에서 초래될 수 있는 위험성을 충분히 인식하고 있었던 것으로 보인다.

- 피고가 원고와 이 사건 각 통화옵션계약을 체결한 것을 두고, 환 헤지 목적으로 계약을 체결하려는 고객에 대하여 거기에 내재된 과도한 위험성을 외면하고 그 목적에 맞지 않는 장외파생상품 거래를 적극적으로 권유한 경우에 해당한다고 할 수는 없다.

- 위와 같은 상황에서 원고가 스스로 선택하여 결정한 이 사건 각 통화옵션계약의 체결을 피고가 끝까지 저지하거나 거부하지 아니하였다고 하더라도, 피고가 적합성의 원칙을 위반하고 고객보호의무를 다하지 아니한 것이라고 볼 수도 없다.

- 이는 피고가 투자 목적의 금융기관이 아닌 시중은행이라는 점을 감안하더라도 마찬가지이다.

이 사건은 이른바 능동적 고객에 대한 적합성 원칙과 관련된 사안이다. 여기서 대법원은 고객이 투기적 목적으로 계약을 체결하고자 할 경우에 은행은 위험성을 고지할 의무는 있으나 그러한 목적의 계약체결을 저지하거나 거부할 의무까지 부담하지 않는다고 보았다.

(3) 설명의무

키코 전원합의체 판결에서 대법원은 장외파생상품의 거래에 관한 설명의무에 관하여 다음과 같이 판시하였다.

◎ 대법원 2013. 9. 26. 선고 2012다1146, 1153 전원합의체 판결 – 세신
　정밀사건

　　금융기관이 일반 고객과 사이에 전문적인 지식과 분석능력이 요구되는 장외파
생상품 거래를 할 경우에는, 고객이 당해 장외파생상품에 대하여 이미 잘 알고 있는
경우가 아닌 이상, 그 거래의 구조와 위험성을 정확하게 평가할 수 있도록 거래에
내재된 위험요소 및 잠재적 손실에 영향을 미치는 중요인자 등 거래상의 주요 정보
를 적합한 방법으로 명확하게 설명하여야 할 신의칙상의 의무가 있다. 이때 금융기
관이 고객에게 설명하여야 하는 거래상의 주요 정보에는 당해 장외파생상품 계약의
구조와 주요 내용, 고객이 그 거래를 통하여 얻을 수 있는 이익과 발생 가능한 손실
의 구체적 내용, 특히 손실발생의 위험요소 등이 모두 포함된다 할 것이다.

　　그러나 당해 장외파생상품의 상세한 금융공학적 구조나 다른 금융상품에 투자
할 경우와 비교하여 손익에 있어서 어떠한 차이가 있는지까지 설명해야 한다고 볼
것은 아니고, 또한 금융기관과 고객이 제로 코스트 구조의 장외파생상품 거래를 하
는 경우에도 수수료의 액수 등은 그 거래의 위험성을 평가하는 데 중요한 고려요소
가 된다고 보기 어렵다고 할 것이므로, 수수료가 시장의 관행에 비하여 현저하게 높
지 아니한 이상 그 상품구조 속에 포함된 수수료 및 그로 인하여 발생하는 마이너
스 시장가치에 대해서까지 설명할 의무는 없다고 보는 것이 타당하다.

　　한편 금융기관은 금융상품의 특성 및 위험의 수준, 고객의 거래 목적, 투자경험
및 능력 등을 종합적으로 고려하여 고객이 그 거래상의 주요 정보를 충분히 이해할
수 있을 정도로 설명하여야 한다(대법원 2003. 7. 11. 선고 2001다11802 판결 등 참
조). 특히 금융상품이 고도의 금융공학적 지식에 의하여 개발된 것으로서 환율 등 장
래 예측이 어려운 변동요인에 따라 손익의 결과가 크게 달라지는 고위험 구조이고,
더구나 개별 거래의 당사자인 고객의 예상 외화유입액 등에 비추어 객관적 상황이 환
헤지 목적보다는 환율변동에 따른 환차익을 추구하는 정도에 이른 것으로 보이는 경
우라면, 금융기관으로서는 그 장외파생상품 거래의 위험성에 대하여 고객이 한층 분
명하게 인식할 수 있도록 구체적이고 상세하게 설명할 의무가 있다.

(가) 설명의무 위반을 부정한 사례

　　'수산중공업 사건'에서는, 「원고의 담당자가 이 사건 거래와 유사한 거
래를 한 경험이 있다는 점과 피고 은행들의 담당직원이 원고측 담당자와 계
약의 구체적 조건들에 관하여 협의하면서 설명하였다는 점을 근거로 원고가
이해할 수 있을 정도의 충분한 설명이 적절한 방법에 의하여 이루어졌다」라

고 보아 설명의무 위반을 부정하였다.

그리고 '모나미 사건'에서도, 「원고가 이 사건 각 통화옵션계약의 기본적인 구조와 위험을 이해한 상태이므로 이에 대해서는 설명의무가 없고, 환율 급등으로 인한 위험이나 그로 인한 손실의 정도 등에 대하여는 설명이 이루어졌다」라고 보아 설명의무 위반을 부정하였다.

(나) 설명의무 위반을 인정한 사례

'세신정밀 사건'에서는 「원고가 ③의 계약 자체의 구조와 위험성은 인식하고 있었지만, 먼저 체결한 ①과 ②의 계약 및 현물환의 예상 보유액을 함께 고려한 위험성까지는 미처 인식하지 못하였던 것으로 보이는데도, 피고 은행측에서 투기적 성격을 가진 3 계약을 헤지거래라고 설명하였다」라는 이유로 설명의무 위반을 인정하였다.

'삼코 사건'에서도 「2007. 12. 20.자 통화옵션계약으로 인하여 오버헤지가 발생할 가능성이 있고 위 통화옵션계약이 원고에게 어느 정도의 위험성을 초래하는 것인지 따져야 할 필요가 있었고, 그에 따라 원심으로서는 피고가 위 통화옵션거래로 인한 위험성의 내용 및 정도에 대하여 충분히 설명하였는지를 따져 설명의무를 위반하였는지를 가렸어야 했다」라는 이유로 설명의무 위반을 부정한 원심을 파기하였다.

2. 投資信託의 資産運用會社가 作成하는 投資說明書의 記載內容이 信託契約의 當事者 사이에 당연히 契約的 拘束力이 있는지 與否 및 그 記載內容이 個別 約定으로서 拘束力이 있는지 判斷하는 基準

◎ 대법원 **2013. 11. 28.** 선고 **2011다96130** 판결

[1] 구 간접투자자산 운용업법(2007. 8. 3. 법률 제8635호 자본시장과 금융투자업에 관한 법률 부칙 제2조로 폐지) 제28조, 제56조 제1항, 제2항의 투자설명서에 관한 규정 및 취지에 비추어 볼 때, 투자설명서의 기재 내용 자체가 투자신탁계약의 당사자 사이에서 당연히 계약적 구속력이 있다고 볼 수는 없고, 투자설명서에 기재된 내용이 신탁약관의 내용을 구체화하는 내용인 경우에 신탁약관의 내용과 결합하여 계약적 구속력을 가진다. 다만 그 기재 내용이 개별약정으로서 구속력을 가질 수

는 있지만, 개별약정으로서 구속력이 있는지 여부는 투자설명서에 기재된 구체적인 내용, 그러한 내용이 기재된 경위와 당사자의 진정한 의사 등을 종합적으로 고려하여 판단하여야 한다.

　　[2] 구 간접투자자산 운용업법 제19조 제1항은 "자산운용회사가 법령, 투자신탁의 약관 또는 투자회사의 정관 및 제56조의 규정에 의한 투자설명서에 위배되는 행위를 하거나 그 업무를 소홀히 하여 간접투자자에게 손해를 발생시킨 때에는 그 손해를 배상할 책임이 있다."고 규정하고 있고, 제86조 제1항은 "투자신탁의 자산운용회사 및 투자회사는 선량한 관리자의 주의로써 간접투자재산을 관리하여야 하며, 간접투자자의 이익을 보호하여야 한다."고 규정하고 있는바, 자산운용회사가 가능한 범위 내에서 수집된 정보를 바탕으로 간접투자재산의 최상의 이익에 합치된다는 믿음을 가지고 신중하게 간접투자재산의 운용에 관한 지시를 하였다면 위 법 규정에서 말하는 선량한 관리자로서의 책임을 다한 것이라고 할 것이고, 설사 그 예측이 빗나가 신탁재산에 손실이 발생하였다고 하더라도 그것만으로 간접투자재산 운용단계에서의 선량한 관리자로서의 주의의무를 위반한 것이라고 할 수 없다.

(1) 사안의 개요

　　이 사건 펀드는 한국전력 보통주와 우리금융 보통주에 연계된 장외파생상품에 신탁재산의 대부분을 투자하기로 하는 파생상품투자신탁이다.

　　자산운용회사인 피고가 이 사건 펀드의 투자자를 모집하면서 투자설명서에 이 사건 펀드가 투자할 장외파생상품의 거래상대방을 '비엔피 파리바'로 기재하였다가 모집된 펀드 규모가 당초 예정된 200억 원을 초과하였기 때문에 비엔피 파리바와 당초 거래를 유지할 수 없게 되자, '리먼브라더스 아시아'로 거래상대방을 변경하였다. 그 후 리먼브라더스 아시아의 지주회사인 리먼브라더스의 파산으로 이 사건 펀드의 투자자들인 원고들이 투자금액을 전혀 회수할 수 없게 되었다.

　　제1심과 항소심은 피고의 손해배상책임을 인정하였다. 즉,「투자설명서에 거래상대방을 비엔피 파리바로 기재한 부분은 투자신탁계약의 내용을 구성하고 피고는 거래상대방을 비엔피 파리바로 하여 투자자산을 운용할 계약상 의무를 부담하는데, 피고가 거래상대방을 리먼브라더스 아시아로 변경한 행위는 자산운용회사의 재량범위를 넘는 채무불이행에 해당하여 간접투자법 제19조에 따른 손해배상책임을 부담한다」라고 판시하였다.

(2) 해　　설

대법원은 「간접투자법에 규정된 투자설명서의 기재내용의 효력에 관하여 다음과 같이 판시한 후 이 사건 펀드에 관한 투자설명서에 장외파생상품의 거래상대방을 비엔피 파리바로 기재한 부분은 신탁약관의 내용을 구체화하는 것이라고 볼 수 없으므로 그 기재 내용이 당연히 투자신탁계약의 내용에 편입되어 계약적 구속력이 있다고 할 수 없다」라고 판단하였다.

나아가 대법원은 「위와 같은 선관주의의무에 관한 법리에 근거하여, 피고가 리먼브라더스의 파산가능성을 예측할 수 없는 상황에서 불가피한 사정으로 이 사건 펀드가 투자하는 장외파생상품의 거래상대방을 비엔피 파리바의 신용등급과 유사한 리먼브라더스의 지급보증하에 리먼브라더스 아시아로 변경한 것을 가지고 투자설명서 위반 또는 선관주의의무 위반이 있다고 할 수 없다」라고 판단하여 원심을 파기하였다.

3. 남선알미늄 市勢操縱 事件

◎ 대법원 2013. 7. 11. 선고 2011도15056 판결

[1] 구 증권거래법(2007. 8. 3. 법률 제8635호 자본시장과 금융투자업에 관한 법률 부칙 제2조로 폐지) 제188조의4 제1항 제1호, 제2호에서 시세조종행위의 하나로 규정한 통정매매는 자기가 매도(매수)하는 것과 같은 시기에 그와 같은 가격으로 타인이 그 유가증권을 매수(매도)할 것을 사전에 그 타인과 통정한 후 매도하는 행위를 의미한다. 여기서 타인이란 유가증권의 매매로 인한 손익이 달리 귀속되는 자를 뜻하는 것으로서, 동일인이 서로 다른 손익의 귀속 주체들로부터 각 계좌의 관리를 위임받아 함께 관리하면서 거래가 성황을 이루고 있는 듯이 잘못 알게 하거나 타인으로 하여금 그릇된 판단을 하게 할 목적으로 각 계좌 상호 간에 같은 시기에 같은 가격으로 매매가 이루어지도록 하는 행위도 위 통정매매에 해당한다.

[2] 구 증권거래법(2007. 8. 3. 법률 제8635호 자본시장과 금융투자업에 관한 법률 부칙 제2조로 폐지, 이하 같다) 제207조의2와 제214조는 시세조종행위 등 '위반행위로 얻은 이익'이 일정액을 초과하면 징역형의 법정형을 가중하고 벌금형의 상한도 상향되도록 규정하고 있다. 또한 구 범죄수익은닉의 규제 및 처벌 등에 관한 법률(2007. 12. 21. 법률 제8719호로 개정되기 전의 것) 제8조, 제10조 등에 의하면 구 증권거래법상 시세조종행위 등 범죄행위에 의하여 생긴 재산인 불법수익은 몰수

·추징하도록 되어 있다. 이와 같은 법률 규정 체계에 비추어 위 '위반행위로 얻은 이익'은 그 위반행위와 관련된 거래로 인하여 얻은 이익 중 위반행위로 인하여 발생한 위험과 인과관계가 인정되는 것을 의미한다고 보아야 한다. 이는 통상적인 경우에는 위반행위와 관련된 거래로 인한 총수입에서 그 거래를 위한 총비용을 공제한 차액을 산정하는 방법으로 산출할 수 있겠지만, 주식시장에서 정상적인 주가변동요인에 의한 주가상승분이나 위반행위자와 무관한 제3자가 야기한 변동요인에 의한 주가상승분이 존재하는 등으로 구체적인 사안에서 위반행위로 얻은 이익의 가액을 위와 같은 방법으로 산정하는 것이 부당하다고 볼 만한 사정이 있는 경우에는 위반행위와 인과관계가 인정되는 이익만을 따로 구분하여 산정해야 하고, 그에 대한 증명책임은 검사가 부담한다.

(1) 공소사실의 요지

남선알미늄의 주식 및 경영권을 인수한 피고인 1은 남선알미늄의 주식이 액면가인 5,000원에도 못 미치는 2,700원대에 거래되고 있어 주가가 저평가되어 있다고 판단하고, 피고인 2, 3에게 차명 증권계좌들을 개설하고 그 계좌들과 계열회사의 자금을 이용하여 남선알미늄 주식 거래가 성황을 이루고 주가가 급등하는 것처럼 보이도록 남선알미늄 주식을 거래하라고 지시하였다.

피고인 2, 3은 피고인 1의 지시에 따라 차명계좌들을 개설하고 계열회사 자금을 이용하여 통정거래, 고가매수주문, 시장가매수주문 등의 방법으로 총 820회에 걸쳐 시세조종 주문을 함으로써, 합계 4,183,074,512원의 부당이익을 취득하였다.

(2) 구 증권거래법상 통정매매, 가장매매 해당 여부

위 공소사실 각 거래 중 일부 거래가 이루어진 계좌는 피고인 3 혼자서 모두 관리하던 A 명의의 차명계좌와 甲 회사 명의의 계좌 사이에 이루어진 것이고 그 주식매매대금은 피고인 3 혼자서 결정한 것이지만, 이는 그 거래로 인한 손익이 서로 달리 귀속되는 타인 사이에서 이루어진 것이었다.

항소심은 「위의 각 거래는 구 증권거래법 제188조의4 제1항 제3호 소정의 가장매매에 해당한다」라고 판단하였다.

그러나 대법원은 「위 각 거래는 그 거래로 인한 손익이 서로 달리 귀속되는 타인 사이에서 이루어진 것이므로 구 증권거래법 제188조의4 제1항 제1호 및 제2호에서 규정하는 통정매매에 해당한다」라고 보았다.[18] 시세조종행위에 있어 가장매매라 함은 매수계좌와 매도계좌가 동일한 경우 또는 그 계좌가 다르더라도 계산 주체가 동일한 경우라는 점에서, '계산주체가 다른' 계좌들을 이용하여 사전에 서로 매매거래를 일으키자고 통정한 후에 거래가 체결될 수 있는 시간 내에 매수, 매도 주문을 내어 매매체결을 일으키는 주문행위인 통정매매와 구별되기 때문이다.

(3) 위반행위로 인한 이득액의 산정

항소심은 이 사건 시세조종행위로 얻은 이익 중 '실현이익'은 이 사건 시세조종행위 기간 동안의 구체적 거래행위를 바탕으로 비용을 고려한 평균매수단가와 평균매도단가를 산정한 다음 이 차액을 매매일치수량(매수수량과 매도수량 중 더 적은 수량)에 곱하는 방법으로 산정하고, '미실현이익'은 시세조종행위 종료 시점의 잔존수량에 그 시점의 주가(추정 매도단가)에서 평균매수단가를 뺀 차액을 곱하는 방법으로 산정하여 그 합계 이익액을 기준으로 피고인들에 대하여 증권거래법 제207조의2 제2항 제2호의 가중처벌 규정의 죄책을 인정하였다.

이에 대하여 대법원은 「앞의 법리에 근거하여 이 사건 시세조종기간 동안 남선알미늄 주식의 주가상승분에 이 사건 시세조종행위로 인한 주가상승분 외에 다른 요인에 의한 주가상승분이 포함되어 있다면 그 부분은 공제하여 위반행위로 인한 이익을 구분 산정하여야 한다」라는 취지로 판단하면서 원심을 파기하였다.[19]

---

18) 다만 대법원은 원심이 위 각 거래를 통정매매가 아닌 가장매매로 본 것은 잘못이지만, 이는 행위 태양을 잘못 파악한 것에 불과할 뿐이고, 그 전체 시세조종기간 동안의 이 사건 시세조종행위를 모두 구 증권거래법 제188조의4 소정의 불공정거래행위금지 위반의 포괄일죄로 보아 유죄로 인정한 결론은 정당하다고 판단하였다.

19) 파기 후 원심(서울고등법원 2013. 11. 29. 선고 2013노2284 판결)에서는 검사가 제출한 증거들만으로는 시세조종 주문과 인과관계가 인정되는 부분만을 분리하여 그 이익액을 산정하기에 충분하지 않으므로 이 부분 위반행위로 인한 이익액을 산정할 수 없는 경우에 해당한다는 이유로 무죄로 판단하였고, 검사가 상고하지 않아 그대로 확정되었다.

4. 舊 證券去來法 第191條의19 第1項 第1號 (가)목에서 禁止하는 '金錢 등의 貸與行爲'에 그 行爲의 實質的인 相對方을 上場法人 의 理事 등으로 볼 수 있는 경우도 包含되는지 與否

◎ 대법원 2013. 5. 9. 선고 2011도15854 판결

> 구 증권거래법 제191조의19 제1항 제1호 (가)목이 주권상장법인 또는 코스닥상 장법인(이하 '상장법인'이라고 한다)의 이사 등에 대한 금전 등의 대여를 금지한 취 지는, 영리법인인 상장법인의 업무는 그 회사의 자율에 맡기는 것이 원칙이겠지만, 상장법인은 비상장법인과는 달리 다수의 일반 투자자들이 유가증권시장이나 코스닥 시장을 통하여 증권거래에 참가하고 있어 그와 같은 내부거래를 자율에만 맡길 경 우 상장법인의 건전한 재정상태를 위태롭게 하고 일반 투자자들의 이익을 해할 위 험이 있으므로 일정한 금전 등의 대여행위를 금지함으로써 상장법인의 건전한 경영 을 도모하고 이를 통하여 일반 투자자들을 보호하려는 데 있다. 이러한 입법 취지와 함께 위 규정이 '이사 등을 상대방으로 하는' 금전 등의 대여행위와 아울러 '이사 등 을 위하여 하는' 금전 등의 대여행위도 금지하고 있는 점 등을 고려하면, 위 규정에 서 금지하고 있는 금전 등의 대여행위에는 상장법인이 그 이사 등을 직접 상대방으 로 하는 경우뿐만 아니라, 그 금전 등의 대여행위로 인한 경제적 이익이 실질적으로 상장법인의 이사 등에게 귀속하는 경우와 같이 그 행위의 실질적인 상대방을 상장 법인의 이사 등으로 볼 수 있는 경우도 포함된다고 해석하여야 한다.

(1) 사안의 개요

구 증권거래법은 주권상장법인 또는 코스닥상장법인('상장법인')과 주요 주주 등 이해관계자 사이의 신용공여를 금지하고 위반 시 그 행위자와 상장 회사를 처벌하는 규정(제191조의19 제1항 제1호 (가)목, 제207조의3 제7호)을 두고 있었는데, 자본시장법에 의 해 폐지되고, 현재는 2009. 2. 4.부터 시행된 상법에서 비슷한 취지의 규정 (제542조의9, 제624조의2, 제634조의3)을 두고 있다.

이 사건은 ① 코스닥상장법인인 甲회사로 하여금 동일 기업집단 내에 있는 비상장법인 또는 개인 명의로 甲회사의 자금을 대여하게 한 다음 甲회 사의 이사들이 그 비상장법인 등으로부터 다시 그 금원을 대여받게 한 경우 와, ② 甲회사의 대표이사가 甲회사가 발행한 신주인수권부사채 매입 비용을 마련하기 위하여 동일 기업집단 내에 있는 비상장법인 명의로 대출을 받은

다음 甲회사로 하여금 제3자에게 甲회사의 자금을 대여하게 하여 그 자금으로 그 대출금 채무를 변제하게 한 경우가 문제된 사안이다.

(2) 해   설

대법원은 위와 같은 법리에 근거하여 모두 甲회사가 그 이사를 위하여 대여한 경우에 해당한다고 판단하여 유죄로 인정하였다.

이렇게 보지 않으면, 상장법인이 계열회사나 그 계열사 소속 임원 등에게 대여한 후 다시 상장법인의 이사가 그로부터 대여받는 방법으로 손쉽게 내부 신용거래 금지규정을 회피하게 되어 그 실효성이 없게 되는 점을 고려한 판단으로 보인다.

5. 스캘퍼 事件

◎ 대법원 2014. 1. 16. 선고 2013도4064 판결

구 자본시장과 금융투자업에 관한 법률(2013. 5. 28. 법률 제11845호로 개정되기 전의 것, 이하 '구 자본시장법'이라 한다) 제178조 제1항 제1호는 금융투자상품의 매매, 그 밖의 거래와 관련하여 '부정한 수단, 계획 또는 기교를 사용하는 행위'를 금지하고 있는데, 여기서 '부정한 수단, 계획 또는 기교'란 사회통념상 부정하다고 인정되는 일체의 수단, 계획 또는 기교를 말한다. 나아가 어떠한 행위를 부정하다고 할지는 그 행위가 법령 등에서 금지된 것인지, 다른 투자자들로 하여금 잘못된 판단을 하게 함으로써 공정한 경쟁을 해치고 선의의 투자자에게 손해를 전가하여 자본시장의 공정성, 신뢰성 및 효율성을 해칠 위험이 있는지를 고려해야 할 것인데, 금융투자업자 등이 특정 투자자에 대하여만 투자기회 또는 거래수단을 제공한 경우에는 그 금융거래시장의 특성과 거래참여자의 종류와 규모, 거래의 구조와 방식, 특정 투자자에 대하여만 투자기회 등을 제공하게 된 동기와 방법, 이로 인하여 다른 일반투자자들의 투자기회 등을 침해함으로써 다른 일반투자자들에게 손해를 초래할 위험이 있는지 여부, 이와 같은 행위로 인하여 금융상품 거래의 공정성에 대한 투자자들의 신뢰가 중대하게 훼손되었다고 볼 수 있는지 등의 사정을 구 자본시장법의 목적·취지에 비추어 종합적으로 고려하여 판단하여야 한다.

(1) 공소사실의 요지

피고인 1은 현대증권의 대표이사이고, 피고인 2는 현대증권의 IT 본부장

(상무)으로서, 현대증권을 통해 ELW 거래를 하는 투자자들의 주문을 거래소로 전달하는 현대증권의 자동주문 전산시스템의 개발·운영·관리 등을 총괄하고 있었다.

피고인 1과 피고인 2는 스캘퍼들인 태릉팀, 여백팀, 전병일팀, 조창호에게 증권회사 내부 전산망 이용(매매 알고리즘 탑재), 스캘퍼 전용 증권회사 서버 이용, 스캘퍼 DB구축, 가원장체크, 시세정보 우선제공 등의 부정한 수단을 제공하여, 위 스캘퍼들의 ELW 매매 주문이 일반투자자나 다른 스캘퍼보다 빠르게 거래소에 도달하는 데 필요한 위와 같은 전산처리절차 등을 제공하였고, 이를 이용하여 위 스캘퍼들은 합계 약 42조 8,423억 원 상당의 ELW 매매를 하였고, 현대증권은 그 과정에서 약 13억 2,300만 원 상당의 수수료 수익을 취득하였다.

(2) 해   설

제1심 및 항소심은 「피고인의 행위가 구 자본시장법 제178조 제1항 제1호의 '부정한 수단, 계획 또는 기교를 사용하는 행위'에 해당한다고 볼 수 없다」라고 판단하여 피고인들에 대하여 무죄를 선고하였다.

대법원은 원심을 수긍하여 검사의 상고를 기각하면서, 구 자본시장법 제178조 제1항 제1호에 규정된 부정행위의 의미에 관하여 위와 같이 구체적으로 판시하면서, 특히 스캘퍼 사건과 같이 금융투자업자가 특정 투자자에 대하여만 투자기회 또는 거래수단을 제공한 경우에 부정행위 해당 여부 판단시 고려할 사정을 제시하였다.

이 사건에서는 「① 구 자본시장법이나 관계 법령의 해석상 주문 처리 과정에서 속도의 차이가 없어야 한다'는 원칙이 있다고 볼 수 없고, ② 다른 일반투자자의 이익을 해칠 위험성이 크지 아니하며, ③ 그와 같은 서비스를 제공한다는 사실을 공시할 의무가 있다거나 공시하지 아니하면 스캘퍼에게도 제공하지 아니하여야 할 의무가 있다고 할 수도 없고, ④ 이미 기관투자자나 다른 유가증권 거래에서 허용되어 오던 것인 점˙등의 사정을 고려하면 피고인들의 행위로 인하여 금융상품 거래의 공정성에 대한 투자자들의 신뢰가 훼손되었다고 볼 수 없다」라고 판단한 것이다.

2014年 主要 商事判例 回顧*

陳 尙 範**

Ⅰ. 商法總則

◎ 대법원 2014. 4. 10. 선고 2013다68207 판결

　　상법 제3조에 따라 당사자 중 1인의 행위가 상행위인 때에는 전원에 대하여 상법이 적용되므로, 당사자의 일방이 수인인 경우에 그중 1인에게만 상행위가 되더라도 전원에 대하여 상법이 적용된다고 해석된다.

1. 事案의 槪要

　　甲회사 대표이사인 A는 甲회사의 공장매입 계약금으로 사용하기 위하여 2005. 5. 2. 원고와 이 사건 소비대차계약을 체결하고, 피고는 이 사건 차용금채무를 연대보증하였다. 이 사건 소비대차계약에 관하여 작성된 차용금증서의 작성자란에는 부동문자로 "甲회사"라고 인쇄되어 있고 그 옆에 "대표: A"라는 서명과 함께 甲회사의 법인도장이 날인되어 있으며, 그 바로 아래 줄에 부동문자로 "위 채무자인"이라고 인쇄되어 있고 그 옆에 "A"라는 서명과 함께 A의 개인도장이 날인되어 있었다.

　　한편 피고를 비롯한 연대보증인들은 모두 위 차용금증서 중 "연대보증인"이라고 인쇄된 부동문자 옆에 서명·날인하였다. 원고가 A를 주채무자로

---

　*　제36회 상사법무연구회 발표 (2015년 4월 11일)
　　2014년의 대법원은 2013년에 비해 일반인들의 이목을 끌만한 상사 판결들을 선고하지는 않았지만, 모든 상사법 영역에서 고르게 중요한 법리를 밝힌 판결들을 선고하였다. 이하에서 상법총칙, 회사법, 보험법, 해상법, 증권금융, 국제거래 분야의 순서로 2014년 1월부터 2015년 2월까지 선고된 중요 판결들을 되짚어 보기로 한다.
　**　서울서부지방법원 부장판사

하여 차용금 등의 반환을 청구한 소송에서 A는 전부 패소하였으나 항소하지 아니하여 위 판결이 그대로 확정되었다. 한편 甲회사는 2006. 5. 30. 이 사건 차용금 등의 반환을 담보하는 의미로 원고에게 그 명의의 양도담보부 금전소비대차계약 공정증서를 작성하여 주었다.

원고는 연대보증인인 피고를 상대로 차용금의 지급을 구하는 이 사건 소를 제기하였는데, 피고는 주채무자가 상인인 甲회사이므로 이 사건 차용금채무에 5년의 상사소멸시효가 적용되어야 하고 이 사건 소는 변제기로부터 5년이 경과된 후에 제기되어 피고의 연대보증채무는 시효소멸하였다고 주장하였다. 원심은 피고가 甲회사가 아닌 A의 차용금채무에 연대보증하였다는 이유로 피고의 소멸시효 주장을 배척하였다.

이에 대하여 피고는 상고이유로 이 사건 차용금채무에 5년의 상사소멸시효가 적용된다고 주장하였다.

2. 大法院의 判斷

대법원은 甲회사 및 대표이사 A는 이 사건 차용금증서에 채무자로 각각 서명·날인한 것으로 보이므로 공동차주로 해석함이 타당하다고 보았다. 나아가 「甲회사가 공장매입자금 일부를 마련하기 위하여 원고와 이 사건 소비대차계약을 체결한 것은 그 영업을 위하여 한 보조적 상행위이고, A는 상인은 아니지만 甲회사에 대하여 상행위가 되는 이 사건 소비대차계약을 함께 체결하여 공동차주로서 이 사건 차용금채무를 부담하였으므로 A에 대하여도 상법이 적용되며, 결국 甲회사 및 A의 이 사건 차용금 채무는 모두 상사채무로서 5년의 상사소멸시효가 적용되어 시효로 소멸하였고 부종성의 법리에 따라 피고의 연대보증채무도 소멸하였다」라고 판단하였다.

3. 解 說

당사자의 일방이 수인인 경우에 그 1인에 대하여는 상행위이지만 나머지 사람에 대하여는 상행위가 아닌 경우 전원에 대하여 상법이 적용되는지에 관하여, 일본 상법은 "당사자의 일방이 2인 이상 있는 경우에 그 1인을 위하여 상행위가 되는 행위에 대해서는 이 법률을 그 전원에 적용한다."라는 명문의 규정(일본상법
제3조 제2항)을 두어 입법적으로 해결하였다. 그러나 이러한 명문의 규정이 없는 우리나라에서는 상법 제3조의 적용 여부를 둘러싸고 법률관계의 획일적 처리를 위하여 그 적용을 긍정하는 견해도 있고, 일본과 같은 명문의 규정이 없는 한 비상인의 보호를 위하여 그 적용을 부정해야 한다는 견해도 있었다. 그런데 대법원은 이러한 경우에 현행 상법 제3조가 적용된다고 판단한 것이다.

생각건대, 상법 제3조의 문언 자체가 당사자의 일방이 수인인 경우를 배제하고 있다고 보기 어려운 점, 상법 제3조의 입법취지는 법률관계의 획일적 처리를 위한 것인데 이와 같은 획일적 처리의 필요성은 당사자의 일방이 수인인 경우에 더 크다고 볼 것인 점, 적용 부정설을 취한다고 하여 모든 경우에 비상인이 보호되는 결과가 된다고 단정할 수 없는 점 등에 비추어 보면, 대법원이 취한 입장은 타당하다고 할 것이다.

Ⅱ. 會社法

1. 株券發行 前 株式이 二重讓渡된 경우의 法律關係

◎ 대법원 2014. 4. 30. 선고 2013다99942 판결

[1] 甲 주식회사의 주권발행 전 주식을 양수한 乙이 회사에 대하여 확정일자 있는 문서에 의하지 않은 양도 통지나 승낙의 요건을 갖춘 후, 丙 등이 위 주식 중 일부를 이중으로 양수하여 명의개서를 마쳤으나 확정일자 있는 문서에 의한 양도 통지나 승낙의 요건을 갖추지는 않은 사안에서, 丙 등은 乙에 대한 관계에서 주주로서 우선적 지위를 주장할 수 없다고 본 원심판단을 정당하다고 한 사례

[2] 명의개서를 하지 아니한 주식양수인에게 소집통지를 하지 않고 이루어진 주주총회결의에 절차상 하자가 있는지 여부 (소극)

[3] 甲 주식회사의 주권발행 전 주식을 양수한 乙이 회사에 대하여 확정일자 있는 문서에 의하지 않은 양도 통지나 승낙의 요건을 갖춘 후, 丙 등이 위 주식 중 일부를 이중으로 양수하여 명의개서를 마쳤는데, 그 후 乙에 대한 소집통지 없이 임시주주총회가 개최되어 주주명부상 주주 전원의 찬성으로 乙을 공동대표이사에서 해임하는 등 결의가 이루어진 사안에서, 결의가 존재한다고 할 수 없을 정도의 중대한 흠이 있다고 본 원심판결에 법리오해 등 위법이 있다고 한 사례

(1) 사안의 개요

피고 회사가 발행한 주식 총수는 10,000주이고, A가 5,000주, B가 4,500주, C(A의 아들)가 500주를 각 소유하고 있었다(주권은 미발행).

원고는 2009. 11. 18. 피고 회사에 대한 대여금을 담보하기 위하여 A로부터 5,000주, B로부터 4,500주를 각 양수하기로 하는 이 사건 주식양도계약을 체결하고, 그 직후 열린 2009. 11. 20.자 임시주주총회에서 대표이사에 선출되었다(주주명부상 주주 A, B의 찬성이 있었다). 그 과정에서 피고 회사에 대한 주식양도사실의 통지나 피고 회사의 승낙이 있었다.

2010. 7. 2. 임시주주총회에서 원고 X가 대표이사로서 주주총회를 진행하여 사내이사로 Y를 추가선임하고 Y를 공동대표이사로 선출하였다(주주명부상 주주 A, B, C 찬성).

이후 A는 자신의 주식 중 2,500주를 D에게, B는 4,500주 전부를 E에게 이중으로 양도하였고, D와 E는 명의개서를 마쳤다(주주명부상 A 2,500주, C 500주, D 2,500주, E 4,500주).

2011. 7. 29. 공동대표이사인 Y가 임시주주총회를 소집하여 원고 X를 공동대표이사에서 해임하는 이 사건 결의를 하였는데, 주주명부상 주주 A, C, D, E 전원이 출석하여 이 안건에 찬성하였다. 이후 피고 회사는 2012. 9. 17. 다시 임시주주총회를 개최하여 이 사건 결의를 추인하는 내용으로 재차 이 사건 추인결의를 하였다.

이 사안에서 제1양수인(원고)이나 제2양수인들(D, E)은 모두 확정일자 있는 증서에 의한 양도통지나 승낙을 갖추지는 못하였다.

원고는 "이 사건 결의 및 추인결의는 주주인 원고에 대한 소집통지 없이 적법한 소집권한 없는 자에 의하여 개최되어 부존재 또는 무효이다."라고 주장하면서 그 확인을 구하였다.

원심은 다음과 같은 이유로 원고의 청구를 인용하였다. ① 주권발행 전 주식의 양도는 당사자 간 의사 합치만으로 효력이 발생하고 양수인이 양도담보권자에 불과하더라도 회사에 대한 관계에서는 양도담보권자가 주주의 자격을 갖는다. ② 주권발행 전 주식이 이중으로 양도되어 제1양수인과 제2양수인들이 모두 확정일자 있는 증서에 의한 양도통지나 승낙을 갖추지 못한 경우에는 서로 대항력이 없으므로 권리변동의 일반원칙에 따라 먼저 양도통지를 하거나 승낙을 받은 자가 그 주식에 대한 권리를 취득하는 것인데, 이 사건 주식양도계약 및 원고의 대표이사 선임과정에서 원고에게의 주식양도에 관하여 양도통지 또는 승낙이 있었으므로, 제1양수인인 원고는 제2양수인들에게 자신의 주식양수사실로써 대항할 수 있고 그와 같은 사실을 알고 있었을 피고 회사에 대하여도 주주권을 행사할 수 있다. 반면 제2양수인들은 명의개서를 마쳤다고 하더라도 원고에 대한 관계에서 주주로서의 우선적 지위를 주장할 수 없다. ③ 피고 회사가 95% 지분권자인 원고에게 소집통지를 하지 않은 채 이 사건 결의 및 추인결의를 한 것이므로, 이 사건 결의 및 추인결의에는 결의가 존재한다고 할 수 없을 정도의 중대한 흠이 있다.

(2) 대법원의 판단

대법원은 「제1양수인인 원고가 먼저 회사에 대하여 확정일자 있는 문서에 의하지 아니한 양도통지나 승낙의 요건을 갖춘 후 제2양수인들이 다시 주식을 양수하고 주주명부상 명의개서를 마쳤다 하더라도, 제2양수인들이 회사에 대하여 확정일자 있는 문서에 의한 양도 통지나 승낙의 요건을 갖추지 아니한 이상 원고에 대한 관계에서 주주로서의 우선적 지위에 있음을 주장할 수 없다고 본 원심의 판단은 정당하다」고 판단하였다.

그러나 대법원은 「원고가 이 사건 결의 당시까지 명의개서를 마치지 않아 자신이 양수한 주식에 관한 주주권을 행사할 수 없었던 이상, 피고 회사가 원고에게 소집통지를 하지 않고 임시주주총회를 개최하여 이 사건 결의를 하였다고 하더라도 이 사건 결의에 부존재나 무효에 이르는 중대한 흠이 있다고 할 수 없고, 또한 이 사건 결의 당시 주주로 명의개서되어 있던 제2양수인들이 원고 또는 피고 회사에 대하여 우선적 지위를 주장할 수는 없다 하더라도, 공동대표이사인 Y에 의하여 2011. 7. 29.자 주주총회가 소집되었고 주주 A, C가 출석하여 찬성하였으며, 제2양수인들의 명의개서 전을 기준으로 A, C의 주식이 전체 주식의 55%에 이르는 이상, 공동대표이사가 공동으로 임시주주총회를 소집하지 않았다거나 B에게 소집통지하지 않았다는 등의 하자는 이 사건 결의가 부존재 또는 무효라고 할 만한 중대한 하자라고 볼 수 없다」라고 판단하여 원심을 파기하였다.

(3) 해   설

상법 제337조 제1항은 "기명주식의 이전은 취득자의 성명과 주소를 주주명부에 기재하지 아니하면 회사에 대항하지 못한다."고 규정하고 있는데, 이는 명의개서가 없으면 회사에 대한 관계에서 주주권을 주장(행사)할 수 없다는 의미이다(명의개서의 대항력).1) 이와 관련하여 명의개서를 하지 않은 양수인을 회사가 자신의 위험부담으로 주주로 인정할 수 있는지에 관하여는 부정설(쌍면적 구속설)과 긍정설(편면적 구속설)이 대립하나, 판례는 긍정설을 취한다.2) 물론 편면적 구속설은 회사가 주주권을 인정한 자가 명의개서를 하지 아니한 실질상 주주임을 전제로 하는 것으로서 회사가 실질상 주주라고 인정하여 의결권을 부여하였는데 결국 그가 실질상 주주가 아님이 드러났다면 회사는 면책될 수 없다. 반면 회사가 주주명부상 주주가 명의만을 대여한 형식주주인 사정을 알았거나 중대한 과실로 알지 못한 경우에 이를 용이하게 증명할 수 있었음에도 그러한 형식주주에게 의결권을 행사하도록 하면 그 주주총회결의에는 취소사유가 있게 된다.3)

여기서 주주명부 면책력의 한계의 문제와 명의개서의 대항력 문제는 구별된다. 회사가 실질주주가 누구인지 명백하게 알고 있는 경우 회사가 형식주주를 주주로 인정하면 면책되지 않으나, 그렇다고 해서 회사에 실질주주가 누구인지를 파악하여 그를 주주로 인정해야 할 의무가 있는 것은 아니다. 예를 들어 기존주주 X로부터 Y로의 명의개서가 이루어졌는데 위 명의개서가 무효이고 이를 회사가 알았거나 쉽게 알 수 있었다면 회사는 Y를 주주로 취급해서는 안 된다(주주명부 면책력의 한계). 반면 기존주주 X로부터 Y로의 주식매매가 이루어져 Y가 주주가 되었음에도 아직 명의개서가 이루어지지 않았다면 회사가 이러한 사정을 알았는지 여부를 불문하고 그대로 X를 주주로 취급할 수 있다(명의개서의 대항력). 이렇게 전자와 후자가 모두 명부상 주주를 그대로 주주로 취급하는 경우임에도 차이가 발생하는 이유는 전자의 명의개서는 무효이고, 후자의 명의개서는 적법하게 이루어진 것이라는 점에

---

1) 대법원 1995. 5. 23. 선고 94다36421 판결; 대법원 2001. 5. 15. 선고 2001다12973 판결.

2) 대법원 1989. 10. 24. 선고 89다카14714 판결; 대법원 2001. 5. 15. 선고 2001다12973 판결.

3) 대법원 1998. 9. 8. 선고 96다45818 판결(이는 명의개서미필 주주의 사안이 아니고, 명의대여의 사안이다).

서 근거를 찾을 수도 있다.

주권발행 전에 한 주식의 양도는 회사성립 후 또는 신주의 납입기일 후 6월이 경과한 때에는 회사에 대하여 효력이 있다(상법 제335조 제3항 단서). 6월이 경과한 후 주권을 발행하지 않은 경우에 주식양도는 지명채권양도의 일반원칙에 따라 당사자 사이의 의사표시만으로 성립되고,4) 명의개서 여부와 관계없이 회사의 주주가 되며,5) 따라서 양도인과 양수인이 회사에 대하여 주식의 양도사실을 신고하는 경우는 물론이고, 양수인이 단독으로 양도계약서 등을 제시하고 명의개서를 청구하면 회사는 양도사실에 관한 반증을 할 수 없는 한 명의개서를 거절할 수 없다.6) 여기서 민법상 지명채권의 양도를 가지고 채무자에게 대항하기 위하여는 채무자에 대한 통지 또는 승낙이 필요한 것(민법 제450조)과 마찬가지로 주권발행 전 주식양도의 대항요건으로 회사에 대한 주식양도의 통지 또는 승낙이 필요한지에 대하여는 필요설과 불요설이 있었다. 대법원 2006. 9. 14. 선고 2005다45537 판결은, 종전 판례에서 사용하던 '지명채권의 양도에 관한 일반원칙에 따라'라는 표현을 생략한 채 '당사자의 의사표시만으로 주식양도의 효력이 발생'한다고 하였는데, 이에 대하여는 불요설의 입장에 선 것으로 해석하는 견해가 유력하다.

주권발행 전 주식이 이중양도된 경우 우열관계에 관하여, 대법원은 「지명채권의 양도와 마찬가지로 주권발행 전의 주식양도의 제3자에 대한 대항요건은 확정일자 있는 증서에 의한 양도통지 또는 회사의 승낙이고,7) 이중양수인 중 일부에 대하여 명의개서가 경료되었는지 여부를 불문하고 이중양수인 상호 간의 우열은 확정일자 있는 양도통지가 회사에 도달한 일시 또는 확정일자 있는 승낙의 일시의 선후에 의하여 결정하는 것이다」라고 판시하였다.8) 따라서 이중양수인이 모두 확정일자 있는 증서에 의한 통지나 승낙의 요건을 갖춘 경우나 그중 1인만이 위 요건을 갖춘 경우에는 우열관계를 따지는데 별 문제가 없다.

---

4) 대법원 1988. 10. 11. 선고 87누481 판결.
5) 대법원 2000. 3. 23. 선고 99다67529 판결.
6) 대법원 2006. 9. 14. 선고 2005다45537 판결.
7) 대법원 1995. 5. 23. 선고 94다36421 판결.
8) 대법원 2006. 9. 14. 선고 2005다45537 판결.

　　문제는 주식의 제1양수인과 제2양수인이 모두 확정일자 있는 증서에 의하지 아니한 양도통지 또는 승낙의 요건만을 갖춘 경우 이중양수인 사이의 우열관계이다. 지명채권 이중양도의 경우에는 각 양수인이 상호 대항할 수 없어 채무자에 대하여도 대항할 수 없으므로 채무자는 양수인 모두에게 변제를 거절할 수 있으나 반대로 채무자가 양수인 중 1인을 선택하여 변제하면 이는 승낙의 의미를 가지고 유효한 변제가 된다는 견해(채무자 선택설)와, 누구도 우선적 지위를 주장할 수 없으므로 권리변동의 일반원칙에 따라 먼저 채무자에 대한 대항요건을 갖춘 양수인만이 채권을 취득하는 것으로 보는 견해(선통지자 우선설)가 대립한다. 대법원 1971. 12. 28. 선고 71다2048 판결은 「채권양도의 통지나 승낙이 확정일자 있는 증서에 의한 것인가의 여부는 어디까지나 제3자에 대한 대항요건에 불과하므로 확정일자 있는 증서에 의하지 아니하였더라도 채무자가 일단 채권양도의 통지를 받고 그 양수인에게 변제할 것을 승낙하였다면 그 후에 채권이 이중양도되어 채무자가 다시 위 채권의 양도통지(확정일자 있는 증서에 의하지 아니한)를 받고 그 이중양수인에게 변제를 하였더라도, 채무자는 1차 양수인에게 채무를 변제할 의무가 있다」라고 하였으나, 이 판례에 대하여는 어느 견해를 취한 것인지 분명하지 않다고 보는 입장과, 선통지자 우선설을 취한 것이라고 보는 입장이 있다. 주권발행 전 주식의 이중양도에 있어서도 마찬가지로 동일한 견해의 대립을 상정할 수 있는데, 주권발행 전 주식양도에 있어 그 대항요건으로서 회사에 대한 주식양도의 통지 또는 승낙이 필요하지 않다는 불요설의 입장을 관철한다면, 위 판례가 지명채권양도의 경우 선통지자 우선설을 취한 것이라고 이해하는 입장에 서더라도, 주권발행 전 주식의 이중양도 사안에서는 통지나 승낙이 별 의미가 없는 것이 된다.

　　대상 판결과 같이 주식의 이중양도가 모두 확정일자 있는 증서에 의하지 아니한 통지 또는 승낙의 요건만을 갖춘 사안에 관한 것으로는, 대법원 2010. 4. 29. 선고 2009다88631 판결이 있다. 위 판결의 사안은, 甲이 A 외 3인으로부터 1,900주를 양수받아 회사가 甲 앞으로 명의개서를 한 후에, 乙이 위 1,900주 중 1,500주를 이중으로 양수하자 회사가 다시 乙 앞으로 명의개서를 하였고, 직후 이루어진 임시주주총회에서 회사가 乙을 주주로 인정하여 의결권을 행사토록 하였는데, 임시주주총회일까지 甲과 乙 모두 확정일자 있는 증서에 의한 통지나 승낙의 요건을 갖추지 못하였고, 다만 임시주주총회일 이후에 乙에 대한 주식양도사실이 내용증명우편으로 회사에 통지된 사안으로서 원고가 영업양도를 의결한 임시주주총회결의의 하자를 전제로 영업양도계약의 무효확인을 구한 사건이다. 위 판결은, 乙이 위 내용증명우편에 의한 통지 전까지는 그 주식양수로써 甲보다 우선적 지위에 있음을 주장하지 못하는 것이어서 회사에 대하여 甲 명의의 명의개서를 말소하고 자신 앞으로 명의개서를 하여 줄 것을 청구할 권리가 없으므로, 비록 회사가 乙의 청구를 받아들여 위 통지 전에 乙 명의로 명의개서를 하였더라도 이러한 명의개서는 위법하므로 회사에 대한 관계에서 주주의 권리를 행사할 수 있는 자는 여전히 제1양수인인 甲이고, 乙이 임시주주총회일 이후에 1,500주의 양수와 관련하여 제3자에 대한 대항력을 취득하였더라도 그러한 대항력 취득의 효력이 임시주주총회일 이전의 당초 주식 양도통지일로 소급하여 발생하는 것은 아니라고 판단하였다. 위 사안은 甲과 乙 사이에 임시주주총회일 당시 주주권이 누구에게 귀속하는지의 '권리의 귀속' 문제를 다룬 것이 아니라, 회사가 이중양수인 중 누구를 주주로 취급하여 주주권 행사를 허용할 것인가라는 '권리의 행사' 문제를 다룬 것이다.

한편 주권발행 전 주식의 1차 양도가 확정일자 없는 증서에 의한 양도통지의 요건을 갖춘 상태에서 회사가 제1양수인 앞으로 명의개서를 마쳐준 후에, 당해 주식의 2차 양도가 확정일자 있는 증서에 의한 양도통지의 요건을 갖추었지만 아직 명의개서가 이루어지지 않은 경우, 회사는 누구에게 주주총회에서 의결권을 부여하여야 하는지가 문제될 수 있다. 대법원 2010. 10. 14. 선고 2009다89665 판결이 그러한 사안으로서, 회사는 명의개서를 마친 제1양수인을 주주로 취급하여 의결권을 행사 할 수 있도록 하였다. 확정일자 있는 증서에 의한 양도통지의 요건을 먼저 갖춘 제2양수인이 그렇지 못한 제1양수인에 대하여 우선적 지위를 주장할 수 있고 회사에 대하여도 우선함을 주장하여 명의개서를 청구할 수 있음은 별론으로 하고, 그러한 명의개서가 이루어지기 전에 회사에 대한 관계에서 주주의 권리를 행사할 수 있는 자는 명의개서를 마친 제1양수인이고, 회사가 위와 같은 사정을 모두 파악하고 있더라도 제1양수인을 주주로 취급할 수 있다.

이상과 같이 주권발행 전 주식의 이중양도에 있어서 이중양수인 사이의 우열관계는, 확정일자 있는 증서에 의한 양도통지나 승낙의 요건을 먼저 갖춘 자가 우선할 것이나(이중양수인 모두 통지 내지 승낙의 요건만을 갖춘 상태에서는 논란의 여지가 있다), 회사에 대한 관계에서는 적법한 명의개서에 의하여 주주명부상 주주로 기재된 자만이 주주로 취급된다. 따라서 주권발행 전 주식의 양도에 있어서는 제3자에 대한 대항요건(확정일자부 양도통지 또는 승낙)과 회사에 대한 대항요건(명의개서)이 다르고, 권리의 실제 귀속자와 회사에 대한 관계에서의 권리자가 분열된다.

대상 판결의 사안으로 돌아와 보면, 원심의 판단 중 ①의 부분은 문제가 없다. ②의 부분 중에서 후반부, 즉 제2양수인들은 명의개서를 마쳤다고 하더라도 원고에게 주주로서의 우선적 지위를 주장할 수 없다고 한 부분도 대법원 2009다88631 판결에 따른 것으로서 정당하다. 문제가 된 것은 나머지 부분으로서, 원심은 지명채권의 이중양도 사안에 관한 대법원 71다2048 판결이 '선통지자 우선설'을 취한 것으로 전제한 다음, 회사에 대한 통지 또는 승낙을 먼저 갖춘 원고가 주식양수의 우선적 지위를 제2양수인들과 피고 회사에 주장할 수 있으므로 피고 회사는 원고를 주주로 취급했어야 한다고 보았다. 이 부분 원심 판단에 대하여는 두 가지 점에서 의문이 있는데, 첫째는 대법원 71다2048 판결이 선통지자 우선설을 취한 것인지이고, 둘째는 위 판례를 주권발행 전 주식의 이중양도 사안에서 이중양수인 간의 우선적 지위 결정에도 적용할 수 있는지이다. 더 근본적인 의문은 원심이 이중양수인 사이의 우열 문제와 명의개서의 대항력 문제를 혼동하였거나 혹은 회사가 주식거래 현황을 파악하고 있다면 우선적 지위에 있는 양수인을 주주로 취급했어야 한다는 데로 논리를 확장한 점이다.

대법원이 원고가 명의개서를 마치지 않아 양수한 주식에 관한 주주권을 행사할 수 없었던 이상, 피고 회사가 원고에게 소집통지를 하지 않고 임시주주총회를 개최하였더라도 이 사건 결의에 중대한 흠이 없다고 본 것은 기존의 판례 법리에 따른 것으로서 타당하다. 그리고 대상 판결의 사안과 대법원 2009다88631 판결의 사안이 모두 제2양수인이 명의개서를 마친 사안임에도 결론적으로 제2양수인에 대한 취급을 달리 본 차이는, 대상 판결 사안의 명의개서는 적법한 것이지만, 대법원 2009다88631 판결 사안의 명의개서는 위법한 것이었다는 점에서 찾을 수 있다.

2. 商法 第467條의2 利益供與禁止 規定을 違反한 議決權 行事

◎ 대법원 2014. 7. 11.자 2013마2397 결정

甲 주식회사가 이사회를 개최하여 정기주주총회에서 실시할 임원선임결의에 관한 사전투표 시기를 정관에서 정한 날보다 연장하고 사전투표에 참여하거나 주주총회에서 직접 의결권을 행사하는 주주들에게 골프장 예약권과 상품교환권을 제공하기로 결의한 다음 사전투표 등에 참여한 주주들에게 이를 제공하여 주주총회에서 종전 대표이사 乙 등이 임원으로 선임되자, 대표이사 등 후보자로 등록하였다가 선임되지 못한 주주 丙 등이 주주총회결의의 부존재 또는 취소사유가 존재한다고 주장하면서 乙 등에 대한 직무집행정지가처분을 구한 사안에서, 위 주주총회결의는 정관을 위반하여 사전투표기간을 연장하고 사전투표기간에 전체 투표수의 약 67%에 해당하는 주주들의 의결권행사와 관련하여 사회통념상 허용되는 범위를 넘어서는 위법한 이익이 제공됨으로써 주주총회결의 취소사유에 해당하는 하자가 있으므로, 위 가처분신청은 乙 등에 대한 직무집행정지가처분을 구할 피보전권리의 존재가 인정되는데도, 이와 달리 보아 가처분신청을 기각한 원심결정에는 주주총회결의 취소사유에 관한 법리오해의 위법이 있다고 한 사례

(1) 사안의 개요

주주제로 운영되는 골프장 사업을 하는 甲 주식회사는 이사회를 개최하여, ① 2013. 3. 25. 정기주주총회에서 차기 임원들을 선임하고, ② 위 임원들의 선임결의에 관한 사전투표의 시기(始期)를 주주총회일로부터 '2주 전'에서 '24일 전'으로 연장하여 2013. 3. 1.부터 2013. 3. 24.까지 24일간 사전투표를 실시하기로 결의하였다. 甲 회사는 이사회를 다시 개최하여, ① 사전투표에 참여하는 주주들에게 주주당 1회에 한하여 양도 가능한 골프장 예약권을 부여하고, ② 사전투표에 참여하거나 주주총회에서 직접 의결권을 행사하는 주주들에게 20만 원 상당의 상품교환권을 지급하기로 결의하였다. 그 후 실제 사전투표나 주주총회에서 직접 의결권을 행사한 주주들은 甲 회사로부터

예약권과 상품권을 제공받았다.

대표이사 선임투표결과 丙은 676표, 기존 대표이사인 乙은 711표를 획득하였고, 특히 사전투표에서 丙이 226표, 乙이 711표를 얻었다. 총 사전투표수 942표 중 연장된 사전투표기간의 투표수는 610표, 나머지 사전투표기간의 투표수는 332표이다. 이러한 투표결과에 따라 2013. 3. 25. 乙을 대표이사로, 丁 등 10인을 이사로 선임하는 이 사건 주주총회결의가 이루어졌다.

한편 회사 정관 제28조 제4항 후단은 임원선임결의에 관한 사전투표와 관련하여, "선거관리위원회는 사전투표함을 주주총회일 2주 전부터 주주총회 개최 1일 전 17시까지 비치하여야 한다."고 규정하고 있다.

그리하여 丙은 ① 정관규정에서 사전투표의 시기를 주주총회일 2주 전부터로 정하고 있음에도 이사회결의만으로 주주총회일 24일 전부터 사전투표를 실시하였고, ② 사전투표를 하는 주주에게 예약권과 상품권을 제공한 것은 상법 제467조의2의 이익공여 금지를 위반한 것이므로, 이 사건 주주총회결의에 결의방법이 법령 및 정관에 반하는 하자가 존재한다고 주장하면서 乙 등에 대한 직무집행정지가처분을 신청하였다.

원심은, ① 위 정관규정은 사전투표의 종기(終期)를 규정한 것일 뿐이고 시기를 규정한 것으로 볼 수 없으므로 사전투표기간을 연장한 것이 정관에 위반된다고 볼 수 없는 점, ② 예약권과 상품권의 공여로 임원선임과 관련된 주주들의 의사가 왜곡되었다고 볼 수 없는 점, ③ 이익공여는 주주권행사의 동기에 불과할 뿐이므로 비록 이익을 얻은 대가로 의결권을 행사하였다고 하더라도 주주권행사의 효력 자체에는 영향이 없어 주주총회의 결의 자체는 유효한 점 등을 이유로 가처분신청을 기각하였다.

(2) 대법원의 판단

대법원은 다음과 같은 이유로 원심을 파기하였다.

위 정관규정은 사전투표의 시기를 주주총회일부터 역산하여 2주 전 해당일로, 그 종기를 "주주총회 개최 1일 전 17시까지"로 정한 것임이 분명하고, 사전투표의 시기를 '주주총회의 2주 이전의 아무 때부터'라는 취지로 규정한 것으로는 보이지 않는다. 이사회가 사전투표의 시기를 '주주총회일부터 2주 전'에서 '24일 전'으로 연장하는 결의를 한 것 역시 '주주총회일부터 2주

전에 해당하는 특정일'이 사전투표의 시기임을 전제로 한 것으로 보인다. 그리고 정관변경이 주주총회 특별결의사항인 이상(상법 제433조 제1항, 제434조) 이사회에서 정관에서 정한 사전투표기간을 연장하는 결의를 하였더라도 그 사전투표기간이 이사회결의 내용대로 변경될 수 없다. 따라서 甲 회사가 정관에서 정해진 사전투표의 시기 이전인 2013. 3. 1.부터 사전투표를 실시한 것은 그 결의방법이 정관에 위반한 것이다.

상법 제467조2 제1항은 "회사는 누구에게든지 주주의 권리행사와 관련하여 재산상의 이익을 공여할 수 없다."고 규정하고, 이어 제2항 전문은 "회사가 특정의 주주에 대하여 무상으로 재산상의 이익을 공여한 경우에는 주주의 권리행사와 관련하여 이를 공여한 것으로 추정한다."고 규정하고 있다. 이러한 규정에 비추어 보면, 甲 회사가 사전투표에 참여하거나 주주총회에서 직접 투표권을 행사한 주주들에게 무상으로 예약권과 상품권을 제공하는 것은 주주의 권리행사와 관련하여 이를 공여한 것으로 추정된다. 뿐만 아니라 다음과 같은 사정, 즉 ① 기존 임원들인 채무자들과 반대파 주주들인 채권자들 사이에 이 사건 주주총회결의를 통한 경영권 다툼이 벌어지고 있는 상황에서 대표이사인 乙 등의 주도로 사전투표기간이 연장되었고, 사전투표기간의 의결권행사를 조건으로 주주들에게 예약권과 상품권이 제공된 점, ② 예약권과 상품권은 그 액수가 단순히 의례적인 정도에 그치지 아니하고 사회통념상 허용되는 범위를 넘어서는 것으로 보이는 점, ③ 이러한 이익이 총 주주의 68%에 달하는 960명의 주주들에게 공여된 점, ④ 사전투표기간에 이익공여를 받은 주주들 중 약 75%에 해당하는 711명의 주주가 이러한 이익을 제공한 당사자인 乙에게 투표하였고, 이러한 사전투표기간 중의 투표결과가 대표이사 후보들의 당락을 좌우한 요인이 되었다고 보이는 점 등에 비추어 보면, 이러한 이익은 단순히 투표율 제고나 정족수 확보를 위한 목적으로 제공되기보다는 의결권이라는 주주의 권리행사에 영향을 미치기 위한 의도로 공여된 것으로 보인다.

따라서 이 사건 예약권과 상품권은 주주권행사와 관련되어 교부되었을 뿐만 아니라 그 액수도 사회통념상 허용되는 범위를 넘어서는 것으로서 상법상 금지되는 주주의 권리행사와 관련된 이익공여에 해당하고, 이러한 이익공여에 따른 의결권행사를 기초로 한 이 사건 주주총회결의는 그 결의방법이 법령에 위반한 것이다. 이 사건 주주총회결의는 정관에 위반하여 사전투표기간을 연장하고, 그 기간에 전체 투표수의 약 67%에 해당하는 주주들의 의결권행사와 관련하여 사회통념상 허용되는 범위를 넘어서는 위법한 이익이 제공됨으로써 주주총회결의취소사유에 해당하는 하자가 있다.

(3) 해   설

위 정관규정은 사전투표기간의 시기와 종기를 모두 규정하고 있다고 보인다. 따라서 그 정관규정을 변경하려면 주주총회의 특별결의를 거쳐야 하므로 이사회에서 정관에서 정한 사전투표기간을 연장하는 결의를 하고 그에 따라 사전투표를 실시한 것은 정관을 위반한 것이다.

이익공여금지를 규정한 상법 제467조의2는 총회꾼의 횡포를 막고 주주총회의 운영을 정상화하기 위하여 1984년 상법 개정 시 도입한 것이다. 공여가 금지되는 재산상의 이익이란 금전 기타의 경제적 이익으로서 금품이나 동산, 부동산, 유가증권 기타의 물건 또는 서비스, 향응, 정보의 제공, 채무의 면제, 신용의 제공을 포함한다. 주주총회에 참석하는 주주들에게 기념품을 제공하는 것과 같이 업계의 관행에서 벗어나지 않는 범위의 이익공여는 금지대상으로 보지 않는다. 회사에 의한 이익공여는 '주주의 권리행사와 관련하여' 이루어질 것을 요하는데, 그 관련성을 입증하는 것이 용이하지 않기 때문에 그 입증의 부담을 덜어주기 위해 상법은 회사가 특정주주에게 무상으로 재산상의 이익을 공여하였거나 무상으로 재산상의 이익을 공여하였더라도 회사가 얻은 이익이 공여이익에 비하여 현저하게 적은 경우에는 그 이익공여가 주주의 권리행사와 관련된 것으로 추정한다(상법 제467조의2 제2항). 다만 이러한 관련성의 추정은 이익공여를 받은 자가 주주인 경우에만 적용된다. 대상판결은 이 사안이 '특정주주'에게 이익을 공여한 경우로 보아 추정규정이 적용된다고 보았다. 이에 대하여는 사전투표 또는 주주총회에서 직접 의결권을 행사하는 주주는 누구나 위 예약권과 상품권을 공여받을 수 있다는 점에서 모든 주주에게 공평하게 기회가 주어진 것이므로 '특정주주'에게 이익이 공여된 경우가 아니라는 다른 관점이 있을 수 있다.

이 조항을 위반하여 이익을 공여받은 자는 그 이익을 회사에 반환하여야 하고($\substack{같은 조 \\ 제3항}$), 이익을 공여한 이사와 감사는 민사책임($\substack{상법 제399조 \\ 제1항}$)과 형사책임($\substack{상법 제634조 \\ 의2 제1항}$)을 진다. 그러나 이 조항을 위반하여 이루어진 주주총회결의의 효력에 관하여, 이익공여는 주주권행사의 동기에 불과할 뿐이므로 이익을 얻은 대가로 의결권을 행사하였더라도 주주권행사의 효력 자체에는 영향이 없어 주주총회결의 자체는 유효하다고 보는 것이 다수설이다. 이익공여에 따른 의결권행사를 기초로 한 주주총회결의는 결의방법이 법령에 위반한 하자가 있다고 한 대상 결정이 이익공여금지 규정에 위반한 의결권 행사가 일반적으로, 그리고 단독으로 결의취소사유가 될 수 있음을 인정한 취지인지는 단정하기 어렵다. 대상 결정이 「결의가 정관에 위반하여 사전투표기간을 연장하고 그 연장된 사전투표기간에 전체 투표수의 약 67%(이익을 공여받은 주주들 중 사전투표수만을 말한다)에 해당하는 주주들의 의결권행사와 관련하여 사회통념상 허용되는 범위를 넘어서는 위법한 이익이 제공됨으로써 주주총회결의취소사유에 해당한다」라고 판시하였기 때문이다.

한편 이러한 대상 결정은 상법 제467조의2의 적용법리를 정면으로 다룬 최초의 사례라는 점에 의미가 있다.

3. 商法 第374條 第1項 第1號 소정의 '營業의 重要한 一部의 讓渡'의 判斷基準

◎ 대법원 2014. 10. 15. 선고 2013다38633 판결

주식회사가 사업목적으로 삼는 영업 중 일부를 양도하는 경우 상법 제374조 제1항 제1호 소정의 '영업의 중요한 일부의 양도'에 해당하는지는 양도대상 영업의 자산, 매출액, 수익 등이 전체 영업에서 차지하는 비중, 일부 영업의 양도가 장차 회사의 영업규모, 수익성 등에 미치는 영향 등을 종합적으로 고려하여 판단하여야 한다.

(1) 사안의 개요

코스닥 상장사인 A회사의 사업부문은 '자원사업부문', '금융사업부문', '교육사업부문'으로 구성되어 있다. A회사는 11. 4. 2008. 11. 5. 피고 회사에게 금융사업부문과 관련된 자산인 사업권, 지적재산권, 출판권, 웹 사이트 소유권, 하드웨어, 소프트웨어, 사무용 비품 및 집기 등 자산과 A회사가 운영

하던 모의투자사업과 관련하여 부담하는 모의투자자들 손실액 상당의 부채를 일괄하여 매각하는 자산부채매각계약을 체결하였다. A회사는 2008 회계연도 재무제표에 대한 감사의견이 의견거절로 표명됨에 따라 매매거래 정지를 거쳐 2009. 5. 4. 상장 폐지되었다. 원고들은 A회사에 대한 채권자들로서 A회사의 금융사업부문 양도가 상법 제374조 제1항 제1호의 '영업의 중요한 일부의 양도'에 해당하여 주주총회의 특별결의가 필요한데도 거치지 않았다고 주장하며 그 양도계약의 무효확인을 구하였다.

원심은,「금융사업부문의 자산가치가 A회사 전체 자산의 약 33.79%에 달하고, 유가증권 발행 및 공시 등에 관한 규정 시행세칙에 의한 본질가치의 경우 금융사업부문만이 플러스(+)를 나타내고 교육사업부문이나 자원사업부문은 큰 폭의 마이너스(-)를 나타내고 있는 점, A회사의 금융사업부문은 양도 당시 금융사업부문이 아닌 다른 사업부문과 관련하여 발생한 회사 전체의 금융비용 분담액을 제외한다면 인건비나 다른 고정비용을 고려하더라도 내부에서는 유일하게 수익 창출 가능성이 높은 사업부문이었던 점, 구 증권거래법 제190조의2 제2항에 의하면 코스닥상장법인이 대통령령이 정하는 중요한 영업 또는 자산의 양수 또는 양도를 하고자 하는 경우에는 금융감독위원회와 거래소에 신고를 하도록 규정하고 있고, 동법 시행령 제84조의8 제1항은 양도·양수하고자 하는 영업부문의 자산액이 최근 사업연도 말 현재 자산총액의 100분의 10 이상인 경우, 양도·양수하고자 하는 영업부문의 매출액이 최근 사업연도 말 현재 자산총액의 100분의 10 이상인 경우 등을 '중요한 영업 또는 자산의 양도·양수'로 규정하고 있는 점, A회사가 금융사업부문을 매각하기로 한 것은 자원사업부문의 무리한 투자로 인한 막대한 투자 손실과 당시까지 매출의 상당 부분을 차지하고 있던 교육사업부문의 실적 부진으로 인하여 현금 유동성 부족을 겪게 되고 가압류 등으로 정상적인 회사 경영이 어렵다고 판단하여 유일하게 순자산가치가 높고 향후 사업전망도 밝아 사업을 계속할 가치가 있다고 판단되는 금융사업부문만을 분리하여 독자적인 생존 전략을 모색하기 위하여 양도에 이르게 된 점, A회사는 영업양도 이후 얼마 되지 않아 사실상 회사의 모든 영업이 중단되었고 2009. 5. 4.에는 상장 폐지가 된 점 등의 사정을 종합하여 이 사건 양도로 A회사에게는 회사의 중요한 영업의 일부를 폐지한 것과 같은 결과가 초래되었고, 반면에 피고 회사는 별다른 양도대가도 지불하지 않은 채 금융사업부문과 관련된 대부분의 자산과 거래처 등을 그대로 인수하여 종전과 동일한 영업을 계속하고 있으므로, 상법 제374조 제1항 제1호의 '영업의 중요한 일부의 양도'에 해당한다」라고 판단하였다.

피고는 상고이유로 위 구 증권거래법 및 동법 시행령 규정의 취지는 상법 제347조 제1항 제1호와는 그 취지를 달리하므로 원심이 구 증권거래법 등의 규정을 기준으로 판단한 것은 위법하다고 주장하였다.

(2) 대법원의 판단

대법원은 주주총회의 특별결의가 있어야 하는 '영업의 중요한 일부의 양도'에 해당하는 판단기준으로 앞서 본 바와 같은 법리를 제시한 다음, 원심의 판단을 수긍하였다.

(3) 해   설

판례9)는 「주주총회의 특별결의가 있어야 하는 상법 제374조 제1항 제1호 소정의 "영업의 전부 또는 중요한 일부의 양도"는 일정한 영업목적을 위하여 조직되고 유기적 일체로 기능하는 재산의 전부 또는 중요한 일부를 총체적으로 양도하는 것을 의미한다」라고 해석하고 있다. 여기서 일부 영업양도의 중요성 판단기준에 관한 학설로는, ① 양도대상이 회사의 전체 재산에서 차지하는 비중에 시각을 맞추는 양적 판단의 방법과 회사 전체의 기본적인 영업수행에 미치는 영향의 크기에 역점을 주는 질적 판단의 방법이 있는데 양자 모두를 고려해야 하며, 양도로 인하여 회사의 기본적인 사업목적을 변경시킬 정도에 이를 경우에는 중요한 일부로 보아야 한다는 견해, ② 양도하고자 하는 부문의 사업이 전체 매출액 및 수익에서 차지하는 양적 요소와 그 영업양도가 장차 회사의 사업성격 및 주주에게 미치는 영향과 같은 질적 요소를 종합하여 판단해야 한다는 견해, ③ 당해 사업의 장래 3년간 또는 5년간 정도의 기간에 걸친 수익성, 당해 사업의 회사에 있어서의 연혁, 당해 사업이 회사의 신용 등에 미치는 영향, 당해 사업부문의 순자산액, 주주에 대한 영향 등을 고려해야 한다는 견해, ④ 회사가 주주총회의 특별결의나 반

---

9) 대법원 2004. 7. 8. 선고 2004다13717 판결.

대주주의 주식매수청구권을 회피하기 위하여 계획적으로 여러 차례에 걸쳐 일부씩 양도하는 경우를 방지하기 위하여 과거 및 장래의 요소까지 종합적으로 고려해야 한다는 견해 등이 있다.

실무에서는 중요성 판단의 양적 기준으로서, ① 자본시장법상 수시공시의무와 공정거래법상 기업결합신고의무가 발생하는 영업의 양도·양수가 모두 자산 또는 매출액의 10%를 기준으로 하고 있다는 점에 착안하여 자산 또는 매출액의 10% 미만은 중요하지 않은 것으로 보고, ② 일본 회사법 제467조 제1항 제2호에서 영업의 양도·양수시 주주총회 특별결의를 거쳐야 하는 기준으로 자산의 20%를 제시하고 있는 것에 착안하여 자산 또는 매출액의 20% 초과는 중요한 것으로 이해하는 경향이 있고, 자산 또는 매출액이 10%에서 20%에 이르는 구간에서는 회사 전체의 사업에 미치는 영향을 주관적으로 판단하는 질적 기준을 이용하여 판단한다.[10)]

대상 판결은 일부 영업양도의 중요성 판단기준을 처음으로 제시한 점에서 의미가 있는데, 그 고려 요소로 삼은 사정들은 기존 학설과 실무에서 논의되고 있는 양적 기준과 질적 기준을 모두 포함하는 의미로 보인다.

4. 敵對的 引受·合倂을 試圖하는 株主의 閱覽·謄寫請求가 認定되는 경우

◎ 대법원 2014. 7. 21.자 2013마657 결정

적대적 인수·합병을 시도하는 주주의 열람·등사청구라고 하더라도 목적이 단순한 압박이 아니라 회사의 경영을 감독하여 회사와 주주의 이익을 보호하기 위한 것이라면 허용되어야 하는데, 주주가 회사의 이사에 대하여 대표소송을 통한 책임추궁이나 유지청구, 해임청구를 하는 등 주주로서의 권리를 행사하기 위하여 이사회 의사록의 열람·등사가 필요하다고 인정되는 경우에는 특별한 사정이 없는 한 그 청구는 회사의 경영을 감독하여 회사와 주주의 이익을 보호하기 위한 것이므로, 이를 청구하는 주주가 적대적 인수·합병을 시도하고 있다는 사정만으로 청구가 정당한 목적을 결하여 부당한 것이라고 볼 수 없고, 주주가 회사의 경쟁자로서 취득한 정보를 경업에 이용할 우려가 있거나 회사에 지나치게 불리한 시기를 택하여 행사하는

---

10) 송옥렬, 「상법강의」 제5판, 홍문사, (2015), 919-920면.

등의 경우가 아닌 한 허용되어야 한다.

(1) 사안의 개요

신청인11)이 주주로서 사건 본인의 이사회 의사록 등에 대한 열람·등사의 허가를 구한 사안이다. 사건 본인은 2006년경부터 N캐피탈 등과 사이에, 사건 본인이 거래상대방에게 H상선 주식 매입대금에 일정 수수료율을 곱하여 산정한 금액을 매년 지급하고, 만기에 평가손실이 발생한 경우 그 전부를 보전해 주는 형태의 파생상품계약을 수차례 체결하고 그 계약의 만기를 연장하여 왔다. 사건 본인은 이러한 파생상품계약의 체결을 통하여 H상선을 자회사로 유지하기 위한 의결권을 확보하여 경영권을 유지하였고, 이는 결국 H그룹 전체에 대한 경영권을 확보하기 위한 것이었다. H건설 채권단이 보유주식 중 일부에 대한 입찰공고를 하자, 사건 본인은 H상선 등과 H그룹 컨소시엄을 구성하고 입찰에 참여하여 우선협상대상자로 지정되었으나, 인수대금 조달계획을 소명하라는 H건설 채권단의 요구에 응하지 못하여 우선협상대상자의 지위를 상실하고 입찰보증금을 몰취당하였다. 한편 사건 본인은 H그룹 내 시스템 통합업체인 H유엔아이와 2005년부터 2011년까지 용역계약을 체결하였다.

신청인은 사건 본인에게 사건 본인이 엘리베이터 등 사업과 무관하게 파생상품거래 등으로 손해를 보고 있는데 특정 주주의 이익만을 위하여 무리한 계약체결 등의 행위를 한 것이 아닌지 의심이 든다는 등의 이유를 들어, 파생상품거래, H건설 인수 참여, H유엔아이와의 용역거래 등과 관련한 자료와 관련 이사회 의사록을 제공할 것을 요구하였으나 사건 본인으로부터 제공을 거절당하자, 이 사건 신청을 제기하였다.

원심은, 「① 신청인은 2004.경 사건 본인의 엘리베이터 사업부문을 분리하여 경영권을 취득하고자 한다는 의향서를 체결하였다가 이후 이를 해제하면서도 추후 엘리베이터 사업부문 분리 시 신청인에 통지하도록 한 점, ② 신청인은 세계 2위의 엘리베이터 생산업체로서 국내시장에 진출하여 엘리베

---

11) 스위스에 본사를 둔 엘리베이터 제조업체의 모회사로서 사건 본인의 발생주식총수의 35%를 보유하고 있다.

이터 업체를 인수하였으나 성과를 내지 못하던 상황에서 의향서 해제 직후 사건 본인의 주식 취득에 막대한 자금을 투여한 점, ③ 사건 본인이 파생상품계약에 따라 평가손실을 입었다는 등의 사실을 알았는데도 계속 사건 본인 주식을 매집하는 등 사건 본인의 주식 취득에는 거액을 투자하였으나 자신의 국내 자회사에 대한 신규 투자금은 미미한 점, ④ 신청인은 사건 본인이 파생상품계약 체결 등으로 H상선의 경영권을 유지하고 있다는 것을 비롯하여 사건 본인의 사정을 소상하게 파악하고 그러한 사정을 감안하여 사건 본인에게 H상선 경영권의 확보를 도와주는 대신 엘리베이터 사업부문을 인수하고자 한다는 제안서를 보내기도 한 점, ⑤ 사건 본인이 위 제안을 거절하자 신청인은 사건 본인의 주식 매집에 나서면서 위 파생상품계약 등의 정당성을 문제 삼고 사건 본인에게 상세한 자료의 제공을 요구하고 이 사건 열람·등사청구를 하기에 이른 점, ⑥ 이 사건 열람·등사청구의 주된 대상은 이사회 의사록인데, 사건 본인이 체결한 파생상품계약과 이로 인한 손익 등의 주된 내용이 비교적 상세히 공시되고 있으므로, 이사회 의사록을 열람하지 않더라도 그 내용을 쉽게 파악할 수 있는 점, ⑦ 사건 본인이 엘리베이터 사업부문을 분할하여 제3자에게 매각하려면 반드시 신청인의 동의를 받아야 하는 상황이 된 점 등을 종합적으로 고려하여 보면, 신청인은 주주로서 사건 본인의 경영을 감독하기 위하여서가 아니라, 사건 본인을 압박함으로써 엘리베이터 사업부문을 인수하거나 협상 과정에서 유리한 지위를 점하기 위하여 열람·등사를 청구하는 것으로 보이므로 이 사건 열람·등사권 행사는 부당하다」라고 판단하였다.

(2) 대법원의 판단

대법원은 다음과 같은 이유로 원심 결정 중 파생상품거래 및 현대건설 인수 참여에 관련된 부분을 파기하였다.

① 내지 ⑤의 사정은 신청인에게 사건 본인의 엘리베이터 사업부문을 인수하고자 하는 의도가 있음을 인정할 수 있는 것에 불과하고, ⑥의 사정과 같이 파생상품계약의 주된 내용이 상세히 공시된다 하더라도, 파생상품계약의 체결에 관한 이사회결의에 찬성한 이사가 누구인지 등도 이사회의사록의 열람 없이 파악할 수 있는 것이 아니다. 원심 판단에 의하더라도 신청인이

관련 이사들의 책임 유무를 확인하기 위하여 이사회의사록의 열람·등사가 필요하다는 점은 소명된 것이고, 여기에 H상선의 사업부진과 주가 하락으로 H상선 주식을 기초자산으로 한 파생상품계약을 체결·유지하기 위하여 사건 본인이 부담한 현실적으로 발생한 거래손실이 막대함은 물론 아직 발생하지 않은 평가손실도 매우 크고 현실화될 개연성이 농후하다는 점, H그룹 컨소시엄이 H건설 입찰에서 납입한 입찰보증금의 일부가 몰취될 것으로 예상되는데, 사건 본인은 그 일정 부분의 손해를 부담해야 한다는 점을 보태어 보면, 신청인이 사건 본인의 이사에 대한 대표소송을 통한 책임추궁이나 유지청구, 해임청구를 하는 등 주주로서의 권리를 행사하기 위하여 관련 이사회의사록의 열람·등사가 필요하다고 인정되는 경우이다. 그리고 열람·등사청구의 대상인 이사회의사록은 엘리베이터 사업과 직접 관련된 것이 아니므로 신청인이 이사회의사록으로 취득한 정보를 경업에 이용할 우려가 있다고 볼 수 없고, 사건 본인에 지나치게 불리한 시기를 택하여 열람·등사권을 행사한다고 볼 수도 없다. 설령 신청인에게 사건 본인의 엘리베이터 사업부문 인수 의도가 있다는 사정을 고려하더라도, 열람·등사청구가 사건 본인에 대한 압박만을 위하여 행하여진 것으로서 부당하다고 할 수 없다.

(3) 해   설

대법원 2004. 12. 24.자 2003마1575 결정은 「상법 제391조의3 제3항, 제466조 제1항에서 규정하고 있는 주주의 이사회의 의사록 또는 회계의 장부와 서류 등에 대한 열람·등사청구가 있는 경우, 회사는 그 청구가 부당함을 증명하여 이를 거부할 수 있는바, 주주의 열람·등사권 행사가 부당한 것인지 여부는 그 행사에 이르게 된 경위, 행사의 목적, 악의성 유무 등 제반 사정을 종합적으로 고려하여 판단하여야 할 것이고, 특히 주주의 이와 같은 열람·등사권의 행사가 회사업무의 운영 또는 주주 공동의 이익을 해치거나 주주가 회사의 경쟁자로서 그 취득한 정보를 경업에 이용할 우려가 있거나, 또는 회사에 지나치게 불리한 시기를 택하여 행사하는 경우 등에는 정당한 목적을 결하여 부당한 것이라고 보아야 한다」라고 판시하면서, 「신청인의 열람·등사 청구는 주주로서 부실경영에 책임이 있다는 상대방의 현 경영진에 대한 해임청구 내지 손해배상청구의 대표소송을 위한 사실관계 확인 등 상

대방의 경영감독을 위하여 이 사건 서류들에 대한 열람·등사를 구하는 것
이 아니라, 주주라는 지위를 내세워 상대방을 압박함으로써 궁극적으로는 자
신의 목적인 경영권 인수를 용이하게 하기 위하여 열람·등사권을 행사하는
것이라고 보이고, 나아가 두 회사가 경업관계에 있기 때문에 열람·등사 청
구를 통하여 얻은 상대방의 영업상 비밀이 경업에 악용될 우려가 있다」라는
이유로 열람·등사 청구를 기각한 원심을 수긍한 바 있다. 위 사건의 신청인
은 경남지역의, 피신청인은 부산지역의 주류업체들로서 신청인이 회계장부
와 이사회의사록 등의 열람·등사를 청구한 사안이었다.

　경업관계가 인정되는 경우라도 일률적으로 신청을 기각하기보다는 신
청인이 주장하는 열람·등사의 이유를 구체적으로 검토하여 주주로서의 권
리행사에 필요하다고 인정되는 부분에 대하여는 열람·등사를 허용하되, 경
업관계에 있는 신청인 측에 영업비밀이 유출됨으로써 인해 피신청인의 이익
을 저해할 우려가 있는 회계장부 및 서류에 한해서만 열람·등사를 제한하
는 것이 적절하다. 또한 회계장부 등의 열람·등사청구는 반드시 회사의 경
영감독 목적에서만이 아니라 주주 개인의 사익적 목적, 예컨대 주식매각을
위한 시가 산정을 목적으로 한 청구 등도 권리남용에 해당하지 않는 한 허
용될 수 있다는 점에 비추어 보면, 적대적 M&A의 경우라 하여 일률적으로
열람·등사청구를 부인할 것은 아니고 청구의 이유와 열람을 구하는 회계장
부 등의 범위를 검토하여 기존 경영진의 위법·부당행위 등 비위 사실이 뚜
렷하고 그에 대한 책임 추궁이 예상되는 경우에는 허용하는 탄력적인 운용
을 할 필요가 있다.12)

　결국 열람·등사 청구의 목적에 대한 사실인정의 문제로 귀속되는 측면
이 있기는 하지만, 대상 결정의 원심은 이 사안을 대법원 2003마1575 결정의
사안과 유사한 것으로 본 것 같다. 그러나 대상 결정은 신청인에게 사건 본
인의 엘리베이터 사업부분을 인수하고자 하는 의도가 있음을 인정하면서도,
한편으로는 대표소송을 통한 책임추궁이나 유지청구, 해임청구를 하는 등 권
리를 행사하기 위하여 이사회의사록의 열람·등사가 필요한 것도 분명한 이

---

12) 전휴재, "단체의 회계장부 등 서류의 열람등사 가처분에 관한 실무상의 논점", 「재판자
　료」 제109집, 6-7면.

상 열람·등사 청구가 부당하지 않다고 본 것이다. 경업관계나 적대적 인수·합병 과정에 있더라도 이사회의사록 또는 회계장부의 열람·등사 청구가 인용될 수 있다는 점을 밝힌 점에서 의미가 있다.

5. 新株引受權 行使價額 調整節次의 履行을 구하는 訴

◎ 대법원 2014. 9. 4. 선고 2013다40858 판결

　　신주인수권만의 양도가 가능한 분리형 신주인수권부사채를 발행한 발행회사가 신주인수권의 발행조건으로 주식의 시가하락 시 신주인수권의 행사가액을 하향조정하는 이른바 '리픽싱(refixing) 조항'을 둔 경우, 주식의 시가하락에 따른 신주인수권 행사가액의 조정사유가 발생하였음에도 발행회사가 그 조정을 거절하고 있다면, 신주인수권자는 발행회사를 상대로 조정사유 발생시점을 기준으로 신주인수권 행사가액 조정절차의 이행을 구하는 소를 제기할 수 있고, 신주인수권자가 소송과정에서 리픽싱 조항에 따른 새로운 조정사유의 발생으로 다시 조정될 신주인수권 행사가액의 적용을 받겠다는 분명한 의사표시를 하는 등의 특별한 사정이 없는 한 위와 같은 이행의 소에 대하여 과거의 법률관계라는 이유로 권리보호의 이익을 부정할 수는 없다.

　　위와 같은 발행조건의 리픽싱 조항에서 신주인수권의 행사를 예정하고 있지 아니하고 신주인수권자가 소로써 신주인수권 행사가액의 조정을 적극적으로 요구하는 경우와 발행회사가 자발적으로 행사가액을 조정하는 경우를 달리 볼 이유가 없는 점, 주식의 시가하락이 있는 경우 리픽싱 조항에 따른 신주인수권 행사가액의 조정이 선행되어야만 신주인수권자로서는 신주인수권의 행사 또는 양도 등 자신의 권리행사 여부를 결정할 수 있는 점, 반면 위와 같은 이행의 소에 신주인수권의 행사가 전제되어야 한다면 이는 본래 신주인수권의 행사기간 내에서 신주인수권의 행사 여부를 자유로이 결정할 수 있는 신주인수권자에 대하여 신주인수권의 행사를 강요하는 결과가 되어 불합리한 점 등을 종합하면, 신주인수권 행사가액 조정절차의 이행을 구하는 소는 신주인수권의 행사 여부와 관계없이 허용된다고 보아야 한다.

(1) 사안의 개요

　　원고는 피고 회사가 2009. 6. 25.에 발행한 분리형 신주인수권부사채의 권면금액 5억 원인 신주인수권을 2010. 11. 1.에 양수한 자이다. 위 신주인수권의 행사가액은 1주당 2,580원이었고, 신주인수권 행사기간은 2009. 9. 25.부

터 2012. 5. 25.까지이었다.

이 사건 신주인수권의 발행조건에는, ① '사채발행일로부터 매 3개월이 되는 날(행사가액 조정일)마다 행사가액 조정일 전일을 기산일로 하여, 기산일로부터 소급한 1개월 거래량 가중평균가격, 1주일 거래량 가중평균가격, 기산일 종가를 산술평균한 가격과 기산일 종가 중 높은 가격이 본건 신주인수권부사채의 행사가액보다 낮은 경우에는 그 가격을 행사가액으로 조정하되, 다만 조정 후 행사가액은 액면가액을 하회하지 못한다'는 내용의 '리픽싱 조항', ② '자본감소, 주식분할 및 주식병합, 합병 등에 의하여 행사가액의 조정이 필요한 경우에는 자본감소 등 직전에 본 계약에 따른 신주인수권이 모두 행사되었더라면 인수인이 가질 수 있었던 주식의 수에 따른 가치로 보장하는 방법으로 행사가액을 조정한다.'는 내용의 이른바 "반희석화 조항"이 규정되어 있었다.

피고 주식의 시가가 하락하여 리픽싱 조항에 따라 이 사건 신주인수권 행사가액은 2010. 6. 25. 그 최저한도인 액면가 500원까지 하향조정되었다. 그런데 피고는 재무구조 개선을 위하여 2011. 4. 11.에 10:1의 감자결정을 한 다음 감자를 이유로 반희석화 조항에 따라 신주인수권의 행사가액을 종전 500원에서 5,000원으로 상향조정하였다(액면은 500원으로 동일).

원고는 반희석화 조항에 따른 행사가액 조정 이후 주식의 시가가 지속적으로 하락하였으므로 리픽싱 조항에 따라 행사가액이 하향조정되어야 한다고 주장하면서, 2012. 4. 27. 피고를 상대로 신주인수권 행사가액을 2011. 9. 25. 기준으로 1주당 798원으로 조정하는 절차를 이행하라는 이 사건 소를 제기하였다. 당시 원고는 2012. 5. 18. 이 사건 소의 판결확정 시까지 신주인수권의 권리행사기간을 정지한다는 내용의 가처분결정을 받아 권리행사기간은 정지된 상태였다.

원심에서 피고는 신주인수권을 행사하지도 않으면서 과거의 신주인수권 행사가액 조정일을 기준으로 행사가액의 조정을 구하는 이 사건 소는 권리보호의 이익이 없어 부적법하다는 본안전 항변을 하였으나, 원심은 「신주인수권 행사가액의 조정사유가 발생하였음에도 피고가 그 조정절차를 이행하지 않는 경우 원고로서는 부당하게 형성된 행사가액에 의해 신주인수권을 행사하거나 그 행사를 포기할 수밖에 없으므로 원고로 하여금 그 조정절차의 이행을 청구하여 정당한 행사가액에 의해 신주인수권을 행사할 수 있도록 할 필요성이 있다」는 이유로 피고의 본안전 항변을 배척하였다.

(2) 대법원의 판단

대법원은 앞서 본 바와 같은 이유로 신주인수권의 행사가액 조정절차의 이행을 구하는 소는 신주인수권의 행사 여부와 관계없이 허용되는 것이라고 판단하였다.

(3) 해   설

전환사채의 전환가액이나 신주인수권부사채의 신주인수권 행사가액의 조정에 관한 규정으로는 '반희석화 조항'과 '리픽싱(refixing) 조항'이 있다.

반희석화 조항은 자본감소, 주식분할, 주식병합, 무상증자, 주식배당, 현금배당, 신주의 저가발행 등과 같이 자본구조 자체의 변동으로 주식가치가 희석화되는 사유가 발생하였을 때 사채권자가 취득가능한 주식의 지분비율을 그대로 유지하기 위한 조정이다. 반면 리픽싱 조항은 인수 당시 전환가액 또는 행사가액보다 주가가 하락하였을 때 그 전환가액 등을 하락한 주가 수준으로 하향조정하여 주는 것이다. 반희석화 조항에 의한 전환가액 등의 조정을 보면, 전환가액이 100원인 상황에서 1주를 2주로 하는 주식분할이 있다면 전환가액은 50원으로 조정되어 사채액면 100원당 2주로 전환되더라도 주주에게는 특별한 영향이 없다. 종전에 1주를 가지고 있던 주주도 2주를 가지게 되었기 때문이다.

이에 비하여 주가하락으로 리픽싱 조항에 따라 전환가액 100원을 50원으로 조정하면 주주로부터 사채권자에게 부의 이전이 발생한다. 종전에 1주를 가지고 있던 주주는 여전히 1주만 가지고 있기 때문이다. 반희석화 조항이 회사가치의 일정비율을 보장하는 것이라면, 리픽싱 조항은 100원이라는 절대금액을 회사로부터 가져갈 수 있도록 보장한다는 점에서 차이가 있다.[13] 이처럼 리픽싱 조항의 적법성에 의문이 있음에도 리픽싱 조항을 두는 이유는 시가하락에 따르는 위험을 회사나 기존주주가 부담하고 투자자는 시가상승으로 인한 이익만을 취할 수 있도록 함으로써 투자자를 유인하여 원

---

[13] 송옥렬, 「상법강의」 제5판, 홍문사, (2015), 1144면.

활한 사채 발행을 도모할 수 있기 때문이다. 그런데 리픽싱 조항에 하한이 없어서 기존주주의 이익을 부당하게 침해하는 것을 제한하기 위하여 2002. 4. 4. 신설된 "유가증권의 발행 및 공시 등에 관한 규정" 제61조의2 제2호는 시가하락에 따른 행사가액 조정의 최저한도를 발행당시의 전환가액(조정일 전에 신주의 할인발행 등의 사유로 전환가액을 이미 조정한 때에는 이를 감안하여 산정한 가액)의 70%에 해당하는 가액으로 규제하였다.

이러한 공시규정의 신설 이전에 발행된 신주인수권부사채에 관한 사례로는 대법원 2011. 10. 27. 선고 2009다87751 판결이 있다. 위 사건의 쟁점은 "3주를 1주로 병합하는 무상감자 실시로 반희석화 조항에 따라 신주인수권 행사가액이 500원에서 1,500원으로 상향조정된 후 주가가 추가하락한 경우에 행사가액을 1,500원 이하로 조정할 수 있는지" 여부였다. 위 사건에서 대법원은 「신주인수권 발행조건 등에 액면가 미만 조정을 금지하는 외에 최저한도에 관하여 별다른 제한을 두지 않은 점 등을 이유로 행사가액의 최저한도를 1,500원 아래로 추가 조정할 수 있다」고 판단한 원심을 수긍하였다.

반면 위 공시규정의 신설 이후에 발행된 신주인수권부사채에 관한 사례로는 대법원 2012. 2. 23. 선고 2011다95007 판결이 있다. 위 사안은 「위 공시규정을 참조하여 발행조건에서 "시가하락 시 행사가액은 시가의 산술평균가액과 최근일 종가 중 낮은 가액으로 정하되, 본 사채 발행 당시 행사가액(조정일 전에 신주의 할인발행 등의 사유로 행사가액을 이미 조정한 경우에는 이를 감안하여 산정한 가격)의 85% 이상이어야 한다."고 정하였고, 발행 당시의 행사가액이 1주당 22,200원이던 신주인수권 행사가액이 2010. 3. 31. 신주발행으로 인하여 1주당 18,250원으로 조정되었다가 2010. 11. 6. 감자로 인하여 다시 1주당 82,200원으로 85% 하한까지 조정된 경우에는 다시 시가하락에 따른 가격조정을 할 수 없다」고 본 사례이다.

이러한 두 선례들에서는 행사가액 조정절차의 이행을 구하는 소의 권리보호이익 문제는 판단이 되지 않았고, 바로 본안의 당부에 관한 판단만이 있었을 뿐이다(대법원 2011다95007 판결의 원심에서는 대상 판결과 동일한 본안전 항변이 있었고 그에 관한 판단도 있었으나 상고이유로는 삼지 않았다). 그런데 대상 판결에서는 이와 같은 소의 권리보호이익에 관하여 명시적인 판단이 내려진 점에 의미가 있다.

대상 판결 사안의 신주인수권부 사채는 위 공시규정의 신설 이후에 발행된 것임에도 대법원 2011다95007 판결의 경우와 달리 발행조건에서 액면가 외에는 시가하락의 경우 행사가액 조정의 하한에 관한 제한을 두고 있지 않았다. 원심은 시가하락에 따른 추가조정을 인정하였고 대상 판결은 이러한 원심을 수긍하였다.

Ⅲ. 保　　險

1. 保險契約者 등의 通知義務(商法 第652條)와 保險約款의 明示·說明義務

---

① 대법원 2014. 7. 24. 선고 2012다62318 판결

[1] 상법 제652조 제1항에서 정한 '사고발생의 위험이 현저하게 변경 또는 증가된 사실' 및 '그 사실을 안 때'의 의미

[2] 甲이 乙 보험회사와 아들 丙을 피보험자로 하여 상해보험계약을 체결한 이후에 丙이 오토바이를 운전하다가 두개골 골절 등 상해를 입자 후유장해 보험금을 청구하였는데, 乙 회사가 오토바이 운전에 따른 위험의 증가를 통지하지 않았다는 이유로 보험계약 해지의사를 표시한 사안에서, 乙 회사가 상법 제652조 제1항에서 정한 통지의무 위반을 이유로 해지권을 행사할 수 있다고 한 사례

---

② 대법원 2014. 7. 24. 선고 2013다217108 판결

[1] 보험자가 부담하는 보험약관에 대한 명시·설명의무의 내용 / 보험자의 명시·설명의무가 면제되는 경우 / 보험자가 보험약관의 명시·설명의무를 위반하여 보험계약을 체결한 경우, 약관의 내용을 보험계약의 내용으로 주장할 수 있는지 여부 (소극)

[2] 甲이 자신을 주피보험자, 乙을 종피보험자로 하여 丙 보험회사와 보험계약을 체결할 당시 丙 회사가 '보험계약을 체결한 후 피보험자가 직업 또는 직무를 변경하게 된 때에는 보험계약자 또는 피보험자는 지체 없이 丙 회사에 알려야 한다'는 약관 조항에 관하여 명시·설명의무를 지는지 문제된 사안에서, 丙 회사에 명시·설명의무가 인정되지 않는다고 본 원심판결에 법리오해의 위법이 있다고 한 사례

[3] 甲이 자신을 주피보험자, 대학생 乙을 종피보험자로 하여 丙 보험회사와 보

험계약을 체결하였는데, 그 후 乙이 방송장비대여 등 업종에 종사하면서 화물자동차를 운전하다가 보험사고를 일으키자 丙 회사가 통지의무 위반을 이유로 보험계약을 해지한 사안에서, 丙 회사가 통지의무 위반을 이유로 보험계약을 해지할 수 있다고 본 원심판결에 법리오해 등 위법이 있다고 한 사례

③ 대법원 2014. 6. 12. 선고 2012다30090 판결

이 사건 보험계약자는 가족 내지 자녀들의 상해와 질병에 대하여 포괄적으로 치료비·입원·수술비 등을 보장받고자 보험계약을 체결한 것이지 특정 질병을 염두에 두고 이를 보장받기 위하여 보험계약을 체결한 것으로는 보이지 아니하는 점, 이 사건 특별약관에 경계성 종양에 관한 조항이 없다면 원고와 같이 경계성 종양의 진단을 받은 피보험자는 이 사건 보험계약에 의한 진단보험금을 받을 수 없는데 위 조항에 의하여 비로소 경계성 종양의 진단보험금을 받을 수 있는 것이므로 위 조항은 오히려 피보험자의 권리를 경계성 종양에까지 확장하고 있는 정함이라고 보아야 하는 점 등에 비추어 보면, 보험계약자는 위 규정에 관하여 설명을 들었다고 하더라도 이 사건 보험계약을 체결하지 아니하였을 것이라고 하기 어렵다. 따라서 이 사건 특별약관 중 경계성 종양에 관한 부분에 대하여 피고에게 명시·설명의무가 있다고 할 수 없으므로, 피고가 이에 관하여 명시·설명의무를 이행하지 아니하였더라도 위 규정은 이 사건 보험계약의 내용이 되어 당사자를 구속한다.

(1) 사안의 개요
(가) ①의 판결의 사안

원고의 모 A는 피고와 피보험자를 원고로 하여 제1보험 및 제2보험계약을 체결하였는데, 각 보험계약 체결 당시 A는 보험청약서의 이륜자동차 소유 또는 운전 여부를 묻는 질문에 '아니오'라고 답하였다. 제1보험계약 보통약관은 "보험계약 체결 후 피보험자가 그 직업 또는 직무를 변경할 때 또는 피보험자의 연령을 정정할 때에는 보험계약자 또는 피보험자는 지체 없이 서면으로 회사에게 알려야 하고, 뚜렷한 위험의 증가와 관련된 위 알릴 의무를 이행하지 아니하였을 경우 회사는 손해발생의 전후를 묻지 않고 보험계약을 해지할 수 있다."라고 규정하고 있고, 제2보험계약 보통약관은 "보험계약 체결 후 피보험자가 그 직업 또는 직무를 변경하거나 이륜자동차 또는 원동기장치 자전거를 직접 사용하게 된 경우 보험계약자 또는 피보험자

는 지체 없이 서면으로 회사에 알려야 하고, 뚜렷한 위험의 증가와 관련된 위 알릴 의무를 이행하지 아니하였을 경우 회사는 손해발생의 전후를 묻지 않고 보험계약을 해지할 수 있다."라고 규정하고 있으며, 공통적으로 "보험 사고가 발생한 후에 위 알릴 의무 위반을 이유로 보험계약을 해지한 경우 회사는 직업 또는 직무가 변경되기 전에 적용된 보험료율의 직업 또는 직무가 변경된 후에 적용해야 할 보험료율에 대한 비율에 따라 보험금을 삭감하여 지급한다."라고 규정하고 있었다. 원고는 보험기간 중에 이륜자동차 운전면허를 취득하여 운전하다가 상해를 입는 사고를 당하자 보험금을 청구하였으나, 피고는 오토바이 운전으로 인한 위험의 증가를 통지하지 않았다는 이유로 각 보험계약을 해지한다고 통보하였다.

원심은, 「원고의 오토바이 운전은 상법 제652조 제1항에 정한 '위험의 현저한 변경·증가' 및 제2보험계약 약관에 정한 '이륜자동차의 직접 사용'에 해당하고 원고가 이를 피고에게 통지하지 아니하였으므로, 제1보험계약은 상법 제652조 제1항에 의하여, 제2보험계약은 상법 제652조 제1항 및 그 약관에 의하여 적법하게 해지되었다」고 판단하였다. 나아가 약관의 설명의무 위반 주장에 대하여는, 「오토바이 운전행위의 위험성은 상식에 속하고, 제1, 2보험계약 약관의 계약 후 알릴 의무에 관한 조항은 상법 제652조 제1항의 통지의무를 구체적으로 부연한 정도에 불과하므로 별도의 설명의무가 인정되지 않는다」라고 판단하였다.

(나) ②의 판결의 사안

원고는 피고와 주피보험자를 원고, 종피보험자를 B로 하는 보험계약을 체결하였는데, 계약 체결 당시 B의 직업은 대학생이었다(직업급수 1급). 위 계약의 보통약관 역시 "계약 체결 후 피보험자가 그 직업 또는 직무를 변경하게 된 경우에는 지체 없이 서면으로 회사에 알려야 하고, 뚜렷한 위험의 증가와 관련된 계약 후 알릴 의무를 이행하지 아니하였을 때에는 회사가 손해의 발생 여부에 관계없이 이 계약을 해지할 수 있다."라고 규정하고 있었다. 보험기간 중 A는 교통사고로 사망하였는데, 사고 발생 당시 B는 방송장비 렌탈업 등에 종사 중이었으나(직업급수 2급), 피고에게 직업 변경사실을 통지하지 아니하였다. 원고는 보험금 지급을 청구하였으나 피고는 직업이 변경된 경우 지체 없이 알려야 함에도 원고 또는 B가 위 의무를 이행하지 아니하였음을 이유로 보험계약을 해지하고 보험금을 감액하여 지급한다는 내용을 통보하였다.

원심은, 「B의 직업이 변경됨에 따라 원고 또는 B는 피고에게 통지할 의무를 부담함에도 이를 알리지 아니하였으므로, 상법 제652조에서 정한 통지의무 및 약관에서 정한 계약 후 알릴 의무를 위반하였다」라고 판단하였다. 나아가 약관의 설명의무 위반 주장에 대하여는, 「손해보험에서 피보험자의 직업은 보험사고의 발생가능성을 판단하는 중요한 척도이자 보험요율의 증감을 결정짓는 중요한 요소이므로 보험계약자 또는 피보험자는 피보험자의 직업이 변경될 경우 통지해야 할 의무가 발생한다는 점을 충분히 예상할 수 있었고, 위 약관 조항은 상법의 통지의무를 구체적으로 부연한 정도의 규정이거나 거래상 일반적이고 공통된 것이어서 별도의 설명의무가 인정되지 않는다」라고 판단하였다.

(다) ③의 판결의 사안

원고의 모 C는 C와 배우자 및 자녀 2명(그중 1명이 원고)을 피보험자로 하여 피보험자들의 상해나 질병에 대한 치료비·입원비·수술비 등을 포괄적으로 담보하는 보험계약을 피고와 체결하였다. 보험계약에 포함된 '자녀 암치료비담보 특별약관'은 ㉠ 일반암으로 진단확정되었을 때에는 1,000만 원을, 상피내암이나 기타 피부암으로 진단확정되었을 때에는 200만 원을, 경계성 종양으로 진단확정되었을 때에는 300만 원을 지급하고, ㉡ 여기서 '암'이라 함은 한국표준질병사인분류에 있어서 '악성신생물'로 분류되는 질병을, '상피내암'이라 함은 한국표준질병사인분류에 있어서 '상피내의 신생물'로 분류되는 질병을, '기타 피부암'이라 함은 한국표준질병사인분류에 있어서 분류번호 C44에 해당되는 질병을, '경계성 종양'이라 함은 한국표준질병사인분류에 있어서 '행동양식 불명 또는 미상의 신생물'로 분류되는 질병을 말한다고 정하고 있었다.

원고는 보험기간 중 병원에서 두개인두종 진단을 받았는데, 두개인두종은 뇌 중앙의 뇌하수체 부위에 발생하는 종양으로서, 한국표준질병사인분류에 의할 때 분류번호가 D44.4에 해당하며 '행동양식 불명 또는 미상의 신생물' 중의 하나로 분류되어 있다.

C는 보험계약 체결 당시 피고측으로부터 위 특별약관 중 경계성 종양에 관한 부분에 관하여 별다른 설명을 들은 바가 없었다.

원고는, "두개인두종은 병리학적으로는 경계성 종양이지만 임상학적으로는 암으로 볼 수 있고, 보험계약상 경계성 종양에 해당한다고 하더라도 피고가 계약 체결 시 경계성 종양의 진단비가 다르다는 사실을 설명하지 않아 경계성 종양과 관련된 부분을 계약의 내용으로 주장할 수 없으므로, 암진단자금을 지급하여야 한다"고 주장하였다.

원심은, 「두개인두종은 임상학적으로 악성종양으로 보이고, 경계성 종양의 정의 및 그 진단자금에 관한 특별약관은 보험가입금액의 30%에 불과한 금액을 진단자금으로 받게 되어 실질적으로 보험에서 담보하는 암의 범위를 축소하는 규정인 점 등에 비추어 보험자가 명시·설명의무를 지는 보험계약의 중요한 내용에 해당한다」고 보아 원고의 청구를 인용하였다.

(2) 대법원의 판단
(가) ①의 판결 : 상고기각

우선 상법상 통지의무 위반 여부에 관하여는, 「상법 제652조 제1항에서 '사고발생의 위험이 현저하게 변경 또는 증가된 사실'이라 함은 그 변경 또는 증가된 위험이 보험계약의 체결 당시에 존재하고 있었다면 보험자가 계약을 체결하지 않았거나 적어도 그 보험료로는 보험을 인수하지 않았을 것으로 인정되는 사실을 말하고, '사고발생의 위험이 현저하게 변경 또는 증가된 사실을 안 때'라 함은 특정한 상태의 변경이 있음을 아는 것만으로는 부족하고 그 상태의 변경이 사고발생 위험의 현저한 변경·증가에 해당된다는 것까지 안 때를 의미한다」고 전제한 다음, 「각 보험계약의 보험청약서에 오토바이 소유 또는 운전 여부를 묻는 질문이 있었던 점 등에 비추어 보면 각 보험계약 체결 당시 원고가 오토바이 운전을 하였다면 피고는 보험계약을 체결하지 않았거나 적어도 그 보험료로는 보험을 인수하지 않았을 것으로 추정되고, 원고가 이 사건 사고 이전에 이미 오토바이 사고를 당한 적이 있는 점, A가 보험계약 체결 당시 보험청약서의 오토바이 소유 또는 운전 여부를 묻는 질문에 '아니오'라고 대답하였으므로 A는 오토바이 운전이 보험인수 내지 보험료결정에 영향을 미친다는 것을 알게 되었다고 볼 것인 점 등의 사정에 비추어 보면, A는 원고의 오토바이 운전 사실 및 그것이 보험사고 발생 위험의 현저한 변경·증가에 해당된다는 것을 알았다고 봄이 상당하므로, A는 상법 제652조 제1항에 정한 통지의무를 위반하였다」고 판단하였다.

다음으로 보험약관에 대한 설명의무 위반 여부에 관하여는,[14] 「위 약관조항은 상법 제652조 제1항의 통지의무를 구체화하여 규정한 것으로 제2보험계약에 있어서 상법 제652조 제1항에 정한 통지의무 위반이 인정되는 이상, 설령 원심의 이 부분 판단에 상고이유 주장과 같은 잘못이 있다고 하더라도 판결 결과에 영향을 미치지 않는다」고 판단하였다.

(나) ②의 판결 : 원심파기

상법상 통지의무 위반 여부에 관하여는, 「사고발생의 위험이 현저하게 변경 또는 증가된 사실을 안 때라고 함은 특정한 상태의 변경이 있음을 아는 것만으로는 부족하고 그 상태의 변경이 사고발생 위험의 현저한 변경·증가에 해당된다는 것까지 안 때를 의미한다」고 전제한 다음, 「피고가 보험계약 체결 당시 원고 또는 B에게 직업 변경이 통지의무의 대상임을 알렸다거나, 방송장비대여 등 업종이 사회통념상 대학생이 졸업 후 취업하는 것을 예상하기 어려운 직업이라거나 고도의 위험을 수반하는 직업이라는 등의 사정을 알 수 있는 자료가 없고, 나아가 원고 또는 B가 그 직업 변경으로 사고발생의 위험이 현저하게 변경 또는 증가된다는 것을 알았다고 볼 자료도 없으므로, 피고로서는 통지의무 위반을 이유로 보험계약을 해지할 수 없다」고 판단하였다.

약관의 설명의무 위반 여부에 관하여는, 「해당 약관조항은 상법 제652조 제1항 및 제653조가 규정한 '사고발생의 위험이 현저하게 변경 또는 증가된' 경우에 해당하는 사유들을 개별적으로 규정하고 있는 것이므로 상법 제652조 제1항이나 제653조의 규정을 단순히 되풀이하거나 부연한 정도의 조항이라고 할 수 없고, 원고 또는 B가 약관조항의 내용을 충분히 잘 알고 있었다거나 보험계약이 B의 직업이 대학생임을 전제로 체결되었기 때문에 직업이 방송장비대여 등 업종으로 변경된 경우에는 사고발생의 위험이 현저하

---

14) 제1보험계약과 관련하여서는 문제가 되지 않는다.

게 증가된 경우에 해당하여 피고에게 통지해야 한다는 점을 예상할 수 있었다고 볼 수 없으므로, 피고에게 명시·설명의무가 있다」고 판단하였다.

(다) ③의 판결 : 원심파기

대법원은 다음과 같은 이유에서 특별약관 중 경계성 종양에 관한 부분에 대하여 명시·설명의무가 없다고 판단하여 원심을 파기하였다.

특별약관은 암진단보험금의 지급사유를 일반암, 상피내암 및 기타 피부암, 경계성 종양으로 구분하고 각각의 보험금을 규정하고 있으므로 경계성 종양에 관한 부분은 보험사고와 보험금의 내용에 관한 것이다.

그러나 2002. 6. 28. 개정된 보험업감독업무시행세칙에서는 "향후 판매되는 암을 담보하는 보험상품은 경계성 종양에 대하여 상피내암과 동일하게 보장하도록 하여야 한다."라고 규정하여 이 사건 보험계약이 체결된 2006년 1월경에는 이른바 암보험에 있어 경계성 종양에 관한 규정을 두고 이에 대하여 일반암의 20~40% 정도의 보험금을 지급하는 것이 일반적이고 공통된 사항이었던 점, 질병보험에서 질병의 종류에 따라 보험금이 다를 수 있고 특히 암보험에 있어서 암의 발생빈도 내지 그 심각성에 따라 보험금이 다를 수 있다는 것은 일반적으로 보험계약자가 충분히 예상할 수 있는 사항인 점 등에 비추어 보면, 특별약관 중 경계성 종양에 관한 부분은 거래상 일반적이고 공통된 것이어서 보험계약자가 별도의 설명 없이도 충분히 예상할 수 있었던 사항이다.

또한 C는 가족 내지 자녀들의 상해와 질병에 대하여 포괄적으로 치료비 등을 보장받고자 보험계약을 체결한 것이지 특정 질병을 염두에 두고 이를 보장받기 위하여 보험계약을 체결한 것으로는 보이지 아니하는 점, 특별약관에 경계성 종양에 관한 조항이 없다면 경계성 종양의 진단을 받은 피보험자는 보험금을 받을 수 없는데 위 조항에 의하여 비로소 경계성 종양의 진단보험금을 받을 수 있는 것이므로 위 조항은 오히려 피보험자의 권리를 경계성 종양에까지 확장하고 있는 정함이라고 보아야 하는 점 등에 비추어 보면, C가 위 규정에 관하여 설명을 들었다고 하더라도 보험계약을 체결하지 아니하였을 것이라고 하기 어렵다.

(3) 해　설

언뜻 ①의 판결과 ②의 판결의 결론이 서로 배치되는 것으로 보일 수도 있으나 다음과 같이 이해할 수 있다고 보인다.

통지의무를 규정한 보험약관은 통지의무에 관한 상법 제652조와 제653조를 함께 구체화한 것인데, 이러한 약관조항이 법령의 구체적 내용을 그대로 풀어서 규정한 약관조항이거나 법령의 추상적 내용을 그대로 일반조항으로서 옮겨놓은 것이라면 설명의무가 면제된다. 그러나 상법 제652조와 제653조가 규정한 '사고발생의 위험이 현저하게 변경 또는 증가된 경우'에 해당하는 사유들을 구체적·개별적으로 규정하는 것이라면 법령을 단순히 되풀이하거나 부연한 정도의 조항이라고 볼 수 없으므로 근거 법령이 있다는 이유만으로 설명의무가 면제된다고 볼 수 없고 보험계약자의 예상가능성이라는 다른 설명의무 면제사유가 있어야만 설명의무가 면제되는 것이다. ②의 판결에서 직업 변경 통지의무를 정한 약관조항에 대한 설명의무가 면제되지 않는다고 본 것은 이러한 이유에서이다. ①의 판결에서 오토바이 운전사실 통지의무를 정한 약관조항이 상법의 통지의무를 구체화한 것이라고 한 부분도 이러한 인식을 내비친 것이라고 보인다.[15]

다만 상법 제652조 제1항의 통지의무 위반과 관련하여, ①의 판결은 당해 사안의 제반 사정에 비추어 보험계약자가 오토바이 운전사실이 사고발생 위험의 현저한 변경·증가에 해당된다는 것을 알았다고 판단한 것이고, ②의 판결은 당해 사안에 나타난 사정만으로는 보험계약자가 B의 직업 변경이 사고발생 위험의 현저한 변경·증가에 해당된다는 것을 알았다고 볼 수 없다고 판단한 것이다. 즉 개별 사안에서 문제된 약관 기재의 개별사유와 사안의 구체적 사정에 따라 판단을 달리한 것으로 볼 수 있다.

③의 판결은 다른 관점에서 음미해 볼 필요가 있다. 설명의무의 대상인지의 측면에서 보면, ③의 판결이 판시한 바와 같이 경계성 종양에 관한 약관 부분은 거래상 일반적이고 공통된 것으로서 C에게 예상가능성이 있었고, C 역시 경계성 종양에 관한 설명을 들었더라도 보험계약 체결 여부가 달라

---

15) 다만 상법상 통지의무 위반이 인정되는 이상 판단할 필요가 없으므로 명시적인 판단을 내리지 않았다.

졌을 것 같지 않으므로 설명의무의 대상은 아닌 것이 되는 것이다. 나아가
설명의무 위반의 효과라는 측면에서 보면, 경계성 종양은 원래 암(악성종양)
은 아니지만 암보험에서 보험금을 지급하는 사유로 추가된 것으로 암에 관
한 부분과 경계성 종양에 관한 부분은 서로 다른 보험사고에 관하여 다른
보험금을 지급한다는 규정이어서 경계성종양에 관한 약관에 대한 설명의무
위반의 효과로서 계약내용으로 주장할 수 없게 된다고 하더라도 피보험자는
그 보험금을 지급받을 수 없을 뿐이지 당연히 암에 관한 보험금을 지급받을
수 있게 되는 것은 아니다.

2. 人保險에서 안전띠 未着用 등 法令違反行爲를 免責事由로 정한 約款條項의 效力

◎ 대법원 2014. 9. 4. 선고 2012다204808 판결

상법 제732조의2, 제739조, 제663조의 규정에 의하면 사망이나 상해를 보험사고로 하는 인보험에 관하여는 보험사고가 고의로 인하여 발생한 것이 아니라면 비록 중대한 과실에 의하여 생긴 것이라 하더라도 보험금을 지급할 의무가 있다고 할 것인바, 위 조항들의 입법 취지 등에 비추어 보면, 피보험자의 사망이나 상해를 보험사고로 하는 보험계약에서는 보험사고 발생의 원인에 피보험자에게 과실이 존재하는 경우뿐만 아니라 보험사고 발생 시의 상황에 있어 피보험자에게 안전띠 미착용 등 법령위반의 사유가 존재하는 경우를 보험자의 면책사유로 약관에 정한 경우에도 그러한 법령위반행위가 보험사고의 발생원인으로서 고의에 의한 것이라고 평가될 정도에 이르지 아니하는 한 위 상법 규정들에 반하여 무효이다.

(1) 사안의 개요

원고는 피고와 원고 소유 승용차에 관하여 자기신체사고특약을 포함한
자동차종합보험계약을 체결하였는데, 보험약관에 "피보험자가 사고 당시 탑
승 중 안전띠를 착용하지 아니한 경우에는 자기신체사고보상액에서 운전석
또는 그 옆좌석은 20%, 뒷좌석은 10%에 상당하는 금액을 공제한다."라고
규정한 안전띠 미착용 감액조항이 포함되어 있었다. 원고는 음주사고를 내고
안전띠를 착용하지 않은 상태로 도로에 정차해있던 중 뒤따라오던 차에 의

하여 추돌당하여 상해를 입었다. 피고는 원고의 안전띠 미착용을 이유로 이 사건 감액약관에 따라 보험금 감액을 주장하였다.

원심은, 「안전띠를 매지 않은 운전자는 최소한 손해확대에의 미필적 고의는 가지고 있는 점, 상법 제663조 및 제732조의2, 제739조의 취지는 보험사고가 피보험자 등의 중과실로 생긴 경우에도 보험금을 지급하도록 하여 보험수익자를 보호하자는 것인데 이 사건 감액약관은 손해확대에의 고의를 가지고 있는 운전자에게 보험금은 지급하되 다만 감액하여 지급한다는 것에 불과하여 보험수익자 보호의 취지를 완전히 무시하는 것이 아니고 감액비율도 적정한 점 등을 이유로 이 사건 감액약관이 유효하다」고 판단하였다.

(2) 대법원의 판단

대법원은 앞서 본 바와 같은 법리를 전제한 다음, 「이 사건 감액약관의 실질은 보험금의 일부를 지급하지 않는다는 일부 면책약관인데, 원고의 안전띠 미착용이 보험사고의 발생원인으로서 고의에 의한 것이라고 할 수 없으므로 이 사건 감액약관은 무효이다」라고 판단하였다.

(3) 해   설

상법 제659조 제1항은 "보험사고가 보험계약자 또는 피보험자나 보험수익자의 고의 또는 중과실로 인하여 생긴 때에는 보험자는 보험금액을 지급할 책임이 없다."고 하지만, 제732조의2는 "사망을 보험사고로 한 보험계약에서는 사고가 보험계약자 또는 피보험자나 보험수익자의 중과실로 인하여 발생한 경우에도 보험자는 보험금을 지급할 책임을 면하지 못한다."고 하고, 제739조에서 상해보험에 관하여 제732조의2를 준용하도록 하고 있다. 한편 제663조는 보험계약자 등의 불이익변경금지를 규정하고 있다.

종래부터 문제된 것이 무면허·음주운전 면책약관이었는데, 대법원이 인보험에 있어서 무면허·음주운전 등 면책약관이 보험사고가 전체적으로 보아 고의로 평가되는 행위로 인한 경우뿐만 아니라 과실(중과실 포함)로 평가되는 행위로 인한 경우까지 보상하지 아니한다는 취지라면, 과실로 평가되는 행위로 인한 사고에 관한 한 무효라는 취지로 판시한 이래,[16] 동일한 판시가 계속되고 있다.

---

[16] 대법원 1998. 3. 27. 선고 97다48753 판결; 대법원 1998. 4. 28. 선고 98다4330 판결 등.

대법원은 본 사안에서 종래 판례의 취지를 재확인하였다.

3. 保險者가 免責約款에 대한 說明義務를 違反하여 免責約款을 契約內容으로 主張하지 못하고 保險金을 支給하게 된 경우, 保險者代位를 할 수 있는지

◎ 대법원 2014. 11. 27. 선고 2012다14562 판결

상법 제682조에서 정한 제3자에 대한 보험자대위가 인정되기 위하여는 보험자가 피보험자에게 보험금을 지급할 책임이 있는 경우이어야 한다. 보험자가 보험약관에 정하여져 있는 중요한 내용에 해당하는 면책약관에 대한 설명의무를 위반하여 약관의 규제에 관한 법률 제3조 제4항에 따라 해당 면책약관을 계약의 내용으로 주장하지 못하고 보험금을 지급하게 되었더라도, 이는 보험자가 피보험자에게 보험금을 지급할 책임이 있는 경우에 해당하므로 보험자는 보험자대위를 할 수 있다.

(1) 사안의 개요

원고는 2009. 4. 30. 甲회사가 중국 칭다오에 있는 乙회사로부터 수입하는 귀금속 3,347개에 관하여, "협회항공약관(전위험담보) 및 가액이 운송인에게 통보되고 가액에 상응한 요금이 지급되어야 하며, 국내운송 전과정에 경호원이 동행되어야 한다."는 조건으로 甲회사와 적하보험계약을 체결하였다. 甲회사는 화물 수령 후 누군가 운송 과정에서 화물 중 귀금속 780개를 절취한 사실을 발견하고 원고에게 보험금 지급을 청구하였다. 원고는 보험조건 부합 여부에 관하여 심사한 결과 위 보험조건 및 그 위반 시의 효과를 甲회사에 설명하지 아니하였음을 이유로 위 보험조건을 적하보험계약의 내용으로 삼지 않기로 하고 甲회사에 보험금을 지급한 다음, 운송인인 피고에게 甲회사의 피고에 대한 손해배상청구권을 대위행사하였다.

피고는, 원고의 보험금지급은 보험조건에 위배하여 이루어진 것이므로 원고는 甲회사의 손해배상청구권을 대위행사할 수 없다고 주장하였다. 이에 대하여 원심은 「원고가 甲회사에게 위 보험조건을 설명하지 아니하여 약관규제법에 따라 위 보험조건이 보험계약의 내용이 아닌 것으로 보고 보험금을 지급한 것은 정당하다」라고 판단하였다.

피고는 상고이유로, 원고가 보험계약의 당사자가 아닌 피고에게는 그 보험금 지급이 적법하다는 주장을 할 수 없으므로 적법한 보험금 지급을 전제로 한 보험자대위권을 행사할 수 없다고 주장하였다.

(2) 대법원의 판단

대법원은 「원고가 면책약관에 대한 설명의무를 위반하여 해당 면책약관을 계약의 내용으로 주장할 수 없게 됨으로써 피보험자인 A회사에 보험금을 지급할 책임이 있었던 것이므로 적법하게 보험자대위를 할 수 있다」라고 판단하였다.

(3) 해   설

보험자가 보험금을 지급할 책임이 없음에도 보험금을 지급한 때에는 대위권이 인정되지 않는다. 판례도 보험자가 보험약관에 따라 면책되거나 피보험자에게 보험사고에 대한 과실이 없어 보험자가 피보험자에게 보험금을 지급할 책임이 없는 경우에는 보험자대위를 할 수 없다고 한다.17)

그러나 원고는 甲회사에게 책약관을 설명하지 아니하여 이를 계약의 내용으로 주장할 수 없게 되었으므로, 원고와 甲회사 사이에 면책약관이 포함되지 아니한 적하보험계약이 체결된 것이고, 면책약관이 계약내용에 포함되지 않은 이상 원고는 보험계약에 따라 보험금을 지급할 책임이 있고 면책약관에 의해 면책되었음에도 보험금을 지급하였다는 등의 문제는 생길 수 없는 것이다. 따라서 보험약관상 보험금지급의무가 없음에도 보험금을 지급한 경우와는 사정이 다르다고 할 것이다.

4. 重複保險 分擔金 請求權과 保險者代位에 의한 請求權의 關係

◎ 대법원 2015. 1. 29. 선고 2013다214529 판결

건물의 임차인이 임차건물을 보험목적으로 하여 가입한 화재보험(이하 '임차인 화재보험'이라고 한다)과 건물의 소유자가 건물을 보험목적으로 하여 가입한 화재보험(이하 '소유자 화재보험'이라고 한다)이 소유자를 피보험자로 하는 중복보험의 관계에 있는 경우, 임차인의 책임 있는 사유로 임차건물에 화재가 발생하여 소유자 화

---

17) 대법원 2009. 10. 15. 선고 2009다48602 판결.

재보험의 보험자가 소유자에게 건물에 관한 보험금을 지급하였다면, 소유자 화재보험의 보험자로서는 임차인 화재보험의 보험자로부터 상법 제672조 제1항에 따라 중복보험 분담금을 지급받았다고 하더라도 상법 제682조에 따라 임차인에 대하여 보험자대위에 의한 청구권을 행사할 수 있고, 다만 그 범위가 소유자에게 지급한 보험금에서 임차인 화재보험의 보험자로부터 지급받은 중복보험 분담금을 공제한 금액 중 보험자대위에 의한 청구권의 상대방인 임차인의 책임비율에 따른 부담 부분으로 축소될 뿐이다.

(1) 사안의 개요

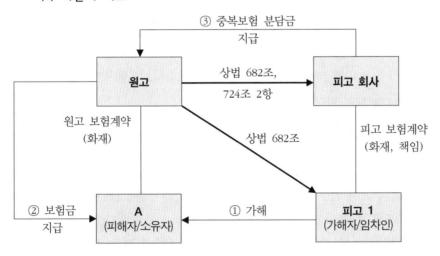

피고 1은 소유자 A부터 건물 중 2층을 임차하여 주점을 운영하고 있었는데, 점포에 설치된 냉장고에서 발화된 화재로 2층 점포를 포함한 건물 일부가 소훼되었다. A는 원고와 건물에 관한 화재보험계약(= '원고 보험계약')을 체결하였고, 피고 1은 피고 회사와 점포 및 그 집기·시설에 관한 재산종합보험계약을 체결하였는데, 후자의 보험계약은 점포와 집기·시설에 관한 화재보험(= '피고 화재보험계약')과, 점포와 집기·시설 및 그 용도에 따른 업무의 수행으로 생긴 우연한 사고로 타인에 대한 법률상 배상책임을 부담함으로써 입은 손해를 보상하는 시설소유(관리)자 배상책임보장보험(= '피고 책임보험계약')으로 구성되어 있었다.

원고는 위의 원고 보험계약에 따라 A에게 보험금 33,669,217원(점포 부분 17,722,517원, 점포 외 부분 15,946,700원)을 지급하였고, 피고 회사는 중복보험[18)]으로 자신이 부담해야 하는 보험금 7,192,812원을 원고에게 지급하였다.

원고는 피고 1에게는 보험자대위에 관한 상법 제682조에 기하여, 피고 회사에게 상법 제682조 및 책임보험 직접청구권에 관한 상법 제724조 제2항에 기하여, A에게는 지급한 전체 보험금 중 중복보험 분담금으로 받은 금액을 공제한 나머지 금액의 지급을 청구하였다.

원심은, 건물에 발생한 손해에 대한 피고 1의 책임비율을 70%로 제한한 다음, 피고 회사가 중복보험 분담금을 지급하였으므로 더 이상 원고가 보험자대위에 의한 청구권을 행사할 수 없다는 피고들의 주장을 배척하면서, 「피고들은 원고가 지급한 전체 보험금에 피고 1의 책임비율 70%를 곱한 금액에서 피고 회사로부터 받은 중복보험 분담금을 공제한 16,375,639원(= 33,669,217원 × 70% - 7,192,812원)을 지급해야 한다」고 판시하였다.

(2) 대법원의 판단

대법원은 앞서 본 법리에 비추어 보험자대위에 의한 청구가 허용될 수 없다는 피고들의 주장을 배척한 원심의 판단은 정당하다고 판단하였다. 다만 「피고들은 ① 중복보험의 목적물인 점포에 관하여 원고가 지급한 보험금 17,722,517원에서 피고 회사가 지급한 중복보험 분담금 7,192,812원을 공제한 10,529,705원 중 피고 1의 책임비율에 따른 부담 부분인 7,370,793원, ② 점포 외 건물에 관하여 원고가 지급한 보험금 한도 내의 피고 1의 책임금액인 11,162,690원 합계 18,533,483원을 지급할 의무가 있다」고 판단하였다(다만 원고가 상고하지 않아 이를 이유로 파기되지는 아니하였다).

(3) 해   설

점포 부분의 손해와 관련하여 원고는 A에게 보험금 17,722,517원을 지급함으로써 피고 회사에 대한 중복보험 분담금 청구권(7,192,812원)과 피고 1에 대한 보험자대위에 의한 청구권[12,405,761원(= 17,722,517원 × 70%)]을 취득하였는데 피고 회사로부터 중복보험 분담금 전액을 지급받았으므로 보험자대위에 의한 청구권의 성립범위에 대한 조정이 필요하다. 만일 보험자대위에 의한 청구권을 전액 인정하면 원고는 실제 지급한 금액을 초과하는 금

---

18) 점포 부분에 관한 화재보험이 중복보험이다.

액(19,598,573원)을 회수하는 결과가 되어 부당하기 때문이다.

이러한 경우에 중복보험 분담금 청구권과 보험자대위권의 관계를 어떻게 조정할 것인지가 문제이다.

책임보험에 관한 대법원 2009. 12. 24. 선고 2009다42819 판결에서 「중복보험 분담금 청구권과 보험자대위에 의한 청구권은 별개의 권리로서, 각각 그 성립요건을 갖추면 성립하는 것이고 양자를 동시에 또는 별도로 행사할 수 있으나, 위 두 권리를 갖는 보험자가 부당한 이익을 얻지 않도록 한쪽 청구권으로부터 만족을 얻으면 다른 청구권이 일정 범위로 축소되는 관계에 있다」라고 판단한 바 있다. 이는 원고 보험회사가 甲과 제1보험계약(근로자재해보장책임보험)을, 피고 보험회사가 피고 乙과 제2보험계약(자동차종합보험)을 체결하고 있었는데, 甲이 제2보험계약의 승낙피보험자에 해당함으로써 제1보험계약과 제2보험계약이 甲의 책임에 대하여 중복보험이 되었고, 이러한 상황에서 甲과 피고 2의 공동불법행위로 망인이 사망하였으며 원고가 망인의 유족에게 손해금 전액을 보험금으로 지급한 사안이었다.

위 2009다42819 판결은, 「① 원고 회사는 제1보험계약의 보험자로서 보험금을 지급하였으므로 상법 제682조에 의하여 피고 乙의 부담부분의 비율에 따른 범위에서 성립되는 피보험자 甲의 피고 乙에 대한 구상권을 취득하고 나아가 제2보험계약의 보험자인 피고 회사에 대하여 상법 제724조 제2항에 따라 직접 구상권을 행사할 수 있으며, ② 제1, 2보험이 중복보험에 해당한다면 원고는 지급한 보험금 중 각자의 보험금액의 비율에 따라 산정한 피고 회사의 보상책임 부분에 대해서도 구상권을 행사할 수 있는데, ③ 원고 회사의 피고 회사에 대한 위 각 구상권은 어느 쪽을 먼저 행사하여도 무방하고 이를 동시에 행사할 수도 있으며, 다만 한쪽 구상권으로부터 만족을 얻을 경우 다른 구상권의 범위는 위와 같이 만족을 얻은 부분을 제외한 나머지 출재액 중 다른 구상권에 의한 구상채무자의 부담 부분으로 축소되는 관계에 있을 뿐이다」라고 판단하였다.

대상 판결은 손해보험(화재보험)에 관한 사안이기는 하지만, 책임보험에 관한 선례와 기본적인 구조를 같이 한다는 점에서 그 법리를 원용하여 사안을 판단하였다.

Ⅳ. 海商法

1. 헤이그規則 第4條 第5項에서 海商運送人의 包裝當 責任制限額 으로 정하고 있는 100파운드의 意味

◎ 대법원 2014. 6. 12. 선고 2012다106058 판결

1924. 8. 25. 브뤼셀에서 성립된 선하증권에 대한 규정의 통일에 관한 국제협약에 포함된 헤이그규칙(The Hague Rules contained in the International Convention for the Unification of Certain Rules relating to Bills of Landing, dated Brussels 25 August 1924, 이하 '헤이그규칙'이라 한다) 제4조 제5항 및 제9조의 규정, 두 차례에 걸친 헤이그규칙의 수정경위 및 수정내용, 그리고 헤이그규칙상 책임제한조항의 해석에 관한 영국을 비롯한 외국 판례의 태도 등을 종합하면, 헤이그규칙 제4조 제5항에서 해상운송인의 포장당 책임제한액으로 정하고 있는 '100파운드(100 pounds sterling)'는 금화 100파운드의 가치를 의미하는 것으로 봄이 타당하다.

(1) 사안의 개요

운송인인 피고가 이 사건 화물을 선적하여 부산항에서 인도네시아 자카르타까지 운송 도중 화물 일부(총 4포장 59,150달러 상당)가 손상되자, 인도네시아의 보험회사인 원고가 수하인에게 보험금을 지급한 후 피고에게 구상금을 청구하는 소를 제기하였다. 선하증권 이면약관 제2조는 선적지국가나 도착지국가에서 헤이그규칙을 입법화하지 않은 경우 강행규정에 반하지 않는 한 헤이그규칙을 적용하도록 하고 있는데, 대한민국과 인도네시아국은 모두 헤이그규칙을 입법화하지 않았기 때문에 이 사건 운송계약에는 헤이그규칙이 적용된다.

헤이그규칙은 해상운송인의 포장당 책임을 100파운드로 제한하면서 그 통화단위를 금화로 하고 있는데, 헤이그규칙상 운송인의 포장당 책임제한액이 영국화 100파운드인지 금화 100파운드인지가 쟁점이었다.

원심은 「헤이그규칙 제4조 제5항 소정의 '영국화 100파운드'의 의미는 금화가 아닌 영국화 100파운드를 의미한다고 해석되고, 이는 상법이 정하고 있는 운송인의 책임제한액보다 운송인의 책임을 감경하는 것으로서 상법 제

799조 제1항에 따라 효력이 없으나 책임제한약정 자체로는 효력이 있는 것이므로, 결국 운송인인 피고의 책임은 상법 제797조 제1항 및 제2항, 제795조 제1항에 따라 제한된다」라고 판단하였다.

(2) 대법원의 판단

대법원은 다음과 같은 이유로 「헤이그규칙에서 해상운송인의 포장당 책임제한액으로 정하고 있는 '100파운드(100 pounds sterling)'는 금화 100파운드의 가치를 의미한다」고 판단하였다. ① 헤이그규칙 제4조 제5항 및 제9조 제1문은 해상운송인의 책임제한액을 규정함에 있어 당시 영국 통화인 '파운드'를 사용하면서 이것을 금가치에 연결시키고 있는데, 이는 헤이그규칙 제정 당시 금본위를 채택하고 있던 영국의 통화를 금가치표시의 기준으로 이용하는 것으로서, 여기서의 파운드(pound sterling)는 금화 파운드(gold value pound)를 의미하는 것이었다. 그 후 1931년 영국에서 파운드의 금태환이 정지됨으로써 그때까지의 'pound sterling'이라는 화폐단위는 존재하지 않게 되었고, 그 이후부터 헤이그규칙 제4조 제5항의 'pound sterling'의 계산은 영국 주화법(Coinage Act 1870)에서 금화에 요구하는 금의 함량과 순도를 기준으로 그 가치가 정하여졌다. 이처럼 헤이그규칙상의 '100 pounds sterling'을 금화 100파운드에 들어있는 금의 가치라고 보는 이상 이를 현재 영국의 명목상 화폐단위인 100파운드의 가치와 동일시할 수는 없다. ② 화폐단위로서 영화(英貨) 파운드를 사용하지 않는 헤이그규칙의 체약국들은 헤이그규칙 제9조 제2문에 따라 영화 파운드로 표시된 해상운송인의 책임제한액을 자국의 화폐단위로 환산하는 권리를 유보하고 있었는데, 실제 각국의 물가상승으로 자국통화로 환산한 책임제한액들의 가치가 하락하여 더 이상 실제 손해를 배상하여 주는 금액으로서의 의미를 갖지 못하게 됨으로써 책임제한액을 인상하여야 할 필요가 발생하였다. 따라서 이러한 책임한도액을 인상할 필요에 따라 헤이그-비스비 규칙이 도입되었다는 사정을 근거로 헤이그규칙 제4조 제5항의 '100 pounds sterling'이 영국화 100파운드를 의미하는 것으로 볼 수는 없다. ③ 헤이그-비스비 규칙은 헤이그규칙상 해상운송인의 책임제한액이 1포장당 100파운드 가치의 금화라는 것을 전제로, 해상운송인의 책임제한기준을 푸앵카레 프랑(fran poincare)으로 변경한 것이고, 1푸앵카레 프랑은 순도 0.900의 금 65.5mg을 의미하므로 푸앵카레 프랑 역시 금화가치를 기준으로 하고 있다. 그 후 금의 국제적인 통화가치로서의 역할이 쇠퇴하자 국제통화기금이 금조항에서 벗어나 고정된 가치를 가진 계산단위로서 특별인출권(SDR)을 창설하였고, 이에 따라 헤이그-비스비 규칙을 개정하여 SDR을 해상운송인의 책임제한기준으로 삼게 되었다. 이처럼 SDR이라는 계산방식이 금화기준에서 비롯되는 문제점을 해결하려는 노력에서 도입되었다는 점은 종래 헤이그규칙과 헤이그-비스비 규칙에서 금화가 책임제한액의 기준으로 쓰였다는 사실을 나타내는 것이라 할 수 있다. ④ 1988년 영국 법원이 'The Rosa S' 사건에서 헤이그규칙 제4조 제5항에서의 '100 pounds sterling'은 금화 100파운드의 가치를 의미하는 것으로 해석해야 한다고 판시한 이래 각국의 법원에서 동일한 취지의 판시를 하였는데, 이러한 외국 법원들의 해석론은 우리나라에서도 참작될 수 있다고 보인다.

2. '船舶優先特權 및 抵當權에 관한 1993年 國際協約'의 解釋上 定期傭船者에 대한 債權에 관한 船舶優先特權의 認定 與否

◎ 대법원 2014. 10. 2.자 2013마1518 결정

"선박우선특권 및 저당권에 관한 1967년 국제협약"(Convention on Maritime Lien and Mortgages, 1967, 이하 '1967년 협약'이라 한다)에서 인정하던 '다른 용선자'(other charterer)에 대한 채권에 관한 선박우선특권을 "선박우선특권 및 저당권에 관한 1993년 국제협약"(Convention on Maritime Lien and Mortgages, 1993, 이하 '1993년 협약'이라 한다)에서 삭제한 것은, 선박우선특권의 경우 선박에 저당권이 이미 설정된 경우에도 저당권에 우선하여 변제받을 수 있어 선박저당권자의 권리가 침해될 수 있으므로, 선박우선특권으로 담보되는 채권을 합리적으로 축소·조정하여 선박저당권자의 지위를 강화하고 선박금융을 원활하게 하기 위하여 대외적으로 선박소유자와 같은 책임을 부담하는 '선체용선자'(demise charterer)를 제외한 나머지 용선자들, 즉 '정기용선자'(time charterer)와 '항해용선자'(voyage charterer)에 대한 채권을 선박우선특권의 피담보채권의 범위에서 제외한 것이다.

그리고 1993년 협약이 '선박운항자'(operator)와 '용선자'(charterer)가 구별되는 개념임을 전제로, 용선자(charterer) 중 선체용선자(demise charterer)만을 선박운항자(operator)와 나란히 선박우선특권의 피담보채무자로 열거하고 있는 점 등에 비추

어 일정 기간 동안 선박을 용선하여 이용하는 '정기용선자'(time charterer)는 1993
년 협약 제4조 제1항에서 정한 '선박운항자'(operator)에 해당되지 않는다.
　　위와 같은 1967년 협약 제7조 제1항, 1993년 협약 제4조 제1항 등의 규정,
1993년 협약의 개정 경위 및 개정 내용, 그리고 1993년 협약상 '선박운항자' 개념에
'정기용선자'가 포함되지 않는 점 등의 사정을 종합하면, 1993년 협약의 해석상 정
기용선자에 대한 채권에 관하여는 선박우선특권이 인정되지 않는다.

(1) 사안의 개요

　　이 사건 선박의 정기용선자인 채무자와 선박대리점계약을 체결한 재항
고인은 부산항에 입·출항한 이 사건 선박의 입·출항료 등 19,905,497원 상
당의 항비를 채무자를 대신하여 지급하였다. 재항고인이 이 사건 항비 등 채
권이 선박우선특권에 의하여 담보되는 채권이라고 주장하면서 이 사건 선박
에 대한 임의경매신청을 하였는데, 외국 법인인 이 사건 선박의 소유자가 이
의신청을 하였다.
　　판례19)는 선박우선특권의 성립 여부, 일정한 채권이 선박우선특권에 의
하여 담보되는지 여부 및 선박우선특권이 미치는 대상의 범위에 관한 준거
법을 선적국법으로 본다. 재항고인이 이 사건 항비 등을 대지급할 당시 이
사건 선박의 선적국은 러시아이지만, 러시아 헌법 제15조 제4항은 일반적으
로 승인된 원칙, 국제법 및 러시아 연방의 국제조약은 러시아 연방 법률체계
의 일부를 구성하고, 러시아 연방의 국제조약이 법률과 달리 정하고 있는 경
우에는 국제조약이 적용된다고 규정하고 있고, 러시아는 1999. 3. 4. "선박우
선특권 및 저당권에 관한 1993년 국제협약"에 가입하였으므로(2004. 9. 5. 발
효), 결국 정기용선자에 대한 채권인 이 사건 항비 등 채권이 선박우선특권
으로 담보되는지 여부는 1993년 협약에서 위 채권을 선박우선특권의 피담보
채권으로 정하고 있는지에 따라 결정되는 것이다.
　　이에 대하여 재항고인은, 1993년 협약 제4조 제1항에서 규정하고 있는
선박운항자(operator)는 정기용선자를 포함하여 실제 선박을 운항하는 모든
사람이라고 주장하였다.

---

19) 대법원 2007. 7. 12. 선고 2005다39617 판결.

(2) 대법원의 판단

대법원은 판시와 같은 근거로 「1993년 협약의 해석상 정기용선자에 대한 채권에 관하여는 선박우선특권이 인정되지 않는다」고 판단하였다.

(3) 해   설

"선박우선특권 및 저당권에 관한 1967년 국제협약" 제7조 제1항은 선박우선특권이 발생하는 채권의 채무자로서 '선박소유자(owner), 선체용선자 내지 다른 용선자(demise or other charterer), 선박관리인(manager), 선박운항자(operator)'를 인정하였다가, 1993년 협약은 제4조 제1항에서 1967년 협약을 개정하여 위 채무자들 중 '다른 용선자'(other charterer)를 삭제함으로써 '선박소유자'(owner), '선체용선자'(demise charterer), '선박관리인'(manager), '선박운항자'(operator)로 채무자를 한정하였다. 그 이유에 대하여는 대상 판결이 판시한 바와 같이 보는 것이 일반적이고, 따라서 국내외 학자들은 대개 1993년 협약의 해석상 선박우선특권으로 담보되는 채권에 정기용선자에 대한 채권은 포함되지 않는다고 설명하고 있다.

3. 'FO 條件'下에서 船荷證券上 通知處의 依賴를 받은 荷役會社가 揚荷作業을 完了하고 貨物을 營業用 保稅倉庫에 入庫시킨 경우, 貨物의 引渡時點

◎ 대법원 2014. 5. 16. 선고 2012다23320 판결

　　[1] 선하증권 소지인이 아닌 선하증권상의 통지처의 의뢰를 받은 하역회사가 양하작업을 완료하고 화물을 영업용 보세창고에 입고시킨 경우, 화물의 인도시점(= 운송인 등의 화물인도지시서에 의하여 화물이 영업용 보세창고에서 출고된 때)

　　[2] 영업용 보세창고업자가 화물인도지시서나 운송인의 동의 없이 화물을 인도함으로써 선하증권 소지인이 손해를 입은 경우, 불법행위에 기한 손해배상책임을 지는지 여부 (적극)

　　[3] 상법 제798조 제2항에서 정한 '사용인 또는 대리인'에 자기 고유의 사업을 영위하는 독립적인 계약자가 포함되는지 여부 (소극)

(1) 사안의 개요

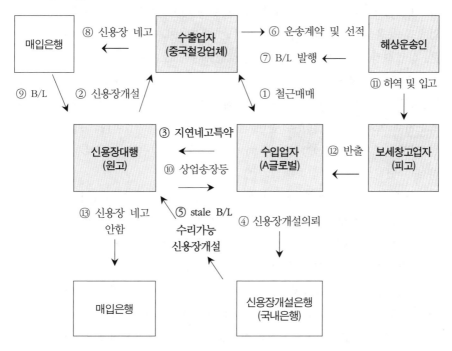

국내업체인 A글로벌은 일본법인인 원고로부터 일본산 철근을 수입하다가 중국산으로 철근 수입처를 변경하면서, 신용장 회전을 높이기 위해 원고에게 다음과 같이 신용장개설 대행을 부탁하였다.

A글로벌이 중국업체와 철근매매계약을 체결하면(①), 원고가 중국업체를 수익자로 한 신용장을 개설하였다(②). 선적에 즈음하여 원고와 A글로벌 간에 형식적인 매매계약을 체결하고, A글로벌이 원고를 수익자로 한 신용장을 개설하였다. 단, 원고는 선하증권(B/L) 발행일로부터 20일이 지난 후에 신용장 매입을 하기로 하고(지연네고특약), A글로벌은 "stale 선하증권 수리 가능(stale B/L acceptable)" 신용장[20]을 개설해 주었다(③④⑤).

중국업체가 운송인과 운송계약을 체결하고 철근을 선적하면 운송인은

---

20) 신용장의 유효기일이나 서류제시기간을 특정하지 아니한 경우 선적일로부터 기산하여 21일이 경과하여 제시된 선하증권은 은행에서 수리를 거절하는데, 이러한 선하증권을 stale B/L 이라고 한다. 다만 신용장에서 "stale B/L acceptable"이라고 명시하면 이러한 선하증권도 은행이 수리한다.

B/L을 발행하고, 중국업체가 B/L을 포함하여 신용장을 은행에 네고하면 결국 원고에게 B/L이 돌아오게 된다(⑥ 내지 ⑨). 원고는 중국업체로부터 상업송장 등을 팩스로 받으면 철근가격만 변경하여 원고 명의로 다시 B/L 사본, 상업송장, 포장명세서 등을 A글로벌에 팩스로 송부하였다(⑩).

철근이 인천항에 도착하면 A글로벌과 운송 및 보관계약을 체결한 피고는 화물을 하역하여 이를 인천항 보세구역 내에 있는 H 제2보세창고 안에 입고하여 보관하였다(⑪). 그런데 피고는 선하증권(B/L)이나 운송인이 발행한 화물인도지시서(D/O)와 상환하지 아니한 채 철근을 A글로벌에게 반출하여 주었다(⑫).

금융위기 등 여파로 환율이 상승하여 철근 판매가 부진하여 A글로벌이 신용장대금을 결제할 형편이 되지 못하자, 원고에게 신용장 유효기간 연장을 요청하였는데, 원고는 A글로벌로부터 보증금으로 신용장대금의 10%를 받기로 하고 신용장 유효기간 내에 신용장 네고를 하지 않았다(⑬).

원고는 A글로벌로부터 신용장대금을 결제받지 못하자, B/L 또는 D/O와 상환하지 않고 철근을 A글로벌에게 인도하여 B/L의 소지인인 원고의 권리를 침해한 피고의 불법행위를 이유로 하여 피고를 상대로 이 사건 소를 제기하였다.

피고는 운송계약에 'FO 조건'(Free Out, 양륙비용 화주부담)이 있었고 이는 선상에서 화물을 인도하는 이른바 선상도 약정에 해당하여 운송인이 B/L과 상환하지 않고 실수입업자의 의뢰를 받은 하역업자에게 양하작업을 하도록 하여 화물을 인도하는 때에 B/L의 정당한 소지인에 대한 불법행위가 성립하는 것이므로, 이후 피고의 창고에서 반출될 때에 별도로 불법행위가 성립하는 것이 아니라고 다투면서, 선상도 약정이 있음을 이유로 책임을 부정한 대법원 2004. 10. 15. 선고 2004다2137 판결의 법리가 이 사건에 적용되어야 한다고 주장하였다.

원심은, 「강재 매매계약상의 대금결제방법에 따르면, 강재를 실은 선박이 인천항에 도착하였을 때 실수입업자인 A글로벌이 선하증권 원본을 제시할 수 있는 상황은 아니었고, 강재의 운송인은 화물인도지시서에 의하여 강재의 반출을 통제할 수 있는 영업용 보세창고로 강재를 운반하여 보관하도록 하였는바, 이러한 사정에 비추어 보면, 비록 운송계약이 FO 조건으로 이루어졌다고 하더라도 실수입업자의 의뢰를 받은 하역업자가 운송인으로부터 운송물을 수령하는 때에 이 사건 강재가 인도되었다고 보기 어렵고, 강재의 인도시점은 강재가 보세창고에서 출고된 때이다」라고 판단하면서, 피고의 주장을 받아들이지 않았다.

피고는 상고이유로 원심이 운송계약이 FO 조건으로 체결되었음은 인정하면서도 운송인이 운송물을 피고에게 교부할 때에 인도된 것이 아니라고 판단한 것은 선상도 약정이 있으면 수하인의 의뢰를 받은 하역업자가 운송물을 수령하는 때에 그 인도의무를 다하는 것이라고 한 대법원 2004다2137 판결에 반한다고 주장하였다.

(2) 대법원의 판단

대법원은 「운송인은 화물을 선하증권 소지인에게 선하증권과 상환하여 인도함으로써 그 의무의 이행을 다하는 것이므로 선하증권 소지인이 아닌 선하증권상의 통지처의 의뢰를 받은 하역회사가 양하작업을 완료하고 화물을 영업용 보세창고에 입고시킨 사실만으로는 화물이 운송인의 지배를 떠난 것이라고 볼 수 없고, 이러한 경우 화물의 인도시점은 운송인 등의 화물인도지시서에 의하여 화물이 영업용 보세창고에서 출고된 때라고 할 것이다」라고 하여 원심판단을 수긍하였다. 그리고 판례위반 주장에 대하여는 「피고가 상고이유에서 들고 있는 대법원 2004다2137 판결은 화물이 실수입업자의 의뢰를 받은 하역업자에 의하여 양하 및 보세운송되어 자가보세장치장에 입고된 사안에서 'FO 조건'에 따라 선상도가 이루어졌다고 판단한 것으로, 이는 영업용 보세창고업자가 화물인도지시서에 의하여 화물을 인도하는 관행이 존재하는 양하항에서 화물이 양하 후 영업용 보세창고에 입고된 이 사건과는 사안을 달리하는 것이다」라고 판단하였다.

(3) 해   설

판례는 해상운송인이 운송한 화물의 인도시기를 '사실상의 지배의 이전'이 일어난 시점을 기준으로 판단하고 있다. 인도시기는 B/L의 정당한 소지인이 아닌 제3자에게 잘못 인도한 경우 불법행위의 성립시점을 결정하는 의미를 가진다. 구체적으로는 화물이 입고되는 보세창고의 종류(영업용과 자가

용)에 따라 인도시기를 달리 보고 있는데, 그 이유는 영업용보세창고의 경우
에는 운송인이 보세창고업자에 대한 관계에서 화물인도지시서(D/O)에 의하
여 화물을 지배, 통제하고 있다고 보기 때문이다. 실제 보세창고업자와 임치
계약을 맺는 자는 수입자(통상 A글로벌과 같은 'B/L상 통지처'임)이나, 창고
배정 권한은 운송인에게 있음을 이유로 운송인과 보세창고업자 간에도 묵시
적으로 임치계약이 성립한다는 '중첩적 임치계약 이론'을 근거로 한다. 즉 영
업용보세창고(지정장치장21) 포함)에 입고되는 경우에는 영업용보세창고(지
정장치장)에서 출고된 때가 되고,22) 자가보세창고에 입고 또는 타소장치
장23)에 반입되는 경우에는 보세운송을 위해 운송인의 지배가 미치는 장소
에서 반출된 때(사안에 따라 양하 시, 컨테이너 전용장치장에서 반출된 때, 보
세운송을 시작한 때)가 된다.24)

상고이유에서 주장한 대법원 2004. 10. 15. 선고 2004다2137 판결은 「수
하인이 스스로의 비용으로 하역업자를 고용한 다음 운송물을 수령하여 양륙
하는 방식(이른바 '선상도')에 따라 인도하기로 약정한 경우에는 수하인의 의
뢰를 받은 하역업자가 운송물을 수령하는 때에 그 인도의무의 이행을 다하
는 것이 되고, 이때 운송인이 선하증권 또는 그에 갈음하는 수하인의 화물선
취보증서 등(이하 '선하증권 등'이라고 한다)과 상환으로 인도하지 아니하고
임의로 선하증권상의 통지처에 불과한 실수입자의 의뢰를 받은 하역업자
로 하여금 양하작업을 하도록 하여 운송물을 인도하였다면 이로써 선하증권
의 정당한 소지인에 대한 불법행위는 이미 성립한다」라고 판시하였고, 그 사
안의 해상운송계약은 하역비용을 수하인이 부담하는 소위 'C&F, FO(Cost
and Freight, Free out)' 조건으로 체결된 것이었다.

위 판시만으로 보면, 상고이유처럼 "FO 조건 = 선상도약정 = 양하 시

---

21) '지정장치장'이란, 통관을 하고자 하는 물품을 일시 장치하기 위한 장소로 세관장이 지정
하는 보세구역을 말한다.

22) 대법원 1992. 2. 14. 선고 91다4249 판결: 대법원 2006. 12. 21. 선고 2003다47362 판결.

23) 거대한 크기나 중량 등의 사유로 보세구역 내에 장치하기가 곤란한 물품을 세관장으로
부터 허가를 얻어 장치하는 장소로서 보세구역은 아니나 외국물품이 있는 동안은 보세구
역의 성격을 띠게 되어 보세구역에 관한 일정한 규정이 준용되는 곳이다(대법원 2002. 12.
10. 선고 2000다24894 판결).

24) 대법원 1990. 2. 13. 선고 88다카23735 판결: 대법원 1996. 3. 12. 선고 94다55057 판결:
대법원 2002. 12. 10. 선고 2000다24894 판결.

점에 인도 = 운송인의 불법행위 성립(이후의 제3자 별도 불법행위 성립하지 않음)"이라는 공식이 성립하는 것처럼 보이나, FO 조건이 곧 선상도 약정인지, 나아가 FO 조건만 있으면 무조건 선상에서 인도가 이루어진 것으로 볼 수 있는가 라는 점에 관하여는 그렇게 일반화할 수 없음이 판례이론에 비추어 타당하고, 학설도 그렇게 보고 있다.25) 인도의무는 운송인의 최종단계 의무로서 양륙과 동시에 또는 양륙의 다음 단계로서 일어나는 것으로 양륙과 인도는 구별되는 개념이므로 FO 조건과 선상도 약정은 동의어가 아니다. FO 조건이 "양륙"에 관한 계약조건인 데 반하여, "인도"에 관한 판례이론은 인도시기를 '사실상 지배의 이전'이라는 기준으로 판단하여 왔는데, 이미 FO 조건 사안에서도 '사실상 지배의 이전'을 기준으로 영업용보세창고에서 출고된 때를 인도 시로 판단한 선례가 있다.26) FO 조건의 용선계약이라도 인도장소를 별도로 정한 경우 또는 양륙 후 영업용보세창고에 입고된 경우에까지 당연히 선상도가 이루어졌다고 볼 수는 없는데, 대법원 2004다2137 판결조차도 "달리 그 무렵 위 양륙항에서 선상도의 경우에도 피고가 보세운송을 함에 있어 실수입업자로부터 선하증권 등을 교부받는 관행이 있었다는 등의 특별한 사정이 인정되지 아니하는 이 사건에서"라고 하여 앞서 본 법리의 적용범위를 스스로 한정하고 있다.

결론적으로 운송물 인도 실무와 관행, 그리고 판례이론을 종합하면, 대법원 2004다2137 판결의 법리는 자가보세창고에 입고되거나 타소장치장에 반입된 사안에서 타당한 것이고, 영업용보세창고에 운송물이 입고되고 그 양하항에 D/O 징구 관행이 있는 사안에서까지 FO조건이 있으면 선상도가 이루어진다는 점을 선언한 것은 아니라고 보아야 한다. 해상운송 실무에서 FO 조건의 화물이라고 하더라도 B/L과 상환하지 않고 수입자로부터 화물선취보증장(L/I 혹은 L/G)만을 받고 양륙을 허락하여 영업용보세창고에 화물을 입고하게 한 경우에는, 운송인(선박대리점)은 D/O를 통하여 화물을 지배하려고 하고, 보세창고업자들은 D/O를 받고 화물을 인도하여야 한다는 규범적

---

25) 김인현, "FIO 계약조건과 그 유효성 및 선상도의 법률관계", 「상사판례연구」 제19집 제1권, (2006), 165-166면; 문광명, "FIO 특약과 선상도", 「한국해법학회지」 제29권 제1호, (2007), 98-100면.

26) 대법원 2000. 11. 14. 선고 2000다30950 판결.

인식이 존재하고 그러한 관행에 따라 화물이 인도되고 있다. 이는 대상 판결 사안의 도착항인 인천항에 있어서도 다르지 아니하였다.27)

대상 판결은 기존의 대법원 2004다2137 판결의 법리가 적용될 수 있는 범위와 그 법리가 대상 판결의 사안에는 적용되지 않음을 명확하게 한 점에서 의미가 있다.

4. 船舶이 船籍國이 아닌 國家에 裸傭船謄錄이 되어 있는 경우, 船舶優先特權에 관한 準據法

◎ 대법원 2014. 11. 27.자 2014마1099 결정

선박우선특권의 성립 여부와 일정한 채권이 선박우선특권에 의하여 담보되는지 여부 및 선박우선특권이 미치는 대상의 범위는 국제사법 제60조 제1호에 따라 선적 국의 법, 즉 선박소유자가 선박의 등기·등록을 한 곳이 속한 국가의 법이 준거법이 되는 것이고, 이러한 법리는 선박이 나용선등록제도에 따라 선적국이 아닌 국가에 나용선등록이 되어 있는 경우에도 마찬가지이다.

(1) 사안의 개요

이 사건 선박에 관한 유류대금채권을 양수한 재항고인이 선박우선특권에 기하여 선박임의경매를 신청한 사안이다. 선박의 소유자는 독일 선박등기부에 선박소유자로 등록한 법인이고, 나용선자는 마샬아일랜드에 나용선자로 등록(Bareboat Charter Register)한 법인이다. 법원은 경매개시결정을 내렸으나 선박저당권자인 A는 선박우선특권의 인정 여부를 정하는 준거법인 선적국법은 나용선등록국이 아니라 소유권등록국인 독일법이고, 독일법에 의하면 유류대금채권은 선박우선특권이 인정되지 않는다고 주장하여 경매개시결정의 취소를 구하였다.

(2) 대법원의 판단 및 해설

나용선등록(Bareboat Charter Register)은 특정국가에 소유권등록을 한 선박이 다른 나라에 나용선된 경우, 나용선자가 자국의 국기를 게양하고 운

---

27) 대상 판결의 원심의 심리과정에서 인천항과 부산항의 관행에 대하여 실태조사를 하여 위와 같은 관행이 존재함을 확인한 문헌이 제출되었다.

항할 수 있는 권리를 취득하기 위하여 등록하는 것을 말한다. 나용선등록의 경우 당해 선박은 그 용선기간 동안 나용선등록국의 국기를 게양하게 되는데, 이러한 운항형태를 취하는 목적은 선원의 임금과 세금에 대한 부담을 줄이고 선박의 상업적인 운항에 대한 중대한 변경을 가져오지 않고서 국기를 변경할 수 있기 때문이다. 이중등록제도에 의할 때 선사(船社)는 선원고용, 안전, 환경 등 공법문제에 관하여는 규제가 완화되어 있는 편의치적국인 나용선등록국의 규제적용을 받는 반면, 원래의 선박소유권등록국은 소유권등록을 통하여 자국의 선대를 관리하고 최소한의 세금을 부과하며, 소유권과 이에 부수되는 선박저당권은 통상 소유권등록국의 등록부에만 기재되어 관리하게 된다. 따라서 이중등록제도 하에서는 등록에 따른 공법관계는 나용선등록국의 관할이 되고, 소유권 등 사법관계는 소유권 등록국의 관할이 되는 것이다.

이러한 점에서 선박이 나용선등록제도에 따라 이중등록된 경우 선박우선특권의 준거법인 '선적국법'이 과연 '소유권등록국법'인지 아니면 '나용선등록국법'인지 여부가 문제가 된 것인데, 대법원은 「나용선등록제도에 따라 이중등록된 경우에도 선박의 등기·등록을 한 곳이 속한 국가의 법이 준거법이 된다」라고 판단한 것이다.

Ⅴ. 證券·金融

1. 컴포트레터(letter of comfort)의 性格

◎ 대법원 2014. 7. 24. 선고 2010다58315 판결

자회사나 공기업(이하 '자회사 등'이라 한다)이 대출을 받는 등 신용제공을 수반하는 거래에서 채권자는 모회사 또는 정부(이하 '모회사 등'이라 한다)에 대하여 계약당사자인 자회사 등에 관한 일정한 확인이나 보장을 요구하는 경우가 있고, 이러한 보장은 법적 구속력을 가지는 보증의 형태로 이루어지기도 하지만, 때로는 법적 구속력은 없지만 보장하는 모회사 등의 명예나 신용을 고려한 이행을 기대하여 자회사 등에 대한 지분 비율의 확인, 자회사 등이 체결하는 계약에 대한 인식 및 승인, 자회사 등의 자력 또는 이행능력을 뒷받침할 방침의 선언 등을 담은 이른바 '컴포트레터'(letter of comfort)라고 불리는 서면을 작성·교부받는 경우가 있다.

이 경우에 보증의 의사를 추단할 문구가 전혀 없이 단지 모회사 등이 자회사 등의 지분을 보유하고 있다는 사실의 확인과 자회사 등의 계약 체결을 인식 혹은 승인하였다는 등의 내용만으로는, 모회사 등에 어떠한 법적 의무를 발생시킨다고 보기는 어렵지만, 컴포트레터가 모회사 등에 의하여 발행되고, 그 서면 내에 법적 책임을 부인하는 문언이 없이 발행인에게 적극적으로 요구되는 행위가 있는 경우, 직접보증 대신 컴포트레터를 이용하게 된 경위, 컴포트레터의 발행을 위한 협상의 기간·강도, 컴포트레터 발행 시 법적 효력에 관한 발행인과 수취인의 의도나 인식, 컴포트레터를 이용한 당사자의 거래경험과 전문성, 서면의 교부가 거래의 최종적인 성립에 영향을 미친 정도, 발행인이 컴포트레터의 작성·교부를 통하여 받은 이익 유무 등의 사정을 종합적으로 고려할 때, 발행인이 컴포트레터를 교부함으로써 수취인이 거래에 응하도록 적극적으로 유인하고, 수취인은 이에 의하여 형성된 발행인의 신용에 대한 합리적인 신뢰를 바탕으로 계약의 체결에 이른 점 등이 인정된다면 경우에 따라서는 모회사 등은 채무불이행으로 인한 손해배상책임을 부담할 수도 있게 된다.

(1) 사안의 개요

비영리재단인 A재단은 B, C, D, E, F 회사에 출자하여 이 사건 출자주식을 취득하였다. A재단의 주무관청인 철도청은 2004. 8.경 유전사업을 추진하기로 결정한 다음, A재단이 35%의 지분을, 미국 석유회사 등이 65%의 지분을 가지는 컨소시엄을 구성하여 러시아의 P사를 인수하되 A재단은 지분인수에 필요한 자금을 철도청의 '간접보증' 조건으로 원고로부터 대출받는 방법에 관하여 원고와 논의하였다.

철도청은 원고에게 A재단의 대출에 관하여 확약서(Letter of Comfort)를 교부하였고, 원고는 A재단에 미화 650만 달러를 대출하였다.

A재단은 이 사건 출자주식을 철도청에 기부채납하였고, 한국철도공사가 설립됨에 따라 종전에 철도청에서 보유하던 재산은 피고(대한민국)에 이관되었으며, A재단에서 출자하여 철도청에 기부한 이 사건 출자주식도 철도청에서 출자한 출자지분과 합하여 투자자산으로 피고에게 이관되었다.

피고는 관련 법률에 따라 이 사건 출자주식과 철도청에서 출자한 출자지분을 합한 투자자산을 한국철도공사에 현물출자하였지만, 확약서의 의무이행자인 피고가 원고에게 확약서에 따른 피고의 의무에 대한 인수관련 절차를 밟은 바는 없다.

　A재단은 피고에게 대출금 이자를 지급하지 아니하여 기한의 이익을 상실하였고, 출연재산 전부를 철도청에 기부채납하여 현재 아무런 재산이 없는 상태이다.

　원고는 피고에 대하여, 주위적으로 대출금의 실질적 차주는 철도청이고, 설령 그렇지 않다 하더라도 철도청이 원고에게 교부한 확약서는 법적 구속력이 있는 것으로서 보증과 같은 효력이 있다고 주장하면서, 대출계약서 및 확약서상의 채무의 이행으로서 대출원리금의 지급을 구하고, 제1예비적으로 보증과 같은 효력이 없다 하더라도 적어도 철도청은 확약서에 명시된 각종 의무를 이행할 의무를 부담하는데 이를 불이행하여 원고에게 대출원리금 상당의 손해를 입혔다고 주장하면서 채무불이행을 원인으로 대출원리금 상당의 손해배상을 구하였다.

　원심은, 「이 사건 확약서에는 A재단이 채무를 이행하는 데 필요한 지원을 하며 A재단의 재무 상태가 악화되지 않도록 할 것을 확약하고, A재단이 출자·설립하는 3개 자회사의 주식을 49% 이상 확보하여 그 자회사들로 하여금 A재단의 대출금채무를 담보하기 위한 특정한 행위를 하도록 하겠다고 정하는 등 철도청의 구체적이고 특정된 의무를 정하고 있는 사실, 철도청은 A재단의 대출금채무에 대한 직접보증은 하지 않으려 하였는데 원고는 철도청이 간접보증 형식으로 확약서를 발급하는 방식을 제안하면서 철도청으로부터 확약서를 교부받는 것을 대출 실행의 중요한 조건으로 삼았고, 확약서 발급자인 철도청의 자력을 신뢰하고서 A재단에 대출을 실행한 사실 등을 인정한 다음, 확약서에는 철도청에게 A재단이 채무를 이행하는 데 필요한 지원을 하고 A재단이 출자하여 설립하는 3개 자회사들로 하여금 A재단의 대출금채무를 담보하기 위한 행위를 하도록 하는 등의 구체적 의무를 부담하기로 하는 법적 효력은 있는데, 철도청은 확약서상의 모든 의무를 한국철도공사가 승계하도록 할 의무, 차주의 재무상태 유지에 필요한 지원과 협조를 할 의무, 자회사로 하여금 채무의 지급을 보증하도록 할 의무 등을 이행하지 아니하였으므로, 피고는 산하기관인 철도청이 확약서상의 의무를 불이행함으로 인하여 원고가 입게 된 손해를 배상할 책임이 있다」라고 판단하면서, 제1예비적 청구를 일부 인용하였다.

(2) 대법원의 판단

대법원은 위에서 본 것과 같은 일반 법리를 전제한 다음, 이 사건 확약서에 철도청의 구체적 의무를 부담시키는 법적 효력이 있다고 본 원심의 판단을 수긍하였다. 나아가 「국가가 이처럼 차주로 하여금 채무를 이행하기에 충분한 재무상태를 유지할 수 있도록 지원하겠다거나 제3자로 하여금 대출채무를 보증하도록 하겠다는 것과 같은 간접적인 의무를 부담한 경우에는 그 의무의 성질상 이행 시기와 채무부담의 금액, 상환계획 등을 확정할 수 없고, 다만 그 의무를 이행하지 아니하면 손해배상의무를 부담할 가능성이 있다는 정도의 것에 불과하여 결과적으로 보증채무를 부담한 것과 동일하게 되었다고 하더라도 그 간접적인 의무부담행위가 국회의 동의를 얻어야 하는 구 예산회계법 제24조 제1항, 제110조 제1항에서 정한 '국가가 채무를 부담하는 행위', '국가가 보증채무를 부담하는 행위'에 해당하지 않는다」라고 판단하였다.

(3) 해   설

자회사나 공공단체 및 공기업이 금융거래를 하는 경우 모회사 또는 정부가 대주에 대하여 일정한 확인이나 보장을 함에 있어 이행을 보장하는 자의 명예나 신용 등에 일임할 뿐 법적 구속력을 부여하지 않는 경우가 있는데, 이러한 형태의 보장을 '컴포트레터'라고 한다. 그러나 그 의미를 명확하게 정의하기는 어렵다. 컴포트레터의 법적 효력에 대하여는 여러 논의가 있는데, 원래 법적 책임을 회피하기 위하여 고안된 것이기는 하나 반드시 법적 구속력이 없는 것은 아니고 경우에 따라서는 법적 구속력이 있는 경우가 있을 수 있다.

대상 판결은 대법원에서 컴포트레터의 법적 구속력을 인정한 첫 사례로 보인다. 컴포트레터에 관한 선례로는 대법원 2006. 8. 25. 선고 2004다26119 판결이 있었으나, 위 판결은 「당해 컴포트레터에 의해 피고가 계약의 당사자나 보증인으로 편입되었다거나 계약책임을 지겠다는 의사표시를 한 것으로는 해석되지 않는다」라고 판단하였다.

2. 非對面去來에 의한 派生商品 錯誤注文의 取消 事件

◎ 대법원 2014. 11. 27. 선고 2013다49794 판결

민법 제109조는 의사표시에 착오가 있는 경우 이를 취소할 수 있도록 하여 표의자를 보호하면서도, 그 착오가 법률행위의 내용의 중요 부분에 관한 것이 아니거나 표의자의 중대한 과실로 인한 경우에는 그 취소권 행사를 제한하는 한편, 표의자가 의사표시를 취소하는 경우에도 그 취소로 선의의 제3자에게 대항하지 못하도록 하여 거래의 안전과 상대방의 신뢰를 아울러 보호하고 있다.

이러한 민법 제109조의 법리는 그 적용을 배제하는 취지의 별도의 규정이 있거나 당사자의 합의로 그 적용을 배제하는 등의 특별한 사정이 없는 한 원칙적으로 모든 사법(사법)상의 의사표시에 적용된다고 보아야 한다.

따라서 「자본시장과 금융투자업에 관한 법률」에 따라 거래소가 개설한 금융투자상품시장에서 이루어지는 증권이나 파생상품 거래의 경우 그 거래의 안전과 상대방의 신뢰를 보호할 필요성이 크다고 하더라도 거래소의 업무규정에서 민법 제109조의 적용을 배제하거나 제한하고 있는 등의 특별한 사정이 없는 한 그 거래에 대하여 민법 제109조가 적용되고, 거래의 안전과 상대방의 신뢰에 대한 보호도 민법 제109조의 적용을 통해 도모되어야 한다.

(1) 사안의 개요

원고 甲증권의 직원 A는 2010. 2. 9. 08:50경 2010년 2월-3월 미국 달러 선물스프레드 15,000계약의 매수주문을 입력하면서 주문가격란에 0.80원을 입력하여야 함에도 '.'을 찍지 않고 80원을 입력하였다.[28] 피고의 직원 B는 같은 날 개장 전에 위 선물스프레드에 관하여 주문가격 1.2원에 300계약, 주문가격 1.1원에 322계약의 매도주문을 입력하였다. 원고 甲증권이 입력한 매수호가와 피고가 입력한 매도호가는 개장과 동시에 거래소 파생상품시스템에 전송되었고, 원고 甲증권이 주문한 15,000계약에 대하여 매매계약이 체결되었는데, 그 중 피고와 9,324계약이 체결되었다. 피고의 직원 B는 개장 전 입력해 두었던 위 322계약에 대한 매도주문이 09:00:03:60경 80원의 가격으로 체결되자, 이후 주문가격을 80원으로 하여 300계약씩 반복적으로 매도주

---

[28] 통화 선물스프레드 거래란 기초자산이 동일한 통화 선물거래의 2개 종목 중 동일한 수량으로 일방 종목의 매도와 타방 종목의 매수를 동시에 성립시키기 위하여 해당 2개 종목의 가격 차이, 즉 통화 선물스프레드를 기초자산으로 하는 거래를 말한다.

문을 하였고, 그 결과 09:00:08:46부터 09:00:15:73까지 원고 甲증권과 피고 사이에 29회에 걸쳐 합계 8,700계약에 대한 매매계약이 체결되었다.

원고 甲증권은 이 사건 거래 후 같은 날 이 사건 거래를 포함하여 위와 같이 매수한 15,000계약 전부를 계약당 0.9원에 제3자에게 매도하였다. 원고 乙보험은 원고 甲증권과 금융기관 전문인 배상책임 보험계약을 체결한 보험자로서 원고 甲증권에 보험금 50억 원을 지급하였다.

원고들은 이 사건 거래는 착오로 인한 매수주문에 의하여 체결된 것인데, 그 매수주문을 소장 부본 송달로 취소한다고 주장하면서 피고에게 부당이득반환을 구하였는데, 원심은 민법 제109조가 적용된다는 이유로 원고들의 청구를 인용하였다(지연손해금 일부 배척).

피고는 상고이유로 거래소의 파생상품시스템을 통하여 이루어진 이 사건 거래에는 성질상 민법 제109조의 적용이 배제된다고 주장하였다.

(2) 대법원의 판단 및 해설

대법원은 「거래소가 개설한 금융투자상품시장에서 이루어지는 증권이나 파생상품 거래의 경우 그 거래의 안전과 상대방의 신뢰를 보호할 필요성이 크다고 하더라도 거래소의 업무규정에서 민법 제109조의 적용을 배제하거나 제한하고 있는 등의 특별한 사정이 없는 한 그 거래에 대하여 민법 제109조가 적용되어야 한다」라고 판단하였다.

대상 판결 사안과 같은 거래가 비록 거래시스템을 통하여 전자적으로 신속하게 대량으로 이루어지는 것이라 하더라도, 일반적인 대면거래에서의 의사표시와는 근본적으로 다른 것이어서 의사표시에 관한 민법의 일반원칙이 적용될 수 없다고 보기는 어려울 것이다.

3. 金融投資業者가 다른 金融投資業者가 取扱하는 金融投資商品 등을 紹介하는 경우, 投資勸誘에 있어서의 適合性原則의 遵守 및 說明義務를 負擔하는지 與否

◎ 대법원 2015. 1. 29. 선고 2013다217498 판결

자본시장과 금융투자업에 관한 법률(이하 '자본시장법'이라고 한다) 제9조 제4

항, 제46조 제3항, 제47조 제1항, 제3항의 규정 내용과 취지 등에 비추어 보면, 금융투자업자가 과거 거래 등을 통하여 자신을 신뢰하고 있는 고객에게 다른 금융투자업자가 취급하는 금융투자상품 등을 단순히 소개하는 정도를 넘어 계약 체결을 권유함과 아울러 그 상품 등에 관하여 구체적으로 설명하는 등 적극적으로 관여하고, 나아가 그러한 설명 등을 들은 고객이 해당 금융투자업자에 대한 신뢰를 바탕으로 다른 금융투자업자와 계약 체결에 나아가거나 투자 여부 결정에 그 권유와 설명을 중요한 판단요소로 삼았다면, 해당 금융투자업자는 자본시장법 제9조 제4항에서 규정하는 '투자권유'를 하였다고 평가할 수 있고 그와 같이 평가되는 경우 해당 금융투자업자는 직접 고객과 사이에 금융투자상품 등에 관한 계약을 체결하는 것이 아니라 하더라도 고객에 대하여 해당 금융투자상품에 관한 적합성 원칙의 준수 및 설명의무를 부담한다.

(1) 사안의 개요

피고 증권회사는 자본시장법에 따라 투자자문업, 투자중개업, 투자매매업 등을 영위하는 금융투자업자이다. S에셋은 투자일임업자로서 투자자로부터 금전 등의 보관이나 예탁을 받을 수 없으므로,[29] 투자자와 투자일임계약을 체결하더라도 옵션계좌의 개설은 증권회사에 해야 한다.

피고 지점에 근무하는 A는 원고 1에게 S에셋이 운용하는 투자일임계약을 소개하였는데, 그 계약은 'S에셋이 고객자금을 KOSPI200 지수 선물·옵션 또는 고객과 S에셋이 사전 협의한 금융투자상품에 투자하여 1개월 단위로 수익률을 산정한 후, 기준 수익률 월 1%를 초과하는 이익이 발생하는 경우 초과 부분의 50%를 S에셋이 지급받기로 하는 것'이었다. 원고 1은 자신 명의 및 원고 2를 대리하여 피고 지점에서 투자일임계약을 체결하였다.

이후 S에셋은 KOSPI200 주가지수가 급격히 하락하여 일임투자제안서에서 정한 누적손실한도에 도달하였음에도 보유포지션을 정리하는 등의 방법으로 손실방지조치를 취하지 아니하였고, 이로 인하여 원고들의 계좌에서 큰 손실이 발생하였다.

원고들은 피고가 원고들에게 적합하지 않은 투자일임계약의 체결을 권유하였고, 투자일임계약에 따르는 위험성을 제대로 설명하지 않았다는 이유

---

29) 자본시장법 제98조 제1항, 동법 시행령 제99조 제1항 참조.

로 증권회사인 피고에 대하여 손해배상을 구하였다.

원심은, 「A가 원고들에게 투자상품을 권유하는 자의 지위에 있었다고 보아야 하는데, 안정적인 투자성향을 가진 원고들에게 적합하지 않은 투자상품을 권유하였고, 투자로 인하여 발생할 수 있는 위험성에 관하여도 충분히 설명하지 않았다」고 인정하여 피고의 손해배상책임을 인정하였다.

피고는 상고이유로 금융투자업자는 자신이 영업으로 판매, 취급하는 금융투자상품의 매매, 투자자문계약의 체결, 투자일임계약의 체결, 신탁계약의 체결을 권유할 때에만 자본시장법상의 적합성 원칙, 설명의무를 부담한다고 주장하였다.

(2) 대법원의 판단

대법원은 「자본시장법이 금융투자업자에게 일반투자자를 상대로 투자권유를 하는 경우에 적합성 원칙 및 설명의무를 준수하도록 규정하면서 그 의무준수의 주체를 '금융투자업자'로만 정하고 있을 뿐 금융투자업자가 고객과 사이에 자신이 직접 취급하는 상품 등에 관한 계약을 체결하기 위하여 투자를 권유하는 경우로 한정하고 있지 않다는 이유로, 금융투자업자가 고객에게 다른 금융투자업자가 취급하는 금융투자상품 등을 단순히 소개하는 정도를 넘어 계약 체결을 권유함과 아울러 그 상품 등에 관하여 구체적으로 설명하는 등 적극적으로 관여하고, 나아가 그러한 설명 등을 들은 고객이 해당 금융투자업자에 대한 신뢰를 바탕으로 다른 금융투자업자와 계약 체결에 나아가거나 투자 여부 결정에 있어서 그 권유와 설명을 중요한 판단요소로 삼았다면, 해당 금융투자업자는 '투자권유'를 하였다고 평가할 수 있고 그와 같이 평가되는 경우 해당 금융투자업자는 고객에 대하여 해당 금융투자상품에 관한 적합성 원칙의 준수 및 설명의무를 부담한다」고 판단하였다.

(3) 해　설

대상 판결 사안에서, 원고들과 S에셋의 투자일임계약이 체결된 이후 그 투자를 위해서 피고 회사에 위탁계좌가 개설되어 피고 회사가 투자일임계약에 따른 거래로 인한 수수료 수익을 취득하였다. 이렇듯 피고 직원인 A가 S에셋의 투자일임계약 체결을 권유한 이유는 투자일임계약 체결 후의 수수료 수입이 A의 실적으로 평가받기 때문이었다. 그러한 점에서 A의 투자권유행위에 대하여 피고 증권회사가 책임을 지는 결과를 수긍할 수 있다.

4. 獨立的 銀行保證

◎ 대법원 2014. 8. 26. 선고 2013다53700 판결

    은행이 보증을 함에 있어서, 보증금 지급조건과 일치하는 청구서 및 보증서에서 명시적으로 요구하고 있는 서류가 제시된 때에는 그 보증이 기초하고 있는 계약이나 그 이행제공의 조건과 상관없이 그에 의하여 어떠한 구속도 받지 않고 즉시 수익자가 청구하는 보증금을 지급하겠다고 약정하였다면, 이는 주채무에 대한 관계에서 부종성을 지니는 통상의 보증이 아니라, 주채무자인 보증의뢰인과 채권자인 수익자 사이의 원인관계와는 독립되어 그 원인관계에 기한 사유로는 수익자에게 대항하지 못하고 수익자의 청구가 있기만 하면 은행의 무조건적인 지급의무가 발생하게 되는 '독립적 은행보증'(first demand bank guarantee)이라고 할 것이다. 이러한 독립적 은행보증의 보증인으로서는 수익자의 청구가 있기만 하면 보증의뢰인이 수익자에 대한 관계에서 채무불이행책임을 부담하게 되는지 여부를 불문하고 그 보증서에 기재된 금액을 지급할 의무가 있으며, 이 점에서 독립적 은행보증에서는 수익자와 보증의뢰인 사이의 원인관계와는 단절되는 추상성 및 무인성이 있다.

    다만 독립적 은행보증의 경우에도 신의성실의 원칙이나 권리남용금지의 원칙의 적용까지 완전히 배제되는 것은 아니라고 할 것이므로, 수익자가 실제로는 보증의뢰인에게 아무런 권리를 가지고 있지 못함에도 불구하고 위와 같은 은행보증의 추상성과 무인성을 악용하여 보증인에게 청구를 하는 것임이 객관적으로 명백할 때에는 권리남용에 해당하여 허용될 수 없는 것이고, 이와 같은 경우에는 보증인으로서도 수익자의 청구에 따른 보증금의 지급을 거절할 수 있다고 할 것이나(대법원 1994. 12. 9. 선고 93다43873 판결 참조), 앞서 본 원인관계와 단절된 추상성 및 무인성이라는 독립적 은행보증의 본질적 특성을 고려하면, 수익자가 보증금을 청구할 당시 보증의뢰인에게 아무런 권리가 없음이 객관적으로 명백하여 수익자의 형식적인 법적 지위의 남용이 별다른 의심 없이 인정될 수 있는 경우가 아닌 한 권리남용을 쉽게 인정하여서는 아니 될 것이다.

(1) 사안의 개요

    이란의 부품생산업체인 원고가 국내 회사인 甲회사로부터 자동차용 플레이트형 실린더를 수입하는 계약을 체결하자, 피고 은행이 甲회사의 요청에

따라 위 계약이행을 보증하는 이행보증서를 발급하였는데, 위 보증의 성질은 '독립적 은행보증'(first demand bank guarantee)이다.

甲회사가 제작한 실린더가 이란에서 폭발하여 그 실린더의 사용이 금지되어 원고가 甲회사로부터 수입한 실린더를 판매할 수 없게 되자, 원고는 甲회사의 채무불이행을 주장하면서 피고에게 보증금을 청구하였다.

위 이행보증서가 원용하고 있는 국제상업회의소의 독립적 보증에 관한 통일규칙 제27조는 보증에 관하여 보증인의 주된 영업지법이 적용된다고 규정하고 있으므로, 피고의 주된 영업지인 대한민국 법이 준거법이 된다.

이에 대하여 원심은, 「독립적 은행보증의 경우에도 수익자의 청구가 권리남용에 해당하는 경우에는 보증인이 수익자의 청구에 따른 보증금의 지급을 거절할 수 있는 것인데, 이 사건 보증금청구 당시 원고는 ① 甲회사로부터 수입한 실린더가 폭발사고와 무관하다는 점, ② 이란 내 수입·사용이 금지된 실린더는 파이프형 실린더에 한정되고 플레이트형 실린더는 재검사를 통하여 쉽게 이란 내 판매가 가능하다는 점, ③ 이러한 수입·사용금지는 甲회사의 귀책사유와는 무관한 것이므로 甲회사에게 채무불이행책임을 묻기 어렵다는 점, ④ 甲회사가 원고에게 공급한 실린더에 대한 손해와 관련하여 합의한 것은 원고가 입은 손해를 확정적으로 배상하겠다는 취지라기보다는 원고의 추가주문을 조건으로 원고에게 342,000유로를 지급하기로 하는 정지조건부 합의의 성질을 가진다는 점 등을 알고 있었으므로, 원고의 청구는 원고가 보증의뢰인에게 아무런 권리를 가지고 있지 않음에도 독립적 은행보증의 추상성과 무인성을 악용하여 한 청구임이 객관적으로 명백하므로 권리남용에 해당한다」라고 판단하였다.

(2) 대법원의 판단

대법원은 앞서 본 바와 같은 일반 법리를 전제한 다음, 「독립적 은행보증에 기한 원고의 청구가 권리남용에 해당하기 위해서는 甲회사의 채무불이행이 인정되지 아니하여 원고의 甲회사에 대한 권리가 존재하지 않는다는 것만으로는 부족하고, 원고가 甲회사에 대하여 아무런 권리가 없음을 잘 알면서 독립적 은행보증의 추상성과 무인성을 악용하여 청구를 하는 것임이 객관적으로 명백한 경우이어야 할 것인데, 원고가 피고에게 이 사건 보증금을

청구할 당시에는 甲회사가 제작한 실린더에 대한 이란 국영업체인 IGKCO의
사용·판매금지조치가 아직 해제되지 않은 상태였고, IGKCO가 甲회사의 품
질보증만으로 플레이트형 실린더의 사용이 가능하다고 통보한 시점은 그 이
후이므로, 원심이 들고 있는 사정을 모두 고려하더라도 원고가 甲회사에 대
하여 아무런 권리가 없음을 잘 알면서 독립적 은행보증의 추상성과 무인성
을 악용하여 보증금을 청구하였음이 객관적으로 명백하다고 보기는 어렵다」
라고 판단하였다.

(3) 해   설

'독립적 보증'(independent guarantee) 또는 '요구불 보증'(first demand
guarantee)은 수익자의 청구가 있으면 발행인이 보증서의 조건에 따른 금액
을 지급할 것을 약속하는 보증으로서 흔히 보증서(guarantee)나 보증신용장
(standby letter of credit)의 형식으로 발행된다. 독립적 보증은 그 용어에도
불구하고 주채무의 존재를 전제로 하지 않고 부종성 및 보충성이 없다는 점
에서 일반 보증과 구별된다고 일반적으로 설명된다. 독립적 보증의 독립·추
상성은 제도의 남용가능성을 내포하고 있으므로 독립성의 예외를 어느 범위
에서 허용할 것인지가 문제인데, 각국 법원은 독립성 원칙을 엄격히 유지하
면서 예외를 극히 제한적으로 허용하고 있다. 대륙법계 국가들은 주로 권리
남용이론으로, 영미법계 국가들은 이른바 '사기의 법리'(fraud rule)에 따라
독립성의 예외 문제를 해결한다.

대상 판결은 준거법이 국내법인 사안에서, 「수익자가 보증금을 청구할
당시 보증의뢰인에게 이무런 권리가 없음이 객관적으로 명백하여 수익자의
형식적인 법적 지위의 남용이 별다른 의심 없이 인정될 수 있는 경우가 아닌
한 독립적 은행보증에서 권리남용을 쉽게 인정할 것은 아니다」라고 판시함으
로써, 독립성의 예외를 극히 제한적으로 인정하는 국제적 경향과 궤를 같이
하였다.

Ⅵ. 國際去來

1. 信用狀에서 無缺陷船籍 船荷證券 提示를 要求하였음에도 傭船 契約 船荷證券이 提示된 경우, 信用狀 不一致 事由에 該當하는 지 與否 및 支給拒絕의 通知

◎ 대법원 2014. 5. 29. 선고 2012다113438 판결

신용장이 운송서류로서 '무결함선적선하증권'(clean on board ocean bill of lading)의 제시를 요구한 경우, 제시된 선하증권에 물품 또는 포장의 하자상태를 명시적으로 선언하는 조항 또는 부기가 없고 물품이 본선에 적재되었다는 기재가 있으면 비록 '무결함(clean)'이라는 기재가 없더라도 '무결함선적'의 요건은 충족된다고 할 것이나, 신용장에서 별도로 용선계약선하증권의 제시를 요구하거나 허용하지 아니하였다면, 그 경우 용선계약선하증권의 제시는 그 자체로 제6차 개정 신용장통일규칙(이하 'UCP 600'이라 한다) 제20조 a항 vi호의 규정에 위반되는 적극적인 불일치에 해당하고, 신용장 개설은행이 이를 이유로 제시자에게 지급거절통지를 하면서 다른 추가적인 기재 없이 '용선계약선하증권이 제시되었다'는 취지만을 기재하더라도 그것은 개설은행이 불일치사항을 명확히 기재한 통지로서 UCP 600 제16조 c항에 부합하는 지급거절통지가 된다.

(1) 사안의 개요

원고 은행은 피고 회사와 이 사건 외국환거래약정을 체결하였는데, 제5조 제1항은, "피고 회사가 원고의 책임 있는 사유로 인하여 추가로 발생한 것이 아닌 한 제1조의 거래에 따른 이자, 할인료, 수수료, 지연배상금, 손해배상금, 기타 부대비용 및 원고의 권리행사, 권리보전, 담보의 취득 및 처분에 따른 비용, 운임, 보험료, 기타 모든 비용 및 손해를 부담하기로 규정하고, 제15조는 피고 회사가 대금의 결제조건이 일람출급인 경우에는 화환어음 도착 후 원고의 관련규정이 정한 기일 이내에 결제하고, 기한부 출급인 경우에는 만기일에 결제하기로 하되, 다만 기일 이내에 결제하지 못한 경우에는 원고의 관련 규정에 따라 외화지급보증대지급금계정으로 처리하여 결제하며 피고 회사는 그 원화금액을 상환하기로 한다."라고 규정하고 있다. 그리고 원고는 피고 회사와, 피고 회사가 수입하는 물건에 대한 물품대금을 대신 지

급한 다음 그 대금 상당액을 피고 회사에 여신으로 제공한 것으로 처리한다는 여신거래약정을 체결하고, 피고 2는 이 사건 외국환거래약정 및 여신거래약정에 따른 피고 회사의 채무를 연대보증하였다.

피고 회사는 중국 甲회사로부터 철사봉을 수입하고, 원고는 피고 회사에게 제6차 신용장통일규칙(UCP 600)에 의한 신용장을 발행하였다. 甲회사는 중국 운송회사와 용선계약을 체결하고 용선계약선하증권을 발급받았다.

중국은행(매입은행)은 甲회사로부터 용선계약선하증권을 비롯한 운송서류를 매입한 다음 원고에게 이를 송부하였다. 그러나 원고는 피고 회사에게 매입은행으로부터 송부받은 운송서류(용선계약선하증권)가 신용장에 기재된 운송서류(무결함선적선하증권)와 일치하지 않는 지급거절사유가 있음을 알리면서 신용장대금의 지급을 거절할 것인지 여부를 문의하였고, 피고 회사는 지급거절통지를 요청하였다. 원고는 매입은행에게 '불일치점: CHARTER B/L PRESENTED(용선계약선하증권이 제출되었음)'이라는 취지가 기재된 지급거절통지를 한 다음 운송서류를 매입은행에게 반송하였다.

甲회사가 원고를 상대로 제기한 소에서 중국 법원은 甲회사가 용선계약선하증권을 제출한 것은 신용장에 기재된 운송서류와 불일치하므로 지급거절사유가 되지만, 원고의 지급거절통지는 UCP 600에서 정한 방식과 부합하지 않는다고 판단하여 원고에게 신용장대금의 지급을 명하는 판결을 선고하였다. 원고는 甲회사에 신용장대금을 지급한 후 피고들을 상대로 그 상환을 구하는 소를 제기하였다.

쟁점은, ① 원고가 판결에 따라 지급한 신용장대금을 이 사건 외국환거래약정 제15조가 규정한 대지급금으로 보아 원고가 그 상환을 구할 수 있는지, ② 원고의 지급거절통지가 UCP 600에 부합하는 것인지, ③ 원고가 판결에 따라 지급한 신용장대금 등이 이 사건 외국환거래약정 제5조 제1항이 규정한 '원고의 책임 있는 사유로 인하여 발생한 것이 아닌 손해'에 해당하여 피고들이 부담하여야 하는지 등 이었다.

원심은, ①의 쟁점에 관하여 원고가 지급한 금원은 신용장대금으로 볼 수 없다고 보아 주위적 청구를 기각하고, ②와 ③의 쟁점에 관하여도, 원고의 지급거절통지가 불명확하였으므로 원고가 지급한 신용장대금은 피고들이 부담할 손해가 아니라고 보아 원고의 예비적 청구를 기각하였다.

(2) 대법원의 판단

대법원은, 주위적 청구와 관련하여, 「원고가 매입은행으로부터 제시받은 용선계약선하증권은 신용장이 요구하는 서류가 아니고 그에 따라 원고가 지급거절통지를 한 것이어서 원고에게는 신용장대금지급의무가 없음에도 중국 법원이 부당한 판결을 하여 부득이 원고가 신용장대금 상당액을 A회사에 지급하게 되었으므로, 원고가 A회사에 지급한 금원은 신용장대금으로 볼 수 없다」고 판단하여, 위 금원이 이 사건 외국환거래약정 제15조의 신용장대금에 해당함을 전제로 한 주위적 청구를 기각한 원심을 수긍하였다.

그러나 예비적 청구와 관련하여는, 「UCP 600 제27조, 제20조 a항 vi호, 제16조 c항의 규정에 의하면, 신용장이 운송서류로서 무결함선적선하증권30) 의 제시를 요구한 경우, 제시된 선하증권에 물품 또는 포장의 하자상태를 명시적으로 선언하는 조항 또는 부기가 없고 물품이 본선에 적재되었다는 기재가 있으면 비록 '무결함'이라는 기재가 없더라도 '무결함선적'의 요건은 충족된다고 할 것이나, 신용장에서 별도로 용선계약선하증권31)의 제시를 요구하거나 허용하지 아니하였다면, 그 경우 용선계약선하증권의 제시는 그 자체로 UCP 600 제20조 a항 vi호의 규정에 위반되는 적극적인 불일치에 해당하고, 신용장 개설은행이 이를 이유로 제시자에게 지급거절통지를 하면서 다른 추가적인 기재 없이 '용선계약선하증권이 제시되었다'는 취지만을 기재하더라도 그것은 개설은행이 불일치사항을 명확히 기재한 통지로서 UCP 600 제16조 c항에 부합하는 지급거절통지가 된다」고 전제한 다음, 「원고가 '불일치사항: 용선계약선하증권이 제출되었음'이라고만 기재하였더라도 불일치사항을 명확히 기재한 지급거절통지로서 UCP 600 제16조 c항에 부합하는 것인 이상 원고는 개설은행으로서의 지급거절통지의무를 다하였다고 할 것이므로, 원고가 중국 법원의 판결에 따라 신용장대금을 지급하는 등으로 발생한 손해에 대하여 원고에게 책임 있는 사유가 있다고 보기 어렵다」고 판단하여

---

30) '무결함선적선하증권'이란, 물품 또는 포장의 하자상태를 명시적으로 선언하는 기재가 없고, 물품이 본선에 적재된 후에 발행된 해상운송에 관한 선하증권을 말한다.

31) '용손계약선하증권'이란, 용선계약에 따른다는 취지의 문언이 기재된 선하증권을 말한다.

원심 판결 중 예비적 청구에 관한 부분은 파기하였다.

Ⅶ. 마치면서

시간과 지면의 제약으로 다 살펴보지 못했지만, 위 판례들 외에도 2014년에 선고된 상사 판결로서 음미해 볼 것으로는 다음의 것들이 있다.

회사법 분야에서는 ① 직무집행정지 및 직무대행자 선임 가처분결정이 내려지기 전에 직무집행이 정지된 대표이사의 퇴임등기와 직무집행이 정지된 이사가 대표이사로 취임하는 등기가 마쳐진 경우, 가처분결정에 의하여 선임된 직무대행자의 권한이 유효하게 존속하는지 및 이러한 이사가 대표이사로서 권한을 갖는지에 관한 대법원 2014. 3. 27. 선고 2013다39551 판결, ② 의결권 행사의 포괄적 위임에 관한 대법원 2014. 1. 23. 선고 2013다56839 판결, ③ 이사의 자기거래와 이사회결의가 필요한 대규모 재산의 차입에 관한 대법원 2014. 6. 26. 선고 2012다73530 판결, ④ 점유개정 방법으로 주식매수청구권 행사를 위한 주식을 적법하게 취득할 수 있다고 본 대법원 2014. 12. 24. 선고 2014다221258,221265 판결, ⑤ 상법 제224조 제1항에서 정한 합명회사 사원의 지분 압류채권자의 퇴사청구권에 관한 대법원 2014. 5. 29. 선고 2013다212295 판결 등이 있다.

보험법 분야에서는 ① 대리운전업자 특별약관의 실질적 기명피보험자 해석에 관한 대법원 2014. 7. 10. 선고 2012다26480 판결, ② 책임보험약관에서 자기부담금을 보험자가 지급할 보험금에서 공제하기로 정한 경우 보험자가 피해자에게 직접 지급의무를 부담하는 금액의 범위에 관한 대법원 2014. 9. 4. 선고 2013다71951 판결, ③ 책임보험의 보험자가 피보험자의 보험금청구권에 관한 가압류 등의 경합을 이유로 집행공탁을 한 경우 이로써 상법 제724조 제1항에 따라 직접청구권을 가지는 제3자에게 대항할 수 있는지에 관한 대법원 2014. 9. 25. 선고 2014다207672 판결, ④ 손해보험의 보험사고에 관하여 동시에 불법행위 등에 기한 손해배상책임을 지는 제3자가 있어 피보험자가 그를 상대로 손해배상청구를 하는 경우 피보험자가 손해보험계약에 따라 수령한 보험금을 제3자의 손해배상책임에서 공제하여야 하는지에 관한 대법원 2015. 1. 22. 선고 2014다46211 전원합의체 판결 등이 있고, 해

상법 분야에서는 선박이 편의치적 되어 있어 선적만이 선적국과 유일한 관련이 있고 해당 법률관계와 가장 밀접한 관련이 있는 다른 국가의 법이 명백히 존재하는 경우 다른 국가의 법을 준거법으로 보아야 하는지에 관한 대법원 2014. 7. 24. 선고 2013다34839 판결 등이 있다.

증권금융 분야에서는 ① 자본시장법상 적합성 원칙과 설명의무에 관한 규정이 유사투자자문업자나 미등록 투자자문업자에게 적용되는지에 관한 대법원 2014. 5. 16. 선고 2012다46644 판결, ② 구 간접투자자산 운용업법 시행령 제55조 제1항 제2호에서 정한 '간접투자증권의 가치에 중대한 부정적 영향을 미치는 사항'의 의미와 그 판단기준에 관한 대법원 2014. 6. 12. 선고 2012도8483 판결, ③ 구 간접투자자산 운용업법에 의한 판매회사가 전문투자자에 대하여도 투자자 보호의무를 부담하는지에 관한 대법원 2015. 2. 26. 선고 2014다17720 판결, ④ 회사가 다수의 회원사들과 '회원 가입비만으로 긴급의료사고 발생시 후송 및 송환 등의 서비스 제공을 보장하는 SMP (Service Membership Program)방식'으로 계약을 체결하는 영업행위가 보험업법상 '보험업'에 해당하는지에 관한 대법원 2014. 5. 29. 선고 2013도10457 판결, ⑤ 미공개정보 이용행위에 관한 대법원 2014. 5. 29. 선고 2011도11233 판결과 대법원 2014. 2. 27. 선고 2011도9457 판결 등이 있다.

국제거래 분야에서는 ① 신용장에 기재된 비서류적 특수조건의 효력에 관한 대법원 2014. 2. 13. 선고 2013다212189 판결, ② 운송물 경매허가신청 사건에서 중재항변 제출 가능 시기에 관한 대법원 2014. 4. 25.자 2013마2408 결정, ③ 신용장이 개설된 무역거래에서 수출물품의 운송에 관한 항공화물운송장을 작성·발행하는 업무를 담당하는 자가 각 항공화물운송장 원본의 내용을 서로 다르게 작성·발행한 경우의 손해배상책임에 관한 대법원 2015. 1. 29. 선고 2014다40237 판결 등이 있다.

[후기] 대법원은 이 판례회고를 발표한 후인 2017. 3. 23. 선고 2015다248342 전원합의체 판결로 대법원 1989. 10. 24. 선고 89다카14714 판결, 대법원 2001. 5. 15. 선고 2001다12973 판결(각주 2), 대법원 1998. 9. 8. 선고 96다45818 판결(각주 3) 등을 폐기하고 의견을 변경하였다.

2015年 主要 商事判例 回顧*

陳 尙 範**

Ⅰ. 商法總則

1. 營業讓渡人의 競業禁止 對象인 '同種 營業'과 競業禁止 地域으로서의 '同一 地域 또는 隣接 地域'

◎ 대법원 2015. 9. 10. 선고 2014다80440 판결

[1] 영업양도인이 영업을 양도하고도 동종 영업을 하면 영업양수인의 이익이 침해되므로 상법은 영업양수인을 보호하기 위하여 영업양도인의 경업금지의무를 규정하고 있다. 위와 같은 상법의 취지를 고려해 보면, 경업이 금지되는 대상으로서의 동종 영업은 영업의 내용, 규모, 방식, 범위 등 여러 사정을 종합적으로 고려해 볼 때 양도된 영업과 경쟁관계가 발생할 수 있는 영업을 의미한다고 보아야 한다.

[2] 상법 제41조 제1항은 영업양도인의 경업금지의무를 규정하면서 그 경업금지지역을 동일한 특별시·광역시·시·군과 인접 특별시·광역시·시·군으로 규정하고 있다. 위 조문에서 양도 대상으로 규정한 영업은 일정한 영업 목적에 의하여 조직화되어 유기적 일체로서 기능하는 재산의 총체를 가리킨다는 점과 상법이 경업금지의무를 규정하고 있는 취지는 영업양수인을 보호하기 위한 것인 점을 고려하여 보면, 영업금지지역으로서의 동일 지역 또는 인접 지역은 양도된 물적 설비가 있던 지역을 기준으로 정할 것이 아니라 영업양도인의 통상적인 영업활동이 이루어지던

---

 * 제39회 상사법무연구회 발표 (2016년 3월 26일)

   2015년 대법원에서는 보험법과 증권금융법 분야에서 주목할 만한 판결들이 다수 선고되었다. 이는 상사분쟁의 양상이 전통적인 회사법 영역에서 넓은 의미의 금융법 영역으로 점차 이동하고 있음을 보여주는 현상이다. 이하에서 상법총칙, 회사법, 보험법, 증권금융법 분야의 순서로 올해 선고된 주요 판례들을 되짚어 보기로 한다. 분량상 어음법, 해상법, 국제거래법, 도산법 분야 사건들은 이 글이 다루는 범위에서 제외하였다.
 ** 서울서부지방법원 부장판사

지역을 기준으로 정하여야 한다. 이때 통상적인 영업활동인지 여부는 해당 영업의
내용, 규모, 방식, 범위 등 여러 사정을 종합적으로 고려하여 판단해야 한다.

(1) 사안의 개요

농수축산물 및 관련 제품의 생산 등을 하는 피고 K미트는 H사에게,
2009. 4.경 '중부공장과 광주영업소 등에 대한 자산과 부채 및 상표권, 거래
처 등을 포함한 영업권'을 양도하기 위한 협약을 체결하였다가, 2009. 5.경
양도대상을 '중부공장과 그와 관련된 자산과 부채 및 상표권, 거래처 등을
포함한 영업권'으로 변경하여 영업양수도계약(이하 '이 사건 계약'이라 한다)
을 체결하였다. 원고는 이 사건 계약에 따라 H사의 이 사건 계약상 권리·
의무를 승계하였다.

피고 K미트는 지분 100%를 보유하는 자회사인 피고 K미트서울, K미트
광주, K미트부산을 설립하고, 피고 K미트 직원 B는 피고 K미트를 퇴사하여
농축수산물 및 관련 제품의 제조 등을 하는 피고 P사를 설립하였다.

이 사건 계약 체결 전 중부공장은 축산물종합처리장으로서 생산팀, 공
무환경팀, 수매팀, 수탁영업팀, 사업혁신 TF팀으로 구성되어 국내산 소·돼
지(이하 '국내육')를 수매하여 도축하고, 그 지육¹⁾을 냉장육과 냉동육으로 가
공한 후 이를 피고 K미트의 서울 소재 사업장을 주축으로 하여 전국 각 영
업소를 통해 전국적으로 유통·판매해 왔다. 피고 K미트는 이 사건 계약 체
결 전에 중부공장에서 생산된 제품 외에도 서울 사업장의 영업본부를 통해
제3의 업체로부터 별도로 국내육을 납품받아 각 영업소의 특판사업팀, 온라
인팀을 통하여 유통·판매하는 사업도 함께 영위하였는데, 이 사건 계약 체
결 후에도 이러한 사업은 계속하였다.

원고는, ① 피고 K미트는 국내육을 수매·도축·가공·유통 영업을 하
던 중부공장을 원고에 양도하였으므로 상법상 영업양도인 경업금지규정에
따라 국내육 관련 영업 일체를 하여서는 아니 되고, ② 자회사들과 피고 P사
는 피고 K미트의 경업금지의무를 회피하기 위하여 설립된 회사이므로 경업

---

1) 지육(枝肉)이란, 소나 돼지 같은 것을 도살하여 머리, 내장, 족(足)을 잘라 내고 아직 각
을 뜨지 아니한 고기를 말한다.

금지의무를 부담하며, ③ 피고 K미트가 단체급식사업도 원고에 양도하였으므로 피고 K미트와 피고 P사는 단체급식사업에 관하여도 경업금지의무를 부담한다고 주장하였다.

원심은, 「① 중부공장에서 하던 국내육의 수매·도축·가공·유통 영업만이 영업양도대상으로서 경업금지대상이고, 제3자로부터 이미 도축되거나 가공된 국내육을 공급받아 판매하는 업무는 영업양도대상에 포함되어 있지 않고 양도대상 영업과는 형태, 규모, 방식에서 현저한 차이가 있으므로 경업금지대상인 동종 영업으로 볼 수 없으며, ② 피고 K미트서울, K미트광주, K미트부산과 피고 P사는 경업금지의무를 회피하기 위하여 법인격을 남용하여 설립된 회사가 아니므로 경업금지의무를 부담하지 않고, ③ 단체급식사업은 국내육 및 수입육을 유통하는 한 형태에 불과할 뿐 국내육 및 수입육 사업과 병렬적으로 존재하는 별개의 사업이라고 보기 어려우므로 영업양도대상이 아니어서 경업금지대상이 아니다」라고 판단하였다. 원심은 결론적으로 피고 K미트에 대하여만 2019. 5. 3.까지 국내산 소나 돼지의 도축·가공을 위한 수매, 수매한 소나 돼지의 도축·가공, 도축·가공한 쇠고기나 돼지고기의 유통을 금지하는 취지의 판결을 선고하였다.

이에 대하여 원고와 피고 K미트가 상고하였다. 상고심에서 문제된 쟁점은, ① 영업양도대상이 중부공장에 관련된 영업만인지, 아니면 서울 사업장에서 하던 국내육 관련 영업도 포함하는지, ② 영업양도대상이 중부공장에 관련된 영업만이라고 하더라도 국내육 관련 영업도 경업금지대상에 포함되는지, ③ 영업양도 당시 경업금지의무를 배제하는 묵시적 약정이 있었는지, ④ 피고 K미트가 경업금지의무를 부담하는 경업금지지역이 중부공장 소재지 군과 인접 군에 한정되는지, ⑤ 자회사들과 피고 P사도 경업금지의무를 부담하는지, ⑥ 단체급식사업이 영업양도대상으로서 경업금지의무를 부담하는지 여부 등이었다.

(2) 대법원의 판단

우선 ①의 쟁점에 관하여는, 「서울 사업장에서 제3의 업체로부터 국내육을 공급받아 판매하는 영업과 같은 순수한 유통영업은 영업양도대상에 포함되지 않는다고 본 원심이 정당하다」고 판단하였다. 그러나 ②와 ③의 쟁점에 관하여는, 「경업금지대상으로서의 '동종 영업'은 양도된 영업과 경쟁관계가 발생할 수 있는 영업을 의미하는바, 피고 K미트가 제3의 업체로부터 국내육을 공급받아 유통·판매하는 영업은 중부공장 영업과 국내육을 유통·판매한다는 점에서는 차이가 없으므로 서로 경쟁관계가 발생할 수 있는 '동종 영업'에 해당한다」고 판단하였다. 다만 「피고 K미트가 영업양도 당시 제3의 업체로부터 국내육을 공급받아 유통·판매하는 영업도 함께 영위하고 있었는데 양도대상에 중부공장 영업만이 포함된 점, 이 사건 계약 당시 피고 K미트가 2년간 양도한 상호를 사용할 수 있다고 약정한 것은 중부공장 영업 외의 영업을 계속하는 것을 전제로 한 것인 점 등의 사정을 고려할 때, 제3의 업체로부터 국내육을 공급받아 유통·판매하는 영업에 관하여는 경업금지의무를 배제하는 묵시적 약정이 인정된다」는 점을 들어 위 영업에 관한 경업금지청구를 배척한 원심의 결론은 유지하였다. ④의 쟁점과 관하여는, 「상법 제41조 제1항에서 정한 경업금지지역으로서의 동일 지역 또는 인접 지역은 양도된 물적 설비가 있던 지역을 기준으로 정할 것이 아니라 영업양도인의 통상적인 영업활동이 이루어지던 지역을 기준으로 정하여야 하는바, 중부공장의 통상적인 영업활동이 전국적으로 이루어졌다는 점을 근거로 경업금지지역이 중부공장 소재지 군과 인접 군에 한정된다는 취지의 피고 K미트의 주장을 배척한 원심은 수긍할 수 있다」고 판단하였다. ⑤와 ⑥의 쟁점에 관하여는, 「원고의 법인격 남용 주장과 영업양도대상에 단체급식사업이 포함된다는 주장을 배척한 원심이 정당하다」고 판단하였다.

(3) 해 설

상법 제41조 제1항은 "영업을 양도한 경우에 다른 약정이 없으면 양도인은 10년간 동일한 특별시·광역시·시·군과 인접 특별시·광역시·시·군에서 동종영업을 하지 못한다."라고 규정하고 있다. ①과 ③ 및 ⑥의 쟁점은 계약의 해석에 관한 것이다. 보다 중요한 쟁점은 위 조항이 말하는 경업금지대상인 '동종 영업'과, 경업금지지역인 '동일한 특별시·광역시·시·군과 인접 특별시·광역시·시·군'을 판단하는 기준이었다.

영업의 일부 양도가 가능하다는 명문의 규정이 있는 회사법의 영업양도와 달리 상법총칙의 영업양도에는 일부 양도가 제외된다는 견해가 있고, 이러한 입장에서는 양도인의 경업금지의무는 인정되지 않는다. 그러나 판례는 「상법 제41조의 양도란, 유기적 일체로서 기능하는 재산의 전부 또는 중요한 일부를 넘겨주어 그에 의하여 양도인이 그 재산으로 경영하고 있던 영업활동의 전부나 중요한 일부를 양수인으로 하여금 인계받게 하여 양도인이 그 양도한 한도에 따라 법률상 당연히 경업금지의무를 지는 결과를 수반하는 것이므로, 영업의 일부 양도는 상법총칙의 영업양도에 해당하고 그 경우에 경업금지의무도 부담한다」라고 하였다.2) 다만 영업의 일부 양도에는 여러 형태가 있을 수 있으므로, 양도한 영업과 잔존 영업 사이에 당연히 경업관계가 성립한다고도, 일률적으로 양도인이 경업금지의무를 부담하지 않는다고도 볼 수 없다. 따라서 피고가 영업 일부만을 양도한 이 사건에서도 양도한 영업과 잔존 영업이 동종 영업에 해당하는지에 따라 원칙적으로 경업금지의무를 부담한다. 상법이 영업양도인으로 하여금 동종 영업을 하지 못하게 규정하고 있는 것은 영업양도인이 영업을 양도하고도 동종 영업을 하면 영업양수인의 이익이 침해되기 때문에 영업양수인을 보호하기 위해서이다. 따라서 경업이 금지되는 대상으로서의 동종 영업은 양도된 영업과 경쟁관계가 발생할 수 있는 영업을 의미한다고 보아야 한다.3)

　이러한 관점에서, '중부공장 영업'과 '제3의 업체로부터 도축·가공된 국내육을 공급받아 판매하는 영업'은 비록 소나 돼지를 수매하여 도축하는 과정의 포함 여부는 차이가 있지만, 국내육을 유통·판매한다는 점에서 차이가 없으므로 그 점에서 서로 경쟁관계가 발생할 수 있는 영업이고, 양도 당시에 후자의 영업비중이 낮았다고 하여 달리 볼 사정은 되지 못한다.

　다음으로 상법 제41조에서 정한 경업금지지역의 기준이 되는 장소가 해당 영업의 영업소 기타 물적 설비가 존재하는 장소를 의미하는지, 해당 영업활동이 행하여지는 장소를 의미하는지가 문제된다. 위 조항은 상법 제정 당시의 규정에서 '광역시'가 추가되고 '읍·면'이 '군'으로 대체되었을 뿐 사실상 동일하다. 상법 제정 당시에는 물적 설비의 소재지와 그 영업활동이 이루어지는 지역이 동일한 경우가 대부분이었을 것으로 보이나, 현재는 교통·통

---

2) 대법원 1989. 12. 26. 선고 88다카10128 판결.

3) 이철송, 「상법총칙·상행위」 제13판, 박영사, (2015), 286면; 송옥렬, 「상법강의」 제5판, 홍문사, (2015), 82면.

신의 발달로 물적 설비 소재지와 영업활동이 이루어지는 지역이 서로 일치하는 않는 경우가 많다. 피고 K미트는 상고이유로 물적 설비가 있는 중부공장 소재지 군과 인접 군에 한정하여 경업금지의무를 부담한다고 주장하였다. 이처럼 물적 설비를 기준으로 하는 견해는 경업금지지역에 관하여 객관적인 기준을 제시해 준다는 장점은 있으나, 택배나 인터넷 등의 발달로 영업소 등의 소재지가 큰 의미를 가질 수 없는 현재에는 경업금지규정의 실효성을 크게 떨어뜨릴 수 있다. 따라서 경업금지지역으로서의 '동일 지역 또는 인접 지역'을 양도된 영업이 통상적으로 이루어지던 지역을 기준으로 정하여야 한다고 본 대상 판결은 의미가 있다.

2. 商法 第69條 第1項이 不完全履行으로 인한 損害賠償請求에 適用되는지 與否

◎ 대법원 2015. 6. 24. 선고 2013다522 판결

> 상인 간의 매매에서 매수인이 목적물을 수령한 때에는 지체없이 이를 검사하여 하자 또는 수량의 부족을 발견한 경우에는 즉시, 즉시 발견할 수 없는 하자가 있는 경우에는 6개월 내에 매수인이 매도인에게 그 통지를 발송하지 아니하면 그로 인한 계약해제, 대금감액 또는 손해배상을 청구하지 못하도록 규정하고 있는 상법 제69조 제1항은 민법상의 매도인의 담보책임에 대한 특칙으로서, 채무불이행에 해당하는 이른바 불완전이행으로 인한 손해배상책임을 묻는 청구에는 적용되지 않는다.

(1) 사안의 개요

원고는 2005. 6. 10. 피고로부터 이 사건 각 토지를 매수하여 매매대금을 지급한 후 이 사건 각 토지를 인도받았으며, 2005. 11. 30. 소유권이전등기를 마쳤다. 원고는 2008. 4. 25. 국민임대주택건설사업계획 사업시행자인 한국토지주택공사에 이 사건 각 토지를 매도하였다. 한국토지주택공사는 2009. 4. 17. 시공사들과 도급계약을 체결하여 공사를 진행하던 중 이 사건 각 토지에서 유류성분, 중금속 등으로 오염된 토사가 발견되었다. 토양정밀조사를 거친 후 한국토지주택공사는 2010. 2. 12. 원고를 상대로 이 사건 각 토지의 오염정화비용 지급을 구하는 소(이하 '관련 소송'이라 한다)를 제기하였고, 원고

는 2010. 5. 18. 피고에 오염사실 및 피고에게 책임이 있음을 통지함과 아울러 관련 소송에서 소송고지를 하였다. 원고는 2010. 6. 23. 피고를 상대로, 주위적으로 오염정화비용 상당의 약정금의 지급 또는 하자담보책임 내지 불완전이행으로 인한 손해배상을 구하고, 예비적으로 피고가 공동불법행위자임을 전제로 구상금 지급을 구하는 이 사건 소를 제기하였고, 2011. 8. 24. 관련 소송에서 원고에게 오염정화비용 상당의 손해배상금의 지급을 명하는 판결이 선고되어 확정되었다.

원심은, 「약정금의 청구는 증거 부족을 이유로 배척하고, 하자담보책임에 기한 청구는 상인 간 매매인 원·피고 사이의 이 사건 매매계약에서 원고가 이 사건 각 토지를 인도받아 그에 관한 소유권이전등기를 마친 2005. 11. 30.로부터 상법 제69조 제1항에 정한 6개월이 경과한 2010. 5. 18.이 되어서야 피고에게 하자가 있음을 통지하였으므로 하자담보책임이 제척기간 도과로 소멸하였다」는 이유로 이를 배척하였다. 그러나 원심은 「피고가 오염된 토양을 정화하지 않고 원고에게 이 사건 각 토지를 인도한 것은 불완전이행에 해당한다는 이유로 오염정화비용으로 관련 소송에서 확정된 1,536,111,672원 상당의 손해를 배상할 책임이 있다」라고 판단하였다.

피고는 상고이유로, 상법 제69조 제1항이 하자담보책임에만 적용되고 불완전이행책임에는 적용되지 않는다고 해석하면 상거래의 신속한 처리와 매도인의 보호를 위한 규정인 위 조항이 유명무실해지므로 위 조항은 불완전이행으로 인한 손해배상청구에도 적용되어야 한다고 주장하였다.

(2) 대법원의 판단

대법원은 「상법 제69조 제1항은 민법상의 매도인의 담보책임에 대한 특칙으로 채무불이행에 해당하는 이른바 불완전이행으로 인한 손해배상책임을 묻는 청구에는 적용되지 않는다는 이유로 불완전이행책임을 인정한 원심이 정당하다」라고 판단하였다.

(3) 해 설

상법에 의하면, 상인 간의 매매에 있어서 매수인이 목적물을 수령한 때에는 지체없이 이를 검사하여야 하며, 하자 또는 수량의 부족을 발견한 경우에는 즉시 매도인에게 그 통지를 발송하여야만 이로 인한 계약해제, 대금감액 또는 손해배상을 청구할 수 있다($^{제69조}_{제1항 \; 전문}$). 다만 매매의 목적물에 즉시 발견할 수 없는 하자가 있는 경우에는 검사기간을 6월로 연장하고($^{같은 \; 항}_{후문}$), 매도인이 악의인 경우에는 위 조항의 적용을 배제한다($^{제69조}_{제2항}$). 국내 주석서와 교과서들은 상법 제69조를 상인 간의 매매에서 매수인의 목적물에 관한 검사・통지의무를 규정한 것으로서 민법상 매도인의 담보책임에 대한 특칙이라고 설명하는 것이 일반적이다.[4][5] 판례도 상법 제69조 제1항을 민법상의 매도인의 담보책임에 대한 특칙이라고 하여 동일하게 보고 있다.[6] 이러한 점에서 검사와 통지는 민법상 담보책임에 관한 권리행사를 위한 전제요건인 간접의무(불완전의무)이다.[7] 따라서 이러한 담보책임의 전제요건, 즉 매수인이 목적물을 수령한 때에 지체 없이 그 목적물을 검사하여 즉시 매도인에게 그 하자를 통지한 사실, 또는 만약 매매의 목적물에 즉시 발견할 수 없는 하자가 있는 경우에는 6월 내에 이를 발견하여 즉시 통지한 사실 등에 관한 증명책임은 매수인에게 있다.[8]

상법이 이러한 특칙을 둔 이유는, 상인 간 매매에서 매도인을 민법과 같이 장기간 불안정한 상태에 방치하는 것은 매도인에게 인도 당시 목적물의 하자에 대한 조사를 어렵게 하고 반환된 물건을 전매할 기회를 잃게 하며, 매수인에게 가격변동에 따라 유리한 시기를 선택하여 계약해제권 등을 투기 목적으로 이용할 기회를 주는 폐단이 있기 때문이다. 따라서 상법 제69조의 검사・통지의무를 이행함으로써 보전되는 권리는 민법에 의해 부여된 권리로 상법 제69조가 민법이 규정하는 것 이상의 새로운 청구권을 인정하는 것이 아니고, 위 검사・통지의무를 이행함으로써 매수인이 행사할 수 있게 된 권리의 내용 및 소멸은 민법이 정하는 바에 의한다.

---

4) 「주석상법」 제4판, 총칙・상행위(1), 448면; 정찬형, 「상법강의(상)」 제18판, 박영사, (2015), 232면; 이철송, 「상법총칙・상행위」 제13판, 박영사, (2015), 388면; 안강현, 「상법총칙・상행위법」 제4판, 박영사, (2013), 210면; 임중호, 「상법총칙・상행위법」 개정판, 법문사, (2015), 344면.

5) 다만 민법상 담보책임이 로마법에 기원을 두고 있는 반면, 상법 제69조는 게르만법 원칙인 '매수인은 주의하라(caveat emptor)'에서 유래한 것이므로 민법상 담보책임의 특칙이기는 하나 그 기원은 달리한다.

6) 대법원 2008. 5. 15. 선고 2008다3671 판결.

7) 최기원, 「상법학신론(상)」 제18판, 박영사, (2009), 258면.

8) 대법원 1990. 12. 21. 선고 90다카28498 판결.

상법 제69조는 그 요건으로 상인 간의 매매이고 목적물의 하자 또는 수량의 부족이 있으며 매도인이 선의일 것만을 요구할 뿐 담보책임의 특칙이라고 명시하고 있지는 않은 점, 상법 제69조의 적용을 회피하기 위해 담보책임을 주장하지 않고 불완전이행책임을 주장할 경우에는 사안의 결론이 달라질 수 있는데 이는 불합리할 수 있다는 점 등을 이유로, 상고이유처럼 상법 제69조가 불완전이행책임을 구하는 청구에도 적용되어야 한다는 견해가 있을 수 있다. 실제로 상법 제69조가 하자담보책임과 일반채무불이행책임의 양자에 걸쳐 물건상 하자에 대한 책임을 추궁하는 요건을 규정한 것이라고 주장하는 견해가 있다.9)

상법 제69조는 독일 상법 제377조를 계수한 것으로 보이는데, 독일 상법 제377조에 관한 해석은 하자통지를 해태한 하자를 통해서는 어떠한 권리도 행사할 수 없고, 넓은 의미의 하자담보책임상 모든 권리를 상실한다고 본다. 독일 상법 제377조에서 정하고 있는 검사 및 하자통지의무의 해태로 인한 법적 효과는 매도인이 하자 없는 물건을 인도한 것으로 간주하는 것이므로(독일 상법 제377조 제2항 참조), 매수인은 하자와 관련된 모든 구제수단을 상실한다고 보는 것이 논리적 귀결일 수 있다.

그러나 상법 제69조는 독일 상법 제377조와 법문이 다르다. 상법 제69조는 상실하는 구제수단을 민법상 담보책임에서 규정하고 있는 구제수단과 대응하여 열거하고 있고, 이를 민법상의 매도인의 담보책임의 특칙으로 보는 것이 판례와 학설이다. 따라서 상법 제69조에서 규정한 구제수단은 민법상 담보책임 규정에서 인정하는 매수인의 구제수단을 말하는 것이고, 상법 제69조의 검사・통지의무를 해태할 경우 일반 채무불이행책임에 기한 구제수단도 상실한다고 보기는 어렵다.

대상 판결은 상법 제69조 제1항이 민법상 매도인의 담보책임에 관한 특칙임을 다시 확인하면서 불완전이행으로 인한 손해배상책임을 묻는 청구에는 적용되지 않는다는 점을 명확히 한 점에 그 의미가 있다.

---

9) 장준혁, "동산의 제작물공급계약의 성질결정", 「민사판례연구」 제35권, 박영사, (2013), 459면.

Ⅱ. 會社法

1. 名目上 理事·監事가 定款의 規定 또는 株主總會의 決議로 決定된 報酬請求權을 갖는지

① 대법원 2015. 7. 23. 선고 2014다236311 판결

법적으로는 주식회사 이사·감사의 지위를 갖지만 회사와의 명시적 또는 묵시적 약정에 따라 이사·감사로서의 실질적인 직무를 수행하지 않는 이른바 명목상 이사·감사도 법인인 회사의 기관으로서 회사가 사회적 실체로서 성립하고 활동하는 데 필요한 기초를 제공함과 아울러 상법이 정한 권한과 의무를 갖고 그 의무 위반에 따른 책임을 부담하는 것은 일반적인 이사·감사와 다를 바 없으므로, 과다한 보수에 대한 사법적 통제의 문제는 별론으로 하더라도, 오로지 보수의 지급이라는 형식으로 회사의 자금을 개인에게 지급하기 위한 방편으로 이사·감사로 선임한 것이라는 등의 특별한 사정이 없는 한, 회사에 대하여 상법 제388조, 제415조에 따라 정관의 규정 또는 주주총회의 결의에 의하여 결정된 보수의 청구권을 갖는다고 할 것이다.

② 대법원 2015. 9. 10. 선고 2015다213308 판결

주식회사의 주주총회에서 이사·감사로 선임된 사람이 주식회사와 계약을 맺고 이사·감사로 취임한 경우에, 상법 제388조, 제415조에 따라 정관 또는 주주총회 결의에서 정한 금액·지급시기·지급방법에 의하여 보수를 받을 수 있다. 이에 비추어 보면, 비록 주주총회에서 선임된 이사·감사가 회사와의 명시적 또는 묵시적 약정에 따라 그 업무를 다른 이사 등에게 포괄적으로 위임하고 이사·감사로서의 실질적인 업무를 수행하지 않는 경우라 하더라도 이사·감사로서 상법 제399조, 제401조, 제414조 등에서 정한 법적 책임을 지므로, 그 이사·감사를 선임하거나 보수를 정한 주주총회 결의의 효력이 무효이거나 또는 위와 같은 소극적인 직무 수행이 주주총회에서 그 이사·감사를 선임하면서 예정하였던 직무 내용과 달라 주주총회에서 한 선임 결의 및 보수지급 결의에 위배되는 배임적인 행위에 해당하는 등의 특별한 사정이 없다면, 위와 같은 소극적인 직무 수행 사유만을 가지고 그 이사·감사로서의 자격을 부정하거나 주주총회 결의에서 정한 보수청구권의 효력을 부정하기는 어렵다.

다만 이사·감사의 소극적인 직무 수행에 대하여 보수청구권이 인정된다 하더라도, 이사·감사의 보수는 직무수행에 대한 보상으로 지급되는 대가로서(대법원

1977. 11. 22. 선고 77다1742 판결 등 참조) 그 이사·감사가 회사에 대하여 제공하는 반대급부와 그 지급받는 보수 사이에는 합리적 비례관계가 유지되어야 하므로 그 보수가 합리적인 수준을 벗어나서 현저히 균형성을 잃을 정도로 과다하거나, 오로지 보수의 지급이라는 형식으로 회사의 자금을 개인에게 지급하기 위한 방편으로 이사·감사로 선임하였다는 등의 특별한 사정이 있는 경우에는 보수청구권의 일부 또는 전부에 대한 행사가 제한되고 회사는 합리적이라고 인정되는 범위를 초과하여 지급된 보수의 반환을 구할 수 있다고 봄이 타당하다. 이때 보수청구권의 제한 여부와 그 제한 범위는, 소극적으로 직무를 수행하는 이사·감사가 제공하는 급부의 내용 또는 직무수행의 정도, 지급받는 보수의 액수와 회사의 재무상태, 실질적인 직무를 수행하는 이사 등의 보수와의 차이, 소극적으로 직무를 수행하는 이사·감사를 선임한 목적과 그 선임 및 자격 유지의 필요성 등 변론에 나타난 여러 사정을 종합적으로 고려하여 판단하여야 한다.

(1) 사안의 개요

부산 소재 甲저축은행은 타인의 이름을 빌려 형식상 주주 및 이사·감사로 등재하는 방법으로 수십개의 특수목적법인(SPC)을 설립 또는 인수한 다음 SPC에 거액의 PF 대출을 하는 방법으로 직접 부동산개발사업을 하였다. 甲저축은행은 SPC에 실질적인 직무는 수행하지 않는 명목상 이사·감사를 두고, 甲저축은행의 임원회의에서 사업에 관한 의사결정을 하고 그 영업팀에서 직접 또는 SPC의 대표이사(실제로는 甲저축은행의 사용인)를 통하여 SPC의 업무를 집행하였다. 그런데 甲저축은행이 파산하자 파산관재인이 대출금채권을 피보전채권으로 하여 SPC를 대위해서 SPC의 명목상 이사·감사들을 상대로 실질적인 직무수행 없이 지급받은 보수는 부당이득이라고 주장하면서 그 반환을 구하는 다수의 소를 제기하였는데, 위 ①과 ②의 사건도 이에 해당한다.

위 소송들의 제1심은 대부분 파산관재인의 반환청구를 기각하였으나, 원심은 반환청구를 인용한 것과 기각한 것으로 결론이 나뉘었다. 인용한 판결들은 명목상 이사·감사가 실질적인 직무를 수행하지 않은 이상 반대급부인 보수를 청구할 권리가 없다는 점을 주된 이유로 하였고, 기각한 판결들은 명목상 이사·감사가 수령한 보수는 명의대여에 대한 대가로서의 의미가 있다거나 또는 임용계약에서 제한된 범위 내에서만 업무를 수행하기로 약정하였다는 점을 주된 이유로 하였다.

①의 판결의 원심은 「수임인의 보수청구권은 위임사무를 처리함으로써 비로소 발생하는 것인데 피고들은 이사·감사로서의 실질적인 직무를 수행하지 않았으므로 보수청구권이 없고 따라서 법률상 원인 없이 수령한 것이다」라는 이유로 반환청구를 인용하였다. 반면 ②의 판결의 원심은 「피고들이 지급받은 돈은 이사·감사의 직책에 따른 업무를 수행함에 대한 대가가 아니라 명의대여에 대한 대가로 봄이 타당하므로 비록 피고들이 그 직책에 따른 업무를 수행하지 않았더라도 명의대여 약정에 따라 수령한 대가가 법률상 원인이 없는 것으로서 부당이득이 된다고 보기 어렵다」고 판단하였다.

(2) 대법원의 판단

대법원은 먼저 선고된 ①의 판결에서, 「명목상 이사·감사도 법인인 회사의 기관으로서 회사가 사회적 실체로서 성립하고 활동하는 데 필요한 기초를 제공함과 아울러 상법이 정한 권한과 의무를 갖고 그 의무 위반에 따른 책임을 부담한다는 점에서 일반적인 이사·감사와 다를 바 없으므로, 과다한 보수에 대한 사법적 통제의 문제는 별론으로 하더라도, 특별한 사정이 없는 한 회사에 대하여 보수청구권을 갖는다고 전제한 다음, 피고들도 상법 소정의 요건을 갖추었다면 보수청구권을 가진다」라고 판단하여, 보수청구권을 부정한 원심을 파기하였다.10)

②의 판결에서도 대법원은 ①의 판결과 같은 취지에서, 「명목상 이사·감사도 상법 제399조(회사에 대한 책임), 제401조(제3자에 대한 책임), 제414조(감사의 책임) 등에서 정한 법적 책임을 지므로 특별한 사정이 없는 한 소극적인 직무 수행 사유만을 가지고 이사·감사로서의 자격을 부정하거나 주주총회 결의에서 정한 보수청구권의 효력을 부정하기 어렵다고 전제한 다음, 원심이 지급된 보수 명목의 돈을 직무 수행에 대한 대가로 보지 아니하고 단순히 명의대여의 대가에 불과하다고 보고 판단한 것은 적절하지 않지만, 피고들을 이사·감사로 선임한 주주총회 결의나 보수지급 결의가 무효라거나 소극적인 직무 수행이 주주총회에서 그 이사·감사를 선임하면서 예정하였던 직무 내용과 달라 주주총회에서 한 선임 및 보수지급 결의에 위배되는

---

10) 환송 후 원심은 원고의 청구를 배척하였고 그대로 확정되었다.

배임적인 행위에 해당한다고 인정할 사정이 없다면, 피고들의 소극적인 직무 수행만을 가지고 보수청구권을 부정할 수 없으므로 피고들에게 지급된 보수 명목의 돈이 부당이득에 해당한다는 원고의 주장을 배척한 원심의 결론은 정당하다」라고 판단하였다. 다만 ②의 판결은 법리판시 부분에서 ①의 판결 에서는 유보되었던 명목상 이사·감사의 과다 보수에 대한 사법적 통제와 관련된 법리를 부가적으로 판시하였다.11)

(3) 해 설

일반적으로 '명목상 이사·감사'란 법적으로 이사·감사의 지위를 가지 고 있지만 회사와의 직무면제 약정에 의하여 실제로는 이사·감사의 직무를 수행하지 않는 이사·감사를 말한다. 그러나 명목상 이사·감사라고 하더라 도 법적으로는 이사·감사의 지위를 가지므로 상법이 정한 이사·감사로서 의 권한과 의무 및 책임은 그대로 부담한다. 판례도 이사·감사가 그 직무를 수행하지 않은 것은 그 자체로 이사·감사로서의 임무를 해태한 것이라는 이유로 명목상 이사·감사의 책임을 인정하고 있는데,12) 이는 명목상 이 사·감사에게 상법이 정한 이사·감사로서의 권한과 의무가 제한 없이 그대 로 인정됨을 전제로 하는 것이다.

이렇듯 명목상 이사·감사도 법적으로는 이사·감사이므로 그 보수에 관하여도 일반적인 이사·감사와 달리 볼 이유가 없고, 따라서 회사와의 사 이에 보수약정이 있고 상법 제388조 등에 따라 보수액에 관한 정관의 규정 이나 주주총회의 결의를 갖추었다면 특별한 사정이 없는 한 명목상 이사· 감사라고 하더라도 회사에 대하여 보수청구권을 갖는다고 할 것이다. 그러나 이는 어디까지나 원칙적으로 그렇다는 것이고, 명목상 이사·감사가 회사에 대하여 제공하는 반대급부와 그 지급받는 보수 사이의 비례관계가 합리적인 수준을 벗어나서 현저히 균형성을 잃을 정도로 과다하다는 등의 특별한 사 정이 있는 경우에는 이들이 갖는 보수청구권의 전부 또는 일부에 대한 행사

---

11) ②의 판결은 원심을 파기하였는데, 그 이유는 명목상 이사·감사의 보수청구권 유무의 측면에서가 아니라 일반적인 이사·감사 보수청구권의 요건인 주주총회 결의의 증명책임 과 관련하여 원심이 그 증명책임에 관한 법리를 오해하였다는 점이었다.

12) 대법원 2003. 4. 11. 선고 2002다70044 판결; 대법원 2007. 12. 13. 선고 2007다60080 판 결; 대법원 2009. 5. 14. 선고 2008다94097 판결 등.

가 제한될 수 있다고 봄이 타당하다.

위의 두 건의 대상 판결은 명목상 이사·감사의 보수청구권 존부의 판단 기준을 처음으로 판시한 점에서 의미가 있다.

2. 實質的인 引受代金의 納入 없이 轉換社債를 發行한 行爲가 業務上 背任罪를 構成하는지 與否

◎ 대법원 2015. 12. 10. 선고 2012도235 판결

전환사채는 발행 당시에는 사채의 성질을 갖는 것으로서 사채권자가 전환권을 행사한 때에 비로소 주식으로 전환된다. 전환사채의 발행업무를 담당하는 자와 전환사채 인수인이 사전 공모하여 제3자로부터 전환사채 인수대금에 해당하는 금액을 차용하여 전환사채 인수대금을 납입하고 전환사채 발행절차를 마친 직후 이를 인출하여 위 차용금채무의 변제에 사용하는 등 실질적으로 전환사채 인수대금이 납입되지 않았음에도 전환사채를 발행한 경우에, 그와 같은 전환사채의 발행이 주식 발행의 목적을 달성하기 위한 수단으로 이루어졌고 실제로 그 목적대로 곧 전환권이 행사되어 주식이 발행됨에 따라 실질적으로 신주인수대금의 납입을 가장하는 편법에 불과하다고 평가될 수 있는 등의 특별한 사정이 없는 한(대법원 2011. 10. 27. 선고 2011도8112 판결 참조), 전환사채의 발행업무를 담당하는 사람은 회사에 대하여 전환사채 인수대금이 모두 납입되어 실질적으로 회사에 귀속되도록 조치할 업무상의 임무를 위반하여, 전환사채 인수인으로 하여금 인수대금을 납입하지 않고서도 전환사채를 취득하게 하여 인수대금 상당의 이득을 얻게 하고, 회사로 하여금 사채상환의무를 부담하면서도 그에 상응하여 취득하여야 할 인수대금 상당의 금전을 취득하지 못하게 하여 같은 금액 상당의 손해를 입게 하였으므로, 이로써 업무상 배임죄의 죄책을 진다. 그리고 그 후 전환사채의 인수인이 전환사채를 처분하여 그 대금 중 일부를 회사에 입금하였거나 또는 사채로 보유하는 이익과 주식으로 전환할 경우의 이익을 비교하여 전환권을 행사함으로써 전환사채를 주식으로 전환하였더라도, 이러한 사후적인 사정은 이미 성립된 업무상 배임죄에 영향을 주지 못한다.

(1) 사안의 개요

피고인은 H텔레콤의 실질적인 경영자로서 대표이사인 S와 공모해서, 2000. 6. 중순경 싱가포르 N증권을 주간사로 하여 미화 1,000만 달러 상당의 해외전환사채(이하 '이 사건 전환사채'라 한다) 발행을 추진하면서, 800만 달

러 상당은 피고인이 제3자로부터 일시 자금을 융통하여 직접 인수하거나 또는 일단 N증권이 인수하면 납입된 인수대금을 이용하여 피고인이 재매수하는 것으로 계획하였다. 피고인은 2000. 6. 23. A와 B로부터 45억 3,000만 원을 차용하여 A와 B의 이름으로 이 사건 전환사채 중 400만 달러 상당(이하 '이 사건 제1전환사채'라 한다)을 인수하고 위 차용금으로 그 인수대금 400만 달러를 납입하였다. N증권도 사전약정에 따라 이 사건 전환사채 중 400만 달러 상당(이하 '이 사건 제2전환사채'라 한다)을 인수하고 그 인수대금 400만 달러를 납입하였고, 사채인수대금 1,000만 달러 중 비용 34만 달러를 제외한 966만 달러를 H텔레콤 명의의 P은행 외화보통예금계좌에 입금하였다. 피고인은 곧바로 52억 여 원(466만 달러 상당)을 H텔레콤 명의의 P은행 보통예금계좌로 이체한 후 그 중에서 45억 3,000만 원을 인출하여 A와 B에 대한 채무를 변제하였다.

이후 피고인은 2000. 6. 26. 사채인수대금 중 55억 7,000만 여 원(500만 달러 상당)을 H텔레콤 명의의 P은행 보통예금계좌로 이체한 후 그 중에서 30억 원을 인출하여 H신용금고에, 20억 원을 인출하여 K신용금고에 입금하였고, 다음날 H신용금고에 입금된 30억 원을 담보로 피고인이 경영하는 J사와 I사의 이름으로 H신용금고로부터 30억 원을 대출받고, 여기에 K신용금고에 입금된 위 20억 원을 담보로 융통한 자금을 합하여, 그 자금으로 J사와 I사의 이름으로 N증권으로부터 이 사건 제2전환사채를 440만 달러에 재매수하였다. 이후 2000. 8. 4. H신용금고와 K신용금고에 입금되어 있던 위 합계 50억 원을 인출하여 이 사건 제2전환사채 재매수를 위하여 융통한 자금을 모두 변제하였다.

피고인은 2000. 10. 4. 이 사건 제1전환사채를 주식으로 전환하여 2000. 12. 하순경 매각하였고, 2000. 8.경 C와 D에게 이 사건 제2전환사채를 매각하였으며, 이후 이 사건 제2전환사채는 2000. 10. 4. C와 D에 의하여 주식으로 전환되었다.

피고인은 이 사건 제1전환사채가 전환된 주식의 처분대금과 이 사건 제2전환사채의 처분대금 중 27억 원을 H텔레콤에 입금하였고, 나머지는 D홀딩스의 주식 27억 원 상당의 인수에 대한 투자금 등으로 사용하였는데, H텔레콤의 2000. 6. 7.자 이사회의사록에는 이 사건 전환사채 발행으로 취득한 자금 중 27억 원을 피고인에게 대여하여 피고인 이름으로 D홀딩스 주식을 취득하도록 한다는 취지가 기재되어 있었으나 이는 인수대금의 지출에 대한 근거를 마련할 목적으로 사후 작성한 것이었고, 그 내용도 이익이 실현되면 H텔레콤에 입금하지만 손실은 전부 피고인이 부담한다는 것이었다.

한편 H텔레콤은 이 사건 전환사채 인수대금 명목으로 입금되었던 금전 중 최종적으로 H텔레콤에 귀속되지 않은 금액은 피고인에게 대여하였으나 회수불능인 것으로 회계처리하였다.

검사는 800만 달러에 해당하는 해외전환사채가 사실상 매각된 것이 아니므로 피고인과 S로서는 해외전환사채를 발행하지 말아야 하거나 설령 발행되었다면 회수하여 소각하여야 할 업무상 임무를 위반해서 800만 달러 상당의 전환사채를 주식으로 전환한 뒤 이를 매각하여 위 금액 상당의 재산상 이득을 취득하고 H텔레콤에 동액 상당의 손해를 가하였다는 공소사실로 피고인을 기소하였다.

원심은, 「400만 달러 상당의 전환사채는 가장납입의 방법으로 발행된 것이고, 나머지 400만 달러 상당의 전환사채도 사전약정에 따라 N증권이 인수하였다가 피고인이 H텔레콤에 입금된 납입대금으로 재매수한 가장납입으로 보아야 하나, 다만 피고인은 800만 달러 상당의 전환사채 또는 전환된 주식을 매각하여 그 대금 중 54억 원을 H텔레콤을 위하여 사용하였으므로,[13] 54억 원 부분에 관하여는 피고인에게 배임의 고의가 있다고 인정하기 어렵고, 나머지 41억 3,000만 원에 대한 특정경제범죄 가중처벌 등에 관한 법률(이하 '특정경제범죄법'이라 한다) 위반죄는 법정형이 3년 이상의 유기징역형이고, 그 공소시효기간은 7년인데, 범죄행위가 종료된 2001. 1. 22.(전환사채 전체의 매각 내지 주식전환 완료 시점)부터 피고인의 해외체류로 인한 공소시효 정지기간 및 공범 S에 대한 공소제기로 인한 공소시효 정지기간에 공소시효기간 7년을 합산한 후인 2011. 3. 23. 이 사건 공소가 제기되어 공소시효가 완성되었다」라는 이유로 무죄를 선고하였다.

---

13) 27억 원은 H텔레콤에 입금하고, 27억 원은 H텔레콤을 위하여 D홀딩스에 피고인 명의로 투자한 것을 말한다.

(2) 대법원의 판단

대법원은, 우선 「① 이 사건 제1전환사채 부분은 피고인이 A와 B로부터 자금을 차용하여 인수대금을 납입한 후 이 사건 제1전환사채가 발행되자 곧바로 위 인수대금을 인출하여 차용금채무를 변제하였으므로 실질적인 인수대금이 납입되지 않은 채로 발행되어 피고인에게 인수된 것이고, ② 이 사건 제2전환사채 부분도 그 실질에 비추어 보면 역시 인수대금이 납입되지 않은 채로 발행되어 피고인에게 인수된 것으로 보아야 하므로, ③ 피고인은 위의 S와 공모하여 전환사채 인수대금이 실질적으로 H텔레콤으로 귀속되도록 조치할 업무상 임무를 위반하여 실질적으로 인수대금이 납입되지 않은 채로 이 사건 제1, 2전환사채 800만 달러 상당을 발행하여 인수함으로써 95억 3,000만 원 상당의 이득을 얻고, H텔레콤으로 하여금 사채상환의무를 부담하면서도 그에 상응하는 인수대금을 취득하지 못하게 하여 인수대금인 95억 3,000만 원 상당의 손해를 입게 하여 공소사실 전부에 관하여 특정경제범죄법위반(배임)죄가 성립한다」라고 판단하였다. 나아가 「④ 피고인은 이 사건 제1전환사채가 전환된 주식의 처분대금과 이 사건 제2전환사채의 처분대금 중 27억 원을 H텔레콤에 입금하였고, 나머지 중 27억 원을 D홀딩스의 주식 인수에 대한 투자금으로 사용하였으나, D홀딩스에 대한 투자는 피고인 개인을 위한 것이라고 봄이 상당하고, H텔레콤에 입금된 27억 원 역시 피고인이 처음부터 H텔레콤의 운용자금을 마련할 목적으로 전환사채를 인수하고 처분하여 그 대금을 입금시킨 것이 아니라 사후적으로 피해의 일부를 회복한 것에 불과하므로 피고인의 범의를 부정할 사정은 되지 않는다」라고 판단하여 유죄 취지로 파기하였다.

(3) 해   설

전환사채(CB)란 발행회사의 주식으로 전환할 수 있는 권리가 인정된 사채를 말한다. 전환사채는 전환이 있을 때까지 법률상으로는 사채이지만 경제적으로는 이미 주식화되어 있어 '잠재적 주식'으로 불리고, 사채와 주식의 중간에 위치하는 전환증권의 일종으로 파악한다.

이른바 '견금(見金)' 방식14)의 주금 가장납입에 관하여, 민사 판례는 일

---

14) '견금' 방식이란, 납입취급은행과 공모함이 없이 납입취급은행 이외의 제3자로부터 납입

관하여 가장납입에 의한 주금납입 및 주식발행을 유효한 것으로 보고 있다.15) 반면 형사 판례는 견금에 의한 납입가장의 경우 가장납입죄($^{상법}_{제628조}$), 공정증서원본불실기재죄 및 동행사죄($^{형법 제228조.}_{제229조}$)의 성립을 인정하지만, 횡령죄와 배임죄의 성립은 부정하고 있다.16)

한편 가장납입에 의하여 전환사채를 발행한 경우 납입가장죄가 성립하는지에 관하여, 대법원 2008. 5. 29. 선고 2007도5206 판결은 「납입가장죄는 회사의 자본충실을 기하려는 상법의 취지를 해치는 행위를 처벌하려는 것인데, 전환사채는 사채권자가 전환권을 행사한 때 비로소 주식으로 전환되어 회사의 자본을 구성하게 될 뿐만 아니라, 전환권은 사채권자에게 부여된 권리여서 전환권을 행사하지 않을 수도 있으므로 전환사채의 인수 과정에서 그 납입을 가장하더라도 납입가장죄는 성립하지 않는다」고 하였다.

그리고 A가 甲회사를 인수하면서 사채업자 B로부터 회사인수자금으로 140억 원을 빌렸는데 담보로 B에게 제공한 甲회사 주식의 가치가 50억 원 정도에 불과하자, A가 B로부터 자금을 차용하여 전환사채를 발행받고 그 대금을 즉시 인출하여 B에게 변제한 후 1개월 뒤에 전환사채를 주식으로 전환하여 그 주식을 B에게 추가담보로 제공한 사안에서, 대법원 2011. 10. 27. 선고 2011도8112 판결은 업무상 배임죄 성부와 관련하여, 「주식발행을 목적으로 한 가장납입에 의한 전환사채권 발행행위와 전환청구에 의한 주식발행행위는 처음부터 계획된 것이므로 이를 전체적으로 보아 업무상 배임죄를 구성하는지 평가함이 타당하고, 주식발행이라는 목적을 달성하기 위한 수단으로 한 가장납입에 의한 전환사채권 발행행위를 주식 발행행위와 구분하여 따로 업무상 배임죄를 구성하는지 평가할 것은 아니라고 전제한 다음, 피고인들이 가장납입에 의하여 전환사채권을 발행하고 그 전환사채권을 발행한 목적대로 곧 전환청구하여 주식을 발행함으로써 회사가 전환사채대금 채무를 부담하지 않게 되었을 뿐만 아니라 발행된 주식대금 상당의 자본이 감소하였다고 볼 수도 없어 회사에 재산상 손해가 발생한 것으로 볼 수 없으므

금액을 차입하고 회사의 설립 또는 증자 후에 즉시 그 납입금을 인출하여 그 차입금을 변제하는 방식의 가장납입을 말한다.

15) 대법원 1983. 5. 24. 선고 82누522 판결; 대법원 1994. 3. 28.자 93마1916 결정 등.
16) 대법원 2004. 6. 17. 선고 2003도7645 전원합의체 판결.

로 업무상 배임죄에 해당하지 않는다」라고 판단한 원심을 수긍하였다. 위 판결의 취지는 처음부터 주식발행 목적으로 전환사채를 발행한 경우에는 가장납입에 의하여 전환사채를 발행하였더라도 업무상 배임죄가 성립하지 않는다는 것이므로, 그렇지 않은 경우에는 업무상 배임죄가 성립할 수 있음을 전제하고 있다.

대상 판결은 그 연장선에서 「전환사채 발행업무 담당자와 전환사채 인수인이 사전 공모하여 제3자로부터 차용하여 인수대금을 납입하고 발행절차를 마친 직후 이를 인출하여 채무 변제에 사용하는 등 실질적으로 전환사채 인수대금이 납입되지 않았음에도 전환사채를 발행한 경우, 위 2011도8112 판결의 사안과 같은 특별한 사정이 없는 한, 전환사채 발행업무 담당자는 전환사채 인수대금이 모두 납입되어 실질적으로 회사에 귀속되도록 조치할 업무상의 임무를 위반하여 전환사채 인수인으로 하여금 전환사채를 취득하게 하여 인수대금 상당의 이득을 얻게 하고, 회사로 하여금 사채상환의무를 부담하면서도 상응하여 인수대금 상당의 금전을 취득하지 못하게 하여 손해를 입게 하였으므로 업무상 배임죄의 죄책을 진다」는 것을 명시적으로 판단하였다. 그리고 위와 같이 보는 이상, 「전환사채의 발행, 인수대금의 인출 및 변제로써 배임죄는 기수에 이른다고 할 것이고, 그 이후에 전환사채가 주식으로 전환되었다거나 전환사채 인수인이 전환사채를 처분하여 그 대금의 일부를 회사에 입금함으로써 피해를 회복하였다는 사정은 배임죄의 성부에 영향을 미치지 못한다」는 점을 분명히 하였다.

3. 新株引受權附社債發行 無效確認의 訴

◎ 대법원 2015. 12. 10. 선고 2015다202919 판결

[1] 상법 제418조 제1항, 제2항의 규정은 회사가 신주를 발행하는 경우 원칙적으로 기존 주주에게 이를 배정하고 정관에 정한 경우에만 제3자에게 신주배정을 할 수 있게 하면서 그 사유도 신기술의 도입이나 재무구조의 개선 등 경영상 목적을 달성하기 위하여 필요한 경우에 한정함으로써 기존 주주의 신주인수권을 보호하고 있다. 따라서 회사가 위와 같은 사유가 없음에도 경영권 분쟁이 현실화된 상황에서 경영진의 경영권이나 지배권 방어라는 목적을 달성하기 위하여 제3자에게 신주를

배정하는 것은 상법 제418조 제2항을 위반하여 주주의 신주인수권을 침해하는 것이다(대법원 2009. 1. 30. 선고 2008다50776 판결 참조). 그리고 이러한 법리는 신주인수권부사채를 제3자에게 발행하는 경우에도 마찬가지로 적용된다(상법 제516조의2 제4항 후문, 상법 제418조 제2항 단서).

[2] 신주 발행을 사후에 무효로 하는 것은 거래의 안전을 해할 우려가 크기 때문에 신주발행무효의 소에서 그 무효원인은 엄격하게 해석하여야 할 것이나, 신주 발행에 법령이나 정관을 위반한 위법이 있고 그것이 주식회사의 본질 또는 회사법의 기본원칙에 반하거나 기존 주주들의 이익과 회사의 경영권 내지 지배권에 중대한 영향을 미치는 경우에는 원칙적으로 그 신주의 발행은 무효라고 보아야 한다(위 2008다50776 판결 참조). 신주인수권부사채는 미리 확정된 가액으로 일정한 수의 신주 인수를 청구할 수 있는 신주인수권이 부여된 사채로서 이러한 신주인수권부사채 발행의 경우에도 주식회사의 물적 기초와 기존 주주들의 이해관계에 영향을 미친다는 점에서 사실상 신주를 발행하는 것과 유사하므로, 신주발행무효의 소에 관한 상법 제429조가 유추적용되고, 신주발행의 무효원인에 관한 위와 같은 법리 또한 마찬가지로 적용된다고 봄이 상당하다.

(1) 사안의 개요

도료·안료제조판매업 등을 영위하는 회사인 피고는 설립 당시부터 공동창업주인 A가 영업과 생산부문을, B가 회계와 경영을 각 담당하는 방식으로 경영해오다가, 1993년경 A가 사망하자 그 아들인 C가, 2004년경 B가 사망하자 그 아들인 D가 각 이어받아 공동대표이사 체제를 유지하였다. D는 2007. 3. 20. 임기만료로 이사 및 대표이사직에서 퇴임한 후, 2008. 4. 25. 사망하였고, B의 후손들 중에서 임원 자격으로 경영에 참여한 사람은 없었다. 2012. 12. 31. 현재 C측이 피고의 최대주주로서 전체 발행주식 중 30.34%를, D의 처인 원고 측이 26.91%를 각 소유하고 있다.

피고는 캐피탈 회사들 등 인수인들과 협의를 거쳐 2013. 4. 19. 이사회에서 권면총액 200억 원의 분리형 신주인수권부사채(이하 '이 사건 사채'라 한다)의 발행을 결의하고, 이 사건 사채 중 150억 원의 신주인수권부사채를 캐피탈 회사 등에게 제3자 배정방식으로 발행하였다. C는 같은 날 위 회사들로부터 이 사건 사채 중 권면가액 100억 원에 해당하는 신주인수권부사채의 분리형 신주인수권증권(이하 '이 사건 신주인수권'이라 한다)을 1신주인수권당 173원씩 합계 3억 5,000만 원에 매수하였다.

원고는, ① 이 사건 사채는 긴급한 자금조달의 필요성 없이 C측의 지분율을 높이고 C의 단독경영권을 공고히 하기 위하여 제3자 배정방식으로 발행됨으로써 법령이나 정관 규정을 위반한 발행으로 무효이고, ② 이 사건 사채 중 C가 이 사건 신주인수권을 취득한 100억 원 부분의 발행은 자기거래에 해당함에도 이사회 승인이 없었으므로 무효이며, ③ 이 사건 신주인수권 부분의 가치를 지나치게 낮게 평가함으로써 이 사건 사채가 부당하게 낮은 가격으로 발행되어 C는 이익을 취득한 반면 피고는 손해를 입었으므로 그 발행은 현저히 불공정하여 무효라고 주장하면서, 신주인수권부사채발행무효의 소를 제기하였다.

이에 대하여 원심은, 「① 이사회가 사채발행을 결의한 2013. 4. 19. 당시 피고는 제12회 회사채의 만기인 2013. 7. 8. 이전까지 200억 원의 상환자금을 마련해야 할 긴급한 자금조달의 필요성이 있었고 그러한 자금조달을 위하여 발행된 것으로서 정관의 요건을 충족하고, C측과 D측 사이에 경영권을 두고 분쟁이 임박하였다거나 현실화된 상황이라고 인정하기에 부족하므로 이 사건 사채는 법령과 피고의 정관에 따라 적법하게 발행된 것이며, ② 이 사건 사채 발행행위의 당사자는 피고와 인수인들이고 C는 인수인들이 인수한 사채에서 분리된 신주인수권증권을 인수인들로부터 매수한 자에 불과하므로 피고와 C 사이에 직접 또는 간접적으로 자기거래가 성립된다고 보기는 어렵고, ③ 이 사건 신주인수권의 행사가격은 관련 법령의 규정에 따라 결정된 것이고, 이 사건 신주인수권에 대한 가치산정 내지 매각단가는 C가 인수인들로부터 이 사건 신주인수권을 매수한 가격에 불과하고 피고에 유입될 사채대금과는 관련이 없으므로 이 사건 사채는 적법하게 발행되었다」라고 판단하여 원고의 청구를 배척하였다.

(2) 대법원의 판단

대법원은 앞에서 본 법리를 전제한 다음, 원심의 판단이 정당하다고 판단하였다.

(3) 해 설

1999. 1. 29. 정부의 규제 철폐로 분리형 신주인수권부사채의 발행이 허

용된 이래 분리형 신주인수권부사채의 발행이 발행시장에서 주류를 이루고
있었고, 특히 2008년 후반 발생한 금융위기 여파로 신용등급 BBB급 이하의
회사 등 재무상태가 어려운 기업의 경우 분리형 신주인수권부사채의 발행이
현실적으로 원활한 자금조달의 수단으로 활용되어 왔다. 그러나 분리형 신주
인수권부사채는 편법적인 지분 확보의 방편으로 악용되거나, 대주주 등의 신
주인수권의 저가 매수 또는 바이백(buy-back) 방식을 통한 경영권 보호수단,
또는 편법적인 경영권 승계수단 등으로 남용된 측면이 있다는 지적에 따라,
상장법인의 경우 기업 자금조달의 투명성을 제고하고자 2013. 5. 28. 자본시
장법 개정(2013. 8. 29. 시행)으로 분리형 신주인수권부사채의 발행을 금지하
기에 이르렀다가, 중소 상장기업의 자금조달 여건 개선 등을 위해 대주주에
의한 편법적 활용가능성이 희박한 모집 방법의 경우 상장기업의 분리형 신
주인수권부사채 발행을 다시 허용하고자, 2015. 7. 24. 사모 발행에 한하여
금지하는 내용으로 다시 개정(2015. 10. 25. 시행)이 이루어져 현재는 공모 발
행에 의한 신주인수권부사채가 허용되고 있다. 이 사건은 상장법인의 분리형
신주인수권부사채 발행을 금지하는 법률조항이 신설되기 바로 전인 2013. 4.
19. 발행된 분리형 신주인수권부사채에 관한 사건이다.

상법은 신주발행에 관하여 상법 제418조에서 원칙적으로 주주의 신주인
수권을 인정하면서($^{제1}_{항}$), 예외적으로 일정한 요건 아래 제3자 배정의 신주발
행을 허용하고 있는데($^{제2}_{항}$), 제3자에게 발행하는 신주인수권부사채의 경우에
상법 제418조 제2항 단서를 준용하고 있다($^{상법 제516조의2}_{제4항 후문}$). 따라서 제3자에 대한
신주인수권부사채 발행도 정관이 정한 바에 따라야 하고, 이 경우에도 신기
술의 도입, 재무구조의 개선 등 회사의 경영상 목적을 달성하기 위하여 필요
한 경우에 허용된다. 판례는 「법령이나 정관이 정한 발행사유가 없는데도 경
영진의 경영권이나 지배권 방어의 목적으로 제3자에게 신주를 배정한 경우
기존 주주의 신주인수권을 침해하는 것이다」라고 보고 있는데, 이러한 법리
는 제3자에 대한 신주인수권부사채 발행의 경우에도 마찬가지로 적용된다고
봄이 타당하다.

한편 판례는 「전환사채 발행은 사실상 신주를 발행하는 것과 유사하므
로 전환사채 발행의 경우에 신주발행무효의 소에 관한 상법 제429조가 유추

적용된다」라고 판시하고 있는데,17) 신주인수권부사채 발행의 경우에도 마찬가지라고 보아야 한다.

대상 판결은 신주인수권부사채 발행의 경우에 신주발행무효의 소에 관한 상법 제429조가 유추적용되고, 신주발행의 무효원인에 관한 법리가 마찬가지로 적용된다는 점을 밝힌 선례로서 의미가 있다.

4. 商法 第520條 第1項 第1號에 의한 會社解散의 要件

◎ 대법원 2015. 10. 29. 선고 2013다53175 판결

상법 제520조 제1항은 주식회사에 대한 해산청구에 관하여 "다음의 경우에 부득이한 사유가 있는 때에는 발행주식의 총수의 100분의 10 이상에 해당하는 주식을 가진 주주는 회사의 해산을 법원에 청구할 수 있다."고 하면서, 제1호로 "회사의 업무가 현저한 정돈(停頓)상태를 계속하여 회복할 수 없는 손해가 생기거나 생길 염려가 있는 때"를 규정하고 있다. 여기서 '회사의 업무가 현저한 정돈상태를 계속하여 회복할 수 없는 손해가 생기거나 생길 염려가 있는 때'란 이사 간, 주주 간의 대립으로 회사의 목적사업이 교착상태에 빠지는 등 회사의 업무가 정체되어 회사를 정상적으로 운영하는 것이 현저히 곤란한 상태가 계속됨으로써 회사에 회복할 수 없는 손해가 생기거나 생길 염려가 있는 경우를 말하고, '부득이한 사유가 있는 때'란 회사를 해산하는 것 외에는 달리 주주의 이익을 보호할 방법이 없는 경우를 말한다.

(1) 사안의 개요

원고 및 원고가 주식 전부를 보유한 甲회사(이하 '원고 측'이라 한다)는 乙회사와 공동으로 남양주시 와부읍 월문리 일대 토지(이하 '이 사건 토지'라 한다)에 문화예술관광단지를 조성하는 사업(이하 '이 사건 사업'이라 한다)을 진행한다는 합작투자계약을 체결하고 특수목적법인으로 피고를 설립하였는데(원고 측 49%, 乙회사 측 51%), 원고 측이 추천한 2인과 乙회사 측이 추천한 3인이 피고의 이사가, 원고 본인과 乙회사 측이 추천한 1인이 피고의 공동대표이사가 되었다. 원고 측은 피고에게 이 사건 토지(500억 원 상당) 및 지상 건물, 지상물, 입목 기타 지상권 일체를 매도하는 매매계약(이하 '이 사

---

17) 대법원 2004. 6. 25. 선고 2000다37326 판결 등.

건 매매계약'이라 한다)을 체결하였다. 피고는 이 사건 매매계약에 따라, 원고 측의 乙회사에 대한 채무를 인수하고, 丙저축은행과 乙회사로부터 차용한 돈으로 원고 측의 기존 대출금채무를 모두 변제하였다. 또한 기존 대출금채무의 담보를 위하여 이 사건 토지에 관하여 체결된 신탁계약의 1순위 우선수익자를 丙저축은행으로, 채무자를 피고로 변경하는 한편, 2순위 우선수익자인 乙회사에 대한 채무자도 피고로 변경하였다.

乙회사의 수익권 범위 등과 관련하여 원고 측과 乙회사 측 사이에 분쟁이 발생하여 이 사건 사업의 인허가 관련 업무가 제대로 진행되지 못하는 상태가 계속되던 중, 乙회사 측 공동대표이사가 개최한 피고 이사회에서 원고가 공동대표이사직에서 해임되었고, 원고 측과 피고 및 乙회사 측은 서로 이 사건 매매계약을 해제하였다. 피고의 丙저축은행에 대한 대출금채무의 만기가 도래하자, 연대보증인인 乙회사는 대출원리금 전액을 대위변제한 다음 1순위 및 2순위 수익자로서 신탁회사에 이 사건 토지의 공매를 요청하였고, 이 사건 토지의 대부분을 차지하는 원심 별지 목록1 기재 각 토지 및 지상 건물이 공매되었으며, 乙회사는 자신의 투자자금을 모두 회수하였다. 원고도 이를 전후하여 원심 별지 목록2 기재 각 토지 및 이 사건 토지 지상 입목 등을 제3자에게 매도해버렸다.

공매 등으로 이 사건 사업 시행이 사실상 불가능해지자, 乙회사 측이 피고의 과반수 주주로서 원고 측을 배제한 채 수령한 공매대금으로 주택건설사업 시행사의 신주를 인수하여 위 시행사를 운영함으로써, 피고는 이 사건 사업과 무관한 사업을 하고 있다.

원심은, 「피고가 전형적인 물적 회사인 주식회사라기보다는 주주 간의 신뢰가 강조되는 인적 주식회사의 성격이 강하므로 해산청구사유를 상대적으로 넓게 인정할 필요가 있다고 전제한 다음, 피고는 주주 간 분쟁으로 본래의 목적사업을 영위할 수 없는 상태가 되었으므로 다른 사업을 하고 있다거나 이사회 등을 통해 의사결정이 이루어지고 있다 하더라도 특수목적회사라는 특수성에 비추어 볼 때 그 업무가 현저한 정돈상태를 계속하여 피고에게 회복할 수 없는 손해가 발생하였다고 봄이 상당하고, 피고의 운영이 乙회사 측에 의해 전적으로 처리되고 있어 주주대표소송 등을 통한 제지에 한계가 있고 임시주주총회를 소집하더라도 乙회사가 주식 과반수를 소유하여 해산결의가 어려운 사정에 비추어 원고가 해산을 구할 수밖에 없는 부득이한 사유도 있다」고 판단하여, 원고의 해산청구를 인용하였다.

피고는 상고이유로서, 피고를 인적 주식회사로 전제하고 해산청구사유를 넓게 인정할 필요가 있다고 판단한 원심은 법리를 오해하였고, 피고에게 현저한 정돈상태를 계속하여 회복할 수 없는 손해가 발생하거나 발생할 염려가 있다고 볼 수 없으며 부득이한 사유도 없다고 주장하였다.

(2) 대법원의 판단

대법원은 앞에서 본 법리를 전제한 다음, 원심의 판단이 정당하다고 판단하였다.

(3) 해　설

상법은 인적 회사(합명회사, 합자회사, 유한책임회사)의 경우는 해산판결 청구사유로 '부득이한 사유가 있는 때'만을 규정하고 있는 반면, 물적 회사(주식회사, 유한회사)의 경우는 여기에 '회사의 업무가 현저한 정돈상태를 계속하여 회복할 수 없는 손해가 생긴 때 또는 생길 염려가 있는 때'($\substack{\text{상법 제520조} \\ \text{제1항 제1호}}$) 또는 '회사재산의 관리 또는 처분의 현저한 실당으로 인하여 회사의 존립을 위태롭게 한 때'($\substack{\text{같은 항} \\ \text{제2호}}$)라는 사유를 추가하고 있다. 이와 같이 주식회사에 관하여 엄중한 제한을 둔 것은, 주식회사가 다수결 단체라는 근본적 성격을 희생하여 소수주주의 이익보호를 도모하는 것에 대하여는 극히 신중해야 하기 때문이라고 한다.

이 사건에서 문제가 된 "제1호 사유"에 관하여, 학설은 '이사들 간의 심각한 불화로 회사업무가 정체된 경우', '이사 간에 분쟁이 있어서 업무가 교착상태(deadlock)에 빠진 경우', '이사 간의 분쟁이 발생하여 경영정체가 발생하거나 주주들이 극단적으로 대립하고 있는 경우'라고 한다. "부득이한 사유"에 관하여, 학설은 '모든 사정을 고려하여 회사를 해산하는 것만이 회사 및 주주의 이익을 보호할 수 있는 최선의 방법으로 인정되는 경우', '정상적인 경영이 불가능하거나 다른 방법으로는 잘못된 경영이나 비행을 시정하기 어렵고 해산 외에는 주주를 보호할 방법이 없는 경우'라고 한다.

대법원이 주식회사 해산판결 청구사건에 관하여 판단을 내린 사안은 이 사건 전까지 3건 정도가 있는데,18) 해산청구가 인용된 사례는 소수의 당사자들이 처음부터 동업계약에 따른 사업수행을 위하여 주식회사를 설립한 사안이다. 반면 해산청구가 기각된 사례들은 설립 후 상당기간 운영되어 오던 회사의 주식을 나중에 취득한 주주가 해산을 청구한 사안인데, 최근 선고된 2013다34846 판결은 코스닥 상장법인에 관한 사안이었다.

주식회사에 대한 해산판결제도의 타당성에 관한 국내 논의로는, 공개회사·폐쇄회사 여부를 묻지 않고 무차별적으로 소수주주에게 회사의 소멸까지 가져오는 강력한 권리를 주는 제도가 입법론적으로 타당하지 않다는 견해도 있고, 주식회사에 대한 해산판결제도가 가족회사·합작투자회사·1인회사와 같은 '인적 주식회사'에 충분히 이용될 수 있다는 견해나, 폐쇄회사에 대하여 이 제도가 확대 적용되어야 한다는 견해도 있다.

이 사건에서 피고는 동업계약에 해당하는 합작투자계약에 기하여 설립된 특수목적법인이자 비상장회사로서 주식의 양도가 사실상 불가능한 인적회사 내지 폐쇄회사에 해당하고, 비록 주주 간 및 이사 간에 같은 비율로 대립하여 결의 자체가 불가능한 것은 아니지만 주주 간 극단적 대립에 따른 이 사건 토지의 공매 및 처분으로 이 사건 사업의 진행은 불가능해진 이상, 피고의 업무는 현저한 정돈상태에 놓였다고 보인다. 그리고 합작투자계약 상 원고 측이 500억 원 상당의 이 사건 토지를 피고에 출자하되, 乙회사는 원고 측에게 255억 원을 지급하는 것을 전제로 51%의 피고 지분을 가져가는 것이었는데, 분쟁이 생기자 공매를 요청하여 자신이 최종적으로 분담하여야 할 대위변제금을 회수하였고, 결과적으로 피고는 乙회사로부터 아무런 출자를 받지 못한 채 500억 원 상당의 이 사건 토지에 대한 권리를 상실하고 127억 여 원만을 돌려받는 회복할 수 없는 손해를 입었을 뿐만 아니라, 이러한 127억 여 원을 기반으로 시행사를 인수하여 피고의 당초 목적과 무관한 사업을 하고 있으므로 추가적으로 손해가 발생할 염려도 있다. 나아가 지분소유비율, 사안의 경과 등에 비추어 보면 원고가 다른 방법을 통해 정돈상태를 해소하는 것을 기대하기는 어렵다고 할 것이다.

---

18) 대법원 1994. 6. 10. 선고 93다62195 판결(상고기각/해산청구 인용); 대법원 2004. 4. 9. 선고 2003다22400 판결(상고기각/해산청구 기각); 대법원 2015. 9. 10. 선고 2013다34846 판결(상고기각/해산청구 기각) 등은 모두 미간행되었다.

대상 판결은 주식회사의 해산판결에 관한 상법 제520조 제1항 제1호의 요건을 구체적으로 설시한 선례로서 의미가 있다.

5. 陳述 및 保證條項의 解釋

◎ 대법원 2015. 10. 15. 선고 2012다64253 판결

[1] 계약당사자가 계약내용을 처분문서인 서면으로 작성한 경우, 의사표시의 해석 방법 및 유효하게 성립한 계약상의 책임을 공평의 이념 및 신의칙과 같은 일반원칙에 의하여 제한할 수 있는지 여부 (한정 적극)

[2] 甲 주식회사가 乙 주식회사의 주주들인 丙 주식회사 등과 주식양수도계약을 체결하면서, 丙 회사 등이 '乙 회사가 행정법규를 위반한 사실이 없고, 행정기관으로부터 조사를 받고 있거나 협의를 진행하는 것은 없다'는 내용의 진술과 보증을 하고, 진술 및 보증 조항 위반사항이 발견될 경우 손해를 배상하기로 하였는데, 甲 회사가 당시 이미 乙 회사 등과 담합행위를 하였고, 양수도 실행일 이후 乙 회사에 담합행위를 이유로 과징금이 부과된 사안에서, 주식양수도계약에 따른 甲 회사의 손해배상청구가 공평의 이념 및 신의칙에 반하여 허용될 수 없다고 보기는 어렵다고 한 사례

(1) 사안의 개요

원고는 1999. 4. 2. ㈜한화에너지(후에 인천정유 주식회사로 상호변경됨. 이하 '인천정유'라 한다)의 주주인 피고들 및 ㈜한화에너지프라자(이하 '한화프라자'라 한다)의 주주인 ㈜한화 등(이하 '프라자 주주들'이라 한다)으로부터 피고들 소유의 인천정유 주식 및 프라자 주주들 소유의 한화프라자 주식을 양수하는 계약(이하 '이 사건 주식양수도계약'이라 한다)을 체결한 다음 주식양수도대금을 지급하였다. 이 사건 주식양수도계약에서 피고들은 원고에게 "이 사건 주식양수도계약 체결일 및 양수도 실행일에 인천정유가 일체의 행정법규를 위반한 사실이 없고, 이와 관련하여 행정기관으로부터 조사를 받고 있거나 협의를 진행하는 것은 없다."는 내용의 진술과 보증을 하였고(이하 '이 사건 진술 및 보증조항'이라 한다), 양수도 실행일 이후 이 사건 진술 및 보증조항을 포함한 보증 위반 사항이 발견된 경우 또는 이 사건 주식양수도계약상의 약속사항을 위반함으로써 인천정유 또는 원고에게 손해가 발생한

경우 피고들은 500억 원을 초과하지 않는 범위 내에서 보증 및 약속위반과 상당인과관계 있는 손해를 원고에게 배상하기로 약정하였다. 원고와 인천정유는 다른 정유사들과 함께 군용 유류 구매입찰에 참가하면서 낙찰 예정업체, 투찰가격, 들러리가격 등에 대하여 담합(이하 '이 사건 담합행위'라 한다)을 하고 그에 따라 낙찰을 받았다. 이 사건 주식양수도계약의 양수도 실행일 이후 공정위는 이 사건 담합행위를 조사하여 인천정유가 공정거래법을 위반하였다는 이유로 시정명령 등을 내렸고, 2009. 1. 14. 과징금을 재산정하여 인천정유를 합병한 ㈜에스케이에너지에 과징금 145억 1,100만 원의 납부명령을 내렸다. 한편 대한민국은 이 사건 담합행위로 손해를 입었음을 이유로 인청정유 등 5개 정유회사를 상대로 손해배상청구 소송을 하였다.

원고는 피고들이 인천정유가 일체의 행정법규를 위반한 사실이 없다고 진술 및 보증을 하였음에도 그와 달리 인천정유가 이 사건 담합행위에 가담하여 공정거래법을 위반하였으므로, 피고들은 원고에게 피고들의 위와 같은 진술 및 보증 위반으로 인천정유가 입은 손해 또는 원고가 피고들에게 과다하게 지급한 매매대금 상당의 손해가 있다고 주장하였다.

제1심은, 이 사건 담합행위로 인한 인천정유의 공정거래법 위반이 이 사건 진술 및 보증조항에 위반된다고 판단한 다음, 피고들이 원고에게 배상할 상당인과관계 있는 손해로 인천정유에 부과된 벌금과 이 사건 담합행위로 인하여 지출된 소송비용 일부를 인정하였으며, 이 사건 진술 및 보증조항의 위반 사실에 대하여 악의이거나 과실로 하자를 알지 못한 원고는 손해배상청구를 할 수 없다는 피고들의 주장을 배척하였다(원고 일부 승소).

원심은, 「이 사건 담합행위에 직접 참여한 원고는 이 사건 주식양수도계약 체결 당시 이미 이 사건 진술 및 보증조항의 위반사실을 알고 있었고, 이러한 원고가 계약협상 및 가격산정시 그 위반사실을 가격산정에 반영하였거나 충분히 반영할 수 있었음에도 방치하였다가 이후 위반사실이 존재한다는 사정을 들어 뒤늦게 피고들에게 책임을 묻는 것은 공평의 이념 및 신의칙상 허용될 수 없으므로, 피고들은 원고에 대하여 이 사건 진술 및 보증조항의 위반에 따른 책임을 부담하지 않는다」고 판단하였다(원고 패소).

원고는 상고이유로, 진술 및 보증조항의 기능과 목적 등을 고려하면 정보공개목록에 기재된 위반사실 외의 행정법규 위반사실의 존재에 대한 매수인의 선의·악의를 불문하고 매도인이 위험을 부담하여야 한다는 점, 진술 및 보증위반 사실에 대한 매도인의 악의 및 공개 여부, 계약협상 과정에서 진술 및 보증위반을 이유로 가격협상이 이루어졌는지 여부 등을 고려하여 신의칙 위반인지를 판단하였어야 한다는 점 등을 주장하였다.

(2) 대법원의 판단 : 파기환송

대법원은 먼저, 「계약당사자 사이에 어떠한 계약내용을 처분문서인 서면으로 작성한 경우에 문언의 객관적인 의미가 명확하다면 특별한 사정이 없는 한 문언대로의 의사표시의 존재와 내용을 인정하여야 하며, 문언의 객관적 의미와 달리 해석함으로써 당사자 사이의 법률관계에 중대한 영향을 초래하게 되는 경우에는 그 문언의 내용을 더욱 엄격하게 해석하여야 하고,[19] 채권자의 권리행사가 신의칙에 비추어 용납할 수 없는 것인 때에는 이를 부정하는 것이 예외적으로 허용될 수 있을 것이나, 일단 유효하게 성립한 계약상의 책임을 공평의 이념 및 신의칙과 같은 일반원칙에 의하여 제한하는 것은 자칫하면 사적 자치의 원칙이나 법적 안정성에 대한 중대한 위협이 될 수 있으므로 신중을 기하여 극히 예외적으로 인정하여야 한다」[20]라는 계약에 관한 일반 법리를 전제하였다.

그리고 다음과 같은 사정들, 즉 「① 이 사건 주식양수도계약서에 원고가 이 사건 진술 및 보증조항의 위반사실을 알고 있는 경우 손해배상책임 등이 배제된다는 내용은 없는 점, ② 이 사건 진술 및 보증조항을 둔 것은, 이 사건 주식양수도계약이 이행된 후에 피고들이 원고에게 진술 및 보증하였던 내용과 다른 사실이 발견되어 손해가 발생한 경우에 500억 원을 초과하지 않는 범위 내에서 그 손해를 배상하게 함으로써 불확실한 상황에 관한 경제적 위험을 배분시키고, 사후에 현실화된 손해를 감안하여 주식양수도대금을 조정할 수 있게 하는 데 그 목적이 있는 것으로 보이는데, 이러한 경제적 위험의 배분과 주식양수도대금의 사후 조정의 필요성은 원고가 피고들이

---

[19] 대법원 2010. 11. 11. 선고 2010다26769 판결; 대법원 2011. 12. 8. 선고 2011다78958 판결 참조.

[20] 대법원 2004. 1. 27. 선고 2003다45410 판결; 대법원 2013. 7. 12. 선고 2011다66252 판결 참조.

진술 및 보증한 내용에 사실과 다른 부분이 있음을 알고 있었던 경우에도 여전히 인정된다고 할 것인 점 등에 비추어 보면, 이 사건 주식양수도계약서에 나타난 당사자의 의사는, 이 사건 주식양수도계약의 양수도 실행일 이후에 이 사건 진술 및 보증조항의 위반사항이 발견되고 그로 인하여 손해가 발생하면, 원고가 그 위반사항을 계약체결 당시 알았는지 여부와 관계없이, 피고들이 상당인과관계 있는 손해를 배상하기로 하는 합의한 것으로 봄이 상당하고, 공정위가 조사를 개시한 것은 양수도 실행일 이후여서 원고가 계약체결 당시 공정위가 거액의 과징금 등을 부과할 가능성을 예상하고 있었을 것으로 보기 어렵다고 할 것이므로, 원고가 이 사건 담합행위를 알고 있었고 공정위의 제재 가능성 등을 대금 산정에 반영할 기회를 가지고 있었다고 하더라도, 그러한 점만으로 원고의 손해배상청구가 공평의 이념 및 신의칙에 반하여 허용될 수 없다고 보기는 어렵다」라고 판단하였다.

(3) 해   설

M&A 계약에서의 '진술 및 보증조항'은 기업을 매도하고자 하는 매도인과 이를 매수하고자 하는 매수인 사이에 매매계약의 당사자(행위능력, 내부수권 등에 관한 사항 등)와, 그 목적물인 대상기업의 일정한 사항(재무상황, 우발채무의 존부, 법규 등의 준수 여부 등)을 상대방에게 진술하여 확인하고 그 내용의 진실성을 보증하는 조항이다. 영미법에서 발전된 개념인 '진술 및 보증조항'은 하자담보책임과 유사한 측면이 있기 때문에 하자담보책임의 법리가 적용되는지 문제되고, 이 사건 피고들도 이 사건 진술 및 보증조항에 따른 손해배상책임이 하자담보책임을 구체화한 것이므로 민법 제580조 제1항 단서가 적용되어야 한다고 주장하였다. 진술 및 보증조항의 법적 성격에 관하여 우리나라에서는 채무불이행책임으로 보는 견해, 약정하자담보책임으로 보는 견해, 손해담보계약과 유사한 것으로 보는 견해 등이 주장되고 있다. 대상 판결 이전의 대법원 판결로는 그 성격을 적극적으로 밝힌 것은 없으나, 진술 및 보증조항에 의한 청구가 민법상 하자담보책임에 따른 손해배상청구를 구하는 것은 아니라는 판단을 한 사례가 있었다.[21]

매수인이 악의인 경우 진술 및 보증조항 위반을 이유로 손해배상청구를

---

21) 대법원 2012. 3. 29. 선고 2011다51571 판결(미간행).

할 수 있는지에 관하여는 외국의 판결 및 외국과 우리나라의 학설 모두 입장이 나뉜다.[22)

대상 판결은 진술 및 보증조항에 관한 분쟁의 해결을 계약의 해석 및 계약 위반으로 인한 손해배상책임에 관한 우리 계약법상의 기본원리로 접근하고 있다. 또한 진술 및 보증조항과 관련하여 매수인의 주관적 사정을 둘러싼 논쟁의 해결방안을 제시한 점에서 선례적 가치가 있다.

Ⅲ. 保　　險

1. 損害賠償請求에서 損害保險金의 控除 範圍

◎ 대법원 2015. 1. 22. 선고 2014다46211 전원합의체 판결

　　손해보험의 보험사고에 관하여 동시에 불법행위나 채무불이행에 기한 손해배상책임을 지는 제3자가 있어 피보험자가 그를 상대로 손해배상청구를 하는 경우에, 피보험자가 손해보험계약에 따라 보험자로부터 수령한 보험금은 보험계약자가 스스로 보험사고의 발생에 대비하여 그 때까지 보험자에게 납입한 보험료의 대가적 성질을 지니는 것으로서 제3자의 손해배상책임과는 별개의 것이므로 이를 그의 손해배상책임액에서 공제할 것이 아니다.

　　따라서 위와 같은 피보험자는 보험자로부터 수령한 보험금으로 전보되지 않고 남은 손해에 관하여 제3자를 상대로 그의 배상책임(다만 과실상계 등에 의하여 제한된 범위 내의 책임이다. 이하 같다)을 이행할 것을 청구할 수 있는바, 전체 손해액에서 보험금으로 전보되지 않고 남은 손해액이 제3자의 손해배상책임액보다 많을 경우에는 제3자에 대하여 그의 손해배상책임액 전부를 이행할 것을 청구할 수 있고, 위 남은 손해액이 제3자의 손해배상책임액보다 적을 경우에는 그 남은 손해액의 배상을 청구할 수 있다. 후자의 경우에 제3자의 손해배상책임액과 위 남은 손해액의 차액 상당액은 보험자대위에 의하여 보험자가 제3자에게 이를 청구할 수 있다(상법 제682조).

(1) 사안의 개요

피고 소유 공장부지 내 창고에서 화재가 발생하여 인접한 원고 소유 공

---

22) 외국의 판결례 및 외국과 우리나라의 학설에 관하여는, 김희중, "악의의 주식양수인이 '진술 및 보증조항' 위반을 이유로 손해배상청구를 할 수 있는지 여부 -대법원 2015. 10. 15. 선고 2012다64253 판결-", 「BFL」 제76호, (2016), 101면 이하 참조.

장건물에 불이 옮겨붙어 원고 건물 일부와 그 건물 내에 보관되어 있던 기계류 등이 소훼되어 원고는 합계 662,043,106원(= 건물 115,709,510원 + 기계 229,702,940원 + 동산 329,830,656원 − 잔존물 13,200,000원) 상당의 손해를 입었다. 원고는 화재보험계약을 체결한 L보험사로부터 화재보험금으로 합계 324,240,778원을 지급받았다. L보험사는 피고를 상대로 상법 제682조에 기하여 보험금 상당액의 지급을 구하는 관련 소송을 제기하였다.

원고도 피고를 상대로 원고의 손해액 중 수령한 보험금을 제외한 나머지 손해액의 배상을 구하는 소를 제기하였다.

원심은, 피고에게 민법 제758조 제1항의 공작물책임이 있다고 판단한 다음, 원고의 손해액에 대하여 실화책임에 관한 법률에 의한 책임제한(60%)을 하고, 수령한 보험금을 공제한 나머지 72,985,085원[= (662,043,106원 × 60%) − 324,240,778원]의 지급을 명하였다.

원고는 상고이유로, 보험금은 원고가 납부한 보험료에 대한 반대급부로서 불법행위와 무관하게 지급된 것이므로, 이를 손익상계로 공제할 것은 아니라고 주장하였다.

(2) 대법원의 판단

대법원은 전원합의체 판결로써, 「손해보험의 보험사고에 관하여 동시에 불법행위나 채무불이행에 기한 손해배상책임을 지는 제3자가 있어 피보험자가 그를 상대로 손해배상청구를 하는 경우, 피보험자가 수령한 보험금은 보험계약자가 보험자에게 납입한 보험료의 대가적 성질을 지니는 것으로서 제3자의 손해배상책임과는 별개의 것이므로 이를 그의 손해배상책임액에서 공제할 것이 아니고, 따라서 피보험자는 수령한 보험금으로 전보되지 않고 남은 손해에 관하여 제3자를 상대로 그의 배상책임(과실상계 등에 의하여 제한된 범위 내의 책임을 말한다)을 이행할 것을 청구할 수 있는데, 전체 손해액에서 보험금으로 전보되지 않고 남은 손해액이 제3자의 손해배상책임액보다 많을 경우에는 그의 손해배상책임액 전부를, 위 남은 손해액이 제3자의 손해배상책임액보다 적을 경우에는 그 남은 손해액을 청구할 수 있다」라고 판단하여 원심을 파기하였다.

(3) 해   설

이 사건의 쟁점은, ① 손익상계의 일반 법리에 따라, 실화책임에 관한 법률에 의하여 책임경감을 한 금액에서 원고가 수령한 손해보험금 전액을 공제한 금액을 손해배상액으로 인정할 것인지, ② 아니면 상법 제682조(보험자의 청구권대위)에 관한 이른바 차액설에 따라, 책임경감을 한 금액을 초과하지 않는 한 전체 손해액에서 손해보험금을 공제한 금액을 손해배상액으로 인정할 것인지이다.

각종 사회보험의 보험급여나 보험계약에 의한 보험금은 불법행위와는 별개의 원인인 사회보험제도 또는 보험계약에 의하여 주어진 이득이므로 손해배상액 산정에 있어 손익상계로서 공제하여야 할 이익에 해당한다고 볼 수 없다. 다만 보험급여나 보험금의 내용과 성질에 따라서는 가해자로부터의 손해배상과 중복하여 급여를 함으로써 피해자로 하여금 이중의 이득을 얻도록 하는 것이 불합리한 경우가 있으므로, 관련 법령은 중복전보의 조정이 필요한 경우 보험자에 의한 대위의 규정을 두어 피해자의 이중이득 방지를 도모하고 있다. 그리하여 보험급여를 하거나 보험금을 지급한 보험자는 보험자대위의 규정에 의하여 가해자에 대한 손해배상청구권을 취득하게 되고 그 결과 피해자의 손해배상청구권이 상실됨으로써 그 만큼 손해배상액이 감소된다.

제3자의 행위로 보험사고가 생겼는데 과실상계나 특별법에 의하여 제3자의 책임이 경감되는 한편 피보험자인 피해자가 보험자로부터 손해보험금을 수령하였으나 여전히 전보되지 못한 손해액이 남아 있는 경우 상법 제682조(청구권대위)에 의하여 보험자에게 이전되는 손해배상청구권의 범위에 관하여는, 절대설,[23] 비례설,[24] 차액설[25] 등의 견해 대립이 있다. 통설 및 일본·독일의 입법례는 차액설을 따르고 있고, 대법원 판례 역시 차액설의

---

[23] 보험자가 피보험자에 우선하여 지급한 보험금의 액까지 피보험자의 손해배상청구권을 취득한다는 견해이다.

[24] 보험자가 지급한 보험금 액수의 손해액에 대한 비율만큼 피보험자의 손해배상청구권을 취득한다는 견해이다.

[25] 피보험자가 손해의 전액을 회복한 잔액에 한하여 보험자가 피보험자의 손해배상청구권을 취득한다는 견해이다.

입장에 서 있다.26) 따라서 위 경우 피보험자가 제3자에 대하여 책임경감 조치 후 청구할 수 있는 손해배상청구권 중 피보험자의 전체 손해액에서 보험자로부터 지급받은 보험금을 공제한 금액만큼은 여전히 피보험자의 권리로 남는 것이고, 보험자가 상법 제682조에 의하여 취득하는 권리는 그것을 초과하는 부분에 한정된다고 할 것이므로, 피보험자가 지급받은 보험금은 위 대위의 범위에 한하여 공제되어야 한다.

대법원 2009. 4. 9. 선고 2008다27721 판결은, 상법 제682조(보험자의 청구권대위)에 의하여 손해보험금을 공제하면서도 책임제한 후 손해보험금 전액을 공제함으로써 결과적으로 절대설의 입장을 취한 결과를 가져왔는데, 대상 판결에 의하여 변경되었다.

2. 두 개의 責任保險에 重複되는 被保險者와 重複되지 않는 被保險者가 있는 경우, 各 保險者間 重複保險 負擔 部分에 관한 求償權의 範圍

◎ 대법원 2015. 7. 23. 선고 2014다42202 판결

제1 책임보험계약과 제2 책임보험계약의 피보험자인 甲과 제2 책임보험계약의 피보험자인 乙의 공동불법행위로 피해자 丙이 사망하는 보험사고가 발생한 경우, 제2 책임보험계약의 보험자가 丙에 대한 보험금의 지급으로 甲, 乙 공동의 면책을 얻게 한 후 제1 책임보험계약의 보험자를 상대로 丙에게 지급한 보험금 전액이 중복보험에 해당한다는 이유로 각자의 보험금액의 비율에 따라 산정한 중복보험 부담부분 전액을 구상할 수 있다면, 그 중복보험 부담 부분을 구상당한 제1 책임보험계약의 보험자는 상법 제682조, 제724조 제2항에 의하여 다시 다른 공동불법행위자인 乙과 그 보험자인 제2 책임보험계약의 보험자를 상대로 그 과실 비율에 따라 그 부담 부분의 재구상을 할 수 있다고 하여야 할 것인데, 그렇게 되면 순환소송이 되어 소송경제에도 반할 뿐만 아니라, 제2 책임보험계약의 보험자는 결국은 보험가입자에게 반환할 것을 청구하는 것이 되어 이를 허용함은 신의칙에 비추어 보더라도 상당하지 아니하므로(대법원 2002. 3. 21. 선고 2000다62322 전원합의체 판결 참조), 제2 책임보험계약의 보험자는 제1 책임보험계약의 보험자를 상대로 乙의 과실 비율

---

26) 대법원 2012. 8. 30. 선고 2011다100312 판결; 대법원 2013. 9. 12. 선고 2012다27643 판결.

상당액은 구상할 수 없다고 해석하여야 할 것이고, 구체적으로는 제1 책임보험계약
의 보험자의 중복보험 부담 부분 중 재구상의 대상이 되지 않는 甲의 과실비율에
한하여 구상할 수 있다.

(1) 사안의 개요

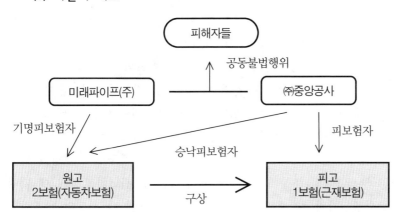

원고는 미래파이프 소유 고소작업차량에 관하여 자동차보험계약(이하
'제2보험계약'이라 한다)을 체결한 보험자, 피고는 중앙공사와 근로자 재해보
장보험계약(이하 '제1보험계약'이라 한다)을 체결한 보험자이다. 중앙공사는
○○아파트 관리사무소와 외벽보수공사계약을 체결하고 미래파이프로부터 고
소작업차량을 임차하여 작업하던 중 중앙공사 직원 A가 사망하고 B가 상해
를 입는 사고가 발생하였는데, 위 사고는 중앙공사와 미래파이프의 과실이
경합하여 발생하였다. 원고는 A의 유족과 B에게 보험금을 지급한 다음, 피
고에 제1보험과 제2보험이 중복보험에 해당하므로 1/2에 해당하는 중복보험
분담금의 구상을 청구하였다.

피고는 원고가 미래파이프의 보험자 지위도 겸하고 있으므로 중복보험
에 따른 구상은 미래파이프의 과실비율에 해당하는 금액을 초과하는 부분에
한정하여 허용되어야 한다고 주장하였으나, 원심은 중복피보험자인 중앙공
사의 과실로 인한 보상책임 부분에 한하여 중복보험이 성립된다고 볼 수 없
다는 이유로 이를 배척하고 지급한 보험금 전액을 기준으로 산정한 분담금
의 지급을 명하였다.

(2) 대법원의 판단

대법원은, 중앙공사와 미래파이프의 과실이 경합된 공동불법행위로 피해자가 발생한 이 사안에서, 「제2보험 보험자인 원고가 보험금을 지급하여 공동의 면책을 얻은 후 제1보험의 보험자인 피고를 상대로 지급한 보험금 전액이 중복보험에 해당한다는 이유로 각자의 보험금액의 비율에 따라 산정한 중복보험 부담 부분 전액을 구상할 수 있다면, 이를 구상당한 제1보험 보험자인 피고는 상법 제682조(청구권대위), 제724조 제2항(보험자에 대한 직접청구권)에 의하여 다시 공동불법행위자인 미래파이프와 그 보험자인 원고를 상대로 그 과실 비율에 따라 재구상을 할 수 있을 것인데, 이는 순환소송으로 소송경제에 반하고 제2보험 보험자는 결국 미래파이프에게 반환을 청구하는 것이 되어 이를 허용함이 신의칙상 상당하지 않으므로, 원고의 중복보험에 기한 구상권은 피고의 중복보험 부담 부분 중 재구상의 대상이 되지 않는 중앙공사의 책임 부분에 제한되어야 한다」라고 판단하고, 사고에 기여한 공동불법행위자의 각 책임비율을 심리하지 아니한 채 피고의 중복보험 부담 부분 전액을 구상할 수 있다고 판단한 원심을 파기하였다.

(3) 해   설

산업재해가 보험가입자와 제3자의 공동불법행위로 인하여 발생한 경우, 근로복지공단이 제3자에 대하여 구상권을 행사할 수 있는 범위와 관련하여, 대법원 2002. 3. 21. 선고 2000다62322 전원합의체 판결은, 「근로복지공단이 제3자에게 보험급여 전부를 구상하면 제3자는 가입자에게 가입자의 부담 부분만큼을 재구상하게 되고 가입자는 근로복지공단에 자신이 부담한 부분을 재재구상하게 되므로 근로복지공단은 가입자의 과실비율 상당액은 구상할 수 없다」라고 판시하였다.

그 근거로 든 것이 보험급여액 전부의 구상을 허용할 경우, ① 순환소송이 되어 소송경제에 반하고, ② 재구상의 결과 종국적으로 보험자가 보험가입자에게 반환을 청구하는 결과가 되어 신의칙에 반한다는 것이다. 위 전원합의체 판결이 중복보험과 관련된 사안은 아니었지만, 순환구상의 문제나 보험자가 간접적으로 피보험자에 대하여 지급 보험금의 반환을 구하는 결과를 가져오는 점은 이 사건과 동일하다고 할 것이다.

대상 판결은 중복보험 사안에서도 대법원 2000다62322 전원합의체 판결에서 판시한 법리의 적용이 가능함을 밝힌 점에서 의미가 있다.

3. 定額保險인 傷害保險에서 旣往障害 減額約款이 明示·說明義務 의 對象인지

◎ 대법원 2015. 3. 26. 선고 2014다229917, 229924 판결

甲 보험회사와 乙이 체결한 상해보험의 특별약관에 '특별약관의 보장개시 전의 원인에 의하거나 그 이전에 발생한 후유장해로서 후유장해보험금의 지급사유가 되지 않았던 후유장해가 있었던 피보험자의 동일 신체 부위에 또다시 후유장해가 발생하였을 경우에는 기존 후유장해에 대한 후유장해보험금이 지급된 것으로 보고 최종 후유장해상태에 해당되는 후유장해보험금에서 이미 지급받은 것으로 간주한 후유장해보험금을 차감한 나머지 금액을 지급한다'고 정한 사안에서, 甲 회사는 위 기왕장해 감액규정을 명시·설명할 의무가 있다고 한 사례

(1) 사안의 개요

보험자인 원고(반소피고, 이하 '원고')는 피고(반소원고, 이하 '피고')와, 보험기간 중 발생한 상해로 인하여 장해분류표에서 정한 장해지급률 80% 미만에 해당하는 장해상태가 되었을 때 후유장해보험가입금액에 장해지급률을 곱하여 산출한 금액을 보험금으로 지급하는 내용의 건강보험계약을 체결하였는데, 그 상해사망 및 후유장해 특별약관 제3조 제8항에는 "그 특별약관의 보장개시 전의 원인에 의하거나 그 이전에 발생한 후유장해로서 후유장해보험금의 지급사유가 되지 않았던 후유장해가 있었던 피보험자의 동일 신체 부위에 또다시 후유장해가 발생하였을 경우에는 기존 후유장해에 대한 후유장해보험금이 지급된 것으로 보고, 최종 후유장해상태에 해당되는 후유장해보험금에서 이미 지급받은 것으로 간주한 후유장해보험금을 차감한 나머지 금액을 지급한다."라고 규정되어 있다(이하 '이 사건 기왕장해 감액규정'이라 한다).

피고는 2010. 10. 초경 낙상하여 진찰과 수술을 받고 병원으로부터 이 사건 보험약관의 9. 다리의 장해 중 5)항 "한 다리의 3대 관절 중 1관절의

기능에 뚜렷한 장해를 남긴 때에 해당한다"는 진단서를 받아 원고에게 보험
금 2,500만 원을 청구하였다. 원고는 피고를 상대로 채무부존재확인의 소를,
피고는 반소로 보험금 지급을 구하는 소를 제기하였다.

　제1심은, 「수술을 받기 전에 나타난 무릎관절의 이상 증상은 퇴행적 신
체변화에 따른 질병적 질환이거나 보험기간 개시 이전에 발생한 사고에 기
인한 것으로 보험사고에 해당하지 않고, '수술적 치료 중에 의사의 과실로
촉발된 사고와 그에 따른 결과'가 보험사고라고 본 다음, 현재의 피고 신체
장해상태는 장해분류표 9. 5)항에서 정한 장해상태에 해당하여 그 지급율은
10%이고 의료행위 이전 피고의 신체장해상태는 장해분류표 9. 6)항에 정한
장해상태에 해당하여 그 지급율은 5%이므로 최종적인 지급율은 그 차이 내
지 장해상태 증가분에 대한 평가분인 5% 상당에 해당한다」라고 판단하여
1,250만 원의 지급을 명하였다.

　원심에서 피고가 이 사건 기왕장해 감액규정을 원고가 명시·설명하지
않아 계약내용으로 주장할 수 없다고 다투었고, 원심은 「상해보험의 경우 보
험금에서 기왕장해에 해당하는 금액을 감액하는 것이 당연한 법리라고 볼
수 없는 이상 일반인이 쉽게 예상하기 어렵다는 이유로 위 규정은 보험계약
의 중요한 내용으로서 명시·설명의무의 대상이 된다」라고 판단하여 2,500
만 원의 지급을 명하였다.

　원고는 상고이유로 이 사건 기왕장해 감액규정은 보험계약은 보험기간
중 발생한 보험사고로 인한 위험을 담보한다는 보험계약의 당연한 법리를
반영하고 있는 것으로서 "거래상 일반적이고 공통된 내용으로 보험계약자가
별도의 설명 없이 충분히 예상할 수 있었던 사항"에 해당하여 명시·설명의
무의 대상이 되지 않는다고 주장하였다.

(2) 대법원의 판단

　대법원은, 먼저 「이 사건 기왕장해 감액규정은 보험자의 책임범위를 제
한하는 것으로서 보험계약의 중요한 사항이므로 명시·설명의무의 대상에
해당한다」고 판단하였다. 나아가 「이 사건 보험계약은 보장 내용에 비추어
정액보험에 해당하는데, 정액보험의 성격을 가지는 상해보험에서는 다음과
같은 이유로 이 사건 기왕장해 감액규정과 같은 내용의 규정이 명시·설명

의무의 면제 대상에 해당하지 아니한다」라고 판단하였다.

상해보험은 피보험자가 보험기간 중에 급격하고 우연한 외래의 사고로 인하여 신체에 손상을 입는 것을 보험사고로 하는 인보험으로서, 일반적으로 외래의 사고 이외에 피보험자의 질병 기타 기왕증이 공동 원인이 되어 상해에 영향을 미친 경우에도 사고로 인한 상해와 그 결과인 사망이나 후유장해 사이에 인과관계가 인정되면 보험계약 체결 시 약정한 대로 보험금을 지급할 의무가 발생한다. 다만, 보험약관에 계약체결 전에 이미 존재한 신체장해, 질병의 영향에 따라 상해가 중하게 된 때에는 그 영향이 없었을 때에 상당하는 금액을 결정하여 지급하기로 하는 내용 등 기왕증 관련 감액규정이 있는 경우에는 기왕증을 이유로 보험금을 감액할 수 있다(대법원 2007. 10. 11. 선고 2006다42610 판결 등 참조). 이와 같이 정액보험인 상해보험에서는 기왕장해가 있는 경우에도 약정 보험금 전액을 지급하는 것이 원칙이고 예외적으로 감액규정이 있는 경우에만 보험금을 감액할 수 있으므로, 이 사건 기왕장해 감액규정과 같이 후유장해 보험금에서 기왕장해에 해당하는 보험금 부분을 감액하는 것이 거래상 일반적이고 공통된 것이어서 보험계약자가 별도의 설명 없이도 충분히 예상할 수 있는 내용이라고 볼 수 없다. 또한, 위 감액규정이 이미 법령에 정하여진 것을 되풀이하거나 부연하는 정도에 불과한 사항이라고 볼 수도 없다.

(3) 해   설

판례는 「보험상품의 내용, 보험료율의 체계 및 보험청약서상 기재사항의 변동사항 등 보험계약의 중요한 내용이 설명의무의 대상이다」라고 판시하고 있다.27) 기왕장해 감액규정은 판례가 말하는 '보험상품의 내용'에 해당하고 그중에서도 '보험자의 책임범위'와 관련되며 원칙적인 지급금액에서 일정한 금액을 감액한다는 의미에서는 설명의무의 대상인 약관의 중요한 내용이라고 할 것이다. 판례는 「약관의 내용이 거래상 일반적이고 공통된 것이어서 보험계약자가 별도의 설명 없이도 충분히 예상할 수 있는 사항인 경우에는 그 약관에 대한 설명의무가 면제된다」라고 판시하고 있다. 이 면제사유는 거래계의 일반적 통용성과 보험계약자의 예측가능성을 조건으로 하는데 반드시 전자가 후자를 추인케 하는 것은 아니다. 실제로 일반적 통용성에도 불

---

27) 대법원 1995. 8. 11. 선고 94다52492 판결: 대법원 1996. 3. 8. 선고 95다53546 판결 등.

구하고 설명의무의 면제를 인정하지 아니한 사례들이 다수 있다. 이 사건 기왕장해 감액규정과 같은 감액약관은 2010. 1. 29. 보험업감독업무시행세칙 개정에 따른 질병·상해보험(손해보험 회사용) 표준약관에도 포함된 것이므로, 이 사건 보험이 판매될 무렵의 손해보험회사가 판매하는 질병·상해보험에 공통된 것으로 보이기는 하나, 보험계약자의 예상가능성을 충족시킬 정도로 일반적인지는 의문이 있을 수 있다.

　　이 사건 기왕장해 감액규정과 같은 약관의 명시·설명의무 유무에 관하여 하급심은 견해가 나뉘고 있었으나, 대상 판결은 정액보험으로서의 성격을 가지는 상해보험에서는 명시·설명의무의 면제 대상에 해당하지 아니한다고 명시적으로 밝힌 점에 의미가 있다.

4. 說明義務 違反으로 保險契約이 나머지 部分만으로 有效하게 存續하는 경우, 保險契約의 內容을 確定하는 方法 및 保險契約者가 確定된 保險契約의 內容과 다른 內容을 保險契約의 內容으로 主張하기 위한 要件

◎ 대법원 2015. 11. 17. 선고 2014다81542 판결

　　[1] 보험자 또는 보험계약의 체결 또는 모집에 종사하는 자는 보험계약을 체결할 때에 보험계약자 또는 피보험자에게 보험약관에 기재되어 있는 보험상품의 내용, 보험료율의 체계 및 보험청약서상 기재사항의 변동사항 등 보험계약의 중요한 내용에 대하여 구체적이고 상세하게 설명할 의무를 지고, 보험자가 이러한 보험약관의 설명의무에 위반하여 보험계약을 체결한 때에는 그 약관의 내용을 보험계약의 내용으로 주장할 수 없다[상법 제638조의3 제1항, 약관의 규제에 관한 법률(이하 '약관규제법'이라고 한다) 제3조 제3항, 제4항].

　　이와 같은 설명의무 위반으로 보험약관의 전부 또는 일부의 조항이 보험계약의 내용으로 되지 못하는 경우 보험계약은 나머지 부분만으로 유효하게 존속하고, 다만 유효한 부분만으로는 보험계약의 목적 달성이 불가능하거나 그 유효한 부분이 한쪽 당사자에게 부당하게 불리한 경우에는 그 보험계약은 전부 무효가 된다(약관규제법 제16조). 그리고 나머지 부분만으로 보험계약이 유효하게 존속하는 경우에 당해 보험계약의 내용은 나머지 부분의 보험약관에 대한 해석을 통하여 확정되어야 하고, 만일 보험계약자가 이렇게 하여 확정된 보험계약의 내용과 다른 내용을 보험계약의

내용으로 주장하려면 보험자와 사이에 그 다른 내용을 보험계약의 내용으로 하기로 하는 합의가 있었다는 사실을 증명하여야 한다(약관규제법 제4조).

[2] 민사소송에 있어 당사자 일방이 일부가 훼손된 문서를 증거로 제출하였는데 상대방이 훼손된 부분에 잔존 부분의 기재와 상반된 내용이 기재되어 있다고 주장하는 경우, 문서제출자가 상대방의 사용을 방해할 목적으로 그 문서를 훼손하였다면 법원은 훼손된 문서 부분의 기재에 대한 상대방의 주장을 진실한 것으로 인정할 수 있을 것이나(민사소송법 제350조), 그러한 목적 없이 문서가 훼손되었다고 하더라도 문서의 훼손된 부분에 잔존 부분과 상반되는 내용의 기재가 있을 가능성이 인정되어 문서 전체의 취지가 문서를 제출한 당사자의 주장에 부합한다는 확신을 할 수 없게 된다면 이로 인한 불이익은 훼손된 문서를 제출한 당사자에게 돌아가야 한다.

(1) 사안의 개요

원고는 1995. 1. 25. 보험자인 피고와, 원고가 10년 동안 월 30만 원의 보험료를 납입하면, 피고는 보험기간 동안 급격·우연·외래의 사고로 인한 상해의 결과 발생한 사망 또는 후유장해에 의한 손해를 보상하고 원고가 만 55세 되는 해부터 10년 동안 연금을 지급하는 내용의 연금저축보험계약(이하 '이 사건 보험계약'이라 한다)을 체결하였다.

이 사건 보험계약의 보통약관 제19조 제1항은 "이 사건 보험계약에 의하여 지급되는 연금액은 피고의 보험료 및 책임준비금 산출방법서(이하 '산출방법서'라고 한다)에 정한 바에 따라 계산한다."고 규정하고 있고, 산출방법서에 의하면 연금액은 복잡한 수학식에 의하여 계산하도록 되어 있는데, 연금액은 보험료 중 연금의 지급을 위하여 적립하여야 하는 금액, 즉 책임준비금의 액수와 연금 지급 당시의 1년 만기 정기예금이율의 변동에 영향을 받게 되어 있고, 책임준비금 자체도 보험료 납입 당시의 1년 만기 정기예금이율의 변동에 영향을 받게 되어 있다. 또한 위 약관 제19조 제2항 본문은 "연금의 지급형태는 연금지급기간 동안 동일한 금액을 지급하는 정액형, 연금지급기간 동안 매년 일정한 비율 또는 금액으로 증액한 금액을 지급하는 체증형, 연금지급기간 중 일부 기간에는 정액형으로 나머지 기간에는 체증형으로 지급하는 혼합형 중 보험계약자의 선택에 따른다."고 규정하고 있고, 같은 항 단서는 "1년 만기 정기예금이율이 변동될 경우 위 각 지급형태에 따라 지급되는 연금액이 달라질 수 있다."고 규정하고 있다.

원고는 이 사건 보험계약 체결 당시 연금의 지급형태로 정액형을 선택하였고, 원고가 피고로부터 교부받은 이 사건 보험증권의 '보상구분'란에는 "연금은 10년간에 걸쳐 3개월마다 1,821,380원을 계약해당일에 총 40회 지급하여 드립니다."라고 기재되어 있다. 그런데 이 사건 보험증권은 2개의 점선을 이용하여 3단으로 접히게 되어 있고, 원고는 이 사건 보험증권을 그 3단 부분이 떨어져 나간 채로 증거로 제출하였는데, 연금에 관한 위와 같은 기재는 이 사건 보험증권의 2단 부분에 있는 것이다. 한편 이 사건 보험계약에 관한 피고의 전산정보(상품보장내역)에는 "1년 만기 정기예금이율의 변동에 따라 실제 지급되는 연금액은 달라질 수 있다."고 기재되어 있고, 이 사건 보험계약이 체결될 무렵 판매된 이 사건 보험계약과 같은 보험상품의 보험증권에는 그 2단 부분에 이 사건 보험증권의 '보상구분'란 기재와 유사한 기재가 있으며 그 3단 부분에 "해당 납입일자에 보험료가 납입되지 않거나 기준이율(1년 만기 정기예금이율 × 125% : 현행 10.625%)의 변동 및 계약변경이 있을 경우 상기 예정연금액과 실제연금액은 차이가 있을 수 있습니다."라는 기재가 있다.

원고는 2013. 1. 25. 연금지급개시일이 도래하자, 이 사건 보험증권에 기재된 1,821,380원이 예시금액에 불과하고, 기준이율 변동에 따라 지급액이 변경될 수 있다는 설명을 피고가 한 바가 없으므로 위 금액을 매 3개월마다 지급해야 한다고 주장하면서 이 사건 소를 제기하였다. 이에 대하여 피고는 이 사건 보험증권에 기재된 금액은 계약 체결일 당시 이율로 계산한 예정금액이고 이 사건 보험증권에서 잘려져 없는 부분에 기준이율 변동에 따라 실제 연금액에 차이가 날 수 있다는 내용이 기재되어 있었으며, 개인연금저축 상품의 경우 금리변동에 따라 수령금액에 차이가 있다는 것은 일반인에게 널리 알려진 사실로서 명시·설명의무가 존재하지 않는다고 다투었다.

원심은, 피고의 전산정보에 '1년 만기 정기예금이율의 변동에 따라 실제 지급되는 연금액은 달라질 수 있다'고 기재되어 있고 이 사건 보험계약이 체결될 무렵 판매된 이 사건 보험계약과 같은 보험상품의 보험증권의 3단 부분에 동일한 내용의 기재가 있는 사실을 인정하면서도, ① 일반인은 정기예금이율의 의미와 이에 따른 보험금 산출방법을 이해하기 어려웠을 것이고, 개인연금저축 상품의 경우 금리변동에 따라 수령금액에 차이가 있을 수 있다는 것이 널리 알려진 사실이었다고 볼 증거가 없는 점, ② 약관 중 보험금 지급액수 및 방법에 관한 내용은 보험계약의 중요한 부분에 관한 것인데 보험모집인이 원고에게 보험금이 1년 만기 정기예금이율 등에 따라 변동될 수 있다는 등의 설명을 하였음을 인정할 증거가 없는 점, ③ 법원의 문서제출명령에 피고가 이 사건 보험계약의 청약서 및 그 양식, 보험증권을 제출하지 못한 점, ④ 통상적 의미의 정액형은 '변동형'에 대응되는 개념으로 이해될 뿐이어서 이 사건 보험계약 약관의 '정액형' 개념을 피고가 설명하지 아니한 이상 원고는 확정금액을 지급받을 것으로 알고 보험계약을 체결하였다고 보이는 점, ⑤ 이 사건 연금액과 피고가 변동된 기준이율에 따라 산정한 금액 차이가 약 3배에 이를 정도로 그 차이가 과도한 점 등의 사정을 들어 이 사건 보험계약의 보험금 액수를 보험증권에 기재된 1,821,380원으로 인정하였다.

피고는 상고이유로, 이 사건 보험약관 중 연금액의 산출방법 및 정기예금이율의 변동에 따른 연금액의 변동가능성에 관한 부분을 설명하지 않았더라도 그 부분 약관조항이 이 사건 보험계약의 내용으로 편입되지 않을 뿐이고, 보험증권 기재액이 이 사건 보험계약에 따라 지급해야 하는 연금액이 되기 위하여는 그러한 내용의 개별약정이 있어야 하나, 원고는 그러한 내용의 개별약정이 있음을 증명하지 못하였고, 원고가 이 사건 보험증권의 일부만을 제출한 데에 따른 불이익은 원고에게 귀속되어야 한다고 주장하였다.

(2) 대법원의 판단

대법원은, 「연금보험에서 연금액은 중요한 사항이므로 보험자 등은 보험계약자 등에게 대략적인 연금액과 함께 그것이 변동될 수 있는 것이면 그 변동가능성에 대하여 설명하여야 하고, 피고가 원고에게 연금액이 1년 만기 정기예금이율에 따라 변동될 수 있다는 사실을 설명하지 않았다면 피고는 이 부분에 관한 설명의무를 위반한 것이지만, 설명의무 위반으로 이 사건 보험약관 제19조 제2항 단서가 이 사건 보험계약의 내용이 되지 않는다고 하더라도(제19조 제1항도 1년 만기 정기예금이율의 변동과 관련이 있지만, 이 조항은 연금액의 계산에 관한 것이므로 이 조항이 보험계약의 내용으로 되지 않는다면 연금보험인 이 사건 보험계약은 무효로 보아야 한다), 이 사건 보험계약에 따라 지급하여야 하는 연금액에 관한 해석은 달라지지 않는 것이고, 따라서 이 사건 보험증권에 기재된 금액을 이 사건 보험계약에 따른 연금액으로 인정하기 위하여는, 이 사건 보험약관에 대한 설명의무 위반만으로는 부족하고, 원고가 이 사건 보험계약 체결 당시 피고와 그러한 내용의 합의를 하였다는 사실을 증명하여야 한다」라고 하였다.

　나아가 「피고의 전산정보의 기재 내용, 이 사건 보험계약이 체결될 무렵 판매된 이 사건 보험계약과 같은 보험상품의 보험증권의 기재 내용 등에 비추어 보면, 이 사건 보험증권 중 훼손된 부분에 피고 주장과 같이 이 사건 보험계약에 따른 연금액은 1년 만기 정기예금이율의 변동에 따라 변동된다는 취지의 기재가 있을 가능성을 배제할 수 없으므로, 결국 이 사건 보험증권이 그 전체로서 이 사건 보험계약에 따른 3개월 단위 연금액을 1,821,380원으로 확정적으로 기재하고 있다고 단정할 수는 없고, 보험증권은 보험계약이 성립한 이후 보험계약의 성립과 그 내용을 증명하기 위하여 보험자가 작성하여 보험계약자에게 교부하는 증권으로서 보험계약 체결 당시에 교부되는 서류가 아니라는 점을 더하여 보면, 훼손되어 그 일부만이 제출된 이 사건 보험증권에 3개월마다 1,821,380원씩의 연금을 지급한다는 기재가 있다고 하더라도, 이러한 사정만으로 위 금액을 이 사건 보험계약에 따른 연금액으로 하기로 하는 원고와 피고 사이의 합의가 있었다고 인정하기는 어렵다」라고 판단하여, 원심을 파기하였다.

　(3) 해　　설

　보험약관의 일부 조항이 설명의무 위반으로 보험계약의 내용으로 되지 않는 경우 보험계약은 나머지 부분만으로 유효하게 존속하는 것이 원칙이나, 유효한 부분만으로는 계약의 목적 달성이 불가능하거나 그 유효한 부분이 한쪽 당사자에게 부당하게 불리한 경우에는 그 보험계약은 전체가 무효가 된다(약관규제법 제16조). 만일 나머지 부분만으로 보험계약이 유효하게 존속한다면 보험계약의 내용에 흠결이 생길 수 있고 이때에는 계약의 해석에 의한 흠결의 보충이 필요하다. 다만 면책조항 또는 담보위험배제조항(예컨대, 외과적 수술 중 발생한 상해는 보상하지 않는다는 약관조항28))이 설명의무 위반으로 보험계약의 내용이 되지 않는 경우에는 보험자는 나머지 보험계약이 정한 바에 따라 보험금을 지급하여야 하고, 보험금지급근거조항(예컨대, 경계성종양의 경우 일반암 보험금의 30%를 지급한다는 약관조항29))이 설명의무 위반으로 보험계약의 내용으로 되지 않는 경우에는 피보험자나 보험수익자가 보험금을 지급받을 수 없는 것이므로 이러한 경우에는 보험계약의 내용에 흠결이 있다고 할 수 없다.

한편 약관에서 정하고 있는 사항에 관하여 사업자(보험자)와 고객(보험계약자)이 약관의 내용과 다르게 합의한 사항이 있을 때에는 그 합의 사항이 약관보다 우선하는데(약관규제법 제4조) 이를 개별약정우선의 원칙이라고 한다.

특정 약관조항의 내용을 설명하지 아니한 경우에는 설명의무 위반이 문제되고, 특정 약관조항과 다른 내용으로 설명한 경우에는 개별약정우선의 원칙이 문제되는 것이다. 그러나 특정 약관조항의 내용을 설명하지 아니하여 특정 약관조항이 보험계약의 내용이 되지 않았다 하여 바로 특정 약관조항과 다른 개별약정이 이루어졌음이 증명되는 것은 아니다.

이 사건에서 원고의 주장은, 원고와 피고가 이 사건 보험계약 체결 당시 이 사건 보험약관의 내용과 달리 1,821,380원이라는 확정금액을 지급하기로 하는 개별약정을 하였다는 것이고, 그 증거로 훼손된 이 사건 보험증권을 제출한 것이다.

원심은 그와 같은 개별약정이 있었는지 여부는 정면으로 판단하지 않고 정기예금이율의 변동에 따른 연금액의 변동가능성에 관한 설명의무 불이행(원심의 논거 ①, ②)과 그 밖의 몇 가지 사정(원심의 논거 ③, ④, ⑤)을 들어 원고의 청구를 인용하였으나, 설명의무 불이행이 바로 개별약정의 존재를 증명하는 것은 아니고 논거 ③, ④, ⑤도 모두 개별약정의 존재를 뒷받침할 만한 사정이 되지 못하는 것들이다.

대상 판결은 그 판시를 통해 명시·설명의무 위반과 개별약정과의 관계에서 하급심이 자칫 범하기 쉬운 오류를 상세히 지적한 점에서 하급심에게 지침이 될 수 있는 중요한 선례라 할 수 있다.

---

28) 대법원 2013. 6. 28. 선고 2012다107051 판결; 대법원 2014. 5. 16. 선고 2012다58746 판결.
29) 대법원 2014. 6. 12. 선고 2012다30090 판결.

Ⅳ. 證券·金融

1. 企業어음에 投資하는 特定金錢信託商品의 投資를 勸誘하는 경우, 金融投資業者의 投資者保護義務

◎ 대법원 2015. 4. 23. 선고 2013다17674 판결

자본시장과 금융투자업에 관한 법률(이하 '자본시장법'이라 한다) 제4조 제3항에서 정한 기업어음은 기업이 사업에 필요한 자금을 조달하기 위하여 발행한 약속어음이므로, 기업어음에 투자하는 것으로 운용방법을 지정하는 특정금전신탁의 경우에 그 투자에 따르는 위험은 기업어음이 만기에 지급되지 아니할 위험, 즉 발행기업의 신용위험 및 그로 인한 원금 손실 가능성이라고 할 수 있다. 이에 따라 위와 같은 특정금전신탁에 투자권유를 하는 경우에 금융투자업자는 일반적으로 투자에 따르는 위험과 관련하여 투자자에게 기업어음 발행기업의 신용위험이 존재하고 이로 인하여 원본 손실의 가능성이 있다는 사실 등을 설명하여야 한다.

그런데 기업어음의 신용등급은 금융위원회의 인가를 받은 신용평가회사가 기업어음의 신용상태를 평가하여 그 결과에 대하여 기호, 숫자 등을 사용하여 표시한 등급으로서 기업어음 발행기업의 적기상환능력 내지 위험을 나타내는 지표가 된다. 그리고 자본시장법 시행령 제183조 제1항 제1호는 금융투자업자인 투자매매업자 또는 투자중개업자가 매매, 중개 등을 하는 기업어음에 대하여는 둘 이상의 신용평가회사의 신용평가를 받도록 규정하고 있다. 이와 같은 기업어음에 관한 신용평가와 신용등급의 취지 및 기능 등에 비추어 보면, 금융투자업자가 투자자에게 기업어음의 신용등급과 아울러 신용평가 내용을 고지하고 해당 신용등급의 의미와 그것이 전체 신용등급에서 차지하는 위치에 대하여 투자자가 이해할 수 있도록 설명하였다면, 특별한 사정이 없는 한 이는 재무상황이나 자산건전성 등을 포함하여 발행기업의 긍정적인 요인과 부정적인 요인을 종합적으로 평가한 결과로서의 발행기업의 신용위험이 어느 정도인지를 설명하였다고 할 수 있다.

(1) 사안의 개요

피고 증권회사의 권유로 피고와 특정금전신탁계약(이하 '이 사건 신탁계약'이라 한다)을 체결하고 L건설 발행의 기업어음에 투자한 원고들이 L건설에 대한 회생절차 개시로 투자금을 돌려받지 못하게 되자, 피고를 상대로 적합성 원칙 위반, 설명의무 위반 등을 이유로 손해배상을 청구한 사건이다.

원심은, 「① 원고들을 대리하여 이 사건 신탁계약을 체결한 A(실질적인 투자자이다)의 경력, 투자경험, 투자동기 및 경위 등에 비추어 피고의 투자권유가 적합성 원칙을 위반하였다고 인정할 수는 없지만, ② 피고가 신용평가서를 제공하면서 이를 바탕으로 L건설의 재무상황이나 자산건전성 등에 대하여 구체적인 설명을 하지는 않았으므로 신용평가서를 교부한 것만으로 설명의무를 다하였다고 보기 어렵고, 피고가 제시한 투자설명자료에 부정적인 요인에 대하여는 아무 기재가 없고, L그룹 계열사들의 지원가능성을 부각시킨 점 등에 비추어 보면, A가 합리적인 투자판단을 할 수 있을 정도로 충분하고 균형적인 투자정보를 제공하였다고 볼 수 없다」라는 이유로, 피고 증권회사의 설명의무 위반을 인정하였다.

(2) 대법원의 판단

대법원은, 「① 주가지수연계증권(ELS), 이 사건 기업어음의 신용등급 'A3-'와 비슷한 'BBB' 또는 'BBB-' 신용등급의 회사채뿐만 아니라 기업어음이나 채권 등에 투자하는 특정금전신탁 상품에도 투자했던 A의 투자경험, ② 이 사건 각 신탁계약 체결 전 A가 확인하고 서명 또는 날인한 투자자정보확인서에 투자경험과 가까운 금융투자상품으로 주식워런트증권(ELW) 등의 공격투자형 상품이, 금융상품투자에 대한 지식수준으로 '높음' 또는 '매우 높음'이 각 선택되어 있는 점, ③ 피고 직원은 A에게 이 사건 기업어음의 신용등급을 고지함과 아울러 발행기업의 부도위험 및 그로 인한 원본 손실 가능성에 대하여 설명하였고, 그 설명 과정에서 교부한 신용평가회사 작성의 이 사건 기업어음에 대한 신용평가서에 L그룹의 지원가능성 등 긍정적인 요인 외에 주택경기 침체에 따른 사업위험 확대, 예정사업장 사업지연에 다른 사업수지 악화 등 부정적인 요인도 기재되어 있는 점 등의 사정에 비추어 보면, 피고 직원은 기업어음 발행기업의 신용위험과 그로 인한 원금 손실의 가능성을 충분히 설명하였고, 긍정적인 요인으로 기재되어 있는 그룹의 지원가능성은 신용평가서의 내용에 기초한 것으로서 그 자체로 단정적 판단이 아닌 불확실한 가능성에 지나지 않으므로 A의 투자경험을 고려할 때 투자위험에 대한 올바른 인식형성을 방해할 정도의 균형성을 상실한 정보라고 보기 어려우며, 비록 피고 직원이 신용평가서를 바탕으로 그 신용등급 평가의 근거가 된 발행기업의 재무상황이나 자산건전성 등에 대하여 일일이 구체적으로 설명하지 아니하였다거나 긍정적인 요인이 강조된 투자설명자료를 토대로 설명한 바 있다 하더라도, 그러한 사정만으로 합리적인 투자판단을 그르치게 할 정도로 균형성을 상실한 설명을 하였다고 단정할 수 없다」라고 판단하여, 원심을 파기하였다.

(3) 해   설

설명의무의 대상은 금융상품의 특성과 주요내용, 투자에 따르는 위험(거래를 통해 얻을 수 있는 이익과 발생 가능한 손실의 구체적 내용, 손실발생의 위험요소) 등이고, 설명의 정도는 금융상품의 특성, 위험수준, 거래목적, 고객의 투자경험 및 능력 등을 종합적으로 고려하여 고객이 이해할 수 있을 정도로 이루어져야 한다.

기업어음(CP)은 발행기업이 만기에 어음의 액면금을 지급하겠다는 것이 표창된 유가증권이므로, 기업어음에 대한 투자는 그 수익의 구조가 매우 단순하고, 기업어음 투자에 따르는 주된 위험은 기업어음이 만기에 지급되지 아니할 위험, 즉 '발행기업의 부도위험'으로서 그 위험의 구조 역시 매우 단순하다. 따라서 금융투자업자가 '기업어음에 투자하여 운용하는 특정금전신탁'을 권유함에 있어서 '투자에 따르는 위험'과 관련하여 '발행기업의 신용위험'의 존재 및 그로 인한 '원본 손실 가능성'을 고객이 이해할 수 있도록 설명하였다면 일응 설명의무를 다하였다고 볼 수 있다. 기업어음 투자에 있어서 신용등급은 '중요정보'에 해당하고,[30] 기업어음의 신용등급은 기업어음의 신용상태(신용위험)를 평가하여 그 결과에 대해 기호, 숫자 등을 사용하여 표시한 등급으로서 기업어음의 '적기상환능력'을 나타내는 지표가 된다. 즉 신용등급은 기업어음의 적기상환능력을 단계별로 등급화한 것으로서 그 등급 자체에 이미 '적기상환능력의 정도', 즉 적기상환의 '안정성'은 물론 적기상환의 '위험성'이 복합적·집약적으로 표시되어 있다고 할 수 있으므로, 특별한 사정이 없는 한 금융투자업자가 투자자에게 기업어음의 신용등급을 고지하고 해당 신용등급의 의미와 그것이 전체 신용등급에서 차지하는 위치를 설명하였다면, 이는 곧 그 기업어음의 긍정적 요인인 '안전성'뿐만 아니라 부

---

30) 대법원 2006. 6. 29. 선고 2005다49799 판결.

정적 요인인 '위험성'을 함께 고지한 것으로서 결국 '발행기업의 신용위험'을 고지한 것이라고 할 수 있고, 이와 별도로 신용평가서를 바탕으로 그 신용등급 평가의 근거가 된 발행기업의 재무상황이나 자산건전성 등을 구체적으로 설명하여야만 투자권유 단계의 설명의무를 다한 것이라고 할 수 없다는 것이 대상 판결의 취지이다.

대상 판결은 증권회사가 행하는 채무증권의 투자권유에 있어서 설명의무의 대상과 정도를 제시한 것으로 의미가 있다.[31] 같은 취지의 판결로서, 역시 「채무증권의 일종인 회사채에 투자할 것을 금융투자업자가 권유하는 경우 사채권의 신용등급과 아울러 해당 신용등급의 의미와 그것이 전체 신용등급에서 차지하는 위치에 대하여 투자자가 이해할 수 있도록 설명하였다면 발행기업의 신용위험에 관하여 설명을 다하였다고 볼 수 있다」라고 한 대법원 2015. 9. 15. 선고 2015다216123 판결이 있다.

2. 株價連繫證券(ELS)을 買受한 投資者가 滿期에 基礎資産을 大量으로 賣渡한 被告에 대하여 資本市場法 第179條 第1項에 따른 損害賠償請求를 할 수 있는지

◎ 대법원 2015. 4. 9.자 2013마1052,1053 결정

어느 행위가 금융투자상품의 거래와 관련하여 자본시장과 금융투자업에 관한 법률(이하 '자본시장법'이라 한다) 제178조에서 금지하고 있는 부정행위에 해당하는지 여부는, 해당 금융투자상품의 구조와 거래방식 및 거래경위, 금융투자상품이 거래되는 시장의 특성, 금융투자상품으로부터 발생하는 투자자의 권리·의무 및 종료 시기, 투자자와 행위자의 관계, 행위 전후의 제반 사정 등을 종합적으로 고려하여 판단하여야 한다. 따라서 특정 시점의 기초자산 가격 또는 그와 관련된 수치에 따라 권리행사 또는 조건성취의 여부가 결정되거나 금전 등이 결제되는 구조로 되어 있는 금융투자상품의 경우에 사회통념상 부정하다고 인정되는 수단이나 기교 등을 사용하여 금융투자상품에서 정한 권리행사나 조건성취에 영향을 주는 행위를 하였다면, 이는 금융투자상품의 거래와 관련하여 부정행위를 한 것으로서 자본시장법 제

---

31) 이에 관한 평석으로는, 이창열, "기업어음에 투자하는 특정금전신탁상품의 투자를 권유하는 경우 금융투자업자의 투자자보호의무 -대법원 2015. 4. 23. 선고 2013다17674 판결-", 「BFL」 제72호, (2015), 58-73면 참조.

178조 제1항 제1호를 위반한 행위에 해당하고, 위반행위로 인하여 금융투자상품 투자자의 권리·의무의 내용이 변경되거나 결제되는 금액이 달라져 투자자가 손해를 입었다면 투자자는 부정거래행위자에 대하여 자본시장법 제179조 제1항에 따라 손해배상을 청구할 수 있다.

(1) 사안의 개요

재항고인들은 H증권으로부터 이 사건 ELS(포스코, 에스케이 보통주를 기초자산으로 함)를 매수한 투자자이고, 피고는 H증권과 이 사건 ELS에 관한 백투백헤지 계약을 체결한 캐나다 은행이다. 피고는 이 사건 ELS의 만기에 에스케이 보통주를 대량으로 매도하여 이 사건 ELS의 상환조건 성취가 무산되었고, 투자자들은 원금의 74.6%만 상환받았다. 대표당사자들은 피고를 상대로 위와 같은 행위가 자본시장법 제178조 제1항 제1호의 부정거래행위에 해당함을 이유로 자본시장법 제179조 제1항에 따른 손해배상을 청구하는 증권관련집단소송을 제기한 후 이 사건 소송허가 신청을 하였다.

제1심과 원심은 「자본시장법 제179조의 손해배상청구는 '제178조의 위반행위로 인하여' 매매 또는 그 밖의 거래를 해야 하지만, 대표당사자들을 비롯한 이 사건 ELS의 투자자들은 위반행위 이전에 매수하여 이를 보유한 자에 불과하므로 제179조에 따른 손해배상청구권이 없다」라고 보아 이 사건 집단소송 허가신청을 기각하였다.

재항고인들은 재항고이유로, 자본시장법상 '계약'과 '거래'는 구별되는 개념으로 ELS의 경우 계약체결만으로 거래가 끝나는 것이 아니고 만기에 기초자산의 수준에 따라 금전 등을 수수하는 것까지를 ELS 거래라고 볼 수 있고, ELS와 같은 파생결합증권이나 옵션 등의 파생상품거래는 거래 개시 이후 만기일 또는 청산일에 중요한 거래조건이 결정되기 때문에 거래의 개시 이후 위반행위가 있고 그 위반행위로 중요한 거래조건에 영향을 가하였을 경우 위반행위와 거래인과관계가 인정될 수 있다고 주장하였다.

(2) 대법원의 판단

대법원은 앞서 본 법리를 전제한 다음, 「이 사건 ELS는 투자자에게 상환될 금액이 기초자산의 상환기준일 종가에 따라 결정되는 구조로 되어 있으므로, 상대방이 자본시장법 제178조 제1항 제1호를 위반하여 기초자산인 에스케이 보통주의 주가를 인위적으로 하락시킴으로써 이 사건 ELS의 상환조건 성취가 무산되었고 그로 인하여 이 사건 ELS를 보유한 투자자들이 만기에 투자금 중 일부만 상환받아 손해를 입었다고 주장하며 손해배상을 구하는 재항고인들의 청구는 자본시장법 제179조 제1항에 따른 손해배상청구에 해당한다」라고 판단하였다.

(3) 해 설

증권관련 집단소송법 제3조 제1항 제3호에서 자본시장법 제179조에 따른 손해배상청구에 관하여 증권관련집단소송을 허용하고 있고, 자본시장법 제179조 제1항은 "제178조를 위반한 자는 그 위반행위로 인하여 금융투자상품의 매매, 그 밖의 거래를 한 자가 그 매매, 그 밖의 거래와 관련하여 입은 손해를 배상할 책임을 진다."라고 규정하고, 제178조 제1항은 "누구든지 금융투자상품의 매매, 그 밖의 거래와 관련하여 다음 각 호의 어느 하나에 해당하는 행위를 하여서는 아니 된다."라고 규정하면서, 그 금지하는 부정거래행위로 '부정한 수단, 계획 또는 기교'의 사용(1호)을 들고 있다. 따라서 이 사건 증권관련 집단소송 허가 여부는 '피고의 조건 성취 방해행위로 인하여 이 사건 ELS의 거래를 한 투자자들이 그 거래와 관련하여 손해를 입었다'고 볼 수 있는지에 달려 있다. 이에 관하여는, ① 제179조 제1항의 '위반행위로 인하여 매매, 그 밖의 거래를 한 자'는 제178조 제1항의 '매매, 그 밖의 거래와 관련하여' 행하여진 부정거래행위로 손해를 입은 자라고 해석하여야 한다거나 ELS나 옵션거래에서 매매계약의 체결은 거래를 개시하는 절차에 불과하므로 만기에 상환금을 지급하고 계약을 청산하기까지 '거래'가 계속된다고 보아야 한다는 이유로 이 사안에서 제179조 적용을 긍정하는 견해와, ② 제179조 제1항은 "위반행위로 인하여 금융투자상품의 매매, 그 밖의 거래를 한 자"를 손해배상청구권자로 명시하고 있으므로 위반행위 전부터 ELS를 단순히 보유하고 있던 자에 대하여 거래인과관계를 인정하는 것은 법문 해석의 한계를 넘어선 것이라는 이유로 원심과 같이 제179조 적용을 부정하는 견해 등이 있었다.

대상 결정은 판시와 같은 이유로 적용 긍정설을 취하였고, 이는 증권관련 집단소송 허부에 관한 대법원 최초의 결정으로서 의미가 있다.

3. 株價連繫證券(ELS)을 發行하여 販賣한 證券會社가 델타헤지去來 過程에서 利害가 相沖하는 投資者에 대하여 負擔하는 保護義務 의 內容

◎ 대법원 2015. 5. 14. 선고 2013다2757 판결

권리의 행사와 의무의 이행은 신의에 좇아 성실히 하여야 한다는 것이 법질서의 기본원리이다(민법 제2조). 따라서 법률관계의 당사자는 자신의 권리를 행사하거나 의무를 이행함에 있어 상대방의 이익도 배려하여야 하고, 형평에 어긋나거나 신뢰를 저버려서는 안 된다(대법원 2001. 5. 15. 선고 99다53490 판결, 대법원 2006. 3. 10. 선고 2002다1321 판결 등 참조). 민법 제150조 제1항이 '조건의 성취로 인하여 불이익을 받을 당사자가 신의성실에 반하여 조건의 성취를 방해한 때에는 상대방은 그 조건이 성취된 것으로 주장할 수 있다'고 규정하고 있는 것도 위와 같은 신의성실의 원칙이 발현된 모습의 하나이다.

한편 구 증권거래법(2007. 8. 3. 법률 제8635호 자본시장과 금융투자업에 관한 법률 부칙 제2조로 폐지되기 전의 것) 제52조 제3호는 증권회사 또는 그 임·직원에 대하여 유가증권의 발행 또는 매매 기타 거래와 관련하여 투자자의 보호 또는 거래의 공정을 저해하는 행위를 금지하면서, 구 증권거래법 시행령(2008. 7. 29 대통령령 제20947호 자본시장과 금융투자업에 관한 법률 시행령 부칙 제2조로 폐지되기 전의 것) 제36조의3에서 그 금지하는 행위를 구체적으로 규정하고 있다. 나아가 공법상 업무규제를 위하여 제정된 구 증권업감독규정(2008. 8. 4. 금융투자업규정의 제정에 의하여 폐지되기 전의 것) 제4-4조 제1항은 증권회사로 하여금 고객과의 사이에서 이해가 상충하지 않게 하고 이해상충이 불가피한 경우에는 고객이 공정한 대우를 받을 수 있도록 적절한 조치를 취하도록 규정하고 있다.

위와 같은 민법과 구 증권거래법 등의 규정취지에 비추어 보면, 증권회사는 유가증권의 발행, 매매 기타의 거래를 함에 있어 투자자의 신뢰를 저버리는 내용 또는 방법으로 권리를 행사하거나 의무를 이행하여 투자자의 보호나 거래의 공정을 저해하여서는 안 되므로 투자자와의 사이에서 이해가 상충하지 않도록 노력하고, 이해상충이 불가피한 경우에는 투자자가 공정한 대우를 받을 수 있도록 적절한 조치를 취함으로써 투자자의 이익을 보호하여야 하며, 정당한 사유 없이 투자자의 이익을 해하면서 자기 또는 제3자의 이익을 추구하여서는 안 된다.

따라서 증권회사가 약정 평가기준일의 기초자산 가격 또는 지수에 연계하여 투

자수익이 결정되는 유가증권을 발행하여 투자자에게 판매한 경우에는, 증권회사가 설사 기초자산의 가격변동에 따른 위험을 회피하고 자산운용의 건전성을 확보하기 위하여 위험회피거래를 한다고 하더라도, 약정 평가기준일의 기초자산 가격 또는 지수에 따라 투자자와의 사이에서 이해가 상충하는 때에는 그와 관련된 위험회피거래는 시기, 방법 등에 비추어 합리적으로 하여야 하며, 그 과정에서 기초자산의 공정한 가격형성에 영향을 끼쳐 조건의 성취를 방해함으로써 투자자의 이익과 신뢰를 훼손하는 행위를 하여서는 안 된다.

(1) 사안의 개요

피고가 2005. 3. 16. 발행한 이 사건 ELS는 거래소에 상장된 삼성SDI 보통주를 기초자산으로 하고, 같은 날의 삼성SDI 보통주 종가인 108,500원을 기준가격으로 하고, 중간평가일 및 만기평가일의 삼성SDI 보통주 종가를 그 평가가격으로 하며, 중간평가일은 2005. 7. 18.(1차), 2005. 11. 16.(2차), 2006. 3. 16.(3차), 2006. 7. 18.(4차), 2006. 11. 16.(5차), 2007. 3. 16.(6차), 2007. 7. 16.(7차), 2007. 11. 16.(8차)로 총 8차에 걸쳐 있고, 만기평가일은 2008. 3. 17. 이다. 그 수익구조는, ① 각 중간평가일에 삼성SDI 보통주 중간평가가격이 기준가격보다 높거나 같을 경우 또는 기준가격 결정일 다음 날인 2005. 3. 17.부터 해당 중간평가일까지 삼성SDI 보통주 가격이 장중가를 포함하여 한 번이라도 기준가격의 110% 이상으로 상승한 적이 있는 경우에는 이 사건 ELS의 액면금에 각 차수가 도래할 때마다 액면금의 3%씩 증액된 수익금 (연 9%의 수익금)을 더하여 중도상환금으로 지급하고, ② 중도상환이 이루어지지 않고 만기에 이른 때에는, 그 만기평가가격이 기준가격보다 높거나 같은 경우 또는 8차 중간평가일 다음날부터 만기평가일까지 삼성SDI 보통주의 가격이 장중가를 포함하여 한 번이라도 기준가격의 110% 이상으로 상승한 적이 있는 경우에는 이 사건 ELS 액면금액의 127%를, 위 조건이 충족되지 아니한 상태에서 삼성SDI 보통주 가격이 2005. 3. 17.부터 만기평가일까지 한 번도 기준가격 대비 40% 이상 하락한 적이 없는 경우에는 액면금액을, 위 두 조건이 모두 충족되지 않은 경우에는 '액면금액×(만기평가가격/기준가격)'으로 계산한 금액을 만기상환금으로 지급하는 것이다.

이 사건 ELS의 2차 중간평가일인 2005. 11. 16.(이하 '이 사건 중간평가일'이라 한다)의 삼성SDI 보통주는 기준가격인 108,500원에 거래되기 시작하여 같은 날 12:00경부터 거래가 종료되기 10분 전인 14:50경까지는 위 기준가격 이상인 108,500원 또는 109,000원의 가격으로 거래되고 있었다. 한편 피고는 그 전날인 2005. 11. 15. 장 종료 무렵 287,221주를 보유하고 있었고, 피고가 삼성SDI 보통주를 기초자산으로 하여 운용하는 ELS 전체의 델타값은 이 사건 중간평가일 종가가 108,500원으로 결정될 경우에는 -127,137이었고, 종가가 108,000원으로 결정될 경우에는 -192,137이었다. 피고는 이 사건 중간평가일에 피고의 장외거래(OTC) 파생상품부 상품계좌를 통해 삼성SDI 보통주에 관하여 접속매매시간대에 18만 주, 단일가매매시간대에 13만 4,000주의 매도 주문을 하여 그중 98,190주를 매도하였는데, 그 구체적 내역은 다음과 같다.

① 피고는 이 사건 중간평가일 오전 11:15:32부터 11:17:10까지 6회에 걸쳐 합계 16만 주에 관하여 직전체결가인 108,500원보다 1호가에서 5호가 높은 109,000원에서 111,000원 사이의 호가로 매도 주문을 하였으나, 11:15:32에 주문한 1만 주(매도호가 109,000원)만 계약이 체결되고 나머지 주문은 계약이 체결되지 아니하였다. 피고는 같은 날 14:27:14와 14:48:31에도 직전체결가인 108,500원보다 1호가 높은 109,000원에 각 1만 주의 매도 주문을 하였으나, 14:27:14에 한 주문 중 2,190주만 계약이 체결되었다. 그 결과 피고가 이 사건 중간평가일 장중 접속매매시간대에 매도한 것은 12,190주에 불과하였다. ② 피고는 위와 같은 매도 주문과 별도로 10:48:51부터 11:28:44까지 7차례에 걸쳐 합계 7만 주의 매수 주문을 하였으나 계약이 체결되지 아니하였다. ③ 피고는 단일가매매시간대인 14:52:54에 2만 주, 14:53:10에 8,000주, 14:53:27에 2만 주, 14:54:11에 6,000주에 관하여 각 107,500원에 매도 주문을 하였고, 그로 인하여 예상체결가격은 109,500원에서 108,500원으로 하락하였다. 피고는 14:54:56에 2만 주, 14:55:40에 2만 주에 관하여 각 108,500원에, 14:57:46에 2만 주, 14:58:48에 1만 주, 14:59:42에 1만 주에 관하여 각 108,000원에 매도 주문을 하였고, 그 결과 이 사건 중간평가일의 종가는 108,000원으로 결정되어 이 사건 ELS의 중도상환조건이 성취되지 아니하였다. ④ 피고가 이 사건 중간평가일 단일가매매시간대에 삼

성SDI 보통주에 관하여 한 매도 주문 수량은 전체의 약 79%에 이르렀고, 계약체결관여율도 약 95%에 달하였다.

이 사건 ELS를 피고로부터 매수한 원고들은 만기상환금을 지급받고 손해를 입자, 피고를 상대로 피고의 비정상적인 주식매도행위로 인하여 중도상환 조건이 성취되지 못한 것은 민법 제150조 제1항의 '신의성실에 반하여 조건의 성취를 방해한 때'에 해당한다고 주장하면서 약정 중도상환금의 지급을 구하는 이 사건 소를 제기하였다.

원심은 「피고의 행위는 정당한 델타헤지거래행위이므로 비록 그로 인하여 결과적으로 중도상환조건이 성취되지 못하였다고 하더라도 신의성실에 반하여 조건의 성취를 방해한 것으로 볼 수 없다」라는 이유로, 원고의 청구를 배척하였다.

(2) 대법원의 판단

대법원은, 「피고는 이 사건 ELS를 발행하여 판매한 증권회사로서 정지조건인 이 사건 ELS의 중도상환조건이 성취되는 경우 투자자에게 약정 중도상환금을 지급해야 할 의무를 부담하게 되므로 투자자와 이해관계가 상충하고, 피고가 델타헤지거래로 삼성SDI 보통주를 매도하는 것은 기본적으로 위험회피라는 자신의 이익을 위한 것이므로 그 과정에서 투자자의 신뢰나 이익이 부당하게 침해되어서는 안 되고, 이 사건과 같이 중간평가일의 기초자산 가격이 중도상환조건을 성취시키는 가격에 근접하여 형성되어 중도상환조건이 성취될 가능성이 커서 피고와 투자자 사이의 이해관계가 서로 상충하는 상황에서는 중도상환조건의 성취 여부에 최소한의 영향을 미치는 방법으로 헤지거래를 함으로써 투자자를 보호해야 한다고 전제하였다. 그런데 이 사건 중간평가일의 삼성SDI 보통주 종가가 이 사건 ELS의 상환 기준가격인 108,500원으로 결정되는 경우 그 델타값에 따라 보유하고 있던 삼성SDI 보통주 중 약 16만 주를, 종가가 상환조건이 성취되지 아니하는 108,000원으로 결정되는 경우 그 델타값에 따라 약 9만 5,000주를 각 매도할 필요가 있었는바, 피고는 중도상환조건 성취 여부와 무관하게 보유 삼성SDI 보통주 중 상당량을 접속매매시간대 전체에 걸쳐 분산하여 매도함으로써 중도상환조건 성취 여부를 결정하는 종가 결정에 미치는 영향을 최소화하였어야 함에도, 접속매매시간대에는 매도 주문 시 그 호가 대부분을 직전체결가보다 높게 제시하여 대부분의 계약 체결이 무산되는 결과를 초래하고 오히려 총 7만 주의 매수 주문을 내기도 하는 한편, 단일가매매시간대에는 같은 시간대 전체 매도 주문의 약 79%를 차지하는 13만 4,000주에 관하여 매도 주문을 하면서 그 중 9만 4,000주에 관하여는 기준가격인 108,500원에 미치지 못하는 호가를 제시함에 따라 단일가매매시간대 전까지 기준가격 이상으로 거래되던 삼성SDI 보통주의 종가가 108,000원으로 결정되어 중도상환조건 성취가 무산된 것은 신의성실에 반하여 이 사건 ELS의 중도상환조건 성취를 방해한 것이라고 볼 여지가 충분하다」고 판단하여, 원심을 파기하였다.

(3) 해 설

ELS는 투자수익(원금 또는 이자)이 특정 주식의 가격 또는 주가지수의 변동에 연계되어 결정되는 금융투자상품으로 그 성격은 파생결합증권이다. ELS의 발행대금 중 증권회사의 수수료(마진 등, 통상 1.7%~2%에 이름)를 제외한 나머지 재원은 국공채 등 우량채권과 헤지를 위한 복제 포트폴리오 구성에 투자된다. 예를 들어, ELS 발행대금 100억 원 중 판매수수료 2억 원을 제외한 나머지 98억 원을 운용대상 자산으로 한다면, 그중 60억 원으로 옵션 복제 포트폴리오를 구성하여 헤지거래(변동성 매매)로 운용 수익을 얻고 나머지 38억 원은 무위험 자산(국공채 등 채권)에 투자하여 만기까지의 이자 수익을 얻게 된다.

ELS를 발행한 증권회사는 직접 기초자산이나 옵션 등을 매수하는 방식의 자체 헤지나 외국계증권회사 등 제3자와 동일한 현금흐름을 갖는 상품을 매수하거나 스와프계약을 체결하는 방식의 백투백 헤지를 통하여 상환위험을 관리한다. ELS을 발행한 증권회사는 자기 또는 제3자를 통하여 기초자산의 가격변화에 대한 옵션가치의 민감도를 표현하는 단위인 델타값에 근거하여 적정한 수량의 기초자산을 보유하여 옵션의 손익과 보유하는 기초자산의 손익이 상쇄되도록 하는 금융기법인 이른바 '델타헤지(delta hedge)'를 하는 방법으로 기초자산을 거래함으로써 그 가격변동으로 야기되는 위험을 관리함과 동시에 그 과정에서 얻는 이익을 ELS의 상환재원으로 활용한다. 피고도 삼성SDI 보통주를 기초자산으로 하여 운용하는 ELS 전체를 합하여 델타헤지거래를 하였는데, 2005년 7월 중순부터 이 사건 중간평가일까지는 대체로 델타값보다 약 15% 정도 많게 주식 보유량을 유지하면서 델타값의 증감에 따라 이를 조절하였다.

한편 구 증권거래법 제52조 제3호는 증권회사 또는 그 임·직원에 대하여 유가증권의 발행 또는 매매 기타 거래와 관련하여 투자자의 보호 또는 거래의 공정을 저해하는 행위를 금지하면서, 구 증권거래법 시행령 제36조의 3에서 그 금지되는 행위를 규정하는 한편, 공법상 업무규제를 위한 단속규정으로서 제정된 구 증권업감독규정(2008. 8. 4. 금융투자업규정의 제정에 의하여 폐지) 제4-4조 제1항은 "증권회사로 하여금 고객과 사이에 이해상충이 발생하지 않도록 하여야 하고 이해상충이 불가피한 경우에는 고객이 공정한 대우를 받을 수 있도록 적절한 조치를 취하여야 한다."라고 규정하고 있다. 현행 자본시장법은 제37조 제2항에서, "금융투자업자는 정당한 사유 없이 투자자의 이익을 해하면서 자기가 이익을 얻거나 제삼자가 이익을 얻는 행위를 금하고 있고, 제44조에서 금융투자업자는 금융투자업의 영위와 관련하여 금융투자업자와 투자자 간, 특정 투자자와 다른 투자자 간의 이해상충을 방지하기 위하여 이해상충이 발생할 가능성을 파악·평가하고, 내부통제기준이 정하는 방법 및 절차에 따라 이를 적절히 관리할 것과 이해상충이 발생할 가능성이 있다고 인정되는 경우에는 이를 미리 해당 투자자에게 알리고 이해상충이 발생할 가능성을 투자자 보호에 문제가 없는 수준으로 낮춘 후 매매, 그 밖의 거래를 하거나 이해상충이 발생할 가능성을 낮추는 것이 곤란하다고 판단되는 경우에는 매매, 그 밖의 거래를 하여서는 아니 된다."라고 규정하고 있다.

구 증권거래법 당시의 사안에 관한 대상 판결은 금융투자업자의 신의성실의무($\frac{제37}{조}$)와 이행상충관리의무($\frac{제44}{조}$)를 규정하고 있는 현행 자본시장법의 취지를 신의성실에 관한 민법 일반규정($\frac{제2}{조}$)으로부터 도출하여 금융투자업자에게 이해상충관리의무를 부과하였다는 점에서 의미가 있다.

증권회사의 자체 헤지에 관한 민사사건으로는 대상 판결 외에 대법원 2015. 5. 14. 선고 2013다3811 판결(피고가 동일)이 있다.

한편 대법원 2015. 6. 11. 선고 2014도11280 판결은, ELS와 관련하여 델타헤지거래를 하는 증권회사 직원이 ELS의 중도상환기준일 장 종료 무렵에 주식을 대량으로 매도하여 시세고정 행위를 하였다는 공소사실로 기소된 사안에 관하여 유죄를 인정한 원심을 확정하였다.

4. 社債의 取得者에 대하여 資本市場과 金融投資業에 관한 法律 第125條의 公示責任이 認定되는 경우, 그 損害賠償債務의 遲延 損害金 發生時期

◎ 대법원 2015. 11. 27. 선고 2013다211032 판결

증권신고서와 투자설명서의 중요사항에 관한 부실 기재로 사채권의 가치평가를 그르쳐 사채권 매입으로 인하여 손해를 입게 되었다는 이유로 민법상 불법행위에 기한 손해배상을 청구하는 경우, 그 손해액은 사채권의 매입대금에서 사채권의 실제 가치 즉 증권신고서와 투자설명서의 중요사항에 관한 부실 기재가 없었더라면 형성되었을 사채권의 가액을 공제한 금액으로서 원칙적으로 불법행위시인 사채권의 매입시를 기준으로 산정하여야 한다(대법원 2008. 6. 26. 선고 2007다90647 판결, 대법원 2010. 4. 29. 선고 2009다91828 판결 등 참조). 그리고 불법행위로 인한 손해배상채무에 대하여는 원칙적으로 별도의 이행 최고가 없더라도 공평의 관념에 비추어 불법행위로 그 채무가 성립함과 동시에 지연손해금이 발생하는 것이므로(대법원 2011. 1. 13. 선고 2009다103950 판결 참조), 증권신고서와 투자설명서의 중요사항에 관한 부실 기재로 인한 손해배상채무에 대하여도 이와 마찬가지로 보아야 할 것이다.

자본시장법 제125조 제1항은 증권신고서와 투자설명서 중 중요사항에 관하여 거짓의 기재 또는 표시가 있거나 중요사항이 기재 또는 표시되지 아니함으로써 증권의 취득자가 손해를 입은 경우에는 그 손해를 배상하도록 규정하고 있고, 제126조 제1항은 그 손해액에 관하여 추정 규정을 두고 있다. 자본시장법 제125조 제1항에서 정한 이와 같은 손해배상책임은 민법상 불법행위책임과는 별도로 인정되는 법정책임이지만(대법원 1998. 4. 24. 선고 97다32215 판결 등 참조) 그 실질은 민법상 불법행위책임과 다르지 아니하고, 제126조 제1항은 증권의 취득자가 입은 손해액의 추정 규정에 불과하므로, 자본시장법 제125조 제1항에서 정한 손해배상채무의 지연손해금의 발생시기에 대하여도 민법상 불법행위책임에 기한 손해배상채무의 경우와 달리 볼 것은 아니다.

(1) 사안의 개요

원고는 2009. 10. 22. J저축은행이 발행하는 후순위사채를 발행시장에서 매입하였는데, J저축은행은 분식회계사실이 밝혀져 영업정지처분을 받고 위 후순위사채는 상장폐지되었으며, 이후 J저축은행에 대하여 파산이 선고되었다. 원고는 파산관재인인 피고를 상대로 제일저축은행의 기망에 의한 후순위사채계약을 취소하였음을 이유로 한 매매대금반환청구 또는 발행시장의 공시책임에 관한 자본시장법 제125조 제1항에 기한 손해배상청구를 하는 이 사건 소를 제기하였다.

원심은, 「J저축은행이 증권신고서에 고정 이하 부실 대출채권을 정상채권으로 가장하여 자산건전성을 허위로 분류하는 분식행위를 하여 작성한 재무제표를 기준으로 BIS비율과 자산건전성을 허위로 기재하였고, 이와 같은 재무제표와 BIS비율은 파산절차 등이 개시될 경우 사실상 변제받기 어려운 상호저축은행의 후순위사채를 매입하려고 하는 투자자의 합리적인 투자판단에 중대한 영향을 미칠 중요한 사항에 해당한다는 이유로 자본시장법 제125조 제1항에 기한 손해배상책임을 인정하고, 자본시장법 제126조 제1항의 손해액 추정 규정에 의한 손해액 산정과 책임제한을 한 다음 파산선고일인 2012. 9. 7.에 손해가 발생하였다」라고 보아, 손해배상액에 2012. 9. 7.부터의 지연손해금을 가산하여 그 지급을 명하였다.

원고는 상고이유로 손해배상채무의 지연손해금 기산일에 관한 법리오해를 주장하였다.

(2) 대법원의 판단

대법원은, 「증권신고서 등의 중요사항에 관한 부실 기재로 사채권의 가치평가를 그르쳐 사채권 매입으로 인하여 손해를 입게 되었다는 이유로 민법상 불법행위에 기한 손해배상을 청구하는 경우 그 손해액은 사채권의 매입대금에서 사채권의 실제가치를 공제한 금액으로서 사채권의 매입 시를 기준으로 산정하여야 하고 그 손해배상채무가 성립함과 동시에 지연손해금이 발생하는 것인데, 자본시장법 제125조 제1항에서 정한 손해배상책임의 실질은 민법상 불법행위책임이므로 그 지연손해금의 발생시기도 민법상 불법행위책임에 기한 손해배상채무의 경우와 같이 보아야 한다는 이유로, 원고의 손해는 원고가 후순위사채를 인수하면서 그 인수대금을 지급한 날인 2009. 10. 22. 바로 발생하며 나아가 그 손해배상청구권의 지연손해금도 이때를 기산일로 하여 발생한다」라고 판단하였다.

(3) 해   설

기업어음의 취득자가 분식회계 및 부실감사를 이유로 민법상 불법행위 청구를 하는 경우 기업어음을 매입한 사람이 입은 손해액의 산정과 관련하여, 대법원 2008. 6. 26. 선고 2007다90647 판결은 「기업어음의 대금에서 기업어음의 실제 가치, 즉 분식회계 및 부실감사가 없더라면 형성되었을 기업어음의 가액을 공제하는 방법으로 산정하여야 한다」라고 하였다. 사채권과 기업어음은 장·단기의 차이만 있을 뿐 기업이 자금조달을 목적으로 발행한 채무증권이라는 점에서는 차이가 없으므로, 사채권을 취득한 사람이 분식회계 및 부실감사를 이유로 민법상 불법행위청구를 하는 경우 손해액 산정도 동일하게 보아야 할 것이고, 이러한 법리는 증권신고서 등의 부실표시를 이유로 민법상 불법행위청구를 하는 경우에도 마찬가지이다.

한편 발행시장의 부실공시책임에 관한 자본시장법 제125조는 민법상 불법행위책임의 특칙으로 이해되므로, 자본시장법상 부실공시책임의 실질은 부실한 공시로 왜곡된 가격에 증권거래를 하게 한 불법행위책임이다. 그리고 자본시장법 제126조의 손해추정 규정은 증권 매수 시(위법행위 시)의 정상가격을 산정하는 어려움 때문에 손해액 산정 공식을 두어 추정하는 것일 뿐, 그 규정으로 인하여 부실공시로 입은 손해의 실질이 바뀐다고 볼 수는 없다. 따라서 자본시장법 제125조에 기하여 책임을 추궁하는 경우의 손해 발생시점을 일반 불법행위책임을 추궁하는 경우와 달리 볼 만한 결정적인 이유는 없다고 할 것이다.

자본시장법상 부실공시책임의 지연손해금 기산일에 관하여 그동안 하급심은 증권 매입일로 보는 견해, 소장 송달 다음날로 보는 견해, 파산선고일로 보는 견해 등으로 나뉘었는데, 대상 판결은 이 쟁점에 관하여 처음으로 명시적인 판단을 내린 점에 의미가 있다.

5. 資本市場法 第162條 第1項의 '重要事項'의 意味 및 그 重要事項에 관한 不實表示의 判斷基準時點

◎ 대법원 2015. 12. 10. 선고 2012다16063 판결

자본시장과 금융투자업에 관한 법률(이하 '자본시장법'이라 한다) 제162조 제1항은 "제159조 제1항의 사업보고서 · 반기보고서 · 분기보고서 · 주요사항보고서 및 그 첨부서류(회계감사인의 감사보고서는 제외한다) 중 중요사항에 관하여 거짓의 기재 또는 표시가 있거나 중요사항이 기재 또는 표시되지 아니함으로써 사업보고서 제출 대상법인이 발행한 증권의 취득자 또는 처분자가 손해를 입은 경우에는 다음 각 호의 자는 그 손해에 관하여 배상의 책임을 진다"고 규정하고 있다. 여기서 '중요사항'이란 '투자자의 합리적인 투자판단 또는 해당 금융투자상품의 가치에 중대한 영향을 미칠 수 있는 사항'을 말하며(자본시장법 제47조 제3항), 이는 합리적인 투자자가 금융투자상품과 관련된 투자판단이나 의사결정을 할 때에 중요하게 고려할 상당한 개연성이 있는 사항을 의미한다. 그리고 위와 같은 중요사항에 관하여 거짓의 기재 · 표시 또는 그 기재 · 표시의 누락이 있는지 여부는 그 기재 · 표시나 누락이 이루어진 시기를 기준으로 판단하여야 한다.

(1) 사안의 개요

코스닥시장 상장법인인 소외 회사의 주식을 유통시장에서 취득한 원고 회사가 소외 회사의 비상근이사, 사외이사, 비상근감사인 피고들을 상대로 2008년 사업보고서, 2009년 1분기 분기보고서, 2009년 반기보고서, 2009년 3분기 보고서 중 중요사항에 관한 거짓 기재 또는 기재의 누락을 이유로 자본시장법 제162조의 유통시장 공시책임을 묻는 사안이다.

2009. 3. 31. 공시된 2008년 사업보고서 재무제표 주석에는 임차보증금반환채권(21억 7,100만 원), 주식(10억 1,500만 원)의 담보제공(다만 기준일 당시 피담보채무는 완제된 상태임)과 지급보증(5억 원) 사실이 누락되었다(합계 36억 8,600만 원). 2009. 5. 15. 공시된 2009년 1분기 분기보고서 재무제표 주석에는 앞서 본 임차보증금반환채권, 주식의 담보제공과 지급보증 사실이 누락된 데다가(36억 8,600만 원), 양도성 예금증서(24억 2,000만 원)의 담보제공 사실이 누락되었다(합계 61억 600만 원). 2009. 8. 14. 공시된 2009년 반기보고서에는 제3자에게 양도된 임대차보증금반환채권이 자산 항목으로 기재되

였다. 2009. 11. 13.에는 2009년 3분기 분기보고서가 공시되었다.

원고는 2009. 12. 23.부터 29.까지 소외 회사의 주식을 매수하였다. 2010. 1.경 증선위는 소외 회사의 재무제표에 대한 감리를 실시하여 과징금을 부과하고 상장폐지 실질심사 대상 여부 결정 시까지 주식매매거래정지를 공시하였다. 거래소 상장폐지 실질심사위원회는 소외 회사가 상장폐지 기준에 해당한다는 결정을 하였고, 2010. 4. 26. 상장폐지 결정이 내려졌으며 정리매매기간을 거쳐 2010. 5. 8. 상장폐지되었다.

원심은, 원고의 2009년 3분기 보고서의 분식회계 주장은 배척하였다. 그러나 「① 소외 회사의 2008년 사업보고서의 재무제표에 대한 주석 미기재 금액은 36억 8,600만 원이고 2009년 1분기 분기보고서의 재무제표에 대한 주석 미기재 금액은 61억 600만 원으로서, 이는 소외 회사의 2008년 말 기준 자산 및 자산 총액 등에 비추어 볼 때 상당한 규모이며, ② 소외 회사가 2009. 5. 7. 제3자에게 채무의 변제에 갈음하여 약 21억 원 상당의 임차보증금반환채권을 양도하였음에도 2009년 반기보고서에 임차보증금을 자산으로 기재하였는데, 이는 소외 회사의 자산 및 자본 규모에 비추어 볼 때 상당한 금액이고, ③ 위와 같이 누락되거나 거짓 기재된 내용이 제대로 기재되어 있었다면 원고의 소외 회사 주식에 대한 투자판단이 달라질 수 있었다고 보인다는 사정을 인정한 다음, 이러한 사정 등 소외 회사가 사업보고서 등에 누락·거짓 기재한 내용, 소외 회사에 대한 상장폐지 결정이 이루어진 경위를 종합하여, 소외 회사의 사업보고서 등에 재무제표에 대한 주석이 기재되지 아니하거나 임차보증금반환채권이 자산으로 기재된 것은 자본시장법 제162조 제1항에 정한 '사업보고서 등에 중요사항에 관하여 거짓의 기재가 있거나 중요사항이 기재되지 아니한 것'에 해당한다」라고 판시하면서, 피고들에게 손해배상책임을 인정하였다.

(2) 대법원의 판단

대법원은, 「① 우선 소외 회사의 2008년 사업보고서, 2009년 1분기 분기보고서 및 반기보고서 중 중요사항에 관하여 부실표시가 있는지 여부는 각 그 부실표시가 이루어진 때를 기준으로 개별적으로 판단하여야 하고, 한편 원고가 부실표시로 주장하는 사항이 중요사항에 해당하는지는 원고가 아니라 시장의 합리적인 투자자를 기준으로 하여 금융투자상품과 관련된 투자판단이나 의사결정을 할 때에 중요하게 고려할 상당한 개연성이 있는 사항에 해당하는지를 따져보아야 하는바, ② 2008년 사업보고서에 관하여는 합계 31억 8,600만 원 상당의 임차보증금반환채권 및 주식이 이미 완제된 채무에 담보로 제공되었다는 사실이 가지는 경제적인 실질과 아울러 그 사실이 5억원 상당의 타인 채무에 대한 지급보증 사실과 함께 공시되었더라면 합리적인 투자자의 투자판단에 어떠한 의미를 가질 수 있는지를 심리하고, 2009년 1분기 분기보고서에 관하여는 소외 회사가 종국적으로 변제하여야 할 자신의 채무, 즉 사채금상환채무에 관하여 담보를 제공한 사실이 공시되는 것이 합리적 투자자의 투자판단에 어떠한 의미를 가지는지도 심리하며, 2009년 반기보고서에 관하여는 임차보증금반환채권의 양도가 진정한 채권양도인지, 아니면 차용금의 담보로 제공된 것인지 여부와 종국적으로 변제하여야 할 자신의 채무에 대한 담보제공이라면 그 담보제공 사실이 공시되는 것이 합리적 투자자의 투자판단에 어떠한 의미를 가지는지를 심리하여, ③ 원고가 주장하는 2008년 사업보고서, 2009년 1분기 분기보고서 및 반기보고서의 각 부실표시가 과연 합리적인 투자자가 투자판단을 할 때에 중요하게 고려할 상당한 개연성이 있는 사항에 해당하는지를 개별적으로 판단하였어야 한다」고 하면서, 이와 달리 시장의 합리적인 투자자가 아닌 원고를 기준으로 앞에서 본 판시 사정들만을 들어 중요사항에 관하여 부실표시가 있다고 판단한 원심에 법리오해의 위법이 있다고 하여 파기하였다.

(3) 해   설

자본시장법 제47조 제3항에 의하면, "중요사항"이란 '투자자의 합리적인 투자판단 또는 해당 금융투자상품의 가치에 중대한 영향을 미칠 수 있는 사항'을 말한다. '중요사항'은 발행시장의 공시책임규정($^{제125}_{조}$)과 유통시장의 공시책임규정($^{제162}_{조}$) 뿐만 아니라 자본시장법의 다수 조문에서 구성요건을 이루고, 미공개중요정보 이용행위금지에 관한 제174조에서도 '미공개중요정보'를 '투자자의 투자판단에 중대한 영향을 미칠 수 있는 정보로서 불특정다수인이 알 수 있도록 공개되기 전의 것'이라고 정의하고 있다. 이처럼 '중요사항'은 자본시장법 전반의 핵심개념이지만 추상적으로 정의되어 있어 그 해석·적용은 구체적 사건에서 법원이 해석할 수밖에 없다.

이러한 '중요성(materiality)' 개념의 사용은 미국 증권규제법령의 경우에도 마찬가지이다. 증권시장에 정보가 부족하면 투자자들은 투자를 꺼려 시장이 위축되고, 너무 많은 정보를 요구하고 공시에 비용이 많이 들면 기업이 증권을 이용한 자금조달을 피하여 증권시장이 역시 위축된다. 따라서 정보의 부족과 범람을 모두 피하기 위하여 연방 증권법이 '중요성'이라는 개념으로 의무적 공시의 범위를 설정한 것이라고 설명한다. 미 연방대법원이 중요성 판단의 일반기준으로 삼는 것은 "substantial likelihood test"이고, "substantial likelihood"를 국내의 문헌은 상당한 가능성, 현저한 개연성, 상당한 개연성, 실질적 개연성 등으로 번역하고 있다. 이 기준은 합리적인 투자자가 증권 관련 결정을 할 때에 중요하다고 고려할 상당한 개연성이 있으면 중요한 정보라는 것이다.[32] 여기서 합리적인 투자자를 상정하는 것은 중요성 판단이 객관적 기준(objective test)임을 말하는 것이다. 금융감독원 기업공시제도실에서 기업공시서식의 작성에 있어 투자자보호를 위하여 필수적으로 기재하여야 하는 내용의 기준 및 그 표준양식을 정한 '기업공시서식 작성기준'도 '중요한 정보'를 합리적인 투자자의 투자판단이나 의사결정에 영향을 미칠 수 있는 상당한 개연성을 갖는 정보로서 해당 회사나 공시의무자 또는 증권과 관련된 정보를 말한다고 규정하고 있는데(제1-1-4조 제3항 위 서식), 우리 금융규제당국도 미국과 같은 기준을 채택하고 있는 것으로 보인다.

원심의 중요사항의 부실표시에 관한 판단에는 다음과 같은 점에서 문제가 있었던 것으로 판단된다.

첫째, 중요사항의 판단은 합리적인 투자자를 상정한다는 점에서 주관적인 기준이 아니라 객관적인 기준이나, 원심은 '원고'를 기준으로 하여 주관적인 기준을 취하였다. 둘째, 중요성 기준은 누락된 정보가 공시되었더라면 합리적 투자자의 투자판단 변경을 초래하였을 상당한 개연성에 대한 증거를 요구하는 것이 아니라, 누락 정보가 합리적 투자자의 숙고과정에서 사실상 중요성을 가졌을 것이라는 상당한 개연성을 보여주면 충분하다. 그런데 원심은 '원고의 투자판단이 변경되었을 개연성'을 고려하였다. 셋째, 중요사항의

---

32) TSC Industries, Inc. v. Northway, Inc., 426 U.S. 438 (1976).

부실표시 여부는 그 부실표시가 이루어진 시기를 기준으로 판단하여야 한다. 따라서 이 사건에서 문제되고 있는 사업보고서, 분기보고서, 반기보고서는 각각 그 공시된 시점을 기준으로 개별적으로 중요사항의 부실표시가 있었는지를 따져보아야 한다. 그런데 원심은 위 사업보고서, 분기보고서, 반기보고서의 부실표시를 모두 합쳐서 원고의 투자시점을 기준으로 사후적으로 중요성 여부를 판단한 것으로 보인다.

구 증권거래법 당시부터 공시책임을 추궁한 사건들은 대개 분식회계를 이유로 한 사안들로서, 분식이 인정되면 중요사항의 거짓 기재가 인정된다고 보아 사실상 '중요성' 판단은 쟁점이 되지 않았고 그에 관한 구체적인 판단도 없었다. 대상 판결은 '중요사항'의 의미와 판단기준시점을 밝히고 구체적으로 그 부실표시 유무를 판단하는 방법을 제시한 점에서 의미가 있다.

Ⅴ. 마치면서

시간과 지면의 제약으로 다 살펴보지 못했지만, 위 판례들 외에도 2015년에 선고된 상사 판결로서 음미해 볼 것으로는 다음의 것들이 있다.

회사법 분야에서는 ① 비상장법인 간 흡수합병에서 소멸회사의 주주인 회사의 이사가 부담하는 선관주의의무에 관한 대법원 2015. 7. 23. 선고 2013다62278 판결, ② 합명회사의 사원 또는 업무집행사원의 업무집행권한을 상실시키는 방법에 관한 대법원 2015. 5. 29. 선고 2014다51541 판결, ③ 기명주식의 양도가 무효인 경우 양도인이 주주명부상 주주명의를 양도인 명의로 복구하기 위하여 회사에 명의개서를 청구하는 경우 주권 제시의 요부에 관한 대법원 2015. 7. 23. 선고 2015다1871 판결 등이 있다.

보험법 분야에서는 ① 중복보험 분담금 청구권과 보험자대위에 의한 청구권의 관계에 관한 대법원 2015. 1. 29. 선고 2013다214529 판결, ② 구 자동차손해배상 보장법 제19조 제3항에 따라 보험회사 등과 의료기관 사이에 자동차보험 진료수가에 관한 합의가 있는 것으로 보기 위하여는 의료기관이 보험회사 등에서 자동차보험 진료수가의 지급의사와 지급한도에 관한 통지를 받을 것을 필요로 하는지 여부에 관한 대법원 2015. 3. 20. 선고 2012다88945 판결, ③ 약관해석상 작성자불이익 원칙에 따라 당뇨망막병증의 치료를 위한 레이저 광응고술이 특정질병보장약관에서 규정한 '9대질환의 치료를 직접목적으로 받은 수술'에 해당한다고 한 대법원 2015. 5. 28. 선고 2012다50087 판결, ④ 타인을 위한 보험계약이 상법 제731조 제1항을 위반하여 무효로 된 경우, 보험수익자가 보험회사를 상대로 보험계약의 무효로 인한 손해에 관하여 불법행위를 원인으로 손해배상청구를 할 수 있는지 여부에 관한 대법원 2015. 10. 15. 선고 2014다204178 판결, ⑤ 보험계약자가 보험계약 체결 시 보험금액이 목적물의 가액을 현저하게 초과하는 초과보험 상태를 의도적으로 유발한 후 보험사고가 발생하자 초과보험 사실을 알지 못하는 보험자에게 목적물의 가액을 묵비한 채 보험금을 청구하여 교부받은 경우, 보험금을 청구한 행위가 사기죄의 실행행위로서 기망행위에 해당하는지 여부에 관한 대법원 2015. 7. 23. 선고 2015도6905 판결, ⑥ 재보험관계에서 보험자대위의 상관습에 관한 대법원 2015. 6. 11. 선고 2012다10386 판결, ⑦ 정신질환면책 약관조항에 의하여 보험금지급의무가 면제되는지 여부에 관한 대법원 2015. 6. 23. 선고 2015다5378 판결, ⑧ 자동차보험의 '의무보험 일시담보 특별약관'이 피보험자가 자동차를 양도하고 교체약관에 따라 보험자의 승인을 얻어 피보험자동차를 위 자동차에서 새로 구입한 자동차로 교체한 경우에도 적용되는지 여부에 관한 대법원 2015. 12. 24. 선고 2015다200838 판결 등을 들 수 있다.

증권금융 분야에서는 ① 금융투자업자가 다른 금융투자업자가 취급하는 금융투자상품 등을 소개한 것이 투자권유를 한 경우 적합성 원칙의 준수 및 설명의무를 부담하는지 여부에 관한 대법원 2015. 1. 29. 선고 2013다217498 판결, ② 구 간접투자자산 운용업법에 의한 판매회사가 전문투자자에 대하여도 투자자 보호의무를 부담하는지에 관한 대법원 2015. 2. 26. 선고 2014다17720 판결, ③ 사모투자전문회사의 유한책임 사원 지분에 대한 질권설정의 대항요건에 관한 대법원 2015. 4. 23. 선고 2014다218863 판결,33) ④ 구 전자금융거래법 제9조 제1항에 따라 금융기관 또는 전자금융업자가 손해배상책임을 부담하는 '사고'의 의미와 이용자가 거래지시를 하여 그에 따라

---

33) 이에 관한 평석은 한애라, "사모투자전문회사의 유한책임 사원 지분에 대한 질권 설정의 대항요건 -대법원 2015. 4. 23. 선고 2014다218863 판결-", 「BFL」 제73호, (2015), 91-102면 참조.

본래 의도한 대로 전자금융거래가 이행된 경우 위 사고에 해당하는지 여부에 관한 대법원 2015. 5. 14. 선고 2013다69989 판결, ⑤ 허위사실 유포 등의 행위로 인하여 형성된 가격으로 발행시장 또는 유통시장에서 주식을 취득한 투자자가 불법행위를 이유로 민법상 손해배상청구를 하는 경우, 투자자가 입은 손해를 산정하는 방법에 관한 대법원 2015. 5. 14. 선고 2013다11621 판결, ⑥ 유사투자자문업자의 민법상 불법행위책임에 관한 대법원 2015. 6. 24. 선고 2013다13849 판결,34) ⑦ 공동대출약정의 분배조항에 관한 대법원 2015. 9. 10. 선고 2013다207521 판결, ⑧ 자본시장법의 규율을 받는 금융투자상품의 거래에 해당하는지 여부를 판단하는 기준에 관한 대법원 2015. 9. 10. 선고 2012도9660 판결, ⑨ 자산운용회사와 판매회사의 투자정보 조사의무에 관한 대법원 2015. 11. 12. 선고 2014다15996 판결,35) ⑩ 판매회사 등의 투자자보호의무 위반과 투자자의 손해 사이의 상당인과관계에 관한 대법원 2015. 12. 23. 선고 2013다40681 판결, ⑪ 자본시장법 제125조에서 정한 '중요사항'의 의미 및 판단기준에 관한 대법원 2015. 12. 23. 선고 2013다88447 판결 등을 들 수 있다.

---

34) 이에 관한 평석은 이원석, "유사투자자문업자의 의무와 손해배상책임 -대법원 2014. 5. 16. 선고 2012다46644 판결, 대법원 2015. 6. 24. 선고 2013다13849 판결-", 「BFL」 제74호, (2015), 102-114면.

35) 이에 관한 평석은 김상연, "자산운용회사와 판매회사의 투자정보 조사의무 -대법원 2015. 11. 12. 선고 2014다15996 판결-", 「BFL」 제75호, (2016), 116-127면.

2016年 主要 商事判例 回顧*

高 弘 錫**

Ⅰ. 商法總則

1. 商法 第23條 第1項의 '他人의 營業으로 誤認할 수 있는 商號'의 判斷主體와 '不正한 目的'의 意味

◎ 대법원 2016. 1. 28. 선고 2013다76635 판결

[1] 상법 제23조 제1항¹⁾은 "누구든지 부정한 목적으로 타인의 영업으로 오인할 수 있는 상호를 사용하지 못한다."라고 규정하고 있는데, 위 규정의 취지는 일반 거래시장에서 상호에 관한 공중의 오인·혼동을 방지하여 이에 대한 신뢰를 보호함과 아울러 상호권자가 타인의 상호와 구별되는 상호를 사용할 수 있는 이익을 보호하는 데 있다. 위와 같은 입법 취지에 비추어 볼 때 어떤 상호가 '타인의 영업으로 오인할 수 있는 상호'에 해당하는지를 판단할 때에는 양 상호 전체를 비교 관찰하여 각 영업의 성질이나 내용, 영업 방법, 수요자층 등에서 서로 밀접한 관련을 가지고 있는 경우로서 일반인이 양 업무의 주체가 서로 관련이 있는 것으로 생각하거나 또는 타인의 상호가 현저하게 널리 알려져 있어 일반인으로부터 기업의 명성으로 견고한 신뢰를 획득한 경우에 해당하는지를 종합적으로 고려하여야 한다.

[2] 위 조항에 규정된 '부정한 목적'이란 어느 명칭을 자기의 상호로 사용함으로써 일반인으로 하여금 자기의 영업을 명칭에 의하여 표시된 타인의 영업으로 오인하게 하여 부당한 이익을 얻으려 하거나 타인에게 손해를 가하려고 하는 등의 부

---

* 제42회 상사법무연구회 발표 (2017년 3월 25일)

본 평석은 2016년 1월부터 2016년 12월까지 선고되고 판례공보에 수록된 상사 및 국제거래 관련 대법원판결 중 주로 최초의 판시가 있었던 판결을 대상으로 하였음. 각 판결에 대해서는 사안 개요, 소송의 경과를 소개한 후 해설을 하였고, 쟁점과 관련이 없거나 쟁점에 불필요한 사실관계와 판결 내용은 생략하였음.

** 인천지방법원·인천가정법원 부천지원장

정한 의도를 말하고, 부정한 목적이 있는지는 상인의 명성이나 신용, 영업의 종류·
규모·방법, 상호 사용의 경위 등 여러 가지 사정을 종합하여 판단하여야 한다.

(1) 사안의 개요

대상 판결의 쟁점은 상법 제23조 제1항에서, ① 영업오인의 판단주체를
'일반 수요자'로 볼 것인지 아니면 '일반인'으로 볼 것인지, ② '부정한 목적'
의 의미에 있다.

대성그룹은 원고측(3남)과 피고측(장남)으로 계열분리를 하였다. 원고는
'㈜대구도시가스'가 분할된 이후 존속하는 회사로서, 2009. 10. 1. 정관상 사업
목적에 '지주사업'을 추가하고, 상호를 "㈜대성홀딩스"(DAESUNG HOLDINGS
CO., LTD)로 변경하는 등기를 마쳤다.

피고는 '㈜대성산업'이 분할된 이후 존속하는 회사로서, 2010. 6. 30. 정관상
사업목적에 '지주사업 및 자회사에 대한 자금과 업무지원 사업'을 추가하고, 상
호를 "㈜대성지주"(DAESUNG GROUP HOLDINGS CO., LTD.)로 변경하는
등기를 마쳤다.

원고는 상법 제23조 제1항의 위반을 이유로 하여 피고에 대하여 위 상
호 사용의 금지를 구하는 소를 제기하였다.

(2) 소송의 경과

원심은, 피고의 상호가 원고의 영업으로 오인할 수 있는 상호에 해당하
고, 피고에게 부정한 목적이 인정된다고 판단하였다.

대법원은 위와 같은 법리를 판시한 다음, 원심의 판단이 정당하다고 보
아 피고의 상고를 기각하였다.

(3) 해　설

(가) 상법 제23조는 상호자유주의 원칙($\frac{상법}{제18조}$)2)에 대한 제한규정으로서
오인 받는 상호사용자 등의 이익뿐만 아니라 일반 공중의 이익을 보호하기
위한 규정이다. 상법 제23조 위반의 성립요건은 ① '타인의 영업으로 오인할

---

1) 제23조 (주체를 오인시킬 상호의 사용금지) ① 누구든지 부정한 목적으로 타인의 영업
　으로 오인할 수 있는 상호를 사용하지 못한다.
2) 제18조 (상호선정의 자유) 상인은 그 성명 기타의 명칭으로 상호를 정할 수 있다.

수 있는 상호의 사용' 및 ② '부정한 목적의 존재'이다.

(나) 종래 대법원 판례는 ①의 판단기준에 관하여, 「어떤 상호가 일반 수요자들로 하여금 영업주체를 오인·혼동시킬 염려가 있는 것인지를 판단함에 있어서는, 양 상호 전체를 비교 관찰하여 각 영업의 성질이나 내용, 영업방법, 수요자층 등에서 서로 밀접한 관련을 가지고 있는 경우로서 일반 수요자들이 양 업무의 주체가 서로 관련이 있는 것으로 생각하거나 그 타인의 상호가 현저하게 널리 알려져 있어 일반 수요자들로부터 기업의 명성으로 인하여 절대적인 신뢰를 획득한 경우에 해당하는지 여부를 종합적으로 고려하여야 한다」라고 판시함(대법원 2002. 2. 26. 선고
2001다73879 판결)으로써, 영업오인의 판단주체를 '일반 수요자'로 보고 있었다.

원심 역시 종래 대법원 판례의 법리를 설시하고, 이어 「지주회사는 지주사업의 특성상 재화나 용역을 받는다는 의미의 수요자를 상정하기 어렵고, 지주회사의 영업 상대방인 자회사가 지주회사를 다른 영업주체와 혼동할 가능성이 없으나, 일반 투자자들은 유가증권 시장의 주식 거래 과정에서 유사한 상호를 가진 회사들을 혼동하여 실질적 손해를 입을 수 있고, 상호 사용자의 이익과 함께 일반 공중의 이익을 보호하고 상호의 적정한 사용을 촉진하려는 상호 제도의 취지상 상법 제23조의 오인 가능성에 관한 판단주체인 수요자의 범위에 유가증권시장에서의 일반 투자자를 포함시키는 것이 타당하다」라고 판단한 다음, 피고의 상호는 원고의 영업으로 오인할 수 있는 상호에 해당한다고 보았다.

종래 대법원 판례에 대해서는, 판례 입장은 수요자 외의 자, 예컨대 공급자가 영업주체를 오인하는 경우는 제외되는 등의 문제가 있고, 상법 제23조의 취지에서 볼 때 동조가 수요자의 영업주체 오인만을 규율대상으로 하는 것으로 해석할 근거가 없으며, 영업주체 오인 가능성은 상호 유사성 요건을 중심으로 여러 상황들을 종합적으로 해석하여 판단하여야 하므로 상호 유사성의 판단주체와 영업주체 오인의 주체가 동일해야 한다는 등의 이유로 오인의 주체는 '수요자 및 공급자를 포함하는 평균적 거래자'라는 견해3)가 있다. 이와는 달리 오인 가능성 유무는 '해당 상인과의 상거래에 임하는 일

---

3) 박상근, '상호권침해의 판정', 「상사판례연구」 제6권, 박영사, (2006), 13면.

반인'의 기준에서 판단하여야 한다는 견해4)도 있다.

대상 판결은 영업오인의 판단주체를 종래 대법원 판례의 '일반 수요자'라고 하지 않고, '일반인'이라고 판단하였다. 이 사건과 같이 상호를 사용한 주체가 지주회사이므로 '일반 수요자'를 상정하기 어려운 측면이 있는 점, 대법원 판례5)가 상법 제23조 제1항의 '부정한 목적'의 판단주체를 '일반인'으로 보고 있는 점과 일반 공중의 이익도 보호하려는 상법 제23조의 입법취지 등에 비추어 영업오인의 판단주체를 '일반인'으로 판단한 것으로 이해된다. 나아가 대상 판결은 '일반인'을 영업오인의 판단주체로 보더라도 원심이 인정한 사실관계에 비추어 오인 가능성이 인정됨을 전제로 원심의 판단이 정당하다고 판단하였다.

(다) 상법 제23조의 성립요건 중 ② '부정한 목적'의 의미에 관하여 종래 대법원 판례는 '어느 명칭을 자기의 상호로 사용함으로써 일반인으로 하여금 자기의 영업을 그 명칭에 의하여 표시된 타인의 영업으로 오인시키려고 하는 의도'라고 판시하여 왔다(대법원 2004. 3. 26. 선고 2001다72081 판결 등).

그런데 학설6)은 '부정한 목적'을 무임승차 또는 부정경쟁행위보다 넓게 이해하고 있고, 이에 종래 대법원 판례의 설시는 그 문구로만 보면 무임승차 또는 부정경쟁행위의 범위 내로 좁게 해석하고 있는 것처럼 보인다는 지적이 있었다.

대상 판결은 「'부정한 목적'이란 어느 명칭을 자기의 상호로 사용함으로써 일반인으로 하여금 자기의 영업을 명칭에 의하여 표시된 타인의 영업으로 오인하게 하여 부당한 이익을 얻으려 하거나 타인에게 손해를 가하려고 하는 등의 부정한 의도를 말한다」라고 판시한 다음, 「피고가 원고의 상호와 유사하여 일반인으로 하여금 오인·혼동을 일으킬 수 있다는 것을 충분히 알 수 있었음에도 피고의 상호를 사용한 사정 등을 이유로 부정한 목적이 인정된다」라고 본 원심의 판단이 정당하다고 보았다. 대상 판결은 '부정한

---

4) 송옥렬, 「상법강의」, 홍문사, (2014), 52면.

5) 대법원 2004. 3. 26. 선고 2001다72081 판결: 상법 제23조 제1항에 규정된 '부정한 목적'이란 어느 명칭을 자기의 상호로 사용함으로써 일반인으로 하여금 자기의 영업을 그 명칭에 의하여 표시된 타인의 영업으로 오인시키려고 하는 의도를 말한다.

6) 이철송, 「상법강의」, 박영사, (2015), 83면.

목적'의 의미를 위와 같이 판시하여 '부정한 목적'을 보다 탄력적으로 판단할
가능성을 넓힌 것으로 보인다.

2. 國家契約의 債務不履行을 原因으로 한 損害賠償에 商事法定利率이 適用되는지 與否

◎ 대법원 2016. 6. 10. 선고 2014다200763, 200770 판결

국가계약의 본질적인 내용은 사인 간의 계약과 다를 바가 없어 법령에 특별한
규정이 있는 경우를 제외하고는 사법의 규정 내지 법원리가 그대로 적용된다. 한편
상법 제54조[7]의 상사법정이율이 적용되는 '상행위로 인한 채무'에는 상행위로 인하
여 직접 생긴 채무뿐만 아니라 그와 동일성이 있는 채무 또는 변형으로 인정되는
채무도 포함되고, 당사자 쌍방에 대하여 모두 상행위가 되는 행위로 인한 채무뿐만
아니라 당사자 일방에 대하여만 상행위에 해당하는 행위로 인한 채무도 포함된다.

(1) 사안의 개요
대상 판결의 쟁점은 국가계약에서 '국가의 계약상대방'의 채무불이행으
로 인하여 손해배상채무가 발생한 경우 그 지연손해금에 대한 상사법정이율
의 적용 여부이다.

상인인 원고는 피고 대한민국(육군군수사령부)과 물품구매계약을 체결
하고 물품을 납품하였는데, 그 물품에 하자가 발생하였다. 원고가 손해배상
채무 부존재 확인을 구하는 본소를 제기하자, 피고는 물품의 하자로 인한 손
해배상금과 이에 대한 상사법정이율에 의한 지연손해금을 지급을 구하는 반
소를 제기하였다.

(2) 소송의 경과
제1심은 원고의 배상책임을 인정하면서 손해배상금에 대하여 상사법정
이율에 의한 지연손해금의 배상을 명하였으나, 원심은 원고의 배상책임을 인
정하면서도 민사법정이율에 의한 지연손해금의 배상을 명하였다.

대법원은 위와 같은 법리를 판시한 다음, 「국가계약인 위 계약은 상인

---

7) 제54조 (상사법정이율) 상행위로 인한 채무의 법정이율은 연 6분으로 한다.

인 원고의 상행위에 해당하므로, 그 채무불이행을 원인으로 한 손해배상의 지연손해금에 관하여는 상사법정이율을 적용해야 한다」고 판단하였다.

(3) 해　　설

대법원 판례는 국가계약의 본질적인 내용은 사인간의 계약과 다를 바가 없어 법령에 특별한 규정이 있는 경우를 제외하고는 사법의 규정 내지 법원리가 그대로 적용된다고 보고 있다(대법원 1996. 4. 26. 선고 95다11436 판결 등). 그런데 상사법정이율이 적용되는 상사채권에는 당사자 쌍방에 대하여 모두 상행위가 되는 행위로 인한 채권뿐만 아니라, 당사자 일방에 대하여만 상행위에 해당하는 행위로 인한 채권도 포함된다(대법원 1989. 6. 27. 선고 89다카2957 판결 등). 또한 상사법정이율은 직접 상행위로 생긴 채무 이외에 그 변경으로 인정되는 채무, 예컨대 채무불이행으로 인한 손해배상채무 등에도 적용된다고 보는 것이 통설과 판례(대법원 2000. 10. 27. 선고 99다10189 판결)의 입장이다.

이 사건 물품구매계약은 국가계약이나 원고에 대한 상행위이므로 그 계약상 채무는 상법 제54조의 '상행위로 인한 채무'에 해당하고, 그 채무불이행으로 인한 손해배상채무는 그 변형으로 인정되는 채무에 해당한다. 따라서 대상 판결이 손해배상금의 지연손해금에 상사법정이율을 적용하여야 한다고 판단한 것은 타당하다.

3. 商人인 共同履行方式 共同受給體의 構成員들 중 殘存 組合員들이 脫退 組合員에게 商法 第57條 第1項에 의해 連帶하여 持分 還給義務를 履行할 責任이 있는지

◎ 대법원 2016. 7. 14. 선고 2015다233098 판결

공동이행방식의 공동수급체는 민법상 조합의 성질을 가지는데, 조합의 채무는 조합원의 채무로서 특별한 사정이 없는 한 조합채권자는 각 조합원에 대하여 지분의 비율에 따라 또는 균일적으로 권리를 행사할 수 있지만, 조합채무가 조합원 전원을 위하여 상행위가 되는 행위로 인하여 부담하게 된 것이라면 상법 제57조 제1항[8])을 적용하여 조합원들의 연대책임을 인정함이 타당하므로, 공동수급체의 구성원들이 상인인 경우 탈퇴한 조합원에 대하여 잔존 조합원들이 탈퇴 당시의 조합재산 상태에 따라 탈퇴 조합원의 지분을 환급할 의무는 구성원 전원의 상행위에 따라 부

담한 채무로서 공동수급체의 구성원들인 잔존 조합원들은 연대하여 탈퇴한 조합원에게 지분환급의무를 이행할 책임이 있다.

(1) 사안의 개요

대상 판결의 쟁점은 상인들이 공동이행방식 공동수급체를 구성하였다가 일부 조합원이 탈퇴한 경우, 잔존 조합원들이 탈퇴한 조합원에게 부담하는 지급환급의무에 상법 제57조 제1항이 적용되는지에 있다.

원고와 피고들은 공동수급 운영협약을 체결하고 공동이행방식의 공동수급체를 구성하여 甲회사로부터 건물 신축공사를 도급받았다. 그러나 원고는 원가분담금 납부를 이행하지 못하였고, 이에 피고들은 원고를 공동수급체에서 탈퇴시키기로 결의하였다. 이어 피고 A는 자신이 원고에 대하여 가진 별개의 채권으로 위 신축공사에 관한 원고의 공사대금 채권(원고의 미납 원가부담금 등과 상계하고 남은 부분)과 상계한다는 통지를 하였다.

원고는 피고들을 상대로 연대하여 위 결의 이전에 수령한 공사대금 중에서 원고의 몫에 해당하는 공사대금의 지급을 구하는 소를 제기하면서, 위 공사대금 채무는 공동수급체가 원고에 대하여 부담하는 채무이므로, 피고 A가 자신의 원고에 대한 채권을 자동채권으로 원고의 위 공사대금 채권을 상계한 것은 무효라고 주장하였다.

(2) 소송의 경과

원심은, 「원고가 '탈퇴한 조합원'으로서 민법상 조합인 공동수급체의 구성원인 피고들로부터 민법 제719조에 의하여 결의 이전에 발생한 공사대금 중 원고의 지분 비율에 해당하는 금액을 환급받을 권리가 있다」고 보았다. 이어 피고 A의 상계 효력에 관하여는, 「원고의 공사대금 채권이나 지분환급청구권은 민법상 조합에 대한 채권으로서 원칙적으로 공동수급체나 구성원 전원이 이행할 책임이 있는데, 조합채무는 조합원들에게 합유적으로 귀속되고, 조합원 1인이 조합채무를 면책시키고 다른 조합원에게 구상할 수 있으므로, 피고 A가 원고에 대한 채권으로 원고의 공사대금 채권(지분환급청구권)

---

8) 제57조 (다수채무자간 또는 채무자와 보증인의 연대) ① 수인이 그 1인 또는 전원에게 상행위가 되는 행위로 인하여 채무를 부담한 때에는 연대하여 변제할 책임이 있다.

을 상계하여 조합채무를 면책시킨 행위는 유효하다」고 판단하였다.

대법원은 논리를 달리하여, 「위 공동수급체의 구성원들은 상인이고 그 중 1인의 탈퇴로 잔존 조합원들이 탈퇴 조합원에 부담하는 지분환급채무는 구성원 전원의 상행위로 부담한 채무에 해당하여 잔존 조합원들은 연대하여 원고에게 지분환급의무를 부담한다는 이유로, 연대채무자 중 1인인 피고 A 가 원고에 대한 별개의 채권으로 원고의 공사대금 채권 또는 지분환급청구 권을 상계하여 면책시킨 행위는 유효하다」고 판단하였다.

(3) 해 설

공동이행방식에 따른 공동수급협정을 체결한 공동수급체의 법적 성격 은 기본적으로 민법상 조합에 해당한다(대법원 2012. 5. 17. 선고 2009다105406 전원합의체 판결). 나아가 특별한 사정이 없는 한 조합채권자는 조합채무에 관하여 각 조합원에 대하여 지분 의 비율에 따라 또는 균일적으로 권리를 행사할 수 있지만(민법 제712조), 대법원 판례는 공동수급체가 조합 밖의 제3자에 부담하는 채무에 관하여 그 조합채 무가 특히 조합원 전원을 위하여 상행위가 되는 행위로 인하여 부담하게 된 것이라면 상법 제57조 제1항을 적용하여 조합원들의 연대책임을 인정하고 있다(대법원 2013. 5. 23. 선고 2012다57590 판결, 대법원 2015. 3. 26. 선고 2012다25432 판결 등).

민법상 조합인 공동수급체의 구성원 중 일부가 탈퇴한 경우 특별한 사 정이 없는 한 민법 제719조에 따라 '탈퇴 당시의 조합재산상태'를 기준으로 평가한 조합재산 중 탈퇴자의 지분에 해당하는 금액을 금전으로 반환하여야 하고, 이는 조합채무이다. 이때 조합의 내부관계에서 비롯된 잔존 조합원들 이 탈퇴 조합원에 대하여 부담하는 지분환급채무의 법적 성격이 문제인데, 이에 관한 종래의 대법원 판례는 없었다.

이에 대하여 대상 판결은 위와 같은 법리를 전제한 다음, 「잔존 조합원 인 피고들은 연대하여 탈퇴 조합원인 원고에 대하여 지분환급의무를 부담한 다」라고 판단하였다. 이에 따르면 연대채무자 중 1인에 해당하는 피고 A가 원고에 대한 별개의 채권으로 원고의 지분환급청구권을 상계하는 방법으로 면책시킨 행위는 유효하다.

4. 營業賃貸借에 대한 商法 第42條 第1項의 類推適用 可否

◎ 대법원 2016. 8. 24. 선고 2014다9212 판결

영업임대차의 경우에는 상법 제42조9) 제1항과 같은 법률규정이 없을 뿐만 아니라, 영업상의 채권자가 제공하는 신용에 대하여 실질적인 담보의 기능을 하는 영업재산의 소유권이 재고상품 등 일부를 제외하고는 모두 임대인에게 유보되어 있고 임차인은 사용·수익권만을 가질 뿐이어서 임차인에게 임대인의 채무에 대한 변제책임을 부담시키면서까지 임대인의 채권자를 보호할 필요가 있다고 보기 어렵다. 여기에 상법 제42조 제1항에 의하여 양수인이 부담하는 책임은 양수한 영업재산에 한정되지 아니하고 그의 전 재산에 미친다는 점 등을 더하여 보면, 영업임대차의 경우에 상법 제42조 제1항을 그대로 유추적용할 것은 아니다.

(1) 사안의 개요10)

대상 판결의 쟁점은 영업임대차에 상호 속용 영업양수인의 책임에 관한 상법 제42조 제1항을 유추적용할 수 있는지에 있다.

원고는 골프연습장 영업을 하는 甲회사에게 골프연습장 사업자금을 대여하였고, 甲회사는 乙회사에게 골프연습장의 영업을 양도하였으며, 원고는 상법 제42조 제1항에 기하여 乙회사를 상대로 甲회사에 대한 대여금채권 중 일부의 이행을 구하는 소를 제기하여 승소 확정판결을 받았다.

이후 乙회사는 피고에게 위 골프연습장의 영업을 임대하였고, 원고는 영업임대차에도 상법 제42조 제1항이 유추적용된다고 주장하면서, 피고에 대하여 대여금 상당액의 지급을 구하는 소를 제기하였다.

(2) 소송의 경과

원심은, 영업임대차에도 상법 제42조 제1항이 유추적용된다고 보아 피고가 乙회사의 원고에 대한 영업상 채무를 변제할 책임이 있다고 하였다.

---

9) 제42조 (상호를 속용하는 양수인의 책임) ① 영업양수인이 양도인의 상호를 계속 사용하는 경우에는 양도인의 영업으로 인한 제3자의 채권에 대하여 양수인도 변제할 책임이 있다. ② 전항의 규정은 양수인이 영업양도를 받은 후 지체없이 양도인의 채무에 대한 책임이 없음을 등기한 때에는 적용하지 아니한다. 양도인과 양수인이 지체없이 제3자에 대하여 그 뜻을 통지한 경우에 그 통지를 받은 제3자에 대하여도 같다.

10) 사안은 복잡하지만, 쟁점에 필요한 한도 내에서 사실관계를 정리하였다.

대법원은, 영업임대차에는 상법 제42조 제1항을 유추적용할 수 없다는 이유로 원심 판결을 파기 · 환송하였다.

(3) 해   설

(가) 일반적으로 영업양도란 '일정한 영업목적에 의하여 조직화된 유기적 일체로서의 기능적 재산의 이전'을 의미한다. 상법은 채권자 보호를 위해 영업양수인이 양도인의 상호를 속용한 경우, 채무인수 없음을 등기하거나 통지한 경우를 제외하고 양수인도 양도인의 영업상 채무에 대하여 변제책임을 지고(제42조), 이 경우 양도인의 채무는 2년이 지나면 소멸하는 것으로 규정하고 있다(제45조). 상법 제42조는 1897년 독일 상법과 이를 계수한 1938년 일본 상법을 이어받은 것이다. 위 규정의 입법취지에 대하여 통설은 권리외관설이고, 소수설로 기업계속성설, 권리외관설과 기업계속성설의 혼합설, 양도인의 채권자에 대한 정책적 보호규정설 등이 있다. 대법원 판례는 책임재산설과 권리외관설이 혼합된 판시를 하고 있다(대법원 2010. 9. 30. 선고 2010다35138 판결).

(나) 영업임대차란 상인이 객관적 의의의 영업의 전부 또는 일부를 타인에게 임대하는 것으로서, 영업소유의 법적 관계에는 영향을 주지 않고 영업경영의 법적 관계가 전면적으로 임차인에게 이전하게 된다. 따라서 영업의 임차인은 경영권행사의 주체, 영업활동에 의한 권리의무의 귀속자, 영업이윤의 제1차적 귀속자로서의 지위를 승계한다.

(다) 영업임대차에 상법 제42조 제1항을 유추적용할 수 있는지에 대해서 학설은 긍정설과 부정설로 나뉘고 있다. "유추적용 긍정설"11)은, 영업임대차의 경우 임차인이 영업양수인과 동일하게 대외적으로 영업의 주체가 되고 영업상의 권리의무의 귀속자가 된다거나, 영업양도와 마찬가지로 채권자를 보호할 필요가 있다는 것을 근거로 한다. "유추적용 부정설"12)은, 영업임대차의 경우 영업양도와 달리 임대인의 책임재산이 일실되는 것이 아니라거나, 영업양도와 영업임대차는 그 성질이 다르다거나, 영업임대차는 임대인이

---

11) 정동윤, 「상법총칙 · 상행위법」, 법문사, (1996), 242면; 이기수 · 최병규, 「상법총칙 · 상행위법」, 박영사, (2010), 257면; 안강현, 「상법총칙 · 상행위법」, 박영사, (2013), 175면; 최기원, 「상법학신론(상)」 제19판, 박영사, (2011), 206면; 정찬형, 「상법강의(상)」, 박영사, (2016), 188면.

12) 이철송, 「상법총칙 · 상행위」, 박영사, (2015), 306면; 최준선, 「상법총칙 · 상행위법」, 삼영사, (2015), 239면; 임중호, 「상법총칙 · 상행위법」, 법문사, (2015), 267면; 정경영, 「상법학강의」, 박영사, (2009), 127면.

영업에서 완전히 손을 떼는 것이 아니고 임대차기간 만료 시 복귀할 것이므로 채권자의 신뢰를 이유로 임차인에게 예기치 않은 비용을 지급케 할 이유가 없다는 것 등을 근거로 한다. 독일과 일본의 하급심 판례와 학설은 대체로 유추적용을 긍정하는 입장이다.

이에 관하여 종래 대법원이 명시적으로 판단한 바는 없었고, 하급심에서는 유추적용을 긍정한 판결과 부정한 판결로 나누어져 있었다. 대법원은 대상 판결을 통하여 유추적용 부정설의 입장을 채택하였는데, 그 근거는 다음과 같다.

상법 제42조 제1항의 확장 적용과 관련하여 사적자치 원칙과 자기책임 원칙 등에 비추어 타인의 채무에 대한 변제책임 인정은 채무인수와 같이 당사자가 책임 부담의 의사를 표시한 경우에 한정됨이 원칙이고, 예외적으로 법률 규정에 의하여 당사자의 의사와 관계없이 타인의 채무에 대한 변제책임이 인정될 수 있으나, 유추적용 등의 방법으로 그 규정을 확대 적용하는 것은 신중하여야 한다. 그런데 상법 제42조 제1항은 영업양도에서 양도인의 상호를 계속 사용함으로써 대외적으로 영업양도 사실이나 채무승계가 없는 사실을 알기 어렵게 하여 양도인의 채권자의 채권추구 기회를 상실하도록 한 양수인에게 그 책임을 물어 타인인 양도인의 채무에 대한 변제책임을 지우기 위해 마련한 규정인 반면, 영업임대차의 경우 영업상 채권자가 제공하는 신용에 대하여 실질적인 담보의 기능을 하는 영업재산의 소유권이 재고상품 등 일부를 제외하고는 임대인에게 유보되어 있기 때문에 임차인에게 임대인의 채무에 대한 변제책임을 부담시키면서까지 임대인의 채권자를 보호할 필요가 없다. 또한 상법 제42조 제1항에 의한 양수인의 책임은 양수한 영업재산에 한정되지 않고 그의 전 재산에 미친다는 점을 아울러 고려하여야 한다는 것이다.

이에 대해서는 영업임대차의 경우 고정자산은 임대인에게 유보되어 있지만 그것을 활용한 수익은 임차인에게 귀속되는 등 결국 정도의 차이가 있을 뿐 신용 제공의 근거가 된 책임재산과 채무자의 분리 또는 담보력 감소라는 현상은 영업양도와 동일하고, 영업임대차의 대상인 영업은 영업양도의 대상인 영업과 동일하고 법률행위에 의한 영업의 이전이라는 점에서 동일하므로 외형상으로는 양자를 구분하는 것이 어려워서 채권자의 채권회수 기회 상실 가능성이 있으며 채무면탈 또는 구조조정의 목적으로 영업임대차를 채택하는 경우 채권자보호에 공백이 생겨 채권자 보호 필요성은 영업양도와 다를 바 없다는 등의 반론도 가능하다.

다만 영업임대차에서 임대인에게 유보된 고정자산 등 영업재산을 이용한 수익은 임차인에게 귀속되나 임대인으로서는 그 대가로 그에 상응하는 차임을 얻으므로 채권자로서는 이를 책임재산으로 삼아 채권을 회수할 수 있고, 상법 제42조 제1항을 유추적용하더라도 등기사항 법정주의로 인해 영업임차인이 상법 제42조 제2항에 따른 면책등기가 곤란한 점이 있으며, 유추적용을 긍정하여 상법 제45조13)도 유추적용할 경우 영업임대차 후 2년이 지났을 때 임대인은 채무 부담에서 벗어나고 임차인만 채무를 부담하는지도 분명하지 않고, 임대차기간 만료로 영업이 임대인에게 복귀하면 그 채권채무관계는 어떻게 되는지 등의 법률관계가 발생하는 점 등을 고려하면 대상 판결을 수긍할 수도 있을 것으로 보인다.

II. 會社法

1. 退職을 앞둔 理事가 지나치게 過多한 退職金支給 規定을 마련하고 少數株主의 反對에도 株主總會決議가 成立되도록 한 경우, 그 行爲의 效力

◎ 대법원 2016. 1. 28. 선고 2014다11888 판결

상법이 정관 또는 주주총회의 결의로 이사의 보수를 정하도록 한 것은 이사들의 고용계약과 관련하여 사익 도모의 폐해를 방지함으로써 회사와 주주 및 회사채권자의 이익을 보호하기 위한 것이므로, 비록 보수와 직무의 상관관계가 상법에 명시되어 있지 않더라도 이사가 회사에 대하여 제공하는 직무와 지급받는 보수 사이에는 합리적 비례관계가 유지되어야 하며, 회사의 채무14) 상황이나 영업실적에 비추어 합리적인 수준을 벗어나서 현저히 균형성을 잃을 정도로 과다하여서는 아니 된다.

---

13) 제45조 (영업양도인의 책임의 존속기간) 영업양수인이 제42조 제1항 또는 전조의 규정에 의하여 변제의 책임이 있는 경우에는 양도인의 제3자에 대한 채무는 영업양도 또는 광고 후 2년이 경과하면 소멸한다.

14) 판례공보에는 "채무"라고 기재되어 있으나, "재무"를 의미하는 것으로 보인다.

따라서 회사에 대한 경영권 상실 등으로 퇴직을 앞둔 이사가 회사에서 최대한 많은 보수를 받기 위하여 그에 동조하는 다른 이사와 함께 이사의 직무내용, 회사의 재무상황이나 영업실적 등에 비추어 지나치게 과다하여 합리적 수준을 현저히 벗어나는 보수 지급 기준을 마련하고 지위를 이용하여 주주총회에 영향력을 행사함으로써 소수주주의 반대에 불구하고 이에 관한 주주총회결의가 성립되도록 하였다면, 이는 회사를 위하여 직무를 충실하게 수행하여야 하는 상법 제382조의3[15)]에서 정한 의무를 위반하여 회사재산의 부당한 유출을 야기함으로써 회사와 주주의 이익을 침해하는 것으로서 회사에 대한 배임행위에 해당하므로, 주주총회결의를 거쳤다 하더라도 그러한 위법행위가 유효하다 할 수는 없다.

(1) 사안의 개요

대상 판결의 쟁점은, 피고 회사의 구 경영진이던 원고들이 회사의 경영상황에 부합하지 않는 거액의 퇴직금을 지급하는 퇴직금지급규정을 제정하여 이사회를 통과시키고 자신들이 장악한 대주주를 통하여 주주총회를 통과하도록 한 경우, 그 퇴직금지급규정에 따라 퇴직금 지급을 구할 수 있는지 여부이다.

피고 회사의 발행주식 90%는 甲회사가, 甲회사의 주식 100%는 乙회사가 보유하고 있었고, A는 피고의 대표이사 겸 甲·乙회사의 이사로 피고 회사의 경영권을 장악하다가 사기죄 등으로 유죄판결이 확정되어 2008. 5. 15. 대표이사를 사임하였다. 피고는 경영실적과 재무상태가 지속적으로 어려워 2008. 3. 31. 현재 73억 원의 누적손실을 보았고, 임원 급여 과다가 손실의 주요인이었으며, 휴게소 임대 외 별다른 사업이 없었고, 추진하던 사업은 A의 구속으로 중단되었다. 甲회사 보유의 피고 주식(90%)에 대하여 甲회사의 회사채 보유자인 씨티그룹이 질권을 설정하였는데, 甲회사의 회사채 상환 가능성은 없었으므로 피고의 이사들인 원고들은 곧 피고의 지배주주가 변동되고 자신들도 교체될 것임을 충분히 예상할 수 있었다.

피고 회사의 이사회는 2008. 6. 10. 원고 등의 찬성으로 임원퇴직금지급규정의 제정을 결의한 다음, 2008. 6. 26. 주주총회에서 한국도로공사(10% 지

---

15) 제382조의3 (이사의 충실의무) 이사는 법령과 정관의 규정에 따라 회사를 위하여 그 직무를 충실하게 수행하여야 한다.

분)의 반대에도 甲회사의 찬성으로 위 제정안을 가결하였는데, 甲회사를 대리하여 의결권을 행사한 C는 대표이사 A의 측근인 원고 B의 요청에 따라 찬성하였다. 퇴직금지급규정은 지급률을 대표이사는 5배, 이사는 3배 인상하여 소급 적용하는 것을 내용으로 하였다. 이후 원고들은 기존 연봉계약기간 중임에도 피고와 연봉인상계약을 체결하였다.

원고들은 위의 임원퇴직금지급규정에 따라 피고 회사에 대하여 퇴직금의 지급을 구하는 소를 제기하였다.

(2) 소송의 경과

원심은, 「원고들이 이사회 결의와 주주총회를 거쳐 퇴직금지급규정을 제정한 것은 이사의 충실의무에 위반한 행위로서 위법하므로, 배임행위의 결과인 퇴직금지급규정을 근거로 퇴직금 청구권을 행사할 수는 없다」라는 취지로 판단하였다.

대법원도, 「원심의 판단은 위에서 본 법리에 기초한 것으로서 주식회사 이사의 보수 및 배임행위 등에 관한 법리를 오해한 위법이 없다」라고 보아, 원고들의 상고를 기각하였다.

(3) 해 설

상법16)상 퇴직금을 포함한 이사의 보수는 주주총회의 결의사항이다(피고의 정관도 마찬가지로 정하고 있다). 이는 이사의 고용계약과 관련하여 사익 도모의 폐해를 방지함으로써 회사와 주주 및 회사채권자의 이익을 보호하기 위한 것이다. 통설은 정관이나 주주총회의 결의로 이사 전원에게 지급될 보수총액을 정하고 이사에 대한 개별 보수액은 이사회에 위임하는 것도 가능하다고 하고, 대법원 판례도 마찬가지이다(대법원 2012. 3. 29. 선고 2012다1993 판결). 그런데 상법은 이사의 보수결정 절차만을 규정하고 있을 뿐 보수결정의 기준을 정하지 않고 있으므로, 이사의 보수를 정관이나 주주총회의 결의로 정하기만 하면 그 규모와 관계없이 위법하지 않은지가 문제된다.

미국의 경우17) 보수결정도 기본적으로 '경영판단의 원칙'에 의해 보호

---

16) 제388조 (이사의 보수) 이사의 보수는 정관에 그 액을 정하지 아니한 때에는 주주총회의 결의로 이를 정한다.

17) 미국에서는 임원의 보수결정권은 이사회에 있고, 이사회는 보수위원회에 그 결정 권한을 위임하고 있다.

되지만, 주주 전원이 찬성하지 않은 한 과다(excessive)보수는 무효로 될 수 있고, 과다보수 판단기준으로는 '균형성 기준'(proportionality test)[18], '훼손기준'(waste test)[19] 등이 제시되고 있다. 독일의 경우 주식법 제87조 제1항[20]에서 이사의 보수에 관한 원칙을 정하고 있고, 금융위기 후인 2009. 6. '이사 보수의 적정화에 관한 법률'을 주식법 제87조 제1항에 추가하여, 보수는 이사의 업적에 비추어 적정해야 하고 특별한 근거가 없으면 같은 업종의 통상 보수를 초과할 수 없다고 정하였다.

대상 판결은 상법에 보수와 직무의 상관관계 등에 대한 규정이 없지만 이사의 보수에 일정한 제한이 있음을 판시하고 있다. 즉, ① 이사가 회사에 대하여 제공하는 직무와 지급받는 보수 사이에는 합리적 비례관계가 유지되어야 하며, ② 회사의 재무상황이나 영업실적에 비추어 합리적인 수준을 벗어나서 현저히 균형성을 잃을 정도로 과다하면 안 된다는 것이다.

나아가 대상 판결은 위 퇴직금지급규정의 효력을 인정할 수 없는 근거를 이사의 충실의무 위반($^{상법}_{제382조의3}$)으로 인한 배임행위에서 찾았다. 즉, 이사인 원고들이 경영권 상실 등으로 퇴직을 앞둔 상태에서 직무내용, 회사의 재무상황과 영업실적 등에 비추어 지나치게 과다하여 합리적 수준을 현저히 벗어나는 퇴직금지급규정을 마련하고 지위를 이용해서 소수주주의 반대에도 주주총회결의가 성립되도록 한 것은 이사의 충실의무를 위반하여 회사재산의 부당한 유출을 야기하고 회사와 주주의 이익을 침해한 배임행위이고 이러한 행위에 효력이 인정되지 않는다는 것이다.

한편, 이 사건에서 퇴직금지급규정이 주주총회결의를 거쳤으나, 대상 판

---

18) '균형성 기준'이란, 보수액과 회사가 임원으로부터 제공받은 용역의 가치 사이에 합리적인 비례관계(reasonable relationship)가 있어야 한다는 원칙을 말한다.

19) '훼손기준'이란, 보수가 지나치게 과다하여 회사자산의 훼손에 이른 경우에는 경영판단의 원칙(Business judgment rule)이 적용되지 않는다는 기준을 말한다.

20) 독일 주식법 제87조 (이사의 보수에 관한 원칙) ① 감사회는 각 이사의 보수액의 확정시에 그 보수액이 이사의 직무와 업적 및 회사의 상황과 적정한 관계에 있도록 하고, 특별한 사유 없이 통상의 보수를 초과하지 않도록 주의하여야 한다. 보수체계는 상장회사의 경우에 지속적 기업의 발전에 맞추어야 한다. 따라서 가변적인 보수액의 구성요소는 수년간의 산정기초에 근거하여야 한다.
② 보수액의 확정 후 회사의 상황이 악화되어 제1항에 의한 보수의 부여가 회사를 위하여 현저히 불공정하게 될 경우에는 감사회가 또는 제85조 제3항의 경우에는 법원이 감사회의 신청에 따라 보수를 적정한 수준으로 감액하여야 한다.

결은 그러한 사정만으로 위와 같은 행위가 유효하다고 볼 수 없다고 판시하였다. 이는 대표이사가 임무에 위배하여 주주 또는 회사채권자에 손해가 될 행위를 한 경우, 그 행위에 대하여 이사회 또는 주주총회의 결의가 있었다는 이유만으로 배임죄의 죄책을 면할 수 없다는 법리(^{대법원 2005. 10. 28. 선고} 2005도4915 판결)와 같은 맥락으로 보인다. 다만 지배주주가 자기나 제3자의 이익을 위하여 과도한 이사의 보수를 주주총회에서 결의한 경우 자본금충실의 원칙이나 민법 제103조의 사회질서위반 등을 이유로 그 결의의 효력을 인정할 수 없다는 학설이 다수인데, 대상 판결은 퇴직금지급규정 제정을 결의한 주주총회결의의 효력에 대해서는 명시적으로 판단하지 않았다.

2. 監事 選任時 3% 超過 株式이 商法 第368條 第1項의 '發行株式總數'에 算入되는지 與否

◎ 대법원 2016. 8. 17. 선고 2016다222996 판결

주주총회에서 감사를 선임하려면 우선 '출석한 주주의 의결권의 과반수'라는 의결정족수를 충족하여야 하고, 나아가 의결정족수가 '발행주식총수의 4분의 1 이상의 수'이어야 하는데,[21] 상법 제371조[22]는 제1항에서 '발행주식총수에 산입하지 않는 주식'에 대하여 정하면서 상법 제409조[23] 제2항의 의결권 없는 주식(이하 '3% 초과 주식')은 이에 포함시키지 않고 있고, 제2항에서 '출석한 주주의 의결권 수에 산입하지 않는 주식'에 대하여 정하면서는 3% 초과 주식을 이에 포함시키고 있다.

그런데 만약 3% 초과 주식이 상법 제368조 제1항에서 말하는 '발행주식총수'에 산입된다고 보게 되면, 어느 한 주주가 발행주식총수의 78%를 초과하여 소유하는 경우와 같이 3% 초과 주식의 수가 발행주식총수의 75%를 넘는 경우에는 상법 제368조 제1항에서 말하는 '발행주식총수의 4분의 1 이상의 수'라는 요건을 충족시키는 것이 원천적으로 불가능하게 되는데, 이러한 결과는 감사를 주식회사의 필요적 상설기관으로 규정하고 있는 상법의 기본 입장과 모순된다.

따라서 감사의 선임에서 3% 초과 주식은 상법 제371조의 규정에도 불구하고 상법 제368조 제1항에서 말하는 '발행주식총수'에 산입되지 않는다. 그리고 이는 자본금 총액이 10억 원 미만이어서 감사를 반드시 선임하지 않아도 되는 주식회사라고 하여 달리 볼 것도 아니다.

---

21) 제368조 (총회의 결의방법과 의결권의 행사) ① 총회의 결의는 이 법 또는 정관에 다른

(1) 사안의 개요

대상 판결의 쟁점은, 감사 선임시 상법 제409조의 의결권 없는 3% 초과 주식이 상법 제368조 제1항의 '발행주식총수'에 산입되는지에 있다.

피고 회사의 발행주식총수는 1,000주이고, 원고 A가 340주(34%), B가 330주(33%), C가 330주(33%)를 보유하고 있었다. 피고 회사의 주주총회에서 A, B, C가 모두 참석한 가운데, B와 C의 찬성으로 K를 감사로 선임하는 결의를 하였다.

원고는, 발행주식총수의 3% 초과 주식을 가진 B, C는 초과 주식(30%)의 의결권을 행사할 수 없고($^{상법 \; 제409조}_{제2항}$), 초과 주식의 의결권 수는 출석한 주주의 의결권의 수에 산입되지 않으나 발행주식총수에는 산입되므로($^{상법}_{제371조}$), 위 결의는 의결권 6%의 찬성으로 출석한 주주의 의결권(9%)의 과반수 요건을 충족하였으나, 발행주식총수의 1/4 이상의 찬성요건은 충족하지 못하여 상법 제368조나 정관(＝상법 규정)상 주주총회 결의요건을 충족하지 못하였다고 주장하면서 위 결의의 취소를 구하였다.

(2) 소송의 경과

원심은, 「감사 선임 결의시 발행주식총수의 3% 초과 주식은 발행주식총수 산입에서도 제외되는바, A, B, C의 의결권 있는 발행주식총수는 합계 90주(30주×3)이고, 그 중 K의 감사 선임에 찬성한 주식 수는 B, C의 합계 60주로서, 출석한 주주의 의결권의 과반수와 발행주식총수의 1/4 이상의 찬성이 있었으므로 위 결의는 적법하다」라고 보았다.

대법원 역시 「위와 같은 법리로 감사 선임시 상법 제409조 제2항의 의

정함이 있는 경우를 제외하고는 출석한 주주의 의결권의 과반수와 발행주식총수의 4분의 1 이상의 수로써 하여야 한다.

22) 제371조 (정족수, 의결권수의 계산) ① 총회의 결의에 관하여는 제344조의3 제1항과 제369조제2항 및 제3항의 의결권 없는 주식의 수는 발행주식총수에 산입하지 아니한다.
② 총회의 결의에 관하여는 제368조 제3항에 따라 행사할 수 없는 주식의 의결권 수와 제409조 제2항·제3항 및 제542조의12 제3항·제4항에 따라 그 비율을 초과하는 주식으로서 행사할 수 없는 주식의 의결권 수는 출석한 주주의 의결권의 수에 산입하지 아니한다.

23) 제409조 (감사의 선임) ① 감사는 주주총회에서 선임한다.
② 의결권없는 주식을 제외한 발행주식의 총수의 100분의 3을 초과하는 수의 주식을 가진 주주는 그 초과하는 주식에 관하여 제1항의 감사의 선임에 있어서는 의결권을 행사하지 못한다.

결권 없는 주식은 상법 제368조 제1항의 발행주식총수에 산입되지 않는다」
라고 판단하여, 원고의 상고를 기각하였다.

(3) 해 설

상법 제368조 제1항은 주주총회의 결의방법에 관하여, "① 출석한 주주
의 과반수와 ② 발행주식총수의 1/4 이상의 수로써 하여야 한다."라고 규정
하고 있다. 그런데 상법 제409조 제1항은 감사를 주주총회에서 선임하도록
규정하면서, 그 결의방법에 관하여 같은 조 제2항은 "발행주식총수의 3%를
초과하는 수의 주식을 가진 주주는 그 초과하는 주식에 관하여 의결권을 행
사하지 못한다."고 규정하고, 제371조 제2항은 "총회 결의에 관하여 … 제
409조 제2항에 따라 그 비율을 초과하는 주식으로서 행사할 수 없는 주식의
의결권 수는 출석한 주주의 의결권 수에 산입하지 아니한다."고 규정하고 있
다. 이 사건에서 감사 선임시 A, B, C 모두 발행주식총수의 3%인 30주씩만
의결권을 행사할 수 있어 출석주주의 총 의결권 수는 90주이고, 그 중 60주
(B, C)가 찬성하였으므로 '①의 요건'은 충족하였다.

문제는 '②의 요건', 즉 '발행주식총수의 1/4 이상' 요건 충족 여부이다.
상법 제368조 제1항의 결의요건을 산정할 때 의결권이 당초부터 없거나 일
정한 사안에 제한되는 주식의 처리에 관하여 상법 제371조는 "의결권이 없
는 경우"($^{제1}_{항}$)와 "의결권을 행사할 수 없는 경우"($^{제2}_{항}$)를 나누어, 상법 제344
조의3 제1항, 제369조 제2항 및 제3항의 의결권이 없는 주식은 발행주식총수
에 산입하지 않고($^{제1}_{항}$), 의안에 따라 의결권을 행사할 수 없는 상법 제368조
제3항, 제409조 제2항 및 제3항, 제542조의12 제3항 및 제4항의 경우에는 출
석한 주주의 의결권에 산입하지 않도록($^{제2}_{항}$) 구분하고 있을 뿐, 상법 제409
조 제2항의 의결권 없는 주식이 상법 제368조 제1항의 '발행주식총수'에 산
입되는지는 규정하고 있지 않다.

문언대로 해석하면 상법 제409조 제2항에 따라 의결권 행사가 제한되는
3% 초과 주식은 출석한 주주의 의결권의 수에는 산입되지 않지만, 발행주식
총수에는 산입되는데, 이와 같이 해석할 것인지가 쟁점이다. 이 사건의 경우,
3% 초과 주식이 발행주식총수에 산입되면 위 결의는 발행주식총수(1,000주)
의 1/4(250주)의 찬성을 얻지 못해 결의요건을 충족하지 못하고, 3% 초과

주식을 발행주식총수에 산입하지 않으면 의결권 있는 발행주식총수는 90주 (30주×3)가 되므로 그 1/4에 해당하는 22.5주 이상의 찬성을 얻어 결의요건을 충족하게 된다.

여기서 3% 초과 주식의 산입 여부에 대하여는 견해의 대립이 있다. 제1설은, 상법 제371조 명문에 따라 3% 초과 주식이 발행주식총수에는 포함된다는 견해이다. 제2설은, 상법 제371조는 입법오류이므로 3% 초과 주식은 발행주식총수에서 제외되는 것으로 해석하는 견해로, 다수설의 입장이다. 제3설은, 기본적으로 제1설이 타당하나, 상법 규정상 감사 선임이 불가능한 경우에는 제2설과 같이 보아야 한다는 견해이다.

대상 판결은 제2설을 채택하였고, 이는 다음과 같이 설명될 수 있다. ① 1995. 12. 29. 개정 전 상법 제368조[24])는 주주총회의 결의방법에 관하여 의사정족수와 의결정족수를 모두 규정하였는데, 개정 후 상법 제368조는 의사정족수 규정을 삭제하면서 의결정족수로 '발행주식총수의 1/4 이상' 요건을 부가하였다. 그럼에도 종전의 의사정족수 규정을 전제로 한 상법 제371조는 개정되지 않았고,[25]) 이로 인해 이 사건 쟁점이 발생한 것인데, 1995년 개정 이후의 상법 제371조 제2항은 입법의 착오에 의한 조문이라는 견해가 다수이다. ② 제1설에 따를 경우 대상 판결에서 적시한 경우처럼 3% 초과 주식의 수가 발행주식총수의 75%를 넘는 경우에는 '발행주식총수의 4분의 1 이상의 수'라는 요건 충족이 원천적으로 불가능하여 모든 주주가 찬성해도 감사 선임이 불가능한 불합리한 결과가 발생한다. 그런데 법률 문언대로의 해석이 명백히 불합리한 경우에는 합리적인 결론을 도출하기 위하여 그 문언과 달리 해석하는 것도 해석의 한 방법으로서 허용된다는 것이 대법원판례의 입장이다.[26]) ③ 일반적으로 제1설이 제2설보다 대주주의 감사 선임을 더 어렵게 만드는 효과가 있지만, 제2설의 결론이 대주주를 견제하기 위한 3%

24) 제368조 (총회의 결의방법, 의결권의 행사) ① 총회의 결의는 본법 또는 정관에 다른 정함이 있는 경우 외에는 발행주식의 총수의 과반수에 해당하는 주식을 가진 주주의 출석으로 그 의결권의 과반수로써 하여야 한다

25) 2011년 상법 제371조가 개정되었으나, 이는 그 내용을 구체화한 것일 뿐, 상법 제368조의 개정을 반영한 것은 아니다.

26) 구 형법 제55조 제1항 제6호의 벌금을 감경할 때의 '다액'의 2분의 1이라는 문구는 '금액'의 2분의 1이라고 해석한 대법원 1978. 4. 25. 선고 78도246 전원합의체 판결 등.

rule의 취지를 몰각시킬 정도로는 보이지 않는다.

한편, 피고 회사는 자본금이 10억 원 미만으로 감사가 필수기관이 아니지만, 그럼에도 불구하고 감사를 선임하였다면 의결권 없는 3% 초과 주식을 감사 선임시 발행주식총수에서 제외하여야 할 필요성은 마찬가지이다. 대상 판결 역시 그와 같이 판단하였다.

Ⅲ. 保險法·海商法

1. 災害死亡特約 約款에 獨立的으로 規定된 自殺負責條項의 解釋

◎ 대법원 2016. 5. 12. 선고 2015다243347 판결

[1] 보험약관은 신의성실의 원칙에 따라 약관의 목적과 취지를 고려하여 공정하고 합리적으로 해석하되, 개개 계약 당사자가 기도한 목적이나 의사를 참작하지 않고 평균적 고객의 이해가능성을 기준으로 보험단체 전체의 이해관계를 고려하여 객관적·획일적으로 해석하여야 하며, 위와 같은 해석을 거친 후에도 약관조항이 객관적으로 다의적으로 해석되고 각각의 해석이 합리성이 있는 등 약관의 뜻이 명백하지 아니한 경우에는 고객에게 유리하게 해석하여야 한다.

[2] 甲이 乙 보험회사와 주된 보험계약을 체결하면서 별도로 가입한 재해사망특약의 약관에서 피보험자가 재해를 직접적인 원인으로 사망하거나 제1급의 장해상태가 되었을 때 재해사망보험금을 지급하는 것으로 규정하면서, 보험금을 지급하지 않는 경우의 하나로 "피보험자가 고의로 자신을 해친 경우. 그러나 피보험자가 정신질환상태에서 자신을 해친 경우와 계약의 책임개시일부터 2년이 경과된 후에 자살하거나 자신을 해침으로써 제1급의 장해상태가 되었을 때는 그러하지 아니하다."라고 규정한 사안에서, 위 조항은 고의에 의한 자살 또는 자해는 원칙적으로 우발성이 결여되어 재해사망특약의 약관에서 정한 보험사고인 재해에 해당하지 않지만, 예외적으로 단서에서 정하는 요건, 즉 피보험자가 정신질환상태에서 자신을 해친 경우와 책임개시일부터 2년이 경과된 후에 자살하거나 자신을 해침으로써 제1급의 장해상태가 되었을 경우에 해당하면 이를 보험사고에 포함시켜 보험금 지급사유로 본다는 취지로 이해하는 것이 합리적이고, 약관 해석에 관한 작성자 불이익의 원칙에 부합한다고 한 사례

(1) 사안의 개요

대상 판결의 쟁점은, '일반적인 사망'을 보험사고로 하는 주계약(생명보

험)과 '재해로 인한 사망'을 보험사고로 하는 특약(재해보험)으로 구성된 보험에서 주계약과 특약에 각각 자살면책조항과 자살부책(負責)조항을 둔 경우, 우발성이 결여되어 재해에 해당하지 않는 자살에 대하여도 특약의 약관상 자살부책조항에 따라 재해사망보험금이 지급되는지에 있다.

망인(피보험자)은 2004. 8. 16. 피고와 ○○보험계약(주계약)을 체결하면서, 별도로 보험료를 지급하고 재해사망특약(특약)에도 함께 가입하였다. 주계약에 의하면 피보험자가 보험기간 중 사망하면 일반사망보험금을 지급하고, 특약에 의하면 피보험자가 보험기간 중 재해분류표에서 정하는 재해를 직접적인 원인으로 사망하면 재해사망보험금을 지급하며, 재해분류표는 "재해라 함은 우발적인 외래의 사고로서 다음 분류표에 따른 사고를 말한다."라고 하면서 재해의 유형을 열거하고 있다. 그리고 주계약($\frac{제23}{조}$)과 특약($\frac{제11}{조}$)의 약관에서 각각 독립적으로 다음과 같이 규정하고 있다.

제○○조 (보험금을 지급하지 아니하는 보험사고) ① 회사는 다음 중 어느 한 가지의 경우에 의하여 보험금 지급사유가 발생한 때에는 보험금을 드리지 아니하거나 보험료의 납입을 면제하지 아니함과 동시에 이 계약을 해지할 수 있습니다.

  1. <u>피보험자가 고의로 자신을 해친 경우</u>
     그러나 피보험자가 정신질환상태에서 자신을 해친 경우와 계약의 <u>책임개시일 부터 2년이 경과된 후에 자살하거나 자신을 해침으로써 장해등급분류표 중 제1급의 장해상태가 되었을 경우에는 그러하지 아니합니다.</u>

망인은 2012. 2. 1. 자살하였고, 사망 시 수익자인 망인의 상속인들(원고들)이 피고 보험회사에 대하여 재해특약에 기한 재해사망보험금의 지급을 구하는 소를 제기하였다.

(2) 소송의 경과

제1심은 특약의 약관상 자살부책조항에 따라 재해사망보험금의 지급을 명하였으나, 원심은 「위 자살부책조항은 잘못된 표시에 불과하여 효력이 없다」라고 판단하여 재해사망보험금 청구를 기각하였다.

그러나 대법원은 「위 자살부책조항은 그 해당요건을 충족한 자살을 보험사고에 포함시켜서 보험금의 지급사유로 보는 것이다」라고 해석하여, 원심 판결을 파기·환송하였다.

(3) 해   설

(가) 이 사건 특약에 의하면 "재해"란 '우발적인 외래의 사고로서 재해 분류표에 기재된 것'을 말하고 "재해사망보험금"은 '재해를 직접 원인으로 사망한 경우'에 지급하는데, 자살은 우발성이 결여되므로 피보험자가 자살한 경우 자살은 재해에 해당하지 않아 특약에 의한 재해사망보험금을 지급하지 않는 것이 원칙이다. 그런데 이 사건 특약의 약관은 "보험금을 지급하지 아니하는 보험사고"로서 '피보험자가 고의로 자신을 해친 경우'를 규정(자살면책조항)한 다음, '그러나 피보험자가 책임개시일부터 2년이 경과된 후에 자살한 경우에는 그러하지 아니하다'라고 규정(자살부책조항)하고 있기 때문에 그 약관의 해석이 문제된다.

(나) 종래 대법원은 재해보험에 따른 재해사망과 자살부책조항의 해석에 관하여 여러 차례 판단해왔는데, 그 유형을 분류하면 다음과 같다.

유형	약관 내용	재해사망보험금 인정 여부
A	주계약 : 재해보험 & 자살면책·부책조항	인정 대법원 2007. 9. 6. 선고 2006다55005 판결
B	주계약 : 생명보험 & 자살면책·부책조항 특 약 : 재해보험 & 주계약 준용 조항	부정 대법원 2009. 5. 28. 선고 2008다81633 판결
C	주계약 : 생명보험 + 재해보험 　　　　 & 자살면책·부책조항	부정 대법원 2010. 11. 25. 선고 2010다45777 판결
D	주계약 : 생명보험 & 자살면책·부책조항 특 약 : 재해보험 & 자살면책·부책조항	이 사건

A유형에서 대법원은, 「재해로 인한 사망을 보험사고로 하는 보험의 자살부책조항은 원칙적으로는 자살이 재해로 인한 사망에 해당하지 않아 보험사고에 해당하지 않지만, 예외적으로 자살면책기간 경과 후에 자살한 경우는 보험사고에 포함시킨다」라고 해석하였다. 즉, 이 경우 자살부책조항을 보험사고의 범위를 확장시킨 규정(담보범위확장사유)으로 보았다.

B유형에서 대법원은, 「평균적인 고객으로서는 특약상 재해에 해당하지 않는 자살은 특약에 의해 보험사고로 처리되지 않는다는 것 정도는 기본적

으로 전제하던 사항이고, 특약상 주계약 준용 규정은 특약이 정하지 않은 사항에 한하여 특약의 본래 취지와 목적에 반하지 않는 한도에서 주계약 약관을 준용하는 취지이므로, 보험사고가 재해를 원인으로 한 사망 등으로 제한되어 자살이 보험사고에 해당되지 않는 특약에는 주계약의 자살부책조항이 준용되지 않고, 이러한 합리적인 해석이 가능한 이상 작성자불이익의 원칙은 적용될 여지가 없다」라고 보았다.

C유형(특약 없이 주계약에 생명보험과 재해보험이 모두 포함되고, 적용범위에 관한 제한 없이 자살면책·부책조항이 있는 사안)에서 대법원은, 「자살은 '재해 외 원인'에 의한 공제금 지급사유가 될 뿐이므로, 자살부책조항은 자살면책조항에 의하여 줄어든 '재해 외 원인에 의한 공제사고의 범위'를 다시 일부 확장시키는 규정일 뿐 '재해에 의한 공제사고의 범위'까지 확장시키는 규정은 아니다」라고 보았다.

(다) 이 사건과 같은 D유형에서 자살면책 또는 부책 조항의 해석에 대해서는 대법원 판례가 없었고, 학설에서는 재해사망보험금 부정설[27]과 긍정설[28]이 대립하고 있었다. "부정설"은, 보험자의 면책사유는 보험사고의 발생을 전제로 하고 면책의 예외인 부책사유 역시 같은 전제에서 해석되는바, 재해보험은 '재해로 인한 사망' 등을 보험사고로 하므로 자살은 그 보험사고에 해당할 수 없고, 부책조항은 재해를 전제로 한 면책사유의 예외사유이므로, 자살면책기간 경과 후 자살에 대하여 재해사망보험금 지급의무가 발생하지는 않으며, 특약의 자살부책조항은 그 적용대상이 없는 무의미한 조항이라

---

27) 김철호, "생명보험약관상 자살 면·부책 조항에 대한 검토," 「경영법률」 제21집 제4호, 한국경영법률학회, (2011); 박세민, "생명보험약관상 자살면책기간 이후의 고의 자살에 대한 보험금 지급에 관한 문제 및 자살면책기간 연장에 관한 연구," 「안암법학」 통권 제45호, (2014); 권영준, "자살과 재해사망보험금 지급에 관한 보험약관의 해석", 「재산법연구」 제32권 제3호, (2015); 최병규, "면책기간 후 자살과 지급 보험금의 성격에 대한 연구", 「기업법연구」 제30권 제1호, (2016); 이성남, "보험계약 및 보험약관의 합리적 해석 방안", 「상사법연구」 제35권 제1호, (2016) 등 참조.

28) 서종희, "모순 있는 보험약관조항에 대한 해석", 「외법논집」 제40권 제4호, (2016); 최승재, "자살면책특약의 해석에 대한 연구", 「인권과 정의」 제461호, (2016); 김은경, "보험약관 내용구성과 그 적용에 대한 일고", 「상사판례연구」 제29집 제3권, (2016); 이병준, "모순 있는 보험약관조항의 해석과 불명확조항 해석원칙의 적용", 「선진상사법률연구」 제74호, (2016); 장덕조, "재해사망보험금지급 약관조항과 평균적 고객의 이해 가능성", 상사법무연구회 발표문, (2016) 등 참조.

는 것 등을 근거로 한다.

대상 판결은 "긍정설"을 채택하면서, 신의성실의 원칙에 따른 해석과 객관적·획일적 해석을 법리적 전제로 하여 다음과 같은 점을 근거로 들고 있다. 즉 「위 특약은 상해보험의 일종으로 생명보험의 일종인 주계약과는 보험의 성격, 보험사고와 보험금 및 보험료를 달리하는 별개의 보험계약이므로, 특약의 약관 제11조 제1항 제1호(자살면책조항)는 주계약 약관과는 관계없이 동 약관 제9조[29]와의 관련 속에서 이해되어야 한다. 특약의 약관 제11조 제1항 제1호를 동 약관 제9조의 보험금 지급사유가 발생한 경우에 한정하여 적용되는 조항으로 해석하면 위 조항은 처음부터 그 적용대상이 존재하지 않는 무의미한 규정이다. 그러나 평균적인 고객의 이해가능성을 기준으로 보면 위 조항은 원칙적으로 자살 또는 자해는 우발성이 결여되어 특약 약관 제9조의 보험사고인 재해에 해당하지 않지만, 예외적으로 단서에서 정한 요건(책임개시일부터 2년이 경과된 후에 자살하거나 자신을 해침으로써 제1급의 장해상태가 되었을 경우)에 해당하면 이를 보험사고에 포함시켜 보험금 지급사유로 본다는 취지로 이해할 수 있다. '정신질환상태에서 자신을 해친 경우'가 재해사망보험금 지급사유에 해당함이 확고한 대법원의 입장이므로 이와 나란히 규정된 '책임개시일부터 2년이 경과된 후에 자살하거나 자신을 해침으로써 제1급의 장해상태가 되었을 때'에 관하여도 마찬가지로 해석하는 것이 일반적인 관념에 부합한다는 것이다.

그리고 대상 판결은 위와 같은 해석이 작성자 불이익 원칙에도 부합한다고 판시하고 있다. 작성자 불이익 원칙은 신의성실 원칙, 객관적·획일적 해석 등을 거친 후에도 약관조항이 객관적으로 다의적으로 해석되고 각각의 해석이 합리성이 있는 등 약관의 뜻이 명백하지 아니한 경우에는 고객에게 유리하게 해석하여야 한다는 보충적 해석이다. 따라서 대상 판결이 작성자 불이익 원칙도 근거로 든 것은 재해사망보험금 부정설 또한 가능하고 합리적인 해석으로 인정된다고 가정하더라도 마찬가지로 합리적인 해석으로 인

---

29) 제9조 (보험금의 종류 및 지급사유) 회사는 이 특약의 보험기간 중 피보험자에게 다음 사항 중 어느 한 가지의 경우에 해당되는 사유가 발생한 때에는 보험수익자에게 약정한 보험금(별표 1 '보험금 지급기준' 참조)을 지급합니다.
  1. 보험기간 중 재해분류표에서 정하는 재해(별표 2 참조, 이하 '재해'라 합니다)를 직접적 원인으로 사망하였을 때

정되는 재해사망보험금 긍정설의 입장을 취해야 한다는 입장을 예비적으로 밝힌 것으로 보인다.

나아가 대상 판결은 이 사건이 B, C유형과 사안이 다름을 명시하였고, 결국 A유형과 같은 사안으로 평가한 것으로 보인다. 문제된 자살부책조항은 2010. 1. 29. 생명보험 표준약관이 개정30)되어 현재는 문제되지 않는다.

2. 自殺로 인한 災害死亡保險金 請求에 대한 消滅時效 抗辯의 許否

◎ 대법원 2016. 9. 30. 선고 2016다218713, 218720

채무자의 소멸시효에 기한 항변권의 행사도 우리 민법의 대원칙인 신의성실의 원칙과 권리남용금지의 원칙의 지배를 받는 것이어서, 채무자가 시효완성 전에 채권자의 권리행사나 시효중단을 불가능 또는 현저히 곤란하게 하였거나, 그러한 조치가 불필요하다고 믿게 하는 행동을 하였거나, 객관적으로 채권자가 권리를 행사할 수 없는 장애사유가 있었거나, 또는 일단 시효완성 후에 채무자가 시효를 원용하지 아니할 것 같은 태도를 보여 권리자가 그와 같이 신뢰하게 하였거나, 채권자 보호의 필요성이 크고 같은 조건의 다른 채권자가 채무의 변제를 수령하는 등의 사정이 있어 채무이행의 거절을 인정함이 현저히 부당하거나 불공평하게 되는 등의 특별한 사정이 있는 경우에는 채무자가 소멸시효의 완성을 주장하는 것이 신의성실의 원칙에 반하여 권리남용으로서 허용될 수 없다.

다만 실정법에 정하여진 개별 법제도의 구체적 내용에 좇아 판단되는 바를 신의칙과 같은 일반조항에 의한 법원칙을 들어 배제 또는 제한하는 것은 중요한 법가치의 하나인 법적 안정성을 후퇴시킬 우려가 있다. 특히 소멸시효 제도는 법률관계의 주장에 일정한 시간적 한계를 설정함으로써 그에 관한 당사자 사이의 다툼을 종식시키려는 것으로서, 누구에게나 무차별적·객관적으로 적용되는 시간의 경과가 1차적인 의미를 가지는 것으로 설계되었음을 고려하면, 법적 안정성의 요구는 더욱 선명하게 제기된다. 따라서 소멸시효 완성의 주장이 신의성실의 원칙에 반하여 허용되지 아니한다고 평가하는 것은 신중을 기할 필요가 있다.

---

30) 제17조 (보험금을 지급하지 아니하는 보험사고) 회사는 다음 중 어느 한 가지의 경우에 의하여 보험금 지급사유가 발생한 때에는 보험금을 드리지 아니합니다.
   1. 피보험자가 고의로 자신을 해친 경우. 다만 다음 각 목의 경우에는 그러하지 아니합니다.
      나. 계약의 보장개시일(부활계약의 경우는 부활청약일)부터 2년이 경과된 후에 자살한 경우에는 재해 이외의 원인에 해당하는 보험금을 지급

(1) 사안의 개요

대상 판결의 쟁점은, 앞의 Ⅲ. 1. 판결에서 다룬 자살부책조항이 적용되어 보험금 청구권이 발생하였으나, 보험수익자의 보험금청구에 대하여 보험회사가 일반사망보험금을 지급하면서 재해사망보험금은 지급하지 않은 경우, 이후 소송에서 보험회사가 재해사망보험금 청구권의 시효소멸을 주장하는 것이 신의성실 원칙에 반하여 권리남용에 해당하는지에 있다.

망인(피보험자)은 2004. 5. 11. 원고와 ○○보험계약(주계약)을 체결하면서 재해사망특약(특약)에도 함께 가입하였는데, 특약 약관에 자살부책조항이 있다(구체적인 약관 내용은 Ⅲ. 1. 판결의 사안과 같다). 망인은 2년이 경과한 2006. 7. 4. 자살하였고, 사망 시 수익자인 피고가 2014. 8. 12. 원고에게 특약에 기한 보험금을 청구하였다. 그러자 원고가 특약에 의한 보험금 지급채무의 부존재확인의 소를 제기하였고, 피고는 재해사망보험금의 지급을 구하는 반소를 제기하였다.

(2) 소송의 경과

원심은, 「망인의 사망으로 인한 특약상 재해사망보험금 청구권은 소멸시효의 완성으로 소멸하였고, 원고가 재해사망보험금 지급의무가 있음에도 그 지급을 거절하였다는 사정만으로는 소멸시효 항변이 권리남용에 해당한다고 보기 어렵다」라고 판단하였다.

대법원은 원심의 판단이 정당하다고 보아 피고의 상고를 기각하였다.

(3) 해   설

이 사건에서 특약에 기한 재해사망보험금 청구권은 특별한 사정이 없는 한 보험사고 발생일, 즉 피보험자인 망인이 사망한 2006. 7. 4.부터 2년[31]이 지남으로써 소멸시효가 완성된다. 여기서 피고의 주장과 같이 "피고의 보험금청구에 대하여 원고가 일반사망보험금을 지급하면서 재해사망보험금은 지급하지 않았고, 피고는 원고가 보험금을 제대로 지급하였을 것으로 신뢰하였다."면, 원고의 소멸시효 항변이 권리남용에 해당하는지 문제된다.

대법원 판례는 소멸시효 항변이 신의성실의 원칙 위반이나 권리남용에

---

31) 현행 상법 제662조에 의하면 보험금청구권의 소멸시효기간은 3년이지만, 이 사건에는 보험금청구권의 소멸시효기간을 2년으로 정한 2014년 개정 전 상법 제662조가 적용된다.

해당하는 경우로 4가지 유형을 들고 있다(대법원 2002. 10. 25. 선고 2002다32332 판결 등). 제1유형은 채무자가 시효완성 전에 채권자의 권리행사나 시효중단을 불가능 또는 현저히 곤란하게 하였거나, 그러한 조치가 불필요하다고 믿게 하는 행동을 한 경우이고, 제2유형은 객관적으로 채권자가 권리를 행사할 수 없는 장애사유가 있는 경우이며, 제3유형은 일단 시효완성 후에 채무자가 시효를 원용하지 아니할 것 같은 태도를 보여 권리자로 하여금 그와 같이 신뢰하게 한 경우이고, 제4유형은 채권자보호의 필요성이 크고, 같은 조건의 다른 채권자가 채무의 변제를 수령하는 등의 사정이 있어 채무이행의 거절을 인정함이 현저히 부당하거나 불공평하게 되는 경우이다.

　이 사건에서는 제1유형에 해당하는지 여부가 주로 문제될 것인데, 기존 대법원 판례의 사안들에 비추어 보면, 피고가 재해사망보험금 청구권이 없다고 믿었더라도 이는 피고가 약관의 내용을 제대로 확인하지 않고 스스로 원고를 믿은 것에 불과할 뿐 이러한 신뢰의 형성에 원고가 기여한 바 없고, 원고가 피고의 권리행사를 물리적으로 방해하였다든지, 피고의 권리를 은폐하기 위하여 허위사실을 알렸다든지, 피고가 권리행사를 미루도록 유인하였다는 등으로 원고가 피고의 재해사망보험금 청구권의 행사를 방해하였다고 볼 만한 사정을 찾을 수 없다. 따라서 소멸시효 항변이 권리남용에 해당한다고 보기 어려울 것이다.

　또한 이 사건 보험자가 동종의 보험계약에서 일부 보험수익자에게는 보험금을 지급하였다는 사정은 보이지 않는다. 채권자 보호 등의 측면에서도 원래 재해의 개념에 자살이 포함되지 않음에도 재해보험에 자살면책·부책 조항이 삽입되었고 그러한 상황에서 해석상 재해사망보험금의 지급의무가 인정된 것일 뿐, 재해사망보험금이 자살자에게 당연히 인정되는 것은 아니라는 점에서 보험자의 재해사망보험금 지급거절을 인정하는 것이 반드시 현저히 부당하거나 불공평하다고 할 수 없어 보인다. 따라서 제4유형에 해당한다고 볼 수 있는지도 의문이다.

3. 히말라야 約款이 裏面에 記載된 船荷證券이 서렌더 船荷證券이 된 경우, 獨立契約者의 히말라야 約款의 援用 與否

◎ 대법원 2016. 9. 28. 선고 2016다213237 판결

[1] 운송물에 대한 손해배상청구가 '운송인의 이행보조자, 대리인 또는 하위계약자(any servant, agent or Sub-contractor of the Carrier)'에 대하여 제기된 경우에 그들이 운송인이 주장할 수 있는 책임제한 등의 항변을 원용할 수 있고, 이와 같이 보호받는 하위계약자(Sub-contractor)에 '선박소유자 및 용선자, 운송인 아닌 선복제공자, 하역업자, 터미널 운영업자 및 분류업자, 그들을 위한 이행보조자와 대리인 및 누구든지 운송의 이행을 보조하는 사람이 포함된다'는 취지의 이른바 '히말라야 약관(Himalaya Clause)'이 선하증권의 이면에 기재되어 있는 경우에, 손해가 고의 또는 운송물의 멸실, 훼손 또는 연착이 생길 염려가 있음을 인식하면서 무모하게 한 작위 또는 부작위로 인하여 생긴 것에 해당하지 않는다면, 하위계약자인 하역업자도 선하증권에 기재된 운송과 관련하여 운송인이 선하증권 약관조항에 따라 주장할 수 있는 책임제한을 원용할 수 있다. 그리고 여기에서 말하는 '누구든지 운송의 이행을 보조하는 사람'에는 위 약관에서 운송인과 직접적인 계약관계가 있을 것을 요구하는 등의 특별한 사정이 없는 한, 운송인과 직접적인 계약관계 없이 운송인의 선하증권에 따른 업무범위 및 책임영역에 해당하는 작업의 일부를 대행한 하역업자도 포함된다.

[2] 이른바 '서렌더 선하증권(Surrender B/L)'은 유가증권으로서의 성질이 없고 단지 운송계약과 화물인수사실을 증명하는 일종의 증거증권으로 기능하는데, 이러한 효과는 송하인과 운송인 사이에 선하증권의 상환증권성을 소멸시키는 의사가 합치됨에 따른 것으로서, 당사자들 사이에 다른 의사표시가 없다면 상환증권성의 소멸 외에 선하증권에 기재된 내용에 따른 운송에 관한 책임은 여전히 유효하다.

(1) 사안의 개요

대상 판결의 쟁점은, '실제운송인'이 히말라야 약관이 기재된 선하증권을 발행하였다가 원본을 회수하여 그 선하증권이 서렌더 선하증권이 된 경우, '계약운송인'으로부터 하역작업을 도급받은 '독립계약자'가 송하인에 대하여 히말라야 약관에 따른 책임제한 항변을 할 수 있는지에 있다.

乙발전회사(수하인)가 발주한 보일러 장치 프로젝트에 관하여 일본 甲회사(송하인)는 한국 甲′회사와 컨소시엄을 구성하였고, 甲′회사는 보일러

장치의 운송을 위하여 A회사에 해상운송주선을 위탁하였다. A회사는 丙상선과 용선계약(재용선계약)을 체결하였는데, 재용선계약에서는 FBT 조건(선적, 적부 및 양하 시 모든 비용과 책임을 운송인이 부담하는 조건)을 명시하고 운임약정을 체결하였다. 丙상선(계약운송인)은 B회사와 용선계약을 체결하였고, B회사는 이 사건 선박의 소유자인 丁회사(실제운송인)와 FIOST 조건(선적, 양륙, 적부 및 선창 내 화물정리 비용을 용선자가 부담하는 조건)으로 용선계약(주된 용선계약)을 체결하였다.

丁회사는 甲회사로부터 보일러 장치를 수령하고 송하인을 甲회사, 수하인을 乙발전회사, 통지처를 甲′회사로 하는 선하증권 원본을 발행하였다. 선하증권의 이면약관은 제6조(운송인의 책임기간)에서 "선적항에서 선적하기 전이나 양륙항에서 양륙한 이후에 발생한 손해에 관하여는 운송인에게 어떠한 책임도 없다."라고 정하고, 아울러 히말라야 약관을 규정하고 있다. 이후 이 사건 선하증권은 甲회사의 요청으로 丁회사가 이를 회수하여 표면에 서렌더 스탬프를 찍고, 선하증권 원본의 상환 없이 운송품을 수하인에게 인도하도록 함으로써 '서렌더 선하증권'이 되었다.

한편, 丙상선은 주된 용선계약 조건에 따라 양륙항에서의 양륙작업을 C회사에 도급을 주었고, 이를 다시 피고가 하도급받았다. 그런데 피고의 직원이 양륙작업을 수행하는 과정에서 보일러 장치가 추락·파손되는 사고가 발생하였고, 甲회사가 수리비 등을 지출하는 손해를 입게 되었다.

보험회사인 원고는 甲회사로부터 위 사고로 발생한 피고에 대한 손해배상채권을 양수하여 피고를 상대로 손해배상을 구하는 소를 제기하였다.

(2) 소송의 경과

원심은, 「① 피고는 민법 제756조에 의하여 甲회사에 대하여 손해배상책임을 부담하므로, 손해배상채권을 양수받은 원고에게 손해배상금을 지급할 의무가 있다」라고 본 다음, 「② 甲회사와 丁회사 사이에 직접 운송계약이 체결되었음을 전제로 선하증권의 이면약관이 운송계약에 편입됨에 따라 운송인의 양륙작업을 대행한 하위독립사업자인 피고에게도 히말라야 약관이 적용된다」라고 판시하면서, 피고의 히말라야 약관 원용 항변을 받아들여 피고의 책임을 제한하였다.

대법원은 「甲회사와 丁회사 사이에 직접 운송계약이 체결되었는지에 대하여 원심과 사실관계를 달리하면서도 판시사항과 같은 법리를 전제로, 피고가 甲회사를 상대로 히말라야 약관에 따른 책임제한을 주장할 수 있다」라고 판시하면서, 원고의 상고를 기각하였다.

(3) 해   설

(가) 해상운송은 육상운송에 비해 손해발생의 위험이나 규모가 크고 운송기간이 길며 선박의 발착이 불규칙할 뿐만 아니라 하역작업이 복잡하므로 운송인책임을 제한 또는 면제하는 면책약관이 발전하였다. 소위 "히말라야 약관"(Himalaya Clause)이란, 운송인에게 적용되는 면책권이나 책임제한권 등의 이익을 운송인의 피용자나 선박대리점, 터미널 운영자 기타 운송물 취급자에게 확장하여 적용하도록 하는 선하증권의 조항을 의미한다. 이 사건 선하증권 이면에도 제5조(책임제한)에서 "소송이 운송인의 이행보조자, 대리인 또는 하위계약자에게 제기된 경우에, 이들은 운송인이 이 사건 선하증권에 의하여 주장할 수 있는 항변 및 책임제한을 원용할 수 있다."라고 하면서, 제1조(정의규정)에서 "하위계약자는 선박소유자 및 용선자 그리고 운송인이 아닌 선복제공자, 하역업자, 터미널 및 분류업자, 그들을 위한 대리인 및 이행보조자, 그리고 누구든지 운송의 이행을 보조하는 모든 사람을 포함한다."라고 히말라야 약관을 규정하고 있다.

그런데 히말라야 약관에 합의하는 당사자는 운송계약의 당사자들이고, 터미널 운영업자, 하역업자, 창고업자 등은 선박소유자(혹은 실제운송인)와 고용관계 없이 선박소유자의 보조자 역할을 하는 것인데도, 이러한 '독립계약자'가 운송인이 주장할 수 있는 히말라야 약관에 따른 책임제한을 원용할 수 있는지 문제된다. 대법원 판례는 선하증권 이면에 히말라야 약관이 기재된 경우 독립적인 계약자도 운송인이 주장할 수 있는 책임제한을 원용할 수 있다는 입장이다.[32] 히말라야 약관의 법리적 근거는 대체로 민법상 제3자를 위한 계약에서 찾고 있다.

(나) 문제는, 피고는 계약운송인인 丙상선으로부터 양륙작업을 하도급받았으면서도 실제운송인인 丁회사가 발행한 이 사건 선하증권의 히말라야

---

[32] 터미널 운영업자에 관한 대법원 2007. 4. 27. 선고 2007다4943 판결 참조.

약관을 원용하고 있는데, 이처럼 丁회사와 직접 계약관계가 없는 피고가 甲회사(송하인)를 상대로 선하증권에 기재된 히말라야 약관의 책임제한을 주장할 수 있을 것인가에 있다.

피고의 지위는 丙상선의 법률상 지위로부터 비롯된 것인데, 원심은 丙상선을 '운송주선인'으로 본 반면, 대상 판결은 丙상선이 계약운송인임을 전제로 丙상선이 A회사와 체결한 재용선계약은 B회사와 丁회사 간에 체결된 주된 용선계약과 별도로 이루어진 운송계약으로 보았다.

그렇다고 하더라도 운송계약을 체결한 계약운송인의 위임을 받아 운송을 수행한 실제운송인이 있을 경우에, 선하증권을 발행한 실제운송인과 선하증권 소지인 사이에는 선하증권 기재에 따라 운송계약상의 채권관계가 성립한다(^{대법원 2003. 1. 10. 선고} 2000다70064 판결). 그런데 이 사건 선하증권의 이면약관 제6조에서 정한 실제운송인인 丁회사의 책임기간은 '선적 시점부터 양륙 시점까지'이므로, 위 선하증권에 따라 丁회사는 甲회사에게 양륙 시점까지 운송책임을 부담하고, 따라서 양륙 이전의 단계인 양륙항에서의 양륙작업은 실제운송인인 丁회사의 책임범위에 포함된다.

대상 판결은 이 점에서 「비록 丙상선이 주된 용선계약의 FIOST 조건에 따라 직접 양륙작업을 인수하고 피고가 그 양륙작업을 하수급하여 피고와 丁회사 사이에 직접적인 계약관계가 없더라도, 피고는 丁회사의 양륙작업을 대행한 자로서 히말라야 약관에서 규정하는 운송인의 하위계약자의 지위에 있다」라고 판단한 것으로 보인다.

(다) 한편, 甲회사는 丁회사로부터 선하증권 원본을 발행받은 후 丁회사에게 '서렌더'(surrender)를 요청하였고, 丁회사가 선하증권 원본을 회수하고 그 위에 '서렌더(SURRENDERED)' 스탬프를 찍었다. 이처럼 선하증권 원본이 회수되고 서렌더 선하증권이 된 경우에도 피고가 선하증권 이면에 기재된 히말라야 약관을 원용할 수 있는지가 문제된다.

선하증권 원본 발행 이후 송하인이 운송인에게 선하증권의 서렌더를 요청하면, 운송인은 선하증권 원본을 회수하여 그 위에 "SURRENDERED"라는 스탬프를 날인하고 선박회사의 대리점 등에 권리포기 사실을 전신으로 통지하여 선하증권 원본의 회수 없이 물품을 수하인에게 인도하라는 '서렌더

통지'를 보낸다. 수하인은 송하인으로부터 서렌더 선하증권을 팩스 등으로 받아 수하인의 고무명판을 이면에 날인한 후 운송인에게 제출하여 인도지시서를 교부받음으로서 화물을 수령할 수 있다. 이는 운송거리가 단거리인 경우 운송품보다 선하증권 원본이 늦게 도착하면 수하인이 신속히 운송품을 인도받을 수 없는 불편함을 해소하기 위한 무역실무상 필요에 따라, 출발지에서 선하증권 원본을 이미 회수된 것으로 처리함으로써 선하증권의 상환증권성을 소멸시켜 수하인이 양륙항에서 선하증권 원본 없이 즉시 운송품을 인도받도록 한 것이다. 선하증권 표면에 이미 회수 또는 포기된 것이라는 표시("SURRENDERED")가 되면 선하증권은 더 이상 유통증권으로서의 기능이 인정되지 않고 상환증권성도 인정될 수 없으며, 단지 운송계약 및 화물의 인수사실을 증명하는 일종의 증거증권으로서 기능하게 된다.

실무상 송하인이 처음부터 서렌더 화물(Surrender Cargo)로 처리해 줄 것을 요청하여 운송인이 선하증권 원본을 발행하지 않고 선하증권 양식의 사본(Copy)에 서렌더 화물임을 표시하여 그 앞면만 또는 이면까지 송하인에게 교부하는 경우가 있다. 종래 대법원 판례는 실제운송인이 서렌더 문언이 표시된 선하증권의 앞면만을 사본하여 송하인에게 교부한 사안에서 선하증권이 발행되지 않은 것으로 보고 이면약관의 내용에 대하여 아무런 효력을 인정하지 아니하였다(^{대법원 2006. 10. 26. 선고
2004다27082 판결}). 그러나 이 사건과 같이 선하증권 원본이 발행된 다음 서렌더되어 회수된 경우에 선하증권 이면약관의 효력에 대하여는 대법원 판례가 존재하지 않았다.

대상 판결은 위의 판시사항 [2]와 같은 법리를 전제로, 「이 사건 선하증권이 발행 후 운송인에게 회수되어 서렌더 선하증권이 되었지만, 다른 합의가 있다는 특별한 사정이 없는 한 선하증권 발행 당시 유효하였던 운송 책임에 관한 이면약관의 내용은 여전히 효력이 있다」라고 보아, 피고는 히말라야 약관에 따른 책임제한을 주장할 수 있다고 판단하였다. 이미 발행된 선하증권 원본을 반납할 때의 당사자의 의사는 반환목적이 되는 상환증권성을 제거하는 것에 있고, 그밖에 선하증권의 내용까지 제거하려는 의사의 합치가 있다고 볼 수 없으므로, 대상 판결의 입장은 타당하다.

4. 商法 第672條 第1項의 準用으로 여러 保險者가 각자 保險金額 의 限度에서 連帶責任을 지는 경우, 各 保險者의 保險金 支給債 務가 不眞正連帶關係에 있는지

◎ 대법원 2016. 12. 29. 선고 2016다217178 판결

피보험자가 무보험자동차에 의한 교통사고로 인하여 상해를 입었을 때에 손해 에 대하여 배상할 의무자가 있는 경우 보험자가 약관에 정한 바에 따라 피보험자에 게 손해를 보상하는 것을 내용으로 하는 무보험자동차에 의한 상해담보특약(이하 '무 보험자동차특약보험'이라 한다)은 상해보험의 성질과 함께 손해보험의 성질도 갖고 있는 손해보험형 상해보험이므로, 하나의 사고에 관하여 여러 개의 무보험자동차특 약보험계약이 체결되고 보험금액의 총액이 피보험자가 입은 손해액을 초과하는 때에 는 손해보험에 관한 상법 제672조 제1항[33]이 준용되어 보험자는 각자의 보험금액의 한도에서 연대책임을 지고, 이 경우 각 보험자 사이에서는 각자의 보험금액의 비율 에 따른 보상책임을 진다. 위와 같이 상법 제672조 제1항이 준용됨에 따라 여러 보 험자가 각자의 보험금액의 한도에서 연대책임을 지는 경우 특별한 사정이 없는 한 보험금 지급책임의 부담에 관하여 각 보험자 사이에 주관적 공동관계가 있다고 보기 어려우므로, 각 보험자는 보험금 지급채무에 대하여 부진정연대관계에 있다.

(1) 사안의 개요

대상 판결의 쟁점은, 하나의 사고에 관하여 여러 개의 '무보험자동차에 의한 상해담보특약 보험계약'이 체결된 사안에 상법 제672조 제1항이 준용 되어 여러 보험자가 각자의 보험금액의 한도에서 연대책임을 지는 경우, 각 보험자가 보험금 지급채무에 대하여 연대관계에 있는지 아니면 부진정연대 관계에 있는지에 있다.

원고(보험자)는 A, B와 각각 자동차종합보험계약(제1, 2계약)을 체결하 였고, 피고(보험자)는 C와 자동차종합보험계약(제3계약)을 체결하였다. 위 계약들에는 무보험자동차에 의한 상해담보특약이 포함되어 있고, 이에 따르 면 기명피보험자의 부모는 피보험자에 해당하며, 원고와 피고의 무보험차 상

---

33) 제672조 (중복보험) ① 동일한 보험계약의 목적과 동일한 사고에 관하여 수개의 보험계 약이 동시에 또는 순차로 체결된 경우에 그 보험금액의 총액이 보험가액을 초과한 때에는 보험자는 각자의 보험금액의 한도에서 연대책임을 진다. 이 경우에는 각 보험자의 보상책 임은 각자의 보험금액의 비율에 따른다.

해보험금의 지급기준은 동일하다.

A~C의 모(母)인 甲은 2004. 11. 13. 도로 횡단 중 자동차책임보험에만 가입된 자동차에 충격되어 부상을 입었다. 원고는 제1계약상 무보험차 상해담보특약에 따라 甲에게 치료비를 지급해오다가, 2009. 7. 27.부터 2014. 1. 9.까지 치료비 약 1억 원을 지급하였다. 한편 甲은 2008. 4. 22. 피고에게 제3계약상 무보험차 상해담보특약에 의한 보험금을 청구하였으나, 피고는 보험금채권의 소멸시효 2년이 경과하였음을 이유로 그 지급을 거부하였다.

원고는 중복보험자로서 연대책임을 지는 피고를 공동면책시켰음을 이유로, 피고에 대하여 위 치료비 1억 원 중 부담 부분(1/3)에 대하여 구상금 청구의 소를 제기하였다. 이에 대하여 피고는, 피고의 甲에 대한 보험금지급채무는 2006. 11. 13. 소멸시효가 완성되었고, 연대채무자에 대한 소멸시효 완성에는 절대적 효력이 있어 원고가 소멸시효 완성 후 지급한 위 보험금은 공동면책의 효력이 없어 구상의무가 없다고 항변하였다.

(2) 소송의 경과

원심은, 상법 제672조 제1항이 적용되는 중복보험에서 각 보험자들의 보험금 지급채무는 부진정연대채무라는 이유로, 「피고의 甲에 대한 보험금 지급채무의 소멸시효가 완성되었더라도, 이는 상대적 효력에 불과하므로 원고에게 대항할 수 없다」라고 판단하여 원고 승소판결을 하였다.

대법원도, 위와 같은 법리를 이유로 「각 보험자가 보험금 지급채무에 대하여 부진정연대관계에 있다」라고 판단하여 피고의 상고를 기각하였다.

(3) 해　설

상법 제672조 제1항은, 중복보험이 체결된 경우 각 보험자는 각자의 보험금액의 한도 내에서 연대책임을 지되(연대책임주의), 각자의 보험금액의 총 보험금액에 대한 비율에 따라 보상책임을 지는 것(비례보상주의)으로 하여 '연대비례보상주의'를 규정하고 있다. '연대책임주의'는 보험자와 피보험자 사이(외부관계)에 적용되고, '비례보상주의'는 보험자들 사이(내부관계)에 적용된다. 대법원 판례는 「무보험자동차에 의한 상해담보특약에도 중복보험에 관한 상법 제672조 제1항이 준용되므로, 각 보험자는 각자의 보험금액 한도에서 연대책임을 부담한다」라고 판시한 바 있다(2006. 11. 10. 선고, 2005다35516 판결).

여기서 상법 제672조 제1항에 따른 각 보험자의 연대책임이 '연대채무'인지 아니면 '부진정연대채무'인지가 쟁점이다. 피보험자의 어느 한 보험자에 대한 보험금 청구권의 소멸시효 완성 후 다른 보험자가 그 부담부분을 넘는 보상을 한 경우, 연대채무라고 해석하면 민법 제421조에 따라 그 보험자의 부담부분에 한하여 다른 보험자도 의무를 면하므로, 어느 한 보험자가 자신의 부담부분을 넘는 부분을 보상하였더라도 구상권을 행사할 수 없고, 부진정연대채무로 해석하면 여전히 구상권을 행사할 수 있다.

종래 이 사건 쟁점에 대하여는 국내에서는 부진정연대채무에 해당한다는 견해34)만이 제시되고 있고, 일본 학설35)에서도 중복보험자의 피보험자에 대한 채무를 부진정연대채무라고 설명한 것이 있다. 대법원은 이에 대하여 명시적으로 판시한 바 없었는데, 대상 판결은 처음으로 이를 부진정연대관계에 있다고 판단하였다.

부진정연대채무에 대하여 통설은, 수인의 채무자가 동일한 내용의 급부에 대하여 각자 독립하여 전부를 급부할 의무를 부담하고, 그 가운데 1인이 변제하면 모든 채무자의 채무도 소멸된다는 점에서는 진정연대채무와 동일하지만, 채무자 간의 공동목적에 의한 주관적 관련이 없어, 채무자 1인에게 생긴 사유 중 목적도달사유(변제 또는 상계, 공탁 등 채권자에게 만족을 주는 사유) 이외의 것은 다른 채무자에게 그 효력이 미치지 않고, 채무자 사이에는 구상관계를 그 당연한 내용으로 하지 않는 채무라고 한다. 대법원 판례는 대체로 채무자 사이에 '주관적 공동관계'가 있는지에 따라 연대채무와 부진정연대채무를 구별하고 있다(대법원 2009. 8. 20. 선고 2009다32409 판결, 대법원 2010. 8. 26. 선고 2009다95769 판결, 대법원 2010. 10. 28. 선고 2010다53754 판결 등).

이처럼 연대채무로 보기 위해서는 각 보험자 사이에 주관적 공동관계가 있어야 하는데, 중복보험의 경우 각 보험자는 다른 보험자와 관계없이 개별적으로 보험계약을 체결하므로, 각 보험자 사이에 주관적 공동관계를 인정하기 어렵다. 상법 제672조 제1항 역시 중복보험에서 각 보험자가 보험금 지급

---

34) 박상현, "무보험자동차에 의한 상해보험과 관련된 몇 가지 쟁점에 관한 소고 -무보험자동차에 의한 상해보험의 법적 성질 및 중복보험규정의 적용 여부를 중심으로-", 「실무연구자료」 제7권, 대전지방법원, (2006), 185면; 오지용, "무보험자동차에 의한 상해보험의 중복보험규정 적용여부에 관한 고찰 -대법원 2006. 11. 10. 선고 2005다35516 판결-", 「경영법률」 제17집 제4호, 한국경영법률학회, (2007), 216면.

35) 甘利公人・山本哲生, "保險法の論点と展望"(黒木松男 執筆), 「商事法務」, (2009), 118頁.

에 연대책임을 지도록 규정한 것, 즉 '법정' 연대책임을 규정한 것이라고 볼 수 있어 주관적 공동관계를 더욱 인정하기 어렵다. 민법과 상법에서 종종 연대책임이라고 규정한 것에 대하여 학설과 판례는 '주관적 공동관계'의 유무를 기준으로 연대채무인지 부진정연대채무인지를 구별하고 있으므로, 상법 제672조 제1항에서 '연대책임'이라는 문언을 사용한 것이 이를 반드시 '연대채무'로 보아야 할 근거는 되지 않는다. 이를 연대채무로 볼 경우 절대적 효력의 인정 범위가 지나치게 넓은 민법 하에서 채권자의 보호에 소홀해질 우려가 있다. 따라서 상법 제672조 제1항에 따른 각 보험자의 보험금 지급채무에 대하여 부진정연대관계에 있다는 대상 판결은 타당하다.

5. 其   他

이외에도 2016년에 선고된 보험법·해상법분야 판례들로서 주목할 만한 것은, 「적재물배상책임보험의 보통약관에서 '보상하는 손해'에 관하여 피보험자가 화주로부터 수탁받은 시점부터 수하인에게 인도하기까지의 운송과정에 발생한 보험사고로 수탁화물에 대한 법률상의 배상책임을 부담함으로써 입은 손해를 보상한다고 규정한 사안에서 위 약관조항은 명시·설명의무의 대상이 되는 보험계약의 중요한 내용이 아니다」라고 하는 대법원 2016. 9. 23. 선고 2016다221023 판결, 「선박의 운항에 필요한 물품이나 용역의 공급자는 라이베리아국 해상법 제114조 제3항에 따라 선박의 용선 여부와 용선자의 선박 기속 권한 유무를 질문·조사할 의무가 있고, 이러한 의무를 이행하지 않은 경우 선박우선특권을 주장할 수 없다」라고 하는 대법원 2016. 5. 12. 선고 2015다49811 판결 등이 있다.

Ⅳ. 證券 · 金融

1. 株價連繫證券(ELS)을 發行하여 販賣한 證券會社와 백투백 헤지 契約을 締結한 第3者가 株價連繫證券에 投資한 投資者에 대하여 不正去來行爲나 時勢操縱行爲로 인하여 損害賠償責任을 負擔하는지

◎ 대법원 2016. 3. 24. 선고 2013다2740 판결

[1] 구 자본시장과 금융투자업에 관한 법률(2013. 5. 28. 법률 제11845호로 개정되기 전의 것, 이하 '자본시장법'이라 한다) 제178조 제1항 제1호,[36] 제179조 제1항[37])에서 시세조종행위 등 사회통념상 부정하다고 인정되는 수단이나 기교 등을 사용한 자로서 금융투자상품의 거래와 관련하여 입은 손해를 배상할 책임을 지는 부정거래행위자에는, 금융투자상품의 거래에 관여한 발행인이나 판매인뿐 아니라, 발행인과 스와프계약 등 금융투자상품과 연계된 다른 금융투자상품을 거래하여 권리행사나 조건성취와 관련하여 투자자와 대립되는 이해관계를 가지게 된 자도 포함된다.

[2] 자본시장법 제176조 제3항[38])은 '상장증권 또는 장내파생상품의 시세를 고정시키거나 안정시킬 목적으로 그 증권 또는 장내파생상품에 관한 일련의 매매 또는 그 위탁이나 수탁을 하는 행위'를 금지하고 있다. 여기서 상장증권 등의 '시세를 고정'시킨다는 것은 본래 정상적인 수요·공급에 따라 자유경쟁시장에서 형성될 증권 등의 시세에 시장요인에 의하지 아니한 다른 요인으로 인위적인 조작을 가하여 시세를 형성 및 고정시키거나 이미 형성된 시세를 고정시키는 것을 말하는 것으로서, 시세고정 목적의 행위인지는 증권 등의 성격과 발행된 증권 등의 총수, 가격 및 거래량의 동향, 전후의 거래상황, 거래의 경제적 합리성과 공정성, 시장관여율의 정도, 지속적인 종가관리 등 거래의 동기와 태양 등의 간접사실을 종합적으로 고려하여 판단한다. 따라서 자본시장법 제176조 제3항을 위반하여 상장증권의 매매 등에 의하여 시세를 고정시킴으로써 타인에게 손해를 입힌 경우에 상당인과관계가 있는 범위 내에서는 민법 제750조의 불법행위책임을 지며, 이러한 법리는 금융투자상품의 기초자산인 증권의 시세를 고정시켜 타인에게 손해를 가한 경우에도 마찬가지로 적용된다.

---

36) 제178조 (부정거래행위 등의 금지) ① 누구든지 금융투자상품의 매매, 그 밖의 거래와 관련하여 다음 각 호의 어느 하나에 해당하는 행위를 하여서는 아니 된다.
1. 부정한 수단, 계획 또는 기교를 사용하는 행위

(1) 사안의 개요

대상 판결의 쟁점은, 주가연계증권의 발행사와 기초자산에 관한 스와프 계약을 체결한 피고가 델타헤지 과정에서 기초자산을 매도한 것이 부정거래 행위나 시세조종행위에 해당하여 투자자에 대하여 손해배상책임을 부담하는 지에 있다.

甲증권회사는 이 사건 주식과 乙회사 주식을 기초자산으로 하는 주가연 계증권(ELS)을 원고들에게 발행하였다. 그 수익구조는 조기상환 없이 만기 에 도달한 경우 기준일(2009. 8. 26.) 현재 두 기초자산의 종가가 모두 최초기 준가격의 75% 이상이면 투자자에게 원금과 투자수익이 지급되고, 만기까지 한 종목이라도 최초기준가격의 60% 미만으로 하락한 적이 있고 한 종목이 라도 기준일 종가가 최초기준가격의 75% 미만이면 투자자가 원금 손실을 보도록 되어 있다. 甲증권회사는 위 수익금 상환위험을 회피하기 위하여 피 고와 스와프계약을 체결하였다.

수익금 조기상환은 없었고 기준일 무렵 乙회사 주식은 최초기준가격의 75%를 훨씬 웃돈 반면, 이 사건 주식 가격은 75% 수준인 기준가격 54,740 원 부근에서 등락을 반복하고 있었다. 피고는 2009. 8. 26. ① 접속매매시간 대 중에서 주식 가격이 상대적으로 낮았던 오전에는 8,182주만을 직전 체결 가인 53,500원에 매도한 반면, 가격이 상승하여 기준가격을 약간 밑돌거나 넘어선 오후에는 14회에 걸쳐 106,032주를 매도하였으며, ② 단일가매매시간 대에는 C증권을 통해 시장가매도주문으로 2번에 걸쳐 128,000주를 매도하였 다. 단일가매매시간대의 주식매도는 모두 예상체결가격이 54,800원으로 기준 가격을 근소하게 넘어선 시점에 이루어졌는데, 14:55:19에 96,000주를 매도 하여 예상체결가격이 53,600원으로, 14:58:47에 32,000주를 매도하여 예상체 결가격이 54,500원으로 하락하였다. 기준일 당시 피고의 매도관여율은 장중

---

37) 제179조 (부정거래행위 등의 배상책임) ① 제178조를 위반한 자는 그 위반행위로 인하 여 금융투자상품의 매매, 그 밖의 거래를 한 자가 그 매매, 그 밖의 거래와 관련하여 입은 손해를 배상할 책임을 진다.

38) 제176조 (시세조종행위 등의 금지) ③ 누구든지 상장증권 또는 장내파생상품의 시세를 고정시키거나 안정시킬 목적으로 그 증권 또는 장내파생상품에 관한 일련의 매매 또는 그 위탁이나 수탁을 하는 행위를 하여서는 아니 된다. 다만, 다음 각 호의 어느 하나에 해당하 는 경우에는 그러하지 아니하다. (각호 생략)

7.24%였으나 종가시간대에 46.9%였고, 직전가 대비 저가주문 비율은 장중 16%였으나 종가시간대에 46%에 이르렀다.

결국 기준일의 이 사건 주식 종가는 기준가격에 40원 못 미치는 54,700원으로 결정되었다. 원고들은 피고의 주식매도행위가 부정거래행위나 시세조종행위에 해당한다고 주장하면서, 피고를 상대로 손해배상을 구하는 소를 제기하였다.

(2) 소송의 경과

원심은 「피고의 주식매도행위는 델타헤지에 따른 것으로서 부정거래행위나 시세조종행위라고 볼 수 없다」고 보아 원고들의 청구를 기각하였다.

그러나 대상 판결은 위와 같은 법리를 전제한 다음, 「피고의 주식매도행위는 주가연계증권의 수익 만기상환조건이 성취되지 않도록 이 사건 주식의 기준일 종가를 낮추기 위하여 이루어진 시세조종행위나 부정거래행위에 해당한다고 볼 수 있고, 주식매도행위가 주가연계증권과 관련하여 피고 자신을 위한 위험 회피 목적으로 이루어졌다 하여 달리 볼 수 없다」라고 판단하여, 원심 판결을 파기·환송하였다.

(3) 해   설

(가) ELS는 투자수익이 특정 주식의 가격 또는 주가지수의 변동에 연계되어 결정되는 금융투자상품으로 그 성격은 파생결합증권이다. ELS를 발행한 증권회사는 직접 기초자산이나 옵션 등을 매수하는 방식의 자체 헤지나 외국계증권회사 등 제3자와 동일한 현금흐름을 갖는 상품을 매수하거나 스와프계약을 체결하는 방식의 백투백 헤지를 통하여 상환위험을 관리한다. 이때 금융투자업자가 기초자산의 가격변동에 따른 위험을 회피하기 위하여 기초자산 자체를 보유한 다음 기초자산의 가격변화에 대한 옵션가치의 민감도를 의미하는 델타값에 따라 적정한 수량의 기초자산을 보유하여 옵션의 손익과 보유하는 기초자산의 손익이 상쇄되도록 기초자산의 보유량을 조절하는 헤지 방법을 '델타헤지'라고 한다.

(나) 구 증권거래법이 적용되는 사안에서 증권회사가 ELS를 발행한 다음, '자체 헤지'를 하는 과정에서 이해가 상충하는 투자자에 대하여 부담하는 보호의무의 내용에 관하여는, 이미 대법원 2015. 5. 14. 선고 2013다2757 판

결에서 판시한 바 있다.

이 사건과 같이 ELS 발행사가 제3자와 스와프계약 등을 체결한 이후 백투백 헤지를 통하여 위험을 관리하였고 그 제3자가 델타헤지거래를 하면서 기초자산을 매도한 경우, 투자자가 직접적인 계약관계에 있지 않은 제3자에 대하여 상환조건이 성취되지 않은 것에 대해 손해배상책임을 물을 수 있는지가 문제된다.

이에 대하여 대상 판결은 「발행인과 주가연계증권과 관련한 스와프계약을 체결한 자의 델타헤지거래행위가 자본시장법 제178조 제1항 제1호의 '부정거래행위'에 해당하는 때에는 동법 제179조 제1항에 의해 손해배상을 청구할 수 있고, 구 자본시장법 제176조 제3항의 '시세조종행위'에 해당하는 때에는 민법 제750조에 의해 손해배상을 청구할 수 있다」고 보았다.

이 사건은 2013. 5. 28. 법률 제11845호로 개정되기 전의 구 자본시장법이 적용되는 사안인데, 대상 판결이 구 자본시장법 제176조 제3항의 시세조종행위에 해당할 경우 민법 제750조를 적용한 것은 구 자본시장법 제177조 제1항에서 "제176조를 위반한 자는 그 위반행위로 인하여 형성된 가격에 의하여 해당 상장증권 또는 장내파생상품의 매매를 하거나 위탁을 한 자가 그 매매 또는 위탁으로 인하여 입은 손해를 배상할 책임을 진다."라고만 규정하고 있어 이를 이 사건에 직접 적용하기 어려웠기 때문으로 보인다.

(다) 나아가 대상 판결은, 「① 위 ELS는 상환금이 기초자산의 상환기준일 종가에 따라 결정되는데, ② 기준일 당시 주가가 기준가격 부근에서 등락을 반복하고 있어 피고가 종가를 낮추어 수익만기상환조건의 성취를 무산시켜 A증권에 지급할 금액을 절반 가까이 줄일 동기가 있었고, ③ 접속매매시간대 중 가격이 올라간 오후에 집중적으로 매도하고 단일가매매시간대에는 예상체결가격이 기준가격을 근소하게 넘을 때마다 가격하락효과가 큰 시장가주문 방식으로 반복적으로 대량 매도하고 매도관여율이 매우 큰 비중을 차지하여 실제로 예상체결가격이 하락한 사정을 근거로 피고의 주식매도행위는 수익 만기상환조건이 성취되지 않도록 기준일 종가를 낮추기 위한 시세조종행위나 부정거래행위에 해당한다」고 보았다.

(라) 한편 대상 판결에 따른 환송심(서울고등법원 2016. 10. 28. 선고 2016나5926 판결)에서는 대상 판결

의 취지에 따라 원고들 일부 승소 판결을 선고하면서, 손해의 공평부담의 원칙에 따라 피고의 책임을 제한하여야 한다는 피고의 주장을 배척하였다. 이에 대하여 피고가 불법행위의 책임제한을 상고이유로 주장하며 상고를 제기하였으나, 대법원은 2017. 4. 13. 심리불속행 기각판결을 하였다.

2. 私募投資專門會社의 無限責任社員 兼 業務執行社員의 投資勸誘 關聯 投資者保護義務의 違反 與否

◎ 대법원 2016. 10. 27. 선고 2015다216796 판결

미리 투자대상과 투자방법 및 투자회수구조 등을 결정한 다음 투자를 위하여 구 간접투자자산 운용업법에 따른 사모투자전문회사를 설립하고 무한책임사원 겸 업무집행사원이 되어 투자자들에게 유한책임사원으로서 출자하여 투자에 참여하도록 권유하는 자(이하 '사모투자전문회사의 설립·운용자'라고 한다)는 투자자들이 사모투자전문회사에 투자 참여하는 데 대하여 직접적인 이해관계가 있을 뿐만 아니라 사모투자전문회사를 통한 투자에 관하여 제1차적으로 정보를 생산하고 이를 제공하는 지위에 있다. 사모투자전문회사의 설립·운용자는 사모투자전문회사의 투자대상과 투자방법 및 투자회수구조 등의 중요한 사항에 대하여 정확한 정보를 생산하여 이를 사모투자전문회사의 유한책임사원으로서 투자에 참여하려는 투자자들에게 제공할 의무가 있고, 사모투자전문회사의 설립·운용자가 이러한 의무를 위반하여 투자자들의 투자판단에 영향을 주고 그로 말미암아 투자자들에게 손해가 발생하였다면 주의의무를 위반함으로 인한 불법행위책임을 진다.

그리고 사모투자전문회사의 설립·운용자가 제공한 부정확한 정보로 인하여 투자자가 투자판단에 영향을 받아 손해를 입은 이상, 사모투자전문회사의 설립 당시에 유한책임사원으로 참여한 경우는 물론이고 기존의 유한책임사원에게서 사모투자전문회사의 지분을 양수한 경우에도 마찬가지로 사모투자전문회사의 설립·운용자에 대하여 불법행위책임을 물을 수 있다.

(1) 사안의 개요

대상 판결의 쟁점은, 구 간접투자자산 운용업법('간접투자법')에 따른 사모투자전문회사의 설립·운용자가 투자자들에 부정확한 정보를 제공하여 투자판단에 영향을 준 경우, 투자자보호의무 위반으로 인한 불법행위책임을 지는지 여부이다.

피고(자산운용회사)는 甲저축은행을 인수하는 계획을 세웠는데, 그에 따르면 '인수구조'는 피고가 사모투자전문회사(PEF)를 설립, 乙저축은행과 컨소시엄을 구성하여 甲저축은행을 인수하는 것이고, '투자회수구조'는 甲저축은행의 경영 정상화 후 제3자에게 매각하거나 유가증권시장 등에 상장하는 것이 원칙이나, 乙저축은행과 협약에 의하여 乙저축은행에 대하여 이 사건 PEF 보유의 甲저축은행 주식을 투자원금에 복리 연 12.5%의 비율로 계산한 수익을 더한 금액으로 매수할 것을 청구할 수 있는 권리(풋옵션)를 따로 마련해 두고 있었다.

이에 따라 피고는 이 사건 PEF를 설립하여 무한책임사원 겸 업무집행사원이 되었고, A는 피고와 그 대표이사의 투자 참여 권유에 따라 50억 원을 출자하여 이 사건 PEF의 유한책임사원이 되었다. 피고와 그 대표이사는 투자 참여 권유 과정에서 A를 비롯한 투자자들에게 甲저축은행 인수 1년 뒤부터 풋옵션을 행사하여 투자금을 회수할 수 있다고 설명하였으나, 실제로는 2009. 10.까지는 풋옵션을 행사할 수 없는 상황이었다. 이후 甲저축은행은 2012. 2. 23. 파산하였고, 乙저축은행도 2012. 8. 16. 파산하였다.

원고는 A의 지분을 양수한 B로부터 지분을 다시 양수한 이 사건 PEF의 유한책임사원인데, 피고의 투자자보호의무 위반을 주장하면서 손해배상을 구하는 소를 제기하였다.

(2) 소송의 경과

원심은 투자권유단계에서 설명의무 위반으로 인한 피고의 투자자보호의무 위반을 인정하였다. 또한 원심은 자산운용단계에서의 충실의무 또는 선관주의의무 위반도 인정하였다.

대법원은 위와 같은 법리를 전제로 원심의 결론을 수긍할 수 있다고 보아 피고의 상고를 기각하였다.

(3) 해   설

(가) '사모투자전문회사'란 영미에서 PEF(Private Equity Fund)라고 불리던 것을 간접투자법 개정으로 도입한 것으로 자본시장법에서도 인정되고 있고, 간접투자법에 의하면 상법상 합자회사의 법적 형태를 취한다.

간접투자법은 간접투자증권(투자신탁의 수익증권, 투자회사의 주식) 판매회사의 투자설명서 제공의무 및 설명의무를 규정하고($\binom{제56조}{제2항}$), 자기가 운용하는 간접투자기구의 간접투자증권을 판매하는 자산운용회사에 대하여 같은 의무를 부과하지만($\binom{제4조}{제3항}$), 사모투자전문회사의 경우 업무집행사원에 대하여 원금 또는 수익 보장을 약속하여 사원이 될 것을 권유하는 행위를 금지할 뿐($\binom{제144조의11}{제2항 제2호}$) 그 외에 지분인수 권유와 관련하여 아무런 규정을 두고 있지 않다. 결국 간접투자법상으로는 원금·수익보장금지 외에 사모투자전문회사의 설립·운용자(무한책임사원 겸 업무집행사원)에 대하여 일반적으로 인정될 수 있는 투자자보호의무를 인정하기 곤란하다.

그러나 「투자권유 단계에서의 투자자보호의무는 사법상 일반법리에 의하여도 일정한 범위 내에서 인정되고 그 위반에 대하여는 불법행위책임이 인정된다」라는 것이 대법원 판례의 입장이다(대법원 2011. 7. 28. 선고 2010다76368 판결, 대법원 2015. 6. 24. 선고 2013다13849 판결 등).

대상 판결은 이러한 관점에서 「사모투자전문회사의 설립·운용자에게 사모투자전문회사의 투자대상과 투자방법 및 투자회수구조 등의 중요한 사항에 대하여 정확한 정보를 생산하여 유한책임사원으로서 투자에 참여하려는 투자자들에게 제공할 의무를 부여하면서, 이러한 의무를 위반하여 손해가 발생한 경우 불법행위 책임을 부담한다」고 판단한 것으로 보인다. 나아가 대상 판결은 이러한 법리를 전제로 「피고가 투자 권유 시 풋옵션 행사에 제한이 있는 사실을 설명하지 않아 투자회수구조의 중요한 사항에 대하여 부정확한 정보를 제공하여 원고의 투자판단에 영향을 주었으므로 손해배상책임을 진다」고 판단한 원심의 판단이 정당하다고 보았다. 특히 원고는 B, C로부터 지분을 전전양수하였는데, 대상 판결은 「기존의 유한책임사원에게서 사모투자전문회사의 지분을 양수한 경우에도 사모투자전문회사의 설립·운용자에 대하여 불법행위책임을 물을 수 있다」고 판단하였다.

(나) 한편, 원심은 「업무집행사원인 피고가 PEF의 재산을 운용하면서 유한책임사원으로 투자에 참여한 투자자들의 이익을 보호할 선관주의의무나 충실의무가 있음에도 이를 위반하여 甲저축은행의 재무·경영에 관한 관리·감독을 소홀히 하고 적절한 시기를 지나 乙저축은행에 대한 풋옵션을 행사하였다」고 판단하여, 원고들에 대한 손해배상책임을 인정하였다.

간접투자법은 사모투자전문회사의 경우 업무집행사원의 회사에 대한 충실의무만을 규정하고 있을 뿐($\substack{제144조의 \\ 11\ 제1항}$), 유한책임사원에 대한 충실의무를 규정하고 있지 않다. 그런데도 사모투자전문회사의 업무집행사원이 자산운용상의 선관주의의무나 충실의무를 위반한 경우, 회사가 아닌 투자자인 유한책임사원이 직접 업무집행사원을 상대로 손해배상을 구할 수 있는지의 문제가 있다. 대상 판결이 위와 같은 원심의 판단에 사모투자전문회사 업무집행사원의 선관주의의무와 충실의무에 관한 법리를 오해한 잘못이 없다고 본 것도 참고할 만하다.

3. 私募投資專門會社의 無限責任社員 兼 業務執行社員이 投資勸誘 段階에서 投資者保護義務를 違反한 경우, 損害賠償責任의 成立 時期 및 損害額의 算定方法

◎ 대법원 2016. 9. 30. 선고 2015다19117, 19124 판결

[1] 특정 투자를 목적으로 사모투자전문회사를 설립하여 무한책임사원 겸 업무집행사원이 된 자(이하 '사모투자전문회사의 설립·운용자'라고 한다)가 투자자들에게 투자 참여를 권유하는 과정에서 계획된 투자대상 및 투자방법과 투자회수구조에 관하여 정확한 정보를 제공할 의무를 위반함으로 말미암아 사모투자전문회사의 유한책임사원으로 투자에 참여한 투자자가 입은 손해액은 사모투자전문회사의 지분을 취득하기 위하여 지급한 금전 총액에서 지분으로부터 회수하였거나 회수할 수 있는 금전의 총액을 뺀 금액(이하 '미회수금액'이라고 한다)이므로, 사모투자전문회사의 설립·운용자가 위와 같은 주의의무를 위반함에 따른 투자자의 손해는 미회수금액의 발생이 확정된 시점에 현실적으로 발생하고, 그 시점이 투자자가 사모투자전문회사의 설립·운용자에게 갖는 손해배상청구권에 대한 지연손해금의 기산일이 된다.

[2] 불법행위로 인한 손해액은 불법행위의 성립 시점을 기준으로 하되 변론종결 시점까지의 모든 자료를 참고하여 산정할 수 있으므로, 파산선고 시점에 불법행위가 성립한 경우 그 이후에 파산관재인이 작성하여 법원에 제출한 보고서도 파산선고 시점을 기준으로 한 손해액 산정의 자료가 될 수 있다.

(1) 사안의 개요

대상 판결의 쟁점은, 사모투자전문회사를 설립하여 무한책임사원 겸 업무집행사원이 된 자가 투자권유 단계에서 투자자보호의무를 위반한 경우, 손

해배상책임의 성립시기(=지연손해금 기산점) 및 손해액의 산정방법이다.

사안 개요는, 이 사건 원고는 무한책임사원 겸 업무집행사원인 자산운용 주식회사와 그 대표이사인 피고들로부터 직접 투자 권유를 받고 사모투자전문회사에 20억 원을 출자하여 지분을 취득하였다는 것과 아래의 사실 외에는 Ⅳ. 2. 대법원 2015다216796 판결의 사안과 같다.

이 사건 甲사모투자전문회사는 2011. 2. 15. 풋옵션을 행사하였고, 이로 인한 주식매매대금 253억 원을 乙저축은행에 대한 파산채권으로 인정받았다. 당시 乙저축은행의 파산관재인이 원심의 변론종결 시점에 가장 가까운 2014. 7. 15. 작성하여 제출한 정기보고서에 의하면 파산채권자들에 대한 총 배당예상률은 26.24%였다.

(2) 소송의 경과

원심은 「피고들의 손해배상책임 발생을 인정한 다음, 손해액을 산정하면서 손해의 현실적·확정적 발생 시점을 2014년 2/4분기 정기보고서의 작성시점인 2014. 7. 15.로 보고, 손해액은 '투자금(A)'에서 '기배당금(B)'과 '위 작성시점을 기준으로 한 원고지분의 잔존가치(C)'를 공제한 금액(A-B-C)이다」라고 판시하였다.

그런데 원심은 잔존가치(C)를 산정하면서, '이 사건 사모전문투자회사의 파산채권(253억 원)에 2014. 7. 15.자 정기보고서 기재 총배당예상률에서 기배당률을 공제한 추가배당예상률을 곱하여 산정한 금액'을 '이 사건 사모투자전문회사가 배당받을 금액(D)'으로 보고, 여기에 '이 사건 사모전문투자회사의 순자산액(E)'을 더한 다음, 그 합산액에 원고지분을 곱하여 산정하였다[C = (D+E) × 원고지분]. 이어 책임제한을 하여 손해배상책임액을 산정하고, 이에 대하여 정기보고서 작성시점인 2014. 7. 15.부터 지연손해금의 지급을 명하였다.

대법원은, 「원심의 손해배상책임액 산정 자체는 정당하다고 보면서도, 위에서 본 법리에 따라 지연손해금의 기산일은 2012. 8. 16.이다」라고 판시하면서, 원심 판결을 파기·자판하였다.

(3) 해   설

(가) 일반적으로 불법행위로 인한 손해배상책임은 원칙적으로 위법행위

시에 성립하지만, 위법행위 시점과 손해 발생 시점 사이에 시간적 간격이 있는 경우에는 손해가 발생한 때에 성립하고 지연손해금도 그 시점을 기산일로 하여 발생한다(대법원 2013. 1. 24. 선고 2012다29649 판결). 여기서 손해란 위법한 가해행위로 인하여 발생한 재산상의 불이익, 즉 그 위법행위가 없었더라면 존재하였을 재산상태와 그 위법행위가 가해진 현재의 재산상태의 차이를 말하는 것이고(대법원 1992. 6. 23. 선고 91다33070 전원합의체 판결), 손해 발생 시점이란 이러한 손해가 현실적으로 발생한 시점을 의미하는데, 현실적으로 손해가 발생하였는지 여부는 사회통념에 비추어 객관적이고 합리적으로 판단하여야 한다(대법원 1998. 8. 25. 선고 97다4760 판결).

투자자보호의무 위반에서의 손해에 대해서는 차액설과 매수대금설의 대립이 있는데, 대법원 판례는 일반 불법행위 손해배상책임에서와 같이 차액설의 입장에 서 있다(대법원 2013. 1. 24. 선고 2012다29649 판결). 따라서 투자자가 입은 손해액은 '투자금'에서 '투자로 인하여 회수하였거나 회수할 수 있는 금전의 총액'을 뺀 금액, 즉 미회수금액이 손해가 된다. 따라서 '미회수금액의 발생이 확정된 시점'에 투자자보호의무 위반으로 투자자가 입은 손해가 현실적으로 발생하고, 그 시점이 손해배상청구권의 지연손해금 기산일이 된다. 참고로 이는 부실공시·시세조종·분식회계·부실감사 등 사건에서 손해를 정상가격과의 차액으로 파악하고, 금융투자상품 취득시점을 지연손해금의 기산점으로 보는 것과 차이가 있다.

대상 판결은 이러한 법리가 사모투자전문회사가 투자 참여를 권유하는 과정에서 투자자보호의무를 위반한 경우에도 마찬가지임을 전제로, 「사모투자전문회사의 설립·운용자가 투자 참여 권유 과정에서의 주의의무를 위반함에 따른 투자자의 손해는 미회수금액의 발생이 확정된 시점에 현실적으로 발생하고, 그 시점이 투자자가 손해배상청구권에 대한 지연손해금의 기산일이 된다」라고 판단하였다.

(나) 그렇다면 이 경우 구체적으로 어느 시점에 손해가 현실적으로 발생하였다고 볼 수 있는지가 문제이다. 원고가 보유한 것은 사모투자전문회사의 지분이므로 사안이 다르기는 하나, 대법원 판례는 투자자가 투자신탁의 수익증권을 취득한 사안들에서 손해의 현실적 발생시점을 크게 3가지로 나누어 파악하는 것으로 보인다. 즉, ① 수익증권의 만기시점을 원칙적인 손해

의 현실적 발생시점으로 본 경우(대법원 98다45775 판결, 대법원 2001다11802 판결, 대법원 2003다28200 판결, 대법원 2010다76368 판결 등), ② 만기 전이라도 환매에 의하여 손해를 확정시킨 경우에는 중도환매시점을, 만기 전에 사실상 투자신탁의 청산을 종료한 경우에는 사실상의 청산종료시점을 각 손해의 현실적 발생시점으로 본 경우(대법원 2010다76368 판결, 대법원 2013다59890 판결), ③ 만기일 또는 중도환매일을 기준으로 수익증권의 잔존가치를 확정할 수 없을 때에는 만기일 이후 또는 중도환매일 이후로서 수익증권의 잔존가치 산정이 가능한 때를 손해의 현실적 발생시점으로 본 경우(대법원 2012다29649 판결) 등이 그것이다.

대상 판결은, 「① 원고의 손해는 투자금 총액에서 원고지분으로부터 회수하였거나 회수할 수 있는 금전의 총액을 뺀 금액 상당의 재산상 불이익인데, ② 원고지분에 의하여 회수할 수 있는 금액, 즉 원고지분의 가치는 사모투자전문회사의 가치 중 원고지분 상당액이고, 사모투자전문회사는 A저축은행 주식 55%와 풋옵션만을 가지고 있었으므로 원고지분의 가치는 위 주식 55% 및 풋옵션의 가치에 좌우되며, ③ A저축은행의 파산선고로 위 55%의 가치는 그 무렵 투자원금 이하로 떨어졌고, B저축은행의 파산선고로 사모투자전문회사는 일종의 인적담보라고 할 수 있는 풋옵션에 의하여도 투자원금을 모두 회수하는 것이 불가능하게 되었다고 본 다음, ④ 결론적으로 '乙저축은행의 파산선고일'에 원고지분 취득에 따른 미회수금액의 발생이 확정되었다고 보아 이러한 때에 원고의 손해가 현실적으로 발생하였다」라고 판단하였다. 이는 乙저축은행에 대한 풋옵션을 손해액 산정에 고려하여야 함을 반영한 것으로 보인다.

(다) 나아가 대상 판결은 「손해액 산정 과정에서 불법행위 책임 성립일인 파산선고일을 기준으로 장래에 얻을 이익에 해당하는 'B저축은행의 파산절차에서의 회수가능액'을 산정하면서, 불법행위 성립 이후에 파산관재인이 채무자 회생 및 파산에 관한 법률 제358조에 의해 법원에 제출한 보고서의 총배당예상률을 근거로 할 수 있다」라고 판시하였다.

4. 證券 關聯 集團訴訟의 許可要件

◎ 대법원 2016. 11. 4. 자 2015마4027 결정

[1] 소송허가절차에서 대표당사자가 소명할 대상은 소송허가요건이고, 본안소송절차에서 다루어질 손해배상책임의 성립 여부 등은 원칙적으로 소송허가절차에서 심리할 대상이 아니다. 다만 법원은 증권관련 집단소송법 제12조 제1항 제2호에 정한 '제3조 제1항 각 호의 손해배상청구로서 법률상 또는 사실상 중요한 쟁점이 모든 구성원에게 공통될 것'이라는 소송허가요건이 충족되는지를 판단하는 데에 필요한 한도 내에서 손해배상청구의 원인이 되는 행위 등에 대하여 심리할 수 있다.

[2] 증권관련 집단소송법 제15조 제2항 제4호에 따라 증권관련 집단소송의 허가결정서에 기재하여야 하는 '총원의 범위'는 증권 발행회사, 증권의 종류, 발행시기, 피해의 원인이 된 증권의 거래행위 유형, 피해기간 등을 특정하는 방법으로 확정하되, 소송허가결정 확정 후 지체 없이 총원을 구성하는 구성원에게 소송허가결정을 고지하여야 하는 점을 고려할 때 관련 자료에 의하여 특정인이 구성원에 해당하는지를 판단할 수 있을 정도로 명확하여야 한다.

한편 증권관련 집단소송법의 적용 범위에 해당하는 주식 발행회사 등의 법령 위반행위로 문제가 되는 주식을 취득하였다가 이를 피해기간 동안 그대로 보유하지 않고 일부를 처분하였으나 손해배상을 구하는 주식이 언제 취득한 주식인지를 특정할 수 없는 경우에, 먼저 취득한 주식을 먼저 처분한 것으로 의제하는 '선입선출법'과 나중에 취득한 주식을 먼저 처분한 것으로 의제하는 '후입선출법' 등의 방법이 있고, 총원의 범위를 어떤 방법으로 특정하는지에 따라 총원의 범위와 손해액의 규모에 차이가 생길 수 있지만, 대표당사자가 선택한 방법이 특히 불합리하다거나 그 방법에 의하여 총원의 범위를 확정하는 것이 불가능하다는 등의 특별한 사정이 없는 한 대표당사자가 선택한 방법에 따라 총원의 범위를 확정할 수 있다.

[3] 증권관련 집단소송법 제12조 제1항 제1호에서 말하는 '피고 회사'는 문언에도 불구하고 '구성원이 보유하고 있는 증권을 발행한 회사'라고 해석함이 타당하다.

[4] 증권관련 집단소송법 제12조 제1항 제2호가 소송허가요건의 하나로 규정한 '제3조 제1항 각 호의 손해배상청구로서 법률상 또는 사실상의 중요한 쟁점이 모든 구성원에게 공통될 것'이란 요건은 모든 구성원의 청구원인 가운데 중요사실이 공통되면 충족되고, 각 구성원의 청구에 약간의 다른 사실이 존재한다거나 개별 구성원에 대한 항변사항이 존재한다는 사정만으로 위 요건이 흠결된다고 볼 수 없다.

[5] 증권관련 집단소송법 제12조 제1항 제3호는 소송허가요건의 하나로 '증권관련 집단소송이 총원의 권리실현이나 이익보호에 적합하고 효율적인 수단일 것'을

규정하고 있다. 그러므로 다수 구성원들의 피해 회복을 위하여 소송경제상 집단소송이 다른 구제수단보다 경제적일 것이 요구된다.

(1) 사안의 개요

대상 결정의 주요 쟁점은, 증권관련 집단소송법(이하 '법')에 의한 허가 절차와 관련하여, ① 손해배상책임의 성립 여부 등에 관한 실체심리 가부, ② 선입선출법에 의한 '총원'의 범위 확정 허부, ③ 법 제12조 제1항 제1호의 '피고 회사'의 의미, ④ 법 제12조 제1항 제2호의 '법률상 또는 사실상의 중요한 쟁점의 공통성'의 의미, ⑤ 법 제12조 제1항 제3호의 '적합성과 효율성'의 의미에 있다.

甲 주식회사의 이사회는 이 사건 유상증자 실시를 결의하였고, 대표주관회사 겸 증권인수인인 피고는 증권신고서의 인수인 의견란에 외부차입금 220억 원이 자본금으로 전환된 상태가 아님에도 불구하고 자본금으로 전환되었다고 거짓을 기재하였다.

이후 이 사건 유상증자에 따른 주금이 납입되고 신주가 상장되었으나, 회계법인이 甲회사에 대하여 감사의견을 거절하여 주권매매거래정지처분을 받았다. 이에 이 사건 유상증자에서 신주를 인수한 자들에 의해 자본시장법 제125조 제1항 제5호에 기하여 증권관련집단소송이 제기되었다.

(2) 소송의 경과

제1심과 원심 모두 증권관련집단소송을 허가하였고, 대법원 역시 허가요건을 충족하였음을 이유로 재항고를 기각하였다.

(3) 해   설

법원은 법 제3조의 적용범위,39) 제11조(대표당사자 및 소송대리인의 요건) 및 제12조(소송허가 요건)40)의 요건에 적합한 경우에만 결정으로 증권

---

39) 제3조 (적용 범위) ① 증권관련집단소송의 소는 다음 각 호의 손해배상청구에 한정하여 제기할 수 있다.
   1. 「자본시장과 금융투자업에 관한 법률」 제125조에 따른 손해배상청구
40) 제12조 (소송허가 요건) ① 증권관련집단소송 사건은 다음 각 호의 요건을 갖추어야 한다.
   1. 구성원이 50인 이상이고, 청구의 원인이 된 행위 당시를 기준으로 그 구성원이 보유하고 있는 증권의 합계가 피고 회사의 발행 증권 총수의 1만분의 1 이상일 것

관련집단소송을 허가할 수 있다($^{법\ 제15조}_{제1항}$).**41)** 이 사건에서는 법 제3조, 제12조 제1항 제1호 내지 제3호의 요건을 충족하였는지와, 원심이 행한 총원**42)**의 범위 확정이 적법한지가 쟁점이 되었다.

(가) 판시 [1] 관련

법은 증권관련집단소송의 허가절차(제2장)와 소송절차(제3장)를 분리하여 규정하고 있고, 증권관련집단소송은 일반 민사소송과 달리 소송허가를 받은 후에 비로소 집단소송으로서 효력을 발생한다.

그런데 법 제3조, 제11조, 제12조의 요건들이 소송허가의 충분조건인지, 아니면 남소 방지를 위해 필요조건으로 보아 추가적인 실체심리가 필요한지에 관하여는, ① 손해배상책임의 성립 여부 등은 원칙적으로 심리대상이 아니라고 보거나, 법이 정한 소송허가요건은 허가의 충분조건이라는 견해, ② 실체적 심리를 병행하여 남소를 방지하여야 한다는 견해 등이 있다.

대상 결정은, 「법이 허가요건을 별도로 정하고($^{제11조}_{제12조}$), 대표당사자가 소송허가 신청의 이유를 소명하도록 하며($^{제13조}_{제1항}$), 소송허가요건에 적합한 경우에만 집단소송을 허가하도록 하는($^{제15조}_{제1항}$) 등 소송허가결정이 확정되어야 비로소 본안소송절차를 진행할 수 있도록 규정함으로써, 증권관련집단소송이 그 소송허가절차와 집단소송의 본안소송절차를 분리하고 있음을 이유로, 소송허가절차에서 대표당사자가 소명할 대상은 소송허가요건이고, 손해배상책임의 성립 여부 등은 원칙적으로 소송허가절차에서 심리할 대상이 아니며, 다만 법 제12조 제1항 제2호에 정한 소송허가요건이 충족되는지 판단하는 데 필요한 한도 내에서 손해배상청구의 원인이 되는 행위 등에 대하여 심리할 수 있다」라고 판단하였다.

---

2. 제3조 제1항 각 호의 손해배상청구로서 법률상 또는 사실상의 중요한 쟁점이 모든 구성원에게 공통될 것
3. 증권관련집단소송이 총원의 권리 실현이나 이익 보호에 적합하고 효율적인 수단일 것
4. 제9조에 따른 소송허가신청서의 기재사항 및 첨부서류에 흠이 없을 것

41) 제15조 (소송허가 결정) ① 법원은 제3조·제11조 및 제12조의 요건에 적합한 경우에만 결정으로 증권관련집단소송을 허가한다.

42) 제2조 (정의) 이 법에서 사용하는 용어의 뜻은 다음과 같다.
2. "총원"이란 증권의 매매 또는 그 밖의 거래과정에서 다수인에게 피해가 발생한 경우 그 손해의 보전에 관하여 공통의 이해관계를 가지는 피해자 전원을 말한다.

(나) 판시 [2] 관련

법은 "총원"의 의미를 '증권의 매매 또는 그 밖의 거래과정에서 다수인에게 피해가 발생한 경우 그 손해의 보전에 관하여 공통의 이해관계를 가지는 피해자 전원'으로 정의하고($^{제2}_{항}$), "총원의 범위"는 소장 및 소송허가신청서의 필수적 기재사항($^{제8조}_{제9조}$)이면서 그 기재사항의 흠결 여부는 그 자체로 소송허가요건을 구성하며($^{제12조}_{제1항\,제4호}$), 또한 소송허가결정서의 기재사항($^{제15조}_{제2항}$)이고, 허가결정은 총원의 구성원 전원에게 개별적으로 고지하여야 하며($^{제18조}_{제1항}$), 확정판결의 효력은 제외신고를 하지 아니한 총원의 구성원 전원에게 미친다($^{제37}_{조}$)고 규정하고 있다.

이러한 '총원의 범위'를 확정하는 방법과 정도가 문제되는데, 대상 판결은 「증권관련집단소송의 허가결정서에 기재하여야 하는 '총원의 범위'를 확정하는 방법에 관하여 증권 발행회사, 증권의 종류, 발행시기, 피해의 원인이 된 증권의 거래행위 유형, 피해기간 등을 특정하는 방법으로 확정하되, 그 확정의 정도에 관하여는 '관련 자료에 의하여 특정인이 구성원에 해당하는지를 판단할 수 있을 정도로 명확'하여야 한다」고 판시하였다.

원심은 대표당사자가 특정한 "총원의 범위" 확정방법에 기초하여, 총원의 범위를 '甲회사가 2011. 1. 28. 발행한 기명식 보통주식을 발행시장에서 취득하여 주권매매거래정지일인 2011. 3. 24.까지 계속하여 보유한 자'로 특정하는 한편, '유통시장에서 취득한 주식 또는 기존 주식을 함께 보유하다가 위 기간 중에 처분한 경우에는 먼저 취득한 주식을 먼저 처분한 것으로 의제하여 계산한 결과 위 유상증자에 참여하여 취득한 주식이 2011. 3. 24.까지 남아 있는 자'라고 정하였다. 결국 원심은 '총원의 범위'를 발행시장(이 사건 유상증자)에서 취득한 주식을 총원기간 종기 전에 처분한 '진실공개 전 전매자'(In-and-Out Purchaser)를 제외하면서 그 제외방법으로 선입선출법을 취한 것인데, 이러한 방법이 적법한지가 문제된다.

법의 적용 범위에 해당하는 법령 위반행위로 주식을 취득하였다가 피해기간 동안 그대로 보유하지 않고 일부를 처분하였으나 손해배상을 구하는 주식이 언제 취득한 주식인지를 특정할 수 없는 경우에, 먼저 취득한 주식을 먼저 처분한 것으로 의제하는 '선입선출법'과 나중에 취득한 주식을 먼저 처분한 것으로 의제하는 '후입선출법' 등의 방법이 있다. 이는 일반 증권관련 소송에서 손해인과관계가 있는 손해액을 산정할 경우에도 문제가 되는데, 하급심은 선입선출법에 의하는 경우가 일반적이고 이러한 방법에 의해 산정된 손해액은 대법원에서 인정되는 경향으로 보인다. 이러한 선입선출법이 손해액 산정뿐만 아니라 총원 범위를 확정하는 경우에도 기준이 될 수 있는지가 문제인데(어느 방법인지에 따라 총원 범위 및 배상액이 크게 달라진다), 이에 대하여 대상 결정은 「총원의 범위를 어떤 방법으로 특정하는지에 따라 총원의 범위와 손해액의 규모에 차이가 생길 수 있지만, 대표당사자가 선택한 방법이 특히 불합리하다거나 그 방법에 의하여 총원의 범위를 확정하는 것이 불가능하다는 등의 특별한 사정이 없는 한 대표당사자가 선택한 방법에 따라 총원의 범위를 확정할 수 있다.'는 법리를 선언하였다. 이어 대상 판결은 '예탁결제기관에 예탁되어 있는 주식을 피해기간 중 일부 매도한 구성원이 존재할 수 있는 경우에 이른바 선입선출법에 의하여 총원의 범위를 확정한다고 하여 위법하다고 볼 수 없다」라고 판단하였다.

원심은 「이 사건 유상증자에 참여하여 주식을 취득한 주주들의 명부를 확인한 후 그 주주들의 주식계좌 거래내역을 확인하는 방법으로 총원기간 개시시점의 각 주주별 기존 주식 보유현황을 파악할 수 있으므로 선입선출법에 의하여 총원의 범위를 확정할 수 있다」고 판단하였는데, 대상 결정은 원심의 판단이 정당하다고 보았다. 이 사건은 발행시장 공시책임 사안이어서 유통시장 공시책임 사안에 비해 총원을 산정하는 것이 상대적으로 간단하므로, 원심의 판단이 타당하다고 보는 것에 별다른 어려움이 없다.

(다) 판시 [3] 관련

법 제12조 제1항 제1호는 구성원이 보유하고 있는 증권의 합계가 '피고 회사'의 발행 증권 총수의 1만분의 1 이상일 것이라고 규정하고 있어, 문언으로만 보면 구성원이 보유하고 있는 '증권의 발행회사'만이 증권관련집단소송의 피고가 될 수 있는 것처럼 보인다.

그러나 이는 입법의 오류로서 '피고 회사'는 '유가증권 발행법인' 또는 '해당 증권의 발행인'으로 보아야 한다는 것에 견해가 일치하는 것으로 보인다. 법이 적용되는 소송의 배상의무자가 증권발행법인에 한정되지 않고, 오

는 국제연합이 창설한 국제연합 아이티 안정화 임무단의 기지인 이상 위 협약이 적용되는 것으로 보는 것이 타당하기 때문에 몬트리올 협약이 적용된다」라고 판단하였다. 그러나 대법원은, 「MINUSTAH는 UN 평화유지군이고, 그 파견과 관련하여 아이티 공화국과 UN 간에 체결된 "아이티 내 유엔 활동의 지위에 관한 국제연합과 아이티 정부 간 협정"에 MINUSTAH의 '구성원'에 대하여 일정한 경우 아이티 공화국의 재판관할권을 배제하는 규정이 있을 뿐 MINUSTAH 주둔지역을 일반적으로 아이티 공화국 법의 적용이 배제되는 것으로는 하고 있지 않으며, 몬트리올 협약이 기탁된 '국제민간항공기구(ICAO)'는 UN 산하 전문기구지만 UN 평화유지군 파견지역에서는 UN 또는 UN 전문기구에 기탁된 협약이 당연히 적용된다고 볼 근거는 없고, 몬트리올 협약 자체에도 UN 평화유지군 파견지역에 대하여 협약이 적용된다는 규정이 없다」라는 이유로 그 적용을 배제하였다.

(나) 한편, 원고는 이 사건 항공운송계약이 몬트리올 협약의 적용대상이라고 주장하였고, 피고도 제1심 변론기일에서 이 사건 몬트리올 협약 내용 중 책임제한 적용에 대해서는 이의가 없다고 진술하였다. 이 때문에 원고는, 피고가 원심까지의 소송과정에서 몬트리올 협약을 적용하는 데 대하여 이의가 없었으므로 그 협약에 정한 바에 따라 운송인의 책임제한 여부를 판단한 것은 정당하다고 주장하였다. 그러나 대상 판결은 「피고의 위 진술은 이 사건에 적용할 준거법 내지 법적 판단 사항에 대한 의견에 해당할 뿐 민사소송법에서 불요증사실로 규정한 자백의 대상에 관한 진술이라고는 할 수 없고, 소송절차에서 비로소 당해 사건에 적용할 규범에 관하여 쌍방 당사자가 일치하는 의견을 진술하였다고 해서 이를 준거법 등에 관한 합의가 성립된 것으로 볼 수는 없다」라고 판단한 점도 참고할 만하다.

2. 外國的 要素가 있는 契約에서 當事者가 契約의 一部에 관하여만 準據法을 選擇한 경우, 그 選擇이 없는 部分에 관한 準據法

◎ 대법원 2016. 6. 23. 선고 2015다5194 판결

국제사법 제25조는 제1항 본문 및 제2항에서, "계약은 당사자가 명시적 또는 묵시적으로 선택한 법에 의한다." 그리고 "당사자는 계약의 일부에 관하여도 준거법을 선택할 수 있다."라고 규정하고, 제26조 제1항에서 "당사자가 준거법을 선택하지 아니한 경우에 계약은 그 계약과 가장 밀접한 관련이 있는 국가의 법에 의한다."라고 규정하고 있다. 따라서 외국적 요소가 있는 계약에서 당사자가 계약의 일부에 관하여만 준거법을 선택한 경우에 해당 부분에 관하여는 당사자가 선택한 법이 준거법이 되지만, 준거법 선택이 없는 부분에 관하여는 계약과 가장 밀접한 관련이 있는 국가의 법이 준거법이 된다.

(1) 사안의 개요

원고(대한민국 법인)는 보일러 4대를 터키의 甲회사에 매도하고 이를 해상운송하도록 하면서 보험자인 피고(미국 법인)와 적하보험계약을 체결하였다. 피고는 대한민국에 영업소를 설치하고 대표자를 두면서 이를 등기한 후 대한민국에서 영업행위를 하고 있고, 위 보험계약도 대한민국에 있는 피고 대리점을 통하여 대한민국에서 체결되었다. 위 보험계약에는 "본 보험증권에 따라 발생하는 책임에 관한 모든 문제는 영국의 법률과 관습이 적용된다."라는 준거법 약관과 갑판적재 약관[43]이 포함되어 있었다.

위 화물이 선박의 갑판에 적재되어 운송되던 중 오만 앞바다에서 보일러 1대가 해상으로 떨어지는 사고가 발생하였고, 원고는 甲회사로부터 보험금청구권을 양수하여 피고에게 보험금 지급을 구하는 소를 제기하였다.

(2) 소송의 경과

갑판적재 약관이 적용되어야 한다는 피고의 주장에 따라 갑판적재 약관의 적용 여부가 문제되었는데, 원고는 갑판적재 약관이 약관규제법상 설명의

---

43) '갑판적재 약관'이란, 피보험자가 '화물이 갑판에 적재되어 운송된다는 사실'을 보험자에게 알리지 않는 경우, 付保危險이 일정범위[① 全損(total loss), ② 分損 중 投下(jettison), 甲板流失(Washing Overboard)]로 축소된다는 약관을 말한다.

무 대상임에도 피고가 이를 설명하지 않았으므로 이를 보험계약의 내용으로 주장할 수 없다고 다투었다.

원심은 「영국법이 준거법이 되는 위 보험계약에는 우리나라의 약관규제법이 적용되지 않고, 설령 약관규제법이 적용되더라도 원고가 갑판적재 약관을 잘 알고 있었으므로 피고가 그 내용을 설명하지 않더라도 보험계약의 내용이 된다」라고 판단하였다.

대상 판결은 위와 같은 법리를 근거로 「위 준거법 약관은 보험자의 '책임' 문제에 한정하여 영국의 법률과 관습에 따르기로 한 것이므로, 보험자의 책임에 관한 것이 아닌 사항에 관하여는 위 보험계약과 가장 밀접한 관련이 있는 우리나라의 법이 적용되고, 약관의 설명의무에 관한 사항은 보험자의 책임에 관한 것이라고 볼 수 없어 영국법이 아니라 우리나라의 약관규제법이 적용된다」라고 판단하면서도, 「위 보험계약 체결 당시 원고는 갑판적재 약관 내용을 알고 있었다고 보아 피고가 이를 설명하지 않았더라도 갑판적재 약관은 보험계약의 내용이 된다」라고 판시하였다.

(3) 해   설

(가) 국제사법은 외국적 요소가 있는 계약의 준거법에 관하여, ① 當事者自治의 원칙에 따라 당사자가 선택한 준거법에 의하도록 하고(제25조 제1항), ② 당사자가 계약의 일부에 관하여만 준거법을 선택하는 것도 허용하고 있다(제25조 제2항). 여기서 당사자가 외국적 요소가 있는 계약의 일부에 대하여만 준거법을 선택한 경우 준거법을 선택하지 않은 부분의 준거법을 무엇으로 볼 것인지가 문제이다.

국제사법은 제26조 제1항에서 당사자의 준거법 선택이 없는 경우 '계약과 가장 밀접한 관련이 있는 국가의 법'에 의하도록 하고 있다. 따라서 이 경우 당사자가 '준거법을 지정한 부분'에 관하여는 '당사자가 선택한 법'이 적용되고, 준거법 지정이 없는 '나머지 부분'에 관하여는 '계약과 가장 밀접한 관련이 있는 국가의 법'이 준거법이 된다고 봄이 타당하다. 대상 판결은 이를 명시적으로 판단하였다.

(나) 위 보험계약은 영국법 준거약관[44]을 포함하고 있는바, 이러한 경

---

[44] 대법원 판례는 영국법 준거약관의 유효성을 인정하고 있다.: 대법원 1991. 5. 14. 선고 90

우 원고의 주장과 같이 갑판적재 약관의 설명의무에 관한 우리 약관규제법이 적용되는지가 문제된다.

실무상 해상보험약관에 사용되는 영국법 준거약관의 유형은, ① "본 보험계약은 영국의 법과 관습에 따른다",45) ② "본 보험증권에 따라 발생하는 책임에 관한 모든 문제는 영국의 법률과 관습이 적용된다",46) ③ "이 보험증권에 포함되거나 이에 첨부되는 어떠한 반대규정에도 불구하고, 이 보험은 오직 보험자의 책임 및 청구의 해결에 관해서만 영국의 법률과 관습에 따른다"47) 등이다. 그런데 ①의 유형은 준거법의 전부지정에 해당하는 반면, ②와 ③의 유형은 보험자의 책임(liability)에 관한 사항에 영국법이 적용되어야 함을 명시하고 있다는 점에서는 준거법의 부분지정에 해당한다. 통상 선박보험에는 ①의 유형이, 적하보험계약의 경우에는 ②와 ③의 유형이 사용되고 있다. 위 보험계약에도 ②의 유형의 영국법 준거약관이 사용되었다. 따라서 위 보험계약의 영국법 준거약관은 보험자의 '책임' 문제에 한정하여 영국법에 따르는 것이므로, 보험자의 '책임'에 관한 것이 아닌 사항은 위 보험계약과 가장 밀접한 관련이 있는 법이 적용된다.

이 사건에서 문제된 약관의 설명의무에 관한 사항은 약관의 내용이 계약 내용이 되는지에 관한 문제일 뿐, 보험자의 책임에 관한 것이 아니다. ②의 유형의 영국법 준거약관이 사용된 사안에 대한 대법원 2001. 7. 27. 선고 99다55533 판결도 명시적으로 판시하지는 않았으나, 같은 취지로 판단한 것으로 보인다. 대상 판결은 「이러한 측면에서 약관의 설명의무에 관한 사항에는 영국법이 아닌 위 보험계약과 가장 밀접한 관련이 있는 법인 '대한민국법'인 약관규제법이 적용된다」고 보았다. 이는 ㉠ 위 보험계약이 대한민국 법인과 미국 법인 사이에 체결된 계약으로 그 일방당사자가 대한민국 회사이고, 미국 법인은 국내에 영업소를 설치하고 등기한 국내 대표자 두면서 국

다카25314 판결 참조.

45) The insurance is subject to English law and practice.

46) All questions of liability arising under this policy are to be governed by the laws and customs of England.

47) Notwithstanding anything contained herein or attached hereto to the contrary, this insurance is understood and agreed to be subject to English law and practice only as to liability for and settlement of any and all claims.

내에서 영업행위를 하고 있고 위 보험계약도 그 국내 대리점을 통하여 체결된 점, ㉡ 위 보험계약이 체결된 장소는 대한민국인 점, ㉢ 보험목적물의 소유자도 대한민국 법인인 점을 고려한 것으로 보인다.

3. 外國의 法律에 의하여 權利를 取得한 債權者가 우리나라에서 債權者取消權을 行使하는 경우, 準據法의 決定

◎ 대법원 2016. 12. 29. 선고 2013므4133 판결

채권에 관한 법률관계에 외국적 요소가 있을 경우에, 당사자가 준거법을 선택한 바가 없고, 국제사법에도 당해 법률관계에 적용할 준거법을 정하는 기준에 관한 직접적 규정이 없는 경우에는 법률관계와 가장 밀접한 관련이 있는 국가의 법에 의하여야 한다(국제사법 제26조 등). 외국의 법률에 의하여 권리를 취득한 채권자가 우리나라에서 채권자취소권을 행사할 경우의 준거법에 관해서도 국제사법은 달리 정한 바가 없다. 그러므로 이때에도 법률관계와 가장 밀접한 관련이 있는 국가의 법이 준거법이 되어야 하는데, 채권자취소권의 행사에서 피보전권리는 단지 권리행사의 근거가 될 뿐이고 취소 및 원상회복의 대상이 되는 것은 사해행위이며, 사해행위취소가 인정되면 채무자와 법률행위를 한 수익자 및 이를 기초로 다시 법률관계를 맺은 전득자 등이 가장 직접적으로 이해관계를 가지게 되므로 거래의 안전과 제3자의 신뢰를 보호할 필요도 있다. 이러한 요소 등을 감안하면, 외국적 요소가 있는 채권자취소권의 행사에서 가장 밀접한 관련이 있는 국가의 법은 취소대상인 사해행위에 적용되는 국가의 법이다.

(1) 사안의 개요

모두 러시아국 국적을 갖고 있고 러시아국에서 거주하고 있는 원고(妻)와 A(夫)는 1992. 1. 18. 러시아국에서 혼인한 다음, 2006. 4. 25. 러시아국에서 쌍방의 재산에 관하여 재산분할계약을 포함하는 혼인계약을 체결하였다가, 2011. 11. 14. 러시아국에서 이혼하였다. A는 1996.경부터 대한민국과 러시아국을 오가며 사업을 하다가 대한민국에서 거주하던 러시아국 국적의 피고와 내연관계를 맺었다. A는 2000. 7. 28. 이 사건 아파트를 매수하였다가 2010. 2. 24. 피고와 이에 관하여 매매계약을 체결하고 2010. 2. 25. 피고 명의로 소유권이전등기를 마쳤다.

원고는 A에 대한 재산분할청구권을 피보전권리로 하여 피고에 대하여 사해행위 취소로서 이 사건 아파트에 관한 매매계약의 취소와 소유권이전등기의 말소를 구하는 소를 제기하였다.

(2) 소송의 경과

원심은 원고의 A에 대한 재산분할청구권을 인정하면서도, 「원고의 피보전채권 준거법인 러시아국법과 사해행위의 준거법인 한국법이 누적적으로 준거법이 되어 양 준거법 모두에서 채권자취소권을 행사할 수 있어야 하는데, 러시아국법상 채권자취소권의 근거규정이 있다거나 러시아국법에 따라 채권자취소권이 성립하였음을 인정할 자료가 없다」라는 이유로 원고의 청구를 기각하였다.

대상 판결은 위와 같은 법리를 근거로 「이 사건 매매계약의 준거법은 대한민국법이므로 그 채권자취소권의 행사 등과 관련한 법률관계에 적용할 준거법도 대한민국법이다」라고 판단하여, 원심판결을 파기·환송하였다. 즉, 「이 사건 채권자취소권의 성립과 효력의 준거법은 사해행위취소의 대상인 매매계약에 적용되는 준거법인데, 준거법의 선택에 관한 별도의 합의가 있었다고 볼 자료는 없고, 이와 같이 외국적 요소가 있는 계약의 당사자가 거기에 적용할 준거법을 선택하지 아니한 경우에는 당해 계약과 가장 밀접한 관련이 있는 국가의 법이 준거법이 되며(국제사법제26조 제1항), 특히 그 계약이 부동산에 관한 권리를 대상으로 하는 경우에는 부동산이 소재하는 국가의 법이 가장 밀접한 관련이 있는 것으로 추정하므로(국제사법제26조 제3항),48) 결국 이 사건 아파트가 소재한 대한민국법이 이 사건 매매계약과 가장 밀접한 관련이 있는 것으로 추정된다」라고 판시하였다.

(3) 해   설

국제사법은 외국적 요소가 있는 법률관계와 관련된 실질사법의 충돌을 해결하기 위한 저촉법 체계로서 '법선택의 문제'가 핵심적인 기능이다. 준거법 결정 이론은 사비니(Savigny)의 법률관계 본거설(本據說)에서 출발하여

---

48) 제26조 (준거법 결정시의 객관적 연결) ① 당사자가 준거법을 선택하지 아니한 경우에 계약은 그 계약과 가장 밀접한 관련이 있는 국가의 법에 의한다.
③ 부동산에 대한 권리를 대상으로 하는 계약의 경우에는 부동산이 소재하는 국가의 법이 가장 밀접한 관련이 있는 것으로 추정한다.

다양한 이론과 학설을 거쳐 현대에 이르러서는 국제규범과 대다수의 국가에서 '가장 밀접한 관련(the most closest connection)의 원칙' 또는 '가장 중요한 관계(the most significant relationship)의 원칙'을 핵심적인 연결원칙으로 삼고 있다. 2001. 4. 7 전면 개정된 국제사법에서도 '가장 밀접한 관련의 원칙'을 기본적인 연결원칙으로 삼아 개별조항에서 주된 연결($^{제26조}_{제1항}$) 또는 보조적 연결($^{제37}_{조}$)49) 원칙으로 규정하였고, 일반적인 예외조항($^{제8조}_{제1항}$)50)의 판단 기준으로 규정하고 있다.

국제사법에서는 외국적 요소가 있는 경우 채권자취소권의 준거법 결정에 관하여 규정을 두고 있지 않다. 따라서 채권자취소권의 법률관계와 가장 밀접한 관련이 있는 국가의 법이 준거법이 되어야 한다. 그런데 채권자취소권은 채권자·채무자·수익자 등 다수 당사자의 이해관계가 존재하고, 채권자와 채무자 사이의 법률관계(피보전채권), 채무자와 수익자의 법률관계(사해행위), 채권자와 수익자 등의 법률관계(사해행위의 효력)가 존재한다. 여기에서 어느 법률관계와 가장 밀접한 관련이 있는 국가의 법이 준거법이 되어야 하는지에 대해서 견해가 나뉘고 있다. 다수설은 피보전채권의 준거법과 사해행위의 준거법이 누적적으로 적용되어야 한다는 누적적 적용설이다. 이에 대해서는 피보전채권의 준거법설, 사해행위의 준거법설, 사해행위지법설, 취소대상 재산의 준거법설, 법정지법설 등의 견해도 있다.

종래 대법원은 이에 대하여 판단한 바가 없었는데, 대상 판결은 「외국적 요소가 있는 채권자취소권의 행사에서 가장 밀접한 관련이 있는 국가의 법은 취소대상인 사해행위에 적용되는 국가의 법이다」라고 최초로 판단하였다. 이는 채권자취소권의 행사에서 피보전권리는 권리행사의 근거가 될 뿐, 취소 및 원상회복의 대상이 되는 것은 사해행위인 점, 사해행위 취소가 인정되면 채무자와 법률행위를 한 수익자 및 이를 기초로 다시 법률관계를 맺은 전득자 등이 가장 직접적으로 이해관계를 가지게 되므로 거래의 안전과 제3

---

49) 제37조 (혼인의 일반적 효력) 혼인의 일반적 효력은 다음 각호에 정한 법의 순위에 의한다. 3. 부부와 가장 밀접한 관련이 있는 곳의 법

50) 제8조 (준거법 지정의 예외) ① 이 법에 의하여 지정된 준거법이 해당 법률관계와 근소한 관련이 있을 뿐이고, 그 법률관계와 가장 밀접한 관련이 있는 다른 국가의 법이 명백히 존재하는 경우에는 그 다른 국가의 법에 의한다.

자의 신뢰를 보호할 필요도 있는 점 등을 근거로 한다.

위 사건의 경우 채권자, 채무자, 수익자의 국적, 상거소 및 피보전채권의 성립과 그 청구권의 원인이 되는 신분관계가 모두 러시아국과 연결되어 있는 등 주요 연결점이 러시아국에 편중되어 있음에도 국제사법 제8조 제1항에 의한 준거법 지정의 예외를 인정하지 않는 것도 주목할 만하다.

4. 其　　他

이외에도 2016년에 선고된 국제거래 관련 판례들로서 주목할 만한 것은 다음과 같다. 즉 ① 외국중재판정의 승인 및 집행에 관한 유엔협약 제2조 제1항 및 제2항에서 요구하는 '서면에 의한 중재합의'가 결여된 경우 협약 제5조 제1항 (a)호 후단에서 정한 중재판정의 승인·집행거부사유인 중재합의가 무효인 경우에 해당한다는 대법원 2016. 3. 24. 선고 2012다84004 판결, ② 영국법상 계약위반에서 채권자가 계약을 준비·이행하면서 지출하였으나 채무자의 계약위반으로 '낭비된 비용(wasted expenditure)'을 기대이익의 상실로 인한 손해액으로 배상받을 수 있는 경우에 관한 대법원 2016. 5. 27. 선고 2014다67614 판결 등이 있다.

2017年 主要 商事判例 回顧*

高 弘 錫**

Ⅰ. 商法總則

1. 法院이 職權으로 商法上 消滅時效期間을 適用할 수 있는지

◎ 대법원 2017. 3. 22. 선고 2016다258124 판결

민사소송절차에서 변론주의 원칙은 권리의 발생·변경·소멸이라는 법률효과 판단의 요건이 되는 주요사실에 관한 주장·증명에 적용된다. 따라서 권리를 소멸시키는 소멸시효 항변은 변론주의 원칙에 따라 당사자의 주장이 있어야만 법원의 판단대상이 된다. 그러나 이 경우 어떤 시효기간이 적용되는지에 관한 주장은 권리의 소멸이라는 법률효과를 발생시키는 요건을 구성하는 사실에 관한 주장이 아니라 단순히 법률의 해석이나 적용에 관한 의견을 표명한 것이다. 이러한 주장에는 변론주의가 적용되지 않으므로 법원이 당사자의 주장에 구속되지 않고 직권으로 판단할 수 있다. 당사자가 민법에 따른 소멸시효 기간을 주장한 경우에도 법원은 직권으로 상법에 따른 소멸시효기간을 적용할 수 있다.

(1) 사안의 개요

원고는 소외 회사와 펜션형 다가구주택 신축·분양사업을 공동으로 운영하였다. 원고는 그 공동사업을 위하여, ① 피고 1에게 토지를 매도하고 소유권이전등기를 해 주었는데, 매매계약상 잔금 지급기한인 2004. 1. 30.까지

---

* 제44회 상사법무연구회 발표 (2018년 4월 21일)
  본 평석은 2017년 1월부터 2018년 1월까지 선고된 대법원 판결을 대상으로 하였음. 그리고 대상 판결들의 사안은 인용한 법리 판시와 관련된 범위 내에서 지극히 한정적으로 설명하였음을 먼저 밝혀둠.
** 인천지방법원·인천가정법원 부천지원장

피고 1은 잔금을 지급하지 않았고, ② 2004. 8.경 피고 2에게 토지를 매도하고 소유권이전등기를 해주었으나, 피고 2는 일부 계약금을 지급하지 않았다. 원고는 2014. 5. 26. 미지급 매매대금 지급을 구하는 소를 제기하였다.

(2) 소송의 경과

피고들은 미지급 매매대금 채권이 민법상 소멸시효기간 10년이 경과하여 시효로 소멸하였다고 주장하였다. 제1심은 「민법상 소멸시효기간 10년을 적용하여 피고 1의 경우 미지급 매매대금 채권이 시효로 소멸하였지만, 피고 2의 경우 10년이 도과하지 않아 그 채권이 시효로 소멸하지 않았다」라고 판단하였다. 원심은 「매매계약이 상행위에 해당하므로 상법상 소멸시효기간 5년이 적용된다는 이유로 미지급 매매대금 채권이 모두 시효로 소멸하였다」라고 판단하였다. 대법원은 위와 같은 법리를 판시하고, 원심의 판단이 정당하다고 판단하여 원고의 상고를 기각하였다.

(3) 해   설

민사소송절차에서 변론주의 원칙상 소멸시효 항변은 당사자 주장이 있어야 법원의 판단대상이 된다. 문제는 당사자가 소멸시효 항변을 하면서 소멸시효기간을 주장한 경우, 이 역시 변론주의의 적용대상이 되는지, 아니면 직권으로 판단할 수 있는지에 있다(소멸시효 기산일, 소멸시효 중단에는 역시 변론주의가 적용된다).

종래 대법원 판례는, 원고가 민법에 의한 10년의 소멸시효 완성을 주장한 것에 대하여 원심이 예산회계법에 의한 5년의 소멸시효를 적용 하였는데, 이에 대하여, 「어떤 권리의 소멸시효기간이 얼마나 되는지에 관한 주장은 단순한 법률상의 주장에 불과하므로 변론주의의 적용대상이 되지 않고 법원이 직권으로 판단할 수 있다」고 판단한 바 있다(대법원 2008. 3. 27. 선고 2006다70929, 70936 판결).

이 사건의 사안에서도 원고의 미지급 매매대금 채권은 상인이 영업을 위하여 한 행위로 인한 채권에 해당한다. 따라서 피고가 민법의 소멸시효기간을 주장하였더라도 법원으로서는 직권으로 상법 제64조에 따른 소멸시효기간을 적용할 수 있다.

2. 一方的 商行爲로 생긴 債權을 擔保하기 위한 質權과 商法 第59條의 適用 與否

◎ 대법원 2017. 7. 18. 선고 2017다207499 판결

질권설정계약에 포함된 유질약정이 상법 제59조에 따라 유효하기 위해서는 질권설정계약의 피담보채권이 상행위로 인하여 생긴 채권이면 충분하고, 질권설정자가 상인이어야 하는 것은 아니다. 또한 상법 제3조는 "당사자 중 그 1인의 행위가 상행위인 때에는 전원에 대하여 본법을 적용한다."라고 정하고 있으므로, 일방적 상행위로 생긴 채권을 담보하기 위한 질권에 대해서도 유질약정을 허용한 상법 제59조가 적용된다.

(1) 사안의 개요

피고 회사는 빌딩 인수매각자금 마련을 위해 금융기관 2곳으로부터 자금을 대출받았으나, 이를 변제하지 않아 사전 업무약정에 따라 피고 은행이 이 사건 대출금 채권을 양수하였다. 원고 등은 이 사건 대출금 채권을 담보하기 위하여 피고 은행에게 자신들이 소유한 피고 회사 발행의 이 사건 주식에 대한 근질권을 설정해 주었다. 근질권설정계약 제8조 제2항에서 "본건 근질권을 실행할 수 있는 경우에 피고 은행은 일반적으로 적당하다고 인정되는 방법, 시기, 가격 등에 의하여 담보주식을 임의 처분하고 그 취득금을 충당하거나, 또는 일반적으로 적당하다고 인정되는 방법, 시기, 가격 등에 의하여 피담보채무의 전부 또는 일부의 변제에 갈음하여 담보주식을 취득할 수 있다."라고 정하고 있다. 이 사건 대출금 채권이 미상환 되자 피고 은행은 근질권을 실행하여 이 사건 주식을 매각하였다.

원고는 근질권설정계약이 유질계약으로서 무효라고 주장하면서, 자신이 이 사건 주식의 주주임의 확인 및 명의개서절차 이행을 구하는 이 사건 소를 제기하였다.

(2) 소송의 경과

제1심과 원심은, ① 주주권 확인 소는 각하하고, ② 명의개서절차 이행 청구 부분은 근저당권설정계약 제8조 제2항이 상법 제59조의 유질계약에 해당하므로 민법 제339조에 따라 유질계약이 무효라거나 근질권설정자가 비상

인인 때에는 상법 제59조가 적용되지 않는다는 원고의 주장을 배척하였다. 대법원은 위와 같이 판시하고 원심의 판단이 정당하다고 보았다.

(3) 해 설

(가) 민법 제339조는 "질권설정자는 채무변제기 전의 계약으로 질권자에게 변제에 갈음하여 질물의 소유권을 취득하게 하거나 법률에 정한 방법에 의하지 아니하고 질물을 처분할 것을 약정하지 못한다."라고 정하여 '유질계약'을 금지하고 있다. 그러나 상법 제59조는 "민법 제339조의 규정은 상행위로 인하여 생긴 채권을 담보하기 위하여 설정한 질권에는 적용하지 아니한다."라고 정하여 상행위로 인하여 생긴 채권을 담보하기 위한 질권설정 계약에 대해서는 유질계약을 허용하고 있다. 물론, 그렇다고 하여 모든 상사 질권설정계약이 당연히 유질계약에 해당하지는 않고, 유질계약 성립을 인정하기 위하여서는 그에 관하여 별도의 명시적・묵시적인 약정이 있어야 한다 (대법원 2008. 3. 14. 선고 2007다11996 판결).

(나) 상법 제59조는 담보의 대상을 "상행위로 인하여 생긴 채권"이라고 규정하여 '피담보채권'이 상행위로 인하여 발생할 것을 요구하고 있다. 학설상 여기서 '상행위로 인하여 생긴 채권'에는 일방적 상행위로 인한 경우를 포함한다고 보고 있으나, 다만 채무자가 비상인인 경우 상법 제59조 적용 여부에 관하여, ① 상법의 예외적 규정은 채무자 보호를 목적으로 하는 민법의 연장선에서 법정된 것이라기보다는, 상사채권의 담보를 강화하여 기업금융을 도모하기 위한 것이므로, 채무자가 비상인인 경우에도 적용된다는 긍정설, ② 유질계약 허용에 관한 규정의 입법취지에 비추어 이해타산을 계산할 능력이 결여된 비상인인 채무자에 대해서는 적용되지 않는다고 보아야 한다는 부정설의 대립이 있다. 한편 상법 제59조는 피담보채권이 채권자, 채무자 사이의 상행위로 인하여 생긴 채권일 것을 요구할 뿐, 질권설정자의 질권 설정행위가 상행위일 것을 별도로 요구하고 있지 않다.

(다) 종래 질권설정계약에 포함된 유질계약이 상법 제59조에 따라 유효하려면 질권 설정행위가 상행위에 해당해야 하는지, 나아가 일방적 상행위로 생긴 채권을 담보하기 위한 질권에 대하여 상법 제59조가 적용되는지 등에 대하여 대법원의 명시적인 판단은 없었다. 대상 판결은 「유질계약이 상법 제

59조에 따라 유효하기 위해서는 질권설정계약의 피담보채권이 상행위로 생긴 채권이면 충분하고, 질권설정자가 상인이어야 하는 것은 아니며, 상법 제3조에 따라 일방적 상행위로 생긴 채권을 담보하기 위한 질권에 대해서도 유질계약을 허용한 상법 제59조가 적용된다」라고 판시하여 이에 대하여 처음으로 명시적으로 판단하였다.

이 사건 근질권설정계약의 피담보채권은 피고 은행이 금융기관 2곳으로부터 양수한 대출금 채권이고, 이는 피고 회사와 금융기관 2곳 쌍방의 상행위로 생긴 채권이다. 원고는 이 상행위로 생긴 채권의 담보를 위하여 피고 은행에 근질권을 설정하면서 근질권설정계약 제8조 제2항과 같이 유질계약을 하였다. 이러한 유질계약은 상법 제59조에 따라 민법 제339조의 규정이 적용되지 않아 유효하다.

Ⅱ. 會社法

1. 他人의 名義로 株式을 引受 또는 讓受한 경우 株主權을 行使할 수 있는 者

◎ 대법원 2017. 3. 23. 선고 2015다248342 전원합의체 판결

[다수의견]

(1) 상법이 주주명부제도를 둔 이유는, 주식의 발행 및 양도에 따라 주주의 구성이 계속 변화하는 단체법적 법률관계의 특성상 회사가 다수의 주주와 관련된 법률관계를 외부적으로 용이하게 식별할 수 있는 형식적이고도 획일적인 기준에 의하여 처리할 수 있도록 하여 이와 관련된 사무처리의 효율성과 법적 안정성을 도모하기 위함이다. … 이는 주식의 소유권 귀속에 관한 회사 이외의 주체들 사이의 권리관계와 주주의 회사에 대한 주주권 행사국면을 구분하여, 후자에 대하여는 주주명부상 기재 또는 명의개서에 특별한 효력을 인정하는 태도라고 할 것이다.

(2) 회사에 대하여 주주권을 행사할 자가 주주명부의 기재에 의하여 확정되어야 한다는 법리는 주식양도의 경우뿐만 아니라 주식발행의 경우에도 마찬가지로 적용된다. 주식양도의 경우와 달리 주식발행의 경우에는 주식발행 회사가 관여하게 되므로 주주명부에의 기재를 주주권 행사의 대항요건으로 규정하고 있지는 않으나, 그럼에도 상법은 주식을 발행한 때에는 주주명부에 주주의 성명과 주소 등을 기재하여 본점에 비치하도록 하고(제352조 제1항, 제396조 제1항), 주주에 대한 회사의 통

지 또는 최고는 주주명부에 기재한 주소 또는 그 자로부터 회사에 통지한 주소로 하면 되도록(제353조 제1항) 규정하고 있다. 이와 같은 상법 규정의 취지는, 주식을 발행하는 단계에서나 주식이 양도되는 단계에서나 회사에 대한 관계에서 주주권을 행사할 자를 주주명부의 기재에 따라 획일적으로 확정하기 위한 것으로 보아야 한다.

(3) 주식을 양수하였으나 아직 주주명부에 명의개서를 하지 아니하여 주주명부에는 양도인이 주주로 기재되어 있는 경우뿐만 아니라, 주식을 인수하거나 양수하려는 자가 타인의 명의를 빌려 회사의 주식을 인수하거나 양수하고 타인의 명의로 주주명부에의 기재까지 마치는 경우에도, 회사에 대한 관계에서는 주주명부상 주주만이 주주로서 의결권등 주주권을 적법하게 행사할 수 있다.

(4) 주주명부상의 주주만이 회사에 대한 관계에서 주주권을 행사할 수 있다는 법리는 주주에 대하여만 아니라 회사에 대하여도 마찬가지로 적용되므로, 회사는 특별한 사정이 없는 한 주주명부에 기재된 자의 주주권 행사를 부인하거나 주주명부에 기재되지 아니한 자의 주주권 행사를 인정할 수 없다.

(5) 따라서 특별한 사정이 없는 한, 주주명부에 적법하게 주주로 기재되어 있는 자는 회사에 대한 관계에서 주식에 관한 의결권 등 주주권을 행사할 수 있고, 회사 역시 주주명부상 주주 외에 실제 주식을 인수하거나 양수하고자 하였던 자가 따로 존재한다는 사실을 알았든 몰랐든 간에 주주명부상 주주의 주주권 행사를 부인할 수 없으며, 주주명부에 기재를 마치지 아니한 자의 주주권 행사를 인정할 수도 없다. 주주명부에 기재를 마치지 않고도 회사에 대한 관계에서 주주권을 행사할 수 있는 경우는 주주명부에의 기재 또는 명의개서청구가 부당하게 지연되거나 거절되었다는 등의 극히 예외적인 사정이 인정되는 경우에 한한다. 자본시장과 금융투자업에 관한 법률(이하 '자본시장법'이라 한다)에 따라 예탁결제원에 예탁된 상장주식 등에 관하여 작성된 실질주주명부에의 기재는 주주명부에의 기재와 같은 효력을 가지므로(자본시장법 제316조 제2항), 이 경우 실질주주명부상 주주는 주주명부상 주주와 동일하게 주주권을 행사할 수 있다.

[대법관 박병대, 김소영, 권순일, 김재형의 별개의견]

(1) 회사의 설립 시에는 다른 특별한 사정이 없는 한 주식인수계약서에 발기인 또는 주식청약인으로 서명 날인한 명의인이 회사의 성립과 더불어 주주의 지위를 취득하는 것이고, 배후에 자금을 제공한 자가 따로 있다고 하더라도 그것은 원칙적으로 명의인과 자금을 제공한 자 사이의 내부관계에 불과할 뿐 회사에 대하여 주주로서의 지위를 주장할 수는 없다.

(2) 상법은 가설인이나 타인의 명의로 주식을 인수한 경우에 주금납입책임을

부과하고 있지만, 누가 주주인지에 관해서는 명확한 규정을 두고 있지 않다. 이 문제는 주식인수를 한 당사자가 누구인지를 확정하는 문제이다. 먼저 가설인의 명의로 주식을 인수하거나 타인의 승낙 없이 그 명의로 주식을 인수한 경우에는 명의의 사용자가 형사책임을 질 수 있음은 별론으로 하더라도(상법 제634조) 주식인수계약의 당사자로서 그에 따른 출자를 이행하였다면 주주의 지위를 취득한다고 보아야 한다. 가설인이나 주식인수계약의 명의자가 되는 것에 승낙조차 하지 않은 사람이 주식인수계약의 당사자가 될 수는 없기 때문이다. 이것이 당사자들의 의사에 합치할 뿐만 아니라 상법 제332조 제1항의 문언과 입법 취지에도 부합한다. 다음으로 타인의 승낙을 얻어 그 명의로 주식을 인수한 경우에는 주식인수계약의 당사자가 누구인지에 따라 결정하면 된다. 이에 관해서는 원칙적으로 계약당사자를 확정하는 문제에 관한 법리를 적용하되, 주식인수계약의 특성을 반영하여야 한다. 통상은 명의자가 주식인수계약의 당사자가 되는 경우가 많지만, 무조건 명의자가 누구인지만으로 주주를 결정할 것도 아니다.

(3) 주식 양도의 효력 내지 주주권의 귀속 문제와는 별도로 상법은 주식의 유통성으로 인해 주주가 계속 변동되는 단체적 법률관계의 특성을 고려하여 주주들과 회사 간의 권리관계를 획일적이고 안정적으로 처리할 수 있도록 명의개서제도를 마련하여 두고 있다. 즉 주식의 양수에 의하여 기명주식을 취득한 자가 회사에 대하여 주주의 권리를 행사하려면 자기의 성명과 주소를 주주명부에 기재하지 않으면 안된다(상법 제337조 제1항). … 그러나 상법은 주주명부의 기재를 회사에 대한 대항요건으로 규정하고 있을 뿐 주식인수의 효력발생요건으로 정하고 있지 아니하므로 명의개서가 이루어졌다고 하여 무권리자가 주주로 되는 설권적 효력이 생기는 것은 아니다.

(4) 상장회사의 발행 주식을 취득하려는 자는 증권회사에 자신의 명의로 매매거래계좌를 설정하고 증권 매매거래를 위탁하게 된다. 매매거래계좌의 개설은 금융거래를 위한 것이어서 '금융실명거래 및 비밀보장에 관한 법률'이 적용되므로 실명확인 절차를 거쳐야 하고, 매매거래의 위탁은 실명으로 하여야 한다. 증권회사가 증권시장에서 거래소를 통하여 매수한 주식은 계좌명의인의 매매거래계좌에 입고되는데, 위와 같이 입고된 주식은 위탁자인 고객에게 귀속되므로(상법 제103조), 그 주식에 대해서는 계좌명의인이 주주가 된다. 계좌명의인에게 자금을 제공한 자가 따로 있다고 하더라도 그것은 원칙적으로 명의인과 자금을 제공한 자 사이의 약정에 관한 문제에 불과할 따름이다.

(1) 사안의 개요

원고는 상장회사인 피고의 실질주주명부상 주주로서 피고 보조참가인을 사외이사로 선임하는 주주총회 결의가 하자 있는 결의라고 주장하며 주주총회 결의의 부존재 또는 무효확인을 구하는 이 사건 소를 제기하였다.

(2) 소송의 경과

원심은, 「원고가 자신의 명의로 취득된 주식의 취득자금을 실제로 부담하였다고 할 수 있는 A에게 명의만을 대여한 형식상 주주에 불과하므로 피고의 주주로 볼 수 없어, 이 사건 소는 원고적격이 없는 자에 의하여 제기되거나 확인의 이익이 없어 부적법하다」라고 판단하였다. 대법원은 다수의견과 같은 법리를 판시한 후, 「A가 원고의 승낙을 얻어 원고 명의로 피고 발행 주식을 매수하고 실제로 그 대금을 모두 부담한 것이라고 하더라도, 실질주주명부상 주주인 원고는 피고에 대한 관계에서 주주권을 행사할 권한을 가지므로 피고를 상대로 주주총회결의의 부존재 또는 무효확인, 취소를 구할 자격이나 이익이 있다」라고 판단하였다.

(3) 해 설

(가) 종래 대법원 판례는, 「① 타인의 명의를 빌려 주식을 인수하고 대금을 납입한 경우 타인의 명의로 주주명부에 기재를 마쳐도 실질상 주주인 명의차용인만이 회사에 대한 관계에서 주주권을 행사할 수 있는 주주에 해당하고, ② 회사는 주식인수 · 양수계약에 따라 인수 · 양수대금을 납입하였으나 그 인수 · 양수에 관하여 상법상 형식적 절차를 이행하지 않은 자의 주주 지위를 부인할 수 없으며, ③ 회사가 명의개서를 하지 않은 실질상 주주를 주주로 인정하는 것은 무방하고, ④ 회사가 주주명부상 주주가 형식주주에 불과하다는 것을 알았거나 중대한 과실로 알지 못하였고 또한 이를 용이하게 증명하여 의결권 행사를 거절할 수 있었음에도 의결권 행사를 용인하거나 의결권을 행사하게 한 경우에 그 의결권 행사가 위법하다」고 보았다. 그러나 대상 판결은 「특별한 사정이 없는 한, 주주명부에 적법하게 주주로 기재된 자는 회사에 대한 관계에서 의결권 등 주주권을 행사할 수 있고, 회사 역시 주주명부상 주주 외에 실제 주식을 인수하거나 양수하고자 하였던 자가 따로 존재한다는 사실을 알았든 몰랐든 주주명부상 주주의 주주권 행

사를 부인할 수 없으며, 주주명부에 기재를 마치지 않은 자의 주주권 행사를 인정할 수도 없다」라고 하면서, 기존 판례를 변경하였다.

대상 판결이 2017. 3. 23. 선고된 이후 불과 1년도 경과하기 전에 10편이 훌쩍 넘는 관련 논문이 발표될 정도로 상세한 학설의 찬반 논의가 진행되었다. 특히 대상 판결에 대해서는, 무권리자의 권리행사를 유효한 것으로 인정하였을 뿐만 아니라 법률의 명시적 규정을 뛰어넘는 해석을 하였으며, 새로운 입법의 형성이라는 지적도 있었다. 이처럼 이미 대상 판결에 대한 논의가 활발히 진행되었으므로, 이 글에서는 대상 관결의 내용을 간단히 소개하는 것으로 발표에 갈음하고자 한다.

(나) 대상 판결이 제시한 핵심적인 법리는 "회사에 대한 관계에서는 주주명부상 주주만이 주주권을 행사할 수 있다."라는 것이다. 그리고 이를 뒷받침하는 중추적인 논거로 주주명부 제도의 취지를 들고 있다. 즉, 「상법이 주주명부제도를 둔 이유는, 주식의 발행 및 양도에 따라 주주의 구성이 계속 변화하는 단체법적 법률관계의 특성상 회사가 다수의 주주와 관련된 법률관계를 외부적으로 용이하게 식별할 수 있는 형식적이고도 획일적인 기준에 의하여 처리할 수 있도록 하여 이와 관련된 사무처리의 효율성과 법적 안정성을 도모하기 위함이다. 이는 회사가 주주에 대한 실질적인 권리관계를 따로 조사하지 않고 주주명부의 기재에 따라 주주권을 행사할 수 있는 자를 획일적으로 확정하려는 것으로서, (중략) 이는 주식의 소유권 귀속에 관한 회사 이외의 주체들 사이의 권리 관계와 주주의 회사에 대한 주주권 행사국면을 구분하여, 후자에 대하여는 주주명부상 기재 또는 명의개서에 특별한 효력을 인정하는 태도이다」라는 것이다.

(다) 대상 판결은 이러한 법리의 전개 과정에서 명의개서의 효력으로서, 대항력, 자격수여적 효력, 면책적 효력에 관하여 종래 대법원 판례와 다른 법리를 전개하였다.

1) 주식양수인이 주식을 취득하더라도 주주명부에 명의개서를 하지 않으면 회사에 대하여 주주권을 행사할 수 없다(상법 제337조 제1항). 이를 주주명부의 대항력이라고 한다. 상법 제337조 제1항의 해석에 대해 편면적 구속설과 쌍면적 구속설의 대립이 있었고, 기존 대법원 판례는 「상법 제337조 규정은 주주

권이전의 효력요건을 정한 것이 아니고 회사에 대한 관계에서 누가 주주로 인정되느냐 하는 주주 자격을 정한 것으로서 기명주식 취득자가 주주명부상 주주명의를 개서하지 않으면 스스로 회사에 대하여 주주권을 주장할 수 없다는 의미이고, 명의개서를 하지 아니한 실질주주를 회사측에서 주주로 인정하는 것은 무방하다」라고 하여 편면적 구속설 입장이었다(대법원 1989. 10. 24. 선고 89다카14714 판결). 그러나 대상 판결은 「주주명부상의 주주만이 회사에 대한 관계에서 주주권을 행사할 수 있다는 법리는 주주에 대하여만 아니라 회사에 대하여도 마찬가지로 적용되므로, 회사는 특별한 사정이 없는 한 주주명부에 기재된 자의 주주권 행사를 부인하거나 주주명부에 기재되지 아니한 자의 주주권 행사를 인정할 수 없다」고 본 다음, 편면적 구속설의 입장에 있던 대법원 판결들[1]을 변경하였다. 특히 상법 제337조 제1항은 문언상 주식양수인의 회사에 대한 대항력만을 규정하고 있음에도, 대상 판결은 「상법 제337조 제1항에서 말하는 대항력은 그 문언에 불구하고 회사도 주주명부에의 기재에 구속되어, 주주명부에 기재된 자의 주주권 행사를 부인하거나 주주명부에 기재되지 아니한 자의 주주권 행사를 인정할 수 없다는 의미를 포함하는 것으로 해석함이 타당하다」라고 판시하였다.

　　2) 주주명부에 기재된 자는 적법한 주주로 추정되므로 회사에 대한 관계에서 주권을 제시하지 않더라도 주주의 권리를 행사할 수 있는데, 이를 명의개서의 '자격수여적 효력'이라고 한다. 기존 대법원 판례에서는 회사가 실제 주식의 소유관계를 고려하여 명의개서를 하지 않은 실질상 주주를 주주로 인정할 수 있으므로, 그 자격수여적 효력은 주주임을 추정하는 '추정적 효력'만을 가질 뿐이었다. 즉, 기존 대법원 판례는 명의개서의 자격수여적 효력을 인정하여, 주주명부에 주주로 등재되어 있는 자는 일응 주주로 추정되며, 이를 번복하기 위해서는 그 주주권을 부인하는 측에 입증책임이 있고(대법원 1985. 3. 26. 선고 84다카2082 판결), 주주명부에 기재된 명의상 주주는 실질적 권리를 증명하지 않아도 주주의 권리를 행사할 수 있는 자격수여적 효력만 인정한 것이고 주주명부 기재에 창설적 효력을 인정한 것이 아니므로, 반증에 의하여 실질상

---

1) 대법원 1989. 10. 24. 선고 89다카14714 판결; 대법원 2001. 5. 15. 선고 2001다12973 판결; 대법원 2005. 2. 17. 선고 2004다61198 판결; 대법원 2006. 7. 13. 선고 2004다70307 판결.

주식을 취득하지 못하였다고 인정되는 자가 명의개서를 받았다 하여 주주의 권리를 행사할 수 있는 것은 아니라고 하였다(대법원 1989. 7. 11. 선고 89다카5345 판결).

그런데 대상 판결은 「특별한 사정이 없는 한, 주주명부에 적법하게 주주로 기재되어 있는 자는 회사에 대한 관계에서 그 주식에 관한 의결권 등 주주권을 행사할 수 있고, 회사 역시 주주명부상 주주 외에 실제 주식을 인수하거나 양수하고자 하였던 자가 따로 존재한다는 사실을 알았든 몰랐든 간에 주주명부상 주주의 주주권 행사를 부인할 수 없으며, 주주명부에 기재를 마치지 아니한 자의 주주권 행사를 인정할 수도 없다. 주주명부에 기재를 마치지 않고도 회사에 대한 관계에서 주주권을 행사할 수 있는 경우는 주주명부에의 기재 또는 명의개서청구가 부당하게 지연되거나 거절되었다는 등의 극히 예외적인 사정이 인정되는 경우에 한한다」고 하여, 일견 자격수여적 효력에 관한 기존 대법원 판례와 의미를 달리하는 판시를 하였다. 이러한 대상 판결의 해석에 대해서는, ① 전원합의체 판결이 주주명부에 추정력이나 자격수여적 효력 이상의 효력(창설적 효력)을 부여하였다고 보는 견해, ② 주주권 행사를 위해서는 주주명부 명의개서를 필수적으로 요구함으로써 주주명부 기재에 '사실상의 확정력'을 인정하였다는 견해, ③ 명의개서에 의해 주주권행사의 요건이 창설된다고 해석할 수 있을 뿐 명의개서 자체에 권리창설의 효력을 인정한 것은 아니라는 견해, ④ 종전과 같이 주주명부의 추정력과 자격수여적 효력을 인정한 것이라는 견해, ⑤ 주주권의 귀속과 권리행사의 문제를 이원화하여 전자의 문제는 실질설에 따라 해결하고 후자의 경우에는 쌍면적 구속력을 인정하여 해결한 것이고, 명의개서에 창설적 효력을 인정한 것은 아니라는 견해 등이 있다.

대상 판결이 자격수여적 효력에 관한 기존 대법원 판례를 변경하였는지에 대해서 논란의 여지가 없지 않다. 다만 「주주명부상 주주 외에 실제 주식을 인수하거나 양수한 자가 따로 있다는 사실이 증명된 경우에는 주주명부 기재의 추정력이 번복된다」는 전제 아래, 「타인 명의를 빌려 주식을 인수하고 그 대금을 납입한 경우에 그 타인의 명의로 주주명부에 기재까지 마쳐도 실질상 주주인 명의차용인만이 회사에 대한 관계에서 주주권을 행사할 수 있는 주주에 해당한다」는 취지로 판시한 대법원 1975. 9. 23. 선고 74다804

판결 등2)을 변경한 것은 자격수여적 효력에 관한 기존 대법원 판례 중 일부를 변경하였다3)고 볼 여지가 있다.

한편 대상 판결은 주주명부에 강한 효력을 인정하면서도, ① "특별한 사정이 없는 한"이라고 하여 반대해석상 '특별한 사정이 있으면' 주주명부에 기재된 경우에도 회사에 대하여 주주권을 행사할 수 없거나, ② "주주명부에의 기재 또는 명의개서청구가 부당하게 지연되거나 거절되었다는 등의 극히 예외적인 사정이 인정되는 경우"에는 주주명부 기재를 마치지 않고도 회사에 대한 관계에서 주주권을 행사할 수 있음을 인정하고 있다.

3) '면책적 효력'이란 회사는 주주명부에 기재된 자를 주주로 보고 배당금청구권, 의결권, 신주인수권 등의 권리를 인정하면 주주명부상 주주가 진정한 주주가 아니더라도 면책된다는 것을 의미한다. 기존 대법원 판례는 「주식회사가 주주명부상 주주에게 주주총회 소집을 통지하고 그 주주에게 하여금 의결권을 행사하게 하면, 그 주주가 단순히 명의만을 대여한 형식주주에 불과하여도 의결권 행사는 적법하지만, 주식회사가 주주명부상 주주가 형식주주에 불과하다는 것을 알았거나 중대한 과실로 알지 못하였고 이를 용이하게 증명하여 의결권 행사를 거절할 수 있었음에도 의결권 행사를 용인하거나 의결권을 행사하게 한 경우에는 의결권 행사는 위법하게 된다」라고 판시하여 왔다. 대상 판결은 「회사 역시 주주명부상 주주 외에 실제 주식을 인수하거나 양수하고자 하였던 자가 따로 존재한다는 사실을 알았든 몰랐든 간에 주주명부상 주주의 주주권 행사를 부인할 수 없으며, 주주명부에 기재를 마치지 아니한 자의 주주권 행사를 인정할 수도 없다」라고 하면서, 면책적 효력에 관한 기존 대법원 판결4)을 변경하였다.

(라) 대상 판결의 적용 범위에 관하여 살펴보면 다음과 같다.

1) 대상 판결은 주식의 소유권 귀속과 회사에 대한 주주권 행사 측면을

---

2) 대법원 1977. 10. 11. 선고 76다1448 판결; 대법원 1980. 9. 19.자 80마396 결정; 대법원 1980. 12. 9. 선고 79다1989 판결; 대법원 1985. 12. 10. 선고 84다카319 판결; 대법원 1998. 4. 10. 선고 97다50619 판결; 대법원 2011. 5. 26. 선고 2010다22552 판결; 대법원 2011. 5. 26. 선고 2010다27519 판결.

3) 양민호, "타인의 승낙을 얻어 그 명의로 주식을 인수하거나 양수한 경우 주주권을 행사할 수 있는 자", 「사법」 제41호, (2017), 683면.

4) 대법원 1998. 9. 8. 선고 96다45818 판결; 대법원 1998. 9. 8. 선고 96다48671 판결.

분리하여, 대상 판결 법리는 후자에만 관한 것임을 전제로 하고 있다. 즉, 「상법은 … 앞서 본 바와 같이 주주명부에 명의개서를 한 경우에 회사와의 관계에서 대항력을 인정하고, 주주명부상 주주의 주소로 통지를 허용하며, 회사가 정한 일정한 날에 주주명부에 기재된 주주에게 신주인수권 등의 권리를 귀속시킬 수 있도록 하고 있다. 이는 주식의 소유권 귀속에 관한 회사 이외의 주체들 사이의 권리관계와 주주의 회사에 대한 주주권 행사 국면을 구분하여, 후자에 대하여는 주주명부상 기재 또는 명의개서에 특별한 효력을 인정하는 태도이다」라고 보았다.

2) 주주명부에 의해 회사에 대하여 주주권을 행사할 자를 확정해야 한다는 대상 판결의 법리는 주식발행 시와 주식양도 시에 동일하게 적용된다. 즉, 주주명부의 대항력에 관한 상법 제337조 제1항은 주식 '양도' 시 주주명부 기재가 회사에 대한 주주권 이전의 대항요건임을 규정하고 있음에도, 대상 판결은 「주식발행 시 주주명부에 주주 성명과 주소 등을 기재하여 본점에 비치하도록 하고($^{제352조 제1항,}_{제396조 제1항}$), 주주에 대한 회사 통지 또는 최고는 주주명부에 기재한 주소 또는 그 자로부터 회사에 통지한 주소로 하도록($^{제353조}_{제1항}$) 규정한 상법 규정의 취지가 주식발행 단계에서나 주식양도 단계에서나 회사에 대한 관계에서 주주권을 행사할 자를 주주명부 기재에 따라 획일적으로 확정하기 위한 것이라는 점 등을 근거로, 회사에 대하여 주주권을 행사할 자가 주주명부의 기재에 의하여 확정되어야 한다는 법리는 주식양도의 경우뿐만 아니라 주식발행의 경우에도 마찬가지로 적용된다」고 보고 있다.

한편 신주 인수와 관련하여 상법 제332조는 '타인의 승낙을 얻어 그 명의로 주식을 인수하는 경우'를 예정하고 있는데, 이 경우 누구를 주주로 볼 것인가에 대해서는 명의대여인을 주주로 보는 형식설과 명의차용인을 주주로 보는 실질설의 대립이 있고, 기존 대법원 판례는 실질설의 입장이었다. 대상 판결이 실질설을 버리고 형식설을 취하였다는 견해도 있고, 이와 달리 대상 판결이 회사에 대한 관계에서는 주주명부상 주주만이 주주권을 행사할 수 있다고 보았으나, 이는 주식의 귀속이 주주명부에 따라 정해진다는 것이 아니라, 회사에 대한 관계에서는 주주권을 행사할 자는 주식의 귀속 여부를 불문하고 주주명부의 기재에 의하여야 한다는 취지이므로, 대상 판결이 형식설을 취한 것이 아니라는 견해5)도 있다.

3) 대상 판결의 법리는 명의개서 미필 주식양수인의 경우와 타인의 명의를 빌려 주식을 인수·양수하고 타인 명의로 주주명부 기재를 마친 경우에 모두 적용된다. 즉 「주식을 양수하였으나 아직 주주명부에 명의개서를 하지 아니하여 주주명부에는 양도인이 주주로 기재되어 있는 경우뿐만 아니라, 주식을 인수하거나 양수하려는 자가 타인의 명의를 빌려 회사의 주식을 인수하거나 양수하고 그 타인의 명의로 주주명부에의 기재까지 마치는 경우에도, 회사에 대한 관계에서는 주주명부상 주주만이 주주로서 의결권 등 주주권을 적법하게 행사할 수 있다」라고 한다.

4) 대상 판결은 상장주식의 경우에도 적용되는데, 다만 실질주주명부 기재에 상법상 주주명부 기재와 같은 효력을 인정한다. 즉 「자본시장법에 따라 예탁결제원에 예탁된 상장주식 등에 관하여 작성된 실질주주명부에의 기재는 주주명부에의 기재와 같은 효력을 가지므로(자본시장법 제316조 제2항), 실질주주명부상 주주는 주주명부상 주주와 동일하게 주주권을 행사할 수 있다」는 것이다. 다만 주식에 관한 실질적 권리관계를 고려해야 한다는 기존 법리를 따르더라도 상장주식은 그 거래방식의 특수성을 감안하면 대상 판결과 같은 결론이 도출될 가능성이 크다. 이 점은 별개의견에서 지적하고 있다.

(마) 대상 판결의 해석이나 사정거리와 관련하여 향후 제기 가능한 쟁점을 살펴보면 다음과 같다.

대상 판결은 「특별한 사정이 없는 한, 주주명부에 적법하게 주주로 기재되어 있는 자는 회사에 대한 관계에서 그 주식에 관한 의결권 등 주주권을 행사할 수 있고, 회사 역시 주주명부상 주주 외에 실제 주식을 인수하거나 양수하고자 하였던 자가 따로 존재한다는 사실을 알았든 몰랐든 간에 주주명부상 주주의 주주권 행사를 부인할 수 없으며, 주주명부에 기재를 마치지 아니한 자의 주주권 행사를 인정할 수도 없다」고 판시하였다. 종래 대법원 판례에서는 실질주주가 누구인지를 따지는 것이 주요 쟁점이었으므로, '주주명부에 적법하게 주주로 기재되어 있는 자'에 관한 판단은 활발히 이루어지지 않았다. 대상 판결이 '주주명부에 적법하게 주주로 기재되어 있는 자'

---

5) 양민호, 전게논문, 671-672면.

가 회사에 대한 관계에서 주주권을 행사할 수 있다고 보고 있으므로, '주주명부에 적법하게 주주로 기재'되어 있는지 여부가 다투어질 것으로 보인다. 또한, 대상 판결은 「'특별한 사정이 없는 한' 주주명부에 적법하게 주주로 기재되어 있는 자만 주주권을 행사할 수 있고 회사 역시 그러한 자의 주주권 행사를 부인할 수 없다」라고 판시하고 있으면서도, 그 '특별한 사정'의 의미와 포섭범위에 대해서는 판시하고 있지 않다. 따라서 주주명부에 적법하게 주주로 기재되어 있는 자가 주주권을 행사할 수 없는 '특별한 사정'이 무엇인지가 문제 될 여지가 있다.

대상 판결은 「주주명부에 기재를 마치지 않고도 회사에 대한 관계에서 주주권을 행사할 수 있는 경우는 주주명부에의 기재 또는 명의개서청구가 부당하게 지연되거나 거절되었다는 등의 극히 예외적인 사정이 인정되는 경우에 한한다」라고 판시하여, 실질주주가 주주권을 행사할 수 있는 예외를 적시하고 있다. 부당하게 지연되거나 거절되었다는 등의 극히 예외적인 사정"에서 "등"의 경우에 관한 해석이 문제될 수 있다.

대상 판결은 변경 대상 판결들을 명시한 후, (변경 대상 판결) 등을 비롯하여 이와 같은 취지의 판결들은 이 판결의 견해에 배치되는 범위 내에서 모두 변경하기로 한다고 판시하였다. 실질주주와 형식주주의 주주권 행사와 관련되어 있지만, 대상 판결에서 명시적으로 변경하지 않은 대법원 판결이 대상 판결이 제시한 법리와 배치되어 변경되었다고 보아야 하는지도 쟁점이 될 것이다.

2. 株式會社의 理事나 監事의 地位 取得에 任用契約 必要 與否

◎ 대법원 2017. 3. 23. 선고 2016다251215 전원합의체 판결

이사·감사의 지위가 주주총회의 선임결의와 별도로 대표이사와 사이에 임용계약이 체결되어야만 비로소 인정된다고 보는 것은, 이사·감사의 선임을 주주총회의 전속적 권한으로 규정하여 주주들의 단체적 의사결정 사항으로 정한 상법의 취지에 배치된다. 또한 상법상 대표이사는 회사를 대표하며, 회사의 영업에 관한 재판상 또는 재판 외의 모든 행위를 할 권한이 있으나(제389조 제3항, 제209조 제1항), 이사·감사의 선임이 여기에 속하지 아니함은 법문상 분명하다. 그러므로 이사·감사의

지위는 주주총회의 선임결의가 있고 선임된 사람의 동의가 있으면 취득된다고 보는 것이 옳다.

(1) 사안의 개요

피고의 주주총회에서 소외인을 사내이사로, 원고를 감사로 선임하는 결의를 하였다. 소외인과 원고는 2015. 4. 피고에게 서면으로 이 사건 주주총회 결의에 따른 이사 또는 감사 임용계약의 체결을 요구하였으나, 피고의 대표이사는 이를 거부하였다. 그러자 소외인과 원고는 피고를 상대로 이사 또는 감사 지위 확인을 구하는 이 사건 소를 제기하였다.

(2) 소송의 경과

제1심은 「소외인, 원고와 피고 사이에 임용계약이 체결되지 않았지만, 소외인, 원고가 주주총회 결의에 따라 사내이사, 감사의 지위에 있다」고 보았다. 반면 원심은 「소외인, 원고를 이사, 감사로 선임하는 주주총회 결의가 있었으나 피고와 임용계약을 체결하지 않은 이상 이사, 감사의 지위에 있다고 볼 수 없다」고 보았다. 대법원은 위 법리를 판시한 다음, 「주주총회에서 소외인과 원고를 피고의 사내이사와 감사로 선임하는 결의가 있었고, 소외인과 원고가 피고에게 사내이사와 감사 임용계약체결을 요구하여 사내이사와 감사 선임에 승낙하였음이 분명한 이상, 소외인과 원고는 피고의 대표이사와 별도의 임용계약을 체결하였는지와 상관없이 사내이사와 감사 지위를 취득하였다」고 판단하여 원심판결을 파기·환송하였다.

(3) 해   설

(가) 주식회사의 이사·감사 지위 취득 요건과 시기에 있어서, 이사·감사 지위 취득을 위하여 주주총회 선임결의와 그에 대한 피선임자 동의만이 필요한지 또는 주주총회 선임결의와 더불어 피선임자와 회사 대표기관의 임용계약 체결이 필요한지가 문제된다. 학설은, ① 이사·감사로 선임된 자는 주주총회 결의만으로 이사·감사가 되는 것이 아니라 회사와 임용계약을 체결하여 이사·감사 지위를 취득한다는 '임용계약 체결 필요설', ② 이사·감사 지위 취득에 주주총회 선임결의와 피선임자 승낙 이외에 임용계약 체결을 요건으로 한다면, 대표이사가 피선임자에게 이사·감사 취임 청약을 하지

않는 한 피선임자의 취임이 불가능하므로, 주주총회의 이사·감사 선임결의는 창설적 효력을 갖는 행위로서 그 자체에 청약의 효력이 있고, 선임결의가 있으면 피선임자가 이에 동의함으로써 바로 이사·감사 지위를 취득하는 것으로 보아야 한다는 '임용계약 체결 불요설' 등이 있다.

기존 대법원 판례는 「이사나 감사 선임에 관한 주주총회 결의는 피선임자를 이사나 감사로 한다는 회사 내부의 결정에 불과한 것이므로, 주주총회에서 이사나 감사 선임결의가 있었다고 하여 바로 피선임자가 이사나 감사 지위를 취득하게 되는 것은 아니고, 주주총회 선임결의에 따라 회사 대표기관이 임용계약 청약을 하고 피선임자가 승낙을 함으로써 비로소 피선임자가 이사나 감사 지위에 취임하여 이사나 감사 직무를 수행할 수 있게 되는 것이다」라고 판시하여, '임용계약 체결 필요설'의 입장을 취하고 있었다(이사에 대한 대법원 2009. 1. 15. 선고 2008도9410 판결 등, 감사에 대한 대법원 1995. 2. 28. 선고 94다31440 판결 등).

(나) 대상 판결은 기존 대법원 판례를 변경하여 '임용계약 체결 불요설'을 채택하였다. 핵심적인 논거는, 이사나 감사 지위가 주주총회 선임결의와 별도로 임용계약이 체결되어야만 인정된다고 보는 것은, 이사나 감사 선임을 주주총회의 전속적 권한으로 규정하여 주주들의 단체적 의사결정 사항으로 정한 상법의 취지에 배치된다는 것이다. 즉 ① 상법상 이사는 이사회 구성원으로서 회사 업무집행에 관한 의사결정에 참여할 권한을 가지고(제393조 제1항), 회사와 이사의 관계에 민법의 위임 규정이 준용되며(제382조 제2항), 이사에게 법령과 정관의 규정에 따라 회사를 위하여 그 직무를 충실하게 수행하여야 할 의무를 부과하는 한편(제382조 의3), 이사 보수는 정관에 그 액을 정하지 않은 때에는 주주총회 결의로 정한다고 규정하고 있는데(제388조), 이처럼 이사 지위는 단체법적 성질을 가지는 것으로서 이사로 선임된 자와 대표이사 사이에 체결되는 계약에 기초한 것은 아니고, ② 주주총회에서 새로운 이사를 선임하는 결의는 주주들이 경영진을 교체하는 의미를 가진 경우가 있는데, 이사선임결의에도 퇴임하는 대표이사가 임용계약 청약을 하지 않아 이사 지위를 취득하지 못한다고 보면 주주로서는 효과적인 구제책이 없다는 문제점이 있으며, ③ 감사는 이사직무집행을 감사하는 필요적 상설기관이고(제412조 제1항), 회사와 감사의 관계에는 이사에 관한 상법 규정이 다수 준용되고(제415조, 제382조 제2항, 제388조), ④ 감

사 선임에 대하여 상법은 제409조 제2항에서 "의결권 없는 주식을 제외한 발행주식총수의 100분의 3을 초과하는 수의 주식을 가진 주주는 그 초과하는 주식에 관하여는 의결권을 행사하지 못한다."라고 규정하고 있어 감사선임결의에도 대표이사가 임용계약 청약을 하지 않아 감사 지위를 취득하지 못한다고 하면 대주주 의결권을 제한한 취지가 몰각되며, ⑤ 이사 직무집행에 대한 감사를 임무로 하는 감사 취임 여부를 감사 대상인 대표이사에게 맡기는 것이 단체법 성격에 비추어 적절하지 않다는 것이다.

(다) '임용계약 체결 불요설'을 취할 경우, 주주총회의 이사나 감사 선임결의와 그에 대한 피선임자 승낙만으로 피선임자는 이사나 감사 지위를 취득하게 된다. 이때 주주총회 선임결의와 피선임자 승낙으로 이사나 감사 지위를 취득하는 것을 법적으로 어떻게 구성할 수 있는지가 문제된다. 이와 관련하여 ① 주주총회 선임 결의와 피선임자 승낙을 계약의 청약과 승낙으로 보아 계약으로 구성하는 방법, ② 주주총회 선임결의를 단독행위로 보되, 피선임자 승낙을 정지조건으로 그 효력이 발생하는 정지조건부 단독행위로 구성하는 방법을 들 수 있다. 대상 판결이 어느 방법을 택하였는지는 명확히 판시되어 있지 않다.

3. 有限會社가 理事의 報酬를 一方的으로 減額하거나 剝奪할 수 있는지 與否

◎ 대법원 2017. 3. 30. 선고 2016다21643 판결

유한회사에서 상법 제567조, 제388조에 따라 정관 또는 사원총회 결의로 특정이사의 보수액을 구체적으로 정하였다면, 보수액은 임용계약의 내용이 되어 당사자인 회사와 이사 쌍방을 구속하므로, 이사가 보수의 변경에 대하여 명시적으로 동의하였거나, 적어도 직무의 내용에 따라 보수를 달리 지급하거나 무보수로 하는 보수체계에 관한 내부규정이나 관행이 존재함을 알면서 이사직에 취임한 경우와 같이 직무내용의 변동에 따른 보수의 변경을 감수한다는 묵시적 동의가 있었다고 볼 만한 특별한 사정이 없는 한, 유한회사가 이사의 보수를 일방적으로 감액하거나 박탈할 수 없다. 따라서 유한회사의 사원총회에서 임용계약의 내용으로 이미 편입된 이사의 보수를 감액하거나 박탈하는 결의를 하더라도, 이러한 사원총회 결의는 결의

자체의 효력과 관계없이 이사의 보수청구권에 아무런 영향을 미치지 못한다.

(1) 사안의 개요

유한회사인 피고의 사원은 원고들을 포함하여 5인이고, 모두 이사의 업무를 병행하고 있으며, 보수는 월 250만 원이었다. 피고는 사원총회를 개최하여 원고들을 제외한 나머지 사원 3명의 지분 합계 54%의 찬성으로, 원고들의 보수를 월120만 원으로 감액하는 결의를 하였다. 원고들은 그 결의의 무효확인을 구하는 소를 제기하였다.

(2) 소송의 경과

원심은 「원고들에 대하여만 일방적으로 보수를 감액한 것으로 현저히 부당하고 다수결 원칙을 남용하였다는 이유로 이 사건 결의가 무효이다」라고 보았다. 대법원은 「유한회사 사원총회에서 임용계약 내용으로 이미 편입된 이사의 보수를 감액하거나 박탈하는 결의를 하더라도 이사의 보수청구권에 영향을 미치지 않는다」라고 판단하면서도, 이 사건 소는 확인의 이익이 없다는 이유로 원심 판결을 파기하고 자판하여 소를 각하하였다.

(3) 해   설

(가) 이 사건은 유한회사 이사에 관한 것이나, 주식회사 이사에 대하여 그 보수를 사후에 변경할 수 있는지가 논의되고 있으므로, 이를 살펴본다.

상법상 이사의 보수는 주주총회에서 정하게 되어 있는데, 실무상 주주총회에서 전체 이사에 대한 보수총액 또는 그 상한만을 정하고 개별 보수의 결정은 이사회에 위임하고 있으며, 이러한 위임은 유효하다는 것이 통설 및 판례의 입장이다.

이미 결정된 이사 보수를 주식회사가 일방적으로 감액하거나 박탈할 수 있는지에 대하여, 학설은 '원칙적으로' 이미 결정된 이사 보수는 임용계약에 편입되므로 계약법 원칙상 그 이사의 동의가 없는 한 이를 변경할 수 없다고 한다. 그러면서도 보수 변경이 인정되는 '예외적인 경우'에 관하여는, ① 임용계약 체결 시 직무 변경에 따라 보수가 변경될 수 있는 점에 관한 명시적·묵시적 합의가 있고 임기 중 직무가 변경된 경우에 보수의 변경이 가능하다는 견해, ② 직무에 따른 보수가 결정된 경우는 물론 그와 같은 보수체계가 없는 경우에도, 회생절차 개시신청 등 특별한 사정이 발생하여 이사의 직무내용도 변경될 수밖에 없게 되면 직무집행과 보수의 균형이 붕괴하는 경우에 해당하므로 보수 변경이 가능하다는 견해 등이 있다.

대법원 판례는 이미 정해진 이사의 보수에 관하여 원칙적으로 주주총회 결의에 의해서도 감액이나 박탈이 불가능하다는 입장에 있는 것으로 보이지만, 구체적인 사안에 따라 감액을 허용하는 경우도 발견된다.

1) 대법원 1977. 11. 22. 선고 77다1742 판결은, 이사의 퇴직 이후 주주총회에서 그 이사가 막대한 결손을 냈다는 이유로 퇴직위로금을 지급하지 않기로 결의한 사안에서, 「이사의 퇴직위로금은 상법 제388조에 규정된 보수에 포함된다 할 것이므로 위 법조문에 근거하여 정관이나 주주총회결의로 그 액이 결정되었다면 주주총회에서 퇴임한 특정이사에 대하여 그 퇴직위로금을 박탈하거나 이를 감액하는 결의를 하였다 하여도 그 효력이 없다」라고 판시하였다.

2) 반면 대법원 2006. 5. 25. 선고 2003다16092, 16108 판결은, 이사의 재직 중 퇴직금 산정에 관한 정관 규정이 이사에 불리하게 변경되었는데, 퇴직이사가 정관변경 전 기간에는 변경 전 정관을 적용하여 산정한 퇴직금을 구하는 사안에서, 「회사가 정관에서 퇴직하는 이사에 대한 퇴직금액의 범위를 구체적으로 정한 다음, 다만 재임 중 공로 등 여러 사정을 고려하여 이사회가 그 금액을 결정할 수 있도록 하였다면, 이사회로서는 퇴직한 이사에 대한 퇴직금액을 정하면서, 퇴임한 이사가 회사에 대하여 배임 행위 등 명백히 회사에 손해를 끼쳤다는 등의 특별한 사정이 없는 한, 재임 중 공로의 정도를 고려하여 정관에서 정한 퇴직금액을 어느 정도 감액할 수 있을 뿐, 퇴직금 청구권을 아예 박탈하는 결의를 할 수는 없다」라고 하면서도, 「이사의 퇴직금은 상법 제388조에 규정된 보수에 포함되어 정관으로 정하거나 주주총회의 결의에 의하여 정할 수 있고 이러한 퇴직금 청구권은 이사가 퇴직할 때 유효하게 적용되는 정관의 퇴직금 규정에 의하거나 주주총회의 퇴직금 지급 결의가 있을 때 비로소 발생하는 것인바, 회사가 정관으로 퇴직하는 이사에 대한 퇴직금의 구체적 액수를 일정 범위의 퇴직 당시 급여액과 지급률, 근속 연수를 기초로 산정하도록 정하였다가 그 정관을 변경하여 지급률을 감축한

경우라도, 퇴직하는 이사에 대한 퇴직금을 산출할 때에는 전체 근속 기간에 대하여 퇴직 당시 적법하게 변경된 정관의 퇴직금 규정에 따른 지급률을 적용하여야 하지 퇴직금에 관한 정관 규정 변경 전후의 기간을 나누어서 변경 전 근속 기간에 대하여 변경 전의 정관 규정에 따른 지급률을 적용할 것은 아니다」라고 판시하였다. 이에 대하여 정관규정에 의해 지급이 예상되는 퇴직금이 임용계약의 내용을 이루므로 변경 '전' 정관의 지급률에 따른 지급을 하는 것이 타당하다고 비판하는 견해가 있다.

　1)과 2)의 판결을 비교해보면, 이사의 임용계약기간 중 퇴직금규정이 변경된 경우에는 퇴직 당시의 퇴직금규정이 적용되는 것이고, 다만 그 이후에 주주총회결의로 퇴직 당시의 퇴직금규정에 의한 퇴직금청구권을 박탈이나 감액할 수 없다고 본다면 두 판결 사이에 모순은 없어 보인다.

　(나) 유한회사 이사에 대해서는 주식회사 이사에 관한 상법 규정 중 이사 임기에 관한 규정(제한 없음 vs 최장 3년)을 제외한 나머지 규정이 적용되므로, 유한회사 이사는 임기를 제외하면 선임, 해임, 보수, 의무, 책임 등이 주식회사 이사와 거의 동일하다. 주식회사 이사의 경우 원칙적으로 이미 정해진 이사의 보수를 감액할 수 없다는 근거는 계약법 원칙상 일방 당사자인 회사가 상대방인 이사의 동의 없이 임의로 계약 내용을 변경할 수 없다는 점에 있다. 이는 유한회사 이사에도 동일하게 적용할 수 있다. 대상 판결은 이 점에 착안하여 주식회사 이사의 보수 변경에 관한 논의를 유한회사 이사의 보수 변경에까지 확장한 것으로 보인다. 즉, 대상 판결은 주식회사 이사에 대한 학설과 판례의 전체적인 태도와 유사하게, 「유한회사에서도 정관 또는 사원총회 결의로 특정 이사의 보수액을 구체적으로 정한 경우, 보수액은 임용계약의 내용이 되어 당사자인 회사와 이사 쌍방을 구속한다는 이유로 원칙적으로 사원총회 결의에 의하더라도 유한회사가 이사 보수를 일방적으로 감액하거나 박탈할 수 없다」라고 보고 있다. 그러면서도 「보수 변경에 이사의 '명시적 동의'가 있는 경우, 또는 직무내용에 따라 보수를 달리 지급하거나 무보수로 하는 보수체계에 관한 내부규정 내지 관행이 존재함을 알면서 이사직에 취임한 경우와 같이 직무내용의 변동에 따른 보수 변경을 감수한다는 '묵시적 동의'가 있었다고 볼 만한 특별한 사정이 있으면 보수를 변

경할 수 있다」라는 입장을 택하였다.

다만 임기를 정하지 않은 이사의 경우, 상법에 의하면 정관이나 주주총회 결의로 정해진 보수액이 임용계약의 내용을 이룬다고 하더라도 회사는 주주총회 특별결의로 언제든지 위임관계를 해지하고 보수를 지급하지 않을 수 있고, 해임으로 인한 손해배상의 문제도 발생하지 않는다.6) 따라서 회사는 임기를 정하지 않은 이사에 대하여 보수를 지급하지 않고 특별결의로 언제든지 해임할 수도 있는데, 그보다 정도가 약한 보수 감액도 할 수 있다고 보아야 하는 것은 아닌지의 문제가 있다. 이 사건은 이사의 임기가 정해지지 않은 사안이었는데, 대상 판결은 그러한 경우에도 회사가 일방적으로 보수를 감액하거나 박탈할 수 없다는 입장을 택하였다.

(다) 이 사건의 또 다른 쟁점은 유한회사 이사의 보수를 일방적으로 감액한 사원총회 결의 효력이 어떠한지에 있었다. 그러나 대상 판결은 이에 대하여 명시적으로 판단하지 않은 채「유한회사의 사원총회에서 임용계약의 내용으로 이미 편입된 이사의 보수를 감액하거나 박탈하는 결의를 하더라도, 이러한 사원총회 결의는 그 결의 자체의 효력과 관계없이 그 이사의 보수청구권에 아무런 영향을 미치지 못한다」라는 근거를 들어, 그 무효확인을 구할 확인의 이익이 없다고 보았다.

4. 舊 商法 第530條의9 第1項에 따라 '分割 또는 分割合倂으로 인하여 設立되는 會社 또는 存續하는 會社'가 負擔하는 連帶債務의 消滅時效 期間과 起算點

◎ 대법원 2017. 5. 30. 선고 2016다34687 판결

구 상법(2015. 12. 1. 법률 제13523호로 개정되기 전의 것)에서 제530조의9 제1항7)에 따라 채권자가 연대책임을 물을 수 있는 기간이나 금액에 대해서 아무런 제한규정을 두고 있지 않지만 채권자를 분할 또는 분할합병 이전의 상태보다 더욱

---

6) 이사의 임기를 정하지 않은 때에는 이사의 임기 최장기인 3년을 경과하지 않는 동안에 해임되더라도 그로 인한 손해배상을 청구할 수 없다고 판시한 대법원 2001. 6. 15. 선고 2001다23928 판결 참조.

7) 제530조의9 (분할 및 분할합병 후의 회사의 책임) ① 분할 또는 분할합병으로 인하여 설

두텁게 보호할 필요는 없다. 분할 또는 분할합병으로 인하여 설립되는 회사 또는 존속하는 회사(이하 '수혜회사'라 한다)가 채권자에게 연대하여 변제할 책임을 부담하는 채무는 분할 또는 분할합병 전의 회사가 채권자에게 부담하는 채무와 동일한 채무이다. 따라서 수혜회사가 채권자에게 부담하는 연대채무의 소멸시효 기간과 기산점은 분할 또는 분할합병 전의 회사가 채권자에게 부담하는 채무와 동일한 것으로 봄이 타당하다. 결국, 채권자는 해당 채권의 시효기간 내에서 분할로 인하여 승계되는 재산의 가액과 무관하게 연대책임을 물을 수 있다.

(1) 사안의 개요

원고는 甲회사에 대하여 2건의 대출채권을 가지고 있었는데, 변제기 내지 기한의 이익 상실일은 각각 2008. 12. 29. 및 2009. 1. 21.이었다. 甲회사는 2009. 11. 4. 피고와 '甲회사는 영업 일부를 분할하고, 그 분할된 부분을 피고가 합병하며, 甲회사는 존속하는 내용'의 분할합병계약을 체결하였다. 甲회사와 피고는 각기 분할합병계약 승인 주주총회 결의를 거쳐 甲회사는 2009. 12. 22.에, 피고는 2009. 12. 30.에 분할합병 등기를 마쳤다.

원고는 2013년 甲회사를 상대로 2건의 대출채권에 대하여 대여금 등 청구소송을 제기하여 2014. 3. 4. 원고 승소판결이 선고되고 그대로 확정되었다. 원고는 2014. 6. 2. 피고를 상대로 구 상법 제530조의9 제1항에 의해 2건의 대출채권과 관련한 대여금 등 청구 소송을 제기하였다.

(2) 소송의 경과

제1심은, 「피고의 원고에 대한 채무는 회사분할로 채무자 책임재산에 변동이 생겨 채권 회수에 불이익한 영향을 받는 채권자를 보호하기 위해 부과된 법정책임으로 합병등기시 발생하므로, 소멸시효는 원고가 피고에게 권리를 행사할 수 있는 합병등기일부터 진행하는데, 이 사건 소는 그로부터 5년 경과 전인 2014. 6. 2. 제기되었으므로, 소멸시효가 중단되었다」고 판단하였다. 그러나 원심은, 「대출금 채권이 2009. 1. 21. 이전에 이행기가 도래하여 5년이 경과되어 소멸시효가 완성되었고, 이 사건 소는 그 후인 2014. 6. 2. 제기되었다」는 이유로 피고의 소멸시효 항변을 받아들였다.

립되는 회사 또는 존속하는 회사는 분할 또는 분할합병 전의 회사채무에 관하여 연대하여 변제할 책임이 있다.

대법원은 원심의 판단이 정당하다고 보아 원고의 상고를 기각하였다.

(3) 해   설

(가) 분할 또는 분할합병으로 인하여 설립되는 회사 또는 존속하는 회사(이하 '수혜회사')가 구 상법 제530조의9 제1항에 의하여 분할계획서나 분할합병계약서에 본래 부담하기로 정한 채무 이외의 채무에 대하여 연대책임을 지는 경우, 이는 회사분할로 채무자 책임재산에 변동이 생기게 되어 채권회수에 불이익한 영향을 받는 채권자를 보호하기 위하여 부과된 법정책임으로서 특별한 사정이 없는 한 법정 연대책임의 부담에 주관적 공동관계가 있다고 보기 어려우므로, 수혜회사는 각자 분할계획서나 분할합병계약서에 본래 부담하기로 정한 채무 이외의 채무에 대하여 '부진정연대채무'의 관계에 있다(대법원 2010. 8. 26.
선고 2009다95769 판결).

(나) 먼저 구 상법 제530조의9 제1항에 따라 부담하는 부진정연대채무의 소멸시효기간이 문제된다. 구 상법은 이에 대하여 별도의 규정을 두고 있지 않은데, 학설은 대체로 채권자는 '당해 채권의 시효기간 내에서' 연대책임을 물을 수 있다는 입장이다. 대상 판결도 「수혜회사가 채권자에게 부담하는 연대채무의 소멸시효기간은 분할 또는 분할합병 전의 회사가 채권자에게 부담하는 채무와 같다」고 보았다.

나아가 위 부진정연대채무의 소멸시효 기산점이 문제 된다. 원고는 소멸시효 기산점은 합병등기일이라고 주장하였다. 참고로 독일의 기업재편법 제133조는 분할합병으로 설립 또는 존속하는 회사의 연대책임은 분할등기일로부터 5년의 소멸시효에 걸린다고 규정하고 있다. 그러나 대상 판결은 「수혜회사가 채권자에게 부담하는 연대채무의 소멸시효 기산점 역시 분할 또는 분할합병 전의 회사가 채권자에게 부담하는 채무와 동일하다」고 보았다. 이는 「구 상법 제530조의9 제1항이 수혜회사로 하여금 **"분할 또는 분할합병 전의 회사채무에 관하여"** 연대하여 변제할 책임을 부과하고 있으므로, 이에 따라 수혜회사가 부담하는 채무 내용 역시 분할 또는 분할합병 전의 회사가 채권자에 대해 부담하는 채무와 동일하다」고 본 것이다. 원고로서는 합병등기일 전에는 수혜회사에 대해 권리를 행사할 수 없어 채권자에게 부당하다고 볼 여지도 있으나, 분할합병계약이 되더라도 분할합병등기가 되기 전에는 책임재산도 분리되지 않고 분할합병 전 회사에 책임재산이 그대로 유지되고 있으므로, 그를 상대로 권리를 행사하면 충분하다고 보인다. 수혜회사가 부담하는 채무의 소멸시효 기산점을 언제로 볼 것인지는 입법정책의 문제로 보이므로, 독일처럼 명문의 규정이 없는 이상 반드시 합병등기일로 보아야 할 필연성은 없다.

(다) 원고는 2013년 甲회사를 상대로 소를 제기하여 승소의 확정판결을 얻었다. 그러나 부진정연대채무에서는 채무자 중 1인에 대한 소멸시효의 중단사유가 다른 채무자에게 효력을 미치지 않는다. 따라서 원고가 분할합병 후에 甲회사를 상대로 분할합병 전의 회사 채무에 관한 소를 제기하여 甲회사에 대한 관계에서 시효가 중단되거나 확정판결을 받아 소멸시효 기간이 연장된다고 하더라도 그 소멸시효의 중단이나 연장의 효과는 피고에게 그 효력이 미치지 않는다.

(라) 이 사건 사안과 반대로, 분할합병 전의 회사에 대하여 승소확정판결이 있은 후 분할합병이 이루어졌고 위 판결의 원고가 수혜회사를 상대로 확정판결금의 지급을 구하는 사안에서, 대법원 2017. 12. 22. 선고 2017다213197 판결은 대상 판결의 법리를 판시한 다음, 「원고의 수혜회사에 대한 채권의 소멸시효기간은 분할합병 전 회사에 대한 판결금 채권과 동일한 10년이고 소멸시효 기산점도 확정판결 선고일이다」라고 판단하였다.

5. 合資會社의 存立期間 滿了와 社員 一部의 會社繼續 同意

◎ 대법원 2017. 8. 23. 선고 2015다70341 판결

합자회사가 정관으로 정한 존립기간의 만료로 해산한 경우에도(상법 제269조, 제227조 제1호), 사원의 전부 또는 일부의 동의로 회사를 계속할 수 있다(상법 제269조, 제229조 제1항). 이 경우 존립기간에 관한 정관의 규정을 변경 또는 폐지할 필요가 있는데, 특별한 사정이 없는 한 합자회사가 정관을 변경함에는 총사원의 동의가 있어야 할 것이나(상법 제269조, 제204조), 합자회사가 존립기간의 만료로 해산한 후 사원의 일부만 회사 계속에 동의하였다면 그 사원들의 동의로 정관의 규정을 변경하거나 폐지할 수 있다. 그리고 회사계속 동의 여부에 대한 사원 전부의 의사가 동시에 분명하게 표시되어야만 회사계속이 가능한 것은 아니므로, 일부 사원이

회사계속에 동의하였다면 나머지 사원들의 동의 여부가 불분명하더라도 회사계속의
효과는 발생한다.

(1) 사안의 개요

합자회사인 원고는 1979. 6. 28. 정관에서 "본 회사의 존립기간은 본 회
사 설립일로부터 향후 30년으로 한다. 단, 총사원의 의결을 얻어 연장할 수
있다."라고 정하여 설립되었다가, 2009. 6. 28. 존립기간이 만료되었다. 무한
책임사원인 피고는 원고의 대표사원으로 근무하다가 2009. 11. 직무집행정지
가처분결정으로 직무가 정지되었다. 원고는 2013. 3. 피고가 배당가능이익을
임의 소비하였다고 주장하며 손해배상을 구하는 이 사건 소를 제기하였다.
원고는 무한책임사원으로 피고와 A를 두고 있었는데, 甲은 이 사건 소 제기
후 제1심 선고 전인 2014. 5. 사망하였다. 전체사원 중 일부에 해당하는 무한
책임사원인 피고와 유한책임사원 8명은 2014. 8. 원고의 사원총회를 개최하
여 ① '회사계속에 관한 안건', ② '존립기간의 정관 규정폐지 안건', ③ '회사
계속등기를 위한 청산인으로 B 선출 안건'을 전원의 찬성으로 의결하였다.
이후 원고의 청산인 B는 2014. 10. 24. 선고된 제1심 판결에 대하여 2014. 11.
11. 항소를 제기하였다.

(2) 소송의 경과

제1심은 원고의 청구를 기각하였다. 원심은 「원고가 존립기간 만료로
해산하였으나 일부 사원들이 사원총회를 개최하여 회사계속과 존립기간을
정한 정관규정 폐지를 결의하였으므로, 원고는 사원 일부의 동의로 사원총회
일 현재 회사를 계속하고 있고, 회사계속 결의와 아울러 이루어진 조의 청산
인 선임 결의는 회사계속에 배치되어 무효이므로, B는 적법한 대표자가 될
수 없다」는 이유로, 원고의 항소가 부적법하다고 보아 이를 각하하였다. 대
법원은 원심판단에 합자회사의 회사계속에 관한 법리를 오해한 잘못이 없다
는 이유로 원고의 상고를 기각하였다.

(3) 해   설

(가) 이 사건의 쟁점은 합자회사가 존립기간 만료로 해산한 후 사원의
일부만 회사계속에 동의한 경우, ① 그 사원들의 동의로 존립기간을 정한 정

관 규정을 변경, 폐지할 수 있는지, ② 나머지 사원의 동의 여부가 불분명하더라도 회사계속 효과가 발생하는지에 있다. 원심은 회사계속 요건이 충족하였다고 판단하였다.

(나) 합명회사에 관한 규정이 준용되는 합자회사의 경우, 회사가 정관으로 존립기간을 정한 경우에는 그 기간의 만료로 즉시 해산하고(상법 제269조, 제227조 제1항), 다만 이 경우 사원의 전부 또는 일부의 동의로 회사를 계속할 수 있고, 동의하지 않은 사원은 퇴사한 것으로 본다(법 제229조). 회사계속은 해산한 회사가 해산 전의 상태로 복귀하여 해산 전의 회사와 동일성을 유지하면서 존립 중인 회사로서의 존재를 계속하는 것을 의미하므로, 이미 경과한 존립기간을 정한 정관 규정을 변경 또는 폐지하는 것이 필요하다.

그런데 합자회사에서 정관 규정의 변경, 폐지를 위해서는 총사원의 동의가 필요하므로(상법 제209조, 제204조), 존속 중에 존립기간을 연장하는 경우에는 당연히 총사원의 동의가 있어야 한다. 그러나 합자회사가 해산한 뒤 일부 사원만 회사계속에 동의한 경우에도 존립기간을 정한 정관 규정의 변경, 폐지에 총사원의 동의가 필요한 것인지가 문제 된다. 대상 판결은 「합자회사가 존립기간 만료로 해산한 후 사원 일부만 회사계속에 동의하였다면 그 사원들의 동의로 정관의 규정을 변경하거나 폐지할 수 있다」라고 판단하였다. 회사계속에서 존립기간을 정한 정관 변경이 필요한 이유는 기존 규정이 계속 후 회사의 존립과 모순되기 때문인데, 존립기간 만료 후 총사원의 동의를 얻어서 해당 정관 규정을 변경 또는 폐지해야 한다면 결국 총사원의 동의에 의해서만 회사계속을 할 수 있다는 결과가 되어 '사원 전부 또는 일부'의 동의를 거쳐서 회사를 계속할 수 있다는 상법 제229조와 배치된다. 회사계속에 동의하지 않은 사원은 퇴사한 것으로 간주되므로, 찬성하는 사원의 동의는 결국 계속 후 회사의 총사원의 동의로도 볼 수 있다. 한편 원고의 정관에서는 "총사원의 의결을 얻어 존립기간을 연장할 수 있다."라고 규정하고 있다. 그런데도 상법 제229조에 따라 일부 사원의 동의로 회사를 계속할 수 있는지가 문제된다. 이 부분은 상고이유에서 직접 다투고 있지 않아 대상 판결이 명시적으로 판단하지는 않았으나, 대상 판결은 위 정관 규정을 '회사 존속 중' 존립기간 연장에 관한 규정으로 해석한 것으로 보인다.

(다) 상법 제229조에 따라 일부 사원의 동의가 있으면 회사계속의 효과가 바로 발생한다. 이 사건에서 사원총회에 참석한 사원 외의 다른 사원들이 회사계속에 동의하였는지가 밝혀지지 않았다. 대상 판결은 「회사계속에 대한 사원 전부의 의사가 동시에 분명하게 표시되어야만 회사계속이 가능한 것은 아니므로, 일부 사원이 회사계속에 동의하였다면 나머지 사원의 동의 여부가 불분명하더라도 회사계속 효과는 발생한다」라고 판단하였다. 이는 사원 일부는 동의하였으나 나머지 의사가 불명이라는 이유로 회사계속 효과가 발생하지 않으면, 회사는 해산에 따른 잔여재산 분배를 할 수도, 회사계속에 따른 정상적인 운영을 할 수도 없는 상황에 빠지는 점을 고려한 것으로 보인다. 다만 일부 사원의 동의로 회사계속 효과가 발생하더라도, 찬성 여부가 불명인 사원들로 인해 존립기간을 정한 정관 규정의 변경이나 폐지 결의의 유효성이 문제될 여지는 있다. 또한 회사계속에 동의하지 않는 사원의 지분환급청구권 행사 여부 및 행사시기 확정을 위해 사원 동의 여부를 묻는 절차는 어쨌든 필요한 것으로 보인다.

6. 實質株主의 實質株主名簿 閱覽·謄寫 請求의 可否 및 範圍

◎ 대법원 2017. 11. 9. 선고 2015다235841 판결

주주는 영업시간 내에 언제든지 주주명부의 열람 또는 등사를 청구할 수 있고(상법 제396조 제2항), 자본시장과 금융투자업에 관한 법률(이하 '자본시장법'이라고 한다)에서 정한 실질주주 역시 이러한 주주명부의 열람 또는 등사를 청구할 수 있다(자본시장법 제315조 제2항). 이는 주주가 주주권을 효과적으로 행사할 수 있게 함으로써 주주를 보호함과 동시에 회사의 이익을 보호하려는 데에 그 목적이 있다. 그와 함께 소수주주들로 하여금 다른 주주들과의 주주권 공동행사나 의결권 대리행사 권유 등을 할 수 있게 하여 지배주주의 주주권 남용을 방지하는 기능도 담당한다. 그런데 자본시장법에 따라 예탁결제원에 예탁된 상장주식 등에 관하여 작성되는 실질주주명부는 상법상 주주명부와 동일한 효력이 있으므로(자본시장법 제316조 제2항), 위와 같은 열람·등사청구권의 인정 여부와 필요성 판단에서 주주명부와 달리 취급할 이유가 없다. 따라서 실질주주가 실질주주명부의 열람 또는 등사를 청구하는 경우에도 상법 제396조 제2항이 유추적용된다. 열람 또는 등사청구가 허용되는 범위도 위와 같은 유추적용에 따라 '실질주주명부상의 기재사항 전부'가 아니라 그중

실질주주의 성명 및 주소, 실질주주별 주식의 종류 및 수와 같이 '주주명부의 기재사항'에 해당하는 것에 한정된다.

(1) 사안의 개요

피고의 주주인 원고는 주주 대표소송을 제기하기 위한 주주 현황 파악을 위해 주권 상장법인인 피고에게 자본시장법상 실질주주명부에 대한 열람·등사를 청구하였다. 피고는 이에 응하지 않았고, 원고는 실질주주명부의 열람·등사를 구하는 이 사건 소를 제기하였다.

(2) 소송의 경과

원심은, 「원고가 상법 제396조 제2항의 유추적용에 따라 피고를 상대로 자본시장법상 실질주주명부에 대한 열람·등사를 청구할 수 있다」라고 판단한 다음, 상법상 주주명부와 기재사항이 일치하는 '실질주주의 명칭과 주소, 실질주주별 주식의 종류와 수' 이외에 '실질주주의 전자우편주소'도 열람·등사를 허용하고, 그밖에 자본시장법상 실질주주명부에 기재된 사항 중 나머지 기재사항(실질주주의 주민등록번호나 상임대리인의 명칭 및 주소 등)은 열람·등사를 허용하지 않았다.

대법원은 위 법리를 판시한 다음, 「원심이 실질주주명부에 대하여 상법 제396조 제2항을 유추적용하여 열람·등사가 허용된다고 판단한 것은 정당하지만, 주주명부 기재사항이 아닌 실질주주의 전자우편주소도 열람·등사의 대상에 포함한 것은 잘못이다」라고 판단하여 해당 부분의 원심 판결을 파기·환송하였다.

(3) 해   설

(가) 상장주식 거래에 예탁결제제도가 일반화됨에 따라 예탁주식의 권리행사는 자본시장법이 규율하는 실질주주명부에 의하여 이루어진다. 주식의 예탁은 민법상 혼장임치로서, 투자자와 예탁자는 예탁주식의 단독소유권을 상실하고 예탁주식, 즉 혼장재고에 관한 공유권을 취득하게 되는데(자본시장법 제312조 제1항), 예탁주식의 공유자를 '실질주주'라고 한다(자본시장법 제315조). 예탁결제원은 예탁주식에 관하여 발행회사 주주명부에 예탁결제원 명의로 명의개서를 하여야 하므로(자본시장법 제314조 제2항), 실질주주를 회사법상 주주와 동일한 것으로 취급하는 법기술상

의 조치가 필요한데, 이것이 바로 '실질주주명부'이다. '실질주주명부'란 주식 발행회사가 실질주주 내역을 기재한 장부로서 자본시장법은 여기에 상법상 주주명부와 동일한 효력을 인정하고 있다(제316조 제2항). 다만 실질주주명부는 상법 상 주주명부처럼 상시적으로 주주 변동내역이 기재되는 것이 아니라, 원칙적 으로 발행회사가 주주명부폐쇄기간 또는 기준일을 정한 때에만 작성된다는 점에 차이가 있다(자본시장법 제316조 제1항, 제315조 제3항).

(나) 상법상 주주명부 열람·등사에 관하여 상법 제396조 제2항은 "주 주와 회사채권자는 영업시간 내에 언제든지 주주명부의 열람 또는 등사를 청구할 수 있다."고 규정하고, 자본시장법 제315조 제2항은 "실질주주는 상법 제396조 제2항에 따른 주주명부의 열람 또는 등사 청구에 대하여는 그 권리 를 행사할 수 있다."고 규정하고 있다. 그런데 구 자본시장법(2016. 3. 22. 법 률 제14096호로 개정되기 전의 것)은 의결권 대리행사 권유를 하는 경우에는 실질주주명부의 열람·등사를 청구할 수 있도록 규정하고 있으나(제152조의2 제1항 제1호), 그 외의 경우에 실질주주명부의 열람·등사를 청구할 수 있는지에 대해서는 규정하고 있지 않다. 여기서 실질주주명부에 대해서도 상법 제396조 제2항 을 유추적용하여 열람·등사가 허용되는지가 문제된다.

대상 판결은 「실질주주명부는 상법상 주주명부와 동일한 효력이 있으므 로 열람·등사청구권의 인정 여부와 필요성 판단에서 주주명부와 달리 취급 할 이유가 없음을 근거로, 실질주주가 실질주주명부의 열람 또는 등사를 청 구하는 경우에도 상법 제396조 제2항이 유추적용된다」고 보았다.

(다) 실질주주명부에는 실질주주의 주민등록번호나 예탁계좌번호 등 대 체결제 처리를 위한 자료도 포함되어 있다. 대상 판결은 「실질주주명부의 열 람·등사청구의 허용 범위 역시 상법 제396조 제2항의 유추적용에 따라 '실 질주주명부상의 기재사항 전부'8)가 아니라, 그 중 실질주주의 성명 및 주소, 실질주주별 주식의 종류 및 수와 같이 '상법상 주주명부의 기재사항'9)에 해

---

8) 실질주주의 성명 및 주소, 실질주주별 주식의 종류와 수, 통지 연월일, 실질주주번호, 실 질주주의 주민등록번호 및 전자우편주소(전자우편주소가 있는 경우에 한함), 외국인인 실 질주주가 상임대리인을 선임한 경우에는 해당 상임대리인의 명칭 및 주소, 실질주주가 외 국인인 경우 해당 외국인의 국적, 그 밖에 실질주주 관리에 필요한 사항.

9) 주주의 성명과 주소, 각 주주가 가진 주식의 종류와 그 수, 각 주주가 가진 주식의 주권 을 발행한 때에는 그 주권의 번호, 각 주식의 취득연월일.

당하는 것에 한정된다」고 보았다. 이에 따라 실질주주의 전자우편주소는 열람등사의 대상에서 제외하였는데, 상법상 전자주주명부에 대한 열람·등사의 대상에서 전자주주명부 기재사항 중 전자우편주소가 명시적으로 제외된 것(상법 제352조의2 제2항, 제3항, 상법 시행령 제11조 제2항)도 고려한 것으로 보인다.

(라) 나아가 대상 판결은, 「'주주나 회사채권자가 상법 제396조 제2항에 의하여 주주명부등의 열람·등사청구를 한 경우 회사는 청구에 정당한 목적이 없는 등의 특별한 사정이 없는 한 이를 거절할 수 없고 이 경우 정당한 목적이 없다는 점에 관한 증명책임은 회사가 부담한다'는 법리가 상법 제396조 제2항을 유추적용하여 실질주주명부의 열람·등사청구권을 인정하는 경우에도 적용된다」라고 판시하였다.

7. 會計帳簿 등의 閱覽·謄寫를 請求한 株主가 株式의 保有要件을 具備해야 하는 期間

◎ 대법원 2017. 11. 9. 선고 2015다252037 판결

발행주식의 총수의 100분의 3 이상에 해당하는 주식을 가진 주주는 상법 제466조 제1항에 따라 이유를 붙인 서면으로 회계의 장부와 서류의 열람 또는 등사를 청구할 수 있다. 열람과 등사에 시간이 소요되는 경우에는 열람·등사를 청구한 주주가 전 기간을 통해 발행주식 총수의 100분의 3 이상의 주식을 보유하여야 하고, 회계장부의 열람·등사를 재판상 청구하는 경우에는 소송이 계속되는 동안 위 주식 보유요건을 구비하여야 한다.

(1) 사안의 개요

원고는 피고 발행주식 총수 9천 주 중 3천 주를 보유한 주주였다. 원고는 회계장부 등의 열람·등사를 청구하였으나 피고가 이를 거부하였다. 그러자 원고는 그 열람·등사를 구하는 이 사건 소를 제기하였다. 그런데 피고는 제1심 계속 중 주주배정 방식으로 신주를 발행하여 소외 1이 46,000주, 소외 2가 46,000주를 각 인수하였다. 이로 인해 피고 발행주식 총수는 101,000주가 되고, 원고는 2.97%를 보유하게 되었다.

(2) 소송의 경과

제1심은 피고에 대하여 회계장부 등의 열람·등사를 명하였다. 제1심
판결 선고 이후 원고가 3% 보유주식 요건을 갖추지 못하였으나, 원심은 「피
고가 신주 발행을 통하여 원고의 열람·등사권의 행사를 무력화하였던 것으
로 보이는데, 3%의 보유주식 요건을 갖추고 있던 원고의 열람·등사청구로
부터 상당 기간이 경과한 후에 신주발행으로 소송 도중 3%의 보유주식 요
건을 갖추지 못한 경우에는, 원고가 여전히 열람·등사권을 행사할 수 있다
고 봄이 타당하다」라는 이유로 피고의 본안 전 항변을 배척하고, 피고에 대
하여 일부 회계장부 등의 열람·등사를 명하였다. 대법원은 「원고는 소 제기
당시 상법 제466조 제1항이 요구하는 발행주식총수의 100분의 3 이상을 보
유하고 있었으나, 신주발행으로 피고 발행주식총수 101,000주 중 2.97%를 보
유하여 발행주식 총수의 100분의 3에 미달하게 되었으므로, 신주발행이 무
효이거나 부존재한다는 등의 특별한 사정이 없는 한, 원고는 회계장부 등의
열람·등사를 구할 당사자적격을 상실하였다고 봄이 타당하다」라고 판단하
여 해당 부분 원심 판결을 파기·환송하였다.

(3) 해   설

(가) 상법은 제466조에서 소수주주권으로서 회계장부 등의 열람·등사
청구권을 발행주식 총수의 100분의 3 이상에 해당하는 주식을 가진 주주에
게 인정하고 있다. 상법 제466조에 따른 소수주주의 보유지분은 언제까지 유
지되어야 하는지에 대하여 사전보유기간의 제한은 없으므로 열람청구 시에
만 주식을 보유하고 있으면 되지만, 열람·등사에 시간이 소요되는 경우에는
그전 기간을 통하여 3% 요건을 충족하고 있어야 한다는 견해가 있다. 나아
가 재판상 소수주주권을 행사하는 경우 소수주주의 보유지분은 언제까지 유
지되어야 하는지에 대해서는, ① 사실심 변론종결 시까지 소정의 주식을 보
유하고 있어야 한다는 견해(다만 대표소송의 경우는 명문의 예외 조항이 있다. 상법 제403조 제5)와, ② 재판확정 시까지
소정의 주식을 보유하고 있어야 한다는 견해가 있다.

대상 판결은 「상법 제466조 제1항에 따른 회계장부 등의 열람·등사에
시간이 소요되는 경우 또는 열람·등사를 재판상 청구하는 경우, 열람·등사
를 청구한 주주가 주식 보유요건을 구비해야 하는 기간은 열람·등사에 소

요되는 전 기간 또는 소송이 계속되는 기간이다」라고 보았다. 열람·등사를 재판상 청구하는 경우는 열람·등사 청구권을 행사하는 소수주주가 주식보유 요건을 갖추었는지를 일종의 당사자적격의 문제로 본 것으로 추측된다. 이를 당사자적격의 문제로 볼 경우 당사자적격 등 소송요건은 직권조사사항으로서 당사자가 주장하지 않더라도 법원이 직권으로 조사하여 판단해야 하고, 사실심 변론종결 이후에 소송요건이 흠결된 경우 상고심에서도 이를 참작해야 한다는 대법원 판례10)에 따른 것으로 보인다.

(나) 그렇다면 원고가 소 제기 당시 주식을 그대로 보유하고 있음에도, 신주발행으로 사후적으로 주식 보유요건에 미달하게 된 경우 열람·등사청구를 할 수 있는지가 문제된다. 이에 대해서는, 회계장부 열람과 등사에 시간이 소요되는 경우 전 기간을 통하여 3% 요건을 충족하여야 하나, 청구한 때로부터 상당한 기간이 경과하고 그 사이 신주가 발행되어 보유요건을 충족하지 못한 경우에는 열람·등사를 인정하여야 한다는 견해가 있다. 회사가 주주의 열람청구권을 신주발행으로 무력화하는 것을 방지하고 열람청구 이후에 발생한 주주에게 책임이 없는 사정으로 권리 행사에 영향을 받아서는 안 된다는 것을 논거로 들고 있다. 그러나 대상 판결은 「회계장부 등의 열람·등사 청구의 주식 보유요건은 소송요건(당사자적격)에 관한 문제로 원칙적으로 상고심 심리종결 시까지 유지되어야 한다」고 보았다. 이는 주주의 의사와 무관하게 신주발행으로 인하여 주식 보유요건이 3%에 미달되게 되었다고 하여 달리 볼 것은 아니라는 태도이다.

참고로, 1998년 개정 상법은 제403조 제5항을 신설하여, "주주 대표소송의 경우 소를 제기한 주주의 보유주식이 제소 후 발행주식 총수의 1% 미만으로 감소한 경우(발행주식을 보유하지 아니하게 된 경우를 제외)에도 제소의 효력에 영향이 없다."는 명문의 규정을 두고 있다. 또한, 주주총회결의 취소소송 계속 중 원고가 주주의 지위를 상실하면 원고는 상법 제376조에 따라 그 취소를 구할 당사자적격을 상실하는데, 이는 원고가 자신의 의사에 반하여 주주의 지위를 상실하였다 하여 달리 볼 것은 아니다.11)

---

10) 대법원 2011. 2. 10. 선고 2010다87535 판결(사실심 변론종결 이후 원고가 주주의 지위를 상실하여, 주주총회결의 부존재 확인을 구할 확인의 이익이 없고, 결의취소를 구할 당사자적격이 없게 되었다는 이유로 파기자판, 소 각하한 사안).

11) 대법원 2016. 7. 22. 선고 2015다66397 판결(소속계속 중 포괄적 주식교환계약에 따라 주

8. 其　　他

지면 관계상 자세한 설명은 생략하지만, 다음과 같은 회사법 관련 대법원 판례도 주목할 만하다.

대법원 2017. 7. 14.자 2016마230 결정은, 자회사의 소수주주가 상법 제360조의25 제1항에 따라 모회사에 주식매수청구를 한 경우, 모회사가 지배주주에 해당하는지는 자회사가 보유한 자기주식을 발행주식총수 및 모회사의 보유주식에 각각 합산하여 판단하여야 하는지에 관한 판결이다. 대법원은 「자회사의 소수주주가 상법 제360조의25 제1항에 따라 모회사에게 주식매수청구를 한 경우에 모회사가 지배주주에 해당하는지 여부를 판단함에 있어, 상법 제360조의24 제1항은 회사의 발행주식총수를 기준으로 보유주식의 수의 비율을 산정하도록 규정할 뿐 발행주식총수의 범위에 제한을 두고 있지 않으므로 자회사의 자기주식은 발행주식총수에 포함되어야 한다. 또한 상법 제360조의24 제2항은 보유주식의 수를 산정할 때에는 모회사와 자회사가 보유한 주식을 합산하도록 규정할 뿐 자회사가 보유한 자기주식을 제외하도록 규정하고 있지 않으므로 자회사가 보유하고 있는 자기주식은 모회사의 보유주식에 합산되어야 한다」고 보았다.

Ⅲ. 資本市場法

1. 스캘핑 行爲가 資本市場法 第178條 第1項 第1號의 '不正한 手段, 計劃, 技巧를 使用하는 行爲' 및 同條 第2項의 '僞計의 使用'에 該當하는지 與否

◎ 대법원 2017. 3. 30. 선고 2014도6910 판결

투자자문업자, 증권분석가, 언론매체 종사자, 투자 관련 웹사이트 운영자 등(이하 '투자자문업자 등'이라고 한다)이 특정 증권을 장기투자로 추천하기 직전에 자신의 계산으로 그 증권을 매수한 다음, 추천 후 그 증권의 시장가격이 상승할 때에 즉

주의 지위가 상실된 사안). 현재 주식의 포괄적 교환에 의하여 주주의 지위를 상실한 원고들에게 주주대표소송을 제거·유지할 원고 적격이 인정되는지에 대해서는 대법원 2017다35717, 2017다279326 사건으로 계속 중이다.

시 차익을 남기고 매도하는 이른바 스캘핑(scalping) 행위를 하는 경우, 그 행위가 명백하게 거짓인 정보를 시장에 흘리는 방법으로 그 특정 증권을 추천하는 것이라면 이는 정상적인 자본의 흐름을 왜곡시켜 자본시장의 공정성과 효율성을 해침은 물론이다. 또한 그 증권 자체에 관한 정보는 거짓이 아니어서 자본의 흐름을 왜곡시키는 것은 아니라도, 이러한 스캘핑 행위가 용인되면 자본시장에서의 공정한 경쟁에 대한 시장참여자들의 신뢰가 훼손되고 시장 내의 각종 투자 관련 조언행위가 평가 절하됨으로써, 양질의 정보를 생산하고 소비하려는 유인이 감소하여 자본시장에서의 자원배분의 효율성을 해치고 투자자들이 자본시장으로부터 이탈하는 결과를 가져올 수 있다.

또한 특정 증권을 추천하기 직전에 그 증권을 매수한 투자자문업자 등은 장기적 가격상승의 잠재력이 아니라 추천으로 예상되는 투자자들의 행동에 따른 단기적 가격상승 가능성 때문에 의식적으로 또는 무의식적으로 그 증권을 추천할 유인이 생길 수 있고, 추천내용의 객관성에 영향을 미칠 수 있는 추천의 동기는 추천에 따라 투자 판단을 하려는 합리적인 투자자가 중요하게 고려할 상당한 개연성이 있는 사항에 해당하므로, 특정 증권을 추천하기 전에 자신의 계산으로 그 증권을 매수한 투자자문업자 등이 그 증권에 관한 자신의 이해관계를 공시하지 않고 추천하면 상대방에게 개인적인 이해관계없이 객관적인 동기에서 그 증권을 추천한다는 오해를 초래할 수 있다.

위와 같은 제반 사정을 고려하면, 투자자문업자 등이 추천하는 증권을 자신이 선행매수하여 보유하고 있고 추천 후에 이를 매도할 수도 있다는 그 증권에 관한 자신의 이해관계를 표시하지 않은 채 그 증권의 매수를 추천하는 행위는 자본시장과 금융투자업에 관한 법률 제178조 제1항 제1호에서 말하는 '부정한 수단, 계획, 기교를 사용하는 행위'에 해당하는 한편, 투자자들의 오해를 초래하지 않기 위하여 필요한 중요사항인 개인적인 이해관계의 표시를 누락함으로써 투자자들에게 객관적인 동기에서 그 증권을 추천한다는 인상을 주어 거래를 유인하려는 행위로서 같은 법 제178조 제2항에서 정한 '위계의 사용'에도 해당한다.

(1) 사안의 개요

피고인은 방송 애널리스트로 근무하면서 증권방송 프로그램에 출연하여 유망종목을 추천하는 업무를 담당하던 중, 2010. 4.부터 2013. 1.까지 90개 종목에 대하여 117회에 걸쳐 방송 전에 특정 종목의 주식을 선행 매수한 다음, 그 주식을 사전에 매수하여 보유하고 있다는 사실을 숨긴 채 방송에서 단독 또는 다수의 유망 종목 중 하나로 분석·추천하였다. 이어 방송 직후

또는 적어도 방송일부터 수일 이내에 선행매수물량을 매도하거나, 낮은 목표
수익 수준으로 방송 전 또는 방송 중에 미리 예상 상승가격으로 제출해 둔
매도 주문에 따라 방송 중 또는 방송 직후 계약이 체결되도록 하는 방법 등
으로 주식의 매수·매도거래를 하였다. 검사는 피고인의 이러한 행위가 자본
시장법 제178조 제1항 제1호의 '부정한 수단, 계획, 기교를 사용한 행위' 및
같은 조 제2항의 '거래 목적 또는 시세 변동 목적으로 위계를 사용한 행위'
에 해당한다는 공소사실로 기소하였다.

(2) 소송의 경과

제1심과 원심 모두 유죄를 선고하였고, 대법원도 위와 같은 이유로 피
고인의 상고를 기각하였다.

(3) 해   설

(가) "스캘핑"(scalping)은 특정 증권을 장기투자로 추천하기 직전에 자
신의 계산으로 그 증권을 매수한 다음 추천 후 시장가격이 상승할 때에 즉
시 차익을 남기고 매도하는 행위이다(미 연방대법원 1963년 SEC v. Capital
Gains 판결). 자본시장법상 선행매매 금지대상자로 규정되지 않은 방송 애널
리스트 등이 이러한 스캘핑을 한 경우 이를 자본시장법에 의해 규제할 수
있는지가 이 사건의 쟁점이다.

(나) 자본시장법 제178조 제1항 제1호는 금융투자상품의 매매, 그 밖의
거래와 관련하여 '부정한 수단, 계획 또는 기교를 사용하는 행위'를 금지하고
있다. 여기서 '부정한 수단'의 의미에 대하여는, ① 기망성을 요구한다는 견
해와, ② 사회통념상 부정하다고 인정되는 일체의 수단이라고 보는 견해가
있다. 대법원은 「'부정한 수단, 계획 또는 기교'란 사회통념상 부정하다고 인
정되는 일체의 수단, 계획 또는 기교를 말한다」라고 하면서(대법원 2014. 1. 16.
선고 2013도9933 판결),
나아가 대법원은 「어떠한 행위를 부정하다고 할지에 대하여는 그 행위가 법
령 등에서 금지된 것인지, 다른 투자자들로 하여금 잘못된 판단을 하게 함으
로써 공정한 경쟁을 해치고 선의의 투자자에게 손해를 전가하여 자본시장의
공정성, 신뢰성 및 효율성을 해칠 위험이 있는지를 고려하여 판단하여야 한
다」라고 판시하고 있다(위 2013도9933
판결).

대상 판결은 「자본시장법상 선행매매 금지 대상자로 규정되지 않은 증

권분석가, 언론매체 종사자, 투자 관련 웹사이트 운영자와 투자자문업자라도 그들이 증권에 관한 이해관계를 공시하지 않고 주식을 추천하는 것은 '부정한 수단'에 해당한다」고 보았다. 특히 그 행위가 명백하게 거짓인 정보를 시장에 흘리는 방법으로 특정증권을 추천하는 것은 물론이고, 증권 자체에 관한 정보는 거짓이 아니어서 자본의 흐름을 왜곡시키는 것은 아니라도 마찬가지라고 보았다. 스캘핑 행위를 공시하지 않고 주식을 추천하는 행위는 기존 대법원 판례가 설시하고 있는 부정성의 판단기준에도 부합해 보인다. 대상 판결은 타당하다.

　　(다) 자본시장법 제178조 제2항은 금융투자상품의 매매, 그 밖의 거래를 할 목적이나 그 시세의 변동을 도모할 목적으로 '풍문의 유포, 위계의 사용, 폭행 또는 협박'을 하는 것을 금지하고 있다. 여기서 '위계'란 거래 상대방이나 불특정 투자자를 기망하여 일정한 행위를 하도록 유인할 목적의 수단, 계획, 기교 등을 말하고, '기망'이란 객관적 사실과 다른 내용의 허위사실을 내세우는 등의 방법으로 타인을 속이는 것을 의미한다(대법원 2011. 10. 27. 선고 2011도8109 판결).

　　이러한 '위계'의 개념에는 '기망'이 포함되어 있어 과연 피고인의 스캘핑 행위가 이에 해당한다고 볼 수 있는지가 문제된다. '위계' 의미에 관하여는, ① 사기죄의 사기(기망행위)와 같은 의미로 이해하는 견해와, ② 사기보다 넓은 개념으로 파악하는 견해가 있다. 후자에 따르면 허위표시나 오해를 유발하는 표시는 전형적인 위계행위에 해당한다. 대상 판결은 후자의 입장에서 「스캘핑 행위가 투자자들의 오해를 초래하지 않기 위하여 필요한 중요사항인 개인적인 이해관계의 표시를 누락함으로써 투자자들에게 객관적인 동기에서 그 증권을 추천한다는 인상을 주어 거래를 유인하려는 행위로서 '위계의 사용'에 해당한다」라고 판시한 것으로 보인다.

2. 舊 資本市場法 第174條 第1項에서 정한 '未公開 重要情報'의 意味

◎ 대법원 2017. 1. 25. 선고 2014도11775 판결

　　여기(구 자본시장법(2013. 5. 28. 법률 제11845호로 개정되기 전의 것) 제174조 제1항 제4호)[12]에서 '미공개중요정보'란 상장법인의 경영이나 재산상태, 영업실적

등 투자자의 투자판단에 중대한 영향을 미칠 수 있는 내부정보로서 불특정 다수인이 알 수 있도록 공개되기 전의 것을 말하고, 법인의 업무 등과 관련하여 법인 내부에서 생성된 것이면 거기에 일부 외부적 요인이나 시장정보가 결합되어 있더라도 그에 해당하다.

(1) 사안의 개요

코스닥상장법인 甲회사는 경영악화로 제3자 배정 유상증자를 통한 경영권 매각을 추진하게 되었다. 피고인은 2010. 11. 초순경 甲회사의 설립자 겸 前대표이사로부터 '50억 원 규모의 제3자 배정 유상증자에 참여하여 甲회사의 경영권을 양수할 것'을 제의받고 수회 협상을 진행하던 중, 2010. 11. 29. 甲회사 주식 197,500주를 매수하였다(이하 '이 사건 주식거래'). 이어 피고인은 2010. 11. 30. 또는 12. 1. 새벽 甲회사 인수를 결정하였다. 甲회사는 2010. 12. 1. 피고인에 대한 제3자 배정방식의 유상증자에 관한 이사회 결의를 하였고, 같은 날 14:06 '50억 원 규모의 유상증자 실시 및 최대주주 변경 예정'이라는 정보(이하 '이 사건 정보')가 공시되었다. 2010. 12. 15. 제3자 배정 유상증자가 실시되었다.

피고인은 甲회사와 계약 체결을 교섭하고 있는 자로서 계약의 교섭 과정에서 알게 된 이 사건 정보를 甲회사 주식 매매에 이용하여 구 자본시장법 제174조 제1항 제4호를 위반하였다는 사실로 공소가 제기되었다.

(2) 소송의 경과

이 사건에는 여러 쟁점이 있었으나, ① 이 사건 정보의 내부정보 해당 여부, ② 피고인이 이 사건 정보의 생성자에 해당하는데도 구 자본시장법 제174조 제1항 제4호의 주체가 될 수 있는지를 중심으로 살펴본다.

---

12) 제174조 (미공개중요정보 이용행위 금지) ① 다음 각 호의 어느 하나에 해당하는 자(제1호부터 제5호까지의 어느 하나의 자에 해당하지 아니하게 된 날부터 1년이 경과하지 아니한 자를 포함한다)는 상장법인(6개월 이내에 상장하는 법인을 포함한다)의 업무 등과 관련된 미공개중요정보(투자자의 투자판단에 중대한 영향을 미칠 수 있는 정보로서 대통령령으로 정하는 방법에 따라 불특정 다수인이 알 수 있도록 공개되기 전의 것을 말한다. 이하 이 항에서 같다)를 특정증권등의 매매, 그 밖의 거래에 이용하거나 타인에게 이용하게 하여서는 아니 된다.
　4. 그 법인과 계약을 체결하고 있거나 체결을 교섭하고 있는 자로서 그 계약을 체결·교섭 또는 이행하는 과정에서 미공개중요정보를 알게 된 자

제1심은 무죄를 선고하였으나, 원심은 「① 이 사건 정보는 甲회사의 업무와 관련된 정보에 해당하고, ② 피고인이 계약 체결을 교섭하는 과정에서 이 사건 정보를 알게 된 자에 해당한다」라는 이유로 유죄를 선고하였다. 대법원은 원심의 판단이 정당하다고 보아 상고를 기각하였다.

(3) 해   설

(가) 자본시장법 제174조 제1항의 규제대상이 되는 미공개중요정보는 당해 상장법인의 경영과 재산 등에 관한 중요한 정보로서 업무와 관련된 내부정보, 즉 '법인의 업무 등과 관련하여 법인 내부에서 생성된 정보'이어야 한다. 이와 구별되는 개념으로서 '시장정보'란 사외정보로서 증권시장에서 당해 회사가 발행한 증권의 수급에 영향을 줄 수 있는 사건이나 상황에 관한 정보 또는 기관투자자나 외국인투자자의 동향과 같은 정보를 말한다. 자본시장법은 원칙적으로 시장정보를 내부자거래의 규제대상으로 삼고 있지 않고, 예외적으로 시장정보 중 공개매수 실시·중지에 관한 정보($\binom{\text{상법 제6제174조}}{\text{제2항51조}}$)와 주식등의 대량 취득·처분에 관한 정보($\binom{\text{제174조}}{\text{제3항}}$)를 별도로 미공개정보 규제 대상으로 하고 있다.

피고인은 상고이유로 이 사건 정보가 甲회사가 아나라 피고인의 유상증자 참여 여부를 결정하는 것에 의존하는 정보이므로 甲회사와 무관하게 외부에서 형성된 시장정보라고 주장하였다. 그러나 대상 판결은 「법인의 업무 등과 관련하여 법인내부에서 생성된 것이면 거기에 일부 외부적 요인이나 시장정보가 결합되어 있더라도 미공개중요정보에 해당한다」고 판시한 다음, 「이 사건 정보는 피고인이 유상증자에 참여할지 여부를 결정하는 내심의 의사뿐 아니라 신주발행의 주체인 甲회사가 상대방인 피고인과 교섭하는 과정에서 생성된 정보로서, 甲회사의 경영, 즉 업무와 관련된 것임은 물론 甲회사 내부의 의사결정 과정을 거쳐 최종적으로 확정된다는 점에서 甲회사의 내부정보라고 보아야 하고, 일부 외부적 요인이 결합되어 있더라도 달리 볼 것은 아니다」라고 보았다.

(나) 자본시장법 제174조 제1항 제4호는 '그 계약을 체결·교섭 또는 이행하는 과정에서 미공개중요정보를 알게 된 자'라고 규정하고 있다. 피고인과 같이 이 사건 정보를 직접 생성한 자도 이에 해당하는지가 문제된다.

종래 대법원 판결 중에는 준내부자가 미공개중요정보를 직접 생성한 경우 미공개중요정보 이용행위의 규제대상이 되는지를 긍정하는 것과 부정하는 것이 있었다. ① 전자로는 대법원 2014. 2. 27. 선고 2011도9457 판결이 있다. 이 판결은, 피고인들이 상장법인 甲회사와 경영자문계약을 체결한 乙회사의 임원으로서 甲회사의 업무 등과 관련된 미공개중요정보인 '乙회사가 甲회사와의 경영자문계약의 대가로 적대적 인수합병 시도를 중단한다'는 정보를 알게 된 후 甲회사가 발행한 유가증권의 매매에 그 정보를 이용하였다는 사실로 기소된 사안이다. 이에 대하여 원심은, 「위 정보는 乙회사 입장에서 보더라도 甲회사와 구두계약을 체결하는 과정에서 계약당사자로서의 특수한 지위에 기하여 생성 과정에 관여함으로써 직무와 관련하여 알게 된 정보이다」라고 판단하였고, 대법원은 이러한 판단에 구 증권거래법 제188조의2 제1항이 정한 미공개정보 이용행위 금지에 관한 법리를 오해한 위법이 없다고 보았다. ② 후자로는 대법원 2003. 11. 14. 선고 2003도686 판결이 있다. 이 판결은, 피고인이 甲회사의 대주주인 乙회사와 '甲회사 주식 290만 주를 55억 1,000만 원에 인수하기로 합의'하고 이를 인수하였는데, 그 인수계약의 체결·교섭과정에서 취득한 甲회사의 업무와 관련된 미공개정보를 이용하여 甲회사의 주식을 매수하였다는 사실로 기소된 사안이다. 대법원은, 「피고인과 주식매매 및 회사인수 계약을 체결한 계약상대방은 乙회사이고, 구 증권거래법 제188조의2의 미공개정보 이용행위의 금지대상이 되는 '당해 정보를 받은 자(소위 정보수령자)'란 같은 조 제1항 각 호에 해당하는 자로부터 이들이 직무와 관련하여 알게 된 당해 정보를 전달받은 자를 말하는데, 피고인이 제188조의2 제1항 각 호에 해당하는 자로서 甲회사의 주요주주인 乙회사로부터 전달받았다는 '乙회사가 피고인에게 甲회사 주식 290만 주를 양도하여 甲회사의 경영권을 양도한다.'는 정보는 乙회사가 그 소유의 주식을 피고인에게 처분하여 스스로 생산한 정보이지 직무와 관련하여 알게 된 정보가 아니고, 피고인은 당해 정보를 甲회사로부터 전달받은 자가 아니라 乙회사와 주식 양수계약을 체결한 계약당사자로서 乙회사와 공동으로 당해 정보를 생산한 자에 해당하므로, 원심이 피고인이 제188조의2 제1항 제4호의 '당해 법인과 계약을 체결하고 있는 자' 또는 제188조의2 제1항의 '당해 정보를 받은 자'에 해당하지 아니한다」고 판단한 것은 정당하다고 판시하였다.

　　대상 판결은, 「피고인이 이 사건 주식 매수 전부터 甲회사와 경영권 인수계약의 체결을 교섭하고 있었고, 그 과정에서 이 사건 정보의 생성에 관여함으로써 이 사건 정보를 알게 되었다」라고 판단하였다. 이어 「피고인이 구 자본시장법 제174조 제1항 제4호의 '그 법인과 계약을 체결하고 있거나 체결을 교섭하고 있는 자로서 그 계약을 체결·교섭 또는 이행하는 과정에서 미공개중요정보를 알게 된 자'에 해당한다고 한 원심판단은 옳다고 판시하여, 정보생성자도 위 조항에 해당할 수 있다」라고 판단하였다. 이는 계약의 체결·교섭 과정에서 정보를 알게 되는 방법에는 여러 가지가 있을 수 있는데, 정보를 생성한다는 것과 그로 인하여 정보를 알게 된다는 것은 양립할 수 없는 개념이 아니고, 정보수령자에 대해서도 미공개중요정보 이용행위를 금지하는데 그보다 적극적으로 정보생성에 관여한 준내부자의 이용행위를 방임하는 것은 자본시장법이 내부자거래를 규제하는 입법 취지에 반한다는 것을 고려한 것으로 보인다.

3. 舊 資本市場法 第174條 第3項 第6號의 株式 등의 大量取得·處分의 實施나 中止에 관한 未公開情報를 '알게 된 자'의 意味

◎ 대법원 2017. 10. 31. 선고 2015도8342 판결

　　[1] 구 자본시장법 제174조 제3항 제6호에서 정한 주식 등의 대량취득·처분의 실시 또는 중지에 관한 미공개정보를 '알게 된 자'라 함은, 대량취득·처분을 하는 자 또는 제1호부터 제5호까지의 어느 하나에 해당하는 자로부터 당해 정보를 전달받은 자를 말한다.

　　정보수령자가 정보제공자로부터 정보를 전달받았다고 인정하기 위해서는 단순히 정보의 이동이 있었다는 객관적 사실만으로는 충분하지 않고, 정보제공자가 직무와 관련하여 알게 된 미공개정보를 전달한다는 점에 관한 인식이 있어야 한다.

　　[2] 정보수령자가 알게 된 미공개정보는 대량취득·처분의 실시 또는 중지를 알 수 있을 만큼 구체적이어야 한다. 정보제공자가 제공한 내용이 단순히 미공개정보의 존재를 암시하는 것에 지나지 않거나, 모호하고 추상적이어서 정보수령자가 그 정보를 이용하더라도 여전히 일반투자자와 같은 정도의 경제적 위험을 부담하게 되는 경우에는 특별한 사정이 없는 한 미공개정보에 해당하지 않는다.

(1) 사안의 개요

피고인은 甲회사가 곧 매각될 것이라는 소식을 접하고 2012. 3. 중순 평소 친분이 두터운 乙회사의 회장 A에게 위 소식을 알려주고 2012. 3. 20.부터 甲회사의 주식을 매수하기 시작하였다. A는 피고인으로부터 甲회사의 매각 관련 소식을 알게 된 직후인 2012. 3. 25.경 甲회사 대주주 대표 B를 만나 甲회사의 주식과 경영권을 양수하기로 합의하였다. 피고인은 2012. 4. 9. 甲회사가 입주한 건물에서 甲회사에 실사를 나온 乙회사의 상무이사 C을 우연히 만났다. C는 피고인이 '웬일이냐'고 묻자 '실사를 나왔다'라고만 말하였고, 실사대상이 甲회사라는 사실은 말하지 않았다. 피고인은 2012. 4. 9.에도 甲회사 주식을 계속 매수하였다.

이에 대하여 검사는, 피고인이 2012. 4. 9. '실사를 나왔다'는 말을 듣고 A가 조속한 시일 내에 甲회사를 인수할 것이라는 '주식 등의 대량취득·처분의 실시'에 관한 미공개정보를 취득하고, 이를 이용하여 甲회사 주식을 매수하였다는 사실로 공소를 제기하였다.

(2) 소송의 경과

제1심은 유죄를 선고하였다. 그러나 원심은 「피고인이 내부자로부터 미공개정보를 취득한 다음, 이를 이용하여 甲회사의 주식을 매수하였다고 인정하기에 부족하다」라는 이유로 무죄를 선고하였다. 대법원은 위 법리를 판시한 다음, 피고인이 C로부터 미공개정보를 전달받았다고 볼 수 없다는 원심의 결론을 수긍할 수 있다고 판단하여 검사의 상고를 기각하였다.

(3) 해   설

(가) 구 자본시장법(2013. 5. 28. 법률 제11845호로 개정되기 전의 것, 이하 '구 자본시장법') 제174조 제1항 제6호와 제2항 제6호는, 상장법인의 업무 등과 관련된 미공개중요정보 또는 주식 등에 대한 공개매수의 실시·중지에 관한 미공개정보를 공개매수자를 포함하여 각 항 제1호부터 제5호까지의 어느 하나에 해당하는 내부자로부터 "받은 자"를 '정보수령자'로 보아, 그 '정보수령자'의 해당 정보의 이용행위를 금지하고 있다. 구 자본시장법 제174조 제1항 제6호, 제2항 제6호는 단순히 내부자로부터 해당 정보를 "받은 자"라고 규정하고 있을 뿐이므로, 내부자로부터 정보를 취득한 경우에는 제공 목

적이나 대가 유무를 떠나 모두 정보수령자가 될 수 있으나, 다만 정보제공자의 고의에 의한 정보제공행위이거나 정보제공자의 정보제공 사실의 인식이 필요하다. 또한, 내부자로부터 직접 정보전달이 이루어져야 하고, 내부자가 다른 사람과 하는 대화를 엿들은 경우나 내부자의 컴퓨터에서 우연히 정보를 알게 된 경우에는 '정보를 받은 것'으로 볼 수 없으므로 정보수령자에 해당하지 않는다.

(나) 구 자본시장법 제174조 제1항의 규제 대상인 미공개중요정보는 상장법인의 업무 등과 관련된 정보로서 '법인 내부에서 생성된 정보', 즉 '내부정보'이어야 한다. 그런데 주식 등의 대량취득·처분에 관한 정보는 대상회사의 외부에서 생겨난 것이어서 대량취득·처분을 하는 자의 내부자가 대상회사 증권을 거래하더라도 일반적인 미공개중요정보 이용행위에 해당하지 않으므로, 이를 규제하기 위해서는 별도의 규정이 필요하다. 이에 구 자본시장법 제174조 제3항에서 주식 등의 대량취득·처분의 실시·중지에 관한 미공개정보 이용행위를 규제하고 있다. 이는 공개매수의 실시중지에 관한 정보도 마찬가지인데, 구 자본시장법 제174조 제2항에서 해당 미공개정보 이용행위를 규제하고 있다.

그런데 구 자본시장법 제174조 제3항 제6호는, 주식 등의 대량취득·처분을 하는 자 또는 제1호부터 제5호까지의 어느 하나에 해당하는 자로부터 대량취득·처분의 실시·중지에 관한 미공개정보를 "받은 자"(이는 구 자본시장법 제174조 제1항 제6호, 제2항 제6호의 법문이다)가 아니라, 그 미공개정보를 "알게 된 자"에 대한 미공개정보 이용행위를 금지하고 있다. 여기서 구 자본시장법 제174조 제3항 제6호의 "알게 된 자"가 같은 조 제1항 제6호, 제2항 제6호의 "받은 자"와 동일한 개념으로서 '정보수령자'를 뜻하는지, 아니면 그보다 넓은 개념으로서 '어떤 경위로든' 주식 등의 대량취득·처분을 하는 자 또는 제1호부터 제5호까지의 어느 하나에 해당하는 자로부터 해당 미공개정보를 '알게 된 자'를 뜻하는지가 문제 된다.

대상 판결은 「구 자본시장법 제174조 제3항 제6호의 "알게 된 자"란 대량취득·처분을 하는 자 또는 제1호부터 제5호까지의 어느 하나에 해당하는 자로부터 당해 정보를 '전달받은 자'를 말한다」고 판시하여, 이를 구 자본시장법 제174조 제1항 제6호, 제2항 제6호의 "받은 자"와 동일한 개념으로 보고 있다. 대상 판결은 그 근거로, ① 구 자본시장법 제174조 제1항 제6호와 제2항 제6호의 입법 취지와 제3항 제6호의 입법 취지가 같은 점, ② 구 자본시장법 제174조의 조문 체계나 규정 형식, 문언 등으로 보아 제1항 제6호와 제2항 제6호의 미공개중요정보 또는 미공개정보를 "받은 자"와 제3항 제6호의 미공개정보를 "알게 된 자"를 다르게 보아야 할 합리적인 이유도 찾을 수 없는 점, ③ 구 자본시장법 제174조 제3항 제6호를 위반하면 처벌을 받는데, 주식 등의 대량취득·처분과 관련된 내부자로부터 미공개정보를 알게 된 모든 경우가 제3항 제6호에 해당한다고 보면, 처벌범위가 명확하지 않거나 지나치게 넓어지고 법적 안정성을 침해하게 되어 죄형법정주의에 반하므로, 이를 제한하여 해석할 필요가 있는 점 등을 들고 있다.

(다) 이어 대상 판결은 구 자본시장법 제174조 제3항 제6호의 "알게 된 자"가 정보수령자에 해당함을 전제로, 「정보수령자가 정보제공자로부터 정보를 전달받았다고 인정하기 위해서는 정보제공자가 직무와 관련하여 알게 된 미공개정보를 전달한다는 점에 관한 인식이 있어야 한다」고 보았다. 또한, 대상 판결은 「정보수령자가 알게 된 미공개정보는 구체적이어야 하고, 단순히 미공개정보의 존재를 암시하는 것에 지나지 않거나 모호하고 추상적이어서 정보수령자가 그 정보를 이용하더라도 여전히 일반투자자와 같은 정도의 경제적 위험을 부담하게 되는 경우에는 위 규정에서 말하는 미공개정보에 해당하지 않는다」라고 판시하였다.

(라) 이 법리를 전제로 대상 판결은, 「C가 피고인에게 '실사를 나왔다'는 말을 할 당시 미공개정보를 피고인에게 제공한다는 사실에 대한 인식이 있었다고 보기 어렵고, 위 말이 구체성 있는 미공개정보에 해당한다고 볼 수도 없다」라고 판단하였다.

4. 其   他

그 밖에 2017년에 최초의 법리가 판시된 대법원 판결을 소개한다.

대법원 2017. 1. 12. 선고 2016도10313 판결은 구 자본시장법 제174조 제1항 각 호의 어느 하나에 해당하는 자가 미공개중요정보를 인식한 상태에서 특정증권 등의 매매나 그 밖의 거래를 한 경우, 미공개중요정보를 이용하여 거래를 한 것인지 판단하는 기준에 관하여, 「구 자본시장법 제174조 제1항 각 호의 어느 하나에 해당하는 자가 미공개중요정보를 인식한 상태에서 특정증권 등의 매매나 그 밖의 거래를 한 경우에 거래가 전적으로 미공개중요정보 때문에 이루어지지는 않았더라도 미공개중요정보가 거래를 하게 된 요인의 하나임이 인정된다면 특별한 사정이 없는 한 미공개중요정보를 이용하여 거래를 한 것으로 볼 수 있다. 그러나 미공개중요정보를 알기 전에 이미 거래가 예정되어 있었다거나 미공개중요정보를 알게 된 자에게 거래를 할 수밖에 없는 불가피한 사정이 있었다는 등 미공개중요정보와 관계없이 다른 동기에 의하여 거래를 하였다고 인정되는 때에는 미공개중요정보를 이용한 것이라고 할 수 없다」라고 판시하였다.

대법원 2017. 12. 5. 선고 2014도14924 판결은 자본시장법 제49조 제2호에서 금지하는 '불확실한 사항에 대하여 단정적 판단을 제공하거나 확실하다고 오인하게 할 소지가 있는 내용을 알리는 행위'의 의미와 그러한 행위에 해당하는지 판단하는 방법에 관하여, 「자본시장법 제49조 제2호는 금융투자업자가 투자권유를 함에 있어서 '불확실한 사항에 대하여 단정적 판단을 제공하거나 확실하다고 오인하게 할 소지가 있는 내용을 알리는 행위'를 금지하고 있다. 여기서 '불확실한 사항에 대하여 단정적 판단을 제공하거나 확실하다고 오인하게 할 소지가 있는 내용을 알리는 행위'란 투자자의 합리적인 투자판단 또는 해당 금융투자상품의 가치에 영향을 미칠 수 있는 사항 중 객관적으로 진위가 분명히 판명될 수 없는 사항에 대하여 진위를 명확히 판단해 주거나 투자자에게 그 진위가 명확하다고 잘못 생각하게 할 가능성이 있는 내용을 알리는 행위를 말한다. 나아가 어떠한 행위가 단정적 판단 제공 등의 행위에 해당하는지는 통상의 주의력을 가진 평균적 투자자를 기준으로 금융투자업자가 사용한 표현은 물론 투자에 관련된 제반 상황을 종합적으로 고려하여 객관적·규범적으로 판단하여야 한다」라고 판시하였다. 이어 위 판결은 「자본시장법 제49조 제2호의 문언 해석상 금융투자업자가 일단 불확실한 사항에 대하여 단정적 판단 제공 등의 행위를 한 이상 이로써 바로 위 조항 위반죄가 성립하고, 금융투자업자의 불확실한 사항에 대한 단정적 판단

제공 등에 어떠한 합리적인 근거가 있는지, 제공한 단정적 판단 등이 결과적으로 맞았는지, 상대방이 단정적 판단 제공 등을 신뢰하여 실제 투자를 하였는지, 투자로 인하여 실제로 손해가 발생하였는지 등은 위 조항 위반죄의 성립에 영향을 미치지 아니한다」라고 판시하여, 금융투자업자가 일단 불확실한 사항에 대하여 단정적 판단 제공 등의 행위를 한 경우, 이로써 바로 위 조항 위반죄가 성립한다고 판시하였다.

대법원 2017. 12. 13. 선고 2017두31767 판결은 구 간접투자자산 운용업법 제144조의11 제2항 제2호와 구 자본시장법 제272조 제6항 제2호에서 금지하는 이익 보장 약속에 의한 부당 권유 행위 및 권유 행위의 일부를 이루는 '이익 보장 약속'의 주체에 관하여 판단하였다.

Ⅳ. 保險法

1. 保險契約者가 保險者와 保險契約을 締結하면서 商法上 告知義務를 違反한 行爲가 保險金 騙取를 위한 故意의 欺罔行爲에 該當하기 위한 要件

◎ 대법원 2017. 4. 26. 선고 2017도1405 판결

부작위에 의한 기망은 보험계약자가 보험자와 보험계약을 체결하면서 상법상 고지의무를 위반한 경우에도 인정될 수 있다. 다만 보험계약자가 보험자와 보험계약을 체결하더라도 우연한 사고가 발생하여야만 보험금이 지급되는 것이므로, 고지의무 위반은 보험사고가 이미 발생하였음에도 이를 묵비한 채 보험계약을 체결하거나 보험사고 발생의 개연성이 농후함을 인식하면서도 보험계약을 체결하는 경우 또는 보험사고를 임의로 조작하려는 의도를 가지고 보험계약을 체결하는 경우와 같이 '보험사고의 우연성'이라는 보험의 본질을 해할 정도에 이르러야 비로소 보험금 편취를 위한 고의의 기망행위에 해당한다. 특히 상해·질병보험계약을 체결하는 보험계약자가 보험사고 발생의 개연성이 농후함을 인식하였는지는 보험계약 체결 전 기왕에 입은 상해의 부위 및 정도, 기존 질병의 종류와 증상 및 정도, 상해나 질병으로 치료받은 전력 및 시기와 횟수, 보험계약 체결 후 보험사고 발생 시까지의 기간과 더불어 이미 가입되어 있는 보험의 유무 및 종류와 내역, 보험계약 체결의 동기 내지 경과 등을 두루 살펴 판단하여야 한다.

(1) 사안의 개요

피고인은 2014. 1.경 입원일수 등에 따라 보험금을 받는 보험계약을 체결하면서 보험가입 청약서의 '계약 전 알릴 의무사항'란에 '최근 약물 복용이나 진찰, 검사 등의 의료행위를 받은 사실이 없다'는 취지로 기재하였다. 하지만 피고인은 보험계약 체결 전인 2013. 12. 3.부터 2014. 1. 15.까지 '경추와 요천추의 염좌 및 긴장' 등으로 13회에 걸쳐 치료를 받았다. 보험계약 체결 후 피고인은 2014. 8.부터 2015. 2.까지 넘어지거나 교통사고를 당하였다는 4건의 보험사고로 주로 '요추, 경추, 사지' 부분의 상해를 이유로 95일간 입원치료를 받고 피해회사로부터 보험금을 수령하였다. 피고인은 2013. 12. 3. 이전에도 2011. 12.경부터 2년간 '요추의 염좌 및 긴장' 등의 질환으로 40회 이상 치료 받았고, 보험계약 체결 이후부터 2014. 8. 첫 번째 보험사고 발생 전까지 7개월간 '사지의 통증, 발목 및 발' 등의 질환으로 20회 이상의 치료를 받았다.

피고인은 피해회사를 기망하여 보험에 가입해서 보험금을 교부받았다고 하는 사기의 공소사실로 기소되었다.

(2) 소송의 경과

제1심은 무죄를 선고하였다. 그러나 원심은, 「피고인이 보험계약 체결 당시 이미 발생한 교통사고 등으로 생긴 '요추, 경추, 사지' 부분 질환과 관련하여 입·통원치료를 받고 있었고 그 기왕증으로 향후 추가 입원치료를 받거나 유사한 상해나 질병으로 보통의 경우보다 입원치료를 더 받을 개연성이 농후하다는 사정을 인식하고 있었음에도 과거 병력과 치료이력을 묵비한 채 보험계약을 체결하여 피해회사로부터 보험금을 편취하였다」라고 판단하고 유죄를 선고하였다. 대법원은 위 법리를 판시한 다음, 원심의 판단이 정당하다고 보아 피고인의 상고를 기각하였다.

(3) 해　설

(가) 부작위에 의한 기망은 보험계약자가 보험계약을 체결하면서 상법상 고지의무를 위반한 경우에도 인정될 수 있다.

종래 '질병을 담보하는 보험계약'을 체결할 때 부작위에 의한 기망이 있었는지에 관하여 대법원은, 「특정 질병을 앓고 있는 사람이 약관에 그 질병에 대한 고지의무를 규정하고 있음을 알면서도 이를 고지하지 아니한 채 그 사실을 모르는 보험회사와 그 질병을 담보하는 보험계약을 체결한 다음 바로(또는 그 질병으로 지속적인 치료를 받다가) 그 질병의 발병을 사유로 보험금을 청구하였다면 특별한 사정이 없는 한 사기죄의 기망행위 내지 편취의 범의를 인정할 수 있다」라고 하였다(대법원 2007. 4. 12. 선고 2007도967 판결, 대법원 2011. 6. 30. 선고 010도2061 판결).

한편 고지의무를 위반하여 '생명보험계약'을 체결한 경우에는, 「보험계약자가 상법상 고지의무를 위반하여 생명보험계약을 체결하더라도 보험금은 보험계약 체결만으로 지급되는 것이 아니라 우연한 사고가 발생하여야만 지급되는 것이므로, 상법상 고지의무를 위반하여 보험계약을 체결하였다는 사정만으로 보험계약자에게 미필적으로나마 보험금 편취를 위한 고의의 기망행위가 있었다고 단정하여서는 아니 되고, 더 나아가 보험사고가 이미 발생하였음에도 이를 묵비한 채 보험계약을 체결하거나 보험사고 발생의 개연성이 농후함을 인식하면서도 보험계약을 체결하는 경우 또는 보험사고를 임의로 조작하려는 의도를 갖고 보험계약을 체결하는 경우와 같이 그 행위가 보험사고의 우연성과 같은 보험의 본질을 해할 정도에 이르러야 비로소 보험금 편취를 위한 고의의 기망행위를 인정할 수 있다」라고 하였다(대법원 2012. 11. 15. 선고 2010도6910 판결).

(나) 보험계약자가 보험계약을 체결하면서 상법상 고지의무를 위반하였다고 하여 곧바로 보험금 편취의 범의가 있다고 단정할 수 없다. 이와 관련하여 대법원 판례는 어떤 경우에 기망행위 내지 편취의 범의가 있다고 할 것인지에 관한 기준을 제시하는 방향으로 발전되어 왔다.

질병 담보 보험계약에 관한 대법원 2007도967 판결 및 대법원 2010도2061 판결은 특정 질병을 앓고 있는 사람이 해당 질병을 담보하는 보험계약을 체결한 경우에 관한 것이다. 이러한 관점에서 모두 기망행위와 편취의 범의를 인정하였다.

반면 대법원 2010도6910 판결은 특정 질병을 앓다가 그 질병이 완치되거나 호전된 상태에서 해당 사실을 고지하지 않은 채 생명보험계약을 체결한 경우에 관한 것이다. 통상 보험계약이 체결되어 보험금이 지급되기까지 '보험계약 체결(고지의무) → 보험사고 발생 → 보험금 지급'의 과정을 거치는데, 보험계약자가 보험계약 체결 시 고지의무를 위반하였더라도 보험사고

발생은 우연에 의한 것이므로 고지의무 위반과 보험금 지급이라는 피해회사의 처분행위 사이에는 인과관계가 단절될 가능성이 있다. 대법원 2010도6910 판결은 「이러한 점을 고려하여 보험사고의 우연성과 같은 보험의 본질을 해할 정도에 이르러야 한다」라고 본 것이다.

(다) 대상 판결은 상해·질병보험계약에 관한 것이기는 하지만, 대법원 2007도967 판결 및 대법원 2010도2061 판결처럼 보험계약 체결 전 특정 질병이 발병되거나 재발하여 보험사고가 발생한 경우와는 사안이 달라 거기서 제시된 법리를 그대로 적용할 수 없다. 대상 판결은 대법원 2010도6910 판결의 법리에 생명보험이라는 사정이 반영되었다고 하더라도 '보험계약 체결(고지의무) → 보험사고 발생 → 보험금 지급'의 과정에서 고지의무 위반이 보험금 편취를 위한 기망행위로 평가되려면 보험사고 발생이라는 우연적 요소가 제거되거나 거의 기능하지 않아야 하므로 위 법리는 보험계약 일반에 적용될 수 있다고 보아, 「보험사고가 이미 발생하였음에도 이를 묵비한 채 보험계약을 체결하거나 보험사고 발생의 개연성이 농후함을 인식하면서도 보험계약을 체결하는 경우 또는 보험사고를 임의로 조작하려는 의도를 가지고 보험계약을 체결하는 경우와 같이 '보험사고의 우연성'이라는 보험의 본질을 해할 정도에 이르러야 비로소 보험금 편취를 위한 고의의 기망행위에 해당한다」라고 판시하였다.

2. 自動車損害賠償保障法의 適用을 받는 自動車가 아닌 타이어式 지게車에 관하여 對人賠償 Ⅰ의 自動車保險契約을 締結한 경우 保險金 支給義務 存否

◎ 대법원 2017. 6. 15. 선고 2013다215454 판결[13]

　　보험계약은 당사자 일방이 약정한 보험료를 지급하고, 상대방이 재산 또는 생명이나 신체에 관하여 불확정한 사고가 생길 경우에 일정한 보험금액 기타의 급여를 지급할 것을 약정함으로써 효력이 생기는 불요식의 낙성계약이므로, 계약 내용이 반드시 보험약관의 규정에 국한되지는 아니한다. 그리고 보험약관이 계약당사자 사

---

13) 이 판결은 미간행되었으나, 이 판결 선고 후 유사한 사안에 대하여 대법원 2017. 9. 26.

이에 구속력을 갖는 것은 그 자체가 법규범이거나 또는 법규범적 성질을 가지기 때문이 아니라 당사자가 그 약관의 규정을 계약 내용에 포함시키기로 합의하였기 때문이라고 볼 것인바, 일반적으로 당사자 사이에 보험약관을 계약내용에 포함시킨 보험계약서가 작성된 경우에는 계약자가 그 보험약관의 내용을 알지 못하는 경우에도 그 약관의 구속력을 배제할 수 없는 것이 원칙이나, 당사자 사이에서 명시적으로 약관의 내용과 달리 약정한 경우에는 위 약관의 구속력은 배제된다.

　　나아가 법률행위의 해석은 당사자가 그 표시행위에 부여한 객관적 의미를 명백하게 확정하는 것으로서 당사자 사이에 법률행위의 해석을 둘러싸고 이견이 있어 당사자의 의사해석이 문제되는 경우에는 법률행위의 내용, 그러한 법률행위가 이루어진 동기와 경위, 법률행위에 의하여 달성하려는 목적, 당사자의 진정한 의사 등을 종합적으로 고찰하여 논리와 경험칙에 따라 합리적으로 해석하여야 한다.

(1) 사안의 개요

원고는 소외 회사와 '타이어식 지게차'의 사고로 피보험자가 손해배상책임을 부담하여 입은 손해를 보상하는 자동차보험계약을 체결하였다. 보험계약의 담보내용은 '대인배상Ⅰ(책임보험) 및 대물배상'이고, 대인배상Ⅰ가입금액은 자동차손해배상 보장법(이하 '자동차손배법') 시행령에서 정한 금액으로 되어 있다. 약관 제10조에서는 "1. 보상내용 (1) 보험회사는 피보험자가 피보험자동차를 소유, 사용, 관리하는 동안에 생긴 피보험자동차의 사고로 인하여 남을 죽게 하거나 다치게 한 때 또는 남의 재물을 없애거나 훼손한 때에 법률상 손해배상책임을 짐으로써 입은 손해를 보상합니다. 다만, 대인배상Ⅰ은 자동차손배법에 의한 자동차손해배상책임에 한합니다."(이하 '이 사건 약관 단서조항')라고 규정하고 있다.

위 지게차로 사고가 발생하여 피고가 피해자에게 산업재해보상보험법에 따라 보험급여를 지급하는 한편 피해자를 대위하여 원고에게 보험계약에 따른 보험금 지급을 청구하였다. 원고는 이에 응하여 피고에게 책임보험금을 지급하였다가, 이 사건 약관 단서조항과 위 지게차가 자동차손배법의 적용을 받는 자동차가 아님을 이유로 부당이득으로 지급한 보험금의 반환을 구하는 이 사건 소를 제기하였다.

선고 2015다245145 판결에서 같은 취지의 법리 판시가 이루어졌다.

(2) 소송의 경과

원심은, 「위 지게차는 자동차손배법이 적용되는 건설기계에 해당하지 않으나, 위 보험계약은 위 지게차도 자동차손배법이 적용되는 건설기계와 동일하게 취급하여 그 운행과 관련하여 발생한 사고에 관하여 자동차손배법과 동일한 내용으로 보상해 주기로 약정한 것으로서 그에 따라 보험금을 지급할 의무가 있고, 이 사건 약관 단서조항 등을 내세워 보험금 지급책임을 면한다는 주장은 받아들일 수 없다」라고 판단하였다. 대법원은 위 법리를 판시한 후, 원심의 결론을 수긍할 수 있다고 판단하였다.

(3) 해   설

(가) 쟁점은 자동차손배법상 '자동차'에 해당하지 않는 타이어식 지게차에 관하여 담보내용을 '대인배상 I(책임보험) 및 대물배상'으로 하는 보험계약 약관에서 '대인배상 I은 자동차손해배상 보장법에 의한 손해배상책임에 한한다'고 규정한 경우, 그 지게차의 사고로 발생한 손해에 대하여 대인배상 I에 따른 보험금을 지급할 의무가 있는지에 있다.[14]

(나) 약관규제법 제4조는 "약관에서 정하고 있는 사항에 관하여 사업자와 고객이 약관의 내용과 다르게 합의한 사항이 있을 때에는 그 합의사항은 약관보다 우선한다."라고 개별약정우선의 원칙을 규정하고 있다. 약관과 개별약정이 상충할 때에 개별약정이 우선하게 되는 근거는 약관의 계약적 성격에서 출발한다. 약관이 계약당사자 사이에 구속력을 갖는 것은 그 자체가

---

[14] 참고로, 자동차손배법상 자동차에 해당하지 않는 '기중기'에 관하여 체결된 자동차종합보험계약 보통약관에서 대인배상 II에 의한 보험자의 보상책임에 관하여 규정하면서 '피보험자동차를 소유, 사용, 관리하는 동안에 생긴 피보험자동차의 사고로 인하여 남을 죽게 하거나 다치게 하여 법률상 손해배상책임을 짐으로써 입은 손해 중 대인배상 I로 지급되는 금액 또는 피보험자동차가 대인배상 I에 가입되어 있지 아니한 경우에는 대인배상 I로 지급될 수 있는 금액을 넘는 손해'를 보상한다고 규정한 사안에서, 대법원은 「위 규정은 피보험자가 법률상 손해배상책임을 짐으로써 입은 손해 중 대인배상 I로 지급되거나 지급될 수 있는 금액이 있으면 피보험자동차가 대인배상 I에 가입되어 있는지를 묻지 않고 이를 보험자가 보상할 금액에서 공제하고 그 나머지만을 보상한다는 취지이지, 이 사건과 같이 피보험자가 피해자에 대하여 자동차손해배상 보장법에 의한 손해배상책임을 지지 아니하는 관계로 대인배상 I이 적용될 여지가 없어 대인배상 I로 지급되거나 지급될 수 있는 금액이 전혀 없는 경우에까지 대인배상 I이 적용될 경우를 가상하여 산정한 금액을 넘는 손해만을 보상한다는 취지는 아니며, 그 경우에는 다른 특별한 사정이 없는 한 피보험자가 법률상 손해배상책임을 짐으로써 입은 손해의 전부를 대인배상 II로 보상받을 수 있다」라고 판단한 바 있다(대법원 2012. 11. 15. 선고 2012다57385 판결).

법규범이거나 법규범적 성질을 가지기 때문이 아니라 당사자가 그 약관의 규정을 계약내용에 포함시키기로 합의하였기 때문이므로, 계약당사자가 명시적으로 약관의 규정과 다른 내용의 약정을 하였다면 약관의 규정을 이유로 그 약정의 효력을 부인할 수는 없다(대법원 1998. 9. 8. 선고 97다53663 판결 등).

개별약정이란 당사자 사이에 개별적으로 교섭된 계약조건을 의미하므로, 개별약정으로 인정되기 위해서는 개별적 교섭이 있어야 한다. 대법원 판례는, 「개별적인 교섭이 있었다고 하기 위해서는 비록 그 교섭의 결과가 반드시 특정 조항의 내용을 변경하는 형태로 나타나야 하는 것은 아니더라도, 적어도 계약의 상대방이 그 특정 조항을 미리 마련한 당사자와 거의 대등한 지위에서 당해 특정 조항에 대하여 충분한 검토와 고려를 한 뒤 영향력을 행사함으로써 그 내용을 변경할 가능성은 있어야 한다」라고 판시하여(대법원 2008. 7. 10. 선고 2008다16950 판결), 개별적 교섭을 엄격한 요건 아래에서 인정하여 왔다. 그런데 대법원 판례가 위 법리에 따라 개별약정 존재를 부인한 사례들은 대부분 약관과 같은 내용의 개별약정 존재를 사업자가 주장하는 경우였다. 대법원 판례가 이러한 경우 개별약정 존재를 부인한 것은 약관과 동일한 내용으로 개별적 교섭을 하는 경우에는 약관규제법상 통제에서 벗어나 일반 민사법에 따른 규율을 받게 됨도 고려한 것으로 보인다.

하지만 대법원 판례 중에는 개별적 교섭의 인정요건을 완화하여 개별약정을 인정한 사례도 있다. 대법원 2003. 7. 11. 선고 2001다6619 판결은, 「자동차취급업 자종합보험계약의 대인배상에서 보통약관에서는 한정된 보험금만 지급하기로 되어 있고, 특별약관에 가입하여야 확정판결에 의한 손해배상금 전액에 대한 배상이 가능한데, 보험계약자가 보통약관에만 가입하는 보험계약을 체결하였지만, 보험계약자, 보험회사 대리점 직원 모두 위 보험계약으로 확정판결에 의한 손해배상금 전액이 담보되는 것으로 알고 있었고 보험약관 내용에 관한 설명이나 약관 교부도 없었으며 보험가입증명서에도 대인배상의 한도에 관하여 "무한"이라고 기재되어 있었던 사안에서, 보험계약 체결 동기와 경위, 절차, 보험계약에 의하여 달성하려는 목적 등에 비추어 보상한도에 관하여는 약관의 내용과 별도로 확정판결에 의한 손해배상금 전액을 보험자가 보상하기로 하는 개별약정이 있었다」고 판단하였다. 여기서 대법원이 개별약정이 있었다고 본 주요한 근거는 보험회사측과 고객에게 해당 보험계약에 의하여 확정판결에 의한 손해배상금 전액이 보상될 것이라는 점에 대한 공동의 인식이 있었다는 점으로 보인다. 또한, 보험약관에 대해 보험자가 약관 내용과 달리 설명하고 그에 따라 보험계약이 체결되었다면 설명내용에 따른 개별약정이 있는 것으로 본 대법원 판결도 있다. 즉, 대법원 1989. 3. 28. 선고 88다4645 판결은, 「보험회사를 대리한 보험대리점 내지 보험외판원이 보험계약자에게 보통보험약관과 다른 내용으로 보험계약을 설명하고 이에 따라 계약이 체결되었으면 그때 설명된 내용이 보험계약의 내용이 되고 그와 배치되는 약관의 적용은 배제된다」라고 하는 원심의 판단에 판례 위반이 없다고 보았다.

한편 개별약정은 묵시적으로도 이루어질 수 있는데, 당사자 사이에 약관의 존재와 별도로 교섭이 진행되고 서면 또는 구두로 별개의 합의가 이루어지는 경우에 그것이 약관과 구별되고 약관의 내용에 우선하는 효력을 부여하려는 의사가 있는지에 대해서는 의사표시 해석이 필요하다.

(다) 대상 판결은 위에서 본 법리를 전제로 다음과 같이 판단하였다. 즉 「자동차손배법상의 '자동차'에 해당하지 아니하는 지게차라도 자동차손배법이 적용되는 건설기계와 동일하게 취급하여 대인배상 I의 보상책임을 보장하는 자동차보험계약을 체결할 수 있고, 이 사건 약관의 가입대상 규정에서 일반 건설기계에 대한 가입제한을 두고 있지 않으며, 위 보험계약에서 대인배상 I의 보상을 부정하면 그 보험계약의 효력을 전면적으로 부정하는 결과가 되어 보험계약을 체결한 보험목적을 전혀 달성할 수 없게 된다. 이 점을 고려하여 원고도 소송에서 보험계약 체결 당시 당사자 사이에 약관의 보상내용 관련 규정과는 다른 공동의 인식이나 의사의 합치가 있다는 점에 대하여 수긍한 것으로 보인다. 지게차가 도로를 운행할 때뿐만 아니라 공사현장에서 작업을 할 때에도 본래 사용방법에 따른 운행 과정에서 사고가 발생할 수 있다는 점에서 자동차손배법이 적용되는 자동차나 건설기계와 다를 것이 없다. 따라서 위 지게차는 자동차손배법이 적용되는 건설기계에는 해당하지 않으나, 위 보험계약은 이에 대하여도 자동차손배법이 적용되는 건설기계와 동일하게 취급하여 운행과 관련하여 발생한 사고에 대해서 자동차손배법과

동일한 내용으로 보상하여 주기로 약정한 것으로서 그에 따라 보험금을 지급할 의무가 있고, 이 사건 약관 단서조항을 내세워서 보험금 지급책임을 면한다는 주장은 받아들일 수 없다」라고 판단한 원심의 결론을 수긍할 수 있다는 것이다.

개별약정 우선의 원칙은 계약해석의 일반원칙인 "의사표시의 해석에 있어서 실제 의사가 탐구되어야 한다"는 명제에서 출발하는 것이다. 개별약정 우선의 원칙을 적용할 때 '교섭'의 의미를 정형화할 것이 아니라, 개별 사안의 구체적 사정을 참작하여 당사자의 실제 의사탐구라는 기능을 적절히 수행할 필요도 있다. 특히 약관을 미리 작성한 주체인 사업자가 개별약정을 주장하면 교섭의 요건을 엄격하게 볼 필요가 있지만, 고객이 개별약정을 주장하면 그 제한 필요성이 줄어듦도 부인할 수 없다. 원고 역시 보험계약 체결 당시 "자동차손배법상 자동차에 해당하지 않는 건설기계라도 교통기능을 수행하는 중에는 자동차손배법상 보상을 받을 수 있다"는 의사의 합치가 있었다고 주장하였는데, 보험회사도 당사자 사이에 이 사건 약관 단서조항과는 다른 공동의 인식이나 의사의 합치가 있었음을 인정한 것이다. 이러한 점들까지 더하여 보면 당사자 사이에 적어도 "위 지게차에 의하여 발생한 보험사고에 대하여 자동차손배법상 손해배상책임을 보상한다"는 공통된 인식이나 의사의 합치가 있었다고 본 대상 판결의 결론은 이해할 수 있다.

3. 傷害保險에서 保險受益者를 被保險者의 '法定相續人'이라고 指定한 경우, 共同相續人의 保險金請求權 行使 範圍

◎ 대법원 2017. 12. 22. 선고 2015다236820, 236837 판결

상해의 결과로 피보험자가 사망한 때에 사망보험금이 지급되는 상해보험에서 보험계약자가 보험수익자를 단지 피보험자의 '법적상속인'이라고만 지정한 경우, 특별한 사정이 없는 한 그와 같은 지정에는 점차 상속인이 취득할 보험금청구권의 비율을 상속분에 의하도록 하는 취지가 포함되어 있다고 해석함이 타당하다. 따라서 보험수익자인 상속인이 여러 명인 경우, 각 상속인은 특별한 사정이 없는 한 자신의 상속분에 상응하는 범위 내에서 보험자에 대하여 보험금을 청구할 수 있다.

(1) 사안의 개요

보험회사인 원고는 甲과 피보험자를 A, 보험수익자는 피보험자 사망 시 '법정상속인', 그 외에는 A로 하여 'A가 일반상해로 사망할 경우 보험수익자에게 보험가입금액을 지급하는 일반상해사망후유장해의 보장이 포함된 운전자보험계약을 체결하였다. A는 개울에서 사망한 채로 발견되었는데, 원고는 A의 사망이 일반상해사망에 해당하지 않는다고 주장하며 배우자인 피고를 상대로 보험금지급채무 부존재확인을 구하는 이 사건 본소를 제기하였고, 피고는 보험금 지급을 구하는 이 사건 반소를 제기하였다.

(2) 소송의 경과

제1심은 A의 사망이 보험약관의 일반상해사망에 해당하는지만 심리한 후, 원고의 본소청구를 기각하고 피고의 반소청구를 인용하는 판결을 선고하였다. 원심은 원고의 항소를 기각하였다. 대법원은 판시와 같은 법리를 판시한 다음, 「A의 상속인으로 2명이 더 있다면 피고는 공동상속인 중 1인으로 상속분에 상응하는 범위내에서만 보험금을 청구할 수 있다」라고 판단하고, 원심이 석명권을 행사하여 피고의 상속분에 대하여 심리하지 않았음을 이유로 원심 판결을 파기·환송하였다.

(3) 해   설

(가) 대상 판결의 쟁점은 상해보험에서 보험수익자를 피보험자의 '상속인'이라고 지정하였는데, 피보험자의 상속인이 여러 명 있는 경우 그 공동상속인 사이의 보험금청구권 행사 범위에 있다.

(나) 손해보험사인 원고가 체결한 보험은 손해보험과 상해보험(인보험)의 결합상품의 성격을 가지고, 그 중 일반상해사망특약은 피보험자가 일반상해의 직접 결과로 사망에 이른 경우 보험가입금액을 지급하는 내용이다. 이는 사망을 내용으로 하나 피보험자가 상해를 입은 경우 그 결과(사망)에 따라 보험금을 지급하는 보험이어서 상해보험에 속한다. 생명보험의 보험계약자는 보험수익자를 지정 또는 변경할 수 있고(상법 제733조), 이 규정은 상법 739조에 의해 상해보험에도 준용된다. 그 지정행위 시 보험수익자가 반드시 특정되어야 하는 것은 아니고 보험사고 발생 시에 특정될 수 있으면 충분하므로, 보험계약자는 이름 등을 통하여 특정인을 보험수익자로 지정할 수도 있음은

물론, '배우자' 또는 '상속인'과 같이 보험금을 수익할 자의 지위나 자격 등을 통하여 불특정인을 보험수익자로 지정할 수도 있다(대법원 2006. 11. 9. 선고 2005다55817 판결).

그런데 대법원 판례는 「상속인이 보험수익자로 지정된 경우 피보험자의 사망으로 상속인이 갖는 보험금청구권은 상속재산이 아니라 상속인의 고유재산이다」라고 일관되게 판시하고 있다(생명보험에 관한 대법원 2001. 12. 28. 선고 2000다31502 판결, 대법원 2002. 2. 8. 선고 2000다64502 판결, 상해보험 에서 상해의 결과로 인한 사망에 관한 대법원 2004. 7. 9. 선고 2003다29463 판결).

(다) 문제는 보험수익자를 '상속인'으로 지정한 경우 공동상속인 사이에 고유재산에 속하는 보험금청구권의 귀속이 어떻게 되는지에 있다. 이에 대해서는 ① 보험수익자로 지정된 상속인은 상속의 효과가 아니라 보험계약자의 수익자 지정에 의해 고유권리로 보험금청구권을 취득하므로, 분할채권 균분에 관한 민법 408조에 따라 공동상속인이 균등한 비율로 보험금을 받을 권리를 가진다는 '균분설', ② 보험계약자가 보험수익자를 상속인으로 지정한 것에는 수취비율을 상속분에 의한다는 지정이 포함되어 있거나, 그처럼 보는 것이 보험계약자 의사에 부합하는 합리적 해석이라는 이유로 공동상속인은 상속분 비율에 따라 보험금청구권을 가진다는 '상속분설'이 있다. 민법과 상법에는 이와 관련된 명문의 규정이 없다. 참고로 독일 보험계약법과 프랑스 보험법은 모두 상속분설에 입각한 규정을 두고 있다.

대상 판결은 「상해의 결과로 피보험자가 사망한 때에 사망보험금이 지급되는 상해보험에서 보험계약자가 보험수익자를 피보험자의 '법정상속인'이라고만 지정한 경우, 특별한 사정이 없으면 그 지정에는 상속인이 취득할 보험금청구권의 비율을 상속분에 의하도록 하는 취지가 포함되어 있다」라고 해석하여 상속분설의 입장을 택하였다. 보험계약자는 보험수익자를 지정·변경할 수 있고, 수인의 보험수익자를 지정하는 경우 그 권리의 비율도 정할 수 있다고 보아야 하므로, 이는 결국 보험계약자의 의사해석 문제라고 할 수 있다. 이렇게 보았을 때 보험수익자를 단순히 '상속인'이라고 지정한 것은 상속인이 될 자에 변동이 생기는 경우에도 보험수익자 변경절차 없이 보험사고 발생 시 상속인인 사람을 보험수익자로 정함과 동시에 그 지정에는 상속인에 대하여 그 상속분의 비율에 따라 보험금을 취득시키는 취지도 포함되어 있다고 해석하는 것이 보험계약자의 통상적 의사에 합치하고 동시에 합리적으로 보인다. 대상 판결에 찬성한다.

제 2 편
外國 商事判例 回顧

2017年 英國 法院의 主要 商事判例 回顧[*]

全 祐 正^{**}

Ⅰ. 第1主題

◎ Burnden Holdings (UK) Limited (Respondent) v Fielding and another (Appellants) [2018] UKSC 14

　○ 2018년 2월 28일 선고
　○ 원심 판결 : [2016] EWCA Civ 557
　○ 판사 : Lord Kerr, Lord Sumption, Lord Carnwath, Lord Lloyd-Jones, Lord Briggs

1. 事實關係

Fielding 부부("피고들")는 Burnden Holdings (UK) Limited("원고 회사")의 지배주주 겸 이사였다. 원고 회사는 Vital Energi Utilities Ltd("Vital")를 포함해 여러 자회사의 지주회사였다.

이 그룹은 2007년 10월 4일에 지주회사를 원고 회사(Burnden Holdings (UK) Limited)에서 BHU Holdings Ltd("BHUH")으로 변경하였다. 그리고 피고들을 포함한 원고 회사의 주주들은 자신들의 원고 회사 주식을 BHUH에 현물출자를 하고 BHUH의 신주를 배정받았다. 결과적으로 BHUH는 원고 회사의 주주가 되었고, 피고들은 BHUH의 지배주주가 되었다.

2007년 10월 12일 원고 회사는 이사회 결의를 통해서 원고 회사의 자회

　＊ 제44회 상사법무연구회 발표 (2018년 4월 21일)
　　본 평석은 2017년 3월부터 2018년 2월까지 영국에서 선고된 대법원 판결 중 중요한 의미를 갖는 4개의 판결을 요약·정리하여 발표한 것임.
　＊＊ 한국과학기술원(KAIST) 문술미래전략대학원 조교수

사 중의 하나인 Vital의 주식을 현물로 BHUH에 배당하였다. 배당금을 현금
으로 지급하지 않고 Vital 주식으로 지급하였다. 결과적으로 BHUH는 Vital
의 주주가 되었고, Vital는 BHUH의 자회사가 되었다.

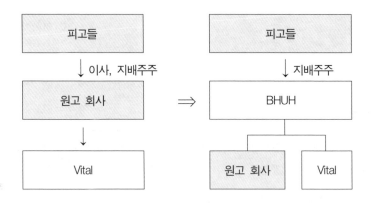

2009년 12월 원고 회사는 파산절차(liquidation)에 들어갔고, 2012년 12
월에 현재의 파산관재인(liquidator)이 선임되었다.

2007년 10월 12일 배당 이후 6년 이상이 지난 2013년 10월 15일에 원고
회사의 파산관재인(liquidator)은 위법한 배당(unlawful distribution)을 이유로
피고들(Fielding 부부)을 상대로 소송을 제기하였다. 당시 현금배당이 아니라
원고 회사가 보유하고 있던 Vital 주식을 현물로 배당했기 때문에, 그 Vital
주식에 상응하는 금액이 손해액이라고 주장하였다.

그런데 Limitation Act 1980 제21조 제3항에서 규정하고 있는, 수익자의
신탁(trust) 위반 행위와 관련한 6년의 소멸시효(limitation period)가 도과했
는지 여부가 쟁점이 되었다. 피고들은 원고의 청구가 소멸시효가 도과했다는
이유로 High Court[1])에 공판(trial)을 열지 말고 약식판결(summary judgment)
을 내려달라고 신청하였다.

상고이유에서 피고들은 소멸시효 완성 사실만 주장하였다. 이 때문에
배당(distribution)은 위법했던 것으로 간주되었다. 그러나 피고들은 주된 소
송절차에서는 배당(distribution)이 적법하다는 주장도 하였다.

---

1) 영국의 경우, 소가 25,000파운드(한화 약 3800만 원) 이상인 사건은 High Court에서 제1
심을 할 수 있고, 소가 25,000파운드 미만인 사건은 County Court에서 제1심을 한다.

High Court(제1심)는 그 청구의 소멸시효가 지났다는 것을 이유로 원고의 청구를 기각하는 약식판결(summary judgment)을 하였지만, Court of Appeal(제2심)은 소멸시효는 원고에게 적용되지 않는다는 이유로 제1심 법원의 약식판결을 파기하였다. 즉 Limitation Act 1980 제21조 제1항 제(b)호(이하 "제21조 제1항 제(b)호")는 신탁에서 수탁자(trustee)가 점유하고 있는 신탁재산 또는 수탁자가 수령했다가 횡령하여(converted) 사용한 신탁재산(trust property) 또는 신탁재산의 수익물(proceeds)을 수탁자로부터 회수하기 위해 수익자(beneficiary)가 하는 청구에는 소멸시효가 적용되지 않는다고 규정하고 있다고 판시하였다. 또한 Court of Appeal은 다음과 같이 판시하였다. Limitation Act 1980 제21조 제1항 제(b)호 이외에도 제32조가 적용되는지 여부와 관련하여 소송의 대상이 되는 쟁점이 있다. 제32조는 피고가 어떤 관련 사실을 의도적으로 숨긴 경우 소멸시효는 원고가 그런 은폐를 발견했거나 발견할 수 있을 때까지 진행되지 않는다고 규정하고 있다. 피고는 제21조 제1항 제(b)호(특히 기업의 이사가 이 조항의 의미 내에서 신탁재산을 점유하고 있는 것인지 또는 신탁재산을 수령했다가 횡령하여 사용한 것인지 여부)와 제32조에 관한 해석에 관하여 대법원(Supreme Court)에 상고하였다.

◎ **Limitation Act 1980**

◇ Section 21 (Time limit for actions in respect of trust property)

(1) No period of limitation prescribed by this Act shall apply to an action by a beneficiary under a trust, being an action—

(a) in respect of any fraud or fraudulent breach of trust to which the trustee was a party or privy; or

(b) to recover from the trustee trust property or the proceeds of trust property in the possession of the trustee, or previously received by the trustee and converted to his use.

---

2. 判 決

대법원(Supreme Court)은 만장일치로 그 상고를 기각하였다. Limitation

Act 1980 제21조 제1항 제(b)호는 처음부터 신탁재산을 점유하고 있는 것으로 취급되는 회사의 이사인 수탁자들에게 적용된다. 법원은 제32조에 관하여는 최종견해를 표명하지 않았다. Lord Briggs가 이 판결을 내렸고, 나머지 판사들은 이에 동의하였다.

3. 判決 理由

제21조의 목적상, 피고(원고 회사의 이사)는 회사의 재산에 대한 관리(stewardship)를 맡고 있으며 그 관리와 관련해 信認의무(fiduciary duties)를 지고 있기 때문에 수탁자(trustees)로 간주된다. 회사는 Limitation Act 1980 제21조 하에서 신탁의 수익자(beneficiary)로 간주된다.

피고들은 제21조 제1항 제(b)호가 적용되지 않는다고 주장하였으나, 이는 근거 없다. 부적절하게 유용된 재산(misappropriated property)은 법률 또는 형평법상(in equity) 의무를 위반한 이사에게 귀속되지 않고, 회사에게 법적으로 그리고 수익적으로 소유권이 남아있다.

In re Timmis, Nixon v Smith [1902] 1 Ch 176 판례와, JJ Harrison (Properties) Ltd v Harrison [2002] 1 BCLC 162 판례에 판시된 바와 같이, 제21조 제1항 제(b)호의 목적은 수탁자(trustee)가 법적 또는 기술적으로는 어떤 일을 잘못했지만, 도덕적으로는 잘못하거나 부정직한 일은 하지 않은 경우에, 시간 경과의 이익(benefit of the lapse of time)을 제공코자 하는 것이다. 이 조항은, 수탁자가 하지 말아야 할 어떤 것을 잘못했을 때, 그 법조항을 변명으로 내놓을 경우, 이를 보호하기 위한 것은 아니다.

제21조는 일차적으로 명시적 신탁(express trustees)에 적용되는 것이지만, 유추를 통해 회사 이사들에게 적용될 수 있다. 명시적 수탁자(express trustees)는 수시로 신탁재산을 점유 또는 수령할 수도 있고 또는 그렇게 하지 않을 수도 있다. 반대로 회사 재산이라는 맥락에서 이사들은 처음부터 신탁재산을 점유하고 있는 것으로 취급된다. 정확히 말하면 이는 일반적인 영국 회사의 정관(constitution) 하에서 이사는 회사 재산에 대한 선량한 관리자(fiduciary stewards)이며 그들은 제21조의 의미 내에서 수탁자들(trustees)이다. 만약에 회사 재산의 유용(misappropriation)이 그 재산을 횡령(conversion)

하여 개인적으로 사용한 것이었다면, 그 이사는 그 회사 재산을 이미 수령하고 있었다는 것을 뜻한다. 이것은 이사로서 그 회사 재산의 선량한 관리자(fiduciary stewards)였기 때문이다.

이사인 수탁자에게 있어서는, 이사가 회사 재산을 "이미 수령(previously received)" 하고 있어야 한다는 제21조 제1항 제(b)호의 요건은 소멸시효 기간의 적용 제외를 위하여 크게 문제가 되지 않는 요건이다. 그러나 이는 일반적인 관점에서 수탁자들과 관련해서는 필요한 요건이다.

이 사건의 사실관계와 관련하여, 피고들이 원고 회사의 Vital 주식을 BHUH에 위법하게 배당(unlawful distribution)하는 것을 조장하였거나 또는 그 위법배당에 참여하였을 때, 피고들은 원고 회사의 Vital 주식을 횡령한 것으로(converted) 추정된다. 그러한 횡령(conversion) 시점에 피고들은 원고 회사의 이사로서 선량한 관리자(fiduciary stewards)였기 때문에 그 회사 재산을 이미 수령한 상태였다.

Limitation Act 1980 제32조 관련 쟁점에 대한 심층적인 분석은 법원에 여러 가지 어려움을 야기할 것이다. 피고들의 사기(fraud)가 인정되었고, 제21조의 적용에 관한 이 법원의 판단이 내려졌기 때문에(이는 이 사건을 약식판결로 끝내는 것이 적절하지 않다는 것을 의미한다), 제32조 관련 쟁점에 관하여 판단하는 것은 필요하지 않다. 따라서 법원은 제32조 제2항에 관한 Court of Appeal의 해석에 대하여 어떠한 견해도 표명하지 않는다.

4. 評　　釋

위 판례는, 회사의 이사는 회사와의 관계에서 수탁자의 지위에 있다는 것이다. 따라서 이사가 회사의 재산을 횡령한 경우, 회사가 그 재산을 반환청구하는 데에는 소멸시효가 적용되지 않는다. 영국 Limitation Act 1980 제21조 제1항 제(b)호는 신탁에서 수탁자가 점유하고 있거나 수탁자가 수령하였다가 횡령하여(converted) 개인적으로 사용한 신탁재산(trust property) 또는 신탁재산의 수익물(proceeds)을 수탁자로부터 회수하기 위해 수익자가 하는 청구에는 소멸시효가 적용되지 않는다고 규정하고 있다.

Ⅱ. 第2主題

◎ The Joint Administrators of LB Holdings Intermediate 2 Limited (Appellant) v The Joint Administrators of Lehman Brothers International (Europe) and others (Respondents)

◎ The Joint Administrators of Lehman Brothers Limited (Appellant) v Lehman Brothers International (Europe) (In Administration) and others (Respondents)

◎ Lehman Brothers Holdings Inc (Appellant) v The Joint Administrators of Lehman Brothers International (Europe) and others (Respondents) [2017] UKSC 38

○ 2017년 5월 17일 선고
○ 원심 판결: [2015] EWCA Civ 485
○ 판사: Lord Neuberger (주심), Lord Kerr, Lord Clarke, Lord Sumption, Lord Reed

1. 事實關係

이 상고(원고와 피고 모두 상고하였다)는 2008년 리먼 브라더스 그룹(이하 "그룹"이라 한다)의 도산에서 발생한다. 유럽내 그룹의 주 무역회사는 무한책임회사(unlimited company)였던 Lehman Brothers International (Europe)(이하 "LBIE")이었다.

Lehman Brothers Ltd(이하 "LBL")는 LBIE의 보통주 한 주를 가지고 있고, LIBE의 다른 모든 보통주와 상환주식은 LB Holdings Intermediate 2 Ltd(이하 "LBHI2")이 가지고 있다. LBIE와 LBL 및 LBHI2는 2009년 1월 이후 모두 회생절차(administration) 진행 중에 있다. LBIE는 외부 채권자들(external creditors)에게 채무를 전액 변제할 수 있을 것으로 보인다. 2009년 12월 이후 LBIE는 회생절차에서의 배당절차(distributing administration)가 진행 중이다. LBIE 관리인들(administrators)은 2012년 11월 무담보채권자들

(unsecured creditors)에 대한 첫 번째 중간 배당(interim dividend)을 선언하고 지급하였다. LBIE의 관리인들은 LBL와 LBHI2를 포함한 무담보채권자들(unsecured creditors)로부터 채권(debt) 신고를 받았고, LBL의 관리인들도 LBHI2와 LBIE로부터 채권 신고를 받았다.

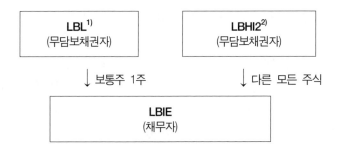

1) LBL - LIBE의 보통주 1주 무한책임사원, 무담보채권자
2) LBHI2 - LIBE의 보통주 및 상환주 무한책임사원, 무담보채권자

기업도산과 관련된 통합규정은 Insolvency Act 1986과 여러 차례 개정된 Insolvency Rules 1986 (이 둘을 합쳐 "1986년 도산법령"이라 한다)에 규정되어 있다. Insolvency Act 1986의 Schedule B1은 회생절차(administration)를 다루는 조항을 포함하고 있다. Insolvency Rules 1986의 제2편(Part 2)은 "회생절차"(Administration Procedure)이다. 2003년에 개정된 Insolvency Rules 1986 제2편(Part 2)의 제10장(Chapter 10)은 "채권자에 대한 배당"(Distributions to Creditors)이다. Rules 제2.68조에서 제2.105조까지이다. Enterprise Act 2002, Schedule 16에 의하여 개정된 Insolvency Act 1986에 따르면 회사의 관리인(administrator)은 회생절차 중에 담보채권자와 우선권이 있는 채권자에게, 그리고 법원이 허가하는 경우에는 채권자들에게 배당(distributions)을 할 수 있다.[2] 이러한 배당을 "waterfall"(폭포수)이라 표현하고 있다.

---

2) Enterprise Act 2002, Schedule 16 (Schedule B1 to Insolvency Act 1986)
Section 65: (1) The administrator of a company may make a distribution to a creditor of the company.
(2) Section 175 shall apply in relation to a distribution under this paragraph as it applies in relation to a winding up.
(3) A payment may not be made by way of distribution under this paragraph to a

전체 도산법이 1986년 도산법령만으로 구성되어 있는 것은 아니며 확립된 판례들이 여전히 적용될 수 있다. 파산절차(liquidation)에서와 같이, 회생절차에서의 배당절차(distributing administration)에서도 관리인(office holder)의 의무는 회사의 자산(assets)을 모으고 환가해서 회사의 채무를 변제하는데 사용하는 것이다. 이러한 배당(waterfall)과 관련하여 배당 우선순위에 관한 일반적인 요약은 In re Nortel GmbH [2014] AC 209 판결 단락 39에 판시되어 있다.

2013년 2월 LBIE, LBL과 LBHI2의 관리인들(administrators)은 회생절차(administrations)에서 발생하는 문제들과 관련하여 법원의 결정을 구하는 소송을 제기하였다. 2014년 3월 Richards J(제1심)는 판결을 내려 10개의 쟁점에 대한 판단(declarations)을 명시하였다. Court of Appeal(Moore-Bick, Lewison과 Briggs LJJ)(제2심)은 세부내용은 조금 다르지만 그 쟁점에 대한 판단 대부분을 인용하였다. 대법원은 다음 쟁점들에 대하여 결정하였다.

2. 判　　決

Lord Neuberger가 주심판사이다. (ⅰ) Lord Kerr와 Lord Reed는 모두에 동의한다. (ⅱ) Lord Sumption는 두번째 쟁점의 부수 문제(obiter issue)를 제외하고 동의한다. (ⅲ) Lord Clarke은 두번째 쟁점을 제외하고 동의한다.

3. 判決 理由

(1) 쟁점 1

LBHI2는 LBIE에게 3건의 후순위 대출(holder of three subordinated loans)을 제공했던 무담보채권자다. 첫 번째 쟁점은, LBHI2가 주장할 수 있는 회생절차 중 배당절차(waterfall)에서의 우선순위, 특히 LBHI2의 채권이 Insolvency Rules 1986 제2.88조 제7항3)에 따라서 지급이 가능한 법정이자

---

creditor of the company who is neither secured nor preferential unless the court gives permission.

Section 66: The administrator of a company may make a payment otherwise than in accordance with paragraph 65 or paragraph 13 of Schedule 1 if he thinks it likely to assist achievement of the purpose of administration.

(statutory interest)에 우선하는지 여부 및 증명되지 않은 책임(non-provable liabilities)에 우선하는지 여부와 관련되어 있다.

(가) 결 론

후순위 대출채권은 법정이자 채권보다 후순위에 있다.

(나) 이 유

LBHI2는 후순위 대출 계약(Subordinated Loan Agreements)의 해석에 관해 다음과 같이 주장하였다. 법정이자(statutory interest)와 증명되지 않은 책임(non-provable liabilities)은 후순위 대출 계약(Subordinated Loan Agreements)의 해석에 의하면 LBIE의 "도산 시 지급하지 않는 채무"(obligations… not payable… in the insolvency) 또는 (법정이자의 경우) "[LBIE가] 지급해야 하는 것"(payable and owing by [LBIE])이 아니기 때문에, 후순위 채권자로서의 채권이 법정이자와 증명되지 않은 책임에 우선한다고 주장하였다. 그러나 하급심과 마찬가지로 대법원(Supreme Court)은 LBHI2의 주장이 타당하지 않다고 판단하였다. 법정이자는 명백히 LBIE의 도산 시 변제해야 하는 채무이다. 법정이자는 LBIE를 상대로 訴求할 수는 없지만, 역시 "[LBIE]가 변제해야 하는 것"(payable and owing by [LBIE])이다. 증명되지 않은 책임(non-provable liabilities)에는 채권신고기간 이후에 신고한 채권, 채권신고기간 이후에 발생한 채권 등이 포함된다.

파산관재인이 증명되지 않은 책임(non-provable liabilities)을 변제하는 경우에 "도산절차에서" 지급한다는 개념은 Insolvency Act 1986 조문과 실제 실무에서 유추된다. 이는 회생관리인(administrator)에게도 적용된다. 이에 따라서 잔액(balance)을 후순위 대출(subordinated loans) 상환을 위해 사용하기 전에 법정이자(statutory interest) 및 증명되지 않은 책임(non-provable liabilities)을 먼저 변제하여야 한다. LBHI2는 증명되지 않은 책임이 완전히 변제될 때까지 후순위 대출(subordinated loans) 채권을 주장할 수 없다. 이 점은 제1심의 판단과 같고, 제2심의 판단과 다르다.

---

3) "any surplus remaining after payment of the debts proved shall, before being applied for any purpose, be applied in paying interest on those debts in respect of the periods during which they have been outstanding since the company entered administration."

(다) 증명되지 않은 책임(non-provable liabilities)

Insolvency Rules 1986 (SI 1986/1925) 제13.12조 제1항 및 제2항은 채무 (debt)와 책임(liability)의 정의를 규정하고 있다. Lehman은 채무(debt)와 책임(liability)이 다른 뜻을 가지고 있다는 점을 강조하였다. Insolvency Act 1986의 정의에 따르면, 회사의 채무(debt)는 회생절차(administration) 및 파산절차(liquidation)에서 증명할 수 있는(provable) 채무이다. 반면에, 책임 (liability)은 증명할 수 있는지 여부에 관계 없이 회사는 그 책임(liability)을 부담한다. Lehman은 Re Nortel Companies and others 판결에서의 법리를 확장하여 세 가지 종류의 책임(liability)이 있다고 주장하였다.

○ 첫째, 증명할 수 있는 채무(provable debts).
○ 둘째, 도산절차에서의 비용(expenses of the insolvency process), 형평법상 마치 비용과 같이 취급되어 변제해야 하는 책임(liabilities).
○ 셋째, 증명되지 않은 책임(non-provable liabilities).

Lehman은 증명되지 않은 책임(non-provable liabilities)도 변제해야 한다고 주장하였다. 이렇게 책임의 범위를 넓게 인정하면 책임(liabilities)의 블랙홀(black hole)이 존재할 수 있게 된다.

(2) 쟁점 2

두 번째 쟁점은, 외화채권을 가지고 있는 LBIE의 채권자들은 Rule 제 2.86조에 따라서 LBIE가 회생절차 개시일의 환율로 지급받을 것이고, 영국 파운드화는 그 회생절차 개시일과 실제 지급일 사이에 외환시장에서 가치가 떨어질 수 있다는 사실에서 발생한 것이다. 외화채권자들은 증명되지 않은 청구(non-provable claim)로서 계약상 부족액(contractual shortfall)을 받을 권리가 있다고 주장하였다.

(가) 결 론

외화채권에서 회생절차 개시일의 환율과 실제 지급일의 환율의 차액은 청구할 수 없다. 회생절차 개시일의 환율을 기준으로 지급된다.

(나) 이 유

제1심과 Court of Appeal(제2심)의 다수의견과 달리 대법원은 4 대 1의 다수로 다음과 같이 판시하였다. Rule 제2.86조는 외화로 지급받을 수 있는 채권은 회생절차 개시일 공식 환율로 영국 파운드화로 변환된다고 규정하고 있다. 이는 외화채권자(foreign currency creditor)의 모든 권리의 범위를 구체적으로 규정하고 있는 조항이다. 따라서 외화채권자들은 회생절차 개시일의 그 채무의 파운드화 가치와 그 채무가 실제로 변제된 날의 그 채무의 파운드화 가치 사이의 차액을 증명되지 않은 채무(non-provable debt)로서 청구할 수 없다. 이 판결은 1986년 법률 이전의 보고서들에서 도달한 결론과 일치한다. 이에 반대되는 결론은 외화채권자에게만 유리한 일방적인 선택권(one-way option)을 초래하게 될 것이다. 그리고 다른 채권들에 대한 증명과는 달리 1986년 규칙(1986 Rules)에는 그 조정(adjustment)을 위한 어떠한 조항도 없다. 과거의 도산법(insolvency code)과 관련된 사법 격언(judicial dicta)에 의존하는 것은 위험하다. 따라서 외화채권자들은 가치의 차액을 청구할 수 없다. Lord Clarke은 이 쟁점에 동의하지 않았다.

증명된 채무(proved debt)만 전액 변제하면 계약상 기본채무(underlying contractual debt)를 만족시키는지 여부의 더 광범위한 쟁점과 관련하여, 대법원(Supreme Court)은 3대 2의 다수결로 다음과 같은 견해를 인용하였다. 이는 Insolvency Act 1986의 제2편(Part 2) 제10장(Chapter 10) 및 Insolvency Rules 1986 제2.72조 제1항의 자연적 의미에 부합하지 않는다. 그 의미는 채무를 전액 변제하였다고 하더라도(debt met in full) 부활(resurrection)할 수 있는 요소를 가지고 있다는 것이다. Lord Sumption은 이 쟁점에 동의하지 않았고 Lord Clarke도 그에 동의하였다.

(3) 쟁점 3

세 번째 쟁점은, 법정이자(statutory interest)를 지급받을 권리가 있지만 지급받지 못한 LBIE의 채권자가 이후 파산절차(liquidation)에서 그런 이자를 청구할 수 있는지 여부와 관련되어 있다.

(가) 결 론

회생절차에서의 배당절차(distributing administration)에서 채권을 증명하고 배당을 받은 채권자는 이후 파산절차(liquidation)에서 회생절차 개시 후 기간(post-administration period) 동안의 이자는 청구할 수 없다.

(나) 이 유

회생절차에서 배당 이후에 잉여금이 있으면 회생절차 개시 이후의 이자를 지급할 수 있다($\genfrac{}{}{0pt}{}{\text{Insolvency Rules}}{\text{1986 제2.88조 제7항}}$). 파산절차에서도 배당 이후에 잉여금이 있으면 파산절차 개시 이후의 이자를 지급할 수 있다($\genfrac{}{}{0pt}{}{\text{Insolvency Act}}{\text{1986 제189조 제2항}}$). 그런데 파산절차에서 채권신고액은 파산절차 개시 전의 이자를 포함한다($\genfrac{}{}{0pt}{}{\text{Insolvency Rules}}{\text{1986 제4.93조 제2항}}$). 따라서 채권자는 배당을 받은 이후에는 파산절차 개시 전의 이자를 청구할 수 없다. 그러므로 기존에 회생절차(administration)에 있었던 기업이 이후에 파산절차(liquidation)에 들어갈 경우에 회생절차에서 배당 받은 채권자는 회생절차 개시 이후의 이자를 청구할 수 없다. 이 점은 제1심의 판단과 같고, 제2심의 판단과는 다르다.

대법원은 회생절차 개시 후 기간(post-administration period) 동안의 이자에 대한 계약상의 권리는 회생절차에서의 배당절차(distributing administration)에서 채권을 증명하고 배당을 받은 채권자들을 위해서 부활하거나 존속하지 않는다고 판단한다. 이 점은 1심의 판단과 다르다.

(다) 영국의 위헌법률심판(judicial review)

17세기에는 영국에서도 법원이 제정법의 효력을 무효화할 수 있는 권한이 있었다. [Dr Bonham's Case (1610), Day v Savage (1615), R v Love (1651), City of London v Wood (1702)]

미국에서는 1803년 Marbury v Madison 판결로 법원의 위헌법률심사를 인정하였다. 그러나 영국에서는 1969년 추밀원(Privy Council)의 Madzimbamuto v. Lardner Burke (1969) 판례에서 법원이 의회에서 제정한 제정법을 무효화 할 수 없음을 확인하였다.

(4) 쟁점 4

네 번째 쟁점은, LBIE는 무한책임회사(unlimited company)이기 때문에, LBIE가 파산절차(liquidation)에 있다면 LBIE의 무한책임사원들(its members)은 LBIE의 채무를 변제하기 위하여 Insolvency Act 1986 제74조에 따라서 파산절차(liquidation)에서 분담금(contributions)을 내도록 요구될 수 있기 때문에 발생한다. 네 번째 쟁점은 LBIE의 법정이자 채무와 증명되지 않은 책임 (non-provable liabilities)과 관련하여 그러한 분담금(contributions)을 무한책임 사원들에게 요구할 수 있는지 여부이다.

(가) 결 론

LBIE는 무한책임회사(unlimited company)이기 때문에, 그 무한책임사 원들(its members)은 LBIE의 파산절차(liquidation)에서 LBIE의 채무를 변 제하기 위하여 분담금(contributions)을 지급해야 하지만, LBIE의 법정이자 채무에 대하여서까지 분담금을 지급해야 할 의무는 없다.

(나) 이 유

Insolvency Act 1986 제74조의 "책임"(liabilities)은 증명의 대상이 될 수 있는 채무에만 국한되는 것이 아니라, 증명되지 않은 책임(non-provable liabilities)도 포함한다. 그러나 Insolvency Rules 1986 제2.88조 제7항은 증명된 채무(debts proved)의 변제 이후 잉여금(surplus)이 있는 경우에만 법정이자(statutory interest)를 지급할 수 있다고 규정하고 있다. 제1심 및 제2심의 판단과는 달리 대법원(Supreme Court)은 법정이자를 지급할 수 있는 "잉여금"을 만들기 위해 제74조가 적용될 수 없다고 판결하였다. 따라서 분담금 (contributions)을 내도록 요구될 수 없다.

◎ **Insolvency Act 1986**

○ 74 Liability as contributories of present and past members.

(1) When a company is <u>wound up</u>, every present and past member is liable to contribute to its assets to any amount sufficient for payment of its debts and liabilities, and the expenses of the winding up, and for the adjustment of the rights of the contributories among themselves.

---

(5) 쟁점 5

다른 세 가지 쟁점들은, LBHI2와 LBL가 LBIE의 채권자(creditors)인 동시에 그러한 분담금 책임(liable to contribute)을 부담하는 LBIE의 무한책 임사원(members)이기도 하기 때문에 발생한다. 다섯 번째 쟁점은 Insolvency

Act 1986 제150조에 따라서 요청받는(called on) 경우, LBIE의 곧 있을 파산절차(liquidation)에서 분담금(contributions)을 부담해야 할 우발채무(contingent liabilities)에 대하여 LIBE가 LBHI2와 LBL의 회생절차(administrations)에서 인정받을 수 있는지 여부이다.

(가) 결 론

LBHI2와 LBL는 LBIE의 무한책임사원(its members)으로서 LBIE의 파산절차(liquidation)에서 LBIE의 채무를 변제하기 위하여 분담금(contributions)을 지급할 의무가 있지만, 이러한 우발채무(contingent liabilities)에 대하여는 LBHI2와 LBL의 회생절차(administrations)에서 인정받을 수 없다.

(나) 이 유

제150조는 무한책임사원에 대한 법정의무(statutory obligation)를 부여하고, 파산관재인(liquidator)에게 그 법정의무를 이행하게 하기 위한 청구(call)를 할 자격을 부여하고 있다. 하급심의 견해와는 반대로, 대법원(Supreme Court)에서는 다음과 같이 판결하였다. 해당 기업이 파산절차에 있는 경우가 아닌 한, 그 법정의무의 본질은 증명의 대상이 될 수 없는 것이다. 제74조에 따라서 지급된 모든 금액은 기업이 파산절차 중인 경우에만 존재할 수 있는 법정자금(statutory fund)을 구성한다. 만약 그 기업이 파산절차 중에 있지 않다면, 잠재적 채권자(potential creditor)로서 확인될 수 있는 현존하는 자는 단지 잠재적인 장래의 파산관재인(possible future liquidator)뿐이고, 다른 채권자는 존재하지 않는다. 또한 이와 다른 대안(alternative)은 심각한 어려움을 초래할 것이다. 따라서 회생절차(administrations)에서는 분담금(contributions) 채무를 인정받을 수 없다.

◎ **Insolvency Act 1986**

○ Section 150 Power to make calls.

(1) The court may, at any time after making a <u>winding-up</u> order, and either before or after it has ascertained the sufficiency of the company's assets, make calls on all or any of the contributories for the time being settled on the list of

the contributories to the extent of their liability, for payment of any money which the court considers necessary to satisfy the company's debts and liabilities, and the expenses of winding up, and for the adjustment of the rights of the contributories among themselves, and make an order for payment of any calls so made.

(2) In making a call the court may take into consideration the probability that some of the contributories may partly or wholly fail to pay it.

(6) 쟁점 6

여섯 번째 쟁점은, 만약 LBIE가 그렇게 할 수 없다면, 여섯 번째 쟁점은 LBIE가 상계권을 행사 할 수 있는지 여부이다.

(가) 결 론

LBIE의 파산관재인이 LBHI2와 LBL에게 분담금을 청구할 수 있는 채권으로, LBHI2와 LBL가 LBIE에게 갖고 있는 대출채권을 상계할 수 없다.

(나) 이 유

Insolvency Act 제150조에 따른 분담금 채권은 잠재적인 것이기 때문에, 이를 자동채권으로 상계할 수는 없다.

(7) 쟁점 7

일곱 번째 쟁점은, LBIE가 파산절차(liquidation)에 적용되는 소위 분담의 원칙(contributory rule)의 적용을 주장할 수 있는지 여부다. 즉, 어떤 사람이 분담금을 부담해야 할 채무(liability as a contributory)를 변제할 때까지 그 사람은 채권자로서 채권을 회수할 수 없다는 원칙이다.

(가) 결 론

LBHI2와 LBL는 LBIE의 무한책임사원(its members)으로서, LBIE의 파산절차(liquidation)에서 LBIE의 채무를 변제하기 위한 분담금(contributions)을 지급하지 않았다고 하더라도, 채권자로서 채권을 회수할 수 있다.

(나) 이 유

이것은 명백하게 안분비례(pari passu) 원칙에도 부합하지 않으며, 모든 다른 무담보 채권자들과 마찬가지로 증명에 근거해서 LBHI2과 LBL가 지급받을 수 있도록 하기 위해서 파산절차에서 효과적인 청구(calls)를 가능하게 하는 법정목표에도 부합하지 않는다. 파산절차(liquidations)에 적용되는 분담의 원칙(contributory rule)은 회생절차에서의 배당절차(distributing administration)에까지 적절하게 확장될 수 있고 또한 확장되어야 하지만, 그 입법구조(legislative framework)와 일치하도록 절차적 수정(procedural modifications)을 거쳐야 한다. 따라서 LBHI2와 LBL가 분담금(contributions) 채무를 변제하기 전에도 배당을 받을 수 있다.

(다) 평   석

리만 브라더스 사태 이후에 Lehman Brothers 社는 파산절차가 아니라 회생절차(administration)에 들어갔다. 영국 Insolvency Act 1986 중 제2편(Part II) 회생절차(Administration) 부분은 Enterprise Act 2002, Schedule 16에 의하여 많이 개정되었다. 이에 따르면 회생절차 중에도 회생관리인은 담보채권자 및 우선권을 가진 채권자들에게 배당을 할 수 있게 규정되어 있다. 이러한 배당을 "waterfall"(폭포수)이라 표현하고 있다.

4. 英國의 倒産法(Insolvency Act 1986)

미국에서는 도산을 "bankruptcy"라고 한다. 이에 반해 영국에서는 법인의 도산은 "insolvency", 개인의 도산은 "bankruptcy"라고 한다. "bankruptcy"와 "insolvency"는 모두 파산절차(liquidation 또는 winding up) 뿐만 아니라 회생절차(reorganization 또는 administration)도 포함한다.

미국에서는 도산법(Bankruptcy Code) 제11편이 회생(reorganization)에 관하여, 제7편이 파산(liquidation)에 관하여 규정하고 있다. 미국 도산법에서 제7편(Chapter 7)의 표제가 "liquidation"이다.

영국에서는 도산법(Insolvency Act 1986) 제2편(Part II)이 회생절차(administration)에 관하여, 제4편(Part IV)이 파산절차(winding up)에 관하여 규정하고 있다. 영국에서는 파산절차를 "winding up"이라고도 하고, "liquidation"이라고도 한다. 영국 파산법에는 제2편의 회생절차(administration) 이외에도 제1편에 자율협약(company voluntary arrangement: CVA)이 규정되어 있고, 제3편에 주로 浮動담보권자(floating chargee)가 선임하는 담보관재인(receiver)

에 의한 담보관리제도(receivership)가 규정되어 있다.4)

미국 Bankruptcy Code	영국 Insolvency Act 1986	우리나라
	Part I Company Voluntary Arrangement (CVA)	기업구조조정 촉진법
Chapter 11 Reorganization	Part II Administration5)	채무자 회생 및 파산에 관한 법률 제2편 회생절차
	Part III Receivership	
Chapter 7 Liquidation	Part IV Winding Up	채무자 회생 및 파산에 관한 법률 제3편 파산절차

5. 自律協約(company voluntary arrangement : CVA)6)

영국의 자율협약(company voluntary arrangement : CVA) 제도는 우리나라의 기업구조조정촉진법과 유사한 것으로서, 채권자들의 자율에 의한 워크

---

4) 영국 도산법(Insolvency Act 1986) 제3편에는 浮動담보권자(floating chargee)가 선임하는 담보관리인(receiver)에 의한 담보관리제도(receivership)가 규정되어 있는데, 현재는 폐지되었다. 운영적 담보관리인(administrative receiver)은 여러 채권자들 중에서도 유독 자신을 선임한 浮動담보권자(floating chargee)의 이익을 위해서만 회사를 경영하거나 처분한다는 비판이 있었다. 특히 담보권이 없는 일반채권자들의 불만이 높았다. 이에 영국 정부는 효율성과 형평성을 근거로 운영적 담보관리인 제도를 개혁하여 浮動담보권자가 운영적 담보관리인(administrative receiver)을 지명하지 못하도록 개정했다. 2002년에 영국 도산법(Insolvency Act 1986)에 제72A조가 신설되어, 2003년 9월 15일 이후에 설정된 浮動담보권(floating charge)에 대하여는 운영적 담보관리인(administrative receiver)을 선임할 수 없도록 개정했다. 이 개정은 영국 2002년 기업법(Enterprise Act 2002) 제250조에 의하여 이루어졌다. 대신에 浮動담보권자도 회생절차를 이용하도록 하고, 회생절차에서 담보채권자와 무담보 채권자를 포함한 모든 채권자들의 이해관계를 집합적으로 조정하도록 했다(Insolvency Act 1986 Schedule B1 제3조 제2항). 일정한 요건을 갖춘 浮動담보권자는 관리인(administrator)을 선임할 수 있게 되었다(Insolvency Act 1986 Schedule B1 제14조 제1항). 첫째 요건은 浮動담보권의 효력이 채무자의 전체 재산에 미치거나 거의 대부분의 재산에 미치고 있어야 한다(Insolvency Act 1986 Schedule B1 제14조 제3항). 둘째 요건은 浮動담보권자가 담보권을 약정하면서 관리인을 선임할 수 있음을 명시해 놓아야 한다(Insolvency Act 1986 Schedule B1 제14조 제2항).: 전우정, "기업구조조정촉진법과 미국, 영국, 호주의 절차 비교법적 연구 - 도산실무가 및 기업개선계획 공고 제도 도입 제안", 「비교사법」 제27권 제3호, (2020), 485~486면.

5) Enterprise Act 2002, Schedule 16에 의하여 개정되었다.

6) 자율협약(CVA)에 관하여는, 전우정, "기업구조조정촉진법과 미국, 영국, 호주의 절차 비교법적 연구 - 도산실무가 및 기업개선계획 공고 제도 도입 제안", 「비교사법」 제27권 제3호, (2020), 502면 이하 참조.

아웃(work-out) 절차이다. 우리나라의 기업구조조정촉진법과 다른 점은 채권자 집회(meeting of the company and its creditors)의 개최 예정 및 그 결과에 대하여 법원에 보고해야 한다는 것이다.

CVA는 기업과 채권자들이 자율적으로 채무에 관하여 협의하는 절차로, 이는 법원의 직접적인 감독을 요하지 아니한다. CVA는 회사의 대표자, 관리인(administrator), 파산관재인(liquidator) 등에 의하여 제안될 수 있다.[7] CVA가 제안되면, 도산 실무가(insolvency practitioner)의 자격[8]이 있는 지명자(nominee)는 그 제안을 통지 받은 지 28일 이내에 CVA의 승인을 위한 채권자 집회(meeting of the company and its creditors)의 개최 여부를 법원에 보고해야 한다(영국 도산법 제2조 제2항). 채권자집회에서 전체 채권액 75% 이상의 채권자들의 의결로 CVA를 승인한다(영국 도산규칙(Insolvency Rules 1986) 제1.19조). 그리고 사원 또는 주주 총회에서 전체 지분 가치의 50% 이상의 사원들 또는 주주들의 의결로 CVA를 승인한다(영국 도산규칙(Insolvency Rules 1986) 제1.19조). CVA이 승인되면 CVA는 채권자들 전원에 대하여 구속력을 갖고 수행이 시작되며, 지명자 역할을 하던 도산 실무가는 절차 진행을 감독하는 감독인(supervisor)이 된다.[9]

CVA이 승인되면, 집회일의 4일 이내에 법원에 보고서를 제출하여 등록해야 한다. 이 보고서는 법인등기소에도 제출하여야 한다(영국 도산규칙(Insolvency Rules 1986) 제1.24조). 법인등기소에 제출함으로써 열람이 가능하게 된다.

6. 浮動担保權(floating charge)

일반적으로 *浮動*담보권(floating charge)은 채무자의 증감변동하는 현재 및 장래의 모든 재산에 담보권을 설정하는 것이다. 유동집합동산에 대한 담

---

7) 강민호, "파산법원 설치에 따른 회생·파산절차 관여자에 대한 적정한 관리·감독 방안에 관한 연구", 대법원 사법정책연구원, (2014), 49면.

8) 영국에는 '도산 실무가(insolvency practitioner)'라는 자격제도가 있어서, 자율협약(company voluntary arrangements: CVA)의 지명자(nominee), 회생절차 관리인(administrator), 파산관재인(liquidator)은 도산 실무가 자격이 있는 사람 중에서 선임하도록 하고 있다. 도산 실무가(insolvency practitioner)는 주로 회계사 또는 변호사가 많다. 따라서 이러한 국가들에서는 기존의 경영자 관리인(debtor-in-possession: DIP)이 불가능하다. 한편 도산 실무가(insolvency practitioner)의 국제적인 협회로 INSOL이 있다.

9) Timothy A. Barnes & Donald P.S. Macfarlane, "Bankruptcy strategies and trends in the United Kingdom", 2010 WL 2848365, Aspatore, (2010), pp.8-9.

보와 같이 예컨데, 하나의 우리 안에 돼지 숫자가 증감변동 하더라도 담보권 실행시의 돼지 숫자로 고정되는 것과 유사하다. 그런데 영국의 浮動담보권 (floating charge)은 미국의 제도와는 다소 차이가 있다.

미국, 캐나다, 뉴질랜드, 호주에서는 채무자의 현재 및 장래의 모든 재산에 대하여 담보권을 설정하는 "security rights in after-acquired property"가 명문으로 규정되어 있다.10)

영국의 浮動담보권(floating charge), 미국 UCC Article 9, 캐나다, 뉴질랜드, 호주의 PPSA에서 명문 규정으로 인정되는 "security rights in after-acquired property" 모두 통상의 영업과정(ordinary course of business)에서 재고품, 매출채권 등을 매각할 수 있다.

그런데 차이점은 영국의 浮動담보권(floating charge)에서는 통상의 영업과정(ordinary course of business)에서 특정 물건의 매각을 허용할 뿐만 아니라, 특정 물건에 대하여 고정담보권(fixed charge)를 설정하는 것까지 허용된다는 점이다. 즉, 浮動담보권보다 시간적으로 나중에 설정되는 고정담보권이 浮動담보권보다 선순위가 된다는 점이다.

미국, 캐나다, 뉴질랜드, 호주에서는 "security rights in after-acquired property"가 설정된 이후에 특정목적물에 대하여 담보권을 설정하면 "security rights in after-acquired property"의 후순위에 놓이게 된다.

영국에서는 고정담보권(fixed charge)은 그 담보권이 설정된 시간의 선후에 상관없이 항상 浮動담보권(floating charge)보다 우선하게 된다. 이 때문에 浮動담보권자(floating chargee)는 불안한 지위에 놓이게 된다. 이를 방지하기 위하여 浮動담보권(floating charge) 계약에는 담보제공금지(negative pledge) 조항을 두는 경우가 많다.

浮動담보권(floating charge) 계약에 담보제공금지(negative pledge) 조항을 두면, 결과적으로 미국, 캐나다, 뉴질랜드, 호주 등의 "security rights in after-acquired property"와 유사한 효과가 있게 된다.

---

10) 미국 UCC 제9-204조; 캐나다 온타리오州 PPSA 제12조; 서스캐처원州 PPSA 제13조; 뉴질랜드 PPSA 제43조, 제44조; 호주 PPSA 제18조 제2항 및 제3항, 제20조 제2항 제(b) 호, 제76조 제2항 제(b)호.

Ⅲ. 第3主題

◎ Globalia Business Travel S.A.U. (formerly TravelPlan S.A.U.) of Spain (Respondent) v Fulton Shipping Inc of Panama (Appellant) [2017] UKSC 43

   ○ 2017년 6월 28일 선고
   ○ 원심 판결 : [2015] EWCA Civ 1299
   ○ 판사 : Lord Neuberger (주심), Lord Mance, Lord Clarke, Lord Sumption, Lord Hodge

1. 事實關係

2005년 3월 4일 상고인(이하 "선주")은 *New Flamenco*라고 불리는 크루즈 선박(이하 "선박")을 구매하였다. 이 선박은 이전 선주가 정기용선계약(time charterparty) (이하 "용선계약") 방식으로 피상고인(이하 "용선자")에게 대여하였다. 상고인은 경개(novation) 계약에 따라서 2005년 3월 7일부터 이전 선주의 용선계약에 따른 권리와 의무를 승계하였다. 2005년 8월 선주와 용선자는 용선계약을 2년 간 연장하는데 합의하였으며 그 만기일은 2007년 10월 28일이었다. 2007년 6월 8일 회의에서 선주와 용선자는 용선 계약을 2년 더 연장하여 2009년 11월 2일 만료되는 것으로 구두합의(oral agreement)하였다. 용선자는 그 계약을 체결한 사실을 부인하고 2007년 10월 28일에 선박을 반환할 권리를 가진다고 주장하였다. 선주는 용선자를 이행거절(anticipatory repudiatory beach)로 취급하였고 이 채무불이행을 이유로 용선계약을 해제하였다. 선박은 2007년 10월 28일 반환되었다. 그 반환 직후 선주는 그 선박을 US $ 23,765,000에 제3자에게 매각하였다.

용선계약 규정에 따라 선주는 용선자의 이행거절(repudiatory breach)에 대한 손해배상을 청구하기 위하여 영국의 런던에서 중재를 신청하였다. 중재인(arbitrator)은 용선계약을 연장하기 위한 구두계약(oral contract)이 체결되었고, 용선자가 그 계약의 이행거절(repudiatory breach) 상태에 있으며, 따라서 선주가 그 용선계약을 해제(terminate)할 수 있는 권리가 있다는 사실을 인정하였다. 하지만 선주가 그 선박을 2007년 10월에 매각하였을 때 선박가격과 용선자가 위반을 하지 않았다면 그 선박이 반환되었을 2009년 11월의 선박가격 사이에는 큰 차이가 있었다. 중재인(arbitrator)은 그 차이가 US $ 7,000,000이라고 보았다. 중재인(arbitrator)은, 용선자가 그 가격 차이로 인한 EURO 11,251,677 (US $ 16,765,000에 해당)에 상응하는 크레딧(credit)을 보유하고 있으며, 이 크레딧(credit)을 이행이익 상실(loss of profit)의 청구(claim)로 인해 용선자가 선주에게 배상해야 하는 손해배상액(damages)에서 공제할 수 있다고 판단하였다. 그러한 크레딧(credit)이 선주의 이행이익 상실(loss of profit)의 청구(claim)보다 컸기 때문에 선주는 어떠한 손해배상도 받을 수 없는 결과를 초래하였다.

선주는 법률문제(question of law)와 관련하여, 영국 중재법(Arbitration Act 1996) 제69조에 따라서 High Court(제1심)에 항소하였다.[11] 그 법률문제란, 이행이익 상실(loss of profit)을 이유로 한 선주의 손해배상액을 계산할 때 용선인이 그 선박의 자본가치 감소(drop in the capital value)를 손해경감(diminishing the loss)으로 고려할 권리가 있는지 여부이다. Popplewell J는 그렇지 않다고 판단하였다. 2009년 11월이 아니라 2007년 10월 선박 매각으로 선주가 얻은 이익(benefit)은 이행거절과 법적으로 인과관계가 없기 때문이라고 판단하였다.

이에 대하여 용선인은 Court of Appeal(제2심)에 항소하였고, 항소가 인용되었다. 즉 선주는 2007년 10월 그 선박을 매각하여 손해를 경감시키려고(mitigate their loss) 결정하였으며, 그렇게 함으로써 보장된 이익(benefit)을 용선계약 기간 동안 단기적인 용선(spot chartering a vessel)에 의해 얻을 수 있었던 이익(benefits)을 설명하는 것과 동일한 방식으로 설명하지 않아야 할 이유가 없다고 판단하였다. 이에 선주는 대법원에 상고하였다.

---

11) 영국에서는 영국 중재법 제69조에 따라서 법률문제에 관하여는 중재판정에 대하여 법원에 항소할 수 있다. 중재판정의 법률문제에 관하여 법원에 항소하는 경우 1심 법원, 2심 법원, 3심 법원(대법원)까지 판단을 받을 수 있다. 법원의 중재판정에 대한 항소 허가(leave to appeal) 여부에 관한 결정에 대하여 불복(appeal)하기 위해서는 법원의 허가(leave of the court)가 필요하다(영국 중재법 제69조 제6항). 여기서 허가를 하는 법원은 Court of Appeal(2심)이 아니라 High Court(1심)이다(영국 중재법 제105조 제1항).

2. 仲裁判定의 法律問題에 대한 抗訴 (英國 仲裁法 第69條)

중재판정의 법률문제에 관하여 법원에 항소하는 경우, 당사자는 법률문제를 구체적으로 특정하고 어떠한 근거로 법원의 허가를 구하는 것인지를 명시하여야 한다(영국 중재법 제69조 제4항).

법원은, (a) 법률문제에 관한 결정이 당사자의 권리에 실질적인 영향을 주고, (b) 그 법률문제가 중재판정부에 의하여 판단될 것이 요구되는 것이었고, (c) 중재판정부의 사실인정을 기초로 하였을 때, i) 중재판정부의 그 문제에 관한 결정이 명백히 잘못되었거나, ii) 그 법률문제가 일반적으로 공적으로 중요한 것이고 중재판정부의 판단에 최소한 심각한 의심이 들며, (d) 당사자의 중재합의에도 불구하고 모든 상황에 비추어 법원이 그 법률문제에 관하여 판단하는 것이 적절하고 정당하다고 인정될 때에 한하여 중재판정에 대한 항소를 허가한다(영국 중재법 제69조 제3항 (a)내지 (d)).

위 (a), (b), (d)의 요건과 동시에 (c)의 i), ii)중 하나는 충족되어야 한다. 법원은 심문이 필요한 경우를 제외하고는 심문 없이 중재판정에 대한 항소의 허가(leave to appeal) 여부를 결정한다(영국 중재법 제69조 제5항).

◎ **Arbitration Act 1996**

○ 69 Appeal on point of law.

(1) Unless otherwise agreed by the parties, a party to arbitral proceedings may (upon notice to the other parties and to the tribunal) appeal to the court <u>on a question of law</u> arising out of an award made in the proceedings.

An agreement to dispense with reasons for the tribunal's award shall be considered an agreement to exclude the court's jurisdiction under this section.

(2) An appeal shall not be brought under this section except—

    (a) with the agreement of all the other parties to the proceedings, or

    (b) with the leave of the court.

The right to appeal is also subject to the restrictions in section 70(2) and (3).

(3) Leave to appeal shall be given only if the court is satisfied—

    (a) that the determination of the question will substantially affect the rights of one or more of the parties,

　　(b) that the question is one which the tribunal was asked to determine,

　　(c) that, on the basis of the findings of fact in the award—

　　　　(i) the decision of the tribunal on the question is obviously wrong, or

　　　　(ii) the question is one of general public importance and the decision of the tribunal is at least open to serious doubt, and

　　(d) that, despite the agreement of the parties to resolve the matter by arbitration, it is just and proper in all the circumstances for the court to determine the question.

당사자는 법률문제에 대한 항소를 포기하기로 합의할 수 있다. 예를 들어, 당사자가 ICC 중재규칙을 중재절차규칙으로 합의한 경우, ICC 중재규칙은 중재판정에 대한 불복을 허용하지 않으므로, 이 경우 당사자들은 법률문제에 대한 항소를 하지 않기로 합의한 것으로 볼 수 있다.[12] 당사자가 중재판정에 이유를 기재하지 않기로 합의한 경우에도 영국 중재법 제69조에 의한 항소를 포기한 것으로 본다(영국 중재법 제69조 제1항 후문).

3. 判　決

대법원(Supreme Court)은 선주의 상고를 인용하였다. 그리하여 용선인은 2007년 매각 시점에 그 선박가격의 차이를 이유로 2009년에 감소된 가치와 비교하여 크레딧(credit)을 받을 권리가 없어지게 되었다. Lord Clarke이 주심판사이고, 다른 판사들은 그에 동의하였다.

4. 判決 理由

선주가 위의 선박을 2009년에 처분하였더라면 더 헐값에 팔았을 것인데, 2007년에 더 비싼 가격에 처분하였으므로 그 차액만큼 자본가치(capital value)를 얻었다고 할 수 있다. 그러나 이러한 선주의 이익(owners' interest)

---

12) *Shanghi Polyesters (India) v International Investor (KCFC) (Kuwait)* [2000] 1 Lloyd's Rep 480.

은 용선인이 용선계약을 이행거절(repudiation)하여 침해된 이익(interest)과는 관계가 없다. 이것은 선주의 이익(benefit)이 채무불이행자에 의해 초래된 손해(loss)와 동일한 종류여야 하기 때문이 아니라, 그 이익(benefit)이 용선계약의 이행거절 또는 성공적인 손해경감(mitigation) 행위와 인과관계가 없기 때문이다. 이행거절(repudiation)은 약 2년 동안 장래 수입의 상실을 초래했다. 사실 그 선박의 매각은 용선계약의 조기 해제와 인과관계가 없다. 선박은 용선계약 기간 중에도 매각할 수 있다. 선박을 매각하는 시점은 선주가 스스로 리스크를 감수하고 내리는 상업적 결정이다. 선주는 2007년 매각과 용선계약이 2009년 해제되었을 시점의 매각 사이에 시장 가격이 상승하였다면 그 선박의 시장가격 차이를 주장하지 않았을 것이다. 용선계약의 조기 해제는 선박 매각 시점의 문제일 뿐이며 그에 관한 법률적 원인은 아니다. 이와 마찬가지로 관련 비교 대상이 2009년 11월의 매각이라고 생각할 아무런 이유가 없다. 반드시 용선계약 기간 종료 시점에 합법적 반환(lawful redelivery) 이후에 매각 되어야 한다는 어떠한 이유도 없다.

같은 이유로, 선박 매각은 액면상 성공적인 손해경감(mitigation) 행위가 아니었다. 만약 이용가능한 용선시장이 있었다면, 그 손해(loss)는 '실제 용선계약 요율'(actual charterparty rate)과 추정되는 '대체 계약 요율'(assumed substitute contract rate) 사이의 차액일 것이다. 선박의 매각은 여기서 아무런 관련이 없는 일이 되었을 것이다. 이용가능한 시장이 없었기 때문에 손해의 측정(measure of the loss)은 계약 요율과 보다 단기의 용선계약에 따른 선박임대(employment of the vessel under shorter charterparties)로 얻었던 또는 합리적으로 얻을 수 있었던 수익의 차액이 된다. 이 맥락에서 관련 있는 손해경감(mitigation)은 원래의 용선계약에 따른 수입을 대체할 수 있는 수입을 얻는 것이다. 선박의 매각은 그 수입의 상실을 경감시킬 수 없기 때문에 그 자체만으로는 손해경감 행위가 아니었다.

따라서 Popplewell J(제1심)가 중재인(arbitrator)이 원칙적으로 잘못 판단했다고 판결한 것은 타당하다. 대법원은 Court of Appeal(제2심)의 판결보다는 Popplewell J의 판단을 선호하고 있다. 2009년 11월이 아니라 2007년 10월에 선박을 매각하였을 때 선주가 얻었던 이익과 관련하여 용선자가

EURO 11,251,677 상당의 크레딧을 받을 자격이 있다고 판단한 중재판정 부분을 파기하는 Popplewell J의 판결이 효력을 회복하였다.

5. 評　釋

영국에서는 중재판정에 대하여 불복하는 당사자가 법원에 항소할 수 있는 경우가 있다는 점에 주의할 필요가 있다.

용선계약 기간이 2년 더 남아 있는데, 용선자가 용선계약을 중도해지한 경우 손해배상액의 문제이다. 선주는 채무불이행에 의한 손해배상액으로 남은 기간 동안의 용선료를 모두 청구하였다. 그 용선계약을 대체할 수 있는 용선자를 찾기가 쉽지 않다는 점에서 손해경감의무를 다 하였다고 판단되었다. 선주는 그 선박을 매각하였다.

용선자는 용선계약상의 기간이 만료되었을 2009년에 위의 선박을 매각하였다면 그 동안 減價償却이 되어 선박의 가격이 상당히 떨어졌을 것인데, 2007년에 더 비싼 가격으로 매각할 수 있게 되었으므로, 그 가격의 차이 만큼은 손해배상액에서 공제하여야 한다고 주장하였다. 그러나 이러한 주장은 받아들여지지 않았다.

6. 損害輕減義務(mitigation)

> ◎ 국제물품매매계약에 관한 국제연합 협약(CISG) 제77조
>
> 계약위반을 주장하는 당사자는 이익의 상실을 포함하여 그 위반으로 인한 손실을 경감하기 위하여 그 상황에서 합리적인 조치를 취하여야 한다. 계약위반을 주장하는 당사자가 그 조치를 취하지 아니한 경우에는, 위반 당사자는 경감되었어야 했던 손실액만큼 손해배상액의 감액을 청구할 수 있다.

채무불이행의 상대방은 손해 발생과 관련하여 합리적이지 않은 행위를 해서는 안된다는 것이다. 채무불이행의 상대방이 회피할 수 있었던 손해는 배상 받을 수 없다. 증명책임은 채무불이행자에게 있다.

예를 들어, 매수인이 물품매매계약을 대금지급의무를 불이행 하면 매도

인은 다른 사람에게 매도하려고 시도할 것이다. 매수인이 해당 물품에 대한 충분한 시장이 있다는 사실과 매도인이 그 시장에서 그 물품을 제3자에게 매도할 수 있었던 시장가치를 증명할 수 있다면, 매도인은 매수인의 대금 지급의무 불이행으로 인한 손해배상으로 물품대금 전액을 배상받을 수는 없다. 특정물인 경우보다 종류물인 경우에 이러한 증명이 용이하다.

예를 들어, 임차인이 임대기간을 1년으로 임대차 계약을 체결하였는데, 1개월만에 그 집에서 이사를 나가고 임대료를 납부하지 않았다고 가정해보면, 임대인은 임차인의 채무불이행을 이유로 손해배상을 청구할 수 있다. 그러나 임대인은 남은 11개월의 기간 동안 다른 새로운 임차인을 찾기 위하여 합리적인 시도를 함으로써 손해를 경감해야 한다. 임대인은 만연히 11개월 동안 그 집을 그냥 비워 두었다가 임차인에게 11개월치 임대료를 지급하라고 청구할 수는 없다.

Court of Appeal의 2008년 Bulkhaul Ltd v Rhodia Organique Fine Ltd 판결은 손해를 경감하기 위한 합당한 조치를 취하지 않은 손해배상청구권자의 예를 보여준다.

Bulkhaul은 부식성 화학 물질 운송을 위해 운반차량들(tanks)을 리스하였다. Rhodia는 화학 제조업체였다. Bulkhaul은 10년 기간의 계약으로 불화 수소산 운송을 위해 Rhodia에게 운반차량들(tanks)을 리스하였다. Rhodia는 화학 물질 제조를 중단하기로 결정하면서 리스계약을 해지하였다. 리스계약 기간이 고정인지 아니면 Rhodia가 조기에 종료할 수 있는지가 쟁점이었다. Bulkhaul은 Rhodia의 채무불이행에 의한 손해배상을 인정하는 약식판결을 받았으나 그 손해배상액을 증명하여야 했다.[13]

Bulkhaul이 손해를 줄이기 위해 합리적인 조치를 취했는지 여부에 관하여, 법원은 다른 사람에게 운반차량들(tanks)를 판매하거나 리스할 수 있는지 여부, 즉 5년 동안 사용된 후 이러한 종류의 운반차량들(tanks)의 시장(market)이 있었는지 여부를 고려하였다. Bulkhaul은 이 운반차량들(tanks)은 불화 수소산의 운반에만 사용될 수 있으며 화학 제품의 제조가 단계적으로 중단됨에 따라 재판매가 어렵다고 주장하였다.

---

13) Bulkhaul은 10년 계약기간 중 나머지 기간의 리스료를 청구하였다.

Rhodia는 다음과 같이 주장하였다.

① 불화 수소산의 제조가 실제로 세계의 일부 지역에서 감소하고 있지만, 여전히 다른 곳에서 생산되어 운송되고 있는 증거를 제시하였다.

② 해지 이전에 Rhodia는 운반차량들(tanks) 인수에 관심있는 제3자를 확인하고 매각을 성사시켜서 합의에 의한 계약해지를 하려고 하였다. 그러나 Bulkaul이 너무 높은 가격을 요구해서 성사되지 않았다.

③ 매각에 대한 논의는 해지 이후에도 계속되었지만, Bulkaul이 요구가격을 낮추기를 거부하면서 잠재적 구매자는 결국 다른 판매자로부터 운반차량들(tanks)을 매수하였다.

④ 소송절차에서 Rhodia는 다른 잠재적 구매자를 찾기 위해 노력한 것으로 밝혀졌지만, Bulkhaul가 너무 높은 가격을 요구해서 시장(market)에서 그 운반차량들(tanks)을 사려는 구매자가 없었다.

⑤ 운반차량들(tanks)은 기대 수명이 10년으로 제조되었으며 계약이 종료된 시점에서 5년 또는 6년의 사용연한이 남아 있었다.

법원은 실제로 운반차량들(tanks)에 대한 시장(market)이 있다고 판단하였고, Bulkhaul은 매각 또는 재리스 조치를 취함으로써 손해를 경감했었어야 했다고 판단하였다. Rhodia가 확인한 구매자가 제시한 가격 수준에서 매각에 소요되는 비용을 뺀 가격을 시장가격으로 평가했다. Bulkhaul은 이 금액만큼은 손해로 청구할 수 없다고 판단하였다.

Ⅳ. 第4主題

◎ Tiuta International Limited (in liquidation) (Respondent) v De Villiers Surveyors Limited (Appellant) [2017] UKSC 77

ㅇ 2017년 11월 29일 선고
ㅇ 원심 판결 : [2016] EWCA Civ 661
ㅇ 판사 : Lady Hale (주심), Lord Kerr, Lord Sumption, Lord Lloyd—Jones, Lord Briggs

1. 事實關係

상고인인 De Villiers는 영국의 측량회사이다. 피상고인 Tiuta International 은 2012년 회생절차에 들어갔을 때까지 단기사업금융 대부회사(lender of short-term business finance)였다. 이 상고는 Tiuta가 De Villiers에 대해 제기했던 청구 부분에 관한 De Villiers의 약식판결 신청에서 발생하였다. 그 결과 다음 사실들이 인정되었거나 사실인 것으로 추정되었다.

2011년 4월 Tiuta는 주택개발사업(residential property development)과 관련하여 Wawman과 9개월짜리 대출계약(loan facility agreement)을 체결하였다(이하 "첫 번째 대출"이라 한다). 첫 번째 대출에 따른 대출금은 개발사업에 대한 담보권(charge)으로 담보되게 되어 있었다. 첫 번째 대출은 De Villiers의 개발사업 평가에 근거하여 합의되었다. Tiuta는 이 첫 번째 대출 계약에 따라서 대출금을 지급하였다.

2011년 12월 첫 번째 대출이 만료된 직후 Tiuta는 동일한 개발사업과 관련해 Wawman과 총액 £ 3,088,252의 두 번째 대출 계약 (이하 "두 번째 대출"이라 한다)을 체결하였다. 그 금액 중에서 £ 2,799,252는 첫 번째 대출 계약에 따른 변제기가 도래한 채무(outstanding indebtedness)를 상환하는데 사용되었다. 나머지 £ 289,000은 그 개발사업을 위한 자금으로 제공된 "신규 신용공여"(new money)이었다. 두 번째 대출 계약에 따라 제공된 금액들은 개발사업에 대한 더 많은 담보권(charge)으로 담보되었다.

2012년 1월 Tiuta는 Wawman의 기존 대출 계좌로 £ 2,799,252를 지급하였고, Wawman는 이 돈으로 첫 번째 대출 계약에 따른 변제기가 도래한 채무(outstanding indebtedness)를 전액 상환하였다. 그 다음에 Tiuta는 그 개발사업을 위한 신규 신용공여로서 더 많은 금액을 지급하였다. 두 번째 대출 계약에 따른 대출은, De Villiers가 2012년 11월에 다른 개발사업에 대하여 한 감정평가를 근거로 하여 이루어졌다. 두 번째 대출 계약에 따라 지급된 대출금은 하나도 변제되지 않았다.

Tiuta가 주장하는 대로, 두 번째 대출 계약을 위해 제공된 De Villiers의 감정평가에 과실이 있었던(negligent) 것으로 추정된다. 또한 그러한 과실(negligence)이 없었다면 Tiuta는 두 번째 대출 계약에 따른 금액을 대출하지 않았을 것이다. Tiuta는 모든 대출이 전액 상환되었던 첫 번째 감정평가와 관련해서는 과실(negligence)을 주장하지 않았다.

De Villiers는 약식판결 신청서에서 다음과 같이 주장했다. 두 번째 대출 계약과 관련해 주장된 과실로 인한 감정평가가 없었다면 두 번째 대출 계약에 따라 대출을 하지 않았을 것이다. 그 결과 첫 번째 대출 계약에 따라 Tiuta가 변제받아야 했던 채권은 상환되지 않은 채 남아있었을 것이다. 이 때문에 어떠한 경우라도 Tiuta는 어떤 손해(some loss)를 입게 되었을 것이라고 주장하였다. High Court(1심) 판사는 그 주장을 받아들여서, Tiuta의 손해는 두 번째 대출 계약에 따라 지급된 신규 신용공여(new money) 금액에 한정된다고 판결하였다. Court of Appeal(제2심)은 Tiuta의 항소를 인용하고 제1심 판결을 취소하였다.

2. 判　決

대법원은 만장일치로 상고를 인용하였다. Lord Sumption가 판결하였고 Lady Hale, Lord Kerr, Lord Lloyd-Jones, Lord Briggs가 동의하였다.

3. 判決 理由

손해에 대한 기본 평가액(basic measure of damages)은, 원고가 채무불이행을 당하지 않았더라면 되었을 상태와 가능한 가깝게 회복시킬 수 있는 금액이다. 이 원칙에는 단서가 있는데, 배상받을 수 있는 손해(recoverable losses)를 제한하는 다양한 규정들이 그것이다. 원고가 돈을 대출했지만 과실에 의한 평가(negligent valuation)가 아니었다면 그렇게 하지 않았을 경우 손해에 대한 기본 평가액(basic measure of damages)은 (a) 피고의 과실이 없었다면 원고가 현재 가지고 있었을 상태와 (b) 원고의 실제 현재 상태 사이의 차이다. 이것이 Lord Nicholls in Nykredit Mortgage Bank plc v Edward Erdman Group Ltd (No 2) [1997] 1 WLR 1627에서 논의된 "기본 비교"(basic comparison)이다. 기본 비교사항은 보통 (a) 원고가 빌려준 금액 및 그 금액에 대한 이자의 합 그리고 (b) 대출 계약에 따라 취득한 권리의 가치와 과대 평가된 재산의 실제 가치의 합이다.

이 상고심에서는 De Villiers가 그 담보 재산(security property)을 과실로 저평가하지 않았다면 Tiuta는 두 번째 대출 계약을 체결하지 않았을 것이라고 가정한다. Tiuta는 첫 번째 대출 계약은 체결하였을 것이지만 두 번째 대출 계약에 따라 제공된 신규 신용공여(new money)는 상실하지 않았을 것이다. High Court(제1심) 판사는 Tiuta의 손해를 그 신규 신용공여로 제한된다고 판단하였다. 반면에, Court of Appeal(제2심)의 다수의견은 두 번째 대출 계약이 첫 번째 대출 계약의 대출을 상환하기 위하여 체결되었다는 사실을 간과하였다. 따라서 Tiuta 손해의 기본 평가액(basic measure of Tiuta's loss)은, (a) 두 번째 대출 계약에 따라 제공된 금액에서, (b) 두 번째 대출 계약에 따른 Tiuta 권리의 가치와 그 담보의 실제 가치의 합을 뺀 금액이라고 판단하였다.

대법원은 제2심의 접근법에 동의하지 않는다. 두 번째 대출 계약에 따른 대출금은 첫 번째 대출 계약에 따른 대출을 상환하기 위해 사용되었다. 따라서 Tiuta가 두 번째 대출을 안 해주었더라도 어차피 첫 번째 대출 계약에 따른 변제기가 도래한 금액은 상실하게 되었을 것이다. 이러한 사실을 무시해서는 안 된다. Nykredit 판례에서 서술된 기본 비교(basic comparison) 사항은 과실에 의한 평가(negligent valuation)가 없었다면 원고가 여전히 과실에 의한 평가로 인해서 그가 대출해 주었던 돈을 가지고 있었을 것이라고 상정한다. 이 사건에서 그 돈은 첫 번째 대출 계약에 따라서 이미 대출된 금액이기 때문에 Tiuta는 그 돈을 받지 못하였을 것이다.

Nykredit 판례에서 논의되었던 기본 비교(basic comparison)의 목적상 감정인(valuer)이 두번째 대출 계약에 따른 대출금 전액에 책임이 있다고 생각했을 수도 있다는 것은 기본 비교와는 관계가 없는 사항이다. 손해의 예견가능성(foreseeability of loss)도 기본 비교와는 관련이 없다. 그러나 감정인(valuer)은 단순히 실제로 발생했던 사정 이외의 사정에 대해 책임을 질 수도 있다고 생각했다는 것을 이유로 그의 過失이 만들어낸 차이 이상에 대하여 책임을 질 수는 없다.

Tiuta는, 첫 번째 대출 계약에 따른 채무를 상환하기 위해 두 번째 대출 계약에 따른 대출금을 사용한 것은 Tiuta에게 있어 부수적인 이익(collateral benefit)이며 Tiuta의 손해(loss)를 계산할 때 고려할 필요가 없다고 주장하였다. 그러나 대법원은 이 주장이 타당하지 않다고 판단하였다. 일반적으로 원고가 그 손해를 초래한 사건으로부터 일정한 이익(benefit)을 얻는 경우 그 이익이 부수적이지 않는 한 손해를 평가하는 데 있어서 반드시 고려하여야 한다. 부수적 이익(collateral benefits)은 "손해(loss)를 발생시킨 상황과는 별도로 독립적으로 발생하여 얻은 이익(benefits)"이다. 따라서 기존 채무의 상환(discharge of the existing indebtedness)은 부수적 이익이 아니다. 여기서 ① 두 번째 대출 계약의 對還貸出(refinancing) 부분은 수익적(beneficial)이 아니라 그 영향은 결과적으로 중립적(neutral)이다. 이 부분은 Titua의 위험(exposure)을 증가시킨 동시에 같은 금액만큼 첫 번째 대출 계약에 따른 그 손해(loss)를 감소시켰다. ② 두 번째 대출 계약 조건은 첫 번째 대출 계약에 따른 채무의 상환을 조건으로 하였다(required). 따라서 그 결과는 두 번째 대출 계약에 부수적인 것(collateral)이 아니다.

따라서 상고를 인용하였다. 판결의 이유는 상고의 목적상 추정되는 사실들을 포함해 위와 같은 사실들에 영향을 많이 받는다. 정확한 구제 형태에 관한 진술에 따라 High Court(제1심) 판결은 효력을 회복하였다.

4. 評　釋

　　채권자는 채무자에게 2번에 걸쳐서 대출을 해 주었는데, 그때마다 감정회사의 담보물 감정에 근거하여 대출을 해 주었다. 두 번째 대출금의 일부는 첫 번째 대출의 상환을 위해 사용되어, 첫 번째 대출은 모두 상환되었다. 그런데 두 번째 대출 시 감정회사의 過失로 담보물 가치의 감정평가가 잘못되었다는 사실이 밝혀졌다. 이에 채권자가 그 감정회사를 상대로 두 번째 대출금 전액에 대하여 손해배상을 청구하였다. 법원은 두 번째 대출과 첫 번째 대출의 차액 만큼만 감정회사의 손해배상책임을 인정하였다.

　　예를 들어, 채권자가 채무자에게 첫 번째 대출에서 2를 대출해 주고, 두 번째 대출에서 3을 대출해 주었으면, 두 번째 대출금으로 첫 번째 대출을 모두 상환하였으므로, 채권자를 채무자에게 총 합계 5를 대출해 주었는데, 2를 상환 받았으므로, 채권액은 3이 남는다. 이 3 전부에 대하여 채권자는 감정회사에 손해배상을 청구하였다. 그러나 감정회사의 첫 번째 대출에 대한 담보물의 감정평가는 정당한 것이었으므로, 감정회사가 이에 대하여까지 책임을 질 이유는 없다고 생각된다. 이 사건 영국 대법원 판례는 감정회사는 3과 2의 차액인 1에 대해서만 배상책임이 인정된다고 판단하였다.

2017年 日本 最高裁判所의 主要 商事判例 回顧[*]

姜 永 起[**]

Ⅰ. 第1主題

◎ 特別支配株主의 株式賣渡請求 公告 後의 株式讓受人이 賣買價格決定을 申請할 수 있는지 與否 (消極)

- ○ 사건번호 : 平成29年(許)第7號
- ○ 사건명 : 매도주식 등의 매매가격결정 신청각하결정에 대한 항고기각결정에 대한 허가항고사건 (2017. 8. 30. 최고법원 제2소법정 결정)
- ○ 참고법령 : 회사법 제179조 제1항·제179조의4 제1항 제1호·제179조의8 제1항, 사채 주식 등의 대체에 관한 법률 제161조 제2항

1. 事案의 槪要

(1) 사실관계

이해관계참가인 A는 본건 대상회사인 甲주식회사(대체주식을 발행한 마쯔야)의 주식을 공개매수를 통해 취득하고 회사법 제179조 1항에서 말하는 특별지배주주가 되었다. 2015. 12. 8. A는 甲회사에게 동항의 규정에 따른 주식매도청구를 하겠다는 뜻과 주식매도청구에 의해 보유주식을 매도하는 주주에 대해 매도주식의 대가로서 교부할 금전의 액수(대가액수), 참가인이 매도주식을 취득하는 날(본건 취득일)을 2016. 1. 2.로 하는 내용 등 회사법 제179조의2 제1항 각호에 게기하는 사항을 통지하였다. 2015. 12. 8. 甲회사의 이사회에서 본건 매도청구를 승인하는 내용의 결의가 이루어져, 같은 날 그

---

* 제44회 상사법무연구회 발표 (2018년 4월 21일)
** 고려대학교 법학연구원 연구교수

뜻을 공표하고 회사법 제179조의4 제1항 제1호 및 사채·주식 등의 대체에 관한 법률 제161조 2항을 근거로 하여 위의 승인을 하였다는 뜻, 대가의 액수 등 회사법 제179조의4 제1항 제1호에 규정하는 사항에 대해서 공고(본건 공고)를 하였다. B는 2015. 12. 28. 본건 취득일에 甲회사의 보통주식 3000주(본건 주식)를 보유하고 있음을 이유로, 나가노지방법원에 매매가격의 결정을 요구하는 신청을 하였다. B는 같은 달 29일에 甲회사의 보통주식 100주를, 같은 달 30일에 보통주식 2900주를 취득하였다.

(2) 소송의 경과

제1심 결정($^{나가노\ 지방법원}_{2016.8.12.결정}$)은, 「특별지배주주에 의한 주식매도청구의 통지에 대해서 대상회사에 의한 매도청구 승인이 결의되고 그 뜻이 공표된 다음에 매도주식을 취득한 주주는, 불이익을 입을 것을 인식한 상태에서 주식을 취득한 것이므로, 회사법 제179조의8 제1항의 규정에 근거한 매매가격결정의 신청적격성이 없다」고 하면서, 공표 후에 본건 주식을 취득한 B의 신청적격이 없는 신청은 부적법하다는 이유를 들어 각하하자, B는 즉시 항고하였다. 원심 결정($^{2017.\ 1.\ 31.}_{도쿄고등법원결정}$)은, 「대상회사가 매도청구를 승인한 뜻을 통지 또는 공고하고 특별지배주주로부터 매도주주 등에 대하여 매도청구가 이루어졌다고 인정된 후에 대상회사의 주식 등을 취득한 자는 특별지배주주와의 매매계약상의 주주의 입장에 있다는 것을 당연한 전제로 하여 대상회사의 주식 등을 양수한 자이기 때문에, 법이 이러한 자의 경제적 이익을 확보하기 위하여 가격결정을 신청할 권리를 인정하는 취지로 해석하기는 어렵다」고 하면서, 공고 후에 본건 주식을 취득한 항고인 B는 신청적격이 없어서 그 신청은 부적법하다는 이유로 항고를 기각하였고, B는 항고하였다.

2. 決定의 要旨 – 抗告棄却

특별지배주주의 주식매도청구는 그 매도청구에 관련된 주식을 발행하고 있는 대상회사가 주주총회의 결의를 거치지 아니한 채 이를 승인하고, 그 뜻과 대가의 액수 등을 매도주주에 대하여 통지 또는 공고($^{회사법\ 제179조의4}_{제1항\ 제1호,\ 사채\ 주식\ 등의\ 대체에\ 관한\ 법률\ 제161조\ 2항}$)함으로써, 개별 매도주주의 승낙이 없이도 법률상 당연히 특별지배주주와 매도주주 사이에 매도주식에 대한 매매계약이 성립한 것과 같은 법률관계가 발생하게 되고(회사법 제179조의4 제3항), 특별지배주주가 주식매도청구에서 정한 취득일에 매도주식 전부를 취득하는 것이다(회사법 제179조의9 제1항). 회사법 제179조의8 제1항이 매매가격결정의 신청제도를 둔 취지는 위의 통지 또는 공고를 통해 그 시점의 대상회사의 주주가 그 의사를 불문하고 정해진 대가금액으로 주식을 매도하게 되기 때문에, 그러한 주주로서 위의 대가금액에 불복이 있는 자에 대하여 적정한 대가를 얻을 기회를 부여하는 것에 있다고 해석된다. 통지 또는 공고에 의해 주식을 매도하는 결과가 된다는 것이 확정된 다음에 매도주식을 양수한 자는 그 보호대상으로서 상정되어 있지 아니하다. 따라서 위의 통지 또는 공고가 이루어진 후에 매도주식을 양수한 자는 매매가격결정의 신청을 할 수가 없다. B는 본건 공고 후에 본건 주식을 양수한 자이기 때문에, 매매가격결정의 신청을 할 수 없다.

3. 判例의 分析

(1) 본 결정의 의의

특별지배주주의 주식매도청구와 관련된 주식매매가격결정의 신청이 인정되는 매도주주 등에 관하여 법조문(회사법 제179조의8 제1항)상의 제한은 없다. 본 결정에서는 「대상회사에 의한 통지 또는 공고 이후에 매도주식을 양수한 자는 매매가격결정의 신청을 할 수 없다」라고 판시하였다. 하급심 중에는 신청적격을 인정하는 결정도 있었는데, 이점에 대하여 판시한 최고법원의 결정은 아직 없었기 때문에 중요한 의미가 있다.

(2) 특별지배주주의 주식매도청구 - 2014년 회사법 개정으로 도입
(가) 제도의 취지 (주주총회결의가 필요 없는 Cash-out 제도)

주식회사의 특별지배주주(주식회사의 전체주주 의결권의 10분의 9 이상 또는 정관에서 정한 비율을 넘어 보유하는 주주)[1]는 해당 주식회사(대상회사)의 주주 및 신주예약권자 전원(해당 주식회사 및 해당 특별지배주주를 제외)에 대하여, 그 보유하는 대상회사의 주식 및 신주예약권의 전부를 해당 특별

---

[1] 엄밀히 말하면, 해당 주식회사 이외의 자 및 해당자가 기발행주식의 전부를 보유하는 주식회사 기타 이에 준하는 경우로서 법무성령으로 정하는 법인(특별지배주주 완전자법인)이 보유하는 때의 해당자를 가리킨다.

지배주주에게 매도하도록 청구할 수 있다($^{회사법 제179조}_{1항·2항}$). 대상회사로부터 매도주주 등에 대한 통지 또는 공고가 행해지면, 특별지배주주로부터 매도주주 등에 대하여 주식 등 매도청구가 이루어진 것으로 간주되어($^{회사법}_{제179조의4}$), 매도주주 등의 개별적인 승낙 없이도 특별지배주주와 매도주주 등과의 사이에 매도주식 등의 매매계약이 성립한 것과 마찬가지의 법률관계가 발생하고, 특별지배주주가 주식 등 매도청구에서 정한 취득일에 매도주식 등의 전부를 취득하는데($^{회사법 제179조}_{의9 제1항}$), 이러한 주식 등 매도청구의 법적 성질은 일종의 형성권의 행사라고 이해되고 있다.[2]

2014년 회사법이 개정되기 이전에는 전부취득조항부종류주식의 취득에 의한 Cash-out(지배주주가 소수주주가 보유하는 주식의 전부를 소수주주의 개별적인 승낙 없이 금전을 대가로 하여 취득하고 소수주주를 축출하는 일)이 이루어지고 있었다. 그런데 합병이나 주식교환 등($^{회사법 제784조}_{1항·제796조 1항}$)과는 달리, 매수자가 대상회사의 전체주주 의결권의 10분의 9 이상을 보유하고 있더라도 대상회사의 주주총회특별결의가 필요($^{회사법 제171조·제309조 2항 3호, 산업경쟁력강화법}_{제35조(전부취득조항부종류주식의 발행 및 취득에 관한 특례)}$ $^{가 적용되는}_{경우는 제외}$)하기 때문에, 상황이 목적을 달성하기까지 상당한 시간이 소요되고 시간적·절차적 비용이 크다는 지적이 있었다.[3] 특히 공개매수를 제1단계로 하는 2단계 매수의 경우에는, 공개매수가 완료된 후 제2단계의 주식취득대가의 교부 시까지 장기간이 소요되면 공개매수에 응하지 않은 주주가 불안정한 입장에 처하게 되므로 공개매수의 강압성이 높아진다는 지적도 있었기 때문에, 대상회사의 주주총회 결의 없이도 기동적인 Cash-out이 가능해지도록 2014년의 개정법에서 특별주주에 의한 주식 등 매도청구제도가 창설되었다. 전부취득조항부종류주식을 이용하는 경우에는 대상회사가 주식을 강제로 취득하는데, 특별주주에 의한 주식 등 매도청구제도에서는 소수주주(매도주주)가 보유하는 주식이 특별지배주주에게 직접 이전된다.

(나) 절차의 개요

특별지배주주에 의한 주식 등 매도청구는 매도주주 등과 해당 주식 등의 대가로서 교부하는 금전의 액수 또는 그 산정방법, 금전의 배정에 관한

---

2) 坂本三郎 編著, (一問一答) "平成26年改正會社法", 「商事法務」 第2版, (2015), 254頁.

3) 坂本三郎 編著, 前揭論文, 252頁.

사항, 취득일 등을 정하여야 하며($^{회사법}_{제179조의2}$), 특별지배주주는 대상회사에 대하여 이러한 사항들을 통지하고 그 승인을 받을 필요가 있는데($^{회사법 제179조}_{의3 제1항}$), 이 때의 승인은 이사회설치회사의 경우에는 이사회의 결의에 의하여야 하며 ($^{회사법 제179조}_{의3 제3항}$), 대상회사는 승인을 할지 여부의 결정내용을 특별지배주주에 통지한다($^{회사법 제179조}_{의3 제4항}$). 그리고 승인한 경우에 대상회사는 취득일의 20일 전까지 매도주주 등에 대해 통지 또는 공고를 하여야 하는데($^{회사법 제179조}_{의4 제1항·2항}$), 통지 또는 공고가 행해지면 매도주주 등에 대해 특별지배주주의 주식 등 매도청구가 있었던 것으로 간주되고($^{회사법 제179조}_{의4 제3항}$), 특별지배주주는 취득일에 매도주식 등의 전부를 취득한다($^{회사법 제179조}_{의9 제1항}$).

매도주주 등은 주식 취득일의 20일전부터 취득일의 전날까지의 사이에, 법원에 대하여 그 보유하는 매도주식 등의 매매가격결정을 신청할 수 있는데($^{회사법 제179조}_{의8 제1항}$), 비송사건이지만 법원은 신청인 및 특별지배주주의 진술을 청취하여야 한다($^{회사법 제868조}_{3항, 870조 2항 5호}$). 한편, 법원이 결정한 매매가격에 대하여 취득일 후에 연 6%의 이자를 지불할 의무($^{회사법 제179조}_{의8 제2항}$)와 가격결정 전의 지불제도 ($^{회사법 제179조}_{의8 제3항}$)가 있으며, 매도주식 등 취득의 금지청구($^{회사법}_{제179조의7}$) 및 매도주식 등 취득무효의 소($^{회사법}_{제846조의2}$) 등의 제도가 있다.

(3) 매매가격결정의 신청이 인정되는 매도주주

(가) 주주이어야 할 시점의 해석

이와 관련된 조문상의 제한은 없는데, 주주이어야 할 시점과 관련하여 어떻게 해석할 것인지에 대해 살펴볼 필요가 있다.

1) 대상회사에 의한 승인결의 공표시의 주주

제1심은 「대상회사의 이사회에서 승인결의가 이루어지고 나서야 비로소 매도주식을 보유하는 주주를 보호할 필요가 생기는데, 승인결의가 이루어졌다는 사실의 공표 후에 매도주식을 취득한 주주는, 불이익을 입을 것이 결정되고 그것을 알 수 있게 된 다음에 구태여 주식을 취득하는 것이므로 보호할 필요가 없다」라고 하였다.

2) 대상회사가 매도청구를 승인하였음을 통지 또는 공고한 때의 주주

본 결정에서는, 「주식가격결정 신청제도의 취지가 통지 또는 공고에 의해 매도주주의 개별적인 승낙을 요하지 아니하고 법률상 당연히 특별지배주주와 매도주주와의 사이에 매도주식에 대한 매매계약이 성립한 것과 마찬가지의 법률관계가 생기기 때문에, 그 의사를 불문하고 정해진 대가금액으로 주식을 매도하게 되는 통지 또는 공고의 시점에서 대상회사의 주주로서 대가금액에 불복이 있는 자에 대하여 적정한 대가를 얻을 기회를 부여하는 것에 있고, 통지 또는 공고에 의해 주식을 매도하게 되는 것이 확정된 후에 매도주식을 양수한 자는 보호의 대상에 포함되지 아니한다」라고 하였는데, 원심의 결정도 같다.

3) 취득일의 20일 전부터 취득일 전날까지 주주의 지위에 있는 자

조문에는 제한이 없으므로 다음과 같은 해석이 가능하다. 즉 B는 특별지배주주가 취득일의 전날까지는 대상회사의 승낙을 얻어 주식매도청구를 철회할 수 있기 때문에(회사법 제179조의6 제1항), 대상회사에 의한 통지 또는 계속보유에 의한 주가상승에 대한 기대가 없다고는 할 수 없으므로 매매가격결정의 신청제도에 의해 보호할 이익이 없다고 볼 수는 없다고 주장하였다. 원심에서도 B는 철회와의 균형상 취득일의 전날까지 대상회사의 주식을 취득한 자의 신청권이 인정되어야 한다고 주장하였지만, 원심의 결정에서는 「주식 등 매도청구의 철회는 매도주주 등의 이익보호가 필요한 제한적인 상황을 상정하고 있으며, 대상회사의 승인 이후에는 대상회사의 승낙만 있으면 철회가 허용되기 때문에, 법이 철회제도를 두고 있는 것과 매매가격결정의 신청권을 어느 범위의 주주 등에게 인정할 것인지 하는 것과는 관련성이 없다」라고 보아 이를 배척하였다.

(나) 본 결정의 의미

본 결정과 같이 대상회사의 통지 또는 공고를 기준으로 하는 것이 타당하다는 의견이 있는데, 특별지배주주와 매도주주 등과의 사이에 매매계약이 성립한 것과 마찬가지의 법률관계가 발생하는 것은 대상회사의 승인결의가 공표되는 때가 아니고 통지 또는 공고의 시점이다. 주식가격결정신청이 그 의사와 상관없이 특별지배주주에게 주식을 매도하게 되고 가격의 교섭 등도 할 수 없는 주주를 보호하기 위한 제도라면, 통지 또는 공고에 의해 주식의 매도가 확정된 후에 매도주식을 양수한 자는 그것을 전제로 하여 양수하면 되고 보호할 필요는 없다고 한다. 또한 주식 등 매도청구 시의 매매가격결정

청구제도가 모델로 한 것은 전부취득조항부종류주식의 취득가격 신청인데
($^{회사법}_{제172조 1항}$), 이때 주주총회결의가 필요해지면서 주식의 강제적인 취득이 확
정되며, 그 후에 주주가 된 자의 가격결정신청에 대하여 보호할 가치가 없고
신청적격이 없다는 견해가 있다. 이 견해는 취득가격결정신청제도가 조직재
편행위 등에서의 반대주주의 주식매도청구제도와 같은 기능을 가진다는 해
석을 전제로 하여, 주주총회결의가 성립한 후 취득한 주식은 해당 반대주주
가 불이익을 입는다고 주장하는 행위의 실행이 결정된 후에 취득된 것으로
서 주식매도청구에 의한 보호를 받게 할 필요가 없다는 견해를 배경으로 하
고 있다.[4] 다만, 전부취득조항부종류주식의 취득가격신청에 관한 하급심결
정 중에는 주주총회결의성립 후에 주식을 취득한 자는 보호할 필요가 없다
고 하면서 신청적격이 없다고는 하지 않고, 그 신청이 신청권의 남용으로 평
가되는 경우도 있다고 한 것이 있다.[5]

주식매도청구의 경우에도 취득일 전날까지의 주주에게 신청적격은 인
정하되, 통지 또는 공고 후의 취득자에 대해서는 권리남용의 법리로 해결하
는 방법도 있는데, 원심 결정과 제1심 결정은 주식가격결정의 신청적격이 없
다고 보았고, 본 결정은 신청을 할 수 없다고 하였다.

(4) 본 결정의 적용범위

본 결정은 공고의 사안으로서, 공고의 경우에는 그 이후에 매도주식 등
을 취득하는 자도 주식 등 매도청구의 존재를 알 수 있었다고 해석할 여지
도 있지만, 통지의 경우에도 마찬가지로 이해해도 좋은지에 대해서는 검토가
필요하다는 견해가 있다.[6] 제1심 결정처럼 대상회사에 의한 승인과 그 공표
를 알 수 있었던 주주는 신청적격이 없다고 한다면 통지와 공고의 차이가
문제가 될 수 있는데, 본 결정은 통지 또는 공고에 의한 주식매도의 확정을
기준으로 하고 있고 통지와 공고를 구별하지 않고 있다.

---

4) 辰巳 郁, "株式賣渡請求に係る對象會社の通知または公告後に賣渡株式を取得した者によ
る賣買価格決定申立ての可否(消極)", 「金融法務事情」 第2080號, (2017), 48頁; 辰巳 郁,
"株式等賣渡請求に係る對象會社の通知又は公告後の株主による賣買価格決定の申立て", M&A ニュー
ズレター 2017年11月号, 西村あさひ法律事務所, (2017), 10頁.

5) 東京高等法院決定(東京高決)2015·10·14金判1497号17頁.: 이 경우 신청은 인정된다.

6) 辰巳 郁, "株式賣渡請求に係る對象會社の通知または公告後に賣渡株式を取得した者によ
る賣買価格決定申立ての可否(消極)", 「金融法務事情」 第2080號, (2017), 50頁.

한편, 상속에 의한 승계인은 적용대상에서 제외될 것으로 보이는데, 통지 또는 공고의 시점에서 주주였던 자가 통지 또는 공고 후에 추가로 매입한 매도주식에 대해서도 매매가격결정의 신청이 인정될지는 명확하지 않다. 그리고 주식매도청구에 관한 소수파주주의 보호를 위해 가격결정의 신청 외에 매도주식취득의 금지청구나 매도주식취득 무효의 소 등의 제도가 있는데, 통지 또는 공고 후의 주식양수인에 의한 이들 청구나 소의 가능 여부에 대해 본 결정은 어떠한 판단도 내리지 않고 있다.

본 결정은 매도 신주예약권자에 의한 매매가격결정의 신청적격에 대해서도 적용된다고 이해되고 있으며, 본 결정에서 전부취득조항부종류주식의 취득에 관한 주주총회결의 후에 주식을 취득한 주주는 취득가격결정의 신청적격이 없다는 해석이 도출될 뿐만 아니라, 주식매도청구에 관한 매도가격결정의 신청($^{회사법\ 제786조}_{2항\ 등}$)에서도 권리남용법리가 아니고 본 결정처럼 한정해석에 따라 결론이 도출된다고 이해되고 있다.

4. 우리나라 參照判例

◎ 대법원 2011. 10. 13. 자 2008마264 결정 [매수가격결정신청]

[1] 주권상장법인의 합병 등에 반대하여 주식매수를 청구한 주주가 법원에 매수가격 결정을 청구한 사안에서, 구 증권거래법에서 정한 매수가격에 반대하는 주주는 금융감독위원회의 조정절차를 거치지 않더라도 법원에 직접 매수가격 결정을 신청할 수 있다고 본 원심판단을 수긍한 사례

[2] 주권상장법인의 합병 등에 반대하여 주식매수를 청구한 주주 또는 당해 법인이 법원에 매수가격 결정을 청구한 경우, 매수가격의 산정 방법

[3] 주권상장법인의 합병 등에 반대하여 주식매수를 청구한 주주가 법원에 매수가격 결정을 청구한 사안에서, 당해 법인이 회사정리절차 중에 있었던 관계로 주식의 시장가치가 저평가되어 있고 회사정리절차가 진행되는 동안 주식이 유가증권시장에서 관리대상종목에 편입됨으로써 주식 거래에 제약을 받고 있었다는 이유로 시장주가가 당해 법인의 객관적 교환가치를 제대로 반영하고 있지 않다고 단정하여 시장가치 외에 순자산가치까지 포함시켜 매수가격을 산정한 원심 결정을 파기한 사례

Ⅱ. 第2主題

◎ 理事會設置會社의 代表理事를 株主總會에서도 選任할 수 있다는 意味의
定款 規定의 效力

○ 사건번호 : 平成28年(許)第24號
○ 사건명 : 직무집행정지, 대행자선임가처분명령 신청각하결정에 대한 항고기
각결정에 대한 허가항고사건 (2017. 2. 21. 최고법원 제3소법정 결정)
○ 참고법령 : 회사법 제327조 제1항, 제295조 제2항, 제362조 제2항

1. 事案의 槪要

(1) 사실관계

甲주식회사(채무자·상대방)는 공개회사가 아닌 회사(이하 '비공개회사'
라 한다)로서 정관의 규정에 따라 이사회를 두고 있다. 甲회사의 대표이사였
던 A(채권자·항고인)는 2015. 9. 30.에 대표이사를 그만두고 2015. 10. 24.
甲회사의 임시주주총회에서 총회결의로 이사에서 해임되었다. B(채무자·상
대방)는 2014. 8. 8.부터 2015. 1. 14. 사임할 때까지 甲회사의 대표이사였다.

甲회사에는 2008. 12. 1.자의 2008년 정관, 2013. 11. 17.자 2013년 정관
및 2015. 8. 30.의 임시주주총회(이하, '본건 임시총회'라 한다)의 결의에 따라
이사의 임기 등에 대해 변경된 2015년 정관이 존재하며, 2008년 정관과 2015
년 변경 정관에는 "대표이사는 이를 이사회결의로 정하기로 하지만, 필요에
따라 주주총회의 결의로도 정할 수 있다."는 뜻의 본건 규정이 있다. 2013년
정관에 그러한 내용의 규정은 없었지만, 본건 임시총회에서는 본건 규정에
따라 B가 이사 겸 대표이사로 선임되었다. B의 임기는 2015. 9. 30.의 정기주
주총회(이하, '본건 정기총회'라고 하고, 본건 임시총회와 더불어 '본건 각 총회'
라고 한다)의 종결시점까지이며, 동 정기총회에서 B는 본건 규정에 따라 이
사 겸 대표이사로 다시 선임되었다. 본건 각 총회에는 乙회사가 甲회사의 유
일한 주주로서 출석하였고, 의사록에도 그러한 뜻의 기재가 있다. 그러나 A
는, 본건 각 총회 당시 甲회사의 전체 주식을 보유하는 주주가 甲회사에 대
한 대여금채권을 피담보채권으로 하는 질권을 실행하고 甲회사의 주권의 교

부를 받은 丙회사인 상황에서, ① 본건 각 총회의 소집통지가 丙회사에게 이루어지지 않아서 丙회사가 본건 각 총회에 출석하지 않았기 때문에, 본건 각 총회의 결의는 부존재하며, ② 본건 각 총회 당시의 甲회사의 유효한 정관은 2013년 정관이기 때문에, B를 대표이사로 선임한 본건 각 총회의 결의는 무효라고 주장하고, 甲회사와 B에 대하여 B의 이사 겸 대표이사 직무집행정지와 직무대행자 선임의 가처분을 신청하였다.

(2) 소송의 경과

제1심의 치바(千葉)지방법원 기사라즈(木更津)지원 결정 2016·1·13에서는 본건 각 총회 당시의 甲회사의 주주가 乙회사로서, 본건 각 총회 당시의 甲회사의 유효한 정관이 2008년 정관 및 2015년 변경 정관임을 인정하고 A의 신청을 각하하였다. A는 즉시 항고하였지만, 항고심의 도쿄고등법원(東京高等裁判所)결정 2016. 3. 10.에서 이를 기각하였다. 그리하여 A는, 본건 규정이 대표이사에 대한 이사회의 감독권한을 약화시키기 때문에 무효인 이상, 본건 규정에 따라 B를 甲회사의 대표이사로 결정하는 본건 각 총회의 결의는 무효라고 주장하면서, 항고기각결정에 대한 허가항고를 하였다.

2. 決定의 要旨 – 抗告棄却

이사회를 설치하는 것이 의무로 되어 있지는 않은 비공개회사($^{회사법 \ 제327조}_{1항 \ 1호}$)가 그 판단에 따라 이사회를 둔 경우에, 주주총회는 법에서 규정하는 사항 및 정관으로 규정한 사항만을 결의할 수 있게 되는데($^{회사법}_{제295조 \ 2항}$), 법에서 이 정관으로 정하는 사항의 내용을 제한하는 명문규정은 없다. 그리고 법이 이사회가 대표이사의 직무집행을 감독하는 기관으로 한 것으로 이해되는데, 이사회설치회사인 비공개회사에서 이사회의 결의로 하는 경우 외에 주주총회의 결의로도 대표이사를 결정할 수 있다고 하더라도, 대표이사의 선임 및 해임에 관한 이사회의 권한($^{회사법 \ 362조}_{2항 \ 3호}$)이 부정되는 것은 아니며, 이사회의 감독권한의 실효성이 없어지게 한다고 할 수 없다.

이러한 상황에 비추어보면, 이사회설치회사인 비공개회사에서 이사회의 결의로 하는 경우 외에 주주총회의 결의로도 대표이사를 정할 수 있다는 뜻의 정관규정은 유효하다고 해석하는 것이 상당하다.

3. 判例의 分析

(1) 본 결정의 의의와 문제점

대표이사의 선임 및 해임에 관한 권한을 정관의 규정에 따라 주주총회에 유보하는 것의 가부는 주주총회의 권한을 법령이나 정관소정의 사항에 한정한다는 뜻을 규정하고 있던 2005년 개정 이전의 상법(이하, '구 상법'이라 한다) 제230조의10에 대한 해석문제로서 학설상 논의되어 왔다. 회사법 하에서도 주주총회가 만능기관이 아닌 상태로 보는 이사회설치회사(회사법 제295조 2항)에서도 같은 문제가 존재하지만, 지금까지 이러한 문제를 취급한 재판사례는 보이지 않는다. 또한 회사법상의 비공개회사 기관설계의 기본형(회사법 제326조 1항)은 구 유한회사법상의 유한회사와 마찬가지인데, 유한회사법상으로는 임의기관이기도 하고 이사회제도가 존재하지 않았기 때문에, 본건의 쟁점은 유한회사법 하에서는 발생할 수 없었다. 따라서 본건 甲회사와 같이 이사회를 설치하는 비공개회사의 정관에 대표이사의 선임을 주주총회에서도 할 수 있다는 내용의 규정을 두는 것이 법적으로 허용될지 여부는 회사법의 제정·시행 후에 발생한 문제이다. 그만큼 본 결정은, 이러한 문제를 처음으로 판시하고 대표이사의 선정·해직에 관한 권한을 주주총회에 유보하는 것을 일정한 범위에서 인정하고 공표한 사례로서 이론적으로 중요하다.

한편, 본 결정의 의의와 적용범위를 생각해보면, 본 결정은 ① 甲회사가 이사회를 정관규정에 따라 임의로 설치하는 비공개회사라는 점을 설시한 점과, ② 본건 규정이 대표이사를 이사회결의 이외에 주주총회결의로도 정할 수 있다는 뜻의 권한중복형이라는 것을 언급하는 점에 주의할 필요가 있다. 그리고 ①과의 관계에서 본 결정은 공개회사에 관해서는 판단을 달리할 수 있는지 여부가 문제가 되며, ②와의 관계에서 본 결정은 대표이사의 선임 및 해임에 관한 권한을 주주총회에 전속시키고 이사회의 해당 권한을 빼앗는 권한전속형의 정관규정의 효력을 비공개회사에 대해서도 부정하는 취지인 것인지와 권한중복형의 정관규정이라면 공개회사에서도 그 효력을 인정하는 취지인 것인지도 검토할 필요가 있다. 더구나 본 결정에 관해서는 ③ 정관이 기재사항을 절대적 기재사항과 상대적 기재사항 이외에 "기타 사항에서 이 법률의 규정에 위반되지 않는 것"으로 규정하는 회사법 제29조와의 정합성을 어떻게 설명할 것인지도 문제가 될 수 있다.

(2) 학설의 내용

(가) 입안담당자의 견해

회사법을 입안한 담당자는, 이사회설치회사의 대표이사의 선임과 해임에 관한 권한을 주주총회에 유보하는 정관규정의 효력에 대해서, 이사회를 설치하지 않은 비공개회사(이하 '이사회 비설치회사'라고 한다)와 이사회설치회사에서 주주총회 권한의 차이($^{회사법 \ 제295조}_{1항 \cdot 2항}$)가 절대적인 것이 아니라는 점과, 회사법은 주식회사에 관한 일체의 사항이 주주총회의 권한이 될 수 있다는 점을 전제로 하여, 이사회설치회사의 정관에서 주주총회의 권한으로서 유보할 수 있는 사항에 특별한 제한을 두지 않은 점, 이사회설치회사라고 하더라도 실제로는 종래의 유한회사에 가까운 경우도 있다는 점에 비추어, 각 회사의 실태에 맞추어 어떠한 사항이든지 정관의 규정을 통해 주주총회의 결의사항으로 할 수 있도록 한다. 이에 따르면, 공개회사인지 비공개회사인지를 불문하고 정관의 규정으로 이사회설치회사의 대표이사 선임 및 해임에 관한 권한을 주주총회에 유보할 수 있다고 해석할 수 있는데, 회사법의 입안담당자는 권한 중복형의 정관규정의 유효성을 인정하지만, 이사회의 법정권한을 빼앗는 결과가 되는 권한전속형의 정관규정의 효력은 부정하는 것으로 보인다. 그러나 이러한 입안담당자의 견해에 대해서는 회사법 제295조 제2항의 "정관에서 정한 사항"에 한정되는지 여부가 동조 제1항에 따라 당연히는 명백하게 되어 있지 않고, 대표이사의 선임 및 해임을 주주총회의 권한으로 할 수 있는지의 문제는 회사법에서도 명문으로 해결되어 있지 않기 때문에, 구 상법 하에서와 같은 해석의 문제가 남아 있다는 비판적 견해가 있다.[7] 또한 회사법이 이사회설치회사의 주주총회의 권한을 법령·정관의 소정사항에 한정함과 아울러($^{회사법}_{제295조 \ 2항}$) 이사회의 결의로 대표이사를 선정하는 것으로 규정하고($^{회사법}_{제362조 \ 3항}$) 대표이사의 선임 및 해임을 이사회의 직무로서 법정하는 점에서($^{회사법 \ 제362조}_{2항 \ 3호}$), 이사회설치회사에 공통된 규율로서 대표이사의 선임 및 해임에 관한 권한을, 이사회의 감독기능을 구체화시킨 이사회의 고유권능으로서

---

7) 이에 관하여는, 前田雅弘, "意思決定權限の分配と定款自治", 淺木愼一ほか編, 「檢証會社法」, 信山社, (2007), 95-96頁.

법정화한 것으로 이해된다. 따라서 학설상으로는 정관이 규정에 따라 대표이사의 선임 및 해임에 관한 권한을 주주총회에 유보하는 것을 인정하지 않는 부정설과 이를 인정하는 긍정설이 대립한다.

(나) 긍정설과 부정설

"부정설"은 해당 정관규정이 대표이사에 대한 이사회의 감독권한의 근거를 잃게 만든다는 것을 주된 논거로 하는데, 여기서는 주로 공개성이 높은 주식회사를 염두에 두는 듯하다. 그리고 회사법 상으로는 주주총회에서 대표이사를 정할 수 있는 회사가 이사회설치회사에 한정된다는 점(회사법 제349조 3항)도 부정설의 논거가 되고 있다.

한편, "긍정설"은 대표이사의 선임 및 해임에 관한 권한이 주주총회에 귀속되더라도 이사회의 감독명령권(대표이사 등의 업무집행권 범위의 결정 등)이 없어지는 것은 아니며, 이사회는 대표이사 등의 해임을 의제로 하는 주주총회의 소집을 결정할 수 있다는 점을 논거로 하여 해당 정관의 규정을 무효라고 해석할 필요는 없다고 한다. 또한 부정설의 이론적 논거에 대하여, 대표이사는 이사회의 파생기관이라는 논리의 귀결로 인하여 대표이사의 선임 및 해임이 이사회의 고유권한으로 귀속되는 결과, 이를 정관에 의하더라도 주주총회에 유보시킬 수 없다고 하는 내용이 있음을 의식하여서인지, 긍정설에서는 대표이사는 회사의 대표이지 이사회의 대표기관은 아니기 때문에(병립기관), 대표이사의 선임을 주주총회에서 결정하는 것에 이론적 문제점은 없다고 보고 있다.

(3) 본 결정의 검토와 과제

(가) 甲회사의 정관 중 본건 규정은 여전히 이사회가 대표이사의 해임권한을 가지기 때문에, 부정설에 따르더라도 그 유효성을 인정할 여지가 있고, 회사법 제29조와의 저촉문제에 대해서도 "기타 사항에서 이 법률의 규정에 위반되지 않는 것"인지 아닌지 여부는 해석에 달린 문제라고 할 수 있으며, 본건 규정은 이사회의 권한을 유지하면서 주주총회에도 대표이사의 선임 및 해임에 관한 권한을 유보하는 형태로 회사법의 관련규율의 위반을 회피하는 교묘한 방법이기 때문에, 회사법 제29조와의 저촉도 생기지 않는다고 볼 수 있다. 본 결정이 권한중복형의 본건 규정의 유효성을 인정하는 뜻을

판시할 수 있었던 것도 그 때문일 것이다.

(나) 본 결정이 대표이사에 대한 이사회의 감독권한을 언급하는 점에서 권한전속형의 정관규정의 효력은 인정하지 않는 취지라는 시각이 있다. 그리고 비공개회사에서는 종종 소유와 경영의 일치가 이루어진다는 점을 고려하면, 비공개회사에 관한 한 권한전속형의 정관규정이 회사법의 규정에 실질적으로 위반되지는 않는다고 해석할 여지가 있으므로, 해당 정관규정의 유효성이 인정되어도 무방하다고 생각된다. 그러한 의미에서 볼 때, 본 결정이 비공개회사에 관해서도 권한전속형의 정관규정의 효력을 부정하는 취지라고 한다면, 정관자치의 범위를 지나치게 좁게 파악한다고 보는 긍정설의 비판을 피할 길이 없다. 하지만, 공개회사에 관해서는 구 상법 하에서 인정되었던 긍정설에서 이사회의 감독기능의 형해화를 초래할 수 있는 권한전속형의 정관규정의 유효성을 인정하는 부분에 대하여는 강한 의구심이 들 수 있다는 점에 유의할 필요가 있다.

회사법이 주식회사에 관한 규율을 공개회사와 비공개회사로 나누어 적용한다는 점을 고려하면, 회사법 하에서는 긍정설의 입장에서도 권한전속형의 정관규정의 유효성을 공개회사와 비공개회사로 나누어 생각할 필요가 있을 것이다. 다만, 정관에 주식양도제한규정을 두지 않은 비상장동족회사가 공개회사로 되는 회사법상의 공개회사와 비공개회사의 구별이 해석기준으로서 적절한지 여부의 문제가 있는데, 이사회의 감독기능의 실효성 확보가 요청되는 주식회사에 관한 한, 부정설의 주장과 긍정설의 입장은 적절하다고 할 수 있다. 그만큼 권한전속형의 정관규정의 효력은 비공개회사에 한하여 인정된다고 하는 해석구분은 생각해볼 여지가 있다.

(다) 본 결정은 권한중복형의 정관규정의 유효성을 인정함에 있어서 甲회사가 비공개회사라는 점에 주목하고 있다는 점에서 비공개회사에만 긍정설의 입장을 채용한 것이고, 공개회사에 관해서는 해당 정관규정의 효력 유무에 대한 판단을 제시하지 않고 있다는 지적이 있다. 그런데 긍정설의 입장을 감안하더라도 권한중복형의 정관규정의 유효성은 공개회사에 대하여 인정해도 괜찮다고 생각되는 만큼, 본 결정은 권한중복형의 정관규정의 유효성을 공개회사에서도 인정할 여지를 주는 것이라고 할 수 있다.

(라) 종래의 논의는 정관으로 대표이사의 선임이 주주총회에 유보된 경우는, 당연히 해임권한도 주주총회에 귀속된다는 전제에서 논의되어 왔기 때문에, 이를 전제로 한 경우에는 본건 규정은 대표이사의 선임 및 해임에 관한 권한을 이사회와 주주총회의 쌍방에 중복하여 귀속시키는 것으로 이해될 여지가 있는데, 이렇게 이해해도 좋을지가 문제이다. 본 결정은 이 문제에 대해서 판단을 제시하지 않고 있고, 본건 규정이 주주총회에 대표이사의 해임권한까지 유보하는 취지의 규정인지 여부는 분명하지 않다.

아무튼 본건 규정이 주주총회에 대표이사의 해임권한도 유보하는 것으로 이해한다면, 이사회에서 선임한 대표이사를 주주총회에서 해임하는 일도 있을 수 있고, 반대로 주주총회에서 선임한 대표이사를 이사회에서 해임하는 일도 있을 수 있으며, 주주총회에 의해 해임된 대표이사가 그 후의 이사회의 결의로 대표이사로 재선임 되는 상황도 생겨날 수 있다. 따라서 서로 다른 2개의 의사결정기관의 판단이 서로 모순되는 경우에는 혼란이 발생할 우려가 있는데, 회사법이 주주총회와 이사회의 쌍방에 결정권한이 중복적으로 귀속되는 것을 인정하는($\substack{회사법 제459조 \\ 1항·460조 1항 참조}$) 이상, 권한의 중복에 의해 주주총회와 이사회의 판단에 모순이 발생할 수 있다는 사실이 해당 정관규정의 효력을 부정하는 이유가 될 수는 없을 것이다.

4. 우리나라 參照判例

우리 상법상 대표이사는 이사회의 결의로 선정하는 것이 원칙이지만, 정관으로 주주총회에서 선정할 것을 정할 수 있다($\substack{상법 \\ 제389조 1항}$). 물론 대표이사의 선임결의가 있어도 그것만으로 피선임자가 대표이사가 되는 것은 아니고 그의 승낙이 필요하다. 현재 이와 유사한 판례는 없는 듯하다.

Ⅲ. 第3主題

◎ 情報提供源의 非公開를 前提로 하여 報道機關에 重要事實을 傳達한 것과 內部者去來 規制에서의 '公表'의 意味

○ 사건번호: 平成27年(あ)第168號
○ 사건명: 금융상품거래법 위반 피고사건 (2016. 11. 28. 최고법원 제1소법정 결정)
○ 참고법령: 금융상품거래법 제166조 제1항, 금융상품거래법 시행령 제30조

1. 事案의 槪要

(1) 사실관계

甲회사의 사장 A는 2019. 3. 2. 모회사인 乙회사의 전무 B로부터 丙회사와의 사업통합 의향을 듣고 적극적으로 검토해도 좋다고 하였으며, 2009. 3. 6. 丙회사의 차기 사장으로 내정되어 있던 C와 회담을 하고 사업통합을 위한 교섭을 진행하기로 하였다. 甲회사 내부에서는 사장 A의 결재가 있으면 사업통합을 위한 준비와 조사가 가능한 것으로 인식되고 있었다.

2009. 3. 9. 경제산업성 대신 관방심의관으로서 상무정보정책국의 사무 전반에 대한 기획입안에 참여하고 있던 D(피고인)는 전무 B 등과 만나서 甲회사와 丙회사 사이의 사업통합을 위하여 2009. 7.경의 정식계약 체결을 목표로 하여 교섭하기로 합의가 되었다는 보고를 받았다. 2009. 4. 16. 일본경제신문지에 甲회사와 丙회사의 사업통합에 관한 기사가 게재되고, 이어서 다른 신문의 보도가 이어졌는데, 같은 날 甲회사는 동 기사에 관하여 甲회사가 발표한 것이 아니며, 그러한 결정을 한 사실이 없다는 의미로 적시 공시를 하였다. 2009. 4. 17. 甲회사의 이사회에서 "경영통합에 관한 각서"의 체결을 승인하는 결의가 있었고, 같은 날 사장 A는 C와 각서를 체결하는 MOU에 서명하였다. 같은 날 甲회사는 적시 공시를 하고 사업을 통합하는 방향으로 협의를 개시하기로 합의하였다는 내용을 공표하였다.

한편, D는 그보다 앞선 같은 달 21일부터 27일까지 甲회사의 주식 합계 5천주를 대금합계 489만 7900엔에 매입하였다. 이러한 D에 의한 甲회사 주

식의 매입행위가 금융상품거래법 제166조 제1항 제3호 및 제2항 제1호에서 말하는 내부자거래에 해당한다고 하여 소추되었다.

(2) 소송의 경과

제1심 및 원심은 「이러한 甲회사 주식에 대한 D의 매입행위가 2009. 3. 2.에 결정된 甲회사의 중요사실이 2009. 4. 27.의 적시 공시를 통해 공표되기 이전에 행해진 사실로서 인정된다」고 보고 D를 유죄로 보았다. D는 ① 본건 중요사실은, 금융상품거래법[2011년 법률 제49호로 개정되기 전의 법(이하, '법'이라 한다)] 제166조 제4항 및 동법 시행령[2011년 정령 제181호로 개정되기 전의 것(이하, '시행령'이라 한다)] 제30조 제1항 제1호에 따라, 동호에 규정된 甲회사의 대표이사 등이 2 이상의 보도기관에 공개함으로써 공표되어, 법 제166조 제1항에 따른 규제(이하 '내부자거래 규제')의 대상 외가 되었다고 볼 가능성이 높고, 그러한 방법을 통해 공표되어 있지 않다는 점에 대해 검찰관이 입증책임을 다하지 않았으며, ② 본건 중요사실은, 2009. 4. 16. 자 일본경제신문 조간 및 그에 잇따른 일련의 보도(이하 '본건 보도')를 통해 이미 공지된 상태가 되었으므로, 법 제166조 소정의 '중요사실'이 아니며 내부자거래 규제의 효력이 상실되어 있었다는 주장을 하고 상고하였다.

2. 決定의 要旨 – 上告棄却

금융상품거래법 제166조 제4항 및 그 위임을 받은 시행령 제30조는 내부자거래규제의 해제요건인 중요사실의 공표의 방법을 한정적으로 열거한 다음에 상세한 규정을 두고 있는 바, 그 취지는 투자자의 투자판단에 영향을 미칠만한 정보가 법령에 따라 공평하고 평등하게 투자자에게 공시됨으로써, 내부자거래규제의 목적인 시장거래의 공평·공정 및 시장에 대한 투자자의 신뢰확보에 기여함과 아울러, 내부자거래 규제의 대상자에 대해서 개별적인 거래가 처벌 등의 대상이 되는지 아닌지를 구별하는 기준을 명확하게 제시하는데 있다고 해석된다.

시행령 제30조 제1항 제1호는 중요사실의 공표방법의 하나로서, 상장회사 등의 대표이사, 집행임원 또는 그들의 위임을 받은 자 등이 해당 중요사실을 소정의 보도기관의 "2 이상을 포함하는 보도기관에 대해서 공개"하고,

또한 공개된 해당 중요사실의 주지를 위해 필요한 기간(동조 제2항에 따라 12시간)이 경과한 것을 규정하는 바, ……법령의 취지에 비추어보면 이 방법은 해당 보도기관이 행하는 보도의 내용이, 동호 소정의 주체에 의해 공개된 정보에 근거한 것이라는 사실을, 투자자가 확정적으로 일 수 있는 상태로 이루어지는 것을 전제로 하고 있다고 해석된다. 따라서 정보제공원(情報源)의 비공개를 전제로 하여 보도기관에 중요사실을 전달한 것은, 설령 그 주체가 동호에 해당하는 자였다고 하더라도, 동호에서 말하는 보도기관에 대한 중요사실의 '공개'에는 해당되지 않는다고 보는 것이 타당하다.

본건 보도에는 정보제공원(情報源)이 명시되어 있지 아니하고, 보도 내용 등에서 정보제공원의 특정도 할 수가 없는 상황이므로, 설령 본건 보도의 정보제공원이 시행령 제30조 제1항 제1호에 해당하는 자였다고 하더라도, 보도기관에 대한 그 자의 정보전달은 정보제공처의 미공개를 전제로 한 것이었다고 생각된다. 따라서 본건에서 동호에서 말하는 보도기관에 대한 '공개'는 없었던 것으로 인정되고, 법 제166조 제4항에 따른 중요사실의 '공표'가 있었다고 인정할 여지도 없다.

또한 논쟁에서 말하듯이, 법령상 규정된 공표의 방법에 따르지 않고 중요사실의 존재를 짐작할 수 있도록 하는 보도가 이루어진 경우에, 그 보도 내용이 널리 알려진 것 때문에 내부자거래 규제의 효력이 없어진다고 해석하는 것은, 해당 보도에 법 제166조 소정의 '공표'와 실질적으로 동일한 효과를 인정하는 것과 마찬가지이며, 그러한 해석은 공표의 방법에 대해서 한정적이고 상세한 규정을 두고 있는, 전술한……법령의 취지와 기본적으로 어울리지 않는 것이다. 본건과 같이 회사의 의사결정에 관한 중요사실을 내용으로 하는 보도가 있었다고 하더라도, 정보제공원(情報源)이 공개되지 아니하는 한 법 제166조 제1항에 따른 내부자거래 규제의 효력이 상실되는 일은 없다고 보는 것이 타당하다.

3. 判例의 分析

(1) 본 결정의 의의

본 결정은 전직 경제산업성 관료에 의한 내부자거래에 관한 사건으로서 사회적으로 주목 받은 사건의 상고심 결정이다. 본건에서는, 甲회사가 丙회사와의 합병을 공표하기 전에 일본경제신문에 해당 합병에 관한 기사가 게재되었는데, 동 기사가 금융상품거래법 제166조에서 말하는 공표에 해당하는지 여부와 동 기사에 의해 정보가 공지됨으로써 내부자거래 규제는 효력을 잃게 되는지 여부가 다투어졌다. 최고법원은 「본건 보도가 있었다고 하더라도 금융상품거래법 제166조에서 말하는 공표에는 해당되지 않으며, 내부자거래 규제의 효력이 상실되는 일은 없다」라고 판시하였다.

(2) 공표(公表)와 관련하여

원심은, 「금융상품거래법 시행령 제30조 제1항 제1호의 취지로서 "회사의 의사에 따라 회사의 책임 하에 공표가 이루어진 것이라면, 이를 취득한 일반투자자의 입장에서 그 정보를 믿어도 좋은지 아닌지 여부를 판단할 수 없기 때문에, 공개의 주체를 한정함으로써 그 책임을 명확히 하려는 것"인데, 보도기관에 대해 취재원(取材源)을 명시하지 않는 이른바 leak(의식적인 정보누설)의 형태로 정보가 제공된 경우에는, 설령 그것이 사실상 이사나 실무 담당자에 의해 이루어졌다고 하더라도, 동 호에서 규정하는 조치에 해당되지 아니 한다」라고 하였다.

이 점에 대해서 본 결정은, 「금융상품거래법 시행령 제30조 제1항 제1호에 의한 공표의 방법이란 "보도의 내용이 동 호 소정의 주체에 의해 공개된 정보에 기초한 것이라는 사실을, 투자자의 입장에서 확정적으로 알 수 있는 태양(態樣)으로 행해질 것을 전제로 하고 있는 것"이라고 해석한 한 다음에, 보도내용에 정보제공원(情報源)이 명시되거나, 또는 보도내용에서 정보제공원을 특정할 수 없는 경우에는, 보도의 정보제공원(情報源)이 금융상품거래법 시행령 제30조 제1항 제1호에 해당하는 자였다고 하더라도, 보도기관에 대한 그 자의 정보전달은 정보제공원(情報源)을 공개하지 않을 것을 전제로 한 것으로서, '공개'에 해당되지 않는다」라고 판시하였다. 본 결정은, '공개의 방법'에 대해서는 원심과 거의 마찬가지로, 투자자의 투자판단에 영향을 미칠만한 정보의 공평·평등한 공시뿐만 아니라, 벌칙대상으로서의 기준의 명확화라고 하는 공표의 취지에 기인하고 있다.[8]

---

8) 본 결정에서는, 보도내용에 정보제공원(情報源)이 명시되는 경우 외에, 보도내용에서 정

금융상품거래법 제166조 제4항과 동법 시행령 제30조는 내부자거 래규제를 해제하는 '공표'로서, 금융상품거래법 제25조의 공시서류의 공중열람, 금융상품거래소에서의 적시공시 및 2개 이상의 보도기관에 공개한 이후 12시간 경과(12시간 Rule)라고 하는 3가지 방법을 규정하고 있다. 12시간 Rule 자체에서는, 보도기관에 의한 실제의 보도에 대한 것은 요건이 아닌데, 이 점과 관련하여 입법 당시부터 12시간 Rule은 보도기관을 통한 정보의 공시로 이해되고 있었기 때문에, 공개주체로서 회사의 대표자 또는 그 위임을 받은 자에 의한 책임 있는 행위로서 이루어질 필요가 있다고 보고 있다.9) "보도기관을 통한 정보의 공시"라는 이해는 다른 공표방법과의 균형을 고려한 것일 수도 있다. 본 결정은 이러한 취지를 한층 강조하여 벌칙기준의 명확성의 관점에서 보도내용에 정보제공원(情報源)의 특정을 요구함으로써 12시간 Rule을 한정한 것이라고 본다.

회사의 책임자에 의해 공개되고 있더라도 정보제공원(情報源)이 명확하지 않은 보도는 투자자에게 불확실한 정보라고 이해되어, 정보의 불확실성이 해소되지 않는 경우가 많다. 그리고 보도기관에 중요사실을 공개하는 태양(態樣)으로서는 여러 개의 보도기관에 대해서 이루어지는 발표나 자료배포가 전형적인 형태이지만, 단독취재에 대한 공개도 인정되고 있는데, 그러한 후자의 경우에는 정보제공원(情報源)이 명확한지 아닌지에 따라서 취급이 달라지며, 정보제공원이 명확하지 않은 leak(의식적인 정보누설) 형태의 보도는 '공개' 내지는 '공표'에 해당되지 않게 된다.

한편, 정보제공원(情報源)을 명확하게 하는 보도라고 하더라도 12시간 Rule의 형식적 적용에 의문이 있는 경우도 있다. 예컨대, 회사의 대표자 또는 그 위임을 받은 자가 1개 사에만 정보공개를 하고 보도기관이 정보제공원(情報源)을 특정할 수 있는 보도를 한 후에, 다른 보도기관이 같은 내용을 연달아 보도를 하는 경우인데, 이러한 경우에 투자자는 정보제공원을 알 수는 있지만 2개 사에 대한 정보공개는 없기 때문에 12시간 Rule에는 해당되

보제공원을 특정할 수 있는 경우에는 공개에 해당된다고 인정하는데, "보도내용에서 정보제공원을 특정할 수 있다"는 것이 정보제공원이 명시되는 경우와 다르다고 할 수 있는 경우가 어떤 것을 의미하는지는 명확히 할 필요가 있다.

9) 현재는 12시간 Rule보다도 적시공시가 회사의 신속한 공표수단으로서 활용되고 있다.

지 아니한다. 그러나 1개 사에만 정보를 공개하고 있다는 것은 공표책임자만이 인식하고 있고, 투자자는 물론 중요사실을 보호해야 할 회사관계자가 몇 개 사에 정보가 공개되었는지 명확히는 알 수 없다. 이러한 형식적 기준에 의한 문제를 실질적 개념으로 보충하려고 한 것이 다음으로 검토할 공지성(公知性)에 의해 내부자거래 규제를 해제하려는 견해이다.

(3) 공지성(公知性)과 관련하여

원심에 있어서는 「본건의 신문기사와 잇따른 보도는 취재원(取材源)이 불분명하고 각 신문사의 판단에 따른 기사이며, 또한 회사의 적시 공시는 보도내용을 명확히 부정하고 있기 때문에, 본건 기사는 일반투자자의 입장에서 확실한 정보로 보기 어렵다」라고 하면서, 결코 해당 사실을 공지(公知)상태라고 할 수는 없음을 인정하고 있다. 이러한 인정은 정보가 공지상태라면 중요사실에 해당하지 않는다고 보는 학설(公知性理論)을 전제로 해석할 여지가 있었다. 한편, 현행법이 공지성(公知性) 요건을 규정하고 있지 않기 때문에, 공지(公知)상태라고 하면 중요사실에 해당하지 아니한다는 해석은 어렵다는 견해도 있었다. 이 점과 관련하여 본 결정은, 「공지성이론(公知性理論)이 그러한 보도에 금융상품거래법 제166조 소정의 '공표'와 실질적으로 동일한 효과를 인정하는 것과 같고, 공표의 방법에 대해서 한정적이고 상세한 규정을 두고 있는 법령의 취지에 반한다」라고 판시하였다. 이러한 입장은, 본 결정이 명확성의 관점에서 12시간 Rule의 공표를 엄격하게 파악하는 것과도 일맥상통한다. 이 부분에 대해서는, 공지성이론(公知性理論)을 채용할 여지가 전혀 없다고 하지는 않으면서도, 그 적용여지가 매우 작다는 것을 보여준 것이라고 이해되고 있다.

여하튼 본 결정의 입장에서는, 정보제공원(情報源)을 명확히 하지 않은 보도가 있었던 것만으로는 공표라고는 할 수 없다. 정보제공원(情報源)을 명확히 하지 않은 보도가 선행한 경우에, 회사의 가치반영의 관점에서는 바람직하지 않지만, 어디까지나 회사에 의한 정보의 공표를 기다려야 한다. 이는 정보가 공지(公知)상태가 되어 있지만, 내부자거래규제를 해제하는 공표가 없는 단계라고도 할 수 있다. 이러한 상황에 대한 대응책으로서 금융상품거래소는 상장회사에 대해서 정보를 조회하는 것이 가능하고, 상장회사는 조회사항에 대해서 즉시 정확하게 보고할 것이 요구되고 있으며(도쿄증권거래소 유가증
권상장규정 제415조 1항),
보고사항의 공시가 필요하다고 거래소가 인정한 경우에는 상장회사는 즉시 해당 정보를 공시하여야 한다(동조
2항). 또한, 도쿄증권거래소는 2014년부터 불명확한 정보가 발생하고 있는 종목들을 지정 및 공표하는 '주의환기제도'를 실시하고 있다.

한편, 정보가 공지(公知)상태가 되어 실질과 다른 상황임에도 불구하고 형식적인 공표요건에 해당되지 않기 때문에 내부자거래규제가 미치는 경우에 관해서는, 미(未)공표에 대한 고의가 없었던 것으로 처리하는 것까지 부정하고 있지는 않은 것으로 보는 견해도 있는데, 실제로 정보가 공지(公知)상태가 되어 시장가격에 반영된 경우에 내부자거래를 한다는 것은 거의 생각하기 어렵다고 본다. 그 후에 거래를 하더라도 내부자거래의 과징금액도 낮아질 것도 예상되며, 증권거래 등 감시위원회에 의한 과징금권고나 범칙사전의 적발판단에 사실상의 영향을 미칠 가능성도 있다.

향후에는 12시간 Rule의 공개방법으로서 공동기자회견이나 보도발표와 같은 방법에 한정시키는 것도 검토할 여지가 있는데, 본 결정을 전제로 보면, 보도기관을 통한 공표는 한정되어 있으므로, 보도기관을 통한 회사의 공시라고 하는 측면에도 반하지 않는 것이기 때문이다.

일반적인 내부자거래를 염두에 둔 입법론으로서는, 공표에 관한 현행 규제를 검토할 여지가 있어 보인다. 예컨대, 정보제공원(情報源)을 명확히 하지 않은 매수관련 보도가 있은 후, 매입자 측에 의해 해당 보도가 확인되는 경우 등, 정보의 비대칭성이 실질적으로 해소되는 경우를 상정할 수 있다는 견해가 있다. 그리고 이들에 대처하기 위해서 "불특정다수의 투자자가 해당 사실을 알 수 있는 상태가 되었을 때"라고 하는 일반적인 공표 개념을 채용해야 한다는 의견도 있다. 여전히 현행 규제에는 형식의 문제점과 실질에 따라 처리하는 공지성이론(公知性理論)과 같은 견해도 있지만, 본 결정에서는 공표의 개념 정의가 있었다는 점만으로도 평가할 만하다.

4. 우리나라 參照判例

◎ 대법원 2008. 11. 27. 선고 2008도6219 판결 [증권거래법위반]

　　증권거래법 제188조의2 제2항에 정한 '투자자의 투자판단에 중대한 영향을 미칠 수 있는 정보'란, 같은 법 제186조 제1항 제1호 내지 제12호에 유형이 개별적으로 예시되고 제13호에 포괄적으로 규정되어 있는 '법인의 경영·재산 등에 관하여 중대한 영향을 미칠 사실'들 가운데에서, 합리적인 투자자라면 그 정보의 중대성과 사실이 발생할 개연성을 비교 평가하여 판단할 경우 유가증권의 거래에 관한 의사 결정에서 중요한 가치를 지닌다고 생각하는 정보를 가리킨다. 한편, 일반적으로 법인 내부에서 생성되는 중요정보란 갑자기 완성되는 것이 아니라 여러 단계를 거치는 과정에서 구체화되는 것으로서, 중요정보의 생성시기는 반드시 그러한 정보가 객관적으로 명확하고 확실하게 완성된 경우를 말하는 것이 아니라, 합리적인 투자자의 입장에서 그 정보의 중대성과 사실이 발생할 개연성을 비교 평가하여 유가증권의 거래에 관한 의사결정에서 중요한 가치를 지닌다고 생각할 정도로 구체화되면 그 정보가 생성된 것이다.

◎ 대법원 1999. 6. 11. 선고 98도3097 판결 [증권거래법위반]

　　구 증권거래법 제188조의2가 1997. 1. 13. 법률 제5254호로 개정되면서 등록법인이지만 아직 한국증권업협회에의 등록을 마치지 아니하여 장외등록법인 내지 협회등록법인에까지는 이르지 못한 회사의 미공개 중요정보를 이용한 내부자거래를 처벌의 대상에서 제외한 취지는 유가증권시장이나 협회중개시장을 통하여 주식 등의 유가증권이 공개적으로 거래되는 상장법인이나 협회등록법인(장외등록법인)의 경우와는 달리 단순한 등록법인의 경우에는 유가증권의 발행이나 매매거래의 공정성 및 원활한 유통성의 확보나 투자자의 보호 차원에서 별다른 문제가 발생할 여지가 많지 않음에도 불구하고 이러한 경우까지 내부자거래의 규제 대상으로 삼은 종전의 조치가 부당하다는 데에서 나온 반성적 조치라고 보아야 할 것이므로 이는 범죄 후의 법령개폐로 형이 폐지되었을 때에 해당한다.

Ⅳ. 第4主題

◎ 匿名組合의 營業者에게 善管注意義務 違反이 없다고 判示한 原審을 破棄한 事例

  ○ 사건번호 : 平成27年(受)第766號
  ○ 사건명 : 손해배상청구사건 (2016. 9. 6. 최고법원 제3소법정 판결)
  ○ 참고법령 : 민법 제719조, 회사법 제429조 제1항, 상법 제535조 이하

1. 事案의 槪要

(1) 사실관계

　甲회사는 부동산임대업과 자산운용에 관한 컨설턴트업 등을 목적으로 하는 주식회사이고, 乙회사는 종합컨설팅업 등을 목적으로 하는 주식회사이다. A는 본건 당시 甲회사의 이사였으며, B는 乙회사의 대표이사였고 C는 B의 남동생으로서 丙회사의 대표이사였다.

　甲회사는 2007. 6. 1.에 乙회사와의 사이에 甲회사를 익명조합원, 乙회사를 영업자로 하고 출자금을 3억 엔으로 하는 등의 익명조합계약(이하 '본건 익명조합계약'이라 한다)을 체결하였는데, 본건 익명조합계약에는 乙회사가 유가증권의 취득·보유·처분 등의 사업을 영위하고 거기서 발생하는 손익을 甲회사에게 분배한다는 뜻의 규정이 있었다.

　C는 2007년 당시, 컴퓨터의 해체업무의 수탁 등을 목적으로 하는 주식회사 丙의 대표이사였고, 丙회사는 재활용사업의 확대를 검토하고 있었는데, 이 사업을 丁회사(물류사업 등을 하는 주식회사)와의 공동사업으로 하고 丁회사로부터 물류에 대해서 지원을 받는 등의 계획을 세우고 있었다. 丁회사는 丙회사에 대한 직접출자가 아니라 신설회사에 의한 공동사업을 영위하는 것을 희망하고 있었지만, 丙회사는 금융기관 등에 대해 1억 엔 이상의 차입금이 있어서, 수익을 올리고 있는 재활용사업을 분리하여 새로운 회사를 설립하기 위해서는 채권자인 금융기관의 동의를 얻어야만 했는데, 그러기 위해서는 차입금을 변제할 필요가 있었다.

　B는 2007. 4.경 A에게 丙회사의 사업 확대계획에 관련된 공동사업에 대

해서 설명하였다. 그 후, B와 A는 이 공동사업에 甲회사가 투자하는 것 등
을 목적으로 한, 본건 익명조합계약을 체결하였다. 丙회사와 丁회사의 공동
사업은 다음과 같은 형태로 이루어졌다. 2007. 10. 26. 丙회사는 컴퓨터 등의
재활용사업을 신설분할에 의해 설립되는 戊회사에 승계시키고, 동 신설분할
당시 戊회사가 발행한 주식(이하 '본건 주식'이라 한다)을 B와 C가 모두 취득
하여, C는 戊회사의 대표이사, B는 이사에 취임하였다. 2008. 1. 7. 乙회사와
C 및 丁회사의 출자에 의해 己회사가 설립되었고, C는 己회사의 대표이사에,
B는 이사에 취임하였는데, 己회사 설립 당시의 출자액은 乙회사가 8천만 엔,
C와 丁회사가 각각 1천만 엔이었다.

乙회사는 己회사가 발행하는 신주예약권부사채를 인수하고 2008. 1. 23.
1억 엔을 납입하였는데, 己회사 설립 당시의 乙회사의 출자 및 동 신주예약
권부사채의 인수에는 甲회사가 본건 익명조합계약에 따라 출자한 3억 엔의
일부가 충당되었다. 같은 날 己회사는 B와 C 사이에 본건 주식 전부를 합계
1억 5천만 엔에 매입하는 뜻의 계약(이하 '본건 매매계약'이라 한다)을 체결하
고 그 대금을 지급하였다. 본건 매매계약대금의 금액은 戊회사의 의뢰를 받
은 전문가 D가 작성한 2008. 1. 10.자 주식가치평가서를 토대로 결정되었는
데, 이 평가서에는 본건 주식의 가치에 대해서 DCF법[10])에 따른 2억 9775만
7천 엔과 장부가순자산법[11])에 따른 200만 엔을 1:1의 가중비율로 절충하여
최종적으로 1억 4299만 엔부터 1억 5726만 7천 엔의 범위가 된다는 뜻이 기
재되어 있었다. 2008. 3. 1.에 己회사는 완전자회사가 되어 있던 戊회사를 흡
수합병하였다.

甲회사는 乙회사·B·C·D에 대하여, 공동불법행위에 따른 손해배상으
로서 본건 매매계약대금 등의 합계 1억 6500만 엔과 그 지연손해금을 연대
하여 지불할 것을 청구함과 동시에, 선택적으로 乙회사에 대해서는 채무불이
행에 따른 손해배상으로서, B에 대해서는 乙회사의 이사로서의 임무해태가

---

10) DCF(Discounted Cash Flow Method, 현금흐름할인법)은 현금흐름을 적정한 할인율로
　　 할인하여 구한 현재가치로 기업가치를 측정하는 방법으로서 외국인투자자 유치 시는 물론
　　 국내기업의 M&A에서도 인수기업의 가치평가에 사용된다.

11) 장부가순자산법(簿価純資産法, book value per share method)은 대차대조표에 계상되어
　　 있는 자산 및 부채를 출발점으로 하고, 분식이나 오류가 있으면 수정을 하여 적정한 장부
　　 가로 순자산액을 평가하는 방법이다.

있었다고 보아 회사법 제429조 제1항에 따른 손해배상으로서, 동 금액의 연대지불을 요구하는 등의 청구를 내용으로 하는 소송을 제기하였다.

(2) 소송의 경과

제1심은 甲회사의 청구를 모두 기각하였고, 원심도 전술한 1억 6500만 엔의 손해배상금액 및 지연손해금의 지불청구에 대해서 모두 기각하였다. 그리고 원심은 본건 익명조합계약의 종료에 따라 乙회사에게는 甲회사에 대한 출자금의 반환의무가 있다고 보고 이에 관한 甲회사의 청구를 인정하였다. 이에 대해 甲회사는 상고를 신청하였다.

2. 決定의 要旨 : 一部 破棄還送, 一部 上告却下

乙회사 등은 乙회사가 자본금의 80%를 출자하는 己회사의 설립시에, 己회사가 B와 C로부터 본건 주식의 전부를 구입하는 본건 매매계약을 체결할 것을 예정하고, 乙회사 대표이사의 남동생인 C가 己회사의 대표이사로서 이를 실행한 것으로 볼 수 있다. 그리고 乙회사가 본건 매매계약의 체결을 예정하여 己회사의 설립시에 출자를 하고, 그 발행하는 신주예약권부사채를 인수하면서 己회사에게 본건 매매계약을 체결하도록 하는 행위는, 이를 통해 乙회사에게 발생하는 손익이 본건 익명조합계약에 따라 전부 甲회사에게 분배된다는 점에 비추어보면, 본건 매매계약의 매수인인 己회사의 손익은 乙회사를 통해서 甲회사의 손익으로 된다는 점에서, 본건 매매계약의 매도인이면서 乙회사의 관계자인 B와 C 및 甲회사와의 사이에 실질적인 이해상충관계가 발생하는 것이라고 할 수 있다.[12]

또한, 본건 매매계약의 매도인이 매수인인 己회사의 이사나 대표이사이고, 본건 주식에 시장가격이 없으며, 甲회사가 본건 매매계약대금의 금액결정에 관여할 기회가 없고, 己회사의 설립 시의 乙회사의 출자 및 상기 신주예약권부사채의 인수의 합계액은 1억 8천만 엔이며, 본건 매매계약대금의 금액은 1억 5천만 엔으로서, 모두가 본건 익명조합계약에 따른 출자액의 2분의 1 이상에 이른다는 점에 비추어보면, 상기 일련의 행위는 甲회사의 이익을

---

[12] 이 부분은 이해상충의 구조에 관한 내용이라고 할 수 있다.

해할 위험성이 높다고 할 수 있다.13)

　　결국 乙회사가 상기 일련의 행위를 행하는 것은, 甲회사의 승낙을 얻지 않는 한 영업자의 선관주의의무에 위반되는 것이라고 이해하는 것이 타당하다. 그런데 원심은, 위의 여러 사정이 있는데도 불구하고 위 승낙의 유무에 대해서 심리하지 않은 채, 乙회사의 선관의무 위반을 부정하고 있는 것이기 때문에, 원심의 판단에는 판결에 영향을 미치는 것이 명백한 법령위반이 있다. 또한, 乙회사에게 선관의무 위반이 인정되지 않는다는 이유로, 乙회사 등은 불법행위에 따른 손해배상의무를 부담하지 않고, B는 회사법 제429조 제1항에 따른 손해배상의무를 부담하지 않는다고 한 원심의 판단에도 판결에 영향을 미치는 것이 명백한 법령위반이 있다.

3. 判例의 分析

(1) 본 판결의 의의

　　익명조합계약에 관한 소송은 세무에 관한 것이 많은데, 익명조합이 직접 관계된 손해배상청구사건에 대해서 최고법원이 판단한 것은 본 판결이 처음인 듯하다. 본 판결은 익명조합에 관한 일반적인 이론을 설명하는 형태는 아니고, 이른바 사례판결이라고 할 수 있다. 다른 제도에 비해서 익명조합계약에 관한 상법의 규정은 매우 적기 때문에, 당사자 사이에 체결된 계약의 문언이나 그 해석이 중요해진다. 이해상충적인 행위에 관한 계약조항뿐만 아니라 계약체결 전후의 익명조합원의 명시·묵시의 승낙도 무시할 수 없다. 불확실한 것은 분쟁이 원인이 될 수 있고, 계약조항의 유효성이 다투어지는 경우도 있으므로 주의가 필요하다.

(2) 선관주의의무 위반의 근거

　　최고법원은 甲회사에 대한 乙회사의 선관주의의무의 근거에 대해서는 논하지 않고 있다. 상법에는 이에 관한 명문의 규정이 없지만, 일반적으로 영업자는 익명조합계약에 관한 영업을 수행함에 있어서 익명조합원에 대하여 선관주의의무를 부담하는 것으로 되어 있는데, 그 근거로는 민법상의 조합

---

13) 본건의 이해상충적인 요소와는 직접 관계가 없는 요소도 포함하여 본건 구도의 X의 이익을 해할 위험성의 정도에 대한 내용이다.

($\frac{민법\ 제667조}{이하}$)과의 유사성에서 수임인의 선관주의의무를 정한 민법 제644조를 준용하는 민법 제671조를 유추적용 하려는 견해가 많다. 그리고 민법상의 조합과는 다른 점도 지적되는데, 익명조합원이 출자한 재산이 영업자에게 귀속하는 점($\frac{상법}{제536조\ 1항}$)과, 조합재산이나 민법상의 조합에 있어서의 지분 등과 같은 것도 생각하기 어렵다. 그렇기 때문에 영업자와 익명조합원의 관계에 대해서 신탁법을 거론하는 견해도 있다($\frac{신탁법\ 제}{29조\ 참조}$).

익명조합계약은 계약에 따라서 다양한 측면이 있기 때문에, 그 법적 성질에 대해서는 예전부터 논란이 있다(민법상의 조합, 소비대차, 신탁과의 비교나 합자회사와의 기능상의 유사성에 대한 지적 등). 그러나 상법이 규정하는 특별 내지는 독특한 계약으로 보는 것이 일반적이다.

최고법원이 선관주의의무의 근거를 거론하지 않은 이유는 알 수 없지만, 관련 법제도와의 유사점이나 학설들을 생각하면, 최고법원이 영업자의 선관주의의무의 존재를 전제로 하여 논리를 전개하고 있다고 본다. 다만, 본 판결은 선관주의의무라는 용어를 사용하고 있는데, 그 내용에는 이른바 충실의무에 해당되는 것도 포함될 것이다. 이해상충적인 행위에 대해서는 통상 충실의무가 언급되는데, 본 판결에서는 그러한 표현이 없다. 그리고 상법에도 민법상의 조합에 관한 규정에도 그러한 표현은 없다. 또한, 민법에는 이해상충에 관한 규정이 있고($\frac{민법\ 제826조}{(이익상반행위)}$ 등), 그들과 공통적인 요소가 있는 대리인의 자기계약($\frac{민법}{제108조}$)에 관한 규정도 있는데, 원심에서 甲회사는 이들 규정에 관한 주장을 전개하였다.

(3) 익명조합계약과 이해상충의 문제

본건에서 乙회사의 이해상충적인 행위에 대해서 甲회사의 승낙이 필요한지 여부에 대한 최고법원과 사실심의 태도는 다른데, 제1심은 甲회사의 승낙이 필요하다는 것의 근거가 되는 규정이 상법에도 없고 본건 익명조합계약에도 없기 때문에, 문제가 된 행위에 대해서, 乙회사는 甲회사의 "승인을 얻어야만 할 의무를 부담한다고는 볼 수 없다"고 한다. 원심의 논리를 아주 단순화 한다면, 문제가 된 행위가 계약으로 금지되어 있지 않고, 그 뜻의 묵시적인 합의도 없기 때문에 가능하다는 것이다. 그렇다면 본 판결의 의의는, 본 판결의 사정 하에서 당사자가 이해상충적인 행위에 관한 규정을 계약으로 정하고 있지 않은 경우라 하더라도, 익명조합원의 승낙 없이 해당 행위를 하는 것은 선관주의의무 위반이 될 수 있다고 한 점에 있다.

또한, 제1심은, 乙회사에게는 이해상충거래에 의한 선관의무 위반이 있다고 하는 甲회사의 주장에 대해서, 「본건 익명조합계약에 이해상충행위 금지규정이 없더라도 익명조합원과 영업자 또는 그 이해관계인과의 이해가 상충되는 거래가 이루어진 경우에, 그 거래가 영업자의 그 영업 수행시에 그 지위를 이용하여 익명조합원을 희생시키고 자기 또는 제3자의 이익을 도모하는 것으로 인정되는 때는, 영업자가 익명조합원에 대해서 부담하는 선관의무에 반하는 것이 된다」고 하였다(원심도 이를 인용하였다). 다만 결론에서는, 「본건의 구도가 신규 비즈니스의 전개를 위한 수단으로서 불합리한 것은 아니며, 甲회사의 희생아래 자기 또는 제3자의 이익을 도모한 행위로는 볼 수 없다」고 하였다. 이처럼 본건의 구도 전체에 대한 평가에서도 최고법원과 사실심이 다르다. 사실심은, 영업자 乙회사와 그 기관인 B의 甲회사에 대한 의무위반을 판단함에 있어서, 본건 구도와 본건 매매계약에 관한 주식가치평가서의 합리성을 중시하고 있는 것으로 보인다. 이에 비해서, 최고법원은 己회사에 대한 乙회사의 출자 등 일련의 행위 전체가 甲회사와의 관계에서 어떻게 평가될 수 있을까 하는 관점에서 판단한 것으로 보인다. 즉, 사실심이 의무위반에 대해서 본건 구도를 합리성의 관점에서 판단하고 있지만, 최고법원은 절차와 본건 구도의 내용의 측면을 모두 보고 있다.

본건 구도가 신규 비즈니스 전개를 위한 수단으로서 불합리한 것이라고는 할 수 없다고 하더라도, 그것은 이해상충적인 행위에 대한 법적 평가와는 다른 이야기이다. 주식회사 이사의 의무와 관련하여 "어느 거래가 이해상충거래에 해당하지만, 해당 거래에는 합리성이 있기 때문에 주주총회 등의 승인절차가 필요 없다"는 이야기가 되는 것은 아닌 것과 마찬가지다. 이는 실행되는 것이 유익한 거래가 존재하기 때문에, 금지보다는 승인절차를 거치도록 함으로써 그것을 활용하고자 하는 것이 회사법의 기본구조라고 할 수 있기 때문이며, 절차위반이 최종적인 손해배상책임으로 직결되는 것도 아니지만, 거래내용이 합리적이라고 해서 절차위반의 문제가 없다는 것을 의미하는 것도 아니다.

본건 익명조합계약은 출자액의 대부분을 비상장회사에 투자하는 것이 목적이고, 그것은 甲회사도 계약체결시점에 알고 있었을 것이다. 그렇다면 판결요지에서 말한 "본건 주식에 시장가격이 없다"거나 "본건 매매계약대금의 금액은 1억 5천만 엔으로서 본건 익명조합계약에 따른 출자액의 2분의 1 이상에 이른다"라는 사실이, "甲회사의 이익을 해할 위험성"이 있다고 평가되는 것은 다소 의문이 든다. 이것은 투자계약체결에 있어서 투자자가 투자 안건의 리스크를 어느 정도 인수하였는지의 이야기로서, 본건의 사정에서 보면 甲회사는 그러한 리스크를 인수하였을 것이다. 그리고 영업자의 이해상충적인 행위에 대해서까지 승낙을 하고 있었는지는 전혀 다른 문제이다. 익명조합계약에 이해상충에 관한 규정이 없더라도 익명조합원의 승낙을 얻을 필요가 있는 경우가 있다는 것을 전제로, 여러 요소를 종합적으로 고려하면 승낙을 얻지 않는 것이 이상하다고 보는 것이 최고법원의 평가로 보이는데, 그러한 평가를 전제로 본건 익명조합계약체결의 전후에 甲회사가 어디까지 승낙하고 있었는지의 사실인정이 필요하다고 보는 것이 최고법원의 태도라고 생각된다. 이와 관련해서 乙회사 등은 본건 구도에 대한 甲회사의 승인이 있었다고 주장하였고, 甲회사는 이를 부정하였다.

4. 우리나라 參照判例

◎ 대법원 2017. 1. 12. 선고 2015두48693 판결 [법인세부과처분취소]

구 법인세법(2010. 12. 30. 법률 제10423호로 개정되기 전의 것, 이하 같다) 제18조의2 제1항, 제18조의3 제1항 제1호, 제2호의 문언과 체계를 종합하면, 구 법인세법 제18조의3 제1항에 따라 익금불산입 대상이 되는 '내국법인이 출자한 다른 내국법인으로부터 받은 수입배당금'은 내국법인이 다른 내국법인에 출자를 함으로써 법인의 주식 등을 취득하고 주주 등의 지위에서 다른 내국법인에 대한 출자지분 등에 비례하여 받는 '이익의 배당액이나 잉여금의 분배액과 제16조의 규정에 따른 배당금 또는 분배금의 의제액'을 의미한다.

그러므로 내국법인이 익명조합계약을 체결하여 다른 내국법인의 영업을 위하여 출자하고 다른 내국법인은 영업으로 인한 이익을 분배하기로 약정한 다음 이에 따라 익명조합원의 지위에 있는 내국법인이 영업자의 지위에 있는 다른 내국법인에 출자를 하는 경우에, 내국법인이 출자를 통하여 다른 내국법인의 주식 등을 취득하거나 주주 등의 지위에 있게 되는 것이 아니므로, 출자를 한 내국법인이 영업자의 지위에 있는 다른 내국법인으로부터 지급받는 돈은 익명조합원의 지위에서 출자 당시 정한 손익분배약정에 따라 지급받는 것에 불과할 뿐 주주 등이 받는 배당액이나 구 법인세법 제16조의 의제배당금 등에 해당할 여지가 없다. 따라서 익명조합원의 지위에 있는 내국법인이 익명조합계약에 따라 영업자의 지위에 있는 다른 내국법인으로부터 지급받는 돈은 구 법인세법 제18조의3 제1항에 따라 익금불산입 대상이 되는 '수입배당금액'이 아니다.

◎ 대법원 2011. 11. 24. 선고 2010도5014 판결 [횡령]

[1] 조합재산은 조합원의 합유에 속하므로 조합원 중 한 사람이 조합재산 처분으로 얻은 대금을 임의로 소비하였다면 횡령죄의 죄책을 면할 수 없고, 이러한 법리는 내부적으로는 조합관계에 있지만 대외적으로는 조합관계가 드러나지 않는 이른바 내적 조합의 경우에도 마찬가지이다.

[2] 조합 또는 내적 조합과 달리 익명조합의 경우에는 익명조합원이 영업을 위하여 출자한 금전 기타의 재산은 상대편인 영업자의 재산이 되므로 영업자는 타인의 재물을 보관하는 자의 지위에 있지 않고, 따라서 영업자가 영업이익금 등을 임의로 소비하였더라도 횡령죄가 성립할 수는 없다.

[3] 어떠한 법률관계가 내적 조합에 해당하는지 아니면 익명조합에 해당하는지는, 당사자들의 내부관계에 공동사업이 있는지, 조합원이 업무검사권 등을 가지고 조합의 업무에 관여하였는지, 재산의 처분 또는 변경에 전원의 동의가 필요한지 등을 모두 종합하여 판단하여야 한다.

[4] 피고인이 甲과 특정 토지를 매수하여 전매한 후 전매이익금을 정산하기로 약정한 다음 甲이 조달한 돈 등을 합하여 토지를 매수하고 소유권이전등기는 피고인 등의 명의로 마쳐 두었는데, 위 토지를 제3자에게 임의로 매도한 후 甲에게 전매이익금 반환을 거부함으로써 이를 횡령하였다는 내용으로 기소된 사안에서, 甲이 토지의 매수 및 전매를 피고인에게 전적으로 일임하고 그 과정에 전혀 관여하지 아니한 사정 등에 비추어, 비록 甲이 토지의 전매차익을 얻을 목적으로 일정 금원을 출자하였더라도 이후 업무감시권 등에 근거하여 업무집행에 관여한 적이 전혀 없을 뿐만 아니라 피고인이 아무런 제한 없이 재산을 처분할 수 있었음이 분명하므로 피고인과 甲의 약정은 조합 또는 내적 조합에 해당하는 것이 아니라 '익명조합과 유사한 무명계약'에 해당한다고 보아야 한다는 이유로, 피고인이 타인의 재물을 보관하는 자의 지위에 있지 않다고 보아 횡령죄 성립을 부정한 사례.

Ⅴ. 第5主題

> ◎ 二段階 買受에 있어서의 全部取得條項附 種類株式의 取得價格
>
> ○ 사건번호 : 平成28年(許)第4號ないし第20號
> ○ 사건명 : 주식취득가격결정에 대한 항고기각결정에 대한 허가항고사건 (2016. 7. 1. 최고법원 제1소법정 결정)
> ○ 참고법령 : 회사법 제172조 제1항 (2014년 법률 제90호에 의한 개정 전 회사법 제172조 제1항)

1. 事案의 槪要

(1) 사실관계

Y회사(쥬피터텔레콤, 이해관계참가인, 항고인 겸 상대방)는 2010년 6월 당시, 발행하는 보통주식(본건 주식)을 오사카증권거래소JASDAQ 스탠더드 시장14)에 상장하고 있었다. X 등(신청인, 항고인 겸 상대방, 항고인 겸 상대방)은 본건 주식을 보유하고 있던 Y회사의 주주이다.

A회사(스미토모(住友)상사) 및 B회사(KDDI)는 합계하여 Y회사의 전체 주주의 의결권의 70% 이상을 직접 또는 간접으로 보유하고 있었다. 2013. 2. 26. A회사 및 B회사, C회사(A회사와 B회사의 합작회사)의 3개 회사는 ① 본건 주식 및 Y회사의 신주예약권으로 구성된 본건 주식 등의 전부를 공개매수(본건 공개매수) 한다는 뜻(매수가격을 1주 12만 3000엔(본건 매수가격)으로 한다)과, ② 본건 주식 등의 전부를 취득할 수 없는 때는 Y회사에 있어서 본건 주식을 전부취득조항부 종류주식으로 할 것을 내용으로 하는 정관의 변경을 하고, 동 주식의 전부를 본건 매수가격과 같은 금액으로 취득할 뜻을 공표하였다(이들 절차를 '본건 거래'라고 한다).

Y회사는 이러한 공표에 앞서서, 본건 공개매수에 관한 의사결정과정에서 A회사 및 B회사와 깊은 관계에 있는 이사를 배제하고, 그 외의 이사 3인

---

14) JASDAQ의 특징은 신흥 벤처기업이 다수 모여 있고 유동성이 높은 것이 특징인데, 스탠더드는 직전 기말의 회사 순 자산이 2억 엔 이상 되고 회사의 존속성이 높을 것이 심사 기준이다. 즉, 스탠더드는 어느 정도 기업으로서 성장하여 일정한 기업실적을 보이며 안정되어 있는 기업들이 이에 속한다.

의 전원일치의 결의로써 의사결정을 한 다음에, 법무 어드바이저로 선임된 법률사무소의 조언을 받아, 재무 어드바이저로 선임한 증권회사로부터 본건 주식의 가치가 1주 당 12만 3천 엔을 밑돈다는 뜻의 기재가 있는 주식가치 산정서를 수령함과 동시에, 본건 매수가격이 타당하다는 뜻의 의견을 받은 상태였다. 더구나 Y회사는 유식자(有識者)로 구성된 제3자 위원회로부터 본건 공개매수에 대한 응모를 주주 등에게 추천 독려하는 뜻의 의견을 표명하는 것이 상당하다는 뜻의 답신을 받은 상태에 있었다.

2013. 6. 28.에 개최된 Y회사의 주주총회(본건 총회)에서 이하의 ①부터 ③까지의 결의가 이루어지고, 아울러 같은 날 개최된 보통주식의 주주에 의한 종류주주총회에서 ②의 결의가 있었다. 정관변경결의의 내용을 보면, ① 잔여재산의 분배에 관한 우선주식인 A종 종류주식을 발행할 수 있다는 뜻의 정관변경을 한다. ② 모든 보통주식을 전부취득조항부 종류주식으로 하고, Y회사가 이를 취득하는 경우에 그 대가로서 전부취득조항부 종류주식 1주에 대해 A종 종류주식 69만 4478분의 1주의 비율로 교부하는 뜻의 정관변경을 한다. ③ Y회사는 취득일을 같은 해 8월 2일로 정하고 전부취득조항부 종류주식의 전부를 취득한다는 것 등이 그 내용이다.

2013. 8. 2.에 상기의 ②의 정관변경의 효력이 발생하고 Y회사는 같은 날 전부취득조항부 종류주식의 전부를 취득하였다. X 등은 본건 총회에 앞서서, 각 의안에 반대한다는 뜻을 Y회사에 통지하고 본건 총회에서 동 의안에 반대한 다음에, 회사법 제172조 제1항15) 소정의 기간 내에 취득가격의 결정을 신청하였다.

(2) 소송의 경과

제1심(도쿄지방법원결정 2015·3·4)에서는 본건 주식의 취득가격을 1주당 13만 206엔으로 결정하고, 항고심인 원심(도쿄고등법원결정 2015·10·14)도 제1심의 결정이 상당하다고 하여, X 등의 항고를 기각하였기 때문에, X 등이 허가항고를 하였다.

---

15) 본건 주식취득가격 결정신청은 2014년 법률 제90호에 의한 개정 전 회사법 제172조 1항에 따른 것인데, 현행의 해당 규정에서도 신청절차와 요건이 실질적으로 변경되지 않은 상태이다.

2. 決定의 要旨 - 破棄自判

　　주식회사 주식의 상당수를 보유하는 주주가 해당 주식회사의 주식 등의 공개매수를 행하고, 그 후에 해당 주식회사의 주식을 전부취득조항부 종류주식으로 하여, 해당 주식회사가 동 주식 전부를 취득하는 거래에 있어서는, 다수 주주 또는 상기 주식회사(이하 '다수 주주 등'이라 한다)와 소수 주주와의 사이에 이해상충관계가 존재한다. 그러나 독립된 제3자 위원회와 전문가의 의견을 구하는 등 의사결정과정이 자의적으로 이루어지지 않도록 하기 위한 조치가 강구되고, 공개매수에 응하지 않았던 주주가 보유하는 상기 주식도 공개매수와 관련된 매입 등의 가격과 같은 금액으로 취득한다는 뜻이 명시되어 있는 등 일반적으로 공정하다고 인정되는 절차에 의해 상기 공개매수가 이루어진 경우에는, 상기 공개매수와 관련된 매입 등의 가격은, 상기 거래를 전제로 하여 다수 주주 등과 소수 주주와의 이해가 적절하게 조정된 결과가 반영된 것이라고 보아야 마땅하다. 그렇다면 상기 매입 등의 가격은, 전부취득조항부 종류주식의 취득일까지의 기간은 어느 정도 예측 가능하다는 점을 감안하여, 상기 취득일까지 발생할 수 있는 시장의 일반적인 가격변동에 대해서도 고려한 상태에서 결정되어 있다고 할 수 있다. 상기의 경우에 있어서 법원이, 상기 매입 등의 가격을 상기 주식의 취득가격으로서 채용하지 않고, 공개매수 공표 후의 사정을 고려한 보정을 하는 등 새로이 상기 주식의 취득가격을 산정하는 것은, 당연히 고려해야 할 사항을 충분히 고려하지 않은 채, 본래 고려하지 않아도 될 것으로 인정되는 요소를 고려하여 가격을 결정하는 것이므로($\binom{최고법원\ 2014년(許)\ 제39호\ 동\ 2015년\ 3월}{26일\ 제1소법정\ 결정\cdot民集69卷2号365頁}$), 원칙적으로 법원의 합리적인 재량을 넘어선 것이라고 하지 않을 수 없다.

　　다수 주주가 주식회사의 주식 등의 공개매수를 행하고, 그 후에 해당 주식회사의 주식을 전부취득조항부 종류주식으로 하여, 해당 주식회사가 동 주식의 전부를 취득하는 거래에서 독립된 제3자 위원회와 전문가의 의견을 구하는 등 다수 주주 등과 소수 주주와의 사이의 이해상충관계의 존재로 인해 의사결정과정이 자의적으로 되는 것을 방지하기 위한 조치가 강구되고, 공개매수에 응하지 않았던 주주가 보유하는 상기 주식도 공개매수와 관련된 매입 등의 가격과 같은 금액으로 취득한다는 뜻이 명시되어 있는 등, 일반적으로 공정하다고 인정되는 절차에 따라 상기 공개매수가 이루어지고, 그 후에 해당 주식회사가 상기 매입 등의 가격과 같은 금액으로 전부취득조항부 종류주식을 취득한 경우에는, 상기 거래의 기초가 된 사정에 예기치 못한 변동이 발생하였다고 인정하는데 충분한 특별한 사정이 없는 한, 법원은 상기 주식의 취득가격을 상기 공개매수에서의 매입 등의 가격과 같은 금액으로 하는 것이 상당하다.[16]

3. 判例의 分析

(1) 본 결정의 의의

본 사안은 완전자회사로 만들기 위해 다수 주주가 추진한 공개매수와 전부취득조항부 종류주식의 전부취득이라고 하는 2단계 매수가 이루어진 상황에서, 소수 주주가 해당 주식의 취득가격의 결정을 요청한 내용이다. 제1심 및 이를 지지한 원심은 「해당 주식의 가격을 결정함에 있어서, 취득일 현재의 해당 주식의 객관적 가치에 더하여, 강제적 취득에 따라 상실되는 향후의 주가상승에 대한 기대를 평가한 증가가치분배가격을 고려하는 것이 타당하다」라는 판단을 제시하였다.

이에 대하여 본건 최고법원 결정은, 「공정한 절차에 따라 공개매수가 이루어지고, 그 후에 매수가격과 같은 금액으로 전부취득조항부 종류주식을 취득한 경우에는, 특별한 사정이 없는 한 상기 주식의 취득가격이 본건 매수가격과 같은 금액이다」라는 판단을 하고, 원심결정을 파기하여 자판한 다음에 제1심을 취소하였다. 제1심과 원심의 판단은 전부취득조항부 종류주식의 취득가격결정에 관한 종래의 판례를 계승하고 있는데, 본 결정은 "주식 등의 공개매수 이후에" 해당 주식의 취득가격을 결정하는 것과 관련하여, 종래의 판례와는 다른 판단기준을 제시한 최고법원의 판례로서 이론적인 중요성뿐만 아니라, 실무에 미치는 영향이 클 것으로 예상된다.

본 결정과 같이 재판상 일정한 조건 하에 회사가 사전에 결정한 공개매수가격과 주식의 취득가격이 같은 것을 존중하는 법적 구성을 하면, 법원의 부담은 경감될 것이지만, 개별 사안마다 시장 전체의 주가동향을 반영하여

---

16) 본 결정에서는 법정의견 이외에 고이께 히로시(小池 裕) 재판관의 보충의견이 있었다.

보정을 하고 주식의 객관적 가치를 산정하는 법원재량의 여지가 없어지는 한편, 주식의 취득가격에 대한 관련 당사자의 예측이 가능해지며, 특히 회사가 부담하는 주식취득비용의 총액을 미리 파악할 수 있을 것이다.

(2) 제1심 및 원심 결정의 판단 내용

제1심 결정에서는 회사법 제172조 제1항에 따라 전부취득조항부 종류주식의 취득가격결정이 요청된 경우에, 법원이 결정하게 될 가격은 주식매수청구의 경우와 마찬가지로 '공정한 가격'을 의미하는 것으로 보았다. 그리고 「법원이 공정한 가격을 결정함에 있어서 ① 본건 거래가 이루어지지 않았다면 주주가 향유할 수 있는 객관적 가치와, ② 본건 거래 이후에 증가할 것으로 기대되는 가치 중에서 기존 주주가 향유하는 것이 마땅한 부분(증가가치분배가격)을 고려하는 것이 타당하다」는 판단을 제시하였다.

또한, 제1심은 「① 2013년 7월 2일부터 같은 해 8월 1일까지의 회귀분석에 따른 예상주가의 평균값인 10만 4천 165엔을, 본건 취득일 현재의 본건 주식의 객관적 가치로 인정하는 것이 타당하고, ② 증가가치분배가격은 본건 주식의 객관적 가치에 대하여 25%로 인정하는 것이 타당하며, ③ 결국 상기 ①과②에 따라 본건 주식의 취득가격을 13만 206엔으로 하는 것이 마땅하다」라는 결론을 내리고 있다.

상기 ①의 본건 주식의 객관적 가치의 산정은, 평가시점인 본건 취득일(2013년 8월 2일)보다도 9개월 이상 앞선 시점(2012년 10월 19일 이전)[17]의 시장주가를 이용하는 등의 상황들을 반영하고, 회귀분석에 의한 보정을 하였다.[18] 그리고 원심에서도 제1심의 결정이 타당하다고 하면서 X 등의 항고를 기각하였다. 법원이 회귀분석에 따라 보정을 한 배경에는, 2012년 12월 이후 일본 정부의 아베노믹스에 의한 효과로 인하여 시장 전체의 주가가 높아졌

---

17) 2012. 10. 20. A사와 B사가 본건 주식을 공개매수에 의해 매입하고 본건 주식을 상장폐지 한 이후에, Y사가 D사(Japan Cable Net)를 매수할 계획을 가지고 있다는 보도가 있었다. 그리하여 제1심은 평가기준점인 본건 취득일(2013. 8. 2.)에 가장 근접한 상기 보도의 전날인 10. 19. 이전의 시장주가 데이터를 토대로 하여, 회귀분석방법에 따라 본건 취득일 현재의 본건 주식에 대한 객관적 가치를 평가하였다.

18) 회귀분석이란 여러 가지 변수 사이의 상관관계를 분석하고 정량화하기 위한 통계적 방법을 가리키는데, 회귀분석방법을 채용한 판례로는 본건 제1심 이외에도, 東京高決 2010·10·19金判1354號14頁(インテリジェンス事件東京高決)와 東京地決 2015·3·25金判1467號34頁(東宝不動産事件東京地決) 등이 있다.

다고 하는 사정이 있었다.

(3) 본 결정의 판단 내용

제1심이 제시한 공정한 가격의 판단에 관한 내용은 렉스 홀딩스 사건 (이하 '렉스사건'이라 한다)에 대한 도쿄고등법원의 결정과 최고법원 결정 중 다와라(田原睦夫)재판관의 보충의견 등을 그대로 따른 것으로 보이는데, 본 결정에서는 공정한 절차에 따라 공개매수가 이루어지고, 그 후에 매수가격과 같은 금액으로 전부취득조항부 종류주식을 취득한 경우에는, 특별한 사정이 없는 한 상기 주식의 취득가격이 본건 매수가격과 같은 금액이라는 판단을 내렸다. 그 근거로는, 본건 매수가격이 전부취득조항부 종류주식의 취득일까지 발생할 수 있는 시장의 일반적인 가격변동을 반영한 상태에서 결정된 것이기 때문에, 당연히 고려해야 할 사항이라고 보았다.

렉스사건도 본건 사안과 마찬가지로 매수대상회사의 주식을 공개매수한 후에, 전부취득조항부 종류주식의 취득이 이루어진 2단계 매수에서, 해당 주식의 취득가격 결정의 신청이 이루어진 사안이다. 두 사안의 경우, 기업매수의 목적이 MBO(경영자에 의한 기업매수)라는 점(렉스사건)과 완전자회사화(본건)라고 하는 차이는 있지만, 다수 주주 등과 소수 주주와의 사이에 이해상충관계가 존재한다는 점에서는 같다. 그런데 본 결정에서 종래의 판례나 다와라 보충의견 등과 다른 판단을 내린 이유는, 인정사안의 차이에 기인한 것으로 보인다.

첫 번째로, 본건 사안에서는 본건 공개매수를 실시하는 뜻을 공표하는 내용에 본건 주식을 공개매수의 매수가격과 같은 금액으로 취득한다는 뜻이 선언되어 있지만, 렉스사건에서는 공개매수 실시에 대한 공표 후의 보도자료 (press release)에서 취득대가는 공개매수의 매수가격을 기준으로 하여 산정된 금액으로 할 예정이라고 공표되어 있어서, 공개매수 실시 전에 취득대가가 매수가격과 같은 금액으로 될 것이라고 확약된 상태는 아니었다.

두 번째로, 렉스사건에서는 공정한 절차 등을 통해서 매수가격이 결정된 것으로 인정되고 있지는 않으며, 다와라 보충의견에서는 고등법원의 결정을 고려한 다음에 본건 MBO의 문제점에 대한 지적을 하였는데, 그 내용은 다음과 같다. 즉, 본건 MBO에서 매수 등의 가격을 산정함에 있어서 참고한 제3자에 의한 평가서, 의견서 등이 공개되지 않았고, 공개매수자의 보도자료와 렉스의 주주에 대한 통지에는 'MBO보고서'19)에서 회피할 필요가 있는 것으로서 언급된 '강압적인 효과'에 해당할 여지가 있는 표현들이 사용되고 있으며, 더구나 본건 MBO의 실현을 염두에 두고 결산내용을 하향으로 유도하려는 의도의 회계처리를 하고 특별손실을 계상한 것은 부정할 수 없다고 하였다.

한편, 본 결정은 본건 공개매수에서는 공정한 절차 등을 통해 매입 등의 가격이 결정된 것이라고 인식하고 있다. 즉, ① 독립된 제3자 위원회와 전문가의 의견을 구하는 등 의사결정과정이 자의적인 것이 되지 않도록 하는 조치가 강구되었고 ② 공개매수에 응하지 않은 주주가 보유하는 상기 주식도 공개매수와 관련된 매입 등의 가격과 같은 금액으로 취득한다는 뜻이 명시되어 있는 등 일반적으로 공정하다고 인정되는 절차에 따라 공개매수가 이루어졌으며, ③ 그 후에 해당 주식회사가 상기 매입 등의 가격과 같은 금액으로 전부취득조항부 종류주식을 취득한 경우에는, 거래의 기초가 된 사정에 예기치 않은 변동이 발생하였다고 인정할 만한 '특별한 사정'이 없는 한, 상기 주식의 취득가격을 상기 공개매수에서의 매입 등의 가격과 같은 금액으로 하는 것이 타당하다고 법원은 판단하고 있다. 이러한 판단은 본건과 같이 다수 주주 등과 소수 주주와의 사이에 구조적인 이해상충관계가 존재하는 경우라도, 일반적으로 공정하다고 인정되는 절차에 따라 다수 주주 등과 소수 주주와의 이해가 적절하게 조정되고, 주식의 매입가격이 공정하게 결정된 것으로 인정된 경우에는, 원칙적으로 이러한 절차를 통해서 결정된 가격을 존중해야 마땅하다는 입장을 표명한 것이다.

본 결정의 판단내용에 비추어보면, 상기 ①부터 ③까지의 조건들은 주식의 취득가격을 매수가격과 같은 금액으로 인정하기 위한 필수조건이라고 할 수 있으므로, 만일 이들 중 어느 하나의 조건이라도 충족되지 아니한 경우에는 다와라 보충의견 등을 반영하여 본건 제1심에서 제시된 내용들을 채용할 가능성이 있어 보인다.

---

19) 이 MBO보고서는 경제산업성의 위촉에 의한 기업가치연구회의 '기업가치의 향상 및 공정한 절차 확보를 위한 경영자에 의한 기업매수(MBO)에 관한 보고서(2007년 8월 2일)'를 가리킨다.

(4) 본 결정의 적용범위

공개매수를 먼저 실시하는 Cash-out의 수법으로서는 전부취득조항부 종류주식의 취득 외에도, 금전을 대가로 하는 조직재편행위(합병 및 주식교환 등)가 있다. 그리고 매수자가 공개매수를 통해 대상회사의 전체 주주 의결권의 90% 이상을 취득한 경우에는 특별지배주주의 주식 등 매수청구제도 (회사법 제179조 이하) 또한 이용할 수 있다. 이러한 기업재편거래에서도 일반적으로 공정하다고 인정되는 절차에 따라 공개매수가 이루어지고, 그 후에 회사가 매수가격과 같은 금액으로 주식을 취득하는 사안에 대해서는 본 결정의 판단 내용을 적용하면 될 것으로 본다.

4. 우리나라 參照判例

◎ 대법원 2006. 11. 23. 자 2005마958, 959, 960, 961, 962, 963, 964, 965, 966 결정 [반대주주에 대한 주식매수가액결정 신청]

[1] 회사의 합병 또는 영업양도 등에 반대하는 주주가 회사에 대하여 비상장주식의 매수를 청구하는 경우, 그 주식에 관하여 객관적 교환가치가 적정하게 반영된 정상적인 거래의 실례가 있으면 그 거래가격을 시가로 보아 주식의 매수가액을 정하여야 할 것이나, 그러한 거래사례가 없으면 비상장주식의 평가에 관하여 보편적으로 인정되는 시장가치방식, 순자산가치방식, 수익가치방식 등 여러 가지 평가방법을 활용하되, 비상장주식의 평가방법을 규정한 관련 법규들은 그 제정 목적에 따라 서로 상이한 기준을 적용하고 있으므로, 어느 한 가지 평가방법(예컨대, 증권거래법 시행령 제84조의7 제1항 제2호의 평가방법이나 상속세 및 증여세법 시행령 제54조의 평가방법)이 항상 적용되어야 한다고 단정할 수는 없고, 당해 회사의 상황이나 업종의 특성 등을 종합적으로 고려하여 공정한 가액을 산정하여야 한다. 한편, 비상장주식에 관하여 객관적 교환가치가 적정하게 반영된 정상적인 거래의 실례가 있더라도, 거래 시기, 거래 경위, 거래 후 회사의 내부사정이나 경영상태의 변화, 다른 평가방법을 기초로 산정한 주식가액과의 근접성 등에 비추어 위와 같은 거래가격만에 의해 비상장주식의 매수가액으로 결정하기 어려운 경우에는 위와 같은 거래가액 또는 그 거래가액을 합리적인 기준에 따라 조정한 가액을 주식의 공정한 가액을 산정하기 위한 요소로 고려할 수 있다.

[2] 영업양도 등에 반대하는 주주의 주식매수청구에 따라 비상장주식의 매수가

액을 결정하는 경우, 특별한 사정이 없는 한 주식의 가치가 영업양도 등에 의하여 영향을 받기 전의 시점을 기준으로 수익가치를 판단하여야 하는데, 이때 미래에 발생할 추정이익 등을 고려하여 수익가치를 산정하여야 한다. 그러나 당해 사건에서 미래의 수익가치를 산정할 객관적인 자료가 제출되어 있지 않거나, 수익가치가 다른 평가방식에 의한 요소와 밀접하게 연관되어 있어 별개의 독립적인 산정요소로서 반영할 필요가 없는 경우에는 주식매수가액 산정 시 수익가치를 고려하지 않아도 된다.

　　[3] 시장가치, 순자산가치, 수익가치 등을 종합적으로 반영하여 비상장주식의 매수가액을 산정하는 경우, 당해 회사의 상황이나 업종의 특성, 개별 평가요소의 적정 여부 등 제반 사정을 고려하여 그 반영비율을 정하여야 한다.

Ⅵ. 第6主題

◎ 理事解任 議案이 否決된 경우의 株主總會決議 取消請求訴訟의 適否

　○ 사건번호 : 平成27年(受)第1431號
　○ 사건명 : 주주총회결의취소청구사건 (2016. 3. 4. 최고법원 제2소법정 판결)
　○ 참고법령 : 회사법 제831조 제1항

1. 事案의 槪要

(1) 사실관계

　　Y회사(피고, 항소인, 피상고인)는 비(非)이사회설치회사로서 그 주주는 Z(150주), X1(75주), X2(75주)의 3명[X1과 X2가 원고, 피(被)항소인, 상고인(이하, 'X 등'이라 한다)]이며, 이들 3명 모두 Y회사의 대표이사이다. 2014. 5. 19. Z가 단독으로 X 등의 이사해임을 목적으로 하는 임시주주총회(본건 주주총회)를 소집하였는데, 해당 총회에서는 이사해임 의안이 부결되었다. 그리하여 Z는 X 등의 이사해임의 소($\frac{회사법}{제854조\ 1항}$)를 제기하였다(본건 이사해임의 소). 이에 대해 X 등이 본건 주주총회의 이사해임 부결과 관련하여 소집절차의 하자를 이유로 총회결의취소청구소송($\frac{회사법\ 제831조}{1항\ 1호}$)을 제기하였다. Y회사(Z가 대표)는 총회의 소집절차에는 하자가 없었으며, 이사해임 의안이 부결된 결의에는 취소소송에 따라 변동될만한 법률관계가 발생하지 않았기 때문에, 본건 소송에는 소의 이익이 없다고 주장하였다.

(2) 소송의 경과

제1심(후쿠오카지방법원판결
福岡地判2014·11·28)에서는 본건 주주총회의 이사해임결의가 취소될지 어떨지 여부에 따라 본건 이사해임의 소가 그 요건을 구비하는지 아닌지 여부가 좌우되는 관계에 있다는 이유로 소의 이익을 긍정한 다음에, 본건 주주총회의 소집절차에 하자가 있었다고 보고, 이사해임의 부결결의를 취소하였다. 한편, 원심(후쿠오카고등법원판결
福岡高判2015·4·22)에서는 「결의취소의 소의 대상이 되는 '주주총회 등의 결의'란 제3자에 대해서도 효력을 가지는 결의를 말한다고 해석하는 것이 타당하므로, 주주총회 등의 결의가 제3자에 대해서도 효력을 가지기 위해서는 형성력을 가지는 사항을 내용으로 하는 의안이 주주총회 등에서 소정의 절차를 거쳐 가결될 필요가 있으며, 그러한 내용의 의안이라 하더라도 그것이 부결된 경우에는 해당 의안이 제3자에 대해서 효력을 가질 여지는 없기 때문에, 회사법 제831조의 '주주총회 등의 결의'에는 해당되지 아니하고 소의 이익이 없다」라고 하면서, 제1심 판결을 취소하고 소를 각하하였다. 이에 대해 X 등이 상고하였다.

2. 判決의 要旨 - 上告棄却

회사법은 회사의 조직에 관한 소에 대한 제 규정을 두고(회사법
제828조 이하), 하자가 있는 주주총회 등의 결의에 대해서도 그 결의가 있은 날로부터 3개월 이내에 한하여 소로써 취소를 청구할 수 있다는 뜻을 규정하여 법률관계의 안정을 도모하며(회사법
제831조), 아울러 해당 소에 있어서의 피고, 인용판결의 효력이 미치는 범위, 판결의 효력 등도 규정하고 있다(회사법 제834조
부터 839조까지). 이러한 규정은 주주총회 등의 결의에 따라 새로운 법률관계가 발생하는 것을 전제로 하는 것이다. 그러한 바, 일반적으로 어느 의안을 부결하는 주주총회 등의 결의에 따라 새로운 법률관계가 발생하는 일도 없고, 해당 결의를 취소함으로써 새로운 법률관계가 발생하는 것도 아니기 때문에, 어느 의안을 부결하는 주주총회 등의 결의의 취소를 청구하는 소는 부적법하다고 해석하는 것이 타당하다. 이것은 해당 의안이 임원을 해임하는 내용의 것이었던 경우에도 다르지 아니하다.

[치바(千葉勝美) 재판관의 보충의견]

의안이 주주총회에서 부결된 경우에는 해당 의안이 인정되지 않았던 것이기 때문에, 의안이 제출되기 이전과 마찬가지 상태가 계속되게 되어 조직적으로도 제3자에 대해서도 해당 의안의 성립에 따른 새로운 법률관계가 형성되는 일은 없다. 이러한 점에서 보면, 부결의 결의에 대해서는 그 효력을 부정하기 위한 절차를 한정한다든지, 법률관계가 다수 형성되기 전까지 소를 제기하지 않으면 제소를 허용하지 않기로 하는 시간적 제한을 둔다든지, 취소 등의 소에 대한 특별한 각종 규제를 마련할 필요는 없다고 해야 한다. 즉, 부결의 결의에 대해서는 상기의 각 규제를 가할 이유가 없고, 그러한 의미에서 일반적으로 회사법 제831조 소정의 주주총회의 결의에는 해당되지 않는다고 할 수밖에 없으며, 부결된 결의의 취소를 구하는 소송은 동법이 상정하지 않고 있으므로, 허용되지 않는 것으로서 부적법한 것으로 된다.

부결의 결의가 이루어진 것이 어떠한 법률효과의 발생요건으로 되어 있는 것과 같은 사례가 상정되지 않는 것은 아니며, 그렇다면 해당 법률효과의 발생을 부정하기 위하여 이를 취소할 법률상의 이익을 생각할 여지가 생겨날 것 같이 느껴진다. 그러나 그것은 부결의 결의 그 자체에서 해당 법률효과가 발생하는 것이 아니고, 다른 법적인 규정에서 의안이 부결되는 것을 요건으로 하여 법적 효과를 발생시키는 제도를 만든 것으로써, 효과의 발생을 다툰다고 하면, 부결된 결의를 취소하는 것이 아니며, 해당 규정의 적용에 있어서는 취소사유가 될 만한 절차상의 하자가 있는 부결의 결의가 이루어지더라도, 그것은 효과발생요건으로서의 부결의 결의에는 해당하지 않거나, 혹은 부결되었다고 볼 것은 아니라는 등의 합리적이고 유연한 해석을 함으로써 그 적용을 부정하고, 법률효과의 발생을 부정하는 등의 처리가 가능할 것으로 본다.

3. 判例의 分析

(1) 본 판결의 의의

본 판결은 최고법원이 이사해임의 의안이 주주총회에서 부결된 경우에, 이것이 총회결의취소청구소송($\frac{회사법}{제831조\ 1항}$)의 대상이 되지 아니한다는 것을 명시한 이론적으로 중요한 판결이다. 종래에는 주주총회결의 의안의 부결(이하, '부결결의'라 한다)이 결의취소청구소송의 대상이 되는지에 대해서는, 학설과 판례에서 주주제안에 따른 의안의 부결결의가 문제가 되는 경우가 많았는데, 본 판결에서는 이사해임 의안의 부결결의가 문제가 되어 있다. 그러나 그러한 판시는 의안의 내용을 불문하고, 일반적으로 타당할 것으로 생각된다. 또한, 원심에서는 소의 이익이 부정되었지만, 본 판결은 소 자체가 부적법하다고 보았다.

(2) 이전의 판례와 학설

의안의 부결결의가 결의취소청구소송의 대상이 되는지에 대해서는, 종래에도 몇 개의 판례가 존재하는데, ① 야마가타 지방법원 판결($\frac{山形地判}{1989 \cdot 4 \cdot 18}$)은 주주제안 의안이 부결되어 해당 주주가 부결결의의 부존재확인 내지 취소를 구한 것에 대하여, 해당 청구의 인용판결이 이루어진 경우에, 회사는 다시 주주총회를 소집하여 해당 의안을 심의하고 공정한 방법으로 결의를 해야만 하는 의무를 부담하기 때문에, 공정한 심의의 장을 요구하는 것에 대해서 법률상의 이익이 없다고 할 수 없다고 판시하였다.

그리고 ② 도쿄지방법원 판결($\frac{東京地判}{2002 \cdot 2 \cdot 21}$)은 주주제안의 의안이 부결되어 해당 주주가 부결결의의 취소를 청구한 것에 대하여, 특히 소의 적부를 판단하지 않은 채로 청구기각의 판단을 하고 있다. 한편, ③ 도쿄지방법원 판결($\frac{東京地判}{2009 \cdot 12 \cdot 15}$)은 이사선임 의안이 부결되어 해당 후보자인 주주가 해당 부결결의의 취소를 청구한데 대하여, 「일반적으로 어느 의안을 부결하는 결의에 따라 새로운 법률관계가 형성되지는 않고, 해당 결의를 취소함으로써 새로운 법률관계가 발생하는 것이 아니기 때문에, 특별한 사정이 없는 한 부결 결의의 취소를 청구하는 소는 소의 이익이 없다고 보아야 한다」고 판시하였고, ④ 도쿄지방법원 판결($\frac{東京地判}{2011 \cdot 4 \cdot 14}$)은 주주제안 의안이 부결되어 해당 주주가 부결결의의 취소를 청구한 것에 대해서, 「주주총회결의의 취소의 소의 대상이 되는 결의란, 정족수를 충족하고 의안에 대한 법정의 다수의 찬성으로 성립한 것을 말하며, 의안이 부결되었다는 것은 결의가 성립되지 않았다는 것으로서, 처음부터 결의취소의 소의 대상이 되는 결의에는 해당되지 않기 때문에, 부결의 취소를 청구하는 소는 정형적으로 소의 이익이 없다」고 판시하였으며, 그 항소심인 도쿄고등법원 판결($^{東京高判}_{2011 \cdot 9 \cdot 27}$)도 「주주총회결의취소의 소의 대상이 되는 것은 제3자에 대해서도 그 효력을 가지는 것을 가리키고, 형성력을 발생시키는 사항을 내용으로 하는 의안이 주주총회에서 소정의 절차를 거쳐 가결될 필요가 있으며, 그러한 의안이라고 해도 이것이 부결된 경우에는 해당 의안이 제3자에 대해서 그 효력을 가질 여지가 없기 때문에, 본건 부결의 취소를 청구하는 소는 부적법하다」고 판시하였다.

학설상으로는 특히 주주제안에 따른 의안의 부결결의에 대해 긍정설과 부정설이 대립하고 있는데, 긍정설의 근거로서 주주제안권의 실효성 확보가 거론되고 있다.

(3) 판례의 검토

(가) 부결결의의 의의

본건 판결내용에서는 부결결의란 어느 의안을 주주총회가 부결하는 결의라고 정의하고 있는데, 이것에는 유의할 점이 있다. 첫째, 이 정의에서는 일단 주주총회 자체는 정족수를 충족하여 성립되고 있을 것이 전제되어(정족수 요건의 충족) 있지만, 결의에 필요한 다수의 찬성을 얻지 못한 경우(다수결 요건의 부족)를 상정하고 있는 것처럼 보인다. 그런데 회사법 제854조 1항 본문의 '부결'에 대해서는, 정족수 요건을 채우지 못해서 결의가 성립하지 못한 경우가 포함된다고 이해되고 있으며, 판결의 취지도 그러한 경우를 배제하는 취지는 아닐 것이다(본건도 그러한 사안으로 보인다).

둘째, 객관적 사실로서 다수결 요건을 충족하지 못한 경우라고 하더라도, 어떠한 사정으로 회사(대표자)가 결의가 성립한 것으로 취급하고 있는 경우에는, 총회결의 자체가 부존재(불성립)는 아니며, 결의취소청구소송의 대상이 된다고 이해되고 있다. 따라서 엄밀히 말하면, 다수결 요건의 미충족 뿐만 아니라 어떠한 사정으로 결의가 적법하게 성립되지 않은 상태에서, 회사가 결의가 성립하지 않은 것으로 취급하고 있는 경우가 여기서 말하는 부결결의가 될 것으로 생각된다.

(나) 부결의안의 결의를 취소할 필요성

일반적으로는 부결결의에 의해서는 새로운 법률관계가 형성되는 일은 없으며, 또한 이를 취소해도 결의가 성립하고 새로운 법률관계가 형성되는 일은 없기 때문에, 부결결의를 취소할 의미가 없다. 그러나 특정한 경우에는 어느 의안이 부결된 것이 다른 조문에서 일정한 법률효과를 가져오는 요건이 되는 경우가 있는데, 이러한 경우에 부결결의를 취소하는 것은 해당 요건이 충족되어 있지 않다는 것을 주장하기 위한 전제가 되는 것처럼 보이는 경우가 있다. 그러한 경우에는 종래부터 주주의 의안제안권($\binom{회사법\ 제304조}{\cdot 305조}$)의 행사를 저해하는 요건이 논의되어 왔다.

더욱이 본건에서는 이사해임의 소($\binom{회사법}{제854조\ 1항}$)의 요건으로서 "해당 임원을 해임하는 뜻의 의안이 주주총회에서 부결된 때"라고 규정되어 있는 것이 문제가 되었다. X 등은 본건 이사해임 의안의 부결결의를 취소함으로써, 본건 이사해임의 소의 요건이 충족되지 않았다는 것을 해당 소송에서 주장할 수 있다는 전제에서, 본건 부결결의를 취소하는 소의 이익이 있다고 주장하였다. 이러한 경우에 부결결의의 성립과정에 결의취소사유($\binom{회사법\ 831조}{1항\ 각호}$)에 상당하는 하자가 있고, 부결결의가 적법하게 이루어지지 않았으며, 더구나 다른 조문에서의 요건이 충족되어 있지 않다는 것을 주장하기 위해서, 부결결의가 판결을 통해 취소되는 것이 필요하다고 한다면, 틀림없이 그러한 부결결의를 취소할 법적 이익이 인정된다. 본건 제1심은 그러한 입장에 선 것으로 보인다. 그러나 부결결의에 하자가 있어서 결의가 적법하게 이루어지지 않았다는 것은, 취소판결을 청구할 필요까지도 없고 별도의 소에서 자유롭게 주장할 수 있다면, 부결결의의 취소청구소송을 인정할 필요가 없다는 결론이 나온다. 구체적으로는, 회사법 제854조 1항의 적용에서 해당 임원을 해임하는 뜻의 의안이 주주총회에서 적법하게 부결되지 않았다는 것을 주장할 수 있다면, 부결결의의 취소청구소송을 인정할 필요가 없다는 얘기가 된다. 치바(千葉勝美) 재판관의 보충의견도 그런 취지로 보인다.

그런데 총회결의취소소송은 형성소송이므로, 취소사유가 있더라도 별도의 소의 공격방어방법으로서 결의의 효력을 주장할 수는 없고, 단지 취소사유에 해당하는 사실의 존재 자체가 별도의 소에서 공격방어방법으로서 주장되는 것만 가능하다고 해석되고 있다. 그것은 총회결의 성립을 전제로 하여 수많은 법률관계가 진행되는 성질을 고려하면, 취소사유라고 하는 비교적 경미한 하자가 있는 총회결의의 효력을 부정하는 것이 이해관계인에 대한 영향이 크기 때문에, 이를 주장하는 방법을 제한하고 빠른 안정을 도모하기 위해서 3개월 이내의 제소를 통한 형성소송으로 하였기 때문이다. 그러나 부결결의가 있었던 사실을 부정하는 경우에는, 부결결의 그 자체가 어떠한 효력을 발생시키는 것은 아니기 때문에, 그러한 이해관계인에 대한 중대한 영향은 인정되지 않으며, 부결결의에 대한 효력의 부정을 별도의 소에서 공격방어방법으로서 주장하는 것을 제한할 필요는 없을 것으로 생각된다. 이처럼 해석하는 경우에는 그러한 부결결의에 취소사유에 해당하는 하자가 존재한다고 하는 사실의 주장이 결의일로부터 3개월 이내로 제한되지 않는다는 결과가 되고, 법률관계의 조속한 안정이 필요하지 않다는 얘기처럼 되는데, 이사해임의 소는 부결결의가 있은 날로부터 30일 이내에 제기하여야만 하기 때문에 그다지 문제는 없을 것으로 생각된다.

　　따라서 일반적으로는 부결결의의 효력부정과 관련하여, 그 주장방법을 제한하기 위하여 결의취소청구소송의 대상으로 할 필요는 없어 보인다.

(다) 부결의안의 결의를 취소가 가지는 유용성

　　이사해임의 소에서 피고인 이사는 이사해임 부결결의가 적법하게 이루어지지 않았다는 것을 자유로이 주장할 수 있다고 하더라도, 이사해임 의안의 부결결의에 대한 취소판결이 확정되어 있다면, 그 효력은 이사해임의 소의 원고인 주주에게도 미치기 때문에(회사법 838조), 해당 이사해임의 소의 요건의 미비로 인한 각하판결을 얻을 수 있다. 따라서 이사해임 의안의 부결결의의 취소판결에는 일정한 유용성이 존재한다고 볼 수도 있다. 그러나 그것은 요건이 미비하다는 증명이 용이하다는 사실상의 이익에 불과하다. 또한 그러한 이익을 근거로 하여 부결결의의 취소청구소송을 인정한다고 하면, 부결결의의 부정은 별도의 소에 있어서의 공격방어방법이나 취소청구소송으로서도 주장할 수 있다는 결과가 되고, 해당 소송이 일종의 확인소송의 성격을 띠게 될 것으로 보인다. 따라서 이사해임 부결결의의 부정은 취소청구소송에 의할 것이 아니며, 부결결의의 취소판결이 없더라도 이사해임의 소에 있어서 피고인 이사는 부결결의에 하자가 있고 그 요건이 충족되어 있지 않다는 주장이 얼마든지 가능하다고 생각된다.

4. 우리나라 參照判例

◎ 대법원 2007. 6. 28. 선고 2006다62362 판결 [주주총회결의취소]

[1] 상법 제408조 제1항이 규정하는 회사의 '상무'라 함은 일반적으로 회사에서 일상 행해져야 하는 사무, 회사가 영업을 계속함에 있어서 통상 행하는 영업범위 내의 사무 또는 회사경영에 중요한 영향을 주지 않는 통상의 업무 등을 의미하고, 어느 행위가 구체적으로 이 상무에 속하는가 하는 것은 당해 회사의 기구, 업무의 종류·성질, 기타 제반 사정을 고려하여 객관적으로 판단되어야 할 것인바, 직무대행자가 정기 주주총회를 소집함에 있어서도 그 안건에 이사회의 구성 자체를 변경하는 행위나 상법 제374조의 특별결의사항에 해당하는 행위 등 회사의 경영 및 지배에 영향을 미칠 수 있는 것이 포함되어 있다면 그 안건의 범위에서 정기총회의 소집이 상무에 속하지 않는다고 할 것이고, 직무대행자가 정기주주총회를 소집하는 행위가 상무에 속하지 아니함에도 법원의 허가 없이 이를 소집하여 결의한 때에는 소집절차상의 하자로 결의취소사유에 해당한다.

[2] 주식회사의 원시정관은 공증인의 인증을 받음으로써 효력이 생기는 것이지만 일단 유효하게 작성된 정관을 변경할 경우에는 주주총회의 특별결의가 있으면 그때 유효하게 정관변경이 이루어지는 것이고, 서면인 정관이 고쳐지거나 변경 내용이 등기사항인 때의 등기 여부 내지는 공증인의 인증 여부는 정관변경의 효력발생에는 아무 영향이 없다.

2018年 日本 最高裁判所의 主要 商事判例 回顧[*]

姜 永 起^{**}

Ⅰ. 第1主題

◎ 金融商品去來法 第18條 第1項에 따른 損害賠償請求訴訟에서 民事訴訟法 第248條가 類推適用되는지 與否 (肯定)

　○ 2018年 10月 11日 最高法院 第1小法廷 判決 (上告棄却)
　○ 사건번호 : 平成29年(受)第1496號
　○ 사건명 : 각 손해배상청구사건

1. 事案의 槪要

(1) 사실관계

Y(피상고인)는 기계사업, 항공·우주사업 등을 영위하는 도쿄증권거래소 제1부 상장회사(2007년 石川島播磨重工業에서 IHI로 명칭을 변경)다. Y는 2006년 12월 15일 연결중간순손익액을 28억 1,700만 엔으로 한 2006년 9월 중간기 반기(半期)보고서(이하, '본건 반기보고서'라 한다)를 간토(關東)재무국장에게 제출하고 2007년 1월에는 본건 반기보고서를 참고서류로 한 유가증권신고서와 발행등록추보(追補)서류에 따른 주식의 모집(일반모집에서 559억 엔 규모, 제3자 배정증자로 80억 엔 규모)과 사채의 모집(300억 엔 규모)을 하였다.

2007년 6월 27일 Y는 연결순손익액을 158억 2,500만 엔의 이익으로 기

---

　* 제4회 상사실무연구회 발표 (2019년 6월 12일)
　　본고에서 소개된 것은 2017년 12월부터 2018년까지의 주목할 만한 최고법원 판례임.
　** 고려대학교 법학연구원 연구교수

재한 유가증권보고서(이하, '본건 유가증권보고서'라 하고, 앞의 반기보고서와
함께 '본건 각 보고서'라고 한다)를 간토(關東)재무국장에게 제출하였는데,
2007년 9월 28일의 실적 적시공시(이하, '본건 실적예상'이라 한다)에서 영업
이익 570억 엔의 하향수정과 함께 280억 엔의 영업손실가능성을 공표하였다
(이하, '본건 공표'라 한다). 본건 각 보고서의 허위기재와 관련하여 Y는 '증권
거래 등 감시위원회'의 권고에 따라 금융청으로부터 과징금납부명령을 받고,
약 16억 엔의 과징금을 납부하였다. Y의 주식을 보유한 X등(상고인, 192명의
주주)이 본건 각 보고서의 허위기재로 손해를 입었다고 주장하며 Y사의 주
식을 유통시장에서 취득한 주주(A유형주주)는 금융상품거래법 제21조의2 등
을 근거로, 발행시장에서 취득한 주주(B유형주주)는 금융상품거래법 제18조
와 제19조 등을 근거로, Y에 대해 손해배상청구소송을 제기하였다.

(2) 소송의 경과

제1심 판결(東京地判平26·11·27)은 청구의 일부를 인용하였고, 원심
(東京高判平29·2·23)도 일부변경은 있었지만 제1심 판결과 거의 동등한 판
단을 하였다. 원심은 B유형 주주의 손해와 관련하여 금융상품거래법 제19조
와 민사소송법 제248조를 유추적용하고 본건 공표가 이루어진 날까지의 주
가하락분의 차액과 본건 실적예상의 하향수정 등을 다른 사정에 따른 주가
하락분으로 하여 취득가액에서 60% 공제한 금액으로 하였다. 본건 최고법원
이 언급한 상고이유에서는, Y의 주식을 모집 등을 통해 취득한 X등은 금융
상품거래법 제18조 제1항에 의거한 손해배상청구소송에서, 민사소송법 제
248조의 유추적용으로 금융상품거래법 제19조 제2항의 배상책임이 없는 손
해액으로서 상당한 금액을 인정할 수 있다고 한 원심의 판단에는, 동조 및
민사소송법 제248조의 해석에 잘못이 있다고 주장하였지만, 본 판결은 배상
인정금액의 증액을 요구한 주주의 상고를 기각하고 140명의 주주에게 약
6,000만 엔의 지불 등을 명한 원심 판결을 확정하였다.

2. 判決의 要旨 – 上告棄却

(1) 본건은 도쿄증권거래소에 상장되어 있던 피상고인의 주식을 모집
등을 통해 취득한 상고인들이 피상고인이 제출한 유가증권신고서를 참조하

라는 뜻을 기재한 반기보고서에서 중요한 사항에 대해 허위의 기재가 있고, 이로 인해 손해를 입었다는 등의 주장을 하며 피상고인에 대해 금융상품거래법 제23조의2(참조방식에 의한 경우의 적용규정의 바꿔 읽기)에 따라 치환하여 읽음으로써 적용되는 동법 제18조 제1항에 따른 손해배상 등을 청구하는 사안이다.

(2) 논하는 바는, 금융상품거래법 제18조 제1항에 따른 손해배상청구소송에서 법원은 민사소송법 제248조의 유추적용으로 금융상품거래법 제19조 제2항의 배상책임이 없는 손해액으로서 상당한 금액을 인정할 수 있다고 본 원심의 판단에는 동조 및 민사소송법 제248조의 해석에 잘못이 있다는 뜻을 말하는 내용이다.

(3) 금융상품거래법 제18조 제1항 본문은 유가증권신고서 내용에 중요한 사항에 대해 허위의 기재가 있거나 또는 기재해야할 중요한 사항 혹은 오해를 일으키지 않도록 하는데 필요한 중요사실의 기재가 빠져 있는 때에는, 당해 유가증권신고서의 제출자가 당해 유가증권을 모집 또는 매각에 응하여 취득한 자에 대해 손해배상책임이 있다는 것을 규정한다. 동법 제19조는 동조 제1항에서 동법 제18조 제1항의 규정에 따라 배상해야할 금액을, 청구권자가 당해 유가증권의 취득과 관련하여 지급한 금액에서 동법 제19조 제1항 각호에 열거된 금액을 공제한 금액이라고 하면서, 동조 제2항에서 동법 제18조 제1항의 규정에 따라 배상책임이 있는 자는 당해 청구권자가 받은 손해액의 전부 또는 일부가 당해 유가증권신고서 내용에 중요한 사항에 대해 허위의 기재가 있거나 또는 기재해야할 중요한 사항 혹은 오해를 일으키지 않도록 하는데 필요한 중요사실의 기재가 빠져있다는 사실(이하, '허위기재 등'이라 한다)로 인해 발생할 당해 유가증권의 가격하락 이외의 사정에 의해 발생한 사실을 증명한 경우에는, 그 전부 또는 일부에 대해서 배상책임이 없다는 것을 규정한다. 이러한 규정들은 허위기재 등이 있는 유가증권신고서의 제출자에게 무과실손해배상책임을 지도록 함과 동시에 청구권자의 손해입증이 곤란하다는 점에 비추어 그 입증부담을 경감시킴으로써 청구권자에 대한 손해전보와 아울러 부실공시의 억제에 의한 증권시장의 공정성 확보를 목적으로 하여 정책적으로 마련된 것이며, 청구권자가 용이하게 입증

할 수 있는 일정한 금액의 배상책임을 지도록 할 금액으로서 법정한 상태에서, 그 금액에서 유가증권신고서의 허위기재 등과 상당인과관계가 있는 당해 유가증권의 가격하락 이외의 사정으로 발생한 사실이 배상책임이 있는 자에 의해 증명된 것을 감액하는 방식을 채용함으로써 그 목적을 실현하면서 사안에 적합한 손해배상액을 산정하려고 한 것으로 해석된다.

그렇다면 금융상품거래법 제18조 제1항의 청구권자가 받은 손해와 관련하여, 유가증권신고서의 허위기재 등으로 발생할 수 있는 당해 유가증권의 가격하락 이외의 사정으로 발생한 것이 인정되지만 당해 사정에 의해 발생한 손해의 성질상 그 금액을 입증하는 것이 매우 곤란한 경우에, 동법 제19조 제2항의 배상책임이 없는 손해액을 전혀 인정하지 않는 것은 당사자 간의 형평의 관점에서 타당하지 아니하고 상기의 취지에도 반한다고 봐야 한다.

그리고 민사소송법 제248조는 손해가 발생한 것이 인정되는 경우에, 손해의 성질상 그 금액을 입증하는 것이 매우 곤란한 때에, 그 손해액을 전혀 인정하지 않는 것은 당사자 간의 형평의 관점에서 타당하지 않기 때문에, 이러한 경우에는 법원이 구두변론의 전체 취지 및 증거조사의 결과에 따라 상당한 손해액을 인정할 수 있다고 한 것으로 해석된다.

이상에 따르면, 금융상품거래법 제18조 제1항에 따른 손해배상청구소송에서 청구권자가 입은 손해와 관련하여, 유가증권신고서의 허위기재 등으로 발생할 수 있는 당해 유가증권의 가격하락 이외의 사정으로 발생한 사실이 인정되는 경우에, 당해 사정으로 발생한 손해의 성질상 그 금액을 입증하는 것이 지극히 곤란한 때에는, 법원이 민사소송법 제248조의 유추적용으로 구두변론의 전체 취지 및 증거조사의 결과에 따라 금융상품거래법 제19조 제2항의 배상책임이 없는 손해액으로서 상당한 금액을 인정할 수 있다고 해석하는 것이 타당하다. 그리고 동법 제21조의2 제6항과 같은 규정이 동법 제19조에 없다는 사실이 이상과 같은 해석을 좌우하지는 않는다.

[재판관 深山卓也(미야마 타쿠야)의 보충의견]

금융상품거래법 제18조 제1항에 따른 손해배상청구소송에서 법원이 민사소송법 제248조의 유추적용으로 금융상품거래법 제19조 제2항의 배상책임이 없는 손해액으로서 상당한 금액을 인정할 수 있다고 한 법정(法廷)의견에 찬성하지만, 이 법정의견이 취한 해석과 동법 제21조의2 제6항(2014년 법률 제44호로 인한 개정 이전(이하, '개정 전'이라 한다)의 동조 제5항)과의 관계에 대한 보충의견은 다음과 같다.

금융상품거래법 제18조 제1항은 유가증권신고서에 허위기재 등이 있는 경우에, 당해 신고서의 제출자가 당해 유가증권을 발행시장에서 취득한 자(모집 또는 매각에 응하여 취득한 자)에 대해 부담하는 손해배상책임에 대해서 규정하고 있는데, 한편 동법 제21조의2 제1항은 유가증권보고서 등의 서류에 허위기재 등이 있는 경우에, 당해 서류의 제출자가 그 발행에 관한 유가증권을 유통시장에서 취득한 자(모집 또는 매각에 의하지 않고 취득한 자)에 대해 부담하는 손해배상책임에 대해 규정한다.

그리고 금융상품거래법 제21조의2 제3항(개정 전의 동조 제2항)은 허위기재 등의 사실이 공표된 때에, 공표일 전 1년 이내에 당해 유가증권을 취득하고 공표일까지 계속해서 보유하는 자는, 공표일 전후 1개월간의 당해 유가증권의 시장가격 평균액의 차액을, 당해 서류의 허위기재 등으로 발생한 손해액으로 할 수가 있다는 뜻을, 동조 제5항(개정 전의 동조 제4항)은 이 경우에 당해 서류의 제출자는, 청구권자가 입은 손해액의 전부 또는 일부가 당해 서류의 허위기재 등으로 발생할 수 있는 당해 유가증권의 가격하락 이외의 사정으로 발생한 사실을 증명한 때에는, 그 전부 또는 일부에 대해서 배상책임이 없다는 뜻을, 각각 규정한다. 이들 규정 중에서 동조 제3항은 동조 제1항에 따른 손해배상청구소송에서 청구권자의 입증부담을 경감하기 위해, 당해 서류의 허위기재 등의 사실이 공표되었다는 것 등 일정한 전제사실이 존재하는 경우에, 당해 서류의 허위기재 등과 손해 발생과의 인과관계 및 손해액을 법률상 추정하는 취지의 규정이며, 또한 동조 제5항은 이 추정이 적용되는 경우라도 배상책임이 있는 자가 추정을 뒤집는 반대사실, 즉 당해 서류의 허위기재 등으로 발생한 당해 유가증권의 가격하락 이외의 사정에 의한 손해의 발생 및 그 금액을 증명한 때는, 그 금액에 대해서 추정되는 손해액에서의 감액을 인정하는 취지의 규정이라고 해석된다.

더욱이 금융상품거래법 제21조의2 제6항(개정 전의 동조 제5항)은 동조 제3항의 추정이 적용되는 경우에 있어서, 당해 서류의 허위기재 등으로 발생할 수 있는 당해 유가증권의 가격하락 이외의 사정으로 인해 손해가 발생한 사실은 인정되지만, 당해 사정에 의해 발생한 손해의 성질상 그 금액을 증명하는 것이 매우 곤란한 때에는, 법원이 구두변론의 전체 취지 및 증거조사의 결과를 토대로 배상책임이 없는 손해액으로서 상당한 금액의 인정을 할 수 있다는 뜻을 규정한다.

금융상품거래법 제18조와 제19조, 제21조의2는 민법 제709조의 일반불법행위책임의 특칙으로서, 금융상품거래법이 규정하는 공시의무에 위반하여 공시서류에 허위기재 등을 한 자가 유가증권을 취득한 자에 대해 부담하는 손해배상책임에 대하여 규정한다는 점에서 공통적인 성격을 가지고 있으며, 또한 동법 제19조 제2항과 동법 제21조의2 제5항(개정 전의 동조 제4항)은 모두가 유가증권의 취득자가 제기한 손해배상청구소송에 있어서 손해액의 감면에 대한 항변을 규정한 것으로서 그 문언도 매우 유사한 상황이다. 그렇다면, 2004년 법률 제97호에 따른 증권거래법의 개정으로 금융상품거래법 제21조의2(개정 당시에는 증권거래법 제21조의2)가 신설된 당시에, 금융상품거래법 제21조의2 제1항에 따른 손해배상책임에 대해서는 동조 제5항(개정 전의 동조 제4항)의 감면에 대한 항변을 전제로 하여 동조 제6항(개정 전의 동조 제5항)의 규정이 만들어졌음에도 불구하고, 그 당시 이미 존재하고 있던 동법 제19조 제2항 감면의 항변에 대해서는 동법 제21조의2 제6항(개정 전의 동조 제5항)과 같은 규정이 마련되지 않았던 것의 의미를 어떻게 이해할 것인지가 문제가 된다.

이 점은 다음과 같이 이해할 수 있을 듯하다. 즉, 금융상품거래법 제19조 제1항과 제2항은, 제1항에서 동법 제18조의 손해배상책임에 따른 배상책임액을 법정한 다음에, 제2항에서 배상책임이 있는 자가 유가증권신고서 등의 허위기재 등으로 발생할 수 있는 당해 유가증권의 가격하락 이외의 사정에 의한 손해의 발생 및 그 금액을 증명한 때에는, 그 금액을 법정의 배상책임액에서 감액하고 구체적인 손해배상액을 산정하는 구조가 되어 있고, 법정(法廷)의견에서 보는 바와 같이, 배상책임이 있는 자가 유가증권신고서 등의 허위기재 등으로 발생할 당해 유가증권의 가격하락 이외의 사정에 의한 손해의 발생은 증명하였지만, 당해 사정으로 발생한 손해의 성질상 그 금액의 증명이 매우 곤란한 경우에는, 민사소송법 제248조의 유추적용으로 법원이 감액해야 할 손해액으로서 상당한 금액을 인정할 수 있다고 해석된다(동조의 취지에 대한 이해의 문제인데, 이 경우에 동조를 유추적용 할 것도 없이, 동조가 적용된다고 보는 견해도 있을 것이다). 이에 대해 금융상품거래법 제21조의2 제3항과 제5항은 전술한 것처럼, 제3항에서 일정한 전제사실이 존재하는 경우에 당해 서류의 허위기재 등과 손해의 발생과의 인과관계 및 손해액을 추정한 상태에서, 제5항에서 배상책임이 있는 자가 추정을 뒤집는 반대사실을 증명한 때에는 증명된 금액을 추정된 손해액에서 감액하는 구조로 되어 있기 때문에, 법률상의 사실추정을 뒤집기 위한 반대사실의 증명은 반대사실의 존재에 대해 법원에 확신을 안겨주는 본증에 의하여야 한다는 일반적인 인식을 감안하면, 배상책임이 있는 자가 당해 서류의 허위기재 등으로 발생할 당해 유가증권의 가격하락 이외의 사정에 의한 손해의 발생은 증명하였지만, 당해 사정에 의해 발생한 손해의 성질상 그 금액의 증명이 매우 곤란한 경우에, 민사소송법 제248조를 유추적용 하여 그 입증부담을 경감하는 것은 허용되지 않는다고 해석될 여지가 있다.

그래서 이 경우에, 민사소송법 제248조의 유추적용이 이루어진 것과 마찬가지로 취급된다는 것을 분명히 하기 위하여 금융상품거래법 제21조의2 제6항(개정 전의 동조 제5항)이 마련된 것으로 생각된다.

따라서 금융상품거래법 제19조에 제21조의2 제6항(개정 전의 동조 제5항)과 같은 규정을 두지 않은 것은 동법 제19조 제2항의 배상책임이 없는 손해액의 인정과 관련하여 민사소송법 제248조의 유추적용을 인정하는 해석의 장애가 되지는 아니한다고 보아야 한다.

3. 判例의 分析[1]

동 사안은 상장회사 유가증권보고서 등의 허위기재에 대한 손해배상청구소송으로서 통상 'IHI사의 허위공시사건'이라 한다. 본 판결은 발행시장 공시와 관련된 책임규정인 금융상품거래법 제18조 제1항[2]에 따른 손해배상청

---

1) 松岡啓祐, "金融商品取引法18條1項に基づく損害賠償請求訴訟において民事訴訟法248條の類推適用を肯定した事例(IHI社虛僞開示事件の上告審判決)", 「新・判例解說 Watch 商法」 No.115, TKC Law Library, (2018. 12. 21.).

2) 금융상품거래법 제18조 (허위기재가 있는 신고서의 제출자 등의 배상책임) ① 유가증권신고서 안에서 중요한 사항에 대해서 허위의 기재가 있거나 또는 기재해야 할 중요한 사항 또는 오해를 일으키지 않도록 하는데 필요한 중요한 사실의 기재가 빠져 있는 때에는, 당해 유가증권신고서의 제출자는 당해 유가증권을 당해 모집 또는 매출에 응하여 취득한 자

구소송에서 동 규정 등의 취지를 명확히 하면서 민사소송법 제248조3)의 유추적용을 통해 금융상품거래법 제19조4) 제2항의 배상책임이 없는 손해로서 상당한 금액을 인정할 수 있다고 판시하였다. 이는 발행시장의 손해배상액의 산정에서 새로운 감액기법을 긍정하고 있어서 향후의 관련소송에서 중요한 영향을 미칠 수도 있다. 본 상고심에서는 최고재판소가 변론 전에 쟁점에 대한 의견을 당사자에게 확인하는 석명을 실시하고 당사자 등이 이해하기 쉬운 재판을 지향하였다고 한다.

금융상품거래법상 공시서류의 허위기재 등에 관한 손해배상청구소송에서는 투자자의 손해발생의 인정과 구체적인 손해액의 산정이 중요한데, 손해액의 산정이 곤란한 경우에는 민사소송법 제248조가 자주 활용되고 있다. 민사소송법 제248조는 손해의 발생과 손해액의 입증이 곤란한 경우에 법원의 재량에 따른 손해액의 인정을 가능하게 하는 것으로서 독일법을 참고로 하여 1996년 개정 시에 도입되었다. 즉, 손해배상청구소송에서는 손해를 입었다고 주장하는 원고가 손해의 발생 및 손해액에 대한 입증책임을 지는데, 원고에게 분명히 손해가 발생한 사실이 인정됨에도 불구하고 구체적인 금액을 인정할 수 없음을 이유로 청구가 기각되는 결과가 되면 손해를 입은 피해자를 구제하지 못하기 때문에, 종전부터 손해의 발생이 인정되는 경우에는 법원이 일정한 손해액을 인정하는 실무가 이루어지고 학설도 이를 지지하였다. 이러한 실무운용을 고려하여 1996년 개정되어 1998년 1월 1일 시행된 민사

에 대해, 손해배상책임이 있다. 다만, 당해 유가증권을 취득한 자가 그 취득의 신청 시에 기재가 허위이거나 또는 빠져 있는 사실을 알고 있던 때에는 그러하지 아니하다.

3) 일본 민사소송법 제248조 (손해액의 인정) 손해가 발생한 사실이 인정되는 경우에 있어서, 손해의 성질상 그 액을 입증하는 것이 매우 곤란한 때에는, 법원은 구두변론의 전체 취지 및 증거조사의 결과를 토대로 상당한 손해액을 인정하는 것이 가능하다.

4) 금융상품거래법 제19조 (허위기재가 있는 신고서의 제출자 등의 배상책임액) ① 전조의 규정에 따라 배상책임을 부담할 금액은, 청구권자가 당해 유가증권의 취득에 대해서 지불한 금액에서 다음 각 호의 하나에 열거된 금액을 공제한 금액으로 한다. 1호. 전조의 규정에 따라 손해배상을 청구하는 때의 시장가액(시장가액이 없는 때에는, 그때의 처분추정가액) 2호. 전호의 때보다 먼저 당해 유가증권을 처분한 경우에는, 그 처분가액 ② 전조의 규정에 따라 배상책임을 부담할 자는, 당해 청구권자가 받은 손해액의 전부 또는 일부가 유가증권신고서 또는 투자설명서 안에서 중요한 사항에 대해서 허위의 기재가 있거나 또는 기재해야 할 중요한 사항 또는 오해를 일으키지 않도록 하는데 필요한 중요한 사실의 기재가 빠져 있음으로써 발생할 수 있는 당해 유가증권의 가격하락 이외의 사정에 의해 발생한 사실을 증명한 경우에 있어서는, 그 전부 또는 일부에 대해서는 배상책임이 없다.

소송법에서 새로이 추가된 조항이 제248조이다.5) 본조의 취지 내지 법적 성질에 대해서는 원고에 의한 증명도의 경감을 도모한 것이라는 설(증명도경감설), 손해액에 대해 법원에 의한 재량을 인정한 것이라는 설(재량평가설), 절충설로 나뉜다. 그리고 손해의 성질상 그 액을 입증하는 것이 곤란한 때의 '손해의 성질'에 대해서는 개별 사안에서의 손해를 가리키는지 아니면 손해의 객관적 성질을 가리키는지를 두고 견해가 나뉜다. 또한 손해의 발생이 인정되어도 그 액에 대해서는 원고의 입증으로는 인정할 수 없는 경우에 민사소송법 제248조를 적용하여 상당한 손해액을 법원이 인정해야 할 의무가 있는 것인지 아니면 동조의 적용은 법원의 전적인 재량에 맡겨져 있어서 청구기각판결을 해도 무방한 것인지를 두고 다툼이 있다.6)

본 사안의 원고들은 본래 금융상품거래법, 회사법 제350조, 민법 제709조를 근거로 각각의 손해배상금 및 각 주식취득일 이후의 지연손해금의 지불을 요구하였으나 회사법과 민법에 의한 청구는 인정되지 않았고 금융상품거래법 제23조의2에 따라 치환하여 적용된 동법 제18조 제1항에 근거한 손해배상 부분이다.

금융상품거래법의 이러한 규정은 허위기재 등이 있는 유가증권신고서의 제출자에게 무과실손해배상책임을 부담시킴과 동시에, 청구권자가 손해를 입증하는 것이 곤란하다는 점을 고려하여, 그 입증부담을 경감시킴으로써 청구권자에 대한 손해전보와 함께 부실공시의 억제에 의한 증권시장의 공정성확보를 목적으로 하여 정책적으로 마련된 것인데, 이 점을 확인한 판결이라고 할 수 있다. 즉, 청구권자가 쉽게 입증할 수 있는 일정한 금액이 배상액으로 인정되겠지만, 배상책임을 부담할 회사가 허위기재 등과 상당인과관계가 있는 주가의 하락 이외의 사정으로 발생한 사실을 증명하면, 그 금액에서 감액하는 방식을 채용하여 이러한 목적을 실현하면서 공평한 손해배상액을 인정하고자 한 것으로 볼 수 있다.

최고법원은 「금융상품거래법 제18조 제1항에 따른 손해배상청구소송에서는 청구권자의 손해에 대해 허위기재 등으로 발생하는 주가의 하락 이외

---

5) 高木加奈子, "損害額の認定"(特集 訴訟代理人が押さえておきたい最新民訴判例), 「LIBRA」 Vol.10 No.9, 東京弁護士會, (2010), 19頁.

6) 高木加奈子, "損害額の認定", 「LIBRA」 Vol.10 No.9, 東京弁護士會, (2010), 19頁.

의 사정으로 발생한 사실이 인정되는 경우, 당해 사정으로 발생한 손해의 성
질상 그 액을 입증하는 것이 매우 곤란한 때에는, 법원이 민사소송법 제248
조의 유추적용으로 구두변론의 전체 취지 및 증거조사의 결과를 토대로 금
융상품거래법 제19조 제2항에 따라 배상책임을 지지 않는 상당한 액을 인정
할 수 있다」라고 판단하였다.

　금융상품거래법 제21조의2 제6항과 같은 규정이 동법 제19조에 없는 사
실이 그러한 해석을 좌우하지 않는다고 보고, 원심의 판단은 이를 인정할 수
있다면서 상고가 인정되지 않았다. 기타 청구에 관한 상고에 대해서도 상고
수리신청 이유가 상고수리의 결정에서 배제되었으므로 기각되었다. 이 판결
은 재판관 전원일치였는데, 재판관 미야마 타쿠야(深山卓也)의 보충의견은
금융상품거래법의 조문구조를 친절하게 설명하고 있다.

　이 사건은 도쿄증권거래소 제1부 상장기업의 허위기재사건이라서 주목
을 받았다. 사건이 보도된 지 10년 이상 경과하고, 최고법원판결이 나오기까
지 많은 노력이 있었지만, 일반적으로 피고회사측이 배상책임을 지는지 여부
가 중시되고 배상책임을 전제로 한 손해액에 대한 논의는 그 다음에 검토된
다. 원고 측의 경우는 청구의 일부라도 인정되면 승리한 것이 되겠지만, 약
140명의 원고 등에게 총액 약 6천만 엔의 지불을 명하는 것이므로 평균 40
만 엔에 불과하다.

　본래 손해액의 인정은 법원의 전권사항으로서 민사소송법 제248조는 공
평한 재판의 실현을 위해 널리 응용되도록 마련된 것이므로 그러한 적용을
제한하는 해석은 합리적이라고 하기 어렵다. 하지만 이 사건의 교훈은 허위
기재를 방지하기 위해 회사가 어떻게 해야 할 것인지의 점에 있다고 본다면
보다 강력한 인상을 주는 내용이라도 좋았을 것이라는 생각이 든다.

4. 우리나라 參照判例

◎ 대법원 2016. 10. 27. 선고 2015다218099 판결 [손해배상(기)]

　[1] 자본시장과 금융투자업에 관한 법률 제162조에 따라 주식의 취득자 또는 처
분자가 주권상장법인 등에 사업보고서의 거짓 기재 등으로 인한 손해의 배상을 청구

하는 경우, 사업보고서의 거짓 기재 등과 손해 발생 사이의 인과관계 존부에 관한 증명책임의 소재(＝주권상장법인 등) 및 이때 '인과관계의 부존재 사실'을 증명하는 방법과 정도

[2] 분식회계 내지 부실공시 사실이 밝혀진 후 허위정보로 부양된 부분이 모두 제거되어 정상적인 주가가 형성된 경우, 그 후 주가변동과 분식회계 내지 부실공시 사이에 인과관계가 있는지 여부(원칙적 소극) 및 정상주가 형성일 이후에 주식을 매도하였거나 변론종결일까지 계속 보유 중인 경우, 손해액을 산정하는 방법

[3] 자본시장과 금융투자업에 관한 법률 제162조가 적용되는 손해배상청구소송의 경우, 주식의 취득자 또는 처분자에 대하여 과실상계를 하거나, 공평의 원칙에 기하여 손해배상책임을 제한할 수 있는지 여부(적극)

Ⅱ. 第2主題

◎ 母會社의 法令遵守體制 整備와 子會社 從業員의 相談에 대한 信義則上 對應義務

○ 2018年 2月 15日 最高法院 第1小法廷 判決 (破棄自判)
○ 사건번호 : 平成28年(受)第2076號
○ 사건명 : 손해배상청구사건

1. 事案의 槪要

(1) 사실관계

X(원고, 항소인, 피상고인)는 Y1 주식회사(피고, 피항소인, 상고인)의 자회사인 Y2(피고, 피항소인)의 계약사원이던 자로서 Y1의 사업장 내의 공장에서 Y2의 업무에 종사하고 있었는데, Y1의 다른 자회사인 Y3(피고, 피항소인)의 종업원 A(피고, 피항소인)가, 재직 중이던 상기 공장 내에서 근무 중에 반복적으로 교제할 것을 요구하였고, 자택에 들이닥치기도 하였다(이하, '본건 행위1'이라 한다). 그리고 X가 퇴직한 뒤에도 A는 여러 차례 X의 자택부근에 자동차를 세워두기도 하였다(이하, '본건 행위2'라 한다). Y1은 국내외의 법령, 정관, 사내규정 및 기업윤리 등(이하, '법령 등'이라 한다)의 준수에 관한 사원행동기준을 정하고, 자사 및 자회사 등으로 구성된 기업집단의 업무

의 적정 등을 확보하기 위한 체제를 정비한 상태였다(이하, '법령준수체제'라한다). 그 일환으로서 그룹회사의 사업장 내에서 일하는 자가 법령 등의 준수에 관한 사항을 상담할 수 있는 '상담창구제도'를 마련하여 이를 주지시키고 이용하도록 하며 상담신청이 있으면 이에 대응하고 있었다.

X의 동료였던 B는 X를 위해 본건 행위2에 관하여 X와 A에게 사실인정 등의 대응을 해줄 것을 Y1의 상담창구에 요청하였다(이하, '본건 요청'이라 한다). 이에 대해 Y1이, A 및 X의 상사였던 사람들로부터 그러한 사실에 대한 청취조사를 하도록 Y2와 Y3에게 의뢰를 한 결과, X에 대한 성적인 괴롭힘(sexual harassment)이나 스토커행위에 의한 피해는 없었다는 Y2의 보고 등을 받고, Y1은 사실에 대한 확인을 X에게 하지 않은 채, 본건 요청에 관련된 사실은 확인할 수 없었다는 뜻을 B에게 전달하였다.

X는 본건 행위1과 행위2로 인해 정신적인 고통을 받았음을 이유로 하여, A에게는 불법행위로 인한 손해배상을, Y3에게는 A의 불법행위에 관한 사용자책임에 따른 손해배상을, Y2에게는 고용계약상의 안전배려의무위반 내지 남녀고용기회균등법7) 제11조 제1항8) 소정의 조치의무를 내용으로 하는 채무불이행에 따른 손해배상을, Y1에게는 상기의 법령준수체제의 정비에 상응하는 조치를 강구하는 등의 신의칙상의 의무에 위반하였다고 주장하고 채무불이행에 따른 손해배상을, 각각 청구하였다.

(2) 소송의 경과

제1심(岐阜地大垣支判平27·8·18)은 본건 행위의 존재 또는 불법행위해당성을 부정하고 X의 청구를 모두 기각하였다. 그러나 원심(名古屋高判平28·7·20)은 본건 행위1과 행위2가 불법행위에 해당한다고 한 다음에, Y1에

---

7) 남녀고용기회균등법의 정식명칭은 고용분야에서의 남녀의 균등한 기회 및 대우의 확보 등에 관한 법률(雇用の分野における男女の均等な機會及び待遇の確保等に關する法律)이다. http://elaws.e-gov.go.jp/search/elawsSearch/elaws_search/lsg0500/detail?lawId=347AC 0000000113&openerCode=1

8) 남녀고용기회균등법 제11조 (직장에서의 성적인 언동에 기인하는 문제에 관한 고용관리 상의 조치) ① 사업주는 직장에서 행해지는 성적인 언동에 대한 그 고용하는 노동자의 대응으로 인하여 당해 노동자가 그 노동조건에 대해 불이익을 받거나 또는 당해 성적인 언동으로 인하여 당해 노동자의 취업환경을 해치는 일이 없도록, 당해 노동자로부터의 상담에 대응하여 적절하게 대응하는데 필요한 체제의 정비 기타 고용관리상 필요한 조치를 강구하여야 한다.

게는 상기 법령준수체제정비로 모든 종업원에 대해 직접 또는 그 소속그룹회사를 통해 상응하는 조치를 강구해야할 신의칙상의 의무에 반한다고 하면서 청구의 일부를 인용하였고, Y2와 Y3 및 A에 대해서도 청구의 일부를 인용하였다. 이에 대하여 Y1 등은 상고수리신청을 하였는데, 상고심은 Y1에 대한 청구만을 심리하고 Y1의 패소부분을 파기하였다.

2. 判決의 要旨

(1) 본건은 상고인의 자회사의 계약사원으로서 상고인의 사업장 내에서 근무하고 있던 피상고인이 동일 사업장 내에서 근무 중이던 다른 자회사의 종업원(이하, '종업원 A'라 한다)으로부터 지속적으로 교제를 요구받고 자택까지 찾아오는 것 등에 대하여, 국내외의 법령, 정관, 사내규정 및 기업윤리(이하, '법령 등'이라 한다)의 준수에 관한 사원행동기준을 정하고, 자사 및 자회사 등으로 구성된 기업집단의 업무의 적정 등을 확보하기 위한 체제를 정비하고 있던 상고인에 있어서, 상기 체제를 정비한 것에 상응하는 조치를 강구하는 등의 신의칙상의 의무에 위반하였다고 주장하고, 상고인에 대해 채무불이행 또는 불법행위에 따른 손해배상을 요구하는 사안이다.

(2) 원심은 상기 사실관계 등에 있어서 다음과 같이 요지를 판단하고, 상고인에 대한 채무불이행에 따른 손해배상청구를 '일부 인용'하였다.

(가) 종업원 A는 본건 행위에 대해 불법행위에 따른 손해배상책임을 부담한다. 그리고 근무처회사는 피상고인에 대한 고용계약상의 부수적인 의무로서 사용자가 취업환경에 관하여 노동자로부터의 상담에 응하여 적절하게 대응해야 할 의무(이하 '본건 부수의무'라 한다)를 부담하는 바, 과장 등은 피상고인으로부터 본건 행위1에 대해 상담을 요청받았음에도 불구하고 이에 관한 사실 확인과 사후적인 조치를 취하는 등의 대응을 하지 않았으며, 그로 인해 피상고인이 근무처회사를 어쩔 수 없이 퇴직하게 만들고 있다. 그렇다면, 근무처회사는 본건 행위1에 대해 과장 등이 피상고인에 대한 본건 부수의무를 게을리 한 것을 이유로 하여 채무불이행에 따른 손해배상책임을 부담한다.

(나) 상고인은 법령 등의 준수에 관한 사원행동기준을 정하고, 본건 상

담창구를 포함한 본건 법령준수체제를 정비하였다는 점에서 보면, 인적, 물적, 자본적으로 일체라고 할 수 있는 본건 그룹회사의 전체 종업원에 대해서 직접 또는 그 소속하는 각 그룹회사를 통해 상응하는 조치를 강구하여야 할 신의칙상의 의무를 부담하는 것이라고 보아야 한다.

이를 본건에 대해서 살펴보면, 피상고인을 고용하고 있던 근무처회사에 있어서 상기 (2) (가)처럼 본건 부수의무에 따른 대응을 게을리 하고 있는 이상, 상고인은 상기 신의칙상의 의무를 이행하지 않은 것으로 이해된다. 그리고 상고인 자신에 있어서도 2011년 10월에 종업원 B가 피상고인을 위하여 본건 상담창구에 대해, 본건 행위2에 관해 피상고인에 대한 사실 확인 등의 대응을 요청하였음에도 불구하고, 상고인의 담당자가 이를 게을리 함으로써 피상고인의 공포와 불안을 해소하지 못하였음을 인정할 수 있다.

이상에 의하면, 상고인은 피상고인에 대해, 본건 행위에 관하여 상기 신의칙상의 의무위반을 이유로 하는 채무불이행에 따른 손해배상책임을 부담하는 것이 옳다고 해석된다.

(3) 그러나 원심의 상기 (2) (나)의 판단은 이를 인정할 수가 없다. 그 이유는 다음과 같다.

(가) 피상고인은 근무처회사에 고용되어 본건 공장에서의 업무에 종사함에 있어서, 근무처회사의 지휘감독 하에서 노무를 제공하고 있었는데, 상고인은 본건 당시 법령 등의 준수에 관한 사원행동기준을 정하고, 본건 법령준수체제를 정비하고 있었지만, 피상고인에 대해 그 지휘감독권을 행사하는 입장에 있었다거나, 피상고인으로부터 실질적으로 노무의 제공을 받는 관계에 있었다고 볼만한 사정은 없다고 해야 한다. 그리고 상고인에 있어서 정비된 본건 법령준수체제의 구조에 대한 구체적인 내용이 근무처회사가 사용자로서 부담하여야 할 고용계약상의 부수의무를 상고인 스스로가 이행하거나 또는 상고인의 직접·간접의 지휘감독 하에서 근무처회사에게 이행을 하도록 하는 것이었다고 볼 사정은 보이지 않는다.

결국, 상고인은 스스로 또는 피상고인의 사용자인 근무처회사를 통해 본건 부수의무를 이행할 의무를 부담하는 것이라고는 할 수 없고, 근무처회사가 본건 부수의무에 기초한 대응을 게을리 한 사실만으로 상고인의 피상고인에 대한 신의칙상의 의무위반이 있었다고는 볼 수 없다.

(나) ① 하지만, 상고인은 본건 당시 본건 법령준수체제의 일환으로서 본건 그룹회사의 사업장 내에서 근무하는 자로부터 법령 등의 준수에 관한 상담을 받는 본건 상담창구제도를 만들고, 상기의 자에 대해 본건 상담창구제도를 주지시키고 그 이용을 촉구하며, 실제로 본건 상담창구에서 상담에 대한 대응을 실시한 것이다. 그 취지는 본건 그룹회사로 구성된 기업집단의 업무 적정의 확보 등을 목적으로 하여, 본건 상담창구에서의 상담에 대한 대응을 통해, 본건 그룹회사의 업무에 관해 발생할 가능성이 있는 법령 등에 위반하는 행위(이하, '법령 등 위반행위'라 한다)를 예방하거나 또는 실제로 발생한 법령 등 위반행위에 대처하는 것에 있다고 이해된다. 이러한 점들에 비추어 보면 본건 그룹회사의 사업장 내에서 근무했던 당시에, 법령 등 위반행위로 인해 피해를 입은 종업원 등이 본건 상담창구에 대해 그러한 취지의 상담을 요청하면, 상고인은 상응하는 대응을 하도록 노력하는 것이 상정되어 있었다고 할 수 있고, 상기 요청의 구체적인 상황여부에 따라서는 당해 요청을 한 자에 대해, 당해 요청을 받아들이고 체제로서 정비된 형태의 내용, 당해 요청에 관한 상담의 내용 등에 대응하여 적절히 대응해야 할 신의칙상의 의무를 부담하는 경우가 있다고 해석된다.

② 이를 본건에 대하여 보면, 피상고인이 본건 행위 1에 대해서 본건 상담창구에 대한 상담의 요청을 한 사실 등의 사정이 엿보이지 않는다는 점에 비추어보면, 상고인은 본건 행위1과 관련하여 본건 상담창구에 대한 상담의 요청을 하지 않은 피상고인과의 관계에 있어서 상기 ①의 의무를 부담하는 것은 아니다.

③ 또한, 상고인은 2011년 10월 본건 상담창구에서 종업원 B로부터 피상고인을 위한 것이라면서 본건 행위2에 관한 상담의 요청(본건요청)을 받고, 발주회사 및 근무처회사에 의뢰하여 종업원 A 기타 관계자에 대한 청취조사를 실시하는 등의 행위를 한 것이다. 본건 요청은 상고인에 대해, 피상고인에 대한 사실 확인 등의 대응을 요구하는 것이었지만, 본건 법령준수체제 형태의 구체적 내용이 상고인에 있어서 본건 상담창구에 대한 상담의 요청을 한 자가 요구하는 대응을 해야 마땅한 것이었던 것으로는 보이지 않는

다. 본건 요청에 관한 상담의 내용도 피상고인이 퇴직한 후에 본건 그룹회사의 사업장 밖에서 이루어진 행위에 관한 것이며, 종업원 A의 직무집행에 직접 관계된 것으로는 보이지 않는다. 더욱이 본건 요청 당시, 피상고인은 이미 종업원 A와 같은 직장에서는 근무하지 않는 상태였고, 본건 행위2가 있었던 때로부터 8개월 이상 경과하고 있었다.

따라서 상고인에 있어서 본건 요청 당시에 요구된 피상고인에 대한 사실 확인 등의 대응을 하지 않았다는 사실을 이유로, 상고인의 피상고인에 대한 손해배상책임을 발생시키는 원인이 되는 상기 ①의 의무위반이 있었던 것이라고 할 수는 없다.

결국 상고인은 피상고인에 대해, 본건 행위와 관련하여 채무불이행에 따른 손해배상책임을 부담하지 않는다고 보아야 한다.

(4) 이와 다른 원심의 판단에는 판결에 영향을 미칠 것이 명백한 법령의 위반이 있다. 논지(論旨)는 이 취지를 말하는 것으로서 이유가 있고, 원판결 중 상고인 패소부분은 파기를 피할 수 없다. 그리고 이상 설시한 바에 의하면, 상고인은 피상고인에 대해 본건 행위와 관련하여 불법행위에 따른 손해배상책임도 부담하지 않는다고 보는 것이 마땅하다. 그렇다면 피상고인의 상고인에 대한 청구는 어느 것도 이유가 없고, 이들을 기각한 제1심 판결은 결론에 있어서 이를 인정할 수 있기 때문에, 상기 부분에 관한 피상고인의 항소를 기각하는 것이 타당하다.

3. 判例의 分析[9]

본 판결은 그룹회사의 모회사가 그 그룹회사의 사업장에 근무하는 종업원에 대해서 법령준수체제의 일환으로 상담창구제도를 마련하고 체제를 정비하고 있는 상황에서 당해 모회사와는 직접적인 노동계약관계가 없는 자회사의 종업원이 근로와 관련하여 법적으로 문제 있는 행위로 인한 피해를 입은 후의 대응에 관하여 신의칙상의 의무위반을 이유로 하는 손해배상책임을 부담하는지에 대해서 최고법원이 처음으로 판단을 내린 사안이다. 결론적으

---

9) 尾關幸美, "親會社の法令遵守体制の整備と子會社從業員の相談に對する信義則上の對応義務", 「新・判例解説 Watch 商法」No.108, TKC Law Library, (2018. 6. 1.).

로 모회사의 책임을 부정하였지만, 모회사와 노동계약관계가 없는 자회사의 종업원으로부터 모회사의 컴플라이언스 상담창구에 상담신청이 있는 경우에, 법령준수체제의 구체적 내용과 상담신청의 구체적 상황에 따라서는 모회사가 이에 적절히 대응해야 할 신의칙상의 의무를 부담하는 경우가 있다고 판단한 점에 의미가 있다. 그런데, 구체적으로 어떠한 경우에 모회사에게 그러한 신의칙상의 의무가 있는지와 관련하여 체제로서 정비된 구조의 내용 및 당해 신청에 관한 상담의 내용 등과 일정한 고려요소를 언급하고 있으나 추상적이고 애매한 상황이며, 기업집단의 모회사 이사의 내부통제시스템 정비 및 운용의무에 대해서도 사안별로 판단할 수밖에 없는 상황이라고 할 수 있다. 그리고 본 판결은 모회사의 그룹회사의 법령준수체제정비와 자회사 종업원의 상담에 대한 신의칙상의 대응의무가 있는지에 관해 다투어진 것이지만, 회사법상의 기업집단에 있어서 모회사의 내부통제시스템 정비 및 운용의무에 대해 직접적으로 판시한 것은 아니다.

회사법상 내부통보제도는 법령준수체제 및 내부통제시스템의 일환인데, 2014년 개정 회사법에서 종래 회사법 시행규칙에 규정하던 '기업집단에서 업무의 적정을 확보하기 위한 체제'가 회사법에 규정됨으로써 그룹회사의 내부통보제도의 중요성이 새로이 인식되는 계기가 되었다.

회사법 제362조 제4항 제6호[10]는 리스크관리체제 내지 내부통제시스템이라 불리고, 대회사(최종사업연도의 대차대조표상 자본금 5억 엔 이상, 부채합계액 200억 엔 이상)의 경우에는 그 활동이 사회에 미치는 영향이 크기 때문에, 적정한 거버넌스의 확보가 중요한 과제가 되고 리스크관리체제 내부통제시스템의 구축이 강제되는데, 기업단위의 내부통제시스템뿐만 아니라 기업집단 단위의 내부통제시스템 구축도 상정되어 있는 것이다.

모회사가 이러한 그룹내부통제시스템을 정비하고 운용하는 경우, 그룹 기업가치의 유지와 향상을 위해서는 그룹회사전체의 업무의 적정이 확보될 필요가 있기 때문에, 모회사의 업무집행이사는 선관주의의무의 하나의 내용

---

10) 회사법 제362조 (이사회의 권한 등) 제4항 제6호: 이사의 직무집행이 법령 및 정관에 적합할 것을 확보하기 위한 체제 기타 주식회사의 업무와 당해 주식회사 및 그 자회사로 이루어진 기업집단의 업무의 적정을 확보하기 위해 필요한 것으로서 법무성령으로 정하는 체제의 정비.

으로서 기업그룹의 업무의 적정을 확보하기 위하여 필요한 그룹내부통제시스템을 합리적으로 구축할 의무를 부담한다. 한편, 기업집단에서의 내부통제에 어떠한 내용을 포함시킬 것인지와 관련하여 회사법 제362조 제4항 제6호의 개정을 계기로 기업집단에서의 업무의 적정을 확보하기 위한 체제로서 단순히 모회사와 자회사의 체제를 정비하는데 그치지 않고, 모회사 측에 대해서 자회사의 이사, 집행역, 업무집행사원 등의 직무집행상황을 보고하는 것이 새로이 요구되었다($\binom{\text{회사법시행규칙}}{\text{제100조 제1항 제5호 イ}}$ 11)). 그리고 사업보고에 있어서 종전에는 이사회결의내용의 개요만 사업보고에 기재하면 되었던 것이 결의한 업무의 적정을 확보하는 체제의 운용상황의 개요에 대한 기재가 필요하게 되었다($\binom{\text{회사법시행규칙}}{\text{제118조 제2호}}$ 12)). 이와 같은 회사법 및 시행규칙의 개정은 기업집단에서의 내부통제의 최소한의 정비범위를 제시하고 그 운용상황을 파악하는 수단으로서 이사 등의 직무집행에 관한 사항의 주식회사에 대한 보고에 관한 체제 등을 통하도록 하는 것이 예정되어 있는 것이다.

　　참고로 남녀고용기회균등법은 직장에서 행해지는 성적인 언동에 대한 여성노동자의 대응여하에 따라 그 노동조건에 불이익을 받거나 성적인 언동이 당해 여성노동자의 취업환경을 해치는 것을 성적인 괴롭힘(sexual harassment)이라 정의하고 사업주에 대해 방지를 위해 고용관리상 필요한 조치를 하도록 하고 있다. 일반적으로 전자가 성적인 괴롭힘에 대한 거부가 노동조건에 악영향을 미치기에 '대가형(對價型)'이라 하고, 후자는 '환경형'이라 부르는데, 일본의 남녀고용기회균등법은 여성노동자의 지위향상을 위한 법률이기에 여성노동자를 피해자로 상정하고는 있지만, 상담사례를 보면 남녀 모두에게 적용이 된다. 물론 가해자는 남성인 상사, 동료, 부하, 고객, 거래처인 경

---

11) 회사법시행규칙 제100조 (업무의 적정을 확보하기 위한 체제) ① 법 제362조 제4항 제6호에 규정하는 법무성령에서 규정하는 체제는 당해 주식회사에서 다음에 열거하는 체제로 한다. 5호 다음에 열거하는 체제 기타 당해 주식회사와 그 모회사 및 자회사로 이루어진 기업집단에서 업무의 적정을 확보하기 위한 체제 イ 당해 주식회사의 자회사의 이사, 집행역, 업무를 집행하는 사원, 법 제598조 제1항의 직무를 수행하여야 할 자 기타 이러한 자들에 상당하는 자의 직무집행에 관한 사항의 당해 주식회사에의 보고에 관한 체제.

12) 회사법시행규칙 제118조 사업보고는 다음에 열거하는 사항을 그 내용으로 하여야 한다. 2호 법 제348조 제3항 제4호, 제362조 제4항 제6호, 제399조의13 제1항 제1호 ロ 및 ハ와 제416조 제1항 제1호 ロ 및 ホ에 규정하는 체제의 정비에 대한 결정 또는 결의가 있는 때에는, 그 결정 또는 결의내용의 개요 및 당해 체제의 운용상황의 개요.

우가 많고 피해자가 여성인 경우가 압도적으로 많다.

성적인 괴롭힘은 예전부터 어느 사회에서나 있어 왔지만, 20세기 후반 여성인 고용노동자가 급격히 증가하고 여성이 본격적으로 남성들과 함께 근무하게 된 것이 성적인 괴롭힘을 방지하는 조치를 의무화한 배경이라고 할 수 있다. 1970년대 미국에서는 학생운동과 소수민족의 시민권운동에 이어 페미니즘운동이 활발해졌는데, 직장에서의 모든 여성차별을 고발하는 운동이 본격화되면서 성적인 괴롭힘에 대한 논의도 부상하였고, 법정투쟁이 반복됨에 따라 미국의 고용기회평등위원회(EEOC)가 1980년대에 제정한 성적인 괴롭힘 방지 가이드라인이 세계 각국에 영향을 미쳤다. 캐나다에서는 "성적인 괴롭힘은 성차별이고, 성차별은 헌법위반이므로 성적인 괴롭힘은 헌법위반"으로 본다.

EU에서는 1989년 마이클 루빈스타인이 "직장에서의 여성의 존엄, 유럽공동체에서의 Sexual Harassment문제에 대한 보고서"를 발표한 이후 1991년에 권고행동규범이 제정되었는데, 보고서의 주요내용은 성차별금지법과 남녀평등법에는 성적 괴롭힘이 위법한 성차별이 된다는 사실이 명기되어 있지 않아서 불충분하다고 하면서 사용자는 고용계약상 노동자의 존엄(dignity)을 해치지 않을 의무가 있고 피해자에 대한 배상만으로는 사후적인 것이 되어 불충분하며, 성적인 괴롭힘을 당하지 않으면서 일할 권리를 지키기 위해서는 예방을 위한 효과적인 법적 조치가 필요하다고 보았다. 이때 만들어진 EU의 가이드라인은 각국의 법제정비의 기준이 되었다.[13] 일본에서는 1988년에 여성단체가 처음으로 성적 괴롭힘에 관한 문서를 발표하였고, 1989년의 소송을 계기로 급속하게 성적인 괴롭힘에 관한 상담이 증가하고 국가와 지방자치단체 또한 상담창구를 개설하였다. 이후 10년이 경과되어 고용기회균등법에 명기되기에 이르렀다.

---

13) 참고할 만한 내용으로 濱口桂一郎, "ＥＵの男女均等指令改正案－セクシュアル・ハラスメント條項を中心に", 「世界の勞働」 2001年1月号 (http://hamachan.on.coocan.jp/danjokintou.html)

4. 우리나라 參照判例

> ◎ 대법원 2017. 3. 9. 선고 2016도18138 판결 [성폭력범죄의 처벌 등에 관한 특례법 위반 업무상 : 위력 등에 의한 추행]
>
> 사업주인 피고인이 직장 내 성희롱과 관련하여 피해를 입은 근로자 甲에게 불리한 조치를 하였다고 하여 남녀고용평등과 일·가정 양립 지원에 관한 법률 위반으로 기소된 사안에서, 같은 법 제37조 제2항 제2호, 제14조 제2항에서 규정한 '사업주'에는 파견근로자에 대한 사용사업주도 포함되고, 사용사업주인 피고인이 파견근로자 甲에게 파견근로계약 해제를 통보하면서 파견업체에 甲의 교체를 요구한 것은 위 규정에서 정한 '그 밖의 불리한 조치'에 해당한다는 이유로 유죄를 인정한 원심 판단을 수긍한 사례

> ◎ 대법원 2017. 12. 22. 선고 2016다202947 판결 [직장 내 성희롱 피해 근로자가 회사를 상대로 남녀고용평등법상 불리한 조치 등을 이유로 손해배상책임을 묻는 사건]
>
> [1] 사업주가 '직장 내 성희롱과 관련하여 피해를 입은 근로자 또는 성희롱 피해 발생을 주장하는 근로자'에게 해고나 그 밖의 불리한 조치를 한 경우, 민법 제750조의 불법행위가 성립하는지 여부 및 사업주의 조치가 피해근로자 등에 대한 불리한 조치로서 위법한 것인지 판단하는 기준 / 피해근로자 등에 대한 불리한 조치가 성희롱과 관련성이 없거나 정당한 사유가 있다는 점에 대한 증명책임의 소재
>
> [2] 사업주가 '직장 내 성희롱과 관련하여 피해를 입은 근로자 또는 성희롱 피해 발생을 주장하는 근로자'를 도와준 동료 근로자에게 부당한 내용의 불리한 조치를 함으로써 피해근로자 등에게 정신적 고통을 입힌 경우, 피해근로자 등이 사업주에게 민법 제750조에 따라 불법행위책임을 물을 수 있는지 여부(적극) / 이 경우 사업주가 피해근로자 등의 손해를 알았거나 알 수 있었을 경우에 한하여 배상책임이 있는지 여부(적극) 및 이때 예견가능성이 있는지 판단하는 기준
>
> [3] 직장 내 성희롱 사건에 대한 조사가 진행되는 경우, 조사참여자에게 비밀누설 금지의무가 있는지 여부(적극) 및 사용자가 조사참여자에게 위 의무를 준수하도록 하여야 하는지 여부(적극) / 피용자가 고의로 다른 사람에게 성희롱 등 가해행위를 한 경우, 사용자책임의 성립요건인 '사무집행에 관하여'에 해당한다고 보기 위한 요건

Ⅲ. 第3主題

◎ 吸收分割로 被害를 본 承繼債權者를 信義則으로 保護한 事例

○ 2017年 12月 19日 最高法院 第3小法廷 決定 (抗告棄却)
○ 사건번호 : 平成29年(許)第10號
○ 사건명 : 채권가압류명령을 취소하는 결정에 대한 보전항고심의 채권가압류 명령 일부인가결정에 대한 허가항고의 건

1. 事案의 槪要

(1) 사실관계

Y(항고인)는 토목건설도급업 등을 주된 사업으로 하는 회사로서, 자본금은 5천만 엔이다. 2015년 6월 30일 현재의 대차대조표에 따르면 Y의 순자산액은 약 8억 5천만 엔이다. X(상대방)는 학교용품과 교재의 판매 등을 목적으로 하는 회사이다. Y와 X는 2012년 5월에 X가 Y의 설계 등에 따라 실버타운용 건물(이하, '본건 건물'이라 한다)을 건축하고 Y가 유료 실버타운 등으로 사용할 목적으로 X로부터 본건 건물을 임차하는 내용의 계약(이하, '본건 임대차계약'이라 한다)을 체결하였다.

본건 임대차계약에는 다음과 같은 내용이 포함되어 있다. ① 임대기간은 본건 건물의 인도일부터 20년간, 임대료는 매월 499만 엔(다만, 처음 5년간은 매월 450만 엔)으로 하고 매월 말일에 익월 분을 지불한다. ② Y는 본건 임대차계약에 따른 권리의 전부 또는 일부를 제3자에 양도하거나 문서에 의한 X의 승낙을 얻은 경우를 제외하고 본건 건물의 전부 또는 일부를 제3자에게 전대(轉貸)하거나 해서는 아니 된다. ③ 본건 건물은 실버타운용으로서 다른 용도로 전용(轉用)하는 것이 곤란하다는 사실과 X는 본건 임대차계약이 20년 계속되는 것을 전제로 투자하고 있다는 사실에 비추어, Y는 원칙적으로 본건 임대차계약을 중도에 해약할 수 없다. ④ Y가 본건 임대차계약의 계약당사자를 실질적으로 변경한 경우 등에는, X가 최고 없이도 본건 임대차계약을 해제할 수 있다(이하, '본건 해제조항'이라 한다). ⑤ 본건 임대차계약의 개시일로부터 15년이 경과하기 전에 X가 본건 해제조항에 따라 본건

임대차계약을 해제한 경우에는, X에 대하여 Y가 15년분의 임대료 금액에서 지불이 완료된 임대료 금액을 공제한 금액을 위약금으로서 지불한다(이하, '본건 위약금조항'이라 한다).

X는 약 6억 엔을 들여 본건 건물을 건축하고 2012년 10월에 그 건물을 Y에게 인도하였다. 동년 11월에 Y는 본건 건물에서 유료실버타운의 운영사업(이하, '본건 사업'이라 한다)을 개시하였다. 본건 사업은 개시당시부터 실적부진이 계속되자 Y는 2016년 4월에 본건 사업을 회사분할을 통해 다른 회사에 승계시키기로 하고 X에게 양해를 구했으나 X는 승낙하지 않았다. 동년 5월 17일에 Y는 자본금 100만 엔을 전액출자하고 주식회사 A(주식회사 실버라이트 리서치, 이하 '실버라이트'라 한다)를 설립하였다. 동년 5월 26일에 Y와 A는 7월 1일을 효력발생일로 하여 본건 사업에 관한 권리의무 등(본건 임대차계약의 계약상의 지위 및 본건 임대차계약에 따른 권리의무를 포함한다)과 1,900만 엔의 예금채권을 Y로부터 A에게 승계시키는 것 등을 내용으로 하는 흡수분할계약(이하, '본건 흡수분할계약'이라 하며, 이에 따른 흡수분할을 '본건 흡수분할'이라 한다)을 체결하였다. 본건 흡수분할계약에는, 본건 사업에 관한 권리의무 등에 대해서 본건 흡수분할 이후에는 Y가 책임을 부담하지 않는다는 규정이 있다.

Y는 동년 5월 27일에 본건 흡수분할의 취지, 채권자가 공고일의 다음날부터 1개월 이내에 이의를 제기할 수 있다는 내용 등 회사법 제789조 2항 각 호에 열거된 사항을 관보 및 일간신문지상에 게재하는 방법으로 공고하였는데, 기간 내에 이의를 제기한 채권자는 없었고 동년 7월 1일에 본건 흡수분할의 효력이 발생하였다.

Y는 본건 임대차계약에 따른 임대료를 동년 7월분까지 전액 지불하였지만, A는 흡수분할 후 임대료의 대부분을 지불하지 않은 채 11월 30일 시점의 미지급금 합계가 1,450만 엔이었다. 12월 9일에 X는 Y와 A에 대해 Y가 본건 임대차계약의 계약당사자를 실질적으로 변경한 것 등을 이유로, 본건 해제조항에 따라 본건 임대차계약을 해제하였다.

X는 Y에 대한 건물임대차계약에 따른 위약금청구권 6억 3,930만 엔과 체납임대료청구권 1,450만 엔 중 2억 엔을 피보전채권으로 하여, 동 청구채

권의 집행을 보전하기 위해 Y의 B에 대한 도급대금채권과 금융기관에 대한 예금채권을 압류하는 내용의 채권가압류명령을 신청한 바, 센다이 지방법원은 X에게 5,500만 엔의 담보를 제공하도록 한 다음, 12월 19일에 채권가압류 결정을 내렸다. Y는 이에 불복하고 보전이의신청을 하였다.

(2) 소송의 경과

제1심(仙台地決平29・2・6民集71卷10號2605頁)은 회사분할에 의해 Y가 상기 건물임대차계약의 임차인의 지위를 상실하였으므로 피보전채권이 있다고 인정할 수 없다면서 상기의 가압류결정을 취소하는 결정을 내렸다. X는 피보전채권을 위약금청구권 1억 8,550만 엔(6억 3,930만 엔이었던 금액을)으로 감액하고, 가압류의 대상을 Y의 B에 대한 도급대금채권으로 하며 나머지 청구는 취하하고 보전항고를 신청하였다.

원심(仙台高決平29・3・17民集71卷10號2612頁)은 「Y가 본건 계약의 체결을 통해, 회사분할의 경우를 포함한 '실질적인 계약주체의 변경'을 X의 동의 없이 하는 것은 허용되지 않는다는 본건 계약상의 의무를 부담한다고 인정하는 것이 마땅하다」라고 보고, 「그러한 사법상의 합의는 회사분할 등에 대항하기 위하여 취해진 것이며, 본건 회사분할이 그것보다 우선한다고는 인정할 수 없기 때문에, … Y는 위약금지급의무를 부담하는 것이 마땅하다」라고 판시하였다. Y는 이에 불복하고 본건 흡수분할이 이루어진 사실을 이유로 본건 위약금채권에 관한 채무를 부담하지 않는다고 주장하며 최고법원에 항고허가를 신청하였다.

2. 決定의 要旨

(1) 본건은, 상대방이 본건 위약금조항에 따른 위약금채권(이하 '본건 위약금채권'이라 한다) 중에서 1억 8550만 엔을 피보전채권으로 하여, 항고인의 제3채무자에 대한 도급대금채권에 대해, 가압류명령을 신청한 사안이다. 항고인은 본건 흡수분할이 이루어진 것을 이유로, 본건 위약금채권에 관한 채무를 부담하지 않는다고 주장하고 있다.

(2) 흡수분할은 주식회사 또는 합동(合同)회사가 그 사업에 관하여 보유하는 권리의무의 전부 또는 일부를 분할 후에 다른 회사에 승계시키는 것

이며($_{제29호}^{법 제2조}$), 흡수분할을 하는 회사(이하, '흡수분할회사'라 한다)와, 흡수분할
회사가 그 사업에 관하여 보유하는 권리의무의 전부 또는 일부를 흡수분할
회사로부터 승계하는 회사(이하 '흡수분할승계회사'라 한다)와의 사이에서 체
결되는 흡수분할계약의 내용에 따라 흡수분할승계회사가 흡수분할회사의 권
리의무를 승계한다($_{1항, 제761조 1항}^{법 제757조, 제759조}$). 본건 사업에 관한 권리의무 등은 본건 흡
수분할에 의해 항고인으로부터 실버라이프에 승계된다.

(3) 그러나 본건 임대차계약에 있어서는, 상대방과 항고인과의 사이에서
본건 건물을 다른 용도로 전용(轉用)하는 것이 곤란하다는 사실 및 본건 임
대차계약이 20년 계속되는 것을 전제로 상대방이 본건 건물의 건축자금을
지출한다는 뜻이 합의되어 있던 것으로서, 상대방은 장기에 걸쳐 항고인에게
본건 건물을 임대하고 그 임대료에 의해 본건 건물의 건축비용을 회수하는
것을 예정하고 있었다고 해석된다. 상대방이 본건 임대차계약에 있어서, 항
고인에 의한 임차권의 양도 등을 금지한 상태에서 본건 해제조항 및 본건
위약금조항을 마련하고, 항고인이 계약당사자를 실질적으로 변경한 경우에
항고인에 대해서 본건 위약금채권을 청구할 수 있도록 한 것은, 상기의 합의
에 입각하여 임차인의 변경에 의한 불이익을 회피하는 것을 의도하고 있었
다고 할 수 있다. 그리고 항고인도 상대방의 상기와 같은 의도를 이해한 상
태에서 본건 임대차계약을 체결한 것이라고 할 수 있다.

그런데 항고인은 본건 해제조항에 규정된 사유에 해당하는 본건 흡수분
할을 하고, 상대방의 동의를 얻지 않은 채, 본건 사업에 관한 권리의무 등을
실버라이프에 승계시켰다. 실버라이프는 본건 흡수분할 전의 자본금이 100
만 엔이고, 본건 흡수분할에 의해 본건 위약금채권의 금액을 크게 밑도는 금
액의 자산밖에 항고인으로부터 승계하지 않은 상태이다. 가령, 본건 흡수분
할 후에는 실버라이프만이 본건 위약금채권에 관한 채무를 부담하고, 항고인
은 동 채무를 부담하지 않는다고 한다면, 본건 흡수분할에 의해 항고인은 실
적부진의 본건 사업을 실버라이프에 승계시키는 것과 더불어, 동 채무에서
벗어나는 경제적 이익을 향유하는 한편, 상대방은 지불능력이 없는 것이 분
명한 실버라이프에 대해서만 본건 위약금채권을 청구할 수 있다고 하는 현
저한 불이익을 받게 된다.

게다가 법은 흡수분할회사의 채권자를 보호하기 위하여 채권자의 이의 (異議)규정을 두고 있는데($^{제789}_{조}$), 본건 위약금채권은 본건 흡수분할의 효력발생 후에, 상대방이 본건 해제조항에 따라 해제의 의사표시를 함으로써 발생하는 것이기 때문에, 상대방은 본건 위약금채권을 보유하고 있는 것으로 하여, 항고인에 대해 본건 흡수분할에 대해서 동조 제1항 제2호의 규정에 의한 이의를 제기할 수 있었다고는 해석되지 않는다.

이상에 의하면, 항고인이 상대방에 대해 본건 흡수분할이 이루어진 것을 이유로 본건 위약금채권에 관한 채무를 부담하지 않는다고 주장하는 것은 신의칙에 반하여 허용되지 않고, 상대방은 본건 흡수분할 후에도 항고인에 대해서 동 채무의 이행을 청구할 수가 있다고 본다.

3. 判例의 分析[14]

회사분할로 승계되는 채권자가 불이익을 당하는 경우에는 당해 채권자가 계약내용에 적당한 조항을 넣어 스스로 보호하는 수밖에 없다고 하는데, 본 결정은 그러한 보호조항이 있더라도 흡수분할로 인하여 승계회사에 승계되는 채권자가 피해를 입은 경우에, 신의칙을 이용하여 당해 채권자를 보호한 사례로서 중요한 의미를 가진다. 또한 흡수분할 내용 중의 '알고 있는(알려진) 채권자'에 대한 개별적 최고(催告)를 생략할 수 있다는 것($^{회사법}_{제789조\ 제3항}$[15])이 채권자보호를 취약하게 만든다는 사실을 보여주는 사안이기도 하다. 회사법 제정 이후 발생한 다수의 '사해(詐害)적인 회사분할'은 회사분할로 인해 분할회사의 잔존채권자가 피해를 입은 경우에 이를 사해행위취소권 등 사법의 일반법리를 이용하여 보호를 도모하는 사례였는데, 본 결정은 승계채권자에 대한 것이라는 점에서 차이가 있다.

---

14) 岡田陽介, "吸收分割により害された承継債權者が信義則により保護された事例", 「新·判例解說 Watch 商法」No.110, TKC Law Library, (2018. 7. 6.).

15) 회사법 제789조 (채권자의 이의) ③ 전항의 규정에도 불구하고 소멸주식회사 등이 동항의 규정에 의한 공고를 관보 외에 제939조 제1항의 규정에 의한 정관 규정에 따라 동항 제2호 또는 제3호에 열거하는 공고방법에 의해 하는 때에는, 전항의 규정에 의한 특별한 최고(흡수분할을 하는 경우의 불법행위로 발생한 흡수분할주식회사의 채무의 채권자에 대한 것을 제외한다)는 할 필요가 없다.

　　본건 흡수분할은 승계채권자 X가 스스로를 보호하기 위한 계약조항이 있는데도 강행되었고, 분할회사의 순자산액(약 8억 5천만 엔)에 비하여 승계회사의 순자산액(약 5800만 엔)이 현저히 적은 등 승계채권자가 피해를 입게 되는 회사분할임이 명백한 사안으로서 X를 보호할 필요성이 높다고 할 수 있는데, 회사법의 규정만을 근거로 해서는 X가 Y에게 채무의 이행을 청구할 수 없으므로 X의 보호를 위해 다른 이론구성이 필요하다.

　　Y에 대한 이행청구의 근거로서는 회사법 제759조[16] 제2항을 생각할 수 있다. 분할회사는 채권자에게 이의제기의 기회를 부여하기 위해, 흡수분할에 관한 내용을 관보에 공고하고 알고 있는 채권자에게 개별적으로 최고(催告)하여야 한다($\frac{회사법}{제789조 \; 제2항}$[17]). 승계채권자 X는 채권자 이의절차의 대상이므로 ($\frac{회사법 \; 제789조}{제1항 \; 제2호}$[18]) X가 알고 있는 채권자에 해당하면 Y의 개별적 최고가 없음을 이유로 승계회사 A와 분할회사 Y의 쌍방에 대해 채무의 이행을 청구할 수 있다. 그런데 임대료채권의 채권자가 알고 있는 채권자에 해당하는지가 문제될 수 있다. 임대차계약의 경우는 체납임대료 등이 발생하지 않으면 이의를 제기할 수 없다는 견해도 있고, 구체적인 금전채권이 발생하지 않아도 회사가 변제해야할 금액이나 제공해야 할 담보액이 정해져 있고 변제나 담보제공 등으로 보호되는 채권자는 이의를 제기할 수 있다는 견해에 의하면 X는 임대료채권자로서 알고 있는 채권자에 해당하지만, 부여된 이의진술의 기회를 행사하지 않았다는 결과가 되는데, 이는 X가 채권보전을 위해서는

---

16) 회사법 제759조 (흡수분할의 효력발생 등) ① 흡수분할승계주식회사는 효력발생일에 흡수분할계약의 정함에 따라 흡수분할회사의 권리의무를 승계한다. ② 전항의 규정에도 불구하고 제789조 제1항 제2호의 규정에 의해 이의를 제기할 수 있는 흡수분할회사의 채권자가 제789조 제2항의 특별한 최고를 받지 않은 경우에는, 당해 채권자는 흡수분할계약에서 흡수분할 후에 흡수분할회사에 대해서 채무의 이행을 청구할 수 없는 것으로 되어 있는 때라고 하더라도, 흡수분할회사에 대해서 흡수분할회사가 효력발생일에 가지고 있던 재산가액을 한도로 하여 당해 채무의 이행을 청구할 수 있다.

17) 회사법 제789조 (채권자의 이의) ② 전항의 규정에 의해 소멸주식회사 등의 채권자의 전부 또는 일부가 이의를 제기할 수 있는 경우에는, 소멸주식회사 등은 다음에 열거하는 사항을 관보에 공고하고 또한 알고 있는 채권자에게는 이를 최고하여야 한다.

18) 회사법 제789조 (채권자의 이의) ① 다음의 각 호에 열거하는 경우에는 당해 각호에 규정하는 채권자는 소멸주식회사 등에 대해 흡수합병 등에 관하여 이의를 제기할 수 있다. 2호 흡수분할을 하는 경우: 흡수분할 후 흡수분할주식회사에 대해서 채무의 이행(당해 채무의 보증인으로서 흡수분할승계회사와 연대하여 부담하는 보증채무의 이행을 포함)을 청구할 수 없는 흡수분할주식회사의 채권자

우선 채권자이의절차($\binom{회사법 제789조}{제1항 제2호}$)를 먼저 거쳐야 한다는 해석이 되므로 별로 유용하지 않게 된다. 그리고 흡수분할의 내용은 관보와 일간신문에 게재하는 방법으로 공고되므로 알고 있는 채권자에게는 개별적인 최고를 생략할 수 있는 경우에 해당할 수 있는데, 이러한 이중(二重) 공고에 의한 개별 최고의 생략은 채권자의 이의제기를 곤란하게 만들어 채권자보호에 불리하게 작용한다. 또한 불법행위채권자 이외에는 제759조 제2항의 적용대상에서 제외되기 때문에, X가 알고 있는 채권자에 해당하는지 여부와 상관없이 동조에 따른 채무이행을 Y에게 청구할 수도 없다.

통상 분할계약에서는 노동계약과 같이 특별법에 의한 입법적 조치가 있는 경우($\binom{노동계약승계법}{제7조 등}$)19)20)를 제외하고 분할계약의 내용에 기재되면 상대방채권자의 개별적인 동의 없이 승계회사에 승계되는데($\binom{회사법}{제759조 제1항}$), 본 사안의 계약에서는 임대인보호를 위한 양도금지특약은 있지만 특별한 입법적 조치의 대상은 아니기에 임차인의 지위는 흡수분할의 효력발생으로 Y로부터 A에게로 승계된다. 따라서 회사분할의 승계 후에 위약금채권을 분할회사에 청구하기는 어렵다. 회사법의 규정과 계약내용의 해석으로는 임대인보호가 어려운 상황에서 본 결정은 신의칙에 의한 해결을 통해 임대인을 보호하고자 한 것이다. 즉, X가 임대료를 통해 건축비용의 회수를 의도하고 있어서 임차인의 변경에 따른 불이익의 회피를 위해 해제조항과 위약금조항을 마련하고 Y도 X의 의도를 알면서 계약을 체결한 것이 당사자 의사로 볼 것이고, Y가 X를 사해할 목적이 있었음이 분할회사와 승계회사의 자산액의 차이에서 명백해 보이며, X가 채권자 이의절차의 대상이 아니라는 점에 비추어볼 때, Y가 흡수분할을 이유로 본건 위약금채권에 관한 채무를 부담하지 않는다고 주장하는 것은 신의칙에 반하여 허용되지 않는다고 하였다.

---

19) 노동계약승계법은 "회사분할에 따른 노동계약의 승계 등에 관한 법률"(會社分割に伴う 勞働契約の承繼等に關する法律, 2000년 법률 제103호)의 통칭으로서 회사분할이 이루어진 경우의 노동계약의 승계 등에 관하여 회사법의 특례 등을 정함으로써 노동자의 보호를 도모하는 것을 목적으로 한다(동법 제1조).
http://elaws.e-gov.go.jp/search/elawsSearch/elaws_search/lsg0500/detail?lawId=412AC 0000000103&openerCode=1

20) 노동계약승계법 제7조 (노동자의 이해와 협력) 분할회사는 당해 분할에 있어서 후생노동대신이 정하는 바에 따라 그 고용노동자의 이해와 협력을 얻도록 노력하는 것으로 한다.

4. 우리나라 參照判例

◎ 대법원 2010. 2. 25. 선고 2008다74963 판결 [대여금]

[1] 회사가 분할되는 경우 분할로 인하여 설립되는 회사 또는 존속하는 회사는 분할전 회사채무에 관하여 연대하여 변제할 책임이 있으나($^{상법 \ 제530조}_{의9 \ 제1항}$), 분할되는 회사가 상법 제530조의3 제2항에 따라 분할계획서를 작성하여 출석한 주주의 의결권의 3분의 2 이상의 수와 발행주식총수의 3분의 1 이상의 수로써 주주총회의 승인을 얻은 결의로 분할에 의하여 회사를 설립하는 경우에는 설립되는 회사가 분할되는 회사의 채무 중에서 출자한 재산에 관한 채무만을 부담할 것을 정하여($^{상법 \ 제530조}_{의9 \ 제2항}$) 설립되는 회사의 연대책임을 배제할 수 있고, 이 경우 분할되는 회사가 '출자한 재산'이라 함은 분할되는 회사의 특정재산을 의미하는 것이 아니라 조직적 일체성을 가진 영업, 즉 특정의 영업과 그 영업에 필요한 재산을 의미하는 것으로 해석된다.

[2] 분할되는 회사와 신설회사가 분할 전 회사의 채무에 대하여 연대책임을 지지 않는 경우에는 채무자의 책임재산에 변동이 생기게 되어 채권자의 이해관계에 중대한 영향을 미치므로 채권자의 보호를 위하여 분할되는 회사가 알고 있는 채권자에게 개별적으로 이를 최고하고 만약 그러한 개별적인 최고를 누락한 경우에는 그 채권자에 대하여 신설회사와 분할되는 회사가 연대하여 변제할 책임을 지게 된다고 할 것이나, 채권자가 회사분할에 관여되어 있고 회사분할을 미리 알고 있는 지위에 있으며, 사전에 회사분할에 대한 이의제기를 포기하였다고 볼만한 사정이 있는 등 예측하지 못한 손해를 입을 우려가 없다고 인정되는 경우에는 개별적인 최고를 누락하였다고 하여 그 채권자에 대하여 신설회사와 분할되는 회사가 연대하여 변제할 책임이 되살아난다고 할 수 없다.

Ⅳ. 第4主題

◎ 商法 第521條의 商人 間의 留置權에 의한 不動産 留置의 可否

○ 2017年 12月 14日 最高裁判所 第1小法廷 判決 (上告棄却)
○ 사건번호 : 平成29年(受)第675號
○ 사건명 : 건물명도 등 청구사건

1. 事案의 槪要

(1) 사실관계

주식회사 X(원고·항소인·상고인)는 2006년 12월 일반화물자동차운송사업 등을 영위하는 유한회사 Y(피고, 피항소인, 피상고인)와 X가 소유하는 본건 토지를 목적으로 한 임대차계약을 체결하고 Y에게 토지를 인도하였다. 본건 임대차계약은 2014년 5월에 X의 해제로 종료하였기 때문에 X가 소유권을 근거로 하여 Y에게 본건 토지의 명도 등을 청구하였다. 본건 임대차계약의 종료 전부터 X에 대해 Y는 X와의 운송위탁계약으로 발생한, 변제기에 있는 운송위탁료채권과 지연손해금청구권 789만 엔(이하, '본건 운송위탁료채권'이라 한다)의 권리를 가지고 있기 때문에, 당해 채권을 피담보채권으로 한 상법 제521조의 유치권이 본건 토지위에 성립한다고 주장하면서 X의 청구를 인정하지 않고 다투었다.

(2) 소송의 경과

제1심인 2016년 3월 22일 교토지방법원 판결과 원심인 2016년 12월 16일 오사카고등법원 판결은 모두 부동산에도 상법 제521조의 상인 간의 유치권이 성립할 수 있다고 판시하고, 상인 간의 유치권의 목적물에 부동산이 포함되지 아니한다는 X의 주장을 배척하였으므로, 이에 불복한 X가 부동산은 상법 제521조 소정의 상인 간의 유치권의 목적인 '물건'에 해당되지 않는데도 본건 토지에 대해 동조의 유치권의 성립을 인정한 원심의 판단에는 법령의 해석 및 적용에 잘못이 있다고 주장하며 상고하였다.

2. 判決의 要旨

(1) 생(生)콘크리트의 제조 등을 목적으로 하는 회사인 상고인은 2006년 12월, 일반화물자동차운송사업 등을 목적으로 하는 회사인 피상고인에 대해, 상고인이 소유하는 제1심 판결 별지(別紙)물건목록기재 5의 토지(이하, '본건 토지'라 한다)를 임대하고 인도하였는데, 상기의 임대차계약은 2014년 5월 상고인의 해제에 의해 종료하였다. 피상고인은 상기 임대차계약의 종료 전부터 상고인에 대해, 상고인과의 사이의 운송위탁계약에 의해 발생한 변제

기에 있는 운송위탁료채권을 가지고 있다.

본건은 상고인이 피상고인에 대해, 소유권에 따른 본건 토지의 명도(明
渡) 등을 구하는 사안이다. 피상고인은 본건 토지에 대해서 상기 운송위탁료
채권을 피담보채권으로 하는 상법 제521조의 유치권이 성립한다고 주장하
며, 상고인의 청구를 다투고 있다.

(2) 논하는 바는, 부동산은 상법 제521조가 규정하는 '물건(物)'에 해당
하지 않음에도, 본건 토지에 대해서 동조의 유치권의 성립을 인정한 원심의
판단에는 법령의 해석과 적용의 잘못이 있다는 것이다.

(3) 민법은 동법에서의 '물건'을 유체물인 부동산 및 동산으로 규정한
다음에($\frac{제85조,\ 제86조}{제1항,\ 제2항}$), 유치권의 목적물을 '물건'으로 규정하고($\frac{제295조}{제1항}$), 부동산을
그 목적물에서 제외하고 있지 않다. 한편, 상법 제521조는 동조의 유치권의
목적물을 '물건 또는 유가증권'으로 규정하며, 부동산을 그 목적물에서 제외
하는 것이라고 볼만한 문언은 없다. 이외에도 동조가 규정하는 '물건'을 민법
에서의 '물건'과 달리 해석할 만한 근거는 보이지 않는다.

또한, 상법 제521조의 취지는 상인 간의 신용거래의 유지와 안전을 도
모할 목적에서, 쌍방을 위하여 상행위가 되는 행위로 인하여 발생한 채권을
담보하기 위해, 상행위로 인해 채권자의 점유에 속한 채무자소유의 물건 등
을 목적물로 하는 유치권을 특별히 인정한 것으로 해석된다. 부동산을 대상
으로 하는 상인 간의 거래가 널리 행해지고 있는 실정에 비추어보면, 부동산
이 동조의 유치권의 목적물이 될 수 있다고 해석하는 것은, 상기의 취지에
적합한 것이다.

이상에 의하면, 부동산은 상법 제521조가 상인 간의 유치권의 목적물로
서 규정하는 '물건'에 해당한다고 해석하는 것이 타당하다.

3. 判例의 分析[21]

본 판결은 견해가 대립되고 있는 상인 간의 유치권의 목적물과 부동산
과의 관계에 대해서 판단한 내용이다. 일본 상법 제521조[22]에서는 상인 간

---

21) 中村信男, "商法521條の商人間留置權による不動産の留置の可否(積極)", 「新·判例解說 Watch
   商法」 No.111, TKC Law Library, (2018. 7. 13.).

의 상행위로 발생한 채권이 변제기에 있는 때에는, 채권자가 채무자와의 상행위에 의해 점유하게 된 채무자소유의 물건을 유치할 수 있다고 규정한다. 이러한 상인 간의 유치권은 피담보채권이 상인간의 쌍방적 상행위로 인해 발생한 것이어야 하고, 목적물이 채무자와의 상행위에 의해 채권자의 점유에 속하게 된 채무자 소유의 물건과 유가증권에 한정된다는 점에서 일본 민법 제295조23)의 민사유치권보다 엄격한 성립요건이 필요하며, 목적물과 피담보채권과의 견련관계가 불필요하다는 점, 채무자의 파산결정시에도 소멸하지 아니하고 파산법 등에서 특별한 효력이 인정된다는 점에서 민사유치권보다 효력이 강하다고 할 수 있는데, 상인 간의 유치권에 관한 규정의 취지는 상인 간의 신용거래의 유지와 안전의 확보라는 점에 대해서 본 판결에서도 지적하고 있다.

　금융기관에서 자금의 융자를 받아 토지를 취득한 건축의뢰인으로부터 그 소유토지위에의 건축을 의뢰받은 도급건축업자가 건축공사를 완성하였으나 건축의뢰인이 경제사정이 악화되어 건축대금을 지급하지 못한 채 도산한 경우에, 당해 토지에 저당권을 가진 금융기관 등과 당해 건물부지에 대해서도 상인 간의 유치권을 주장하는 도급건축업자와의 이해가 충돌하는 사안이 근래에는 종종 나타나고 있다고 한다. 당해 사안에서도 부동산인 토지에 대한 상인 간의 유치권의 성립여부가 쟁점이 되었는데, 그동안 견해가 나뉘던 것을 상인 간의 유치권의 목적물에 부동산이 포함된다는 취지로 최고법원이 처음으로 판시함으로써 주목을 받았다.

　이전부터 부동산을 목적물로 하는 상사유치권의 성립여부를 두고 하급심의 판단이 긍정설과 부정설로 나뉘어져 있었다. 문제가 된 사례는 주로, 토지에 저당권이 설정된 후에 토지소유자(상인)가 건축업자와의 사이에 그

---

22) 일본 상법 제521조 (상인 간의 유치권) 상인 사이에서 그 쌍방을 위해 상행위가 되는 행위로 인하여 발생한 채권이 변제기에 있는 때에는, 채권자는 그 채권의 변제를 받을 때까지 그 채무자와의 사이에서 상행위에 의해 자기의 점유에 속한 채무자 소유의 물건 또는 유가증권을 유치할 수가 있다. 다만 당사자의 특별한 의사표시가 있는 때에는 그러하지 아니하다.

23) 일본 민법 제295조 (유치권의 내용) ① 타인의 물건의 점유자는 그 물건에 관하여 발생한 채권을 가지는 때에는 그 채권의 변제를 받을 때까지 그 물건을 유치할 수 있다. 다만, 그 채권이 변제기에 있지 아니한 때에는 그러하지 아니하다. ② 전항의 규정은 점유가 불법행위에 의해 시작된 경우에는 적용하지 아니한다.

토지 위에 건축도급계약을 체결하고, 건축업자가 시공개시 후 건물완성 전에 토지에 대해 경매개시결정이 내려진 상황에서 건축업자가 토지소유자(건축의뢰인)로부터의 도급대금미지급을 이유로 하여 그 토지에 대한 상사유치권의 성립을 주장하는 경우들이었는데, 이러한 경우에 대해서 부동산도 유치권의 대상이 되는 상법 제521조의 '물건'에는 포함되지만 건축업자의 토지점유는 대외적으로 점유보조자로서의 점유에 불과하고 독립된 점유로는 볼 수 없다는 이유로, 상법 제521조의 '자기의 점유에 속한' 것으로는 볼 수 없다면서 상사유치권의 성립을 부정한 판례(東京高裁2010年9月9日決定等)가 실무에서도 일정한 지지를 받고 있었다고 한다. 물론 본 사안은 종래의 사례들과는 달리 Y사의 토지점유는 X사와 Y사의 상인 간의 임대차계약 종료 후의 임대목적물의 점유이므로, 부동산이 상사유치권의 대상인 '물건'에 포함되는지 여부만 상고이유에서 의미가 있었을 것으로 보는데, 전술한 판례(東京高裁2010年9月9日決定等)에서도 상법 제521조의 '물건'에 부동산이 포함된다고 하고 있었고, 최고법원도 '물건'에서 부동산을 제외하지 않는다는 판단을 재판관 전원일치로 긍정을 하였다.

부동산에도 상사유치권이 성립한다고 한 이번 최고법원의 결론이 향후에도 개별 사안에서 어느 범위까지 적용이 될지는 모르지만, 상인 간의 유치권제도의 취지에 비추어 볼 때 채무자소유의 부동산을 점유하는 채권자가 채권변제의 확보를 위해 당해 부동산에 대해 상인 간의 유치권을 행사할 필요성이 동산과 다르다고 보기 어렵고, 실제로 상거래에서 부동산이 유통의 대상으로 인식되고 있다는 점에서 상인 간의 유치권의 목적물에 부동산도 포함된다고 본 당해 판결의 판단내용은 타당해 보인다.

본 사안에서는 언급하지 않았지만 일본에서는 저당권과 유치권의 우선순위와 관련하여 다음과 같이 이해되고 있는 것으로 보인다.

저당권은 다른 채권자에 우선하여 목적물의 환가대금에서 자기채권의 변제를 받는데 이것이 저당권의 우선적 효력이다. 저당권을 실행하기까지 목적물은 설정자가 점유하므로 저당권의 존재를 공시하기 위해서 등기부에 기재하여야 하는데, 등기방법이 없는 재산에 대해서는 저당권을 설정할 수가 없다. 저당권은 민법상의 저당권 외에도 상법상의 등기된 선박, 입목법에 의한 입목, 기타 일정한 권리, 재단, 동산 등에 이르기까지 차츰 목적물의 범위가 확대되는 경향에 있다고 한다. 저당권이 우선적 효력을 제3자에 대항하기 위해서는 등기가 필요한데, 동일한 목적물에 대해 다른 담보권과 경합하는 경우에 우열관계가 문제된다. 동일한 목적물의 환가대금에서 배당을 받는 우선순위는 대항력의 문제와 다른 담보권과 저당권의 효력과의 조정문제가 된다. 저당권이 일반채권에 우선하는 것은 물권의 효력에 따른 것이지만, 그 목적물에 대해서 일반채권자가 가압류, 처분금지 가처분 또는 압류를 하고 등기된 후에, 저당권의 설정등기를 하더라도 당해 집행채권자에 대한 관계에서는 저당권의 효력을 가지고 대항할 수가 없다.

　한편, 유치권은 타인의 물건의 점유자가 그 물건에 관하여 발생한 채권의 변제를 받을 때까지 그 목적물을 유치할 수 있는 권리로서 다른 채권자에 우선하여 변제받을 권리는 없다. 따라서 저당권과 유치권 사이에는 목적물에 대한 우선변제권의 경합이 없을 것이다. 하지만 실제로는 매우 강력한 우선적 효력이 있다. 즉, 저당권자가 목적물을 경매에 붙이고 그 환가대금에서 변제를 받으려고 하는 때에는 경락인이 유치권자에 대해 그 피담보채권을 변제하지 아니하면 그 목적물의 인도를 요구할 수 없으며, 동산에 대해서는 유치권자는 목적물의 인도를 거부할 수 있다. 이처럼 유치권은 실질적으로 우선변제권을 가진다고 볼 수 있고, 저당권에 우선하여 변제를 받을 수 있는 것으로 인식되고 있다. 다만, 유치권자가 스스로 목적물을 경매에 붙인 때에는 일반채권자와 평등한 비율로 변제를 받게 되는데, 이것은 유치권에 법률상 우선변제권이 없기 때문이다. 그러나 유치권은 유치물에서 발생하는 과실에 대해서는 우선변제권이 있으므로 유치권자는 과실을 스스로 경매에 붙이고 우선변제를 받을 수 있고, 천연과실에 대해서 저당권과 경합하는 경우에는 유치권이 우선하는 것으로 해석된다.

　전술한 것처럼, 본 판결에서는 저당권과 유치권 충돌사안에서의 저당권자와의 이해조정에 관한 판단을 내리지 않았는데, 이 부분에 대해서는 앞으로 검토될 여지가 있다. 이와 관련하여, 건축부지에 관한 상인 간의 유치권의 성립을 인정하면서 원칙적으로 등기의 순위에 따라 이해조정을 도모해야 한다는 견해도 있고,[24] 탄력적인 해결을 위해서는 건축부지에 대한 상인 간의 유치권의 성립을 인정하고 상인 간의 유치권을 주장하는 채권자가 저당

---

24) 大阪高裁平成23年 6月 7日決定,「金融法務事情」第1931號, (2011), 93頁 참조.

권자에 대해 유치권을 주장하고 부동산의 인도를 거절할 수 있지만 양자의
화해를 통한 해결의 여지도 있다는 견해25)도 있는 등 여전히 학설이 나뉘어
져 있기 때문이다.26)

4. 우리나라 參照判例

◎ 대법원 2013. 5. 24. 선고 2012다39769, 39776 판결 [토지인도 및 위약
금 등]

◇ 상사유치권의 대상이 되는 '물건'에 부동산이 포함되는지 여부(적극)

[1] 원심 판결의 이유에 의하면, 원심은 점유를 본래의 공시방법으로 하는 동산
과는 달리 등기를 공시방법으로 하는 부동산의 점유가 이전되었다는 사실만으로 이를
쌍방 간 상행위로 인하여 발생된 모든 채권의 담보로 제공하려는 의사가 있었다고 보
기 어렵고, 민사유치권과는 달리 피담보채권과 목적물의 견련성을 요건으로 하지 않
는 상사유치권을 부동산에 대하여도 인정하게 되면 부동산 거래의 안전을 심각하게
훼손하고 부동산 공시제도의 근간을 뒤흔들게 되므로 상사유치권의 목적물인 '물건'에
부동산은 포함되지 않는다고 봄이 상당하다는 이유로, 피고 대명의 원고(반소 피고,
이하 '원고'라고 한다)에 대한 대여금, 구상금, 사업양수도대금 중 미수령액, 사전구상
금, 이 사건 도로공사 및 공동주택 공사대금, 이 사건 도로공사 및 공동주택 공사계약
의 해제에 따른 손해배상금, 시공권 부여약정에서 정한 위약금 등의 채권을 피담보채
권으로 하는 피고들의 상사유치권 항변은 더 나아가 살펴 볼 필요 없이 이유 없다고
판단하였다.

[2] 그러나 원심의 위와 같은 판단은 다음과 같은 이유로 수긍하기 어렵다.

(1) 상법 제58조는 "상인간의 상행위로 인한 채권이 변제기에 있는 때에는 채권
자는 변제를 받을 때까지 그 채무자에 대한 상행위로 인하여 자기가 점유하고 있는
채무자 소유의 물건 또는 유가증권을 유치할 수 있다."고 규정하고 있고, 민법 제320
조 제1항은 "타인의 물건 또는 유가증권을 점유한 자는 그 물건이나 유가증권에 관하
여 생긴 채권이 변제기에 있는 경우에는 변제를 받을 때까지 그 물건 또는 유가증권

---

25) 田邊光政, "不動產に對する商事留置權の成否", 「金融法務事情」 1484號, (1997), 15-16頁
   에서는 건축부지의 점유여하에 따라 결론이 달라질 수 있다는 입장이다.

26) 부동산에 대한 상사유치권에 관해 참고할 만한 문헌에는 永田 均, "商事留置權と不動產
   商事留置權の成否", 「青森法政論叢」 第12號, (2011); 萩澤達彦, "建物建築工事請負人の敷
   地に對する商事留置權の成否", 「成蹊法學」 第78號, (2012) 등.

을 유치할 권리가 있다."고 규정하고 있다.

상사유치권은 민사유치권의 성립요건을 변경·완화하여 채권자보호를 강화함으로써 계속적 신용거래를 원활·안전하게 하기 위하여 당사자 사이의 합리적인 담보설정의사를 배경으로 하여 추인된 법정담보물권으로, 민사유치권과 달리 목적물과 피담보채권 사이의 개별적인 견련관계를 요구하지 않는 대신 유치권의 대상이 되는 물건을 '채무자 소유의 물건'으로 한정하고 있어 이러한 제한이 없는 민사유치권과는 차이가 있으나(대법원 2013. 2. 28. 선고 2010다57350 판결 참조), 민사유치권과 마찬가지로 그 목적물을 동산에 한정하지 않고 '물건 또는 유가증권'으로 규정하고 있는 점에 비추어 보면 상사유치권의 대상이 되는 '물건'에는 부동산도 포함된다고 보아야 한다.

(2) 그럼에도 원심은 상사유치권의 목적물인 '물건'에 부동산이 포함되지 않는다는 전제 아래 이 사건 토지에 관한 피고들의 상사유치권 항변을 더 나아가 살피지 아니하고 배척하고 말았으니, 이러한 원심의 판단에는 상사유치권의 성립요건에 관한 법리를 오해하여 판결 결과에 영향을 미친 잘못이 있다. 이 점을 지적하는 피고들의 상고이유 주장은 이유 있다.

제 3 편

總則 · 商行爲

商事留置權의 判例 動向*

崔 昇 宰**

◎ 대법원 2013. 2. 28. 선고 2010다57350 판결 (대상 판결 1),
　대법원 2012. 9. 27. 선고 2012다37176 판결 (대상 판결 2)

Ⅰ. 序　　論

　　대법원은 2012년과 2013년에 은행대출과 관련된 사안에서 상사유치권에 대한 흥미로운 2개의 판결을 선고하였다. 첫 번째는 대법원 2013. 2. 28. 선고 2010다57350 판결(대상 판결 1)[1][2]이고, 두 번째는 대법원 2012. 9. 27. 선고 2012다37176 판결(대상 판결 2)[3]이다. 본 논문의 평석대상인 두 개의 판결은 모두 은행의 관련 대출에서 담보물의 가치를 평가할 때 여러 가지

---

　　* 제31회 상사법무연구회 발표 (2013년 7월 13일)
　* * 세종대학교 법학부 교수, 변호사

　1) 같은 취지의 판결로 대법원 2013. 5. 14. 선고 2012다39769, 39776 판결.: 「상법 제58조는 "상인간의 상행위로 인한 채권이 변제기에 있는 때에는 채권자는 변제를 받을 때까지 그 채무자에 대한 상행위로 인하여 자기가 점유하고 있는 채무자 소유의 물건 또는 유가증권을 유치할 수 있다."고 규정하고 있고, 민법 제320조 제1항은 "타인의 물건 또는 유가증권을 점유한 자는 그 물건이나 유가증권에 관하여 생긴 채권이 변제기에 있는 경우에는 변제를 받을 때까지 그 물건 또는 유가증권을 유치할 권리가 있다."고 규정하고 있다. 상사유치권은 민사유치권의 성립요건을 변경·완화하여 채권자보호를 강화함으로써 계속적 신용거래를 원활·안전하게 하기 위하여 당사자 사이의 합리적인 담보설정의사를 배경으로 하여 추인된 법정담보물권으로, 민사유치권과 달리 목적물과 피담보채권 사이의 개별적인 견련관계를 요구하지 않는 대신 유치권의 대상이 되는 물건을 '채무자 소유의 물건'으로 한정하고 있어 이러한 제한이 없는 민사유치권과는 차이가 있으나(대법원 2013. 2. 28. 선고 2010다57350 판결), 민사유치권과 마찬가지로 그 목적물을 동산에 한정하지 않고 '물건 또는 유가증권'으로 규정하고 있는 점에 비추어 보면 상사유치권의 대상이 되는 '물건'에는 부동산도 포함된다고 보아야 한다」라고 하였다.

　2) 이 판결에 대한 평석으로, 박양준, "부동산 상사유치권의 대항범위 제한에 관한 법리: 대법원 2013. 2. 28. 선고 2010다57350 판결", 「법과 정의 그리고 사람」 박병대 대법관 재임 기념 논문집, (2017), 947-965면.

　3) 호제훈, "상사유치권 배제의 특약을 인정할 수 있는지 여부", 「대법원판례해설」 제93호, (2013), 264-278면.

문제를 야기하는 유치권의 문제와 관련된 판결로서 은행 실무에 상당한 영향을 미칠 수 있는 판결이다.

상법 제58조의 상사유치권은 민사유치권과의 관계에서 특이점이 있는데, 상사유치권과 관련된 위 두 개의 판결은 이런 상사유치권에 대한 중요한 의미가 있는 판결이다. 첫 판결은 부동산에 대한 상사유치권의 성립 여부가 문제가 된 사안으로, 이 쟁점에 대해서 일본에서는 하급심에서 다수 논란이 되었다.4) 부동산에 대한 상사유치권의 성립 여부에 대해서는 우리나라에서 다수의 논문이 발표되었지만, 우리나라 하급심 판결에서는 대체로 상사유치권의 성립대상으로 부동산을 제외하기 보다는 요건만 구비되면 인정이 되는 것으로 이해하여 왔던 것으로 보이고, 성립된 상사유치권의 효력에 대해서도 민사유치권과 크게 다르지 않은 것으로 이해하고 있었다. 하지만 금융환경의 변화를 반영하는 유치권에 대한 대법원 판결이 필요하였던 상황이었다. 이 상황에서 대법원이 부동산에 대한 상사유치권의 성립 여부 및 성립된 상사유치권의 제한물권과의 관계에 대한 이 사건 대상 판결 1을 선고하여 이 쟁점에 대한 중요한 선례를 제공하였다.

두 번째 판결은 은행의 상사유치권의 묵시적 포기를 인정하기 위한 요건에 대한 판결로서, 대법원은 은행의 상사유치권 포기를 하기 위한 기준을 제시하였다. 이 판결 역시도 은행실무에서 자주 발생할 수 있는 유형의 사건으로 보여, 향후 실무에 영향을 줄 수 있을 것으로 본다.

Ⅱ. 對象 判決 1 5)

1. 事實關係

(1) 원고 1의 111호 및 112호 점포의 경우

원고 1은 2004. 7. 30. A주식회사(이하 A)로부터 이 사건 111호 및 112호 점포를 분양받기로 하는 분양계약을 체결한 다음 2004. 8. 18. 위 각 점포

---

4) 권순희, "상가건물임대차 보증금과 상사유치권에 관한 고찰", 「상사법연구」 제26권 제4호, 한국상사법학회, (2008), 157-177면; 전욱, "공사수급인의 건축 부지에 대한 상사유치권의 행사 -대법원 2008. 12. 24. 선고 2007다52706, 2007다52713 판결-", 「법학연구」 제49권 제2호, 부산대학교 법학연구소, (2009), 425-452면.

5) 대법원 2013. 2. 28. 선고 2010다57350 판결.

를 사업장소재지로 하여 부동산임대업을 내용으로 하는 사업자등록을 마쳤다. 그리고 2006. 1. 27. 그 분양대금을 완납한 후 2006. 8.경 위 각 점포를 인도받았다. 원고 1은 2007. 7. 23. 이 사건 111호 및 112호 점포를 소외 甲에게 임대하였고, 소외 甲은 다시 소외 乙에게 전대하여 소외 乙이 이 사건 111호 및 112호 점포를 사용하였으며, 2009. 2. 25. 부터는 소외 丙이 원고 1로부터 무상사용을 허락받아 위 각 점포를 사용하였다.

A는 피고 저축은행에 대한 대출금채무의 담보를 위하여 위 111호 및 112호 점포를 포함한 이 사건 상가 건물 전체 점포에 대하여 피고 저축은행에게 소유권이전청구권가등기 및 근저당권설정등기를 마쳐준 다음 2006. 11. 9. 70억 원을 대출받는 등 합계 75억 원을 대출받았으나 제때에 변제하지 못하여 피고가 위 각 점포에 관하여 위 소유권이전청구권가등기에 기한 본등기를 경료하였다.

이후 A는 자신이 무자력 상태가 되자 피고를 상대로 위와 같이 피고 앞으로 본등기가 경료되어 부동산 자체에 대한 권리가 이전된 것을 전제로 하여 청산금청구의 소를 제기하였고, 위 소송 과정에서 2008. 1. 3. 피고 명의의 위 가등기에 기한 본등기 말소를 하기로 하는 화해권고 결정이 확정되었다. 그 후 피고는 위 근저당권에 기한 임의경매신청을 하여 위 111호 및 112호 점포 등을 낙찰받고, 2008. 9. 25. 매각대금을 완납함으로써 그 소유권을 취득하였다.

(2) 원고 2의 115호 점포의 경우

원고 2가 2004. 7. 7. A로부터 이 사건 115호 점포를 분양받기로 하는 분양계약을 체결하고, 2004. 9. 3. 그 점포를 사업장소재지로 하여 부동산임대업의 사업자등록을 마친 사실, 원고 2가 위 점포의 분양대금 중 136,667,000원을 납입한 상태에서 A는 2006. 8. 원고 2에게 위 점포를 분양계약의 목적에 따라 사용할 수 있도록 인도하였다. 원고 2는 2006. 8. 경 소외 丁에게 이 사건 115호 점포의 무상사용을 허락하여 소외 丁이 그때부터 계속 이 사건 115호 점포를 사용하고 있다.

한편 A는 2006. 9. 7. 피고(저축은행)에 대한 대출금채무의 담보를 위하여 위 115호 점포를 포함한 이 사건 상가건물 전체 점포에 관하여 피고에게 소유권이전청구권가등기 및 근저당권설정등기를 해 준 다음 피고로부터 2006. 11. 9. 70억 원을 대출받는 등 2006. 12. 5.까지 합계 75억 원을 대출받았다. 피고는 위 대출금의 이자가 연체되자 2007. 5. 8. 위 115호 점포 등에 관하여 위 가등기에 기한 소유권이전의 본등기를 마쳤다. 그 후 A는 채무초과의 무자력 상태가 됨으로써 이제는 피고에 대한 채무를 변제하고 위 가등기와 근저당권설정등기 등을 말소하여 원고 2에게 위 115호 점포에 관한 소유권이전등기절차를 이행하는 것이 불가능하거나 극히 곤란한 지경에 이르게 되었다.

이에 2007. 7. 30. 피고를 상대로 위 가등기 및 본등기에 따른 청산금청구의 소가 제기되었고, 그 소송 과정에서 2008. 1. 3. 피고 명의의 위 가등기에 기한 본등기를 말소하는 것을 내용으로 하는 화해권고결정이 확정되었다. 피고는 2008. 1. 2. 위 근저당권에 기한 부동산 임의경매를 신청하고, 그 경매절차에서 위 115호 점포 등을 낙찰받은 다음 2008. 9. 25. 매각대금을 완납함으로써 그 소유권을 취득하였다.

(3) 이 사건 유치권 존재 확인의 소

피고는 2009. 2. 18. 이 사건 111호 및 112호 점포의 전차인인 소외 乙을 상대로 부동산인도명령을 받은 다음, 당시 위 각 점포의 점유자인 소외 丙에 대한 승계집행문을 받아 2009. 5. 13. 위 점포에 대한 인도집행을 완료하였고, 이 사건 115호 점포에 대해서는 2009. 2. 23. 소외 丁을 상대로 건물명도청구의 소를 제기하였다.

이에 원고들은, 소외 A의 원고들에 대한 이 사건 분양계약에 따른 소유권이전등기의무가 피고의 담보권 설정 및 실행에 의하여 이행불능이 됨으로써 원고들은 소외 회사에 대하여 이미 납부한 분양대금 상당의 손해배상채권을 취득하게 되었는바, 원고들이 2006. 8. 경부터 이 사건 각 점포를 적법하게 점유하고 있으므로 위 손해배상채권이 변제될 때까지 이 사건 각 점포를 유치할 권리인 상사유치권이 있다고 주장하면서, 원고 1은 이 사건 111호 및 제112호 점포들에 대하여, 원고 2는 이 사건 115호 점포에 대하여 각 기납부 분양대금 상당의 손해배상채권을 피담보채권으로 하는 유치권의 존재 확인을 구하는 소를 제기하였다.

2. 訴訟의 經過

(1) 원심 판결

이 사안에서 원고는 A회사가 점포에 대한 소유권이전등기의무를 불이행함으로써 손해배상청구권을 가지게 되었으며 그 당시 점포 소유자는 A회사였으므로 상사유치권을 행사해 B저축은행의 점포인도요구를 거절할 수 있다고 주장하였고, 제1심과 원심6) 모두 원고가 승소하였다. 이에 대해 원심인 대전지방법원은 원고 1의 111호 및 112호 점포의 경우에는 상사유치권을 이유로 피고 저축은행에게 대항할 수 없다고 보았지만, 115호의 경우 원고에게 상사유치권이 발생하여 피고 저축은행에게 대항할 수 있다고 보았다. 상사유치권 행사가 가능하다고 본 것이다. 하지만 대법원은 상사유치권에 대한 법리를 오해했다면서 파기환송 판결을 내렸다.

(2) 대법원 판결
(가) 법 리

상사유치권은 민사유치권과 달리 그 피담보채권이 '목적물에 관하여' 생긴 것일 필요는 없지만 유치권의 대상이 되는 물건은 '채무자 소유'일 것으로 제한되어 있다(상법 제58조, 민법 제320조 제1항 참조). 이와 같이 상사유치권의 대상이 되는 목적물을 '채무자 소유의 물건'에 한정하는 취지는, 상사유치권의 경우에는 목적물과 피담보채권 사이의 견련관계가 완화됨으로써 피담보채권이 목적물에 대한 공익비용적 성질을 가지지 않아도 되므로 피담보채권이 유치권자와 채무자 사이에 발생하는 모든 상사채권으로 무한정 확장될 수 있고, 그로 인하여 이미 제3자가 목적물에 관하여 확보한 권리를 침해할 우려가 있어 상사유치권의 성립범위 또는 상사유치권으로 대항할 수 있는 범위를 제한한 것으로 볼 수 있다. 즉, 상사유치권이 채무자 소유의 물건에 대해서만 성립한다는 것은, 상사유치권은 그 성립 당시 채무자가 목적물에 대하여 보유하고 있는 담보가치만을 대상으로 하는 제한물권이라는 의미를 담고 있다 할 것이고, 따라서 유치권 성립 당시에 이미 그 목적물에 대하여 제3자가 권리자인 제한물권이 설정되어 있다면, 상사유치권은 그와 같이 제한된 채무자의

---

6) 대전지방법원 2010. 6. 16. 선고 2010나2839 판결.

소유권에 기초하여 성립할 뿐이고, 기존의 제한물권이 확보하고 있는 담보가치를 사후적으로 침탈하지는 못한다고 보아야 한다.

그러므로 채무자 소유의 부동산에 관하여 이미 선행(先行)저당권이 설정되어 있는 상태에서 채권자의 상사유치권이 성립한 경우, 상사유치권자는 채무자 및 그 이후 그 채무자로부터 부동산을 양수하거나 제한물권을 설정받는 자에 대해서는 대항할 수 있지만, 선행저당권자 또는 선행저당권에 기한 임의경매절차에서 부동산을 취득한 매수인에 대한 관계에서는 그 상사유치권으로 대항할 수 없다.

(나) 원고 1의 111호 및 112호 점포의 경우

원고 1이 이 사건 111호 및 112호 점포에 대한 상사유치권으로 피고에 대항하려면 그 유치권 성립일이 피고의 근저당권설정등기일 이전이어야 할 것인데, 원고 1과 A사이의 분양계약이 이행불능이 되어 원고 1이 그로 인한 전보배상청구권을 취득한 것은 A가 피고를 상대로 청산금청구소송을 제기한 2007. 7. 30.경이고 기록상 그와 달리 볼 자료가 없는 이상, 위 전보배상청구권에 기한 상사유치권으로는 선행저당권자이자 그에 기한 임의경매절차에서 부동산을 취득한 피고에 대하여 대항할 수 없다.

(다) 원고 2의 115호 점포의 경우

이 사건 115호 점포에 대하여 원고 2가 주장하는 상사유치권이 성립하려면 위 115호 점포에 대한 점유 요건 외에 피담보채권의 발생 요건도 갖추어져야 하는 것이고, 또 그로써 근저당권자인 피고에게 대항하려면 상사유치권이 성립한 시점이 근저당권의 성립 시점보다 앞서야만 할 것이다. 그런데 A의 원고 2에 대한 위 115호 점포에 관한 소유권이전등기의무가 이행불능이 됨으로써 원고 2가 주장하는 전보배상청구권이 발생한 것은, A가 피고에 대한 위 본등기에 의하여 부동산에 대한 권리는 이전되었음을 전제로 그에 따른 청산금청구소송을 제기한 2007. 7. 30.이라 할 것이고, 그와 달리 위 근저당권설정등기가 마쳐진 2006. 9. 7. 이전에 원고 2가 주장하는 상사유치권의 피담보채권이 발생하였다는 점을 인정할 다른 자료는 없다.

그러므로 원고 2는 선행저당권자이자 선행저당권에 기한 임의경매절차에서 낙찰을 받아 소유권을 취득한 피고에 대한 관계에서는 위 전보배상청구권을 피담보채권으로 한 상사유치권으로 대항할 수 없다.

Ⅲ. 對象 判決 2 [7]

1. 事實關係

A 주식회사는 채무자 甲 주식회사(이하 '甲 주식회사')에게 운송료 채무 변제를 위하여 액면 61,050,000원, 지급기일 2009. 9. 30.인 약속어음 1매('이 사건 어음')를 발행·교부하였다. 甲 주식회사는 2009. 6. 30. 경 금융기관인 원고에게 이 사건 어음의 추심을 위임하였고, 이에 따라 원고가 어음만기일까지 이 사건 어음을 보관하였다. 그런 상태에서 2009. 7. 23. 서울중앙지방법원 2009회합109호로 채무자 회사에 대한 회생절차가 개시되었고, 소외인이 관리인으로 선임되었다.

甲 주식회사에 대한 회생절차에서, 甲 회사에 대출금 채권을 가지고 있던 乙 은행이 甲 회사한테서 추심위임을 받아 보관 중이던 丙 주식회사 발행의 약속어음에 관한 상사유치권 취득을 주장하며 그 어음금 상당의 채권을 회생담보권으로 신고하자 甲 회사의 관리인인 소외인은 담보권이 없다는 이유로 회생담보권을 부인하고, 이를 회생채권으로 시인하였다.

원고는 이 사건 어음의 만기일이니 2009. 9. 30. A 주식회사로부터 위 어음금을 지급받고 A 주식회사에게 이 사건 어음을 교부하였다. 원고는 서울중앙지방법원 2009회확979호로 회생채권조사확정재판을 신청하였으나, 위 법원은 '2010. 8. 5. 원고는 추심위임약정에 의하여 채무자 회사로부터 이 사건 어음을 교부받아 보관하게 된 것이므로, 수임인인 원고는 추심한 금전을 위임인인 채무자 회사에게 인도할 의무가 있다고 할 것이고, 이러한 의무를 부담하는 원고가 위 어음에 관하여 유치권을 행사하는 것은 위 의무이행에 어긋난다 할 것이어서, 원고와 채무자 회사 사이에는 유치권을 배제하는 묵시의 특약이 있는 것으로 봄이 상당하다'는 이유로 원고의 채무자 회사에 대한 회생담보권이 존재하지 않는다는 결정을 하였다.

대출금 약정 당시 계약에 편입된 乙 은행의 여신거래기본약관 제6조 제3항(이하 '이 사건 약관 조항')은 '채무자가 채무이행을 지체한 경우, 은행이

7) 대법원 2012. 9. 27. 선고 2012다37176 판결.

점유하고 있는 채무자의 동산·어음 기타 유가증권을 담보로 제공된 것이 아닐지라도 계속 점유하거나 추심 또는 처분 등 처리를 할 수 있다'는 취지의 조항이 규정되어 있었고, 위 여신거래기본약관은 원고와 채무자 회사의 위 대출금 약정 시 계약에 편입되었다.

2. 訴訟의 經過

(1) 원심 판결[8]

이 사건의 쟁점은 이 乙 은행의 여신거래기본약관에 기재된 문언이 상사유치권을 포기하는 것으로 새길 수 있는가 하는 것이다. 그런데 원심은 「원고는 채무자 회사와의 추심위임약정에 따라 이 사건 어음을 보관하다가 만기일에 발행인에게 제시하여 발행인으로부터 어음금을 지급받음과 동시에 발행인에게 이 사건 어음을 교부하고, 그로 인하여 취득한 어음금을 위임인인 채무자 회사에게 지급할 의무가 있다」고 판시하여, 원고가 이 사건 어음에 대하여 상사유치권을 가지지 않는다고 하였다. 이와 같이 추심을 위하여 발행인에게 이 사건 어음을 교부할 의무를 부담하는 원고가 이 사건 어음에 대하여 유치권을 행사하여 그에 대한 점유를 계속한다는 것은 위 의무이행, 즉 위임받은 이 사건 어음상의 권리실행에 어긋나는 것으로서 이를 인정하게 되면 이 사건 어음에 대한 소지인으로서의 권리실현에 장애를 가져오는 결과가 될 수 있다는 것이다. 따라서 원고와 채무자 회사 사이에는 유치권을 배제하는 묵시적인 특약이 있다고 볼 수밖에 없다.

원심은 「이 사건 약관 조항은 여신거래에 관한 기본약관으로, 그 자체로 어음대출이나 어음할인과 같은 여신거래에 해당한다고 할 수 없는 추심위임약정에서 그 위임인에 대하여 적정한 추심의무와 같은 적극적인 행위의무를 부담하는 것을 명시적으로 약정하여 위와 같이 상사유치권 배제의 묵시적 특약이 인정되는 경우에도, 임치 등 단순 보관의무를 부담하는 경우와 마찬가지로 동일하게 적용된다고 할 수 없다」고 보았다.

---

8) 서울고등법원 2012. 4. 13. 선고 2011나37706 판결; 관련된 참조 판결로 서울중앙지방법원 2009회합109호, 서울중앙지방법원 2009회확979호.

(2) 대법원 판결

대법원은 위와 같은 사안에서, 「어음에 관하여 위 약관 조항의 내용과 달리 상사유치권을 행사하지 않기로 하는 상사유치권 배제의 특약이 있었다고 인정하기 위하여는 당사자 사이에 약관 조항에 우선하는 다른 약정이 있었다는 점이 명확하게 인정되어야 하는데, 그러한 내용의 명시적 약정이 존재하지 않는 상황에서 어음의 추심위임약정만으로 乙 은행과 甲 회사 사이에 유치권 배제의 묵시적 의사합치가 있었다고 보아 乙 은행의 위 어음에 관한 상사유치권 성립을 부정한 원심판결에 상사유치권 배제 특약에 관한 법리오해의 위법이 있다」고 보아, 원심을 파기·환송하였다.

Ⅳ. 商事留置權에 대한 法院의 態度 檢討

1. 商事留置權과 民事留置權

(1) 제도의 비교

대법원은 상법이 상인 간의 거래에서 신속하고 편리한 방법으로 담보를 취득하게 하기 위한 목적에서 민법상의 유치권(민법 제320조 9))과 별도로 상사유치권(상법 제58조)에 관한 규정을 두고 있다고 하여, 상사유치권을 일종의 간이담보 수단으로 이해하고 있다.10)

상사유치권은 민사유치권의 특칙으로 이해되므로, 상사유치권을 이해하려면 민사유치권에 대해서 살펴볼 필요가 있다. 연혁적으로 민사유치권은 로마법상의 악의의 항변에서 비롯된 것임에 반하여 상사유치권은 중세 이탈리아의 상업도시의 관습법에서 연원하는 제도로서, 상인 간에 있어서는 질권을 설정하지 않고 질권과 동등하거나 그 이상의 담보로서 기능하는 제도가 필요하게 되어 안출된 제도이다.11) 그러므로 양 제도는 같은 유치권이기는 하

---

9) 민법 제320조 ① 타인의 물건 또는 유가증권을 점유한 자는 그 물건이나 유가증권에 관하여 생긴 채권이 변제기에 있는 경우에는 변제를 받을 때까지 그 물건 또는 유가증권을 유치할 권리가 있다.
② 전항의 규정은 그 점유가 불법행위로 인한 경우에 적용하지 아니한다.

10) 대법원 2012. 9. 27. 선고 2012다37176 판결.

11) 도두형, "부동산에 대한 상사유치권의 성부 및 대항력의 범위", 서울지방변호사회 판례 연구회, (2013. 3. 20.), 발표문 6면.

지만, 그 연원이 상이하다.12)

　　성립요건 면에서도 양 제도는 구별되는 점이 있다. 이를 표로 만들어 보면 아래와 같다. 실무상으로는 양자를 모두 주장할 수 있다고 본다. 즉 견련성이 인정되어야 유치권의 발생이 인정되는 민사유치권 및 견련성이 없어도 인정되는 상사유치권은 서로 배척관계에 있는 것은 아니며 양자는 경합적으로 주장할 수 있다고 본다.13)

	민사유치권	상사유치권
점유 요건	○ 타인의 물건의 점유의 존재 ○ 이때 물건은 채무자 또는 제3자의 물건이어야 하고, 동산이건 부동산이건 가리지 않음	○ 점유가 있어야 함 ○ 이때 점유의 대상은 채무자 소유의 물건 또는 유가증권임
피담보채권	○ 피담보채권은 그 물건에 관하여 발생한 것이어야 함 ○ 물건과 채권 사이의 견련관계를 요함	○ 점유는 채무자의 상행위에 기인한 것이어야 함 ○ 목적물과 채권 사이의 견련관계는 요구되지 않음
변제기 도래	○ 채권이 변제기에 있어야 함	左同
상인성	不要	○ 채권자와 채무자가 모두 상인이어야 하고, 양자에게 상행위인 행위로 인한 채권이어야 함

(2) 상사유치권의 성질

　　상법 제58조 본문은 "상인 간의 상행위로 인한 채권이 변제기에 있는 때에는 채권자는 변제를 받을 때까지 그 채무자에 대한 상행위로 인하여 자기가 점유하고 있는 채무자 소유의 물건 또는 유가증권을 유치할 수 있다."고 규정하고 있는 바, 이처럼 상법은 상사유치권에 대하여 성립요건에 대한 규정만이 있을 뿐 그 성질이나 효력, 소멸 등에 관한 사항에 대하여는 아무런 규정을 두고 있지 않다.

---

12) 비교법적인 분석으로 이동진. "「물권적 유치권」의 정당성과 그 한계", 「민사법학」 제49권 제1호, 한국민사법학회, (2010), 49-88면 참조.

13) 대법원 2008. 5. 30. 자 2007마98 결정 【경락부동산인도명령】.

그러므로 상사유치권의 구체적인 내용에 대해서는 해석의 여지가 있다. 기존의 판례는 상사유치권의 성립에 대해서만 판단하고 구체적인 효과에 대하여는 판단을 하지 않은 것으로 보이는데, 그 이유는 상사유치권이 성립요건만 상이할 뿐, 그 구체적인 내용은 민사유치권과 같은 것으로 이해하였기 때문인 것으로 보인다.

대법원은 한일은행 사건14)에서 「이 사건 원심 신청인은 이 사건 유가증권에 관하여 이 사건 계약에 기한 대출금채권을 피담보채권으로 하는 상법 제58조 소정의 상사유치권을 가지고 있다」라고 판단하였다. 이러한 결론을 도출한 이유로, "이 사건 대출금은 한일은행이 한일국제유한공사(원심결정문의 '한일은행'은 오기로 보인다)로부터 양도받은 것이므로 위 조항 소정의 상거래로 인한 채권에 해당하지 아니하며, 또한 위 유가증권의 피담보채권인 위 1995년경 대출받은 미화 2천만 달러의 채무는 1998. 4. 30. 소멸하였으므로 그 이후 한일은행이 유가증권을 계속 점유한 것은 불법점유에 해당하여

---

14) 이 사건의 원심은, 신청외 주식회사 한일은행(1999. 1. 6. 이 사건 원심 신청인 주식회사 한빛은행으로 합병되었다. 이하 '한일은행'이라고 한다)이 전액출자하여 설립한 홍콩 현지 법인인 신청외 한일국제유한공사는 국민은행 등과 함께 국민은행을 주간사로 하는 대출단을 구성하여 1996. 10. 28. 신청외 한길종합금융 주식회사(이하 '한길종금'이라 한다)와 사이에 미화 3천만 달러를 한도로 하는 양도성 대출계약(Transferable Loan Agreement, 이하 '이 사건 계약'이라고 한다)을 체결하고 한길종금에 미화 5백만 달러를 대출해준 사실, 그 후 한일은행은 1998년 4월말경 한일국제유한공사를 폐지하면서 같은 해 5월 15일 한일국제유한공사로부터 이 사건 계약서상의 관련 규정에 따라 대출채권을 양도하는 방식을 취하여 대출금채권을 이관받은 사실(이 사건 계약 당시 작성된 계약서에 의하면 대출자는 한길종금에 대한 사전통지 또는 그의 사전 동의 없이 대출채권을 적격 양수인에게 양도할 수 있으며, 양수인이 양도인과 사이에 작성된 양도증명서를 주간사인 국민은행에 송부하여 국민은행이 양도사실을 등록함으로써 채권양도의 효력이 발생하는 것으로 되어 있고 한일국제유한공사는 위와 같은 절차와 형식을 거쳐 이 사건 대출금채권을 한일은행에게 이관한 것이고, 이때 적격 양수인이란 관련 법규에 따라 공인된 은행업무를 수행하는 회사 또는 한길종금이 서면으로 승인하는 회사를 말한다), 한길종금은 1998. 2. 26.경 한일은행에게 한일은행으로부터 1995년경 대출받은 미화 2천만 달러의 대출금채무의 상환유예를 요청하면서 그 담보로 원심 별지 제1목록 기재 유가증권(이하 '이 사건 유가증권'이라고 한다)에 관하여 질권설정계약을 체결하고 한일은행에게 이 사건 유가증권을 인도한 사실, 한길종금은 1998. 4. 30.까지 한일은행에게 위 2천만 달러의 대출금을 전액 변제하였으나 그 무렵 채권 발행을 통한 해외시장으로부터의 외화자금 유입을 추진하는 과정에서 위 발행채권에 대한 한일은행의 보증을 요청하면서 위 유가증권을 그 보증에 대한 담보로 제공하겠다는 의사를 밝힘에 따라 이 사건 유가증권은 계속 한일은행의 점유하에 남아있게 되었으며 한일은행을 합병한 이 사건 원심 신청인은 1999. 3. 19.경 한길종금에게 위 유가증권을 직접 이 사건 계약에 기한 대출금채권의 변제에 충당하겠다는 의사를 통지한 사실을 인정하였다.: 대법원 2000. 10. 10. 자 2000그41 결정 참조.

상사유치권이 성립될 수 없다"는 특별항고인의 주장에 대하여, 대법원은 「이 사건 계약은 채무자에 대한 사전통지 또는 동의를 거칠 필요 없이 주간사에 대한 등록절차만으로 금융기관 간의 채권양도를 예정하고 있는 양도성 대출계약인 데다가 그 양수인 자격도 금융기관으로 제한하고 있어 채무자로서는 금융기관에 의한 위 대출금채권의 양수를 충분히 예상하고 그에 대하여 직접 채무를 부담할 의사를 가지고 있었다고 인정될 뿐 아니라 특히 이 사건에 있어서와 같이 금융기관이 채무자에게 외화자금을 조달해주기 위하여 자신의 외국 현지법인을 통하여 대출을 실행하였다가 그 현지법인의 폐지에 따라 대출금채권의 관리를 이관 받은 것이라면 단지 그 과정에서 채권자인 금융기관이 그의 현지법인으로부터 대출금채권을 양도받는 형식을 취하였다는 이유만으로 위 대출금채권이 채권자와 채무자 간의 상거래로 인한 채권에 해당하지 않는다거나 이를 두고 채권자가 제3자로부터 무담보의 상거래채권을 양도받아 인위적으로 유치권을 발생시킴으로써 채무자에게 예상치 못한 불이익을 주는 경우에 해당된다고 볼 수 없으므로 이 부분 주장은 받아들일 수 없고, 위 유가증권의 당초 피담보채권이 소멸된 후 한일은행이 이를 계속 점유하게 된 경위에 비추어 보면 위 유가증권의 계속 점유가 불법점유에 해당한다는 특별항고인의 주장도 받아들일 수 없다」라고 하여, 위 주장을 배척하였다.15)

이 판결에서 주목할 점은 불법점유에 대한 판단인데, 불법점유의 경우 유치권의 성립을 제한하는 규정은 민법 제320조 제2항이 있으나, 상법 제58조는 단순히 "그 채무자에 대한 상행위로 인하여 자기가 점유하고 있는 채무자 소유의 물건 또는 유가증권"이라고만 규정하고 있고, 민법 제320조 제2항과 같은 규정을 두고 있지는 않고 있기 때문에 상사유치권에서도 동일하게 볼 것인가에 대해서는 문언형식상 논의가능성이 있을 것으로 보임에도 별다른 판단 없이 민법 제320조 제2항이 상사유치권의 경우에도 상사유치권 성립의 장애사유가 된다고 하는 전제에서 불법점유에 해당하지 않는다고 판단한 것으로 보인다. 이런 점에 비추어보면, 대법원은 명시적으로 상사유치권의 내용이 민사유치권과 같다고 설시하지는 않고 있지만, 성립요건의 상이

---

15) 대법원 2000. 10. 10. 자 2000그41 결정 【유치물변제충당허가】.

에도 불구하고 그 효과는 동일하다고 보고 있거나, 최소한 상사유치권의 경우에도 그 성질상 인정할 수 없는 내용이 아닌 한 민사유치권과 동일한 내용의 권리로 이해하는 것으로 보인다.

2. 民事留置權에 대한 法 改定 方向

(1) 민사유치권 관련 민법 개정(안)

민사유치권은 담보제도가 미약하던 시기 매우 중요한 역할을 하였다. 기존의 우리 민법의 논의는 유치권의 견련관계와 같은 요건의 해석에 주로 집중되었다. 그러나 실제 거래계에서는 유치권의 존재로 인하여 경매절차에서 갑자기 다액의 공사대금채권이 있다면서 등장한 건설업자가 유치권을 주장하는 경우와 같이 공시방법이 불완전한 유치권의 특성을 악용하는 것으로 판단되는 여러 가지 문제점이 제기되었다. 이런 문제점을 감안하여, 2013년 1월 16일 민법개정안이 입법예고되었다.16)

개정안은 입법취지로, "현행 부동산 유치권 제도는 유치권이 등기부에 공시되지 아니함에도 불구하고 사실상 우선변제를 받는 결과를 낳아 제3자에게 예측할 수 없었던 손해를 입힐 뿐만 아니라, 유치권자가 점유를 통해 유치권을 행사하는 동안 타인이 부동산을 사용수익하지 못하여 사회경제적 효용을 감소시키는 문제점이 지적되어 왔던 바, 유치권 제도의 적용범위를 제한하는 한편 유치권의 상실로 지위가 약화된 채권자를 위해 별도의 채권자 보호 장치를 마련하는 방안을 도입하고자 함"을 제시하고 있다.

민법 개정안의 주요 내용은 아래와 같다.

(가) 등기 부동산에 대한 유치권의 폐지 (안 제320조)

  1) 종래 유치권의 피담보채권이 "그 물건이나 유가증권에 관하여 생긴 채권"으로 되어 있던 것을 "그 동산에 대한 비용지출로 인한 채권 또는 그 동산으로 인한 손해배상채권"이라고 규정하여 피담보채권의 범위를 명확히 함

  2) 종래 동산, 부동산을 불문하고 유치권을 인정하던 것을, 동산, 유가증권, 미등기

---

16) 민법 개정안에 대한 문헌으로, 성민섭, "부동산 유치권 제도의 개선을 위한 민법 등 개정 법률안에 대하여: 등기 부동산에 대한 유치권 폐지(안) 등의 재고를 기대하며", 「외법논집」 제38권 제1호, (2013), 189-208면.

부동산에 한해서만 인정하고, 특히 미등기 부동산에 대해 성립한 유치권은 안 제372조의2에 따른 저당권설정등기를 하거나, 저당권설정청구권을 청구할 수 있는 권리가 소멸될 때까지만 한시적으로 인정함

3) 피보전채권의 범위를 명확하게 하고, 등기 부동산에 대한 유치권제도는 폐지함에 따라 대상 부동산의 저당권자, 매수인 등 제3자의 신뢰를 보호하고, 경매 시 낙찰가 하락, 부동산 효용가치 감소 등의 문제를 해결할 수 있을 것임

(나) 미등기 부동산 유치권자에 대해 저당권설정청구권을 인정(안 제372조의2 신설)

1) 미등기 부동산에 대한 유치권자에 대해서는 유치권을 한시적으로만 인정하므로 (안 제320조 제2항), 약화된 채권자의 지위를 보완하기 위하여 채권자가 부동산 소유자에 대한 청구에 의하여 저당권설정등기를 할 수 있는 제도를 도입함

2) 이 경우의 저당권설정청구권은 유치권의 연장으로 보아, 저당권설정청구권의 의무자는 유치권 성립 당시의 소유자 뿐만 아니라 유치권 성립 후에 소유권을 취득한 자를 포함함(안 제372조의2 제1항 후문)

3) 미등기 부동산에 대하여 유치권을 가진 채권자는 그 부동산이 등기된 날로부터 6개월 내에 소로써 저당권설정청구권을 행사하여야 하고, 이 기간 내에 행사하지 않으면 저당권설정청구권 뿐만 아니라 유치권도 소멸함(안 제372조의2 제2항)

4) 안 제372조의2 제1항의 저당권설정청구권에 따른 저당권은 그 채권의 변제기에 설정된 것으로 봄(안 제372조의2 제3항)

5) 미등기 부동산의 유치권자에 대해서 유치권을 한시적으로 인정하는 대신 유치권의 성립시기를 변제기로 소급하는 저당권설정청구권을 부여함으로써 미등기 부동산에 관한 채권자의 지위를 보호함

(다) 유치권자 아닌 채권자에 대한 저당권설정청구권 부여 (안 제372조의3 신설)

1) 등기된 부동산에 대하여 그 부동산에 대한 비용지출로 인한 채권 또는 그 부동산으로 인한 손해배상채권을 가진 채권자는 변제기가 도래하지 않은 경우에도 부동산 소유자에 대해서 그 부동산을 목적으로 한 저당권의 설정을 청구할 수 있고, 유치권이 소멸한 경우에도 안 제372조의3에 의한 저당권설정청구권을 행사할 수 있음

2) 안 제372조의2의 저당권설정청구권과는 달리 안 제372조의3의 저당권설정청구권은 저당권설정청구권이 성립한 후 부동산소유권을 취득한 제3자에 대해서는 저당권설정청구를 할 수 없으며, 저당권설정청구를 통해 성립한 저당권은 보통의 저당권과 마찬가지로 등기된 때부터 그 효력이 발생함

3) 유치권자 아닌 채권자의 경우에는 유치권자인 채권자보다 그 보호의 정도를 약하게 함으로써 부동산과 관련한 채권자를 보호함과 동시에 거래안전을 지나치게 침해할 소지를 미연에 방지함

(2) 민사유치권과 관련한 민사집행법 개정(안)

위와 같이 민법이 개정되면, 관련하여 민사집행법 개정이 필요해 지는

바, 2013년 1월 16일 민사집행법 개정안도 입법예고되었다. 민사집행법 개정
안의 주요 내용은 아래와 같다.

(가) 배당요구권자에 저당권설정청구의 소를 제기한 유치권자를 포함 (안 제88조 제1항)

  1) 현행 유치권자는 배당요구권자에 포함되어 있지 않아 유치권자가 민법 제322조
    제1항에 의하여 경매를 직접 신청한 경우가 아니면 배당권자에 포함되지 않았음

  2)「민법 일부개정법률안」제372조의2 제1항에 의한 저당권설정청구의 소를 제기한
    유치권자는 배당요구를 할 수 있게 하여 매각으로 유치권을 상실하는 유치권자의
    지위를 보호함

(나) 경매로 인한 부동산 매각 시 유치권 소멸 (안 제91조 제2항)

  「민법 일부개정법률안」은 미등기 부동산의 유치권자에 대해서 저당권설정청구권을
  인정하고,「민사집행법 일부개정법률안」은 이러한 저당권설정청구권을 소로써 행사
  한 유치권자에게 배당요구권을 부여하여 유치권자가 배당절차에 참여할 수 있는 길
  을 열어 주었으므로, 경매로 인한 매각 시 매수인이 유치권 부담을 인수하는 인수주의
  를 폐기하고 매각부동산 위의 모든 유치권을 소멸하게 함으로써 매수인은 유치권에
  대한 부담이 없는 상태에서 부동산을 취득할 수 있도록 소멸주의로 전환함

(다) 저당권설정청구의 소를 제기한 유치권자에 대한 배당금액의 공탁 등(안 제160조 제1
  항 제3호, 제161조 제2항)

  1) 배당요구권자인 저당권설정청구의 소를 제기한 유치권자가 있었으나 배당 당시
    저당권 등기가 경료되지 않은 경우에는 그 유치권자에게 우선변제권이 있는 것과
    같이 배당을 할 수는 없으므로, 이러한 유치권자가 있으면 일단 공탁을 하고,
    차후 유치권자의 저당권설정청구의 소가 받아들여지면 그에게 배당하고 받아들여
    지지 않으면 종전의 배당권자에게 배당함(안 제160조 제1항 제3호)

  2) 저당권설정청구의 소를 제기한 유치권자에 대해 공탁이 된 상태에서 그 유치권자
    의 채권에 대한 배당을 실시할 수 없게 된 때에는 그 채권을 제외하는 내용으로
    배당표를 변경함(안 제161조 제2항)

---

(3) 민사유치권 개정이 상사유치권에 미치는 영향

    민사유치권에 대한 민법 및 민사집행법의 개정방향은 기본적으로 금융
거래에 있어서 유치권의 존재가 많은 문제점을 야기하고 있다. 그렇기 때문
에 유치권의 존재 자체를 민법 개정을 통하여 폐지하는 것이 논의되었다가,
위와 같은 방식으로 남기는 것으로 논의되고 있다.

    이러한 민사유치권에 대한 논의전개는 상사유치권의 인정과 관련해서
도 중요한 의의가 있다. 우선 상사유치권은 민사유치권 규정을 통하여 보완
을 하고 있다. 그런데 민사유치권에 대한 민법 및 민사집행법의 규정이 개정

되면 상호관계에서 상사유치권에 대한 반영이 문제가 될 수 있다. 그리고 법
정책적으로 민사유치권의 인정을 하지 않는 방향으로 전개한다면 상사유치
권의 성립에 대해서도 법원이 법 해석 시 고려할 부분이 있다. 이런 점에서
향후 상사유치권 제도의 운용에 있어서도 민법상 유치권 제도의 변화를 살
펴보아야 한다.

(4) 유치권 제한법리의 구성

입법적으로 유치권 성립을 제한하기 위한 논의가 있는 것처럼 법원도
유치권 제한에 대한 법리를 전개하고 있다. 대표적으로 법원에 의해서 형성
되고 있는 법리가 아직 독립한 건물이 설치되지 않은 경우에 있어 건물신축
공사수급인 등의 토지에 대한 유치권 제한의 법리라고 생각한다.

(가) 민사유치권의 성립 여부 (원칙 부정)

이 경우 민사유치권의 성립에 대해서 법원은 건물신축공사수급인의 공
사대금채권과 토지 사이의 견련관계를 부정하여 유치권의 성립을 부정한다.
법원은 건물신축공사수급인이 유치권을 주장한 사안에서 「건물의 신축공사
를 도급받은 수급인이 사회통념상 독립한 건물이라고 볼 수 없는 정착물을
토지에 설치한 상태에서 공사가 중단된 경우에 위 정착물은 토지의 부합물
에 불과하여 이러한 정착물에 대하여 독립하여 유치권을 행사할 수 없는 것
이고, 또한 공사중단 시까지 발생한 공사금채권은 공장 건물의 신축에 관하
여 발생한 것일 뿐 토지에 관하여 생긴 것이 아니다」라고 판시하였다.17) 터
파기공사와 지하골조공사만 마친 상태에서 공사가 중단되자 건물신축공사수
급인이 유치권을 주장한 사안에서 법원은 유치권 성립을 부정하였다.18) 또
호텔 신축공사 중 지하 흙막이 공사 도중에 공사가 중단된 사안에서 건물신
축공사수급인으로부터 토공사, 흙막이 공사를 하도급 받은 하수급인이 유치
권을 주장하자 역시 법원은 유치권 성립을 부정하였다.19) 대법원 2010. 11.
25.자 2010다67111 판결도 지하 4층 지상 10층 규모의 건물 신축공사 중 지
하층 가설공사 및 흙막이를 포함한 토공사만 마친 상태에서 공사가 중단되

---

17) 대법원 2008. 5. 30.자 2007마98 결정.
18) 대법원 2010. 4. 16.자 2010마285 결정.
19) 대법원 2010. 6. 29.자 2010마847 결정.

었는데, 건물신축공사수급인이 유치권을 주장하였지만 법원은 유치권 성립을 부정하였다. 아파트 건축공사 중 지하주차장 바닥의 콘크리트 타설이 이루어지고 지하주차장 부분에 약 20% 정도의 벽과 기둥만이 건설된 상태에서 공사가 중단되자 건물신축공사수급인으로부터 토공사, 흙막이 공사를 하도급을 받은 하수급인이 유치권을 주장한 사안에서도 유치권 성립이 인정되지 않았다.20) 지하 4층 규모인 14m 깊이까지 굴착한 뒤 흙막이 벽체를 설치하고 굴착된 부분의 벽면 부위를 지탱하기 위한 철골구조물을 설치한 상태에서 공사중단된 사례의 경우, 이 사건 하도급공사는 지하층을 건설하는 건물 신축공사에 통상적으로 따르는 정지공사에 불과한 것으로서, 오피스텔 신축을 위한 초기공사로 보아야 할 것이지, 토지에 대한 공사의 성질을 지닌다고 볼 수 없다는 이유로 건물신축공사수급인 및 그로부터 토공사, 흙막이 공사를 하도급 받은 하수급인이 유치권을 주장한 사안에서도 유치권 성립이 인정되지 않았다.21)

다만, 이러한 판례의 흐름에 대한 예외로 볼 여지가 있는 판결도 있다. 대법원 2007. 11. 29. 선고 2007다60530 판결에서 「토지를 대지화시켜 아파트가 들어설 단지를 조성하기 위한 콘크리트 기초파일공사인 경우에는 토지에 관한 공사로 볼 수 있다」고 하여 유치권 성립을 긍정한 바 있다. 이 사건에서 유치권 대상이 된 토지는 공부상 지목이 과수원, 전, 하천으로 구성된 일단의 토지로서 장차 지목을 대지로 변경하더라도 지반침하 등으로 인한 건물붕괴를 막기 위한 지반보강공사 없이는 그 지상에 아파트 등 건물을 건축하기에 부적합한 상황이었다. 그래서 토지소유자이자 임대아파트신축사업시행자가 피고에게 토목공사 부분을 도급 주었다. 그리고 이 사건 토목공사는 공부상 지목이 과수원, 전, 하천으로 구성된 토지를 대지화시켜 아파트 3개동이 들어설 단지로 조성하기 위한 콘크리트 기초파일공사로 볼 여지가 있고, 위 토목공사를 토지에 관한 공사로 볼 수 있는 사정이 있었다. 이러한 점을 감안하여 피고의 공사대금채권은 토지에 관하여 발생한 채권으로서 토지와의 견련성이 인정된다고 본 판결이므로 이 사건을 단정적으로 아직 독

---

20) 대법원 2011. 4. 11.자 2011마91 결정.
21) 대법원 2013. 5. 9. 선고 2013다2474 판결.

립한 건물이 설치되지 않은 경우에 있어 건물신축공사수급인 등의 토지에 대한 유치권 제한의 법리와 배치된다고 보기는 어렵다.

법원의 이러한 태도는 건물의 경우 토지를 전제하지 않고는 존재할 수 없지만 부동산등기부를 포함한 부동산공부상 양자는 구분되는 부동산이라는 점에 포착하여 견련성을 요구하는 민사유치권의 성립에 있어서 건물 자체의 건축공사 및 이를 위한 기초터파기공사나 건축공사에 통상적으로 따르는 정지공사에 관한 공사대금채권이 건물에 관한 공사대금채권으로 보고 그 공사대금채권은 건물에 관한 유치권의 피담보채권이 될 수 있을 뿐 토지에 관한 유치권의 피담보채권이 될 수 없는 것으로 이해된다.[22]

이와 달리 대법원 2007. 11. 29. 선고 2007다60530 판결에서 보는 것과 같이 「건물 부지의 경계선에 설치하는 담장설치공사나 건축공사와 관련하여 통상적으로 예상할 수 없는 정도의 토지형질변경공사 또는 축대·옹벽의 축조공사에 관한 공사대금채권은 담장이나 축대·옹벽은 토지의 정착물로서 처음부터 건물에 부합하지 않고 토지에 부합하는 것으로 예정되어 있었기 때문에 그에 관한 공사는 건물에 관한 건축공사와는 독립된 별개의 토지에 관한 공사로 보아야 하고, 또 통상적인 건축공사에서 예상할 수 없는 정도의 토지형질변경공사도 그 건물에 관한 건축공사와는 독립된 별개의 토지에 관한 공사로 보는 것이 거래관념에 보다 부합한다는 점에서 토지에 관한 공사대금채권으로 보아서 토지에 관한 유치권의 피담보채권이 될 수 있다」고 판단한 것으로 보면, 합리적인 해석기준을 제시한 것으로 생각된다.[23]

(나) 상사유치권

대법원은 상사유치권의 성립에 있어서도 상행위에 의한 점유취득 부정설을 취하여 건물신축공사수급인의 토지에 대한 상사유치권을 통상적으로 부정하는 태도를 보이고 있다. 대법원은 채권자가 채무자와의 상행위가 아닌 다른 원인으로 목적물의 점유를 취득한 경우에는 상사유치권이 성립할 수 없다고 전제한 뒤 「재항고인은 공장건물의 신축공사가 이 사건 경매로 중단

---

22) 이기광, "건설공사대금채권에 기한 유치권의 성립 -대법원 2006. 8. 25. 선고 2006다22050 판결 및 대법원 2008. 5. 30.자 2007마98 결정 등 관련 대법원 판결-", 「건축관련판례50선」, 대구판례연구회, (2012), 575면.

23) 이기광, 전게논문, 576면.

된 후에 공사현장을 점거하면서 타인의 지배를 배제하고 이 사건 토지에 대한 점유를 사실상 개시한 것으로 보일 뿐, 재항고인이 토지소유자와 '이 사건 토지에 관한 상행위'를 원인으로 이 사건 토지에 대한 점유를 취득하였다고 보기 어렵다」라는 이유로 상사유치권의 성립을 부정하였다.24) 또 대법원은 상사유치권은 채권자인 상인이 상인 간의 상행위로 인하여 채무자 소유의 물건을 점유하고 있는 경우에 이를 행사할 수 있다고 전제하고, 「피고 현대건설(乙)이 피고 하운산업(A)과의 이 사건 건물 신축공사도급계약에 의해 발생된 공사완성의무를 이행하기 위하여 이 사건 대지를 점유한 것일 뿐 위 도급계약을 직접적인 원인으로 한 것이 아니었으므로 피고 현대건설이 이 사건 대지에 관하여 상사유치권을 취득하였다고 할 수 없다」라고 판단한 원심을 수긍한 바 있다.25)

정리하면, 대법원은 ① 유치권 행사를 위한 대지에 대한 점유개시는 상행위를 원인으로 한 점유개시가 아니라고 평가하거나, 또는 ② 그 점유가 도급계약을 직접적인 원인으로 한 것이 아니어서 상행위를 원인으로 이 사건 토지에 대한 점유를 취득한 것이 아니라고 평가하여 상사유치권의 성립을 제한하고 있다.

3. 不動産에 대한 商事留置權 (對象 判決 1을 中心으로)

(1) 문제의 소재

부동산 담보 금융에 있어 은행은 담보대출을 하면서, 사전에 근저당권 등을 설정하여 담보가치를 확보하고, 이에 기초하여 대출을 하는 것이 통상적이다. 그런데 문제는 유치권의 존재는 그 담보방법의 불명확성으로 인하여 상당한 논란을 발생시킬 수 있다. 이런 유치권을 넓게 인정할 경우, 특히 상사유치권과 같이 견련성의 존재도 요구하지 않는 경우에는 대출은행이 유치권의 존재가능성에 대한 불명확성을 감안하여 대출을 하려고 할 것이므로 부동산을 담보로 제공하여 대출을 받으려고 하는 입장에서는 부동산 금융에 상당한 장애를 가져올 수 있다. 이와 같은 점을 감안하여 입법론으로 부동산

---

24) 대법원 2008. 5. 30.자 2007마98 결정.
25) 대법원 2008. 12. 24. 선고 2007다52706, 2007다52713 판결.

경매에서 유치권신고의 의무화하자는 등의 주장이 제기되었다.26) 하지만 현
실적으로는 해석론으로 부동산에 대한 상사유치권을 합리적으로 해석하거나
또는 성립을 제한하여야 한다는 논의가 있었다. 그러나 현실적인 필요성에도
불구하고 입법론이 아닌 해석론으로 제한이 가능한지는 의문이 있다. 문언해
석에 기초하여 보면, 상법상 상사유치권 규정은 그 성립대상을 채무자 소유
의 물건 또는 유가증권이라고 규정하고 있지 동산 또는 유가증권이라고 규
정하고 있지 않으므로 부동산을 배제하는 것으로 해석하는 것은 해석의 범
위를 넘어서는 것으로 허용될 수 없다고 본다.

(2) 법원의 태도

종래 국내에서 부동산(부지)에 대하여 상사유치권이 성립하는가에 대한
논의가 있었다.27) 2013년 대법원의 판결 이전에 부동산에 대한 상사유치권
성립과 관련하여, 법원은 상사유치권의 성립을 전제로 하고 판단하여 왔다.
하급심으로 서울지방법원 2000. 8. 18. 선고 2000나21708판결(확정)과 서울지
방법원 2000. 11. 24. 선고 2000가합25175판결(확정), 서울고등법원 2007. 6.
22. 선고 2004나7271판결28) 등에서 볼 수 있는 것처럼 상법 제58조에 기한
상사유치권에 기한 토지인도를 거부할 권리를 인정하였다.

대법원이 구체적인 사실관계를 고려하여, 상사유치권의 성립을 부정한
사안들도 있다. 대법원 2005. 8. 19. 선고 2005다22688 판결은 채무자 소유의
부동산에 강제경매개시결정의 기입등기가 경료되어 압류의 효력이 발생한
이후에 채무자가 부동산에 관한 공사대금 채권자에게 그 점유를 이전함으로
써 유치권을 취득하게 한 경우, 점유자가 유치권을 내세워 경매절차의 매수
인에게 대항할 수 없다고 보면서, 「채무자 소유의 건물 등 부동산에 강제경
매개시결정의 기입등기가 경료되어 압류의 효력이 발생한 이후에 채무자가

26) 입법론으로 최동홍. "부동산경매에서 유치권신고의 의무화", 「법조」 통권 제643호, 법조
협회, (2010), 204-258면.

27) 관련 판결에 대한 평석으로 손현모, "건축부지에 대한 건축수급인의 상사유치권 성립 여
부 -대법원 2008. 5. 30.자 2007마98결정 및 2008. 12. 24. 선고 2007다52706, 52713 판결-",
「법학연구」 제50권 제2호, 부산대학교 법학연구소, (2009), 401-430면.

28) 대법원 2008. 12. 24. 선고 2007다52706판결로 확정.: 피고 현대건설이 상가의 대지를 낙
찰받은 원고의 대지인도청구에 대하여 유치권 항변을 한 사안으로 법원은 피고의 유치권
을 인정하였다.

위 부동산에 관한 공사대금 채권자에게 그 점유를 이전함으로써 그로 하여
금 유치권을 취득하게 한 경우, 그와 같은 점유의 이전은 목적물의 교환가치
를 감소시킬 우려가 있는 처분행위에 해당하여 민사집행법 제92조 제1항, 제
83조 제4항에 따른 압류의 처분금지효에 저촉되므로 점유자로서는 위 유치
권을 내세워 그 부동산에 관한 경매절차의 매수인에게 대항할 수 없다 할
것이다」라고 판시하였다.29) 한편 유치권의 경우 우리 민사집행법 제91조 제
5항이 매수인이 그 부담을 인수한다고 하는 인수주의를 채택하고 있으므로
유치권자가 대항할 수 있다는 주장에 대해서, 대법원은 「매수인이 인수하는
유치권이라고 하는 것은 원칙적으로 경매절차의 압류채권자에게 대항할 수
있는 것이라고 보아야 할 것인데, 이 사건의 경우처럼 경매부동산의 압류 당
시에는 이를 점유하지 아니하여 유치권을 취득하지 못한 상태에 있다가 압
류 이후에 경매부동산에 관한 기존의 채권을 담보할 목적으로 뒤늦게 채무
자로부터 그 점유를 이전받음으로써 유치권을 취득하게 된 경우에는 위 법
리에 비추어 이로써 경매절차의 매수인에게 대항할 수 없다고 보아야 할 것

---

29) 대법원 2005. 8. 19. 선고 2005다22688 판결.: 선정자 양병원을 제외한 나머지 선정자들
이 주식회사 평산기계공업 소유의 이 사건 공장건물들의 신축공사로 인한 공사대금채권을
가지고 있던 중 평산기계공업의 채권자인 권순옥의 신청에 기한 2002. 5. 6.자 강제경매개
시결정에 따라 같은 해 5. 13. 이 사건 공장건물들 및 그 부지 등에 관하여 강제경매개시결
정의 기입등기가 경료된 이후 위 선정자들이 위 공장건물들 중 선정자 양병원이 임차하고
있던 이 사건 건물 및 부지 부분에 대하여는 위 선정자에 대한 평산기계공업의 점유물반
환청구권을 양도받음으로써 2003. 4. 30.경부터 위 선정자를 통한 간접점유를 시작하고, 나
머지 공장건물들 및 부지에 대하여는 늦어도 경비원을 고용하여 출입자들을 통제하기 시
작한 2003. 5. 23.경부터 평산기계공업으로부터 그 점유를 이전받아 직접점유를 시작한 사
실을 인정한 다음, 선정자들은 위 강제경매개시결정의 기입등기에 따른 압류의 처분금지
효에 저촉되는 위 점유이전에 기한 유치권의 취득으로써 위 경매절차의 매수인인 원고에
대하여 대항할 수 없다는 이유를 들어, 선정자들에 대하여 이 사건 건물 및 부지의 인도와
아울러 이 사건 공장건물들의 전체 부지 지상에 설치한 판시 컨테이너의 철거와, 원고가
위 경매절차에서 이 사건 건물 및 부지의 소유권을 취득한 2003. 9. 25.부터 그 인도 완료
시까지 점유에 따른 차임 상당의 손해배상을 각 구하는 원고의 청구를 인용하였는바, 위와
같은 원심의 판단은 앞서 본 법리 및 기록에 비추어 정당하고, 거기에 상고이유에서 주장
하는 것처럼 유치권의 성립과 효력, 부동산의 강제경매개시결정에 따른 처분금지의 효력,
점유 및 재산권 등에 관한 법리오해와 사실오인, 심리미진 등의 위법이 있다고 할 수 없
다....한편, 민법상 점유는 유치권의 성립요건이자 존속요건으로서, 유치권의 성립에 있어서
채권과 점유 사이의 견련관계를 요하지 아니한다 하여 점유 없이도 유치권이 성립하는 것
을 의미하는 것은 아니므로, 이와 달리 위 공사대금채권이 변제기에 도달한 이상 위 점유
를 취득하기 전에 이미 유치권이 성립한 것으로 보아야 한다는 취지의 상고이유의 주장
역시 이유 없어 받아들이지 아니한다.: 관련 평석으로 차문호, "유치권의 성립과 경매",
「사법논집」 제42집, 법원도서관, (2005) 참조.

이다」라고 판시하였다.

또 대법원 2008. 5. 30. 자 2007마98 결정이 있다. 이 사건에서 대법원은 유치권의 성립을 주장하는 재항고이유에 대하여, 「건물의 신축공사를 한 수급인이 그 건물을 점유하고 있고 또 그 건물에 관하여 생긴 공사금 채권이 있다면, 수급인은 그 채권을 변제받을 때까지 건물을 유치할 권리가 있는 것이지만,30) 건물의 신축공사를 도급받은 수급인이 사회통념상 독립한 건물이라고 볼 수 없는 정착물을 토지에 설치한 상태에서 공사가 중단된 경우에 위 정착물은 토지의 부합물에 불과하여 이러한 정착물에 대하여 유치권을 행사할 수 없는 것이고, 또한 공사중단 시까지 발생한 공사금 채권은 토지에 관하여 생긴 것이 아니므로 위 공사금 채권에 기하여 토지에 대하여 유치권을 행사할 수도 없는 것이다」라고 하여 민사유치권을 성립을 부정하였다. 대법원은 같은 취지에서, 재항고인의 이 사건 토지에 관한 유치권 주장을 배척하고 이 사건 인도명령을 유지한 원심결정은 정당하고, 거기에 재판에 영향을 미친 헌법·법률·명령 또는 규칙의 위반이 없다고 판단하였다. 이 경우 실무상으로 앞서 본 것과 같이 상사유치권의 성립을 주장하는 경우가 많은바, 이 사안에서도 같은 주장이 있었다. 이에 대해서 대법원은 상사유치권의 성립을 주장하는 재항고 이유에 대하여, 「상법 제58조는 채권자가 채무자와의 상행위가 아닌 다른 원인으로 목적물의 점유를 취득한 경우에는 상사유치권이 성립할 수 없는 것이다. 기록에 의하면, 재항고인은 공장건물의 신축공사가 이 사건 경매로 중단된 후에 공사현장을 점거하면서 타인의 지배를 배제하고 이 사건 토지에 대한 점유를 사실상 개시한 것으로 보일 뿐, 재항고인이 토지소유자와 '이 사건 토지에 관한 상행위'를 원인으로 이 사건 토지에 대한 점유를 취득하였다고 보기 어려우므로, 재항고인이 이 사건 토지에 관하여 상사유치권을 행사할 수 없다고 할 것이어서, 이와 다른 전제에서 있는 재항고 이유는 더 나아가 살펴볼 필요 없이 이유 없다」라고 하여, 상사유치권의 성립을 부정하였다. 당해 사건에서는 상사유치권의 성립을 부정하였으나, 판결 취지를 보면 성립요건만 구비되면 상사유치권이 부동산이라고 하여 성립되지 않는 것은 아닌 것으로 볼 수 있다. 이처럼 대법원도 동

---

30) 대법원 1995. 9. 15. 선고 95다16202, 16219 판결 등 참조.

산인지 부동산인지 여부에 따라 상사유치권의 성립여부를 정하지 않고, 상사
유치권의 성립요건을 적용하여 성립여부를 판단한다.

(3) 일본의 경우

(가) 해석의 방향

일본의 상사유치권에 대한 상법 조문은 우리와 거의 같다.[31] 일본도 문
언상 물건과 유가증권이라고 규정되어 있어 문언만으로 보았을 때는 부동산
을 제외할 수 있는 근거는 존재하지 않는 것으로 보인다. 일본에서의 상사유
치권의 성립대상에 대하여 최고재판소의 판결은 없고, 하급심 판결만이 있
다. 따라서 일본에서는 이 쟁점에 대한 최고재판소의 판결을 기다리고 있는
상황으로 보인다.[32]

부동산에 대해서 유치권 성립을 긍정하는 판례를 보면, 건물이 완공되
었을 경우 건물공사 수급인의 상사유치권이 건물과 토지 모두에 대하여 성립
한다고 보는 판례[33] 등 상사유치권의 성립을 긍정하는 판결들이 다수 있었다.
그러나 2010년 동경고등재판소는 부동산에 대한 상사유치권의 성립을 부정하
였다.[34] 한편 2011년 오사카고등재판소는 부동산에 대하여 상사유치권의 성
립을 긍정하면서도, 당해 대지에 대하여 상사유치권 성립 전에 설정된 저당권
에 대하여 대항력을 부정하는 방식을 취하여 동경고등재판소과 같이 상사유치
권의 성립을 부정하지 않으면서도 대항력의 문제로 현실적인 유치권의 은행대
출을 통한 부동산 금융과 관련된 문제를 해결하고자 시도하였다.[35]

---

31) 日本 商法 第521條 商人間においてその双方のために商行爲となる行爲によって生じた債
權が弁濟期にあるときは、債權者は、その債權の弁濟を受けるまで、その債務者との間にお
ける商行爲によって自己の占有に屬した債務者の所有する物又は有価証券を留置することが
できる。ただし、当事者の別段の意思表示があるときは、この限りでない。
일본 상법은 問屋의留置權(商法第557條), 運送取扱人의 留置權(商法 第562條), 陸上運送
人·海上運送人의 留置權 (商法第589條·商法第753條2項) 등을 인정하고 있다.

32) 永田 均, 商事留置權と不動産商事留置權の成否, 「靑森法政論叢」第12號, (2011), 112頁.

33) 東京高裁 平成6年 2月7日 決定（確定）「金融法務事情」第1438號, 38頁.

34) 東京高裁 平成22年 7月 26日 決定（確定）「金融法務事情」第1906號, 75頁.:「銀行法務21」
第724號, 53頁.

35) 大阪高裁 決定 平成23年 6月 7日 「金融法務事情」第1931號, 93頁.

(나) 2010년 동경고등재판소 결정 (= 성립 부정36))

사건은 甲이 乙소유의 본건 토지에 대하여 근저당권을 취득하였고, 乙은 丙에게 주문하여 본건 토지 위에 본건 건물을 건축하였다. 丙은 乙이 건축대금을 지불하지 않자 본건 건물 및 토지를 점유하였다. 甲은 근저당권에 기하여 경매를 신청하고, 담보부동산경매개시결정을 받았다. 이에 대해서 丙은 상사유치권을 주장하였고, 동경지방재판소는 상사유치권의 성립을 전제로 하여 잔여재산이 없다는 이유로 경매절차를 중단하였다. 이에 대해서 甲이 상사유치권의 성립을 전제로 한 동경지방재판소의 결정은 법리오해가 있다고 하면서 동경고등재판소에 집행항고를 제기하였다.

동경고등재판소는 동경지방재판소의 결정은 상사유치권에 대한 법리를 오해한 것으로 위법하다고 판시하였다. 동경고등재판소는 상법 제521조는 상인 간에 유치권을 규정하고 있는 바, 상인 간의 유치권은 계속적 거래관계

---

36) 東京高裁 平成10年 12月 11日 決定도 부정설을 따르고 있다.: 상사유치권이 성립하기 위하여는, 채무자 소유의 물건이 그 채무자와의 사이에서 상행위에 의하고 채권자의 점유 상태에 들어갔던 사정이 필요한데, 건물건축공사의 수급인은 도급계약의 취지에 따라 건축한 건물의 대지인 토지에 들어가서 건축공사를 한 것이 통상이고, 공사 착공으로부터 그 완성과 도급인에게 인도까지의 사이에 수급인의 토지 사용은, 별도의 합의가 있는 것이 아닌 한, 수급인이 도급계약에 근거하여 건축공사를 하여 완성된 건물을 도급인에게 인도할 의무를 위해, 도급인의 점유보조자로서 토지를 사용하는 것에 지나지 않는 것이고, 토지에 대한 상사유치권의 기초로 삼기에 충분한 독립된 점유에 해당되지 않는다.
東京高裁 平成11年 7月 23日 決定도 역시 부정설의 취지이다.: 이 사건은 건물 부지에 저당권이 설정된 상태에서 그 지상에 건물을 신축하던 공사 수급인이 공사에 착수하여 진행하다가 중단되었으나 그 부지에 대한 저당권자에 의한 경매절차가 진행되자 그 경매절차에서 수급인이 미지급공사대금 채권을 피담보채권으로 하여 부지에 대한 상사유치권을 주장한 사건이었다. 이 사건에서 동경고등재판소는 본건 수급인의 토지 사용은 도급의 목적인 건축공사 시공이라고 하는 채무이행을 위한 출입사용을 위한 것이고 도급인에 대해서만 주장할 수 있는 출입사용권한이며, 수급인은 본건 토지에 대하여 독립된 점유권을 가지고 있다거나 본건 토지에서 과실을 수수할 것을 예정하고 있는 것이라고 인정되지 않기 때문에 대외적인 관계에서 보면 수급인은 도급인의 점유보조자의 지위에 불과하다는 점, 가사 수급인이 부지에 대하여 사용권 등을 취득한 것으로 해석할 여지가 있다고 하더라도, 이 권원도 공사 시공이라고 하는 사실행위를 위하여 성립된 것이고, 수급인에게 건물의 완성 및 인도라고 하는 한정된 목적을 위하여 존속하는 일시적인 권원에 불과하다는 점, 이 경우 건물공사 수급인에게 시공 토지에 대한 유치권을 인정할 경우 저당권 등 담보권의 대상이 되어 있는 토지 위에 건물을 건축하고 의도적으로 그 공사대금을 변제하지 않고 공사 수급인이 유치권을 행사하여 저당권자에 대한 배당액을 감액 내지 없게 하는 것과 같은 것, 즉 저당권의 실효성을 해하는 것 같은 조작이 가능하게 되고, 또 무잉여 등으로 토지에 대한 저당권의 실행절차를 사실상 불가능하게 하는 사태 초래할 가능성이 있어 담보권 질서를 어지럽히는 위험 등을 들어 상사유치권의 성립을 부정하였다.

가 있는 상인 간의 유동하는 상품 등에 대한 개별채권에 대하여 그때그때 개별적으로 질권을 설정하려고 하는 경우에 발생하는 번잡함으로 고려하여 상대방에 대한 불신표명을 피하기 위하여 채권담보를 목적으로 하여 상인 간의 신용거래의 안전과 신속성을 확보하기 위하여 도입된 제도라고 상사유치권의 입법취지를 설명하였다. 동경고등재판소는 이 제도는 원래 독일법에서 유래한 제도로서, 제도의 연혁과 입법경위 등을 감안하면, 부동산은 상법 제521조 소정의 상인 간의 유치권의 대상으로 예정된 것이라고 볼 수 없다고 보았다. 또한 동경고등재판소는 견련관계를 요건으로 하지 않는 상사유치권을 설정하는 것은 상인 간의 계속적 거래를 행하는 채권자가 채무자의 소유물에 대해서 점유개시 전에 이미 점유와 분리하여 채권을 가지고 있다고 관념하는 것이 어렵다는 점도 부동산이 상사유치권의 대상이라고 보기 어려운 근거라고 보았다.

(다) 2011년 오사카고등재판소 결정 (=제한적 성립 긍정[37])

甲은 토지소유자 乙을 채무자로 하는 채권최고액 3억 4500만 엔으로 하는 근저당권을 설정하였다. 건축업자인 丙은 2008년 8월 12일 토지소유자인 乙과 건물의 건축공사를 내용으로 하는 도급액 3억 6750만 엔의 공사도급계약을 체결하였다. 2009년 건물이 완공되었다. 甲은 토지에 대해서 담보권실행경제를, 건물에 대해서 저당권설정 후 축조된 건물이라는 이유로 일괄경매를 신청하였다.

이 사안에서 원심은 경매절차개시결정을 하였다. 즉 원심 재판소는 집행관의 현황조사결과를 보고, 丙의 상사유치권을 인정하였다. 그리고는 평가인에 대해서 상사유치권 성립을 전제로 하여 보충평가를 하도록 명하였다. 원심 재판소는 보충평가를 전제로 하여 잔여액이 없다는 통지를 한 후 경매절차의 취소를 결정하였다. 이에 대하여 항소심인 오사카 고등재판소는 원심

---

37) 상사유치권을 인정하되 대항력 문제로 해결하자는 이와 같은 입장을 취한 선행 결정례로서, 「건물건축 수급인의 대지에 대한 상사유치권의 성립을 긍정한다고 전제하면서도, 저당권 설정등기 후에 성립한 상사유치권으로부터 변화한 특별한 선취특권은, 그 저당권과의 우열관계를 다루는 대항관계로 처리하여야 하고, 특별한 선취특권으로 변화하기 전의 상사유치권이 성립한 때와 저당권 설정등기가 경유된 때와의 선후에 의하여 결정하여야 하므로, 그 선순위 저당권자에게 대항할 수 없다」라고 판시한 東京高等裁判所 平成 10年 11月 27日 決定이 있다.

결정의 취소를 결정하였다.

그 이유로 상법 제521조의 물건에는 부동산이 포함된다는 점을 들고 있다. 첫째, 입법의 연혁적으로 의문이 있으나 동조의 문언상 포함된다고 하지 않을 수 없다는 점, 둘째 건물완성시점까지 丙건설이 토지를 점유하고 있었고, 이는 상법 제521조 소정의 점유로 판단하는 것이 상당하여 그 시점에 토지에 대해서도 丙 건설을 위하여 상사유치권이 성립한다고 보아야 한다고 판단하였다. 한편 丙 건설은 건물의 완공으로 인하여 그 소유권을 원시취득하였다고 할 것이므로 도급계약의 경우 준공하여 인도할 때 도급대금의 잔액을 받을 권리가 있는 점을 들었다. 그러나 근저당권설정 후에 성립된 부동산에 대한 상사유치권은 민사집행법 제59조 제4항**38)**에 규정된 질권과 같이 취급하여 이전에 설정된 근저당권자에게 대항할 수 없다고 보아야 한다고 판단하였다. 이처럼 오사카고등재판소는 상사유치권의 성립을 긍정하면서도, 대항력을 인정하지 않았다.

(4) 검   토

상법의 문언만 두고 보면, 물건에 부동산이 포함된다는 해석론을 취하게 되면, 부동산이라고 하여 상사유치권의 성립을 부정하는 결론을 도출하는 것은 해석론의 한계를 유월한 것으로 보아야 할 것이다. 이렇게 보면 부동산의 경우에도 상사유치권은 성립한다고 보고, 상법이 민사유치권과의 관계에서 성립요건에 대하여만 규정하고 효과 등에 대해서는 규정하고 있지 않은

---

38) 日本 民事執行法 (昭和54年3月30日法律第4號)
　　第59條 (賣却に伴う權利の消滅等) 不動産の上に存する先取特權、使用及び收益をしない旨の定めのある質權並びに抵当權は、賣却により消滅する。
　　2. 前項の規定により消滅する權利を有する者、差押債權者又は仮差押債權者に對抗することができない不動産に係る權利の取得は、賣却によりその效力を失う。
　　3. 不動産に係る差押え、仮差押えの執行及び第1項の規定により消滅する權利を有する者、差押債權者又は仮差押債權者に對抗することができない仮處分の執行は、賣却によりその效力を失う。
　　4. 不動産の上に存する留置權並びに使用及び收益をしない旨の定めのない質權で第2項の規定の適用がないものについては、買受人は、これらによつて担保される債權を弁濟する責めに任ずる。
　　5. 利害關係を有する者が次條第1項に規定する賣却基準價額が定められる時までに第1項、第2項又は前項の規定と異なる合意をした旨の届出をしたときは、賣却による不動産の上の權利の変動は、その合意に從う。

것은 민사유치권 규정에 준하여 해석하는 것으로 이해할 수 있을 것이다. 이러한 해석방법은 기존은 우리나라 하급심 법원의 다수를 점하는 해석방법이 아닌가 한다.

민사유치권의 경우에는 건물도급업자가 자신이 가진 보수채권과 견련관계에 있는 건물에 대한 유치권을 인정하면서, 필요한 범위에서만 부지를 유치하는 것으로 해석할 수 있다. 이는 법정지상권의 성립과 유사한 법리로 이해할 수 있다고 본다. 반면, 이러한 견련관계를 요하지 않고 있는 상사유치권을 폭넓게 인정하는 경우 일종의 부동산 공사에 대한 선취특권을 인정하는 것이 된다. 부지에 대한 우선변제권을 등기도 하지 않고 인정하는 것은 부지에 대한 평가를 수행하고 자금을 융자한 금융기관의 입장에서 이들이 저당권을 먼저 설정하고도 불측의 손해를 입게 되는 것이 된다는 문제가 발생한다. 이렇게 되면 법정책적으로 보면 부동산 건설에 대한 금융기관의 융자를 위축시켜서 사회경제적으로 바람직하지 않은 결론을 도출하게 되는 것이다.

이런 점을 감안하면, 문언상 상사유치권의 성립을 부정할 수는 없다고 하더라도, 상사유치권을 저당권과 유사한 담보물권으로 취급하여 대항력을 제한함으로써 저당권과의 우선순위를 살펴 이와 유사하게 인정하는 것이 저당권자와 유치권자 간의 경제적 가치의 공평한 분배라는 관점에서 바람직하다고 본다.[39] 따라서 이 사건 대상 판결 1의 결론은 타당하다. 더구나 민사유치권 문제에 대한 인식에 바탕을 둔 민법 개정안의 입법예고가 되어 있는 상황에서 상사유치권의 성립에 대한 법원의 태도는 수긍할 수 있다.

4. 商事留置權의 排除

(1) 개   관

대상 판결 2의 쟁점은 상사유치권의 포기방법이다. 상법 제58조 단서는 "그러나 당사자 간에 다른 약정이 있으면 그러하지 아니하다."라고 규정하여

---

[39] 미국의 경우 우리의 상사유치권과 유사한 제도로 미캐닉스 린(mechanic's lien)이라는 제도가 있는 바, 이는 토지에 대한 모기지(mortgage)이 등기시점과 공사개시시점의 선후에 의하여 우월관계가 정해진다고 한다.: 도두형, 전게논문, 15면.

상사유치권을 특약으로 배제할 수 있도록 하였다. 이러한 상사유치권 배제의 특약은 묵시적 약정에 의해서도 가능하다. 이 사건에서와 같이 금융기관은 보유하게 된 유가증권에 대하여 자신의 대출의 변제를 위해 상사유치권을 행사하기도 한다.40)

상법 제58조 단서의 당사자 간의 다른 약정의 존재는 결국 의사표시 해석의 문제로서, 명시적으로 포기하기로 하는 약정이 존재하는 경우에는 상사유치권을 포기한 것으로 새김에 문제가 발생하지는 않을 것이나, 실제로 다수의 문제가 발생하는 경우는 묵시적으로 포기한 것으로 해석하여야 하는 경우일 것이다.

(2) 해석방법

이와 관련해서는 가능한 상사유치권의 포기를 어렵게 함으로써 사실상 명시적인 포기만을 인정하는 접근법도 생각할 수 있다. 이는 상사유치권의 속성상 상인 간의 결제의 간이화와 원활을 위한 것으로 이러한 입법취지를 감안하고, 한편으로 권리 소멸을 쉽게 인정하지 않음으로서 권리자를 보호하고자 하는 해석이다. 다른 해석방법으로 일반적인 의사표시해석방법과 달리 보지 않고 동일하게 취급하는 방법이 있을 것이다.

대상 판결 2의 대법원 판결은 추심위임약정이라는 속성과 상사유치권을 통한 금융기관의 대출금 채권 확보의 양자를 절충하고자 한 것으로 보인다. 추심위임약정은 포함한 약관규정은 규정상 금융기관이 스스로 이를 담보목적으로 공(供)하는 것을 염두에 두고 있는 것이 아니다. 그러므로 이런 점을 감안하면 약관상 추심위임약정은 상사유치권을 포기하겠다는 것으로 새기는 해석도 가능하다. 반면 상사유치권을 약관 규정에 의해서 포기하는 상사유치권 배제특약으로 해석하게 되면 금융기관이 대상이 된 어음을 통하여 대출

---

40) 관련된 판결로 예를 들어, 대법원 2000. 10. 10. 자 2000그41 결정이 있다.: 이 사건에서 대법원은 「채무자에게 자신의 외국 현지법인을 통하여 채무자에 대한 사전통지 또는 동의 없이 주간사에 대한 등록절차만으로 금융기관간의 채권양도를 예정하고 있는 양도성 대출 계약에 따른 대출을 실행하였다가 그 현지법인이 폐지되면서 그 대출금채권의 관리를 채권양도 형식으로 이관 받은 금융기관이 채무자로부터 별개의 대출금채무의 상환유예에 대한 담보로 질권 설정받은 유가증권을 그 대출금채무가 변제된 이후에도 채무자의 요청에 따른 별도의 채권발행보증에 대한 담보로 계속하여 점유하고 있는 경우, 그 금융기관은 그 유가증권에 관하여 그 양도성 대출계약에 따른 대출금채권을 피담보채권으로 하는 상사유 치권을 가진다」라고 판단하였다.

금채권을 확보하지 못하게 되어 자칫 금융기관의 채권회수에 불측의 손해를 발생시킬 수 있다.

원심은 전자의 관점에서 어음의 추심위임약정만으로 은행이 상사유치권 배제의 묵시적 의사표시를 한 것으로 보아, 은행의 어음에 관한 상사유치권 성립을 부정하였다. 반면 대법원은 후자의 관점에서 어음에 관하여 단순한 약관조항의 존재만으로는 상사유치권을 행사하지 않기로 하는 상사유치권 배제특약이 있다고 인정할 수 없고, 상사유치권배제특약을 인정하기 위하여는 당사자 사이에 약관 조항에 우선하는 다른 약정이 있었다는 점이 명확하게 인정되어야 한다고 보았다.

추심위임약정의 의미 및 여신거래기본약관이 가지는 은행대출거래에서의 위치 등을 감안하면, 통상적인 은행대출거래에서 여신거래기본약관이 규정하는 추심위임약정 외에, 별도로 상사유치권 배제특약을 하도록 하는 것을 기대하기는 어려울 것으로 본다. 대법원의 해석은 실제적으로 은행의 상사유치권을 보장하여 주는 방향의 해석으로 이해된다.

V. 結　論

대상 판결 1을 통하여 대법원은 상사유치권의 성립을 긍정하면서도, 유치권을 일종의 담보물권으로 파악하면서, 유치권보다 먼저 설정된 저당권에 대해서는 대항할 수 없다고 보아 법문의 규정과 현실에서의 금융을 위한 수요를 조화하고자 하였다. 그러므로 이 판결로 인해서 은행이 대출을 하면서 근저당권을 먼저 설정하는 경우 뒤에 공사대금채권에 기하여 상사유치권의 성립을 주장하는 건설업자에 대해서는 대부분의 경우 우선하게 될 것으로 보이므로 이와 관련된 실무상의 문제점을 상당부분 해소한 것으로 보인다. 입법론과 해석론을 혼동한 것으로 해석론으로는 무리한 해석이 아닌가 하는 견해가 있을 수 있을 것이나, 대법원의 이 사건 판시태도는 2011년 일본 오사카고등재판소의 태도와 같은 것으로 보이는 바, 우리와 유사한 문언을 가진 일본에서도 논란이 되고 있는 동일한 문제의 해결을 위한 대법원의 금번 판시는 법리와 현실을 잘 조화한 긍정적인 해석 방향으로 보인다.

  대상 판결 2를 통하여 대법원은 금융기관의 상사유치권이 여신거래기본약관이 규정하는 추심위임약정만으로는 배제되지 않는다고 판시하였다. 이러한 해석론은 금융기관의 상사유치권을 보장하는 것으로 실무가 진행될 가능성이 높다.

獨立的 銀行保證에 있어 權利濫用 法理의 適用 範圍와 限界*

金 眞 昕**

◎ 대법원 2014. 8. 26. 선고 2013다53700 판결

[事實의 槪要]

1. 事案의 爭點

(1) 이 사건은 이란의 자동차 부품생산업체인 원고가 대한민국의 甲 주식회사(이하 '소외 회사'라 한다)로부터 자동차 실린더를 수입하는 계약(이하 '이 사건 수입계약'이라 한다)을 체결하자, 피고가 소외 회사의 요청에 따라 소외 회사의 계약이행을 보증하는 이행보증서(이하 '이 사건 보증서'라 한다)를 발급한 사안이다.

(2) 피고가 부담한 이행보증의 성질은 '독립적 은행보증'으로서, 주채무자(소외 회사)와 수익자(원고) 사이의 원인관계에 기한 사유로는 수익자에게 대항하지 못하고 수익자의 청구가 있기만 하면 보증인(피고)의 무조건적인 지급의무가 발생하게 되는 보증이다.

(3) 소외 회사가 제작한 실린더가 이란에서 폭발하는 사고가 발생하여 소외 회사가 제작한 실린더의 이란 내 사용이 금지되자, 원고는 위 사고로 소외 회사로부터 수입한 실린더를 판매할 수 없게 되었으므로 이는 소외 회사의 이 사건 수입계약상 채무불이행에 해당한다고 주장하면서 이 사건 보증서에 기한 보증금을 청구하였는데, 이 청구가 과연 독립적 은행보증의 법리에 비추어 권리남용에 해당하는지 여부가 이 사건의 쟁점이다.

---

 * 제37회 상사법무연구회 발표 (2015년 9월 19일)
** (유)법무법인 동인 변호사

2. 事實關係

(1) 이란에 소재하는 자동차부품 생산회사인 원고는 2007. 12. 31. 국내에 있는 소외 회사로부터 자동차용 플레이트형 CNG(Compressed Natural Gas, 압축천연가스) 실린더(이하 '이 사건 실린더'라 한다) 5,000개를 1,075,000유로에 수입하는 계약을 체결하였다.

(2) 피고는 2008. 3. 18. 소외 회사의 요청에 따라 수익자를 원고로 하여 아래와 같은 내용의 이 사건 수입계약에 관한 이행보증서를 발행하였는데, 위 보증서에는 "보증의뢰인인 소외 회사가 이 사건 수입계약을 불이행하였다고 원고가 판단하고 그 불이행 부분을 적시하여 서면으로 청구한 때에는 보증인인 피고가 조건 없이 원고가 청구하는 보증금을 지급하겠다."라고 기재되어 있다.

보증인	피 고
보증의뢰인	소외 회사
보증금액	107,500유로 (이하 '이 사건 보증금'이라 한다)
수익자	원 고
보증내용	○ 국제상업회의소(ICC)의 독립적 보증에 관한 통일규칙(URDG)1) 이 적용됨. ○ 소외 회사의 요청에 따라, 피고는 소외 회사가 이 사건 수입계약을 불이행하고 불이행이 일어났다는 것을 명시한 원고의 서면확인서를 접수하면, 원고에게 107,500유로를 초과하지 않는 범위 내에서 청구금액을 지급할 것을 확약함.2)

(3) 이 사건 보증서가 계약의 내용으로 원용하고 있는 국제상업회의소(ICC3))의 독립적 보증에 관한 통일규칙(Uniform Rules for Demand Guarantees

---

1) Uniform Rules for Demand Guarantees ICC Publication No. 458 (2010년 ICC Publication No. 758로 개정되기 전의 것임).

2) At the request of the principal, We, Korea Exchange Bank, hereby irrevocably undertake to pay you any sum or sums not exceeding in total an amount of EUR 107,500 upon receipt by us of your first demand in writing and your written statement stating that the principal is in breach of his obligations under the underlying contract and the respect in which the principal is in breach.

ICC Publication No. 458) 제2조에 따르면, "독립적 보증은 그 명칭이나 기재 내용에 관계없이 지급조건과 일치하는 지급청구서 및 보증서에서 명시적으로 요구하는 서류가 제시되는 경우 보증은행 등이 금전을 지급하겠다는 내용의 보증으로, 그 보증이 기초하고 있는 계약이나 이행제공의 조건과 아무 관련이 없고 어떠한 구속도 받지 않는다."라고 규정하고 있다.

(4) 이 사건 수입계약에 따라 소외 회사는 2008. 5. 원고에게 이 사건 실린더 1차 공급분 2,400개를 선적하여 발송하였다. 그런데 2008. 5. 4. 소외 회사가 이란의 다른 업체에게 공급한 파이프형 CNG 실린더가 폭발하는 사고(이하, '이 사건 사고'라 한다)가 발생하였다. 이에 소외 회사와 원고 사이에 2008. 6. 15. 소외 회사가 이 사건 실린더를 사용할 수 없게 되는 경우 그와 관련된 모든 비용을 책임지기로 하는 내용의 합의가 이루어졌다.

(5) 이란 국영업체인 가스 호드로 컴퍼니(Iran Gas Khodro Co., 이하 'IGKCO'라 한다)는 2008. 7. 27.경 위 사고의 원인이 규명될 때까지 소외 회사가 제작한 CNG 실린더의 수입을 승인하지 않을 것이며, 위 실린더가 관련 기준에 부합한다는 것이 확인될 때까지 위 실린더의 이란 내 사용 및 판매를 금지한다는 취지의 공문을 발송하였다.

(6) 이에 원고는 2008. 11. 25. 피고에게, 이 사건 사고로 소외 회사가 제작한 실린더의 이란 내 사용·판매가 금지되어 손해를 입었다는 취지의 확인서를 제출하면서 이 사건 보증서에 기한 보증금(이하 '이 사건 보증금'이라 한다)의 지급을 청구하였다.

(7) 원고와 소외 회사는 2009. 5. 17. 원고가 이미 공급받은 실린더 2,400개에 대한 원고의 손해액을 342,000유로로 정하고, 그중 142,000유로는 소외 회사가 원고의 청구를 받은 날부터 3일 이내에 지급하고, 나머지 200,000유로는 원고가 추가 구매하기로 한 실린더 대금에서 공제하기로 합의(이하 '이 사건 합의'라 한다)하였다.

(8) 그 후 IGKCO는 2009. 8. 26. 플레이트형 실린더4)의 경우에는 제조자가 품질을 보증하면 이란에서 사용할 수 있음을 고지하였고, 원고는 2009.

---

3) International Chamber of Commerce.
4) 원고가 소외 회사로부터 수입한 것과 동종의 실린더이다.

9. 7.경 소외 회사로부터 수입한 플레이트형 실린더 2,400개를 사용하였으나 아무런 문제가 발생하지 않았다.

[訴訟의 經過]

1. 第1審 및 第2審의 判斷

(1) 제1심 : 원고 승소 (피고의 보증책임을 인정)

이 사건 보증서의 문언상 피고는 원고에 대한 독립적 은행보증을 한 것이므로, 소외 회사가 원고에 대하여 채무불이행책임을 부담하는지 여부를 불문하고 원고의 서면에 의한 청구가 있으면 피고는 그 보증서에 기재된 금액을 지급할 의무가 있다.

(2) 원심 : 원고 패소 (원고의 청구는 권리남용)

(가) 이 사건 보증은 독립적 은행보증이라 할 것인데, 다음과 같은 사정에 비추어 보면 원고의 이 사건 청구는 실제 보증의뢰인에게 아무런 권리를 가지고 있지 않음에도 이 사건 보증서의 추상성·무인성을 악용한 청구임이 객관적으로 명백하다.

(나) 즉, 아래와 같은 사정에 비추어 이 사건 보증금 청구 당시 원고는, ① 원고가 수입한 플레이트형 실린더는 이 사건 사고와 무관하다는 점, ② IGKCO 등 이란국영기업이 수입·사용을 금지한 실린더는 파이프형 실린더에 한정되고, 플레이트형 실린더는 재검사를 통하여 쉽게 이란 내 판매가 가능하였다는 점, ③ 이러한 수입·사용금지는 소외 회사의 귀책사유와는 무관한 것이므로 소외 회사에게 이 사건 수입 계약상 채무불이행책임을 묻기 어렵다는 점을 알고 있었다.

1) 이 사건 사고를 야기한 파이프형 실린더의 경우 사고 후 재검사를 통과한 제품에 한하여 사용이 허가되었으나, 플레이트형 실린더는 소외 회사의 품질보증만으로 사용이 가능하였고, 원고 역시 소외 회사의 품질보증서에 기초하여 플레이트형 실린더를 사용하였다.

2) 원고는 소외 회사의 CNG 실린더에 관한 IGKCO의 사용 및 판매금지조치를 이유로 소외 회사의 이 사건 수입계약이행을 거절하였는데, 이 사건 수입계약이 IGKCO 승인에 따라 이루어진 것이 아닌 이상 IGKCO의 사

용 및 판매금지조치와 관련하여 소외 회사가 계약상 책임을 부담한다고 볼 수 없으므로 원고가 소외 회사의 이행을 거절한 것은 부당하다.

3) 원고는 이 사건 사고 이후에도 소외 회사의 CNG 실린더를 계속 수입하려 하였고, 소외 회사는 이 사건 사고 이후에도 이란의 다른 거래처에 CNG 실린더를 수출하여 아무런 문제없이 수입 절차가 이루어졌다.

4) IGKCO는 2008. 7. 27.경 하청업체들에게 소외 회사가 공급한 실린더에 대하여 재검사를 할 경우 사용이 가능하다고 통지하였고, 원고는 2008. 9. 10.경 소외 회사의 CNG 실린더 재검사절차에 관여하였으므로 그 무렵 이미 수입된 플레이트형 실린더에 대하여 재검사 등을 거쳐 사용할 수 있음을 알고 있었다.

5) 실제로 플레이트형 실린더를 차량에 장착·사용한 결과 아무런 문제가 발생하지 아니하였고, 원고로서는 추가 비용부담 없이 재검사 등의 절차만 거치면 이미 수입된 플레이트형 실린더를 사용할 수 있었음에도 원고는 소외 회사로부터 수입한 이 사건 실린더 2,400개를 2009. 9. 7.경에서야 사용하였다.

6) 소외 회사가 나머지 플레이트형 실린더 2,600개를 기간 내에 원고에게 공급하지 못한 것은 원고가 신용장의 유효기간을 연장하여 주지 않았기 때문이다.

7) 소외 회사가 원고에게 공급한 플레이트형 실린더 2,400개에 대한 원고의 손해를 배상하기로 합의한 것은, 소외 회사가 위 플레이트형 실린더의 하자를 인정한다는 취지라기보다는 원고가 CNG 실린더를 추가 주문할 것을 조건으로 하여 원고에게 배상액(342,000유로)을 지급하기로 하는 정지조건부 합의라고 봄이 상당하다.

(다) 따라서 원고의 피고에 대한 이 사건 보증금청구는 권리남용에 해당하여 허용될 수 없다. 이러한 이유로 원고의 청구를 기각한다.

2. 大法院의 判斷

(1) 파기환송

(가) 독립적 은행보증에 기한 보증금의 청구의 경우 원인관계와 단절된

추상성 및 무인성이라는 독립적 은행보증의 본질적 특성을 고려하면, 수익자가 보증금을 청구할 당시 보증의뢰인에게 아무런 권리가 없음이 객관적으로 명백하여 수익자의 형식적인 법적 지위의 남용이 별다른 의심 없이 인정될 수 있는 경우가 아닌 한 권리남용을 쉽게 인정하여서는 아니 된다.

(나) 이 사건의 경우 원고가 소외 회사에 대하여 아무런 권리가 없음을 잘 알면서 독립적 은행보증의 추상성과 무인성을 악용하여 이 사건 보증금을 청구하였음이 객관적으로 명백하다고 볼 수 없다.

(다) 따라서 원고의 이 사건 보증금청구가 권리남용에 해당한다는 원심의 판단에는 독립적 은행보증에서의 권리남용에 관한 법리를 오해하여 판결에 영향을 미친 위법이 있다.

(2) 관련 사건(대법원 2013. 9. 12. 선고 2013다37692 판결)의 경과5) : 원고 패소 (상고기각)

(가) 이 사건이 보증인에 대한 청구이고, 관련 사건은 이 사건 소제기 후 원고가 주채무자인 소외 회사를 상대로 이 사건 수입 계약상 채무불이행을 원인으로 하는 손해배상청구6)이다.

(나) 이 사건 상고심 계속 중 다음과 같은 이유로 위 관련 사건에 대한 원고 패소(상고기각) 판결이 선고되었다.

1) 이 사건 사고로 원고가 수입한 플레이트형 실린더의 이란 내 사용 및 판매가 금지되었다고 볼 수 없다.

2) 소외 회사의 귀책사유로 원고가 수입한 플레이트형 실린더 2,400개의 사용이 지연되고, 나머지 2,600개의 실린더를 수입하지 못하게 되었다고 볼 수 없다.

3) 이 사건 합의는 원고가 CNG 실린더를 추가로 주문하는 것을 조건으로 소외 회사가 원고에게 342,000유로를 지급하기로 하는 정지조건부 합의이므로, 원고가 실린더를 추가 주문하지 않은 이상 소외 회사가 위 합의에

---

5) 제1심(부산지방법원 2012. 2. 9. 선고 2010가합13803 판결)에서 원고 패소 판결이, 항소심(부산고등법원 2013. 3. 21. 선고 2012나2637 판결)에서 항소기각 판결이 선고되었다.

6) 주위적으로 이 사건 실린더의 이란 내 사용 및 판매금지로 말미암아 원고가 입은 손해의 배상을 구하고, 예비적으로 원고와 소외 회사 간의 이 사건 합의에 따른 약정손해배상금의 지급을 구하였다.

따른 손해배상금의 지급의무를 부담한다고 볼 수 없다.

3. 上告理由[7] : 獨立的 銀行保證에 관한 法理 誤解

다음과 같은 사정에 비추어 원심의 판단은 원인관계에 기한 사유로는 수익자에게 대항하지 못한다는 독립적 은행보증의 추상성 내지 무인성의 원칙에 반하는 것이다.

(1) 원심은, 「이 사건 보증은 이른바 독립적 은행보증(first demand bank guarantee)이고, 원고의 청구는 이 사건 보증서에서 정한 요건을 갖추었다고 판단하였음에도, 여러 간접사실에 기초하여 원고가 보증의뢰인인 소외 회사에 대하여 권리를 가지고 있지 못한다는 사실을 알았음을 추인한 다음, 이 사건 청구는 이 사건 보증서의 추상성·무인성을 악용하여 한 청구에 해당함이 객관적으로 명백하여 권리남용에 해당한다」고 판단하였다.

(2) 이는 원고와 소외 회사 사이의 원인관계에 기초하여 원고의 이행보증금 청구를 배척한 것으로 독립적 은행보증에 있어서 추상성 내지 무인성의 원칙에 반하는 것이다.

[判決의 要旨]

(1) 은행이 보증을 하면서 "보증금 지급조건과 일치하는 청구서 및 보증서에서 명시적으로 요구하고 있는 서류가 제시되는 경우에는, 그 보증이 기초하고 있는 계약이나 이행제공의 조건과 상관없이 그에 의하여 어떠한 구속도 받지 않고 즉시 수익자가 청구하는 보증금을 지급하겠다."라고 약정하였다면, 이는 주채무에 대한 관계에서 부종성을 지니는 통상의 보증이 아니라, 주채무자인 보증의뢰인과 채권자인 수익자 사이의 원인관계와는 독립되어 원인관계에 기한 사유로는 수익자에게 대항하지 못하고 수익자의 청구가 있기만 하면 은행의 무조건적인 지급의무가 발생하게 되는 이른바 독립적 은행보증(first demand bank guarantee)이다. 이러한 독립적 은행보증의 보증인으로서는 "수익자의 청구가 있기만 하면 보증의뢰인이 수익자에 대한

---

7) 독립적 은행보증과 관련된 상고이유 이외의 상고이유는 그 기재를 생략하였다.

관계에서 채무불이행책임을 부담하게 되는지"를 불문하고 보증서에 기재된 금액을 지급할 의무가 있으며, 이 점에서 독립적 은행보증에는 수익자와 보증의뢰인 사이의 원인관계와 단절되는 추상성 및 무인성이 있다.

(2) 독립적 은행보증의 경우에도 신의성실이나 권리남용금지 원칙의 적용까지 완전히 배제되는 것은 아니므로, 수익자가 실제로는 보증의뢰인에게 아무런 권리를 가지고 있지 못함에도 은행보증의 추상성과 무인성을 악용하여 보증인에게 청구를 하는 것임이 객관적으로 명백할 때에는 권리남용에 해당하여 허용될 수 없고, 이러한 경우에는 보증인으로서도 수익자의 청구에 따른 보증금의 지급을 거절할 수 있으나, 원인관계와 단절된 추상성 및 무인성이라는 독립적 은행보증의 본질적 특성을 고려하면, 수익자가 보증금을 청구할 당시 보증의뢰인에게 아무런 권리가 없음이 객관적으로 명백하여 수익자의 형식적인 법적 지위의 남용이 별다른 의심 없이 인정될 수 있는 경우가 아닌 한 권리남용을 쉽게 인정하여서는 아니 된다.

[評　　釋]

Ⅰ. 槪　　觀

1. 이 事件 保證의 準據法

은행의 지급보증은 국제물품매매에서 주로 활용되고 있으므로, 국제상업회의소 [ICC(International Chamber of Commerce)]는 이에 관하여 국제적으로 통일된 규칙을 마련하였는데, 이것이 국제상업회의소의 독립적 보증에 관한 통일규칙(Uniform Rules for Demand Guarantees ICC Publication No. 458,8) 이하 '통일규칙'이라고 한다)이다.

이 사건 보증서는 당시 시행되던 국제상업회의소의 독립적 보증에 관한 통일규칙(Uniform Rules for Demand Guarantees ICC Publication No. 458,9) 이하 '통일규칙'이라고 한다)을 적용한다고 정하고 있으므로, 위 통일규칙은 이

---

8) 2010년 ICC Publication No. 758로 개정되기 전의 것임.
9) 2010년 ICC Publication No. 758로 개정되기 전의 것임.

사건 보증계약의 내용으로 편입되었다고 볼 수 있다.

통일규칙 제27조는 보증에 관하여 보증인의 주된 영업지의 법률이 적용된다고 규정하고 있으므로, 보증인인 피고의 주된 영업지인 대한민국의 법이 준거법이 된다. 따라서 이 사건 보증의 법률관계, 특히 원고의 이 사건 청구가 권리남용에 해당하는지의 여부는 준거법인 대한민국 법에 따라 검토하여야 한다.

2. 이 事件 保證의 法的 性格 : 獨立的 銀行保證

(1) 의   의

"독립적 은행보증"(first demand bank guarantee)이란 주채무자(보증의뢰인)와 채권자(수익자) 사이의 원인관계와는 독립되어 그 원인관계에 기한 사유로서는 수익자에게 대항하지 못하고 수익자의 청구가 있기만 하면 보증인의 무조건적인 지급의무가 발생하게 되는 보증을 말한다. 판례도 같은 취지로, 「독립적 은행보증(first demand bank guarantee)은 주채무에 대한 관계에 있어서 부종성을 지니는 통상의 보증이 아니라, 주채무자(보증의뢰인)와 채권자(수익자) 사이의 원인관계와는 독립되어 있어서 그 원인관계에 기한 사유로서는 수익자에게 대항하지 못하고 수익자의 청구가 있기만 하면 보증인의 무조건적인 지급의무가 발생하게 되는 보증이라고 할 것이다」라고 판시하고 있다.[10)

(2) 이 사건 보증의 경우
(가) 이 사건 보증서 및 통일규칙의 내용

[이 사건 보증서]

소외 회사의 요청에 의하여, 피고는 소외 회사가 이 사건 수입계약을 불이행하고 어떤 점에서 불이행이 일어났다는 것을 명시한 원고의 서면확인서를 접수하면 원고에게 107,500유로 범위 내에서 청구금액을 지급할 것을 확약함.[11)

---

10) 대법원 1994. 12. 9. 선고 93다43873 판결.

11) At the request of the principal, We, Korea Exchange Bank, hereby irrevocably undertake to pay you any sum or sums not exceeding in total an amount of EUR 107,500 upon receipt by us of your first demand in writing and your written statement

[통일규칙 제2조]

　　a) 독립적 보증이라 함은 그 명칭이나 기재 내용에 관계없이 은행 등이 지급조건
　　　과 일치하는 지급청구서 및 보증서에서 명시적으로 요구하고 있는 서류가 제
　　　시되는 경우에는 금전을 지급하겠다는 서면으로 된 모든 보증서, 금전채무증
　　　서 또는 기타 지급 약속을 의미한다.
　　b) 독립적 보증은 본질적으로 그것이 기초하고 있는 계약이나 이행제공의 조건
　　　과 독립된 거래이다. 보증인은 보증서에 그에 관한 언급이 포함되어 있는 경
　　　우에도 그러한 계약이나 이행제공의 조건과 아무 관련이 없고 그에 의하여
　　　어떠한 구속도 받지 않는다.

(나) 이 사건의 독립적 은행보증 해당성

다음과 같은 사정에 비추어 이 사건 보증은 수익자의 청구가 있기만 하면 보증인의 무조건적인 지급의무가 발생하는 이른바 '독립적 은행보증(first demand bank guarantee)'이라고 봄이 상당하다.

1) 이 사건 보증서에 따르면, 보증인인 피고는 "수익자인 원고가 보증의뢰인인 소외 회사의 채무불이행을 적시하여 서면으로 청구한 때에는 조건 없이 보증금을 지급하겠다."라고 확약하였는데, 그 문언상 보증의뢰인이 수익자와의 계약조건의 어느 것이라도 불이행하였다고 수익자가 그 절대적 판단에 따라 결정한 때에는 보증인은 수익자의 서면에 의한 청구가 있으면 즉시 수익자가 청구하는 보증금을 지급하겠다는 것이라고 볼 수 있다.

2) 이 사건 보증서에 적용되는 통일규칙 제2조는 "독립적 보증은 그 명칭이나 기재 내용에 관계없이 은행 등이 지급조건과 일치하는 지급청구서 및 보증서에서 명시적으로 요구하는 서류가 제시되는 경우에는 금전을 지급하겠다는 서면으로 된 보증서 등을 의미한다.", 또한 "독립적 보증은 본질적으로 그것이 기초하고 있는 계약이나 이행제공의 조건과 독립된 거래이다. 보증인은 보증서에 그러한 계약이나 이행제공의 조건과 아무 관련이 없고 그에 의하여 어떠한 구속도 받지 않는다."라고 규정하고 있다.

3) 따라서 이 사건 보증서에 따른 보증인의 의무는 그 의무의 성질이

stating that the principal is in breach of his obligations under the underlying contract and the respect in which the principal is in breach.

무조건적이고 보증인이 주장할 수 있는 면책사유로 대항하지 않겠다는 것임
이 분명하므로, 결국 이 사건 보증은 주채무에 대한 관계에 있어서 부종성을
지니는 통상의 보증이 아니라, 주채무자(보증의뢰인)와 채권자(수익자) 사이
의 원인관계와는 독립된 보증이라고 보아야 한다.

Ⅱ. 獨立的 銀行保證의 法律關係

1. 經濟的 效用

(1) 독립적 은행보증은 국제거래에서 채권자가 직면하게 되는 현실적
어려움을 고려하여 보증인으로 하여금 보증금을 일단 지급하고, 나중에 다투
도록(pay first, argue later)함으로써 주채무자가 무자력상태에 빠지게 될 위
험과 국제분쟁해결절차에 필연적으로 수반되는 불확실성 및 비용의 부담으
로부터 채권자를 보호하려는 것이다.[12]

(2) 채무자의 입장에서도 독립적 은행보증으로 인하여 수익자와의 거래
를 성사시키는 이익을 누리게 된다. 만일 독립적 은행보증이 인정되지 않는
다면 채권자는 그와 같은 기능을 하는 현금의 예치 또는 그에 준하는 담보
의 제공을 요구하게 될 것이므로, 독립적 은행보증은 비경제적인 현금예치를
대치함으로써 다른 수단에 의한 담보제공으로 인한 거래비용(transaction
cost)을 줄이는 역할을 한다.[13]

(3) 독립적 은행보증은 제2차 세계대전 이후 국제거래가 활성화되면서
사용되기 시작하여[14] 1960년대부터 국제거래의 가장 보편적인 보증수단으
로 사용되었고, 이후 독립적 은행보증은 그 지급구조의 단순성과 신속성에
힘입어 확고한 국제거래관행으로 자리 잡았다.[15]

---

12) 김기창, "보증채무의 부종성과 독립성", 「민사법학」 제29호, (2005), 85면.

13) 윤진수, "독립적 은행보증의 경제적 합리성과 권리남용의 법리", 「법조」, (2014), 19면.

14) 독립적 은행보증은 당시 중동 산유국들이 막대한 오일달러를 바탕으로 각종 대형프로젝
    트를 발주하면서, 서방의 수급인들에게 원인관계와 단절된 부종성 없는 보증을 요구하면
    서 비롯된 것이다.

15) 김선국, "독립적 은행보증의 법리", 「재산법연구」 제25권 제1호, (2008), 307면.

2. 獨立的 銀行保證의 法律關係

(1) 독립성 및 추상성

(가) 독립적 은행보증은 통상의 보증과는 달리 부종성이 인정되지 않고 보증의뢰인과 수익자 사이의 원인관계와 단절된 별개의 거래라는 점에서 독립성(獨立性)이 인정되므로 보증은행은 보증의뢰인과 수익자 사이의 원인관계에 기한 사유로 수익자에게 대항하지 못한다.

그리고 독립적 은행보증은 그 보증금의 지급이 서류만을 기준으로 이루어지는 추상성(抽象性)16)을 지니는데, 보증은행은 수익자의 청구가 보증서에서 정한 형식적 조건과 일치하는지 여부만을 기준으로 보증금지급 여부를 결정하게 된다.

(나) 이러한 독립성 및 추상성으로 인하여 수익자는 손해 내지 채무불이행의 발생에 관한 입증 없이 단지 지급청구서만으로 보증금의 지급을 청구할 수 있고, 보증은행은 수익자의 청구가 보증서의 조건에 일치하는 경우 보증금지급의무를 부담하게 된다.

이러한 거래구조는 당사자 모두에게 오로지 보증서 조건과 서류 만에 의하여 그들의 지위가 결정된다는 확신을 갖게 함으로써 독립적 은행보증의 상업적 효용에 가장 크게 기여하는 요소로 작용하는데,17) 이에 따라 독립적 은행보증은 오늘날 가장 신속하고 안전한 대금결제 및 보증수단18)으로 국제거래의 활성화에 기여하고 있다.19)

(다) 이 사건 보증도 그 독립성 및 추상성으로 인하여 보증금 지급조건은 단순성 내지 신속성을 가지게 되고, 보증은행인 피고와 보증의뢰인인 소외 회사가 보증서발행에 동의함으로써 원인관계와는 상관없이 수익자의 청구만으로 보증금이 지급되는 위험을 부담하게 되므로, 결국 독립적 은행보증

---

16) 추상성이란 독립적 은행보증거래가 서류에 의한 거래라는 것임. 즉 독립적 은행보증은 원인관계와는 단절되므로(독립성), 보증인이 보증금지급 여부를 결정할 때 서류에 의하여서만 그 지급요건의 충족 여부를 판단할 수밖에 없음: 김선국, 전게논문, 309면.

17) 김선국, 전게논문, 310면.

18) 독립적 은행보증은 국제적인 은행법상의 상관습법으로 발전해가고 있다: 김정호, "유럽의 독립적 은행보증제도에 대한 법적 연구", 「경영법률」 제9집, (1999), 364면.

19) 김선국, 전게논문, 304면.

에서 이러한 위험부담은 궁극적으로 당사자의 의사에 기초한 것이라고 볼 수 있다. 실제로 독립적 은행보증의 국제거래에서의 위상은 이러한 독립성·추상성에서 비롯된 것이고, 독립적 은행보증과 관련한 법적 문제들도 이러한 특성과 관련한 것이 대부분이다.

(2) 보증금지급 이후의 법률관계

보증금을 지급한 은행은 보증의뢰인에 대하여 구상할 수 있다. 만약 수익자가 주채무자에 대한 원인관계상의 권리가 없음에도 보증금을 지급받은 경우,[20] 보증은행에 구상금을 지급한 보증의뢰인은 수익자와의 소송이나 중재 등을 통하여 이를 반환받아야 하는 위험을 부담하게 된다.[21]

그러나 이러한 위험은 보증의뢰인이 독립적 은행보증제도를 선택하였을 때 스스로의 의사에 기하여 인수한 위험이다.

3. 이 事件 保證書에서 정한 保證金 請求要件의 具備 與否

(1) 이 사건 보증서에서 보증인인 피고는 "수익자인 원고가 보증의뢰인인 소외 회사의 채무불이행을 적시하여 서면으로 청구한 때에는 조건 없이 보증금을 지급하겠다."라고 약정하였다.

또한 통일규칙 제20조에 따르면, 이 사건 보증서에 기한 지급청구는 서면에 의하여야 하고, 위 서면은 주채무자가 기본계약에서 정한 채무를 불이행한 사유를 명시한 진술서에 의하여 뒷받침되어야 하는데, 이러한 진술은 지급청구 그 자체에 기재되어도 무방하다고 규정하고 있다.

[통일규칙 제20조]

  a) 보증서에 기한 모든 지급청구는 서면에 의하여야 하고 다음 사항을 명시한 진술서(지급청구 자체에 의하거나, 지급청구에 언급된 별개의 서류에 의하거나, 청구에 수반된 서류이건 간에)에 의하여 뒷받침되어야 한다.

---

20) 다만 수익자의 보증금지급청구가 권리남용에 해당함이 명백한 경우에도 보증은행이 보증금을 지급하였다면 보증은행은 보증의뢰인에 대한 위임 계약상의 선관의무를 다하지 못한 것이므로 구상권이 발생하지 아니한다.

21) 김기창, 전게논문, 96면.

> i) 주채무자가 기본계약에 의한 채무를 불이행하고 있거나, 계약이행보
> 증의 경우 계약이행의 조건을 위배하고 있다는 것.
> ii) 주채무자가 계약을 불이행하고 있다는 점.

(2) 원고는 이 사건 보증금지급청구서에 "소외 회사가 수출한 CNG 실린
더의 하자로 사고가 발생하여 그 실린더 판매가 금지되어 원고가 손해를 입었
다."라는 취지로 기재하였는데, 이는 이 사건 보증서에서 정한 '소외 회사의
채무불이행 사실을 적시한 청구'라고 볼 수 있으므로, 이 사건 청구는 이 사건
보증서에서 요구한 요건을 충족하였다고 봄이 상당하다.

[보증금지급청구서]

자동차에 장착된 소외 회사의 일부 CNC 실린더가 이란에서 폭발하여 사망자가
발생하였고, 이후 이란 정부기구와 이란표준연구소가 이를 이유로 이란 내에서 소외
회사의 CNC 실린더 사용을 금지하게 됨에 따라 원고는 소외 회사의 실린더를 판매할
수 없게 되어 손해를 입었음.

III. 獨立的 銀行保證에 있어서 獨立性의 例外

1. 檢討의 槪要

앞서 보았듯이 이 사건 보증은 獨立的 銀行保證에 해당하므로 보증인인
피고는 보증의뢰인이 채무불이행책임을 부담하는지 여부를 불문하고 무조건
적인 지급의무를 부담하고, 이 점에서 수익자와 보증의뢰인 간의 원인관계와
는 단절되는 독립성을 가진다.

하지만 독립적 은행보증의 독립·추상성은 필연적으로 이 제도의 남용
가능성을 내포하고 있다.[22] 수익자가 독립적 은행보증의 기본적인 특성을
악용하여 원인관계상의 채무불이행이 없음에도 불구하고 보증금청구를 하는
경우 보증의뢰인이나 보증은행에 피해를 입혀 국제거래의 안전에 위협요소
가 될 수 있으므로, 어떠한 경우 독립성의 예외를 허용하여 보증인의 청구를

---

22) 김정호, 전게논문, 368면.

거절할 수 있는지가 국제거래계의 화두(話頭)로 등장하게 되었다.

각국의 법원들은 독립적 은행보증에 있어 독립성의 원칙을 엄격하게 유지하면서 그 예외를 극히 제한적인 경우에만 허용하고 있는데, 이는 독립적 은행보증이 국제거래관행의 산물이므로 그 독립성과 추상성을 엄격하게 유지하는 것이 독립적 은행보증의 상업적 효용의 토대가 될 뿐만 아니라 국제거래 활성화의 길임을 인식한 것이라고 보인다.[23)

2. 獨立性의 例外에 관한 各國의 判例

독립적 은행보증의 예외의 문제는 어떠한 법리 및 기준으로 독립성의 예외를 인정할 것인지의 문제이다. 독일과 우리나라와 같은 대륙법계의 국가들은 주로 '권리남용이론(權利濫用理論)'으로, 영국과 미국 등 영미법계 국가들은 이른바 '사기(詐欺)의 법리(fraud rule)'에 따라 해결한다.

(1) 미   국

미국에서는 독립적 은행보증 대신 보증신용장(standby letter of guarantee)이 많이 쓰이고 있다. 보증신용장은 과거 미국에서 은행의 보증이 금지되어 있었기 때문에 신용장을 이용한 보증을 하게 된 것으로, 그 실질적인 법률관계는 독립적 은행보증과 크게 다르지 않다.[24)

(가) 미국의 입법

미국 통일상법전(Uniform Commercial Code, 이하 'UCC'라 한다)은 신용장의 추상성·독립성[25)을 보장함과 동시에 보증인이 부당한 지급청구를 거절할 수 있는 규정을 두고 있다.

즉 UCC 5-109조에 따르면, ① 지급청구에 필요한 서류가 위조되었거나 (required document is forged), ② 중대한 기망의 경우(materially fraudulent) 및 ③ 지급으로 인하여 수익자의 중대한 사기를 조장하게 되는 경우에 한하

---

23) 김선국, 전게논문, 319면.

24) 김선국, "신용장과 독립적 은행보증", 「무역상무연구」 제39권, (2008), 7면.

25) UCC 5-103(d)에서는 신용장에 대한 지급청구는 주채무와는 독립적인 성격을 가진다고 명시하고 있고, 공식 주석 1번에서는 주채무에 대하여 가지는 항변 사유는 보증채무에 대한 지급거절 사유가 될 수 없고, 이러한 점에서 신용장은 부차적인 보증(secondary guarantee) 과 엄연히 다르다고 지적하고 있다.

여 독립성의 예외26)를 인정하고 있다. 위 UCC 규정의 공식 주석(公式 註釋)에 따르면 이러한 독립성의 예외는 극히 엄격한 기준 하에서만 인정되어야 하는 것으로 보고 있다.27)

(나) 미국의 판례

1) 미국의 판례는 보증서가 요구하는 형식적 요건에 부합하는 보증금지급청구가 있는 경우 일견 사기가 명백한 경우가 아니면 독립성의 예외를 허용하지 않는다. 신용장에 관하여 사기(詐欺)가 지급거절사유가 될 수 있다는 것은 1941년 뉴욕 주 법원의 Sztejn v. J. Henry Schroder Banking Corp. 판결이 효시가 되었는데,28) 그 후 미국 법원은 보증신용장에 관하여도 이러한 법리를 적용하고 있다.29)

2) 사기의 항변은 보증의뢰인이 보증은행을 상대로 하여 수익자에게 돈을 지급지 말라는 지급금지명령(injunction)을 청구하면서 제기되는 경우가 많은데, 미국 법원은 1979년 이란 혁명 후 이란 측이 수익자였던 사건들에서 이러한 금지명령을 인용하기도 하였으나, 그 후에는 금지명령을 거의 인용하지 않고 있는데,30) 이는 사기를 엄격하게 해석함으로써 은행보증의 독립성을 유지하는 태도라고 볼 수 있다.

3) 이란 혁명 당시 독립적 은행보증과 동일한 목적과 기능을 가진 보증신용장을 이란 측에 제공한 미국에서 보증신용장의 독립성과 그 예외의 문제가 심각하게 대두되었는데, 미국 법원들은 이란의 전시상황에서 이행을 못하고 있는 미국의 기업들이 보증은행에 대하여 보증신용장대금의 지급금지명령을 신청한 사건 중 겨우 두 건의 경우만 금지명령을 인용하였고, 그러한 두 건의 사건도 곧 항소심에서 파기되었다. 이러한 결정은 이란의 전시상황 때문에 이행을 하지 못했다는 사실조차도 보증신용장 대금의 지급 여부를 결정함에 있어서 고려대상이 되지 못한다는 것이고, 유일한 지급 여부 결정

---

26) 보증의뢰인의 보증인에 대한 지급금지명령(injunction) 청구를 법원이 인용할 수 있음을 규정하고 있다.

27) 김선국, 전게논문, 312면.

28) 177 Misc. 719 (Supreme Court, Special Term, New York County).

29) 윤진수, 전게논문, 18면.

30) 윤진수, 전게논문, 19면.

의 판단요소는 지급을 위하여 제시된 서류와 보증서상 지급조건과의 일치성 여부임을 천명한 것이라 볼 수 있다.

4) 이러한 미국 판례의 입장은 자국의 은행이나 기업의 불이익과 관계 없이 엄격하게 독립성의 원칙을 고수하려는 것, 즉 채무자의 불이행의 원인 이 무엇이든 보증신용장 조건에 맞는 청구가 있으면 보증신용장 대금은 지 급되어야 한다는 것으로서 보증신용장이 갖는 상업적 효용성을 일차적으로 중시하는 것이다.[31]

(2) 영   국

영국에서도 미국과 유사하게 사기의 경우에는 독립성의 예외(fraud exception)가 인정될 수 있다고 한다. 그러나 단순한 사기의 의심(mere suspicion of fraud)이 있다는 것만으로는 부족하고,[32] 구체적인 사안에서 오 로지 수익자의 사기가 있다는 판단 이외에 다른 판단의 여지가 없는 경우, 즉 수익자의 사기가 명백하게 입증되는 경우가 아닌 한 보증금의 지급거절 은 불가능하다고 하고 있다.[33]

(가) 영국의 판례

◎ **Edward Owen Engineering Ltd. v. Barclays Bank International Ltd 사건**[34]

수익자(리비아 국영기업)가 신용장을 제공하지 않아 보증의뢰인이 원인 관계상 채무를 이행하지 못하였고, 이에 수익자가 보증의뢰인의 원인관계상 채무불이행을 이 유로 보증인인 피고 은행에게 이행보증금의 지급을 구하자, 보증의뢰인인 원고가 피 고 은행을 상대로 보증금의 지급금지가처분을 신청한 사안에서, 영국 법원은 다음과 같이 판시하였다.

① 이행증서(performance bond)[35]는 원인관계에 관한 분쟁에 상관없이 은행에게 절대적인 지급의무를 부과한다. 이 사건에서 은행은 수익자의 청구가 있는 경우 증명이나 조건 없이 지급하겠다는 보증을 하였으므로 이러한 약정은 지켜져야 하

---

31) 김선국, 전게논문, 313-314면.

32) United Trading Corporation S. A. v. Allied Arab Bank Ltd., C. A. (July 17, 1984) T. L. R. 475.

33) 김정호, 전게논문, 369면.

며, 법원은 은행의 의무에 개입할 수 없다.

② 독립성의 유일한 예외는 은행이 알고 있는 명백한 사기의 경우에 한정되는데, 수익자는 자신이 약정한 신용장제공의무를 이행하지도 않았고, 보증의뢰인의 채무불이행을 입증하지도 않았지만 그것만으로 사기가 있음이 명백하다고 볼 수 없다.

③ 수익자의 보증금지급청구는 의심스럽고 교활한 수작일 수도 있고 보증금의 지급이 보증의뢰인에게 가혹한 결과일 수도 있지만, 보증의뢰인은 이러한 위험을 알았음에 틀림없고, 몰랐다 하더라도 이를 알았어야 하였으며, 그는 이행보증을 받아들일 것을 거부하든지, 아니면 현재와 같은 상황을 대비하여 원인관계상의 가격을 조정하든지 하였어야 한다.

◎ **Harbottle Ltd. v. National Westminster Bank** 사건[36]

원고가 이집트의 수입업자에게 곡물 등을 수출하였고, 피고 은행은 원고의 위 수출 계약상의 채무를 이행보증(performance guarantee)하였다. 그 후 수출업자인 원고와 수입업자 간의 분쟁으로 수입업자가 피고 은행에게 이행보증금을 청구하자, 원고가 피고 은행을 상대로 보증금지급금지가처분을 신청한 사안에서, 영국 법원은 다음과 같이 판시하였다.[37]

① 특별한 사정이 없는 한 법원은 은행이 확약한 보증채무의 이행에 간섭하지 아니한다. 은행의 지급보증은 국제거래의 혈맥(血脈, lifeblood)과 같다. 위 지급보증은 상인 간에 발생하는 채권·채무에 관하여 수익자가 자신의 거래은행망을 통하여 확보하는 담보물처럼 취급되고 있다.

② 은행 스스로가 알고 있는 명백한 사기가 있는 경우라면 모를까, 그렇지 않은 경우라면 상인 간의 원인관계상의 분쟁은 은행의 지급보증과는 관계없이 그 계약에 규정된 바에 따라 소송이나 중재를 통하여 해결하여야 한다. 그러한 청구를 실행함에 있어서 직면하는 어려움에 대하여 법원은 상관하지 아니한다. 그것은 상인이 감수한 위험이다.

③ 이 사건에서 보증의뢰인인 원고는 무조건적 보증문언을 채택하는데 따른 위험을 인수하였다. 그 약속은 지켜져야 하고, 법원이 이에 개입하여서는 아니 된다. 만일 그렇게 하지 않는다면 국제상거래에 있어서의 신뢰는 회복 불가능하게 손상될 것이다.

---

34) [1978] Q.B. p.159.

35) 영국에서는 이행증서(performance bond)가 독립적 은행보증과 같은 의미로 쓰인다.

(나) 영국 법원의 입장

이처럼 영국 법원은 아주 예외적인 상황 하에서 명백한 사기가 있는 경우에만 독립적 은행보증의 예외를 인정하고 있는데, 실제로는 사기를 인정하는 경우는 거의 없어서 보증의뢰인이 보증은행을 상대로 제기하는 지급금지명령(injunction)은 받아들여지지 않고 있다.38)

(3) 독　일

독일의 경우도 독립적 은행보증의 독립성과 추상성으로 인해 보증은행은 수익자의 실질적인 권원(materielle Berechtigung)과 그 주장의 내용상 진실성(Wahrheits gehalt)을 조사할 의무가 없을 뿐 아니라 그러한 권리도 없다고 하는 것이 일반적인 견해이다.39)

수익자가 보증인에 대하여 지급청구를 하기 위해서는 보증사고(Garantiefall)가 발생하였다는 것을 보증 계약상의 형식에 맞게(garantiekonform) 주장하는 것으로 충분하지만,40) 다만 독립적 은행보증의 경우에도 권리남용적인 보증금청구(missbräuchliche Inanspruchnahme der Garantie)까지를 허용하는 것은 아니므로 수익자의 명백한 법적 지위의 남용은 보증금지급청구에 대한 항변사유가 될 수 있는 것으로 보고 있다.41)

이에 따라 독일의 판례와 학설은 독립적 은행보증의 독립성·추상성을 유지하면서도 명백히 권한 없는 지급요구에 대한 보호라는 보증의뢰인의 이익을 조화시키기 위하여 독일 민법(BGB) 제242조(신의성실의 원칙)를 근거로 권리남용의 항변을 허용하고 있다.42)

(가) 독일의 판례

아래에서 보는 바와 같이 독일 연방대법원(BGH)은, 수익자의 보증금청구가 권리남용에 해당하기 위해서는, 수익자의 주채무자에 대한 청구권원이

---

36) Harbottle Ltd. v. National Westminster Bank [1978] Q.B. 146.
37) 김기창, 전게논문, 82-83면.
38) 윤진수, 전게논문, 19면.
39) Schimansky/Bunte/Lwowski, "Bankrechtshandbuch" 4. Aufl. 2011, §121 Rn. 14.
40) MüKo/Habersack, Vorb., §765 BGB, 6. Aufl. 2013, Rn. 27.
41) 김선국, 전게논문, 318면.
42) MüKo/Habersack Vorb., §765 BGB, Rn. 34.

존재하지 않는다는 점이, ① 보증은행에게 일견 명백하거나, 또는 ② 쉽게 입수할 수 있는 증거방법(liquide Beweismittel)에 의하여 입증되어야 하는 것으로 보고 있다.[43]

◎ **독일 연방대법원(BGH) 1984. 3. 12. 선고 판결[44]**

영국에 사는 이란 사람들(원고들)이 테헤란에 있는 부동산을 임대하고, 임차인이 목적물 인도의무를 이행하지 않을 경우를 대비하여 은행으로부터 독립적 은행보증을 받았는데, 그 후 호메이니의 이란혁명으로 임차목적물이 국유화되어 임차인이 목적물 인도의무를 이행하지 못하자, 원고들이 은행을 상대로 보증금을 청구한 사안에서, 독일 연방대법원(BGH)은 다음과 같이 판시하였다.

① 형식적인 요건(형식적 보증사고)이 존재한다 하더라도 수익자와 주채무자 사이의 대가관계에 있어서의 <u>보증사고(실질적인 보증사고)가 발생하지 않았다는 것이 명백하거나 쉽게 입수할 수 있는 증거에 의하여 입증할 수 있으면</u>(liquid beweisbar) 보증금지급청구는 권리남용의 항변에 의하여 부정된다.
② 테헤란 시장의 편지나 다른 문서에 의하여 이란의 관청이 임대차목적물인 부동산을 이른바 수용(收用)을 원인으로 강제로 빼앗았다는 사실이 밝혀졌고, <u>국가나 혁명의 개입으로 말미암아 부동산을 빼앗기게 되었을 경우 임차인이 채권자에게 인도의무를 부담하지 않게 된다는 것은 누구에게나 명백하다.</u>
③ 임차인의 부동산 인도의무는 불가항력을 규정한 독일 민법 제275조[45]에 따라 소멸되어 실질적 보증사고가 발생하지 않았고, 따라서 원고의 보증금지급청구는 권리남용에 해당하므로 보증은행의 지급거절은 정당하다.

따라서 수익자와 주채무자 사이에 그 자체로 즉시로 대답될 수 없는 (deren Beantwortung sich nicht selbst ergibt) 실질적·법적 다툼이 있는 경우라면 이는 모든 사람에게 명확하게 인식될 수 있는 권리남용(für jedermann klar erkenn barer Rechtsmissbrauch)이라고 볼 수 없다.[46] 그리고 그 자체로 대답될 수 있는 성질의 것이 아닌, 원인관계에서 나오는 사실적·법적 문제

---

[43] 이러한 판례의 태도는 일반적인 학설의 지지를 받고 있다: 윤진수, 전게논문, 24면.
[44] BGH, Urt. v. 12. 3. 1984, NJW 1984, 2030 ff., BGHZ 90, 287 ff.
[45] 독일 민법 제275조에서는 불가항력으로 인한 면책을 규정하고 있다.
[46] BGH, NJW 1999, S.571.

들로는 독립적 은행보증에 기한 보증금지급청구를 거절할 수 없고, 이는 은행이 보증금을 선지급한 뒤, 사후적인 반환청구(Rückforderungsprozess)로 해결하여야 할 문제라는 것이 독일 연방대법원의 태도이다.[47]

(나) 독일의 학설

1) 보증은행은 수익자에게 실질적 청구권원이 없다는 것이 명백하고, 모든 이에게 이러한 점이 확실히 인식될 수 있다는 점에 대하여 스스로 판단해야 한다. 따라서 이러한 점에 관한 입증방법(Beweismittel)이 ① 법적·사실적 견지에서 의문을 남길 수 있는 것이거나, ② 증거평가(Beweiswürdigung)의 문제를 남길 수 는 경우는 적당한 입증방법으로 볼 수 없다.[48]

은행으로서는 수익자의 지급청구 당시에 권리남용 여부를 판단하여야 하므로, 실제로는 권리남용에서 요구되는 용이한 입증이 가능한 경우라 함은 보증증서를 근거로 입증될 수 있는 경우만을 말하는 것이다.[49]

2) 결국 독일의 경우, 권리남용금지라는 일반원칙에 따라 그 독립성의 예외를 인정하면서도, 일반원칙에 따라 광범위하게 예외를 인정하는 경우 자칫 오늘날 국제거래에서 필수불가결한 제도로 확립된 독립적 은행보증과 그 상업적 효용의 기본토대를 무너뜨리는 결과를 초래할 수 있으므로 그 예외를 엄격한 기준하에서만 인정하고 있는 것이라 볼 수 있다.[50]

(4) 프랑스

아래에서 보는 바와 같이 2006년에 신설된 프랑스 민법 제2321조는 독립적 보증(garantie autonome)의 독립성의 예외사유로서, 채권자의 명백한 남용, 사기 또는 채권자와 주채무자와의 공모(共謀)의 경우에 보증인의 지급의무가 부정됨을 규정하고 있다.[51]

---

47) MüKo/Habersack, Vorb. §765 BGB Rn. 34; Schimansky/Bunte/Lwowski, §121 Rn. 187.
48) Schimansky/Bunte/Lwowski/Fischer, Bankrechtshandbuch(주 38), §121 Rn. 188.
49) Schimansky/Bunte/Lwowski/Fischer, Bankrechtshandbuch(주 38), §121 Rn. 188.
50) 김선국, 전게논문, 319면.
51) 윤진수, 전게논문, 32-33면.

> ◎ 프랑스 민법 제2321조[52]
>
> ① 독립적 보증은 제3자가 약정한 채무에 관하여 독립적 청구나 약정된 방법에 따라 일정한 액을 이행하여야 할 의무가 있는 의무부담약정을 말한다.
> ② 독립적 보증인은 채권자의 명백한 남용이나 사기 또는 채권자와 주채무자와의 공모의 경우에는 의무가 없다.
> ③ 독립적 보증인은 피담보채무로 인한 어떠한 항변도 대항할 수 없다.
> ④ 반대의 합의가 없는 한 이 보증은 피담보채무에 수반하지 아니한다.

독립성의 예외사유로서 명백한 남용이나 사기는 민법 제2321조가 신설되기 이전부터 판례가 인정하고 있던 것인데, 이러한 남용이나 사기는 명백하게 공연한 것이어야 한다.

여기서 이행청구가 '명백한 남용'이 되는 경우란, 모든 증거에 비추어 채권자가 주채무자에 대하여 어떠한 권리도 행사할 수 없는 경우로서 논란의 가능성도 전혀 없는 것(absense de discussion possible)을 말한다.[53] 그리고 사기에 의한 청구는 채권자가 주채무자를 해할 의사를 가지고 그에 대하여 권리가 완전히 박탈되었음에도 보증금을 청구하는 것을 말한다.

(5) 독립적 은행보증에 관한 국제규범
(가) 국제상업회의소(ICC) 통일규칙

은행의 지급보증은 국제물품거래에서 주로 활용되고 있으므로, 국제상업회의소(International Chamber of Commerce)에서는 아래와 같이 국제적으로 통일된 규칙을 마련하였는데, 이는 그 자체로 구속력이 있는 법규범은 아니지만, 당사자가 이를 계약 내용의 일부로 편입함으로써 적용되는 것이다.[54]

---

52) Article 2321 ① La garantie autonome est l'engagement par lequel le garant s'oblige, en consideration d'une obligation souscrite par un tiers, a verser une somme soit a premiere demande, soit suivant des modalites convenues. ② Le garant n'est pas tenu en cas d'abus ou de fraude manifestes du beneficiaire ou de collusion de celui-ci avec le donneur d'ordre. ③ Le garant ne peut opposer aucune exception tenant a l'obligation garantie. ④ Sauf convention contraire, cette surete ne suit pas l'obligation garantie.

53) 윤진수, 전게논문, 32-33면.

54) 이 사건 보증에서도 ICC 지급보증에 관한 통일규칙(Uniform Rules for Demand Guarantees ICC Publication No. 458)을 적용하기로 약정하였다.

1) 계약보증에 관한 통일규칙[55] (Uniform Rules for Contract Guarantees ICC Publication No. 325, 이하 'URCG'라 한다)

URCG에 따르면 계약보증에 근거한 지급청구를 위하여는 주채무자가 채무불이행을 하였다는 '증거'를 제시하여야 한다고 정하고 있는데[URCG 제8(3)조, 제9조], 이는 수익자의 부당한 청구(unfair calling)를 막기 위해 채무자의 채무불이행을 입증할 수 있는 서류를 요구한 것이었다.

그러나 국제거래에서 채권자들은 채무자의 채무불이행 여부에 관계없이 단지 채무자의 채무불이행이 있었다는 채권자의 진술을 담은 서면이 있으면 보증금이 지급되는 형태를 선호하였으므로, URCG는 당시 실제적인 국제보증 관행과는 부합하지 않아 국제거래에서 외면당하였다.[56]

2) 지급보증에 관한 통일규칙 (Uniform Rules for Demand Guarantees ICC Publication No. 458, 이하 'URDG'라 한다)[57]

국제적 지급보증에서 계약당사자들이 주로 계약의 내용으로 삼고 있는 규칙인데, 이 사건 보증에도 위 규칙이 계약의 내용으로 편입되었다.

아래에서 보는 바와 같이 URDG 제5조는 지급보증이 주채무와는 독립적인(independent) 계약임을 명시하고 있는데, 부당한 지급청구나 사기적 청구에 대하여 별도로 규정을 두지 않고 독립성의 예외에 관하여는 각국의 국내법에 맡기고 있어,[58] 보증의 독립성을 최대한 보장하려는 취지라는 평가를 받고 있다.

◎ Uniform Rules for Demand Guarantees (URDG) 758

제5조 (보증의 독립성)[59]

　보증은 본질적으로 그것이 기초하고 있는 계약이나 이행제공의 조건과 독립된

---

55) ICC가 1978년 은행보증제도에 관한 국제은행실무를 통일하기 위하여 제정한 규칙.

56) 김선국, "독립적 은행보증의 법적 규율과 관련한 문제점", 「국제거래법연구」 제17집 제1호, (2008), 109면.

57) 'URDG'는 2010년에 No. 758로 개정되었다.

58) 김선국, 전게논문, 109면.

59) Article 5 (Independence of guarantee and counter-guarantee) a. A guarantee is by its

> 거래이다. 보증인은 보증서에 그에 관한 언급이 포함되어 있는 경우에도 그러한 계약
> 이나 이행제공의 조건과 아무 관련이 없고 그에 의하여 어떠한 구속도 받지 않는다.
> 보증인의 보증책임은 보증인과 수익자 사이의 법률관계에 따른 항변 이외의 어떠한
> 다른 법률관계에 기한 항변에 의해서도 영향을 받지 않는다.

(나) 유엔협약

UN 국제거래법위원회(United Nations Convention on International Trade Law, UNCITRAL)는 1995년 오늘날 국제거래에서 이미 상관습법이 된 독립적 보증과 보증신용장을 모두 총괄하는 유엔협약60)을 채택하여 현재 8개국이 비준하였는데,61) 위 협약은 그 적용 범위를 국제적 보증행위(international undertaking)로 한정하고,62) 보증의 독립성을 규정하고 있다.

위 협약 제19조 제1항 (c)는 독립성의 예외로서 '아무런 근거 없이(no conceivable basis)' 지급청구가 이루어진 경우에는 지급을 거절할 수 있다고 규정하면서 같은 조 제2항은 이를 아래의 5가지 유형으로 나누고 있다.

① 보증금을 지급해야 하는 사건이나 위험이 의심 없이 발생하지 않은 경우

② 보증의뢰인의 채무가 법원이나 중재법원에 의하여 무효로 판단된 경우

③ 보증된 주채무가 의심 없이 수익자에게 만족스럽게 이행된 경우

④ 보증된 주채무의 이행이 분명하게 수익자의 고의적 행위에 의하여 방해받은 경우

⑤ 역보증(counter guarantee)의 수익자가 이유 없이 악의로 자신의 수익자에게 보증금을 지급한 경우

---

nature independent of the underlying relationship and the application, and the guarantor is in no way concerned with or bound by such relationship. A reference in the guarantee to the underlying relationship for the purpose of identifying it does not change the in dependent nature of the guarantee. The undertaking of a guarantor to pay under the guarantee is not subject to claims or defences arising from any relationship other than a relationship between the guarantor and the beneficiary.

60) 독립적 보증과 보증신용장에 관한 1995년 유엔협약(UNCITRAL Convention on Independent Guarantees and Standby Letters of Credit).

61) 미국의 경우 위 협약에 가입을 하였으나, 아직까지 비준을 하지 않고 있다.

62) 김정호, 전게논문, 387면.

Ⅳ. 原告의 請求가 權利濫用에 該當하는지 與否

1. 獨立的 銀行保證과 權利濫用

(1) 대법원 판례

(가) 아래에서 보는 바와 같이 대법원은, '독립적 은행보증에 있어 보증금청구가 권리남용에 해당함이 객관적으로 명백할 때'에는 보증인이 지급을 거절할 수 있다고 판시하였다.

◎ 대법원 1994. 12. 9. 선고 93다43873 판결

① 한국외환은행이 수급인인 건설회사의 보증의뢰에 따라 도급인인 사우디아라비아 보건성을 수익자로 하여 발행한 지급보증서가 그 문언상 보증의뢰인이 수익자와의 계약조건의 어느 것이라도 불이행하였다고 수익자가 그 절대적 판단에 따라 결정한 때에는 보증인은 수익자의 서면에 의한 청구가 있으면 보증의뢰인의 어떤 반대에도 불구하고 즉시 수익자가 청구하는 보증금을 지급하겠다는 것이라면, 그 의무의 성질이 무조건적이고 보증인이 주장할 수 있는 어떠한 면책사유로도 대항하지 않겠다는 것임이 분명하므로, 이는 주채무에 대한 관계에 있어서 부종성을 지니는 통상의 보증이 아니라, 주채무자(보증의뢰인)와 채권자(수익자) 사이의 원인관계와는 독립되어 그 원인관계에 기한 사유로서는 수익자에게 대항하지 못하고 수익자의 청구가 있기만 하면 보증인의 무조건적인 지급의무가 발생하게 되는 이른바 독립적 은행보증(first demand bank guarantee)이라고 할 것이고, 따라서 이러한 은행보증의 보증인으로서는 수익자의 청구가 있기만 하면 보증의뢰인이 수익자에 대한 관계에 있어서 채무불이행책임을 부담하게 되는지의 여부를 불문하고 그 보증서에 기재된 금액을 지급할 의무가 있다고 할 것이며, 이 점에서 이 은행보증은 수익자와 보증의뢰인과의 원인관계와는 단절된 추상성 내지 무인성을 가진다.

② 독립적 은행보증의 경우에도 신의성실의 원칙 내지 권리남용금지의 원칙의 적용까지 배제되는 것은 결코 아니라고 할 것이므로 수익자가 실제에 있어서는 보증의뢰인에게 아무런 권리를 가지고 있지 못함에도 불구하고 위와 같은 은행보증의 추상성 내지 무인성을 악용하여 보증인에게 청구를 하는 것임이 객관적으로 명백할 때에는 이는 권리남용의 경우에 해당하여 허용될 수 없는 것이고, 이와 같은 경우에는 보증인으로서도 수익자의 청구에 따른 보증금의 지급을 거절할 수 있다고 보아야 할 것이다.

(나) 이 사건 이전까지 독립적 은행보증에 관한 대법원 판례는 대법원 1994. 12. 9. 선고 93다43873 판결이 유일하였는데, 위 판결은 한국의 외환은행이 건설공사를 도급받은 보증의뢰인의 요청에 따라 도급인인 사우디아라비아 보건성을 수익자로 하는 독립적 은행보증을 하였는데, 그 후 사우디아라비아 보건성이 보증은행에게 보증기간을 연장해주지 않으면 보증금을 지급해 줄 것을 요청하자, 보증의뢰인이 보증은행을 상대로 보증금지급을 금지하는 가처분을 신청한 사안이었다.

(다) 위 판결에서 대법원은, 「① 이 사건 보증은 주채무자와 채권자 사이의 원인관계와는 독립되어 그 원인관계에 기한 사유로서는 수익자에게 대항하지 못하고 수익자의 청구가 있기만 하면 보증인의 무조건적인 지급의무가 발생하게 되는 독립적 은행보증인데, ② 독립적 은행보증에 있어서도 수익자가 보증의뢰인에게 아무런 권리를 가지고 있지 못함에도 불구하고 은행보증의 추상성 내지 무인성을 악용하여 보증인에게 청구를 하는 것임이 객관적으로 명백할 때에는 권리남용에 해당하여 허용될 수 없다」라고 판시하고 있다.63) 그러나 동 판결은 독립적 은행보증에 있어 권리남용의 일반론을 설시한 것일 뿐 해당 사안이 권리남용에 해당하는지에 관하여 구체적인 판단을 한 것은 아니다.

(2) 독립성의 예외 인정요건

(가) 검토의 개요

앞서 보았듯이 판례에 따르면, 이 사건 보증과 같은 독립적 은행보증에 있어 독립성의 예외가 인정되기 위해서는 ① 수익자의 청구가 권리남용일 것과, ② 이 점이 객관적으로 명백할 것의 두 가지 요건이 갖추어져야 하므로, 이에 관하여 검토하기로 한다.

---

63) 또한 대법원은, 「수익자가 권리남용적인 보증금지급청구를 하는 경우에는, 보증의뢰인은 그 보증금의 지급거절을 청구할 수 있는 권리에 기하여 직접 그 의무자인 보증인을 상대방으로 하여 수익자에 대한 보증금의 지급을 금지시키는 가처분을 신청할 수 있고, 보증의뢰인이 보증은행의 보증금지급을 저지시키기 위하여 행사할 수 있는 가처분신청권을 포함한 일체 소송절차에 있어서 신청을 배제시키는 의미의 부제소특약조항은 약관의 규제에 관한 법률 제14조의 규정에 따라 무효이다」라고 판시하였다.

(나) 권리남용의 명백성

명백성의 요건이 필요하다는 것은 독립적 은행보증의 독립성이 원칙적으로 지켜져야 한다는 점에 비추어 당연하다고 볼 수 있다. 만일 수익자의 청구가 권리남용이라는 점이 너무 쉽게 인정되면, 독립성의 원칙은 사실상 유지될 수 없고, 독립적 은행보증이 가지는 담보로서의 가치가 훼손되어 그 상업적 효용도 유지될 수 없기 때문이다.

1) 명백성의 의미

'권리남용이 명백하다는 것'은 형식적 법적 지위의 남용이라는 사실이 누구에게나 의심 없이 인식될 수 있는 상태라야 한다는 것인데, 제출된 자료에 비추어 단 하나의 가능한 추론이 권리의 남용으로 귀결되는 경우에만 명백성이 인정될 수 있다.64) 따라서 그 자체로 즉시로 대답될 수 없는 사실적, 법적 다툼이 원인관계에 있는 경우라면 명백한 권리남용이라고 볼 수 없으므로,65) 이러한 해답이 자명하지 않은 문제들로는 독립적 은행보증에 기한 보증금지급청구를 거절할 수 없고, 은행이 보증금을 선지급한 뒤, 사후적인 반환청구로 해결하여야 한다.66)

2) 명백성을 인정하기 위한 증거

권리남용의 명백성 여부를 판단하기 위한 증거는 즉시 입수할 수 있는 명백한 것이어야 한다.67) 이는 지체 없이 입수할 수 있고, 권리남용을 명백하게 보여주는 증거68)를 말한다고 이해된다.69)

---

64) 영국 법원은 수익자의 보증금지급청구와 관련하여, 법원에 현출된 자료로부터 도출될 수 있는 사실상 유일한 결론이 사기(詐欺)로 귀결되는 경우에만 지급거절이 정당화된다고 보고 있다.: 김기창, 전게논문, 82-83면.

65) BGH, NJW 1999, S.571.

66) MüKo/Habersack, Vorb., §765 BGB, Rn. 34; Schimansky/Bunte/Lwowski, §121, Rn. 187.

67) Roeland Bertrams, "Bank Guarantees in International Trade(3rd ed.)", Kluwer Law International, (2004), 358; 윤진수, 전게논문, 41-42면에서 재인용.

68) 앞서 보았듯이 독일 연방대법원(BGH)도 허용될 수 있는 증거는 즉시 입수 가능한 증거 (liquider Beweis)에 국한된다고 판시하였다.

69) 윤진수, 전게논문, 42면.

3) 명백성 판단의 시기

권리남용의 항변을 인정하기 위하여는 보증은행이 보증금청구를 받은 때에 권리남용이 보증은행에게 명백하여야 하는데, 수익자에 대하여 권리남용이라는 비난을 할 수 있는가는 보증금청구 당시의 보증인의 인식상태 내지 증명상황을 기준으로 한다고 보아야 한다.[70]

따라서 보증은행이 보증금청구를 받았을 때 권리남용 여부가 명백하지 않으면, 보증은행으로서는 보증금을 지급하여야 하고, 사후에 원인관계소송 등을 통하여 권리남용이라는 사실이 밝혀졌다고 하여 보증금의 지급거부가 정당화될 수는 없다.

독립적 은행보증은 수익자가 마치 현금을 보유하고 있는 것과 같은 담보적 기능을 수행하는데, 수익자와 보증은행 사이의 본안소송이라고 하여 사실심 변론종결 시까지 수익자의 권리 없음이 밝혀지기만 하면 된다는 것은 이러한 담보적 기능이나 국제분쟁해결절차에 필연적으로 수반되는 불확실성으로부터 채권자를 보호하려는 독립적 은행보증의 목적에 어긋난다.[71]

2. 原告 請求의 權利濫用 該當 與否

앞서 보았듯이 원인관계를 둘러싸고 당사자 사이에 다툼이 있다면 어느 일방의 주장이 부당하다는 것이 그야말로 명백하지 않은 한 권리남용의 명백성을 인정하여서는 아니 된다고 할 것인데,[72] 다음과 같은 사정에 비추어 보면, 이 사건의 경우 원고의 권리남용이 명백하다고 볼 수 없다.

(1) 권리남용 불인정의 근거

(가) 원고는 이 사건 소제기 후인 2010. 7. 23. 부산지방법원 2010가합13803호로 보증의뢰인인 소외 회사를 상대로 원인관계(이 사건 수입계약)상의 채무불이행을 원인으로 손해배상청구소송을 제기한 이래 3년여에 걸친 치열한 공방 끝에 2013. 9. 12.[73]에야 패소 확정판결을 받았는데, 이러한 관

---

70) 윤진수, 전게논문, 42면.

71) Roeland Bertrams, 393.

72) 윤진수, 전게논문, 57면.

73) 이 사건의 원심 판결 선고일(2013. 3. 21.) 이후이다.

련 소송의 진행경과, 그리고 위 소송에서 법원이 여러 간접사실이나 정황증거에 기초하여 결론을 추론하고 있음에 비추어 의문의 여지없이 그 결론이 자명한 경우라고 볼 수 없다.

(나) 이 사건 소송에서도 원심은 여러 간접사실에 기초하여, 원고가 보증의뢰인인 소외 회사에 대하여 권리를 가지고 있지 못함을 알았다는 사실을 추인한 다음, 원고의 이 사건 청구는 권리남용에 해당한다고 판단하고 있는데, 이는 보증의뢰인의 수익자에 대한 채무가 존재하는지 여부를 밝히기 위하여 원인관계에 관한 실체심리를 한 것으로 그 결론이 누구에게나 명백한 경우에 해당한다고 볼 수 없고, 실질적으로 원심이 원고와 소외 회사 사이의 원인관계에 기초하여 원고의 이행보증금청구를 배척한 것과 다르지 않으므로 독립적 이행보증의 기본적 특성에 반한다고 보아야 한다.

(다) 특히 원고가 소외 회사에 대하여 아무런 권리를 가지고 있지 못함을 알면서도 이 사건 이행보증서의 추상성·무인성을 악용하여 한 청구에 해당함이 객관적으로 명백한지는 의문이다.

1) 이 사건 및 관련 사건에서 원고와 소외 회사 사이의 원인관계상의 주요 쟁점은 ① 이 사건 사고로 플레이트형 실린더의 이란 내 사용 및 판매가 금지되었는지 여부, ② 원고가 수입한 플레이트형 실린더 2,400개의 사용이 지연되고, 나머지 실린더 2,600개를 수입하지 못하게 된 데에 피고의 귀책사유가 있는지 여부, ③ 피고에게 이 사건 합의74)에 따른 손해배상금 지급의무가 있는지 여부이다.

2) 위 쟁점 ①과 관련하여, 이란 관련기관의 공문75)에서는 사용·판매 금지의 대상을 '소외 회사가 공급한' 내지 '소외 회사의' 실린더라고 기재하고 있을 뿐 파이프형 실린더로 그 대상을 한정하지 않고 있으므로, 이 사건 사고로 인하여 이란 내 사용 및 판매가 금지된 실린더가 파이프형 실린더에

---

74) 원고와 소외 회사는 2009. 5. 17. 이미 공급된 플레이트형 실린더 2,400개에 관하여 원고에게 지급할 손해배상액을 342,000유로로 합의하면서, 그중 142,000유로는 현금으로 지급하고, 나머지 200,000유로는 추가 구매금액에서 할인하기로 하였다.

75) 이란국영가스회사(National Iranian Gas Co)의 공문은 "조사결과가 나올 때까지 '소외 회사의 실린더'를 사용하는 것은 가능하지 않음을 알려드립니다."라고 기재되어 있고, 이란국영석유제품유통공사(National Iranian Oil Products Distribution Company)의 공문은 "추후 공지가 있을 때까지 그 회사 탱크를 사용하는 것은 금지되었으며, 소외 회사가 공급한 탱크는 검사 없이는 사용하지 말 것을 고지하였습니다."라고 기재되어 있다.

한하는지 아니면 플레이트형 실린더도 포함되는지 여부는 관련 기관의 공문만으로는 쉽게 파악하기 어렵다.

원심은 여러 간접사실을 종합하여, 플레이트형 실린더는 사용 및 판매금지조치의 대상이 되지 않았다고 판시하였으나, 이러한 원심의 결론은 그 자체가 의문의 여지없이 자명한 경우라고 보기는 어렵다. 따라서 쟁점 ①에 관한 판단을 논리적인 전제로 하는 쟁점 ②에 관한 원심의 판단도 그 자체로 결론이 명백한 경우라고는 볼 수 없다.

3) 무엇보다도 쟁점 ③과 관련하여 원고와 소외 회사가 이미 공급된 플레이트형 실린더 2,400개에 관하여 원고의 손해액을 342,000유로로 합의하였음에 비추어 보면, 원고가 소외 회사에 대하여 아무런 권리를 가지고 있지 못함을 알면서도 이 사건 보증서의 추상성·무인성을 악용하여 한 청구에 해당함이 객관적으로 명백한지는 의문이다.

관련 사건의 원심76)은 여러 간접사실에 근거하여, 「원고와 소외 회사 사이의 위와 같은 배상합의는 이미 공급된 플레이트형 실린더 2,400개로 말미암아 원고가 입은 손해를 342,000유로로 정하여 이를 소외 회사가 확정적으로 배상하겠다는 취지라기보다는, 원고가 소외 회사에게 CNG 실린더를 추가로 주문할 것을 조건으로 하여 소외 회사가 원고에게 342,000유로를 지급하기로 하는 내용의 정지조건부 합의라고 볼 것인데, 원고가 위 합의에 따른 추가 주문을 하지 아니하여 위 조건이 성취되지 아니하였으므로 원고로서는 소외 회사에게 위 합의에 근거하여 손해배상을 구할 수 없다」라고 판단하였다.

하지만 이처럼 정지조건부 합의임이 명시되지 않았지만 여러 간접적인 사정을 종합하여 정지조건부 합의임이 인정된 경우에 해당된다면, 원고가 소외 회사에 대하여 아무런 권리를 가지고 있지 못함을 알았다고 단정할 수 있는지 의문이다.

(라) 다음과 같은 사정에 비추어서도 원심의 결론은 수긍하기 어렵다.

1) 권리남용의 항변을 인정하기 위해서는 보증금청구를 받은 때에 보증은행인 피고에게 권리남용이 명백하여야 하고, 보증금청구 당시 권리남용 여

---

76) 부산고등법원 2013. 3. 21. 선고 2012나2637 판결.

부가 명백하지 않은 경우 보증은행은 일단 보증금을 지급하여야 한다. 따라서 이 사건 소제기 후 3년 6개월가량이 경과한 2013. 9. 12.[77])에야 관련 사건[78])에서 원고가 소외 회사에 대하여 권리를 가지고 있지 않음이 밝혀졌다고 하여 피고의 보증금지급 거부가 정당화될 수는 없다.

2) 원심은 이 사건 청구가 마치 원고와 소외 회사를 당사자로 하는 원인관계상의 분쟁인양 원인관계의 세밀한 부분에 대한 판단을 거침없이 함으로써 독립적 은행보증에서 권리남용 여부의 판단을 마치 원인 관계상의 분쟁에서 당사자의 잘잘못을 따지듯이 운용하고 있다. 하지만 권리남용 여부에 대한 판단은 분명하고, 의심의 여지가 없으며, 당장 확보할 수 있는 자료에 의하여 이루어져야지 원인관계상 분쟁에 대한 자세한 탐구를 거쳐야 비로소 알 수 있는 사정을 토대로 이루어져서는 아니 된다.

3) 이처럼 독립적 은행보증의 수익자가 한 지급요구의 권리남용 여부에 대한 판단이 원인관계상의 분쟁에 대한 실질판단으로 변질되는 것은 바람직하지 않다. 보증금을 지급한 은행은 보증의뢰인에 대하여 구상할 수 있으므로, 만약 수익자가 주 원인관계상의 권리가 없음에도 보증금을 지급받은 경우 보증은행에 구상금을 지급한 보증의뢰인은 수익자로부터 이를 반환받아야 하는 위험을 부담하게 되나, 이러한 위험은 보증의뢰인이 독립적 은행보증제도를 선택하였을 때 스스로의 의사에 기하여 인수한 위험이다.

4) 원심 판결은 독립적 은행보증이라는 거래수단을 선택한 당사자의 의사와 이러한 은행보증이 국제상거래에서 수행하는 기능을 간과한 것이고, 나아가 이러한 사태가 반복된다면 궁극적으로 국제거래에서 한국금융기관의 위상이 실추됨은 물론이고, 그들이 국제거래에 참여할 기회 역시 주어지지 않을 것이다.

5) 수익자의 청구가 권리남용에 해당하지 않는 한 보증은행의 지급은 정당하며 이로써 보증은행은 완전히 면책된다. 이 때 보증금을 지급한 은행은 보증의뢰인에 대하여 구상할 수 있는 반면, 보증의뢰인은 수익자와의 소송이나 중재를 통하여 분쟁의 해결을 시도할 수밖에 없고, 이를 통하여 만족

---

77) 원심 판결 선고일(2013. 3. 21.) 이후에 선고되었다.

78) 원고의 소외 회사에 대한 손해배상청구소송(2013다37692 손해배상 사건).

스러운 배상을 받을 수 있을지 여부는 불분명하다. 그러나 이러한 위험은 보증의뢰인이 독립적 은행보증제도를 선택하였을 때 당연히 인수한 위험이자 이 제도의 본질적 기능이므로, 이러한 위험이 있다고 하여 보증은행의 지급의무를 부정한다면 독립적 은행보증제도의 존속 자체를 부정하는 것이라고 보아야 한다.

(2) 소   결

원심은 이 사건 보증을 주채무에 대한 관계에서 부종성을 지니는 통상의 보증의 경우와 같이 판단한 것으로 보이는데, 이러한 원심의 입장은 원고의 권리남용 사실이 명백하지 않음에도 복잡하게 얽힌 원인거래의 분쟁 사실을 정확하게 규명해보려는 태도로서 추상성·무인성이라는 독립적 은행보증제도의 본질적 특성에 비추어 근본적으로 잘못된 것이다.

따라서 대법원이 이 사건에서 원고의 이 사건 보증금청구가 권리남용에 해당한다고 본 원심 판결을 파기한 것은 정당하다.

(3) 상고심판결 선고 이후의 법률관계

대법원이 원심판결을 파기환송한 이후 원고승소판결이 선고·확정되었는데,[79] 이에 따라 보증인인 피고는 원고에게 이 사건 보증금을 지급하고 보증의뢰인인 소외 회사에 대하여 구상권을 행사할 수 있다.

피고에게 구상금을 지급한 소외 회사는 원고에 대한 부당이득반환청구소송 등을 통하여 이를 반환받아야 하는 위험을 부담하게 되고, 이를 통하여 만족스런 배상을 받을 수 있을지 여부는 불분명하다. 그러나 이러한 위험은 보증의뢰인인 소외 회사가 독립적 은행보증제도를 선택하였을 때 스스로의 의사에 기하여 당연히 인수한 위험이자 이 제도의 본질적 기능이므로, 앞서본 것처럼 이러한 위험이 있다고 하여 피고의 보증금지급의무를 부정한다면 독립적 은행보증제도의 존속 자체를 부정하는 것이라 할 것이다.[80]

---

79) 이 사건 판결선고 후 환송심에서 피고의 보증금지급을 명하는 원고승소판결(서울고등법원 2014. 12. 23. 선고 2014나44538 판결)이 선고되었고, 이에 대하여 피고가 상고하였으나, 심리불속행으로 기각되었다(대법원 2015. 5. 14. 선고 2015다5064 판결).

80) 김기창, 전게논문, 96면.

Ⅴ. 對象 判決의 意味 및 評價

본 판결은 우선, 「독립적 은행보증이란 원인관계와는 독립되어 원인관계에 기한 사유로는 수익자에게 대항하지 못하고 수익자의 청구가 있기만 하면 보증은행의 무조건적인 지급의무가 발생하게 되는 보증이고, 이 점에서 독립적 은행보증에서는 수익자와 보증의뢰인 사이의 원인관계와는 단절되는 추상성 및 무인성이 있다」라고 판시함으로써, 독립적 은행보증의 개념 및 그 본질적 특성을 밝히고 있다는 점에서 그 의미가 있다.

본 판결에서는 「추상성 및 무인성이라는 독립적 은행보증의 본질적 특성을 고려하면, 수익자가 보증금을 청구할 당시 보증의뢰인에게 아무런 권리가 없음이 객관적으로 명백하여 수익자의 형식적인 법적 지위의 남용이 별다른 의심 없이 인정될 수 있는 경우가 아닌 한 권리남용을 쉽게 인정하여서는 아니 된다」라고 판시하였는데, 이는 수익자가 보증은행에게 아무런 권리가 없음을 잘 알면서 독립적 은행보증의 추상성과 무인성을 악용하여 청구를 하는 것임이 객관적으로 명백한 경우가 아닌 한 수익자의 권리남용을 쉽게 인정하여서는 아니 된다는 점, 즉 독립적 은행보증에서 권리남용 법리 적용의 한계를 판시한 최초의 판결[81]이라는 데에 그 의미가 있다.

그리고 본 판결에서 대법원은, 독립적 은행보증에 기한 보증금청구소송에 있어 수익자의 권리남용 사실이 명백하지 않음에도 복잡하게 얽힌 원인관계상의 분쟁을 정확하게 규명해보려는 법원의 태도는 추상성과 무인성이라는 독립적 은행보증제도의 본질적 특성에 비추어 근본적으로 잘못된 것이라는 판단하에, 독립적 은행보증을 주채무에 대한 관계에서 부종성을 지니는 통상의 보증의 경우와 같이 판단한 원심판결을 파기한 것으로 보인다. 이러한 대법원의 태도는 독립적 은행보증에서 권리남용 법리의 적용을 엄격하게 제한함으로써 수익자가 한 보증금청구의 권리남용 여부에 대한 판단이 원인관계상의 분쟁에 대한 실질판단으로 변질되는 결과를 초래하지 않도록 한 것이라고 볼 수 있다.

---

81) 본 판결 이후에, 본 판결의 법리를 적용한 대법원 판결이 선고되었다(대법원 2015. 7. 9. 선고 2014다6442 판결).

部分的 包括代理權을 가진 使用人에 商法 第14條가 類推適用되는지 與否*

梁 鉉 周**

◎ 대법원 2007. 8. 23. 선고 2007다23425 판결

[事實의 槪要]

　(1) 원고(주식회사 시스네트)[1]는 컴퓨터 하드웨어 판매 및 소프트웨어 개발업을 영위하는 회사이고, 피고(주식회사 엘지데이콤)[2]는 전화, 전용회선, 무선통신 등 유무선기간통신사업과 부가통신사업을 영위하는 회사이다.

　(2) 원고는 2003. 11. 12. 피고 강남지사[3] 사무실에서 피고 강남지사 영업과장 이동준과 사이에 아래와 같은 내용의 매매계약서를 작성하였다.

---

① 원고는 피고에게, 무전기능과 채널접속기능을 갖추고 있어서 국내, 국제전화를 무료로 이용할 수 있는 이젠프리 에어로(Ezenfree AERO) 단말기 4,000대를 매매대금 2,757,920,000원(부가가치세 포함, 이하 같다)에 매도한다.
② 원고는 2003. 11. 14.까지 피고가 지정하는 장소에 이 사건 단말기 4,000대를 납품하고, 피고는 이 사건 단말기를 검수한 날부터 60일 이내에 원고에게 매매대금을 지급한다.

＊ 제16회 상사법무연구회 발표 (2007년 9월 29일)
＊＊ 법무법인 평산 대표변호사

1) "(주)시스네트"는 1995. 1. 설립되어, 주로 POS 시스템과 T-money 솔루션을 서비스하는 업체로 IT솔루션 전문기업을 표방한다.: www.sisnet.co.kr 참조.
2) "(주)엘지데이콤"은 1982. 3. 한국데이타통신(주)로 설립되어, 1991. 11. (주)데이콤으로 상호변경하였고, 2000. 1. LG그룹 계열에 편입된 후, 2006. 9. (주)LG데이콤으로 사명을 변경하였다.: www.lgdacom.net 참조.
3) 피고는 서울에 강남지사, 강북지사, 용산사옥의 3개 지사를 두고 있고, 그중 강남지사는 본사와 같은 장소에 있다.: www.lgdacom.net 참조.

(3) 이 사건 계약에 따라 원고는 2003. 11. 12. 델타정보통신(주)로부터 3,000대를 매매대금 2,027,850,000원에, 2003. 11. 14. (주)디온으로부터 1,000대를 매매대금 657,140,000원에 매수하여 2003. 11. 14. 총 4,000대를 이동준이 지정한 (주)케이아이텔레콤에게 납품하였다.4)

(4) 원고가 이 사건 단말기 대금의 지급을 요구함에 대하여, 피고는 이동준이 권한 없이 피고의 사용인감을 도용하여 이 사건 계약을 체결하였다는 이유로 대금지급을 거절하였다.

[訴訟의 經過]

1. 原審 判決5)

원고는, 이동준이 '부분적 포괄대리권을 가진 사용인'에 유사한 명칭을 사용하였으므로 상법 제14조의 표현지배인 규정을 유추적용해야 한다고 주장하였으나, 원심은 이동준에 대해 상법 제14조의 표현지배인 규정을 유추할 수 있는 경우라도 원고가 이동준이 부분적 포괄대리권을 갖는 사용인이 아님을 알았거나 중대한 과실로 알지 못한 경우에는 위 규정을 들어 피고에 대하여 책임을 물을 수는 없는바, 제반 사정을 종합하면 원고가 이동준으로부터 피고의 강남지사 영업팀장이라고 기재된 명함을 교부받고 이 사건 계약을 체결하였더라도 이동준이 피고의 부분적 포괄대리권을 갖는 사용인이

---

4) 이 사건 단말기의 이동경로는 아래와 같다.
델타정보통신(주) 및 (주)디온 → 원고 → 피고 → (주)케이아이텔레콤

5) 제1심 법원(서울중앙지방법원 2005. 4. 21. 선고 2004가합31208 판결)은 원고의 주장(① 대리, ② 민법 제126조의 표현대리, ③ 민법 제125조의 표현대리, ④ 사용자책임) 중에서 ①, ②, ③을 모두 배척하고 ④ 피고가 이동준에 대한 감독 및 사용인감에 대한 관리를 철저히 하여야 할 주의의무에 위반하여 이동준이 이 사건 계약을 체결하도록 방치한 과실이 있다는 이유로 사용자책임을 인정하되 원고가 피고의 책임자에게 이 사건 계약의 진정여부를 확인하여 보는 등 이동준의 대리권을 제대로 확인하여 보지 않았다는 이유로 과실상계 20%를 하고 피고에게 80%의 책임을 물었다.
원심(서울고등법원 2007. 2. 6.선고 2005나37682 판결)은, 제1심 판결을 그대로 인용하면서 원고가 원심에서 비로소 추가한 ① '부분적 포괄대리권을 가진 사용인' 내지 ② '표현 부분적 포괄대리권을 가진 사용인' 주장에 대하여, ① 이동준의 업무는 시장조사 및 보고업무에 그칠 뿐 구매대리권이 없어 동인을 '부분적 포괄대리권을 가진 사용인'이라고 볼 수 없고 ② 상법 제14조 표현지배인의 규정을 유추하여야 한다는 주장에 대하여는 직답을 피하면서 본문과 같이 판단하였다(쌍방 항소기각).

아니란 점을 중대한 과실로 알지 못하였다 볼 것이라는 이유로 위 주장을
받아들이지 아니하였다.

2. 上告理由[6]

피고의 사용인인 이동준은 피고의 강남지사 영업과장으로 부분적포괄
대리권 가진 사용인으로 오인될만한 명칭을 사용하였는바, 표현지배인의 규
정을 유추적용하여 피고의 100% 책임을 인정하여야 한다.

[判決의 要旨]

대상 판결은, '부분적 포괄대리권 가진 사용인'으로 오인될만한 명칭을
사용한 사용인의 경우에도 표현지배인의 규정이 유추적용된다고 보아야 하
는지에 관하여 그 유추적용을 부정하였다.

대리권에 관하여 지배인과 같은 정도의 획일성, 정형성이 인정되지 않
는 부분적 포괄대리권을 가진 사용인들에 대해서까지 그 표현적 명칭의 사
용에 대한 거래상대방의 신뢰를 무조건적으로 보호한다는 것은 오히려 영업
주의 책임을 지나치게 확대하는 것이 될 우려가 있고, 부분적 포괄대리권을
가진 사용인에 해당하지 않는 사용인이 그러한 사용인과 유사한 명칭을 사
용하여 법률행위를 한 경우 그 거래상대방은 민법 제125조의 표현대리나 민
법 제756조의 사용자책임 등의 규정에 의하여 보호될 수 있다고 할 것이므
로, 부분적 포괄대리권을 가진 사용인의 경우에도 표현지배인에 관한 상법
제14조의 규정이 유추적용되어야 한다고 할 수 없다.[7]

---

6) 여기에서는 원고의 상고이유 중 이 글의 주제와 관련된 부분만 본다.

7) 이 사건의 주제에 한정하여 기술한 것이고, 원 판결문에는 이 부분 이외에도 원고의 민
법 제126조의 표현대리, 제125조의 표현대리, 상법 제15조의 부분적 포괄대리권을 가진 사
용인이라는 주장을 각 배척하고, 사용자책임의 면책사유로서의 중과실이 있다는 피고의 주
장, 과실상계 비율이 부당하다는 원고와 피고 쌍방의 주장을 각 배척한 후, 쌍방의 상고를
각 기각하였다.

[評　　釋]

Ⅰ. 槪　　觀

1. 事案의 爭點

'지배인'에 대해서는 상법 제14조의 '표현지배인' 규정이 있으나, '부분적 포괄대리권을 가진 사용인'에 대해서는 상법 제14조와 같이 '표현사용인'을 인정하는 규정이 없다. 그럼에도 상법 제14조를 준용해서 '지배인' 뿐만 아니라 '부분적 포괄대리권을 가지 사용인'에 대해서도 명칭의 사용에 대한 신뢰를 보호하여야 할 것이냐가 쟁점이다.[8]

2. 學　　說

(1) 유추적용 부정설

표현제도는 진실한 사실관계와 부합하지 아니함에도 거래의 안전을 위하여 부득이 당사자 일방을 희생시킨 채 진실한 사실로 의제하여 법률관계를 형성시키는 제도인데, 상법 제14조와 같은 명문의 규정이 없고,[9] 명칭의 부여로 인한 영업주의 책임은 민법 제125조 또는 제126조에 의해서 규율하면 되며[10], 민법 제125조나 제126조에도 해당하지 않는 경우라면 민법 제756조의 사용자책임으로 상대방의 보호는 충분하므로 굳이 상법 제14조를

---

8) 상법의 관련 규정은 다음과 같다.
　제11조 (지배인의 대리권) ① 지배인은 영업주에 갈음하여 그 영업에 관한 재판상 또는 재판 외의 모든 행위를 할 수 있다.
　② 지배인은 지배인이 아닌 점원 기타 사용인을 선임 또는 해임할 수 있다.
　③ 지배인의 대리권에 대한 제한은 선의의 제3자에게 대항하지 못한다.
　제14조 (표현지배인) ① 본점 또는 지점의 영업주임 기타 유사한 명칭을 가진 사용인은 본점 또는 지점의 지배인과 동일한 권한이 있는 것으로 본다. 그러나, 재판상의 행위에 관하여는 그러하지 아니하다.
　② 전항의 규정은 상대방이 악의인 경우에는 적용하지 아니한다.
　제15조 (부분적 포괄대리권을 가진 사용인) ① 영업의 특정한 종류 또는 특정한 사항에 대한 위임을 받은 사용인은 이에 관한 재판 외의 모든 행위를 할 수 있다.
　② 제11조 제3항의 규정은 전항의 경우에 준용한다.
9) 김성태, 「상법총칙·상행위법강론」, 법문사, (1998), 201면: 이철송, 「상법강의」 제8판, 박영사, (2007), 61면: 김정호, 「상법강의(상)」, 법문사, (2005), 74면: 최완진, "부분적 포괄대리권을 가진 상업사용인의 권한", 「고시연구」 제333호, (2001), 36면.
10) 최기원, 「상법학신론(상)」 제16판, 박영사, (2006), 97면.

유추적용하는 것은 옳지 않다, 지배인과 달리 등기가 요구되지 않는 '부분적 포괄대리권을 가진 사용인'의 경우는 대리권의 범위가 영업 전반에 대한 포괄적인 것이 아니고 업종과 회사에 따라서 크게 다르기 때문에 어느 범위까지 영업주의 표현책임을 인정할 것인지 그 범위를 정하기가 어렵다.11)

오늘날의 대기업에는 하나의 部나 課에 복수의 部長이나 課長을 두는 경우도 드물지 않고, 그 경우 팀장으로 불리는 1인을 제외하고 다른 부장이나 과장은 마치 스태프처럼 각자의 직무에 종사할 뿐 영업상의 대리권을 가지지 않는 경향이 있기 때문에 부장이나 과장의 지위에 있다고 당연히 담당업무에 관한 대리권을 가진다고 보는 것은 사회실정에 맞지 않는다12)는 것이 그 주된 근거이다.13)

(2) 유추적용 긍정설

사용인의 직책명에 대해서도 영업주의 책임을 긍정하자는 것으로, 긍정설에 의할 경우, 부장, 과장, 팀장 등 영업의 특정한 종류 또는 특정한 사항에 관한 대리권이 부여된 것으로 외관상 인정되는 명칭을 가진 사용인이라면, 실제로는 대리권이 없는 경우에도 상대방은 보호받게 된다.

그리고 부장, 과장 등의 명칭을 가진 사용인이라도 그 대리권의 범위가 극히 제한적이거나 대리권이 전혀 없는 경우에는 민법 제125조의 "제3자에 대하여 타인에게 대리권을 수여함을 표시한" 경우나, 민법 제126조의 "권한이 있다고 믿을 만한 정당한 이유가 있는 때"에 해당하지 않을 때가 많을 것이므로, 민법상의 표현대리 규정만으로는 상대방의 보호가 불충분하다는 것이 주된 근거이다.14)15)

---

11) 유영일, "부분적 포괄대리권을 가진 사용인", 「고시연구」 제333호, (2001), 62면.

12) 신현윤, "2006년도 상법 판례의 회고와 전망 -부분적 포괄대리권을 가진 상업사용인(제15조)을 중심으로-", 「상사판례연구」 제20집 제1권, (2007), 22면; 江頭憲治郎, "商社の係長の代理權とその制限"(昭和59. 12. 21, 東京地判)〈商事判例研究 -昭和59年度補遺27〉, 「ジュリスト」 第914號, 189頁.

13) 陵田, 田中誠二. 山村忠平 編, 「法學要覽10 商法Ⅰ」, 昭和59年, 177-178頁에서 재인용.

14) 최기원, 전게서, 97면; 손주찬, 전게서, 109면; 이철송, 전게서 61면; 양명조, 「주석 상법」, 총칙·상행위(1), 제3판, 한국사법행정학회, (2003), 145면; 손주찬, 「상법(상)」 제15보정판, 박영사, (2004), 108-109면; 이범찬·최준선, 「상법(상)」 제4판, 삼영사, (2004), 172면; 정동윤, 「상법(상)」, 법문사, (2000), 71-72면; 정찬형, 「상법강의(상)」 제8판, 박영사, (2005), 90-91면.

15) 服部榮三. 山村忠平 編, 「法學要覽10 商法Ⅰ」, 昭和59年, 177-178頁에서 재인용.

3. 判　例

(1) 우리나라의 판례

이에 관한 판례로 대법원 1999. 7. 27. 선고 99다12932 판결이 소개되는 경우가 있으나, 이는 일단 '부분적 포괄대리권을 가진 사용인'으로 인정된 사람(통신기기 도소매업을 하는 회사의 영업과장)이 그 특정한 종류 또는 특정한 사항의 영업에 속하지 않는 행위를 한 경우, 민법 제126조의 표현대리 책임을 물으려면 그 상업사용인에게 그 권한이 있다고 믿을 만한 정당한 이유가 있어야 한다는 사례로, 부분적 포괄대리권이 없으나 그 명칭을 중시하여 이를 부분적 포괄대리권이 있는 사용인과 마찬가지로 취급할 것인지를 따지는 이 사건 쟁점과는 일치하지 않는다.

또한 대법원 1989. 8. 8. 선고 88다카23742 판결에서 「피고회사의 영업5부장과 농수산과 과장대리가 피고 명의의 입고보관증(냉동수산물)을 작성하여 원고에게 담보로 제공한 사례에서 위 영업부장과 과장대리가 피고회사의 거래선 선정, 계약체결, 어물구매, 어물판매, 어물재고의 관리 등 업무에서 부분적 포괄대리권을 가진 사용인이라고 보면서, 그 주어진 대리권한을 벗어나 위와 같은 채무부담행위를 한 경우에 피고에게 책임을 지우려면 그 거래상대방이 위 사용인들에게 그 권한이 있다고 믿을만한 정당한 이유가 있어야 한다」라고 판시하여 민법 제126조에 의한 규율을 전제하였으나, 원고가 대리 또는 권한을 넘은 표현대리(주위적 주장) 및 사용자책임(예비적 주장)만을 주장하였을 뿐 이 사건 쟁점에 대한 주장이 없어 그에 대한 판단이 없었던 것이므로 이 또한 선례라고 할 수 없다. 결국 이 사건 쟁점에 관한 선례는 없고 이 사건 판결이 최초의 판결이다.

(2) 일본의 판례 (유추적용 부정)

일본의 판례16)는 부정설을 취한다. 판결이유는, 「상법은 부분적 포괄대

---

16) 東京地方裁判所 1983. 6. 10. 昭和55年 (ワ) 第9340號, 「判例時報」, 第1114號, 64頁.
주식회사(피고)의 '총무과장대리'A가 회사의 인장을 도용하여 백화점(원고)으로부터 고객증정용 맥주상품권을 대량구매하여 횡령한 사건으로, 원고는 주위적으로 표현대리 등을 근거로 매매대금을 구하고, 예비적으로 사용자책임을 근거로 손해배상을 구하였다. 법원은 원고는 A가 피고를 대리할 권한이 있는지 의심할 만한 사정이 있음에도 조사의무를 소홀히 한 과실이 있다고 보아 표현대리책임을 부인하였지만 위 과실은 고의에 준하는 중과실은 아니라고 하여 사용자책임을 인정하고 다만 원고의 과실 40%를 상계하였다.

리권을 가진 사용인과 지배인에 대한 취급을 명백히 구별하여 전자에 대해서는 상법 제42조[17])와 같은 규정을 두고 있지 않으므로, 부분적 포괄대리권을 가진 사용인에 대하여 상법 제42조를 유추적용하여 표현지배인에 유사한 '表見 부분적 포괄대리권을 가진 사용인'이라는 것을 인정하고 이에 대하여 본래의 '부분적 포괄대리권을 가진 사용인'과 동일한 권한을 가진다고 보아야 한다는 원고의 주장은 상법 규정의 취지에 반하여 영업주의 책임을 확대하는 것이기 때문에 도저히 채용할 수 없다」고 한다.

　　이에 관하여 일본 학자는 다음과 같이 서술한다. 첫째, 일본 상법 제25조는 사용인의 명칭에 의미를 둔 규정이 아니라 영업의 어떤 종류 또는 특정사항에 대한 위임을 받은 경우에 대리권을 긍정하는 규정이고, 둘째, 지배인은 선임등기가 되지만 부장이나 과장과 같은 사용인은 그러한 등기가 요구되지 않으므로 대리권의 범위가 포괄적이 아닌 이상 그 범위가 영업주에 의하여 또는 업종에 따라 달라지게 되어 이를 믿고 거래한 상대방을 어디까지 보호하여야 하는가에 대한 해답이 쉽지 않다. 결국 일본 상법 제25조에 의한 신뢰보호는 그 사용인이 영업주로부터 위임받은 사항과의 관계에서 생각할 수밖에 없다.[18])

---

17) 일본 상법 제42조와 제43조는 아래에서 보듯이 우리 상법 제14조 및 제15조에 해당하며, 平成 17年의 개정으로 일본 상법 제24조와 제25조로 변경되었다.
　第24條 (表見支配人) 商人の營業所の營業の主任者であることを示す名稱を付した使用人は、当該營業所の營業に關し、一切の裁判外の行爲をする權限を有するものとみなす。ただし、相手方が惡意であったときは、この限りでない
　第25條 (ある種類又は特定の事項の委任を受けた使用人) ①商人の營業に關するある種類又は特定の事項の委任を受けた使用人は、当該事項に關する一切の裁判外の行爲をする權限を有する。
　②前項の使用人の代理權に加えた制限は、善意の第三者に對抗することができない。
18) 近藤光男,「商法總則・商行爲法」第5版, 有斐閣, (2006), 92頁.

Ⅱ. 對象 判決의 檢討

1. 去來의 實務[19]

(1) 최초의 거래

회사는 등기소에 제출된 인감, 즉 '법인인감'과 평소 업무의 편의상 사용하는 '사용인감'을 활용하는데, 법인인감은 회사에 1개뿐이므로 주로 법인의 오너나 대표이사 또는 재무담당이사가 늘 소지하고 있으며, 사용인감은 회사의 규모에 따라 수십 개 또는 수백 개를 조각하여 사장 등 임원 또는 팀장 등이 각자 관리한다.

임원이나 팀장 등 '부분적 포괄대리권을 가진 사용인'이 될 수 있는 자가 회사를 대리하여 상대방과 처음 거래하고자 하는 경우에는 그 거래규모에 따라 내부결재를 거친 후 계약서에는 회사의 사용인감을 날인하며, 날인된 인감이 회사의 진정한 인감이라는 소명으로 '사용인감계'라는 것을 교부하게 된다. 사용인감계는 회사가 사용하는 특정 인감이 관련 업무에 사용되는 회사의 진정한 인감이라는 증명문구 밑에 회사의 상호를 기재하고 법인의 인감을 날인한 문서로, 등기소로부터 발급받은 법인의 인감증명서 1부를 첨부한다.

실제로 처리되는 과정을 보면, 사용인감을 사용하고자 하는 팀장 등은 사용인감계 용지에 사용인감을 날인하고 미리 발급받아 둔 법인의 인감증명서 1부를 첨부한 후 결재받을 거래내용과 함께 결재라인에 올리게 되며, 법인의 인감을 소지한 대표이사 등이 결재과정에서 거래내용 등을 확인하여 승낙하면 사용인감계에 법인의 인감을 날인하여 사용인감계의 작성을 완결한 후 사용인에게 내려줌으로써 결재를 마치게 된다. 따라서, 이 과정에서 회사는 내부적으로 사용인에 대하여 특정 거래에 대한 대리권의 수여를 확인하는 기회를 갖게 되고, 상대방도 이러한 결재과정을 거쳤을 것이라고 여겨지는 사용인감계를 팀장 등으로부터 교부받으면 회사의 의사를 확인하고 그를 신뢰할 수 있게 된다.

---

19) 필자가 국내 몇몇 대기업 법무담당자들과 중소기업을 주고객으로 하는 회계사 등을 상대로 개인적으로 조사하고 확인하였다.

결재라인은 거래의 규모에 따라 전결권자가 지정되어 있어 예를 들어 1억 원 이상의 거래는 대표이사까지, 5천만 원까지 거래는 담당임원의 전결로, 1천만 원까지의 거래는 팀장의 전결로 처리되는 식이나,[20] 결재라인의 전결범위는 회사의 조직관리와 관계된 사항이므로 공표되는 것이 아니고 대외비로 관리된다. 따라서 거래상대방은 자신의 거래가 팀장이나 임원의 전결범위 내에 있는 것인지는 확인할 수 없다.

(2) 이후의 거래

일단 위와 같은 과정을 거쳐 첫 거래가 이루어지면, 같은 거래 상대방과 반복되는 거래에서는 당초 사용하였던 사용인감만을 필요 시마다 날인하면 되고 매번 사용인감계를 교부하지 않는다. 다만 오랜 기간 사용인감만으로 거래하는 경우 회사가 사용인의 대외관계를 관리할 수 없게 될 것을 우려하여, 약 1년마다 계약을 갱신하도록 하고, 다시 결재과정을 거쳐 사용인감계를 교부하는 경우가 많이 있다.

(3) 중소기업의 경우

위와 같은 사용인감계의 발행, 교부가 원칙이나 이는 대기업에서 상당한 규모의 거래를 하는 경우에만 해당하는 것이고, 중소기업의 거래나 대기업의 소규모 거래에서는 굳이 사용인감계까지 교부하지 아니하고 팀장 등이 자신이 관리하는 사용인감만을 날인하여 거래하는 경우도 많다.

2. 이 事件 去來의 締結 經緯와 周邊 事實[21]

(1) 원고와 피고 사이에는 이 사건 거래 이전에 거래가 없었으므로 이 사건 거래가 첫 거래였고, 계약 체결 장소는 피고 강남지사 사무실이었으며, 이동준이 피고의 사용인감을 소지하고 계약서에 날인하였다.

(2) 이동준은 원고에게 자신이 피고의 강남지사 영업팀장으로 물품구매

---

[20] 법인인감을 소지하지 않은 전결권자의 결재로 결재가 종료되는 경우에는 사용인감계를 받을 수 없게 되어, 상대방에게 사용인감계를 교부하지 않은채 거래하게 된다. 이때 상대방이 사용인감계를 요구하면 이를 위한 결재를 따로 올려 사용인감계가 작성되도록 할 수밖에 없다.

[21] 이 사건 각 심급의 판결 이유 및 아래에서 보는 플랜티넷 사건과 케이티 사건의 각 심급 판결문에 나타난 사정 등을 근거로 한다.

를 포함한 모든 업무를 총괄한다고 말하였으며, 피고의 영업팀장 직책을 기재한 명함을 교부하였다.

그러나 실제로는 피고 회사의 강남지사 영업2팀의 팀장은 박광순이고, 이동준은 1987. 피고에 입사하여 2002. 12. 24.부터 피고 강남지사 영업2팀에서 과장으로 불리며 근무하던 3급사원에 불과하다. 즉 이동준은 피고의 강남지사 영업팀의 일원으로서 피고의 거래처를 정기적으로 방문하여 거래처의 새로운 통신수요를 파악하고 이에 맞는 통신망을 제안하며, 그에 따라 거래처가 새로운 통신서비스의 제공을 원하는 경우 이에 관한 사항을 사업추진보고서로 작성하여 피고 회사의 영업팀장인 박광순에게 보고하는 업무를 담당하였을 뿐 그 밖에는 박광순 등 피고 회사의 내부 결재를 받아야만 피고의 영업과 관련한 계약을 체결할 수 있었다.

(3) 피고의 2003년 당시 영업계약관리기준에 의하면 피고의 영업팀장조차도 1,000만 원 이상의 거래 시에는 영업총괄팀에 통보하여 그 승인을 받고 담당임원 내지 대표이사의 결재를 얻어 계약을 체결하도록 되어 있었고, 결국 이동준은 피고로부터 아무런 권한을 위임받지 아니하고 피고의 사용인감을 도용하여 원고와 계약한 것이다.

(4) 원고의 담당자는 이동준에게 피고의 사용인감계를 요구했으나, 피고 회사를 못 믿겠냐며 화를 내기에 중소기업인 약자의 입장에서 더 이상 요구하지 못했다.

(5) 이 사건 계약은 단말기 공급업체인 케이티파워텔로부터 델타정보통신 또는 디온, 원고, 피고를 거쳐 최종 수요업체인 케이아이텔레콤에 이르는 일련의 거래에 있어서 중간 단계인데다가, 원고가 피고로부터 이 사건 매매대금을 지급받기 이전에 미리 납품업체 중 디온에게는 매매대금을 현금으로 지급하는 등 이례적으로 이루어진 거래였고, 비록 원심이 받아들이지는 않았으나, 피고는 이 사건 계약이 원고, 이동준, 디온 및 케이아이텔레콤 등이 공모하여 실물의 이전 없이 자금융통만을 위하여 서류만으로 진행한 허위의 가공거래라는 주장까지 하였다.

(6) 한편 이동준은 이 사건 이외에, ① 서울통신기술(주)로부터 2003. 2. 10.경 이 사건 매매와 유사한 내용의 물품구매계약을 권한없이 체결하였고

(이하 '서울통신기술 사건'이라 한다),22) ② (주)케이티로부터 2003. 10. 16.에 이 사건 단말기 4,000대와 게이트웨이 2,000대를 4,033,480,000원에 구매하여 (주)케이아이텔레콤에 납품토록 하였으며(이하 '케이티 사건'이라 한다), ③ (주)플랜티넷으로부터 2003. 12. 22.에 이 사건 단말기 1,000대를 매매대금 737,000,000원에 구매하여 (주)케이아이텔레콤에 납품토록 하였다(이하 '플랜티넷 사건'이라 한다).

(7) 원고는 이 사건 계약 체결 전에, 위 서울통신기술(주)와 피고의 납품거래 실적이 있다는 소문을 듣고 피고의 경리부로부터 위 거래의 원장 사본을 팩스로 전달받아 사실임을 확인하였다. 피고는 ① '서울통신기술 사건'에서 일단 대금의 지급을 거절하였다가 서울통신기술(주)와의 실랑이 끝에 결국 물품대금을 지급하였고 ② '케이티 사건' 및 ③ '플랜티넷 사건'에서는 끝내 물품대금을 지급하지 않아 소송이 제기되었다.23)

(8) 이동준은 2003. 12.말경 소재불명되었고, 피고는 2004. 1. 6. 이동준을 사문서위조, 업무상배임 등으로 서울남부경찰서에 고소하였으며, 위 경찰서는 같은 해 8. 11. 기소중지 의견으로 위 사건을 서울남부지방검찰청에 송치하였다.24)

3. 類推適用 不定說과 肯定說을 취하는 境遇의 差異點

(1) 피고의 책임 근거

부정설을 취하는 경우, 이동준의 명함에 그 직책이 피고의 영업팀장으

---

22) 이동준은 서울통신기술 사건으로 인하여 2003. 6. 2. 피고로부터 서면경고를 받았을 뿐 징계를 받지는 않았다.

23) 플랜티넷 사건(서울지방법원 2005. 4. 21. 선고 2004가합9409 판결, 서울고등법원 2007. 2. 6. 선고 2005나37675 판결, 대법원 2007다23418 판결로 상고되었으나 2007. 8. 22. 상고취하)은 이 사건과 유사하게 원고의 주장 중 대리, 표현대리, 무권대리의 추인은 받아들여지지 않고, 사용자책임으로 피고에게 80%의 책임이 인정되었으며, 케이티 사건(서울지방법원 2006. 12. 19. 선고 2005가합96882 판결, 서울고등법원 2007나12533 판결)은 제1심에서 사용자책임으로 피고에게 70%의 책임이 인정되었고, 쌍방 항소로 현재 서울고등법원에 계속 중이다(2007. 9. 18. 강제조정).

24) 이동준이 어떤 이익을 취할 의도로 위와 같은 거래들을 하였는지 및 실제로 그 과정에서 어떠한 이익을 취하였는지는 분명치 않고, 이동준이 검거되어야 비로소 사실관계가 명확히 밝혀질 것으로 보인다.

로 기재되었고 계약체결장소가 피고의 사무실이라는 등의 사정만으로 민법 제125조의 표현대리가 인정되기 어렵고, 이동준 단독으로는 계약체결에 관한 아무런 대리권이 없으므로 민법 제126조의 표현대리도 성립될 수 없어, 결국 사용자책임으로 갈 수밖에 없을 것이다.[25]

그러나 긍정설을 취하는 경우에는 이동준에게 비록 실제로는 아무런 대리권이 없어도 외견상 영업팀장의 직책을 가지고 통신기기의 구매 등 그 직책이 표창하는 범위 내에서 영업활동의 일환으로 이 사건 계약을 체결하였다고 볼 수 있을 것이므로, 피고는 매수인의 책임을 지고 원고에게 물품대금을 지급하여야 할 것이다.

(2) 책임의 범위

부정설을 취하여 피고에게 사용자책임을 묻는 경우, 위에서 본 바와 같이 이 사건 계약이 이례적인 계약이고 그 대금 또한 거액이라는 사정에 비추어 이 사건 계약 체결시 이동준이 과연 피고를 대리하여 계약을 체결할 권한이 있는 자인지 좀 더 충분히 확인하지 못하였다는 이유로 원고의 과실을 상계하게 될 것이고, 특히 이 사건 판결과 같이 원고가 피고로부터 받기로 한 물품대금의 가액이 아니라 원고가 피고에게 납품하기 위하여 이 사건 단말기를 조달한 가액에서 원고의 과실을 상계하면 인용액수는 물품대금보다는 훨씬 작은 금액이 된다.[26]

반면 긍정설을 취하여 피고를 매수인으로 인정한다면 피고는 이 사건 계약에 따른 물품대금 전액을 지급하여야 할 것이고 지급되는 금액이 손해배상이 아니라 물품대금인 이상 과실상계는 문제되지 않는다.[27]

---

[25] 영업과장 등이 회사로부터 대리권을 받지 않거나 주어진 권한을 넘어서 행위한 경우 피해자가 내세울 주장의 순서는 다음과 같을 것이다. ① 표현 부분적 포괄대리권을 갖는 사용인 주장(상법이 민법에 우선할 뿐 아니라 영업주가 사용인에 특정 명칭을 부여했고 행위가 외견상 그 범위 내의 것이라고 주장하면 된다), ② 민법 제125조 또는 제126조의 표현대리(구체적으로 대리권 수여표시가 있었다거나, 주어진 대리권의 범위를 넘었으나 그 권한이 있다고 믿을만한 정당한 사유가 있다고 주장할 것이다), 무권대리의 추인(사안에 따라 있을 수 있다), ③ 사용자 책임(뒤에서 보는 바와 같이 책임의 범위가 제한될 수 있으므로 가장 마지막 주장이 될 것이다).

[26] 원고가 피고로부터 받기로 한 물품대금은 2,757,920,000원이고, 원고가 납품을 위하여 조달한 비용은 델타정보통신(주)로부터 3,000대 매수대금 2,027,850,000원과, (주)디온으로부터 1,000대 매수대금 657,140,000원을 합한 2,684,990,000원이다. 여기서 다시 원고의 과실 20%를 상계하면 그 인용액수는 2,147,992,000원이 된다.

[27] 표현대리에 관하여는, 대법원 1996. 7. 12. 선고 95다49554 판결 참조.

(3) 피고의 면책 가능성

부정설을 취하여 사용자책임을 묻는 경우 민법 제756조 제1항 후문에 의하여 "사용자(피고)가 피용자(이동준)의 선임 및 그 사무감독에 상당한 주의를 한 때 또는 상당한 주의를 하여도 손해가 있을 경우"에는 피고의 책임이 면제된다. 또한 판례는 원고에게 악의, 중과실이 있는 경우 단순한 과실상계의 문제를 넘어 사용자의 책임을 부인하고,28) 위 입증책임은 모두 사용자인 피고에게 있다29). 따라서 피고가 위와 같은 주의를 다하였거나 주의를 다하여도 손해가 있을 경우라는 것을 입증하거나 원고의 악의, 중과실을 입증하면 피고는 면책된다. 원고의 과실이 중과실에까지 이르지 않는 경우는 과실상계의 문제로 그칠 것이다.

한편 긍정설을 취하여 상법 제14조를 유추적용하는 경우에도 피고의 면책가능성은 여전히 남아있다. 즉 상법 제14조 제2항에 의하면 "상대방(원고)가 악의인 경우"에는 영업주(피고)가 면책되고, 이때 중과실은 악의와 동일시하여야 할 것30)이므로, 피고는 원고의 악의, 중과실을 입증하면 책임을 벗어날 수 있다.31)

그런데, 사용자책임을 면책시키는 중과실은 "사용자책임이 면책되는 피해자의 중대한 과실이라 함은 조금만 주의를 기울였더라면 피용자의 행위가 그 직무권한 내에서 적법하게 행하여진 것이 아니라는 사정을 알 수 있었음에도 만연히 이를 직무권한 내의 행위라고 믿음으로써 일반인에게 요구되는 주의의무에 현저히 위반하는 것으로 거의 고의에 가까운 정도의 주의를 결여하고, 공평의 관점에서 피해자를 구태여 보호할 필요가 없다고 봄이 상당

---

28) 대법원 2005. 12. 23. 선고 2003다30159 판결; 대법원 2000. 3. 28. 선고 98다48934 판결 등 다수.

29) 전자에 관하여는 이주흥, 「민법주해 [ⅩⅧ]」, 박영사, (2005), 576면; 후자에 관하여는 대법원 1998. 5. 15. 선고 97다58538 판결 및 이주흥, 전게서, 588면.

30) 최기원, 전게서, 93면; 김정호, 전게서, 66면; 김성태, 전게서, 195면; 손주찬, 전게서, 106면; 이범찬·최준선, 전게서 168면; 양명조, 전게서, 140-141면; 정동윤, 전게서, 70면; 정찬형, 전게서, 88면 등 통설이다.

31) 이 점에서 이 사건 판결이 유추적용을 긍정하는 경우 "거래 상대방의 신뢰를 무조건적으로 보호하게 된다"고 설시한 것에는 찬성할 수 없다. 이를 "과실상계 없이 물품대금 전액을 인용한다"는 취지로 선해할 수 있을 것이다.

하다고 인정되는 상태"를 말하는 것32)이고, 그에 미치지 못하는 경우에는 여전히 과실상계를 할 수 있으므로, 과실상계가 배제된 표현책임에서의 면책 요건으로서의 '중과실'보다는 엄격한 개념이라고 볼 수 있다. 따라서 상대방에 중과실이 인정되어 표현책임이 부인되는 경우에도 사용자책임의 중과실은 부인되어 사용자책임이 인정되는 경우가 있게 된다.33)

Ⅲ. 結 論

1. 判決 趣旨에 贊成

법원으로서는 명문의 규정이 없음에도, '표현지배인'의 규정을 '부분적 포괄대리권을 가진 사용인'에 유추적용하여 영업주의 책임을 확대하는 것은 상당한 부담이 있을 것이다.

지배인의 경우 대리권의 획일성, 정형성이 있는데, 그렇지 아니한 사용인들에 대해서까지 표현적 명칭에 대한 신뢰를 인정하게 되면, 영업주의 책임범위가 지나치게 확대될 염려가 있다. 실제로 표현지배인은 명칭이 그 본점·지점의 최고책임자를 가리키는 것인지를 따지므로 거래 상대방으로서는 판단이 비교적 용이한 것에 반하여, 표현사용인의 경우에는 ~부장, ~팀장, ~과장, ~계장 등 여러 가지 명칭을 사용하게 되어 과연 거래 상대방이 명칭만을 가지고 특정 영업에 관하여 부분적 포괄대리권을 가진 사용인으로 오인할 만한지를 판단하는 것이 매우 어려울 것이다.

특히 오늘날의 대기업에는 하나의 部나 課에 복수의 部長이나 課長을 두는 경우도 적지 않아 부장이나 과장의 지위에 있다고 하여 당연히 담당업무에 관한 대리권을 가진다고 보기 어렵고, 또 근래에는 팀장이라는 제도가 널리 도입되어 예를 들어 과장이 팀장이 되고 직급이 높은 임원이나 부장이 팀원으로서 일정한 업무를 담당하거나 지원하는 경우도 볼 수 있는데, 이러한 경우, 팀장이 부분적 포괄대리권을 가지는지 아니면 아니면 직급이 높은 부장이나 임원이 그러한 대리권을 가지는지 외부에서는 물론 내부에서조차 명백치 않은

---

32) 대법원 2000. 11. 24. 선고 2000다1327 판결 등 참조.

33) 이 사건 원심도 표현책임은 원고에게 중과실이 있다고 하여 부인하면서, 사용자책임은 이를 면책시킬 중과실을 인정할 수 없다고 한다.: 위에서 일본판례도 마찬가지이다; 東京地方裁判所 1983. 6. 10. 昭和55年 (ワ) 第9340號, 「判例時報」 第1114號, 72頁.

경우가 있다. 이러한 상황에서 표현사용인을 인정하여 명칭에 대한 신뢰를 보호한다면 큰 혼란이 야기될 수 있으므로, 사용자책임만을 인정하여 과실상계로써 쌍방의 이해관계를 조정하는 것은 적정한 해결방법이 될 수 있다.

2. 私　見

그러나 이 사건의 사실관계를 보면, 이 사건 당시 이동준은 입사한지 16년 된 경력사원으로 직급이 과장이며 실제로 영업팀 내에서 활동하면서 영업팀장의 명함을 사용하였고, 계약체결 역시 피고의 본사가 소재한 건물 내에 있는 피고 강남지사 사무실에서 피고의 진정한 사용인감을 날인하여 이루어졌다. 원고는 이동준이 피고의 이름으로 서울통신기술(주)과 이 사건 계약과 유사한 거래를 한 사실을 피고의 경리부로부터 문서로 확인하였고, 필자가 확인할 수는 없으나 업계의 특성상 이 사건 계약 불과 1달 전에 (주)케이티가 40억 원이 넘는 납품계약을 이동준을 통하여 피고와 체결한 사실[34]을 알고 있었을 가능성도 있다.

이러한 상황에서 원고가 이동준에게 사용인감계를 요청하였다가 거절당한 후 끝까지 사용인감계를 요구하거나 피고의 책임자에게 이 사건 계약의 진정 여부를 확인하지 않은 것을 흠잡을 수 있을지 의문이다. 우리의 업계 현실에서 대기업에 납품을 하는 원고는, 소위 '甲'인 피고에 대하여 '乙'의 입장에 놓여있으므로 감히 사용인감계의 미교부를 이유로 납품을 거절한다거나, 피고의 책임자에게 이동준의 대리권을 확인한다는 것을 기대하기 어렵다.[35] 더욱이 원고로서는 피고 회사내에서 영업팀장은 500만원 미만의 계약, 지사장은 1천만원 미만의 계약만을 체결할 권한이 있고 1천만원 이상의 계약은 부문장 이상의 임원 결재를 받아야만 체결할 수 있는지 하는 사정은 피고의 대외비로서 관리되는 정보로서 원고가 알 수 없는 사항이며, 역시 필자가 확인할 수는 없었으나 이동준은 원고에게 세금계산서 발행의 용도로

---

34) 본문 658-659면의 2. (6)에 기술한 '케이티 사건'에 대한 설명 부분 참조.

35) 실제로 원고로서는 그가 지사장이나 이동준의 상사를 통하여 확인하는 경우 이러한 사실이 이동준의 귀에 들어갈 것이고, 그렇다면 이동준은 거래선으로부터 불신받았다고 생각한 나머지 추후 원고로부터 더 이상 납품을 거절하고 거래선을 변경할 가능성도 충분히 생각해볼 수 있다.

피고의 사업자등록증 사본을 교부하였을 개연성도 있다.

피고가 이상과 같은 외관을 창출하도록 하거나 방치하여, 사용인으로 하여금 부분적 포괄대리권을 가진 자인 것처럼 행동하게 함으로써 영업주로서의 거래의 원활과 편의를 취하였다면, 그에 대한 위험부담 역시 스스로 지도록 함이 상당할 것이며, 이때 사용자 책임을 묻는 것만으로는 부족할 수 있다. 유사한 경우에 앞에서 보았듯이 민법상의 표현책임을 묻기 어려운 경우가 많을 것이고 결국 사용자 책임으로 간다면 이는 과실상계를 전제로 하는 것으로 이 사건에서와 같이 20%(플랜티넷 사건도 동일), 혹은 '케이티 사건'에서와 같이 30%의 거래 상대방 과실을 상계된다면 거래 상대방은 마진은 커녕 오히려 큰 손해를 보는 거래가 되어 결국 거래의 안정성을 해칠 것이기 때문이다.36) 극단적으로는 현금으로 구매하여 납품한 원고에게는 수년이 지난 후에야 구매가의 80% 상당을 손해배상으로 받는다는 것은 재앙이 될 수도 있다.37)

법원이 과실상계를 통하여 구체적 타당성을 도모할 수 있는 사용자책임으로 해결하려는 입장을 취하고, 상법상 명문의 규정도 없는 표현지배인의 법리를 유추하기를 거부하는 것도 충분히 이해된다. 그러나 상법의 특성은 획일성, 정형성, 외관성을 기하여 기업활동을 촉진하려고 하는 데 있고 앞으로도 얼마든지 원고와 같은 거래자가 나올 가능성을 배제할 수 없다는 점에서, 만약 이 사건 계약이 덜 이례적인 계약이었더라면 그 결과가 어떻게 되었을까하는 아쉬움이 남는다.38)

다만, 이 사건 판결은 아직까지 선례가 없던, '상법 제15조의 부분적 포

---

36) 이 사건에서 원고가 피고에 납품한 가격은 구매한 가격에서 불과 2.7%를 더한 것에 불과하다.

37) 원고는 2003. 11. 14. (주)디온에게는 매매대금 657,140,000원 전액을 현금으로 지급하였고, 델타정보통신(주)에게는 매매대금을 액면으로 하는 어음을 발행하였다가 2004. 2. 16. 결재하였으므로 이 사건 계약일로부터 3개월 내에 합계 2,684,990,000원을 지출하였는데, 2,147,992,000원을 인용한 이 사건 제1심 판결은 이 사건 거래일로부터 1년 6월 후에 선고되었고(가집행 여부는 알 수 없다), 대법원에서 확정될 때까지는 4년 이상이 소요되었다. 재정상태가 취약한 중소기업이라면 도산할 가능성도 배제할 수 없다.

38) 그러나 이 사건 쟁점에 대하여 이 사건 판결과 같이 대법원의 입장이 정리된 이상, 법원으로서는 구체적 사건에서 사용자 책임을 인정하고 과실상계에 나아갈 때에, 그 여부 및 비율을 정함에 있어서 신중을 기하여야 할 것으로 보인다.

괄대리권을 가진 사용인의 경우에 상법 제14조 표현지배인의 규정을 유추적
용할 수 있는지'의 문제를 다룬 최초의 판결로서 의미가 있다.

商法 第92條의2가 정한 代理商의 報償請求權의 特約店에 대한 類推適用*

李 相 周**

◎ 대법원 2013. 2. 14. 선고 2011다32006 판결

[事實의 槪要]

1. 事實關係

(1) 원고와 피고의 지위

원고는 생활용품 도·소매업 등을 목적으로 하는 회사이다. 피고는 미국 회사인 소외 회사가 위생용 종이제품 등 자사 제품의 판매를 목적으로 2001. 3. 21. 한국에 설립한 회사이다.

(2) 원고와 피고 사이의 메가대리점계약의 체결

피고는 2000년경부터 기존의 개별지역 단위 소규모 대리점 체제를 광역지역 단위 메가대리점(Mega Distiributor) 체제로 전환하기로 결정하였다. 피고는 이에 따라 2002. 4. 26. 원고와 사이에 서울 도봉구, 강북구, 성북구, 종로구 등 서울 북부권역과 경기 구리지역을 관할하는 메가대리점계약(이하 '이 사건 계약'이라 한다)을 체결하였다. 그리고 원고와 피고 사이의 이 사건 계약은 매년 계약기간이 갱신되어 2008. 12. 31.까지로 연장되었다.

(3) 원고와 피고 사이의 이 사건 계약의 종료

원고는 2008. 12. 24. 피고와 사이에 새로운 연장계약 체결을 위한 시간을 확보하기 위하여 이 사건 계약을 2009. 1. 31.까지 연장하기로 합의하였다. 피고는 2009. 1. 12. 원고에게 이 사건 계약을 이행함에 있어 원고의 파트

---

* 제30회 상사법무연구회 발표 (2013년 3월 16일)
** 서울동부지방법원 부장판사

너십 부재를 이유로 기간을 3개월만 연장하는 계약을 체결하고 이후 거래이
행, 영업성과 등의 결과를 보고 추후 계약연장의 가부를 판단하겠다는 이유
로 계약기간을 2009. 2. 1.부터 2009. 4. 30.까지로 한 연장계약 체결을 요구하
였으나, 원고는 1년을 연장하는 계약의 체결을 요구하면서 피고의 요구를 거
절하였고, 결국 연장계약이 체결되지 않아 2009. 2. 1.부터 피고 제품의 주문
과 배송이 일체 중단되었다.

2. 原告의 主張

원고가 피고의 대리상이 아니라 이른바 특약점이라고 하더라도, 독일
연방대법원은 특약점과 제품의 제조자 또는 공급자와 사이에 단순한 매수인
과 매도인의 관계를 초월하는 법률관계가 존재하는 경우와 특약점이 제품의
제조자 또는 공급자의 판매조직에 편입되어 경제적으로 상당한 범위에 걸쳐
서 대리상이 수행하는 활동과 같은 직무를 이행하는 때는 보상청구권이 인
정된다고 판시함으로써 특약점에 대해서도 대리상의 보상청구권의 유추적용
을 인정하고 있다.

독일의 통설도 특약점에 대하여 일정한 요건 하에 대리상의 보상청구권
이 유추적용된다는 입장이며, 우리나라의 다수의 학자들도 일정한 요건, 예
컨대 특약점이 상품 공급자가 지정한 가격에 구속되고, 일정한 판매구역을
보장받는 등 상품 공급자의 판매조직에 편입되고 그가 취득한 고객권(顧客
圈)에 관한 정보를 이전할 의무를 부담하는 경우에는 대리상에 가까운 지위
를 가지므로 보상청구권을 인정하여야 한다는 입장이다.

따라서 원고는 피고에 대한 관계에서 대리상에 상당하는 경제적 종속성
이 있는 특약점에 해당하므로, 원고에게도 대리상의 보상청구권이 유추적용
되어야 한다.

[訴訟의 經過]

1. 原審 判斷의 要旨

대리상의 보상청구권에 관하여는 상법 제92조의2에 명문의 규정이 있는

데 반하여 특약점에 관하여 이를 특별하게 취급하는 아무런 규정이 없는 점에 비추어 보면, 입법과정을 거치지 않은 채, 특약점에 관하여 대리상의 보상청구권 규정을 유추적용하는 것은 타당하지 아니하다.

특약점에 관하여 대리상의 보상청구권이 유추적용된다는 학설의 입장에 따르더라도, ① 특약점이 상품 공급자가 정한 가격과 판매지역의 제한을 받는 등 상품 공급자가 강한 통제력을 행사하는 경우라거나, ② 특약점이 상품 공급자가 정한 가격에 구속되고 일정한 판매구역을 보장받는 경우에 특약점이 상품 공급자의 판매시스템에 편입되고 고객권(顧客圈)을 이전할 의무를 계약상 부담하는 경우라거나, 또는 ③ 특약점이 기능적으로 상품 공급자의 판매조직에 편입되고 고객망(顧客網)을 상품 공급자에게 이전할 계약상 의무를 부담하는 경우에 한하여 유추적용이 가능하다는 입장이다.

그런데 원고가 위 각 요건을 충족하는 특약점에 해당한다는 것을 인정하기에 부족하고 달리 이를 인정할 증거가 없으므로, 원고에게 대리상의 보상청구권 규정을 유추적용할 수는 없다. 설령 원고에게 상법 제92조의2에서 규정한 보상청구권을 행사할 지위가 인정된다고 가정하더라도, 원고의 활동으로 피고가 새로운 고객을 획득하거나 영업상의 거래가 현저하게 증가하였다는 사실이나 이로 인하여 피고가 이 사건 계약의 종료 후에도 이익을 얻고 있다는 사실을 인정하기에 부족하고 달리 이를 인정할 증거가 없으므로, 원고의 이 부분 주장은 어느 모로 보나 이유 없다.

2. 上告理由

원심은 원고가 상법상 대리상이 아니므로 새로운 입법이 없는 한 이 사건 계약에 대해서는 대리상의 보상청구권에 관한 상법 제92조의2 규정을 유추적용할 수 없다고 보았다. 그러나 원고가 대리상이 아니더라도 이 사건 계약에 대해서는 대리상의 보상청구권에 관한 상법 제92조의2 규정을 유추적용하여야 할 것이다. 이와 달리 본 원심 판결에는 법률의 유추적용에 관한 법리를 오해한 위법이 있다.

[判決의 要旨]

상법 제92조의2 제1항은 대리상의 활동으로 본인이 새로운 고객을 획득하거나 영업상의·거래가 현저하게 증가하고 그로 인하여 계약의 종료 후에도 본인이 이익을 얻고 있는 경우에는 대리상은 본인에 대하여 상당한 보상을 청구할 수 있다고 규정함으로써, 대리상이 계약 존속 중에 획득하거나 현저히 증가시킨 고객관계로 인하여 계약 종료 후에도 본인은 이익을 얻으나 대리상은 더 이상 아무런 이익을 얻지 못하는 상황을 염두에 두고, 형평의 원칙상 대리상의 보호를 위하여 보상청구권을 인정하고 있다.

한편 대리상의 보상청구권에 관한 위와 같은 입법 취지 및 목적 등을 고려할 때, 제조자나 공급자로부터 제품을 구매하여 그 제품을 자기의 이름과 계산으로 판매하는 영업을 하는 이른바 특약점에 대하여도, ① 예컨대 특정한 판매구역에서 제품에 관한 독점판매권을 가지면서 제품판매를 촉진할 의무와 더불어 제조자나 공급자의 판매활동에 관한 지침이나 지시에 따를 의무 등을 부담하는 경우처럼 계약을 통하여 사실상 제조자나 공급자의 판매조직에 편입됨으로써 대리상과 동일하거나 유사한 업무를 수행하고, ② 자신이 획득하거나 거래를 현저히 증가시킨 고객에 관한 정보를 제조자나 공급자가 알 수 있도록 하는 등 고객관계를 이전하여 제조자나 공급자가 계약 종료 후에도 곧바로 그러한 고객관계를 이용할 수 있게 할 계약상 의무를 부담하며, ③ 아울러 계약체결 경위, 영업을 위하여 투입한 자본과 그 회수 규모 및 영업 현황 등 제반 사정에 비추어 대리상과 마찬가지의 보호필요성이 인정되는 때에는, 상법상 대리상이 아니더라도 대리상의 보상청구권에 관한 상법 제92조의2를 유추적용할 수 있다고 보아야 한다.

[評   釋]

I. 代理商의 意義

1. 商法의 規定

상법 제87조는 '일정한 상인을 위하여 상업사용인이 아니면서 상시 그 영업부류에 속하는 거래의 대리 또는 중개를 영업으로 하는 자'를 대리상으로 규정하고 있다. 대리상은 그 영업부류에 속하는 일정 범위의 거래의 대리를 하는 자(체약대리상)와 거래의 중개만을 하는 자(중개대리상)로 구분할 수 있다.

따라서 상법 제87조의 요건을 충족하는지 여부에 따라 상법상 대리상에 해당하는지가 결정되는데, 당사자가 대리점이라는 명칭을 사용하더라도 반드시 상법상 대리상으로 볼 수 없는 경우가 있는 반면, 이러한 명칭을 사용하지 않더라도 상법상 대리상에 해당하는 경우도 있다. 흔히 대리점이라는 명칭을 사용하더라도 제조자 또는 공급자로부터 상품을 매입하여 이를 자기 명의와 자기 계산으로 판매하는 이른바 '특약점'은 상법상의 대리점에 해당하지 아니한다.

2. 大法院의 立場

대법원은 1999. 2. 5. 선고 97다26593 판결에서 다음과 같이 판시함으로써 계약 내용을 실질적으로 살펴 상법상 대리상에 해당하는지를 판단하여야 한다는 점을 분명히 하였다.

「어떤 자가 제조회사와 대리점 총판계약이라고 하는 명칭의 계약을 체결하였다고 하여 곧바로 상법 제87조의 대리상으로 되는 것은 아니고, 그 계약 내용을 실질적으로 살펴 대리상인지의 여부를 판단하여야 하는바, 원심이 적법하게 확정한 사실에 의하면 원고 회사는 피고 회사로부터 이 사건 스토어를 매입하여 원고 회사 스스로 10여 종의 주변기기를 부착하여 노래방기기 세트의 판매가격을 결정하여 위 노래방기기 세트를 소비자에게 판매하였다는 것이므로 원고 회사를 피고 회사의 상법상의 대리상으로 볼 수 없다

할 것이고, 또한 피고 회사가 국제신문에 피고 회사 제품의 전문취급점 및 A/S센터 전국총판으로 원고 회사를 기재한 광고를 한 번 실었다고 하더라도, 전문취급점이나 전국총판의 실질적인 법률관계는 대리상인 경우도 있고 특약점인 경우도 있으며 위탁매매업인 경우도 있기 때문에, 위 광고를 곧 피고 회사가 제3자에 대하여 원고 회사에게 피고 회사 제품의 판매에 관한 대리권을 수여함을 표시한 것이라고 보기 어렵다」라고 하였다.

Ⅱ. 代理商의 報償請求權 槪觀

1. 意義 및 性質

상법 제92조의2 제1항은 "대리상의 활동으로 영업주가 새로운 고객을 획득하거나 영업상의 거래가 현저하게 증가하고 이로 인하여 계약의 종료 후에도 영업주가 이익을 얻고 있는 경우에는 대리상은 영업주에 대하여 상당한 보상을 청구할 수 있다."고 규정함으로써, 일정한 요건 하에 대리상의 보상청구권을 인정하고 있다.

대리상의 보상청구권은 1995년 상법을 개정하면서 처음 도입하였다. 이는 독일 상법 제89b조의 대리상의 보상청구권(Ausgleichsanspruch) 제도를 받아들인 것이라고 한다.[1]

대리상의 영업활동이 성공적으로 수행될 경우 영업주가 새로운 고객을 획득하여 영업상의 거래가 현저히 증가하게 되고 대리상은 이에 대한 보상으로 보수를 지급받게 되는데, 상거래의 반복적 특성상 이러한 대리상의 시장개척으로 인한 영업주의 이익은 한동안 지속된다. 이에 따라 영업주가 위와 같은 이익을 계속 얻고 있음에도, 대리상계약이 종료되었다는 이유로 대리상에게 보수를 지급하지 않게 된다면 이익분배의 형평이 깨지기 때문에,

---

1) 김정호, "대리상의 보상청구권", 「상거래법의 이론과 실제」, 석영 안동섭 교수 화갑기념 논문집, (1995), 277면; 이철송, "대리상의 보상청구권", 「고시연구」 제23권 제6호, 고시연구사, (1996), 55면; 정동윤, "대리상의 보상청구권", 「상사법논총」, 제남 강위두 박사 화갑기념논문집(상), (1996), 64면; 최기원, "대리상계약의 종료와 보상청구권", 「고시연구」 제24권 제5호, 고시연구사, (1997), 28면; 심재한, "특약상의 보상청구권", 「경영법률」 제12집, 한국경영법률학회, (2001), 62면; 석광현, "국제거래에서의 대리상의 보호 -상법 제92조의2의 적용범위와 관련하여-", 「법조」 제55권 제1호, 법조협회, (2006), 25-26면; 손주찬·정동윤대표편집, 「주석 상법」, 총칙·상행위(2), 제3판, 한국사법행정학회, (2002), 56면(경익수 집필부분).

이를 보완하기 위하여 대리상계약이 종료된 후에도 영업주가 대리상의 시장개척으로 인한 이익을 누리는 것을 조건으로 대리상에게 보상을 하도록 한 것이다.2)

대리상의 보상청구권을 부당한 계약해지로 인한 손해배상청구권이나 부당이득반환청구권으로 보는 견해도 있으나, 계약상의 보상청구권으로 보는 견해가 설득력이 있다고 한다.3) 계약기간 동안의 보수에 의하여 아직 보상되지 아니한 대리상의 급부, 즉 계약기간 동안 대리상에 의하여 획득되고 계약 종료 후 영업주에 의하여 이용되고 있는 고객관계에 대한 반대급부가 대리상의 보상청구권이라고 한다. 그러나 대리상의 보상청구권은 보상의 지급이 형평에 부합할 때만 발생하고 그 범위 내에서만 인정되는 점에 비추어 보면, 순수한 계약상의 보상청구권은 아니라고 할 수 있다.

2. 報償請求權의 發生要件

(1) 적극적 요건

첫째, 영업주와 대리상 사이의 대리상관계가 종료되어야 한다.

둘째, 대리상의 활동으로 인하여 영업주가 새로운 고객을 획득하거나 영업상의 거래가 현저히 증가하고 이로 인하여 대리상계약 종료 후에도 영업주가 상당한 이익을 얻어야 한다. 새로운 고객을 획득한다는 것은 영업주와 고객과의 거래관계가 계속되는 것을 전제로 하므로, 일시적 고객은 이에 해당하지 않고 어느 정도 계속적 거래를 하는 고객이어야 한다.

셋째, 보상금을 지급하는 것이 제반 사정을 고려할 때 형평에 부합하여야 한다. 독일 상법 제89b조와 달리 상법 제92조의2에는 이러한 요건을 명문으로 규정하지 아니하였지만, 우리 상법의 해석에 있어서도 이러한 요건을 대리상의 보상청구권 발생의 독립적 요건의 하나로 보고 있다.4) 한편 대리상의 보수청구권 상실로 인한 손해를 대리상의 보상청구권 발생의 독립적

---

2) 이철송, 전게논문, 54면; 최기원, 전게논문, 28면; 심재한, 전게논문, 63면.

3) 김정호, 전게논문, 279면; 이철송, 전게논문, 55면; 최기원, 전게논문, 29면; 심재한, 전게논문, 67-68면; 정동윤, 전게논문, 64-65면; 석광현, 전게논문, 27-28면.

4) 김정호, 전게논문, 281면; 정동윤, 전게논문, 67-68면; 최기원, 전게논문, 34-35면; 심재한, 전게논문, 78-79면; 석광현, 전게논문, 30면.

요건의 하나로 보기도 하나,5) 2009년 개정 전 독일 상법 제89b조와 달리 대리상의 보수청구권 상실을 명문으로 규정하고 있지 아니한 이상, 이는 보상금 지급이 형평성에 부합하는지를 판단함에 있어 하나의 중요한 요소에 해당하는 것으로 보아야 한다.6) 보상금 지급이 형평에 부합하는지는 대리상계약의 존속기간 등 제반 사정을 참작하여 판단하여야 한다.

(2) 소극적 요건

상법 제92조의2 제1항 단서는 대리상계약의 종료가 대리상의 책임있는 사유로 인한 경우에는 대리상의 보상청구권이 인정되지 아니한다고 규정하고 있다. 대리상이 계약을 해지한 경우에는 대리상 자신의 의사에 따라 계약을 종료한 것이기 때문에 보상청구권을 인정하지 아니한다.

다만 대리상계약의 해지사유가 보수채무의 불이행과 부당한 지연지급 등 영업주에게 원인이 있는 경우, 또는 대리상의 연령, 건강 등을 이유로 대리상 업무의 계속이 불가능하게 된 경우에는 예외적으로 보상청구권이 인정된다. 대리상의 책임 있는 사유로 영업주가 대리상계약을 해지한 경우에도 보상청구권이 인정되지 아니한다.

---

5) 김정호, 전게논문, 281면; 정동윤, 전게논문, 67면; 최기원, 전게논문, 33-34면; 심재한, 전게논문, 77-78면; 석광현, 전게논문, 29면.

6) 독일 상법 제89b조의 해석에 있어서 대리상의 보수청구권 상실을 명문으로 규정하였던 2009년 이전에는 이를 보상청구권 발생의 독립적인 요건의 하나로 보았으나, 2009년 이후에는 형평성 판단의 중요한 고려요소의 하나로 보고 있다.: Karsten Schmidt, Münchener Kommentar zum HGB §85b, Rn. 92.
즉, 2009년 개정 전의 독일 상법 제89b조 제1항은 다음과 같이 규정하였다.
(1) 대리상은 다음과 같은 경우 영업주에 대하여 계약관계 종료 후에 상당한 보상을 청구할 수 있다.
　1. 영업주가 대리상이 획득한 새로운 고객과의 거래관계로 인하여 계약관계 종료 후에도 현저한 이익을 얻고,
　2. 대리상이 계약관계의 종료로 인하여 계약관계가 계속되었더라면 그가 획득한 고객과 사이에 이미 발생하였거나 장래 발생할 거래로부터 얻었을 수수료 청구권을 상실하였으며,
　3. 보상금의 지급이 형평의 원칙에 부합하여야 한다.
그러나 2009년 개정 후의 독일 상법 제89b조 제1항은 다음과 같이 규정하였다.
(1) 대리상은 다음과 같은 경우 영업주에 대하여 계약관계 종료 후에 상당한 보상을 청구할 수 있다.
　1. 영업주가 대리상이 획득한 새로운 고객과의 거래관계로 인하여 계약관계 종료 후에도 현저한 이익을 얻고,
　2. 보상금의 지급이 모든 사정, 특히 위와 같은 고객과의 거래로 인하여 대리상에게 발생하였을 수수료를 고려할 때, 형평에 부합하여야 한다.

2. 報償請求權의 內容

(1) 보상금액

대리상이 청구할 수 있는 것은 상당한 보상이다. '상당한 보상'이란 계약기간 중의 대리상의 기여도, 영업주의 현존하는 이익 등 모든 관련 사정을 고려하여 형평에 부합하는 금액을 말한다. 따라서 '형평성'은 대리상의 보상청구권 발생의 독립적인 요건이 되기도 하지만, 보상액을 정하는 기준이 되기도 한다. 독일의 경우에는 대리상에 의한 새로운 고객 확보로 영업주가 획득한 이익액과 대리상의 보수상실액 가운데 작은 금액을 기준으로 하여, 형평의 원칙에 따라 공제할 금액을 공제한 후 다시 중간이자를 공제하여 상당한 보상액을 산정한다.7)

보상금액은 대리상계약의 종료 전 5년간의 연평균보수액을 초과할 수 없고, 계약의 존속기간이 5년 미만인 경우에는 그 기간의 연평균보수액을 초과할 수 없다. 한편 계약기간이 1년 미만일 경우에 보상금액의 최고한도액을 어떻게 정할 것인지에 관하여 다툼이 있다. 즉 1년으로 환산하여 1년간의 평균보수액을 최고한도액으로 하여야 한다는 견해와 실제 거래기간의 평균보수액을 최고한도액으로 하면 충분하다는 견해가 있다.8)

(2) 합의에 의한 보상청구권의 배제 여부

대리상계약이 종료하기 전에 당사자 사이의 합의에 따라 보상청구권을 미리 배제할 수 있는지가 문제된다. 독일 상법과 같이 명문의 규정이 없는 우리 상법에 있어서는 당사자 사이의 합의로 미리 보상청구권을 배제할 수 있다는 견해도 있고,9) 대리상의 보상청구권은 형평의 관점에서 대리상을 보호하기 위하여 인정되는 제도이므로 비록 명문의 규정이 없더라도 당사자의 합의로 이를 배제할 수 없다는 견해도 있다.10)

---

7) Karsten Schmidt, Münchener Kommentar zum HGB §85b, Rn. 152-154.

8) 정동윤, 전게논문, 68면.

9) 최기원, 전게논문, 40면; 손주찬·정동윤대표편집, 「주석 상법」, 총칙·상행위(2), 제3판, 한국사법행정학회, (2002), 58면(경익수 집필부분); 최영홍, "대리상의 보상청구권 규정의 법적 성질과 다른 중간상에의 확대 적용 여부", 「안암법학」 제36호, 고려대학교 법학연구소, (2011), 593면.

10) 이철송, 전게논문, 61면; 석광현, 전게논문, 32-33면; 윤남순, "국제거래와 대리상의 보

(3) 보상청구권의 행사기간

대리상의 보상청구권은 대리상계약이 종료한 날부터 6개월 내에 행사하여야 한다. 이 행사기간은 제척기간이다.

Ⅲ. 報償請求權 規定 類推適用의 問題

1. 特約店의 意義

제조자나 공급자는 판매활동의 촉진 내지 안정적인 판로 확보를 위하여 제품의 종류나 판매구역의 특성에 적합한 최적의 판매조직을 스스로의 판단에 따라 자유로이 형성할 수 있다. 제조자나 공급자는 이를 위하여 자신의 지점이나 영업소를 통하여 제품을 판매할 수도 있으나, 그 밖의 여러 형태의 판매활동 담당자를 통하여 제품을 판매할 수도 있다.

판매활동 담당자 중의 하나인 대리상은 많은 노력을 통하여 고객을 확보하고 그 고객과 제조자나 공급자 사이의 거래의 대리나 중개를 하게 된다. 그 밖에도 제조자나 공급자는 일정한 자에게 지속적으로 제품을 공급하여 그로 하여금 그 명의와 계산으로 제품을 판매하게 하는 방법으로 판매활동을 수행할 수도 있다. 이러한 판매형태는 전자제품, 자동차, 화장품, 주유소, 수입상품의 판매활동에서 많이 볼 수 있는데, 직영 영업소에서의 자동차 판매가 아닌 자동차딜러에 의한 자동차 판매가 이러한 판매형태에 해당한다고 볼 수 있다.

제조자나 공급자로부터 제품을 매수하여 그 제품을 자신의 명의와 계산으로 고객에게 판매하는 영업을 하는 자(distributor, Vertragshändler)를 이른바 '판매점'이나 '특약점' 또는 '판매특약점'이라 부르기도 한다.[11] 그런데 이러한 특약점의 경우 단순히 제품의 제조자나 공급자로부터 물건을 공급받아 고객에게 재판매하는 역할만을 담당하는 것이 아니라, 제조자나 공급자의 유통망에 편입되어 그의 지시나 통제를 받으면서 그의 경영전략에 따라 일사불란하게 판매활동을 수행하기도 하기 때문에, 사실상 그 역할이 대리상과

호", 「경영법률」 제17집 제1호, 한국경영법률학회, (2003), 120면.

11) 이하 '특약점'으로 통일하여 부르기로 한다.: 대법원 1987. 7. 21. 선고 86누293 판결과 대법원 1989. 10. 10. 선고 88다카8354 판결 및 대법원 1999. 2. 5. 선고 97다26593 판결 등에서 '특약점'이라는 용어를 사용하였다.

동일하거나 유사한 경우도 많다.

그리하여 특약점에 대하여 상법상 대리상에 관한 규정들이 유추적용될 수 있는지, 즉 대리상의 보상청구권에 관한 상법 제92조의2 규정을 특약점에 대해서도 유추적용할 수 있는지가 문제된다.

2. 特約店에 대한 報償請求權 規定의 類推適用 與否

(1) 학　설

(가) 유추적용 긍정설

일정한 경우에는 특약점을 상법상 대리상과 마찬가지로 보아 상법 제92조의2의 유추적용을 인정하는 견해이다. 그런데 어떠한 요건을 충족하는 경우에 특약점을 상법상 대리상과 마찬가지로 볼 수 있는지에 관하여는 다음과 같이 다소 견해의 차이가 있다.

1) 특약점과 상품 공급자 간의 계약 내용을 충분히 검토하여 해결하여야 하는데, 특약점이 상품 공급자가 정하고 있는 가격과 판매구역의 제한을 받는 등 상품 공급자가 강한 통제력을 행사하는 경우에는 대리상의 보상청구권 규정을 유추적용할 수 있다는 견해가 있다.[12]

2) 특약점이 상품 공급자가 정하고 있는 가격에 구속되고 일정한 판매구역을 보장받는 경우에는 대리상에 가까운 지위를 갖게 되는데, 상품 공급자의 판매시스템에 편입되고 고객권을 이전해야 하는 계약상 의무를 부담하는 경우에 한하여 대리상의 보상청구권에 관한 규정을 유추적용할 수 있다는 견해도 있다.[13]

3) 특약점의 보상청구권이 인정되기 위해서는, 특약점과 상품 공급자의 계약관계가 단순한 매매계약 관계가 아니라 특약점이 경제적으로 현저한 범위에서 대리상과 유사한 임무를 수행할 정도로 상품 공급자의 판매조직에 편입되고, 계약 종료 시 고객권을 상품 공급자에게 넘겨준다는 계약상의 의무를 부담하여 상품 공급자가 즉시 그리고 그 상태에서 넘겨받은 고객권을 활용할 수 있어야 한다는 견해도 있다.[14]

---

12) 김성태, 「상법총칙·상행위법강론」 제2판, (1998), 507면.

13) 정동윤, 전게논문, 70면.

14) 심재한, 전게논문, 69면.

4) 대리상에 관하여는 상법에 명문의 규정이 있지만 특약점에 관하여는 명문의 규정이 없고, 대리상과 특약점은 기능상 차이가 있기 때문에, 특약점이 상품 공급자와 사이에 단순히 매수인-매도인 관계에 있는 경우에는 보상청구권 규정의 유추적용을 부정하는 것이 맞지만, 일정한 요건이 구비되는 경우에는 보상청구권에 관한 규정을 유추적용할 수 있다는 견해도 있다. 예컨대 특약점이 기능적으로 상품 공급자의 판매조직에 편입되고 그 고객망을 상품 공급자에게 이전할 계약상 의무를 부담하는 경우를 생각할 수 있으나 그 구체적인 요건은 좀 더 검토할 필요가 있다는 것이다.15)

(나) 유추적용 부정설

다음과 같은 이유로 대리상의 보상청구권에 관한 상법 제92조의2의 특약점에 대한 유추적용을 부정하는 견해이다.16)

1) 유추적용 긍정설은 특약점도 대리상처럼 보호받아야 할 경제적 약자라는 것을 전제로 하지만, 오늘날 대리상이나 특약점이 반드시 경제적 약자라고 볼 수 없다.

2) 우리 상법은 2010년 개정 시 가맹업에 관한 장을 신설하면서 대리상의 보상청구권이 가맹상에17) 대하여 준용한다는 규정을 두지 아니하였다. 따라서 대리상의 보상청구권 규정의 유추적용이 문제될 수 있는 특약점이 가맹상에 해당될 수 있음에도 위와 같이 준용 규정을 두지 아니하였기 때문에, 우리의 입법취지는 특약점에 대한 대리상의 보상청구권 규정의 유추적용을 부정한 것으로 봄이 타당하다.

3) 대리상은 타인의 이름과 계산으로 활동을 하지만, 특약점은 자기의 이름과 계산으로 활동하기 때문에 그 활동방식이 법적으로 상이하다고 볼 수 있다. 이러한 법적인 명백한 차이를 무시한 채 일부 경제적 효과의 유사성만을 이유로 대리상의 보상청구권을 특약점에 대해서도 확대적용하는 것

---

15) 석광현, 전게논문, 34면.
16) 최영홍, 전게논문, 598-602면.
17) 상법 제168조의6는 "자신의 상호·상표 등(이하 이 장에서 '상호 등'이라 한다)을 제공하는 것을 영업으로 하는 자(이하 '가맹업자'라 한다)로부터 그의 상호 등을 사용할 것을 허락받아 가맹업자가 지정하는 품질기준이나 영업방식에 따라 영업을 하는 자를 가맹상이라 한다."라고 규정하고 있다.

은 경제논리가 아닌 법논리로는 적절치 않다. 특약점은 자기의 이름과 계산으로 거래를 하기 때문에 거래에 관한 경제적 위험을 스스로 부담하고 계약 종료 후에도 그동안 창출된 영업권을 상실하지 아니한다. 따라서 거래에 관한 경제적 위험을 스스로 부담하지 않고 계약 종료 후에는 자동적으로 그동안 창출된 영업권을 상실하게 되는 대리상에게 인정되는 보상청구권에 관한 규정을 특약점에 대해서도 유추적용하는 것은 적절치 않다.

4) 대리상과 특약점의 경제적 효과가 유사한 상황에서 당사자가 어느 한 방식을 선택하였다면, 이는 법적 효과의 차이 때문이라고 볼 수 있다. 따라서 이러한 법적 차이를 고려하여 영업주가 판매형태로 특약점 방식을 선택하였는데, 대리상과 같은 법률 효과를 부여하는 것은 당사자의 의도에 반한다고 볼 수 있다.

5) 유추적용 긍정설은 대체로 대리상의 보상청구권 규정을 강행규정으로 해석하고 있는 것으로 보인다. 그러나 이를 강행규정으로 보아 특약점 등에 대해서까지 확대적용한다면, 당사자는 합의를 통해서도 그 규정의 적용을 피할 수 없게 되기 때문에, 당사자가 예측하지 못하였던 보상금 지급의무를 사후에 부담하게 됨으로써 거래관계에 혼란과 불신이 초래된다.

6) 그리고 일정한 요건을 충족하는 경우에만 특약점에 대하여 대리상의 보상청구권 규정을 유추적용하더라도, 그러한 요건의 구비 여부에 대한 예측가능성이 없기 때문에 거래관계의 불안정을 초래하여 거래의 신속과 안전이라는 상거래법의 취지에 반하게 된다.

(다) 외국의 경우 (부정설 입장)

1) EU 법원은 자기 명의로 영업주의 계산으로 제품을 판매하는 전속위탁매매인에 대하여 대리상의 보상청구권이 확대적용 되는지와 관련하여, Mavrona & Sia OE v. Delta Etaireia Symmetichon AE, formerly Delta Protypos Viomichania Galaktos AE 사건에서 이를 부정하였다. 즉 EU 법원은, 「EC 대리상지침에서18) 정의하는 대리상이란 '영업주를 위하여 그의 이

---

18) 'EC의 대리상에 관한 회원국의 법률통일에 관한 지침 86/653'을 말하는 것으로서, EC 회원국들이 대리상에게 제공하는 법적 보호의 차이로 인한 대리상 제도의 이용의 차이와 그로 인한 왜곡된 경쟁을 시정하기 위하여 1986년 유럽공동체 이사회에 의하여 채택되었다. EC 대리상지침은 EC 회원국들에 대하여 1990. 1. 1.까지(영국과 아일랜드는 1994. 1. 1.

름으로 상품의 매매를 주선 또는 대리할 계속적 권한을 갖는 독립적인 중간
상'임이 명백하고, 위와 같은 EC 대리상지침에는 자기의 이름으로 제3자를
위하여 활동하는 자를 지칭하거나 전속위탁매매인과 같은 계약관계에 적용
될 수 있음을 나타내는 어떠한 조항도 없으며, 제3자를 위하여 자기 이름으
로 활동하는 자의 행위는 대리상의 행위와 다르고 이들 두 업종의 보호를
위한 이익과 필요가 서로 같지 않다」고 판시하였다.

2) 독일 정부도 대리상과 전속위탁매매인의 보호의 이익과 필요가 서로
다르다고 밝혔다.[19] 그리고 영국 법원도 자기의 이름으로 영업주를 위하여
거래하는 자는 영국 대리상법의 대리상에 해당하지 아니한다는 견해를 취하
였다. 그렇다면, 자기 이름으로 그러나 영업주의 계산으로 제품을 판매하는
자에 대해서 대리상의 보상청구권이 유추적용되지 아니한다고 보는 이상, 자
기의 이름과 자기의 계산으로 제품을 판매하는 특약점에 대해서는 대리상의
보상청구권 규정의 유추적용을 긍정할 근거가 더욱 희박하다.

(2) 하급심 판결의 동향

특약점에 대하여 대리상의 보상청구권 규정의 유추적용을 허용할 것인
지에 관한 대법원판결은 없고, 다음과 같은 하급심 판결이 있었다.

(가) 유추적용을 부정한 판결

1) 서울고등법원 2011. 11. 17. 선고 2011나40122 판결(확정)

원고가 독일 회사로부터 기계부품을 직접 수입하거나 독일 회사가 국내
판매를 목적으로 설립한 피고 회사로부터 기계부품을 구매하여 국내에 이를
판매하였던 사안이다.

특약점은, 상품 공급자의 제품을 홍보하고 그 제품의 판매·유통을 촉
진하는 역할을 하는 점에서는 대리상과 유사하나, 제품을 상품 공급자로부터
매수하여 이를 다시 일정지역 내의 다른 개별 소비자들에게 전매하는 점에
서 단지 계약의 대리 또는 중개만을 하는 대리상과는 근본적 차이가 있으므
로, 특약점에 대하여 상법 제92조의2 제1항을 곧바로 유추적용할 수 없다.

까지) 지침의 국내법화 의무를 부과하였다.: 윤남순, "유럽공동체의 대리상지침에 관한 고
    찰", 「경영법률연구총서」 제4권, 한국경영법률학회, (2004), 439면.

19) 이러한 측면에서 독일 정부는 일정한 요건 하에 대리상의 보상청구권의 특약점에 대한
    유추적용을 긍정한 독일 연방대법원과 견해를 달리한다고 볼 수 있다.

특약점에 관하여 대리상의 보상청구권을 유추적용할 수 있다는 학설의 입장에 따르더라도, ① 특약점이 상품 공급자가 정한 가격과 판매지역의 제한을 받는 등 상품 공급자가 강한 통제력을 행사하는 경우라거나, ② 특약점이 상품 공급자가 정한 가격에 구속되고 일정한 판매구역을 보장받는 등 상품 공급자의 판매시스템에 편입되고 그 고객권을 이전할 의무를 계약상 부담하는 경우라거나, ③ 특약점이 기능적으로 상품 공급자의 판매조직에 편입되고 그 고객망을 상품 공급자에게 이전할 계약상 의무를 부담하는 경우에 한하여 유추적용이 가능하다는 것이다.

그렇다면 명시적인 대리상계약은 없지만 실질적으로 대리상과 유사할 정도로 본인으로부터 구속과 통제를 받는 정도에 이르러야 비로소 유추적용 여부가 문제될 수 있다. 그런데 원고가 대리상의 보상청구권이 유추적용되어야 할 정도로 피고로부터 구속과 통제를 받는 특약점에 해당한다는 점을 인정하기에 부족하고 달리 이를 인정할 증거가 없다.

2) 서울지방법원 2001. 6. 22. 선고 2000가합8033(본소), 2001가합25080 (반소) 판결(확정)

원고가 미국 회사인 피고로부터 의류(상표: ST. JOHN)를 독점적으로 수입·판매하였던 사안이다. 동 판결에서는, 「원고 주장과 같이 이 사건 계약이 특약점 내지 프랜차이즈 계약에 해당하더라도 상법 제92조의2가 위와 같은 계약에도 준용된다는 명시적인 규정이 없는 이상 위와 같은 규정을 이 사건 계약에 유추적용할 수 없고 달리 이를 인정할만한 아무런 증거가 없다」라고 판단하였다.

(나) 유추적용을 긍정한 판결

1) 서울고등법원 2012. 2. 9. 선고 2011나12851 판결(확정)

원고는 피고가 제시한 공급가격으로 피고로부터 중장비를 매수한 다음, 이자와 마진, 보험료 등을 가산한 시장가격을 책정하여 브라질의 딜러업체에게 매수조건을 제시한 후 원고 자신의 명의로 딜러업체와 개별적으로 매매계약을 체결하는 방식으로 수출을 하였던 사안이다.

특약점의 성격과 대리상의 보상청구권의 취지에 비추어 보면, 대리상의 보상청구권에 관한 상법 제92조의2를 특약점에 유추적용하더라도, ① 특약

점이 상품 공급자가 정한 가격과 판매지역의 제한을 받는 등 상품 공급자가
강한 통제력을 행사하는 경우, ② 특약점이 상품 공급자가 정한 가격에 구속
되고 일정한 판매구역을 보장받음으로써 상품 공급자의 판매시스템에 편입
되고 그 고객권(顧客圈)을 이전할 계약상 의무를 부담하는 경우, ③ 특약점
이 기능적으로 상품 공급자의 판매조직에 편입되고 그 고객망(顧客網)을 상
품 공급자에게 이전할 계약상 의무를 부담하는 경우 등에 한정된다.

그런데 원고가 피고에게 그 고객망을 이전할 의무를 계약상 부담하지
아니하였고, 실제로 이 사건 계약을 전후하여 독자적인 판매조직을 유지하고
있었지, 피고의 판매조직에 편입되지는 않았으며, 피고와 판매가격과 마진율
에 관하여 협의를 하였으나 원고의 브라질 내 판매가격이 상품 공급자인 피
고가 정한 가격에 제한을 받는 것은 아니며, 원고의 판매지역은 브라질과 베
네수엘라의 모든 지역으로서, 특정한 지역에 제한되지 않았다.

이에 반하여 제1심은 「상법상 대리상에 해당하지 않는 특약점의 경우에
는 상품 공급자와 사이에 단순한 매수인과 매도인의 관계를 넘어 실질적으
로 상품 공급자의 판매구조에 편입되고, 경제적으로 상당한 범위에 걸쳐 대
리상이 수행하는 활동과 같은 직무를 이행하고 있으며, 계약관계가 종료하는
경우 특약점에 의하여 형성된 고객권이 상품 공급자에게 이전되는 관계에
있는 경우에는 보상청구권을 유추적용할 수 있다」고 본 다음, 이 사건에서도
대리상의 보상청구권이 유추적용되어야 한다고 보았다.

2) 서울중앙지방법원 2008. 10. 31. 선고 2008가합13581(본소), 47355(반
   소) 판결(확정)

원고가 미국 회사로부터 커플링(건설자재인 냉난방 배관의 접합부분의 결
합자재)을 구매하여 국내에 판매하였던 사안이다. 동 판결에서는 「판매점에
게 상법 제92조의2 제1항을 유추적용하여 보상청구권을 인정하기 위하여는
구체적인 사안에 따라 개별 판매점계약의 내용, 상품 공급자의 판매점에 대
한 구속력과 통제력, 판매점의 활동으로 인한 거래 및 이익의 증가 정도 등
제반 사정을 종합적으로 고려하여야 하는데, 원고와 피고 사이의 이 사건 계
약에 관해서는 이러한 요건이 충족되지 않으므로, 대리상에 관한 상법 제92
조의2 제1항을 유추적용할 수 없다」고 판단하였다.

3) 춘천지방법원 원주지원 2008. 7. 16. 선고 2007가단10473 판결(확정)

원고는 자신의 이름과 계산으로 피고 회사의 유제품을 구입하여 이를 다시 판매하였으므로 상법상의 대리상과 구별되나, 원고는 자신의 이름과 계산으로 거래를 하면서도 경제적으로는 피고 회사에 종속되어 피고 회사로부터 상당한 지시와 통제를 받고 있는 것으로 보이므로, 피고 회사에 대한 관계에서 대리상과 유사한 지위에 있다고 봄이 상당하다. 또한 원고의 활동으로 획득한 거래처인 이 사건 소매점에 피고 회사가 직접 유제품을 납품함으로써 원고는 이 사건 소매점과의 거래에서 얻을 수 있었던 영업이익을 상실하였고, 피고 회사는 매출이 증가되는 이익을 얻고 있는바, 이는 대리상계약의 종료와 유사한 상황이라고 할 것이다. 따라서 피고는 원고에게 상법 제92조의2를 유추적용하여 상당한 보상을 하여야 할 의무가 있다.

(3) 비교법적 검토

(가) 대리상의 보상청구권

일본 상법은 대리상의 보상청구권 규정 자체를 두고 있지 아니하고, 미국의 경우 일부 주는 상사대리인을 보호하기 위한 입법을 하였으나 대부분의 주는 대리상의 보상청구권 규정을 두지 아니하였다.[20) 그리고 영국은 대리상의 보상청구권을 인정하지 아니하다가 1993년 EC 대리상지침에 따라 대리상법의 입법을 통하여 이를 인정하게 되었다.

이에 비하여 독일은 1953년 상법 개정시부터 대리상관계가 종료할 때 일정한 요건 하에 대리상의 보상청구권이 발생한다고 규정하였다. 프랑스도 1958년 이래 대리상에 관한 1958년 명령을 통하여 영업주가 대리상계약을 해지한 경우 이것이 대리상의 과실에 의한 것이라고 입증되지 아니하는 한 대리상은 반대약정의 유무에 관계없이 자신이 입은 손해에 대하여 보상을 청구할 수 있다고 규정함으로써 보상청구권을 인정하였다.[21)

그러다가 독일은 1989년 상법 개정시 EC 대리상지침을 반영함으로써 이를 국내법화하였고, 프랑스도 1991년에 "대리상과 그 위임자 관계에 관한

---

20) 석광현, 전게논문, 27면.
21) 윤남순, "대리상에 관한 유럽공동체법 연구 -영국, 프랑스, 독일의 입법을 중심으로-", 고려대학교 법학연구소, (1996), 74면.

1991. 6. 25.의 제91-593호 법률"의 제정을 통하여 EC 대리상지침을 국내법화하였다.

(나) 대리상의 보상청구권 규정의 특약점에 대한 유추적용 여부

일본 상법은 대리상의 보상청구권 규정 자체를 두고 있지 아니하기 때문에 이러한 규정을 특약점에 대해서까지 유추적용할 것인지는 문제되지 아니하고, 미국의 경우에도 대부분의 주는 대리상의 보상청구권 규정을 두지 아니하기 때문에 이러한 규정을 특약점에 대해서까지 유추적용할 것인지는 문제되지 아니한다.

영국 법원은 자기의 이름으로 영업주를 위하여 거래하는 자는 영국 대리상법의 대리상에 해당하지 아니한다는 견해를 취함으로써, 대리상의 보상청구권 규정의 특약점에 대한 유추적용을 부정한 것으로 보인다.

프랑스의 경우에는, 「특약점계약의 종료로 영업주에게 이전된 고객관계에 대한 보상청구를 법원이 부정하고 있다고 한다. 파리 항소법원은 특약점의 고객관계는 본래 영업주의 상표에 부착된 고객관계와 동일한 것이기 때문에 계약의 종료에 따른 고객관계 이전은 발생하지 아니한다」는 이유로 특약점의 보상청구권을 부정하였다. 그 밖에 파리 항소법원의 다른 판결은 「특약점은 계약의 존속중에 영업주 브랜드의 명칭과 광고력에 관여하기 때문에 계약 종료의 결과로서 발생하는 고객관계 상실의 불이익은 당연히 감수하여야 하는 기업의 불이익에 해당한다」고 판시하였다. 이러한 판례의 견해에 대하여 현행법 해석으로 학설상 다른 견해는 보이지 아니하지만, 계약 종료에 따른 특약점에 대한 심각한 영향과 계약 존속중의 영업주에 대한 종속관계 때문에 입법론으로는 고객관계 상실에 따른 보상을 하여야 한다는 주장과 특약점계약으로 얻은 이익과 불이익을 계약 종료 시에 형평의 관점에서 조정하여야 한다는 주장이 제기되고 있다.[22]

독일의 학설과 판례는 일정한 요건 하에 대리상의 보상청구권 규정인 상법 제89b조의 특약점에 대한 유추적용을 긍정하고 있다. 우리가 1995년 상법을 개정하면서 독일 상법 제89b조의 대리상의 보상청구권(Ausgleichsanspruch) 제도를 받아들였고, 독일의 학설과 판례가 일정한 요건 하에 대리상의 보상청

---

22) 保住昭一, "フランスにおける特約店契約 (3)", 「NBL」 第51號, (1973), 26頁.

구권 규정의 특약점에 대한 유추적용을 긍정하고 있는 이상, 독일에서의 논의를 비교적 상세히 검토하고자 한다.

(4) 독일에서의 논의

(가) 대리상의 보상청구권의 발생요건

독일 상법 제89b조 제1항은 대리상의 보상청구권의 발생요건에 관하여 다음과 같이 규정하고 있다.

"① 영업주(Unternehmer)가 계약관계가 종료한 후에도 대리상이 얻은 새로운 고객과의 거래관계에서 현저한 이익을 취득하고, ② 보상금의 지급이 모든 사정, 특히 고객과의 거래로 인하여 대리상에게 발생하였을 수수료를 고려할 때, 형평에 부합하는 경우에는, 대리상은 계약관계가 종료한 후에 영업주에 대하여 상당한 보상을 청구할 수 있다. 대리상이 고객과의 거래관계를 크게 확대하여 경제적으로 새로운 고객의 획득과 같이 볼 수 있는 경우에는 새로운 고객을 획득한 것과 같다."

따라서 우리 상법 제92조의2 제1항 본문이 대리상의 보상청구권 발생요건에 관하여 "대리상의 활동으로 영업주가 새로운 고객을 획득하거나 영업상의 거래가 현저하게 증가하고 이로 인하여 계약의 종료 후에도 영업주가 이익을 얻고 있는 경우에는 대리상은 영업주에 대하여 상당한 보상을 청구할 수 있다."라고 규정한 것과 비교하면, 독일 상법 제89b조 제1항은 보상금의 지급이 형평에 부합하여야 한다는 요건을 제외하고는 우리 상법 제92조의2 제1항 본문과 유사하다고 볼 수 있다.

나아가 우리 상법 제92조의2 제1항 본문의 해석상, 보상금의 지급이 형평에 부합하여야 한다는 요건을 대리상의 보상청구권 발생의 독립적 요건의 하나로 보는 이상, 전체적으로 독일 상법 제89b조 제1항의 해석론은 우리 상법 제92조의2 제1항 본문의 해석론과 동일할 것으로 보인다.

(나) 특약점에 대한 대리상의 보상청구권 규정의 유추적용

1) 의   의

독일에서 관련 판례와 통설은, 일정한 요건 하에 독일 상법 제89b조의 특약점에 대한 유추적용을 긍정하고 있다.[23]

---

23) Karsten Schmidt, Münchener Kommentar zum HGB §85b, Rn. 18 ; Sammlung

독일 상법 제89b조의 특약점에 대한 유추적용을 부정하는 견해로는 쾰른 고등법원(OLG Köln) 판결과 일부 견해만이 있다. 부정설은 무엇보다도 대리상과 특약점이 상이한 점, 특약점의 보호필요성 결여를 근거로 하고 있다. 이에 대해서는 대리상과 특약점 사이의 기능적 차이에도 불구하고, 대리상과 특약점 모두 제조자나 공급자의 판매망에 편입되고 제품의 판매를 촉진할 의무를 부담한다는 반박이 가능하다고 한다.

2) 유추적용을 위한 요건

독일의 판례와 통설은, 독일 상법 제89b조를 특약점에 유추적용하기 위해서는 다음과 같은 요건이 모두 충족되어야 한다고 보고 있다.[24]

가) 제조자나 공급자의 판매조직에의 편입

특약점과 제조자 또는 공급자 사이에는, 단순한 매수인·매도인 관계가 아니라 계약상의 약정에 근거하여 특약점이 제조자나 공급자의 판매조직에 편입됨으로써 경제적으로 현저한 범위에서 대리상에 비견될만한 업무를 수행하는 법률관계가 존재해야 한다. 특약점에 대한 독점판매권이나 판매구역 보장은 이러한 요건 충족의 필요조건이지만 충분조건은 아니다. 다만 특약점에 대한 독점판매권이나 판매구역 보장은 경업금지약정과 마찬가지로 제조자나 공급자의 판매조직 편입의 한 징표가 될 수는 있다.[25]

이러한 요건을 충족하기 위하여 특약점이 수행해야 할 대리상에 비견될만한 업무로는 제조자나 공급자의 판매를 촉진하는 업무를 들고 있다. 즉 판매의무의 수행과정에서 고객관계가 형성되기 때문에 보상청구권을 인정하는 것인데, 지속적인 판매의무를 부담하면서 제조자나 공급자로 하여금 고객관

Guttentag Heymann Handelsgesetzbuch §85b, Rn. 9 ; Schlegelberger, Handelsgesetzbuch §85b, Rn. 3c.

24) Karsten Schmidt, Münchener Kommentar zum HGB §85b, Rn. 23과 Schlegelberger, Handelsgesetzbuch §85b, Rn. 3c에서는 인과관계도 요건의 하나로 보면서, 고객관계의 이전에도 불구하고 특약점이 계속 고객을 보유하거나 특약점에 의한 고객관계의 이전이 제조자나 공급자 이익 발생의 원인이 되지 아니하는 경우에는 특약점의 보상청구권이 발생하지 아니한다고 보고 있으나, 이러한 인과관계의 존재라는 요건은 계약관계 종료 후에도 제조자나 공급자가 이익을 얻고 있는지를 판단하는 요건에 해당할 뿐, 독일 상법 제89b조가 특약점에 대해서도 유추적용되는지를 가리는 요건은 아니라고 할 수 있다.

25) Karsten Schmidt, Münchener Kommentar zum HGB §85b, Rn. 20 ; Sammlung Guttentag Heymann Handelsgesetzbuch §85b, Rn. 8 ; Schlegelberger, Handelsgesetzbuch §85b, Rn. 3c ; Staub, Handelsgesetzbuch Großkommentar Vor §84, Rn. 281.

계에 접근할 수 있도록 함으로써, 특약점이 대리상처럼 제조자와 공급자에게
구속된다고 볼 수 있으므로, 그러한 특약점에 대해서는 보상청구권을 인정할
수 있다고 한다. 그러나 보상청구권의 유추적용에 있어서 특약점의 판매의무
는 중요한 것이지만 유일한 기준은 아니다. 제조자나 공급자의 지시에 따라
야 하는 계약상 의무와 그의 이익을 보호할 계약상 의무의 존재도 보상청구
권 규정의 유추적용을 위한 요건 충족의 징표가 될 수 있다. 제조자나 공급
자의 이익을 보호할 의무는 명시적 약정이 없더라도 명시적 또는 묵시적으
로 약정된 판매촉진의무로부터 도출될 수 있고, 제조자나 공급자에 대한 특
약점의 충실의무에 관한 합의에 의해서도 도출될 수 있다.26)

나) 고객관계를 이전할 계약상 의무의 존재27)

제조자나 공급자가 고객관계로 인한 이익을 즉시 당장 얻을 수 있도록
하기 위하여, 특약점은 제조자나 공급자에게 고객관계를 이전할 계약상 의무
를 부담하여야 한다. 고객에 관한 정보를 마케팅 목적으로 이용할 때도 고객
관계로 인한 이익을 얻었다고 볼 수 있다.28)

한편 제조자나 공급자가 고객관계를 이용할 수 있는 잠재적 가능성이
있으면 충분하고, 고객관계를 이전할 계약상 의무가 실제 이행되었는지는 문
제되지 아니한다고 한다. 그리고 고객정보를 제조자나 공급자에게 제공하는
것이 계약 규정상 배제되고 제조자나 공급자에게 고객정보를 이전하지 아니
하는 외부의 마케팅회사에 마케팅 목적으로 고객정보가 이전된 경우에는, 위
와 같은 요건이 충족되지 아니한다고 볼 수 있다.

특약점이 개별적인 고객정보를 제조자나 공급자에게 이전하지 아니하
는 경우 이익을 얻지 못하게 될 뿐인 간접적인 경제적 강제만으로는 고객관

---

26) Staub, Handelsgesetzbuch Großkommentar §85b, Rn. 30-32 ; Staub, Handelsgesetzbuch
    Großkommentar Vor§84, Rn. 287-289.

27) 'Kundenstamms'를 '고객관계'로 번역하였다. 독일어로 'Stamm'은 줄기, 종족, 혈통, 민
    족, 근간 등을 의미하고, 'Stammkunde'는 단골손님을 의미한다. 이에 따라 'Kundenstamms'
    는 '지속적 거래관계에 있는 고객과의 관계'의 의미로 쓰이는 것으로 보이는데, 이를 '고객
    망'(顧客網) 또는 '고객권'(顧客圈)으로 번역하기도 하지만, '고객관계'가 가장 적절할 것
    같아 이와 같이 번역하였다.

28) Karsten Schmidt, Münchener Kommentar zum HGB §85b, Rn. 21 ; Sammlung
    Guttentag Heymann Handelsgesetzbuch §85b, Rn. 8 ; Schlegelberger, Handelsgesetzbuch
    §85b, Rn. 3c ; Staub, Handelsgesetzbuch Großkommentar Vor §84, Rn. 292.

계를 이전할 계약상 의무가 존재한다고 볼 수 없다.29) 예를 들어 제조자나 공급자가 특약점의 대규모 고객에 대하여 인상된 할인율을 적용할지를 특약점의 관련 고객정보의 제공 여부에 따라 정하는 것만으로는, 특약점이 제조자나 공급자에게 고객관계를 이전할 계약상 의무가 있다고 볼 수 없다.30) 그러나 보상청구권의 유추적용을 회피하기 위하여 통상 경제적 강자인 제조자나 공급자가 계약서에 고객관계를 이전할 계약상 의무를 명시적으로 규정하지 아니하기도 한다. 그렇기 때문에 고객정보 이전을 포함하는 특약점의 보고의무와 제조자나 공급자의 감시권한의 존재만으로 충분히 위와 같은 요건 충족을 인정할 수 있다고 한다.31)

한편 고객정보를 이전할 의무를 계약상 규정한 목적은 중요하지 않다. 따라서 품질관리를 위하여 고객정보를 이전할 의무도 계약상 고객관계를 이전할 의무에 해당할 수 있고, 회계장부를 감시할 권리나 정산을 위하여 상세한 고객리스트를 조사할 권리로부터 발생하는 고객정보 이전의무도 계약상 고객관계를 이전할 의무에 해당할 수 있다. 그러나 제조자나 공급자가 고객정보를 알 수 있는 사실상의 가능성은 보상청구권 규정 유추적용의 요건에 해당하지 아니한다.32)

다) 보호의 필요성의 존재

제반 사정들에 비추어 볼 때 특약점을 보호할 필요성이 존재하여야 한다.33) 한편 대리상의 보상청구권에 관한 독일 상법 제89b조를 특약점에 대하여 유추적용하는 경우, 특약점은 제조자나 공급자로부터 판매에 따른 수수료 수입을 얻는 것이 아니라 제조자나 공급자로부터 매수한 가격과 고객에게 매도한 가격과의 차액(Handelsspanne)을 수입으로 얻기 때문에, 보상금청구권 발생요건으로서 보상금의 지급이 모든 사정, 특히 위와 같은 고객과의 거래로 대리상에게 발생하였을 수수료의 측면에서 형평에 부합하는지를

---

29) Staub, Handelsgesetzbuch Großkommentar §85b, Rn. 38 ; Karsten Schmidt, Münchener Kommentar zum HGB §85b, Rn. 22.

30) Karsten Schmidt, Münchener Kommentar zum HGB §85b, Rn. 22.

31) Staub, Handelsgesetzbuch Großkommentar §85b, Rn. 40.

32) Staub, Handelsgesetzbuch Großkommentar §85b, Rn. 41.

33) Schlegelberger, Handelsgesetzbuch §85b, Rn. 3c.

고려함에 있어, 매수가격과 매도가격의 차액을 기준으로 하여야 한다. 그리고 독일 상법 제89b조 제2항의 보상한도액 계산에 있어서도 매수가격과 매도가격의 차액을 기준으로 하여야 한다.34)

(다) 독일 연방대법원(BGH)의 관련 판결 검토

1) 독일 연방대법원의 기본 판결35)

대리상의 보상청구권에 관한 독일 상법 제89b조의 특약점에 대한 유추적용을 인정한 첫 번째 판결이다. 동 판결에서 연방대법원은 독일 상법 제89b조의 특약점에 대한 유추적용을 인정하기 위한 요건을 다음과 같이 개략적으로 도출하였다.

입법자가 그 밖의 사안에 대한 적용을 배제할 의도로 어떠한 범위에 있는 자에게만 특정한 권리를 부여하는 입법을 한 때는 법관이 법률의 유추적용을 통하여 보충적 법 발견을 하는 것이 금지된다. 그러나 독일 상법 제89b조의 해석상 대리상 외의 자에 대한 유추적용을 제한하는 것이 아니라고 할 수 있다. 그리고 연방대법원은 1953년 상법 개정 이후 대리상의 관한 규정의 일부를 자기상(Eigenhändler)에 대해서 유추적용하였다.

가) 제조자의 판매조직에의 편입

독일 상법 제89b조를 자기상에 대하여 유추적용할 수 있는지를 확정하기 위해서는 우선 상법 제89b조에 따라 보상청구권을 인정하기 위한 중요한 전제조건에 관하여 살펴보아야 한다. 그러기 위해서는 판단대상이 되는 사실관계가 보상청구권을 인정하기 위한 중요한 전제조건에 부합하는지를 검토하여야 한다. 자기상과 제조자 사이에 단순한 매수인-매도인 관계에 불과한 경우는 처음부터 유추적용 대상에서 제외되어야 한다. 우선 대리상에 관한 규정의 유추적용을 위하여 유명 메이커 제품(Markenartikel)의 제조자와 체결되는 전형적인 계약이 문제가 된다. 제조자가 특약점에게 특정 지역에 대한 독점적 판매권을 주면서 공급자는 직접 판매를 하지 아니하는 전형적인 '기본계약'(Rahmenvertrag)이 문제된다. 이러한 경우 특약점은 기본계약을 통하여 제조자의 판매조직에 편입됨으로써 경제적으로 현저한 범위에서 대

---

34) Staub, Handelsgesetzbuch Großkommentar Vor §84, Rn. 332.

35) 연방대법원 1958. 11. 12. 선고 판결 (BGH NJW 1959, 144).

리상이 수행하는 업무를 수행하게 된다. 그리고 제조자는 부분적으로 법률의 효력으로 대리상에 대하여 인정되듯이 특약점에 대하여 보고의무, 제조자의 지시에 따를 의무, 경업금지의무 및 제조자가 설정한 가격에 따를 의무 등 일련의 의무를 부과한다.

나) 독립적인 상인으로서의 보호 필요성의 존재

다음으로 대리상에 관한 규정의 유추적용을 위한 요건으로 특약점이 독립적인 상인에 해당하여야 한다는 것이 있다. 이러한 요건은 자기상의 경우 충족에 문제가 없다. 독일 상법 제89b조는, 대리상이 독립적인 상인이지만 경제적으로 우월한 지위에 있는 영업주에 대하여 대등한 지위에 있을 수가 없기 때문에 계약자유의 원칙이 대리상에 대하여 불리하게 작용한다는 점을 고려하여 강행규정의 성격을 갖도록 입법이 된 것이다. 따라서 특약점에 대하여 대리상에 관한 규정을 유추적용하기 위해서는 구체적 사정을 고려할 때 특약점에게 보호의 필요성이 인정되어야 한다. 이 사건에서는 보호의 필요성이 인정된다고 볼 수 있다. 항소법원의 사실인정에 따르면, 계약이 자유로운 교섭에 의하여 체결되지 아니하였고, 제조자의 판매조직이 통일적으로 형성되기 위하여 특약점은 제조자의 이익을 보호할 의무를 부담하게 된다. 따라서 특약점에게는 이러한 점들에 관하여 다른 내용의 계약을 체결할 수 있는 능력이 없었다고 볼 수 있다.

다) 고객관계를 이전할 계약상 의무의 존재

대리상에 대하여 보상청구권을 인정하는 것은, 대리상의 활동으로 인하여 발생하였으나 계약관계의 종료로 더 이상 보상을 받을 수 없게 된 대리상이 취득한 고객관계로 발생한 영업주의 이익에 대한 대가를 보상을 하여주기 위한 것이다. 대리상의 경우에는 영업주 명의로 거래를 하고 고객은 영업주의 계약상대방이 되기 때문에, 대리상에 의하여 형성된 고객관계에 대하여 영업주는 처음부터 접근을 할 수 있다고 볼 수 있다. 즉, 대리상이 고객관계를 영업주에게 이전할 법적 의무에 관한 규정이 없더라도, 대리상은 영업주가 이용가능한 고객관계를 형성할 수 있다. 따라서 자기 명의로 거래하는 특약점에 대하여 대리상의 보상청구권 규정을 유추적용하기 위한 전제조건의 하나로서, 제조자가 고객관계로 인한 이익을 즉시 당장 얻을 수 있도록

하기 위하여는, 특약점은 제조자에게 고객관계를 이전할 계약상 의무를 부담
하여야 한다.

2) 대리상의 보상청구권 규정의 유추적용을 긍정한 판결

가) 연방대법원 1959. 11. 26. 선고 판결 (BGH BeckRS 1959, 31371683)

[사실관계]

자동차의 제조자인 피고는 원고에게 약간의 예외를 둔 채 특정 지역에
서의 신차에 대한 독점판매권을 부여하였다. 원고는 자동차 판매로 인하여
목록에 기재된 가격에 대하여 10% 내지 18%의 비율로 계산한 이익을 취득
하였다. 원고는 판매구역의 크기에 따라 신차의 재고, 전시용 자동차, 충분한
교체용 부품을 보유할 의무 및 판매한 자동차를 위하여 일정한 고객서비스
를 유지할 의무를 부담하였다. 그리고 원고는 피고 외의 다른 제조자가 제조
한 자동차를 판매하지 아니할 의무를 부담하였고, 피고의 지침에 따라 판매
구역 내에서 피고의 요구에 따라 판매원을 고용하고 작업장을 설치하여야
하였다. 피고의 요구에 따라 원고는 모든 개별 항목이 기재된 판매보고서와
상황보고서를 제출하여야 하였고 통계 목적의 조사에 응하여야 하였다. 피고
는 원고의 판매통지를 통하여 고객을 인계받았고, 고객리스트를 새로운 특약
점에게 인도하였다.

원고의 보상청구에 대하여 지방법원은 이를 기각하였으며, 고등법원도
원고의 항소를 기각하였다.

[연방대법원의 판단]36)

피고에 의하여 개별 내용이 결정된 계약에 따르면, 원고가 피고에 의하
여 통일적으로 형성된 판매조직에 편입되었기 때문에 다른 내용의 계약을
체결하거나 고객관계로 인한 보상을 결정할 가능성이 없었다는 것을 알 수
있다. 피고 제품의 판매와 고객서비스 및 광고를 위하여 현저한 비용을 들여
서 하는 원고의 모든 활동은 피고의 제품과 관련되어 있고, 원고의 지분 소
유관계나 경영권의 변동에는 피고의 동의가 필요하며, 원고는 피고에게 시설
과 재정 상황은 보고하여야 하였다. 따라서 특약점에 대하여 상법 제89b조를

---

36) 연방대법원은 원고가 자동차 제조업체인 피고에게 고객관계를 이전해야 할 계약상 의무
가 존재하는지 여부에 관하여 검토할 것을 명하였다.

유추적용하기 위하여 필요한 보호필요성은 부정할 수 없다.

그러나 원고가 피고에게 고객관계를 이용할 수 있도록 이를 이전할 계약상 의무가 있었는지에 관하여는 상세한 검토가 필요하다. 이때 자동차판매 분야의 특별한 사정이 고려되어야 할 것이다. 당사자의 주장에 따르면 원고가 피고에게 판매보고서와 자동차카드의 전달을 통하여 자동차 매수자에 대한 인적정보를 알려준 것을 알 수 있다. 원고가 피고에게 계약에 따라 고객관계를 이전하고 피고가 그 고객관계를 원고에 이어 판매구역을 인계받은 특약점에 전달하여 이를 이용하게 하였는지에 관하여는 당사자가 제출한 주장과 증거에 기하여 보다 상세한 사실관계의 조사가 필요하다. 그러므로 원심 판결을 파기환송 한다.

나) 연방대법원 1964. 6. 1. 선고 판결 (BGH NJW 1964, 1952)

[사실관계]

사무기기를 제조하는 피고는 계약에 따라 원고에게 서베를린에서 35%의 마진으로 판매할 수 있는 독점적 판매권을 부여하였다. 그 밖에 피고는 원고가 계산서와 재판매자와의 영업활동에 관한 증명서를 제출하는 경우에는 추가적인 5%의 마진을 원고에게 제공하기로 약정하였다. 계약서에는 원고가 자기상이라고 기재되어 있다.

원고의 보상금 청구에 대하여 지방법원은 이를 인용하였으나, 고등법원은 피고의 항소를 받아들여 원고의 보상금 청구를 기각하였다. 이에 대하여 원고가 상고를 제기하였다.

[연방대법원의 판단][37]

항소법원은 원고가 계약을 통하여 피고의 판매조직에 편입된 것은 인정하였으나, 원고에게는 계약 종료 시에 고객관계를 피고에게 이전할 의무가 없었다는 이유로 보상청구권 규정의 유추적용을 부정하였다. 즉, 항소법원은 특약점의 고객관계를 알 수 있는 사실상의 가능성만으로는 대리상의 보상청구권 규정의 유추적용의 요건으로서 계약 종료 시 고객관계를 이전할 계약상 의무의 존재를 인정할 수 없다고 보았다.

---

37) 연방대법원은 원고가 사무기기 제조업체인 피고에게 고객관계를 이전해야 할 계약상 의무가 존재하는지 여부에 관하여 검토할 것을 명하였다.

그러나 원고가 거의 전적으로 최종소비자가 아닌 영업자에게 제품을 판매하고 있고, 원고는 피고에게 거래하는 영업주의 이름과 주소를 알 수 있는 계약에 관한 통지를 하였고, 그 밖에 피고의 요구에 따라 고객리스트를 반복하여 보냈다.

원고는 상고이유를 통하여 위와 같은 사정 하에서 원고와 피고가 계약 종료 후에 고객관계를 이전할 의무에 관한 합의를 할 필요는 없다고 주장하였다. 왜냐하면, 계약기간 동안에 피고에게 인도된 원고의 고객관계에 관한 모든 정보를 포함한 서류들로 인하여 피고가 계약 종료 후에도 고객관계를 이용할 수 있기 때문이라고 한다. 이에 대하여 항소법원은 원고가 피고에 대하여 영업자 고객과의 계약에 관한 통지와 고객리스트 등을 인도할 계약상 의무를 부담하는지에 관하여 충분히 심리하지 아니하였다. 당사자 간에 다툼이 없거나 항소법원이 인정한 사실관계에 따르더라도 위와 같은 계약상 의무의 존재는 배제되지 아니한다.

다) 연방대법원 1983. 4. 14. 선고 판결 (BGH NJW 1983, 2877)

[사실관계]

피고는 원고의 자동차를 판매하는 특약점이다. 특약점계약에 따라 피고에게는 다음과 같은 권리와 의무가 부여되었다. 피고에게 독점판매권은 부여되지 아니하였지만 특정 판매구역이 배정되었다. 다만 피고는 광고나 조직적인 판매활동을 하거나 또는 중개인을 투입하지 않는 한 원고의 자동차를 다른 지역에 판매할 수 있었다. 피고는 다양한 방식으로 원고의 이익을 촉진할 의무가 있었다. 피고는 그의 판매구역에서 최선을 다하여 원고의 자동차 판매를 촉진할 의무가 있었고 직·간접적으로 원고의 상표의 명성에 부정적으로 작용할 수 있는 모든 행위를 하지 아니할 의무가 있었다. 자동차의 지속적인 판매와 판매구역에서의 가능한 한 높은 시장점유율을 유지하기 위하여 피고는 그의 판매조직과 판매 수단 및 방법에 관하여 원고의 지침과 추천에 따라야 하였다. 피고는 원고가 신규 차량과 함께 보내는 판매신고카드를 기재하여 구매자의 개인정보와 함께 보냄으로써 원고가 상당한 기간 내에 통계와 계획에 필요한 정보를 이용할 수 있도록 하였다.

원고는 피고에 대하여 부품대금을 청구하였고, 피고는 이에 대하여 계약 종료 후의 보상청구권을 주장하면서 그 일부에 대한 상계주장과 나머지에 대한 반소청구를 하였다.

지방법원은 피고의 보상청구권 주장을 받아들이지 않았다. 항소법원은 피고의 주장을 받아들였고, 이에 대하여 원고가 상고를 하였다.

[연방대법원의 판단]

연방대법원은 항소법원이 피고가 원고의 판매조직에 편입되었다고 본 것을 정당하다고 판단하였고, 원고가 사실상 대리상계약 종료 후에 곧바로 고객관계를 이용할 수 있는 것과 같은 위치에 놓이게 되었다고 본 것도 정당하다고 판단하였다. 이에 따라 원고의 상고를 기각하였다.

3) 대리상의 보상청구권 규정의 유추적용을 부정한 판결

가) 연방대법원 1961. 2. 16. 선고 판결 (BGH NJW 1961, 662)

[사실관계]

원고와 피고는 피고의 계약서 양식에 따라 계약을 체결하였다. 이에 따라 원고는 특정 지역에서 피고의 제품을 독점적으로 판매할 수 있는 권리를 부여받았다. 위와 같은 계약에는 최소 판매량, 판매차익, 특정 지역에서의 판매권 보장, 원고의 보고의무 및 계약 종료 시의 계산서와 주문서 사본, 카드 그리고 고객에 관한 정보를 피고에게 제공할 의무를 규정하였다. 그 후 계약 종료 후에 원고는 계약에 따라 계산서와 주문서 사본, 카드 그리고 고객에 관한 정보를 피고에게 제공하였다.

원고는 피고에 대하여 보상청구를 하였고, 지방법원은 원고의 청구를 받아들였으며, 고등법원은 피고의 항소를 기각하였다. 이에 대하여 피고가 상고를 제기하였다.

[연방대법원의 판단]38)

항소심은 원고가 피고의 판매조직에 편입되었다고 판단하였고, 피고는 이 점에 관하여 상고이유로 다투지 아니하였다. 즉 항소심은 원고가 계약 종료시에 고객관계를 피고에게 이전하여 피고로 하여금 그 고객관계를 즉시 이용하게 할 계약상 의무가 있다고 판단하였는데, 항소심의 이러한 판단에 잘못이 없고, 피고는 상고이유로 이를 다투지 아니하였다.

---

38) 연방대법원은 원고에 대한 보호의 필요성이 없는 것으로 판단하였다.

그러나 원고에 대한 보호의 필요성이 없다는 상고이유의 주장은 다음과 같은 이유로 이유 있다.

특약점과 달리 대리상은 자기자본의 투입 없이 업무를 수행하기 때문에, 영업의 주된 가치는 그에 의하여 형성된 고객관계에 있다. 계약의 종료시 대리상은 영업주에 대하여 이러한 고객관계를 잃게 된다. 그러므로 계약 종료시에 그로 인하여 공급자와의 관계만을 상실하게 되는 특약점에 비하여 대리상은 계약 종료로 인하여 더 많은 경제적 상실을 겪게 된다. 왜냐하면 특약점에게는 계약 종료 후에도 그가 투입한 자본가치가 그대로 남기 때문이다. 즉 대리상에게 고객관계는 실질적으로 그의 자본에 해당하는데, 계약의 종료에 따라 이러한 고객관계를 강제적으로 영업주에게 이전하여야 하는 대리상의 사정 때문에, 입법자는 대리상에게 상법 제89b조에 따른 보상청구권을 인정한 것이다. 그렇다면 특약점에 대하여 보상청구권의 유추적용 여부를 검토함에 있어서도, 특약점이 중요한 자기자본을 영업에 투입하였는지를 고려해야 할 것이다. 만약 특약점이 중요한 자기자본을 영업에 투입하였다면, 그에 대한 보호필요성이 대리상과 같다고 볼 수는 없다.

이 사건에서 원고는 판매구역을 인수하기 위하여 특약점으로 활동하는 처음 1년 6개월 동안 25만 마르크를 투입하였는데, 그 대부분을 판매구역 인수대가로 지불하였다. 원고는 그중 5만 마르크만을 대출받았고, 나머지 20만 마르크는 스스로 조달하였다. 계약 종료시에 원고와 피고는 영업의 대가로 원고가 6만1,000 마르크를 받는 것으로 합의하였다. 이 사건과 같이 현저한 자기자본을 투입하였고 계약 종료시에 상당한 자본을 다시 회수하였던 원고와 같은 특약점에 대해서는 보호필요성을 인정할 수 없다.

나) 연방대법원 1969. 10. 16. 선고 판결 (BGH BeckRS 1969, 3117415)

[사실관계]

원고는 얼룩제거제를 제조하는 자이고, 피고에게 네덜란드에서의 제품에 대한 독점판매권을 부여하였다. 피고의 판매차익은 상세목록 기재 매입가격의 35%로 정하여졌다.

원고가 피고에 대하여 제기한 본소에 대하여 피고는 원고에 대하여 계약 종료 후의 보상청구권을 주장하였다. 지방법원은 피고의 반소 청구를 기각하였고, 항소법원은 피고의 항소를 기각하였다. 이에 대하여 피고가 상고를 제기하였다.

[연방대법원의 판단]

항소법원은 원고와 피고의 계약관계가 단순한 매도인-매수인 관계를 넘지 아니하고, 피고가 특약점으로서 대리상에 상응하는 보호필요성이 없다고 보았다. 피고는 다양한 제조자의 제품을 판매하는 상당한 매상고를 가진 거대 상인으로서 원고가 공급하는 제품은 전체 매상고의 3%에 불과하다고 보았다. 연방대법원은 항소심의 위와 같은 판단이 정당하다고 보아 피고의 상고를 기각하였다.

다) 연방대법원 1996. 4. 17. 선고 판결 (BGH NJW 1996, 2159)

[사실관계]

피고는 독일에서 도요타 자동차를 판매하는 자이고, 원고는 피고와 특약점계약을 체결하였다. 그 계약에는 원고는 피고에게 고객의 이름을 알릴 의무가 없고, 피고의 피용자는 특약점의 영업서류를 조사할 때 특약점의 고객 이름을 적어둘 권리가 없다고 규정하고 있다. 특약점은 피고의 지침에 따라 고객정보를 관리하고 피고가 추천한 고객접촉프로그램에 자신의 비용으로 참가할 의무가 있었다.

원고는 피고가 추천한 고객접촉프로그램에 참여하기 위하여 소외 회사와 참여계약을 체결하였는데, 소외 회사는 원고로부터 인수한 고객 주소를 피고나 그 밖의 제3자에게 이전하지 아니할 의무를 부담하였다.

지방법원은 원고의 보상금 청구를 기각하였고, 항소법원은 원고의 보상금 청구를 인정하였다. 이에 대하여 피고가 상고를 제기하였다.

[연방대법원의 판단]39)

연방대법원은 원고가 고객정보를 소외 회사에 이전할 의무로 인하여 피고가 고객관계로 인한 이익을 계약 종료 후 즉시 이용할 수 있게 되는 것이 아니고 오히려 소외 회사가 계약관계와 참여계약의 종료 후에는 고객정보를 이용할 수 없으며 그러한 고객정보를 말소할 의무가 있기 때문에, 보상청구권 규정의 유추적용을 위한 요건으로서 원고가 피고에게 고객관계를 이전하

---

39) 연방대법원은 원고에 대하여 고객관계를 이전할 계약상 의무의 존재를 부정하였다.

여 계약의 종료 후에도 피고로 하여금 고객관계를 즉시 이용하게 할 계약상
의무를 부담한다고 볼 수 없다고 판단하였다.

　　그러면서 연방대법원은 소외 회사가 계약을 위반하여 원고로부터 인계
받은 고객정보를 피고에게 이전할 가능성이 있더라도 그로 인하여 보상청구
권 규정의 유추적용을 위한 요건이 충족되었다고 볼 수는 없다고 판단하였
다. 이에 따라 피고의 상고를 받아들여 원심 판결을 파기환송하였다.

3. 檢討의 結果

(1) 유추적용 긍정설이 타당한 이유

　　다음과 같은 이유로 일정한 요건을 갖춘 경우에는 특약점에 대하여 상
법 제92조의2의 유추적용을 인정하는 견해가 타당하다.

　　(가) 상법의 해석상 대리상의 보상청구권 규정을 다른 형태의 중간상에
대하여 유추적용하는 것을 배제하였다고 볼 근거가 없는 것으로 보인다. 특
약점은 제조자나 공급자로부터 제품을 구매하여 그 제품을 자신의 명의와
계산으로 판매하기 때문에, 영업주를 위하여 거래의 대리나 중개만을 하는
상법상의 대리상과 달리, 원칙적으로 자기자본을 투입하여 영업 조직과 시설
을 갖추고 제조자나 공급자와의 관계도 경제적으로 종속된 관계보다는 독립
적인 관계를 갖는 경우가 많다고 볼 수 있다. 그러나 현실적으로는 제조자나
공급자가 대기업이나 해외 유명 메이커 제품의 제조·판매업자이기 때문에
경제력과 협상력에 있어서 우위에 있는 경우에는, 특약점이 제조자나 공급자
로부터 독립적인 지위에서 제품을 매수하여 이를 고객에게 판매하는 단순한
매매계약 관계에 그치지 않고, 사실상 제조자나 공급자가 정한 조건에 따라
그의 지휘 하에 제품을 판매하게 됨으로써, 제조자나 공급자에게 경제적으로
종속될 수 있다. 이러한 경우 특약점은 상법상 대리상과 마찬가지로 경제적
인 종속관계에 놓이게 되고, 이러한 특약점에 대한 보호의 필요성은 상법상
대리상에 못지 않은 것이다. 따라서 특약점에 대하여 대리상의 보상청구권
규정을 유추적용할 필요성이 크다고 볼 수 있다.

　　(나) 특약점은 제조자나 공급자로부터 제품을 구매하여 그 제품을 자신
의 명의와 계산으로 판매하기 때문에, 상법상 대리상과 달리 구매한 제품의

판매부진으로 인한 손실위험도 직접 부담해야 한다. 이에 따라 제조자나 공급자가 경제력과 협상력에 있어서 우위에 있는 경우에는 대리상계약을 체결하여 직접 제품 판매부진으로 인한 위험을 부담하기보다는, 특약점계약을 통하여 그러한 위험을 특약점에게 전가시키는 것을 선호할 가능성이 크다. 따라서 특약점에 대한 대리상의 보상청구권 규정의 유추적용을 부정한다면, 특약점계약을 통하여 동 규정의 적용을 회피하는 것이 가능하게 되어, 대리상의 보상청구권 규정의 적용범위가 협소하게 됨으로써 이러한 규정을 둔 입법취지가 몰각되고 경제적으로 종속적 지위에 있는 특약점에 대한 보호가 소홀해져서 형평에 어긋하는 결과가 초래된다.

(다) 거래계에서는 상법상 대리상은 물론이고 특약점에 대해서도 각각 대리점 등의 명칭을 사용함으로써 사실상 특약점과 상법상 대리상을 구별하지 아니하고 있기 때문에, 보상청구권의 문제에 있어서 특약점과 상법상 대리상을 구별하는 것은 거래계의 일반적 예상에 반한다고 볼 수 있다.

(라) 제조자나 공급자가 처음에 어떠한 시장에 진출할 때는 시장개척의 성공 여부가 불확실하기 때문에 특약점을 통하여 고객에게 제품을 판매하다가, 특약점의 노력으로 어느 정도 시장개척에 성공한 경우에는 특약점계약을 해지하고 특약점이 획득한 고객에게 직접 제품을 판매함으로써, 특약점이 얻었을 제품 판매이익을 빼앗기도 한다.40) 이러한 경우 대리상의 보상청구권 규정을 유추적용하여 제조자나 공급자로 하여금 상당한 보상금을 지급하게 하는 것이 정의의 관념에 부합한다고 볼 수 있다.

(2) 유추적용을 위한 요건

나아가, 특약점에 대하여 상법 제92조의2가 정한 대리상의 보상청구권 규정을 유추적용하기 위한 요건에 관하여 살펴보면, 다음과 같은 요건이 충족되었을 때 특약점에 대한 보호의 필요성이 대리점에 대한 보호의 필요성에 상응하여 충족된다고 볼 수 있다.

---

40) 외국의 본사로부터 유명 메이커 제품에 관한 독점적인 수입·판매권을 취득하여 제품을 수입·판매하다가, 수입판매자의 노력으로 그 제품이 국내에서 어느 정도 인지도를 얻어 그 제품에 대한 국내시장이 형성되자마자, 외국의 본사가 수입·판매계약을 해지한 후 직영점을 설치하여 국내 시장에서 직접 제품을 판매함으로써, 수입판매자가 개척한 시장을 대가 없이 빼앗아 가는 경우가 많다고 한다.: 심재한, 전게논문, 88면 참조.

(가) 특약점의 제조자나 공급자에 대한 경제적 종속의 징표로서 제조자나 공급자의 판매조직에의 사실상 편입

특약점이 계약을 통하여 제조자나 공급자의 판매조직에 사실상 편입됨으로써 상법상의 대리상과 같은 업무를 수행하여야 한다. 특약점에 대한 일정한 판매구역이 지정되고 그 판매구역에서의 독점판매권이 인정되는 대신, 특약점이 제품 판매를 촉진할 의무, 판매활동에 관한 제조자나 공급자의 지침 또는 지시에 따를 의무, 판매활동에 관한 보고의무, 경업금지의무 및 제조자나 공급자가 정한 재판매가격을 준수할 의무 등이 인정된다면, 위와 같은 요건이 충족되었다고 볼 수 있다.

(나) 특약점이 취득한 고객관계를 이전하여 계약 종료 후 제조자나 공급자가 곧바로 이를 이용할 수 있게 할 계약상 의무의 존재

상법상 대리상의 경우에는 영업주 명의로 거래를 하고 고객은 영업주의 계약상대방이 되기 때문에, 영업주는 대리상의 고객관계에 처음부터 접근할 수 있다. 이에 따라 대리상이 고객관계를 영업주에게 이전할 법적 의무에 관한 규정이 없더라도, 영업주는 대리상이 취득한 고객관계를 이용할 수 있는 지위에 있다.

이에 반하여 특약점은 자신의 명의로 거래를 하기 때문에 대리상과 영업주 사이의 관계와 달리 제조자나 공급자는 특약점의 고객관계에 자동으로 접근을 할 수 있는 것이 아니다. 그렇기 때문에 영업주의 대리상에 대한 지위와 같은 지위가 제조자나 공급자에게 인정되기 위해서는, 제조자나 공급자가 대리상이 취득한 고객관계를 이용할 수 있도록 특약점에게 고객관계를 이전하여 계약 종료 후 제조자나 공급자가 곧바로 이를 이용할 수 있게 할 계약상 의무가 있어야 할 것이다.

(다) 보호의 필요성의 존재

상법 제92조의2는 대리상이 독립적인 상인이지만 영업주에 대하여 사실상 경제적으로 종속된 지위에 있다는 점을 포착하여, 대리점계약 종료 후 영업주가 대리상이 취득한 고객관계로 인한 이익을 계속 얻고 있음에도 대리상계약이 종료되었다는 이유로 대리상에게 보수를 지급하지 하는 것은 형평에 어긋난다는 이유로, 대리상에게 보상청구권을 인정하고 있는 것이다. 따라서 특약점에 대하여 대리상에 관한 규정을 유추적용하기 위해서는 구체적 사정을 고려할 때 특약점에게 대리상과 마찬가지의 보호필요성이 인정되어야 할 것이다.

(3) 상법 제92조의2 소정의 요건 충족

(가) 한편 특약점에 대하여 대리상의 보상청구권 규정을 유추적용하기 위한 위와 같은 요건이 충족되었다고 하더라도, 그 특약점에 대하여 보상청구권이 발생하기 위해서는 추가적으로 상법 제92조의2가 정한 요건이 충족되어야 할 것이다. 대리상의 경우에는 보상금 지급이 형평성에 부합하는지를 판단함에 있어 보수청구권의 상실이 중요한 요소의 하나가 되는데, 특약점의 경우에는 중개나 대리에 대한 보수 대신 판매차익을 얻기 때문에 이러한 보수청구권의 상실 대신 판매차익 상실을 가지고 형평성 부합 여부를 판단하여야 할 것이다.

(나) 특약점에 대하여 대리상의 보상청구권 규정 유추적용이 긍정되고, 상법 제92조의2가 정한 보상청구권 발생요건이 충족되는 전형적인 예는 다음과 같다고 볼 수 있다.

외국 회사든 국내 회사든 특약점계약을 통하여 특약점에게 국내 또는 국내 일부 지역에 대한 독점적 판매권을 부여하면서 판매촉진의무를 부과하고 재판매가격 등 판매활동에 관한 지시나 지침에 따를 의무를 부과하는 등 특약점을 사실상 자신의 판매조직처럼 이용하다가, 특약점으로부터 고객에 관한 정보 등 고객관계를 이전받은 후, 특약점이 어느 정도 시장을 개척하자마자 특약점계약을 해지하고, 이미 취득한 고객정보 등을 이용하여 직접 고객에게 제품을 판매하는 경우와 외국 회사든 국내 회사든 그 동안 특약점에 대한 제품 판매로 취득하던 판매이익뿐만 아니라 특약점이 취득하던 구매가격과 고객 판매가격과의 판매차익도 직접 취득하거나 또는 제품을 고객에게 직접 판매하지 않더라도 새로운 특약점으로부터 구매가격과 고객 판매가격과의 판매차익을 얻을 수 있는 지위를 부여한 대가로 권리금 등 일정한 대가를 얻은 경우가 전형적인 사례인 것이다.

즉 외국의 본사로부터 유명 메이커 제품에 관한 독점적인 수입·판매권을 취득하여 제품을 수입·판매하다가, 수입판매자의 노력으로 그 제품이 국내에서 어느 정도 인지도를 얻어 그 제품에 대한 국내시장이 형성되자마자, 외국의 본사가 수입·판매계약을 해지한 후 직영점을 설치하여 국내시장에서 직접 제품을 판매함으로써, 수입판매자가 개척한 시장을 대가 없이 빼앗는 경우도 이에 해당한다고 볼 수 있다.

Ⅳ. 對象 判決의 檢討

1. 商法上 代理商에 該當하는지 與否

원고와 피고는 이 사건 계약 체결 당시 피고가 원고에게 제품을 공급하면, 원고는 피고에게 해당 제품의 대금을 지급하고, 제품 공급 이후 제품과 관련된 일체의 위험과 비용을 부담하여 자신의 거래처에 제품을 재판매하기로 약정하였다. 실제 피고가 기준가격에서 할인율을 적용하여 원고에게 제품을 매도하면, 원고는 자신의 판단 하에 거래처에 대한 판매가격을 정하여 자신의 명의와 계산으로 거래처에 제품을 판매하였다.

대법원 1999. 2. 5. 선고 97다26593 판결의 논리에 따라 이 사건 계약의 구체적 내용을 살펴보면, 원고가 피고의 상법상 대리상에 해당하는 것으로 볼 수 없다. 그리고 원고가 피고로부터 매수한 제품을 자신의 명의와 계산으로 판매하는 한, 이 사건 계약에서 원고가 피고에게 경제적으로 종속되었다는 사정들이 존재하더라도, 원고가 사실상 피고의 상법상 대리상에 해당한다고 볼 수 없다.

2. 代理商의 報償請求權을 類推適用할 수 있는지 與否

(1) 제조자나 공급자의 판매조직에의 사실상 편입의 측면

이 사건 계약상 원고에게 일정한 판매구역이 지정되었다고 볼 수 없고, 일정 판매구역에서의 독점적 판매권이 부여되었다고 볼 수도 없다. 이 사건 계약에서 원고의 판매지역은 대한민국으로 지정되었을 뿐 특정 지역을 원고의 판매구역으로 지정하지 아니하였다. 또한 이 사건 계약에서 원고의 대한민국에서의 피고 제품의 독점적 판매권에 관한 규정도 없다.

아울러 이 사건 계약에 피고는 원고에게 제품의 광고 및 판매촉진을 위하여 필요한 협조를 요청할 수 있고 이때 원고는 필요한 지원을 제공하기 위하여 최대한 협조한다고 규정하고 있을 뿐, 원고가 피고 제품의 판매를 촉진할 의무에 관하여는 규정하고 있지 않다. 그리고 원고에게 판매활동에 관한 피고의 지침 또는 지시에 따를 의무도 부과되어 있지 않다.

또한 이 사건 계약에는 원고의 경업금지의무에 관하여도 규정하고 있지 아니하고, 공급자가 정한 재판매가격을 준수할 의무도 규정하지 않고 있다. 이 사건 계약을 통하여 원고가 대차대조표, 손익계산서, 운영자금을 포함한 현금흐름표, 이익잉여금처분계산서, 주주 및 지분구성표, 씨티은행으로부터의 차입금 사용명세서를 매달 10일까지 피고와 공유하고, 방문계획, 거래처 관리계획, 조직계획, 자금계획을 포함한 사업계획을 매분기마다 피고와 공유하며, 피고는 원고가 제공한 위와 같은 정보에 대한 회계감사권을 갖기로 약정하였다. 이러한 피고의 의무가 판매활동에 관한 보고의무에는 해당한다고 볼 여지는 있으나, 이로 인하여 원고가 전적으로 피고의 지침이나 지시에 따라 판매활동을 수행하게 된다고 볼 수 없다. 결국 원고가 특약점으로서 피고의 판매조직에 사실상 편입되었다고 보기 어렵다.

(2) 고객관계를 이전하여 계약 종료 후 피고가 곧바로 이를 이용할 수 있게 할 계약상 의무의 존재 측면

이 사건 계약을 통하여 원고가 대차대조표, 손익계산서, 운영자금을 포함한 현금흐름표, 이익잉여금처분계산서, 주주 및 지분구성표, 씨티은행으로부터의 차입금 사용명세서를 매달 10일까지 피고와 공유하고, 방문계획, 거래처 관리계획, 조직계획, 자금계획을 포함한 사업계획을 매분기마다 피고와 공유하며, 피고는 원고가 제공한 위와 같은 정보에 대한 회계감사권을 갖기로 약정하였더라도, 원고가 취득한 고객정보가 포함되는 것으로 볼 수 없는 이상, 원고에게는 고객관계를 이전하여 계약 종료 후 피고가 곧바로 이를 이용할 수 있게 할 계약상 의무가 있었다고 볼 수 없다.

(3) 보호 필요성의 존재 측면

원고는 기존 영업을 인수하는 등 피고의 특약점 영업을 위하여 10억 원을 투입하였으나 투하자본의 대부분을 회수하지 못하였고, 특약점 영업에서 수익의 상당 부분을 피고가 지급하는 장려금에 의존하였다는 주장을 하였으나, 원고가 대리상과 마찬가지로 피고에게 경제적으로 종속되는 지위에 있어 그에 대한 보호 필요성이 인정되는지에 관하여 의문이 든다.

3. 小　結

결국 이 사건에서 특약점에 대하여 상법 제92조의2가 정한 대리상의 보상청구권 규정을 유추적용하기 위한 요건이 충족되었다고 볼 수 없으므로, 원고에 대하여 보상청구권을 인정할 수 없다.

아울러 이 사건에서 대리상의 보상청구권 규정을 유추적용하기 위한 요건이 충족되었더라도, 원고가 획득하거나 거래를 현저히 증가시킨 고객으로 인하여 피고가 특약점계약 종료 후에 이익을 얻었다는 자료는 없다. 즉, 원고와의 특약점계약 종료 후 피고가 직접 원고의 고객에게 제품을 판매하였다거나 원고 대신 들어선 특약점이 판매차익을 얻을 수 있는 대가로 권리금 등을 피고에게 지급하였다는 점을 인정할 자료는 없다.

4. 對象 判決의 意義

오늘날 경제력 특히 협상력에 있어 우위에 있는 제조자나 공급자는 대리상계약보다는 특약점계약을 통하여 시장 개척과 유지에 따른 위험을 특약점에게 전가하고자 하는 경향이 있다. 상법 제92조의2가 규정한 대리상의 보상청구권은 대리상에 대하여 발생할 수 있는 이해관계의 형평의 원칙에 맞는 조정을 위하여 도입한 것이기 때문에, 거래계에서 대리상계약을 대체하여 특약점계약이 이용되고, 이로 인하여 대리상관계에서 발생할 수 있는 부당한 법적 결과가 특약점관계에서도 발생하는 경우에는, 대리상의 보상청구권 규정을 특약점에 대하여 유추적용하는 것이 타당하다.

대상 판결은 이러한 점을 근거로 특약점에 대해서도 일정한 요건 하에 대리상의 보상청구권 규정 유추적용을 인정함으로써, 거래계에서 발생하는 부당한 법적 결과를 형평의 원칙에 맞게 조정하고자 한 의미있는 판결이라고 할 수 있다.

제 4 편

倒 産 法

企業改善作業(workout)에서의 出資轉換과 債務의 消滅範圍*

陳 尙 範**

◎ 대법원 2004. 12. 23. 선고 2004다46601 판결

[事實의 槪要]

　　(1) 대우그룹계열사인 피고 보조참가인(이하 '참가인'이라 한다)은 1998. 6. 29. 원금 300억 원, 이자 90억 원(이자율 연 15%)의 이 사건 회사채를 발행하면서 같은 날 원고[1]와의 사이에 피보험자를 사채권자로, 보험가입금액을 금 390억 원으로, 보험기간을 1998. 6. 29.부터 2000. 6. 29.까지로 하는 사채보증보험계약을 체결하였고, 참가인의 대표이사인 피고는 원고가 이 사건 사채원리금을 대위변제하는 경우 발생하는 참가인의 구상금채무에 대하여 연대보증을 하였다.

　　(2) 참가인은 경영악화로 이 사건 회사채를 포함한 채무를 상환할 수 없는 상태에 이르자 1999. 8. 26. 기업개선작업(Workout, 워크아웃) 대상업체로 지정되었고, 1999. 12. 31. 원고를 포함한 채권금융기관들과의 사이에 이 사건 회사채를 포함한 보증회사채의 경우 원금은 보증기관과 보유기관이 상호 협의하여 만기일에 연장 또는 차환발행하되, 2000년 중 만기 도래하는 회사채는 보증기관이 원리금을 대지급한 후 액면금액의 46.65%를 주식으로 출자전환하고, 만기 전 이자의 적용금리는 연 11%로 하되, 당초 약정금리가 적용금리를 초과하는 금액은 보증기관이 보유기관에 대신 지급하며, 이에 대

---

* 제17회 상사법무연구회 발표 (2008년 7월 5일)
　본 평석은 「EPL」 제32호, 서울대학교 금융법센터, (2008)에 게재하였음.
** 서울서부지방법원 부장판사
1) 이 사건의 원고는 서울보증보험 주식회사이다.

한 보증기관의 구상권은 소멸하기로 하는 내용의 기업개선작업약정(이하 '이 사건 기업개선작업약정'이라 한다)을 체결하였다.

(3) 원고는 이 사건 회사채의 변제기가 이 사건 기업개선작업약정에 따라 도래하자 피보험자인 증권예탁원에게 합계 금 328억 5,000만 원을 지급하여, 주채무자인 참가인과 연대보증인인 피고에 대하여 이 사건 사채보증보험계약에 따른 구상금채권을 취득하였고, 그 후 참가인과 원고는 이 사건 구상금채무 중 일부와 원고의 출자전환으로 인한 주식인수대금 납입채무를 서로 상계하고,2) 또한 참가인은 원고에게 이 사건 구상금채무 중 일부를 원고에게 변제함으로써 참가인은 이 사건 기업개선작업약정에 따른 이자감액 부분을 제외한 나머지 금 318억 3,913만 437원을 지급하여 이 사건 구상금채무를 변제하였다.

(4) 원고는, 출자전환된 주식시가가 액면가에 미치지 못하였을 뿐만 아니라 참가인의 주주가 되는 것으로 주식인수대금 상당의 구상금채권이 소멸하였다고 보기 어렵고, 주식인수대금 중 금전으로 환가한 금액에 대해서만 구상금채권이 소멸한다 할 것이며, 기업개선작업약정은 보증인에 대한 보증채무에 관하여 영향을 미치지 아니한다고 주장하면서 연대보증인인 피고에 대하여 10억 1,086만 9,563원 중 일부 청구로서 1억 원의 지급을 구하는 소를 제기하였다.3)

[訴訟의 經過]

1. 第1審 判決4)

제1심은, 「① 채권의 출자전환은 현물출자의 한 방법이므로 채권자는 출자전환으로 인하여 당해 기업의 주식을 취득함으로써 채권의 만족을 얻음

---

2) 2000. 12. 2. 원고가 참가인의 주식 778만 4,000주를 주당 5,000원에 취득하면서 참가인이 그에 상당하는 주식인수대금 389억 2,000만 원의 납입채권을 자동채권으로 하여, 2001. 12. 19. 원고가 주식 754만 2,357주를 주당 5,000원에 취득하면서 참가인이 그에 상당하는 주식인수대금 377억 1,178만 5,000원의 납입채권을 자동채권으로 하여 이 사건 구상금채무를 포함한 참가인의 원고에 대한 채무와 각 상계하였다.

3) 원고는 다른 공동피고에 대하여 사해행위취소의 소를 제기하였으나, 이 부분 청구는 쟁점과 관계없어 논의의 범위에서 제외한다.

4) 서울지방법원 2003. 11. 4. 선고 2002가합42501 판결.

과 동시에 출자전환된 채권액만큼의 당해 기업에 대한 채권은 물론 보증채
무자에 대한 채권도 절대적으로 소멸하는 것이고, ② 원고는 이 사건 기업개
선작업약정에 의해서 이 사건 회사채의 이자 중 연 11%를 초과하는 잔여
4%의 이자에 대한 구상금채권을 주채무자인 참가인과의 관계에서 포기하였
거나 채무를 면제하였다 할 것인데, 채권포기 또는 채무면제의 효과는 특별
한 사정이 없는 한 보증채무의 부종성에 의하여 연대보증인에게도 효력이
있다 할 것이어서, 피고의 보증채무는 주채무의 소멸로 인하여 모두 소멸하
였다」라고 판단하면서 원고 청구를 기각하였다.

2. 第2審 判決5)

원심은, 「원고가 ① 출자전환의 경우 채권자가 현실적으로 금전의 만족
을 얻은 에 비로소 그 한도 내에서 채무가 소멸되고, 설사 그렇지 않다고 하
더라도 신주발행의 효력발생일 당시를 기준으로 하여 원고가 인수한 신주의
시가를 평가하여 그 평가액에 상당하는 채권이 변제된 것으로 보아야 하고,
② 기업개선작업약정은 본질이 화의와 유사하여 보증인에 대하여 구 화의법
(2005. 3. 31. 법률 제7428호 채무자 회생 및 파산에 관한 법률 부칙 제2로 폐지,
이하 '구 화의법'이라 한다) 제61조,6) 구 파산법(2005. 3. 31. 법률 제7428호 채
무자 회생 및 파산에 관한 법률 부칙 제2로 폐지, 이하 '구 파산법'이라 한다) 제
298조 제2항7)이 적용되므로, 원고의 보조참가인에 대한 채무면제 또는 포기
및 출자전환으로 인한 채무소멸의 효력은 보증인인 피고에 대하여 미치지
않는다고 주장하였으나, 제2심은 ① 참가인이 주식인수대금 납입채권을 자
동채권으로 하여 같은 금액의 구상금채무와 상계하여 구상금채무는 모두 소
멸하였고, ② 기업개선작업약정은 법원의 개입 없이 채권자들의 합의에 의하
여 진행하는 절차로서 법원의 인가를 요하는 구 화의법상의 화의와 동일시

5) 서울고등법원 2004. 7. 20. 선고 2003나81616 판결.
6) 구 화의법 제61조 (파산상의 강제화의의 효력에 관한 규정의 준용) 파산법 제297조 내
   지 제299조 및 제314조의 규정은 화의 효력에 관하여 이를 준용한다.
7) 구 파산법 제298조 (강제화의의 효력범위) ② 강제화의는 파산채권자가 파산자의 보증
   인 기타 파산자와 더불어 채무를 부담하는 자에 대하여 가지는 권리 및 파산채권자를 위하
   여 제공한 담보에 영향을 미치지 아니한다.

할 수 없고, 기업구조조정촉진법은 보증채무의 부종성의 예외규정을 두고 있
지 아니한 점에서 피고의 보증채무에 대하여 위 구 화의법 등의 규정이 적
용된다 볼 수 없다」라고 판단하면서 항소를 기각하였다.

3. 上告理由

원고는 제2심에서의 주장과 같은 사유를 상고이유로 주장하였으나, 대
법원은 아래 판결요지와 같은 이유로 원고의 상고를 기각하였다.

[判決의 要旨][8]

(1) 원심은 원고가 이 사건 기업개선작업약정에 따라 출자전환을 하면
서 지게 된 주식인수대금 납입채무와 참가인의 동액 상당 구상금채무가 상
계에 의하여 소멸하였다는 이유로, 출자전환한 채권자가 현실적으로 금전의
만족을 얻은 때에 비로소 그 한도 내에서 구상금채무가 소멸된다거나 또는
신주발행의 효력발생일 당시를 기준으로 신주의 시가평가액에 상당하는 구
상금채무만이 변제된 것으로 보아야 한다는 원고의 주장을 배척하였는바, 기
록에 비추어 살펴보면, 원심의 판단은 정당한 것으로 수긍이 가고, 거기에
상고이유에서 주장하는 바와 같이 출자전환에 의한 채무소멸에 관한 법리오
해 등의 위법이 있다고 할 수 없다.

(2) 채권금융기관들과 재무적 곤경에 처한 주채무자인 기업 사이에 기
업의 경영정상화를 도모하고 채권금융기관들의 자산 건전성을 제고하기 위
하여 일부 채권을 포기하거나 채무를 면제하는 등 채무조건을 완화하여 주
채무를 축소·감경하는 내용의 기업개선작업약정을 체결한 경우, 이를 규율
하는 기업구조조정촉진법에서 보증채무의 부종성에 관한 예외규정을 두고
있지 아니할 뿐만 아니라, 기업개선작업약정은 법원의 관여 없이 일부 채권
자들인 채권금융기관들과 기업 사이의 사적 합의에 의하여 이루어지고 그러
한 합의의 내용에 따른 효력을 갖는 것으로서, 법원의 관여하에 전체 채권자
들을 대상으로 하여 진행되고 법에서 정해진 바에 따른 효력을 갖는 구 화

---

8) 위 판결요지의 순서는 원래 대상 판결의 순서와 다르나 논리 전개의 편의를 위해 필자가
순서를 바꾼 것이다.

의법상의 화의와 동일시할 수 없어 여기에 보증채무의 부종성에 대한 예외를 정한 구 화의법 제61조, 구 파산법 제298조 제2항의 규정이 유추적용된다고 할 수도 없으므로, 보증인으로서는 원래의 채무 전액에 대하여 보증채무를 부담한다는 의사표시를 하거나 채권금융기관들과 사이에 그러한 내용의 약정을 하는 등의 특별한 사정이 없는 한, 보증채무의 부종성에 의하여 기업개선작업약정에 의하여 축소 내지 감경된 주채무의 내용에 따라 보증채무를 부담한다.

[評　　釋]

Ⅰ. 問題의 提起

외환위기 이후 많은 기업들이 채무변제가 불가능한 사실상 파산상태에 이르렀고, 정부는 기업의 연쇄도산과 금융기관의 부도라는 악순환의 고리를 차단하기 위하여 1차로 회생불능인 기업을 퇴출시켰으나, 1998년 중반 국내 자금사정과 고금리 상황에서 퇴출을 면하여 간신히 회생기업으로 판정된 기업들도 부도를 맞을 상황에 처하였다. 그래서 회생가능으로 판단되는 기업들에 대한 지원대책의 일환으로 등장한 개념이 기업개선작업(워크아웃)이었다. 그러한 기업개선작업에서 많은 채권금융기관들의 채권들이 대상기업의 주식으로 출자전환되었는데, 그러한 출자전환으로 인해 채권자들의 채권이 어느 범위에서 소멸되는지가 문제되었다. 대상 판결은 이러한 쟁점을 판단한 것이다. 이하에서는 대상 판결의 결론을 도출하기 위해 ⅰ) 먼저 출자전환 방식, 특히 상계의 허용 여부에 대하여 살펴보고, ⅱ) 기업개선작업에서의 출자전환 실무에 대하여 살핀 후, ⅲ) 기업개선작업에서의 출자전환 채무의 소멸범위에 관하여 보기 전에 이미 많은 논의가 이루어진 바 있는 회사정리절차에서의 출자전환 채무의 소멸범위에 관하여 검토한 후, ⅳ) 마지막으로 이 사건 쟁점에 대하여 검토해 보기로 한다.

Ⅱ. 企業改善作業에서의 出資轉換

1. 出資轉換 一般

(1) 일반적으로 출자전환이라 함은 기업에 대출을 한 채권자가 당해 채권을 회사의 지분으로 전환하는 것을 말한다.9) 출자전환은 기업개선작업절차나 화의절차 내에서 이루어지기도 하고, 회사정리절차에 들어간 이후에 회사정리절차 내에서 이루어지기도 하였다. 출자전환의 방식으로는 1) 신주의 제3자 배정방식, 2) 전환사채의 발행방식이 있고, 이 중에서 신주의 제3자 배정방식에 있어 가능한 유형은 ① 채권의 현물출자방식, ② 주식대금의 상계방식, ③ 선출자 후 채무변제방식이 있다.

(2) 기업개선작업에서의 출자전환은 통상 채권금융기관의 대출금에 대하여 이루어지는데, 대출금의 출자전환은 대상기업의 금융비용을 절감시키고 대상기업의 영업을 계속 유지케 하여 창출되는 미래현금흐름의 수익가치를 대출채권의 추심재원으로 변경시키는 것이다. 대상기업의 회생 가능성을 전제로 한 수익가치를 담보로 할 때 채권금융기관으로서는 부실채권을 출자전환함으로써 경영에 직접 관여하지 않더라도 경영진에 대한 견제능력 보유로 인해 부실경영의 재연 가능성을 축소할 수 있고, 장기적으로 주가가 출자가액 이상으로 상승한다면 평가이익의 실현으로 인해 BIS기준 자기자본비율에도 긍정적인 영향을 줄 수 있다. 실제로 출자전환은 시장가치가 떨어진 채권을 장부가로 인정하여 감자 후 액면가로의 전환을 하게 되는 만큼 사실상 채권단으로서는 가치전환상에도 유리하다. 또한 충당금 설정 및 자산건전성 차원에서도 대상기업이 상장회사인 경우에는 시가평가가 이루어지므로 출자전환이 유리한 면이 있다.10)

2. 出資轉換의 許容性

위에서 본 출자전환의 방식들 중 출자전환의 허용성이 문제되는 경우는

---

9) 李濟垣, "出資轉換의 法的 性質", 「증권법연구」 제1권 제1호, (2000), 283면.

10) 이성규, 「구조조정 전문가를 위한 워크아웃 해설」, (2000), 220면.

현물출자와 상계의 방식이다. 사채대금을 납입하는 경우에는 주식대금의 납입의 경우에 있어서 상법 제334조와 같이 상계를 제한하는 규정이 없으므로 전환사채를 인수하는 채권자들이 회사에 대한 채권으로써 사채대금납입채무에 대하여 상계를 하는 것이 가능하고, 선출자 후 채무변제방식은 실제 현금납입이 이루어지기 때문이다.

(1) 현물출자

대차대조표상 자산으로 계상할 수 있는 금전 이외의 재산을 출자의 목적물로 하는 것을 현물출자라 한다. 회사가 아닌 제3자에 대한 채권을 회사에 출자하는 것은 현물출자로서 할 수 있음이 명백하다.

그렇다면 회사의 채권자가 당해 회사에 대한 채권을 현물출자의 방법으로 회사에 출자하는 것이 가능한지가 문제된다. 회사가 주식을 발행할 때 그 납입대금에 갈음하여 회사 자신에 대한 채권을 양도받는 것은 이론상으로 무리가 없고, 주식인수인이 회사에 대하여 갖고 있는 채권도 경제적 가치가 있는 것이므로 회사에 대한 채권이 그 성격상 현물출자의 대상이 될 수 없다고 볼 수 없으며, 회사에 대한 현물출자로 인하여 회사의 부채가 감소되는 한편, 회사의 담보재산이라고 할 수 있는 회사의 자본이 증가함으로써 회사의 다른 채권자들의 지위 역시 한층 강화되게 되므로 이러한 현물출자를 부인할 이유가 없다.[11] 현행 등기실무도 이를 긍정하고 있다.[12]

(2) 상 계

상법 제334조는 "주주는 납입에 관하여 상계로써 회사에 대항하지 못한다."라고 규정하고 있다. 이는 의용상법에서부터 있었던 규정으로서, 주주의 주금 납입에 대한 상계를 금지하는 근거에 대하여는 일반적으로 주식회사의

---

11) 李濟垣, 전게논문, 284면; 李哲松, "債權의 出資轉換에 따른 法律問題 -상계가능성을 중심으로-", 「인권과 정의」 제266호, (1998), 19면; 이승환, "貸出金의 出資轉換에 관한 연구 -채권평가방법을 중심으로-", 「법학연구」, 연세대학교, (2007), 222-223면.

12) 채권도 현물출자의 목적물이 되는 것이므로 대주주의 회사에 대한 채권을 현물출자하고 그에 관한 검사인의 검사보고서와 그 부속서류를 첨부하여 한 변경등기신청은 수리될 수 있을 것이다(1998. 6. 23. 등기 3402-559 질의회답). 주식회사에서 현물출자의 목적물은 특별한 제한이 없고 대차대조표상 자산으로 계상할 수 있는 재산이면 모두 그 목적물이 될 수 있으므로, 회사설립 후 신주발행 시 당해 회사에 대한 채권도 현물출자의 목적물이 될 수 있다(2002. 8. 26. 등기 3402-463 질의회답).

자본충실을 도모하기 위한 것이라고 설명되어지고 있다.13)

(가) 외국의 입법례14)

1) 미국, EU

미국과 유럽연합의 경우에는 상계제한 규정이 존재하지 않는다.

2) 일 본

개정 전 일본 상법15) 제200조 제2항은 우리 상법 제334조와 동일하게 규정하고 있었다. 이 조항은 납입금은 은행 또는 신탁회사에 납입하여야 하고, 납입금보관증명을 등기요건으로 하는 규정과 결합하여(개정 전 일본 상법 제175조 제2항 제10호, 제175조 제4항, 제177조 제2) 주주 뿐 아니라 회사에 의한 상계도 금지된다고 해석하는 것이 통설이었다.16) 일본의 등기실무도 다수설에 따라 회사에 의한 상계나 합의

---

13) 의용상법의 상계금지는 독일법에서 유래하였고, 독일 회사법학자들은 주금납입의 상계를 금해야 하는 이유로 다음 3가지를 제시하고 있다.: Marcus Lutter, Kolner Kommentar zum Aktiengesetz, §66 Anm. 14(Carl Heymanns, Munchen, 1988); Karsten Schmidt, Gesellschaftsrecht, SS.888-890 (1997); Friedrich Kubler, Gesellschaftsrecht, 4., Aufl. Muller, 1994, S.170.: 李哲松, 전게논문 20-21면에서 재인용.
1) 출자의무의 면제효과
주주의 채권의 실제가치가 명목적인 채권액에 미달하는 경우 그 명목가액을 가지고 납입금과 상계를 하면 결국 출자의무의 일부를 면제받는 것과 다를 바 없다.
2) 조직법상 채무와 거래법상 채무의 혼동
주주의 납입의무는 조직법상의 의무이고 주주가 상계의 자동채권으로 삼고자 하는 채권은 일반거래법적인 채권이다. 양자는 지배하는 법역이 상이하므로 동채권채무의 당사자가 부담하는 위험이 각기 성질과 정도를 달리해야 하는 바이나, 주주는 양자의 상계를 통해 위험을 균등화시키는 문제가 생긴다. 이는 특히 회사가 지급불능상태가 된 경우에 현저하다. 주주는 채권자로서의 입장에서는 다른 채권자와 동등하게 채권의 일부 또는 전부가 회수불능해지는 위험을 감수하여야 하는 한편, 주주로서의 입장에서는 출자의무를 완벽히 이행하여야 할 조직법상의 의무를 가진다. 그럼에도 불구하고 주주는 상계에 의해 양 거래의 위험을 균등화시킬 수 있는 것이다. 즉, 주주는 조직법상의 채무를 이용하여 거래법상 채권에 관한 위험부담을 면하거나, 반대로 거래법상 채권을 이용하여 조직법상 의무에 따르는 위험부담을 면할 수 있는 것이다.
3) 현물출자규제의 회피
회사에 대한 채권은 금전 그 자체는 아니므로 채권을 출자로 전환한다면 이는 현물출자의 본질을 갖는다. 현물출자는 변태설립사항으로서 자산가치의 평가를 포함하여 복잡하고 엄격한 절차를 거쳐야 하는데, 주주는 금전출자의 형식을 취하면서 상계라는 수단을 이용하여 현물출자에 관한 법적규율을 회피할 수 있는 것이다.
14) 金建植 외 6인, 「21세기 회사법 개정의 논리」, 2006년 법무부 상법개정작업 기초실무 자료(기업재무편), (2007), 182-184면 참조.
15) 일본은 2005년 상법의 개정을 통하여 회사법을 독립된 법으로 규율하였다.
16) 다만, 일본도 1937년 주금납입장소를 제한하고 납입금보관증명을 등기요건으로 하는 규정이 개정되기 전에는 주금납입에 관하여 분할납부주의를 취하는 관계로 주주가 회사를

에 의한 상계의 경우 증자 등기를 수리하지 않았다.[17) 따라서 채권의 출자전환은 현물출자 방식에 의하여야 한다고 하였다.

　　종래 현물출자에 대한 검사역(검사인)의 검사를 어떻게 받아야 하는가, 즉 금전채권의 평가를 어떻게 할 것인가에 의견이 대립되었는데, 2005년 개정된 회사법에서 "현물출자 재산이 회사에 대한 금전채권(변제기가 도래한 것으로 한한다)으로서 그 금전채권에 관하여 정하여진 출자가액이 당해 금전채권의 부채의 장부가액을 초과하지 않는 경우" 현물출자의 가액평가를 생략할 수 있도록 함으로써$\binom{\text{제207조}}{\text{제9항 제5호}}$ 입법적으로 해결하였다.

　　회사에 대한 금전채권을 현물출자하는 것은 실질적으로 상계를 하는 것이므로 상계제한규정의 위반이 아닌지의 문제는, 2005년 회사법에서 "모집주식의 인수인은 제1항의 규정에 의한 납입 또는 전항의 규정에 의한 급부를 할 채무와 회사에 대한 채권을 상계할 수 없다."로 개정하여$\binom{\text{제208조}}{\text{제3호}}$, 인수인에 의한 상계만이 금지됨을 명확하게 함으로써 해결하였다.

　　3) 영　　국

　　공개회사는 현금 이외의 출자는 현물출자로서 제3자의 가액평가를 받아야 한다. 그런데 현금납입에는 회사에 대한 채무면제가 포함되는 것으로 명시하고 있으므로 상계는 허용된다.

　　4) 독　　일

　　회사는 주주에 대해 출자이행채권$\binom{\text{주식법 제66조}}{\text{제1항 제1문}}$을 가지는데 이 채권에 대해서는 상계할 수 없다$\binom{\text{같은 항}}{\text{제2문}}$. 이 규정에 따라 주주에 의한 상계가 금지되는 것은 분명하다. 이에 반해 문언적으로 해석하면 회사에 의한 상계는 허용되는 것처럼 보이나 회사에 의한 상계가 무제한 허용되는 것은 아니라는 것이 학설의 태도이다. 왜냐하면 회사는 등기를 신청하기 전에 인수된 주식에 대해 납입을 하여야 하는데, 이때 실제 납입금 보관은행 등에 납입금이 입금되어야 하기 때문에$\binom{\text{주식법}}{\text{제54조 제3항}}$ 그 한도에서 상계가 전적으로 배제되기 때문이다.

　　상대로 상계를 주장하는 것은 허용될 수 없지만 회사가 상계를 주장하는 것은 회사에 불리함이 없다는 이유로 회사에 의한 상계, 나아가 주주와 회사의 합의에 의한 상계를 허용하는 것이 통설, 판례의 입장이었다.: 李哲松, 전게논문, 23-24면.

17) 1964. 12. 9. 민사갑3910호 법무성민사국장회답; 李哲松, 전게논문, 25면에서 재인용.

5) 프랑스

프랑스에서는 상계가 허용되며, 출자전환시 채권의 명목금액(권면액)에 상당한 액수만큼 채무가 감소하는 것을 근거로 상계에 의한 납입의 경우 채권의 명목금액으로 자본을 증가시킬 수 있다는 것이 판례 및 다수설이다.

(나) 상계의 허용에 관한 학설과 판례

1) 학   설

가) 부정설

상법 제334조는 주식회사의 자본충실을 위한 규정이므로 납입에 관하여 주주로부터의 상계뿐만 아니라 회사로부터의 상계도 인정되지 아니하고, 출자전환을 인정하게 되면 위 조항을 잠탈하는 것이 된다고 한다.[18]

나) 제한적 긍정설

실질적으로 자본충실을 해하지 않는 한 회사가 하는 상계나 상호합의에 의한 상계는 허용되어야 한다거나,[19] 주주로부터의 상계는 허용되지 아니하고 회사로부터의 또는 회사와의 합의에 의한 상계는 인정하지만, 그 경우에도 상계할 채권과 반대채권이 상계할 시점에서 경제적으로 등가치(等價値)임을 요하며, 따라서 회사가 파산이나 지급정지의 상태에 있는 경우에는 회

---

18) 姜渭斗, 「회사법」, (1990), 330면.

19) 李哲松, 「회사법」 제13판, (2006), 247면; 李哲松, 전게논문, 25면 참조.: 위 논문에서 ① 주금의 상계가능성을 부정하는 일본 통설의 강력한 근거인 전액납입주의와 주금납입장소의 제한에 대하여는, 전액납입제는 구 상법 하에서의 분할납입주의에 대응하는 제도로서 회사설립 전 또는 신주효력발생 전에 발행주식의 대금이 완납될 것을 요구하는 제도로서 주금의 납입이 주식의 효력발생 후로 미루어질 수 없다는 것 뿐이고, 전액납입제가 자본충실의 원칙을 강화하는 것이 아니며, 주금납입장소를 은행 등으로 제한하는 것은 금전출자의 경우 출자의 이행을 확실하게 하려는 기술적 방법으로 채택된 것이지 상계를 금하기 위하여 채택된 것은 아니므로 납입금보관증명을 받을 수 없으므로 상계를 허용할 수 없다는 것은 절차문제로 실질문제를 결론지으려는 흠을 안고 있고, 일본의 소수설과 같이 주금납입장소제도는 주식인수인이 현실로 주금을 납입하려 할 경우에 적용되는 것이므로 상계에 의하여 주금의 납부의무가 소멸된 이상 주금납입장소제도는 당초 적용될 여지가 없다는 것이 오히려 설득력이 있다고 비판하였고, ② 독일의 통설, 판례가 말하는 충분가치의 원칙(회사가 상계를 통해 주주가 금전출자를 한 것과 동등한 경제적 효과를 거둘 수 있는 경우에 한하여 회사에 의한 상계나 합의에 의한 상계가 허용된다는 입장)에 대하여는, 자본충실의 원칙상 타당성 있는 설명이기는 하나 현재 우리 기업계에서 시도하는 채권의 출자전환은 모두 회사가 채무변제능력이 없어 채권회수의 차선책으로 선택되고 있다는 점에서 상계의 기본적인 동기를 달리하고, 따라서 충분가치의 원칙을 원용하기에 적당한 상황이 아니라고 반박하였다.

사로부터의 상계 또는 회사와의 합의에 의한 상계도 인정되지 않는다고 한다.20) 일반적으로 상계를 허용하게 되면 주식대금과 상계되는 채권의 실제 가치에 상관없이 동 채권의 장부상 가액 전액이 상계되어 현물출자의 탈법 수단으로 이용될 가능성이 있기 때문에 입법론으로는 몰라도 해석론으로 출자전환시 주식대금과 회사에 대한 채권의 상계를 허용하는 것은 바람직하지 않고, 다만 회사가 워크아웃의 대상기업이 된 경우와 같이 재무적 파산상태에 빠진 경우에는 회사가 이미 재무적으로 파탄상태에 있어 출자전환을 하는 것이 다른 채권자의 지위를 강화하는 효과가 있으므로 이러한 경우에만 예외적으로 출자전환을 인정하자는 견해21)도 있다.

2) 판 례

1963년 상법이 시행된 이후 대상 판결이 나오기 전까지 상계의 허용 여부를 다룬 대법원 판례를 찾아볼 수 없고, 의용상법 시대의 대법원 판례로는 2건이 있을 뿐이다. 대법원 1960. 11. 24 선고 4292민상874, 875 판결은 주금의 불입에 있어 단순한 현금수수의 수고를 생략하는 의미의 대물변제나 상계는 회사 측에서 이에 합의한 이상 이를 절대로 무효로 할 이유는 없다는 취지이고, 대법원 1960. 9. 1 선고 4292민상915 판결은 회사가 주금납입청구권을 자동채권으로 하고 주주의 채권을 수동채권으로 하여 상계함(즉 회사가 상계하는 것)은 무방하다는 취지이다. 위 대법원 판결들에 대하여 학자들은 구법시대의 일본 판례가 취하던 입장을 답습한 것이라고 보거나,22) 의문을 표시하고 있다.23)

(다) 등기의 실무

출자전환을 하는 것은 신주의 발행을 통하는 것이므로 비송사건절차법 제205조에 의하여 신주발행으로 인한 변경등기를 하여야 한다. 회사를 설립할 때에는 물론이고 증자, 즉 신주를 발행할 때에도 주식청약서에 주금을 납입할 '은행 기타 금융기관과 납입장소'를 기재하여야 한다(상법 제302조 제2항 제9호, 제420조 제2호). 주

20) 林泓根, 「회사법」 개정판, (2000), 206면.
21) 李濟垣, 전게논문, 289면.
22) 李哲松, 전게논문, 25면.
23) 崔基元, 「신회사법론」 제12대정판, (2005), 283면.

식인수인은 이 규정에 따라 주식청약서에 기재된 은행 기타 금융기관에 주금을 납입하여야 하며, 이 납입금을 수취, 보관한 은행은 발기인에게 수령한 납입금의 보관을 증명하는 납입금보관증명서를 발급하여야 한다(상법 제318조 제1항,).
                                                              제425조 제1항
이 납입금보관증명서는 회사설립시에는 설립등기를 신청할 때에, 그리고 신주발행 시에는 자본의 총액 및 발행주식총수의 변경등기를 신청할 때에 첨부하여야 할 서류이다(비송사건절차법 제203조). 그런데 종래 법원의 등기실무는 주
                       제11호, 제205호 제5호
식회사의 신주발행 시에 '은행 기타 금융기관의 납입금보관증명서'에 갈음하여 대주주가 회사에 대하여 가지고 있는 채권을 주금납입의무와 상계하였다는 뜻을 기재한 서면과 채권증서를 첨부하여 변경등기를 신청한 경우, 형식적 심사권만 가지고 있는 등기관으로서는 주금납입의무와 채권을 상계할 수 있는지 여부 등에 관한 실질적 심사를 할 수 없으므로 변경등기신청을 각하해야 하고, 다만 대주주의 회사에 대한 채권을 현물출자하고 그에 관한 검사인의 검사보고서와 그 부속서류를 첨부하면 변경등기신청을 수리한다는 입장이었으므로,24) 회사에 의한 상계도 허용되지 않았다.

그러나 외환위기 이후 기업의 구조조정과정에서 금융기관 대출채권의 출자전환 필요성이 제기되자, 대법원은 등기예규25)를 통하여 기업구조조정을 위하여 금융기관이 당해 기업에 대한 대출금을 출자전환하여 신주를 발행하고 그에 따른 변경등기를 신청하는 경우, 비송사건절차법 제205조 제5호에 규정된 '주금을 납입한 은행 기타 금융기관의 납입금보관에 관한 증명서'에 갈음하여 ⅰ) 회사가 주식인수인(금융기관)에 대하여 채무를 부담하고 있다는 사실을 증명하는 서면, ⅱ) 그 채무에 대하여 회사로부터 상계의 의사표시가 있음을 증명하는 서면 또는 주식인수인의 상계의사표시에 대하여 회사가 이를 승인하였음을 증명하는 서면, ⅲ) 위와 같은 출자전환이 있었음을 증명하는 금융감독원장의 확인서(은행법 제37조 제2항에 해당하는)를 제출함으로써
                                    경우에는 금융감독위원회의 승인서

---

24) 1998. 6. 23. 등기 3402-559 질의회답.

25) 1999. 1. 25. 등기예규 제960호 참조.: 이후 위 등기예규는 화의법원의 화의인가결정이 확정된 기업의 경우에도 적용된다고 하였고(2001. 2. 13. 등기 3402-103, 104 질의회답), 산업발전법에 의하여 산업자원부에 등록된 기업구조조정전문회사가 기업구조조정촉진법 절차에 의한 출자전환을 하는 경우에는 적용되나, 기업구조조정전문회사가 기업구조조정촉진법의 적용을 받지 않는 기업에 대한 채권을 출자전환할 경우에는 적용되지 않는다고 하였다(2002. 6. 14. 등기 3402-325 질의회답).

출자전환에 따른 변경등기신청을 받아주었다. 그러나 출자전환을 하려는 채권자가 금융기관이 아닌 경우에는 위 등기예규가 적용되지 않음을 분명히 하였다.[26)]

위 예규에 대하여, 등기예규는 등기절차에 관한 일종의 지침에 불과하고 등기예규에 의하여 주식대금의 납입방법 및 그 효과에 관한 실체적 사항을 규정할 수는 없는 것인데, 위 예규로서 실질적으로 상법 제334조에 대한 예외를 인정하는 것이 가능한 것인지, 즉 기업구조조정을 위한 금융기관의 출자전환이 상법 제334조에 위배되지 않는다는 실체법적 근거가 될 수 있는지 의문이라는 지적이 있다.[27)]

3. 企業改善作業에서의 出資轉換 實務

(1) 현물출자에 대하여는 법원이 선임한 검사인 또는 공인된 감정인에 의하여 상법 제416조 제4호의 사항(현물출자를 하는 자의 성명과 그 목적인 재산의 종류, 수량, 가액과 이 대하여 부여할 주식의 종류와 수)에 대한 조사를 하여야 하는데($^{상법 제422조}_{제1항}$), 현물출자하는 채권의 가치를 평가하는 데 있어 권면액설과 평가액설의 대립이 있다. 장부가격이 100억 원인 채권을 현물출자하는 경우 회사의 입장에서는 변제해야 할 채무도 같은 금액만큼 감소하는 것이니 당해 채권자에 대하여 100억 원의 주식을 배정하여도 실제에 있어서 회사가 손해를 보는 것은 없으므로 현물출자하는 채권을 장부가격대로 평가해야 한다는 견해도 있고, 이와 반대로 부실기업에 대한 채권을 출자전환하는 경우에는 일반 투자자의 보호를 위하여 상법 제452조 제3호를 유추적용하여 상당한 금액을 감액하는 것이 타당하다는 견해[28)]도 있다.

문제는 재무구조가 악화되어 파탄에 처한 회사에 대하여 갖고 있는 채권의 가치를 평가할 기준이 모호하다는 것이다. 재무구조가 악화된 기업에 대한 채권은, 동 기업에 대한 출자전환 등의 지원조치가 이루어지지 않아 회

---

26) 1999. 8. 24. 등기 3402-844 질의회답.

27) 金建植 외 6인, 전게서, 181면: 李濟垣, 전게논문, 289면.

28) 權純一, "株式會社에 있어서의 現物出資에 관한 研究", 서울대학교 석사학위논문, (1989), 73면: 李濟垣, 전게논문, 286면에서 재인용.

사가 파산에 이르게 되면 채권의 가치가 장부가액에 비하여 대단히 낮아질
것이나, 추후 회사가 정상화되는 경우에는 채권의 가치가 장부가액과 동일하
게 될 것이다. 또한 현실적으로 장부가액 전액을 채권의 가치로 인정하여 주
지 아니하는 경우에는 출자전환에 참여할 금융기관들이 출자전환을 받아들
이지 아니할 것이기 때문에 채권의 장부가액 전액을 출자액으로 인정하지
않을 수 없을 것이다.29) 더욱이 등기예규로 상계에 의하여 출자전환할 수
있는 길을 열어놓았기 때문에 위와 같은 규제를 피하여 상계방식으로 동일
한 출자전환을 할 수 있다. 따라서 기업개선작업에서의 출자전환은 보통 상
계방식에 의하여 진행된다.30) 실제로 아래에서 살펴 볼 기업개선작업에 관
한 하급심 판결들의 사실관계에서도 명백하게 현물출자방식으로 진행되었다
고 볼 만한 사례는 찾아볼 수 없었다.

　(2) 선출자 후 채무변제방식은 현물출자나 상계방식에서 문제되는 난점
을 피할 수 있으나, 일단은 채권자로부터 주금납입은행에 주금이 현실 납입
되어야 하기 때문에 주금납입 후 회사 측에서 증자등기 후 주금을 찾아 당
해 채권자에게 채무를 변제하는 사이에 다른 채권자에 의해 가압류를 당할
위험이 있고, 또한 회사가 등기 후 약정대로 채무를 변제하지 않을 경우도
생각할 수 있다. 이를 피하기 위해 채권자가 납입을 함과 동시에 납입금보관
은행에 대한 회사의 주금반환청구권에 질권을 설정하는 방법을 생각할 수

---

29) 東京地方裁判所 商事部는 채권 평가방법에 대하여 실무계에서 관행적으로 이루어져 오
　던 평가액설에 반하여 권면액설에 의하는 판결(東京地裁判 平成 12. 11. 20. 訴務月報 第48
　券 第11號 2785頁)을 내렸는데, 그 이유는 ① 회계이론적 측면(회계상 평가액설에 의해 대
　출채권의 출자전환을 하는 경우 자본거래를 하고자 하는 당사자의 의사와는 달리 손익거
　래가 되고, 일반적인 기업회계상 채무는 권면액으로 인식·계상된다), ② 자본충실의 원칙
　과의 관계(권면액설을 취하더라도 당해 채권의 권면액만큼이 혼동으로 소멸하기 때문에
　출자자산의 과대평가에 따른 자본부실화 문제는 발생하지 않고, 다른 채권자나 주주에게
　도 불이익이 없다), ③ 자본금액의 공시와의 관계(현행법상 채무초과회사가 감자절차 없
　이 증자하는 것이 허용되고 증자에 대한 출자동기가 다양한 점에서 통상의 자본증가가 이
　루어진 상황으로 인식할 위험성을 보호할 가치가 있는지 의문이다), ④ 실제적 필요성(평
　가액설에 의하면 인수주식수가 권면액설에 의할 경우보다 적게 되고 지분비율도 낮아 인
　수주식의 가치가 소멸채권의 가치에 미치지 못할 경우가 많다) 등이다.; 이승환, 전게논문,
　236-239면에서 재인용.; 우리나라의 실무 역시 주로 회계사인 감정인에 의하여 채권의 가
　치에 대한 감정평가가 아니라 기업회계기준에 따라 해당 채권의 존재에 대한 감정이 이루
　어진다고 한다.
30) 이성규, 전게서, 262면.

있고,31) 또는 출자전환 금융기관이 주금납입금융기관이 됨으로써 해결할 수도 있으나,32) 채권자가 납입금을 조달하여야 하는 부담이 있다.

III. 出資轉換에 있어 債務의 消滅範圍

1. 會社整理節次에서의 出資轉換時 債務의 消滅範圍

(1) 문제의 소재

구 회사정리법 제222조(2005. 3. 31. 법률 제7428호 채무자 회생 및 파산에 관한 법률 부칙 제2로 폐지, 이하 '구 회사정리법'이라 한다)는 회사가 정리채권자 등에 대하여 새로 납입 또는 현물출자를 하게 하지 아니하고 신주를 발행하는 경우($_{항}^{제1}$), 정리채권자 등에 대하여 납입 또는 현물출자를 하게 하고 신주를 발행하는 경우($_{항}^{제2}$) 및 그 외의 경우($_{항}^{제3}$)로 나누어 규정하고 있다. 그리고 같은 법 제255조에서 같은 법 제222조 제2항 및 제3항에 의한 신주 발행의 경우에는 상법 제422조의 적용을 배제하고 있다.

한편, 구 회사정리법 제240조 제2항은 "정리계획은 정리채권자 또는 정리담보권자가 회사의 보증인 기타 회사와 함께 채무를 부담하는 자에 대하여 가진 권리와 회사 이외의 자가 정리채권자 또는 정리담보권자를 위하여 제공한 담보에 영향을 미치지 아니한다."라고 규정하고 있어 민법상 보증채무의 부종성 원칙에 대한 예외 규정을 두고 있다. 위 조항의 취지는 정리계획에 따라 정리회사의 채무가 면책되거나 변경되더라도 보증인이나 물상보증인 등의 의무는 면책되거나 변경되지 아니한다는 것이다. 따라서 회사정리절차의 출자전환에서 상계의 허용 여부나 현물출자에 대한 조사절차는 문제되지 않는다. 쟁점은 정리채권이 출자전환된 뒤에도 정리채권자가 위 예외규정에 의하여 보증인 등에 대하여 출자전환된 채권분을 포함한 채무 전부의 이행을 청구할 수 있는가 하는 문제로 귀결된다.

---

31) 李哲松, 전게논문, 29-30면.

32) 李濟垣, 전게논문, 288면.: 은행이 주금납입금융기관이 되는 경우에는 회사에 대한 제3의 채권자가 회사의 신주발행대금에 대하여 가압류를 하는 경우, 여신거래기본약관의 기한이익상실조항에 따라 가압류의 통지를 위 은행 등에 대하여 발송하는 때 위 은행의 회사에 대한 채권과 위 신주발생대금이 상계되기 때문이라고 한다.

(2) 출자전환과 주채무의 소멸에 관한 학설

출자전환으로 인하여 주채무인 정리채권이 소멸되는지에 관하여 긍정설과 부정설33)로 나뉜다. 긍정설 중에는 정리계획에서 정리채권의 변제에 갈음하여 신주를 발행한다고 정한 경우에 정리채권이 소멸되는 기본적인 근거는 정리계획에 의한 권리변경이고 구체적으로는 정리채권에 대한 대물변제로 신주를 발행한다는 점에 있다고 보아야 한다는 견해,34) 정리채권의 출자전환은 현물출자의 한 방법으로 채권자가 출자전환으로 인하여 주식을 취득함으로써 채권의 만족을 얻음과 동시에 채권자의 지위를 상실한다고 보는 견해35)가 있다.

부정설은 출자전환의 경우 주식의 가치가 미미한 경우로서 출자전환 자체로 채권소멸의 효과를 인정할 수 없고 사실상 채무를 면제하는 것과 마찬가지인데 채무를 면제하는 경우에는 보증인의 책임이 영향을 받지 아니하는 것임에도 출자전환의 경우 면제의 경우와 달리 취급할 필요가 없으므로, 후에 주식양도나 주식배당 등에 의해 채권자가 현실적으로 만족을 얻을 때에 비로소 그 한도 내에서 채권소멸의 효과가 발생한다고 주장한다.

(3) 출자전환과 보증채무의 소멸에 관한 학설
(가) 전액 불소멸설

채권을 출자전환한 것만으로 채권자가 보증인에게 권리를 행사할 수 없다면 정리채권을 면제한 경우보다 정리채권자에게 불리하게 되어 구 회사정리법 제240조 제2항의 취지에 반하므로, 정리채권의 출자전환 그 자체를 대물변제로 볼 수 없고, 따라서 보증채무는 소멸하지 아니하되 주식의 양도나 주식배당의 수령 등에 의하여 현실적으로 금전적 만족을 얻은 때에 그 한도 내에서 보증인의 채무가 소멸한다고 한다.36) 기본적으로 불소멸설의 입장에 서면서 출자전환에 의한 정리채권은 혼동에 의하여 소멸되지만, 보증인에 대

---

33) 兼子一/三ヶ月章, 「條解會社更生法(下)」, (1998), 716-718頁; 林治龍, "회사정리절차와 출자전환", 「BFL」 제9호, (2005), 43면에서 재인용.

34) 金龍德, "整理債權의 出資轉換과 共同債務者의 債務消滅", 「상사판례연구[Ⅶ]」, (2007), 429-433면.

35) 서울지방법원, 「회사정리실무」 개정판, (2002), 454면; 林治龍, 전게서, 44면.

36) 朴承斗, 「회사정리법」, (2000), 857면.

하여는 구 회사정리법 제240조 제2항에 의하여 주식을 보유하고 있는 한 보증채무 전액에 관하여 보증인에게 그 이행을 구할 수 있고, 보증인으로서는 보증채무를 이행한 후 정리채권자에 대하여 출자전환에 따른 주식의 이전 또는 주권의 인도를 청구할 수 있다는 견해도 있다.[37]

(나) 전액 소멸설

채권의 출자전환은 현물출자의 한 방법이고, 채권자는 출자전환으로 인하여 주식을 취득함으로써 채권의 만족을 얻음과 동시에 채권자의 지위를 상실한다고 보아야 하므로, 출자전환의 효력발생 시에 채권액 전부에 대하여 채권자는 보증채무의 이행을 구할 수 없다고 한다.[38]

(다) 일부 소멸설

정리계획에서 정리채권의 변제에 갈음하여 신주를 발행한다고 정한 경우에 정리채권이 대물변제로 정리회사에 대한 관계에서 소멸되더라도, 정리회사의 보증인에게 그 소멸의 효과가 인정될 것인가의 여부 및 그 소멸의 범위가 어느 정도인가는 그 변제에 갈음하여 교부된 신주에 의하여 정리채권자가 변제와 같은 실질적인 만족을 얻은 것으로 볼 수 있는가의 여부 및 그 만족의 정도에 의하여 판단되어야 한다고 한다.[39]

(4) 대법원 판례

대법원 2002. 1. 11. 선고 2001다64035 판결은 비록 방론이기는 하지만, 「출자전환으로 변제에 갈음하기로 한 경우에는 신주발행의 효력발생일 당시를 기준으로 하여 채권자가 인수한 신주의 시가를 평가하여 그 평가액을 공제한 잔액이 채권액이 되는 것이고 신주의 액면가액을 공제한 잔액이 채권액이 된다고 볼 수는 없다」라고 판시하였다. 정리채권의 출자전환이 가지는 효력은 위 판결의 결론에 영향이 없고, 괄호안의 판시 부분은 방론적 설시이므로 선례로 볼 수 있는지 의문[40]이 있었다.

---

37) 申弼鐘, "整理債權의 出資轉換과 保證債務의 消滅", 「민사재판의 제문제」 제11권, (2002), 331면 참조.
38) 서울지방법원, 전게서, 454면.
39) 金龍德, 전게논문, 435면.
40) 申弼鐘, 전게논문, 310-311면.

그러나 이후 선고된 2003. 1. 10. 선고 2002다12703, 12710 판결41)은 「구 회사정리법 제240조 제2항은 정리계획은 정리채권자 또는 정리담보권자가 회사의 보증인 기타 회사와 함께 채무를 부담하는 자에 대하여 가진 권리와 회사 이외의 자가 정리채권자 또는 정리담보권자를 위하여 제공한 담보에 영향을 미치지 아니한다고 규정하고 있지만, 정리계획에서 출자전환으로 정리채권의 변제에 갈음하기로 한 경우에는 신주발행의 효력발생일 당시를 기준으로 하여 정리채권자가 인수한 신주의 시가를 평가하여 그 평가액에 상당하는 채권액이 변제된 것으로 보아야 하고, 이러한 경우 주채무자인 정리회사의 채무를 보증한 보증인들로서는 정리채권자에 대하여 위 변제된 금액의 공제를 주장할 수 있다」라고 판시함으로써, 시가평가액 소멸설(時價評價額 消滅說)을 분명히 하였고, 이후 확립된 판례가 되었다.42)

2. 企業改善作業에서의 出資轉換時 債務의 消滅範圍에 관한 判例

회사정리절차에서의 출자전환을 다룬 문헌은 다수 있으나, 기업개선작업약정에 따른 출자전환에 있어 채무의 소멸범위를 다룬 문헌은 찾아보기 어렵다. 그 이유는 알 수 없으나 아마도 워크아웃 절차에 적용되는 기업구조조정협약이나 기업구조조정촉진법에는 구 회사정리법 제240조 제2항과 같이 보증채무의 부종성에 대한 예외를 인정하는 조항이 없기 때문에 출자전환되는 채무의 보증채무는 민법의 일반 원칙에 의하여 주채무에 따라 변경될 뿐이고, 주채무의 소멸범위에 대하여는 별로 논의의 필요성을 느끼지 못하기 때문이 아닌가 짐작될 뿐이다.

그러나 재판실무에서는 기업개선작업에서의 출자전환이 문제된 사건에서 회사정리절차에서의 출자전환 채무의 소멸범위에 관하여 논의되어 왔던 여러 학설과 대법원 판례의 입장을 빌려 주채무 또는 보증채무의 소멸범위에 대하여 첨예하게 다투는 사건이 상당수 있어 왔다.

---

41) 공2003. 3. 1.(173), 612.
42) 대법원 2003. 8. 22. 선고 2001다64073 판결; 2005. 1. 27. 선고 2004다27143 판결 등.

(1) 신주효력발생일 당시 신주시가평가액만큼 소멸한다고 본 판례

(가) 회사정리절차의 경우와 같다고 본 판례

원고가 대우전자(주)의 전직 임원들을 상대로 분식회계로 인한 손해배상을 청구한 사건에서, 서울고등법원 2004. 10. 22. 선고 2003나80743 판결(상고기각[43])은, 회사정리절차에 관한 위 대법원 2002다12703, 12710 판결을 참조 판례로 들면서 「구 회사정리법상 정리계획이나 <u>워크아웃 절차상</u> 채권금융기관의 채권재조정 합의에 의하여 <u>출자의 전환으로 채권의 변제에 갈음하기로 한 경우에는</u> 신주발행의 효력발생일 당시를 기준으로 하여 채권자가 인수한 신주의 시가를 평가하여 그 평가액에 상당하는 채권 금액이 변제되었고, 그 평가액을 제외한 나머지 채권 금액은 실권 소멸된 것으로 보아야 한다」라고 하였다. 또한, 원고가 대우중공업(주)의 전직 임원들을 상대로 역시 분식회계로 인한 손해배상을 청구한 사건에서, 서울고등법원 2008. 1. 11. 선고 2006나58983 판결(상고)도 「출자전환으로 <u>변제에 갈음하기로 한 부분에 대하여는</u> 신주발행일을 기준으로 원고가 발행받은 주식의 시가 상당액의 채권액을 변제받은 것으로 봄이 상당하다」라고 하였다.

(나) 주식인수 당시 시가 상당액만큼 변제받기로 합의한 것으로 본 판례

채권금융기관인 원고들이 (주)쌍용건설의 전직 임원들을 상대로 분식회계로 인한 손해배상을 청구한 사건에서, 서울중앙지방법원 2008. 2. 13. 선고 2005가합29370 판결(항소)은 다음과 같은 이론구성으로 주식인수 당시 시가 상당액만큼 변제받기로 합의하였다고 판단하였다.

「출자전환이 원고들과 쌍용건설이 대출금채권과 주식납입대금채권을 상계하기로 합의하는 방식으로 이루어졌으므로 형식적으로 볼 때 상계계약으로 해석될 여지가 크다. 그러나 그 실질적인 내용을 살펴보면, 원고들로서는 워크아웃 절차가 진행되고 있어 쌍용건설의 정상적인 회생 여부가 불확실한 상황에서 액면금액의 약 1/2 수준에 불과한 시가의 쌍용건설의 주식을 인수하는 대신 그 액면금액을 기준으로 계산한 주식의 납입대금채무와 위 각 대출금채무를 서로 대등액에서 상계하기로 합의하였는바, 위와 같은 합의는 실질적으로 원고들이 주식의 인수 당시 시가 상당액만큼에 관해서만 변

---

43) 대법원 2006. 12. 22. 선고 2004다63354 판결.

제에 준하는 채권만족을 얻기로 하고 나머지 채권액은 면제해주기로 하는 내용의 합의라고 봄이 타당하다. … 제3차 기업개선약정에서는 원고들과 같은 채권자들을 상대로 소위 할인변제, 즉 채권액의 일부를 즉시 변제받고 나머지 채권을 면제하는 방식과 위와 같은 출자전환 중 하나를 선택하여 채권의 만족을 얻도록 하였고 실제로 채권자들 중 일부는 할인변제 방식을 선택하였는데, 이처럼 채권자들로 하여금 두 가지 방식 중 하나를 선택하도록 하였다면 선택가능한 두 가지 방식의 법적 효과도 유사해야 한다고 보일 뿐만 아니라, 만일 위 출자전환의 의미를 위와 같이 해석하지 않고 채권 전액에 관하여 실질적인 변제가 이루어진 것과 같이 해석할 경우, 위 방식 중 할인변제방식을 선택한 채권자들은 위와 같은 부진정연대채무의 법리에 따라 면제받은 채권액만큼에 관하여 쌍용건설 임원들에게 따로 손해배상청구를 할 수 있게 되는 반면, 변제보다 훨씬 만족도가 떨어지는 출자전환을 선택한 채권자들은 출자전환액 전액에 관하여 위 손해배상청구를 할 수 없게 되는 부당한 결과가 발생하므로, 주식에 의한 출자전환의 경우 인수 당시의 주식 시가 상당액만큼만이 채권의 목적을 실질적으로 달성시키는 부분으로서 소멸하고 나머지 부분은 그대로 남게 된다」라고 하였다.

(2) 출자전환된 채권액만큼의 채무가 소멸한다고 본 판례
(가) 현물출자임을 전제로 한 판례

대상 판결의 제1심 판결은 기업개선작업에서의 출자전환이 현물출자임을 전제로 판단하였다. 그 외에 현물출자임을 전제로 한 판결은 서울지방법원 2002. 5. 9. 선고 2001가합78534 판결(확정)이 있는데, 「명문의 규정 없이 구 회사정리법 제240조 제2항이 워크아웃 절차에도 당연히 준용된다고 보기 어려울 뿐만 아니라, <u>채권의 출자전환은 현물출자의 한 방법이므로,</u> 채권자는 출자전환으로 인하여 당해 기업의 주식을 취득함으로써 채권의 만족을 얻음과 동시에 출자전환된 채권액만큼의 당해 기업에 대한 채권은 물론 다른 주채무자 또는 보증채무자에 대한 채권도 절대적으로 소멸한다고 보아야 할 것이다」라고 하였다.

(나) 회사에 의한 상계 또는 상계합의에 의한 것임을 전제로 한 판례

1) 서울중앙지방법원 2007. 7. 20. 선고 2004가합34238 판결(항소)

원고가 (주)쌍용건설의 임원을 상대로 분식회계로 인한 손해배상을 청구한 사건으로, 「원고의 쌍용건설에 대한 대출채권과 피고에 대한 손해배상채권은 별개 독립의 것으로서 병존한다고 하더라도 위 각 채권은 원고가 제공한 여신 금액의 회수라는 단일한 목적을 위하여 존재하는 것으로서 객관적으로 밀접한 관련공동성이 있으므로 그 중 하나의 채권이 만족을 얻게 되는 경우에는 특별한 사정이 없는 한 다른 채권도 그 목적을 달성하여 소멸한다고 보아야 할 것인바, 워크아웃절차에서 원고와 쌍용건설이 대출금채권과 신주인수대금채권을 상계하기로 합의함으로써 원고에 대한 위 각 대출금채권 전액의 변제가 이루어진 것과 같은 경제적 효과가 달성되어 원고는 만족을 얻게 되었으므로, 그 상계합의로 인한 위 각 대출금 채권 소멸의 효력은 피고에게도 미친다 할 것이다」라고 하였다. 특히 위 판결에서 회사정리절차에 관한 위 대법원 2002다12703, 12710 판결 등은 「회사정리절차에서 출자전환이 이루어진 경우 정리채권자와 그 보증인 사이의 이해관계를 합리적으로 조절하기 위하여 주채무와 보증채무 사이의 부종성 단절을 규정한 구 회사정리법 제240조 제2항의 예외를 제한적으로 인정한 판결로서 위 사건에 그대로 적용될 수 없다」라고 판단하였다.

2) 서울고등법원 2007. 12. 14. 선고 2006나67673 판결(상고기각)

채권금융기관인 원고들이 (주)해태제과의 전직 임원들을 상대로 분식회계로 인한 손해배상을 청구한 사건으로,[44] 「기업개선작업약정은 채권자들인 채권금융기관들과 기업 사이의 사적 합의에 의하여 이루어지고 그러한 합의의 내용에 따른 효력을 갖는 것이다. 그런데 원고들과 해태제과 간 기업개선작업약정에 기하여 이루어진 출자전환은 앞서 본 바와 같이 출자전환할 채권액을 정하여 이를 발행가인 5,000원으로 나눈 수량의 신주를 받기로 하고

---

44) 위 사건의 쟁점들 중 하나가 출자전환으로 인한 채무의 소멸범위였는데, 통상적으로 출자전환 당시 주식의 시가가 발행가(액면액)보다 낮기 때문에 이와 같은 소송에서 채권금융기관들이 시가 평가액만큼 채무 소멸을 주장하였던 반면, 위 사건의 경우는 감자 후 출자전환 당시에도 주식시가가 발행가보다 높은 상태가 지속되어 오히려 피고들이 출자전환 당시 시가만큼의 채무 소멸을 주장하였다.

위 출자전환 채권을 납입대금으로 현물출자 또는 납입대금과 상계하기로 합의한 것이어서 기업개선작업약정의 당사자들 사이에서 출자전환할 채권액과 새로 취득하는 신주의 가치를 같이 보아 그 만큼의 채권액은 소멸하는 것으로 의욕하였다고 봄이 상당하므로, 원고들로서는 출자전환 당시 출자전환할 채권액에 해당하는 금액만큼 채권의 만족을 얻었다고 봄이 상당하고, 채권의 만족을 가져오는 위와 같은 사유는 해태제과의 원고들에 대한 원래의 채무와 부진정연대채무관계에 있는 피고 등의 원고들에 대한 손해배상채무에 절대적 효력을 발생하므로, 이로써 위 손해배상채무도 위 각 출자전환 채권액만큼 소멸하였다고 보아야 한다」라고 판시하였다. 위 판결에 대하여 쌍방이 상고하였으나, 상고가 모두 심리불속행으로 기각되었다.[45]

3) 서울중앙지방법원 2007. 12. 21. 선고 2007가단135883 판결(항소)

금융기관의 파산관재인인 원고가 사채보증계약의 보증인인 피고에 대하여 보증채무의 이행을 구한 사건에서, 「공동연대보증인에 대한 기업개선작업에서 원고의 주식인수대금 납입채무와 공동연대보증인의 보증채무가 상계되어 공동연대보증인의 보증채무가 모두 소멸되었고 따라서 피고의 보증채무도 소멸되었다」라고 판단하면서, 「기업구조조정절차도 회생형 도산절차의 일환이므로 회사정리절차에서의 출자전환과 같이 채무소멸의 범위가 시가 상당액으로 한정된다는 원고 주장에 대하여 기업개선작업약정에 따른 출자전환으로 보증채무의 변제에 갈음하기로 하였다고 볼 수 없다」라고 하여 이를 배척하였다. 특히 원고는 상법 제334조에 반하여 상계가 허용되지 않는다는 주장도 하였는데, 위 판결에서는 위에서 본 구 상법 시대의 대법원 판례들을 들면서 상법 제334조가 회사가 하는 상계나 회사와 주주 사이의 상계합의까지 금지하는 것으로 보기 어렵다고 하였다.

4) 서울중앙지방법원 2008. 5. 1. 선고 2007가합89895 판결(확정)

동 판결에서는 「기업개선작업약정의 출자전환은 기업에 대한 채권과 주식인수대금 납입채무를 상계하는 방법으로 이루어지므로 채권금융기관들과 채무자 사이의 사적 합의에 의하여 체결된 기업개선작업약정에 따라 출자전환을 하는 경우, 채무자의 채무는 출자전환하기로 약정한 범위 내에서 채권

---

45) 대법원 2008. 5. 15.자 2008다9587 판결.

금융기관의 주식인수대금 납입채무와 <u>상계에 의하여 대등액에서 소멸되었다</u>고 봄이 상당하다」라고 판단하였다.

(3) 검　토

(가) 기업개선작업(워크아웃)에서는 기본적으로 구 회사정리법 제240조 제2항과 같은 규정이 적용될 여지가 없으므로 회사정리절차에서의 출자전환과 같이 정리채권의 소멸범위와 보증채권의 소멸범위를 두고 복잡한 문제가 발생하지 않는다. 주채무의 소멸범위가 정해지면 민법의 일반 원칙에 따라 자연히 보증채무의 소멸범위는 이에 따라 정해지게 된다. 문제는 주채무가 어느 범위에서 소멸되는가이다.

(나) 신주효력발생일 당시 신주시가평가액만큼 소멸한다고 본 판례들 중 회사정리절차의 경우와 같이 본 서울고등법원 2004. 10. 22. 선고 2003나 80743 판결은 피고의 상고가 기각되어 확정되기는 하였지만, 기업개선작업 약정에 따른 출자전환채무의 소멸범위에 관하여 피고가 원심이나 대법원에서 다투거나 상고이유로 삼지 아니하였기 때문에 대법원이 기업개선작업약정에 따른 출자전환채무의 소멸범위를 회사정리절차의 경우와 동일하게 판단한 것이라고 보기는 어렵다. 위 판결 및 같은 취지의 서울고등법원 2008. 1. 11. 선고 2006나58983 판결은 모두 회사정리절차에서의 출자전환의 성격을 대물변제로 보는 대법원 판결의 판시를 차용한 것일 뿐이고 기업개선작업에서의 출자전환은 주로 상계에 의해 이루어진다는 점에서 근본적으로 타당하지 않다.

(다) 신주효력발생일 당시 신주시가평가액만큼 소멸한다고 본 판례들 중 서울중앙지방법원 2008. 2. 13. 선고 2005가합29370 판결은 일부 변제, 일부 면제방식을 채택한 채권자들에 비해 결과적으로 불리하게 된 원고들의 구체적 타당성 확보를 시도하려 한 점은 있으나, 형식적으로만 상계계약이고 실질적으로 주식시가상당액만큼만 변제에 준하는 채권만족을 얻기로 하고 나머지 채권액은 면제해주기로 하는 내용의 합의라고 하는 이론 구성은 자연스럽지 못하다. 위와 같은 내용의 합의의 성격이 무엇인지 파악하기 어렵고, 일부 대물변제와 일부 면제계약의 혼합계약이라고 보더라도 주식을 인수하기 위하여는 주금을 납입하여야 하는데(현물출자가 아님은 분명하다) 주금

납입을 위한 상계계약이 아니라고 하면 주금납입의무의 이행은 어떻게 된 것인지 설명이 되지 않는다. 뿐만 아니라 채권의 출자전환으로 평가이익을 보는 경우도 있으므로 일부 변제, 일부 면제방식을 채택한 채권자들보다 만족도가 떨어진다는 것은 결과론에 불과하고, 장기적으로 주가가 출자가액 이상으로 상승할 경우 평가이익을 실현하려는 의도에서 출자전환을 선택할 수 있는 것이므로 출자전환방식과 일부 변제, 일부 면제방식을 채택한 채권자들 사이에 법적 효과가 유사해야 한다고 볼 합리적 근거가 없다.

(라) 기업개선작업에서의 출자전환이 현물출자임을 전제로 한 서울지방법원 2002. 5. 9. 선고 2001가합78534 판결은 판결문에 나타난 사실관계만으로는 현물출자방식으로 출자전환이 이루어졌는지 알 수 없다. 다만 위 판시 내용은 회사정리절차에서의 출자전환에 관한 학설 중 전액소멸설과 유사한 것으로 보아 위 학설을 차용한 듯한 짐작이 들 뿐이다.

(마) 상계의 의사표시에 의하여 수동채권과 자동채권은 상계적상 시를 기준으로 대등액에 관하여 소멸하는 것이다. 대부분의 기업개선작업에서의 출자전환은 상계방식에 의하여 이루어질 것이므로, 그로 인한 대상기업의 주채무는 기업개선작업약정에 의하여 출자전환하기로 사전에 정해진 범위 내에서 회사의 상계의사표시 또는 상계합의에 의하여 주식인수대금납입채무와 대등액에서 소멸한다고 할 것이다. 그리고 보증채무를 비롯한 공동채무자의 채무는 특별한 사정이 없는 한 민법의 일반원칙에 따라 그 소멸범위가 정하여질 것이다.

Ⅳ. 結 論

1. 외환위기 이후 채권금융기관들이 여러 부실기업에 대한 기업개선작업을 통하여 출자전환을 해 왔고 이에 기초하여 이해관계를 쌓아왔지만, 등기예규 외에는 입법이나 판결을 통한 해석 등 출자전환의 실체적 근거를 뒷받침할 만한 결과물이 없었다.

대상 판결은 기업개선작업약정에 따라 출자전환을 하는 경우 주식인수대금 납입채무와 대상기업의 채무가 상계되었음을 전제로 주채무 및 보증채무의 소멸범위에 대하여 밝힌 최초의 판례이다. 따라서 기업개선작업에서의 출자전환에서 상계가 허용된다는 점을 긍정하였다고 볼 수 있다. 그렇다면 이는 현행 상법 시행 이후 주금납입의 상계 가능성 여부를 언급한 최초의 대법원 판례가 되기도 한다. 주금납입의 상계를 허용할 것인지에 관한 대상 판결의 입장이 옳은지 그른지를 따지기에는 기업구조조정절차에서 상계방식에 의한 출자전환은 이미 하나의 현실이 되어 있다. 그렇다고 하여 현재 학계의 입장이나 기업개선작업 등 일정한 경우에 한하여만 상계에 의한 주금납입을 허용하고 있는 등기실무로 보아 대상 판결이 주금납입의 상계가 전면적으로 허용된다고 판단한 것으로 보기는 어려울 것이다.

2. 대상 판결이 기업개선작업의 출자전환에서 상계가 가능하고 그로 인한 채무의 소멸범위가 회사정리절차의 경우와는 다르다는 점을 밝힌 결론은 타당하다. 그러나 대상 판결이 주금납입의 상계가 허용되는 범위나 상계가 허용되는 이론적 근거에 대하여 정면으로 판시하지 않은 점은 아쉬움이 남는다. 그러한 부분에 관한 설시 없이 사건의 결론만을 판단하였기에 대상 판결 선고 이후에도 하급심 실무는 기업개선작업에서의 출자전환과 채무의 소멸범위에 관한 해석에 있어 현재까지도 혼선을 빚고 있지 않나 생각된다. 우리와 같은 입장이었던 일본이 법 개정을 통해 일정한 경우 주금납입의 상계를 허용한 점, 상계방식과 동일한 경제적 효과를 가져오는 채권의 현물출자 실무가 권면액설에 의하고 있는 점 등에서 이제는 우리도 주금납입의 상계 허용의 근거나 범위에 관하여 실무계의 적극적인 논의가 필요한 시점이 되었다고 본다. 위에서 본 현재진행 중인 하급심 사례 중 기업개선작업의 출자전환 중 상계방식에 대하여 상법 제334조를 위반하였다고 주장하는 것도 있음을 보았다. 향후 이러한 하급심 사례가 대법원에 상고되면 기업개선작업의 출자전환에 대한 이론적 근거가 제시될 것을 기대한다.

[後　記]

이 글은 2008. 7. 상사법무연구회에서 발표된 후에 서울대학교 금융법센터에서 발간하는 BFL 제32호 (2008. 11)에 게재되었다. 이 글의 발표 후에 대법원은 본문에 소개된 서울중앙지방법원 2007. 7. 20. 선고 2004가합34238 판결의 상고심판결인 대법원 2010. 9. 16. 선고 2008다97218 전원합의체 판결에서 「당사자 쌍방이 가지고 있는 같은 종류의 급부를 목적으로 하는 채권을 서로 대등액에서 소멸시키기로 하는 상계계약이 이루어진 경우, 상계계약의 효과로서 각 채권은 당사자들이 그 계약에서 정한 금액만큼 소멸한다. 이러한 법리는 기업개선작업절차에서 채무자인 기업과 채권자인 금융기관 사이에 채무자가 채권자에게 주식을 발행하여 주고 채권자의 신주인수대금채무와 채무자의 기존 채무를 같은 금액만큼 소멸시키기로 하는 내용의 상계계약 방식에 의하여 이른바 출자전환을 하는 경우에도 마찬가지로 적용되며, 이와 달리 주식의 시가를 평가하여 그 시가 평가액만큼만 기존의 채무가 변제되고 나머지 금액은 면제된 것으로 볼 것은 아니다」라고 판시함으로써, 필자가 이 글에서 밝힌 견해와 동일한 입장에 있음을 분명히 하였다.

倒産法上 無償否認權의 行使要件으로서의 無償 및 特殊關係人의 意味*

林 采 雄**

◎ 대법원 2009. 2. 12. 선고 2008다48117 판결

[事實의 槪要]

(1) 대구 소재 의료법인 A재단의 이사장인 소외 홍길동은 소외인 甲, 乙, 丙에게 각 부동산을, 3억원, 3억원 및 5억원, 합계 11억원의 임대차보증금을 받고 각 임대하여 주었다.

(2) 원고는 홍길동과 사이에 위 세 건의 각 임대차보증금 반환채무 보증을 위하여 피보험자를 각 임차인, 보험가입금액을 각 임대차보증금액으로 하는 각 이행(지급)보증보험계약을 각 체결하였다. 甲과 乙에 관한 계약체결일은 2005. 11. 16., 丙에 관한 계약체결일은 2006. 4. 1.이다.

(3) A재단은 위 각 보증보험계약 체결 무렵에 홍길동의 원고에 대한 위 각 구상금채무에 관해 연대보증을 하였다.

(4) A재단이 2006. 9. 26. 부산지방법원에 회생절차를 신청하여 2006. 11. 3. 같은 법원 2006회합2호로 회생절차개시결정을 받았고, 피고가 관리인으로 선임되었다. ⇒ 즉, 회생절차개시 신청 시를 기준으로 하여, 위 丙에 관한 계약체결은 6개월 이내, 甲과 乙에 관한 계약체결은 6개월과 1년 사이에 이루어졌다.

(5) 원고는 위 회생절차에서 위 연대보증과 관련된 11억원의 구상금채권을 포함하여 2,931,884,740원의 채권을 회생채권으로 신고하였다.

---

* 제20회 상사법무연구회 발표 (2009년 12월 12일)

　본 평석은 「도산법연구」 제1권 제1호, 도산법연구회, (2010)에 게재하였음.

** 前 서울중앙지방법원 판사, 現 법무법인 태평양 변호사

　(6) 피고는 조사기일에서 위 11억원의 구상금채권 부분이 채무자회생 및 파산에 관한 법률(이하 '채무자회생법') 제101조에 따라 부인하였다.

　(7) 이에 원고가 피고를 상대로 위 11억원의 구상금채권에 관하여 위 법원에 회생채권조사확정재판을 신청하였으나, 위 법원이 위 11억원의 구상금채권이 존재하지 않는다는 결정을 하였고, 이에 대하여 원고가 다시 위 11억원의 구상금채권은 회생절차 개시신청일 이전의 원인으로 생긴 것으로 실질적으로 유상행위에 해당된다고 주장하면서, 회생채권 11억원의 확정을 구하여 온 것이 이 사건 소이다(채권조사확정재판에 대한 이의).

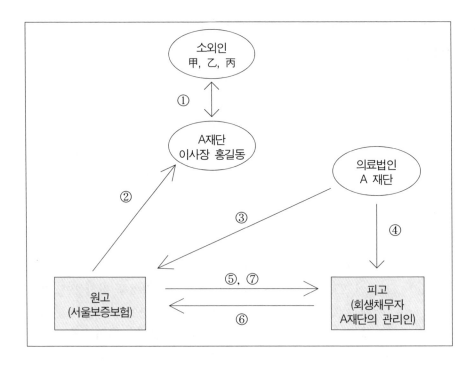

[訴訟의 經過]

1. 第1審 判決[1] (原告 一部 勝訴)

무상부인의 대상인 무상행위임은 인정된다. 다만 6개월이라는 시간요건 때문에 피고의 부인권행사가 인정되지 아니한다.

---

1) 부산지방법원 2007. 12. 5. 선고 2007가합8184 판결.

피고는 항소를 하였지만, 원고가 항소하지 아니함으로써 丙에 대한 부분은 확정되고 이후 문제되지 않았다. 제1심 이래 각 판결들은 일치하여 이 사건에서의 부인대상행위가 무상행위인 것으로 보고 있다.

심리상의 실질적인 쟁점은 다음과 같다. 즉 채무자회생법 제100조 제1항 제4호에 의하여 무상부인은 '채무자가 지급의 정지 등이 있은 후 또는 그 전 6월 이내에 한 행위'가 대상인데, 제101조 제3항에 의하여 특수관계인을 상대방으로 하는 행위에 대하여는 위 '6월'이 '1년'이 된다. 그런데 이 사건에서 甲과 乙에 대한 보증행위가 회생절차개시 신청 시를 기준으로 하여 6개월이전 1년 이내에 이루어졌다. 따라서 이들에 대해서는 제100조 제1항 제4호의 일반적인 무상부인은 불가능하고, 제101조 제3항에 의하여서만 무상부인을 할 수 있는 상황이었고, 따라서 이 사안에 제101조 제3항을 적용할 수 있는가 하는 점이 심리상의 쟁점이었다.

2. 第2審 判決[2] (第1審 判決 取消, 原告請求 모두 棄却)

채무자회생법 제101조 제3항의 특수관계인은, 채권자에 대해서만이 아니라 주채무자에 대해서도 적용된다. 이 사건의 경우가 바로 이에 해당되어 1년의 요건이 적용되고, 따라서 부인권 행사가 허용된다.

[判決의 要旨]

(1) 회생절차의 채무자가 주채무자를 위하여 보증을 제공한 것이 채권자의 주채무자에 대한 출연의 직접적 원인이 되는 경우에도, 채무자의 보증행위와 이로써 이익을 얻은 채권자의 출연과의 사이에는 사실상의 관계가 있음에 지나지 않고 채무자가 취득하게 될 구상권이 언제나 보증행위의 대가로서의 경제적 이익에 해당한다고 볼 수도 없으므로, 달리 채무자가 보증의 대가로서 직접적이고도 현실적인 경제적 이익을 받지 아니하는 한 그 보증행위의 무상성을 부정할 수는 없다.

(2) 채무자회생법 제100조 제1항 제4호에 따른 부인 대상이 연대보증행

---

[2] 부산고등법원 2008. 7. 2. 선고 2008나2265 판결.

위인 사안에서 부인 대상 행위의 기간을 확장하는 위 법률 제101조 제3항이 적용되는 상대방이 특수관계인인 경우라 함은, 그 연대보증행위의 직접 상대방으로서 보증에 관한 권리를 취득하여 이를 행사하는 채권자가 채무자의 특수관계인인 경우를 말하며, 비록 주채무자가 채무자와 특수관계에 있다고 하더라도 연대보증행위의 상대방인 채권자가 채무자의 특수관계인이 아닌 경우에는 위 법률 제101조 제3항이 적용될 수 없다.

[評　　釋]

I. 序　　說

　　도산법상 부인권은 민법상의 채권자취소권과 연원을 같이 하며 이론적인 면에서나 실무처리의 면에서나 서로 많이 비교되고 있으나, 그 차이점도 적지 않다. 민사재판실무의 면에서 보면, 민법상의 채권자취소권이 주장되는 소는 매우 많지만, 부인권이 주장되는 소는 그리 많지 않다. 그런데 부인권은 채무자의 도산상태 및 정식 도산절차가 개시됨을 전제로 하는 것이므로, 민사재판실무상의 위와 같은 상황은 당연한 것이다.

　　한편 민법상의 채권자취소권에 관한 조문은 단 2개임에 반하여, 도산법상 부인권에 관한 조문은 그보다 훨씬 많다. 그래서 법제의 면에 관해서는 민법에 비해 도산법에 관해 훨씬 더 많은 논의가 가능하다. 도산법상 부인권에 관해서는 유형별로 규정을 두고 있으므로, 훨씬 더 정교한 비교검토가 가능하고 필요하다.

　　대상 판결은 무상부인이 문제가 된 사안인데, 무상부인의 가장 기본적인 요건에 관해 다루고 있는 판결이라 할 수 있다. 대상 판결에서 추출할 수 있는 두 가지 논점은, ⅰ) 적극적이거나 뚜렷한 대가없이 이루어진 보증행위가 무상부인의 요건인 무상에 해당되는가, ⅱ) 도산법에서 규정하고 있는 '특수관계인'의 의미이다.

Ⅱ. 無償否認에서의 '無償'

1. 法律의 規定

○ 채무자회생법 제100조 제1항 제4호는 다음과 같이 규정하고 있다.

4. 채무자가 지급의 정지 등이 있은 후 또는 그 전 6월 이내에 한 무상행위 및 이와 동일시[3]할 수 있는 유상행위[4)]

'무상'이라 함은 '아무런 대가나 보상이 없음'을 의미하는 것이므로 그 의미가 비교적 명료하다.[5] 한편, 위와 같은 규정에 의하면 무상부인이 되는 행위는 반드시 무상일 것을 요구하는 것은 아니다. 유상행위라 하더라도 무상행위와 '동일시'할 수 있는 행위이면 된다. 그런데, '동일시'가 어떤 의미인지 법에서 규정된 바는 없고 해석에 맡겨져 있는데, 채무자가 제공한 급부나 지게 되는 의무와 상대되는 대가가 극히 적은 경우에 한정되는 것은 아니고, 그 균형관계가 상당한 정도로 상실하면 이에 해당되는 것으로 해석되어야 하지 않는가 생각되나, 역시 간단하고 명료한 기준을 제시하는 것은 쉽지 않다. 먼저 이 점에 관련된 우리나라의 판례를 검토해보기로 한다.

---

3) 과거 회사정리법 제78조 제4호는 "4. 회사가 지급의 정지 등이 있은 후 또는 그 전 6월 이내에 한 무상행위와 이와 동시하여야 할 유상행위"라고 규정하고 있었다. 채무자회생법과 같은 내용인데, 후단의 '동시'라는 용어가 '동일시'로 바뀌었으나, 의미상의 차이가 있는 것으로 보이지는 않는다.

4) 파산절차에 관한 제391조 제4호 역시 거의 동일하게 규정하고 있다.

5) 적정가격 이하의 廉價로 물건을 넘긴 경우, 그 저렴한 만큼을 무상이라 할 수 있는가? 예를 들어 100만원 짜리 물건을 사해의사로 60만원에 양도한 경우, 40만원만큼 무상이라 할 수 있는가? 법인세법에서의 부당행위의 부인과 관련하여서는 과세관청이나 법원 모두 해당 자산을 완전히 무상으로 받을 것을 요구하지 않고, 시가에 미치지 않는 低價로 취득하였을 경우, 시가와 취득을 위해 실제로 지급한 금액의 차액을 무상으로 취득한 가액으로 보고 있다.: 林采雄, "신주인수권취득에 대한 과세문제의 연구 -대법원 2007. 12. 13. 선고 2005두14257 판결-", 「安岩法學」 제27호, 고려대학교, (2008), 408면.
그러나, 무상부인의 경우에는 위와 같은 법인세법의 해석론을 그대로 적용할 수 없다고 본다. 법인세법에서는 부당행위를 부인함으로써 납부되지 않은 세금을 회복하고자 하는 것이므로 위와 같이 금액으로 구분하여 처리함이 가능하지만, 무상부인의 국면에서는 무상이 되느냐 되지 않느냐가 문제이지, 행위의 결과를 구분하여 그 일부만을 부인하는 것은 적절하지 않기 때문이다.

2. 우리나라 判例

필자가 검토한 범위 내에서 판시사항에서 드러나는 바에 본다면, 대법원 판결은 부인대상행위가 보증행위인 경우에 집중되어 있고, 반대되는 급부의 균형 여부에 관해 정면으로 다룬 것은 발견되지 않는다.6) 하급심 판결에서는 대법원 판결에 비하여 다양한 유형이 드러나지만, 그 예가 아주 풍부하다고 할 수는 없다. 대법원 판결에서 가장 많이 다루어지는 유형은 보증행위에 관한 것인데, 이는 아래에서 별도로 다루기로 하고, 여기서는 필자가 조사한 하급심 판결에서 유형적으로 살펴볼 가치가 있는 사안들을 소개한다.

(1) 무상행위와 동일시하여야 할 행위로 인정되지 아니한 예

(가) 서울중앙지방법원 2009. 9. 11. 선고 2008가합132734 판결7)

대략 5억원 정도의 가치가 있는 사업을 3억원에 매각한 사안에서, 법원은 「매수인이 관련 리스채무를 인수하고 직원의 고용을 승계한 점에 비추어 무상행위와 동일시할 수 없다」고 판시하였다.

채무인수 및 고용승계가 없었다면 동일시할 수 있는 것인지 명확하지 않으나, 그러한 사항이 없다 하더라도 동일시하기 어렵지 않은가 생각된다. 그러한 점을 고려하지 않더라도 매매대금이 평가액의 약 62%에 해당하기 때문이다.

(나) 서울고등법원 2002. 12. 13. 선고 2002나48308 판결8)

채무자가 피고용자인 근로자들에게 성과급을 약정한 사례에서 법원은, 「성과급은 근로자들의 근로 대가로서 임금의 성질을 가지고 있어 이를 무상행위 또는 이와 동일시할 유상행위라고 볼 수 없다」고 판시하였다.

대법원 2003. 4. 25. 선고 2003다7005 판결로 파기환송되었고, 서울고등법원 2003. 9. 3. 선고 2003나31437 판결로 원고들 청구 기각으로 확정되었다. 그러나 위 쟁점과는 무관하다.

---

6) 대법원 판결은 상고이유에 대해서만 판단하므로, 사안이 음미할 만한 유형의 것이라 하더라도 대법원 판결에서는 잘 드러나지 않을 수도 있다.

7) 2009. 10. 6. 확정됨. 이하 각 검색결과는 모두 2009. 10월말 현재를 기준으로 한다.

8) 성과급에 관한 동일한 판시를 보이는 판결들이 좀 더 있다. 예를 들자면, 서울지방법원 2003. 1. 10. 선고 2002가합19303 판결 등.

(다) 서울고등법원 2000. 9. 1. 선고 99나51151 판결

풋옵션에 따라 정리회사측이 지급하여야 할 주식대금, 풋옵션의 유효기간, 주가의 가변성 등에 비추어 볼 때 이 사건 계약9)이 무상행위 또는 이와 동일시되는 행위라고는 인정되지 아니한다.

대법원 2003. 5. 16. 선고 2000다54659 판결로 상고기각이 되었고, 위 점은 상고이유로 다루어지지 아니하였다.10)

(라) 대법원 2002. 3. 12. 선고 2000다55478 판결

어음채무의 변제기가 대환의 방식으로 연장되어 온 경우에는 새로운 어음을 발행하여 기존의 어음채무를 변제하는 것이므로 새로운 어음발행을 보증하는 행위 역시 기존 어음보증채무의 소멸을 대가로 이루어지는 것으로서 회사정리법 제78조 제1항 제4호에서 정하는 부인권의 대상인 '무상행위나 이와 동시하여야 할 유상행위'에 해당하지 않는다.11)

---

9) 말레이시아 회사인 소외 A사는 1997. 4. 9. 정리회사(계열사인 2개사)와 사이에, A사가 정리회사측이 발행할 액면 금 5,000원인 보통주식 1,050,000주(이하 이 사건 주식이라 한다)를 대금 12,839,400,000원(환율에 관계없이 미화 금 14,415,000 달러를 초과하지 않는 범위 내에서)에 인수하기로 약정하는 한편 정리회사측과 주식옵션계약(Share Purchase Agreement)을 체결하고 정리회사측은 위 주식옵션계약에서 정한 바에 따라 A사에게 이 사건 주식에 대하여 풋옵션(put option)을 부여하기로 약정하였다.

10) 풋옵션과 관련하여 무상행위로 인정하지 아니한 하급심판결이 몇 건 발견된다. ① 서울고등법원 2005. 5. 26. 선고 2004나77515(본소), 2005나32922(반소)(대법원 2005. 10. 27. 선고 2005다35202 판결로 심리불속행 기각 확정), ② 서울중앙지방법원 2004. 9. 17. 선고 2003가합75515 판결(서울고등법원 2005. 5. 26. 선고 2004나77515 판결로 항소기각, 대법원 2005. 10. 27. 선고 2005다35202 판결로 심리불속행 기각 확정).

11) 아래에서 보는 바와 같이, 종래의 하급심에서는 대법원판결과 반대되는 듯한 결론을 제시한 것도 발견되나, 처음 어음을 발행한 행위가 무상행위가 아니라면, 대환이나 교환해주는 행위 역시 무상행위로 보기 어려울 것이다.
* 서울고등법원 2000. 10. 25. 선고 99나57807 판결
[사안]
정리회사가 직접적인 경제적 이익을 받지 아니한 채 소외인의 채무에 대한 담보의 의미로 약속어음(구 어음)을 발행해 주었고, 구 어음의 기한을 유예하는 의미에서 구 어음과 교환하여 새로운 어음을 발행하였다.
[판단]
구 어음의 발행행위는 무효이고, 신 어음의 발행행위는 무상행위와 동시하여야 할 유상행위이다. → 대법원 2001. 6. 29. 선고 2000다63554 판결로 파기환송되었으나, 다른 쟁점을 이유로 하였다. 파기 후 서울고등법원 2001. 9. 4. 선고 2001나40673 판결로 항소기각되었다. 결국 피고측에 의한 부인권의 행사가 인정되지 않은 것으로 종결되었다.

(마) 서울중앙지방법원 2005. 8. 25. 선고 2003가합77955 판결

증권회사인 원고 A사가 B사와 2002. 12. 16. A사가 B사에게 자문업무
를 제공하는 자문계약을 체결한 이후, 2003. 4. 2. 새로운 업무를 추가하고 매
월 1억원을 그 수수료로 제공하기로 변경계약을 체결하였는데, 피고(B사의
정리절차 관리인)는 이 사건 변경계약은 이 사건 최초계약상 원고가 제공하
기로 한 용역 업무의 내용은 그대로 유지하면서, 최초계약상의 성공보수조건
이외에 매월 정액의 기본 자문수수료를 추가로 부담하는 무상행위이므로, 회
사정리법 제78조 제1항 제4호에 의하여 부인한다고 주장하였다. 이에 대하
여 법원은 「B사는 이 사건 변경계약 상 추가적으로 약정한 용역 업무에 대
한 대가로 원고에게 매월 1억 원의 자문수수료를 지급하기로 한 사실은 앞
서 본 바와 같으므로, 이 사건 변경계약 체결행위가 무상행위라고 할 수 없
다」라고 판시하였다.

(바) 서울지방법원 2001. 6. 7. 선고 2000가합30566 판결

파산자(원고는 파산관재인)가 피고(보험회사)로부터 이 사건 후순위차입
금을 차용하면서 그 전부를 이 사건 보험계약의 보험료로 지급한 사안으로
서, 사해성에 관하여 실질적으로 판단하여야 하고, 서로 관련이 있는 일련의
행위는 한꺼번에 판단하여야 한다고 한 사례이다.

사실상 파산자의 자산 변동은 없고 다만 파산자가 자기자본비율을 높이
기 위하여 위 금전소비대차계약을 체결한 것이고, 또한 위 차용금채무를 담
보하기 위하여 이 사건 보험계약을 체결하고 이때 피고의 채권회수를 실질
적으로 보장하기 위하여 상계를 허용하는 이 사건 특별약정을 체결한 것이
므로, 위 특별약정 체결과 이사건 보험계약의 해지 및 상계는 위 금전소비대
차계약 체결 및 이 사건 보험계약 체결과 일체로서 고찰되어야 하는 것이고
이것만을 따로 떼내어 살펴볼 것은 아니라고 할 것이다. 그렇다면 사실상 파
산자의 자산 변동이 없다는 점에서 위와 같은 일련의 행위가 파산채권자를
해하는 행위가 된다고 볼 수는 없고, 또한 그 방법 또는 시기가 파산자의 의
무에 속하지 아니한다고 할 수 없으며, 나아가 실질적 자산변동 없이 자기자
본비율을 높이기 위한 파산자의 위 행위를 파산채권자를 해할 소지가 있는
무상행위나 이와 동일시하여야 할 유상행위라고 볼 수도 없다.

(2) 무상행위와 동일시하여야 할 행위로 인정된 예

(가) 서울중앙지방법원 2006. 8. 10. 선고 2004가합109392 판결

2002. 9. 26.부터 2002. 12. 16.까지 4회에 걸쳐 차용한 115억원의 차용금 채무(변제기 미상)의 변제기를 2006. 6. 27.로 연장받으면서, 2003. 7. 2. 장부가액 98억원의 투자조합지분권을 양도담보로 제공한 행위에 대하여, 법원은 「상대방이 반대급부로서 출연한 대가가 지나치게 근소하여 무상행위와 다름없다」라고 판시하였다.

(나) 서울지방법원 2003. 5. 27. 선고 2000가합87999 판결

A사가 계열사인 B사를 지원하기 위하여 금융기관인 피고가 B사에 대출하는 대신, A사가 피고에게 예치한 돈에 대해 피고에게 질권을 설정해준 사안으로, 예치금에 대해 우대금리가 적용된 사례이다.

이에 대하여 법원은 「A사가 시중금리보다 2% 더 높은 이자를 받았다고 하더라도 이를 가지고 A사가 이 사건 담보제공에 대한 대가로서 경제적 이익을 받았다고 볼 수 없고 달리 A사가 이 사건 담보제공행위를 함에 있어 B사로부터 보증료의 취득, 상호보증, 기타 재산의 증가를 가져오는 직접적인 경제적 이익을 취득하지 아니하였으므로, 이 사건 담보제공행위는 무상행위로 보아야 할 것이다」라고 판시하였다.12)

시중금리보다 2%가 넘는 경우 무조건 무상행위가 된다고 할 것은 아니고, 사건별로 특별한 사정이 있는지 살펴보아야 할 것이다.

(다) 서울중앙지방법원 2004. 8. 20. 선고 2004가합27902 판결

정리회사가 2003. 1. 22.경 원고에게 ① 임차점포를 조기에 명도해 주는 데에 대한 대가, ② 정리회사가 이 사건 건물을 매수할 수 있도록 매매를 중개해 준 데에 대한 수수료 상당의 대가 명목으로 임차보증금 이외에 추가로 합계금 115,000,000원을 지급하기로 약정하였으나, 원고가 임차한 점포의 임

---

12) 이 사건에 관하여 항소되어 서울고등법원 2005. 9. 14. 선고 2003나36821 판결이 선고되었고, 상고되어 대법원 2009. 5. 28. 선고 2005다56865 판결로 원심 판결이 파기되었으며, 서울고등법원 2009나48031 사건으로 심리되다가, 2009. 12. 4. 선고기일이 잡혔으나 동 기일이 변경되었다. 그러나 모든 판결에서 위에서 본 무상부인성은 중요한 논점이 되지 못하였다.: 위 대법원 판결에 대한 평석으로, 임채웅, "공격방어방법으로서의 부인권행사에 관한 연구 -대법원 2009. 5. 28. 선고 2005다56865 판결-", 「홍익법학」 제10권 제3호, (2009), 271면 이하 참고.

차보증금이 금 5,000,000원에 불과하고 원고가 이 사건 건물의 매매를 중개
하였음을 인정할 증거가 없다는 사안이다. 이에 대하여 법원은 무상행위이거
나 그와 동일시해야 하는 유상행위라고 하였다.

(라) 서울지방법원 2005. 7. 14. 선고 2004가합16032(본소), 2005가합 50176(반소) 판결

정리회사와 특별한 관계에 있던 A가 정리회사(피고는 그 정리회사의
관리인)를 위해서가 아니라 자신의 이익을 위해서 소외 저축은행에 부동산
을 담보로 제공한 사안이다.

「저축은행은 A가 정리회사를 위한 것이 아닌 개인적인 이익을 위하여
사용할 자금을 마련하기 위하여 이 사건 토지를 동 저축은행에게 제공하는
근저당권설정계약을 체결하는 것을 알았거나 알 수 있었다고 할 것이므로,
정리회사가 2002. 12. 30. 동 저축은행에게 이 사건 토지를 담보로 제공한 행
위는 정리회사에 대하여 효력이 없고, 따라서 정리회사는 효력이 없는 근저
당권설정계약에 따라 동 저축은행에게 이 사건 토지를 제공하였으므로, 이는
무상행위에 해당한다」라고 판시하였다.

(마) 서울지방법원 1999. 6. 9. 선고 98가합70776 판결

연대보증금액이 1,040억원이고 반대급부가 72억원으로 무상행위와 동일
시가 가능하다고 본 사례로서, 반대급부의 크기가 약 6.9%인 사안이다.

3. '無償'의 意味

'무상'의 의미는 추상적으로는 비교적 명료하지만, 법률관계는 매우 다
양한 모습으로 얽힐 수 있는 것이므로, 경우에 따라서는 무상인지 아닌지를
판단하기 어려운 경우가 많다. 완전히 무상인 경우에는 판단하기 쉬울 것이
고, 실제 문제가 되는 것은 대가 또는 반대급부가 어느 정도 있는 경우인데
무상행위와 동일시할 수 있는지 여부일 것이다. 결국 대부분의 경우에 적용
할 수 있는 간결한 원칙을 정하기는 어렵고, 개개 사건에서 구체적 사정에
따라 객관적으로 판단할 수밖에 없다.13) 위에서 소개된 각 判決例들은 모두

---

13) 林鍾憲, "他人의 債務保證과 無償否認", 「法曹」 통권 제528호, (2000), 123면 이하 참고;

수긍이 되는 결론을 제시하고 있다.

그나마 최선의 논의라면, 대가관계가 어느 정도 이내이면 무상행위와 동일시 할 수 있는가에 대해 일정한 기준을 정해놓는 정도라 할 수 있다. '무상행위와 동일시하여야 할 행위란 상대방이 반대급부로서 출연한 대가가 너무나 근소하여 경제적으로는 대가로서의 의미가 없는 경우'라고 설명하는 경우도 있으나.14) 여기서의 '근소함'을 대가의 1%나 2% 정도로 보는 것은 지나치다. 위에서 본 서울지방법원 1999. 6. 9. 선고 98가합70776 판결에서 내린 결론과 같이 반대급부의 크기가 6.9% 정도라면 부인을 인정해야 할 것으로 보아야 할 듯한데, 이 점에 비추어 보면 위 설명에서의 '너무나 근소'라는 표현은 약간 지나친 느낌을 준다. 동일시할 수 있음의 기준은 '상당한 정도로 균형을 상실한'이라는 의미로, 최소한 '너무나 근소'라고 하는 정도보다는 넓혀서 해석함이 상당하다. 실무적인 견지에서도 우선 10% 정도면 상당한 정도로 균형을 상실하였다고 봄에 무리가 없다고 본다.15)

그렇다고 하여, 기계적으로 10%에 미달하면 동일시할 수 있고, 10%를 넘으면 동일시할 수 없다고 할 것은 아니며, 다른 사정과 종합하여 판단해야 한다.16) 다른 사정을 고려함에 있어 그 가치를 수치로 환산하기 어려운 반대급부가 있을 때 어려움이 있게 된다. 이 경우도 어느 정도의 반대급부가 있는 것은 확실하나 금전적으로 나타내기 어려운 경우가 있을 수 있고, 그보다는 훨씬 더 확실하지 않은 경우가 있을 수도 있다(後述).

필자는 10%까지는 쉽게 동일시할 수 있는 영역이고, 10%를 넘더라도

한편, 이러한 행위의 무상성에 관한 입증책임은 당연히 무상부인을 주장하는 관리인 또는 파산관재인이 부담한다.

14) 최주영, "타인의 채무의 보증과 회사정리법 제78조 제1항 제4호의 무상부인", 「상사판례연구」 제5권, 박영사, (2006), 208면.

15) 이에 관해 널리 알려진 일본 하급심판결(浦和地判昭和三十年二月二六日下級民集六卷二号三五八頁)의 사안을 보면, 가격 64만엔 정도, 137만엔 정도의 동산을 각각 14만엔, 12만엔 정도로 매수한 행위는 동시하여야 할 행위로 본 것으로, 그 대가관계는 각 약 22%, 9% 정도이다.: 三ケ月章外, 「條解會社更生法 (中)」 第三次補訂, 弘文堂, (1999), 70頁.
한편, 일본 문헌 중에는 受益者가 出捐한 대가가 정상적인 가격의 10분의 1 미만인 때에는 無償行爲와 동일시 할 수 있는 행위라고 하는 것이 있다.: 宗田親彦, 「全訂 破產法槪說」, (2000), 209면: 林鍾憲, "他人의 債務保證과 無償否認", 「法曹」 통권 제528호, (2000), 123면에서 재인용.

16) 수치를 통한 기준은 어떤 내용으로 설정하더라도 일응의 기준에 지나지 않을 것이다.

상당한 정도까지는 동일시할 수 있을 것으로 생각한다. 대가가 50%를 넘는다면 이를 들어 무상행위와 동일시할 수 있다고 하는 것은 부자연스럽다. 그렇다면 대가관계의 크기에 따른 일반적인 기준은 10%에서 50% 사이의 어느 정도 선에서 정해질 수 있으리라 본다. 이 글에서 제시하는 기준은 추상적인 것이고 일응의 기준이라는 전제하에 생각해본다면, 대가가 대략 반대급부의 1/3선, 즉 33%를 넘으면 그 자체로서 무상행위와 동일시하기 어렵지 않은가 생각되고, 10% ~ 33% 미만은 추가적인 상당한 상황이 없다면 동일시할 수 있으며, 10%에 미달하는 경우에는 매우 확실한 부가적인 대가가 따르기 전에는 쉽게 동일시할 수 있을 것으로 본다.

Ⅲ. 保證行爲

1. 우리나라 判例

우리나라에서 무상행위인지 여부에 관해 가장 활발하게 논의된 것이 보증행위였고, 대법원 판결에서 주로 다루어진 것도 바로 그와 같은 경우들이다. 특히 계열사나 특별한 관계에 있는 자를 위하여 보증한 경우가 판례상 주로 문제되었다.

이 점에 관한 리딩케이스는 대법원 1999. 3. 26. 선고 97다20755 판결[17]이다. 이 판결의 핵심적인 판시사항은, 「정리회사가 대가로서 직접적인 경제적 이익을 받지 아니한 채 계열회사의 채무에 대한 보증 또는 담보제공을 한 경우, 회사정리법 제78조 제1항 제4호 소정의 부인의 대상인 무상행위에 해당한다」라는 것으로,[18] 이후 여러 차례 다수의 대법원 판결과 하급심 판

---

17) 이 사건의 제1심은 광주지방법원 1996. 11. 15. 선고 96가합3380 판결이고, 항소심 판결은 광주고등법원 1997. 4. 24. 선고 96나8504 판결이다. 이 판결이 위 대법원 판결로 파기되었는데, 파기 후 광주고등법원 1999. 6. 17. 선고 99나2347 판결이 선고되었고, 이 판결이 1999. 7. 8. 확정되었다.

18) 이 대법원 판결이 나오기 전 하급심 사안으로 위 대법원 판결과 결론을 같이 한 것으로 서울지방법원 1998. 8. 26. 선고 97가합60260 판결이 있었다.: 이 판결에 대한 간략한 설명으로, 閔中基, "整理會社의 系列會社의 債務에 대한 保證 또는 擔保提供이 否認의 대상인 無償行爲에 해당하는지 여부", 「大法院判例解說」 제32호, 법원도서관, 311면 이하 참고.: 동 판결에 대해 원고가 항소하였는데, 이에 대해 위 대법원 판결이 선고된 뒤에 서울고등법원 1999. 4. 9. 선고 98나50014 판결로 위 대법원 판결과 같은 결론이 내려져 항소기각되었고 그 항소심 판결이 확정되었다.
한편, 위 대법원 판결이 나오기 전의 것으로, 거의 유사한 사안에 대해 무상성을 부인한 하

결에서 되풀이하여 선고되어 지금은 매우 확고한 법리가 되었다.**19)20)** 그런
데 특히 보증인과 주채무자가 계열사 관계에 있는 경우, 한 회사(주로 계열
사의 핵심을 이루는 회사)가 부도나면 다른 계열사도 동일한 상황에 처하는
관계에 있는 경우가 많고, 그리하여 다른 계열사를 돕는 것은 곧바로 스스로
를 돕는 것이 되므로, 계열사가 주채무자인 채무에 보증하는 것이 비록 직접
대가를 얻지 못하더라도 무상부인이라 하기는 어려운 것이 아닌가 하는 논
의가 있을 수 있다.

2. 外國에서의 論議

(1) 미   국21)

계열회사의 보증에 관해 사해성이 검토된 판례가 Rubin v. Manufactures

급심 판례로 다음과 같은 것이 있다.
* 청주지법 1997. 10. 29. 선고 96가합5718 판결(항소되었다가 항소취하로 1998. 2. 13. 확정).
【판시사항】
정리 전 회사의 모회사가 외자도입을 위해 외국 투자자들과 주식인수도계약을 체결함에
있어, 정리 전 회사가 일정한 경우 그 인수주식에 대한 매수청구권을 부여하기로 한 약정
에 대하여 회사정리법상 부인권을 행사할 수 없다고 한 사례
【판결요지】
정리 전 회사는 계약 당시 자신의 보통주식 중 73%를 보유하고 총 매출액의 약 62%를 소
화하는 모회사 최종 부도처리될 경우 연쇄도산할 상황에 있었으므로 모회사가 외국투자
자들과의 합작을 통해 운영자금을 확보하게 된다면 그 경영이 정상화된다고 보아 <u>모회사
의 부도처리로 인한 연쇄도산을 막을 수 있어 정리 전 회사 자신의 유지, 존속 및 회사재
산의 보전이라는 경제적 이익을 도모하기 위하여 외국투자자들에게 주식매수청구권을 부
여하는 약정을 한 것이라고 보아야</u> 하는 만큼 정리 전 회사가 주식매수청구권 부여와 관
련하여 그와 대가적 관계가 있는 경제적 이익을 전혀 받지 않았다거나 그 대가가 극히 적
어서 무상행위와 다름 없을 정도라고 보기 어려우므로 회사정리법 제78조 제4호 소정의
'지급의 정지 등이 있은 후 또는 그 전 6개월 이내에 한 무상행위 또는 이와 동시하여야
할 유상행위'에 해당되지 않는다고 보아 부인권을 행사할 수 없다고 한 사례.

19) 주로 논의되는 것은 보증행위이지만, 물상보증행위에 관해서도 그 법리가 적용되어야 할
것이다.: 대법원 2003. 9. 26. 선고 2003다29128 판결은, 근저당권설정계약에 대하여, 위 대
법원 1999. 3. 26. 선고 97다20755 판결을 인용하면서 같은 결론을 내렸다.

20) 한편, 보증에 관한 사안에서 구체적인 대가가 있었음을 이유로 무상부인이 인정되지 아
니한 사례도 있다.: 대법원 2002. 12. 6. 선고 2002다53162 판결(제1심 광주지방법원 2001.
8. 31. 선고 99가합2067 판결, 제2심 광주고등법원 2002. 8. 16.선고 2001나9129 판결)이 바
로 그러한 경우이다.

21) 이에 관해서는, 정수진, "파산법상 부인권의 행사 요건 -미국법과의 비교법적 시각-", 고려
대학교 석사학위논문, (2005), 57면 이하 내용을 拔萃・要約하였다.

Hanover Trust Co. 사건에 관한 판결이다.

(가) 동 판결의 사안을 보면, USN과 UMO라는 회사는 우편환 발행·판매업을 하였는데, 이 회사들은 업종의 특수성상 우편환 판매대리인으로 수표를 현금화하는 업자(check casher)들을 이용한다. 이 업자들은 은행로부터 자금을 융통받아야 하는데, 위 회사들의 check cashers들을 위해 MHT라는 회사가 자금을 제공하였으며, USN, UMO 및 동 회사들의 대주주인 Trent와 Skowron(각 개인)은 check casher들이 MHT로부터 차용한 자금을 변제할 의무에 대해 보증하였고, USN과 UMO는 MHT에게 담보도 제공하였다. 그 뒤 Trent와 Skowron은 부도가 났고, USN과 UMO는 파산을 신청하였으며, MHT는 USN과 UMO로부터 설정받은 담보권에 대해 압류하였다. 이에 대해 USN, UMO의 파산관재인이 MHT의 담보권을 부인하기 위하여 사해행위임을 이유로 소를 제기하였다.

(나) 이에 대해 지방법원은 파산관재인이 파산자가 거래 당시 상당한 대가를 받지 못하였고, 지급불능상태였거나 자본이 부족한 상태였음을 증명하여야 하는데, 파산관재인이 그 입증에 실패하였다는 이유로 원고청구를 기각하였으나, 항소심 판결22)은, 「파산자가 실제로 받은 가치와 파산자가 제공한 가치를 비교해볼 때 불균형한 작은 가치만을 받았다는 점을 증명하여야 하므로, check casher에 대한 대출로 각 파산자에게 발생한 경제적 가치를 측정하여 검토하여야 하는데, 지방법원은 그러한 분석과정을 거치지 않았으므로 법원이 사해행위 해당 여부를 결정하는 것은 불가능하다」라는 이유로 지방법원 판결을 파기하였다.

(다) 위 판결은 무상행위에 대한 해당성 여부가 아니라 사해성이 있는지 여부를 핵심 쟁점으로 하는 것인데, 그 판단방법으로 채권자가 아니라 파산자의 재정상태를 기준으로 하여야 한다는 점, 파산자의 재산의 정당한 시가는 그 장부상 가격(book value)와 다를 수 있으므로 필요하다면 시장가치를 증명하여야 한다는 점 등을 판시하였다.

(라) 위 판결을 통하여 미국 파산실무상으로도 보증행위가 문제된다는 점과 그 행위를 판단함에 있어 채무자를 기준으로 한 경제적 가치를 중심으

---

22) Rubin v. Manufactures Hanover Trust Co., 661 F.2d 979. (2nd Cir. 1981)

로 하여야 한다는 점을 엿볼 수 있으나, 이 글의 주제와 관련하여 그 이상의
시사점을 얻기는 어렵다.23)

(2) 일　　본

일본의 판례는 구체적이고 명백한 대가 없는 계열사나 관계자 사이의
보증행위가 무상인가 여부에 관하여 엇갈리는 판례가 있는데, 학설로는 무상
행위라 할 수 없다는 견해가 과거 다수의 견해였으나, 무상행위라 하여야 한
다는 최고재판소 판결24)이 나온 뒤로는 무상행위로 보아야 한다는 견해가
다수를 차지한다고 한다.25)

위 최고재판소 판결은, 보증인인 파산자는 甲회사의 대표이사이자 경영
자인데, 주채무자인 乙회사는 甲회사의 자회사로서 파산자가 주축이 되어 설
립하고 실질적으로 경영하는 회사인 사안에 관하여 위 법리와 마찬가지 이
유로 무상보증을 인정하였다. 동 판결의 다수의견은 위 법리의 그것과 일치
하며, 소수의견은 다음과 같다.

(가) 島谷六郎 재판관의 소수의견

1) 파산자의 보증이나 담보제공이 있기 때문에 채권자가 주채무자에 대
하여 대출 등의 출연을 한 경우에, 파산자의 보증 등의 행위가 무상행위에
해당한다고 보아 이를 부인할 수 있도록 한다면, 채권자는 보증 등이 없음에
도 불구하고 출연을 한 것과 같은 결과로 된다.

2) 채권자의 입장에서 보면, 주채무자에 대하여 출연을 하는 것이고, 파
산자 자신도 채권자의 위 출연을 목적으로 보증 등의 행위를 한 것이다. 양

---

23) 미국파산법 및 실무에 관한 자세한 연구는 추후의 연구과제로 미룬다.

24) 最高裁判所昭和62・7・3 判決.

25) 일본의 사정에 관하여는 関中基, "整理會社의 系列會社의 債務에 대한 保證 또는 擔保提
供이 否認의 대상인 無償行爲에 해당하는지 여부", 「大法院判例解說」 제32호, 법원도서관,
(1999), 311면 이하에 잘 정리되어 있으므로 이 글에 대해서는 위 최고재판소 판시사항을
인용하는 것 외에는 일본의 사정에 대해 더 다루지 않기로 한다.: 위 최고재판결에 대한
평석 및 일본 판례를 소개한 대표적인 일본 문헌으로, 篠原勝美, "1. 保證又は擔保の供與と
破產法72條5號にいう無償行爲, 2. いわゆる同族會社の代表者で實質的な經營者でもある破產
者が當該會社のためにした保證又は擔保の供與が破產法72條5號にいう無償行爲に當たる場
合", 「法曹時報」 第41卷 第11號, (1989), 175頁 이하 참고.: 그러나 최근의 일본 유력문헌
중 무상행위라는 주장을 통설이나 다수설이 아닌 '유력설'이라 설명하는 것도 있다.: 伊藤
眞, 「倒產法・民事再生法」, 有斐閣, (2007), 397頁.

자는 상호 밀접히 관련한 것이므로 일체로서 관찰하여야 할 것이지 각별로 나누어 평가하는 것은 허용될 수 없다.

3) 보증인이 장래 보증채무를 이행하거나 혹은 담보권이 실행될 경우에 비로소 출연하게 되는데 이 경우에 파산자는 실질적인 대가로 구상권을 취득한다. 따라서 증여처럼 전혀 대가가 없는 무상행위라고 할 수 없다.

(나) 林藤之輔 재판관의 소수의견

1) 채권자가 파산자의 보증 등이 있어 출연을 한 것이고, 또한 회사가 위 출연을 받지 않았으면 그 영업의 유지 수행에 중대한 지장을 초래하여 파산자 스스로 이에 갈음한 조치를 강구할 여지가 없는 사정이었으며, 실질적으로 파산자가 회사에 대한 선관주의의무 내지 충실의무를 이행함과 아울러 자기의 출자의 유지 내지 증식을 도모하기 위하여 보증 등을 행한 것이라고 할 수 있는 때는 파산자 자신이 직·간접으로 경제적 이익을 얻었고 파산재단의 보전에 출자한 것으로서, 위 행위는 무상행위에 해당하지 않는다고 해석함이 상당하다.

2) 파산자는 회사와 법인격을 달리한다고는 말할 수 없고 명실 공히 이를 지배하는 경영자로서 실질적으로 극히 밀접한 관계에 있어 경제적 관점에서 보아도 이해관계를 공통으로 하고, … 파산자 자신이 직·간접으로 경제적 이익을 얻었고 파산재단의 보전에 출자한 것으로서, 위 행위는 무상행위에 해당하지 않는다.[26]

3. 檢 討

(1) '위 법리'에서의 경제적 이익의 의미

리딩케이스인 대법원 1999. 3. 26. 선고 97다20755 판결이 '정리회사가 보증의 대가로서 직접적이고도 현실적인 경제적 이익을 받지 아니하는 한'이

---

[26] 위 최고재판소 판결의 사안 및 판결이유 등은, 篠原勝美, "1. 保證又は擔保の供與と破産法72條5號にいう無償行爲, 2. いわゆる同族會社の代表者で實質的な經營者でもある破産者が當該會社のためにした保證又は擔保の供與が破産法72條5號にいう無償行爲に當たる場合", 「法曹時報」第41卷 第11號, (1989), 176면.: 한편, 閔中基, "整理會社의 系列會社의 債務에 대한 保證 또는 擔保提供이 否認의 대상인 無償行爲에 해당하는지 여부", 「大法院判例解說」제32호, 법원도서관, (1999), 315면에 위 최고재판소 판결의 사안 및 이유부분이 번역되어 있다. 위 본문의 내용은 이것을 拔萃·要約한 것이다.

라고 판시한 이래, 확고한 법리로 정착되어 왔는데,27) 위 법리 중, ‘(정리회
사가) 그 대가로서 경제적 이익을 받지 아니하는 한 무상행위에 해당된다’는
위 법리 내용은 당연한 것이므로 무리가 없고, 그 경제적 이익을 어떻게 해
석하여야 하느냐가 문제인데28) 대법원은 그에 해당되기 위해서는 의미를
‘직접적이고도 현실적일 것’을 요구하여 왔으며, 지금까지 무상성을 부정해

---

27) 비교적 최근의 대법원 판결로 대법원 2008. 11. 27. 선고 2006다50444 판결, 대법원 2009.
5. 28. 선고 2005다56865 판결 등.
한편, 대법원 2008. 11. 27. 선고 2006다50444 판결은 「정리회사가 주채무자를 위하여 보증
을 제공한 것이 채권자의 주채무자에 대한 출연의 직접적 원인이 되는 경우에도 정리회사
의 보증행위와 이로써 이익을 얻은 채권자의 출연 사이에는 사실상의 관계가 있음에 지나
지 않고 정리회사가 취득하게 될 구상권이 언제나 보증행위의 대가로서 경제적 이익에 해
당한다고 볼 수도 없다」라고 한다.
이 판결은 위 대법원 1999. 3. 26. 선고 97다20755 판결 선고 후의 것으로 심급별로 무상성
에 대한 판단을 달리 한 매우 드문 예이다. 이 판결의 사안은 다음과 같다.
① 보증인(정리회사)은 특정사업을 위하여 피보증인(회사)을 설립하였고, 피보증인은 동
사업 종료 시 해산될 예정이었다.
② 피보증인의 자본금은 10억원 정도로 해당 사업에 필요한 자금을 조달할 능력이 전혀
없어서 보증인에게 전적으로 의존하였다.
③ 보증인의 2001년말 자본금이 150억원이었는데 차입금규모가 약 1200억원에 이르러 이
미 자본잠식상태로 지원여력이 없게 되자, 외부로터 240억원을 차용하여 피보증인에게
무담보대여 형식으로 지원해주었으며, 이와 별도로 이 사건에서 문제되는 피고(은행)
에 대한 채무에 관해서도 보증을 해주었다.
위 판결은 피보증인인 주채무자는 보증인이 설립한 페이퍼컴퍼니와 다를 바 없는 상당히
특수한 사안에 관한 것이었는데, 이에 대해 하급심은 「보증인으로서는 피보증인과 경제적
이해관계를 완전히 같이 하는 입장에서 이 사건 각 보증행위를 하였고, 그와 같은 행위는
보증인의 경제적 이익 증대를 위해 필요한 행위로 평가되므로 그로 인하여 보증인의 재산
이 감소되더라도 보증인이나 그 채권자의 입장에서는 이를 감수하는 것이 상당하다」라는
이유로 무상성을 부정하였으나(서울중앙지방법원 2005. 4. 15. 선고 2003가합75348 판결
및 이 판결에 대한 항소심 판결인 서울고등법원 2006. 6. 16. 선고 2005나40626 판결), 대법
원은 위와 같은 경우에도 위 법리가 적용되어 무상행위임을 부정할 수 없다고 보아 원심
판결을 파기하였다(대법원 2008. 11. 27. 선고 2006다50444 판결, 결국 파기 후 원심인 서
울고등법원 2009. 5. 28. 선고 2008나113105 판결이 선고되었고, 이 판결이 2009. 6. 24. 확
정되었다). 위 사안에서 채권자측에서 법인격부인의 법리를 주장했더라면 다른 결과를 얻
을 수 있지 않았을까 생각해본다.
28) 경제적 또는 회계학적 의미에서는 이익이나 손실을 법률적인 의미와 달리 파악할 수 있
다. 예컨대, 보증을 통하여 당장에 출연하는 것이 없고, 또한 대법원판례가 말하는 직접적
이고도 현실적인 이익이 없다고 하더라도, 보증인이 장래 보증책임을 질 확률을 책정하여
예상출연액을 산정할 수 있으며, 예를 들어 연쇄부도를 피할 수 있는 이익이나 계열사가
채권자로부터 금원을 차용함으로써 계열사 전체의 재정상황이 호전된다면, 그로 인한 신
용의 상승 등의 이익을 회계상 수치로 표시할 수 있을 것이다. 이렇게 표현해본다면 얼마
든지 대가관계를 수치로 비교할 수 있고, 매매와 같은 방법으로 무상성을 판단할 수 있게
된다.

왔던 당사자들은 대부분 그 주장·입증에 실패하였다.

그런데 語義上으로 '직접적이고도 현실적인 것'은 여러 가지로 해석될 수 있다는 점이 문제이다. 예컨대, 연쇄부도가 상당한 정도의 확률로 예측되는 경우, 해당 보증행위를 통하여 그 부도를 막을 수 있었다면, 비록 그것이 어차피 날 부도를 연기한 것에 불과하더라도 '직접적이고 현실적인 것'이 아니라 할 수는 없다. 대법원판례는 이러한 이익은 '직접적이고 현실적인 것'으로 인정하지 않았다. 결국 대법원판례의 태도는 '직접적이고도 현실적인 것'을 '법률적으로 이익이 되는'이라는 의미로 이해한 것이라 판단된다. 즉 '경제적으로 이익'이 됨과 동시에 '법률적으로도 이익이 되어야'[29] 비로소 무상성을 제거할 수 있는 '직접적이고도 현실적인 이익'이 될 수 있는 것이다. 이러한 제약에 의하면, 보증인이 얻는 대가가 보증인의 지배영역에 완전히 편입되어야 비로소 무상성 배제여부를 판단할 근거가 될 수 있다.

(2) 타당성에 관한 검토

위 대법원 판례가 제시한 법리(이하 '위 법리')의 문제점을 지적한 문헌을 국내에서 발견하기 어려우나, 의문을 품는 실무가들이 상당히 있다. 그 의문내용은 위 일본 최고재판결의 소수의견의 그것과 같다고 할 수 있다. 즉, 보증인과 피보증인 사이에 계열사관계 등과 같은 특별한 관계가 있는 경우, 보증인이 보증행위에 대해 직접 대가를 지급받지 않았더라도 무상이라 하기는 어렵지 않은가 하는 논의이다. 일정한 관계에 있는 회사들은 실질적으로 운명공동체라 할 수 있어, 한 회사가 부도가 나면 결국 계열사 전체가 부도상황에 이르는 경우가 허다하다. 이러한 연쇄적인 부도사태를 막기 위하여 계열사를 위해 보증을 서는 것은 피보증인만의 이익이라 하기 어려운 면이 있다. 이러한 점은 반드시 주채무자의 재정상태가 나쁠 때만의 문제라 할 수도 없다. 그리고 일정한 관계에 있는 사이에서는 보증을 서주고 대가를 받는 것은 현실에 맞지 않는다.

한편, 일본 최고재판결의 소수의견에서도 적절히 지적되고 있다시피, 가령 보증인의 입장에서는 위 법리에 따라 그 보증행위가 무상이라 볼 수 있

---

29) 대부분 '경제적으로 이익이 있는 것'은 '법률적으로 이익이 있는 것'보다 넓은 개념일 것이나, 그렇지 않은 경우도 있을 수 있다.

더라도, 채권자의 입장에서는 보증인의 보증약정이 없었더라면 출연하지 않았을 것이고, 나아가 주채무자의 약정과 보증인의 보정약정을 한꺼번에 평가하여 전체를 유상으로 보아야 하지 않는가 생각할 수도 있다. 사실 채권자 입장에서는 이러한 경우 유상으로 보는 것이 더 타당해보이기도 한다. 보증행위가 경제적 가치가 있는 행위인 것은 사실이고, 순수하게 호의를 베풀기 위한 경우를 제외하면, 경제적인 관점에서 고찰해보면 그 보증행위의 대가는 어떻게든 지급되고 있는 것이라 볼 수 있기 때문이다. 채권자의 입장에서는 한 거래 전체를 종합하여 판단하는 것이 옳을 것이며,30) 법률적인 관점에서 하나의 거래를 분석하여 여러 행위로 쪼갠 다음, 각 행위의 무상성을 논의하는 것은 부당하다고 할 수 있다.

그러나 주채무자와 특별한 관계에 있다는 이유만으로 직접적인 대가가 없는 보증행위가 항상 무상행위 또는 그와 동일시할 수 있는 행위에 해당되지 않는다고 하는 것도 지나치다. 직관적으로 보아 계열사 간 보증은 보증인에게도 유익한 것일 가능성이 높다고까지는 쉽게 이야기할 수 있으나, 그것이 구체적으로 얼마나 유익한 것인가를 말하기는 쉽지 않다. 또한, 전문보증업자가 하는 보증을 제외하면, 아무 관계도 없는 사이에 보증하는 경우는 드물고, 대개 주채무자와 보증인 사이에 일정한 정도의 관계가 있는 경우에 보증이 이루어진다. 따라서 '경제적 이익'이 있다는 이유만으로 무상행위가 아니라고 하면, 실질적으로 보증행위의 대부분이 무상행위가 아닌 것이 되어버릴 것이다.

한편 위에서 본 대로, 이 글은 대략 행위자가 제공한 이익의 1/3을 하회하는 반대급부를 받았을 경우 무상행위와 동일시할 수 있을 것이라는 견해를 제시한 바 있다. 그렇다면 보증에 있어서도 막연히 보증인에게 이익이 된다는 것만으로는 부족하고, 그 보증을 통하여 보증인이 얻은 이익이 그가 지는 부담의 1/3을 상회하지 않는다는 점이 드러나야 한다. 종래의 판결문만 봐서는 단언하기 어려우나, 지금까지의 실무에서는 '이익이 있다'라고만 주

---

30) 무상성을 판단함에 있어서도 반드시 해당 행위만을 고려하는 것은 아니다. 예를 들어 A와 B가 동시에 또는 짧은 시간내에 일련의 행위를 하였다면, 그 행위들 전체를 두고 무상성을 논의하는 것이 마땅하다. 이 경우는 각 행위로 인한 수익관계가 A와 B에게만 관련이 되므로 달리 생각할 필요가 없다. 그런데 보증의 경우 채무자측 수익관계가 주채무자와 보증인으로 나뉘기 때문에 문제가 발생한다.

장되어왔을 뿐, 그 이익을 수치로 표현하여 유상성을 입증하려는 노력은 경주되지 않은 것이 아닌가 생각된다.

결론적으로 계열회사 사이의 보증행위뿐 아니라, 보증행위 전반에 걸쳐 당연히 무상행위 또는 그와 동일시할 행위라거나 그 반대로 그렇지 않다고 할 것이 아니라, 이러한 경제적 이익이 있는지에 따라 판단되어야 할 것으로 생각되고, 그 이익은 반드시 법률적으로도 이익이 되는 경우로 한정할 것은 아니라고 판단된다. 회계학적 인식에 의한 이익도 가능할 것으로 생각되며, 급박한 부도위기를 피하기 위한 것이라면 상당한 정도로 유상성을 인정할 여지가 있다고 본다.

한편, 채권자의 상대방으로서 주채무자와 보증인의 이해관계를 한꺼번에 고려하여야 한다는 논리는 따르기 어렵다. 그러한 논리에 의하면 통상의 보증도 모두 유상행위가 될 것이기 때문이다. 보증 당시에는 주채무자와 보증인의 이해관계를 분리하여 생각하기 어렵다 하더라도, 보증인의 도산상황에서는 보증인만을 중심으로 판단할 수밖에 없다고 본다.

대상 판결에서 들고 있는 위 법리는, 채무자가 보증을 하면서 그에 상응하는 직접적인 대가를 받지 않은 경우에는 언제든지 무상행위가 되는 것이어서, 예측가능성면에서는 우수하다고 할 수 있다. 반면 이 글에서 주장하는 바와 같이 원래는 비법률적인 방법을 통하여서도 이익을 산정할 수 있고, 이러한 여러 방법을 동원하여 이익을 산정하고 그 결과에 따라 무상성을 판별하자고 하면, 그만큼 법적 안정성은 후퇴하게 되고 법원의 심리부담은 가중시키는 것이 된다.

그러나, 위 법리로부터 얻을 수 있는 법적 안정성이란, 현실적인 경제적 필요와 관련하여 '무상' 개념에 대한 일반적인 상식에 반하는 결론을 내림으로써 얻어지는 안정성이다. 따라서 이 글에서 주장하는 바에 의해 초래될 수 있는 초기의 불안정성은 충분히 감수할 수 있는 것이다.

이러한 점은 결국 무상성을 판단함에 있어 위 법리도 그 기준이 경제적 이익이 되어야 함은 인정하면서도 그 의미를 매우 축소하여 해석함에 따른 것이다. 가령 채무자를 기준으로 생각해볼 때, 곧바로 채무자의 대차대조표에 적극재산으로 올릴 만한 급부를 받는 것이 아니라 하더라도 현실적인 위험을 회피하기 위하여 한 행동을 무상이라고 하는 것은 지나치다는 것이 이 글의 생각이다. 따라서 무상성을 판별함에 있어 경제적 이익을 최소한 지금의 법리보다는 확장할 필요가 있다고 본다.

이러한 이 글의 주장에 따르면, 확실히 법원이 심리하여야 할 범위가 넓어지게 된다. 예를 들어 계열사 전체의 부도를 막기 위한 보증이라 하더라도, 그것이 합리적인 것이어야 비로소 대가성을 인정할 수 있게 된다. 해당 보증을 하더라도 곧바로 계열사 전체가 부도가 나는 것이 확실한 상황이었다면, 대가성을 인정할 수 없게 된다. 심리과정에서는 현실적으로 보증 이후에 부도를 모면하였는지, 부도가 났더라도 어느 시점에 어떤 형태로 부도가 난 것인지를 검토하여야 할 것이나, 무상성 여부의 판단기준시점은 보증행위시이다. 그 이후의 사정은 어디까지나 참고사항에 불과하다. 즉 사후에 결국 부도가 났다 하더라도, 보증행위 당시를 기준으로 하여 합리적인 행위였다면 무상성을 부인할 수 있게 된다.31)

한편, 원래 행위의 무상성은 파산관재인이나 회생절차의 관리인에 의하여 주장·입증되어야 하나,32) 보증행위만 분리하여 놓고 보면 유상성을 인정하기 어렵다는 점을 생각해보면, 보증행위라는 것만으로 일단 무상성은 상당 정도로 인정되고, 그것이 무상성을 띠지 않는다는 것을 채권자가 주장·

---

31) 보증행위 후 그에 대한 부인이 논의된다는 것은, 곧 그 보증인-채무자가 보증 이후에 도산하였음을 의미한다. 물론 그 보증 때문에 도산했을 수도 있으나, 통상은 그 보증 이전에 이미 상당한 정도의 도산위험성이 있었을 것이다. 이렇게 본다면, 보증을 하였음에도 불구하고 사후에 결국 도산을 면하지 못하였다는 이유만으로 곧바로 그 보증이 합당한 것이 아니었고 따라서 무상성을 피하기 어렵다고 한다면, 보증을 받은 채권자는 어떤 식으로든 부인을 피해갈 수 없는 결과가 된다. 위 법리가 보증행위를 통상 무상행위로 보는 이유는 바로 이러한 점도 고려한 것이 아닐까 짐작해본다. 그러나 보증을 받은 채권자의 이익이 위 법리와 같은 논리로 거의 구조적으로 배척되는 것은 옳지 못하다는 것이 이 글의 주장이다. 법원이 위 법리에 수정을 가한다고 하여 채권자가 어떤 주장을 펼 수 있을지 현재로서는 정확하게 예상하기 어렵기는 하나, 최소한 채권자에게도 구조적으로 부인을 피할 수단을 제공하여야 한다고 본다.

32) 보증행위에 관한 것은 아니지만, 파산회사가 외국회사에 투자하여 보유하게 된 회사지분을 양도담보로 제공한 사안에 관하여, 양도지분권의 가치에 대한 입증이 없으므로 무상행위 또는 이와 동일시하여야 할 유상행위라 단정할 수 없다고 한 하급심판결의 태도도 이러한 점과 궤를 같이 한다(서울중앙지방법원 2005. 6. 17. 선고 2004가합109385 판결).: 원고가 항소하여 서울고등법원 2005나59378호 사건으로 계속되었다가 2006. 6. 20. 조정에 갈음하는 결정에 의하여 확정되었다. 다만, 이 판결문을 검토해보면, 현재의 우리 민사재판실무상으로는 법원이 그 가치를 입증할 것을 상당한 정도의 강도로 촉구하여야 할 것이라는 느낌을 받게 된다.

입증하여야 할 것으로 생각된다. 그 행위의 성질에 관해서는 채권자가 정확히 알기 어렵고, 통상은 관련자료도 채무자측에서 지배하고 있을 것이므로 보증행위에 관한 제반사항에 관해서는 파산관재인측이 입증하기 더 쉬울 것이나, 그렇더라도 파산관재인측에서 스스로 그 보증행위가 적절한 것이 아니었음을 주장·입증하는 것은 자연스럽지 못하다. 채권자측에서 어느 정도 정황을 제시하는 것으로 보증행위의 유상성 입증에 성공한 것으로 보고, 파산관재인이 이에 대한 반증을 제시하여야 하는 방향으로 실무를 운영해가는 것이 옳지 않은가 생각된다.

Ⅳ. 特殊關係人

1. 還送 前 原審의 判斷

채무자회생법 제100조 제1항 제4호에 의하면, 채무자가 지급정지 등이 있은 후 또는 그 전 6월 이내에 한 무상행위 등을 부인할 수 있다. 그런데 제101조 제3항에 의하면, 특수관계인33)을 상대방으로 하는 행위인 때에는

---

33) 특수관계인의 의미는 채무자회생법 시행령 제4조가 다음과 같이 규정하고 있다.

제4조 (특수관계인) 법 제101조 제1항, 법 제218조 제2항 각 호, 법 제392조 제1항에서 "대통령령이 정하는 범위의 특수관계에 있는 자"라 함은 다음 각 호의 어느 하나에 해당하는 자를 말한다.

1. 본인이 개인인 경우에는 다음 각 목의 어느 하나에 해당하는 자
   가. 배우자(사실상의 혼인관계에 있는 자를 포함한다)
   나. 8촌 이내의 혈족이거나 4촌 이내의 인척
   다. 본인의 금전 그 밖의 재산에 의하여 생계를 유지하는 자이거나 본인과 생계를 함께 하는 자
   라. 본인이 단독으로 또는 그와 가목 내지 다목의 관계에 있는 자와 합하여 100분의 30 이상을 출자하거나 임원의 임면 등의 방법으로 법인 그 밖의 단체의 주요 경영사항에 대하여 사실상 영향력을 행사하고 있는 경우에는 당해 법인 그 밖의 단체와 그 임원
   마. 본인이 단독으로 또는 그와 가목 내지 라목의 관계에 있는 자와 합하여 100분의 30 이상을 출자하거나 임원의 임면 등의 방법으로 법인 그 밖의 단체의 주요 경영사항에 대하여 사실상 영향력을 행사하고 있는 경우에는 당해 법인 그 밖의 단체와 그 임원
2. 본인이 법인 그 밖의 단체인 경우에는 다음 각 목의 어느 하나에 해당하는 자
   가. 임원
   나. 계열회사(「독점규제 및 공정거래에 관한 법률」 제2조 제3호에 따른 계열회사를 말한다) 및 그 임원
   다. 단독으로 또는 제1호 각 목의 관계에 있는 자와 합하여 본인에게 100분의 30 이상을 출자하거나 임원의 임면 등의 방법으로 본인의 주요 경영사항에 대하여 사실상 영

위 기간이 "1년"으로 된다.

이 사건에서 특수관계인이 문제되는 이유는, 甲과 乙에 관한 계약체결이 기준 시로부터 6개월 이전에 이루어졌으나, 1년은 경과하지 않은 때에 이루어졌기 때문이다. 즉, 환송전 원심재판부는 무상성에 관한 위 법리에는 따르면서도 시간적인 제약에 의해 피고의 부인권행사가 저지되는 것은 부당하다고 보아, 그 행사를 허용하기 위한 방안으로, '특수관계인을 상대방으로 하는 행위'라는 점에서 착안하여, 보증인과 보증의 상대방, 즉 채권자뿐 아니라 보증인과 주채무자 사이에서도 이 규정을 적용할 수 있다고 보고 부인권행사를 허용하였다.

환송 전 원심이 제시한 논리는 하급심에서 과감하게 법문의 의미를 확대해석한 것으로, 그 당부를 떠나 매우 의미있는 것이라 생각되므로, 그 해당부분 설시가 약간 길지만, 원문 그대로 소개한다.

「① 채무자회생법이 규정한 부인권은 회생채무자와는 별도의 제3자인 관리인이 회생절차 개시 전에 회생채무자가 회생채권자·회생담보권자를 해하는 것을 알고 한 행위 또는 무상으로 한 행위 등에 대하여 그 행위의 효력을 부인하고 일탈된 재산의 회복을 목적으로 하는 권리로서 회생채무자의 수익력 회복을 가능하게 하여 회생을 용이하게 하며, 나아가 채권자들간에 공평을 기하여 위하여 특히 인정된 집단적 채무처리절차상의 제도에 해당하므로, 채무자회생법상의 '상대방'을 일반 민사법상의 개념으로만 이해하는 것은 오히려 불합리한 결과를 초래할 수도 있는 점, ② 무상부인은, 그 대상인 회생채무자의 행위가 대가를 수반하지 않는 것으로서 기업의 수익력과 채권자 일반의 이익을 해할 위험이 특히 현저하기 때문에 회생채무자 및 수익자의 주관을 고려하지 아니하고, 오로지 행위의 내용 및 시기에 착안하여 특수한 부인 유형으로 인정되는 것인데(위 대법원 2003다29128 판결 참조), 이러한 무상부인에 있어 채무자회생법이 상대방이 '특수관계인'인 경우 부인의 시기를 확대한 취지는 통상적으로 회생채무자와 상대방 사이에 특수관계가 있는 경우에는

향력을 행사하고 있는 개인 및 그와 제1호 각 목의 관계에 있는 자와 법인 그 밖의 단체(계열회사를 제외한다. 이하 이 호에서 같다) 및 그 임원

라. 본인이 단독으로 또는 그와 가목 내지 다목의 관계에 있는 자와 합하여 100분의 30 이상을 출자하거나 임원의 임면 등의 방법으로 단체의 주요 경영사항에 대하여 사실상 영향력을 행사하고 있는 경우에는 당해 법인 그 밖의 단체 및 그 임원

특수관계인이 실질적으로 우선변제를 받거나 비정상적인 방법으로 회생채무자의 재산을 일탈시키는 경우가 많아 다른 채권자들의 이익을 해할 가능성이 농후하므로 이러한 불합리한 결과를 방지하기 위한 것으로 보이고, 위와 같은 취지가 반영되어 같은 법 제101조 제1항 및 제2항도 특수관계인의 경우에는 '지급의 정지 등이 있은 것' 또는 '다른 회생채권자 또는 회생담보권자의 이익을 해하게 되는 것'을 알았던 것으로 추정토록 규정하고 있는 점, ③ 연대보증계약에 있어 '상대방'을 채권자로만 한정할 경우 보증인과 채권자 사이에 특수관계인의 요건을 충족시킬 가능성이 거의 없고, 이는 무상행위의 상대방이 특수관계인인 경우 부인의 시기적 요건을 1년으로 확대한 취지에 반하는 점 등 제반 사정에 비추어 보면, 같은 법 제101조 제3항에서 규정한 '특수관계인을 상대방으로 한 무상행위'에서 그 무상행위가 연대보증인 경우 '상대방'에는 채권자는 물론 주채무자도 포섭된다고 봄이 상당하다.」

2. 對象 判決의 判斷

이에 대하여 대상 판결은, 채무자회생법상의 특수관계인에 관한 규정은, 특수관계인이 특수관계를 이용하여 정보를 빼돌리거나 거래시기를 조정하여 법의 규율을 회피할 우려가 있기 때문에 둔 규정인데, 채권자가 특수관계인이 아닌 경우에는 이러한 부당한 영향력을 행사할 수 없음에도 불구하고 원상회복의무를 부담하여야 하는 불합리한 점이 있다는 이유로, 환송 전 원심판결의 위와 같은 결론에 따르지 아니하였다. 결국 이 때문에 환송 전 원심판결은 파기되었고, 환송 후 원심판결에 의하여 피고의 부인권행사는 최종적으로 허용되지 않는 것으로 결론지어졌다.

3. 檢 討

환송 전의 원심 판결은 대법원의 위 법리에 따를 경우, 보증과 관련하여서는 무상행위 또는 그와 동일시할 행위가 아닌 것으로 인정할 여지가 거의 없고 따라서 부인됨이 마땅한데 그에 따른 6개월이라는 요건이 지나치게 짧은 것은 부당하다고 느끼고, 이에 대한 확대해석을 시도한 것이다. 이러한 논리는 보증행위에 대한 부정적 인식에 바탕을 둔 것으로, 어떻게든 보증행위가 부인되도록 하는 것이 구체적 타당성에 부합하는 것으로 인식한 결과라 할 수 있다.

그러나 이러한 논리는 위 법리가 정당한 것임을 전제로 하는 것으로, 위 법리가 그대로 적용되는 것은 옳지 못하다고 보는 이 글의 주장에 따르면, 그 점만으로도 그대로 따를 수 없는 것이 되고 만다.

게다가 위 법리의 타당성은 논외로 하더라도 역시 환송 전의 원심 판결의 위와 같은 논리에 따르기는 어렵다. 즉, 도산법리는 예외적인 상황에 적용되어 실질적으로 채권자들의 희생을 강요하는 것이다. 그러므로 특히 채권자들에게 부담을 주는 내용으로는 엄격하게 해석되어야 한다. 아울러 부인권 행사가 허용되는 것이 항상 옳은 것이라 할 수도 없다. 부인권은 법에서 허용하므로 부득이하게 허용되는 것이지, 그것 자체가 객관적으로 옳은 것이라 보기는 어렵다. 그러함에도 해당 조문을 확대해석하여 부인권이 행사될 여지를 넓히는 결론에는 찬성하기 어렵다.

따라서 특수관계인에 관한 환송 전의 원심 판결의 결론에는 수긍할 수 없고, 이에 대한 대상 판결의 결론은 타당하다.

V. 結 論

이상 대상 판결이 좇은 위 법리의 당부에 관하여 살펴보았는데, 이 글이 펴는 주장의 요지는 경제적 이익에 의하여 무상성을 판단하여야 함과 그 경제적 이익이 '직접적이고 현실적인 것'이어야 하다는 점은 당연한 것으로 받아들일 수 있으나, 어떤 경우에 '직접적이고 현실적인 것인지'는 위 법리에 그대로 찬성하지는 않는다는 것이다. 채무자측이 반드시 구체적인 대가를 실제로 수령하는 경우에까지 한정할 것은 아니고, 다양한 방법으로 그 이익이 현실적인 것임을 채권자가 주장·입증하면 무상부인을 막을 수 있도록 허용함이 상당하다고 본다.

이렇게 보는 것이 '이익을 얻는다'는 것과 '무상행위'의 개념에 가장 부합하기 때문이다. 이러한 점에서 대상 판결에서 종전의 위 법리를 무비판적으로 따른 것에는 아쉬움이 남는다.[34] 한편, 특수관계인에 관한 대상 판결의

---

34) 이 사건에서 각급 법원은 위 법리에 관해서는 의문을 제기하지 아니하였으므로, 이 글의

결론은 따를 수 있는 내용이다.

　앞으로 채권자들에 의해 좀 더 적극적이고 다양한 주장이 전개되어 그
결과 위 법리를 수정하거나 좀 더 구체화하여 가는 것이 옳은 방향이라 생
각된다.

주장에 따른 방식으로 이익을 산정하고 있지 아니하다. 따라서 위 법리가 변경되면 이 사
건의 결론에 어떠한 영향을 줄 것인지를 각 판결문만 봐서는 판단하기 어렵다. 다만 민사
재판실무 감각상으로는 주채무자가 법인이 아니라 개인이라는 점에서, 주채무자가 법인인
경우에 비하여 A재단이 보증을 통하여 경제적 이익을 얻었다고 인정하기 어려웠을 것이
라는 짐작을 해본다.

質權實行行爲가 回生節次上 否認權 行使의 對象이 될 수 있는지 與否*

閔 靖 晳**

◎ 대법원 2011. 11. 24. 선고 2009다76362 판결

[事實의 槪要]

　　(1) 피고 건설공제조합은 건설산업기본법에 의하여 설립되어 조합원인 전문건설업자에게 필요한 보증업무와 자금의 융자업무를 주된 사업내용으로 하는 법인이고, 소외 회사는 피고에 대하여 200좌[1]의 출자지분을 보유하고 있는 조합원이다. 원고는 소외회사의 회생절차에서의 관리인이다.

　　(2) 소외 회사는 2006. 6. 23. 피고와 한도거래약정을 체결하고 200좌의 출자증권을 피고에게 담보로 제공하여 질권을 설정하여 준 다음, 피고로부터 변제기를 2007. 6. 25.로 하여 144,000,000원을 융자받았다(이하, '이 사건 융자금 채무'라 한다).

　　(3) 소외 회사는 2007. 5. 29. 최종부도를 내고 회생절차개시신청을 하여 2007. 6. 29. 법원으로부터 회생절차개시결정을 받았다.

　　(4) 피고는 2007. 6. 7.경 소외 회사에게 소외 회사의 2007. 5. 30.자 당좌거래정지로 인하여 이 사건 융자금 채무의 기한의 이익이 상실되었음을 통지하였고, 2007. 6. 28. 소외 회사로부터 이 사건 융자금 채무의 담보로 제공

---

* 제28회 상사법무연구회 발표 (2012년 7월 7일)
　 본 평석은 「박병대 대법관 재임기념 논문집」, 사법발전재단, (2017)에 게재하였음.
** 수원고등법원 판사

1) 1992. 9. 8. 출자금 36,459,900원을 납부하고 50좌의 출자증권을, 2005. 10. 28. 출자금 44,034,150원을 납부하고 50좌의 출자증권을, 2006. 6. 23. 출자금 88,159,100원을 납부하고 100좌의 출자증권을 각 교부받았다.

받은 위 출자증권에 대한 담보권을 실행하기 위하여 소외 회사의 출자증권 중 165좌(이하 '이 사건 출자증권')를 취득하여 피고 앞으로 명의개서를 하였다. 나아가 피고는 2007. 7. 2. 소외 회사에 대한 이 사건 융자원리금채권 144,364,410원으로 이 사건 출자증권취득대금 145,843,335원에서 취득비용 729,210원을 공제한 소외 회사의 순출자증권취득대금 145,114,125원을 대등 액에서 상계한다는 취지의 의사를 원고에게 통지하였다.

(5) 원고는 피고에 대하여 165좌의 출자좌수를 가지고 있음을 확인하는 소를 제기하였다. 청구원인은 다음과 같다. 즉 "피고의 출자지분 환가 및 변제충당은 담보권의 실행인데, 이는 회생절차개시 신청 이후에 한 채무의 소멸에 관한 행위이고 소외 회사가 피고와 통모하여 상계통지의 수령시점을 회생절차개시결정일인 2007. 6. 29. 이전으로 소급시켜 회사가 채권자와 통모하여 가공하였거나 기타의 특별한 사정으로 인하여 회사의 행위가 있었던 것과 동시할 수 있는 사유가 있을 때 해당하므로, 원고는 출자지분 환가 및 변제충당을 부인하고, 그에 따라 출자지분은 원상으로 회복되었으므로 원고는 피고에 대하여 165좌의 출자좌수를 가진다."[2]

[訴訟의 經過]

제1심 및 원심은 모두 피고의 출자지분 환가 및 변제충당이 부인의 대상이 되지 아니한다고 하여 원고의 주장을 배척하였다. 원심 판결의 요지는 다음과 같다.

채무자회생법[3]상의 부인은 원칙적으로 채무자의 행위를 대상으로 하는 것이고, 채무자의 행위가 없이 채권자 또는 제3자의 행위만 있는 경우에는, 예외적으로 채무자가 채권자와 통모하여 가공하였거나 기타의 특별한 사정으로 인하여 채무자의 행위가 있었던 것과 동일시할 수 있는 사유가 있을

---

2) 이와 같은 부인권 주장은 예비적 주장이다. 이 사건에서 주위적 주장은 피고의 상계 의사표시가 채무자 회생 및 파산에 관한 법률 제145조 제1호 또는 제2호에 반한다는 등의 이유로 무효라는 것이었는데, 주위적 주장에 대한 당부는 이 글의 범위를 벗어나므로 그에 대한 논의는 생략한다.

3) '채무자 회생 및 파산에 관한 법률'을 일컫는 것이다. 이하 이 글에서도 '채무자회생법'이라고 줄여 부른다.

때에 한하여 부인의 대상이 될 수 있다고 할 것이며(대법원 2002. 7. 9. 선고 99다73159 판결 참조), 상계 그 자체는 부인의 대상으로 되지 아니하고 상계적상을 야기한 채무자의 행위를 부인의 대상으로 보아 그 행위가 부인되면 그 결과로 상계가 효력을 잃는다 할 것이다(대법원 1993. 9. 14. 선고 92다12728 판결 참조).

채권자의 담보실행행위, 대물변제예약완결권의 행사, 상계의 의사표시 등과 같이 채무자의 일반재산을 감소시키거나 다른 채권자와의 평등을 해치는 행위임에도 불구하고 채무자의 행위가 개재되지 않고 채권자의 일방적인 의사표시만 있는 경우에 부인의 대상이 되기 위하여서는, 집행행위의 부인 이외에는 채권자나 제3자의 행위에 부인권의 행사를 제약하고 있는 채무자회생법상의 부인권제도의 입법취지에 비추어 볼 때 채무자의 행위에 비하여 엄격한 요건을 갖추어야 할 것이다.4)

또한, 이 사건에서 부인대상 여부가 문제되는 질권실행행위를 회생절차에서의 담보권 취급 측면에서 보건대, 회생절차에서는 채무자의 계속기업가치 및 청산가치를 토대로 하여 그 가치를 채권자들에게 분배하는 회생계획안을 작성하게 되는데, 그 분배에 관한 채권자 상호간의 우선순위는 회생절차의 목적 달성 등의 특별한 사정이 없는 한 실체법상의 권리의 우선순위를 존중하여야 한다. 즉 그 권리의 우선순위는 담보권자, 무담보 채권자, 주주·지분권자의 순으로 규정되어 있는데(채무자회생법 제217조), 이는 회생절차가 새로이 창설한 순위가 아니고 실체법상의 그것을 회생절차에 그대로 투영한 것에 불과하다.

담보권자는 담보목적물에 대하여 배타적 가치를 지배하고 있으므로 담보권 실행으로 담보가치 범위 안에서 변제가 이루어지더라도 다른 후순위 채권자에게 돌아갈 몫을 우선적으로 가져가는 것이 아니어서 다른 채권자와의 불평등을 논할 여지가 없고, 한편 회생절차가 개시되면 담보권자도 회생담보권에 기한 강제집행 등이 금지(채무자회생법 제58조 제1항 제2호)됨에도 회생절차 개시 전에

---

4) 대법원 역시 채권자의 대물변제예약(예약형 집합채권의 양도담보계약) 완결행위에 대한 위기부인에 대하여, 채권자가 채무자와 통모하여 예약완결권을 행사하였다고 볼 수 없고 달리 채권자의 예약완결권 행사행위를 채무자의 행위와 동일시 할 만한 특별한 사정을 찾아볼 수 없다고 하여 부인의 대상이 되지 않는다고 판시함으로써 이 점을 분명히 하고 있다.: 대법원 2002. 7. 9. 선고 2001다46761 판결.

어느 담보권자의 실행행위를 허용한다면 회생절차에서 제외되는 결과를 초래하여 회생채권자나 회생담보권자를 해한다는 논거는 실제 회생계획상 상당수의 담보권이 목적물의 조기 매각 등을 통하여 회생채권자보다 조기변제를 예정하고 있는 것이 회생실무상 보통인 점에 비추어 담보권의 실행행위를 일반적으로 부인하여야 할 정당성이 부족하다고 할 것이며, 비교법적으로 보아도 채무자의 행위에 부인의 대상을 한정하지 않는 경우에도 담보권의 실행행위는 그 절차의 법령 등 제반절차를 적법하게 준수하여 이루어졌다면 담보물 매각대금 자체가 담보목적물의 합리적으로 동등한 가치라 할 것이어서 부인될 수 없다고 해석되고 있다.

　　이 사건으로 돌아와 보건대, 피고가 소외 회사의 회생절차개시 신청이 있은 후 이 사건 출자증권을 취득하여 이 사건 융자원리금채권의 변제에 충당하거나 위 융자원리금채권으로 이 사건 출자지분취득대금 채권과 상계한 것은 채무자인 소외 회사의 채무를 소멸하게 하는 행위이기는 하나, 그 상계의 의사표시에는 소외 회사의 행위가 전혀 포함되어 있지 아니하고, 그 효과가 소외 회사의 행위와 동일시할 수 있는 것도 아니라 할 것이며, 나아가 피고가 소외 회사와 통모하여 상계통지의 수령시점을 2007. 6. 29.로 소급하는 등 이 사건 출자증권취득 및 상계를 소외 회사의 행위와 동일시할 수 있는 사유가 있음을 인정할 증거도 없으므로, 소외 회사에 대한 회생절차개시 전에 피담보채무의 변제충당 또는 상계의 효과가 발생함으로써 회생담보권이 소멸되어 동액 상당의 담보가치가 담보권자에게 귀속된만큼 동시에 회생채무자의 부채 또한 감소시킨 이 사건 질권실행행위는 채권자간의 공평을 해한다고 볼 수 없어 채무자회생법 제100조 제1항 제1호 소정의 고의부인 또는 같은 항 제2호 소정의 위기부인의 대상이 될 수 없을 뿐만 아니라, 같은 법 제104조 소정의 집행행위의 부인 규정을 유추적용하여야 할 필요성도 없다 할 것이어서 원고의 예비적 청구는 이유 없다.

[判決의 要旨]

대법원은 다음과 같이 판단하고 원심판결을 파기 환송하였다.

(1) 채무자 회생 및 파산에 관한 법률상 부인은 원칙적으로 채무자의 행위를 대상으로 하는 것이고, 채무자의 행위가 없이 채권자 또는 제3자의 행위만 있는 경우에는 채무자가 채권자와 통모하여 가공하였거나 기타의 특별한 사정으로 인하여 채무자의 행위가 있었던 것과 같이 볼 수 있는 예외적 사유가 있을 때에 한하여 부인의 대상이 될 수 있다.

(2) 채무자 회생 및 파산에 관한 법률 제104조 후단에 의하면 부인하고자 하는 행위가 집행행위에 의한 것인 때에도 부인권을 행사할 수 있는데, 집행행위를 같은 법 제100조 제1항 제2호에 의하여 부인할 경우에는 반드시 그것을 채무자의 행위와 같이 볼만한 특별한 사정이 있을 것을 요하지 아니한다. 왜냐하면 같은 법 제104조에서 부인하고자 하는 행위가 '집행행위에 의한 것인 때'는 집행법원 등 집행기관에 의한 집행절차상 결정에 의한 경우를 당연히 예정하고 있다 할 것인데 그러한 경우에는 채무자의 행위가 개입할 여지가 없고, 또한 같은 법 제100조 제1항 각 호에서 부인권의 행사 대상인 행위의 주체를 채무자로 규정한 것과 달리 제104조에서는 아무런 제한을 두지 않고 있기 때문이다. 그리고 이 경우 집행행위는 집행권원이나 담보권의 실행에 의한 채권의 만족적 실현을 직접적인 목적으로 하는 행위를 의미하고, 담보권의 취득이나 설정을 위한 행위는 이에 해당하지 않는다.

(3) 채무자 회생 및 파산에 관한 법률 제104조의 집행행위는 원칙적으로 집행기관의 행위를 가리키는 것이지만, 집행기관에 의하지 아니하고 질권자가 직접 질물을 매각하거나 스스로 취득하여 피담보채권에 충당하는 등의 행위에 대해서도 집행기관에 의한 집행행위의 경우를 유추하여 같은 법 제100조 제1항 제2호에 의한 부인권 행사의 대상이 될 수 있다고 보아야 한다. 이와 같이 보지 아니하면 동일하게 회생채권자 또는 회생담보권자를 해하는 질권의 실행행위임에도 집행기관에 의하는지 여부라는 우연한 사정에 따라 부인의 대상이 되는지가 달라져서 불합리하기 때문이다.

(4) 집행행위에 대하여 부인권을 행사할 경우에도 행위 주체의 점을 제외하고는 채무자 회생 및 파산에 관한 법률 제100조 제1항 각 호 중 어느 하

나에 해당하는 요건을 갖추어야 하므로, 제2호에 의한 이른바 위기부인의 경우에는 집행행위로 인하여 회생채권자 또는 회생담보권자를 해하는 등의 요건이 충족되어야 한다. 이 경우 회생채권자 등을 해하는 행위에 해당하는지를 판단할 때는 회생절차가 기업의 수익력 회복을 가능하게 하여 채무자의 회생을 용이하게 하는 것을 목적으로 하는 절차로서, 파산절차와 달리 담보권자에게 별제권이 없고 회생절차의 개시에 의하여 담보물권의 실행행위는 금지되거나 중지되는 등 절차적 특수성이 있다는 점 및 집행행위의 내용, 집행대상인 재산의 존부가 채무자 회사의 수익력 유지 및 회복에 미치는 영향 등 제반 요소를 종합적으로 고려하여 정하여야 한다.

[評　釋]

I. 이 事件의 爭點

이 사건에서 원고는 이 사건 출자증권에 관한 질권의 실행을 위하여 피고가 이를 자신 앞으로 취득한 뒤 그 대금채무와 소외 회사에 대한 대출금채권을 상계한 것은 법 제100조 제1항 제1호 또는 제2호 소정의 부인권 행사 대상이 된다고 주장하였고, 원심은 앞서 본 것처럼 원고의 이러한 주장을 배척하였다. 그러나 아래에서 보는 기존의 대법원 판결 중에는 공제조합이 출자증권을 직접 취득하는 방식에 의하지 아니하고 제3자에 처분하는 방식으로 질권을 실행하였다는 차이가 있을 뿐 다른 점에서 차이가 없음에도 불구하고, 그 질권 실행행위에 대한 부인권의 행사를 긍정한 것이 있고 (^{대법원 2003. 2. 28. 선고} _{2000다50275 판결}), 반면 질권의 실행행위는 아니지만, 이른바 '예약형 집합채권양도담보'에서 채권자의 예약완결권 행사에 관하여 이를 채무자의 행위로 볼 수 없다는 이유로 부인의 대상으로 인정하지 않은 것(^{대법원 2002. 7. 9. 선고} _{2001다46761 판결,} ^{대법원 2004. 2. 12. 선고} _{2003다53497 판결})5)이 있는가 하면, 반대로 (회생절차가 아닌 파산절차에 관한 것이기는 하지만) 이를 채무자의 행위와 동일시하여야 한다는 이유로 부인의

---

5) 물론 이들 판결은 채무자회생법 제정 이전의 구 회사정리법이 적용되는 사안이나, 구 회사정리법상 부인권 관련 규정은 채무자회생법상의 그것과 적어도 이 사건 쟁점이 관련되는 범위 내에서는 실질적인 내용상의 차이가 없으므로, 이들 판결의 법리는 채무자회생법이 문제되는 사안에서도 여전히 유효한 것으로 볼 것이다.

대상으로 본 것(대상 판결 직전에 선고된 대법원 2011.)이 있다.
            (10. 13. 선고 2011다56637, 56644 판결)

　따라서 이 사건에서는 이 사건 출자증권에 관한 피고의 질권 실행행위
가 부인의 대상이 되는지 여부가 쟁점이 되는데, 이에 대한 결론을 내리기
위하여는, ① 일반적으로 담보권의 실행행위는 채무자의 행위라고 볼 수 없
어 부인의 대상이 될 수 없는지 여부, ② 또는 다른 이유에서 담보권 실행행
위는 다른 회생채권자 등에게 해로운 행위라고 할 수 없어 부인의 대상이
될 수 없는 것인지 여부, ③ 아래에서 보는 질권 실행행위가 부인의 대상이
될 수 없다고 한 대법원 판결과 이 사건이 어떤 차이가 있는지 여부, ④ 이
른바 집합채권 양도담보에서 채권자의 예약완결권 행사의 법적 성격, 즉 이
를 담보권의 실행행위로 볼 수 있는지 여부, ⑤ 위 각 대법원 판결들의 상호
모순·저촉 여부 등이 검토되어야 한다.

Ⅱ. 關聯 大法院 判決

1. 大法院 2003. 2. 28. 宣告 2000다50275 判決

　회사정리절차에 있어서는 담보권자는 개별적으로 담보권실행행위를 할
수 없고(회사정리법), 정리담보권자로서 정리절차 내에서의 권리행사가 인정될
        (제67조)
뿐, 정리절차 외에서 변제를 받는 등 채권소멸행위를 할 수 없으며
(같은 법 제123조)
(제2항, 제112조), 또한 같은 법 제81조 후단이 부인하고자 하는 행위가 집행행위
에 기한 것인 때에도 부인권을 행사할 수 있다고 규정한 취지에 비추어 보
면, 질권의 목적물을 타에 처분하여 채권의 만족을 얻는 경우도 그 실질에
있어서 집행행위와 동일한 것으로 볼 수 있어 부인의 대상이 되는 행위에
포함된다고 해석함이 타당하다.6)

---

6) 그 사안은 다음과 같다.
　건설회사인 甲(정리 전 회사)은 1993. 1. 6. 및 1995. 2. 11. 피고(건설공제조합)에게 각 500
구좌씩 합계 1,000구좌의 피고 조합 출자증권을 어음채무약정서 또는 보증채무약정서에 의
하여 피고로부터 공사자금을 차용하거나 각종 보증을 받음으로써 현재 부담하거나 장래
부담할 채무의 견질담보로 일괄 제공하였다(질권설정). 이때 甲은 피고에게 제출한 차용증
서 또는 어음 및 보증약정상의 계약조항과 연대보증채무를 불이행하거나 위배하였을 때에
는 피고가 위 출자증권을 언제든지 법정절차를 요하지 아니하고 권면금액으로 취득하거나
임의처분하여 피고의 채무변제나 배상에 충당하여도 이의를 제기하지 않기로 약정하였다
(유질계약). 甲은 1996. 4. 1.부터 1997. 7. 15.까지 사이에 피고와 어음거래약정을 체결하거
나 소외 건설회사들의 피고에 대한 대출금 채무 등에 대하여 연대보증을 하면서 각 이 사
건 출자증권을 담보로 제공하였는데, 甲은 1997. 12. 9. 부도가 나자 1997. 12. 24. 화의신청

2. 大法院 2002. 7. 9. 宣告 99다73159 判決

회사정리법상의 부인은 원칙적으로 회사의 행위를 대상으로 하는 것이고, 회사의 행위가 없이 채권자 또는 제3자의 행위만 있는 경우에는, 예외적으로 회사가 채권자와 통모하여 가공하였거나 기타의 특별한 사정으로 인하여 회사의 행위가 있었던 것과 동시(同視)할 수 있는 사유가 있을 때에 한하여 부인의 대상이 될 수 있다고 보아야 할 것인데, 기록을 살펴보아도 위 1998. 1. 12.에 이루어진 甲 회사의 어음할인 당시 乙 회사가 채권자인 甲 회사와 통모하여 가공하였다고 볼 만한 흔적을 찾기 어려울 뿐더러 위에서 본 여러 사정만으로는 당시 乙 회사의 행위가 있었던 것과 동시할 만한 사정이 있다고 보기 어렵다 할 것이므로 결국 어느 모로 보나 피고는 부인권을 행사할 여지가 없다.7)

3. 大法院 2002. 7. 9. 宣告 2001다46761 判決

피고가 정리 전 회사인 甲으로부터 매출채권을 담보로 제공받아 기존

을 하였으나 화의신청이 기각되었고, 1998. 5. 26. 다시 회사정리신청을 하여 1999. 3. 26. 회사정리개시결정을 받은 후 1999. 8. 27. 회사정리계획인가결정을 받았다. 이에 피고는 1998. 1. 23. 및 1998. 11. 16. 이 사건 출자증권을 각 처분하여 그 처분대금으로 甲에 대한 대출금채권 내지 연대보증채권에 각 충당하였다(질권의 실행). 甲의 관리인으로 임명된 원고는 피고가 출자증권을 처분하여 채권의 일부 변제에 충당한 것은 회사정리법 제78조 제1항 제2호에 따라 피고가 甲의 정리채권자를 해함을 알고 한 행위에 해당한다는 이유로 1999. 11. 19. 부인의 소를 제기하여 부인권을 행사하였다. 피고는 상고이유로 부인권의 대상은 회사가 한 행위에 국한하는데, 피고의 위 질권실행행위에는 회사의 행위가 포함되지 아니하므로 부인권의 대상이 되지 아니한다고 주장하였으나 대법원은 위와 같이 판단하고 상고를 기각하였다.

7) 그 사안은 다음과 같다.
종합금융회사인 甲 회사는 1993. 12. 28. 소외 회사와 어음거래약정을 체결하고 乙 회사는 이에 연대보증하였다. 그 후 약 7년 9개월 동안 甲 회사와 소외 회사 사이에 어음거래가 계속되어 오던 중 甲 회사는 마지막으로 1998. 1. 12. 소외 회사가 발행한 약속어음 3장을 할인하여 주었다. 乙 회사는 1998. 1. 13. 부도를 내고 1998. 7. 14. 회사정리절차개시결정을 받았는데, 甲 회사의 파산관재인인 원고는 乙 회사의 관리인인 피고를 상대로 보증채무의 이행을 구하였다. 원심은 소외 회사의 채무부담행위 과정에서 비록 외견상으로는 乙 회사의 행위가 직접 개입하지 않았더라도 소외 회사의 행위의 법률적 효과가 乙 회사에 미치게 되어 소외 회사의 채무부담 행위는 乙 회사에 의한 행위가 있었던 것으로 법률적 평가를 함이 타당하다는 이유로 이 행위가 회사정리법 제78조 제1항 제4호의 기간 내(회사가 지급의 정지 등이 있은 후 또는 그 전 6월 내)에 한 것으로 봄이 상당하여 부인될 수 있다고 하였다. 그러나 대법원은 위와 같이 판시함으로써 원심판결을 파기하였다.

출금의 만기를 연장해 주기로 하면서 甲과 체결한 약정이 甲의 대출채무를 담보하기 위하여 甲의 매출채권에 관한 채권양도를 목적으로 한 대물변제의 예약을 체결한 계약으로서 이른바 "예약형 집합채권의 양도담보"에 해당한다고 할 것이다.

회사정리법 제78조 제1항 각 호의 규정에 의하면, 회사정리법상의 부인의 대상은 원칙적으로 정리 전 회사의 행위라고 할 것이고, 다만 회사의 행위가 없었다고 하더라도 정리 전 회사와의 통모 등 특별한 사정이 있어서 채권자 또는 제3자의 행위를 회사의 행위와 동일시할 수 있는 경우에는 예외적으로 그 채권자 또는 제3자의 행위도 부인의 대상으로 할 수 있다고 할 것이지만, 이 사건의 경우에는 기록을 살펴보아도 피고가 정리 전 회사인 甲과 통모하여 위 예약완결권을 행사하였다고 볼 수 없고, 달리 피고의 예약완결권 행사행위를 甲의 행위와 동일시할 만한 특별한 사정을 찾아볼 수 없다. 따라서 1999. 12. 2. 甲이 피고에게 乙에 대한 매출채권을 양도하는 행위가 있었음을 전제로 그 행위가 회사정리법 제78조 제1항 제2호에 정한 위기부인의 대상에 해당한다는 원고의 주장은 받아들일 수 없다고 할 것이다.[8]

---

[8] 그 사안은 다음과 같다.

피고는 1997. 8. 정리 전 회사 甲과 사이에 기존 대출금 등의 만기를 연장하여 주기로 하면서 甲의 매출채권을 담보로 제공받기로 하는 약정을 체결하였다. 그 약정에 따르면 甲은 대출금 등을 변제하기 위하여 매출채권을 피고에게 양도하고 제3채무자와 그 채권금액 및 지급기일 등의 명세를 피고에게 수시로 제출, 보고하고, 甲이 기한의 이익을 상실하는 경우 피고가 甲을 대리하여 채권양도의 통지를 할 수 있고, 甲은 채권양도계약서 및 채권양도통지서의 일부 또는 전부를 백지로 피고에게 제출하고, 피고는 위 채권명세에 따라 양도받을 채권을 확정하고 백지의 채권양도계약서와 채권양도통지서에 제3채무자 및 채권금액을 기재할 수 있는 권한을 가지는 것으로 되어 있었다. 위 약정에 따라 甲은 채권양도계약서, 채권양도통지서, 매출채권명세서 등을 피고에게 제출하였다. 그 후 1999. 11. 30. 甲은 회사정리절차개시신청을 하였고, 2000. 2. 10. 회사정리절차가 개시되었으며, 1999. 12. 2. 피고는 백지상태로 받아둔 채권양도계약서 및 채권양도통지서에 甲의 매출채권 20억원을 양도받는 것으로 기재하고 제3채무자인 乙에게 채권양도사실을 통지하였다. 甲의 관리인인 원고는 위 1999. 12. 2.에 이루어진 피고의 양도행위와 乙에 대한 채권양도통지행위를 회사정리법 제78조 제1항 제2호에 정한 위기부인에 해당한다고 주장하였고, 원심도 이러한 주장을 받아들여 "1997. 8.경의 이 사건 기본약정과 그에 터잡아 백지를 보충함으로써 1999. 12. 2.자 채권양도계약이 체결되게 한 피고의 행위는 전체적으로 '회사'인 甲에 의한 채권양도계약의 체결로서의 실질을 가진다 할 것이고, 대항요건을 갖추기 위한 피고의 통지행위 역시 甲을 대리 내지 대행한 것이므로, 결국 '회사'인 甲의 행위로 볼 수 있다"고 판단하였으나, 대법원은 이를 파기한 것이다.

4. 大法院 2004. 2. 12. 宣告 2003다53497 判決

회사정리법 제80조 제1항은 '지급의 정지 또는 파산, 화의개시, 정리절차개시의 신청이 있은 후 권리의 설정, 이전 또는 변경으로써 제3자에 대항하기 위하여 필요한 행위를 한 경우에 그 행위가 권리의 설정, 이전 또는 변경이 있은 날로부터 15일을 경과한 후 악의로 한 것인 때에는 이를 부인할 수 있다.'라고 규정하고 있는바, 대항요건을 구비하여야 하는 위 15일의 기간은 권리변동의 원인행위가 이루어진 날이 아니고 그 원인행위의 효력이 발생하는 날부터 기산하여야 한다. 원심이 같은 취지에서, 이 사건과 같은 대물변제예약의 경우에는 대물변제예약 시에 권리가 이전되었다고 할 수 없고, 예약완결 시인 2001. 5. 16. 이전되었다고 보아야 하며, 따라서 피고가 위 예약완결일로부터 15일 이내에 甲을 대행하여 원심판결의 별지 제1목록 기재 채무자들에게 채권양도사실을 통지함으로써 이 사건 약정의 대항요건을 구비하는 행위를 한 이상 위 법조 소정의 부인권이 인정될 여지가 없다고 판단한 것은 정당하고, 거기에 원고가 상고이유로 주장하는 바와 같은 법리오해의 위법이 없다.

회사정리법 제80조가 대항요건 내지 효력발생요건 자체를 독자적인 부인의 대상으로 규정하고 있는 취지는 대항요건 내지 효력발생요건 구비행위도 본래 같은 법 제78조의 일반 규정에 의한 부인의 대상이 되어야 하지만, 권리변동의 원인이 되는 행위를 부인할 수 없는 경우에는 가능한 한 대항요건 내지 효력발생요건을 구비시켜 당사자가 의도한 목적을 달성시키면서 같은 법 제80조 소정의 엄격한 요건을 충족시키는 경우에만 특별히 이를 부인할 수 있도록 한 것이라고 해석되므로, 권리변동의 대항요건을 구비하는 행위는 같은 법 제80조 소정의 엄격한 요건을 충족시키는 경우에만 부인의 대상이 될 뿐이지, 이와 별도로 같은 법 제78조에 의한 부인의 대상이 될 수는 없다. 원심은, 피고가 2001. 5. 16. 甲을 대리하여 원심판결 별지 제1목록 기재 각 채권의 채무자들에게 각 채권양도사실을 통지한 행위는 예약완결권의 행사로 효력이 발생한 매출채권의 양도사실을 통지하여 그 채권양도의 대항력을 갖추는 행위이므로 그 행위 자체는 원인행위인 이 사건 약정과 분리하여 독자적으로 회사정리법 제78조에 의한 부인의 대상이 되지 않는다고 판단하여, 이에 반하는 원고의 주장을 배척하였는바, 이러한 원심의 판단은 위에서 본 법리에 따른 것이어서 정당하고, 거기에 원고가 상고이유로 주장하는 바와 같은 법리오해의 위법이 없다.

회사정리법 제78조 제1항 각 호의 규정에 의하면, 부인의 대상은 원칙적으로 정리 전 회사의 행위라고 할 것이고, 다만 회사의 행위가 없었다고 하더라도 정리 전 회사와의 통모 등 특별한 사정이 있어서 채권자 또는 제3자의 행위를 회사의 행위와 동일시할 수 있는 경우에는 예외적으로 그 채권자 또는 제3자의 행위도 부인의 대상으로 할 수 있다. 따라서 원심이, 피고가 2001. 5. 16.에 한 행위는 이 사건 약정에 기한 매출채권의 선택권과 예약완결권을 행사한 것으로서 어디까지나 피고의 행위이고, 원고가 부인권의 대상으로 삼고자 하는 甲에 의한 채권양도행위가 있었던 것은 아니며, 또한 피고가 정리 전 회사인 甲과 통모하여 위 예약완결권을 행사하는 등 피고의 예약완결권 행사행위를 甲의 행위와 같이 볼 만한 특별한 사정을 인정할 아무런 증거가 없다고 판단하여, 원고의 주장, 즉 2001. 5. 16. 甲이 피고에게 원심판결 별지 제1목록 기재 채권들을 양도하는 행위를 하였음을 전제로 그 행위가 회사정리법 제78조 제1항에 정한 부인의 대상에 해당한다는 주장을 배척한 조치는 정당하고, 거기에 상고이유에서 주장하는 바와 같은 사실오인이나 법리오해의 위법이 없다.9)

---

9) 그 사안은 다음과 같다.
정리 전 회사 甲은 1997. 2. 24. 피고와 사이에 400억 한도의 어음거래약정을 체결하였다. 甲과 피고는 1998. 6.경 위 어음거래약정에 따른 대출금채무의 기한을 연장하면서 피고가 甲의 매출채권을 담보로 받기로 하는 약정(이 사건 약정)을 체결하였다. 그 약정에 따르면 甲은 피고에 대한 대출금채무 등을 변제하기 위하여 매출채권을 피고에 양도하고, 甲은 제3채무자와 매출채권의 금액 및 지급기일 명세를 피고에게 수시로 제출, 보고하며, 甲이 기한의 이익을 상실한 경우 피고가 甲의 위임에 따라 제3채무자에 대하여 채권양도 통지를 대행하고, 甲은 채권양도계약서 및 채권양도통지서의 일부 또는 전부를 백지로 피고에 제출하는 경우 채권변제를 받기 위하여 피고가 필요하다고 판단하는 대로 제3채무자 및 채권금액을 기재하여 확정하더라도 甲은 이의를 제기하지 아니하기로 하였다. 甲은 이에 따라 피고에게 제3채무자, 채권의 종류와 금액 등이 백지로 된 채권양도계약서 및 채권양도통지서와 당시의 甲이 거래처에 대하여 가진 매출채권명세서 등을 제출하였다. 그 후 甲은 2001. 5. 14. 부도를 내어 같은 달 16. 회사정리절차개시신청을 하고, 같은 해 6. 13. 회사정리절차개시결정을 받았고, 피고는 2001. 5. 16. 甲으로부터 교부받은 매출채권명세서상에 기재된 甲의 거래처에 대한 채권과 피고가 별도로 확인한 거래처 등에 대한 매출채권을 선택하여 채권양도계약서 및 채권양도통지서의 공란을 완성하여 甲 명의로 채권양도통지를 하였다. 甲의 관리인인 원고는, 2001. 5. 16.자 채권양도통지행위에 대하여 회사정리법 제80

5. 大法院 2011. 10. 13. 宣告 2011다56637, 56644 判決

법 제391조 제1호에 의하면, 부인의 대상은 원칙적으로 채무자의 행위라고 할 것이나, 다만 채무자의 행위가 없었다고 하더라도 예외적으로 채무자와의 통모 등 특별한 사정이 있어서 채권자 또는 제3자의 행위를 채무자의 행위와 동일시할 수 있는 사유가 있는 경우에는 예외적으로 그 채권자 또는 제3자의 행위도 부인의 대상으로 할 수 있다.

이와 같은 예약형 집합채권의 양도담보 계약의 경우, 그로 인한 권리변동의 효력은 약정이 이루어짐으로써 즉시 발생하는 것이 아니고 그 예약완결권이 행사됨으로써 비로소 발생하는 것이기는 하지만, 이에 의하여 예약완결권, 양도·양수할 대금 채권에 대한 선택권, 채권양도사실 통지 대리권한까지 채권자에게 부여되는 것이므로, 이는 어느 특정 채권자에게만 담보를 제공함으로써 파산절차에서의 채권자평등의 원칙을 회피하는 편파행위에 해당하고, 한편 이 사건 예약완결의 의사표시 당시 甲 회사는 자금사정이 급격히 악화된 상태였고, 원고 회사도 이러한 사정을 잘 알면서도 자신의 채권을 미리 우선적으로 확보하기 위하여 甲 회사와 통모하여 甲 회사로부터 피고들에 대한 대금 채권 관련 정보를 제공받아 그에 기하여 이 사건 약정에 따른 예약완결권과 선택권을 행사하는 등 원고 회사의 이 사건 예약완결의 의사표시가 실질적으로 甲 회사의 행위와 동일시할 만한 특별한 사정이 있었다고 보아 그 행위가 법 제391조 제1호에 정한 부인의 대상에 해당한다고 판단하였다. (중략) 원심의 위와 같은 판단은 정당한 것으로 수긍할 수 있고, 거기에 상고이유 주장과 같은 법 제391조 제1호의 요건 등에 관한 법리오해 등의 위법이 없다.10)

조 제1항에 의한 부인권을, 2001. 5. 16.자 채권양도행위에 대하여 회사정리법 제78조 제1항 제1호 내지 제3호에 의한 부인권을, 1998. 6.의 이 사건 약정에 대하여 회사정리법 제78조 제1항 제1호에 의한 부인권을 각 주장하였으나, 위와 같이 배척되었다.

10) 원심 인정의 사실: 甲 회사는 2008. 3. 31. 예금부족으로 1차 부도가 났는데, 원고 회사로부터 세척사를 공급받으면서 그 대금에 관하여 지급기일이 세금계산서 발급일로부터 약 4개월 이후로 된 약속어음을 교부하여 오다가 2008. 4. 21.경 원고 회사로부터 그 지급기일을 연장받으면서 2008. 4. 27. 그에 대한 담보로 甲 회사의 거래처에 대한 레미콘 대금 채권을 원고 회사에 양도하기로 하는 내용의 이 사건 약정을 체결하였다. 원고 회사는 2008. 4. 30. 甲 회사에 대한 세척사 대금을 지급받기 위하여 이 사건 약정 당시 甲 회사로부터 교부받은 채권양도계약서와 채권양도통지서의 백지 부분을 보충한 다음, 피고들에게 각

Ⅲ. 質權實行行爲가 否認權 行事의 對象이 되는지 與否

1. 債務者回生法上 否認權 規定의 槪觀[11]

"부인권"이란 회생절차 개시 전에 채무자가 ① 회생채권자·회생담보권자를 해하는 것을 알고 한 행위 또는 ② 다른 회생채권자·회생담보권자와의 평등을 해하는 변제, 담보의 제공 등과 같은 행위를 한 경우에 회생절차 개시 후에 관리인이 그 행위의 효력을 부인하고 일탈된 재산의 회복을 목적으로 하는 권리이다(채무자회생법 제100조). 부인권은 기업의 수익력의 회복을 가능하게 하여 채무자의 회생을 용이하게 하고, 나아가 채권자 사이에 공평을 기할 수 있도록 하는 제도로서, 후자가 특히 부인권을 인정하는 실질적인 근거로 이해되고 있다.

채무자회생법 제100조는 이른바 고의부인, 위기부인, 무상부인의 세 가지 부인유형을 규정하고 있는데, 이들 각 부인의 유형에 공통되는 성립요건으로서는 '행위의 유해성'이 요구된다는 것이 일반적인 설명이다. 즉, 부인의 일반적이고 가장 핵심적인 요건은 당해 행위가 '회생채권자 등에게 해를 끼치는 행위'일 것, 즉 유해성이 있어야 한다는 것이다. 그리고 이 유해성이라는 개념에는 채무자의 일반재산을 절대적으로 감소시키는 사해행위와 채권자 사이의 평등을 저해하는 편파행위가 포함된다고 보는 것이 일반적인 설명이다.[12]

그 외에 부인의 유형, 즉 고의부인(채무자회생법 제100조 제1항 제1호), 본지행위에 대한 위기

확정일자 있는 내용증명우편으로 채권양도통지를 하여 그 통지가 그 무렵 피고들에게 각 도달하였다. 그런데 甲 회사는 원고 회사가 위와 같이 예약완결의 의사표시를 한 당일인 2008. 4. 30. 약속어음 21장(액면 합계 855,326,500원)을 결제하지 못하여 2차 부도가 났으며 당일 영업을 중단하였고 2008. 5. 6. 여신거래정지처분을 받았다.

11) 자세한 내용은 서울중앙지방법원 파산부 실무연구회, 「회생사건실무(상)」, 박영사, (2011), 289-313면; 김형두, "담보권의 실행행위에 대한 관리인의 부인권", 「민사판례연구」 제26권, (2004), 557-562면 참조.

12) 서울중앙지방법원 파산부 실무연구회, 전게서, 293면.: 일본의 경우에도 마찬가지의 설명이다.; 宮脇幸彦 外 2(編), 「注解 會社更生法」, 靑林書院, (1986), 253頁.: 여기에서 손해를 준다고 함은 적극재산의 감소 또는 소극재산의 증가에 의하여 회사재산에 변동을 발생케 함으로써 기업의 재산 내지 그 재산가치를 감소시키고, 또한 갱생채권자등의 계획에 있어서 권리변동의 정도를 증가시키거나 일부의 갱생채권자등에 우선변제를 하는 등으로 다른 채권자에 불공평을 가져오는 것이라고 말할 수 있다.

부인($^{채무자회생법}_{제100조\ 제1항\ 제2호}$), 비본지행위에 대한 위기부인($^{채무자회생법}_{제100조\ 제1항\ 제3호}$), 또는 무상
부인($^{법\ 제100조}_{제1항\ 제4호}$)인지 여부에 따라 사해의사와 같은 주관적 요건을 필요로 하
는지, 부인대상 행위의 시기 등의 요건, 그리고 요건에 대한 증명책임의 소
재에 차이가 있다.

그리고 채무자회생법 제103조에서는 '권리변동의 성립요건 또는 대항요
건의 부인'에 관한 규정을 별도로 두고 있다. 이는 권리의 설정·이전 또는
변경의 대항요건 구비행위가 위기시기 이후에 이루어진 경우 그 행위가 권
리의 설정·이전 또는 변경이 있은 날로부터 15일을 경과한 후 악의로 한
것인 때에는 이를 부인할 수 있도록 한 것으로서, 원인행위가 있었음에도 상
당기간 대항요건 등의 구비행위를 하지 않고 있다가 위기시기에 대항요건이
구비됨으로써 일반 채권자에게 예상치 않은 손해를 주는 것을 방지하기 위
한 것이다.13)

또한 채무자회생법 제104조에서는 이른바 '집행행위의 부인'에 대하여
규정하고 있는바, 이에 관하여는 아래에서 다시 논하기로 한다.

2. 否認의 對象으로 考慮되는 '擔保權의 實行行爲'의 槪念

담보권의 본질적 권능인 우선변제적 효력을 종국적으로 실현하기까지
는 채권자, 채무자뿐만 아니라 법원 및 집행기관의 각종 행위가 개재된다.
그러나 이 모든 행위를 부인대상으로 고려할 수 있는 담보권의 실행행위로
파악할 수는 없을 것이다.

부인대상이 될 수 있는 행위를 판단하기 위해서는 무엇보다도 부인제도
자체의 목적을 고려하여야 할 것이다. 앞서 보았듯이 부인제도의 목적은 회
사의 수익력을 보전하고 채권자 사이의 공평을 꾀하기 위하여 일탈된 재산
을 회복하고자 하는 데에 있으므로, 부인의 대상이 될 수 있는 행위는 원칙

---

13) 채무자회생법 제103조의 부인규정과 채무자회생법 제100조 제1항의 각 부인규정의 관계,
즉 채무자회생법 제103조의 부인요건이 갖추어지지 않은 경우에도 채무자회생법 제100조
제1항의 각 부인규정에 의하여 부인할 수 있는지에 관하여 긍정설과 부정설의 대립이 있
었으나, 대법원은 앞서 본 2001다46761 판결을 통하여 부정설의 입장을 취한 것으로 해석
된다. 또한 위 15일의 기산점이 원인행위가 이루어진 날로 할 것인지 또는 그에 따른 법률
효과가 발생하는 날로 할 것인지에 관하여도 논란이 있었으나, 역시 대법원은 같은 판결을
통하여 후자의 입장을 취하였다.

적으로 이러한 도산재단으로부터의 '재산의 일탈' 내지 '채권자의 만족'이라
는 효과를 직접적으로 가져오는 행위에 한정된다고 봄이 상당하다. 따라서
'담보권의 실행행위'와 관련하여서는 이를 압류 - 환가 - 만족의 단계로 대
별한다면, 채무자 재산의 일탈의 효과를 가져오는 환가행위 및 채권자의 채
권의 만족을 가져오는 충당행위만을 담보권 실행행위로 파악할 수 있을 것
으로 생각된다. 집행기관의 압류행위 자체는 채무자의 재산권을 직접적으로
박탈하거나 채권의 만족을 가져오는 효과를 가지는 것이 아니고, 채권자 평
등주의를 취하는 우리의 법제 하에서는 압류채권자에 대하여 우선권을 부여
하는 효력도 없으므로, 채무자 재산에 대한 압류만이 이루어진 단계에서는
굳이 이를 부인할 실익이 없기 때문이다.14)

　　기존 판례도 담보권의 실행행위를 명확하게 정의하고 있지는 않으나,
대체로 이와 같이 파악하고 있는 것으로 생각된다. 즉 앞서 본 대법원 2003.
2. 28. 선고 2000다50275 판결에서 "질권의 목적물을 타에 처분하여 채권의
만족을 얻는 경우"도 그 실질에 있어서 집행행위와 동일한 것으로 볼 수 있
어 부인의 대상이 되는 행위에 포함된다고 판시한 점에 비추어보면, 판례는
담보목적물의 처분행위(환가) 및 채권에의 충당행위(만족)를 부인의 대상이
되는 담보권 실행행위로 파악하고 있는 것으로 볼 수 있다.15)

---

14) 회생절차가 개시되더라도 기왕에 채무자의 재산에 대하여 이루어진 회생담보권에 기한
　압류의 효력은 상실되지 않고 중지될 뿐이며(채무자회생법 제58조 제1항, 제2항), 다만 회
　생계획이 인가될 경우에 그 중지된 압류의 효력은 실효된다(채무자회생법 제256조).

15) 오영준, "집합채권양도담보와 도산절차의 개시", 「사법논집」 제43집, 337-338면도 집합
　채권 양도담보와 관련하여 담보권 실행행위를 종국적으로 채권자가 제3채무자에 대하여
　추심권을 행사하여 변제받는 행위를 가리키는 것으로 파악하고, 채권자에 의한 채권양도
　통지는 담보권의 실행행위라고 할 수 없으며 단지 채권양도계약에 관한 대항요건에 불과
　하다고 설명하고 있다.: 대법원 2003. 9. 5. 선고 2002다40456 판결도 이른바 예약형 집합
　채권양도담보가 설정된 사안에서 회사정리절차 개시 5개월 전에 채권자가 확정일자 있는
　채권양도통지를 한 후 아직 채권추심을 완료하지 아니한 상태에서 회사정리절차가 개시된
　경우, 동 채권자를 여전히 집합채권에 관한 양도담보권자로 파악하고, 채권신고 기간 내에
　정리담보권으로 신고를 하지 아니한 사정을 들어 양도담보권이 실권되었다고 판시하였다.
　이 역시 채권추심에 따른 채권의 만족을 양도담보권 실행행위로 파악하고 있는 것으로 해
　석할 수 있을 것으로 생각된다.

3. '執行機關에 의한 擔保權 實行'이 否認의 對象이 되는지 및 이를 私的 擔保權 實行에 類推할 수 있는지 與否

채무자회생법 제104조 소정의 부인의 대상이 되는 집행행위에 '집행기관에 의한 담보권의 실행행위'가 포함되는지, 그리고 이를 '사적 담보권 실행행위에 유추적용'할 수 있는지가 문제된다.

(1) 규정의 취지 및 성질

채무자회생법 제104조는 전단의 '부인하고자 하는 행위에 관하여 집행력 있는 집행권원이 있는 때'의 부인과, 후단의 '부인하고자 하는 행위가 집행행위에 의한 것인 때'의 부인으로 구성되어 있다.

채무자회생법 제104조 전단의 부인은 채무자의 행위가 다른 부인의 요건을 갖춘 경우에 상대방이 그의 채권에 관하여 집행권원을 가지고 있다고 하더라도 채무자의 행위를 부인함에 지장이 없음을 확인적으로 규정한 것이라는 점에 별다른 이론이 없는 것으로 보인다.

그러나 법 제104조 후단의 부인에 관하여는, 앞서 본 법 제100조 제1항 소정의 부인의 대상 행위가 채무자의 행위에 한정되는지 여부에 관한 입장에 따라서 그 규정취지에 관한 학설이 대립되고 있다.[16] 즉, 법 제100조 제1항 소정의 부인 대상 행위는 원칙적으로 채무자의 행위에 한정된다고 보는 입장에서는 집행행위는 기본적으로 채무자의 행위라고는 볼 수 없으므로 예외적으로 채무자의 행위가 아님에도 부인할 수 있는 경우를 규정한 것이라고 하는 '예외적 규정설'을 취하는 반면,[17] 채무자회생법 제100조 제1항에 관하여 앞서 본 절충설 내지 채무자 행위 불요설을 취하는 입장에서는 채무자회생법 제100조는 새로운 부인 요건을 규정한 것이 아니라 집행행위에 기

---

16) 일본에서의 학설 대립에 관하여는, 高見 進, "質權の直接取立てと執行行爲の否認", 「金融・商事判例 增刊號」第1060號, (1999).; 倒産手續と擔保權・否認權・相殺權の諸問題, 132 頁 참조.: 일본 최고재판소는 고의 부인에 관하여는 파산자가 강제집행을 받는 데 대한 해의 있는 가공을 한 경우 집행행위에 기한 파산자의 변제를 고의 부인할 수 있다고 하면서 [最高裁 1962(昭和 37). 12. 6. 判決], 집행행위의 위기부인에 관하여는 파산자의 해의있는 가공을 요하지 아니하고 부인할 수 있다는 입장을 확립하고 있다[最高裁 1964(昭和 39). 7. 29. 判決; 最高裁 1973(昭和 48). 12. 21. 判決; 最高裁 1983(昭和 57). 3. 30. 判決]. 이는 '예외적 규정설'을 취하고 있는 것으로 해석된다.

17) 김형두, 전게논문, 565면.

한 경우에도 부인할 수 있음을 확인적·주의적으로 정한 것이라고 하는 '확인적 규정설'을 취한다.18)19)

앞서 보았듯이 대법원 판결의 입장과 같이 채무자 행위 요구설을 취한다면 논리적으로 채무자회생법 제104조 후단은 채무자 행위의 개입 없이도 부인을 인정하는 한도 내에서 예외적 규정으로 보는 것이 타당할 것이다. 이 경우 고의부인이 인정되기 위해서는 채무자의 주관적 요건을 필요로 하는 고의부인의 성질상 채무자가 채권자의 집행행위를 적극적으로 유도하는 등 이를 채무자의 행위와 동시할 수 있는 사정이 요구된다고 할 것이지만, 위기부인에 관하여는 채무자의 개입이 없이도 집행행위의 부인이 인정된다고 할 것이다.20)

(2) 부인대상으로서의 집행행위에 집행기관에 의한 담보권의 실행행위가 포함되는지 여부

(가) 문제의 소재

사실 위기부인의 대상으로서 반드시 채무자의 행위가 개재될 것을 요하지 않는다는 입장을 취하면, 집행기관에 의한 담보권의 실행행위21)도 일반적으로는 그에 채무자의 행위가 개재되지 않는다고 하더라도 채무자회생법

---

18) 이상균, "회사정리법상 부인권의 대상이 되는 행위", 「재판과 판례」 제11집, 대구지방법원, (2002), 501면; 이진만, "통합도산법상의 부인권 -부인의 대상을 중심으로-", 「민사판례연구(XXVIII)」, 박영사, (2006), 895면.: 그러나 같은 논문, 899면은 "제104조는 예외적으로 채무자의 행위가 없더라도 부인을 인정할 수 있다는 점을 규정한 것이라고 할 수 있다(이른바 예외적 규정설)."라고 하여 일관되지 아니한 것으로 보인다.

19) 한편, 회사정리절차와 관련하여 일반적으로 부인의 대상은 회사의 행위 또는 이와 동일시할 수 있는 행위에 한정된다는 대법원 판례의 취지에 동조하면서, 집행행위의 경우에도 마찬가지로 회사의 행위와 동일시할 수 있는 사유가 있는 때에 한하여 부인의 대상이 된다는 입장을 취하는 견해가 있다.: 임지웅, "담보권 실행행위에 대한 회사정리법상 부인권의 행사", 「JURIST」, (2004), 45-46면.: 그러나 이러한 입장에 의하면 집행행위의 위기부인에 있어서는 채무자가 채권자와 통모하여 집행행위를 유도하는 등의 매우 예외적인 경우에만 부인할 수 있게 되는바, 이는 법 제104조의 집행행위 부인에 관한 규정의 의미를 지나치게 축소하는 것이어서 취하기 어렵다고 생각된다.

20) 위 각주 16의 일본 최고재판소와 같은 입장이다.

21) 법 제104조에서 말하는 집행행위는 '집행기관의 행위' 내지 '집행기관으로서의 행위'를 가리킨다는 점에 관하여는 특별한 이설이 없는 것으로 보이는바, 여기에서 문제되는 담보권의 실행행위도 집행기관을 통하지 아니하는 사적 실행행위가 아닌 공적 실행행위를 말하고, 이하 특별한 구별 없이 담보권 실행행위라고 하면 이러한 공적 실행행위를 의미한다. 사적 실행행위에 관하여는 별도로 살펴본다.

제104조와 관계 없이 부인의 여지가 있게 된다(다만 담보권의 실행행위가 유해성이 있는지는 별도로 따져볼 문제로서 후술함). 그러나 기존 대법원 판결의 입장과 같이 위기부인의 경우에도 원칙적으로 채무자의 행위가 개재될 것을 요한다는 입장을 취한다면 법 제104조가 그에 대한 예외 조항으로서의 의미를 가지게 되고, 따라서 담보권 실행행위도 법 제104조의 집행행위에 포함되는지 여부가 중요하게 된다.

(나) 기존의 논의 상황

일본22)과 우리나라23)의 기존의 학설은 적어도 회생절차에 관한 한 법 제104조의 집행행위24)에는 담보권 실행행위도 포함된다는 데에 이설이 없는 것으로 보인다. 또한 위 대법원 2003. 2. 28. 선고 2000다50275 판결도 채무자회생법 제104조의 집행행위에 민사집행법에 따른 질권의 실행행위도 포함됨을 당연한 전제로 삼고 있는 것으로 볼 수 있다.

그런데, 최근 이에 관한 유력한 비판적 견해가 있다.25) 이 견해는 그 논거로서, ① 비교법적으로 볼 때 집행행위 부인의 제도는 독일의 도산법에서 유래한 것으로서, 독일 도산법상 집행행위 부인은 채무자 재산에 대한 압류에 대하여 인정되는 우선적 지위(압류질권)의 부인 기능 및 집행 종료에 의하여 실현된 사해행위 내지 편파행위의 효과를 부정하는 기능이 있는 데 비하여, 우리와 같이 강제집행에 관하여 우선주의가 아닌 채권자 평등주의를 취하는 법제 하에서는 후자의 기능만이 수행될 수 있고, 그마저도 집행행위에 의한 유해성의 제거 효과가 그리 크지 않게 되는바, 이와 같이 볼 때 담보권 실행행위와 일반 집행행위는 그 차이가 매우 큰 점, ② 담보권자의 담

---

22) 宮脇幸彦 外 2(編), 前揭書, 294頁; 三ヶ月 章 外 5, 「條解 會社更生法(中)」, 弘文堂, (1999), 103頁; 山本克己 外 2 編, 「新破産法の理論と實務」, 判例タイムズ社, 271頁.

23) 김형두, 전게논문, 565-566면; 이진만, 전게논문, 899면; 김건호, "도산절차상 부인의 대상과 효과", 충북대학교 「법학연구」 제21권 제1호, (2010), 20면.: 그 밖에 이 점에 관하여 명시적으로 언급한 국내 문헌은 찾지 못하였으나, 대부분 담보권 실행행위도 법 제104조의 집행행위에 포함됨을 전제로 논의하고 있는 것으로 보인다.

24) 여기서 '집행행위'란 ① 부동산의 매각허가결정, 매각대금의 교부, 전부명령 등과 같은 집행기관의 행위와, ② 가등기가처분에 기한 가등기신청에 따른 등기관의 등기기입행위, 조건부의사의 진술을 명하는 판결이 확정된 다음에 그 조건이 성취된 경우 집행문을 부여하는 집행기관의 행위, 등기절차의 이행을 명하는 판결에 기한 등기관의 등기기입행위 등과 같은 집행기관으로서의 행위를 포함한다.: 이진만, 전게논문, 897면.

25) 오영준, 전게논문, 333-334면.

보권 실행행위는 우선권이 있는 채권자의 담보가치를 실현하는 행위이므로 일반적인 집행행위와는 달리 편파변제의 성격이 없는 점을 들면서 담보권 실행행위와 일반적인 집행행위는 동일시할 수 없다고 주장한다.

(다) 검　토

위 비판론은 요컨대 담보권 실행행위에 유해성이 없으므로 이를 일반적인 집행행위와 같이 볼 수 없다는 것인바, 이는 결국 담보권 실행행위에 부인의 일반적 요건인 '유해성'이 있는지 여부의 문제로 귀착되는 것이다. 그런데, 후술하는 바와 같이 적어도 담보권 실행행위를 언제나 부인할 수 없다고 일반화하기는 어려운 이상, 그 논거만으로 담보권 실행행위의 집행행위 해당성을 부정하기는 부족하다고 생각된다.

사견으로는 다음과 같은 점을 고려할 때 담보권 실행행위도 채무자회생법 제104조의 집행행위에 해당한다고 보는 다수의 견해가 타당하다고 생각된다.

법문상 '집행행위'라고만 하고 있을 뿐 '강제집행행위'라고 하고 있지 않으므로, 집행기관을 통하여 담보권을 실행하는 경우도 집행행위에 해당한다고 자연스럽게 해석된다. 또한 담보권 실행행위도 그 유해성 유무는 별론으로 하더라도, 일단 그에 의하여 채무자 소유의 재산이 장래의 회생재단으로부터 일탈하거나 특정 채권자에 대한 변제의 효과가 발생하는 것은 일반적인 집행행위와 다를 바 없다.

부동산에 대한 담보물권의 경매절차에 대하여는 민사집행법상의 일반 채권에 의한 경매절차에 관한 규정이 전면적으로 준용되고(민사집행법 제268조), 유체동산에 대한 담보물권의 경매절차에 대하여도 일부 조문을 제외한 유체동산 강제집행 규정의 대부분이 준용되며(민사집행법 제272조), 채권 등에 대한 담보물권의 실행에 관하여도 강제집행에 관한 규정이 준용되는바(민사집행법 제273조 제3항), 강제집행 절차와 집행기관에 의한 담보권 실행절차를 달리 보기는 어렵다.

(3) 담보권의 사적 실행절차26)에도 채무자회생법 제104조를 유추적용할 수 있는지 여부

위와 같이 민사집행법에 따르는 집행기관에 의한 담보권 실행절차에 법 제104조가 적용된다고 하는 이상, 집행기관에 의하지 아니하는 담보권의 사적 실행절차가 '집행행위'에 해당한다고 보기는 어렵다고 하더라도 적어도 그에 법 제104조의 유추적용을 부정하기는 어렵다. 유추적용을 부정하게 되면, 채권자가 어떠한 담보권 실행절차를 선택하느냐에 따라서 부인의 대상 여부가 달라지게 되어 부당한 결과를 초래하기 때문이다.

우리나라와 일본의 학설27)도 이와 같고, 위 대법원 2003. 2. 28. 선고 2000다50275 판결도 질권의 사적 실행에 관한 것으로서 이와 같은 입장을 취하고 있는 것으로 이해할 수 있을 것이다.28)29)

3. 回生節次와 關聯하여 擔保權의 實行行爲에 '有害性'이 認定될 수 있는지 與否

(1) 우리나라의 기존의 논의 상황

과거의 판례, 학설은 모두 담보권 실행행위에 대하여 부인의 요건인 '유

---

26) '사적 실행'이란, '집행기관을 통하지 아니한 실행'을 의미하는 것으로서, 많은 경우 유담보권(일반적으로 저당권에 관하여는 유저당계약이 허용된다고 함이 통설이고, 질권의 경우에도 상사유질계약은 허용됨)의 실행이 이에 해당할 것이나, 예를 들어 채권질권의 경우 질권자가 질권의 실행방법으로서 채권을 직접 청구할 수도 있으므로(민법 제353조 제1항), 유담보권의 실행이 아닌 경우에도 '사적 실행'인 경우가 있을 수 있다.

27) 이진만, 전게논문, 900면; 김형두, 전게논문, 571-572면; 임채홍·백창훈 집필대표, 「회사정리법(상)」, 제2판, (2002), 460면; 三ヶ月 章 外 5, 前揭書, 32頁.

28) 다만 그 판시에서는 "질권의 목적물을 타에 처분하여 채권의 만족을 얻는 경우도 그 실질에 있어서 집행행위와 동일한 것으로 볼 수 있어"라고 하고 있으나, 이는 질권의 사적 실행행위를 집행행위에 해당한다고 한 것이라기보다는 유추적용을 긍정한 것이라고 해석할 수 있다.: 김형두, 전게논문, 573면은 위 판시의 표현이 다소 막연한 표현이라고 생각되고, '실질에 있어 집행행위와 동일한 것으로 볼 수 있어 제81조를 유추적용할 수 있다'고 표현하는 것이 적절하였다고 논평하고 있다.

29) 일본의 하급심 판결[大阪 地方裁判所 1997(平成 9年). 12. 18. 判決]도 임차보증금 반환청구권에 대하여 설정된 질권에 관하여 질권설정자에 대한 회사갱생절차개시신청이 있게 되자, 질권자가 직접 임차보증금의 반환을 받는 방법으로 질권을 실행한 사안에서, 같은 논리로 일본 회사갱생법 제81조 후단을 유추적용하여 집행행위에 준하여 부인할 수 있다고 판시한 바 있다.

해성'을 인정하고 있다.

학설은 거의 일치하여 "회사정리절차가 회사의 청산을 목적으로 하는 파산절차와는 달리 회사의 갱생을 목적으로 하는 절차이고, 이를 위하여 무담보채권자 이외에 담보채권자까지 회사정리절차 내에서 구속하는 취지에 비추어, 담보권 실행행위가 정리채권자 또는 다른 정리담보권자를 해하는 행위가 될 수 있다."고 설명하고 있다.30)

판례의 경우, 앞서 본 대법원 2000다50275 판결에서 "회사정리절차에 있어서는 담보권자는 개별적으로 담보권실행행위를 할 수 없고(회사정리법 제67조), 정리담보권자로서 정리절차 내에서의 권리행사가 인정될 뿐, 정리절차 외에서 변제를 받는 등 채권소멸행위를 할 수 없(다)(같은 법 제123조 제2항, 제112조)"는 점을 들어 질권의 실행행위에 대한 부인권을 인정하였는바, 역시 위와 같은 회사정리절차 내에서의 담보권이 받는 제약을 유해성의 근거로 들고 있는 것으로 볼 수 있다.

그런데 이와 같은 회생절차에서 담보권 실행행위가 유해한 행위로서 부인의 대상이 된다는 종래의 판례 및 지배적 학설의 태도에 대하여 뚜렷한 비판적 입장을 밝히고 있는 유력한 견해가 있다.31) 이 견해는 ① 담보권 실행행위는 편파행위나 사해행위가 될 수 없는 점, ② 회생절차에서 담보권자의 개별적 권리행사가 금지된다는 점이 담보권실행행위를 부인할 수 있는 근거가 될 수 없다는 점, ③ 담보권 실행행위 부인시 담보권자가 받을 수 있는 담보물 상실의 불이익을 고려하여야 하는 점, ④ 파산절차와 회생절차에서 담보권 실행행위의 부인 여부를 다르게 취급하는 부인권 법률 체계의 부조화, ⑤ 담보권 실행행위를 부인할 수 있다고 함으로써 초래되는 담보권자 지위의 불확실성 및 금융비용의 증가 등을 그 논거로 들면서 담보권 실행행위는 회생절차에서 부인의 대상이 될 수 없다고 주장한다.32)

(2) 일본의 논의 상황

일본의 학설도 갱생절차에서의 담보권 실행행위에 대하여 유해성을 인

---

30) 임채홍·백창훈 집필대표, 전게서, 450면; 이진만, 전게논문, 899-900면; 이상균, 전게논문, 494-495면; 김건호, 전게논문, 20면 등.

31) 오영준, 전게논문, 326-337면.

32) 각 논거의 구체적인 내용에 대해서는 오영준, 전게논문, 326-337면을 참조하되, 아래 "(4) 논거의 정리"에 '부정설'의 논거로서 그 핵심적인 내용을 정리하였다.

정하여 부인의 대상으로 보고 있는 것으로 보인다.[33)]

    판례의 경우, 최고재판소의 판례는 없으나, 앞서 본(각주 28) 大阪 地方 裁判所 1997(平成 9年). 12. 18. 判決은 임차보증금 반환청구권에 대하여 설정된 질권에 관하여 질권설정자에 대한 회사갱생절차개시신청이 있게 되자, 질권자가 직접 임차보증금의 반환을 받는 방법으로 질권을 실행한 사안에서, 일본 회사갱생법 제81조 후단을 유추적용하여 집행행위에 준하여 부인할 수 있다고 판시하였는바, 이 역시 질권 실행행위의 유해성이 인정됨을 전제로 한 것이라고 생각된다.

    일본은 2003년 회사갱생법상의 부인권 규정을 개정하여, 대물변제 시 채무액을 초과하는 가액 부분만의 사해행위 부인($\frac{제86조}{제2항}$), 상당한 대가에 의한 재산처분 시 원칙적 사해행위 부인의 부정($\frac{제86조}{의2}$), 구제금융 등 동시교환적 행위의 부인 부정($\frac{제86조의3}{제1항}$) 등의 새로운 규정을 마련하여 기존 채무와 동가치의 재산이전, 상당한 대가에 의한 재산처분, 신규자금을 위한 동시교환적 담보제공 등이 원칙적으로 부인의 대상이 되지 아니함을 분명히 하였는데, 이러한 개정 사항이 담보권의 실행행위의 유해성 여부의 판단에 어떠한 영향을 주는 것인지에 관하여는 특별한 논의를 발견하기 어렵다.

(3) 미국에서의 담보권 실행행위의 취급

    미국 도산법상 편파행위의 성립 여부는, '제7장에 의한 청산절차를 가정'하여 채권자가 이전받은 금전적 가치가 청산절차에서 배당받았을 가치보

---

33) 宮脇幸彦 外 2(編), 前揭書, 259-260頁의 서술을 인용한다(三ヶ月 章 外 5, 前揭書, 30頁의 서술도 대동소이하다): 회사갱생에서는 그 절차 개시에 의하여 담보권은 전부 갱생담보권으로서 절차의 제약에 복종하고, 권리변경의 대상으로 되기 때문에, 절차개시 전의 담보권 실행행위도 다른 이해관계인, 특히 담보권자와의 관계에서 공평을 해하고, 또한 회사의 재산을 감소시키는 행위로서 부인의 대상으로 될 수 있는 것이라고 할 수 있다. (중략) 담보물이 공장의 토지, 건물, 기계등의 기업유지에 불가결한 물건이라면 모르되, 수표, 주권 등의 유가증권, 통상의 동산등과 같이 사업계속에 필수불가결한 물건이 아닌 경우에는 그 담보권의 실행에 의하여 채권의 만족이 인정되더라도 갱생절차상 어떠한 지장도 없고, 따라서 부인의 여지는 없다는 논의도 생긴다. 그러나 이 경우에도 다른 이해관계인과의 공평을 해하는 것이 된다면 그러한 관점에서 부인의 대상으로 되지 않을 수 없다고 할 것이다. 또한, 절차 개시 전의 담보권 실행에 관하여 37조의 중지명령에 의하여 대처하여야 하고, 신청회사가 이러한 조치를 하지 아니하고 만연히 담보권의 실행을 방치하거나 그에 협력하면서 절차 개시 후에 부인권을 행사하는 것은 채권자에 가혹하다고 하는 주장도 있으나, 중지명령과 부인권은 각각 기능을 달리하는 것이고, 또한 중지명령에 의하여 담보권의 실행 전부를 커버할 수 있는 것도 아니어서(예를 들어 갱생신청 전), 중지명령이 있다고 하더라도 그의 부인이 부정되는 것은 아니라고 할 수 있다.

다 더 큰 것인지에 의하여 결정하게 된다.

따라서 일반적으로 충분한 담보권을 가진 담보채권자34)에 대한 변제는 그 채권자가 청산절차에서 더 많은 배당을 받지 아니하였을 것이므로 편파행위로 취급되지 아니한다.35)

담보권 실행을 위한 경매(foreclosure sale)에서 담보권자 스스로가 매수인이 되어36) 자신의 채권액보다 높은 가치를 가진 담보물을 취득하였을 경우에, 편파행위가 성립하는가에 관하여는 몇몇 파산법원(Bankruptcy Court)들이 이를 긍정한 바 있으나,37) 연방 제9순회 항소법원의 태도38)는 편파행위가 성립하지 아니한다는 입장이었고, 아래에서 보는 바와 같이 연방대법원이 1994년에 BFP v. Resolution Trust Corp. 사건을 통하여 사해행위의 가능성을 부정함으로써 편파행위도 일반적으로 성립할 수 없는 것으로 받아들여

---

34) fully secured creditor: 담보물의 가액이 피담보채권액을 초과하는 채권자를 말한다.

35) Alan N. Resnick et al.(Editors-in-Chief), Collier on Bankruptcy vol. 5, LexisNexis(16th ed. 2010), 547-43, 44.

36) 제3자가 매수인이 된 경우에는 비록 일반적인 시장가격에 비하여 현저하게 낮은 가격으로 낙찰이 이루어진 경우에도 편파행위는 성립할 수 없다는 데에 이론이 없으므로 오직 담보권자 자신이 매수인이 된 경우에만 편파행위의 성립 여부가 문제된다. 제3자가 매수인이 된 경우 담보권자는 오직 자신의 채권액의 한도 내에서 배당을 받을 뿐이어서 '제7장에 의한 청산절차에서 받을 금액'보다 많은 금액을 받는 것이 될 수 없기 때문이다.: Craig H. Averch et al., *Avoidance of Foreclosure Sales As Preferential Transfers: Another Serious Threat to Secured Creditors?*, 24 Tex. Tech A. Rev. 985, 1011(1993).: 다만 제3자의 매수가 사해행위가 되는지가 문제되나, 이 역시 아래에서 보는 바와 같이 연방대법원에서 BFP 사건을 통하여 원칙적으로 사해행위성이 부정되었다.

37) Winters v. First Union Nat'l Bank(*In re* Winters), 119 B.R. 283, 284 (Bankr. M.D.Fla. 1990); Park North Partners, Ltd. v. Park North Assocs. (*In re* Park North Partners, Ltd.), 85 B.R. 916,918 (Bankr. N.D. Ga. 1988); Federal Nat'l Mortgage Ass'n v. Wheeler (*In re* Wheeler), 34 B.R. 818,822 (Bankr. N.D. Ala. 1983).: 이들 각 판결의 논리는, 청산절차에서 담보권자는 자신의 피담보채권액만을 분배받았을 것임에도, 경매절차에서 그 피담보채권액을 넘는 가치를 가진 담보물을 취득하였으므로 편파행위가 성립한다는 취지이다. 그 자세한 판결의 내용에 대해서는 Basil H. Mattingly, *Reestablishment of Bankruptcy Review of Oppressive Foreclosure Sales: The Interaction of Avoidance Powers as Applied to Creditor Bid-ins*, 50 S.C. L. Rev. 363, (1998).

38) Ehring v. Western Community Moneycenter (In re Ehring), 900 F.2d 184, 189(9th Cir. 1990).: 동 판결의 요지는, 경매절차에서 제3자가 매수인이 된 경우에는 편파행위가 성립하지 않음에 반하여 담보권자가 매수인인 경우에는 편파행위가 성립한다는 것은 균형에 맞지 아니하고, 담보권자가 얻은 이익은 단지 우연히 그가 매수인이 되었다는 사정으로부터 비롯하는 것이므로, 담보권자가 경매절차를 통하여 청산절차에서보다 더 많은 이익을 얻었다고 할 수 없다는 것이다.

지게 되었다.39)

담보권 실행행위가 사해행위(fraudulent transfer)에 해당하는지 여부에
관하여,40) 1994년 이전에는 담보권 실행을 위한 경매절차에서 사해행위가
성립할 수 있는가의 문제가 § 548(a)(1)(B)의 '합리적으로 동등한 가치
(reasonably equivalent value)'의 해석과 관련하여 판례상 다투어져 왔다. 즉,
연방 제5순회 항소법원이 Durrett 사건41)에서 공정한 시장가격의 70% 이하
로 매각된 경우에는 대가의 균형성을 상실한 것으로 볼 수 있다고 한 이래
다수의 법원이 이러한 작위적인 기준에 의하여 사해행위 여부를 판단한 반
면, Madrid 사건42)에서 연방 제9순회 항소법원은 정상적으로 행하여지고
담합이 이루어지지 아니한 담보권 실행경매에서의 낙찰가는 합리적으로 동
등한 가치를 구성하는 추정력이 있다고 판단하였다.

1994년에 연방대법원은 이러한 항소법원의 엇갈린 판단을 BFP v.
Resolution Trust Corp. 사건43)을 통하여 정리하였다. 즉, BFP 사건의 다수의
견은44) "관련 주법에 따라 행하여지고 통모가 이루어지지 아니한(non-collusive)
부동산 담보권 경매(real estate mortgage foreclosure sale)에서의 매각가격은
'합리적으로 동등한 가치'라는 사해행위에 관한 (소극적) 요건을 확정적으로
(conclusively) 충족한다."고 판시함에 따라, 경매절차에서의 매각가격이 시장
가격에 미치지 못하는 여부나 그 정도를 불문하고 그 경매절차가 적법하고
정상적으로 이루어진 이상 사해행위 부인의 대상이 되지 아니한다고 선언하
였다.45)46)47)

---

39) Basil H. Mattingly, supra note 36, at 399-400.
40) 주로 Collier on Bankruptcy vol. 5, supra note 34, at 548-55, 56 참조.
41) Durrett v. Washington Nat'l Ins. Co., 621 F.2d 201 (5th Cir. 1980).
42) Lawyers Title Insurance Corp. v. Madrid, 6 C.B.C.2d 1133, 21 B.R. 424 (B.A.P. 9th Cir. 1982).
43) 511 US 531, 114 S. Ct. 1757, 128 L. Ed. 2d 556 (1994).
44) Scalia 대법관을 비롯한 5명이 다수의견이었고, Souter 대법관을 비롯한 4명이 소수의견
이었다.
45) BFP 사건의 사안은 다음과 같다: 채무자 조합(BFP)이 집을 구입하기 위하여 금융기관
으로부터 구입자금을 차용하고, 구입자금 중 35만 달러에 대한 담보로서 구입한 집에 대하
여 저당권을 설정하여 주었는데, 그 후 차용금의 변제가 이루어지지 않자 경매가 실행되어
제3자에게 43만 달러에 매각되었다. 채무자 조합은 매각 당시 실제 집의 가치는 72만 달러
이상이었다고 주장하며 당해 매각의 사해행위에 기한 부인을 청구하였다.

결론적으로, 미국의 경우 적어도 부동산 담보권의 실행은 부인의 대상이 되기 어려운 것으로 보인다.

(4) 논거의 정리

이상의 국내외 논의를 바탕으로 회생절차에서 회생절차 신청 이전의 담보권 실행행위를 일반 채권자들에 대하여 유해한 행위로 보고 이를 부인할 수 있는지 여부에 관한 긍정설과 부정설의 논거를 아래에서 정리하여 본다.

(가) 긍정설

1) 회생절차에서는 파산절차와 달리 담보권자가 별제권이 없고, 회생절차의 개시에 의하여 담보물권의 실행행위는 금지되거나 중지되고(채무자회생법 제58조 제1항 제2호, 제2항 제2호),48)49) 회생계획에 의하지 아니한 피담보채권의 변제도 원칙적으로

---

46) 연방대법원은 그 논거로서 다음과 같은 점들을 들고 있다: § 548(a)(1)(B)는 의도적으로 '공정한 시장가격(fair market value)'라는 표현 대신 합리적으로 동등한 가격이라는 특별한 표현을 사용하고 있다. 강제적 매각이 이루어지는 경매절차에서는 매도인과 매수인 간의 협상과 상호 합의, 매수인을 찾기 위한 충분한 시간 등이 전제가 되지 아니하므로 통상적인 의미에서의 '시장'이 존재하지 아니하고, 경매에서의 엄격한 절차를 통한 매각가격은 통상적인 시장가격보다 낮을 수밖에 없다. 따라서 '시장가격'이 기준이 될 수 없다. 사해행위에 관한 연방법과 경매에 관한 주법은 오랜 동안 상호 평화적 공존을 하여 왔으며, 부동산 소유권의 안정성이라는 주(state)의 법익은 존중되어야 한다. 달리 해석하는 경우 모든 경매절차를 통한 부동산 소유권의 취득은 불안정하게 될 것이다.

47) 이에 대하여 소수의견의 주장은 다음과 같다: '합리적으로 동등한 가치'란 매각된 물건의 가치와 채무자가 받은 대가를 비교하라는 것임이 분명하고, 거기에 모호함이 없다. 다수의견은 담보권 실행 경매에 관하여만 이러한 자연스러운 문언 해석에 따른 규정의 적용을 배제함으로써 법률상 규정되지 아니한 예외를 인정하는 것이다. 부당한 가격으로 이루어진 담보권 실행경매를 부인하는 것은 채권자들에 대하여 최대한의, 형평에 맞는 분배를 실현하는 도산법 정책과 일치하는 것이다.

48) 제58조 (다른 절차의 중지 등) ① 회생절차개시결정이 있는 때에는 다음 각호의 행위를 할 수 없다.
2. 회생채권 또는 회생담보권에 기한 강제집행등
② 회생절차개시결정이 있는 때에는 다음 각호의 절차는 중지된다.
2. 채무자의 재산에 대하여 이미 행한 회생채권 또는 회생담보권에 기한 강제집행등

49) 채무자회생법 제58조에서 말하는 '회생채권 또는 회생담보권에 기한 강제집행등'이라고 함은 '회생채권 또는 회생담보권에 기한 강제집행, 가압류, 가처분 또는 담보권실행을 위한 경매절차'를 의미한다(채무자회생법 제44조 제1항 제2호). 여기에서 동산 질권자의 질물에 의한 간이변제충당, 채권질의 직접청구, 상사채권을 위한 유질의 실행이 회생담보권에 기한 강제집행등에 포함되는지 여부에 관하여, 이를 긍정하는 견해와 이를 부정하고 다만 이러한 경매에 의하지 아니한 담보권의 실행은 채무자회생법 제131조에 의하여 그 실행에 따른 변제의 효력이 부정될 뿐이라는 견해의 대립이 있다. 다만 양도담보권의 실행행위는 '회생담보권에 기한 강제집행등'에 포함된다고 함이 판례의 태도이다(대법원 2011. 5. 26. 선고 2009다90146 판결).: 다만 채무자회생법 제58조가 긍정설의 근거가 될 수 있다고 하

허용되지 아니하는바($\binom{채무자회생법}{제131조}$),50) 그 취지는 채무자로 하여금 도산재단에 속하는 재산으로 영업을 계속할 수 있도록 하고, 그로부터 얻어지는 수익으로 회생계획에 따라 공평한 채무의 변제를 할 수 있도록 하는 데에 있다. 회생절차에서 부인권이 인정되는 취지 또한 그와 같이 기업의 수익력의 회복을 가능하게 하여 채무자의 회생을 용이하게 하고 채권자 사이의 공평을 기하고자 하는 데에 있는 바, 부인권은 회생절차에서의 위와 같은 절차 개시후 담보물권 등의 실행행위 금지, 변제금지의 효력을 실질적으로 절차 개시전 위기시기에도 확장한 것으로 볼 수 있다. 이와 같이 본다면 절차 개시 전의 담보권 실행행위도 부인의 대상에 포함시켜야 한다.

2) 절차 개시 전 담보권 실행행위를 허용하는 경우, 제조업체의 공장건물, 영업자금의 원천이 되는 매출채권 등 사업계획에 필수적인 담보물로 제공된 재산을 채무자로 하여금 상실하게 함으로써 결국 채무자의 수익력에 현저한 감소를 가져오거나 사업수행을 불가능하게 할 수 있는바, 이러한 경우 다른 일반 채권자들에 대한 변제율의 감소를 가져오는 것이므로 사해행위가 된다고 할 수 있고, 담보권을 실행하지 아니한 다른 담보권자에 대한 관계에서 회생절차의 제약을 받지 아니하고 자신의 채권의 만족을 얻는 것이므로, 평등을 해하는 것으로서 편파행위가 된다고 할 것이다.

(나) 부정설

1) 담보권은 그 본질상 담보목적물의 가치 범위 내에서 우선적·배타적으로 담보목적물을 환가하여 변제에 충당할 수 있는 권리가 있다. 따라서 담보권자가 그 권리를 실행하더라도 다른 채권자에 대한 관계에서 공평을 해하는 결과가 된다고 할 수 없다.

2) 절차 개시 전의 담보권자에 대한 변제는 그 변제액만큼 담보가치가 채무자에게 환원되므로 채무자의 재산 감소가 없어 사해행위가 될 수 없다고 해야 한다. 마찬가지로 담보권을 실행하더라도 채무자는 담보목적물을 상

는 점에서는 어느 견해에 의하더라도 차이는 없다.

50) 제131조 (회생채권의 변제금지) 회생채권에 관하여는 회생절차가 개시된 후에는 이 법에 특별한 규정이 있는 경우를 제외하고는 회생계획에 규정한 바에 따르지 아니하고는 변제하거나 변제받는 등 이를 소멸하게 하는 행위(면제를 제외한다)를 하지 못한다. 다만, 관리인이 법원의 허가를 받아 변제하는 경우와 제140조 제2항의 청구권에 해당하는 경우로서 다음 각호의 어느 하나에 해당하는 경우에는 그러하지 아니하다.

실하는 대신 그와 동가치의 피담보채무가 소멸하므로 역시 재산 감소가 없어 사해행위가 될 수 없다.

3) 담보권 실행행위가 부인되는 경우, 담보권자가 아닌 제3자에게 담보목적물이 매각되어 그 매각을 부인할 수 없는 경우라면51) 담보권자는 실질적으로 담보물을 상실하는 결과가 되어, 만약 회생절차가 실패로 돌아가 채무자가 파산하는 경우 그는 별제권을 상실하고 일반 파산채권자의 지위로 전락하게 되어 부당하다.

4) 파산절차와 회생절차에 관하여 동일한 부인권 체계가 마련되어 있음에도 불구하고 파산절차가 아니라 회생절차에 의한다는 이유만으로 파산절차와 달리 회생절차에서는 담보권 실행행위를 부인할 수 있다고 보는 것은 전체적인 법률체계와 부합하지 아니한다.

5) 담보권 실행행위를 부인할 수 있다고 하면 담보권자의 지위를 불안정하게 하여 채무자의 금융비용이 증가하게 되고, 투자자의 투자 유인을 저해하게 된다. 특히 채무자가 아직 지급정지 등의 위기시기가 닥치지는 아니하였지만 영업자금이 부족하여 사업자금을 차용할 필요가 있을 때 이를 어렵게 하여 오히려 채무자의 회생을 곤란하게 할 우려가 있다.

6) 유사한 맥락이지만 담보권 실행행위의 부인은 담보권자의 지위뿐 아니라 담보목적물의 매수인의 지위도 불안하게 하여 거래의 안전을 저해하고, 이는 담보권자 뿐 아니라 채무자나 일반 채권자들에게도 불리하게 작용할 수 있다. 예를 들어 장차 채무자가 파산절차로 갈 것인지, 또는 회생절차로 갈 것인지를 알 수 없는 상태에서 담보권자가 경매를 실행할 경우, 장차 회생절차로 가게 될 경우 부인될 가능성으로 인하여 경매절차에서의 매각가격은 현저하게 낮게 형성될 가능성이 크고, 따라서 그 후 만약 회생절차로 가게 되어 관리인이 담보목적물을 회수할 수 있다면 모르되, 만약 회생절차로 가더라도 담보물을 회수할 수 없는 경우이거나, 파산절차로 가게 된다면, 결국 낮은 매각가격에 의한 변제가 이루어질 수밖에 없어 모든 이해관계인에

---

51) 통상 문제가 될 위기부인의 경우, 매수인인 제3자가 매도인에 해당하는 채무자에게 지급정지가 있는 사실 또는 담보목적물의 매수로써 다른 회생담보권자나 회생채권자를 해하는 사실을 알고 있었음을 관리인이 입증하여야 부인할 수 있다(채무자회생법 제100조 제1항 제2호).

게 불리한 결과가 초래된다.

(5) 검　토

앞서 본 바와 같이 부인권의 핵심 요건인 유해성에는 채권자 간의 평등을 저해하는 편파행위와 채무자의 일반재산을 감소시키는 사해행위가 모두 포함된다고 함이 통설적인 설명이다. 따라서 이를 나누어 살펴본다.

먼저 담보권의 실행행위가 편파행위에 해당할 수 있는지에 관하여 보면, 우선 다른 회생채권자나 후순위 회생담보권자에 대한 관계에서는 편파행위에 해당한다고 보기는 어려울 것이다. 회생담보권자는 절차 밖에서는 물론이고, 절차 내에서도 일반 회생채권자보다 우선하여 변제받을 권리가 보장되어 있고[52] 나아가 회생담보권자는 적어도 회생절차에서 채무자를 파산적으로 청산하는 경우 배당받을 수 있는 금액 이상을 변제받을 권리가 있으므로,[53] 회생담보권자가 절차 개시 전에 담보권을 실행하여 자신의 채권의 범위 내에서 만족을 얻었다고 하더라도, 그로써 그가 회생절차 내에서 얻을 수 있는 가치 이상의 만족을 얻었다고 할 수는 없으므로, 다른 일반 회생채권자나 후순위 회생담보권자에 대한 관계에서 우선적으로 만족을 얻어 그 회생채권자들을 해하는 것이라고 할 수는 없다.

그러나 만약 후순위가 아닌 다른 회생담보권자(다른 담보목적물에 대한 담보권자)가 존재한다면 그에 대한 관계에서 편파행위가 성립한다고 볼 것인지에 관하여는 양론이 있을 수 있다. 먼저 편파행위가 성립한다고 보는 견해에서는, 담보권을 실행하지 아니한 회생담보권자는 당장 자신의 채권의 만족을 받지 못하고 회생절차 내에서 절차의 제약 하에 회생계획에 따라 사후에 채무자 재산의 처분대금으로부터 변제를 받거나 영업 수익으로부터 장기

---

52) 채무자회생법 제217조 (공정하고 형평한 차등) ① 회생계획에서는 다음 각호의 규정에 의한 권리의 순위를 고려하여 회생계획의 조건에 공정하고 형평에 맞는 차등을 두어야 한다.
1. 회생담보권
2. 일반의 우선권있는 회생채권
3. 제2호에 규정된 것 외의 회생채권 (이하 생략)

53) 채무자회생법 제243조 (회생계획인가의 요건) ① 법원은 다음의 요건을 구비하고 있는 경우에 한하여 회생계획 인가의 결정을 할 수 있다.
4. 회생계획에 의한 변제방법이 채무자의 사업을 청산할 때 각 채권자에게 변제하는 것보다 불리하지 아니하게 변제하는 내용일 것. 다만 채권자가 동의한 경우에는 그러하지 아니하다.

에 걸쳐 분할하여 변제를 받게 되는 데 반하여, 담보권을 실행한 회생담보권자는 일시에 먼저 자신의 채권을 만족받게 되므로, 회생절차에 따른 제약을 받는 다른 회생담보권자와의 관계에서 평등을 해하는 것이라고 주장할 것이다. 반면 편파행위가 성립하지 아니한다고 보는 견해에서는, 비록 담보권을 실행하지 아니한 회생담보권자에 비하여 담보권을 실행한 채권자는 먼저 자신의 채권의 만족을 얻는 점에서 다른 취급을 받게 되는 것은 사실이지만, 그것만으로 그가 유리한 취급을 받는 것이라고 할 수는 없다는 점, 즉 자신이 배타적·독점적으로 지배하고 있는 담보가치를 먼저 실현하여 만족을 얻은 것일 뿐이고, 다른 담보권을 실행하지 아니한 회생담보권자도 당장의 만족을 얻는 대신 회생절차 내에서 담보물의 청산가치 이상의 만족을 얻는 방법을 선택한 것이라고 볼 수 있고,54) 따라서 담보권을 실행한 채권자의 만족 그 자체로 인하여 다른 회생담보권자의 회생절차에서의 배당비율이 감소한다고 보기는 어렵다는 점을 내세울 것이다.

생각건대, 모든 담보권자는 회생절차 내에서 또는 그 밖에서 각자 자신이 배타적으로 지배하는 담보가치 내에서 만족을 얻을 수 있는 권리를 가지고 있는 것이고, 어떤 한 담보권자가 이러한 권리를 먼저 회생절차 개시 이전에 실행하였다고 하더라도 다른 담보권자에 대하여 부당하게 불평등한 취급을 받는 것이라고 하기는 어렵다고 생각된다. 만약 다른 담보권자가 존재하지 않는다면 절차 개시 전의 담보권 실행행위를 편파행위라고 할 수 없을 것인데, 다른 담보권자의 존재 유무에 따라 동일한 행위에 대한 편파행위 여부의 판단이 달라지는 것도 부당하다는 점에 있어서도 그러하다. 따라서 담보권의 실행행위는 편파행위에는 해당하지 않는다고 봄이 타당하다.55)

---

54) 실무적으로 회생계획상 회생담보권자에 대하여 영업수익에 의한 분할변제 또는 담보물건의 처분을 통한 변제를 규정하고, 이때 적어도 청산가치를 보장하기 위하여 회생개시일로부터 변제일까지 개시 후 이자를 지급하도록 하고 있다.: 서울중앙지방법원 파산부 실무연구회, 전게서, 586-587면.

55) 다만 이러한 결론은 담보권자의 실행행위에 따른 그의 채권 만족 그 자체로 인하여 다른 회생담보권자의 배당률의 감소를 가져오는 것은 아니라는 점에 근거한 것이고, 후술하는 바와 같이 담보권 실행행위로 인하여 채무자의 영업력을 감소시킴으로써 그로 인하여 다른 회생담보권자의 배당률이 낮아지게 된다면, 이는 부인권 행사 대상이 될 수 있다고 생각된다. 그러나 이는 해당 담보권 실행행위를 편파행위로 보는 것이 아니라, 사해행위로 보는 것이다.

다음으로 담보권의 실행행위가 사해행위에 해당한다고 볼 수 있는지 본다.

앞서 본 긍정설에 의하면 회생담보권자의 권리도 회생절차 내에서는 그 권리 행사에 제약을 받는다는 점을 그 근거로 들고 있고, 이에 대하여 부정설은, 담보권 실행에 의하여 채무자는 담보목적물을 상실하는 대신 그와 동가치의 피담보채무가 소멸하므로 재산 감소가 없어 사해행위가 될 수 없다는 것을 근거로 들고 있다.

그런데, 긍정설의 위 논거는 부정설에서도 지적하듯이 논리의 비약이라고 할 것이다. 회생절차가 개시된 후에 회생담보권자의 권리행사에 제약이 있다는 점만으로 회생절차 개시 이전의 권리행사가 부인의 대상이 된다는 필연적 결론이 도출될 수는 없다.

반면 부정설의 주장이 일견 타당한 점이 없지 아니하나, 이는 회생절차의 특수성을 충분히 고려하지 않은 것으로 생각된다. 즉, 회생절차에서의 부인권과 관련하여 사해행위 여부를 판단함에 있어서는 파산절차와 다른 회생절차의 특수성을 고려하지 않을 수 없다. 회생절차의 특수성이란, 다름 아니라 채무자로 하여금 그의 재산을 가지고 계속하여 영업을 하도록 함으로써 당장 파산적으로 채무자를 청산하는 것보다 더 많은 가치를 실현하도록 하여 채권자들에게 더 많은 만족을 주기 위한 절차라는 점이다. 이와 같이 본다면, 담보목적물이 채무자가 장차 영업을 계속하여 수익력을 높이는 데에 필요불가결한 재산이거나, 그것이 분리되어 매각될 때보다 채무자의 다른 재산들과 유기적으로 결합하여 더 높은 가치를 가져올 수 있는 재산인 때에는, 해당 담보목적물만을 별도로 환가하여 담보채권자의 만족에 충당할 경우에는 다른 회생채권자나 회생담보권자에게 돌아갈 가치를 감소시키므로, 이는 다른 회생채권자 등을 해하는 사해행위가 된다고 하지 않을 수 없다.56)

---

56) 예컨대, 채무자에게 100의 채권을 가진 담보채권자를 위한 담보로 제공된 시가(이는 해당 목적물의 계속기업가치와 동일하다고 가정한다) 100의 영업용 자산과 시가 100의 비영업용 자산이 있고, 합계 200의 채권을 가진 일반 채권자들이 존재한다고 가정할 경우, 시가 100의 영업용 자산이 그 시가대로 처분되어 담보채권자의 채권 100을 만족시킨 사례에서, 채무자의 전체 자산의 가치는 채무자의 계속 영업을 전제로 할 경우 200(영업용 자산 100 + 비영업용 자산 100)으로 평가될 수 있지만, 위와 같이 영업용 자산이 처분될 경우 나머지 비영업용 자산은 100의 가치를 가지는 것이 아니라, 그보다 적은 가치, 심지어는 경우에 따라 거의 0의 가치를 가질 수 있다. 이러한 경우, 비록 담보자산인 영업용 자산이 그 시가대로 처분되었다고 하더라도 '다른 회생채권자등을 해하였다'는 것을 부정하기는

이론적으로는 '사해행위성'은 관리인 측에서 이를 입증하여야 하고, 그 엄밀한 입증을 위해서는 당해 담보목적물에 관하여 담보권이 실행되지 않은 상태에서의 회생채권자 등의 예상변제율과, 담보권이 실행된 이후의 회생채권자 등의 예상변제율을 비교하여 전자가 후자보다 크다면 사해행위성을 인정할 수 있을 것이다. 그러나 모든 부인권 관련 사건에서 이러한 작업을 수행하는 것은 곤란할 수 있으므로, 원칙적으로 청산가치가 계속기업가치보다 큰 것이 명백하지 않은 등의 특별한 사정이 없는 한 중요한 영업용 자산에 대한 담보권 실행은 사해행위에 해당함을 일응 긍정할 수 있을 것이고, 만약 상대방이 이를 다툰다면 담보물의 매각이 상당한 가격에 이루어져 실질적으로 회생채권자 등의 변제율을 저하하는 효과가 없다는 점에 관한 본격적인 심리가 이루어져야 할 것으로 생각된다.

이러한 점에서, 담보권자에 대한 변제와 담보권의 실행행위는 달리 볼 여지가 크다. 담보권자에 대하여 담보물이 아닌 다른 재산으로 변제가 이루어질 경우에는 부정설의 주장과 같이 변제금 상당의 담보가치가 채무자에게 환원된다고 할 수 있고, 그 담보가치를 활용하여 채무자는 다시 자금을 마련할 여지가 있으나,57) 담보권 실행행위의 경우에는 해당 담보물 자체를 채무자가 상실하는 결과를 가져오므로 회생절차와 양립하기 어려운 것이다. 채무자의 위기 시점에 담보권의 자유로운 실행을 허용한다면, 회생절차를 이용할 수 있는 채무자는 그리 많지 않게 될 것이다.

물론 채무자로서는 담보권자의 담보권 실행을 저지하기 위해서는 되도록 빨리 회생을 신청하여 중지명령 등을 신청하면 된다는 주장이 가능하나, 채무자가 미처 회생신청을 하기 이전에 채권자의 담보권 실행이 이루어질 가능성이 있는 이상 부인권 자체를 인정하지 않을 것은 아니고, 부인권의 행사 주체는 관리인으로서 채무자와 동일시할 수 없는바, 회생 신청을 지체한 채무자의 잘못을 관리인의 부인권 행사를 부정하는 논거로 삼기는 부족하다.

나아가 그 밖의 부정설 논거에 관하여 본다.

어렵다. 담보권의 실행이 없었다면 다른 일반 채권자들은 담보권자의 몫을 제외한 나머지 계속기업가치 100으로부터 일부 채권의 만족을 얻었을 것이기 때문이다.

57) 채무자는 장차 회생절차에서 비우호적일 것으로 예상되는 담보채권자에 대한 채무를 소멸시키기 위하여 이와 같이 담보권자에게 사전 변제를 할 실익이 있다.

담보권 실행행위가 부인되었으나 제3자에게 담보목적물이 매각되어 그 매각 자체는 부인할 수 없는 경우, 추후 만약 회생절차가 실패로 돌아간다면 담보권자는 담보목적물을 상실하는 불이익을 입게 되는 것은 사실이다. 그러나 이는 부인권 행사 단계에서는 유망한 것으로 판단되었던 회생절차가 사후적으로 실패로 돌아갔기 때문에 발생하는 문제이다.58) 이는 채무자의 회생을 도모하기 위하여 부인권 행사를 허용함으로써 어쩔 수 없이 발생하는 부작용이라고 할 수 있다. 사실 일반적으로 부인권이 행사된 이후에 채무자의 회생이 실패로 돌아갈 경우 회생채권자는 어느 정도는 이와 같은 위험을 부담한다고 할 수 있다. 즉, 어떤 채권자에 대한 변제가 부인되었으나, 그 후 회생절차가 폐지된 경우, 그 사이에 공익채권의 발생 등으로 채무자의 일반재산이 감소하면 해당 채권자에 대한 변제율은 그만큼 감소하게 된다. 담보권자는 자신의 담보목적물을 상실한다는 점에서 더 불이익이 크다고 할 수는 있으나, 이는 정도의 문제라고 생각된다.

그리고 비록 파산절차와 회생절차에서 거의 동일한 부인권 규정이 마련되어 있다고 하더라도 그 절차의 성격이 구별되는 이상, 그 해석이 동일하여야 하는 것은 아니고, 오히려 회생절차의 특수성을 감안하면 긍정설과 같이 해석하여야 할 것이다.

담보권 실행행위의 부인이 담보권자의 지위를 불안하게 하여 금융비용을 증가시키고, 담보목적물의 환가 가격을 낮게 형성되도록 하는 등의 부작용이 있을 수 있는 것은 사실이다. 그러나 이는 기본적으로 담보권자 및 채무자의 이익을 중시할 것인지 또는 회생절차에서의 일반채권자의 이익을 중시할 것인지의 정책적 문제에 불과할 뿐, 현 시점에서 담보권 실행행위가 일반 채권자의 이익을 해하는 것이 인정되는 이상 부인대상성을 부정할 수는 없다고 생각된다. 또한 담보권자는 당장 자신의 권리를 실행할 수 없더라도 채무자의 영업이익을 통하여 분할 변제받는 것이 그에게 크게 불리하다고만 하기 어렵고, 해당 담보권자가 모든 담보권자의 담보권 총액의 4분의 1 이상의 채권을 보유하고 있는 경우라면59) 추후 회생계획안에 반대하여 절차를

---

58) 부인권 행사 단계에서 이미 청산가치가 계속기업가치를 초과하는 등으로 회생가능성이 없음이 밝혀진 경우에는 부인권 행사를 부정하여야 할 것이다.

59) 관계인집회에서의 채무자의 사업 계속을 전제로 하는 통상적인 회생계획안의 가결을 위

폐지시킨 후 다시 담보권을 행사할 수 있으므로, 채무자의 위기 시점에 담보권 실행을 허용하지 않는 것이 해당 담보권자에 대한 큰 불이익이라고 평가하기 어려운 측면이 있다. 그리고 담보목적물의 매수인이 그 소유권을 상실할 위험은 관리인이 그 매수인의 악의를 입증할 경우에만 현실화되는 것이므로 그 위험이 크다고 볼 수만은 없고, 또한 이러한 위험은 비단 담보권의 실행의 경우에만 발생하는 것이 아니라 강제경매 등 일반적인 강제집행 절차와 관련하여서도 발생하는 것이므로, 일반적인 강제집행 행위를 부인의 대상으로 인정하는 이상 이 역시 부정설의 논거가 되기는 어렵다.

참고로 미국의 경우, 부동산에 대한 경매를 통한 담보권 실행행위에 대하여 부인권 행사(사해적 양도 부인)를 부정하고 있다. 그러나 이는 미국 도산법상 사해적 양도행위의 부인 요건인 '합리적으로 동등한 가치'의 해석 여하를 둘러싸고 이루어진 논쟁의 결과물로서, 이러한 규정이 없고 '회생채권자 등을 해하는 행위'라는 더욱 추상적인 요건의 해석이 문제되는 우리의 경우 미국법의 해석론에 큰 무게를 둘 수는 없을 것이다.60)

일본의 경우도 2003년 개정되어 시행된 신 회사갱생법에서 대물변제 시 채무액을 초과하는 가액 부분만의 사해행위 부인, 상당한 대가에 의한 재산처분 시 원칙적 사해행위 부인의 부정, 구제금융 등 동시교환적 행위의 부인 부정 등의 새로운 규정을 마련한 것은 앞서 본 바와 같다. 그러나 위 규정들은 담보권 실행행위를 직접적으로 규율하는 것은 아니므로, 그에 의하여 바로 담보권 실행행위가 부인권의 대상으로부터 제외되었다고 결론을 내리는 것은 곤란하다. 위 개정 규정이 마련되기 이전의 일본 학설·판례의 태도는 담보권 실행행위를 원칙적으로 부인의 대상으로 보고 있었고, 위 개정 이후에도 이와 다른 논의의 동향은 찾아보기 어렵다.61)

해서는 회생담보권자의 조에서는 의결권 총액의 4분의 3 이상에 해당하는 의결권을 가진 자의 동의를 요한다(채무자회생법 제237조 제2호).

60) 더구나 위 연방대법원 판결도 5:4로 의견이 갈렸고, 소수의견이 '채권자들에 대하여 최대한의 형평에 맞는 분배를 실현하는 도산법 정책'을 중시하여 담보권 실행경매의 부인을 인정하여야 한다고 하고 있는 점도 참고하여야 할 것이다.

61) 부정설의 입장에서는 담보권자에 대한 변제행위가 부인대상행위가 됨을 인정하는 긍정설은 일본의 법 개정 이후에는 더 이상 유지될 수 없을 것이라고 전망하고 있다.: 오영준, 전게 논문, 332-333면.: 필자의 견해에 의하면 담보권자에 대한 변제행위는 일본 신 회사갱생법 제86조 제2항에 의하여 부인의 대상이 되지 않는다고 볼 여지가 있다. 그러나 담보권자에 대

결론적으로, 회생절차 개시 이전의 담보권의 실행행위는 적어도 사해행위로서 '회생채권자 등을 해하는 행위'가 될 수 있다고 생각된다.

4. 擔保權 實行行爲의 否認對象 與否

이상의 논의를 종합하면, 결론적으로 담보권 실행행위도 채무자회생법 제100조 제1항 소정의 요건을 갖추는 한 부인의 대상이 될 수 있다고 할 것이다.

다만, 대부분 문제되는 경우는 채무자회생법 제100조 제1항 제2호 소정의 부인이 될 것이다. 정상적인 담보권 실행행위는 비본지행위나 무상행위가 되기 어렵다고 할 것이므로, 채무자회생법 제100조 제1항 제3호 또는 제4호의 부인이 문제되는 경우는 거의 없을 것이다. 또한 채무자가 자신의 자력 악화 사실을 알면서 특정의 담보권자에게 미리 변제받도록 하기 위하여 그에게 적극적으로 담보권 실행을 권유하는 등의 특별한 사정이 없는 한 채무자회생법 제100조 제1항 제1호의 고의부인도 문제되는 경우는 많지 않을 것이다.

5. 判例의 理解 및 矛盾·抵觸 與否

(1) 대법원 2003. 2. 28. 선고 2000다50275 판결

동 판결의 판시는 "질권의 목적물을 타에 처분하여 채권의 만족을 얻는 경우", 즉 사안에서 질권의 실행행위를 '집행행위와 동일한 것으로 볼 수 있어' 부인의 대상으로 보았는바, 이는 ① 질권의 목적물을 채권자가 직접 처분하는 방식의 질권 실행행위는 집행기관이 행하는 집행행위에 해당한다고 할 수는 없지만 이를 유추적용하여야 하고,62) ② 따라서 이와 같은 질권 실

한 변제행위가 아닌 담보권 실행행위가 신 회사갱생법 제86조 제2항이나 제86조의2 등에 의하여 부인의 대상이 되지 않는다고 볼 것인지는 의문이고, 주석서 등의 이들 규정에 관한 해설에서도 담보권 실행행위에 관하여 언급하고 있지는 않다. 그 밖에 신 회사갱생법 시행 이후 담보권자에 대한 변제행위나 담보권 실행행위의 부인가능성에 관하여 논하고 있는 문헌이나 그에 관하여 판시하고 있는 판결례는 발견하지 못하였다.

62) 이 사건 공제조합 출자증권과 같은 유가증권에 대한 질권의 실행방법에는 민사집행법이 정한 집행방법에 의하는 방법(민법 제354조)과 직접청구 등의 채권질권의 실행방법(민법

행행위가 회사(채무자)의 행위에 해당하지 아니하고 또 그와 동일시할만한 특별한 사정이 없다고 하더라도 부인의 대상이 될 수 있음을 밝힌 것으로 이해할 수 있다.

그런데 동 판결은 「피고가 1997. 12. 9. 정리 전 회사에 대하여 지급정지가 있은 후인 1998. 1. 23. 및 1998. 11. 16. 이 사건 출자증권을 처분하여 그의 채권 중 일부에 충당한 행위도 회사정리법 제78조 제1항 제2호에 따라 피고가 정리 전 회사의 정리채권자를 해함을 알고 한 행위에 해당하여 정리재단을 위하여 부인할 수 있다」라고 한 원심의 판단을 수긍하고 있으므로 해당 담보권 실행행위의 유해성을 긍정하는 대법원 판단이 있었다고 할 수는 있지만, 동 사건의 상고이유는 해당 질권 실행행위의 유해성 유무를 다툰 것이 아니라 전적으로 거기에 회사의 행위가 포함되어 있지 않다는 점만을 들어 부인의 대상이 되지 아니한다고 다툰 것이므로, 위 대법원 판결에 담보권 실행행위의 일반적 유해성 여부에 관한 판시가 포함되어 있다고 보기는 어렵다. 담보권 실행행위의 유해성 유무는 채무자 행위의 유무와는 별개로 개개의 사건마다 판단하여야 한다.

(2) 대법원 2002. 7. 9. 선고 2001다46761 판결 및 대법원 2004. 2. 12. 선고 2003다53497 판결[63]

위 각 판결의 사안은 채권자가 채무자의 장래 매출채권을 대출금 채권에 대한 담보로 제공받기로 약정한 뒤, 채무자가 기한의 이익을 상실하는 경우 채권자는 양도받을 채권을 특정하고 채무자로부터 미리 받아둔 백지의 채권양도계약서 및 채권양도통지서에 제3채무자와 채권금액을 기재하여 이를 작성하여 제3채무자들에게 채권양도통지를 하기로 한 것이다.

대법원은 이를 일종의 예약형 집합채권 양도담보[64][65]에 해당하는 것으

제353조)에 의하는 방법이 있고, 민사집행법이 정한 집행방법 중에는 구체적으로 집행관에 의한 유가증권의 현금화(민사집행법 제210조)를 생각할 수 있다. 위 판례의 사안에서는 출자증권에 화체된 권리는 상행위로 인한 것으로, 유효한 유질계약(상법 제59조)에 기하여 채권자의 직접 처분에 의한 질권 실행이 이루어진 것으로 볼 수 있다.

63) 대법원 2002. 7. 9. 선고 99다73159 판결은 부인 대상의 회사 행위성 유무에 관한 판시를 내린 리딩 케이스이지만, 그 사안은 담보권 실행행위와는 직접 관련이 없는 것이므로 특별히 언급하지 아니한다.

64) 집합채권 양도담보의 전형적인 모습은 양도담보계약을 체결하면서 바로 제3채무자에 대한 통지 등의 대항요건을 구비하여 채권양도인과 양수인 사이에서뿐 아니라 제3채무자 및

로 보고, 그 매출채권 선택권 및 예약완결권 행사행위는 채무자의 행위로 볼
수 없고, 채무자의 행위와 동일시할만한 사정도 없다고 판단하여 이를 부인
권의 행사 대상에 해당하지 아니한다고 판단하였다.

그런데 위 대법원 2002. 7. 9. 선고 2001다46761 판결은 「이 사건 약정은
…… 甲 회사와 피고가 甲 회사의 대출채무를 담보하기 위하여 甲 회사의
매출채권에 관한 채권양도를 목적으로 한 대물변제의 예약을 체결한 계약,
이른바 예약형 집합채권의 양도담보에 해당하는 것이다」라고 설시하여 마치
해당 계약을 대물변제의 예약으로 본 듯한 표현을 하고 있다. 그러나 위
2001다46761 판결 이후에 나온 대법원 2003. 9. 5. 선고 2002다40456 판결에
서는, 위 2001다46761 판결의 사건과 거의 같은 사안에서, 「채무를 담보하기
위하여 체결된 집합채권의 양도예약이 당연히 대물변제의 예약으로서의 성
질을 갖는 것이라고 할 수는 없고, 당사자의 계약내용이 장차 선택권과 예약
완결권의 행사로 채권양도의 효력이 발생하는 경우에 그 채권이 다른 채무
의 변제를 위한 담보로 양도되는 것을 예정하고 있는지 또는 다른 채무의
변제에 갈음하여 양도되는 것을 예정하고 있는지에 따라 집합채권의 양도담
보의 예약 또는 대물변제의 예약으로서의 성질을 가질 수 있고, 그 계약내용
이 명백하지 아니한 경우에는 일반적인 채권양도에서와 마찬가지로 특별한

제3채권자에 대한 관계에서도 채권양도의 대항력을 구비하도록 하는 '본계약형 집합채권
양도담보'였다. 그런데 거래 실제계에서 아직 이행기가 도래하지 아니한 상태에서 채권양
도의 통지가 이루어지면 채권양도인의 신용에 타격을 입히기 때문에, 이를 회피하기 위하
여 집합채권 양도계약 직후에 채권양도 통지를 하지 아니하고 대신 채권양도인이 미리 백
지의 채권양도통지서를 채권양수인에게 교부하고 지급정지 등의 사유가 발생하면 채권양
수인이 채권양도인을 대신하여 채권양도통지서의 백지를 보충하고 이를 발송하기로 하는
형태의 '통지유보형 집합채권 양도담보'가 등장하였다.
나아가 이러한 통지유보형 집합채권 양도담보 또한 양도담보계약 체결일 후 15일이 지나
대항요건을 갖추게 되어 추후 채권양도인이 도산절차에 들어가는 경우 대항요건의 부인
대상이 된다는 문제점이 있어 이를 회피하기 위하여 '예약형 집합채권 양도담보'와 '정지조
건형 집합채권 양도담보'가 등장하였다. 예약형 집합채권 양도담보란 채권양도인과 채권양
수인 사이에서의 집합채권양도의 효력 자체를 채권양도인에게 지급정지 등의 사유가 생긴
경우에 채권양수인이 행사하는 예약완결권에 의하여 발생하도록 정하면서 대항요건 구비
방법은 통지유보형과 동일한 방식에 의하도록 하는 것이고, 정지조건형 집합채권 양도담
보란 채권양수인의 예약완결권 행사조차 필요 없이 지급정지 등의 일정 사유가 발생하면
이를 정지조건으로 하여 집합채권양도담보의 효력이 발생하도록 정하는 형태이다.
65) 이에 관한 내용은 이철원, "집합채권의 양도담보와 회사정리법상 부인권행사의 가부", 「민
사판례연구[XXVIII]」, 박영사, (2006), 455-456면 참조.

사정이 없는 한 채무변제를 위한 담보로 양도되는 것을 예정하고 있는 집합채권의 양도담보의 예약으로 추정함이 상당하다」라고 판시하면서, 나아가 「상고이유에서 드는 대법원 2002. 7. 9. 선고 2001다46761 판결은 회사정리법 제78조 제1항 제2호의 위기부인의 대상이 되는 회사의 행위가 언제 있었던 것으로 볼 것인지가 쟁점이었던 사안으로, 집합채권의 양도예약에 기한 채권양도가 채무변제를 위한 담보로 이루어진 것인지 또는 채무변제에 갈음하여 이루어진 것인지가 쟁점인 이 사건의 적절한 선례가 될 수 없다」라고 판시하고 있는바, 이에 비추어보면, 대법원 2001다46761 판결의 설시는 잘못된 표현에 불과하고 대법원이 해당 계약을 대물변제의 예약으로 성격규정하였다고 보기는 어렵다.[66]

따라서 대법원 2001다46761 판결 및 대법원 2003다53497 판결의 사안에서는 대물변제의 예약이 아닌 양도담보의 예약, 즉 예약형 집합채권 양도담보계약이 이루어진 것이라고 봄이 상당하고, 그렇다면 각 사안의 채권자가 예약완결권을 행사함으로써 비로소 양도담보 설정의 효력이 발생하는 것이고, 그 후 채권자가 제3채무자를 상대로 채권을 추심하여 자신의 채권에 충당하는 행위를 양도담보권의 실행행위로 보아야 할 것이다. 즉, 채권자의 예약완결권 행사 행위는 차라리 양도담보 설정 행위에 불과하고 이를 양도담보권의 실행행위로 볼 것은 아니다.[67]

이와 같이 볼 때에 위 2000다50275 판결과 2001다46761 판결 및 2003다53497 판결은 전혀 모순·저촉의 여지가 없다고 할 것이다. 즉 2000다50275 판결은 질권의 실행행위에 대하여 회사정리법 제78조 제1항 제2호의 집행행위 부인 규정을 유추적용하여 회사의 행위나 이와 동일시할 사유가 없더라도 부인할 수 있음을 밝힌 데에 불과하고, 다른 두 판결은 양도담보권의 실행행위가 아닌 양도담보예약에 관한 예약완결권 행사, 즉 양도담보 설정행위에 관한 판시로서, 원칙으로 돌아가 채무자의 행위가 없으므로 부인의 대상이 되지 아니함을 설시한 것에 불과한 것이기 때문이다.[68]

---

66) 이철원, 전게논문, 481-482면: 오영준, 전게논문, 248면: 대법원 2001다46761 판결은 집합채권양도담보를 '대물변제의 예약'이라고 판시하였으나, 2002다40456 판결은 이를 부적절한 해석이라고 보고 위 판례를 사실상 변경한 것이라고 보고 있다.

67) 이철원, 전게논문, 479-482면도 이와 같이 보고 있는 것으로 생각된다.

68) 다만, 대법원 2001다46761, 2003다53497 사건과 같은 예약형 집합채권 양도담보와 관련

(3) 대법원 2011. 10. 13. 선고 2011다56637, 56644 판결

대법원 2011다56637, 56644 판결은 비록 회생절차가 아닌 파산절차에 관한 것이기는 하지만, 대법원 2001다46761 판결 및 대법원 2003다53497 판결과 매우 유사한 사안에서, 「채권자와 채무자 사이에 이루어진 계약을 '예약형 집합채권 양도담보'로 본 원심을 수긍하면서도 동 계약은 특정 채권자에게만 담보를 제공함으로써 파산절차에서의 채권자평등의 원칙을 회피하는 편파행위에 해당하고, 그와 관련한 예약완결의 의사표시는 실질적으로 채무자의 행위와 동일시할만한 특별한 사정이 있었다고 보아 채무자회생법 제391조 제1호의 고의부인의 대상이 된다」고 보아 대법원 2001다46761 판결 및 대법원 2003다53497 판결과는 다른 결론을 내리고 있다.

위 대법원 2011다56637, 56644 판결의 사안에서도 채권자가 예약완결권 및 채권의 선택권을 행사하는 행위는 양도담보의 설정행위의 일부로서 양도담보의 실행행위는 아니라고 볼 것이므로, 채무자의 행위가 개재되지 아니한 이상 그 자체로 부인의 대상이 될 수는 없고, 다만 '채무자의 행위와 동일시할만한 특별한 사정이 있는 경우'에 한하여 부인의 대상으로 고려될 수 있다. 그러면 위 대법원 2001다46761 판결 및 대법원 2003다53497 판결과 달리 위 대법원 2011다56637, 56644 판결에서 채권자의 예약완결권 행사가 부인

하여 예약완결권의 행사 및 대항요건 구비행위를 부인하지 못하는 결론이 옳은 것인지에 관하여는 비판적 견해들이 있다. 즉, 일본의 경우 그 부인가능성에 관한 논란이 있던 중 最高裁 2004(平成 16). 7. 16. 판결을 통하여 '정지조건부 집합채권 양도담보' 계약에 관하여 이를 '위기부인의 규정에 의한 부인권행사의 실효성을 잃게 하여 이를 잠탈하고자 하는 계약으로서 채무자에게 지급정지 등의 위기시기가 도래한 후의 채권양도와 동일시하여야 할 것이다.'라고 하여 이를 부인권행사의 대상으로 보았고, 이철원, 전게논문, 492면은 이와 같은 일본 최고재판소의 판시에 동조하고 있다. 또한 오영준, 전게논문, 324-325면은 위 대법원 판결들이 일본 최고재판소 판결과는 달리, 당사자가 명시적으로 '채권양도행위' 자체를 부인의 대상으로 하여 '탈법행위'의 주장을 하지 아니하였으므로 변론주의 원칙상 위와 같은 결론을 내린 것이고, 따라서 대법원 판결이 예약형 또는 정지조건형 집합채권양도담보 설정계약을 부인의 대상으로부터 완전히 제외한 것이라고 단정할 수는 없으며, 나아가 일본 최고재판소 판결에는 당시 마련된 '채권양도 등기제도'를 활용하라는 정책적 판단이 깔려있는데, 아직 채권양도 등기제도를 마련하지 아니한 우리나라의 경우 쉽게 거래계에서 활용되는 예약형 집합채권양도담보를 무력화할 수 없었다는 점도 대법원 판결의 배경으로 지적하고 있다. 우리나라의 경우 '동산·채권 등의 담보에 관한 법률'이 2012. 6. 10.부로 시행되어 채권양도에 관한 등기부에 의한 공시방법이 마련되고, 따라서 예약형 집합채권양도담보의 거래계에서의 활용가치가 상대적으로 미약해지게 된다면 위와 같은 대법원 판결의 변경도 고려해 볼 수 있을 것이다.

의 대상으로 된 이유는 무엇인가?

이에 관하여는 '동산·채권 등의 담보에 관한 법률'의 시행을 앞둔 시점에서의 대법원의 태도 변화를 간취할 수 있는 것이라고 평가하는 시각도 불가능한 것은 아닐 것이다(위 각주 66 참조). 즉, 판시에서 직접적으로 부인의 대상으로 삼은 것은 예약완결권의 행사행위라고 볼 수 있지만, 동시에 판시에서 '예약완결권, 양도·양수할 대금 채권에 대한 선택권, 채권양도사실 통지 대리권한까지 채권자에게 부여되는 것이므로, 특정 채권자에게만 담보를 제공함으로써 파산절차에서 채권자평등의 원칙을 회피하는 편파행위에 해당'한다고 하는 것을 볼 때 예약형 집합채권양도담보계약은 사실상 위기시기에 채권자의 일방적 행위에 의하여 양도담보권을 설정하는 효과를 발생시킬 수 있는 권리를 부여하는 것을 기도하는 '탈법적 행위'라는 점에 착안하여 그에 따른 예약완결권 행사행위를 '채무자와 채권자가 통모한 것'으로 평가한 것이라고 해석할 여지도 없지 않다.

그러나 위 판시의 취지만으로 그와 같이 대법원이 정면으로 일본 최고재판소와 같이 예약형 집합채권 양도담보를 일반적으로 탈법행위로 구성하는 입장을 취하였다고 속단하는 것은 성급한 것으로 생각된다. 위 대법원 2001다46761 판결 및 대법원 2003다53497 판결의 사안에서는 판시 자체에서 반드시 명확한 것은 아니지만 집합채권 양도담보 예약이 체결되는 시점에서는 채무자가 위기시기에 있었던 것은 아닌 것으로 보인다.[69] 그러나 대법원 2011다56637, 56644 판결의 사안은 채무자 회사가 이미 2008. 3. 31.자로 1차 부도가 난 상황에서 채권자로부터 물품을 공급받으면서 그 대금으로 약속어음을 발행하여 주고 2008. 4. 21. 그 약속어음의 지급기일을 연장받으면서 2008. 4. 27. 그 담보를 위하여 집합채권 양도담보 예약이 체결된 것인바, 이미 양도담보 예약 당시 채무자는 자금사정이 급격히 악화되어 위기에 있었고, 채권자도 이러한 사정을 잘 알고 있으면서도 자신의 채권을 우선적으로 확보하기 위해 그와 같은 양도담보 예약을 체결한 것이다.

---

69) 대법원 2001다46761 판결에서는 1997. 8. 양도담보예약이 체결되고 약 2년이 지난 1999. 11. 30. 채무자가 회사정리절차 개시신청을 하였고, 대법원 2003다53497 판결에서는 1998. 6.경 양도담보예약이 체결되고 거의 3년이 지난 2001. 5. 14. 채무자가 부도가 난 뒤 같은 달 16. 회사정리절차 개시신청을 하였다.

그렇다면 대법원 2011다56637, 56644 판결에서 채권자가 예약완결권을 행사한 것을 두고 채무자의 행위와 동일시할 특별한 사정이 있는 경우라고 본 것은 그 사안에 비추어 충분히 수긍할만하다. 즉, 채권자는 채무자의 위기상황을 잘 알면서도 채무자와 양도담보 예약을 체결하고 채무자로부터 매출채권에 관한 정보를 제공받은 뒤 이에 바탕하여 예약완결권을 행사한 것이므로 이는 실질적으로 채무자의 행위와 동일하게 평가할 수 있는 것이다. 이와 같이 본다면 대법원 2011다56637, 56644 판결에서 대법원 2001다46761 판결 및 대법원 2003다53497 판결과 결론을 달리한 것은 대법원이 기존의 태도를 바꾼 것이라기보다는 그 사실관계의 차이로 인한 것이라고 보는 것이 더 정확한 이해라고 생각된다.[70]

그리고 위 대법원 2011다56637, 56644 판결이 '예약형 집합채권양도담보'에서 예약완결권의 행사를 양도담보권 실행행위로 보지 아니하고 따라서 채무자의 행위와 동일시할만한 특별한 사정이 존재하여야 부인의 대상이 될 수 있다고 보는 기존의 대법원 판결의 입장과 전혀 저촉되는 것이 아니고 오히려 이를 전제로 하고 있음은 그 판시 자체에서 분명하다.

6. 이 事件 事案에 관한 檢討

(1) 출자증권의 성격

피고는 건설업자들이 조직한 공제조합($\substack{\text{건설산업기본법} \\ \text{제54조, 제55조}}$)으로서, 공제조합은 조합원인 건설업자가 출자한 출자금(지분)을 나타내는 출자증권을 발행하여 교부하여야 한다($\substack{\text{건설산업기본법} \\ \text{시행령 제55조 제3항}}$). 공제조합의 경우 공제조합의 총출자금은 조합원이 출자한 출자좌수의 액면총액으로 하고, 출자 1좌의 금액은 균일하다($\substack{\text{건설산업기본법} \\ \text{제55조 제1항, 제2항}}$).

---

70) 물론 2011다56637,56644 판결에서 직접적으로 부인의 대상으로 된 것은 예약완결권의 행사행위이지만, 그 이전에 양도담보 예약 체결행위도 고의부인 또는 위기부인의 대상으로 될 수 있었다고 할 수 있다(양도담보 예약이 부인되면 예약완결권의 행사도 당연히 무효로 돌아갈 것이다). 양도담보 예약의 부인을 위해서는 '채무자의 행위와 동일시할 사정'이 별도로 존재할 것을 필요로 하지 않는다. 양도담보 예약 자체에 이미 채무자의 행위가 포함되어 있기 때문이다.

조합원이거나 조합원이었던 자는 그 지분을 다른 조합원이나 조합원이 되려는 자에게 양도할 수 있는바, 양도는 상법에 따른 기명주식의 양도 방법[71])에 따르므로($\frac{건설산업기본법}{제59조 제1항, 제3항}$), 공제조합 출자지분을 양도함에도 출자증권의 교부에 의하면 된다. 그리고 정관이 정하는 바에 의하여 공제조합으로부터 출자증권에 대한 명의개서를 받아야 한다($\frac{건설산업기본법}{시행령 제59조 제1항}$).[72])

이와 같이 볼 때, 공제조합 출자지분은 마치 주식회사의 주식과 같고, 출자증권은 기명주권과 성격이 유사하다.[73])

(2) 이 사건 질권의 실행방법 및 질권 실행행위

건설산업기본법 제60조 제1항 제2호에서는 공제조합이 담보권 실행을 위하여 필요한 때에는 조합원의 지분을 취득할 수 있다고 규정하고 있고, 같은 조 제4항에서는 공제조합이 출자지분을 취득한 경우 조합원에게 지급하여야 할 금액을 지체없이 지급하여야 한다고 규정하고 있다.

이 사건 업무거래기본약관 제9조 제1항에서는 공제조합은 담보물에 대하여 '일반적으로 적당하다고 인정되는 방법'으로 권리를 실행하여 변제충당할 수 있다고 규정하고, 같은 조 제2항에서는 '제1항의 경우 담보물 등으로부터 취득한 금전에서 처분에 소요된 비용을 공제한 잔액을 조합의 채권과 상계할 수 있다'고 규정하고 있다.

그런데, 원심의 사실인정에 의하면 피고는 2007. 6. 28. 질물로 보유하고 있던 출자증권 중 165좌를 '취득하여' 피고 앞으로 명의개서한 뒤, 2007. 7. 2. 비용을 공제한 그 순출자증권취득대금 145,114,125원으로 피고의 소외 회사에 대한 기존 대출채권 144,364,410원과 상계한다는 취지의 의사를 소외 회사에게 통지하였다는 것이다.

여기에서 피고가 이 사건 질권을 실행한 방법 여하가 문제된다. 즉, 이를 두 가지로 파악할 수 있는데, ① 피고가 위 출자증권 165좌를 취득함으로써 그 취득가격에서 비용을 공제한 금액으로 피고의 채권에 대한 '대물변제'

---

71) 상법상 기명주식의 양도는 주권의 교부에 의한다.

72) 다만 명의개서는 주식회사의 경우와 같이 양도의 효력요건은 아니고, 조합에 대한 대항요건에 불과하다고 볼 것이다.

73) 남기정, "건설공제조합원의 출자지분권양도·압류방법 등에 관한 소고", 「법조」 제34권 제1호, 49-50면.

가 이루어졌고, 2007. 7. 2.의 통지는 상계의 의사표시가 아닌 단지 질권의 실행에 따른 정산내역의 통지에 불과하다고 보는 견해, ② 피고가 이 사건 질권의 실행을 위하여 위 출자증권 165좌를 일단 취득하였으나 그로써 대물변제가 이루어진 것은 아니고, 이 경우 피고는 건설산업기본법 제60조 제4항에 따라 소외 회사에게 취득대금을 지급할 채무가 발생하였는바, 2007. 7. 2.의 상계 의사표시에 따라 위 채무는 피고의 소외 회사에 대한 대출금 채무와 상계되었다고 보는 견해가 그것이다.

원심은 이 점에 관하여 명시적으로 판단하지 아니하였으나, 위 2007. 7. 2.의 통지에 의하여 유효한 상계가 이루어졌다는 것을 전제로 판단하고 있다. 즉, 후자와 같은 견해를 취하고 있는 것으로 생각되는바, 이에 관하여는 다소 의문의 여지가 없지는 아니하다.74) 다만 이 부분에 관하여는 더 이상의 논의는 생략한다.

원심과 같이 후자의 견해를 취한다면 피고가 2007. 6. 28. 자신 앞으로 위 출자증권 165좌를 취득한 행위는 일종의 담보물 '환가'행위로 볼 수 있고, 2007. 7. 2.의 상계 의사표시는 최종적인 채권의 '만족'행위로서, 이를 모두 이 사건 질권의 실행행위로 파악할 수 있을 것이다.75)

---

74) 건설산업기본법 제60조 제4항은 공제조합이 출자지분을 취득한 경우 '지급하여야 할 금액'을 지체없이 지급하여야 한다고만 하고 있을 뿐, 그 지급하여야 할 금액이 그 지분의 취득대금인지 또는 기존 채무에 충당하고 남은 정산금인지에 관하여는 명시하고 있지 않고, 피고의 업무거래기본약관 제9조 제2항에서도 '담보물로부터 취득한 금전'으로 조합의 채권과 상계할 수 있다고 하고 있는바, 피고가 출자지분을 제3자에게 매각하지 않고 스스로 취득한 경우 담보물로부터 취득한 금전이 있을 수 없다는 점에서 위 건설산업기본법이나 업무거래약관의 규정은 위 ②의 방법에 의한 질권실행 약정이 이루어졌음을 뒷받침하는 근거가 될 수는 없다. 2007. 7. 2.자 통지서에서도 '상계처리하였음을 통보'하였다고 하고 있을 뿐, 그로써 상계한다는 의사표시를 한 것으로 보이지 아니한다. 오히려 질물을 질권자가 스스로 취득하는 방법에 의한 질권실행에 있어서 일단 취득 후 다시 상계의 의사표시를 하는 등의 번거로운 절차를 거치는 것을 예정하였다기보다는 바로 질물로 대물변제를 하는 간편한 절차에 의하기로 하였다고 보는 것이 당사자의 의사에 부합할 수 있다. 피고의 지분취득관리규정 제16조에서도, '취득지분 중 조합채권에 충당하고 잔액이 있을 때에는 … 지체없이 당해 권리자에게 지급하여야 한다'라고 하고 있어 담보물 자체로 변제에 충당한 후 남은 잔액만을 환급하는 것을 예정하고 있는 것으로 생각된다.

75) 이에 반하여 만약 전자의 견해를 취한다면, 2007. 6. 28.의 출자증권 취득행위를 담보물 환가 및 만족이 동시에 이루어지는 것으로서 이 사건 질권의 실행행위로 파악할 수 있고, 위 2007. 7. 2.의 통지는 단순한 사실의 통지로서 질권 실행행위에 포함되지 아니한다고 보게 된다.

(3) 이 사건 질권 실행행위의 부인 가능 여부

2007. 7. 2.자의 상계 의사표시는 이 사건 회생절차 개시일인 2007. 6. 29. 이후에 이루어진 것이다. 그러므로 부인의 대상이 되지 아니한다(또한 달리 채무자회생법 제145조의 상계 금지사유에도 해당하지 아니므로, 채무자회생법 제144조 제1항에 의하여 한 위 상계 의사표시가 무효라고 할 수도 없다).76)

그러나 만약 2007. 6. 28. 피고의 출자증권 취득행위가 부인의 대상이 된다고 한다면, 위 상계의 수동채권인 원고의 출자증권 취득대금 청구권도 발생한다고 할 수 없으므로, 위 상계는 무효로 돌아갈 것이다.

앞서 검토한 바에 따르면 2007. 6. 28.자 피고의 출자증권 취득행위는 회생절차 개시 이전의 담보권 실행행위로서 부인의 대상이 된다고 볼 수 있다. 비록 거기에 채무자인 소외 회사의 행위가 개재되어 있지 않다고 하더라도, '집행행위'를 부인할 수 있도록 하는 채무자회생법 제104조를 유추적용하여 부인의 대상이 된다고 함이 상당하다.

또한 다음을 고려하면, 이는 다른 회생채권자나 회생담보권을 해하는 행위라고 볼 수 있다. 즉, 소외 회사가 보유한 출자증권은 중요한 영업자산인데, 그에 대한 담보권의 실행은 소외 회사의 영업수행 능력을 약화시킬 수 있다. 피고는 조합원이 각종 건설관련 사업을 영위함에 있어 필요한 입찰보증, 계약보증, 공사이행보증, 손해배상보증, 하자보수보증, 선급금보증, 하도급보증, 인·허가보증, 자재구입보증 등 각종 보증을 하고,77) 조합원에 대한 필요자금의 융자를 해 주는 사업을 영위하는 바,78) 이때 그 보증한도와 융자의 한도에 관하여는 피고 정관에서 해당 조합원의 지분액을 기준으로 계산하도록 함이 일반적이다.

---

76) 가사 회생절차 개시 이전에 담보권의 실행행위의 일부로서 상계가 이루어졌다고 하더라도, 그 전제가 되는 담보물의 처분 등 환가행위를 부인할 수 없는 이상, 상계만을 따로 떼어 부인의 대상이 된다고 할 수는 없다고 생각된다(즉 채무자회생법 제104조가 유추적용되지 아니함). 담보물 처분행위를 부인할 수 없어 이미 담보물이 상실되었음에도 채권자로 하여금 자신의 채권을 회생담보권으로 하여 절차의 제약을 받도록 하는 것이 불합리할 뿐 아니라, 채무자회생법 제145조가 부인권 행사 사유와 유사한 사유들을 특정하여 상계금지 사유를 정하고 있고, 채무자회생법 제144조에서 그러한 금지 사유에 해당하지 아니하는 한 회생절차 개시 이후에도 상계를 허용하고 있는 취지에 비추어 회생절차 개시 이전에 상계를 하였다는 이유만으로 부인의 대상이 된다고 하는 것은 불합리하기 때문이다.

77) 건설산업기본법 제54조, 건설산업기본법 시행령 제56조.

78) 건설산업기본법 제54조.

소외 회사는 유리, 거울 등의 제조 및 판매업 등을 영위하는 회사인바, 그 영업상 창호나 거울 등의 설치 등의 수주를 받기 위하여는 일반적으로 피고가 발급하는 각종 보증서가 필수적이다.

이 사건에서 소외 회사가 보유한 200좌의 출자증권 중 이 사건 165좌의 출자증권에 관하여 담보권이 실행되었는데, 이로써 소외 회사는 피고로부터 받을 수 있는 각종 보증의 한도 및 융자를 받을 수 있는 한도가 현저히 축소되었다. 이는 결국 소외 회사가 장차 사업을 계속 영위함에 있어 각종 공사나 주문제작 등을 수주하는 데 제한을 가져오고, 융자를 통하여 영업자금을 마련할 수 있는 능력을 상실하게 함으로써 그 수익성을 약화시켜 궁극적으로 일반 회생채권자 등에게 손해를 끼치게 된다.

비록 위 담보권 실행으로 소외 회사의 피고에 대한 대출채무 144,364,410원이 소멸하기는 하였으나, 이는 담보물인 165좌의 출자증권을 명의개서일 현재 피고의 결산(가결산) 지분액에 의하여 계산한 금액으로, 출자증권이 소외 회사의 사업 영위에 있어서 가지는 위와 같은 중요성에 비추어 볼 때, 위 대출채무의 소멸을 감안하더라도 위 담보권 실행행위의 유해성을 부정하기는 어렵다.

(4) 소결론

따라서 2007. 6. 28. 피고가 질권 실행을 위하여 담보물인 출자증권을 취득한 행위는 회생절차 개시신청 이후, 개시 이전의 회생채권자 등을 해하는 행위로서 법 제100조 제1항 제2호에 의하여 부인할 수 있다고 할 것이다. 또한 위와 같이 출자증권 취득행위가 부인되는 이상, 피고의 2007. 7. 2.자 상계의사표시도 그 효력이 유지될 수 없다.

Ⅳ. 對象 判決의 意義

대상 판결은 채무자회생법상 부인이 대상이 되기 위하여는 원칙적으로 채무자의 행위가 존재하거나 적어도 채무자의 행위와 동일시할 수 있는 사유가 존재하여야 한다는 종전의 판례 법리를 재확인하였다. 그리고 채무자회생법 제104조 후단에 의한 '집행행위의 부인'의 경우에는 이러한 채무자의 행위 또는 채무자의 행위와 동일시할 수 있는 사유는 부인의 요건이 되지 아니하고, 여기에서의 집행행위에는 담보권의 실행행위도 포함되고 나아가 질권자가 유질계약에 의하여 집행기관에 의하지 아니하고 직접 질물을 환가·만족하는 사적 질권의 실행행위도 역시 채무자회생법 제104조 후단을 유추적용하여 부인의 대상이 될 수 있음을 명확히 하였다. 이러한 법리는 종전의 대법원 2000다50275 판결 등에서 간접적으로 시사되기는 하였으나 반드시 명확히 선언되지는 아니한 것이다.

또한 채무자회생법 제104조 후단의 집행행위를 '담보권의 실행에 의한 채권의 만족적 실현을 직접적인 목적으로 하는 행위'에 한정하고 '담보권의 취득이나 설정을 위한 행위'는 그에 해당하지 아니한다고 설시함으로써, 종전에 이른바 예약형 집합채권 양도담보에 있어서 '채무자의 행위와 동일시할 수 있는 사유'의 유무에 의하여 예약완결권의 행사행위에 대한 부인권 행사를 부정하거나 긍정하였던 대법원 2001다46761 판결 및 2003다53497 판결, 대법원 2011다56637,56644 판결 등은 집행행위의 부인이 아닌 담보권 설정행위의 부인에 관한 것으로서 담보권 실행행위에 관한 대법원 2000다50275 판결과는 서로 모순·저촉되는 것이 아님을 시사하고 있다.

결론적으로 대상 판결은 회생절차와 관련하여 담보권의 실행행위도 채무자회생법 제100조 제1항의 요건을 갖추는 이상 부인의 대상이 될 수 있음을 분명히 하고 있다. 이에 관하여는 담보권의 실행행위를 부인의 대상으로 포함함으로써 담보권자의 지위를 불안정하게 하여 채무자의 금융비용을 증가시키고 투자자의 투자 유인을 저해하게 된다는 거래계로부터의 우려가 큰 것으로 보이고, 비판론의 핵심도 이 점에 있는 것으로 생각된다. 그러나 본문에서도 언급하였듯이 담보권자의 이익과 일반채권자의 이익 중 어느 쪽을 우선할 것인지는 기본적으로 정책적인 문제로 생각되고 현행법의 해석상 일반론으로서 담보권의 실행행위를 부인의 대상으로부터 제외하는 것은 곤란하다고 생각된다.

제 5 편

稅　　法

債務의 出資轉換에 따른 株式의 發行價額과 時價와의 差額은 株式發行額面超過額인가? 債務免除利益인가?*

◎ 대법원 2012. 11. 22. 선고 2010두17564 판결

[事實의 槪要]

(1) 원고는 「기업구조조정촉진법」에 의한 부실징후기업으로 2001년 지정되어 자신의 채무를 2005년말까지 액면가(1주당 5천원)로 출자전환하는 내용이 포함된 경영정상화 약정을 2003. 8. 5. 채권금융기관과 체결하고 동 약정에 따라 2005. 2. 4.부터 2005. 11. 30.까지의 기간 중 아래의 표와 같이 채무의 출자전환을 완료하였다.

일 자	발행주식수	시 가	액면가액	발행가액
2005. 02. 04.	8,460,000주	1,230원	5,000원	5,000원
2005. 03. 29.	1,897,701주	1,465원	5,000원	5,000원
8:1의 비율로 무상감자가 이루어짐				
2005. 11. 23.	105,000주	15,800원	5,000원	40,000원
2005. 11. 25.	2,589,000주	15,800원	5,000원	40,000원
2005. 11. 28.	29,896,898주	15,800원	5,000원	40,000원
2005. 11. 30.	53,650주	15,800원	5,000원	40,000원

---

* 제33회 상사법무연구회 발표 (2014년 3월 29일)
** 국민대학교 법과대학 교수

(2) 2005 ~ 2007사업연도 법인세 세무조정 시 채무의 출자전환과정에서 2005. 11. 23.부터 2005. 11. 30.까지 사이에 발행된 주식의 발행가액과 시가와의 차액(이하 '이 사건 쟁점금액1)'이라 함)을 채무면제이익으로 보아 익금산입하고 구 조세특례제한법(2005. 12. 31. 개정 전) 제44조 제2항에 의거 자신의 (이월)결손금과 상계처리하였다.

(3) 그 후 원고는 위 채무의 출자전환에 따른 주식의 발행가액과 시가와의 차액은 주식발행액면초과액에 해당하지 아니하여 익금산입대상이 아닌 것으로 2008. 5. 6. 경정청구를 하였으나, 처분청은 채무면제이익에 해당한다고 하여 2008. 6. 3. 거부통지를 하였다.

(4) 원고는 이에 불복하여 2008. 6. 24. 심판청구를 제기하였으나, 조세심판원은 2008. 12. 11. "2003. 9. 5. 이후인 2005년에 청구인이 실제 채무의 출자전환을 하였으므로 동 시행령 및 재경부예규에 의하여 그 발행가액과 시가와의 차액에 대하여 익금산입대상으로 처분한 것도 신의성실의 원칙에 위배되지 않는다"고 하여 원고 회사의 심판청구를 기각하였다.

[訴訟의 經過]

1. 原審 判決의 要旨

(1) 서울행정법원 2009. 8. 28. 선고 2009구합9000 판결

(가) 채무의 출자전환 과정에서 발행된 주식의 시가가 액면가액 이상이고 발행가액 이하에 해당하는 경우 그 발행가액에서 시가를 차감한 금액을 법인세법 제17조 제1호[현행 법인세법 제17조 제1항 제1호. 이하 같음]에 규정된 주식발행액면초과에서 제외하고 있는 법인세법 시행령 제15조 제1항 후문은 법인세법 제17조 제1호에 규정된 주식발행액면초과액의 의미를 구체화하는 규정에 해당하므로, 위 법인세법 시행령 규정을 법률의 위임 없이 법인세법 제17조 제1호에 규정된 주식액면초과발행액의 범위를 함부로 제한하는 무효의 규정이라고 할 수는 없다.

---

1) 이 사건 출자전환 중에서 '액면가액 5,000원 〈 시가 15,800원 〈 발행가액 40,000원'으로 진행된 부분에서 발행가액과 시가의 차액 24,200원으로 인하여 이 사건 쟁점금액(= 789,998,086,600원 = 32,644,548주 × 24,200원)이 발생하였다.

(나) 법인세법 제15조 제1항, 제17조 제1호, 법인세법 시행령 제15조 제1항, 상법 제459조 제1항 제1호의 각 규정에 의하면, 법인세법 제17조 제1호에 규정된 주식발행액면초과액은 법인이 주식을 발행할 때 주식의 액면가액을 초과하여 주주로부터 납입받은 금액을 의미하는 것으로 해석된다.

(다) 그런데 채무의 출자전환 과정에서 발행된 주식의 시가가 액면가액 이상이고 발행가액 이하에 해당하는 경우 그 발행가액에서 시가를 차감한 금액은 법인이 주식 발행과 관련하여 주주로부터 실제 납입받는 금액이 아니라 실질적으로 채권자로부터 그 채무를 면제받는 금액에 불과하므로, 이는 익금산입의 대상이 되는 수익의 금액에 해당한다.

(라) 조세특례제한법(2003. 12. 30. 법률 제7003호로 개정되고, 2005. 12. 31. 률 제7839호로 정되기 전의 것) 제44조 제2항과 조세특례제한법 시행규칙의 별지 제38호의2 서식은 채무의 출자전환 과정에서 발행된 주식의 시가가 액면가액 이상이고 발행가액 이하에 해당하는 경우 그 발행가액에서 시가를 차감한 금액이 채무면제금액에 해당함을 명확히 하고 있다.

(2) 서울고등법원 2010. 7. 8. 선고 2009누30228 판결

(가) 법인세법 제17조 제1호는 자본거래로 인한 수익으로서 주식발행액면초과액을 익금에 불산입한다고 규정하여 주식발행액면초과액 전부를 비과세대상을 규정하고 있음에 반하여, 법인세법 시행령 제15조 제1항 후문은 법인세법 제17조 제1호의 주식발행액면초과액에 있어서 채무의 출자전환으로 주식을 발행한 경우로서 당해 주식의 시가가 액면가액 이상이고 발행가액 이하에 해당하는 경우에는 시가에서 액면가액을 차감한 금액만을 비과세대상으로 규정함으로써, 발행가액에서 시가를 차감한 금액은 비과세대상에서 제외하여 비과세대상의 범위를 축소하고 과세대상의 범위를 확대하고 있으므로, 이는 법인세법 시행령 제15조 제1항 후문이 익금불 산입의 범위의 제한을 통하여 법인세법 제17조 제1호 소정의 비과세요건을 변경하고 있는 것으로 보이는 점,

(나) 법인세법 제17조 제1호는 익금 불산입의 대상인 주식발행 액면초과액의 범위에 대하여 법인세법 시행령에 위임하지 않았을 뿐만 아니라, 법인세법의 다른 규정에서도 위와 같은 위임규정을 두고 있지 않은 점,

(다) 법인세법 제17조 제1호의 '주식발행액면 초과액'이라 함은 발행가액에서 액면가액을 차감한 금액을 의미하는 것으로서 그 의미가 명확하여 달리 해석될 여지가 없을 것으로 보임에도 불구하고, 법인세법 시행령 제15조 제1항 후문이 채무의 출자전환으로 그 시가가 액면가액 이상이고 발행가액 이하인 주식을 발행한 경우에 있어서의 주식발행액면초과액의 의미를 발행가액에서 액면가액을 차감한 금액이 아닌 시가에서 액면가액을 차감한 금액으로 규정하고 있는 것은 시행령으로 법률에 규정된 내용을 함부로 축소하는 내용의 해석규정을 마련한 것이라고 할 것인 점,

(라) 2005. 12. 31. 법률 제7838호로 개정된 법인세법 제17조 제1항 제1호가 법인세법 시행령 제15조 제1항 후문에서 규정하고 있던 주식발행액면초과액에서 채무의 출자전환으로 주식 등을 발행하는 경우에 있어서 당해 주식 등의 시가를 초과 하여 발행된 금액을 제외한다는 내용을 새로이 추가하기 전까지는 법인세법 제17조 제1호(1998. 12. 28. 법률 제5581호로 전부개정되기 전의 법인세법 제15조 제1항 제1호도 마찬가지임)가 주식발행액면초과액 전부를 익금불산입의 대상으로 하고 있었고, 이 사건에 적용된 법인세법 시행령 제15조 제1항으로 개정되기 전까지는 법인세법 시행령 제15조 제1항(1998. 12. 31. 대통령령 제15970호로 개정되기 전의 법인세법 시행령 제10조 제1항도 마찬가지임)이 액면을 초과하여 주식을 발행한 경우 그 액면가액을 초과하는 금액을 주식발행액면초과액의 의미로 직접 규정하거나 상법 제459조 제1항 제1호에 해당하는 금액을 주식발행액면초과액의 의미로 규정하고 있었던 점에 비추어 볼 때, 납세의무자로서는 법인세법 제17조 제1호의 주식발행액면초과액의 의미가 위와 같은 종전 시행령의 내용과 달리 법인세법 제15조 제1항 후문과 같은 내용이 변경될 것이라고 예측하기 어려울 것으로 보이는 점,

(마) 법인세법 제17조 제1호에 근거하여 지금까지 익금불산입을 해주던 과세관청이 갑자기 시행령만을 개정하여 이를 제한할 수 있도록 용인하는 것은 조세법률주의의 근간을 훼손하는 일이라고 할 것인 점,

(바) 채무의 출자전환으로 주식을 발행하는 경우로서 당해 주식의 시가가 액면가액 이상이고 발행가액 이하에 해당하는 모든 경우에 있어서 익금

불산입의 대상인 주식발행액면초과액을 시가에서 액면가액을 차감한 금액으로 제한하고 있는 법인세법 시행령 제15조 제1항 후문과는 익금 불산입의 요건이나 적용범위에서 현저한 차이가 있어 조세특례제한법 제44조 제2항이 법인세법 시행령 제15조 제1항 후문을 포함하고 있다고 볼 수 없고, 비록 조세특례제한법 시행규칙 제61조 제1항 제39의2호 관련 별지서식 38의2로 첨부된 출자전환채무변제명세서에는 주식의 발행가액에서 주식의 시가를 차감한 금액을 채무변제금액으로 기재하고 있다고 하더라도, 이는 서식에 불과하여 구체적인 채무변제금액을 특정하는 것이라고 보기 어려운 점에 비추어 볼 때, 조세특례법 제44조 제2항은 법인세법 시행령 제15조 제1항 후문의 위임근거인 모법이 될 수 없다고 할 것인 점,

(사) 앞서 본 사정들에 의하면, 법인세법 시행령 제15조 제1항 후문이 단지 법인세법 제17조 제1호의 해석상 가능한 것을 명시한 것에 지나지 않거나 법인세법 제17조 제1호의 취지에 근거하여 이를 구체화하기 위한 것이라고는 볼 수 없는 점 등을 종합해 보면, 법인세법 시행령 제15조 제1항 후문은 법률의 위임 없이 위임입법의 한계를 벗어나 법인세법 제17조 제1호에 규정된 익금불산입의 대상인 주식액면초과발행액의 범위를 함부로 제한하는 것으로서 무효라고 할 것이다.

2. 上古理由

(1) 상고이유는 다음과 같다. 법인세법 시행령 제15조 후단의 규정이 위임입법의 법리에 위배된다고 주장하는 것은 위임입법의 법리에 대한 오해이다(상고이유 제1점). 신의성실의 원칙이나 국세기본법 제18조 제3항 등이 정하는 소급과세금지의 원칙에 위배되지 아니한다(상고이유 제2점). 전환사채를 주식으로 전환하는 경우 발행되는 주식의 발행가액의 처리와 관련하여 이는 실질과세원칙에 위배되지 아니한다(상고이유 제3점).

(2) 원심 판결의 부당성은 다음과 같다. 원심은 법인세법 제17조 제1호의 주식발행액면초과액을 익금에 산입하지 않는다는 규정을 해석하면서, 이 사건과 같이 출자전환에 따른 주식발행으로 인한 주식발행액면초과액의 의미를 밝힘에 있어 상법상의 형식상의 문구에 얽매어 기업회계기준 상의 주

식평가의 방법, 자본의 개념, 상법상 주금 납입, 법인세법상 익금의 개념 등 그 본질에 대한 종합적인 고려없이 법인세법시행령 제15조 제1항 제1호 후문이 위임입법의 한계를 초과한 것으로 판단하였다.

그러나, 채무의 출자전환에 따른 채권자와 채무자 간 약정의 내용은 채무자 회사의 1주의 시가로 채권자가 자본을 납입하는 것이며, 회계처리에서 살펴보듯이 공정가액(시가) 초과분에 대하여는 채권채무조정에 의하여 채무자에게는 채무조정이익 또는 채무면제이익으로, 채권자에게는 대손상각으로 비용이 되는 거래로 구성되는 것으로 보아야 하므로, 결국 주식의 시가에 대한 자본납입의 자본거래와 주식의 시가초과분에 대한 채무조정에 의한 손익거래로 나누어 구분되어야 한다.

그런데 다음 〈표〉에서 살펴보듯이 원심의 판시대로라면, 발행가액과 공정가액(시가)의 차이를 자본거래로 인한 수익의 익금불산입 항목으로 해석하게 되어 채권자와 채무자간 손금과 익금의 범위도 일치하지 않는 매우 불합리한 결과를 초래하게 되며, 반면 기업회계기준이나 법인세법에서는 발행가액과 공정가액(시가)와의 차이를 모두 자본거래로 인한 수익이 아닌 손익계산서 항목의 손익거래로 보는 태도를 보이는 서로 상반된 결론에 이르게 된다.

〈표〉 채무의 출자전환에 따른 공정가액 초과액에 대한 비교

구 분			원심 판결		기업회계기준		법인세법		상 법
	발행가의 구분		채무자	채권자	채무자	채권자	채무자	채권자	채무자 채권자
발행가 10,000원	공정가액 초과액	3,000	법인세법 제17조 자본거래로 인한 수익의 익금 불산입	법 19조 (손금)	채무조정이익 (수익)	대손충당금 또는 대손상각 (비용)	법 15조 (익금)	법 19조 (손금)	법 447조 (수익, 비용) (익금, 손금)
공정가액(시가) 7,000원	공정가액	액면초과액	2,000		매도가능증권	주식발행면초과액	매도가능증권	법 17조 자본거래로 인한 수익의 익금불산입	제43조 기업회계기준과 관행의 적용	법 451조 법 457조
액면 5,000원		액면금액	5,000	자본금		자본금		자본금		

[判決의 要旨]

1. 多數意見

(1) 2003. 12. 30. 대통령령 제18174호로 개정된 구 법인세법 시행령 (2006. 2. 9. 대통령령 제19328호로 개정되기 전의 것) 제15조 제1항……이 납세자에게 불리한 방향으로 법인세의 과세대상을 확장하는 것은 구 법인세법 제17조 제1호의 규정과 부합하지 아니할 뿐만 아니라 그와 같이 확장하도록 위임한 모법의 규정도 찾아볼 수 없으므로 조세법률주의의 원칙에 반하여 무효라고 할 것이다.

(2) …… 2005. 12. 31. 법률 제7838호로 개정된 법인세법이 제17조 제1항 제1호 단서로 '채무의 출자전환으로 주식 등을 발행하는 경우에는 당해 주식 등의 시가를 초과하여 발행된 금액 부분을 주식발행액면초과액의 범위에서 제외한다'는 취지의 규정을 명문으로 두기 전까지는 위 발행 주식 시가 초과 부분도 구 법인세법 제17조 제1호의 주식발행액면초과액의 범위에 포함된다고 해석하는 것이 옳으므로, 이와 달리 규정한 이 사건 시행령 조항은 모법에 어긋난다.

2. 大法官 申暎澈의 反對意見

채무의 출자전환으로 주식을 발행하는 경우로서 당해 주식의 시가가 액면가액 이상이고 발행가액 이하에 해당하는 경우에는 원칙적으로 출자전환되는 채무 중 발행 주식 시가 초과 부분은 그 실질이 자본의 납입금과 같다고 볼 수는 없고 오히려 채무면제이익에 해당하여 그 금액만큼 법인의 소득 또는 담세력이 증가하였다고 봄이 타당하므로, 이를 구 법인세법 제17조 제1호의 주식발행액면초과액에 해당한다고 볼 수는 없다.

그렇다면 개정 전 시행령 제15조 제1항이 채무의 출자전환으로 주식을 발행하는 경우를 포함하여 액면 이상의 주식을 발행한 모든 경우에 대하여 일률적으로 그 액면을 초과한 금액 전액을 구 법인세법 제17조 제1호의 주식발행액면초과액에 해당하는 것으로 규정한 것은 오히려 위 법률 조항의 범위를 확대함으로써 결과적으로 법인세의 과세대상이 되는 수익의 범위를 축소하여 규정하였던 것으로 보아야 하고, 이 사건 시행령 조항은 위와 같은 개정 전 시행령 제15조 제1항이 납세자에게 유리하여 비록 무효는 아니라고 하더라도 구 법인세법 제15조 제1항, 제17조 제1호의 취지에는 부합하지 아니하므로 이를 바로잡은 것으로 보아야 한다. 그렇다면 이 사건 시행령 조항은 구 법인세법 제17조 제1호의 취지 및 의미에 부합하는 것으로서 모법의 해석상 가능한 것을 명시한 것에 지나지 아니하거나 모법 조항의 취지에 근거하여 이를 구체화하기 위한 것이므로, 모법의 명시적인 위임이 없다는 이유로 이를 무효라고 할 수 없다.

[法令 및 例規의 變更]

(1) 채무의 출자전환으로 주식을 발행하는 경우에 관한 법인세법 제17조에 의하면, 2005. 12. 31. 개정 이전까지는 주식발행액면초과액에 대하여 단서규정 없이 익금산입하지 아니하는 것으로 규정하였으나 2005. 12. 31. 단서규정을 신설하여 주식발행액면초과액 중 시가를 초과하여 발행된 금액은 익금산입하도록 규정하였고, 2008. 12. 26. 법률 제9267호로 다시 개정된 법인세법 제17조 제1항 제1호는 주식발행액면초과액의 수익을 내국법인의 각 사업연도의 소득금액계산에 있어서 이를 익금에 산입하지 아니하되 다만, 채무의 출자전환으로 주식 등을 발행하는 경우에는 당해 주식 등의 법인세법 제52조 제2항{건전한 사회통념 및 상관행과 특수관계자가 아닌 자 간의 정상적인 거래에서 적용되거나 적용될 것으로 판단되는 가격(요율·이자율·임대료 및 교환비율 기타 이에 준하는 것을 포함)을 기준으로 한다고 규정하고 있다}에 따른 시가를 초과하여 발행된 금액을 제외한다고 규정하였다.

법인세법 시행령 제15조 제1항의 개정과정을 살펴보면, 1998. 12. 31. 대통령령 제15970호로 개정되기 전의 법인세법 시행령 제10조 제1항은 법인세법 제15조 제1항 제1호에서 '주식발행액면초과액'이라 함은 액면을 초과하여 주식을 발행한 경우 그 액면가액을 초과하는 금액을 말한다고 규정하고 있었고, 2003. 12. 30. 개정된 법인세법시행령 제15조 전문은 구 법인세법 제17조 제1호의 주식발행액면초과액은 구 상법(2011. 4. 14. 법률 제10600호로 개정되기 전의 것, 이하 '상법'이라 함) 제459조 제1항 제1호에 해당하는 금액,

즉 '액면 이상의 주식을 발행한 때의 그 액면을 초과한 금액'으로 한다고 규
정하고 있고, 그 후문(이하 '이 사건 시행령 조항'이라 함)은 "법 제17조 제1호
의 주식발행액면초과액에 있어서 당해 주식의 시가가 액면가액 이상이고 발
행가액 이하에 해당하는 경우에는 시가에서 액면가액을 차감한 금액을 익금
산입하지 아니한다2)고 하여 위 2005. 12. 31. 개정 법인세법 제17조 단서규
정과 같은 취지로 개정하였다가, 2006. 2. 9. 대통령령 제19328호로 개정된
법인세법 시행령 제15조는 법인세법 제17조 제1항 각 호의 규정에 의한 수
익은 각각 상법 제459조 제1항 제1호·제1호의2·제1호의3·제2호·제3호
및 제3호의2에 해당하는 금액으로 한다고 규정하였다.

(2) 재경부예규에 의하면, 법정관리법인이 법정관리계획에 따라 채무를
출자전환하는 경우에 종전 예규(재법인46012-191, 1999. 12. 6.)는 "주식의 액
면가액을 초과하는 금액은 주식발행액면초과액에 해당한다"고 유권해석하였
다가 이를 변경(재법인46012-37, 2003. 3. 5.)하여 "주식의 발행가액 중 시가를
초과하는 금액은 채무면제이익에 해당하고 주식의 액면가액과 시가와의 차
액은 주식발행액면초과액에 해당한다"고 유권해석한 후 그 시행일에 관한
예규(재법인46012-147, 2003. 9. 5.)에서 변경된 예규는 2003. 3. 5. 이후 개시
하는 사업연도에 출자전환하는 분부터 적용하도록 하였다.

◎ 구 상법(2011. 4. 14. 법률 제10600호로 개정되기 전의 것) 제459조 (자본준비금)

① 회사는 다음의 금액을 자본준비금으로 적립하여야 한다.

1. 액면 이상의 주식을 발행한 때에는 그 액면을 초과한 금액

◎ 구 조세특례제한법(2003. 12. 30. 법률 제7003호로 개정되어 2005. 12. 31. 법률 제
7839호로 개정되기 전의 것) 제44조 (회생계획인가 등의 결정을 받은 법인의 채무면제
익에 대한 과세특례)

② 회사정리법에 의한 정리계획인가의 결정이나 화의법에 의한 화의인가의 결정
또는 파산법에 의한 강제화의인가의 결정을 받은 법인 및 기업구조조정촉진법에 의한
경영정상화계획의 이행을 위한 약정을 체결한 부실징후기업이 2005년 12월 31일까지

---

2) 2003. 12. 30. 개정한 법인세법 시행령 제15조 제1항에서 '2004. 1. 1. 이후 출자전환분부
터 적용한다'고 규정하고 있다.

채무를 출자로 전환받음에 따라 채권자로부터 채무의 일부를 면제받는 경우로서 정리
계획인가, 화의인가 또는 강제화의인가의 결정 및 경영정상화계획의 이행을 위한 약
정에 채무를 출자로 전환하는 조건에 의한 채무의 면제액이 포함되어 있는 경우(약정
여부에 관계없이 기업구조조정촉진법에 의한 반대채권자의 채권수청구권과 관련한
채무의 면제액을 포함한다)에는 그 면제받은 채무에 상당하는 금액(대통령령이 정하
는 결손금을 초과하는 금액에 한하며, 이하 이 조에서 "출자전환채무면제익"이라 한
다)은 당해 사업연도의 소득금액계산에 있어서 이를 익금에 산입하지 아니할 수 있
다. 이 경우 출자전환채무면제익은 당해 사업연도 및 그 이후의 사업연도에 법인세법
제14조 제2항의 규정에 의한 결손금이 발생하는 경우 그 결손금의 보전에 충당하여
야 하며, 충당된 결손금은 동법 제13조 제1호, 제18조 제8호 및 제72조의 규정을 적
용함에 있어서 과세표준계산상 공제된 금액으로 본다.

[評 釋]

Ⅰ. 槪 觀

1. 爭點 및 論議의 實益

이 사건의 쟁점은, 이 사건 쟁점금액3)을 ① 구 법인세법 제17조 제1호
의 주식발행액면초과액이 아닌 채무면제 이익으로 볼 것인지(익금에 산입함,
주식취득의 대가가 아닌 채무면제로 보는 것임) 아니면 ② 구 법인세법 제17조
제1항 제1호의 주식발행액면초과액으로 볼 것인지(익금에 산입하지 아니함,
주식취득의 대가로 보는 것임)이다.

이 같은 논의의 실익은 이 사건 쟁점금액을 채무면제이익으로 본다면
이 사건 쟁점금액 중 특례금액이 결손금 보전에 충당4)되어 소멸될 때까지는
이월결손금이 발생할 수 없게 되지만, 주식발행액면초과액으로 본다면 2005
사업연도 및 그 이후의 사업연도에 발생하는 결손금은 이월결손금으로서 소

---

3) 2005~2007 사업연도 법인세 세무조정시 채무의 출자전환과정에서 2005. 11. 23.부터 2005.
11. 30.까지 사이에 발행된 주식의 발행가액과 시가와의 차액이다.

4) 현행 법인세법 제18조 제8호가 '채무면제 또는 소멸로 인한 부채의 감소액 중 대통령령
이 정하는 이월결손금의 보전에 충당된 금액'을 각 사업연도의 소득금액계산에 있어 익금
에 산입하지 않는다고 규정하고 있으므로, 채무면제익은 위 일정한 이월결손금의 보전에
우선 충당하고 그 뒤에 남는 금액만이 익금에 산입된다.

득금액에서 공제되어 법인세의 과세표준 및 세액을 줄일 수 있다는 것이다.5)
이 사건에서 원고는 2005 사업연도에 37,773,201,410원, 2006 사업연도에
33,047,580,285원, 2007 사업연도에 13,052,961,724원으로 합계 83,873,743,190원
의 결손금이 발생하였는 데, 당초 이 사건 쟁점금액을 채무면제이익으로 보
아 2005~2007 사업연도 법인세의 과세표준을 0원(결손금이 이 사건 쟁점금
액으로 충당됨), 세액을 0원으로 각 신고하였다. 그런데 이 사건 쟁점금액을
주식발행액면초과액으로 보아 법인세 과세표준을 2005 사업연도는 △
37,773,201,410원, 2006 사업연도는 △ 33,047,580,285원, 2007 사업연도는 △
13,052,961,724원으로 경정해 줄 것을 청구하였는 데, 원고가 승소하면 세액
은 2005~2007 사업연도에 모두 0원으로 변함이 없으나, 그 금액을 이월결손
금으로 활용할 수 있게 된다.

2. 出資轉換으로 發行하는 株式의 發行價額과 時價와의 差額

　　채무의 출자전환으로 주식을 발행함에 있어 발행가액이 시가를 초과하
는 경우 '발행가액(40,000원)과 시가(15,800원)의 차액'을 어떻게 볼 것인가에
관해서는 두 가지 입장이 있을 수 있다. 첫째, '주식의 취득 대가'로 보는 입
장이다. 이 입장에 따르면 발행가액과 시가의 차액은 자본 또는 출자의 납입
에 준하는 것이므로, 상법상 자본준비금이 되어야 하고 법인세법상 주주와
법인 사이의 자본거래로 인한 수익으로서 익금에 산입하지 않는 것이 타당
하다. 둘째, '채무의 면제'로 보는 입장이다. 이 입장에 따르면 발행가액과 시
가의 차액은 채무면제이익으로서 상법상으로는 자본준비금에 해당하지 않고
법인세법상으로는 손익거래로 인한 수익으로서 익금에 해당할 것이다.
　　판례6)는 채무의 출자전환으로 발행하는 주식의 발행가액이 시가를 초

---

5) "도산상태에 처한 회사들은 대개 결손금이 많으므로 채무면제를 받은 것은 결손금 충당
　에 쓰이게 된다. 그런데 이처럼 이월결손금을 모두 채무면제소득에 충당하는 방식은 그 이
　월결손금이 위 특례결손금이 아니라면 회사 입장에서 반드시 유리한 것이라고 할 수 없다.
　도산회사가 재건되어 이후 사업연도에서 많은 이익을 창출하게 되는 경우에는 채무면제익
　에 의해 이월결손금이 모두 소진된 결과 누진율에 따른 막대한 세금을 물을 수 있다."는
　견해로는 이의영, "출자전환 시 채무면제익에 대한 법인세 과세문제", 「사법논집」 제47집,
　536면 참조.
6) 대법원 2010. 9. 16. 선고 2008다97218 전원합의체 판결에서, 다수의견은 '기업개선작업절

과하는 경우 그 초과하는 금액도 '주식의 취득 대가'로 보는 입장이다. 기업
회계에서는 주식발행가액이 액면가액을 초과하는 경우 그 초과하는 금액은
주식발행초과금으로서 자본잉여금으로 분류하면서도, 출자전환으로 인한 주
식의 발행에 있어서는 주식의 발행가액과 시가의 차액은 채무조정이익(채무
면제이익)으로 처리하고 있다. 상법은 명시적 규정을 두고 있지 않다.

　　법인세법은 2003년 이전에는 주식발행가액이 액면가액을 초과하는 경
우 그 초과하는 금액은 '주식의 취득대가'라는 입장을 전제로 하고 있는 것
으로 보인다.7)8) 2004년, 2005년에는 구 법인세법 시행령 제15조 제1항 후문
에서 '채무의 면제'로 규정하였고, 구 조특법 제44조 제2항, 구 조특법 시행
령 제41조는 채무의 출자전환에 따라 채무의 일부를 면제받은 경우 익금에
산입하지 않을 수 있는 과세특례를 신설하였다. 2006년 이후에는 법률에서
채무의 면제로 규정하였다. 즉 이 사건 시행령 조항과 같은 취지의 내용이
개정 법인세법 제17조 제1항 단서로 신설되고, 개정 법인세법 제15조 제3항
의 위임을 받은 개정 법인세법 시행령 제11조 제6호 괄호 부분은 개정 법인

차에서 이루어진 출자전환행위'에 관해 주식의 시가를 평가하여 그 시가 평가액만큼만 기
존의 채무가 변제되고 나머지 금액은 면제된 것으로 볼 것은 아니라, 각 채권은 당사자들
이 그 계약에서 정한 금액만큼 소멸한다는 견해를 취하고 있다.

7) 구 법인세법 제15조 제1항은 해당 법인의 순자산을 증가시키는 거래로 인하여 발생하는
수익의 금액은 원칙적으로 익금으로 보면서 다만 '자본 또는 출자의 납입'과 '법인세법에서
규정하는 것'은 그 예외로 규정하였고, 구 법인세법 제15조 제3항은 수익의 범위 및 구분
등에 관하여 필요한 사항을 대통령령으로 정하도록 위임하고 있고, 그에 따라 법인세법 시
행령 제11조는 수익의 범위를 규정하고 있는데 제6호에서 '채무의 면제 또는 소멸로 인하
여 생기는 부채의 감소액'을 규정하였다. 구 법인세법 제17조는 자본거래로 인한 수익을
익금에 산입하지 아니하는 예외를 규정하고 있는데 제1호에서 '주식발행액면초과액'을 규
정하였고, 구 법인세법 시행령 제15조 제1항은 법인세법 제17조 제1호의 '주식발행액면초
과액'은 '상법 제459조 제1항 제1호에 해당하는 금액'('액면 이상의 주식을 발행하는 때 그
액면을 초과하는 금액')으로 한다고 규정하였다.

8) 대법원 2010. 12. 23. 선고 2009두11270 판결은 2003년의 법령(구 법인세법 제17조 제1
호)이 적용된 사안에서 '주식의 취득 대가'라는 입장을 전제로 하고 있다. 즉 구 법인세법
제17조 제1호가 적용되는 사안에서 위 판결은 '시가(5,000원 미만, 주당 25원) ＜ 액면가액
(5,000원) ＜ 발행가액(500,000원)'인 경우 액면가액을 초과하는 발행가액 중 시가를 초과
하는 금액도 모두 주식발행액면초과액이라고 보았고, 명확히 판시하지는 않았지만 채무의
출자전환으로 주식이 발행된 경우라고 하더라도 마찬가지임을 전제로 하고 있다. 현행 법
인세법 제17조 제2항 및 동법 시행령 제15조 제4항에 미루어 볼 때, 법인세법의 출자전환
채무면제익에 대한 과세제도는 시가가 액면가를 초과하는 경우 뿐만 아니라 시가가 액면
가에 미달하는 경우도 적용대상으로 하고 있다는 견해로는 최성근, "채무면제익에 대한 과
세", 「조세학술논집」 제25집 제1호, (2009), 182면 참조.

세법 제17조 제1항 단서의 규정에 따른 금액을 채무의 면제로 인한 익금으로 규정하였다. 뿐만 아니라 구 조특법 제44조 제2항과 같은 취지의 내용이 법인세법 제17조 제2항,9) 법인세법 시행령 제15조 제4항으로 신설되었다. 과세실무는 전술한 바와 같이 기존에 주식의 취득 대가라는 입장을 취하다가 2003. 3. 5. 채무의 면제라는 입장으로 예규를 변경하였다.10)

II. 이 事件 施行令 條項이 無效인지 與否

1. 序 說

법인세법시행령 제15조 제1항 후문은 이 사건 쟁점금액(= 채무의 출자전환으로 발행하는 주식의 시가가 액면가액 이상이고 발행가액 이하인 경우 발행가액과 시가의 차액)을 구 법인세법 제17조 제1호의 '주식발행액면초과액'에서 배제함으로써 결과적으로 채무면제이익으로 규정하고 있다. 따라서 ① 이 사건 시행령 조항이 조세법률주의 원칙에 위배되어 무효라면 이 사건 쟁

---

9) 법인세법 제17조 제2항은 회생계획인가의 결정을 받은 법인 등 채무출자로 인한 채무면제익은 이후의 각 사업년도에서 발생하는 결손금의 보전에 충당하는 방식으로 과세를 이연할 수 있도록 하는 예외를 두었다. 법인세법 제17조 제2항이 신설됨에 따라 도산상태에 있는 회사의 채무재조정 거래 과정에서 출자전환을 행하여 발생된 채무면제익에 대해서는 추가적인 세제 혜택이 부여되었는바, 법인세법 제18조 제8호(출자전환된 구 채무액과 신주의 시가(단, 시가가 액면가액에 미달하는 경우에는 액면가액) 간의 차액은 그 경제적 실질에 따라 채무면제익으로 취급되어 원칙적으로 당해 사업연도의 익금에 산입되고, 앞서 본 바와 같이 해당 법인에게 소정의 이월결손금이 있는 경우에는 법인세법 제18조 제8호에 의해 그 이월결손금의 보전에 충당된다)의 적용을 받지 않은 다음 3가지 금액, 즉 ① 채무자 회생 및 파산에 관한 법률에 따라 채무를 출자로 전환하는 내용이 포함된 회생계획인가의 결정을 받은 법인이 채무를 출자전환하는 경우로서 당해 주식 등의 시가(시가가 액면가액에 미달하는 경우에는 액면가액)를 초과하여 발행된 금액, ② 기업구조조정 촉진법에 따라 채무를 출자로 전환하는 내용이 포함된 경영정상화계획의 이행을 위한 약정을 체결한 부실징후기업이 채무를 출자전환하는 경우로서 당해 주식 등의 시가(시가가 액면가액에 미달하는 경우에는 액면가액)를 초과하는 금액, ③ 당해 법인에 대하여 채권을 보유하고 있는 금융실명거래 및 비밀보장에 관한 법률 제2조 제1호의 규정에 의한 금융기관과 채무를 출자로 전환하는 내용이 포함된 경영정상화계획의 이행을 위한 협약을 체결한 법인이 채무를 출자로 전환하는 경우로서 당해 주식 등의 시가(시가가 액면가액에 미달하는 경우에는 액면가액)를 초과하는 금액은 당해 사업연도의 익금에 산입되지 아니하고, 그 이후의 각 사업연도에 발생한 결손금의 보전에 충당할 수 있다. 이와 같은 방법으로 채무면제익이 결손금 보전에 충당되기 전에 당해 회사가 사업을 폐지하거나 해산하는 경우에는 그 사유가 발생한 날이 속하는 사업연도의 소득금액계산에 있어서 결손금의 보전에 충당되지 아니한 금액 전액을 익금에 산입한다.

10) 변경된 예규는 2004. 1. 1.부터 적용되고 있다.

점금액은 구 법인세법 제17조 제1호의 주식발행액면초과액에 해당하지만, ② 이 사건 시행령 조항이 유효라면 이 사건 쟁점금액은 이 사건 시행령 조항에 따라 주식발행액면초과액이 아닌 채무면제이익에 해당한다. 그러므로 이 사건 시행령 조항이 무효인지 여부가 또 다른 쟁점이다.

그런데 법률의 위임없이 또는 그 위임의 범위를 벗어나 시행령으로 납세자에게 불리한 내용(과세대상의 범위를 확장, 비과세대상의 범위를 축소 등)을 규정한 경우에는 그 시행령은 조세법률주의의 원칙에 위배되어 무효11) 이지만, 시행령의 내용이 모법의 입법 취지와 관련 조항 전체를 유기적·체계적으로 살펴보아 모법의 해석상 가능한 것을 명시한 것에 지나지 아니하거나 모법 조항의 취지에 근거하여 이를 구체화하기 위한 것인 때에는 위임 규정이 없더라도 무효가 아니라12)고 하는 것이 판례의 입장이다. 따라서 이 사건 쟁점은 결국 ① 이 사건 시행령 조항이 모법의 해석 가능한 것을 명시하거나 그 취지에 근거하여 이를 구체화하기 위한 것인지(확인적 규정이라는 견해 = 유효설), 아니면 ② 이 사건 시행령 조항이 모법의 내용과 달리 납세자에게 불리한 새로운 내용을 규정(= 구 법인세법 제17조 제1호보다 주식발행액면초과액의 범위를 축소)한 것인지(창설적 규정이라는 견해 = 무효설)의 문제로 귀결된다.

2. 學　說

(1) 확인적 규정이라는 견해 (유효설)

전술한 바와 같이 제1심은 이 사건 시행령 조항이 확인적 규정이라는 견해(= 유효설)를 취하여 원고의 청구를 기각하였고, 원심은 이 사건 시행령 조항이 창설적 규정이라는 견해(= 무효설)를 취하여 원고의 청구를 인용하였다. 이 사건 시행령 조항이 확인적 규정이라는 견해가 주요 논거로 드는 것은 다음과 같다.

우선 구 법인세법 시행령 제15조 제1항 전문은 구 법인세법 제17조 제1

---

11) 대법원 1987. 9. 22. 선고 86누694 전원합의체 판결; 대법원 2000. 3. 16. 선고 98두11731 전원합의체 판결; 대법원 2007. 5. 17. 선고 2006두8648 전원합의체 판결 등.

12) 대법원 2009. 6. 11. 선고 2008두13637 판결; 대법원 2010. 8. 19. 선고 2010두1750 판결 등.

호의 규정에 의한 수익은 상법 제459조 제1항 제1호에 해당하는 금액으로
한다고 규정하고 있으므로 '구 법인세법 제17조 제1호의 주식발행액면초과
액 = 상법 제459조 제1항 제1호의 금액'이 된다는 것이다. 그런데 상법 제
459조 제1항 제1호의 금액은 기업회계상의 주식발행초과금과 일치하므로 결
국 '구 법인세법 제17조 제1호의 주식발행액면초과액 = 상법 제459조 제1항
제1호의 금액 = 기업회계상의 주식발행초과금'의 관계가 된다. 따라서 법인
세법상으로도 채무의 출자전환으로 발행하는 주식의 발행가액과 시가의 차
액은 기업회계와 마찬가지로 채무의 면제금액으로 보아야 한다는 결론에 이
른다는 것이다.

둘째, 현물출자에 의한 주식의 취득가액을 '취득당시의 시가'로 규정한
구 법인세법 제41조 제1항, 제2항, 구 법인세법 시행령 제72조 제1항 제4호
는 채무의 출자전환으로 발행한 주식의 발행가액과 시가의 차액은 주식발행
법인에 대해서도 채무면제이익으로 보는 것을 예정하고 있고, 이 사건 시행
령 조항은 이러한 내용을 구체화한 확인적 규정에 불과하다는 것이다. 이들
규정에 따르면 이 사건에서 채권금융기관의 주식의 취득가액은 15,800원이
되고, 24,200원은 주식의 취득가액이 아니라 채무면제금액(대손금, 기부금 또
는 접대비)으로 된다. 이에 따라 원고의 경우 24,200원은 채무면제이익(익금)
이 되고, 15,800원만이 실질적인 주식의 발행가액13)이 된다.

셋째, 2003. 12. 30. 신설된 구 조특법 제44조 제2항은 채무의 출자전환
으로 발행한 주식의 발행가액과 시가의 차액이 채무면제이익으로서 익금에
산입됨을 전제로 그 금액의 익금불산입과 결손금 공제에 관한 과세특례를
규정하고 있었으므로 이 사건 시행령 조항이 무효라고 하면 구 조특법 제44
조 제2항 등은 적용될 여지가 전혀 없는 무용(無用)한 조항이 되고 말 것이
라는 것이다.14)

---

13) 5,000원은 자본금이고, 10,800원은 주식발행액면초과액이다.

14) 현행 법인세법 제17조 제2항은 제18조 제6호에 의해 기존 결손금의 보전에 충당하는 방
법으로 익금불산입의 혜택을 받지 못하는 채무면제익도 향후 사업연도의 결손금의 보전에
충당하는 범위 내에서는 똑같은 익금불산입의 혜택을 받을 수 있다는 의미이므로, "채무의
출자전환으로 주식 등을 발행하는 경우에는 당해 주식 등의 시가를 초과하여 발행된 금액
을 제외한다"는 현행 법인세법 제17조 제1항 제1호 단서 규정의 의미는 출자로 전환되는
채권의 원리금 가액이 그 출자전환으로 발행되는 주식의 시가를 초과하는 경우 그 차액을
채무면제액으로 보아야 한다는 견해로는 한만수, "자본구조조정 및 채무조정의 과세효과

넷째, 채무의 출자전환으로 발행한 주식의 발행가액과 시가의 차액은 형식적으로는 주식발행액면초과액으로 표시되더라도 그 실질은 '채무면제이익'이므로, 실질과세의 원칙상 구 법인세법 제17조 제1호의 '주식발행액면초과액'에 해당하지 않는다고 해야 한다는 것이다.15)

(2) 창설적 규정이라는 견해 (무효설)

이 사건 시행령 조항이 창설적 규정이라는 견해에서는 무효설의 주요 논거에 관해 다음과 같은 비판이 가능하다. 첫째, 채무의 출자전환으로 발행하는 주식의 발행가액과 시가의 차액은 기업회계에서는 '채무면제이익'으로 처리하더라도, 상법상으로는 자본충실의 원칙상 '자본준비금'으로 처리하여 적립하도록 하는 것이 그 취지에 부합하므로 상법 제459조 제1항 제1호의 금액과 기업회계상의 주식발행초과금은 일치하는 것은 아니다. 구 법인세법 제17조 제1항 제1호의 '주식발행액면초과액'은 고유개념으로 볼 수 있고, 설령 차용개념으로 보더라도 기업회계상의 '주식발행초과금'을 차용한 것이 아니라 상법 제459조 제1항 제1호의 액면 초과금을 차용한 것으로 보는 것이 타당하다. 상법 제459조 제1항 제1호의 '주식발행액면초과액'과 기업회계상의 '주식발행초과금'은 구체적인 경우 그 범위가 달라질 수 있는 데, 특히 채무의 출자전환으로 발행하는 주식의 발행가액과 시가의 차액은 기업회계상으로는 '채무면제이익'이고 주식발행초과금이 아니지만, 상법상으로는 '자본준비금'으로 보아야 한다.

둘째, 주식이 발행된 경우 주식발행법인에 대하여 '자본금, 주식발행액면초과액'을 어떻게 산정할 것인지와 주식취득법인에 대하여 '주식의 취득가액'을 어떻게 산정할 것인지는 별도의 기준에 따라 각각 정해지므로, 양자가 반드시 일치하는 것은 아니라고 할 것이다. 예컨대, 시가 6,000원인 주식을 액면가액 5,000원, 발행가액 8,000원으로 하여 발행하면서 시가 8,000원인 자산(주식취득법인이 주식발행법인에 대하여 가지고 있는 채권은 제외)의 현물출자로 주금이 납입된 경우 ㉠ 주식발행법인에 있어서는 과세실무상 자본금

에 관한 고찰", 「조세법연구」 제14권 제1호, (2011), 21면.

15) 同旨: 이정란, "채무의 출자전환과 채무면제이익 -2012. 11. 22. 선고 2010두17564 전원합의체 판결-" 「법학연구」 제55권 제1호, 부산대학교, (2014), 351-352면.

5,000원, 주식발행액면초과액 3,000원으로 되는데,16) ① 주식취득법인에 있어서는 주식의 취득가액은 주식의 취득당시 시가인 6,000원이 된다. 구 법인세법 제17조 제1호의 '주식발행액면초과액'의 내용과 구 법인세법상의 취득가액에 관한 규정의 내용이 일치하여야 함을 전제로, 채무의 출자전환으로 발행한 주식의 발행가액과 시가의 차액은 구 법인세법 제17조 제1호의 '주식발행액면초과액'에서 당연히 제외된다거나 이 사건 시행령 조항은 이러한 내용을 구체화·명확화한 확인적 규정에 불과하다고 할 수는 없다고 할 것이다.

셋째, 2003. 12. 30. 신설된 구 조특법 제44조 제2항은 채무의 출자전환으로 발행하는 주식의 발행가액과 시가의 차액이 채무면제임을 '전제'로 한 규정일 뿐 그 차액을 채무면제로 볼 수 있는 '근거' 규정이나 이 사건 시행령 조항의 위임규정이 될 수는 없다고 할 것이다.

넷째, 판례는 민사상 채무의 출자전환으로 발행하는 주식의 발행가액과 시가의 차액을 채무의 면제로 보지 않고 주식의 취득 대가로 보는 점, 채무의 출자전환은 통상 채무가 있는 법인이 부실화된 경우에 이루어지므로 그 경우 출자하는 채무의 실질적인 가치는 액면가액에 미치지 못할 여지가 큰 점, 주식의 발행가액이 시가보다 높은 일반적인 경우 그 차액을 자산의 수증이익이 아닌 주식의 취득 대가로 보는 점 등을 고려하면, 채무의 출자전환으로 발행하는 주식의 발행가액과 시가의 차액의 실질이 주식의 취득 대가가 아니라 채무면제금액이라고 보기도 어렵다17)고 할 것이다. 무효설의 논거가 타당하므로 무효설이 타당하다고 할 것이다.

(3) 이 사건에서 무효설과 유효설의 실질적인 차이

2005 사업연도 및 그 이후의 사업연도에 결손금이 생기는 경우에 차이가 있다. 무효설에 따르면 이러한 결손금은 그 이후의 사업연도에 과세표준을 산정함에 있어 이월결손금으로 소득금액에서 공제되어 그 사업연도의 과세표준을 줄이는 효과가 있다. 유효설에 따르면 이러한 결손금은 우선 이 사

---

16) 법인 46012-542, 1999. 7. 6., 재법인-489, 2004. 8. 26., 서면2팀-98, 2007. 1. 12.

17) 채무면제익을 과세하는 이론적 근거는 자산해방이론인데, 출자전환의 경우는 그로 인하여 실질적으로 회사자산이 해방되거나 실질적인 이득실현이 있다고 할 수 없으므로, 통상적인 채무면제익 과세와 반드시 동일한 관점에서 볼 것은 아니라고 하는 견해로는 이의영, 전게논문, 585면 참조.

건 쟁점금액 중 특례금액으로 충당되므로 충당되지 않는 결손금만이 그 이후의 사업연도의 소득금액에서 공제되는 이월결손금이 된다.

요컨대 유효설에 따르면 이 사건 쟁점금액 중 특례금액[18]이 결손금 보전에 충당되어 소멸될 때까지는 이월결손금이 발생할 수 없게 되지만, 무효설에 따르면 2005 사업연도 및 그 이후의 사업연도에 발생하는 결손금은 이월결손금으로서 소득금액에서 공제되어 법인세의 과세표준 및 세액을 줄이게 되어 원고에게 유리하다.

3. 債務의 出資轉換時 債權者에 대한 課稅

출자전환이 있기 전의 채무원리금의 가액이 출자전환으로 발행되는 주식의 시가를 초과하는 경우 현행 법인세법하에서는 채권자가 그 차액을 포기한 것으로 간주되는 데, 채권자가 그 포기한 채권의 가액을 소득금액 계산상 손금에 산입할 수 있는가 하는 문제가 생긴다. 그 여부는 그러한 채권의 포기 행위가 사업의 영위와 관련성이 있는지, 채권의 포기가 사업의 영위와 관련이 없다면 기부금에 해당하고, 사업의 영위와 관련이 있는 것으로 인정된다면 그 성격이 접대비에 해당하는지 여부에 달려 있다. 법인세법 기본통칙 34-62…5도 "법인이 약정에 의해 채권의 전부 또는 일부를 포기하는 행위는 법인세법시행령 제36조 제1호에 규정된 '특수관계자 외의 자에게 당해 법인의 사업과 직접 관계없이 무상으로 재산적 증여를 지출하는 것'에 해당하여 기부금을 구성할 수 있다"고 해석하고 있다.

채권자와 채무법인이 특수관계자이고 채무면제가 경제적 합리성이 없으면 법인세법 제52조에 따른 부당행위계산 부인이 적용될 수 있다.[19] 이 경우 채권자는 채무면제액을 손금산입할 수 없다.

채권자와 채무법인이 특수관계자가 아니고 장래에 회수 불확실한 채권을 조기에 회수하기 위하여 당해 채권의 일부를 불가피하게 면제하는 등 채무면제에 객관적으로 정당한 사유가 있는 때에는 채무면제액을 회수 불가능

---

[18] 구 조세특례제한법 시행령(2006. 2. 9. 대통령령 제19329호로 개정되기 전의 것) 제41조 제1항 참조.

[19] 대법원 2010. 1. 14. 선고 2009두12822 판결.

한 채권으로 보아 대손금으로 처리할 수 있다.[20] 그러나 채무자가 회생기업
이거나 부실징후기업인 경우, 2006. 2. 9. 개정된 법인세법 시행령 제72조 제
2항은 회생기업이나 부실징후기업이 채무의 출자전환에 따라 발행한 주식
의 취득가액은 출자전환된 채권의 장부가액으로 한다고 규정하였다. 이와 같
이 주식을 시가가 아닌 채권의 장부가액으로 평가하면 채무액을 그와 동등
한 가치의 주식으로 변제받은 것이 되므로 채권자는 채무액과 주식의 시가
의 차액을 대손금으로 손금산입할 수 없다.[21]

또한 부가가치세법 제45조 제1항에 의하면 사업자가 채권의 전부 또는
일부가 대손되어 회수할 수 없는 경우 대손세액공제를 할 수 있다.[22]

Ⅲ. 對象 判決의 意義

사법상 채무의 출자전환에 따른 주식의 발행가액과 시가와의 차액을 주
식의 취득대가 혹은 채무의 면제로 볼 것인가에 관해 2010년 대법원 전원합
의체에서 주식의 취득대가로 본다고 판시한 바 있으나, 세법에서도 이를 여
전히 주식의 취득대가로 볼 것인지 쟁점이 된 판결이다. 이 점에 관해 2006

---

20) 이중교, "채무의 출자전환에 따른 과세문제", 「조세법연구」 제20권 제2호, 300면.

21) 법인세법 시행령 제72조 제2항의 개정은 채무의 출자전환시점에 채무자에게 주식의 발
행가액과 시가의 차액에 대한 채무면제익의 과세를 면제하기 위한 것일 뿐 채권자에게 대
손금의 처리를 박탈하기 위한 것은 아니고 채무자에 대한 채무면제익의 과세제외와 채권
자의 채무면제에 대한 대손금처리가 논리필연적으로 연결된 것도 아니므로 채무자에 대한
채무면제익의 과세제외와 별도로 채권자의 대손금처리가 가능하도록 법령을 개정할 필요
가 있다는 견해로는 이중교, 전게논문, 311면 참조.

22) 한편 부가가치세법상 대손세액공제와 관련하여 조세심판원(조심 2012. 6. 29. 선고 2012
서1853 결정)은 2006. 2. 9. 법인세법 시행령 제72조 제2항이 개정되기 전의 사안에서는 회
생기업이 채무액과 주식의 시가의 차액을 대손금으로 보아 대손세액공제를 하는 것이 타당
하다고 결정하였으나, 2006. 2. 9. 법인세법 시행령 제72조 제2항이 개정된 후의 사안에서
는 채무의 출자전환에 따라 발행한 주식의 취득가액을 출자전환된 채권가액으로 하고 있
는 이상 채권자가 채무액을 주식으로 회수한 것이므로 채무액과 주식의 시가의 차액을 대
손금으로 보아 대손세액공제를 할 수 없다고 결정하였다. 그러나 조세심판원(조심 2013. 9.
11. 선고 2012서1842 결정)은 그 후 입장을 바꾸어 출자전환된 주식을 회생채권의 장부가
액으로 평가할 경우 출자전환시점에서 법인세에 대하여는 대손금을 손금산입하지 못하지
만 주식처분 시 처분손실 계상이 가능한 반면, 부가가치세는 대손세액공제를 허용하지 않
으면 출자전환시점뿐 아니라 주식처분시점에도 대손세액공제가 불가능한 점, 부가가치세
매출세액은 물론 매출채권마저 회수하지 못한 채권자에게 거래징수하지 못한 부가가치세
까지 부담하게 하는 것은 과도한 점 등을 들어 채무액과 주식의 시가의 차액에 대하여 대
손세액공제를 할 수 있다고 결정을 변경하였다.

년 이후 법인세법은 채무의 면제로 보고 있으나, 2006년 이전에는 법인세법 시행령에서 채무의 면제로 보고 있을 뿐, 법인세법에서는 여전히 주식의 취득대가로 보도록 규정하고 있어서 대상 판결에서 문제가 된 것이다. 대상 판결의 사안을 보면 2006년 이전 사업연도가 문제가 된 것으로 당시 법인세법은 주식의 취득대가로 보는 반면, 법인세법시행령은 채무의 면제로 보고 있어, 구 법인세법시행령이 2006년 이전 법인세법에 어긋나므로 무효인지가 대상 판결의 또 다른 쟁점이다. 대법원의 다수의견은 구 법인세법시행령 조항이 납세자에게 불리한 방향으로 법인세의 과세대상을 확장하는 것은 조세법률주의 원칙에 반하여 무효라고 판시하고 있다. 대상 판결에 따르면 적어도 2006년 이전 법인세법에서는 채무의 출자전환에 따른 주식의 발행가액과 시가와의 차액은 주식의 취득대가라는 점을 확인하고 있다는 점에서 선례로서 의의가 있다고 하겠다.

合倂法人이 承繼한 被合倂法人 債權에 대한 貸損充當金의 損金算入[*]

安 慶 峰[**]

◎ 대법원 2015. 1. 15. 선고 2012두4111 판결

[事實의 槪要]

(1) 주식회사 국민은행(이하 '국민은행'이라 한다)은 금융업 등을 경영하는 내국법인이다. 2003년 소위 "카드사태"에 따른 카드사들의 재무구조의 전반적인 부실화 및 독자생존 곤란으로 총체적인 경제위기 문제가 대두되자, 정부는 카드회사의 대주주인 은행들에게 은행 위주로 계열 카드사를 재편하여 조기정상화를 추진할 것을 요구하였다. 이에 따라 국민은행은 2003. 9. 30. 국민은행이 74%의 지분을 보유하고 있던 국민신용카드 주식회사(이하 '국민카드'라 한다)를 흡수합병(이하 '이 사건 합병'이라 한다)하였다.

(2) 국민카드는 금융감독위원회의 여신전문금융업감독규정에 의하면 자신이 보유한 채권에 대하여 그 자산건전성에 따라 일정한 비율의 대손충당금을 설정하여야 하는데,[1] 국민카드가 이 사건 합병 당시 보유한 채권(이하 '이 사건 채권'이라 한다)에 대하여 위 규정에 따라 적립하여야 하는 대손충당금은 1,266,405,343,264원이었다. 또한 위 대손충당금 액수 중 423,599,396,074원

---

[*] 제37회 상사법무연구회 발표 (2015년 9월 19일)
　본 평석은 국민대학교에서 발간하는 「법학논총」 제29권 제1호, (2016)에 게재된 논문을 수정하여 작성하였음.
[**] 국민대학교 법과대학 교수
[1] 여신전문금융법을 적용받는 신용카드사는 여신전문금융업 감독규정 등에 따라 채권 등의 자산을 자산건전성의 분류기준을 적용하여 '정상', '요주의', '고정', '회수의문', '추정손실' 등 5단계로 분류하여야 하고 최소한의 적립기준 이상으로 대손충당금을 설정하여야 한다.: 윤성만, "합병시 대손충당금을 활용한 조세전략 사례연구", 「세무와 회계저널」 제16권 제4호, (2015), 99면.

－ 827 －

은 자산건전성 분류 기준상 추정손실 등급2)의 채권(이하 '이 사건 추정손실 채권'이라 하고, 이 사건 채권 중 이 사건 추정손실채권을 제외한 나머지 채권을 '이 사건 일반채권'이라 한다)에 관한 것인데, 국민카드는 이 사건 합병일까지 위 423,599,396,074원 중 상당부분에 관하여 금융감독원장으로부터 대손금 처리 승인을 받은 상태였다.

(3) 한편, 구 법인세법 제45조 제1항 제2호(2005. 12. 31. 법 제7838호로 개정되기 전의 것, 이하 '법인세법'이라 한다)에 따르면, 기업 합병 시 합병법 인이 피합병법인의 결손금을 합병법인의 결손금으로 보아 법인세 공제 혜택 을 받기 위해서는, 피합병법인의 주주 등이 합병법인으로부터 받은 주식 등 이 합병법인의 합병등기일 현재 발행주식총수 또는 출자총액의 100분의 10 이상이어야 하는데, 이 사건 합병의 경우 합병법인인 국민은행이 피합병법인 인 국민카드의 주주 등에게 교부한 주식은 합병 등기일 현재 발행주식 총수 의 2.4%에 불과하였기 때문에 국민은행은 국민카드의 이 사건 대손충당금을 합병법인의 결손금으로 인정받아 구 법인세법 규정에 따른 세금 공제혜택을 받을 수 없었다. 이에 따라 합병 전 국민은행과 국민카드는 여러 차례에 걸 쳐 합병관련 세무대책회의, 합병세무관련 국세청 질의와 유권회신 구득, 합 병세무 절세 전략 보고 등을 거쳐서 국민카드의 가결산자료에서 적립되었던 이 사건 대손충당금을 국민카드 자산에 환입하는 가결산을 하는 방식으로 이 사건 대손충당금을 적립하지 않기로 하고,3) 그 후 국민은행이 이 사건

---

2) 여신전문금융업 감독규정 〈별표 1〉의 자산건전성 분류기준에 의하면 '추정손실'은 6월 이상 연체대출금을 보유하고 있는 거래처에 대한 자산 중 회수예상가액 초과부분과 최종 부도 발생, 청산·파산절차 진행 또는 폐업 등의 사유로 채권회수에 심각한 위험이 존재하 는 것으로 판단되는 거래처에 대한 자산 중 회수예상가액 초과부분이다.

3) 국민카드의 재무제표에 의하면 국민카드는 기존에 적립된 대손충당금을 환입한 것이 아 니라 확정 결산시점에 미적립한 것으로 보아야 한다. 즉 대손충당금은 결산시 마다 채권의 대손가능성을 새로이 판단하여 적정한 금액을 적립하는 것으로서 국민카드의 대외공시된 2003. 6월말 반기 보고서 작성할 때에는 적정한 대손충당금을 적립하였고 그 이후 내부관 리용 매월말 가결산 자료에서 적정한 대손충당금을 기재하였다가, 법인세 신고대상인 의제 사업연도의 재무제표(2003.1.1.~9.30.)를 작성·확정함에 있어서는 이 사건 채권에 대한 대손충당금을 적립하지 않은 것으로 보인다. 따라서 이 사건 항소심 판결에서 국민카드가 대손충당금을 환입하는 방식으로 이 사건 대손충당금을 적립하지 않기로 하였다거나 기존 에 적립되어 있던 대손충당금을 회계장부에 계상하지 않았다고 한 것은 오해의 소지가 있 는 부적절한 표현으로 보이지만, 이 사건의 법리적 쟁점의 핵심 사실인 '국민카드가 결산 확정에 있어 대손충당금의 비용 계상을 하지 않았다는 사실' 자체는 이 사건 항소심 판결에

대손충당금을 영업외비용인 '합병관련 대손충당금 전입액등'으로 회계처리하여 원고의 손금으로 인정받아 법인세 공제 혜택을 받기로 하였다.

(4) 이에 따라 국민카드는 이 사건 합병에 따른 의제사업연도(2003. 1. 1. 부터 2003. 9. 30.까지)에 대한 결산을 함에 있어 기존에 가결산 자료에 적립되어 있던 이 사건 채권에 관한 대손충당금 또는 대손금을 모두 회계장부에 계상하지 않았고,4) 그와 같은 상태에서 이 사건 합병이 이루어졌으며, 국민은행은 이 사건 채권을 대손충당금이 설정되어 있지 않은 장부가액으로 승계하였다. 이 사건 합병대가는 관계 법령에 따라 2003. 5. 29. 및 그로부터 1주일, 1개월 전의 주가를 기준으로 하여 적법하게 산정되었다.

(5) 국민은행은 이 사건 합병 후 2003 사업연도에 대한 결산을 함에 있어 이 사건 채권 중 합병 후 매각되거나 회수된 채권 등 대손충당금 설정 대상이 아닌 채권을 제외한 나머지 채권에 관하여 대손충당금 9,320여억원을 회계장부에 계상(이하에서는 국민카드가 전항 기재와 같이 이 사건 합병 전에 이 사건 채권에 관한 대손충당금 또는 대손금을 회계장부상 설정하지 않은 것과 국민은행이 이 사건 합병 후에 이 사건 채권에 관한 대손충당금을 설정한 것을 아울러 '이 사건 회계처리'라 한다)하였고 이를 손금에 산입(이하 '이 사건 손금산입'이라 한다)하여 2003년 법인세 신고를 하였다.

(6) 피고 과세관청은 국민은행이 국민카드로부터 이 사건 채권을 위와 같이 승계한 것과 관련하여, 이 사건 추정손실채권 승계의 경우 구 법인세법 시행령(2003. 12. 30. 대통령령 제18174호로 개정되기 전의 것, 이하 같다) 제88조 제1항 제4호의 불량채권의 양수에, 이 사건 일반채권 승계의 경우 같은 항 제1호의 자산의 고가 매입에 각 해당된다는 이유로 이 사건 채권의 승계를 특수관계에 있는 자와의 거래로 인하여 국민은행의 소득에 대한 조세의 부담을 부당하게 감소시킨 것으로 인정하였다. 이에 따라 과세관청은 국민카드가 이 사건 채권에 관하여 설정하여야 하거나 설정할 수 있었던 대손충당금 1,266,405,343,264원을 손금불산입하였고, 그중 국민은행이 대손충당금으로 계상하지 않은 334,404,173,749원을 손금산입하였다(이하 '이 사건 소득금

서도 충분히 인정하고 있고 피고도 이 점은 다툼이 없는 것으로 보인다.

4) 본 논문의 각주 3)의 내용과 동일하다.

액 재계산'이라 함).

　(7) 그 후 피고는 원심에 이르러 '이 사건 소득금액 재계산'부분을, 합병 시 이월결손금의 승계를 제한한 구 법인세법을 회피할 목적으로 여신전문금융업법에 의한 대손충당금 적립기준을 고의적으로 위반한 위법행위로 보고, 피고의 조사결정권에 의하여 이와 같은 위법행위에 따라 이루어진 원고의 법인세 신고를 부인하는 것으로 처분사유를 변경하였다.

　또한 피고는 당초 2004 사업연도 법인세 계산 시 소득에서 공제하였던 이월결손금 190,561,725,176원을 2003 사업연도의 소득계산 시 반영하는 대신 이를 2004 사업연도 소득계산에서는 제외하고, 원고의 케이비자산운용에 대한 과다 운용수수료 지급에 관하여 부당행위계산부인을 하는 등으로 원고의 2003 사업연도 및 2004 사업연도의 소득금액을 다시 계산하였다.

　(8) 원고는 과세처분 중 2007. 5. 18. 및 7. 13.자 2003 사업연도 및 2004 사업연도 법인세 부과처분과 2007. 7. 13.자 농어촌특별세 부과처분에 불복하여 조세심판원에 심판청구하였다가 후술하는 바와 같이 2010. 3. 25. 이 사건 소득금액재계산에 의한 과세 부분을 제외한 나머지 일부에 대해서만 과세표준과 세액을 경정하는 결정을 하자, 이 사건 소득금액재계산에 의한 과세처분에 대해서 소를 제기하였다. 그 구체적 액수는 2003 사업연도 법인세 330,725,522,575원, 농어촌특별세 263,270,290원, 2004 사업연도 법인세 81,189,552,661원이 된다(이하 '이 사건 처분'이라 함).

　(9) 한편, 금융감독원은 2004. 4. 7.부터 2004. 5. 12.까지 원고에 대한 종합감사를 실시하였다. 그 결과 금융감독원은 「원고는 ○○카드사를 흡수 합병함에 있어 법인세회피를 목적으로 ○○카드가 합병기준일 현재 설정해야 할 대손충당금 1조 2,644억 원을 임의로 환입하거나 적립하지 아니하고 결산하도록 요청하였고, 회계기준 차이로 인하여 추가로 설정하여야 할 대손충당금 3,900억 원과 이 사건 대손충당금 환입액 등의 합계액 1조 6,564억 원을 원고가 '합병관련대손충당금전입액등(영업외비용)'으로 계상함으로써 회계처리기준을 위반하였으며, 이로 인하여 계정분류 오류 1조 2,302억 원, 자본잉여금 과대계정 3,096억 원을 초래하였으며 주석사항을 회계처리기준을 준수한 것처럼 기재하였다」고 지적하였다. 이에 따라 금융감독원은 원고는 기관

경고 및 과징금 20억 원, 원고 은행장은 문책경고, 원고 재무담당 부행장은 감봉 3개월, 원고의 외부감사인인 삼일회계법인은 손해배상기금 추가적립 25%, 특정회사 감사업무제한 2년 및 벌점 30점 적용의 징계를 하였다.

[訴訟의 經過]

1. 前審 決定5)의 要旨

(1) 청구법인은 피합병법인과의 합병에 있어 증권거래법에 따라 산정한 주식가격은 시가로 인정되므로 그 가격으로 합병대가 산정시 부당행위계산 부인 대상이 되지 않는다고 주장하나, 처분청은 이 건을 과세함에 있어 2003. 5. 30. 합병비율(주가)을 부인한 것이 아니라 2003. 9. 30. 합병결의 당시에는 피합병법인이 대손충당금을 설정하고 있었고 이러한 내용이 반영된 주가에 의해 합병비율이 산정되었으나, 청구법인은 합병결의 직후 세부담 회피를 위해 대손충당금을 전액 환입하고 이후 미설정하여 부실자산의 고가매입과 유사한 부당행위 등으로 보아 과세한 것으로서 <u>부당행위계산부인은 그 거래행위시점을 기준으로 판단하여야 하므로</u> 청구주장을 받아들일 수 없다.

(2) 또한 청구법인은 청구법인이 피합병법인의 대손충당금을 승계받아 손금에 산입한 것이 납세자의 선택사항이므로 부당행위계산부인 적용대상이 아니라고 주장하나 청구법인이 피합법법인의 이월결손금을 승계받지 못하자 조세회피목적으로 피합병법인이 적립하여야 할 대손충당금을 청구법인이 이를 승계하여 손금에 산입한 것으로써 청구법인은 조세회피만을 목적으로 기업회계기준을 위반하여 금융감독원으로부터 처벌을 받은 점 등에 비추어 볼 때, 청구법인의 회계처리는 경제적 합리성이 결여된 부당한 행위로 보이므로 청구법인의 주장을 받아들이기 어렵다.

(3) 한편 청구법인은 부당행위계산부인 규정 적용시 이익분여가 필수요건이므로 이익분여가 없는 이 건이 과세대상이 아니라고 주장하나, 추정손실채권은 금융감독원장의 승인여부와 관련 없이 회수 불가능한 불량채권으로 보는 것이 실질과세원칙에 부합된다는 점, 구 법인세법 제34조 제6항과 같은

---

5) 조심 2010. 33. 25. 선고 2007서4946 결정.

법 시행령 제62조 제4항의 개정취지는 기업회계기준에 따라 적법하게 계상한 대손충당금등을 전제로 하는 것으로서 이 건 거래와 같이 조세회피목적으로 고의로 대손충당금 등을 전혀 적립하지 않은 경우에는 적용될 수 없어 보이므로 청구법인의 주장을 받아들이기 어렵다.

(4) 따라서 청구법인은 조세회피만을 목적으로 피합병법인이 합병기준일(2003. 9. 30)에 대손충당금으로 설정하여야 할 쟁점 ③금액을 임의 환입하거나 적입하지 아니하고 결산토록 요청하는 등 회계처리 기준을 위반하여 금융감독원으로부터 처벌을 받은 점 등에 비추어 볼 때, 청구법인의 회계처리는 경제적 합리성을 갖추었다고 보기 어려우므로 처분청의 이 건 처분에는 잘못이 없는 것으로 판단된다.

2. 原審 判決의 要旨

(1) 서울행정법원 2011. 4. 1. 선고 2010구합26056 판결

합병 당사자 사이의 채권 승계는 합병의 법적 성질과 본질에 비추어 당연한 것으로서 특수관계에 있는 자 사이의 합병뿐 아니라 모든 종류의 합병에서도 마찬가지이며, 합병으로 인하여 채권의 가치에 변동이 생기는 것도 아니므로, 합병법인 乙의 채권 승계와 그에 관한 경제적 가치의 부여는 사회통념 및 상관행과 시가에 비추어 이상한 거래형식을 택하였다거나 부당한 경제적 가치를 부여한 것으로 볼 수 없어서 경제적 합리성을 결한 것으로 인정할 수 없으며, 대손충당금 설정에 관한 피합병법인 甲 및 합병법인 乙의 회계처리 역시 그 자체는 재화의 이동에 해당되지 않는 데다가, 더 나아가 채권의 실질 가치는 합병으로 인하여 소멸되는 회사나 합병 후 존속하는 회사의 대손충당금 설정과 같은 회계처리에 따라 달라지는 것이 아니므로, 비록 위 회계처리에 의하여 합병법인 乙의 조세 부담이 감소하는 효과가 발생한다 하더라도 그 회계처리는 채권의 포괄승계라는 재화의 이동에 관한 경제적 가치 부여와 아무런 관련이 없고, 구 법인세법(2008. 12. 26. 법률 제9267호로 개정되기 전의 것) 제52조 제1항 소정의 부당행위계산 부인의 대상이 되지 않는다.

(2) 서울고등법원 2010. 7. 8. 선고 2011누13417 판결

국민카드가 이 사건 합병에 따른 의제사업연도(2003. 1. 1.부터 2003. 9. 30.까지)에 대한 결산을 함에 있어 기존에 적립되어 있던 이 사건 채권에 관한 대손충당금 또는 대손금을 모두 회계장부에 계상하지 않았음은 앞서 본 바와 같은 바, 비록 국민카드의 이 사건 대손충당금 손금불산입은 부적절한 회계처리로 비난받을 여지가 크기는 하지만 아래와 같은 사유로 납세자의 선택권의 행사에 해당하여 허용된다고 봄이 상당하다.

(가) 구 법인세법 제34조 제1항은 결산상 대손충당금의 적립, 즉 결산상 비용계상의 회계처리 여부를 납세자가 선택하도록 규정하였고, 구 법인세법 시행령 제61조 제2항은 납세자에게 구 법인세법 제34조 제1항에 따라 비용계상된 대손충당금 중 법정한도액의 범위 내의 금액을 손금산입할 수 있는 선택권을 부여하였다.

(나) 세법상 명시적인 선택 조항이 없더라도 납세자의 세무상 유리한 선택은 존중되고 있고, 세법 규정에 저촉되지 않는 이상 납세자가 세무상 유리한 방향으로 세법규정을 적용하여 세무조정 및 신고를 하는 것은 허용된다고 할 것인바(대법원 2004. 5. 27. 선고 2002두6781 판결 참조), 이 사건과 같이 세법상 명시적인 선택 조항이 있는 경우 납세자의 선택은 더욱 존중되어야 한다. 대손충당금의 경우 결산조정사항으로서 세법이 납세자에게 결산상 대손충당금 적립을 통한 손금산입의 선택권을 부여하였는바, 대손충당금의 손금산입을 강제하는 별도의 규정이 없는 이상, 과세관청이 납세자의 유리한 선택을 무시하고 대손충당금 적립을 강제할 수 없다.

(다) 결산조정사항은 결산조정을 통해 납세자에게 손금조기산입의 선택권을 부여하는 것으로 납세자는 해당 사업연도의 세무상 유·불리에 따라 결산조정을 통해 손금산입시점을 선택할 수 있다.

(라) 대법원은 결산조정사항에 있어서, 납세자가 결산상 비용계상의 회계처리를 선택한 경우에만 손금산입이 가능하고, 그러한 회계처리 선택을 하지 않은 이상 손금산입은 불가하며, 기업회계 위반을 이유로 손금산입을 주장할 수 없다고 판시하고 있다(대법원 2002. 9. 24. 선고 2001두489 판결, 대법원 2003. 12. 11. 선고 2002두7227 판결 등 참조).

(마) 또한 조세심판원은 "외환은행과 외환카드의 합병 과정에서, 외환카

드가 결산상 대손충당금 적립(1조 4,795억 원) 후 최소 법정한도액인 831억 원만을 손금산입하고, 그 초과액 1조 3,964억 원을 외환은행이 승계하여 손금산입하자, 과세관청이 최대법정한도액(7,012억 원)과의 차액 6,182억 원을 부당행위계산 부인한 사안"에서 「구 법인세법 제61조 제2항 단서에 해당하는 금융기관이 적립할 대손충당금의 한도액을 설정하는 경우, 채권잔액의 2% 또는 채권잔액에 대손실적률을 곱하여 계산한 금액 중 큰 금액으로 할 것인지, 표준비율인 금융감독위원회가 정하는 대손충당금 적립기준에 따라 계산한 금액으로 할 것인지 여부는 원칙적으로 당해 금융기관의 선택에 달려 있다」라고 결정하였다($^{국심\ 2007서4945,}_{2009.\ 9.\ 4.}$ **6)**).

(바) 변론 전체의 취지에 의하면, 원고는 합병 후 2004. 4.부터 2004. 5.까지 진행된 금융감독원 종합감사 과정에서 실제 대손충당금 적립 현황대로 국세청에 재차 질의할 것을 요구받았고, 이에 <u>원고는 2004. 6. 16. "피합병법인이 채권에 대손충당금을 설정하지 아니하고, 합병법인이 승계받은 채권을 기준으로 대손충당금을 추가 설정함으로써 그 금액을 손금에 산입할 수 있는지"</u>를 질의한 사실, 국세청은 위 질의에 따라서 2004. 6. 30. "흡수합병으로 피합병법인의 자산과 부채를 장부가액으로 승계한 내국법인이 그 승계받은 채권의 대손에 충당하기 위하여 피합병법인이 설정하지 아니한 대손충당금을 추가로 설정한 경우 그 금액은 구 법인세법 시행령 제61조 제2항의 한도액 범위 내에서 당해 사업연도의 소득금액계산 시 이를 손금에 산입할 수 있는 것이며, 이 경우 피합병법인이 합병법인에게 인계하지 아니한 대손충당

---

6) 국심 2009. 9. 4. 선고 2007서4945 결정.
　이 건 과세요건 성립당시의 법인세법령에서 한도액이 가장 큰 금액으로 계산되는 방법으로 대손충당금의 한도액을 계산하도록 강제하는 규정을 두지 아니하였고, 각 사업연도별로 대손충당금의 한도액 산정기준 채택의 일관성을 유지하도록 강제하는 규정도 두지 아니하였으므로 피합병법인이 적립할 대손충당금의 한도액을 산정하는 경우에는 「법인세법 시행령」 제61조 제2항에서 정하는 방법의 범위 내에서 각 사업연도별로 그 적용기준을 달리하여 산정 할 수 있다고 보이는 점, 청구법인의 위와 같은 선택이 조세법률주의의 취지에 어긋난다고 보이지 않는 점, 세법에 특별한 규정이 없는 한 기업회계상 계속성의 원칙은 세법의 규정에 우선한다고 보기 어려운 점 등을 종합적으로 고려하여 볼 때, 이 건 피합병법인의 대손충당금 설정은 적법한 것으로 판단되며, 「법인세법 시행령」 제85조의 규정은 피합병법인의 대손충당금 한도초과액에 대하여 합병법인이 승계할 수 있도록 규정하고 있으므로 처분청이 청구법인이 승계한 피합병법인의 대손충당금 한도초과액 중 쟁점 ①의 금액을 과다 승계액으로 보아 손금불산입하여 과세한 이 건 처분은 잘못이 있는 것으로 판단된다(국심 2007. 1. 24. 선고 2006중566 결정).

금은 구 법인세법 제34조 제6항의 규정에 의하여 그 합병법인이 합병등기일에 가지고 있는 대손충당금으로 보지 아니하는 것임."이라고 답변하여, 이를 공식 예규로 생산한 사실(서면2팀 - 1363, 2004. 6. 30.)을 인정할 수 있는바, 이러한 국세청 예규에 따르더라도 결산조정사항의 경우에는 해당 금융기관의 결산상 비용계상의 회계처리 여부의 선택권이 인정된다는 것을 전제로 하고 있다.

3. 上告理由

(1) 구 법인세법상 취득가액 산정에 대한 법리오해

취득당시 장부가액은 합병의 법리상 이 사건 합병 기준일인 2003. 9. 30.자 장부가액이고, 합병 후의 2003. 10. 28. 자 결산 확정 장부가액을 취득가액으로 본 원심은 위법하고 이는 '국민카드'의 장부가액도 아니며, 원고는 오로지 합병 후 국세기본법 제23조에 의하여 피합병법인의 의제사업연도에 대한 납세의무자로 결산 확정을 하였을 뿐이므로, 원고는 기업회계상으로나 세무회계상·법인세법상으로나 자신의 소득계산을 위하여 이 사건 대손충당금에 관한 선택권을 행사할 수 없다. 따라서, 원심은 구 법인세법상 합병시 취득가액 산정 또는 장부가액에 대한 법리를 오해한 것이다. 또한 합병시 납세자 선택권의 한계에 대한 법리를 오해한 위법도 있다.

(2) 구 법인세법상 합병 시 피합병법인의 이월결손금 승계의 제한에 관한 법리오해

원고는 이월결손금공제 제도를 정면으로 회피하기 위하여 회계기준을 위배하여 합병시 이월결손금승계에 대한 2가지 규정 ① 합병법인의 발행 주식수의 10% 이상을 합병대가로 교부할 것, ② 승계 받은 사업에서 발생한 소득금액의 범위 안에서만 공제할 것)을 모두 회피하였다. 이는 구 법인세법상 합병법인의 피합병법인 이월결손금 승계에 대한 규정을 정면으로 위반한 것으로 조세공평의 원칙에 반하므로 원고의 소득금액 계산에는 오류가 있어 이를 경정한 피고의 처분은 적법한 것이다.

(3) 합병 시 대손충당금 승계와 제한에 관한 법리오해

대손충당금 승계와 제한에 관한 법인세법 규정의 취지는 합병법인이 승계하여 손금에 산입할 수 있는 대손충당금은 피합병법인이 기업회계기준에 의하여 적립한 대손충당금 중 손금에 산입하지 아니한 금액, 즉 대손충당금 한도초과액이다. 그런데, 이 사안에서 원고가 손금산입한다는 대손충당금은 국민카드가 기업회계기준에 의하여 적립한 대손충당금 중 한도초과액이 아니라, 국민카드가 기업회계기준에 의하여 적립한 대손충당금을 합병기준일에 승계한 후 환입한 것이므로 위 법령상 승계하여 원고가 손금에 산입할 수 없다.

그럼에도 불구하고, 원심은 '피고가 실제 결산상 대손충당금 적립이나 손금산입 여부와 관계없이 피합병법인의 채권 취득가액에서 기업회계기준상 요구되는 대손충당금을 차감한 금액을 합병법인이 승계하여야 한다고 주장하는 것으로 구 법인세법 시행령 제85조 제1항 제3호 단서 및 같은 호 가목의 규정에 위반되고 외환은행 조세심판원 결정도 같다'고 판시하였는 바, 이는 구 법인세법상 합병법인이 승계하여 손금에 산입할 수 있는 대손충당금에 관한 법리를 오해한 위법이 있다.

(4) 대손충당금과 원고의 결산조정에 대한 심리미진 및 법리오해

원고가 합병시점에 계상한 대손충당금의 본질은 자산의 차감계정이고 대손충당금의 상대계정은 '지분법평가손실(또는 자본잉여금의 차감항목)등'이다. 실질의 회계처리 내용을 오로지 조세회피를 위하여 계정과목을 임의로 분류('합병관련대손충당금전입액 등'의 과목으로 분류)하여 계상하였다고 하여 실질의 내용을 달리 해석할 수는 없다. 원고는 구 법인세법 제34조에 해당하는 대손충당금을 설정하고 비용을 계상한 것이 아니라 대손충당금이 결산조정사항이라는 점을 빌미로 이를 임의로 조작하여 이에 해당하는 것으로 보이게 한 것에 불과하다. 따라서, 원심은 대손충당금과 원고의 결산조정에 대한 손금인정에 대하여 심리를 미진하고 법리를 오해하였다.

(5) 국세기본법 및 구 법인세법상 실질과세원칙에 대한 법리오해

원고에 대한 과세표준의 계산을 함에 있어서 원고가 계상한 대손충당금에 대한 손금은 실질적으로 국민카드가 계상하였어야 하는 것이고(국세기본법 제14조 제1항), 국민카드의 결산 확정 시 대손충당금 환입 여부와는 전혀 별개로 원고가 계상한 대손충당금은 본질이 자산의 차감계정이고 상대계정은 지분법평가손실

(또는 자본잉여금의 차감항목)이므로 피고의 손금부인은 적법한 것이다 (같은 법 제14조 제2항). 또한, 경제적 실질을 본다면, 원고가 국민카드로부터 승계한 채권 중 시가초과금액은 회수할 수 없는 부실채권으로 적정한 대손충당금이 설정되어 있어야 하고, 이는 국민카드의 영업활동에서 발생하였던 것으로 마땅히 국민카드가 계상했어야 한다(국세기본법 제14조 제3항).

그렇다면 원고의 대손충당금 손금산입은 실질과세의 원칙상 인정될 수 없는 것임에도 불구하고 원심판결은 이와 관련한 피고의 주장을 배척하였으므로, 이는 실질과세원칙에 대한 법리를 오해하여 판결에 영향을 끼친 위법에 해당한다.

(6) 법인세법상 대손충당금 손금산입 및 과세관청의 조세부과권에 대한 법리오해

원고는 강행규정인 대손충당금 적립에 관한 규정을 위배하여 결과적으로 대손충당금의 손금산입과 관련한 세법규정 또한 위배하였다. 그렇다면 과세관청에서는 판례상 인정되는 조사결정권의 행사나 법인세법 제66조 제2항의 경정권을 행사할 수 있다고 보아야 함에도 불구하고, 원심판결은 법인세법상 대손충당금 손금산입 및 과세관청의 조사부과권에 관한 법리를 오해하여 국민카드의 대손충당금 설정은 원고 또는 국민카드의 선택권의 범위에 있어 위법하다고 할 수 없으므로 과세관청이 조사결정권을 행사할 수 없다고 판단한 것이다.

(7) 국세기본법상 신의성실의 원칙에 대한 법리오해

원고의 손금산입은 신의성실의 원칙상 인정될 수 없으므로 이를 손금산입하여 소득금액을 계산한 원고에 대하여 과세관청은 이에 대한 경정을 할 수 있다고 보아야 함에도 불구하고, 원심판결은 신의성실의 원칙에 대한 적용범위에 대한 법리를 오해하여 이 사건에 관하여 신의성실의 원칙이 적용될 수 없다고 판단한 위법이 있다.

[判決의 要旨]

(1) 구 법인세법(2008. 12. 26. 법률 제9267호로 개정되기 전의 것) 제34조 제1항에 따른 <u>대손충당금은 법인이 결산에 반영하여야만 손금으로 보는 결</u>

산조정사항에 해당하므로, 법인이 어떠한 채권에 관하여 대손사유가 현실로 발생하였을 때 비로소 손금으로 인식할 것인지 아니면 추정손실에 따라 대손충당금을 설정하는 방법으로 대손사유가 현실화되기 전에 미리 손금으로 인식할 것인지 여부는 그 법인의 선택에 달려 있다. 따라서 여신전문금융회사인 법인이 대손충당금의 설정을 강제한 규정을 위반하여 대손충당금을 설정하지 아니한 경우라 하더라도 실제로 대손충당금을 설정하지 아니한 이상 실질과세의 원칙을 들어 손금이 발생한 것으로 볼 수는 없다.

(2) 여신전문금융회사인 피합병법인이 결산 이전에 대손충당금을 설정하는 회계처리를 하였더라도 그것이 아직 결산에 반영되지 아니한 상태에서 환입이 이루어졌다면 피합병법인의 손금으로 인식될 수 없으므로, 여신전문금융회사의 금전채권을 합병으로 취득하는 합병법인은 구 법인세법 시행령 (2005. 2. 19. 대통령령 제18706호로 개정되기 전의 것) 제72조 제1항 제3호 단서에 따라 그 채권을 대손충당금이 설정되지 않은 장부가액으로 승계할 뿐이다. 설령 피합병법인이 대손충당금을 설정하여 결산에 반영하였더라면 손금으로 인식되어 이월결손금이 발생하고, 구 법인세법(2008. 12. 26. 법률 제9267호로 개정되기 전의 것) 제45조 제1항 제2호에 따라 그 이월결손금을 승계하지 못하는 합병법인이 이를 회피하고자 피합병법인으로 하여금 결산 이전에 대손충당금을 설정하지 않게 함으로써 여신전문금융회사의 금전채권을 장부가액으로 승계한 후에 비로소 자신이 대손충당금을 설정하여 합병법인의 손금으로 인식하더라도, 이를 위법행위로서 소득신고에 오류·탈루가 있는 경우에 해당한다거나 신의칙에 반하는 행위에 해당한다고 할 수 없다.

[評　　釋]

Ⅰ. 이 事件의 爭點 및 論議의 順序

이 사건의 쟁점은, 과세관청이 위 처분의 전제로 삼고 있는, 국민카드의 이 사건 대손충당금 손금불산입이 세법상 허용되지 않는다는 주장의 타당성 여부이다.

이하에서는 현행 법인세법상 대손충당금 손금산입에 관한 학설 및 판례를 검토하고, 각국의 대손충당금의 손금산입에 관한 사례를 비교법적으로 고찰하여 피합병법인인 국민카드의 이 사건 대손충당금 손금불산입이 적법한지 여부를 살펴본 후, 합병법인인 국민은행의 이 사건 대손충당금 손금산입이 세법상 허용되는지 여부에 대하여 살펴본다.

Ⅱ. 被合倂法人의 貸損充當金의 損金不算入에 관한 檢討

1. 貸損充當金의 損金算入의 認定根據

(1) 권리의무확정주의에 대한 예외

우리 법인세법은 "각 사업연도의 익금과 손금의 귀속사업연도는 그 익금과 손금이 확정된 날이 속하는 사업연도로 한다"는 이른바 권리의무확정주의(權利義務確定主義)를 취하기 때문에[7] 기업회계상 장래에 발생할 가능성이 있다고 인정하여 비용으로 계상하였더라도 원칙적으로 이를 손금에 산입하지 않고 있다.

그러나 위와 같은 권리의무의 확정이라는 일반적 원칙에서 벗어나, 아직 확정되지 않은 비용을 손금산입하는 경우가 있는데, 이러한 권리의무의 확정이라는 원칙에 대한 예외를 인정하기 위해서는 이를 적극적으로 허용하는 법령상 특칙이 있어야 한다.[8] 구 법인세법 제34조의 대손충당금의 손금산입 규정은 이와 같은 특칙 가운데 가장 대표적인 것으로서, 이는 세법이 권리의무확정이라는 원칙에 예외를 두어 아직 확정적으로 발생하지는 아니하였으나 기업회계에서 일반적으로 인정하고 있는 비용에 대해 손금산입을 허용하는 기능을 하고 있다고 평가되고 있다.

일반적으로 널리 받아들여지는 기업회계의 관행은 대손충당금의 설정을 요구하고 있으며, 그 이론적 근거로 수익비용 대응의 원칙을 들고 있다.[9]

---

7) 구 법인세법 제40조 제1항 참조.

8) 이에 해당하는 것으로 ① 비영리내국법인의 고유목적사업준비금(법 제29조), ② 보험업법상의 책임준비금과 비상위험 준비금(법 제30조), ③ 퇴직급여충당금(법 제33조), ④ 대손충당금(법 제34조) 등이 있다. 미국법 역시 U.S. v. General Dynamics, 481 U.S. 239 (1987) 판결에서 법령에 규정이 없다면 비용추계액을 손금산입할 수 없다고 한다.

9) 수익비용 대응의 원칙이 근거인 이유는, 대출채권이 채무자의 파산 등의 사유로 회수가 불가능하게 되는 경우, 이를 대손발생 시에 비용으로 인식한다면 대출채권에서 발생하는

그러나, 세법학계의 다수설은 대손충당금을 설정하는 제도는 세법의 입장에서 본 수익비용 대응과는 맞지 않는 것으로 보고 있다. 즉, 매출환입이나 매출에누리의 손금산입과 비교할 때, 매출액을 직접 줄이는 매출환입이나 매출에누리는 실제로 발생된 시점에 가서 인식하는 반면, 일단 매출이 있은 뒤에 생기는 대손을 실제로 발생하기 훨씬 이전에 인식하도록 하는 것은 두 경우를 아무런 합리적인 이유 없이 달리 취급하는 논리적 모순에 빠지게 된다는 점을 그 근거로 들고 있다. 이와 같은 이유로 대손충당금이 세법상 권리의무확정주의에 정면으로 반한다는 것이 통설이다.

(2) 비교법적 검토

대손충당금이 세법상 권리의무확정주의에 정면으로 반하고 수익비용 대응의 원칙으로 정당화 할 수 없음은 다른 국가들이 세법목적상 대손충당금의 설정을 인정하지 않는다는 점을 보더라도 알 수 있다. 비교법적으로 볼 때, 미국 역시 종래 미국세법상 대손충당금의 설정을 허용하다가, 이 제도가 기간손익을 왜곡한다는 이유로 1986년 이를 폐지하고 실제로 대손이 발생하는 때에 가서 손금산입을 하도록 하고 있으며10)(다만, 소규모의 은행의 경우 대출금에 대해 합리적으로 대손충당금을 립한 경우 손금산입을 허용한다11)), 우리와 법제가 유사한 일본 역시 2012년 세법개정을 통해 2012년(平成24年) 4월 1일 이후에 개시되는 사업연도부터 대손충당금의 손금산입을 제한하고 있고, 2015년(平成27年) 4월 1일 이후에 개시되는 사업연도부터는 중소법인 또는 은행, 보험사 등을 제외하고는 대손충당금의 손금산입을 일체 허용하고 있지 아니하다.12)

이자수익과 수익비용의 대응원칙에 맞지 않는다는 논리이다.

10) 미국세법 166조 - Bad debts
(a) General rule (1) Wholly worthless debts
There shall be allowed as a deduction any debt which becomes worthless within the taxable year.

11) 미국세법 585조 - Reserves for losses on loans of banks
(a) Reserve for bad debts (1) In general
Except as provided in subsection (c), a bank shall be allowed a deduction for a reasonable addition to a reserve for bad debts. Such deduction shall be in lieu of any deduction under section 166(a).

12) 日本 平成24年 개정 법인세법 52조 제1항 및 부칙 제13조 제1항, 개정 법인세법 시행령 제96조 내지 제97조, 개정 법인세법 규칙 제25조의4의2 및 제25조의5 참조.

(3) 소　결

결국 위와 같은 대손충당금 손금산입의 이론적 근거와 비교법적 분석을
종합하여 볼 때, 아직 확정적으로 발생하지 아니한 대손금에 대한 손금산입
은 원칙적으로 인정될 수 없는 것이나 우리 법인세법상 대손충당금의 사전
손금산입을 일정 한도 범위 내에서 예외적으로 특별히 허용하는 것이므로,
그 적용은 관련 법령의 엄격한 요건하에서만 인정될 수 있다. 따라서 조세법
률주의의 원칙상 위 요건을 갖추지 못한 경우에는 대손충당금의 손금산입은
인정될 수 없는 것이고, 반면 위 요건을 갖춘 경우라면 대손충당금의 손금산
입은 권리의무확정주의라는 대원칙의 예외로서 가능한 것이므로 과세당국
역시 일방적으로 이의 손금산입을 부인할 수는 없다.

2. 貸損充當金 損金算入의 要件으로서의 損金計上

(1) 기업회계와 과세소득 간의 관계

기업회계와 세법은 원칙적으로 독립되어 있으며 근본적으로 법 집행의
단계에서 과세소득의 계산과 기업회계를 분리하고 있다. 하지만 기업회계의
회계처리를 과세소득의 금액에 직접 연결하는 독일법의 '상사대차대조표의
기준성(Massgeblichkeit der Handelsbilanz)[13]'이나, 손금을 인정받기 위한 별
도의 요건으로서 결산서상 비용으로 회계처리하여 재무제표에 인식할 것을
요구하는 일본법의 '손금경리(損金經理)'와 우리 법의 '손금계상' 요건은 이
에 대한 예외를 인정하고 있다. 이는 납세의무자들의 어떤 경제적 사건이나
행위에 대한 세법상의 법률효과가 기업회계상 회계처리가 어떠했는가에 따
라 달라지도록 하고 있는 것으로 이해된다.[14] 따라서 경제적으로는 동일하

---

13) § 5 Abs.1 S.1 EStG. Bei Gewerbetreibenden, die ⋯ verpflichtet sind, Bücher zu führen
⋯ oder die ohne eine solche Verpflichtung ⋯, ist für den Schluss des Wirtschaftsjahres
das Betriebsvermögen anzusetzen, das nach handelsrechtlichen Grundsätzen ordnungsmäßiger
Buchführung auszuweisen ist.
Diese ...(materielle) Maßgeblichkeit der Handelsbilanz für die Steuerbilanz bezieht sich
ausdrücklich nur auf Betriebsvermögen, also auf positive WiG (Vermögensgegenstände)
und negative WiG (Schulden)!
Die Maßgeblichkeit der Handelsbilanz für die Steuerbilanz ist damit unbeachtlich bei ...

14) 현행법의 개별규정에서 손금계상을 요구하는 조문은 법인세법 제23조(감가상각비의 손
금불산입), 제33조(퇴직급여충당금의 손금산입), 제34조(대손충당금의 손금산입) 등이 있

더라도 해당 기업이 일정한 회계처리를 하지 아니하면 세법상의 법률효과가
달라지는 결과가 초래되는 것을 당연한 전제로 삼고 있다.

(2) 일본법상 대손금 손금산입의 요건으로서의 '損金經理'

일본 법인세법은 내국법인의 각 사업연도의 소득의 금액은 그 사업연도
의 익금의 금액에서 그 사업연도의 손금을 공제한 금액으로 한다고 정하고
있으며,15) 내국법인의 각 사업연도의 소득의 금액의 계산상 손금액에 산입
하는 것은, 별도로 정하는 것을 제외하고는 그 사업연도의 수익에 관계된 매
출원가, 완성공사원가 및 이에 준하는 원가액,16) 그 사업연도의 판매비, 일
반관리비 및 기타 비용(상각비 이외의 비용으로 그 사업연도종료일까지 채무가
확정되지 않은 것은 제외한다)의 가액17)으로 하고 있다. 따라서, 법인이 소유
하고 있는 금전채권이 회수불능이 되는 경우에는, 소득금액 계산상 손금액에
산입하고 있다.

이와 관련하여 일본 법인세법 기본통칙 9-6-218)는 대손금의 손금경리
(즉 회계상 비용으로 계상) 요건에 관해서 "그 밝혀진 사업연도의 회수불능
채권으로서 손금경리를 할 수 있다."고 규정하고 있다. 위 통칙의 표현에 의
하면, 법인은 손금경리의 선택권을 가진다는 점은 명확하나, 손금경리가 대
손충당금을 손금산입하기 위한 요건인지 여부는 불분명하다. 그러나 일본 법
인세법 기본통칙 9-6-319)에서는 "손금경리를 한 경우 이(손금산입)를 인정
한다"고 하여 위 법인세법 기본통칙 9-6-2와 달리 대손충당금을 손금산입하

으며, 이와 같이 법이 손금으로 계상할 것을 요구하고 있는 비용은 반드시 장부 및 재무제
표에 비용으로 계상하여야 하고(이를 속칭 '결산조정'이라 한다) 세무조정계산서에만 적는
형식(이를 속칭 '신고조정'이라 한다)으로는 손금에 산입할 수 없다.

15) 일본 법인세법 제22조 제1항.

16) 일본 법인세법 제22조 제3항.

17) 일본 법인세법 제22조 제3항 제3호.

18) 9-6-2 (回收不能の金錢債權の貸倒れ) 法人の有する金錢債權につき、その債務者の資産狀
況、支拂能力等からみてその全額が回收できないことが明らかになった場合には、その明ら
かになった事業年度において貸倒れとして損金經理をすることができる。

19) 9-6-3 (一定期間取引停止後弁濟がない場合等の貸倒れ) 債務者について次に掲げる事實が
發生した場合には、その債務者に對して有する賣掛債權 (賣掛金、未收請負金その他これら
に準ずる債權をいい、貸付金その他これに準ずる債權を含まない。以下9-6-3において同
じ。) について法人が當該賣掛債權の額から備忘價額を控除した殘額を貸倒れとして<u>損金經
理をしたときは、これを認める。</u>

기 위해서는 손금경리가 요구됨을 명확히 하고 있다.

학설도 이와 동일한 입장에서 손금경리를 대손충당금 손금산입의 요건으로 보고 있다. 일본의 카네코 히로시(金子 宏) 교수는 "법인세법은 손금경리와 더불어 확정신고서에의 명세의 기재를 일본 법인세법 제52조(대손충당금 손금산입) 적용의 조건으로 하고 있다."고 하여[20] 대손충당금의 손금산입을 위해서는 손금경리가 당연한 요건이라고 한다. 이러한 입장은 법인이 내부거래를 확정하는 결산에서 손금경리를 통해 대외적으로 이를 명확하게 하기 때문이라는 점을 그 이론적 배경으로 하는 것으로 이해된다.[21]

손금경리가 대손비의 손금산입 요건인지에 관하여, 도쿄지방법원은 1982년(昭和 57年) 4월 26일 판결에서 「법인이 손금경리를 하지 않았다는 것은 법인이 회수불능채권으로 인식하고 있지 않은 것으로 판단되므로, 회수불능채권으로 볼 수 없어 대손금을 손금산입할 수 없다」라고 판시하여, 우리 대법원과 마찬가지로 대손금을 비용으로 회계처리하지 아니한 이상 이를 손금산입할 수 없다고 보았다. 또한 우리나라의 조세심판원에 해당하는 일본 국세불복심판소 역시 청구인이 채권에 대해 감액처리 했을 뿐 대손충당금 손금경리에 해당하는 부외처리를 하지 아니한 사안에서 "부외처리를 하지 아니하여도 손금경리를 한 것이므로 해당 사업연도의 손실금의 액수에 산입되어야 한다"는 청구인의 주장에 대해, 「채무자에 대한 채권을 손금경리한 것으로 볼 수 없다」라고 판단하여 법인세 기본통칙 9-6-2의 요건을 충족시키지 못했다고 보아 청구인의 주장을 배척하여 '손금경리'가 대손금 손금산입의 요건이라는 점을 명확히 하였다.[22]

결론적으로 우리나라의 법인세법과 그 체계가 유사한 일본법상 대손충당금 손금산입에 관한 관계법령 및 학설상의 논의, 판례를 보더라도 손금계상은 대손금 인정을 위한 요건으로 기능하고 있음을 알 수 있다.[23]

---

[20] 金子 宏, 「租稅法」 第18版, 349頁.

[21] 武田昌輔, "確定計算主義の再檢討 -企業會計と課稅所得との軌跡を踏まえて-", 「武田昌輔 稅務會計論文集」, (2001), 134頁.

[22] 日本 國稅不服審判所 平成16年 3月 17日 熊裁 (法) 平15-18 決定 참조.

[23] 미국법상으로도 예외적으로 대손충당금의 손금산입이 인정되는 경우 회계상 대손충당금 설정이 요구된다. 미국 재무부 시행규칙 §1. 585-3.

(3) 우리 법상 대손금 손금산입의 요건으로서의 '결산조정'

국내 학계의 논의를 보더라도 이견의 여지없이 구 법인세법 제23조(감가상각비의 손금불산입), 제33조(퇴직급여충당금의 손금산입), 제34조(대손충당금의 손금산입) 규정은 손금산입을 위해서는 회계상 '손금계상'을 하였을 것을 요건으로 한다는 점을 인정하고 있다. 이는 "대손충당금을 손금으로 계상한 경우에는" 일정 금액 범위 내에서 손금에 산입한다는 법문에서 도출되는 당연한 결론이다.24) 이에 대해 일부 견해는 납세의무자들이 기업회계의 불안정성을 악용하여 과세소득을 조작할 가능성25)이 생김과 동시에 과세소득을 조작하기 위해 재무정보를 왜곡한다는 점을 들어 입법적으로 '(기업회계 회계처리의) 기준성' 또는 '손금계상'요건을 폐지하는 것이 올바르다는 의견이 있으나,26) 이는 단지 입법론적인 논의일 뿐 '손금계상'이 손금산입의 요건이 된다는 사실 자체를 부인하는 견해로 볼 수는 없다.

우리 대법원도 "회계상의 처리를 하였을 때에 한하여 이것이 세무회계상 법인세법령에 따른 대손의 범위에 속하는지 여부를 가려 그 대손이 확정된 사업연도의 손금으로 산입할 수 있다"고 하여 관련 금액의 회계상 비용처리를 조기 손금산입의 적극적 요건으로 보고 있으며, 이와 달리 결산 당시에 대손이 발생하였다고 회계상 처리를 하지 아니하였다면 "그 후에 회계상의 잘못을 정정하였다는 등의 이유로 구 국세기본법 제45조의2 제1항 소정의 경정청구를 할 수도 없다"고 보아 당해 요건을 결한 대손금의 손금산입

---

24) 구 법인세법 제34조 제1항.

25) 결산조정이 갖는 문제는 손금산입한도를 도입함으로써 손금의 과대계상이나 조기인식을 억제할 수는 있지만 반대로 손금을 이연시키는 조세회피는 방지할 수 없다는 데 있다. 한계세율이 낮은 기업은 항상 손금을 미래로 이연시켜 한계세율이 높을 때, 세금효과를 보고자 하는 동기가 존재할 수 있다. 특히 우리나라는 종전에 이월결손금의 공제시한을 비교적 짧은 5년으로 함으로써 공제받지 못하는 이월결손금이 있는 기업들은 당연히 가급적 손금산입을 억제하여 사업연도 소득이 발생할 때 공제받고자 하는 동기가 존재하였다. 또한 이월결손금이 없는 기업들도 법인세평준화 동기에 의하여 손금을 이연시키고자 하는 동기가 있을 수 있다. 법인세평준화란 가급적 납부하는 법인세를 매년 균등하게 유지하고자 하는 동기를 의미하는데 이에 따르면 법인세납부세액이 갑자기 줄어든 기업들은 손금을 이연하여 법인세를 평준화시키고자 하는 동기가 있게 된다.: 최기호 외 2인, 「결산조정항목의 강제신고조정에 대한 연구」, 한국공인회계사회 연구보고서, (2006), 19면.

26) 이창희, 「세법강의」, (2015), 779면; 이영한·최원석, "국제회계기준도입이 금융기관의 세무조정과 과세소득에 미치는 영향", 「세무학연구」 제26권 제4호, (2009), 19면.

은 허용될 수 없다고 하고 있어,27) 학계의 통설과 동일한 입장을 취한 것으
로 이해된다.

결국, 우리 법인세법상 대손충당금의 손금산입을 인정하기 위한 요건으
로, 법인이 대손충당금을 비용으로 계상하는 방식('결산조정')으로 내부적인
평가액을 대외적으로 확정하여 명확히 할 것이 요구되며,28) 이와 같이 계상
된 비용은 또 다시 세법상 규제에 따라 법정한도액 범위 내에서만 손금산입
이 가능하다.29)

위와 같이 대손충당금의 손금산입은 납세자가 재무제표(결산서) 확정에
있어 비용으로 계상한 경우에 국한하여 손금산입이 인정되는 결산조정사항
이므로 손금산입 여부에 대한 납세자의 선택권이 허용된다. 권리의무확정주
의라는 원칙에 대한 예외로서 손금산입시기를 앞당겨 납세자에게 혜택을 주
는 것이므로 손금산입 여부에 대하여 납세자가 선택할 수 있도록 하는 것이
다. 미국세법 585조에서도 예외적으로 대손충당금의 손금산입이 허용되는
경우 손금산입 여부 및 손금산입액은 한도금액 범위 내에서 납세자에 의해
결정된다.30)

(4) 소결 및 본 사안에의 적용

앞서 살펴본 바와 같이 우리 법인세법 제34조 제1항은 대손충당금의 손
금산입 요건으로서 결산조정을 규정하고 있다. 이와 같이 결산조정을 손금산
입의 요건으로 규정한 이유를 비교법적으로 고찰하여 볼 때, 대손충당금의
손금산입 자체가 세법상 손익인식의 기준인 권리의무확정주의의 예외를 인

---

27) 대법원 2002. 9. 24. 선고 2001두489 판결; 대법원 2003. 12. 11. 선고 2002두7227 판결 등.

28) 구 법인세법 제34조 제1항 참조.

29) 구 법인세법 시행령 제61조 제2항. 즉 법인세법상 대손충당금은 채권장부가액에 1%(신
용카드사의 경우 2%) 혹은 과거대손실적율 중 큰 비율을 적용한 금액을 한도로 설정하고
기업이 결산 계상한 대손충당금이 한도를 초과한 경우에는 해당금액을 부인하며 한도 이
내의 금액은 용인하고 있다.

30) 미국세법 585조 (b) Addition to reserves for bad debts
(1) General rule
For purposes of subsection (a), the reasonable addition to the reserve for bad debts of
any financial institution to which this section applies shall be an amount determined by
the tax payer which shall not exceed the addition to the reserve for losses on loans
determined under the experience method as provided in paragraph (2)

정한 것이므로, 내부 회계처리에 불과한 대손충당금을 손금산입하기 위해서는 결산조정을 통해 재무제표에 기재하여 이를 대외적으로 명확하게 확정하는 절차가 필요하기 때문인 것으로 이해된다. 이처럼 대손충당금 손금산입 규정은 세법상 특칙으로서 작용하므로, 세법상 예외를 인정하기 위해서는 관련 요건을 엄격하게 인정하여야 한다. 이에 따라 다수설은 결산조정을 대손충당금의 손금산입을 위한 필수적인 요건으로 보고 있으며, 또한 현행법도 이설의 여지가 없도록 이를 명백하게 규정하고 있으므로, 대손충당금의 손금인정을 위해서는 결산조정 요건이 충족되어야 한다는 점에 대해서는 우리나라의 학설과 판례가 모두 찬동하고 있는 것으로 평가되고 있다.

위 I.에 기술된 사실심 법원이 인정한 사실관계에 따르면, 국민카드는 이 사건 합병에 따른 의제사업연도(2003. 1. 1. 부터 2003. 9. 30.까지)에 대한 결산을 확정함에 있어 이 사건 채권에 관한 대손충당금 또는 대손금을 모두 회계장부에 계상하지 아니하였다. 이는 구 법인세법 제34조 제1항이 요구하는 결산조정의 요건을 충족하지 못한 것이므로 세법상 손금산입에 관한 특칙인 동 조항이 적용될 여지가 없으며, 따라서 원칙으로 돌아가 권리의무확정주의에 따라 이 사건 채권이 실제로 회수불능이 되는 시점에 손금산입을 할 수 있다고 봄이 세법의 체계적 해석상 타당하다.

3. 會計基準 違反이 貸損充當金 損金算入에 미치는 影響

(1) 세법과 회계기준에 관한 다른 법령과의 관계

만약 국민카드가 기업회계기준[31] 또는 관련 법령상의 대손충당금 설정기준에 위반하여 대손충당금을 설정하지 않았다면,[32] 대손충당금을 설정한

---

[31] 일반기업회계기준 6.17의2: 회수가 불확실한 금융자산(제2절 '유가증권' 적용대상 금융자산은 제외)은 합리적이고 객관적인 기준에 따라 산출한 대손추산액을 대손충당금으로 설정한다.
　(1) 대손추산액에서 대손충당금잔액을 차감한 금액을 대손상각비로 계상한다. 이 경우 상거래에서 발생한 매출채권에 대한 대손상각비는 판매비와 관리비로 처리하고, 기타 채권에 대한 대손상각비는 영업외비용으로 처리한다.
　(2) 회수가 불가능한 채권은 대손충당금과 상계하고 대손충당금이 부족한 경우에는 그 부족액을 대손상각비로 처리한다.
[32] 국민카드가 대손충당금을 설정하지 않은 것이 기업회계기준이나 관련 법령을 위반한 것인지 여부는 본고의 검토 대상이 아니다.

것으로 의제하여 과세소득을 산정할 수 있는가 하는 문제가 있다. 대손충당
금의 손금산입 여부에 관해서 납세자에게 선택권이 부여되어 있는지, 아니면
대손충당금의 손금산입이 강제되는 것인지 여부와 관련하여, 주식회사의 외
부감사에 관한 법률(이하 "외감법"이라 한다)이나 여신전문금융업법(이하
"여전법"이라 한다)에서 대손충당금 적립이 동 법령상 요구된다고 하여도 금
융기관이 대손충당금을 비용으로 계상하지 아니하여 결산조정의 요건을 갖
추지 못한 이상, 외감법 및 여전법 등의 위반여부는 별론으로 하고, 동 법령
상 요구되는 적립액만큼 구 법인세법상 손금산입을 인정하여 구 법인세법상
손금으로 처리할 수는 없다고 해석함이 타당한 해석이다. 외감법이나 여전법
의 적용을 받는 금융기관이라고 하더라도, 위 법들은 경영의 투명성내지 금
융기관 자산의 건전성을 그 입법목적으로 하는 것으로, 국가의 납세자에 대
한 조세채권 행사를 그 입법목적으로 하고 있는 세법과 그 취지를 달리하기
때문이다.

(2) 강제상각과의 비교 : 손금산입 강제 규정의 필요성

대손충당금의 손금산입이 강제되어 있지 않다는 것은 구 법인세법상 다
른 결산조정사항인 감가상각비의 경우와 비교해 볼 때 보다 선명하게 이해
될 수 있다. 즉, 법인세법 제23조는 감가상각비 손금산입에 대해 단지 결산
조정의 요건과 감가상각비의 한도에 관하여만 규정하고 있기 때문에,[33] 법
인으로서는 자산의 감가상각비를 회계처리하지 않는 이상, 영구히 손금산입
하지 않을 수도 있다. 다만 법인세법은 예외적으로 구 법인세법 시행령 제30
조(감가상각의 의제)를 두어 법인세를 면제·감면 받는 법인에 한하여는 '법
정된 감가상각비의 손금산입을 강제'하는 규정을 두고 있기는 하나, 이는 위
시행령 제30조가 세법 내의 손금산입에 관한 강행규정으로 구 법인세법 제

---

33) 구 법인세법 제23조 (감가상각비의 손금불산입) ① 고정자산에 대한 감가상각비는 내국
법인이 각 사업연도에 손금으로 계상한 경우에만 대통령령으로 정하는바에 따라 계산한
금액(이하 이 조에서 "상각범위액"이라 한다)의 범위에서 해당 사업연도의 소득금액을 계
산할 때 이를 손금에 산입하고, 그 계상한 금액 중 상각범위액을 초과하는 부분의 금액은
손금에 산입하지 아니한다. 다만, 해당 내국법인이 법인세를 면제·감면받은 경우에는 해
당 사업연도의 소득금액을 계산할 때 대통령령으로 정하는 바에 따라 감가상각비를 손금
에 산입하여야 한다. 즉, 법인세법에서는 상각범위 내 금액에 대해서는 결산조정원칙을 적
용하지만, 상각범위를 초과하는 금액에 대해서는 신고조정을 적용하고 있다.

23조의 특칙으로서 기능하기 때문에 손금산입이 강제된다. 이와 달리, 다른 법령이 세법의 특별법의 지위에서 법인의 손금산입을 강제하는 규정을 두지 아니하는 한, 어떠한 회계처리가 단지 다른 해당 법령에 위반된다는 사실만으로는 바로 손금산입이라는 법률적 효과를 줄 수는 없다고 봄이 타당하다. 더구나 일본 학계에서는 강제상각에 대하여 기업의 자주성을 축소시킨다는 이유로 반대하는 등 결산조정사항에 대하여 세법이 기업의 실제 회계처리와 달리 취급하는 것에 대한 비판이 있는 점34)을 고려하더라도 기업의 실제 회계처리와 다른 세법상 취급에 관한 규정은 엄격히 해석되어야 한다.

　　대손충당금 역시 손금산입을 강제하는 별도의 세법 규정이 없는 이상, 과세관청이 세법이 아닌 다른 법에 의거하여 손금산입을 강제할 수는 없다고 보는 것이 전술한 감가상각비 손금산입 규정의 해석에 비추어 보아도 합리적이라 할 수 있다. 더 나아가 구 법인세법은 감가상각비와는 달리 명문으로 '대손충당금의 결산상 손금산입'자체를 강제하는 특례규정을 두고 있지 않다.35) 이처럼 세법 자체 내에서 대손충당금의 손금산입을 강제하는 어떠한 규정도 존재하지 아니하며, 또한 금융기관의 회계기준으로서 기능을 하는 외감법과 여전법을 보더라도 회계처리 위반을 요건으로 하여 세법상 강제손금산입이라는 법률효과를 부여하는 규정을 찾을 수 없으므로, 이 사건 대손충당금 손금불산입이 단지 외감법과 여전법을 위반한 회계처리라는 사실만으로 곧바로 결산상 국민카드가 외감법과 여전법에 따른 대손충당금을 적립하였다고 의제하고 손금산입이라는 법률적 효과를 부여할 수는 없다고 보는 것이 합리적인 해석이다.

(3) 기업회계기준과 구 법인세법의 독립성

　비록 기업회계와 세무회계가 밀접한 관계가 있지만 기업회계상 규범에

---

34) 武田昌輔, 「稅法と會計基準」, 企業會計54 卷1號, (2002), 42頁.
35) 이와 관련하여 법인세법은 2007년의 개정을 통해 구 법인세법시행령 제62조(현행 제19조의2 제4항)에서 "…… 법인이 다른 법인과 합병하거나 분할하는 경우로서 …… 대손금을 합병등기일 또는 분할등기일이 속하는 사업연도까지 손금으로 계상하지 아니한 경우 그 대손금은 해당 법인의 합병등기일 또는 분할등기일이 속하는 사업연도의 손금으로 한다."는 규정을 신설하고, 2012년의 개정을 통해 '합병 시 대손금 및 대손충당금의 최대법정한도액'의 손금산입 강제 규정을 신설하였으나(법인세법 제34조 제6항, 법인세법시행령 제85조 2호 참조), 이는 이 사건 대손충당금 손금산입이 이루어진 날 이후의 개정으로 이 사건에 소급 적용될 수 없기 때문에 논의의 대상에서 제외한다.

따라 세법상의 과세효과가 결정되는 것이 아님은 현행법이나 세법이론상 분명하다. 현행 세법의 기본적인 태도는 내국법인의 소득금액을 계산함에 있어서 세법에 규정된 사항은 세법을 우선 적용하고, 특히 익금과 손금의 귀속사업연도와 자산, 부채의 취득 및 평가에 관하여 세법에 규정되지 아니한 사항에 대해서만 기업회계기준을 존중하는 것이므로,36) 대손충당금의 손금산입에 관하여 세법에 명시된 기준을 무시하고 회계기준(관련 법령 포함)에 따라 손금산입하는 것은 허용될 수 없다.

기업회계기준에 따라 과세금액이 결정되는 것이 아님은 이론의 여지가 없다. 예컨대 도쿄지방법원 1987년 12월 15일 판결은 법인세법상 '과세소득'과 기업회계기준상 '영업이익'의 관계에 대하여 「세법이 독자적인 소득 계산을 방기(放棄)한 것도 아니고, 또, 일반적으로 행하여지고 있는 회계처리기준을 모두 그대로 법인세법이 용인한다고 하는 것이 아니며, 하물며 대장성 소관의 기업회계심의회가 공표하고 있는 '기업회계기준'이 모두 그대로 법인세법상 과세소득계산의 기초로서 규범화 되었다고 생각하는 것은 정당하지 않다」고 판시하여 법인세법상 '과세소득'은 세법 고유의 목적을 위해서는, 상법 및 기업회계의 '소득' 개념과 괴리될 수 있음을 명시하였다.37)

기업회계상 기준과 별개로 법인세법이 대손충당금의 손금산입 기준을 정한 것도 이러한 기업회계기준과 법인세법의 독립성을 보여준다. 즉 기업회계기준에 따라 대손충당금을 적립하였다고 하여 위 금액이 모두 법인세법상 비용으로 인정되는 것이 아니며, 구 법인세법 제34조, 동법 시행령 제61조에 따른 법정한도액 내에서만 손금산입을 허용함으로써 법인세법은 독립된 기준으로 손금산입금액을 정하고 있다. 즉 법인세법상 손금산입 한도액만을 대손충당금으로 적립한다면 이는 기업회계기준을 위반하여 허용될 수 없다. 예컨대, 한국외환은행이 외환신용카드를 흡수합병한 사건38)에서 외환신용카드

---

36) 구 법인세법 제43조 참조.

37) 日本 政府稅制調査會의 1996年(平成8年) 11月 '法人課稅小委員會報告'에서도, 법인세의 과세 소득은 '적정한 과세의 실현이라고 하는 세법 고유의 관점으로부터의 필요에 응하여 상법 및 기업회계원칙과 다르게 취급하는 것이 적절하다'고 설시하여, 동일한 견해를 취하고 있다.

38) 외환신용카드의 합병 전 2004년 의제사업년도의 대손충당금 한도액은 채권잔액의 2%와 대손실적률 적용한 금액 중 큰 금액이 약 830억원이며, 표준비율에 의한 금액 7,010억원이었

는 최소 법정한도액만을 손금산입하고 한도초과액은 세무상 손금불산입하였고39) 손금산입한 비율은 전체 대손충당금 대비 5.6%에 불과하였는데, 만약 외환신용카드가 위 5.6%에 해당하는 금액만을 대손충당금으로 적립하였다면 이는 기업회계상 기준을 위반하는 것이다.

따라서 기업회계기준상 규범이 설사 회계처리상 강행규정이라고 하더라도 세법상 손금산입은 별개의 독립된 기준에 따라 정해지는 것이므로 대손충당금의 손금산입을 강제하는 별도의 명문 규정이 없이 기업회계기준에 따라 과세소득을 산정할 수는 없다.

Ⅲ. 合併法人의 貸損充當金 損金算入에 대한 檢討

1. 合併과 資産 및 負債의 承繼

기업결합의 여러 유형 가운데 하나인 합병은 둘 이상의 법인이 계약에 의하여 상법 소정의 절차를 거쳐 하나의 법인으로 되는 것을 의미하며, 이러

으며, 일반적인 경우 손금산입 금액이 클수록 유리하기 때문에 한도액이 큰 금액을 선택하지만 외환신용카드사는 손금산입액이 커지면 이월결손금액이 커지지만 합병법인으로 승계되지 못하는 상황이었기 때문에 한도액이 작은 금액을 선택하여 대손충당금 한도초과액을 발생시켰고, 동 금액은 합병법인인 외환은행에게 승계되어 전액 손금산입하게 된 것이다.

이에 대해 이러한 회사의 세무처리에 대해 과세관청은 2006년 세무조사시 외환신용카드가 1998~2003 사업연도 법인세 신고 시에는 채권잔액의 2%, 대손실적율, 표준비율 중 가장 큰 금액을 기준으로 대손충당금의 한도액을 계산하여 왔으나, 합병으로 인한 의제사업연도 법인세 신고 시에는 합병후 손금으로 추인받을 수 있도록 대손충당금 한도초과액을 부당하게 증가시키기 위하여 한도액이 큰 표준비율을 선택하지 않은 것은 일관성이 없어 인정하기 어렵고, 정상적인 세무조정을 하였더라면 대손충당금 한도초과로 인한 손금불산입액 감소로 피합병법인의 이월결손금이 증가하였을 것이고, 이는 합병 시 이월결손금 승계요건을 충족하지 못하여 합병법인의 과세표준을 감소시키지는 못하였을 것이므로, 대손충당금 한도액을 적게 하는 방법을 적용함에 따른 손금산입액 6,180억원을 손금불산입 처분하고 법인세를 부과하였다.

39) 이월결손금 승계요건 충족방안과 대손충당금 한도초과액을 활용하는 방안을 효과적인 세무계획의 관점에서 비교분석하여 보면, 명시적 세금 측면에서는 유상증자를 통해 이월결손금 승계요건을 충족하는 방안이 27,474백만원 유리하지만, 계약적 관점에서는 외환신용카드의 소액주주로 인해 외환은행에 좀 더 불리하였으며, 합병비율의 증가로 인해 합병대가로 교부해야 하는 주식수를 증가시켜 암묵세를 발생시키며, 모든 비용을 고려하는 관점에서 유상증자 자금의 기회비용, 은행주주들의 주식매수청구로 인한 합병비용 증가, 외환신용카드 주주의 주식매수청구권 가격 증가로 인한 합병비용 증가를 유발할 수 있으며, 동 금액이 명목세액 절감액을 초과한다는 점에서 대손충당금 한도초과액을 활용하는 방안이 보다 더 효과적이었다.: 이호용·최원석, "합병 시 이월결손금 및 대손충당금 한도 초과액 승계에 관한 조세전략 사례 연구", 「세무와 회계저널」 제13권 제3호, (2012), 113-140면.

한 합병의 성격에 대하여는 인격합일설과 현물출자설의 학설이 대립하고 있으나, 통설은 이를 인격의 합일로 보고 있다. 현행 세법 역시 주로 인격합일설에 기초하여 입법되었다고 평가되나, 일부 현물출자설의 입장을 받아들인 조문도 존재하는 것으로 평가되고 있다.[40] 합병의 본질에 관하여 어느 견해를 취하든 합병의 결과 피합병법인의 자산과 부채는 포괄적으로 합병법인에게 승계된다.

2. 合併 後 被合併法人이 認識하지 아니한 貸損充當金의 損金算入

흡수합병의 결과 피합병법인의 권리의무가 동일성을 유지한 채 포괄적으로 합병법인에게 승계되므로 피합병법인의 채권 중 대손충당금을 설정하지 않은 금액에 대해서는 합병법인이 대손충당금을 산입할 수 있으며, 이에 대하여는 어떠한 제한 규정이 존재하지 않는다.

나아가 우리 법인세법은 피합병법인이 이미 설정한 대손충당금에 대해서도 승계를 허용하고 있는데, 구 법인세법 제34조 제6항은 "대손충당금을 손금에 산입한 내국법인이 합병한 경우 그 법인의 합병등기일 현재의 당해 대손충당금 중 합병법인에게 인계한 금액은 그 합병법인이 합병등기일에 가지고 있는 대손충당금으로 본다"고 규정하고, 구 법인세법 시행령[2005. 2. 19. 개정되기 전의 것] 제85조 제1항 제3호 단서 및 가목은 "내국법인이 대손충당금의 적립과 관련하여 손금에 산입하지 아니한 금액은 합병법인이 이를 승계할 수 있다"고 규정하여 합병 시 피합병법인의 대손충당금은 합병법인이 이를 승계하는 것으로 하고 있다. 즉, 구 법인세법은 적격합병인지를 묻지 않고, 합병이라면 그대로 대손충당금이 승계되는 것으로 규정하고 있다. 이러한 구 법인세법의 태도는 일본 법인세법상 적격합병의 경우에만 대손충당금 승계가 허용되는 것과 비교할 때[41] 비교법적으로는 대손충당금의 승계를 넓게 인정하는 것으로서 법인격의 합일이라는 합병의 본질에 기초하여 적격합병임을 묻지 않고 합병법인이 피합병법인의 대손충당금을 그대로

40) 2010. 1. 1. 개정된 법인세법은 합병에 의한 자산의 이전을 양도로 보는 입장으로 선회하였다는 견해도 있다.: 이태로·한만수, 「조세법강의」 신정 제11판, 박영사, (2015), 674면.: 그러나 이 사건 대손충당금 승계가 있은 이후의 개정이므로 고려할 필요가 없다.

41) 일본 법인세법 제52조 제7항 참조.

승계하도록 허용하는 것이다. 따라서 가령 국민카드가 대손충당금을 적립하고도 이를 법인세 산정 시 손금에 산입하지 않았다면 국민카드의 대손충당금을 그대로 국민은행이 승계할 수 있는 것이다.42)

또한, 위 조항은 피합병법인으로부터 인계받은 대손충당금만을 합병법인의 대손충당금으로 보므로, 그 반대로 피합병법인이 대손충당금을 산입하지 않은 금액에 대하여는 합병법인이 대손충당금을 산입할 수 있으며, 이에 대해서는 이견이 없다.

3. 이 事件 貸損充當金 損金算入이 稅法上 許容되는지 與否

피합병법인인 국민카드의 이 사건 대손충당금 손금불산입은 전술한 바와 같이 적법하고, 합병 후 국민은행은 이 사건 대손충당금에 관하여 결산상 비용 계상하여 그 법정한도액의 범위 내에서 손금산입을 하였으므로, 이 사건 대손충당금 손금산입은 세법상 허용되는 것으로 봄이 타당하다.

또한, 과세관청은 이월결손금 승계 제한 규정43)에 따라 대손충당금의 손금산입이 제한된다고 주장하지만, 국민카드가 이 사건 대손충당금을 비용으로 계상하여 손금으로 산입하지 않은 이상 구 법인세법상 손금산입을 강제할 수 없고, 따라서 이 사건 대손충당금과 관련하여 이월될 결손금이 존재하지 않으므로 이월결손금 승계제한 규정이 적용될 수는 없다.

한편 과세관청은 상고이유에서 "원고는 제3자인 국민카드를 통하여 채권의 대손충당금을 환입하게 한 후에 이 채권을 승계 받아 스스로 대손충당금을 계상하는 간접적인 방법으로 조세를 회피하고 있습니다. 그러나 경제적 실질을 본다면, 원고가 국민카드로부터 승계한 채권 중 시가초과금액은 회수할 수 없는 부실채권으로 적정한 대손충당금이 설정되어 있어야 하고, 이는

---

42) 대손충당금으로 적립한 이상 법정 산식에 따라 산정한 금액을 반드시 손금에 산입하여야 한다는 견해도 있으나, 대통령령이 정하는 바에 따라 계산한 금액의 범위 내에서 손금에 산입한다는 구 법인세법 제34조 제1항 법문상 법인세법 시행령에 따라 산정한 범위 내라면 그 금액을 납세자가 선택할 수 있다고 봄이 합리적인 해석이라고 판단된다.

43) 구 법인세법[2005. 12. 31. 개정되기 전의 것] 제45조 제1항 제2호에 의하면 "피합병법인의 주주 등이 합병법인으로부터 받은 주식 등이 합병법인의 합병등기일 현재 발행주식총수 또는 출자총액의 100분의 10 이상일 것"을 합병에 따른 이월결손금의 승계요건으로 규정하고 있었다.

국민카드의 영업활동에서 발생하였던 것으로 마땅히 국민카드가 계상했어야 합니다."라고 주장하고 있다. 그러나, 국세기본법상 실질과세원칙은 납세자의 '거래'를 대상으로 그 귀속이나 거래내용의 실질을 따지도록 한 규정이며, 결산조정사항의 손금산입이나 이월결손금 공제와 같은 세무조정에 따른 법인세 신고내역은 납세자의 거래내용이 아니므로 실질과세원칙이 고려될 대상은 아닌 것으로 보인다.44)

Ⅳ. 結   論

먼저, 세법상 대손충당금의 손금산입은 결산조정을 그 요건으로 하여 허용되는 것이므로, 결산조정의 요건을 결여한 이상 과세관청이 국민카드의 이 사건 대손충당금 손금산입하지 않은 것을 부인하여 강제로 손금산입할 수는 없고, 구 법인세법 제34조 제6항, 구 법인세법 시행령(2005. 2. 19. 개정되기 전의 것) 제85조 제1항 3호 단서 및 가목에 따라 피합병법인인 국민카드가 이 사건 대손충당금 손금산입하지 않은 금액을 합병법인인 국민은행이 구 법인세법 제34조 제1항에 따라 결산조정을 통해 손금으로 인식한 이상 이 사건 대손충당금 손금산입은 적법하다고 봄이 합당하다. 이런 점에서 대법원의 판시에 찬성한다.

다만 한 가지 첨언할 것은 '미실현손실'의 문제이다. 이 사건에서 국민카드가 이 사건 합병에 따른 의제사업연도(2003. 1. 1.부터 2003. 9. 30.까지)에 대한 결산을 함에 있어 기존에 가결산 자료에 적립되어 있던 이 사건 채권에 관한 대손충당금 또는 대손금을 모두 회계장부에 계상하였더라면, 피합병법인 국민카드의 결손금을 합병법인인 국민은행의 결손금으로 보아 법인세 공제 혜택을 받기 위해서는 구 법인세법상 적격합병의 요건을 갖추어야 했다. 그러나 이 사건에서 합병법인이 피합병법인의 주주 등에게 교부한 주식은 합병 등기일 현재 발행주식 총수의 2.4%에 불과하여 구 법인세법 규정에 따른 세금 공제혜택을 받을 수 없어서 피합병법인의 회계장부에 이 사건 채권의 대손충당금을 계상하지 않고, 대신 합병법인이 이 사건 채권을 장부가

---

44) 同旨: 이은총, "2015년 법인세 및 소득세 판례회고", 「조세법연구」 제22권 제1호, (2016), 257-258면 참조.

액으로 승계한 다음 피합병법인의 대손충당금을 합병법인의 영업외 비용으로 전입하여 공제하기로 한 것이다. 합병법인의 입장에서 보면 이 사건 채권의 대손충당금은 발생하였지만 세법상 인식되지 않은 손실(이하 '미실현손실(built-in loss)'이라 함)일 뿐이고, 공제가 가능하다는 점에서 세법상 실현되고 인식되는 '결손금'과 다를 바 없다. 결손금은 현행 법인세법상 적격합병 시 피합병법인으로부터 승계받은 사업에서 발생한 소득금액의 범위 내에서만 공제가 가능하다는 제한이 있는 데 반해, 미실현손실은 필요한 때에 언제든지 실현·인식시키는 것이 가능하다면 납세자에 따라서는 미실현손실이 결손금보다 오히려 더 유용할 수 있다. 그런 점에서 결손금액의 인계 및 이월에 대하여 제한을 하는 것과 마찬가지로, 미실현손실의 이용에 대해서도 마찬가지로 제한이 필요하다.

그리하여 법인세법은 2012년의 개정을 통해 '합병 시 대손금 및 대손충당금의 최대법정한도액'의 손금산입 강제 규정을 신설하였다(법인세법 제34조 제6항, 법인세법시행령 제85조 2호 참조). 이에 의하면 대손충당금을 손금에 산입한 내국법인이 합병한 경우 그 법인의 합병등기일 현재 해당 대손충당금 중 합병법인의 상대방 법인에게 인계한 금액은 그 합병법인이 합병등기일에 가지고 있는 대손충당금으로 본다. 2012년 개정 법인세법에 의하면 합병시점에 손실을 인식함으로써 미실현손실이 내포된 자산의 장부가액 인계를 인정하지 않는 셈이다. 달리 보면 결산조정항목을 강제신고조정항목으로 전환시킨 것이다.

또한 법인세법은 적격합병45)을 한 합병법인이 합병등기일 이후 5년 이내에 끝나는 사업연도에 합병법인과 피합병법인이 합병 전 보유하던 자산의 처분손실을 각각 **합병 전 해당 법인의 사업에서 발생한 소득금액**(해당 처분

---

45) 적격합병의 요건은 다음과 같다.
   1. 합병등기일 현재 1년 이상 사업을 계속하던 내국법인 간의 합병일 것. 다만, 다른 법인과 합병하는 것을 유일한 목적으로 하는 법인으로서 대통령령으로 정하는 법인의 경우는 제외한다.
   2. 피합병법인의 주주 등이 합병으로 인하여 받은 합병대가의 총합계액 중 합병법인의 주식 등의 가액이 100분의 80 이상이거나 합병법인의 모회사의 주식 등의 가액이 100분의 80 이상인 경우로서 그 주식 등이 대통령령으로 정하는 바에 따라 배정되고, 대통령령으로 정하는 피합병법인의 주주 등이 합병등기일이 속하는 사업연도의 종료일까지 그 주식 등을 보유할 것
   3. 합병법인이 합병등기일이 속하는 사업연도의 종료일까지 피합병법인으로부터 승계받은 사업을 계속할 것

손실을 공제하기 전 소득금액을 말한다)의 범위에서 해당 사업연도의 소득금액을 계산할 때 손금에 산입한다. 이 경우 손금에 산입하지 아니한 처분손실은 자산 처분 시 각각 합병 전 해당 법인의 사업에서 발생한 결손금으로 보아 피합병법인으로부터 승계받은 사업에서 발생한 소득금액의 범위 내에서만 각 사업연도의 과세표준을 계산할 때 공제할 수 있다(법인세법 제45조 제3항). 피합병법인이 보유하던 자산에 내재하던 미실현손실(built-in loss)을 합병법인이 합병 후에 실현한 경우 그 손실을 결손금과 동일하게 취급함으로써 그러한 미실현손실의 실현을 통한 조세부담의 감축을 목적으로 합병하는 것을 막기 위한 것이다.

제 2 편

會 社 法

제 3 편

保 險 法

제 4 편

海 商 法

제 5 편

어음 · 手票法

제6편

債務者回生·倒産法

제 7 편

證券·金融法

제 8 편

기타(仲裁 · 信用狀 · 稅法 등)

상사판례연구 [VIII]

초판발행　　　　2023년 9월 1일

엮은이　　　　　2020상사법무연구소(김용덕)
펴낸이　　　　　안종만·안상준

편 집　　　　　장유나
기획/마케팅　　조성호
표지디자인　　　이수빈
편 집　　　　　고철민·조영환

펴낸곳　　　　　(주) 박영사
　　　　　　　　서울특별시 금천구 가산디지털2로 53, 210호(가산동, 한라시그마밸리)
　　　　　　　　등록　1959. 3. 11. 제300-1959-1호(倫)
전 화　　　　　02)733-6771
f a x　　　　　02)736-4818
e-mail　　　　　pys@pybook.co.kr
homepage　　　www.pybook.co.kr
ISBN　　　　　979-11-303-4122-4　94360
　　　　　　　　979-11-303-4121-7　94360(세트)

정 가　　　　　67,000원